Hans Küng:
Existiert Gott?
Antwort auf die Gottesfrage der Neuzeit

Deutscher
Taschenbuch
Verlag

dtv

Von Hans Küng
ist im Deutschen Taschenbuch Verlag erschienen:
Christ sein (1220)

Unveränderte Ausgabe
Februar 1981
Deutscher Taschenbuch Verlag GmbH & Co. KG,
München

ISBN 3-492-02333-9
Umschlaggestaltung: Celestino Piatti
Gesamtherstellung: C. H. Beck'sche Buchdruckerei,
Nördlingen
Printed in Germany · ISBN 3-423-01628-0

Ad maiorem Dei gloriam

Inhalt

Was dieses Buch will

Existiert Gott? Und darin eingeschlossen: Wer ist Gott? Das Buch will auf beide Fragen eine Antwort geben und diese Antwort begründen. Es will das Fragezeichen ernstnehmen und dabei nicht stehenbleiben. Ja zu Gott? Für viele Gläubige längst nicht mehr selbstverständlich. Nein zu Gott? Für viele Ungläubige auch nicht.

Ja oder nein? Viele sind ratlos zwischen Glauben und Unglauben, unentschieden, skeptisch. Sie zweifeln an ihrem Glauben, aber zweifeln auch an ihren Zweifeln. Und viele sind stolz gerade auf diese ihre Zweifel. Doch es bleibt die Sehnsucht nach Gewißheit. Gewißheit? Ob Katholiken, Protestanten, Orthodoxe, ob Christen oder Juden, Gottgläubige oder Atheisten – quer durch alte Konfessionen und neue Ideologien geht heute die Diskussion.

Man kann sich doch wirklich fragen: Ist das Christentum nicht am Ende? Ist es nicht aus mit dem Gottesglauben? Hat Religion noch Zukunft? Gibt es nicht Moral auch ohne Religion? Genügt nicht die Wissenschaft? Hat sich die Religion nicht aus der Magie entwickelt? Verliert sie sich nicht wieder mit dem Prozeß der Evolution? Ist Gott nicht von Anfang an eine Projektion des Menschen (Feuerbach), Opium des Volkes (Marx), Ressentiment der Zu-kurz-Gekommenen (Nietzsche), Illusion der Infantil-Gebliebenen (Freud)? Ist der Atheismus nicht bewiesen und der Nihilismus unwiderlegbar? Haben nicht auch die Theologen die Gottesbeweise schließlich aufgegeben? Oder soll man gar ohne Gründe glauben müssen? Einfach glauben? Kann man nicht an allem zweifeln, außer vielleicht an der Mathematik und an dem, was man beobachten, wägen und messen kann? Wäre nicht die mathematische Gewißheit das Ideal – oder gibt es gar keine Basis für Gewißheit?

Und selbst wenn es Gott gäbe: Wäre er persönlich oder unpersönlich? Wäre nicht das erste naiv und das zweite abstrakt? Oder sollte man vielleicht die Weisheit des Ostens vorziehen? Das Schweigen des Buddhismus vor dem namenlosen Absoluten? Sind nicht letztlich alle Religionen gleich? Wäre nicht der Gott der Philosophen intellektuell redlicher? Warum soll denn der Gott der Bibel besser sein? Gott als Weltenschöpfer und Weltvollender? Was weiß man schon vom Anfang und was vom Ende? Und gar der christliche Gott: Vater, Sohn und Heiliger Geist – Dreifaltigkeit? Was muß man da alles glauben?

Ja, warum also an Gott glauben? Warum nicht einfach an Menschen, Gesellschaft, Welt? Warum an Gott und nicht einfach an humane Werte glauben: Freiheit, Brüderlichkeit, Liebe? Warum zum Selbstvertrauen auch noch Gottvertrauen, warum zur Arbeit noch Gebet, zur Politik noch Religion, zur Vernunft noch die Bibel, zum Diesseits noch ein Jenseits? Was soll überhaupt Gottesglaube? Was soll Gottesglaube heute?

Wir machen uns nichts vor: Wie noch nie stellt der Atheismus heute den Glauben an Gott zur Rede. Im Laufe der Neuzeit immer stärker in die Defensive geraten, ist dieser Glaube heute oft genug stumm geworden, zuerst bei wenigen, dann bei immer mehr. Atheismus als Massenphänomen freilich ist ein Phänomen der neuesten, unserer Zeit. Die Fragen drängen sich auf: Wie ist es so weit gekommen? Was sind die Ursachen? Wo brach die Krise auf?

Eine schwierige, aber auch faszinierende Problematik, in welche die Französische Revolution ebenso hineinspielt wie die Relativitätstheorie, Naturwissenschaft ebenso wie Politik, Wissenschaftstheorie wie Psychoanalyse, Religionsgeschichte wie Religionskritik – was spielt eigentlich nicht hinein? Aber wie alles gleichzeitig beantworten – angesichts des unabsehbaren Materials, das der Strom der Neuzeit abgelagert hat? Angesichts all der Fragen und Probleme, die alle gleichzeitig beantwortet werden müßten, wenn sie überzeugend beantwortet werden sollen? Das mag auch die Länge des Buches erklären.

Um eine begründete Antwort zu finden, mußten wir zurück zum Beginn der Neuzeit: Nicht um eine Philosophiegeschichte zu schreiben, wo immer nur Philosophen Philosophen zeugen und Ideen Ideen gebären. Nicht von einer Ideengeschichte berichten wir, sondern von konkreten Menschen aus Fleisch und Blut, mit ihren Zweifeln, Kämpfen und Leiden, ihrem Glauben und Unglauben, mit all den Fragen, die auch uns noch heute bewegen. Es ist erstaunlich: Wer hat mit der Gottesfrage nicht alles gerungen von Descartes, Pascal und Spinoza über Kant und Hegel bis zum Vatikanum I und Karl Barth, zu William James, Teilhard de Chardin, Whitehead, Heidegger und Bloch. Augustin und Thomas von Aquin spielen in diese Geschichte ebenso hinein wie die Reformatoren, Jansenismus und Aufklärung, wie dann Comte und Schopenhauer, Darwin und Strauß, wie Positivismus und Existentialismus und schließlich die Sprachphilosophie Carnaps und Wittgensteins, die Kritische Theorie der Frankfurter Adorno und Horkheimer und der Kritische Rationalismus Poppers und Alberts.

Wenn wir immer wieder den Weg in die Geschichte gehen, so nicht, um Fakten zu reihen, Geistesgrößen zu feiern, Geschichten auszubreiten, kurz: nicht um der Vergangenheit willen. Sondern um zur Gegenwart Distanz und zugleich wieder neue Nähe zu gewinnen. Wir erzählen von der Vergangenheit, um unsere Gegenwart besser zu verstehen, uns selber in all unseren Dimensionen: Vernunft und Herz, Bewußtsein und Unterbewußtsein, Geschichte und Gesellschaft, Wissenschaft und Kultur.

Existiert Gott? Es soll hier mit offenen Karten gespielt werden. Die Antwort wird heißen: Ja, Gott existiert. Und man kann auch als Mensch des 20. Jahrhunderts durchaus vernünftig an Gott, sogar an den christlichen Gott glauben. Und vielleicht heute wieder leichter als vor ein paar Jahrzehnten oder gar Jahrhunderten. Denn nach so vielen Krisen hat sich erstaunlich vieles geklärt, und viele Schwierigkeiten gegen den Gottesglauben haben sich erledigt – auch wenn es manchen noch nicht bewußt ist: Man braucht heute nicht mehr gegen Gott zu sein, weil man für Geozentrik und Evolution, für Demokratie und Wissenschaft, für Liberalität oder Sozialismus ist. Nein, man kann geradezu für wahre Freiheit, Gleichheit und Brüderlichkeit, für Humanität, Liberalität und soziale Gerechtigkeit, für humane Demokratie und beherrschten wissenschaftlichen Fortschritt sein, weil man an Gott glaubt. Vor einiger Zeit soll ein englischer Nobelpreisträger auf die Frage, ob er an Gott glaube, geantwortet haben: »Of course not, I am a scientist!« Dieses Buch ist getragen von der Hoffnung, daß eine neue Zeit anbricht, wo die Antwort umgekehrt lauten wird: »Of course, I am a scientist! Selbstverständlich, ich bin ein Wissenschaftler!«

Das Bekenntnis wird, wo angebracht, nicht gescheut. Doch wird nichts angepriesen oder angepredigt! Der Leser hat das Recht, sich zunächst einfach über den heutigen Fragestand informieren und orientieren zu lassen. Er soll aber zugleich Antworten erhalten: eindeutige, aber nicht fertige. Sie sollen zur freien Entscheidung herausfordern, pro oder contra: zu einer vernünftig verantworteten Entscheidung. Und vielleicht auch zur Revision einer Entscheidung.

Ein letztes: Die Bücher »Christ sein« und »Existiert Gott?« ergänzen sich und gehen, so hoffen wir, nahtlos ineinander über. Wo Wiederholungen angebracht schienen, besonders natürlich im letzten Teil, wurden sie nicht vermieden. Jedes Buch soll ja auch für sich gelesen und voll verstanden werden können. Es kam mir darauf an, möglichst konsequent und transparent das Ganze des Gottesglaubens auszusagen, auch wenn in manchen Einzelfragen mehr Denkwege gewiesen als fixe Lösungen aufgewiesen werden. Dieses Ganze eröffnet so viele Einstiegsmöglichkeiten, die alle zur Mitte führen, daß der Leser durchaus auch im Sinne des Autors tun kann, was er bei solchen Büchern oft ohnehin tut: dort anfangen, wo es ihm Spaß macht.

A. VERNUNFT ODER GLAUBE?

Man bezweifelt heute die Existenz Gottes. Aber nicht nur das. Man mache es sich nicht zu einfach: Seit eh und je ringt man in anderer Weise auch mit der Ungesichertheit des menschlichen Daseins und seit der Heraufkunft des modernen, vernünftigen Menschen beinahe verzweifelt gerade um das Problem der menschlichen Gewißheit. Wo gibt es, so fragt man sich, eine felsenfeste, unerschütterliche Gewißheit, auf der sich alle menschliche Gewißheit aufbauen läßt?

I. Ich denke, also bin ich? René Descartes

Es ist nicht verwunderlich, daß gerade Mathematiker sich an einer unbedingten, absoluten Gewißheit im Bereich des Lebens und Wissens besonders interessiert zeigten. An höchste Gewißheitsanforderungen gewohnt, konnten sie nicht anders denn fasziniert sein von den in der Mathematik möglichen evidenten und erfahrungsunabhängigen (apriorischen) Einsichten. Sollte nicht auch außerhalb des freilich sehr abstrakten Bereichs reiner Zahlen und reiner Möglichkeiten, sollte nicht auch in der konkreten Wirklichkeit des Lebens die Wahrheit mit quasi-mathematischer Sicherheit festgestellt werden können, so daß sie allen Schwankungen der privaten und öffentlichen Meinung entzogen ist? Die Gewißheit der Mathematik, die jeden Zweifel ausschließt, wurde in der Neuzeit die Sehnsucht der Philosophen. Ein neues Zeitalter, ein Zeitalter des Rechnens, Experimentierens, der Methode, der exakten Naturwissenschaften ist mit dem neuen Erkenntnisideal heraufgeführt worden.

1. *Das Ideal der mathematischen Gewißheit*

Niemand verkörpert besser das neuzeitliche Ideal der unbedingten mathematisch-philosophischen Gewißheit als der geniale Begründer der analytischen Geometrie *und* der modernen Philosophie, dessen Name Cartesius mit clarté, einer geometrisch geprägten Klarheit des Denkens, synonym wurde und der als Person und Philosoph doch ein großes Geheimnis blieb: War dieser *René Descartes* (1596–1650) ursprünglich Physiker oder Metaphysiker, war er ein guter Christ oder ein »cartesianischer« Rationalist, ein neuzeitlicher Apologet des überlieferten Glaubens oder ein zu Recht von Rom indizierter und von der holländischen Reformierten Synode verurteilter Initiator der modernen Glaubenslosigkeit?

Notwendigkeit der exakten Methode

Der seit seiner kränklichen Jugend zeitlebens am Morgen lange Bettruhe pflegende Jesuitenschüler, der sich denn auch, als 54jähriger von Königin

Christine von Schweden von einem Admiral mit Kriegsschiff in den eiskalten Stockholmer Winter eingeladen, eine tödliche Lungenentzündung zuzog, als er jeweils um fünf Uhr früh bei der Königin zum Philosophieren zu erscheinen hatte: er fühlte sich von Anfang an von der traditionellen aristotelisch-scholastischen Schulphilosophie ebenso abgestoßen, wie er sich von den mathematischen Disziplinen wegen der Gewißheit (certitude) und der Evidenz ihrer Beweisgründe angezogen sah. Was soll eine Philosophie taugen, deren naturwissenschaftliche Basis immer deutlicher (Kopernikus, Kepler, Galilei!) als unzuverlässig erwiesen worden ist?, so mußte er sich fragen.

Seinen Weg weg von der Tradition rechtfertigt Descartes in einem ebenso persönlichen wie reflektierten *Lebensbericht* von hoher Gelassenheit und literarischer Brillanz: am Anfang seiner ersten Druckschrift »Discours de la méthode« (»Von der Methode des richtigen Vernunftgebrauchs und der wissenschaftlichen Forschung«), der als Anhang und »Probestücke« eine analytische Geometrie und geometrische Optik beigegeben sind[1]. Dieses nach des Reformators Jean Calvin »Institutio religionis christianae« zweite klassisch gewordene Sprachdenkmal der französischen Prosa trug zur Ablösung des Lateins als Sprache der Gebildeten nicht wenig bei. Uns aber hilft es gerade für die Problematik der Gegenwart, daß uns dieser Begründer des modernen Denkens »die Wege aufzeigt, denen ich gefolgt bin, und so mein Leben wie auf einem Gemälde darstelle, damit jeder darüber urteilen möge«[2]. Uns Heutige zwingt Descartes – und deshalb ist er die erste Gestalt unseres besonderen Interesses – gerade in der Frage nach der Existenz Gottes, das Verhältnis von Glaube, Vernunft und Gewißheit, von Theologie, Philosophie und Naturwissenschaften gründlich zu durchdenken.

Am Ende seiner Studien sah sich der bevorzugt behandelte, äußerlich gefügige adlige Musterschüler, insgeheim aber rebellische Bewunderer Galileis in so viele Zweifel und Irrtümer verstrickt, daß er die wissenschaftlichen Studien ganz aufgab: Anders als die Stubengelehrten »entschlossen, kein anderes Wissen zu suchen, als was ich in mir selbst oder im großen Buche der Welt würde finden können, verbrachte ich den Rest meiner Jugend damit, zu reisen, Höfe und Heere kennenzulernen, mit Menschen verschiedenen Temperaments und Standes zu verkehren, manche Erfahrung zu sammeln, mich selbst auf die Probe zu stellen in Treffen, in die das Geschick mich stellte, und über alles, was mir begegnete, Überlegungen anzustellen, aus denen ich einigen Nutzen ziehen konnte«[3]. Die beiden Bücher, in denen der mittelalterliche Mensch die Wahrheit suchte, das Buch der Natur und das der Bibel, erscheinen hier abgelöst durch die des modernen Menschen: das Buch der Welt und das des eigenen Ich!

So blätterte er das »große Buch der Welt«, nach einem Lizentiat der Rechtswissenschaft, zunächst in Paris auf: als finanziell unabhängiger Cavalier, ein guter Tänzer, Reiter, Fechter, Spieler, insgeheim aber über mathematischen und philosophischen Problemen sitzend. Dann aber ständig auf Reisen in Holland, Deutschland, Österreich und Ungarn: als Soldat, ein angesehener unbezahlter Freiwilliger im Offiziersrang, dabei freilich weniger »acteur« denn »spectateur«, der besonders die ruhigen und zum Nachdenken Zeit lassenden Winterquartiere liebte.

In einem solchen Winterquartier bei Ulm an der Donau, am 10. November 1619, in einer Nacht geistigen Enthusiasmus' und bewegender prophetischer Träume, kommt es für Descartes zur entscheidenden Wende seines Lebens, ist dem 23jährigen von oben, wie er glaubt, das Licht einer wunderbaren Einsicht aufgegangen: als Keimgedanke für seine künftige Arbeit die Offenbarung einer »*science admirable*«! Das Ideal einer neuen einheitlichen Universalwissenschaft, die nämlich mit Hilfe der mathematisch-geometrischen Methode die Gesetze der Natur wie des Geistes, zugleich Physik und Metaphysik klar und eindeutig darzulegen vermag! Was immer Descartes sich genau dabei dachte: Eine neue Zeit ist angebrochen, in welcher Mathematik und Naturwissenschaft eine ganz andere Rolle spielen werden. Verlangte die gesamte bisherige Entwicklung, verlangte das von Kopernikus, Kepler und Galilei eingeleitete Denken nicht nach einer umfassenden, mathematisch gewissen Systematisierung in einer Philosophie der Natur und des Geistes?

Dieses überwältigende Erlebnis seiner Berufung ergreift ihn so, daß er in derselben Nacht – was gar nicht in das Klischee des Rationalisten Descartes paßt – eine Wallfahrt nach dem italienischen Loreto gelobt und sie tatsächlich, nachdem er seine Offizierslaufbahn aufgegeben hatte, im Rahmen einer großen Reise durch halb Europa auch durchführt. Später endlich wieder in Paris ansässig, greift er zum ersten Mal 1627 öffentlich in die philosophische Diskussion ein: Anläßlich des Vortrages eines Herrn de Chandoux vor dem Apostolischen Nuntius legt er die Prinzipien einer neuen Philosophie dar, die nach ihm zu einer sicheren und gewissen Erkenntnis zu führen vermag.

Der dabei anwesende Kardinal Pierre de Bérulle, der anders als die römischen Theologen Galileis Auffassungen freundlich gegenübersteht, der große Begründer des Oratoire und der spirituellen französischen Theologie (»Ecole Française«), setzt auf den jungen Descartes offensichtlich Hoffnung. Er legt ihm förmlich die Verpflichtung auf, sich der *neuen Philosophie* zu widmen. Bedurfte nicht auch der christliche Glaube eines neuen Fundaments, eines neuen philosophischen Unterbaus für die Theologie, eines neuen Aristoteles? Hier läßt sich eine Alliance feststellen: zwischen der neuen, als unchristlich verdächtigten mathematisch-mechanistischen Wissenschaft und Philosophie einerseits und dem Vertreter gerade einer spirituellen Theologie anderseits – beide gegen die traditionelle Schultheologie (»abstrakte Schule«) und gegen die (für die Oratorianer latent neuheidnische) Naturmystik der Renaissance. Man mache sich klar: Wie ganz anders wäre die Geschichte der Christenheit verlaufen, wenn man auch in Rom die Möglichkeit einer Verständigung zwischen Theologie und neuer Naturwissenschaft erfaßt hätte! Descartes wurde der erste überragende Denker der Neuzeit, dessen Werk, anders als die philosophischen Neuansätze der Renaissance, das moderne Bewußtsein bleibend prägen sollte.

Unter den Papieren des in Stockholm Verstorbenen wird man die ein Jahr nach jener Pariser Diskussion lateinisch niedergeschriebenen und ausführlich kommentierten »Regeln zur Lenkung des Geistes« (»Regulae ad directionem ingenii» 1628)[4] finden. Mit nachher kaum noch übertroffener Prägnanz bringt diese unvollendet gebliebene erste philosophische Schrift Descartes' die in seiner »Bekehrung« zumindest grundgelegten ursprünglichen wissenschaftlichen Intentionen in überlegter Systematik zum Ausdruck und erweist ihn als den Initiator der modernen Wissenschaftstheorie:

»Ziel wissenschaftlicher Studien muß sein, den Geist so zu lenken, daß er über alles, was ihm begegnet, solide und wahre Urteile fällt« (Regel 1)[5].

»Man befasse sich nur mit solchen Gegenständen, zu deren gewissen und unzweifelhaften Erkenntnissen unser Geist auszureichen scheint« (Regel 2)[6].

»Man frage nicht, was andere über die zu behandelnden Gegenstände gedacht haben oder was wir selbst vermuten, sondern danach, was wir klar und evident einsehen oder mit Gewißheit ableiten können; denn nur so läßt sich Wissenschaft erwerben« (Regel 3)[7].

»Notwendig zur Erforschung der Wahrheit ist eine Methode« (Regel 4)[8].

Und so weiter dann über diese Methode die Regeln 4–21, die je länger desto mehr zu mathematisch-geometrischen Regeln werden. Also: Noch nicht auf eine Metaphysik kommt es Descartes hier an, sondern auf eine *widerspruchsfreie einheitliche Methode*, die mathematische, die zugleich für alle Wissensbereiche gilt – gegen alle möglichen Vorurteile und Gewohnheiten, gegen alles, was Evidenz hindert. Wie schließlich soll die Philosophie aus dem Dunkel ins Licht, aus der Unsicherheit widersprüchlicher Meinungen zu Klarheit, Evidenz, Gewißheit kommen, wenn nicht die Gewißheit – und das heißt die exakte Methode – der Mathematik, des näheren der Geometrie, auf die Philosophie übertragen wird? Die Mathematik allein ermöglicht jene klare und sichere Beweisführung, die von bekannten Größen aus eine unbekannte Größe bestimmt, die von den einfachen und leicht einsehbaren Gründen zu den schwierigeren und komplexeren Lösungen vorstößt. In der Mathematik, der Geometrie, hatte Descartes in der Tat die *Schlüsselideen seiner neuen Philosophie* gefunden, die für die Folgezeit und ihre mathematisch-technische Erfassung der Wirklichkeit richtunggebend wurden:

die Idee einer höheren Wahrheitsebene, die der zweifels- und irrtumsfreien Evidenz, der klaren und eindeutig abgegrenzten Begriffe;

die Idee einer Erkenntnis nicht aufgrund unsicherer Sinnesdaten, verfälschter Bilder oder anerkannter Autoritäten, sondern des allein Gewißheit ver-

schaffenden Verstandes;
die Idee des methodischen, in evidenten Schritten sich vollziehenden Denkens vom Bekannten zum Unbekannten, vom Einfachen zum Komplexen;
die Idee einer Analogie zwischen der Ordnung der Mathematik und der Ordnung der Natur, die mathematischen Gesetzen gehorcht, durch die Mathematik erschlossen und damit beherrschbar gemacht wird.

Reduktion aller Probleme auf solche mathematischen Typs: Anders als der Theologe Bonaventura im Mittelalter eine »Rückführung (reductio) der Künste (Wissenschaften) auf die Theologie« [9] versucht hat, so der Philosoph Descartes jetzt in moderner Weise eine »Rückführung der Wissenschaften« auf die Mathematik. Der »Geist« ihrer Methode sollte alle übrigen Wissenschaften ergreifen. Was ich »klar und deutlich« erkenne, ist wahr. »Clare et distincte« wird mit Descartes zu einer Art Parole weit über Frankreich hinaus: für Philosophie, Naturwissenschaft, das Geistesleben überhaupt.

Der selbstgewisse Einzelne

Es war ein Traum schon der alten Pythagoräer, im ganzen Universum die harmonische Ordnung der Zahlen finden zu können. Hier aber unternimmt nun ein einzelner, ganz auf sich gestellter Denker mit Berufung auf die »eigentümliche Freiheit« [10] des menschlichen Geistes in revolutionärer Kühnheit sehr viel mehr: Ohne jede Rücksicht auf früher Gedachtes, philosophische und theologische Traditionen und Schulen, staatliche oder kirchliche Autoritäten, will er in aller Freiheit untersuchen, was der Mensch wirklich wissen und inwieweit er zu wahrhaft begründeten Urteilen kommen kann. Kurz: die *radikale Neubegründung der Philosophie und des menschlichen Wissens überhaupt durch einen Einzelnen!* Wegen der verschiedenen Meinungen unter den Gelehrten, aber auch unter den Völkern, sogar bezüglich Moral und Sitte, fand er sich »gleichsam gezwungen, es selbst zu übernehmen, mich zu leiten« [11]. Der Einzelne soll sein Leben in möglichst sicherer, vernünftiger Eigenverantwortung meistern. Descartes' wissenschaftstheoretische Überlegungen haben letztlich eine praktische Zielsetzung: nicht nur Erkenntnis um der Erkenntnis, sondern – gegenüber der unfruchtbaren scholastischen Spekulation – zugleich und vor allem um des Lebens willen, zum Nutzen der Menschheit, aller Einzelner. Theorie ist also nicht wie bei Aristoteles (und in etwa auch bei Thomas von Aquin) höchster Lebenszweck, sondern – wiederum höchst modern funktional – Mittel zur Verwirklichung einer (rationalen!) Praxis, die nun ihrerseits den Menschen weiser und tüchtiger machen soll [12].

Nach der Erforschung der Welt in praktischer Erfahrung – und kaum ein Philosoph hat so viel von Ländern, Menschen, großen Ereignissen gesehen, hat so viel Welt- und Menschenkenntnis gesammelt – wendet sich Descartes also nun der Erforschung des eigenen Ich zu. Allein und einsam:

Bauten, so meint er, die ein Architekt allein unternommen hat, sind für gewöhnlich schöner und harmonischer als solche, an denen sich mehrere versucht haben, alte, zu anderen Zwecken gebaute Mauern nutzend. Er las jetzt wenig. Seine Gleichgültigkeit gegenüber der Geschichte, auch gegenüber den alten Sprachen und insbesondere gegenüber der eigenen (scholastischen) Tradition, der er doch, mehr als er je merkt, verhaftet bleibt, hätte, falls allgemein übernommen, zu einem Abreißen der Erinnerung geführt.

Aber in einer neuen Zeit wollte er von vorne neu beginnen: Er wollte bewußt seine bisherigen Überzeugungen ablegen, um sie durch bessere zu ersetzen oder auch wieder aufzunehmen, wenn er sie mit der eigenen Vernunft geprüft hatte. Es braucht einen radikalen Bruch mit der Vergangenheit, auch mit Aristoteles und Thomas von Aquin: um, wie es in der ersten Regel des »Discours« deutlich heißt, »niemals eine Sache als wahr anzuerkennen, von der ich nicht evidentermaßen erkenne, daß sie wahr ist«, um so »über nichts zu urteilen, was sich meinem Denken nicht so klar und deutlich (si clairement et distinctement) darstellte, daß ich keinen Anlaß hätte, daran zu zweifeln« [13]. Das heißt: Was immer bislang unbezweifelte, unumstößliche Autorität war, wird in Zweifel gezogen. Aber: mußte dies nicht zu Konflikten mit Theologie und Kirche, ja vielleicht sogar mit dem Staat führen?

Um für die große Aufgabe die nötige Ungestörtheit und Unabhängigkeit zu haben, zieht sich Descartes aus dem Paris Richelieus, wo ihn die Luft eher zu »Hirngespinsten« als zu philosophischen Gedanken stimme, noch im Jahr der Niederschrift seiner »Regeln« (1628) zurück: in das ihm wohlbekannte, friedliche, reiche und freiere »häretische« Holland, wo er öfters, bisweilen wegen kirchlich-politischen Druckes unter Deckadressen, den Aufenthaltsort wechselt und ganz seinen wissenschaftlichen Zielen lebt. Dort bleibt der gutsituierte Edelmann – zusammen mit seiner Magd hatte er eine Tochter, die freilich im Alter von fünf Jahren zu seinem größten Schmerz gestorben war – über zwanzig Jahre lang, von drei Reisen in die französische Heimat abgesehen, schließlich bis zu seiner allerletzten Reise, der nach Schweden. In einem höchst geregelten Leben widmet er sich – nach gebührendem Schlaf, Essen, Gartenarbeit, Reiten – intensiv vom Nachmittag bis spät in die Nacht hinein allen möglichen mathematischen, physikalischen, physiologischen und philosophischen Fragen sowie einer ausgedehnten Korrespondenz. Aber auch der technischen Realisierung vieler seiner Ideen (Fabrikation von Brillen, Rollstühlen, Pumpen), dem Sezieren, der Heilung von Blinden, ja schließlich mit zunehmendem Alter Möglichkeiten der Lebensverlängerung. Von bleibender Bedeutung war die Anwendung von moderner Arithmetik und Algebra auf die antike Geometrie: die algebraisierte analytische Geometrie, mit der dem Mathematiker überhaupt erst ein modernes Werkzeug in die Hände gegeben wurde. Die Algebra also als ein Rahmen, in dem nicht nur ein einzelner Satz, sondern jedes gewünschte Theorem formuliert werden kann.

Die ersten fünf Jahre in Holland (1628–33) arbeitet Descartes vor allem an seiner Physik. Doch hält er – nie feige, aber doch sehr vorsichtig und im Umgang mit Menschen oft allzu diplomatisch – den druckfertigen nachkopernikanischen »Traktat über die Welt oder das Licht« (»Traité du monde ou de la lumière«) zurück, als er von der *Verurteilung Galileis* durch die römische Inquisition 1633 hört: eine der zahllosen Auswirkungen des in kirchlichen Kreisen noch immer gerne bagatellisierten Falles Galilei, der zusammen mit anderen lehramtlichen Aktionen (die berüchtigtsten zur Zeit Descartes' waren die Verbrennung Giordano Brunos am Beginn des Jahrhunderts, die Verurteilung des Kopernikus schon 1616 und die lebenslängliche Einkerkerung des antiaristotelischen Philosophen Tommaso Campanellas durch dasselbe »Heilige Offizium«) die Beziehungen von Kirche und Theologie zu Philosophen und Naturwissenschaftlern bis in die Gegenwart hinein belasten und vergiften sollte.

Die von Papst Urban VIII. selbst approbierte und mit allen Machtmitteln der Inquisitoren und Nuntiaturen in den katholischen Universitäten durchgesetzte Verurteilung Galileis durch die römische Glaubensbehörde verteidigte nur scheinbar die Bibel. In Wirklichkeit jedoch vor allem das griechisch-mittelalterliche Weltbild und insbesondere die Autorität des Aristoteles, mit dessen physikalischen, biologischen und philosophischen Lehren man das biblische Weltbild identifizierte. Mit alledem verteidigte man aber auch die rechtlich abgesicherte Oberhoheit der Theologie in der Hierarchie der Wissenschaften, die Autorität der Kirche in allen Fragen des Lebens und schließlich einfach und schlicht die blinde, gehorsame Unterwerfung unter das kirchliche Lehrsystem. Diese römische Erklärung wurde in der Theologie als faktisch unfehlbare und unreformierbare Entscheidung angesehen. Sie erstickte im Keim jene bescheidenen Versuche aufgeschlossener Theologen, ähnlich wie im 13. Jahrhundert die biblische Botschaft im Lichte einer neuen Weltanschauung neu zu durchdenken. Eine historische Chance war verpaßt, und seither gilt die katholische Kirche (trotz vorsichtiger Annäherungsversuche) zum Teil bis heute als Feind insbesondere der Naturwissenschaft; das läßt Bert Brechts »Leben des Galilei« noch immer als ein Drama voll aktueller wissenschaftlicher, gesellschaftlicher, politischer und moralischer Spannung erleben. Nicht zu Unrecht hat man Galileis Verurteilung und damit den Verlust der Welt der Wissenschaft neben dem ost-westlichen Schisma und der westlichen Glaubensspaltung zu den drei größten Katastrophen der Kirchengeschichte gezählt[14]. Die Kluft zwischen der Kirche und der modernen Kultur, die noch längst nicht überbrückt ist, gründet zu einem wesentlichen Teil hier. Die persönliche Tragik Galileis aber war es, daß es ihm und vielen Gleichgesinnten nicht gelang, das kirchliche Lehramt von der Wahrheit seiner Erkenntnisse zu überzeugen und Kirche und neue Wissenschaft wie im Mittelalter zu Verbündeten zu machen[15]. »Es heißt, die Heilige Schrift zu einem Zweck zu verwenden, zu dem Gott sie keineswegs gegeben hat, und folglich sie zu mißbrauchen, wenn man ihr die Kenntnis von Wahrheiten entnehmen will, die nur zu den menschlichen Wissenschaften gehören und nicht unserem Heil dienen[16].« So schrieb Descartes 1638, und nicht einmal das Zweite Vatikanische Konzil in unserem Jahrhundert hat es in seiner Konstitution über die Offenbarung so klar zu sagen gewagt.

Descartes' Werk blieb also wegen Galileis Verurteilung für die Zeitgenossen ein Torso. Erst vierzehn Jahre nach seinem Tod wurde in Paris (zusammen mit den Traktaten über den Menschen und die Bildung des Fötus) der Traktat über die Welt veröffentlicht[17]: ein von der Bibel freilich sehr abweichendes, neues Modell einer Welt, die nun nicht mehr nach geheiligter Überlieferung gedeutet, sondern in genauer Beobachtung und Prüfung der Natur und ihrer Erscheinungen erforscht wird. Die Entstehung von Sonne, Sternen, Erde, Mond erklärt durch die Wirbeltheorie: die Erde dreht sich um die Sonne! Ursprünglich wollte Descartes nach der Verurteilung Galileis überhaupt nichts mehr publizieren. Doch er hoffte auf eine Revision des Urteils der Kirche: erst 100 Jahre nach seinem Tod indessen – viel zu spät – wird die Verurteilung des Kopernikus aufgehoben (1757), erst 1822 Galileis Werk vom Index der verbotenen Bücher gestrichen. »Pensiamo in secoli, wir denken in Jahrhunderten«, sagt man in Rom.

Schließlich veröffentlichte Descartes doch seinen »Discours de la méthode«, von den genannten Anhängen zur Geometrie und Optik (Erklärung des Teleskops und das berühmte Brechungsgesetz) abgesehen, ohne großes Aufsehen. Ursprünglich sollte der Titel des »Discours« – man erinnert sich an die Novembernacht in Deutschland – lauten: »Entwurf einer universalen Wissenschaft, die unsere Natur zu ihrer höchsten Vollendung zu bringen vermag«[18]. Erst die lateinischen »Meditationen über die Grundlagen der Philosophie« (1641)[19], in denen Descartes nun als Physiker und Metaphysiker zugleich die Fragen nach dem Dasein Gottes und dem Wesen der Menschenseele mit Hilfe seiner neuen exakten Methode einer unbezweifelbaren Lösung entgegenführen will, rufen heftige Opposition von traditionellen katholischen wie protestantischen Theologen und Philosophen hervor. Sie verhelfen seiner Philosophie aber auch zum Durchbruch. Um ihre Darstellung zu vervollständigen, publiziert Descartes dann lateinisch – nach seiner großen Ambition zum Gebrauch in den Schulen bestimmt – die »Prinzipien der Philosophie« (1644)[20]. Sie sind der ebenso intelligenten wie schönen Prinzessin Elisabeth von Böhmen (von der Pfalz) gewidmet, mit der sich Descartes in den späteren Lebensjahren verbunden fühlte und auf deren Anregung auch seine letzte, unmittelbar vor seiner Reise nach Schweden veröffentlichte Abhandlung »Über die Leidenschaften der Seele« (1649)[21] zurückgeht.

Anklagen wegen Atheismus, Pelagianismus, ja Skeptizismus blieben auch im protestantischen Holland, wo er vor Verhaftung und Bücherverbrennung durch hohe Gönner beschützt wurde, nicht aus, wiewohl Descartes sich ausdrücklich gerade »gegen die Skeptiker, die nur zweifeln, um zu zweifeln«, und sich gerne unentschlossen geben, gewendet hatte: »Ich wollte mir im Gegenteil nur Sicherheit verschaffen und lose Erde und Sand beiseite werfen, um Fels oder Ton zu finden[22].«

2. *Die Urgewißheit der Vernunft*

Wie aber soll der Mensch Felsengrund unter die Füße bekommen? Der Weg, den Descartes schon in seinem »Discours« – als »Kostprobe« und erlebte Entdeckung – klar skizziert hatte, wird in seinen »Meditationen« im Hinblick auf den Beweis des Daseins Gottes und des Wesens der Menschenseele systematisch – und sehr viel grundsätzlicher – beschritten. Was im »Discours« als Geschichte seines Geistes erscheint, wird in den »Meditationen« als die Geschichte des Geistes selbst dargestellt und grundsätzlich entwickelt[23]. Es ist der kühne Weg des methodischen (in geordneten Denkschritten vollzogenen) und radikalen (bis an die Wurzeln gehenden) und deshalb universalen (alles umfassenden) *Zweifels*. In den »Prinzipien« wird er in derselben Ordnung wiederholt.

Woran man alles zweifeln kann

Wie also soll der Mensch bei all seinen wirklichen und möglichen Irrtümern auf einen bleibenden, unerschütterlichen Grund kommen? »Schon vor einer Reihe von Jahren habe ich bemerkt, wieviel Falsches ich in meiner Jugend habe gelten lassen und wie zweifelhaft alles ist, was ich hernach darauf aufgebaut, daß ich daher einmal im Leben alles von Grund aus umstoßen und von den ersten Grundlagen an neu beginnen müsse, wenn ich jemals für etwas Unerschütterliches und Bleibendes in den Wissenschaften festen Halt schaffen wollte[24].«

Dieses »gewaltige Unternehmen« aber, diesen »allgemeinen Umsturz (eversio) seiner Meinungen« verschiebt der Mensch freilich besser, wie Descartes anmerkt, auf sein »reiferes Alter«[25]. Descartes selbst hat sich dafür nicht nur äußerlich zurückgezogen, sondern sich durch methodische, aber auch einige moralische Regeln[26] abgesichert: bei allem Zweifel doch eine »morale par provision«, eine recht konformistische »Moral auf Zeit«, die Descartes dann später als endgültig erklärt. Und so geht er nun – unerschrocken, aber wie allein in der Dunkelheit langsam Schritt für Schritt, um nicht zu fallen[27] – den gefährlichen Weg des Zweifels, der ihn, wie er hofft und erwartet, nicht zur Verzweiflung, sondern zu einer zweifelsfreien Gewißheit führen soll.

Nun stellt der zweifelnde Mensch bald fest, daß man an ungefähr allem, »an allen Dingen, besonders den materiellen«[28], zweifeln kann. Und um deutlich zu machen, wie zweifelhaft alles ist, muß man nicht einmal in endloser Arbeit alles im einzelnen durchprüfen: »Ich werde vielmehr, da bei untergrabenen Fundamenten alles darauf Gebaute von selbst zusammenstürzt, den Angriff sogleich auf eben die Prinzipien richten, auf die sich alle meine früheren Meinungen stützten[29].« Das geschieht in vier Etappen:

Überlegung I: Die sinnliche Wahrnehmung ist unzuverlässig! Weil uns die Sinne oft täuschen, darf man ihnen nie ganz trauen. Die Gewißheit der Außenwelt überhaupt ist zweifelhaft[30].
Doch Rückfrage: Die Ungewißheit mag kleinere und entferntere Gegenstände betreffen, aber doch nicht mich, der ich da sitze, mit meinen Händen und meinem ganzen Körper?

Überlegung II: Traum und Wachen lassen sich nicht sicher unterscheiden! Was wir im Wachen erleben, können wir auch im Traum erleben: gerade, daß ich da sitze, mit meinen Händen und meinem ganzen Körper. Könnte das nicht alles ein Traum (Halluzination, Wahnidee) sein? Auch die Gewißheit meiner leibhaftigen Existenz ist also zweifelhaft[31].
Doch Rückfrage: Die Ungewißheit mag alle diese Einzelheiten betreffen, aber doch nicht die Natur der Körper überhaupt, ihre Ausdehnung, Quantität, Größe, Zahl, Ort und Zeit? Ob ich nun träume oder nicht: Sind 2 + 3 nicht immer 5, und haben Quadrate nicht immer 4 Seiten?

Überlegung III: Alles könnte Täuschung sein! Wenn wir uns schon so viel täuschen: warum sollten wir uns nicht auch über das täuschen können, was uns das Gewisseste scheint? Auch die allgemeinsten Grundbegriffe und Grundsätze der Natur, auch die alles Erkennen begründenden Wahrheiten sind zweifelhaft[32].
Doch Rückfrage: Eine solche Ungewißheit des Menschen läßt sich zwar ausdenken, aber doch nur unter der Voraussetzung, daß der allgütige Gott den Menschen in eine solche grundlegende Verkehrtheit hineingeschaffen hat. Was jedoch Gottes Güte widerspricht.

Überlegung IV: Statt Gott könnte auch ein täuschender Geist auf dem Plan sein! Läßt sich nicht »für eine Weile die Fiktion machen«, »nicht der allgütige Gott, die Quelle der Wahrheit, sondern irgendein böser Geist (genius malignus), der zugleich allmächtig und verschlagen ist, habe all seinen Fleiß daran gewandt, mich zu täuschen«[33]? Alles außer mir und an mir wäre dann eben »nichts als das täuschende Spiel von Träumen«[34].

Descartes, der zwar den Willkürgott des Nominalismus ablehnt, zögert doch nicht, die Wahrheit des Schöpfers radikal, wenn auch nur »fiktiv«, methodisch, in Zweifel zu ziehen. Damit hat der universale und radikale Zweifel durch alles hindurch die Wurzel bisheriger Gewißheit erreicht und getroffen: die Gottesgewißheit als tiefster Grund aller Selbstgewißheit! Wie aber soll nun bei derart gründlichem Zweifel die Verzweiflung vermieden werden können? Führt diese Methode nicht in die totale Skepsis?

Der archimedische Punkt

Wie soll, wenn man dem Zweifel in keiner Weise ausweicht, sondern ihm bis zum Ende standhält, überhaupt noch eine Gewißheit erreicht werden? »Die gestrige Betrachtung hat mich in so gewaltige Zweifel gestürzt, daß ich sie nicht mehr vergessen kann, und doch sehe ich nicht, wie sie zu lösen sind; sondern ich bin wie bei einem unvorhergesehenen Sturz in einen tiefen Strudel so verwirrt, daß ich weder auf dem Grunde festen Fuß fassen, noch zur Oberfläche emporschwimmen kann. Dennoch will ich mich herausarbeiten und von neuem eben den Weg versuchen, den ich gestern eingeschlagen hatte: nämlich alles von mir fernhalten, was auch nur den geringsten Zweifel zuläßt, genau so, als hätte ich sicher in Erfahrung gebracht, daß es durchaus falsch sei. Und ich will so lange weiter vordringen, bis ich irgend etwas Gewisses, oder, wenn nichts anderes, so doch wenigstens das für gewiß erkenne, daß es nichts Gewisses gibt. Nichts als einen festen und unbeweglichen Punkt verlangte Archimedes, um die ganze Erde von ihrer Stelle zu bewegen, und so darf auch ich Großes hoffen, wenn ich nur das geringste finde, das sicher und unerschütterlich ist[35].«

Ja, gibt es diesen einen Punkt, der, unmittelbar gewiß und einleuchtend, den ganzen Bau menschlichen Wissens zu tragen vermöchte? Alle Gewißheit erscheint doch zerstört. Aber – und das ist nun die große Überraschung – gerade dieser universale und radikale Zweifel ist es, der selber die neue grundlegende Gewißheit gebiert: »Alsbald aber fiel mir auf, daß, während ich auf diese Weise zu denken versuchte, alles sei falsch, doch notwendig ich, der es dachte, etwas sei. Und indem ich erkannte, daß diese Wahrheit: ›ich denke, also bin ich‹, so fest und sicher ist, daß die ausgefallensten Unterstellungen der Skeptiker sie nicht zu erschüttern vermöchten, so entschied ich, daß ich sie ohne Bedenken als ersten Grundsatz der Philosophie, die ich suchte, ansetzen könne[36].«

Und dieses schon im »Discours« formulierte »je pense, donc je suis« – in der lateinischen Übersetzung das berühmte *»cogito, ergo sum«* – hat Descartes in den »Meditationen« unter Voraussetzung des möglicherweise täuschenden Gottes so formuliert: »Nun, wenn er mich täuscht, so ist es also unzweifelhaft, daß ich bin. Er täusche mich, soviel er kann, niemals wird er doch fertigbringen, daß ich nichts bin, solange ich denke, daß ich etwas sei. Und so komme ich, nachdem ich nun alles mehr als genug hin und her erwogen habe, schließlich zu der Feststellung, daß dieser Satz: ›Ich bin, ich existiere‹, sooft ich ihn ausspreche oder in Gedanken fasse, notwendig wahr ist[37].« Das Ziel scheint erreicht: Klarheit und Deutlichkeit manifestieren sich hier nicht mehr nur im mathematisch-geometrischen Bereich abstrakter Zahlen und Relationen, sondern im konkreten Leben, in der wirklichen Existenz. Da es auf der Gegenstandseite nichts Unzweifelhaftes gibt, ist das zweifelnde Subjekt zwangsläufig auf sich selbst zurückverwiesen.

»Ich denke, (also) ich bin«: Das »also« (donc, ergo) – nur gelegentlich gebraucht – meint keine syllogistische Folgerung, sondern die mit dem Akt des Denkens unmittelbar mitgegebene Einsicht: »Ich bin ein denkendes Seiendes.« Solange ich zweifle, denke ich, und muß ich als der Zweifelnde und Denkende existieren. Damit war durch allen Zweifel hindurch der archimedische Punkt gefunden: Das Faktum der eigenen Existenz – und nicht nur des Denkens – ist das Fundament aller Gewißheit! Von diesem festen und unbeweglichen Punkt her setzt nun Descartes alle Grundfragen der Philosophie in Bewegung: die drei großen Fragen nach dem Ich, nach Gott und nach den materiellen Dingen.

a. Die *Natur des Ich* oder des menschlichen Geistes[38]: Sie besteht für Descartes ganz und gar im Denken, verstanden im weitesten Sinn des Wortes (= Bewußtsein). Diesem Ich, dem »denkenden Seienden« (res cogitans), kommen die Eigenschaften des Denkens, aber auch Fühlens und Wollens zu wie etwa Farbe oder Schwere den Dingen der physischen Welt, deren Wesen in der Ausdehnung besteht (res extensa).

b. Wie aber kommt das Ich nun zur *Existenz Gottes*? Das ist der neue Ausgangspunkt Descartes': nicht von der Welt, sondern ganz und gar von sich selbst her. Auf zwei Weisen:

Zunächst *kausal* im Schema Ursache – Wirkung[39]: Für Descartes ist fraglos: der Mensch findet in sich die Idee eines vollkommenen, unendlichen Wesens vor. Woher stammt diese Idee? Nicht vom Menschen selbst; denn als zweifelndes, denkendes Wesen erkennt der Mensch ja gerade seine Unvollkommenheit und Endlichkeit. Unvollkommenes und Endliches aber – und hier greift Descartes mit dem Begriff der Wirkursache zwischen Endlichem und Unendlichem neuplatonische Gedankengänge auf – kann nicht die angemessene Ursache für Vollkommenes sein. Denn die Idee der Vollkommenheit und Unendlichkeit muß – da die Idee nicht nichts ist – als realen Urheber ein ihr entsprechendes wirkliches Sein haben: ein wahrhaft unendliches Wesen – Gott. Nicht wir also sind es, die die Idee der Vollkommenheit und Unendlichkeit hervorgebracht haben, sondern Gott selbst ist es, der sie in uns eingepflanzt hat: Die Idee Gottes ist eine dem Menschen eingeborene oder angeborene Idee.

Dann *ontologisch* von der Idee zur Existenz[40]: Descartes greift auf das berühmte Argument Anselms von Canterbury zurück, das seit Kant das ontologische genannt wird, allerdings jetzt unter der Voraussetzung seines Prinzips der klaren und deutlichen Erkenntnis. Wovon wir klar und deutlich erkennen, daß es zur wahren Natur einer Sache gehört, das muß auch dazugehören. Aber die Idee Gottes darf nicht mit einer beliebigen Idee verwechselt werden: Wir erkennen klar und deutlich, daß Gott das vollkommenste

Wesen ist und daß zu seinen Vollkommenheiten auch sein Dasein gehört; das höchst vollkommene Wesen kann nicht ohne die höchste Vollkommenheit sein. Also ist schon mit der Idee Gottes als des vollkommensten Wesens gegeben, daß er auch existiert.

Wieso aber können wir sicher sein, daß wir uns in dieser Erkenntnis nicht täuschen oder durch einen betrügerischen Geist getäuscht werden? Descartes' Antwort: Wäre Gott ein betrügerischer Geist, könnte er nicht das vollkommenste Wesen sein. Denn Täuschung und Betrug sind Zeichen von Schwäche und Unvollkommenheit. Der Begriff oder die Idee des vollkommensten Wesens selbst also schließt nicht nur die Existenz, sondern auch die Wahrhaftigkeit und Güte Gottes ein. Ein Betrüger-Gott ist ausgeschlossen.

So wird der Gottesbegriff nicht aus der Erkenntnis der Welt abgeleitet: Wissenschaft und Glaube erscheinen scharf getrennt, was eigentlich eine freie Entwicklung sowohl der Naturwissenschaft wie der Theologie ermöglicht hätte. Der Schluß der dritten Meditation bezeugt, daß die Betrachtung Gottes Bewunderung, Anbetung, Freude ist: Der »gewissermaßen geblendete Geist« erfährt dabei »das größte Glück, dessen wir in diesem Leben fähig sind«[41].

c. Von hier aus ist der Schritt zu den *materiellen Dingen*[42] der Außenwelt nicht mehr schwer: Ist Gott wahrhaftig und gut, kann der Mensch seiner selbst und der materiellen Dinge, die ihn umgeben, gewiß sein. Gott in seiner Wahrhaftigkeit und Güte garantiert auch die Zuverlässigkeit der von ihm geschaffenen Vernunft, wenn sie richtig, das heißt klar und deutlich, angewandt wird. Ich kann gewiß sein, daß das, was ich klar und deutlich erkenne (also nicht einfach alle sekundären Qualitäten der Materie wie Farbe, Form, Härte), nicht Täuschung, nicht Schein, sondern wahr ist und folglich existiert. Es wird dabei auch klar und deutlich, daß das Wesen der materiellen Dinge vom Wesen des menschlichen Geistes real verschieden ist: Der menschliche Geist (das Ich, die Seele) ist durch Denken, die materiellen Dinge sind durch Ausdehnung bestimmt. Im materiellen Bereich muß Gott als erste Ursache aller Bewegung verstanden werden.

3. *Die Vernunft als Basis des Glaubens?*

»Hier können wir sagen, sind wir zu Hause, und können wie die Schiffer nach langer Umherfahrt auf der ungestümen See ›Land‹ rufen; Cartesius ist einer von den Menschen, die wieder mit allem von vorn angefangen haben; und mit ihm hebt die Bildung, das Denken der neueren Zeit an«, so wird Hegel fast zwei Jahrhunderte später in seiner Vorlesung zur Geschichte der Philosophie ausrufen, wenn er zu Descartes kommt[43]. In der Tat, der Kartesianismus wurde trotz aller Widerstände zu sehr viel mehr als zu einer Schule. Er wurde zu einer Bewegung, einer Denkweise, einer Denkhaltung, einer Sache der Bildung überhaupt. Seine Geschichte geht weithin in der

Philosophiegeschichte auf. Berufen sich auf Descartes doch nicht nur Rationalismus, Psychologismus und vor allem Idealismus zur Rechten, sondern – bei Descartes' scharfer Trennung von Leib und Seele als zweier Substanzen verständlich – auch Empirismus, Mechanismus, ja Materialismus zur Linken. Was Descartes' Ingenium noch zusammenhielt, löst sich nachher auf. Richtungweisend für die Zukunft wurde nicht Descartes' System, so wirkmächtig es war; welche Systeme werden nicht früher oder später »historisch«! Richtungweisend wurden seine wissenschaftliche Haltung, sein Denkstil, seine Methode.

Von der Selbstgewißheit zur Gottesgewißheit

Mit Descartes hat das abendländische Bewußtsein in einer kritischen Entwicklung einen *epochalen Wendepunkt* erreicht: Der Ort der ursprünglichen Gewißheit ist von Gott in den Menschen verlegt worden. Das heißt: nicht mehr mittelalterlich von der Gottesgewißheit zur Selbstgewißheit, sondern neuzeitlich von der Selbstgewißheit zur Gottesgewißheit!

Eine kopernikanische Wende – nicht geringer als die bezüglich Sonne und Erde! Statt der Theozentrik jetzt eine solide begründete Anthropozentrik: Der Mensch steht im Zentrum, und zwar auf eigenen Füßen! Mit größter Energie, Gelassenheit und Disziplin hatte Descartes methodisch seinen Ausgang vom Menschen, vom Subjekt, seiner Freiheit, Vernunft, Gewißheit genommen und damit als erster die Autonomie der Wissenschaft philosophisch begründet. Zu Recht nennt man ihn den »Vater der neueren Philosophie«, den »Vater des modernen Denkens«.

Denn mit ihm beginnt die Vorrangstellung des Subjektes gegenüber dem Objekt, des Bewußtseins gegenüber dem Sein, der persönlichen Freiheit gegenüber der kosmischen Ordnung, der immanenten Fragestellung gegenüber der transzendenten. Mit ihm beginnt die moderne philosophische Anthropologie sowie die selbständige Erkenntnistheorie, Methoden- und Wissenschaftslehre, die als philosophische Disziplinen der im Mittelalter an erster Stelle stehenden Metaphysik den Rang ablaufen.

Und ist nun mit dieser glücklich errungenen Selbstgewißheit des Menschen nicht die felsenfeste, unerschütterliche Gewißheit gewonnen, auf der sich alle Gewißheit und auch die Gewißheit des Glaubens aufbauen läßt? Descartes bejaht die Frage entschieden. Und mit ihm, dem philosophischen »héros de la nation«, waren weite geistliche Kreise in Frankreich – von Bossuet und Malebranche über Oratorianer und Benediktiner bis hin zu den Jansenisten und Protestanten – der Meinung, daß gerade diese der Zukunft zugewandte und allen Menschen zugängliche Philosophie der Vernunft und der Freiheit, daß also gerade diese zugleich kritische, optimistische und universale Philosophie Descartes' bestens geeignet sei, in einem neuen Zeitalter als philosophisches Fundament der christlichen Religion zu dienen.

In der Tat: So sehr Descartes philosophischer Revolutionär war, er wollte *kein religiöser Reformator* sein. Im Gegensatz zu früheren Descartes-Interpreten rationalistischer, positivistischer, neukantianischer und auch thomistischer Provenienz, die in Descartes primär nicht den Metaphysiker, sondern den Physiker (Erkenntnistheoretiker) sehen, stellen die neuesten Interpreten (Gouhier, Laporte, Alquié)[44] Descartes primär als Metaphysiker und durchaus religiös orientierten Menschen heraus. Descartes sah offensichtlich keinen Widerspruch zwischen seiner Vision einer methodisch-rationalen Universalwissenschaft und theologisch-kirchlichen Doktrinen und Praktiken. Anders als die Aufklärer und Vertreter der Naturreligion nach ihm hat er stets am christlichen Offenbarungsglauben unzweideutig festgehalten. Er war Christ, wenn auch kein sehr eifriger. Die Philosophie führt zur Schwelle der Religion, aber will sie nicht »aufheben«.

Descartes war keineswegs, wie einst M. Leroy meinte[45], der glaubenslose Philosoph, der sich aus Angst der Maske bedient. Manche Interpreten gerade in Deutschland bis hin zu Karl Jaspers[46] und Wilhelm Weischedel[47] hatten unter Leroys Einfluß und in Unkenntnis der noch zu besprechenden Tradition Descartes' nicht genügend gewürdigt, was nach der neuesten französischen Forschung zusammen mit Descartes' philosophischen Neuansätzen gebührend zu berücksichtigen ist: seine katholische Erziehung in La Flèche; seine Loreto-Wallfahrt nach seiner Berufung in der entscheidenden Phase seines Lebens und Denkens; die Bekanntschaft mit Bérulle, anderen Oratorianern (Gibieuf) und die beständige Freundschaft mit dem Paulanerpater Mersenne, seinem Verbindungsmann zu allen Gelehrten seiner Zeit, der für eine Versöhnung der Theologie mit der neuen Naturwissenschaft arbeitet; das ausdrückliche Festhalten am überlieferten christlichen Glauben in seinen Regeln für eine »Moral auf Zeit« während seines methodischen Zweifelns; die Bezeugung seiner Kirchlichkeit auch ohne Not in seinen Briefen; die Bemühungen um eine Neuinterpretation des katholischen Eucharistieverständnisses; sein treues Bekennen und Praktizieren des katholischen Glaubens in protestantischer Umgebung; schließlich sein Sterben, nach seiner eigenen Lehre in vollkommener Ergebung in Gottes Vorsehung. Wie es vom französischen Botschafter der Trauerversammlung in Stockholm berichtet wurde: »Sein Freund ziehe sich zurück, zufrieden mit dem Leben, befriedigt von den Menschen, voll Vertrauen auf Gottes Barmherzigkeit und leidenschaftlich darauf aus, die Wahrheit unverhüllt zu sehen und zu besitzen, die er sein ganzes Leben hindurch erstrebt hatte[48].« Die schwedische Königin Christine, Tochter des großen Gustav-Adolf, schrieb ihrem Lehrer Descartes einen Anteil an ihrer »glorreichen Konversion« zum katholischen Glauben zu: vier Jahre nach Descartes' Tod in Stockholm kam es zu ihrem Thronverzicht (1654).

Selbstverständlich gehen die heutigen Interpretationen Descartes' noch immer stark auseinander. »Aber soviel steht doch fest: Descartes ist nicht mehr als der Nur-Wissenschaftler zu verstehen, dessen Metaphysik lediglich Tarnungsmanöver und methodisches Instrument zur Vernichtung der scholastischen Begrifflichkeit war. Descartes' ›sincerité‹ in religiösen Fragen stellt kein Problem mehr dar (I. Fetscher[49]).«

Und doch hatte Descartes *keine christliche Philosophie vertreten* oder vertreten wollen. Das spezifisch Christliche geht ihr ab: Jesus Christus scheint in seiner Philosophie keine Rolle gespielt zu haben. Daß er seine »Meditationen« der Sorbonne, der theologischen Fakultät der Pariser Universität, unterbreitete, dürfte nicht nur taktisch-politisch als Vorsichtsmaßnahme gemeint gewesen sein, vielmehr als Geste, um, wie er erwartete, die Sorbonne und womöglich die katholische Kirche für seine Lehre zu gewinnen. Ihm ging es gewiß mehr um Werbung für seine neue Philosophie und damit auch für seine neue nachkopernikanische Physik, von der er nur Teilergebnisse bekanntgab, als um die Verteidigung des Glaubens an die Existenz Gottes oder die Unsterblichkeit der Seele, von der in den »Meditationen« erstaunlich wenig gesagt wird. Trotzdem wird man seine apologetische Grundtendenz gegenüber den Freigeistern (philosophische, moralische, gesellschaftliche »Libertins«), die mit seiner Opposition gegen die Scholastik als Quelle einer falschen Physik und vieler Irrtümer zusammengeht, keinesfalls in Abrede stellen dürfen. Descartes hofft auch nach Galileis Verurteilung, die Kirche würde einsehen, daß die Uhr für die aristotelisch-scholastische Physik, Metaphysik und Theologie abgelaufen, daß die Zeit für eine neue, seine Philosophie gekommen sei. Und wenn Descartes auch keine christliche Philosophie treibt, so *treibt er doch als Christ Philosophie.*

Aber Frage: Wie gehen dann *Vernunft und Glauben,* radikale rationale Analyse und »höhere« christliche Glaubensgewißheit zusammen? Ist das nicht ein Widerspruch? Nur wenn man seine diesbezügliche Auffassung nicht kennt! Typisch, auch für den späteren Descartes, ist die Stellungnahme in seinem frühesten Werk, den »Regeln zur Lenkung des Geistes«, wo im Kommentar zu jener Regel 3 über die Gewißheit entweder durch klare und evidente Intuition oder durch sichere Deduktion (»Schließen«, oft auch Induktion genannt) zu lesen ist: »Das also sind die zwei sichersten Wege zur Wissenschaft, und weitere dürfen vom Menschengeist her nicht zugelassen werden. Vielmehr müssen alle anderen als verdächtig und irrtumsgefährdet verworfen werden. Das hindert uns jedoch nicht, das, was von Gott geoffenbart wurde, als gewisser denn alle übrigen Erkenntnisse anzunehmen, da ja der Glaube, der sich immer auf Dunkles bezieht, kein Akt des (erkennenden) Geistes (ingenii), sondern des Willens (voluntatis) ist. Und wenn er irgendwelche Fundamente im Verstand haben sollte, so können und müssen sie vor allem auf dem einen oder dem anderen der genannten Wege gefunden werden, wie wir es vielleicht einmal ausführlicher zeigen werden[50].«

Wie also verhält sich die Gewißheit aus Glauben zur Gewißheit aus evidenter Vernunfteinsicht? Für Descartes bildet der *Glaube* den *Ausnahmefall von der allgemeinen Evidenzregel:* Der Glaube weist die allergrößte Gewißheit auf, obwohl er sich nicht wie Philosophie oder Naturwissenschaft auf einen evidenten, sondern einen dunklen Inhalt bezieht, der die Vernunft übersteigt. Wie ist das möglich? Weil der Glaube ein Akt nicht des erkennenden Geistes, des Intellekts, sondern des Willens ist, der, von Gottes Offenbarung disponiert, auch ohne Evidenz zustimmen kann. Die Fundamente dieses Glaubens sollen freilich rational durch Intuition oder Deduktion begründet werden. Bei dieser grundsätzlichen Antwort bleibt Descartes in den bei ihm sehr seltenen Texten, in denen er sich von sich aus spontan zu dieser Frage äußert. In den »Meditationen« wird noch deutlicher, daß es Gottes Gnade ist, die den Menschen zur Zustimmung disponiert, die aber deshalb seine Freiheit nicht mindert, sondern mehrt und stärkt[51].

Nur in den von anderen provozierten privaten oder öffentlichen Äußerungen zeichnen sich deutlichere Linien ab[52]:

a. Absolute Verschiedenheit der beiden Erkenntnisvermögen (das natürliche Licht der Vernunft – das aus göttlicher Gnade stammende Licht des Glaubens) und Erkenntnissphären (das Reich der klaren und deutlichen Ideen – das Reich der Offenbarung): keine Vermischung oder gegenseitige Angriffe, vielmehr eine Parallelität und entsprechende Zurückhaltung.

b. Deshalb nichts spezifisch Christliches in Descartes' Philosophie: Wo es um Gott geht, da immer um den Gott der Philosophen und nicht den Gott der Väter und Jesu Christi.

c. Doch keine widersprüchliche doppelte Wahrheit, sondern eine Übereinstimmung von Philosophie und Offenbarung, wobei Descartes' Philosophie der christlichen Offenbarung konformer erscheint als etwa die aristotelische.

Um hier auch für die Gegenwart klar zu sehen, muß gefragt werden: Wie kommt Descartes zu dieser Verhältnisbestimmung von Vernunft und Glaube? In welcher Tradition steht er? Nur schwer vermochte Descartes zuzugeben, daß auch er, der große Neuerer, von anderen gelernt hatte. Aber gerade von der Tradition her, in der er stand, klären sich manche »Widersprüche«.

Weder Freidenkertum noch Augustinismus

Steht Descartes vielleicht in der freidenkerischen Tradition, wie manche philosophischen Interpreten meinen? Descartes war ein liberaler Mann, er verkehrte mit vielen »Libertins«, er kannte ihre Auffassungen. Zweifellos bildet die skeptische Grundhaltung der französischen Renaissance-Denker – Michel de Montaignes »Essais« (1552–88) und seines Freundes Pierre Charrons »De la sagesse« (1601) sowie Franz Sanchez' »Tractatus de multum nobili et prima universali scientia, quod nihil scitur« (1581) – den Hintergrund, von dem her Descartes' methodisches Zweifeln und Denken zu verstehen ist.

Trotzdem: Gerade dieser methodische Zweifel ist vom rein negativen Zweifel des Skeptizismus wohl zu unterscheiden. Descartes will nicht im Zweifel beharren, sondern aus dem Zweifel, der sich als die irrtumszerstörende Kraft der Wahrheit selber erweist, zur unzweideutigen und unerschütterlichen Gewißheit, dem Fundament auch einer neuen Gottesgewißheit, kommen. Das »Was weiß ich schon?« ist Montaignes, aber nicht Descartes' Standpunkt. Die Ehrlichkeit von Descartes' Gottesglauben hätte man nie in Frage stellen dürfen.

Descartes vertritt auch keine Theorie der zwei Wahrheiten, die nicht übereinzustimmen brauchen. Seine auf Einheit gerichtete Auffassung besagt keine Opposition, sondern eine Harmonie zwischen Vernunft und Glaube. Anders als die Averroisten des 13. Jahrhunderts, die Renaissancephilosophen des 16. und die Libertins des 17. Jahrhunderts sah er keinen Kontrast zwischen Antike und Christentum, interessierte er sich wenig für Platon, Aristoteles, Epiktet oder Epikur, wollte er keine »philosophie renaissante«, sondern eine »philosophie nouvelle«. Kein Wunder also, daß die Libertins sich nie auf Descartes berufen, sondern sich ihm gegenüber reserviert verhalten.

Oder steht Descartes vielleicht in der augustinischen Tradition, wie manche im besonderen theologische Interpreten betonen? Descartes kannte mehrere bedeutende Vertreter des Augustinismus in Frankreich, vor allem Bérulle und Mitglieder des Oratoriums. Mit ihnen ist er, wir hörten es, einig in der Opposition gegen die Schulphilosophie und Aristoteles wie gegen die Naturmystik der Renaissance. Darüber hinaus weist Descartes' Philosophie wichtige Elemente aus der platonisch-neuplatonisch-augustinischen Philosophie auf: vor allem die intuitive, unmittelbare Schau eingeborener Ideen und den Gottesbeweis aus der Unmöglichkeit, ein Unvollkommenes ohne die Annahme eines Vollkommenen zu denken; dann – besonders bei Augustin zu finden – das Studium des Ich sowie der Zweifel und der Rückgriff auf das Cogito: »Wenn ich irre, bin ich«, »si enim fallor, sum«, so heißt es kurz und prägnant in Augustins »Gottesstaat«[53].

Trotzdem: Anders als Augustin streicht Descartes weder die Beschränktheit der Vernunft noch die Würde des Glaubens besonders heraus. Der Einfluß Bérulles, mit dem der in seinen Auffassungen schon gefestigte Descartes nur vier Monate näheren Kontakt hatte (Bérulle starb 1628), darf nicht übertrieben werden. Allgemein gilt: Augustinismus und Kartesianismus konvergieren oft mehr, als daß sich dieser aus jenem ableiten ließe. Als Descartes von verschiedenen Korrespondenten auf Parallelen zu Augustins Cogito aufmerksam gemacht wird, zeigt er sich wenig interessiert, liest bei Augustin nicht einmal nach, sondern meint nur, auf das Cogito könne jedermann, erst recht Augustin, leicht kommen. Von einer Lektüre Augustins durch Descartes wissen wir nichts.

Trotz ähnlicher Züge im System vertritt Descartes jedenfalls eine völlig andere Konzeption der Philosophie: Augustin, wie die Kirchenväter überhaupt, kennt kein eigenständiges philosophisches System, kennt keine zwei voneinander geschiedenen Wissenschaften (Philosophie und Theologie), Organe (Vernunft und Glaube), Wege (Denken und Handeln). Er sieht alles in einer großen philosophisch-theologischen Einheit von Vernunft und Glaube, wo die philosophische Wahrheit mit der geoffenbarten Wahrheit eins ist, wo philosophische Argumente in der Interpretation der Bibel und umgekehrt Bibelzitate in philosophischen Gedankenführungen gebraucht werden können. Descartes aber trennt säuberlich Vernunft und Glauben, Philosophie und Theologie, rationale Argumentation und biblische Texte. Nie zeigen seine philosophischen Abhandlungen religiöses Pathos oder gehen gar, wie für Augustin selbstverständlich, in Gebet über. Beide Werke, Descartes' »Discours« und Augustins »Confessiones«, sind glänzende autobiographische Rechtfertigungen ihres je eigenen Weges. Doch braucht man von beiden nur wenige Seiten zu lesen, um die völlig verschiedene geistige Atmosphäre zu spüren. In der Tat liegt nicht nur ein Jahrtausend, sondern zugleich eine Welt dazwischen.

Thomistisches Erbe

Steht dann Descartes vielleicht gar in der thomistischen Tradition[54]? Descartes hat diese im Philosophieunterricht des Collège Royal von La Flèche – die Jesuiten waren schon von ihrem Ordensgründer Ignatius in der Theologie auf Thomas von Aquin verpflichtet worden – zweifellos kennengelernt. Dabei darf freilich die Vermittlung des Thomas durch die im damaligen Europa einflußmächtige spanische Barockscholastik – für La Flèche vor allem das System des Jesuiten Francisco Suárez – als vermittelndes Glied zwischen mittelalterlicher Scholastik und neuerer Philosophie nicht unterschlagen werden, was jedoch für das grundsätzliche Verhältnis von Vernunft und Glaube kaum ins Gewicht fällt. Seinen thomistischen Lehrern macht Descartes, immer sehr höflich, das Kompliment: »Diese Ehre muß ich meinen Lehrern zuteil werden lassen, es auszusprechen, daß es keinen Ort in der Welt gibt, wo meiner Überzeugung nach die Philosophie besser gelehrt wird als in La Flèche[55].« In der Tat wirkt bei dem die Geschichte verachtenden Begründer der neuen Philosophie in Problemstellung, Begrifflichkeit, Sprache, Stil, Systemwillen die Geschichte – der mittelalterliche (und spanische) Thomismus – sehr viel mehr nach, als ihm und seiner Gefolgschaft bewußt ist: Diskontinuität gewiß, aber wie so oft nur aufgrund von Kontinuität.

Unbestreitbar ist: Descartes, dieser Mann der wenigen Bücher, hatte auch in späteren Jahren eine Summa Theologiae bei sich und brauchte nur die ersten Seiten des Bandes II/2 aufzuschlagen, um für die Frage Vernunft und

Glaube Prinzipien einer Lösung zu finden. Descartes bezieht sich gerade bezüglich des Glaubens und seiner Geheimnisse ausdrücklich auf Thomas[56]. Auch die kartesianische These vom Glauben als einem Akt des Willens ist eine thomanische These: »Im Glauben wird die Zustimmung nicht vom Denken, sondern vom Willen verursacht«, heißt es bei Thomas selbst[57]. Und vor allem die von Augustin so verschiedene Zuordnung von Vernunft und Glauben, Philosophie und Theologie bei Descartes entspricht bis ins einzelne hinein der thomistischen Auffassung: hier wie dort eine scharfe Scheidung der beiden Erkenntnisvermögen (natürliche Vernunft – gnadenhafter Glaube), Erkenntnisebenen (natürliche Wahrheit – gnadenhafte Offenbarungswahrheit), Wissenschaften (Philosophie – Theologie). Und doch keine Widersprüchlichkeit zwischen beiden, sondern eine grundlegende Übereinstimmung. Zwei Sphären, zwei Stockwerke also: klar unterschieden in ihren Bereichen; das eine, von höherer Gewißheit, dem anderen, fundamentalen, eindeutig übergeordnet; aber doch beide einander in harmonischer Nachbarschaft verbunden und grundsätzlich auf Zusammenarbeit verpflichtet. Man hüte sich, hier zu rasch von Widersprüchen – bei Thomas oder bei Descartes – zu sprechen.

Freilich entspricht Descartes' Verhältnisbestimmung von Vernunft und Glaube einem etwas *simplifizierten* Thomismus. Wer von Thomas herkommt, der in seinem einheitlichen Gesamtsystem die Unterscheidung der beiden Erkenntnisebenen und Wissenschaften noch längst nicht so starr durchgeführt hat wie der spätere Thomismus, wird gegenüber Descartes betonen:
daß der Glaube solider rationaler Fundierung und Durchdringung bedarf;
daß der Glaubensakt – obwohl angesichts der nichtevidenten Glaubenswahrheiten vom (blinden) Willen ausgelöst – doch Akt des (erkennenden) Verstandes bleibt;
daß die rationale Erkenntnis überhaupt nicht rationalistisch verengt oder gar nur mathematisch verstanden werden darf.

Doch diese Unterschiede ändern wenig an dem bedeutungsvollen Tatbestand: In seiner Auffassung von Vernunft und Glaube liegt Descartes *grundsätzlich auf der Linie der thomistischen Stockwerk-Theorie*, womit auch schon die Fragerichtung nach vorn gewiesen ist.

Klarheit als Ideal der Theologie

Von Descartes lassen sich Linien nicht nur zurück zu Thomas und zu der Thomas vermittelnden spanischen Barockscholastik ziehen. Nicht weniger wichtig sind die Linien nach vorn: zu dem ein Jahrhundert nach Descartes' Tod zunächst in Italien aufkommenden und in der katholischen Theologie des 19. Jahrhunderts – abgesehen von der Tübinger Schule – sich total durchsetzenden Neu-Thomismus und zu dem von ihm beherrschten Ersten

Vatikanischen Konzil 1869/70.

Thomas von Aquin: Er war in seiner Zeit kein unumstrittener Theologe gewesen. Zur Zeit Descartes' aber war er, der vielverketzerte, von traditionalistischen (augustinischen) Theologen als Modernist bekämpfte, vom eigenen Dominikanerorden aus Paris abberufene und schließlich von den Kirchenautoritäten in Paris und Oxford in aller Form verurteilte Vertreter der (mehr philosophisch-aristotelischen) »Nouvelle Théologie«, zum Ordenstheologen schlechthin, zum »Doctor communis« und schließlich zum katholischen Klassiker geworden! Der Periode der Thomasapologie und der Defensiones (am bedeutendsten Johannes Capreolus † 1444) war im ausgehenden 15. Jahrhundert die Periode der Kommentare der Summa Theologiae (erster Kommentator der ganzen Summa der klassische Thomas-Interpret und Luther-Gegner Kardinal Cajetan) gefolgt[58]. Franciscus de Vitoria, Vater der spanischen Scholastik, führte 1526 an der Universität Salamanca, die so zum Ausgangspunkt der spanischen Scholastik wurde, die Summa Theologiae als theologisches Lehrbuch ein und schrieb einen Kommentar. Im Geburtsjahr Descartes' 1596 schloß sich auch die Universität Löwen an und errichtete 1617 – Descartes reiste im folgenden Jahr nach Holland in den Heerdienst – auch noch einen siebenjährigen Summa-Theologiae-Kurs mit zwei eigens dafür geschaffenen Thomas-Professuren. Bis 1924 wird man 90 Kommentare zur ganzen Summa (218 zu ihrem ersten sowie 89 zum genannten Teil II/2) zählen.

Die Abweichungen der Interpreten von ihrem Meister waren aber in ihren Perspektiven, Akzentsetzungen und Sachaussagen sowohl im *klassischen Thomismus* wie im *Neu-Thomismus* des vergangenen und gegenwärtigen Jahrhunderts so beträchtlich, daß man neuerdings betont zwischen »thomanisch« und »thomistisch« unterscheidet. Und so sehr man sich gegen die (nun einmal verurteilten!) Einsichten der Naturwissenschaft und der neuen Philosophie zunächst wehrte und sie dann einfach ignorierte, wodurch der Thomismus aus der Avantgarde des 13. Jahrhunderts zur Nachhut des 17. Jahrhunderts wurde, so hat der in Descartes verkörperte Zeitgeist des Rationalismus doch auch vom Thomismus seinen Tribut gefordert. Man benutzte Descartes' modernes philosophisches Rüstzeug, um die traditionelle mittelalterliche Auffassung des Christentums weiterhin vertreten zu können. Schon im Formalen – neben dem mangelnden historischen Sinn (etwa für die Lehrentwicklung bei Thomas selbst) – konstatiert man jetzt eine neue Bemühung um die logisch-rationale Beweisstruktur (freilich in mittelalterlich-syllogistischer oder Disputationen-Form), eine Präzisierung der Terminologie (mit freilich unthomanischen Verfestigungen), eine Unterdrückung der (auch in der Summa Theologiae enthaltenen) bibeltheologischen Erörterungen zugunsten eigener spekulativer Gedankengänge, für die die Bibel als Argumentensteinbruch (»locus theologicus«) dienen muß.

Nun war freilich schon Thomas selber primär an der rationalen Klärung der Glaubensfragen interessiert. Aber wie Thomas den griechischen Intellektualismus aufgenommen und zum Teil überboten hat, so nun der klassische und neue Thomismus den Intellektualismus des Thomas. Sehr viel mehr interessiert man sich jetzt für die Genese des Glaubensaktes, fragt intensiv nach der Funktion rationaler Glaubensmotive und erarbeitet eine rationale Theorie des Glaubensaktes, die den Namen »Glaubensanalyse« (»Analysis fidei«) erhält. Für die – wie man nun sagt »mystische« – Glaubensauffassung des Thomas war es noch kein besonderes Problem, wie die Autorität des offenbarenden Gottes selbst unmittelbares und letztes Vernunftmotiv für die Glaubenszustimmung sein kann.

Diese Frage wird jetzt mehr und mehr, wie der einflußreiche neuscholastische Konzilstheologe des Vatikanum I, J. Kleutgen, sagt, »das Kreuz oder die Folter der Gottesgelehrten« [59], oder nach einem Neuscholastiker unserer Tage, »eine der schwierigsten Fragen der ganzen Theologie« [60]. Die bei Descartes so zentralen philosophischen Begriffe wie Vernunft, Freiheit, Gewißheit, Evidenz, Rationalität werden nun zur Analyse des Glaubensaktes gebraucht [61]. Und wie man sich durch eine Vivisektion des Glaubensaktes klare und deutliche Ideen verschaffen wollte, so auch durch rationale Analyse etwa des Zusammenwirkens zwischen göttlicher Vorherbestimmung und menschlichem freiem Willen, des genaueren Funktionierens der verschiedenen Gnadenarten im Menschen, der Kausalität der Sakramente, später auch der Inspiration der biblischen Schriftsteller. Alles in allem eine auf Wissenschaftlichkeit und Methode großen Wert legende rational-deduktive Konklusionstheologie, deren scheinbar so vernünftige Resultate heute jedoch kaum noch existentielles Interesse wecken.

Man kann sich indessen leicht vorstellen, daß die Triumphe der Mathematik und der mit ihr verbündeten experimentellen »exakten« Wissenschaften und so schließlich auch die kartesianische Forderung nach rationaler Methode und mathematisch-geometrischer Klarheit, Gewißheit, Evidenz und der kartesianische Zeitgeist überhaupt jene thomistische Theologie und Philosophie – trotz oder wegen deren Abwehrhaltung gegenüber neuem Weltbild und neuer Wissenschaft – nicht wenig beeinflußt haben. Nun konnte die Theologie freilich das mathematisch-geometrische Erkenntnis- und Wissenschaftsideal – auch nach Descartes selbst – für ihr Reich der »dunklen« Glaubenswahrheiten nicht einfach übernehmen. Im übrigen war Descartes 1663, wie schon Kopernikus und Galilei, vom römischen Sanktum Offizium doch noch posthum auf den Index der verbotenen Bücher gesetzt worden, »donec corrigatur«, »bis er korrigiert werde«, was von einem Toten zweifellos zuviel verlangen hieß.

Die katholische und protestantische Theologie ließ sich so in der Folge mehr von Leibniz, dem Initiator einer selbständigen deutschen Philosophie, und von Christian Wolff, dem Popular-Philosophen der deutschen Aufklärung, inspirieren, die aber beide den kartesianischen Rationalismus bei allen Korrekturen im wesentlichen übernommen hatten und ihn gerne an die Theologen weitergaben. Beide waren wie Descartes zugleich Philosophen und Mathematiker und trieben die Philosophie more mathematico. Beide waren in ihrem Denken durchaus ökumenisch orientiert: Leibniz bemühte sich ausdrücklich um die Einheit der Kirchen. Wolff war mit Jesuiten befreundet. Und dessen klares, reiches und umfassendes rationalistisches System vor allem war es, das einerseits viele Einsichten der Scholastik aufnahm und andererseits viele rationalistische Impulse an die neuere Scholastik weitervermittelte. Dies gilt ebenso für die »römische Schule«, auch wenn sich bisher kaum eine direkte Genealogie von jenen Jesuiten des 18. Jahrhunderts zu denen des 19. Jahrhunderts feststellen läßt, die dann mit ihrer thomistischen Theologie das Erste Vatikanische Konzil beherrschten: G. Perrone, der an der Vorbereitung der Definition der Unbefleckten Empfängnis wie des Vatikanum I wesentlich beteiligt war, und seine Schüler und Kollegen J. Kleutgen, C. Schrader, J. B. Franzelin. Wichtig ist in diesem Zusammenhang, daß auch die eigentlichen Inspiratoren des italienischen Neuthomismus, der zeitlich früher einsetzt als der deutsche, L. Taparelli († 1862) und M. Liberatore († 1892), teilweise unter dem Einfluß des Rationalismus standen[62].

So war denn die Neuscholastik (und mit ihr auch das Vatikanum I) im Unterschied zur Hochscholastik vom Geist nicht nur der Restauration und Romantik, sondern auch – was oft übersehen wurde – vom Geist des Rationalismus geprägt, gegen den man im übrigen heftig protestierte. Allein so läßt sich verstehen, warum man so sehr an klaren und deutlichen Sätzen, an möglichst weitgehender Definition der offiziellen Kirchenlehre und einem möglichst »geschlossenen« System interessiert war. Nur daß die führende Philosophie der Zeit unterdessen schon weit über einen solchen naiven Rationalismus hinausgeschritten war!

Das *Vatikanum I,* welches das neue Weltbild überhaupt nicht zur Kenntnis nahm, verstand sich in seiner Definition als Weg der Mitte zwischen Rationalismus und Fideismus. Aus dieser Frontstellung heraus wurde in der vom genannten Jesuiten Kleutgen endgültig redigierten Konstitution »Über den katholischen Glauben« ein Kapitel 4 »Über Glauben und Vernunft«[63] verabschiedet, das freilich auch für Descartes mindestens insofern akzeptabel gewesen wäre, als es gut thomistisch eine doppelte Erkenntnisordnung definierte: Über dem natürlichen Bereich der natürlichen Wahrheiten (auch die Erkenntnis der Existenz Gottes!), die durch die natürliche Vernunft erkannt werden, gibt es den über-natürlichen Bereich der geoffenbarten göttlichen Wahrheiten, die Glaubensgeheimnisse sind und nur durch den göttlichen Glauben erkannt werden. Glaube und Vernunft widersprechen sich nicht, können sich aber gegenseitig – da wäre Descartes zurückhaltender gewesen – helfen. Die Vernunft beweist die Fundamente des Glaubens und erarbeitet, vom Glauben erleuchtet, die theologische Wissenschaft: Der Mensch kann den einen wahren Gott und Schöpfer durch das natürliche Licht der menschlichen Vernunft gewiß erkennen[64]. Umgekehrt befreit der Glaube die Vernunft von Irrtümern, schützt sie und unterrichtet sie mit vielfacher Erkenntnis.

Dasselbe Konzil hat schließlich ja auch – und das hat ebenfalls mit dem »clare et distincte« zu tun – die päpstliche *Unfehlbarkeit* definiert: daß der Papst als oberster Hirte und Lehrer der Kirche in Glaubens- und Sittendingen Aussagen machen kann, die wegen eines besonderen Beistandes des Heiligen Geistes a priori absolut wahr sind. So versucht man, sich mit klaren und deutlichen, ja unfehlbar wahren Sätzen für den Glauben die auch von Descartes zugestandene höhere Gewißheit zu garantieren und abzusichern. Theologie jetzt im Sinne kartesianischer Wissenschaft als – freilich supranaturalistisch gesichertes – System von unbedingt wahren Sätzen, aus denen alle anderen Sätze stringent abgeleitet werden können, die somit indirekt gewiß sind[65]. Dies alles freilich gegen die Intentionen Descartes', der spekulative Theologie verabscheute und – aus Respekt vor dem Glauben – seine philosophische Methode gerade nicht auf die Theologie angewandt wissen wollte.

Es war nur völlig konsequent, wenn die *Päpste nach dem Vatikanum I* den (im übrigen der mittelalterlichen Welt verhafteten) Neuthomismus mit allen ihnen reichlich zur Verfügung stehenden Machtmitteln förderten: Thomas-Enzyklika, Ernennung des Thomas zum authentischen Lehrer der Kirche und Patron aller katholischen Schulen, neue kritische Thomasausgabe, Verpflichtung auf 24 normative philosophische (!) Grundthesen, stets drohende und oft – besonders gegen die »Modernisten« – mit allen Mitteln auch grausam durchgesetzte Sanktionen gegen Abweichler, schließlich die gesetzliche Bestimmung im neuen Codex Iuris Canonici, daß Philosophie und Theologie in den katholischen Seminarien »nach der Methode, Lehre und den Prinzipien des Engelgleichen Lehrers (= Thomas von Aquin) zu behandeln seien«[66]. So werden Ketzer zu Kirchenlehrern.

Und Descartes? Im Lichte der Entwicklung des Neuthomismus war es nicht verwunderlich, daß man nun der Indizierung Descartes' kaum mehr gedachte, sondern ihn eher wohlwollend behandelte. Zu vieles hatte man gemeinsam: nicht nur ein ähnliches Verhältnis von Vernunft und Glaube, sondern allgemein die Neigung zum rationalen Demonstrieren, zur stringenten Methode, zur evidenten Grundlage, zu klaren und deutlichen Ideen, zu Intellektualismus und Rationalismus. So wurde denn schließlich Descartes auch das noch geschenkt, was er zu Lebzeiten vergebens ersehnt hatte: der Einzug seiner Methode in die traditionell thomistischen Jesuitenschulen, aus deren einer er hervorgegangen war: »Wegen der Berühmtheit der kartesianischen Methode greifen auch die moderneren Scholastiker auf die Gewißheit der Wahrheit aus der Erkenntnis entweder von Bewußtseinsdaten oder der eigenen Existenz zurück[67].« So hörte man es an der Päpstlichen Universität Gregoriana. Freilich, ganz so universal zweifeln will man indes nicht. Deshalb fügt man gleich zur Absicherung »klärend« hinzu: die kartesianische Methode gewiß, »jedoch nicht in kartesianischem Sinn«[68]!

Wie wenig klar und deutlich diese klaren und deutlichen Definitionen des Vatikanum I und des Neuthomismus – von der Unfehlbarkeitslehre angefangen – waren, haben dann die anschließenden Diskussionen und vor allem das Vatikanum II samt den Folgen ad oculos demonstriert. Aber – kritische Fragen sind nun vor allem an Descartes zu richten.

4. Zerbrochene Einheit

Der Fragen an Descartes – aber indirekt doch auch an Thomismus und Scholastik überhaupt – sind viele. Sie lassen sich kaum fein säuberlich nach Ebenen und Ordnungen für Philosophen und Theologen auseinanderdividieren. Nicht eine allgemeine Kritik der Philosophie Descartes' indes soll hier versucht werden, die vielschichtig ist und in vielem vieldeutig bleibt, so spannend und herausfordernd er selbst sein Denken biographisch als sein Lebensschicksal darzustellen wußte. Nur einige Anmerkungen zu seiner Philosophie im Rahmen der Problematik von Vernunft und Glauben sollen gewagt werden. Trotzdem dürfte es sich empfehlen, nicht theologisch »senkrecht von oben« einzusteigen, sondern mit den mehr philosophischen Fragen zu beginnen. Alles nicht aus primär historischem, sondern aktuellem Interesse: diese Fragen haben sich ja in oft nur wenig veränderter Gestalt bis heute – nicht zuletzt im zeitgenössischen Rationalismus, Positivismus und Materialismus – durchgehalten.

Gespaltene Wirklichkeit?

Das Buch der Natur ist in mathematischen Lettern geschrieben, ist Gegenstand jener Mathematik, die sich auf Körper bezieht, der Geometrie. Descartes hat in seiner umfassenden mathematisch-geometrisch-mechanischen Weltsicht die Konsequenzen aus den naturwissenschaftlichen Entdeckungen und Erkenntnissen von Kopernikus, Kepler und Galilei gezogen. Er hat damit des Durchschnittsmenschen Begriff von »Wirklichkeit« bis heute bestimmt. Im Mittelalter fragte man vor allem final: Wozu ist ein Ding da? In der neuen Zeit fragt man kausal: Wie ist ein Ding, woraus besteht es, und welchen Gesetzen gehorcht es?

Descartes macht grundsätzlich deutlich: Diese Welt ist *Materie*, und Materie muß als etwas Selbständiges verstanden werden. Nicht wie in der aristotelisch-scholastischen Philosophie oder auch noch in der pantheisierenden Renaissance-Philosophie (etwa Campanellas) vermischt mit irgendwelchen unbestimmbaren obskuren immateriellen Kräften und Formen (Zusammensetzung aller Dinge aus Materie und Form) oder verborgenen quasipsychologischen Eigenschaften oder Qualitäten (etwa ein den schweren Körpern innewohnendes Streben nach dem »natürlichen Ort« zur Erklärung des freien Falles oder auch des »horror vacui«). Sondern Materie verstanden wie in der neueren Physik: strukturiert nach eigenen strengen Gesetzen, die offensichtlich quantitative und damit mathematisch erkennbare, rein mechanische Gesetze sind. Nur dem mathematisch Faßbaren ist hier zu trauen! Der konsequent verfahrenden Naturwissenschaft, die sich auf das Quantitative und Meßbare beschränkt, wird von Descartes der Weg freigemacht: Er schafft die erste umfassende kosmologische Theorie nach gänzlich mechanistischen Prinzipien. In ihren apriorischen rationalen Deduktionen ohne neue Erfahrungen ist sie jedoch vielfach abstrus und in ihren Ergebnissen sehr unzulänglich und oft falsch. Nur bis zur empirisch induzierten und verifizierten Formulierung der Prinzipien der klassischen Physik durch Isaac Newton (an der sich sowohl Locke wie Kant orientieren werden) kommt ihr naturwissenschaftliche Bedeutung zu. Newtons »hypotheses non fingo – Hypothesen bilde ich nicht« richtet sich gegen den von der Astronomie bis zur Chemie weniger forschenden als ausdenkenden Kartesianismus, der bereits zu einer neuen mechanistischen Scholastik geworden war.

Descartes fordert eine radikale methodische *Scheidung zwischen dem Raumzeitlich-Quantitativen* einerseits *und dem Seelisch-Geistigen* andererseits. Materie darf nicht wie in der Vorzeit vieldeutig, sondern muß streng eindeutig verstanden werden: als (mathematisch bestimmbare) Ausdehnung, ausgedehnte Substanz (res extensa). Im Gegensatz zum Bewußtsein, zum Denken im weitesten Sinn: zur denkenden Substanz (res cogitans). Materie ist Ausdehnungsmaterie, Raummaterie, erfüllter Raum, und deshalb gibt es – was physikalisch freilich bald widerlegt werden sollte – keinen Raum ohne Materie, keinen leeren Raum, kein Vakuum. Und damit sind wir schon bei den Folgen dieser begrifflich zweifellos sehr scharfen und für die Naturwissenschaften in vielfacher Hinsicht nützlichen, aber die Gesamtwirklichkeit doch vergewaltigenden Unterscheidung.

Eine Unterscheidung zwischen dem räumlichen Dasein der Dinge und dem Bewußtsein war notwendig und hilfreich. Aber eine Trennung zwischen ausgedehnter Substanz und denkender Substanz, die keinen graduellen Übergang und keine innere Einheit zuläßt, mußte *schwerwiegende Folgen* haben:

a. für das Verhältnis von Leib und Seele: Die »Entseelung« der Materie zog eine »Entmaterialisierung« der Seele nach sich. Der *Leib* muß nun verstanden werden als (zu erkennende) Materie, die konstituiert ist durch Ausdehnung, also als erfüllter Raum; er (samt Blutkreislauf und Nervensystem) ist Objekt der Mechanik. Leben ist nichts anderes als räumliche Bewegung, der Leib eine Maschine, die Biologie Mechanik. Die *Seele* dagegen muß verstanden werden als (erkennender) Geist, der konstituiert ist durch

Denken im weitesten Sinn, also als Bewußtsein, als Ich; sie ist Objekt der Philosophie. Durch den Geist, das reine Denken, das von allem absehen kann, ist der Mensch frei, womit die menschliche Freiheit allerdings rein negativ bestimmt wird und leer bleibt.

Beide, Leib und Seele, sind also absolut voneinander unterschieden, geschieden und haben keine einzige Bestimmung gemeinsam. Nur äußerlich sind sie vom Schöpfer zur Lebenserhaltung koordiniert: verbunden, nicht eins. Die dem Menschen offenbar eigentümliche *Einheit* zwischen beiden »Substanzen« wird so zum großen und von Descartes kaum gelösten Rätsel: Wie sollen ein geistiges und ein materielles Prinzip, ein »denkendes Ding« und ein »ausgedehntes Ding« – beide mit völlig entgegengesetzten Eigenschaften – eine Einheit bilden können? Kann da eine rein äußerliche Wechselwirkung genügen?

Descartes sah sich in der Tat gezwungen, im Widerspruch zu seiner scharfen Trennung der beiden Substanzen für den *Menschen* doch eine Wechselwirkung zwischen physischem und psychischem Bereich – einer der schwächsten Punkte seiner Philosophie – anzunehmen: merkwürdig genug über die Zirbeldrüse als jenem Ort im Gehirn, wo die (freilich im ganzen Leib gegenwärtige) Seele ganz besonders wirksam werden könne. Für die *Tiere* jedoch ist die betrübliche Konsequenz unausweichlich: ihnen muß Bewußtsein, Seele, alles Psychische abgesprochen werden. Ihr Instinktverhalten läuft ohne Anpassung an wechselnde Bedingungen (wie beim Menschen etwa im Sprachverhalten) schematisch ab: ihre Schreie sind nur Reflexe wie die Reaktionen einer ausgelösten Sprungfeder. Tiere sind nur Ausgedehntes, eine Art Uhrwerk, seelenlose Maschinen (»animaux machines«). Freilich im Vergleich zu den von Menschen verfertigten künstlichen Automaten höhere, bessere, mit sehr viel subtileren (und durch unermüdliches Sezieren vielleicht zu findenden) Triebfedern ausgerüstet, weil vom Schöpfer selbst, dem großen Mechaniker, Uhrmacher, Architekten geschaffene Automaten. So formt sich hier die Geisteshaltung des reinen Technikers, der die Natur nicht liebt, sondern mit dem Instrument seiner Vernunft beherrschen will. Nur der Mensch ist wichtig in diesem Jahrhundert: Von Spinoza abgesehen fehlt bis ins Theater und in die Gestaltung der Gärten hinein das Naturgefühl der Vorzeit (und der Nachzeit).

b. für das Verhältnis von Subjekt und Objekt: Der Dualismus zwischen denkender Substanz (menschlichem Geist) und ausgedehnter Substanz (Körperwelt) gewinnt eine entscheidende Bedeutung für das neuzeitliche Wirklichkeitsverständnis im Subjekt-Objekt-Schema: Das Subjekt als reines Denken verliert, indem es die sinnliche Anschauung überwindet, auch die Erfahrung und entfremdet sich der Natur. Es kommt zu der das moderne Denken prägenden Kluft zwischen Selbstverständnis und Weltverständnis, Existenz und Natur: zur geistlosen Deutung der Natur und naturlosen Deutung des Geistes, zu einer Entfremdung von Naturwissenschaft und Geisteswissenschaft. So wird die Wirklichkeit auseinandergerissen in beziehungsloses Subjekt und isoliertes Objekt, in weltlose Subjektivität und partikular gegenständlich gedachte Ob-jektivität.

Wir müssen hier jedoch zurückfragen: Läßt sich eine solche Trennung zwischen Subjekt und Objekt je sauber und konsequent durchführen? Wird denn auch in der Naturwissenschaft das Objekt jemals anders als in der Weise des Subjekts erkannt: also nie einfach objektiv, wie es ist, sondern stets subjektiv eingefärbt, nach der Fragestellung, der Methode und dem Bedeutungshorizont des Subjekts? Auf die negativen Folgen jener Aufspaltung der Wirklichkeit werden wir immer wieder treffen. Von diesem kartesianischen Dualismus nehmen – in freilich entgegengesetzter Weise – sowohl der philosophische Rationalismus und Idealismus wie der philosophische Empirismus, Materialismus und Positivismus ihren Ausgang. Hier gründet aber auch die höchst bedenkliche – freilich bereits seit Thomas gegebene – Trennung, Zweigleisigkeit von Denken und Glauben, Philosophie und Theologie, Forschung und Frömmigkeit, später auch von Innerlichkeit und Äußerlichkeit, Spiritualität und Leiblichkeit, Seelsorge und Weltsorge, ja schließlich überhaupt von weltlosem Gottesglauben und glaubensloser Weltlichkeit, von unwirklichem Gott und gottloser Wirklichkeit. Lassen sich alle die hier aufgebrochenen Probleme ohne eine neue, gewiß differenzierte Einheit lösen?

Mathematik als Wahrheitsideal?

Descartes' scharfsinnige Unterscheidung zwischen denkender und ausgedehnter Substanz hatte, wie alle Simplifizierungen, ihre nicht geringen insbesondere methodischen Vorteile: Die rein geometrisch-naturwissenschaftliche Behandlung der ausgedehnten Substanz (Materie) hatte einen ungeheuren Einfluß auf die Entfaltung des naturwissenschaftlich-technischen Denkens. Das muß sehr deutlich gesehen werden: Nur vom mathematischen Wahrheitsbegriff her ließ sich eine Physik, Mechanik und schließlich Naturwissenschaft überhaupt, wie sie die Zeit erforderte, sicher und deduktiv aufbauen: Mit den Zahlen kann man rechnen! Die von Descartes untersuchten Ordnungs- und Maßverhältnisse, die der Algebra und der Geometrie gemeinsam sind und die seine geniale »analytische Geometrie« ermöglichten, kommen bereits den abstrakten Strukturbegriffen der modernen Mathematik nahe.

Die Frage ist jedoch: Darf an der *mathematischen Wahrheit* – so klar und deutlich sie in ihrer abstrakten Allgemeinheit zunächst scheint und so praktikabel sie sich in der mechanischen Naturwissenschaft erwiesen hat – der Begriff von *Wahrheit überhaupt* gebildet werden? Ist Wahrheit in jedem Fall die unbezweifelbare klare und deutliche Einsicht, so wie etwa, daß $2 \times 2 = 4$ ist? Was hier zunächst kritisch von der *Philosophie* her anzumelden ist, wird nachher in aufsehenerregender Weise von der *Mathematik* selbst her zu bestätigen sein.

Es läßt sich nämlich nicht leugnen, daß erkennendes Subjekt und zu erkennendes Objekt in geschichtlichem Zusammenhang gesehen werden müssen, daß objektives Erkennen stets abhängig ist vom Horizont der Fragestellung, der Methode, der Perspektive des Subjekts. Das bedeutet: Jedes Erkennen konstituiert das Objekt. Objekt ist nur Objekt, wenn Objekt eines Subjekts. Jedes Erkennen erkennt die Wirklichkeit nicht einfach so, wie sie an sich ist. Jedes Erkennen hebt einen bestimmten Aspekt der Wirklichkeit heraus und läßt viele andere im Dunkel: grenzt aus und grenzt ein, entgrenzt und begrenzt. Auch objektive Erkenntnis ist geschichtlich bedingt, vorläufig und grundsätzlich ohne Ende. Es ist das Verdienst von Immanuel Kants Vernunft- und Erkenntniskritik, daß man sich methodisch auf die Bedingungen der Möglichkeit objektiver Erkenntnis der menschlichen Vernunft besonnen hat.

Je abstrakter nun eine Situation ist, in der Erkenntnis geschieht, um so klarer und deutlicher kann diese Erkenntnis sein. Mathematische Erkenntnis ist – mindestens zunächst – deshalb so klar und deutlich, weil der Grad ihrer Abstraktion entsprechend hoch ist. Man kann freilich jedes, auch das lebendigste Erkenntnisobjekt so ausgrenzen und eingrenzen, es gleichsam zurechtstutzen, wie man gleichsam »kubistisch« jeglichen räumlichen Gegenstand, selbst den Menschen, auf geometrische Figuren zurechtstutzen kann: Man erreicht dann zwar eine mathematisch-geometrische Klarheit und Deutlichkeit, aber der lebendige Gegenstand verliert durch solche Geometrisierung seine Konkretheit und Lebendigkeit. Jede Abstraktion und Reduktion zugunsten von Klarheit und Deutlichkeit geht auf Kosten von konkreter Inhaltlichkeit und Fülle. Schon Kant hatte darauf aufmerksam gemacht: Die konkrete Erkenntnis ist reicher als die mathematische. Klarheit und Unklarheit können im Leben nicht so unzweideutig geschieden werden. Es gibt einen kontinuierlichen Übergang von der Dunkelheit bis zur Klarheit der Vorstellung mit unendlich vielen Graden und Stufen!

Descartes ging bei seiner Forderung nach Klarheit und Deutlichkeit von einer naiven, statischen Auffassung von Subjekt und Objekt aus. Weder die geschichtliche Dynamik des Objekts noch die des Subjekts hatte er reflektiert. Es war dann nach Kant vor allem Hegel, der auf die Fragwürdigkeit einer solchen Statik und Trennung von Subjekt und Objekt aufmerksam gemacht und dagegen eine *dialektische Erkenntnis* der Wahrheit gefordert hat, die der Dynamik von Objekt und Subjekt – in der Erkenntnis nicht zu trennen – gerecht zu werden versucht[69]. Was heißt Dynamik des Objekts? Was ich erkenne, ist nicht etwas, was an mir wie auf einem Vehikel vorbeifährt, sondern es bewegt sich in sich selbst und ist deshalb dem geometrisierten kartesianischen Gegenstand ganz unähnlich. Was heißt Dynamik des Subjekts? Ich selber, der ich erkenne, bin nicht unbewegt, nicht statisch wie die Kamera auf dem Stativ, sondern im Erkennen bewege ich mich selbst ineins mit dem bewegten Gegenstand.

Nur diejenige Erkenntnis und Wissenschaft kann dieser endlosen Dynamik von Subjekt und Objekt gerecht werden, die die ganze Bewegung mitmacht und sich nicht an scheinbar evidente fixe Definitionen und klare Thesen hängt. Letzteres tut der Rationalismus – aber wahrhaftig nicht nur der Descartes', sondern auch der des Neuthomismus –, der dafür die Wirklichkeit in ihrer ganzen geschichtlichen Lebendigkeit, Bewegtheit, Konkretheit, Fülle gar nicht zu Gesicht bekommt. Für Hegel war es deshalb keine Liebhaberei und kein Spiel mit der Zahl Drei, wenn sein kreisendes Denken so oft im kleinen wie im großen in Dreierschritten (oder in Dreiecken) voranging. Dahinter steckte die seither nicht mehr vergessene Grundeinsicht, daß ich mit *einem* Satz allein nicht absolut klar und deutlich die Wahrheit sagen kann, sondern daß ich dafür »dialektisch« – bejahend, verneinend, übersteigend – drei Sätze brauche: so ist es, aber doch nicht so, vielmehr so! Und so weiter. Wobei die Wahrheit nicht die einzelnen Schritte, Thesen, Sätze, Momente, sondern das Ganze ist.

Die geäußerte Kritik gegenüber der Klarheit als Wissenschaftsideal will nichts sagen gegen ein kritisch reflektiertes *Bemühen um Klarheit*, ohne das nicht nur die Naturwissenschaft, sondern auch Philosophie und Theologie der Konfusion und Destruktion preisgegeben würden. Aber bei aller Bemühung um Klarheit werden Philosophie und Theologie nicht mit dieser Art von Klarheit aufwarten können, welche die Mathematik und die arbeitsteiligen Einzelwissenschaften auf ihrem Feld bieten, solange diese sich wenigstens Gegenstand und Art der Untersuchung vorgeben lassen, ohne sie zu hinterfragen. Es gibt mehrere Arten von Gewißheit, je nach ihrer Quelle; die mathematische oder naturwissenschaftliche ist nur eine abstrakte, begrenzte und relative. Sie darf nicht verabsolutiert werden.

Auf die aufbrechenden Fragen des Positivismus, der Analytischen Philosophie und des Kritischen Rationalismus werden wir zurückkommen. Hier zunächst nur so viel: Es ist also ein Unterschied, ob sich Philosophie und Theologie um die ihnen mögliche Klarheit und Deutlichkeit in ihren Sätzen bemühen oder ob sie mit ihren Sätzen definitive Klarheit und Deutlichkeit, eben eine quasi-mathematische Evidenz und Gewißheit, erreicht zu haben meinen. Es ist ein Unterschied, ob sie ihre Sache an jedem Punkt begrifflich genau zu treffen versuchen oder ob sie sie in klaren Sätzen gefrieren lassen. Es ist ein Unterschied, ob sie die Dunkelheiten und Unfaßlichkeiten deutlich anzugeben und so auch das Unklare klar auszusprechen vermögen oder ob sie Dunkelheiten und Unfaßlichkeiten nicht wahrhaben wollen und so das Unklare wegzudistinguieren versuchen. Es ist ein Unterschied, ob sie in allem Ringen um die Wahrheit offenbleiben für die noch zu findende größere Wahrheit der Zukunft oder ob sie, alles wissend, die Wahrheit und sich selber einschließen in den goldenen Käfig eines der Gegenwart und dann bald der Vergangenheit verhafteten geschlossenen Systems. Kurz: es ist ein Unterschied, ob gerade Philosophie und Theologie sich der Klarheit der Rationalität oder der Scheinklarheit des Rationalismus verpflichtet haben.

Widerspruchsfreie Mathematik?

Nicht nur in Philosophie und Theologie, sondern erstaunlicherweise auch in der Mathematik selber hat der Rationalismus in neuester Zeit seine Grenzen gefunden. Ja, der Begriff der mathematischen Wahrheit selbst ist fragwürdig geworden. Unter den Mathematikern kursiert das Bonmot: Gott existiert, weil die Mathematik widerspruchsfrei ist; und der Teufel existiert, weil die Widerspruchsfreiheit nicht zu beweisen ist!

Erst spät, rund 200 Jahre nach Descartes' Tod, geriet die Mathematik in jene grundstürzende Krise, die vielen Mathematikern trotz zahlreicher weiterer Erfolge im Detail das Vertrauen nahm, mit der Mathematik wirklich die Wahrheit zu erreichen. Vorher schien ihr Fortschritt stetig, geradlinig, unaufhaltsam. Und ihre Anwendung auf Himmelsmechanik, Akustik, Optik, Elektrizität, ja schließlich alle Sparten der Naturwissenschaft und der Technik brachten der modernen Menschheit geradezu phantastische Erfolge. Sollte Descartes' Traum von einer mathematischen Universalwissenschaft nicht doch Wirklichkeit werden können? Schon der große Philosoph und Mathematiker Gottfried Wilhelm Leibniz – unter Berufung auf den von arabischen Mathematikern beeinflußten mittelalterlichen Universalgelehrten Raimundus Lullus (»Ars Magna«) – hatte auf eine mathematische Einheitssprache hingearbeitet und postulierte »eine Charakteristik der Vernunft, kraft derer die Wahrheiten der Vernunft gewissermaßen durch einen Kalkül, wie in der Arithmetik und in der Algebra, so in jedem anderen Bereich, soweit er der Schlußfolgerung unterworfen ist, erreichbar würden«[70].

Die moderne mathematische Logik, die im vergangenen Jahrhundert entstand, versuchte die kartesianisch-leibnizsche Idee zu verwirklichen – und geriet damit in wachsende Schwierigkeiten. Gerade die für die heutige Mathematik grundlegende *Mengenlehre*, die Georg Cantor (1854–1918) begründet hatte, erschütterte in der zweiten Hälfte des 19. Jahrhunderts die Widerspruchsfreiheit und Unanfechtbarkeit der Mathematik. Die Weiterentwicklung der Mengenlehre führte nämlich zu *Antinomien*, Paradoxien, Widersprüchen: Bestimmte Aussagen, die mit dem Unendlichkeitsbegriff zusammenhängen, konnten mathematisch zugleich bewiesen *und* widerlegt werden. Als Beispiel sei die berühmte logisch-mathematische Antinomie von der »Menge aller Ordnungszahlen« (nach Russell – Burali-Forti) angeführt: Zu jeder Menge von Ordnungszahlen gibt es eine Ordnungszahl, die größer ist als alle in der Menge vorkommenden Ordnungszahlen. Jene Ordnungszahl aber, die größer ist als die »Menge *aller* Ordnungszahlen« überhaupt, kann in dieser Menge nicht vorkommen (weil sie ja größer ist), und sie muß – so läßt sich zugleich beweisen – in dieser Menge doch vorkommen (weil es sich sonst nicht um die Menge *aller* Ordnungszahlen handelt). So führte die Bewältigung der zahlreichen logisch-mathematischen, aber auch linguistischen (semantischen und syntaktischen) Antinomien in der Mathematik eine folgenschwere *Grundlagenkrise* herauf. Man versuchte ihrer durch verschiedene Methoden oder Denkweisen Herr zu werden, so daß sich schließlich drei verschiedene – in sich logische, aber unter sich widersprüchliche – Standard-Interpretationen und zugleich Schulen der Mathematik herausbildeten: Logizismus (J.G. Frege, B. Russell, A.N. Whitehead), Intuitionismus (L.E.J. Brouwer), Formalismus (D. Hilbert, H. Weyl). Weder der Logizismus, der die Mathematik auf die Logik zurückführt, noch der Intuitionismus (Konstruktivismus), der die Logik von gewissen fundamentalen mathematischen Einsichten her zu konstruieren versucht, noch schließlich der Formalismus, der Logik und Mathematik zugleich rein formal zu entwickeln trachtet, konnte sich bisher allgemein durchsetzen.

So ist es nach dem Mathematiker Hans Hermes »im Hinblick auf die große Rolle, welche die Mathematik in unserem heutigen Weltbild spielt«, in der Tat »von erheblichem philosophischen Interesse«, daß »die Mathematiker mit rein mathematischen Methoden gezeigt haben, daß es mathematische Probleme gibt, welche nicht mit dem Rüstzeug der rechnenden Mathematik behandelt werden können«[71]. Im Anschluß an E.L. Post spricht Hermes von naturgesetzlichen Grenzen menschlichen Mathematisierungsvermögens: von »einem Naturgesetz über die ›limitations of the mathematicizing power of Homo Sapiens‹«[72].

So verlangen denn heute gerade Mathematiker selbst eine *Mathematik ohne Illusionen:* »Der gegenwärtige Zustand der Mathematik kann Bedauern erregen. Ihr Anspruch auf Wahrheit mußte aufgegeben werden. Die Anstrengungen, um die Paradoxe auszuschalten und die Konsistenz der Strukturen herauszustellen, sind gescheitert. Jedermann ist uneins bezüglich der anzuwendenden Axiome. Ohne die Vielfalt der Algebren und Geometrien zu zählen, muß man jetzt als Tatsache akzeptieren, daß man die Freiheit hat, das ›Auswahlaxiom‹ und die ›Kontinuumshypothese‹ zu übernehmen oder abzulehnen. Aus diesen verschiedenen Wahlmöglichkeiten können ebenso verschiedene Mathematiken entstehen. Selbst über die Methoden der Beweisführung gibt es heute unterschiedliche Auffassungen ... Man muß den Anspruch auf einwandfreie Beweisführung aufgeben. Schließlich ist der vorherrschende Begriff von Mathematik als einer Sammlung von Strukturen, eine jede begründet auf ihrem eigenen Axiombestand, unfähig, alles, was die Mathematik umfassen sollte, zu umfassen ... Seitdem man, seit mehr als einem Jahrhundert, die Verschiedenheit der Algebren und Geometrien erkannt hat, mußte sich ein jeder selbst entscheiden. Die scharfsinnigen Mathematiker haben gewußt, was sie wählen sollten ... (M. Kline[73]).«

So bleibt denn heute die Frage nach den letzten Grundlagen und der letzten Bedeutung der Mathematik offen. Man weiß zur Zeit nicht, in welcher Richtung die endgültige Lösung zu suchen und ob überhaupt eine endgültige objektive Antwort zu finden ist. Ist vielleicht die Mathematik eine schöpferische Tätigkeit wie die Sprache oder die Musik, die in ihrer Ursprünglichkeit und in ihren historischen Entscheidungen sich sperrt gegen eine vollständige objektive Rationalisierung[74]?

Für den mathematischen Alltag mögen mathematische Grundlagenfragen ungefähr so unwichtig sein wie philosophische Grundlagenfragen für das menschliche Leben: Das Rechnen geht weiter ... Und wahrhaftig, in der reinen wie der angewandten Mathematik mit imponierenden Erfolgen! Naturwissenschaft und Technik leben davon. Für unsere Problematik hier ist jedoch eines wichtig: Durch die Grundlagenkrise sind die universalen Ansprüche des mathematisch-naturwissenschaftlichen Denkens jedenfalls in ihrem Grund erschüttert worden. Wenn der Begriff der mathematischen Wahrheit selbst fragwürdig geworden ist, so wird sich die Orientierung jeglicher Wissenschaft am Ideal der mathematischen Wahrheit kaum begründen lassen. Wie aus unserer philosophischen, so ergibt sich also auch aus unserer mathematischen Betrachtung: Zu einer Verabsolutierung der mathematischen Methode und der mathematischen Wahrheit besteht heute weniger denn je Anlaß.

Schlüssiger Gottesbeweis?

Die originellen Gottesbeweise Descartes', nicht aus dem Kosmos, sondern vom menschlichen Subjekt her, aus dem menschlichen Bewußtsein, sind in der Philosophiegeschichte in vielfacher Weise kritisiert worden. Zu Recht freilich weniger das kausale als das ontologische Argument. Dazu nur kurze Anmerkungen:

a. Zum kausalen Argument: Schon Zeitgenossen Descartes' haben eingewandt, daß der Gottesbeweis mit Berufung auf die klare und deutliche Erkenntnis letztlich nicht schlüssig sei, vielmehr auf einem Zirkelschluß beruhe. So erklärt der Jansenist Arnauld in seiner Kritik: »Ein einziges Bedenken bleibt mir, ob nicht von ihm ein Zirkel begangen werde, wenn er sagt, es stehe nicht anders für uns fest, daß das, was von uns klar und deutlich erfaßt wird, wahr ist, als weil Gott ist. Aber es kann uns nicht feststehen, daß Gott ist, außer weil das von uns klar und deutlich erfaßt wird. Also, bevor uns feststeht, daß Gott ist, muß uns feststehen, daß wahr ist, was immer von uns klar und deutlich erfaßt wird[75].« Daß dies kein Zirkelschluß ist, hat Descartes in seiner Replik nachgewiesen: das Cogito ist nicht abhängig von der Erkenntnis Gottes. Aber ist deshalb schon Gottes Existenz bewiesen?

b. Zum ontologischen Argument: Der Schluß von der Idee des vollkommensten Wesens auf dessen Existenz vermag heute kaum noch zu überzeugen. Man hat besonders seit Kant immer wieder eingewandt, daß aus dem Begriff Gottes nur auf die Möglichkeit, nicht aber auf die Wirklichkeit Gottes geschlossen werden könne. Wie man eben aus dem Begriff von hundert Talern nur auf die Möglichkeit, aber nicht auf die Wirklichkeit von hundert Talern schließen könne. Doch auch schon Zeitgenossen, wie etwa Caterus mit Berufung auf Thomas von Aquin, haben die Schwäche des Arguments erkannt: »Auch wenn zugegeben würde, daß das höchst vollkommene Wesen allein schon durch seinen Begriff das Dasein mit sich bringt, so folgt doch nicht, daß eben dieses Dasein in der Natur der Dinge etwas in Wirklichkeit ist, sondern nur, daß mit dem Begriff des höchsten Wesens der Begriff des Daseins untrennbar verbunden ist[76].« Das ontologische Argument konnte nur solange überzeugen, als ein platonisch-augustinisch verstandener Ideenrealismus vorausgesetzt werden durfte, für den die Ideen eine eigene, unabhängige Wirklichkeit haben. Für Descartes war die Idee keineswegs bloßer Gedanke, leeres Wort, »nur« Begriff, sondern eine ureigene Wirklichkeit. In einem solchen Falle konnte man natürlich aus der Wirklichkeit der Idee Gottes auf die Wirklichkeit des Daseins Gottes schließen.

Offensichtlich ist es leichter, von der aus dem Glauben vorausgesetzten Gottesgewißheit zur Selbstgewißheit zu gelangen, als umgekehrt von einer philosophisch bewiesenen Selbstgewißheit zur Gottesgewißheit. Aber das hängt allgemein mit Descartes' Verhältnisbestimmung von Glaube und Vernunft zusammen, auf die jetzt nochmals im weiteren historischen Kontext kritisch zurückgefragt werden muß.

Stockwerke? Thomas von Aquin und die Folgen

Eine *neue Wertung der Vernunft* gegenüber dem Glauben, der »natürlichen« Wahrheit gegenüber der Offenbarungswahrheit, der Philosophie gegenüber der Theologie hatte sich schon im hohen *Mittelalter* aufgedrängt:
eingeleitet im zwölften Jahrhundert *durch die Rezeption des Aristoteles* im christlichen Europa, der den mittelalterlichen Gebildeten bisher nur indirekt bekannt war, jetzt aber durch Übersetzungen aus dem Griechischen und durch die Vermittlung der arabisch-jüdischen Philosophie trotz kirchlicher Leseverbote rasch bekannt und schließlich zur Pflichtlektüre erhoben wurde;
herausgefordert durch die unumgängliche Auseinandersetzung mit der bereits weiter fortgeschrittenen *arabisch-jüdischen Philosophie:* vor allem mit dem starken Verteidiger der Eigenständigkeit von Vernunft und Philosophie gegenüber den Totalansprüchen der (islamischen) Religion, »dem Kommentator« des Aristoteles schlechthin, dem Araber Averroes aus Cordoba;

unterstützt vom Aufblühen der Universitäten, vor allem in Paris und Oxford und den anderen neugegründeten Universitäten, sowie vom wissenschaftlichen Einsatz von Ordenstheologen im Wettstreit mit Weltklerikern und untereinander . . .

Immer weniger konnte man sich in Fragen des Glaubens allein auf die auctoritas (der Bibel, der Kirchenväter, Konzilien, Päpste – oft unter sich in Widerspruch) berufen. Man mußte sich mutig der ratio und der begrifflichen Analyse bedienen, um zur Klarheit zu kommen. Und man tat dies mit nicht geringer Objektivität und logischer Schärfe, wenn auch vielfach unkritisch und die Aussagen der Autoritäten unhistorisch umdeutend. So war es in der neuen Situation eine geschichtliche Notwendigkeit, daß der Philosoph, Theologe und Naturforscher *Albert der Große* dem neben Platon zweiten großen Griechen, Aristoteles, an den Universitäten zum Durchbruch verhalf: eine neue Universalität des Interesses, eine neue Selbständigkeit des Denkens, eine neue Beschäftigung mit der Naturwissenschaft war die Folge.

Und es war erst recht eine geschichtliche Notwendigkeit, daß sich Alberts Schüler und ebenfalls Dominikaner, *Thomas von Aquin*, zwischen der alten platonisch-augustinischen Tradition und dem neuen Aristotelismus vermittelnd, mit großer Kühnheit und Nüchternheit für die neue Zeit eine neue Synthese schuf: genial, mit methodischer Strenge und didaktischem Geschick durchkonstruiert, von noch nie dagewesener Einheitlichkeit; jedoch *zwei* Summen, eine philosophisch-theologische gegen die Araber, die »Heiden« (»Summa contra gentiles«), und eine theologisch-philosophische für den christlichen Glauben (»Summa theologiae«).

Ganz anders als früher wird nun unter dem Einfluß des Aristoteles das Wissen der menschlichen Vernunft gewertet: gegenüber dem Glauben hat es seine Eigenständigkeit, sein eigenes Recht und seinen eigenen Bereich. Eine ungeheure Begierde nach Wissen, nach Wissenschaft war erwacht. Früher bewies man die Berechtigung der Vernunft neben dem Glauben; jetzt ist man gezwungen, wie Thomas in den Einleitungen zu beiden Summen, die Berechtigung des Glaubens neben der Vernunft zu beweisen. Denn das ist für Thomas klar: Die Philosophie hat ihre eigene Berechtigung, und zwar aus der Natur der Schöpfungsordnung selbst und nicht aus der Erlaubnis der Kirche.

Doch war dieses philosophisch-theologische System des Thomas nicht viel mehr, als die meisten Thomisten bis heute wahrhaben wollen, *an das griechische Weltbild gebunden*? Hatte es Thomas nicht beinahe kritiklos – bis zur Zeugung des Menschen durch den Menschen und die Sonne! – übernommen? Vier Elemente, aus denen alle gemischten Körper bestehen; die sieben Planeten, Träger der sieben von reinen Geistern (Engeln) bewegten und gelenkten (belebten?) Planeten; schließlich die drei Himmel: alles eine vollkommene, von Anfang bis Ende unveränderliche, von unten bis oben immer seinsmächtigere, streng hierarchische, geozentrische (auf die Erde ausgerichtete) und anthropozentrische (ganz auf den Menschen hin entworfene) Weltordnung? Mit Hilfe des platonischen Begriffs einer unveränderlichen, statischen Ordnung (Ordo) eine allumfassende Weltdeutung aus dem christlichen Glauben und zugleich eine durchgehende Glaubensdeutung aus der geozentrischen Weltsicht: Die Bibel wird kosmisch und der Kosmos biblisch verstanden. Der christliche Glaube garantiert das Weltbild und das Weltbild den christlichen Glauben. Theologie und Kosmologie, Heilsordnung und Weltordnung in perfekter Harmonie! Gotteserkenntnis aus der Schöpfungsordnung, weithin akzeptierte Astrologie, den Himmelssphären entsprechende Engelshierarchie, Zahl der (die gefallenen Engel ersetzenden) Auserwählten, Zusammensetzung und Entstehung des Menschen aus Leib und Seele, Urstand und Ursünde, Abstieg Christi aus dem Himmel zur Erde und zur Unterwelt und seine Himmelfahrt, Gnade und sieben Sakramente, hierarchische Kirchen- und Staatsordnung, Ordnungs- und Gehorsamsethik, Ende der Welt und Leiber der Auferweckten: bis ins letzte Detail hinein ist die mittelalterliche Theologie vom griechisch-mittelalterlichen Weltbild bestimmt! Was aber wird aus dieser mittelalterlichen Theologie werden, wenn die mit ihr so eng verbundene mittelalterliche Kosmologie im Gefolge der kopernikanischen Revolution zusammenbrechen wird[77]?

Immerhin blieb es zumindest für die nächsten zwei Jahrhunderte bei dieser grandios-ausgewogenen Synthese zwischen Vernunft und Glauben, Natur und Gnade, Philosophie und Theologie, weltlicher und geistlicher Macht, bei der völlig klar war, was wem untergeordnet ist. Thomas von Aquin war nicht nur vom Weltbild, sondern auch vom Glauben her ein mittelalterlicher Mensch, und es war für ihn eine Selbstverständlichkeit, daß die Vernunft dem Glauben, die Natur der Gnade, die Philosophie der Theologie, der Staat der Kirche untergeordnet sind. Nichts im unteren Bereich, in Philosophie oder anderen Wissenschaften, durfte oder konnte je einer Wahrheit des oberen Bereichs widersprechen.

Doch die Spannungseinheit dieser durchaus christlichen, mittelalterlichen Synthese war aufs höchste geladen und hat in der Dynamik der geschichtlichen Entwicklung eine bisher noch nie dagewesene, allumfassende *Säkularisierungs- und Emanzipationsbewegung* ausgelöst: Diese war gewiß alles andere als nur Abfallbewegung vom christlichen Glauben. Sie äußerte sich aber schließlich doch – gegen den Willen derer, die sie vorbereiteten und auslösten – als Aufstand der selbständig gewordenen »natürlichen« Basis der Vernunft gegen den »übernatürlichen« Über-Bau des christlichen Glaubens und sprengte so die umgreifende Synthese von Glauben und Vernunft. Denn die mit Hilfe der aristotelischen Philosophie schon im Mittelalter ermöglichte Selbständigkeit einer neutralen Natur- und Vernunftordnung führte – über Humanismus und Renaissance, indirekt aber auch die Reformation – zur Heraufkunft des neuzeitlichen autonomen Menschen, seiner Wissenschaft und Philosophie, seines natürlichen Rechtes und seiner autonomen Ethik: also zu genau der Autonomie, die Descartes als erster philosophisch konsequent unabhängig vom christlichen Glauben auf der Selbstgewißheit des denkenden Individuums zu begründen versuchte. Und die Folge für das Verhältnis von Subjekt und Objekt, Vernunft und Glauben? Subjekt und Objekt wurden – wie wir sahen – auseinandergerissen und standen beziehungslos nebeneinander: eine Kluft zwischen Selbstverständnis und Weltverständnis, zwischen verinnerlichter Gläubigkeit und veräußerlichter Weltlichkeit. Vernunft und Glauben verengten sich in der Folge, isolierten sich, trennten sich und erstarrten zusehends dogmatisch: im dogmatischen Nichtwissen, Besserwissen, Alleswissen einer glaubenslosen Vernünftigkeit – im dogmatischen Autoritätsglauben, Bibelglauben, Kirchenglauben einer gegenvernünftigen Gläubigkeit.

So also kam es zur »philosophie des lumières«: zur *Aufklärung* durch das Licht der gegen allen überlieferten Autoritätsglauben selbständig gewordenen Vernunft, der stärksten europäischen Geistesbewegung seit der Reformation, Ausdruck eines neuen rational-optimistisch-aktiven Lebensgefühls. Aufklärung als der »Ausgang des Menschen aus seiner selbst verschuldeten Unmündigkeit«, wie Kant später Aufklärung klassisch definierte[78] und wie sie sich zuerst im toleranten Gastland Descartes', Holland (Spinoza, Bekker, Bayle), und in England (Locke, Newton) durchsetzte. Dann in scharf antikirchlicher Frontstellung auch in Frankreich (Voltaire, Enzyklopädisten) und zuletzt in wieder friedlicheren Formen in Deutschland (Leibniz, Thomasius, Wolff, Lessing). Ordnung, Hierarchie, Autorität, Disziplin, Kirche, Dogma, Glaube – noch im 17. Jahrhundert hochgeschätzt – sind im 18. Jahrhundert verhaßt: Dachten die Gebildeten in Frankreich damals wie Bossuet, so jetzt wie Voltaire. Die große Auseinandersetzung über Gott, Vorsehung, Autorität, Grundlage von Moral und Zusammenleben, über christlichen Glauben und vernünftige »Naturreligion«, traditionelle Theologie und autonome Philosophie – sie hatte begonnen.

Was in der christlichen Synthese des Thomas von Aquin ganz und gar bejaht worden war, wurde von Descartes noch in vornehm-kühler Distanziertheit respektiert, von manchen seiner Nachfolger zur Linken aber gänzlich negiert. Mehr und mehr waren die im Unter-Bau Beschäftigten zur Meinung gekommen, daß sich auf ebener Erde recht wohl leben und arbeiten lasse und daß man auf den Über-Bau eigentlich nicht angewiesen sei. Descartes, der dem Unter-Bau neue und bessere Fundamente gegeben hatte, hatte aus religiösen Motiven und Traditionen heraus den Über-Bau, ihn schwach abstützend, noch unerschüttert stehengelassen und ihm stets Achtung bezeugt. An seiner Erneuerung freilich war er kaum interessiert. Es ließ sich nicht übersehen, und die Nachfolger haben daraus nur die Konsequenzen gezogen: Der Über-Bau ist für den Unter-Bau unwichtig, philosophisch jedenfalls absolut irrelevant. Aber: hier müssen wir nun doch einige *Fragen an Descartes* stellen, die in zurückgenommener Form *auch Thomas von Aquin* gelten:

a. Bezüglich des Über-Baus: Descartes' Stockwerk-Theorie schließt offenbar Konsequenzen ein, die er selber nicht ziehen oder nicht einmal wahrhaben wollte. Doch: Wenn der Mensch vom eigenen Bewußtsein her ein derart solide begründetes Fundament seines Wissens und Handelns, ja ein ganzes Wissensgebäude, gar eine Universalwissenschaft errichten kann, warum sollte er nach mehr verlangen? Warum sollte er nicht entschlossen und konsequent alle Vorurteile des Glaubens abwerfen und sich von aller Autorität lösen, um allein aus der reinen Vernunft zu leben, die alles gut werden läßt? Warum sollte ein derart vernünftiger Mensch überhaupt noch Christ sein wollen? Ist Christsein nicht im Grunde überflüssiges Anhängsel, äußerliches Akzidens, ein vernunftswidriger Überbau des Menschseins?

Genauer gefragt: Kann ein derart vernünftiger Mensch nicht auf seine Weise auch religiös sein? Erkennt der selbstgewisse moderne Mensch nicht auch auf dem Weg der Vernunft Gottes Dasein, ja sogar seine Güte, Wahrhaftigkeit und wichtige Eigenschaften: alles aufgrund seiner ureigensten rationalen Analyse? Warum sollte er über diesen Gott der Philosophen, der ihm sogar mit Nicht-Christen gemeinsam sein kann, hinaus noch den Gott Abrahams, Isaaks und Jakobs, den Vater Jesu Christi, benötigen? Wäre es nicht konsequent, der so gut funktionierenden methodischen Distanzierung vom biblischen Gott auch die reale folgen zu lassen?

Warum sollte der vernünftige Mensch also zu Glaubensgeheimnissen und Glaubensgewißheit Zuflucht nehmen, da er das Wesentliche doch schon aus sich selbst erkennt? Ist denn die Glaubenswahrheit, die uns eine »höhere« Glaubensgewißheit verschaffen soll, nicht derartig »dunkel« für unseren Verstand, daß sie nur durch die Einwirkung der Gnade und einen Kraftakt des in sich doch blinden Willens akzeptiert werden kann? Ist sie also nicht etwas in sich völlig Willkürliches, hinter dessen Mangel an Klarheit und Deutlichkeit sich ebensowohl eine Banalität wie eine Absurdität oder gar – nach Descartes' eigener Hypothese – ein böser Dämon verbergen kann: alles in allem eher eine Illusion denn eine höhere Gewißheit? Hätte unser Philosoph aufgrund seiner Methode des universalen Zweifels nicht in jedem Fall auch die Autorität der Kirche, des Staates, des Glaubens, der einzelnen Glaubenssätze befragen müssen, statt sie gefährlich unbefragt und unbegriffen einfach stehenzulassen?

Und schließlich: Wird der Verdacht, daß sich hinter der Glaubenswahrheit nichts Wirkliches verbirgt, nicht dadurch, gleichsam ex negativo, bestätigt, daß schon die Existenz eines Gottes der Philosophen vom isolierten menschlichen Bewußtsein kaum überzeugend bewiesen werden konnte? Hat hier also nicht einer methodisch durchgeprobt, ob es auch ohne Gott ginge, und gegen seinen Willen offenbargemacht, daß es für den seiner selbst gewissen Menschen auch ohne Gott recht gut geht: nicht nur ohne den Gott der Philosophen, sondern erst recht ohne den Gott der Bibel, ohne Glaube, Kirche, Theologie, Christentum überhaupt?

Nicht wenige haben daraus schon bald die Konsequenzen gezogen. Jedenfalls: die Aktualität dieser Fragen bedarf keines Kommentars. Auch die nächsten Fragen dürften ebenso aktuell sein.

b. Bezüglich des Unter-Baus: »Der gesunde Menschenverstand ist die bestverteilte Sache der Welt«, so beginnt – wie so oft ironisch? – der erste Teil des »Discours de la méthode«. Das reizt zu Fragen in umgekehrter Richtung: Geht es denn auf der unteren Ebene, auf der Ebene der Vernunft, tatsächlich so vernünftig zu, wie es nach Descartes' Vernunftverständnis zugehen müßte? Ist der Mensch wirklich nur Denken, läßt sich – um vom Unbewußten zu schweigen – zumindest das ganze Bewußtsein auf Denken reduzieren? Zweifellos, Descartes' Gleichsetzung der Seele mit dem Bewußtsein hat den modernen Begriff von Psychologie mitgeprägt. Aber gibt es im Bewußtsein neben und mit dem Denken der Vernunft nicht auch Wollen und Fühlen, Phantasie und Gemüt, Emotionen und Passionen, die sich eben gerade nicht rationalistisch auf die Ratio zurückführen lassen, sondern ihre eigene und zur Ratio oft in Widerspruch stehende Wirklichkeit haben? Kann also die Wahrheit wahrhaft nur more mathematico erkannt werden, so daß alles weniger Klare und Deutliche von vornherein uninteressant ist? Macht eine dogmatische Hybris der Vernunft, die letztlich vielleicht doch irrational begründet ist, nicht in falscher Weise selbstgewiß und blind gegenüber der ganzen Wirklichkeit von Welt und Mensch?

Und deshalb die Frage gewendet: Kann nicht auch jene Wahrheit, die abstrakt-allgemein klar und deutlich erkannt wurde, auf der Ebene der konkreten Existenz in einer bestimmten Situation durchaus unklar und undeutlich werden? Gibt es nicht Menschen, die ihr Dasein im Zweifeln mehr oder weniger klar und deutlich erkennen und doch zu ihm Nein sagen? Die die Wirklichkeit ihrer Existenz zweifelnd bedenken, sich selbst aber doch nicht annehmen können? Ich zweifle, aber was ich bin, kann doch nicht wahr sein; ich zweifle nicht nur, ich verzweifle. Und deshalb könnte, nihilistisch gewendet, gelten: cogito, ergo *non* sum, was unter Umständen im Selbstmord radikal verstanden und auch durchgeführt wird.

Geht es nicht erst in dieser Perspektive der konkreten Existenz um Sein oder Nichtsein, Leben oder Tod? Waren wir auf dem Weg des methodischen Zweifels nicht auf einer recht schmalen Spur, eben der der intellektuellen, gedanklichen Gewißheit? Hätte man, wirklich radikal zweifelnd, nicht gerade an dieser Gewißheit zweifeln müssen? Müßte man also nicht sehr viel tiefer ansetzen und nicht nur nach der Wahrheit unseres vernünftigen Denkens fragen, sondern überhaupt nach der Vernünftigkeit der Vernunft?

Nicht nur nach der Überwindung des Zweifels, sondern der Überwindung der Verzweiflung? Nicht nur nach der Wirklichkeit von Gott und Welt, sondern nach der Wirklichkeit der im Zweifeln und Denken erfahrenen eigenen Existenz? Kann also gerade der heutige Mensch noch auf kartesianisch-intellektuelle Weise zur Gewißheit kommen?

Aber brechen wir hier ab: Konkret hat Descartes auch in seiner Philosophie *mehr praktiziert, als er theoretisch reflektierte.* Oder handelte er in der konkreten Situation nicht auch dort, wo er keineswegs klar und deutlich sah, wo er keine vollkommene Gewißheit über das richtige Handeln hatte? Setzte er nicht faktisch von Anfang an die Vernünftigkeit der Vernunft voraus? Vertraute er nicht vor und in allen Zweifeln auf die Wahrheit und Gewißheit, die er durch sein methodisches Zweifeln unbedingt erreichen wollte? Brachte nicht deshalb der Zweifel die Wahrheit als Frucht hervor, weil der Zweifel von Anfang an in der Wahrheit wurzelte? Akzeptierte Descartes nicht sein Dasein, bevor er es durch den Zweifel neu erkannte? Glaubte er nicht bereits an die Existenz Gottes, bevor er sie zu beweisen anfing? Hatte er nicht ein ungeheures Vertrauen in die Wirklichkeit überhaupt, das ihm seinen radikalen, universalen, methodischen Zweifel überhaupt ermöglichte und ihn sinnvoll erscheinen ließ? Waltete also nicht in all seinem Zweifeln und Denken, in seinen Intuitionen und Deduktionen ein Apriori, ein *Voraus des Vertrauens,* das er wie selbstverständlich praktizierte? Und konnte er dieses Vertrauen nicht deshalb so selbstverständlich praktizieren, weil er sich gerade als Denkender geborgen wußte in jenem christlichen Glauben, den er auf keinen Fall, wie ihm Karl Jaspers empfohlen hätte[79], je mit einem allgemeinen »philosophischen Glauben« vertauscht hätte? Also: *in praxi* weniger die Vernunft als Voraussetzung des Glaubens als ein Glauben als Voraussetzung der Vernunft? Paradoxerweise scheint uns die alltägliche Praxis Descartes' ins Gegenteil seiner eigenen Theorie zu führen. Und vielleicht ist es gerade das, was ihn für manche so rätselhaft und widersprüchlich erscheinen ließ: gleichzeitig als autoritätsfeindlichen Freigeist und autoritätsfreundlichen Kirchengläubigen, als Skeptiker und Christen, als protestantischen Philosophen und als frommen Katholiken, als rational und doch nicht ganz rational, als Philosophen hinter der Maske.

Soviel ist jedenfalls deutlich geworden: Gedankliche Gewißheit, man mag sich noch so sehr methodisch um sie bemühen, ist noch längst nicht existentielle Gesichertheit! Descartes hatte in seiner neuen Gewißheit ein echtes Sendungs-, ja Siegesbewußtsein: Er war absolut überzeugt, im Besitz der Wahrheit zu sein, und setzte sich in unerhörter Selbstgewißheit leidenschaftlich – was ihm manche als Ehrgeiz und Machtwillen gedeutet haben – ein für seine Philosophie der Gewißheit, die er in ihrer Neuheit doch als für alle zwingend gültig hielt. Hochgeehrt von der Königin von Schweden, gedachte er als Sieger aus Stockholm in seine Heimat zurückzukehren. Aber dazu kam es nicht. Erst sechzehn Jahre nach seinem Tod wurde sein Leichnam nach Paris gebracht und in Sainte-Geneviève-du-Mont beigesetzt. Auf seinem Grabmal liest man: »In otiis hibernis componens mysteria naturae cum legibus matheseos, utriusque arcana eadem clavi reserari posse ausus est sperare.« – »In winterlichen Mußestunden die Mysterien der Natur mit den Gesetzen der Mathematik vereinend, wagte er zu hoffen, das in beiden Verborgene mit demselben Schlüssel aufschließen zu können.«

Hat sich seine, hat sich unsere Hoffnung erfüllt? Der Fragestand jedenfalls ist klar und deutlich geworden. Bei allem aber, was wir von Descartes lernten: entscheidende Fragen bleiben unbeantwortet. Deshalb: Kommen wir vielleicht weiter, wenn wir, ohne Descartes' zu vergessen, auf Zusehen hin den anderen Weg beschreiten und uns von seinem großen Zeitgenossen und Antipoden Blaise Pascal führen lassen, für den alle diese Fragen zu Lebens- und Schicksalsfragen geworden sind?

II. Ich glaube, also bin ich? Blaise Pascal

Gewißheit des Wissens ist noch längst nicht Gesichertheit des Lebens. Man braucht dabei keineswegs gleich den Tod im Auge zu haben. Durch Denken, durch klares und deutliches Denken, läßt sich – vielleicht – gedankliche Gewißheit, existentielle Gesichertheit aber auf keinen Fall erreichen. Und gerade die »reine« Mathematik mit ihrer absoluten Gewißheit trägt, sobald sie zur »angewandten« wird, oft ebensosehr zur Ungesichertheit wie zur Gesichertheit des Menschenlebens bei. Insbesondere wenn die neuzeitliche »reine« Mathematik – in ihren zahllosen Anwendungen auf neue Waffen und Techniken bis hin zur Atombombe – gleichsam zur »unreinen« wird, zeigen sich überdeutlich die Widersprüche zwischen gedanklich-mathematischer Gewißheit und existentieller – wie sozialer! – Gesichertheit, unter denen nicht erst Männer wie Albert Einstein und Robert Oppenheimer (um hier nur zwei Prominente zu nennen) gelitten haben. Ein Problem, das noch dringender wurde, seitdem deutlich geworden ist, daß nicht nur Mathematik und Naturwissenschaft, sondern jede Wissenschaft – von der formalen Logik bis zur Theologie – zur angewandten Wissenschaft und damit zur Ausübung von Macht werden kann.

1. *Die Relativität der mathematischen Gewißheit*

Niemand hätte ein besserer Kartesianer werden können als das zweite mathematisch-philosophische Genie dieser Epoche, das vier Jahre nach Descartes' denkwürdiger Erleuchtung und Einsicht in die Möglichkeit einer »science admirable« geboren wurde. Hätte dieser *Blaise Pascal* (1623–1662) – obwohl oder eben gerade weil er ein ausgesprochenes Wunderkind war – nur nicht neben seiner »geometrischen« auch noch andere, sehr verschiedene Begabungen gehabt! Der homo mathematicus der exakten Wissenschaften und der homo religiosus des christlichen Glaubens stritten sich in ihm, dem früh Reifen und früh Verbrauchten, der mit 39 Jahren völlig erschöpft starb. Aber gerade in dieser seiner widersprüchlichen Existenz wurde Pascal, noch mehr als Descartes, zum Vor-Bild des modernen Menschen.

Konvergenzen und Divergenzen

Gibt es unter den Großen des französischen 17. Jahrhunderts zwei, die sich zugleich so ähnlich und unähnlich sind wie Descartes und Pascal? Es dient der Einsicht in eine heute noch immer drängende Problematik, wenn wir hier Ähnlichkeiten und Unähnlichkeiten in einer knappen Skizze illustrieren. Wie Descartes, so ist Pascal:

ein genialer *Mathematiker*: Daß der Zwölfjährige, von dem sein Vater und Hauslehrer alles Mathematische zugunsten des Latein- und Griechischstudiums zunächst fernhalten wollte, selber mit Kohle auf den Fliesen in freien Stunden mit Hilfe von Dreiecken und Kreisen die Grundgesetze der Geometrie selbständig entwickelt habe und vom Vater beim 32. Lehrsatz des Euklid überrascht worden sei, tönt nach dem eingehenden Bericht seiner älteren Schwester Gilberte[1] nicht ganz unwahrscheinlich. Nicht Familienlegende jedenfalls ist,

daß Pascal mit sechzehn Jahren sofort einer der führenden Mathematiker seiner Zeit wurde, als er in einer Abhandlung über Kegelschnitte den nach ihm benannten Pascalschen Satz (das »mystische Hexagramm« oder Sechseck im Kegelschnitt, für welches die Schnittpunkte der drei Paare von Gegenseiten auf einer Geraden liegen) entwickelte;

daß er mit verschiedenen Arbeiten – von Würfelspiel und Würfelspielern angeregt – die heute für alle möglichen Wissenschaften, von der Atomphysik bis zur Versicherungsmathematik, wichtige Wahrscheinlichkeitsrechnung mitbegründet hat;

daß er mit seinen verschiedenen Ausführungen über das mathematisch-mechanische Problem der Zykloide (Radkurve: die Kurve, die ein Nagel auf der Peripherie eines rollenden Rades beschreibt) sich der Infinitesimalrechnung, der Rechnung mit unendlich kleinen Einheiten (Differentialen), entscheidend angenähert hatte (am Rand von Pascals – anläßlich rasender Zahnschmerzen rasch entworfener! – Arbeit über die »Roulette« notierte Leibniz seine ersten Gedanken über diese von ihm und Newton gleichzeitig und unabhängig voneinander entwickelte »Rechnung mit dem Unendlichen«) . . .

ein genialer *Physiker*: Wiederum als Zwölfjähriger schreibt Pascal, ausgehend von der Beobachtung an einem mit dem Messer angestoßenen Keramikteller, der bei Berührung mit dem Finger sofort zu klingen aufhört, einen Aufsatz über Akustik (»Traité des sons«). Gut zehn Jahre später führt er auf eine unvollständige Nachricht über die Versuche des Galilei-Schülers Torricelli hin zur Messung des Luftdrucks den Versuch in verbesserter, vielfach variierter und kontrollierter Form durch. Durch diese berühmten mustergültigen Experimente mit dem Quecksilberröhrchen (später Barometer genannt) liefert er den unwiderlegbaren Beweis für die – wegen des »horror vacui« (die angebliche »Abscheu« der Natur vor aller Leere) noch weithin bestrittene – Existenz des leeren Raumes. Dann stellt er das Ergebnis unter ein allgemeines Gesetz (Flüssigkeit und Luft sind als bewegliche Substanzen zu behandeln) und formuliert die Theorie vom hydrostatischen Gleichgewicht, nicht ohne schließlich mit der Erfindung der hydraulischen Presse auch zur praktischen Anwendung fortzuschreiten ...

ein genialer *Ingenieur*: Nicht nur die hydraulische Presse erfand er, sondern, im Alter von neunzehn Jahren, auch die erste funktionierende Rechenmaschine – als Hilfe für seinen Vater, einen vielbeschäftigten Steuergerichtspräsidenten im Dienste Richelieus. Er besorgte sich das Patent für das in intensiver zweijähriger Arbeit in über fünfzig Varianten hergestellte Modell, Urbild unserer Computer; er druckte Prospekte und machte Pläne für die serienmäßige Herstellung, die damals aber am Mangel geeigneter Mechaniker und an den hohen Herstellungskosten scheiterte. Kein Wunder, daß man den Mann der Rechenmaschine und der sensationellen Luftdruckversuche auf dem hohen Puy de Dôme bei seiner Heimatstadt Clermont-Ferrand den jungen »Archimedes von Paris« nannte. Noch in seinen letzten Jahren erarbeitete er den Plan für einen Omnibusverkehr durch Groß-Paris und gründete selber eine Omnibusgesellschaft, deren Kutschen, zu fünf Sous der Platz, tatsächlich fuhren, was ihm sogar noch mehr Ruhm eintrug als selbst die Rechenmaschine ...

ein moderner *Weltmann*: Wie Descartes aus vermögendem Haus und das Vermögen seines Vaters bis zuletzt geschickt verwaltend, hatte er in Paris Zutritt zu exklusiven Gesellschaftsschichten. Seine reizende jüngere Schwester Jacqueline, wegen ihrer Gedichte ebenfalls als Wunderkind angesehen, hatte durch ihr Theaterspiel dem wegen eines Protestes gegen Richelieus Finanzpolitik in Ungnade gefallenen Vater die Gunst des allmächtigen Premierministers zurückerobert, wobei Richelieu auch den jungen Blaise kennenlernte. Wichtig wurde für ihn aber jener familien- und akademieähnliche Kreis aus Männern verschiedener Berufe, die sich in diesem Zeitalter der noch nicht organisierten Naturwissenschaft regelmäßig um den stets freundlichen, frommen Paulaner Marin Mersenne versammelten, um alle möglichen Probleme der Geometrie, der Physik, der Literatur, der Philosophie, der Theologie zu diskutieren. Mersenne, der den christlichen Glauben mit der Geometrie zu verbinden trachtete und der, obwohl er für Galilei, Campanella und Descartes eintrat, weder von der staatlichen noch der kirchlichen Autorität je angefochten wurde, stand, enzyklopädisch gebildet, mit allen möglichen Forschern in ganz Europa in regem wissenschaftlichen Briefwechsel: von Torricelli in Italien bis zum englischen Philosophen Thomas Hobbes und zum niederländischen Mathematiker, Physiker und Astronomen Christian Huygens (berühmt durch seine Wellentheorie des Lichtes und die Erfindung der Pendeluhr, jenes vielbestaunten Weltwunders und Bildes für die Weltmaschine des göttlichen Uhrmachers). In diesen Kreis wurde Pascal schon mit sechzehn Jahren, was ihm selbstverständlich schien, aufgenommen. Zugleich aber hatte er bei seinen mannigfachen gesellschaftlichen Beziehungen – sehr angetan von Montaignes »Essais« – Kontakt mit notorischen »Libertinern«, vor allem mit dem die areligiöse Unabhängigkeit und das Ideal des »honnête homme« propagierenden und lebenden Chevalier Antoine de Méré. Wie Descartes galt Pascal als Mann von Geist und Geschmack, skeptisch gegenüber Gewohnheiten und Vorurteilen . . .

ein glänzender *Literat*: Mit Descartes hat Pascal – obwohl beide (wie auch Molière) nicht Mitglied der jetzt durch Richelieu gegründeten Académie Française – am meisten zum Ruhm der französischen Prosa beigetragen, der wissenschaftlichen im besonderen, die mit ihrer natürlichen Einfachheit und Eleganz sich von dem in der ganzen Welt nachgerade berüchtigten holprig-komplizierten Gelehrtendeutsch bis heute abhebt. Descartes und Pascal, beide gutes Latein schreibend, sind Klassiker der französischen Sprache von hoher literarisch-ästhetischer Instinktsicherheit, die der Form ihrer Gedanken größte Sorgfalt zuwenden und sich ständig um Lesbarkeit bemühen. Pascals knappe, bildhafte Sprache war freilich die eines Gelehrten und Dichters zugleich: sie verbindet Klarheit und Rhythmus, Präzision und Poesie und spricht Kopf und Herz gleichzeitig an. In Mathematik und Physik schrieb er mit ebenso bewundernswerter Transparenz und geschliffener Brillanz wie in Philosophie und Theologie. Seine »Pensées« gehören zu den bedeutendsten Werken der Weltliteratur. Insbesondere aber hatte er als mit allen Mitteln der Ironie, des Witzes, der Satire arbeitender, oft unbarmherziger Polemiker und Pamphletist zu seiner Zeit nicht seinesgleichen – ein Vorbild für Voltaire, der Pascals »Lettres Provinciales« als »erstes Buch von einem Genie der Prosa geschrieben« bezeichnete. So gilt Pascal als der »erste Journalist« der Literatur Frankreichs, was dort, wo man gute Stilisten auch in der Wissenschaft bewundert, als hohes Lob verstanden wird . . .

ein tiefer *Denker*: Wie Descartes ist Pascal ein Mann weniger Bücher, der nach sehr persönlicher Ausbildung durch seinen Vater in seltener Freiheit an keinen bestimmten Beruf oder Auftrag gebunden ist. Wie Descartes verfügt er über eine außerordentliche analytische Unterscheidungsgabe, die durch seine geniale sprachliche Ausdrucksfähigkeit noch mehr zur Auswirkung kommt. Wie Descartes ist ihm geradezu ein Pathos des Denkens eigen: »Der Mensch ist nur ein Schilfrohr . . . aber er ist ein denkendes Schilfrohr«[2]; er teilt deshalb weithin den kartesianischen Dualismus bezüglich Geist und Materie, Seele und Leib. Wie Descartes ist Pascal auch ein Verächter der Scholastik, für den die Bibel so wenig Autorität in der modernen Physik hat wie die alte Physik des Aristoteles. Aber wie Descartes sieht er sich zugleich in apologetischer Frontstellung gegen die »Libertiner«, Freigeister und Atheisten. Und wie Descartes geht er mit feinem Spürsinn den Problemen des Menschen nach und stößt dabei – vielleicht mehr als jener – zum letzten Grund der menschlichen Existenz vor.

Aber gerade hier werden nun *Divergenzen* sichtbar, die bei aller Ähnlichkeit die Verschiedenheit dieser Zeitgenossen deutlich hervortreten läßt. Wenn Genies sich begegnen, sprühen längst nicht immer geistige Funken; menschliche Sympathie ist eine der Voraussetzungen des Verstehens. Als der um eine Generation ältere große »Geometer« in Holland vom erstaunlichen »mystischen Hexagramm« des mathematischen Wunderkindes in Frankreich hört, kommentiert er ziemlich kühl, dafür sei wohl der Vater verantwortlich. Doch auf Anregung ihres gemeinsamen Freundes Mersenne fuhr der noble Descartes (Descartes stammt wie Pascal aus dem Beamtenadel) während einem seiner seltenen Pariser Besuche – zusammen mit dem Mathematiker der Pariser Universität Roberval und großem Gefolge – bei dem damals bereits sehr kränklichen, aber durchaus selbstbewußten jungen Genie vor: am 23. September 1647. Doch es war der Professor Roberval, der sich beim Gespräch in den Vordergrund drängte, und Descartes mußte schließlich zu einem Diner, nicht ohne dem Patienten Pascal zu seinem Rezept zu raten: langer Morgenschlaf und Bouillon. Am nächsten Tag aber kam er wieder, allein. Ihn interessierten besonders Pascals Luftdruckversuche, vor allem das umstrittene Vakuum, das in der kartesianischen Welt, die überall aus ausgedehnter, womöglich sehr feiner Materie besteht, keinen Platz zu haben schien.

Descartes war mißtrauisch, und Pascal blieb vorsichtig. Sie waren nicht Feinde, wurden aber auch nicht Freunde. Es blieb bei gegenseitigem Respekt, wohl auch Bewunderung. Pascal, dem für seine großangelegten, über Monate sich erstreckenden, variantenreichen Versuchsserien die erheblichen Mittel seines Vaters zur Verfügung standen und der die Ergebnisse etappenweise in allgemeinverständlichen Broschüren dem staunenden Publikum bekanntgab, war zweifellos der sehr viel bedeutendere Experimentator, Organisator, Konstrukteur und auch Schriftsteller. Eifersucht des Älteren auf den so erfolgreichen, verwöhnten Jüngeren? Gewiß auch. Jedenfalls beanspruchte Descartes für den großen Barometerversuch auf dem Puy de Dôme im folgenden Jahr für sich die Priorität. Wer der erste war, das gab damals Anlaß zu ständigem Zank unter den aufstrebenden Gelehrten in dem noch weithin unbearbeiteten Gelände der Naturwissenschaft. Daß Pascal die Versuche mit dem Quecksilberröhrchen gleichzeitig im Tal und auf dem Berg machen solle, um so die Abhängigkeit der Höhe der Quecksilbersäule von der über ihr ruhenden Luftsäule zu beweisen, habe er, Descartes, Pascal geraten, was dieser energisch bestritt.

Also doch Eifersucht? Gewiß nicht nur. Es sind die Leben zweier Zeit-, Landes- und Wissensgenossen, die sicher nicht einfach parallel laufen, die vielmehr konvergieren, aufeinanderzustreben, aber dann doch den Schnittpunkt nicht finden, wieder divergieren, auseinanderstreben. Warum? Wo gründen jene Divergenzen entscheidend?

Die Logik des Herzens

Descartes, in Mathematik, Physik, Philosophie, ist der *Mann der Methode*: Methodisch-systematisch ist er im Jesuitenkolleg erzogen worden (in klassischer Literatur, Naturwissenschaft, Mathematik, Philosophie), methodisch bleibt er sein ganzes Leben lang: Ein Leben im immer gleichen Rhythmus des Tagesablaufs führt er, geistige und körperliche Beanspruchung im Gleichgewicht haltend, ohne sich abzuquälen. Methodisch durchforscht er zuerst die Welt und dann das eigene Ich. Der Methode widmet er seine ersten Veröffentlichungen. Es geht ihm um eine wissenschaftsorientierte Praxis. Nichts überläßt er dem Zufall. Schwierigkeiten weicht er aus; er braucht Ungestörtheit, ein konfliktloses Leben. Schritt für Schritt schreitet er weiter von Problem zu Problem, immer das Ganze zielbewußt vor Augen, und führt so seine Methode zum System. Mit einer umfassenden Synthese krönt er sein philosophisch-naturwissenschaftliches Werk.

Pascal, erzogen ganz in der Familie zwischen zwei Schwestern (die Mutter war drei Jahre nach seiner Geburt gestorben), ist im Leben wie in der Wissenschaft der *Mann des Pathos*: Pathos im ursprünglichen weiten Sinn des tiefen Erlebens, Erfahrens, Erduldens, des Leidens und der Leidenschaft. Von Jugend auf hinfällig, erleidet er nach der hektischen zweijährigen Arbeit an seiner Rechenmaschine, gerade einundzwanzig, seinen ersten Zusammenbruch und war von da an kaum einen Tag ohne Schmerzen. Ein komplexes Genie von höchster körperlicher und geistiger Sensibilität, hat er sein Leiden nicht nur nicht abgelehnt, sondern bejaht, ja gesteigert, zuletzt in fast pathologischer Weise seine Zerstörung fördernd. Schwierigkeiten schrecken ihn nicht, reizen vielmehr zum höchsten Einsatz. Selbst Mathematik und Physik betreibt er bei aller unbestechlichen wissenschaftlichen Objektivität mit Leidenschaft; an arithmetischen oder geometrischen Problemen oder an seiner Rechenmaschine konnte er arbeiten wie besessen. Nur große, schwierige, »unlösbare« Fragen interessieren ihn, der zeitlebens nie eine Schule oder Universität besucht hat, sondern von seinem umfassend gebildeten Vater unterrichtet wurde. Und er hastet von der einen Frage zur anderen, ohne einen Gesamtplan zu machen, sich auch in Mathematik und Experiment, unabhängig wie er ist, auf seine jeweiligen Eingebungen verlassend. Mehr Aphoristiker als Systematiker, kümmert er sich kaum um eine umfassende Synthese. Zwar hat er gegen Ende seines Lebens für ein großes philosophisch-theologisches Werk ständig Notizen gemacht, aber nach seinem Tod fand man nur einen großen Haufen von Zetteln und halben Seiten, Gedankenfetzen, kleinere und größere Fragmente: posthum in verschiedener Anordnung herausgegeben als »Pensées«, die der Menschheit freilich mehr zu denken gegeben haben als die riesigen philosophischen und theologischen Handbücher seiner Zeit. Pascal selbst, empfindsam, empfindlich und reizbar, wußte sich durchaus richtig einzuschätzen und schwankte oft zwischen stolzem Selbstbewußtsein und rührender Selbstlosigkeit, zwischen Bescheidenheit und Aggressivität. Nur langsam lernte er seine Ironie, seine Ungeduld, seinen Zorn beherrschen. Für einen Heiligen hat er sich nie gehalten, wiewohl er zu einem solchen schon von seiner Schwester fromm und erbaulich stilisiert wurde. Aber vermutlich wäre er heiliggesprochen worden, hätte er sich nicht der Häresie verdächtig gemacht. Darin zumindest war er wieder seinem Konkurrenten Descartes gleich: Von dem leider hier wieder zu erwähnenden »Sanctum Officium Sanctissimae Inquisitionis« ist auch er auf den Index der verbotenen Bücher gesetzt worden!

Die Welt selbst also sieht für Descartes und Pascal anders aus, weil beide die Welt, schon im *naturwissenschaftlichen Erkennen*, anders anschauen: Pascals völlig unvoreingenommener Beweis für den leeren Raum war zugleich ein imponierender Sieg der neuen mathematisch-empirischen Methode der Naturforschung über die der traditionellen Physik und Metaphysik, die ohne empirische Beweise eine ganze Reihe von physisch-metaphysischen Dogmen aufrechterhielt, wie eben das auf Aristoteles zurückgehende Dogma, daß die Natur Furcht vor der Leere habe (oder auch das andere von der »Würde des Kreises«, in der Physik entthront durch Keplers Entdeckung der ellipsenförmigen Planetenbahnen). Jenes auch noch von Descartes und Galilei akzeptierte Dogma von einem »horror vacui«, das die Luftleere mit dem Nichts verwechselte, gehörte – wir sind ja noch vor Newtons Einsicht in das Wesen der Gravitation! – zu den grundlegenden Hypothesen der traditionellen Naturerklärung. In Pascals Antwort an den Rektor der Jesuitenschule von Paris, P. Noël – Descartes' Lehrer und Freund, der aber der metaphysisch orientierten Methode der Naturdeutung verpflichtet war –, werden am Beispiel des »horror vacui« die Grundlagen der neuen naturwissenschaftlichen Methode deutlich: Die Wahrheit der Physik beruht entweder auf der Evidenz der Idee oder der Evidenz der Tatsachen und wird auf zwei Wegen gefunden, durch mathematische Deduktion oder das Experiment[3]. Noch deutlicher sagt Pascal im berühmten Fragment einer Einleitung zur Abhandlung über die Leere zur Methode in der Physik: »Der klar erkannte Unterschied (zwischen Naturwissenschaft und Theologie) läßt uns die Verblendung derer beklagen, die in der Physik allein die Autorität statt der Vernunftargumentation und der Experimente als Beweis anführen, und läßt uns über die üble Haltung jener anderen erschrecken, die in der Theologie allein die Vernunftargumentation statt der Autorität der Schrift und der Väter gebrauchen[4].« Ob freilich der Unterschied zur Theologie hier nicht zu einfach bestimmt wird?

Jedenfalls ist damit bereits der Unterschied zu Descartes und zu seiner naturwissenschaftlichen Methode deutlich geworden: Bei aller grundsätzlichen Betonung der Erfahrung geht Descartes faktisch weithin deduktiv vor, ausgehend von Konstruktionen des Verstandes. Das Experiment diente ihm mehr dazu, die Wahrheit in Einzelfällen zu beweisen und zu bestätigen, als sie aufzufinden. In seinem Idealbild einer unbedingt klaren und gewissen Wissenschaft mußte nun einmal, wie in der Mathematik, alles aus wenigen klar festgestellten Prinzipien oder Axiomen ableitbar sein; anders als in der Mathematik fehlte ihm in der Naturwissenschaft weithin das nötige Rüstzeug, um das neue Wissenschaftsgebäude von der Empirie her aufzubauen. Pascal beginnt entschiedener mit der Erfahrung und sucht für bestimmte Wirkungen die Ursachen. Und während Descartes in der Festsetzung der Prinzipien seines vorkonzipierten Wissenschaftsbaus (wie Gleichsetzung von Materie und Ausdehnung, Bewegung allein durch Druck und Stoß, Dualismus von Leib und Seele, Funktion der Zirbeldrüse) oft eine Kühnheit an den Tag legt, die der empirischen Verifikation nicht standhält, übt Pascal bei der Überprüfung der Prinzipien, von denen er ausgehen will, eine oft beinahe übertriebene Vorsicht. Die Luftdruckversuche beweisen es: Er hütet sich vor apodiktischen Behauptungen und wartet den Ausgang der Experimente ab. Kühnheit beweist er in den aus abgesicherten Prinzipien zu ziehenden Konsequenzen, die aber wiederum an der Erfahrung verifiziert werden können und sollen. Er tendiert nicht auf ein rasch zu erstellendes System; dafür besaß eigentlich erst die folgende Generation von Gelehrten – Newton, Boyle, Huygens – die Voraussetzungen.

Doch geht es um mehr als um das naturwissenschaftliche Erkennen. Es geht um das *menschliche Erkennen* schlechthin, das menschliche Bewußtsein überhaupt: Descartes hatte die Seele mit dem Bewußtsein identifiziert und alle ihre Funktionen auf das Denken zurückgeführt. Pascal – ein zu feiner Beobachter nicht nur der Natur, sondern auch der menschlichen Psyche – konnte sich, bei all seiner emphatischen Betonung des Denkens, zu einer solchen Reduktion nicht entschließen. Er hat zunächst nichts gegen Descartes' Vernunft; dafür ist er selber – wie könnte ein Mathematiker, Physiker und Ingenieur anders sein – zu rational. Jedoch: Die Vernunft allein genügt nicht; gerade als Mathematiker, Physiker und Ingenieur ist Pascal kein Rationalist. Nichts gegen die diskursive Vernunft. Aber gibt es nicht auch ein intuitives Erkennen? Nichts gegen die langsame analytisch-synthetische Konstruktion des Verstandes. Aber gibt es nicht auch das einfache, rasche Erfühlen? Nichts gegen die Logik. Aber gibt es nicht auch den Instinkt?

Also: zusammen mit dem »raisonnement« auch das »*sentiment*«! Beides hat seine Grenzen: »Die gewohnt sind, aufgrund des Gefühls zu urteilen, verstehen nichts von den Dingen der schlußfolgernden Vernunft; denn sie wollen sogleich alles mit einem Blick durchschauen und sind gar nicht gewohnt, die Prinzipien zu suchen. Und die anderen, die im Gegensatz dazu gewohnt sind, aufgrund von Prinzipien zu schlußfolgern, verstehen nichts von den Dingen des Gefühls, da sie dort Prinzipien suchen und unfähig sind, alles mit einem Blick zu durchschauen[5].« So sind Geist, Vernunft, also schlußfolgerndes Denken einerseits und Gefühl, Instinkt, also intuitives Erfühlen andererseits zu unterscheiden: beides kann durch »Konversation«

geformt oder verdorben werden[6].

»Sentiment«, »Gefühl« hat hier offensichtlich nichts mit Sentimentalität oder Gefühlsduselei zu tun, was Pascal völlig abgeht. Noch besser als »Gefühl« faßt das Wort »*Herz*« (»coeur«) das zusammen, was Pascal der »Vernunft« (»raison«) entgegensetzt. Auch »Herz« meint nicht das Irrational-Emotionale im Gegensatz zum Rational-Logischen, nicht eine »Seele« im Gegensatz zum »Geist«. Herz meint jene – durch das körperliche Organ symbolisch bezeichnete – geistige Personmitte des Menschen, sein innerstes Wirkzentrum, den Ausgangspunkt seiner dynamisch-personalen Beziehungen zum Anderen, das exakte Organ menschlicher Ganzheitserfassung. Herz meint durchaus den menschlichen Geist: aber nicht insofern er rein theoretisch denkender, schlußfolgernder, sondern insofern er spontan präsenter, intuitiv erspürender, existentiell erkennender, ganzhaft wertender, ja im weitesten Sinn liebender (oder auch hassender) Geist ist. Von daher versteht man Pascals vielleicht meistzitiertes, aber kaum gut zu übersetzendes Wortspiel richtig: »Le coeur a ses raisons, que la raison ne connaît point: on le sait en mille choses.« – »Das Herz hat seine (Vernunft-) Gründe, die die Vernunft nicht kennt; man erfährt das in tausend Dingen[7].« Das also ist die Logik des Herzens: das Herz hat seine eigene Vernunft!

Hier zeigt sich bereits die ganze *Relativität der rein rationalen, mathematischen Gewißheit*, die von diesem großen Mathematiker erkannt wird: »Wir erkennen die Wahrheit nicht mit der Vernunft allein, sondern auch mit dem Herzen[8].« Mit dem Herzen, in intuitiver Unmittelbarkeit, erkennen wir die ersten Prinzipien: Es gibt Raum, Zeit, Bewegung, Zahlen ... Und wenn die Vernunft das auch nicht beweisen kann, so kann sie es doch auch nur – wie die Skeptiker – vergeblich bekämpfen. Die Vernunft setzt also bereits etwas voraus? »Es sind diese Erkenntnisse des Herzens und des Instinkts, auf die sich die Vernunft stützen muß, auf die sie all ihr Schlußfolgern gründet. Das Herz spürt, daß es drei Dimensionen im Raum gibt und daß die Zahlen unendlich sind; und die Vernunft beweist anschließend, daß es nicht zwei Quadratzahlen gibt, von denen die eine das Doppelte der anderen ist[9].«

So werden denn die Prinzipien mit dem Herzen intuitiv erspürt, die Lehrsätze aber durch die Vernunft logisch erschlossen: »und beides mit Gewißheit, wenn auch auf verschiedenen Wegen«[10]. Sind damit die Grenzen der Vernunft nicht deutlich geworden? »Es ist ebenso nutzlos wie lächerlich, wenn die Vernunft für ihre Zustimmung vom Herzen Beweise für seine ersten Prinzipien verlangt, wie es lächerlich wäre, wenn das Herz von der Vernunft zur Annahme all der Lehrsätze, die sie beweist, ein Gefühl verlangte. – Diese Unfähigkeit soll folglich nur die Vernunft demütigen, die über alles urteilen möchte, nicht aber unsere Gewißheit erschüttern, als ob nur die Vernunft fähig wäre, uns zu belehren[11].« Lassen sich Bedeutung *und* Grenzen der rein rationalen Gewißheit deutlicher bejahen?

Descartes hatte den »Geist« der in der Geometrie, in der Mathematik, angewandten analytischen Methode auf die anderen Wissenschaften übertragen. Aber gerade für den mathematisch-geometrisch Gebildeten dürfte es wichtig sein: Neben dem »esprit de géometrie«, dem Geist der Mathematik, gibt es – wiederum fast unübersetzbar – den *»esprit de finesse«*. Ein anspruchsvolles Wort, vielleicht am besten mit »Feingefühl« zu übersetzen, wenn man darunter Fingerspitzengefühl, Takt, Empfindsamkeit, ja Witterung, Spürsinn, Scharfblick, gar Raffinesse versteht: also das, womit feiner, genauer, differenzierter, empfindsamer, feinsinniger erkannt werden kann.

Eigentlich, meint Pascal, sollten alle »Geometer«, alle Mathematiker, auch feinfühlig sein und umgekehrt alle Feinfühligen auch »Geometer«, auch Mathematiker. Aber: »Der Grund, daß gewisse feinfühlige Menschen keine Mathematiker (géomètres) sind, ist, daß sie völlig unfähig sind, sich den Prinzipien der Geometrie zuzuwenden. Der Grund aber, daß Mathematiker nicht feinfühlig sind, ist, daß sie nicht sehen, was vor ihnen liegt, und daß sie – an die klaren und gröberen Prinzipien der Geometrie gewöhnt und Schlüsse ziehend nur, nachdem sie ihre Prinzipien deutlich gemacht und angewandt haben – sich in Dingen des Feingefühls verirren, wo sich die Prinzipien nicht derart anwenden lassen. Diese sieht man kaum, man erspürt sie mehr, als daß man sie sieht; man hat endlose Mühen, diejenigen das Gespür dafür zu lehren, die die Prinzipien nicht selbst erspüren: Es gibt hier derart delikate und so zahlreiche Dinge, daß ein sehr delikates und genaues Gespür nötig ist, um sie zu erspüren und um richtig und gerecht nach dem Gefühl zu urteilen, ohne daß man sie in den meisten Fällen wie in der Geometrie schrittweise ableiten kann, weil man hier die Prinzipien so nicht besitzt und weil das zu unternehmen eine endlose Aufgabe wäre. Man muß die Sache sofort mit einem Blick sehen und nicht in fortschreitender Schlußfolgerung, jedenfalls bis zu einem gewissen Grad[12].«

Feinfühligen, die nur spontan zu urteilen gewöhnt sind, verschlägt es den Atem, wenn sie mit den Definitionen und Prinzipien der Geometrie konfrontiert werden: »Die Feinfühligen, die nichts als feinfühlig sind, können die Geduld nicht aufbringen, um bis zu jenen ersten Prinzipien von Spekulation und Vorstellungskraft hinabzusteigen, die sie in der Welt niemals zu Gesicht bekommen haben und die man dort nie braucht[13].« Die Mathematiker aber sollten sich nicht lächerlich machen dadurch, daß sie die Fragen des Feingefühls auf geometrische Weise abhandeln wollen: »Die Mathematiker, die nichts als Mathematiker sind, haben also einen klaren Geist, aber unter der Voraussetzung, daß man ihnen alles durch Definitionen und Prinzipien erklärt, sonst sind sie wirr und unerträglich, denn sie denken klar nur auf der Grundlage genau geklärter Prinzipien[14].«

Kann man nun vor diesem Hintergrund nicht verstehen, warum Pascal vorhatte, in seinem großen Werk ein höchst kritisches Kapitel gegen den bedeutendsten Repräsentanten des »esprit de géometrie« zu schreiben? Das beweist die ominöse Notiz: »Gegen die Leute schreiben, die allzu tief in die Wissenschaft eindringen: Descartes[15]!«

2. *Die Urgewißheit des Glaubens*

Das Ideal der mathematischen Evidenz läßt sich allenfalls in der Mathematik erreichen. Alle anderen weniger abstrakten, weniger formalen menschlichen Wissenschaften, von den empirischen Disziplinen bis zur Philosophie, kommen an diesen – abstrakten, formalen! – Gewißheitsgrad nicht heran. Und je länger desto mehr erwies sich Descartes' Vision einer Universalwissenschaft für sämtliche Probleme des menschlichen Lebens als unrealisierbar. Was schon damals anfänglich begeisterte Kartesianer schließlich zum Skeptizismus oder auch zum Fideismus[16] getrieben hat. Pascal, der nie nur Mathematiker und Physiker war, wandte sich in den späteren Jahren vom »Studium der abstrakten Wissenschaften« zum »Studium des Menschen«[17]: »Man muß sich selbst kennen«[17a]! So wurde er zu einem der frühen großen »Entdecker des Ich«[18]. Nicht um die abstrakte Menschennatur im Sinne der traditionellen Philosophie oder Theologie, aber auch nicht nur um den Menschen als denkendes Wesen im Sinne Descartes' geht es ihm. Vielmehr um den ganz konkreten geschichtlichen Menschen, wie er lebt in seiner Welt, in seinem Alltag: diesen Menschen will er in seinen Höhen und Tiefen ausmessen. Dabei drängt sich nun freilich nicht wie bei Descartes vor allem die Ungewißheit des menschlichen Wissens auf, sondern – wir sahen es schon bei unserer Kritik an Descartes – die durchgängige Ungesichertheit des menschlichen Lebens überhaupt.

Größe und Elend des Menschen

Im vollkommen gefüllten, statischen, hierarchisch geordneten, geozentrischen und anthropozentrischen Weltbild des Mittelalters hatte der Mensch seinen ganz bestimmten Platz: den festen Boden der Erde unter den Füßen und die sicheren Himmelssphären, Wohnort Gottes und der Engel, über dem Haupt, er selbst geborgen im Mittelpunkt der gesamten Schöpfung. Aber man hatte sich über die Welt gründlich geirrt: Dieses fest- und wohlgeordnete Weltgebäude ist durch die Entdeckungen von Kopernikus, Kepler und Galilei Stück für Stück zusammengebrochen. Gott scheint heimatlos, die Engel überflüssig geworden zu sein. Die neue mechanistische Physik und »Himmelsmechanik«, wie sie Newton sehr viel später erst vollenden sollte, zeigt den Menschen einsam in einer Welt, in der sich nach oben wie nach unten Abgründe, Unendlichkeiten auftun. Ein Gefühl der Verwirrung und der Unsicherheit breitete sich aus, nicht nur unter den Kirchenmännern und Theologen, sondern unter den denkenden Menschen überhaupt.

Pascal nimmt die Verlorenheit des Menschen im endlosen, undurchdringlichen Weltall, aus welchem keine Stimme des Schöpfers zu hören ist, sehr ernst: »Das ewige Schweigen dieser unendlichen Räume erschreckt mich[19].« Dennoch weigert er sich, den Menschen von der Welt zu isolieren und ihn wie Descartes zunächst nur vom Bewußtsein her zu deuten. Für ihn ist der Mensch von vornherein nicht gegenüber, sondern in der Welt. Und in dieser für ihn immer unbegreiflich bleibenden Welt soll der Mensch versuchen, sich erst einmal selbst, in seiner ganzen Widersprüchlichkeit, zu begreifen. Denn was kennzeichnet die Lage des Menschen, wenn man sie in ihren *kosmischen Dimensionen* sieht? Kontraste, Spannungen sind es, eine grundlegende Disproportion, ein durchgängiges Mißverhältnis. Mathematische Einsichten verhalfen Pascal, diese Lage des Menschen zu verstehen.

Schaut man vom Menschen her ins Weite, in den Makrokosmos, so wird die Erde, aber schließlich auch die Sonne zum kleinen Punkt, wird die ganze sichtbare Welt zum unmerklichen Strich in der weiten, unbegreiflichen Höhlung des Alls. Was ist angesichts dieser Unendlichkeit der Mensch? Vor dem All ist der Mensch ein Nichts!

Umgekehrt: Schaut man vom Menschen her in den Mikrokosmos, in die winzigen Organismen von Lebewesen, so läßt sich alles teilen und wieder teilen, selbst das Atom, in welchem eine Unendlichkeit von Universen sich auftut, deren jedes sein Firmament besitzt, seine Planeten, seine Erde, im selben Verhältnis wie die sichtbare Welt: eine Unendlichkeit des Kleinen, die im Nichts endet, das wir doch nie erreichen können. Was ist angesichts dieser negativen Unendlichkeit der Mensch? Vor dem Nichts ist der Mensch ein All!

Das also ist die Disproportion, das Mißverhältnis, ist Größe und Elend des Menschen in der Welt: »Ein Nichts gegenüber dem Unendlichen, ein All gegenüber dem Nichts, eine Mitte zwischen Nichts und All. Unendlich entfernt vom Begreifen der äußersten Grenzen, sind ihm das Ziel aller Dinge und ihr Ursprung unüberwindbar verborgen in einem undurchdringlichen Geheimnis: gleich unfähig, das Nichts zu fassen, aus dem er gehoben, wie das Unendliche, in das hinein er verschlungen ist. – Was kann er also tun, außer einen Schimmer von der Mitte der Dinge wahrnehmen, in ewiger Verzweiflung darüber, daß er weder ihren Ursprung noch ihr Ziel erkennt? Alle Dinge entstammen dem Nichts und reichen ins Unendliche. Wer kann diesen erstaunlichen Schritten folgen? Der Urheber dieser Wunder begreift sie. Kein anderer vermag es[20].«

Unendlichkeiten im Raum und auch in der Zeit der Stunden, Tage, Jahre, eine Unendlichkeit von Zahlen, geometrischen Lehrsätzen, wissenschaftlichen Prinzipien ... So zeigt sich die radikale Ungesichertheit des Menschen in der Welt, in der wir im Ungewissen dahintreiben und uns alles entgleitet in einer Flucht ohne Ende: »Wir brennen vor Verlangen, einen festen Boden zu finden und einen letzten beständigen Grund, um darauf einen Turm zu bauen, der sich zum Unendlichen erhebt; aber unser ganzes Fundament bricht zusammen und die Erde öffnet sich bis zu den Abgründen. – Suchen wir also nicht Sicherheit und Festigkeit. Unsere Vernunft wird ständig getäuscht durch die Unbeständigkeit der Erscheinungen: Nichts kann das Endliche festmachen zwischen den beiden Unendlichen, die es einschließen und es fliehen[21].« So ungesichert ist der Mensch, dieses »denkende Schilfrohr«, daß »ein Wasserdampf, ein Wassertropfen ausreicht, um ihn zu töten«[22]. Freilich: »Wenn das All ihn vernichtete, wäre der Mensch doch noch edler, als was ihn tötet, da er weiß, daß er stirbt und die Übermacht des Alls kennt; das All aber weiß davon nichts[23].«

Betrachten wir nun die Existenz des Menschen in ihren nicht kosmischen, sondern *alltäglichen Dimensionen*, so zeigt sich die Ungesichertheit in anderer Gestalt: Pascal, verkehrend in höheren und höchsten Kreisen, kannte das Leben gerade der materiell gesicherten und gesellschaftlich angesehenen Schichten. In Paris hatte er seine »mondäne Periode« und widmete sich, wie man im jansenistischen Port Royal sittenstreng urteilte, den »Eitelkeiten der Welt«. Er war also alles andere als ein weltfremder Moralist mit schemenhaften Vorstellungen vom wirklichen Leben. Aus unmittelbarer Nähe beobachtete er, wie manche Theologen es so nie konnten, daß auch weltliche Menschen nicht schlechte Menschen sein müssen, sondern in ihrem Lebensstil jene Bildung des Verstandes und Herzens, jenen »esprit de finesse« zeigen können, den er so sehr bewunderte: das Ideal des »honnête homme«, ehrenwerte Menschen mit allseitig entwickelten Anlagen, mit Aufrichtigkeit und Großzügigkeit, feinem Takt, sicherem Benehmen in den verschiedenen Lebenslagen und festen Überzeugungen in allen Dingen.

Aber Pascal erspähte auch die verborgenen Unsicherheiten, Zweifel, Schwächen dieser so sicher auftretenden, unabhängig-abhängigen, ungläubig-gläubigen, unerschrocken-furchtsamen Menschen. Er analysierte ihre Zwiespältigkeit – psychologischer Entlarver des Menschen vor Kierkegaard, Dostojewski, Nietzsche, Kafka, Freud –, unbarmherzig bohrend in allen möglichen Situationen, Gewohnheiten, Zufälligkeiten. Eigenliebe, Abneigung gegen die Wahrheit, Ungerechtigkeit, Stolz, Eitelkeit in allen Lebenslagen gerade der Leute von Welt, die in all ihren Äußerlichkeiten oft mehr von Einbildung als Vernunft geleitet werden; deren Freundschaften allesamt in Brüche gingen, wüßte jeder, was sein Freund über ihn redet; die gerne zu Feiglingen würden, wenn sie sich dadurch den Ruf erwürben, ein Held zu sein; die jede Kleinigkeit tröstet, weil auch jede Kleinigkeit sie betrübt; die, weil sie Tod, Elend, Unwissenheit nicht zu überwinden vermochten, übereingekommen sind, nicht mehr daran zu denken. Hastig, ständig in Bewegung und voll beschäftigt mit Ernsthaftem und Unernsthaftem, suchen sie immer wieder neu die Ablenkung um der Ablenkung willen: »Dieser Mensch, der geboren ist, das Universum zu erkennen, über alle Dinge zu urteilen, einen ganzen Staat zu verwalten, da sehen wir ihn beschäftigt und ganz erfüllt von der Sorge, einen Hasen zu jagen[24].« Sollte ihm wirklich am

Hasen gelegen sein, oder an der kleinen Summe, gewonnen beim Spielen oder Wetten?

Ein doppelbödiges Geschehen: was verbirgt sich denn hinter all der Ablenkung, hinter Jagd und Tanz, Spiel und Sport, hinter Konversation, Liebesabenteuern und Übernahme von Ämtern? Schaut man hinter alle Masken, so findet man letztlich nichts anderes als die Angst vor dem Alleinsein: »Alles Unglück der Menschen kommt nur daher, daß sie unfähig sind, in Ruhe allein in einem Zimmer zu bleiben[25].« All die Umtriebe und Geschäftigkeiten bis hin zu den kriegerischen Heldentaten sollten von der bedrohlichen Stille ablenken, in der der Mensch nur sich selbst gegenübersteht: »Nichts ist dem Menschen so unerträglich, wie in völliger Ruhe zu sein, ohne Leidenschaften, ohne Geschäfte, ohne Ablenkung, ohne Aufgabe. Dann fühlt er sein Nichts, seine Verlorenheit, sein Ungenügen, seine Abhängigkeit, seine Ohnmacht, seine Leere. Unversehens steigt da vom Grund seiner Seele die Langeweile herauf, die Melancholie, die Traurigkeit, der Gram, der Überdruß, die Verzweiflung[26].«

Wer kennt nicht solche Stimmungen? Und wie viele sagen dann: »Ich weiß nicht, wer mich in die Welt gesetzt hat, noch was die Welt ist, noch was ich selbst bin. Ich bin in einer schrecklichen Unkenntnis aller Dinge, ich weiß nicht, was mein Leib ist, was meine Sinne, meine Seele, sogar was jener Teil meines Ich ist, der denkt, was ich sage, der über alles und über sich selbst nachdenkt und sich selbst ebenso wenig erkennt wie alles übrige. Ich sehe diese grauenvollen Räume des Alls, die mich einschließen, und bin an einen Winkel dieses weiten Weltenraumes gefesselt, ohne zu wissen, weshalb ich an diesen Ort gesetzt worden bin und nicht an einen anderen; warum die kurze Zeit, die mir zum Leben gegeben ist, gerade in diesem Moment und nicht in einem anderen der ganzen Ewigkeit, die mir vorausgegangen ist und mir folgt, gemessen wurde. Ich sehe ringsum nur Unendlichkeiten, die mich einschließen wie ein Atom und wie einen Schatten, der nur einen Augenblick dauert ohne Wiederkehr. Alles was ich kenne, ist, daß ich bald sterben muß, aber was ich am wenigsten kenne, ist gerade dieser Tod, den ich nicht zu vermeiden weiß. – Wie ich nicht weiß, woher ich komme, weiß ich auch nicht, wohin ich gehe; ich weiß nur, daß ich beim Verlassen dieser Welt für immer entweder in das Nichts oder in die Hände eines erzürnten Gottes fallen werde, ohne zu wissen, welche dieser beiden Möglichkeiten auf immer mein Teil sein muß. Das also ist meine Situation, voll der Schwäche und Ungewißheit[27].«

In der Tat: Nirgendwo zeigt sich die Trostlosigkeit der menschlichen Existenz deutlicher als im dauernden Bedrohtsein durch den Tod, der oft so ferne ist, wenn er nahe scheint, und nahe, wenn er ferne scheint: »Der letzte Akt ist bitter, wie schön auch immer die Komödie im übrigen war: Man wirft schließlich Erde auf das Haupt, und damit hat es sich[28].« Pascal zeigt Sympathie für diejenigen Menschen, die unter ihren Zweifeln leiden und ernsthaft suchen. Kein Verständnis aber hat er für diejenigen, die sich ihrer Zweifel rühmen, die, in oberflächlicher Gedankenlosigkeit dahinlebend, sich um diese elementaren Fragen menschlichen Lebens und Sterbens gar keine Gedanken machen und sich, weil sie etwas in der Bibel gelesen oder gelegentlich mit einem Pfarrer über den Glauben gesprochen haben, ihrer Sache sicher dünken.

Wird in dieser Sicht Pascals die *Grundproblematik* nicht auf einer sehr viel tieferen Ebene aufgerissen als bei Descartes? Es geht nicht in erster Linie um die Ungewißheit des menschlichen Wissens, sondern um die Ungesichertheit des menschlichen Lebens: die grundlegende Verlorenheit, Bedrohtheit, Unfähigkeit, Widersprüchlichkeit, »Disproportion« des Menschen. Kierkegaard, Heidegger und Sartre haben diese »Bedingtheit des Menschen: Unbeständigkeit, Langeweile, Unruhe«[29] und vor allem seine Todesverfallenheit noch eingehender analysiert. Pascal freilich hat mit der »misère« immer zugleich die »grandeur« des Menschen herausgestellt. Die Größe des Menschen selbst in seinem Elend besteht darin, daß er um sein Elend weiß: »Die Größe des Menschen ist groß, gerade weil er sich als elend erkennt. Der Baum erkennt sich nicht als elend. – Elend ist also nur, wer sich als elend erkennt: aber nur das ist groß, daß man erkennt, daß man elend ist[30].« So beweist selbst alles Elend des Menschen Größe: »Es ist das Elend eines großen Herrn, Elend eines entthronten Königs[31].«

Vor diesem Hintergrund läßt sich verstehen, daß es nicht Überheblichkeit sein mußte, wenn Pascal, der freilich zeitlebens kaum je ihm gewachsene Gesprächspartner getroffen hat, in einer Notiz kurz vermerkt: »Descartes unnütz und ungewiß«[32].

Woran man nicht zweifeln kann

Gerade Descartes, der wie kein anderer um die grundlegende »certitude« gerungen hat, »inutile et incertain«? Allerdings: ob angesichts der grundlegenden Ungesichertheit des Menschen gerade das »Cogito« von Nutzen sein kann? Pascal war nicht einmal bereit, Descartes' methodischen Zweifel ganz ernstzunehmen.

Bezüglich Descartes' Problematik[33] sah sich Pascal zwei Grundpositionen gegenüber: entweder Resignation durch *Skeptizismus* (der »pyrrhoniens«, vom alten Skeptiker Pyrrho hergeleitet) oder Flucht in *Dogmatismus*. Für die Skeptiker – und hier skizziert Pascal faktisch den methodischen Zweifel Descartes'! – gilt: Außerhalb von Offenbarung und Glaube gibt es keine Gewißheit, ob der Mensch von einem guten Gott, von einem bösen Geist oder vom Zufall geschaffen wurde; ob die natürlichen Prinzipien des Wahren und Guten als wahr, falsch oder unsicher zu gelten haben; ob gar die Hälfte des Lebens, in der wir zu wachen glauben, nicht auch Traum ist. Für die Dogmatisten aber gilt: An den natürlichen Prinzipien kann man nicht zweifeln, wenn man in gutem Glauben und aufrichtig spricht.

Wie also soll sich der Mensch entscheiden? Denn entscheiden muß er sich: Neutralität ist nicht möglich. Wer sich nicht entscheidet, wird gerade dadurch zum Skeptiker: »Was wird der Mensch in solcher Lage tun? Wird er an allem zweifeln? Zweifeln, ob er wacht, ob man ihn sticht, ob man ihn brennt? Wird er zweifeln, ob er zweifelt, wird er zweifeln, ob er ist[34]?« Pascal ist der Überzeugung: »So weit kann man nicht gehen, und ich behaupte in der Tat, daß es nie einen wirklichen, vollkommenen Skeptiker gegeben hat. Die Natur hilft der ohnmächtigen Vernunft und hindert sie, sich so weit zu verirren[35].« Totale Skepsis stößt auf den spontanen Protest der menschlichen Natur: Faktisch lebt der Skeptiker im ständigen Widerspruch zu seinem grundsätzlichen Zweifel!

Oder soll der Mensch zum Dogmatisten werden? »Wird er also im Gegenteil sagen, er besitze die Wahrheit ganz gewiß, er, der, wenn man ihn nur anrührt, dafür keinerlei Rechtstitel vorweisen kann und die Beute fahren lassen muß[36]?« Der Dogmatismus stößt auf die bedrohliche Opposition der menschlichen Vernunft: Faktisch gründet der Dogmatist seine Folgerungen auf Grundlagen, die sich bei kritischer Nachprüfung als nichtexistent erweisen!

Weder der Dogmatismus noch der Skeptizismus lassen sich im strengen Sinn beweisen: Wie nicht gewiß ist, daß alles gewiß ist, so ist nicht gewiß, daß alles ungewiß ist. Die menschliche Existenz erscheint in ihrer ganzen Widersprüchlichkeit und Bedrohtheit: »Was für eine Chimäre ist doch der Mensch! Was für eine Novität, was für ein Monstrum, was für ein Chaos, was für ein Subjekt des Widerspruchs, was für ein Wunder! Richter aller Dinge, einfältiger Erdenwurm; Verwalter des Wahren, Kloake der Ungewißheit und des Irrtums; Glanz und Auswurf des Weltalls[37].«

Wer soll in dieser ungeheuren Verwirrung, wo die Vernunft den Dogmatismus und die Natur den Skeptizismus blockiert, die Entwirrung bringen können? Ist hier die Philosophie nicht überhaupt am Ende? Aber da erfolgt nun bei Pascal in der Tat eine völlig überraschende *Wende* – ein geradezu diktatorischer Appell an den Menschen, zu erkennen, daß die Lösung des Widerspruchs gar nicht vom Menschen erwartet werden kann und der Mensch auf ein anderes verwiesen ist, das ihn übersteigt: »Erkenne also, hochmütiger Mensch, was für ein Paradoxon du dir selber bist. Demütige dich, ohnmächtige Vernunft; schweige, armselige Natur. Lerne, daß der Mensch den Menschen unendlich übersteigt, und vernimm von deinem Meister deinen wahren Zustand, den du nicht kennst. Höre auf Gott[38]!«

Aber wird nun hier dem Menschen nicht ein Sprung zugemutet, ein Sprung des Gedankens? Pascal würde es nicht nur zugeben, er fordert geradezu zum Sprung heraus: *zum Wagnis des Glaubens an Gott,* von dem her allein zugleich des Menschen Größe (aus der ursprünglich guten Schöpfung Gottes) wie des Menschen Elend (durch des Menschen Sündenfall) erklärt werden kann. Nicht die Philosophie, sondern die christliche Botschaft gibt nach Pascal die Antwort auf die Rätsel der widersprüchlichen menschlichen Natur. In zu großer Höhe, besser Tiefe, sei der Knoten für das Verständnis unserer widersprüchlichen Existenz verborgen, als daß wir ihm mit unserer Vernunft beikommen könnten: »Und so können wir nicht durch die stolzen Agitationen unserer Vernunft, sondern nur durch die schlichte Unterwerfung der Vernunft uns selber wahrhaft erkennen[39].«

Die Frage drängt sich auf: Wie ist Pascal zu dieser für einen modernen Mathematiker, Physiker und Ingenieur doch recht überraschenden Auffassung gekommen? Vier Jahre nach Descartes' Tod hatte auch Pascal – auch er in einer Novembernacht und nach einer langen Vorgeschichte – seine »Vision«. Wir stoßen hier auf das letzte Geheimnis ihrer Divergenzen. Im selben Jahr hatte Pascal der Pariser Akademie seine Abhandlungen über das arithmetische Dreieck und über die Wahrscheinlichkeitsrechnung vorgelegt, aber auch eine – offensichtlich schon länger sich anbahnende – tiefe innere Krise durchgemacht: innere Unruhe, Angst, Krankheit, Ekel vor dem weltlichen Treiben und zugleich zahlreiche Gespräche mit seiner kongenialen Lieblingsschwester Jacqueline, die lange Zeit mit ihm zusammengearbeitet hatte, dann aber gegen seinen Willen als Nonne – mit Erwartung einer Mitgift ans Kloster, was Pascal gar nicht paßte – ins jansenistische Port Royal eingetreten war. Aber auch sie scheint nichts von jenem entscheidenden und letztlich nicht voll erklärbaren Bekehrungserlebnis – Höhepunkt und Lösung der Krise – gewußt zu haben.

Erst nach Pascals Tod fand ein Diener zufällig (zusammen mit dem Entwurf auf Papier) den sorgfältig beschriebenen schmalen Pergamentstreifen[40], den Pascal bis zu seinem Tod offensichtlich immer wieder neu in das Futter seines Rockes eingenäht hatte: genauestens datiert auf das »Jahr der Gnade« 1654, Montag, den 23. November, »seit ungefähr zehneinhalb abends bis ungefähr eine halbe Stunde nach Mitternacht«. Das war nicht die rationale Vision einer »science admirable«, zu beurteilen allein nach der Logik des Verstandes. Das war die in stammelnden Worten und mit langen Gedankenstrichen aufgezeichnete – höchst ekstatische *und* höchst bewußte – Erfahrung einer aus echten Ängsten und nicht nur »methodischen« Zweifeln aufsteigenden neuen Gewißheit des Herzens, die er durch die ständig mit sich getragenen Stichworte sich offensichtlich jederzeit in Erinnerung rufen wollte.

Mit einem ganz groß geschriebenen Wort »FEU«, »FEUER« beginnt das, was man nachher Pascals Erinnerungsblatt, *Memorial*, genannt hat: Überdeutlich – und doch von Interpreten oft übersehen – ist der Bezug zur Vision des Mose vor dem brennenden Dornbusch, in welchem sich »der Gott Abrahams, der Gott Isaaks und der Gott Jakobs« offenbart[41]. Und so lautet denn auch die Fortsetzung bei Pascal wie im Buche Exodus, freilich mit einer höchst bezeichnenden Entgegensetzung: »Gott Abrahams, Gott Isaaks,

Gott Jakobs, nicht der Philosophen und Gelehrten«! Pascal fügt hinzu: »Der Gott Jesu Christi«: »nur auf den Wegen, wie sie das Evangelium lehrt, ist er zu finden, ... ist er zu bewahren«.

So hat denn Pascal für sich den letzten Grund der Gewißheit gefunden, an der man nicht mehr zweifeln kann, auf der man alle Gewißheit aufbauen darf: nicht das eigene Selbstbewußtsein, nicht ein Begriff, nicht irgendeine Idee von Gott, nicht der Gott der Philosophen und Gelehrten, sondern der wirkliche, lebendige Gott der Bibel. Gleich zweimal findet sich anschließend das Wort »Certitude. Certitude«. Nach der Flucht vor Gott nun die Urgewißheit aus dem vertrauenden Sicheinlassen auf den Gott, der in Jesus Christus offenbar, geschichtlich gegenwärtig ist. Also: die Urgewißheit nicht einfach aus dem Denken, sondern aus dem Glauben! Man kann – als Antithese zu Descartes' Cogito – geradezu formulieren: *Credo, ergo sum: ich glaube, also bin ich!*

Diese Gewißheit ist offensichtlich keine irrationale Gewißheit! Pascal preist zugleich »die Größe der menschlichen Seele«. Aber es ist eine Gewißheit nicht einfach der mathematisch klar und deutlich denkenden Vernunft, sondern des intuitiv-ganzheitlich erspürenden, erleidenden Herzens. Deshalb nach »Gewißheit« das Stichwort »Sentiment«. Und als Folge daraus eine überwältigende »Freude« – »Tränen der Freude« – und ein alle Verlassenheit überwindender »Friede«. Die Konsequenz für Pascal war: »totale und leichte Entsagung«. Hart und unbedingt, wie er sein konnte, fügte er in der Pergament-Reinschrift als Mahnung für sich hinzu: »Totale Unterordnung unter Jesus Christus und meinen geistlichen Führer. Ewig in Freude für einen Tag Übung auf Erden.« Den Schluß des »Memorials« bildet ein Psalmwort: »Ich werde deiner Worte nicht vergessen[42]. Amen.«

Hier ist es Pascal deutlich geworden, daß der Mensch Gott nur mit dem Herzen erkennt: »Es ist das Herz, das Gott erspürt, und nicht die Vernunft. Das also ist der Glaube: Gott spürbar dem Herzen und nicht der Vernunft[43].« Die Vernunft soll jedoch nicht abgewertet oder vergewaltigt werden: »Nichts ist der Vernunft so angemessen wie dieses Nichtanerkennen der Vernunft[44].« Denn: »Der letzte Schritt der Vernunft ist, daß sie anerkennt, daß es unendlich viele Dinge gibt, die sie übersteigen[45].« Es braucht also beides: »Unterwerfung und Anwendung der Vernunft: darin besteht das wahre Christentum[46].«

Um das wahre Christentum, um den wahren christlichen Gott geht es Pascal von jetzt an ganz wesentlich, nicht um den so abstrakten, fernen Gott der Philosophen und Gelehrten. Und daß sich Descartes gerade um den wahren christlichen Gott in seiner Philosophie überhaupt nicht gekümmert hat, findet Pascal unverzeihlich: »Das kann ich Descartes nicht verzeihen: Er hätte am liebsten in seiner ganzen Philosophie auf Gott verzichtet. Aber er konnte nicht umhin, ihn der Welt, um sie in Bewegung zu setzen, einen Stups geben zu lassen; nachher braucht er Gott nicht mehr[47].« An diesem entscheidenden Punkt also gehen Descartes und Pascal auseinander. Für Pascal ist klar und deutlich: »Das Wissen von Gott ohne Kenntnis unseres Elends zeugt Dünkel. Das Wissen unseres Elends ohne Kenntnis von Gott zeugt die Verzweiflung. Das Wissen von Jesus Christus schafft die Mitte, weil wir in ihm sowohl Gott als unser Elend finden[48].« Auf diese Mitte sind die übrigen Fragmente Pascals ausgerichtet: über das Alte Testament (Gesetz, Prophezeiungen, den verborgenen Gott), Jesus Christus (Erfüllung der Prophezeiungen, Wunder, Erlösung und Gnade, Moral und Heilswege), die Kirche (Begründung, Kontinuität, Infallibilität) und das Geheimnis der göttlichen Liebe.

3. *Der Glaube als Basis der Vernunft*

Pascal hat, anders als Descartes, keine Schule begründet. Sein umfassendes Werk »Die Wahrheit der christlichen Religion« blieb ein Torso: Diese »Pensées«, seine Gedanken, Einfälle, Aphorismen, Aufschreie, samt seinen scharfen Analysen und bereits ausgearbeiteten Fragmenten – oft Anlaß zu Mißverständnissen – waren kein System und konnten auch zu keinem System gemacht werden, wurden nie Lehr- und Schulgegenstand wie Descartes' System. Und doch haben diese innerlich so zusammenhängenden Skizzen immer wieder neu nicht nur das Interesse der Historiker gefunden, sondern in die jeweilige Gegenwart hinein für Katholiken und Protestanten beunruhigend gewirkt. Die katholische Schultheologie rettete sich scheinbar dadurch, daß sie diese »Pensées«, wie so vieles andere in der Neuzeit, schlicht ignorierte. Zu ihrem eigenen Nachteil. Pascals Impulse wirkten an ihr vorbei weiter, und noch heute ist dieser Laie mehr als die Schultheologen und Schulphilosophen seiner und der späteren Zeit in der Lage, »die Gebildeten unter den Verächtern der Religion« (Schleiermacher) aus ihrer Lässigkeit aufzuschrecken.

Der Hofbischof Bossuet, der populärste und einflußreichste Theologe und Prediger des französischen 17. Jahrhunderts, ist heute nur noch von historischem Interesse, ebenso sein großer, mehr verinnerlichter und mystischer Antipode, der Bischof und Theologe Fénelon. Pascal dagegen ist kein toter Klassiker, sondern eine lebendige, aktuelle Gestalt geblieben: Er reizt nicht nur die Aufklärer aller Zeiten: von Voltaire und den Enzyklopädisten bis zu Aldous Huxley, dem militanten Antiklerikalen Albert Bayet und den Marxisten Henri Lefebvre und Lucien Goldmann. Er reizt auch den papstgläubigen Grafen de Maistre, Wegbereiter des Vatikanum I, und den Rationalisten zur Rechten, Charles Maurras, Gründer der »Action Française«, und schließlich auch Thomisten wie Jacques Maritain und Charles Journet. Fasziniert hat er neben zahllosen Philosophen und Theologen besonders auch die Literaten von Chateaubriand bis zu Charles Péguy: »Nach drei Jahrhunderten steht er da, mitbeteiligt an unseren Streitfragen, ein Lebendiger. Auch seine geringsten Gedanken verwirren, entzücken oder ärgern uns, aber er wird augenblicklich, schon beim ersten Wort, verstanden, viel besser als zu seinen Lebzeiten ...« (François Mauriac)[49].

Vernünftige Vernunft – glaubwürdiger Glaube?

Pascal wollte auf keinen Fall hinter Descartes zurück. Er war nicht weniger kritisch, eher kritischer als Descartes; an Vernunft, Freiheit, Gewißheit war ihm ebenso gelegen. Aber schärfer als andere Zeitgenossen sah er Descartes' Grenzen. Gerade weil er kritischer war, ließ er sich nicht davon überzeugen, daß mit der rationalen Selbstgewißheit des menschlichen Subjekts allein das felsenfeste, unerschütterliche Fundament gewonnen sei, auf dem sich alle Gewißheit und auch die Gewißheit des christlichen Glaubens aufbauen lasse. Für ihn gibt es »zwei Übertreibungen: die Vernunft ausschließen, nur die Vernunft gelten lassen«[50].

Pascal also dachte differenzierter: »Man muß zu zweifeln verstehen, wo es notwendig ist; sich vergewissern, wo es notwendig ist; indem man sich unterwirft, wo es notwendig ist. Wer nicht so handelt, versteht nicht die Macht der Vernunft. Es gibt aber Leute, die gegen diese drei Prinzipien verstoßen: die entweder alles als beweiskräftig ausgeben, weil sie nichts vom Beweisen verstehen; oder alles bezweifeln, weil sie nicht wissen, wo man sich unterwerfen muß; oder sich in allem unterwerfen, weil sie nicht wissen, wo man urteilen muß[51].«

Die Vernünftigkeit der Vernunft darf also nicht einfach vorausgesetzt werden: »Es würde zweifellos genügen, wenn die Vernunft vernünftig wäre. Sie ist gerade vernünftig genug, um einzugestehen, daß sie noch nichts Feststehendes finden konnte; aber noch verzweifelt sie nicht, so weit zu kommen[52].« Doch umsonst! »Würden Sie nicht meinen, daß ein Ratsherr, dessen ehrwürdiges Alter jedermann Respekt abnötigt, sich von einer klaren und überlegenen Vernunft leiten lasse und daß er die Dinge nach ihrem Wesen beurteile, ohne sich bei nichtigen Umständen aufzuhalten, die nur die Einbildung schwacher Menschen beeindrucken? Seht ihn, wie er zur Predigt geht, erfüllt von höchst frommem Eifer, die Festigkeit seiner Vernunft durch die Glut seiner Hingabe zu stärken. Da ist er also ganz bereit, mit vorbildlichem Respekt zuzuhören. Wenn dann der Prediger erscheint, wenn dieser von Natur eine heisere Stimme und eine seltsame Visage hat, wenn sein Friseur ihn schlecht rasiert und der Zufall ihn zu allem auch noch beschmutzt haben sollte, ich wette: was immer er für große Wahrheiten verkündigt, unser Senator wird seine Würde verlieren[53].« Und wie der Ton des Redenden eine Rede gründlich verändert, so verändern auch Zuneigung und Haß gründlich das Recht: »Wieviel gerechter findet ein Anwalt, dem man reichlich im voraus gezahlt hat, die Sache, die er vertritt! Wieviel besser läßt sie seine kühne Geste den Richtern erscheinen, die durch diesen Schein getäuscht werden. Eine komische Vernunft, die ein Wind biegt, und dies nach jeder Richtung[54]!« Und läßt sich dasselbe nicht für fast jede Handlung von Menschen belegen? Man muß es schon sagen: »Die ganze Würde des Menschen liegt im Denken. Aber was ist dieses Denken? Wie töricht ist es[55]!«

Die *Glaubwürdigkeit des Glaubens darf* aber *ebensowenig vorausgesetzt werden.* Auf Vernunft und Vernünftigkeit darf auch nicht verzichtet und der Glaube nur auf Autorität aufgebaut werden: »Daß ihr etwas habt sagen hören, soll keineswegs die Richtschnur eures Glaubens sein; im Gegenteil, ihr dürft nichts glauben, ohne euch in die Lage zu versetzen, als hättet ihr es nie gehört. – Eure Zustimmung zu euch selbst und die beharrliche Stimme eurer eigenen Vernunft, und nicht die der anderen, soll euch glauben machen . . . [56].« Wenn das Alter die Richtschnur des Glaubens wäre, dann wären ja die Alten ohne Richtschnur gewesen. Und wenn es die allgemeine Zustimmung wäre, dann wäre der Glaube von den Menschen abhängig. Nur der Autorität glauben ist falsche Demut, ist Stolz. Deshalb: »Zieht den Vorhang hoch! Sie haben die Wahl, wenn man entweder glauben oder leugnen oder zweifeln muß . . . Leugnen, Glauben, gut Zweifeln sind für den Menschen, was das Laufen für das Pferd. Bestrafung jener, die sündigen: Irrtum[57].« Auch im Glauben also gibt es keine zweifelsfreie Gewißheit. Im Glauben muß man sich auf etwas Ungewisses einlassen.

Pascal legt großen Wert auf die Feststellung, daß nicht nur in Fragen der Religion, sondern auch in wichtigsten Fragen des Alltags die Gewißheit fehlt und Entscheidungen ständig ins Ungewisse hinein gefällt werden müssen: »Wenn man nur für das Gewisse etwas tun müßte, so bräuchte man für die Religion nichts zu tun: denn sie ist nicht gewiß. Aber wieviel tut man für das Ungewisse: Seereisen, Schlachten! Ich sage also, daß man überhaupt nichts tun sollte, denn nichts ist gewiß; und daß es mehr Gewißheit in der Religion gibt als darin, ob wir den morgigen Tag sehen: Denn es ist nicht gewiß, daß wir das Morgen sehen, aber es ist gewiß möglich, daß wir es nicht sehen. Von der Religion kann man nicht das gleiche sagen. Es ist nicht gewiß, daß sie ist; aber wer wird zu sagen wagen, es sei gewiß möglich, daß sie nicht ist? Also handelt man mit Vernunft, wenn man für morgen und für das Ungewisse arbeitet: denn man muß für das Ungewisse arbeiten nach der Wahrscheinlichkeitsrechnung, die bewiesen ist[58]«.

Was soll nun aber hier die Wahrscheinlichkeitsrechnung? In einem vieldiskutierten Fragment über die »*Wette*« (»le pari«) wendet Pascal die Grundidee der Wahrscheinlichkeitsrechnung (»Regel der Teilung«) auf die Frage nach der Existenz Gottes an. Wie beim Spiel mit der Münze (Kreuz oder Schrift, Kopf oder Zahl?) – und Pascal hatte Erfahrungen am Spieltisch – werden *zwei Möglichkeiten zur Wahl gestellt: Gott ist – oder er ist nicht.* Beide Möglichkeiten sind ungewiß: »Die Vernunft kann hier nichts bestimmen . . . Worauf wollen Sie setzen? Aus Gründen der Vernunft können Sie weder das eine noch das andere tun. Aus Gründen der Vernunft können

Sie weder das eine noch das andere verbieten. Zeihen Sie also nicht die des Irrtums, die eine Wahl getroffen haben; denn Sie haben kein Wissen davon[59].«

Das ist der entscheidende Punkt: Man *muß* wählen! Nicht-Wählen ist auch eine Wahl: »Il faut parier, man muß wetten; darin ist man nicht frei, Sie sind mit im Boot[60]!« Wie aber stehen die Chancen? Nach den Regeln der Wahrscheinlichkeitsrechnung zeigt Pascal den möglichen Gewinn oder Verlust auf: Aus der Natur der einander gegenüberstehenden Größen (unendliches und unendlich glückliches Leben oder nichts) und aus der Größe des Einsatzes (endlicher Einsatz für Unendliches) und so angesichts der gesamten Tragweite dieser Entscheidung sind die Chancen für den Glauben an Gottes Existenz unendlich besser als die für den Unglauben. Ja, überlegt man genau, so stehen die Chancen von Unglauben und Glauben wie »Null zu Unendlich« (der Titel des Fragments: »Infini – rien«). Das heißt: Man verliert in jedem Fall nichts, wenn man an Gott glaubt, kann aber alles gewinnen.

Immer wieder neu hat man darüber gestritten, ob das Argument der »Wette« für Pascals Denken zentral oder peripher, ob es eine ingeniöse Argumentation oder doch nur eine Spielerei sei. Wichtig ist weniger das Detail der Durchführung als das, worauf es Pascal zentral ankommt: Es geht gerade nicht um einen neuen mathematisch orientierten Beweis für die Existenz Gottes, wie einzelne Interpreten gemeint haben (»existentieller« Gottesbeweis, »Spielbeweis« im Sinne der »Spieltheorie«). Es geht vielmehr darum, daß in der Frage der Existenz oder Nichtexistenz Gottes nicht ein Urteil der reinen Vernunft gefragt, sondern eine *Entscheidung des ganzen Menschen gefordert* wird, die weder von der Vernunft bewiesen, wohl aber vor der Vernunft verantwortet werden kann. Ein kalkuliertes Risiko: der Mensch wende für diese grundlegende Entscheidung wenigstens so viel Sorgfalt auf wie für eine Entscheidung am Spieltisch oder überhaupt im Leben. Und so gesehen ist das Argument der »Wette« von größter Bedeutung.

»Ich bewundere die Kühnheit, mit der diese Leute es unternehmen, von Gott zu sprechen. Wenn sie ihre Abhandlungen an die Ungläubigen richten, dann ist es ihr erstes Kapitel, die Gottheit durch die Werke der Natur zu beweisen[61].« Solche Gottesbeweise können bestenfalls schon Gläubige überzeugen, nicht aber Ungläubige, die sich durch solche schwachen Argumente in ihrer Verachtung der Religion – wie Pascal aus Überlegung und Erfahrung weiß – nur bestätigt fühlen. »Es ist bewundernswürdig, daß keiner der Verfasser der Heiligen Schrift sich je der Natur bediente, um Gott zu beweisen. Alle zielen darauf hin, ihn glauben zu machen[62].« Ist für die Schrift Gott nicht ein verborgener Gott und die Menschen »seit der Verderbnis der Natur in einer Blindheit gelassen, von der sie nur durch Jesus Christus befreit werden können, ohne den jede Verbindung mit Gott aufgehoben ist[63]«? Auf Ursünde (durch Adam) und Erlösung (durch Christus) meint Pascal alles Gewicht legen zu müssen.

Aber nicht nur Gottesbeweise aus der Natur, sondern die metaphysischen Gottesbeweise überhaupt scheinen Pascal wenig nützlich: »Die metaphysischen Gottesbeweise sind so abseits vom Denken der Menschen und so verwickelt, daß sie wenig überzeugen; und sollte das wirklich einigen nützen, so würde es ihnen nur solange nützen, als sie den Beweis vor Augen haben; doch eine Stunde danach fürchten sie, sich getäuscht zu haben[64].« Wie also soll der Mensch zu Gott kommen? »Wir kennen Gott nur durch Jesus Christus. Ohne diesen Mittler ist jede Gemeinschaft mit Gott aufgehoben; durch Jesus Christus kennen wir Gott. Alle die vorgaben, Gott zu kennen und ihn ohne Jesus Christus beweisen zu können, hatten nur machtlose Beweise[65].«

So ist nun genügend deutlich geworden: für Pascal stellt sich das *Verhältnis von Vernunft und Glaube ganz anders dar als für Descartes.* Bei aller Hochschätzung und Anwendung des »esprit de géometrie« in Geometrie, Mathematik, exakten Wissenschaften, bestreitet Pascal der Vernunft und dem mathematisch-rationalen Denken die Alleinherrschaft. Außerhalb Geometrie, Mathematik, exakten Wissenschaften und besonders in religiösen Fragen ist der »esprit de finesse«, ist ein erspürend-erkennender intuitiver Akt des ganzen Menschen (des »Herzens«) vonnöten. Nicht auf der hohen Ebene rationaler Beweise oder Gegenbeweise fällt die Entscheidung des Glaubens, sondern in den Tiefenschichten des Menschen, im Herzen, wo Triebe und Gefühle, Zuneigungen und Abneigungen mitspielen und Leidenschaften die Vernunft in ihrer Entscheidung für den Glauben beeinflussen und gar blockieren können.

Von der felsenfesten, unerschütterlichen Selbstgewißheit als Basis der Gottesgewißheit hält Pascal bei der grundlegenden Zwiespältigkeit, Bedrohtheit, Ungesichertheit des Menschen wenig. Wichtig ist für ihn *nicht der Weg von der gedanklichen Selbstgewißheit zur gedanklichen Gottesgewißheit, sondern der von der existentiellen Gottesgewißheit zur existentiellen Selbstgewißheit:* Wahre Selbsterkenntnis des Menschen in seinem Elend und seiner Größe ist konkret nur möglich aus der Gotteserkenntnis im anerkennenden Glauben. Dabei steht im Gegensatz zu Descartes das spezifisch Christliche im Mittelpunkt: Jesus Christus, von dem her Pascal Mensch und Gott sehen möchte und dem er einen großen Teil seiner »Pensées« gewidmet hat. Immer soll es um den lebendigen Gott der Väter und Jesu Christi gehen.

So ist denn im Denken Pascals der Glaube nicht eine Ausnahme von der allgemeinen Evidenzregel. Vielmehr ist die (abstrakte) *mathematische Evidenz eine Ausnahme* innerhalb der (nie der Zukunft völlig gewissen) konkreten menschlichen Erkenntnis und des mit Wahrscheinlichkeiten operierenden konkreten menschlichen Handelns. Wie die Vernünftigkeit der Vernunft darf im konkreten Leben auch die Glaubwürdigkeit des Glaubens nicht einfach vorausgesetzt werden.

In dieser Sicht läßt sich eine kartesianisch-thomistische Trennung der beiden Erkenntnisvermögen (Vernunft und Glaube) und Erkenntnissphären (Reich der Vernunft – Reich der Offenbarung) weder von der Vernunft noch vom Glauben her vertreten: Wie die Vernunft von vornherein mit Glauben zu tun hat, so der Glaube mit Vernunft. Rationabilität und Kredibilität bedingen sich. Letztlich ist für Pascal freilich nicht die Vernunft Basis des Glaubens, sondern der Glaube Basis der Vernunft.

Um für die Gegenwart klar zu sehen, muß nun auch hier gefragt werden: Wie kommt Pascal zu dieser Verhältnisbestimmung von Vernunft und Glaube? In welcher Tradition steht er? Das erkennt man bei Pascal leichter als bei Descartes.

Weder Freidenkertum noch Thomismus

Manches hat Pascal übernommen, aber alles durch sein Genie verwandelt: »Man sage nicht, ich habe nichts Neues gesagt. Die Disposition der Materialien ist neu. Wenn man Ball spielt, ist es der gleiche Ball, mit dem der eine wie der andere spielt: aber der eine plaziert ihn besser [66].« Pascal ist wie Descartes völlig unverwechselbar und erfreulich unabhängig er selbst. Und wenn wir hier überhaupt von einer Tradition reden, in der er, der in keine Schule ging und wenig las, stand, so nicht im Sinn der Abhängigkeit von bestimmten Vorbildern und Schulen, sondern im Sinn der freien Verwertung bestimmter wichtiger Ideen, Motive, Impulse. »Pascals Originalität bestand nicht darin, alles ganz allein zu erfinden; vielmehr alles, was ihm aus allen Himmelsrichtungen zukam, mit einer rigorosen Methode und mit einem unvergleichlichen Charisma der Synthese und Lebendigkeit zu verschmelzen und zu verbinden« [67], sagt F. Strowski. Heterogene Anstöße nahm er auf und vermochte sie durch ein neuartiges Denken, das den Gegensatz immer lebendig einbezog, zu einer Einheit zu verbinden: so einen Standpunkt jenseits von Dogmatismus und Skeptizismus, Idealismus und Naturalismus, Rationalismus und Irrationalismus begründend.

Mehr als er in den »Pensées« durchblicken läßt, hat Pascal von der *freidenkerischen Tradition* übernommen: Vor allem hat auch er von dem in den »Pensées« hart kritisierten Montaigne (und seinem Freund Charron) gelernt: von Montaignes Skepsis, aber auch von dessen Sprache, vielseitigen Beobachtungen des Menschlich-Allzumenschlichen und nicht zuletzt von seiner Kenntnis der griechisch-römischen Literatur und Philosophie, in der sich Pascal schlecht auskannte. Durch die Gesellschaft des Chevalier de Méré, der Pascal eine allzu mathematische Haltung in allen Dingen vorwarf, und des jungen, sehr reichen Herzogs von Roannez, der ihn bewunderte, wurde ihm der »esprit de finesse« und überhaupt das Bildungsideal des selbstbewußten, feingebildeten, höflichen »honnête homme« lebendig nahegebracht. Dieses war ein Jahrhundert früher vom Grafen Baldassarre Castiglione in seinem Werk »Il Cortegiano« [68], aus dem Geist der italienischen

Renaissance heraus und inspiriert von antiken Vorbildern – ungehinderte Entwicklung aller Gaben und Fähigkeiten schon in der Ethik des Aristoteles –, zum ersten Mal literarisch vorgestellt worden. Dieses Ideal des in jeder Hinsicht höflichen »Hofmanns« lebte dann in verschiedenen nationalen Abwandlungen im spanischen »Caballero«, ebenso wie im deutschen »Mann von Welt« und am dauerhaftesten – über die Französische Revolution hinaus – im englischen »Gentleman« weiter. Die französische Zivilisation hat dem Ideal des »honnête homme« aus der Zeit Pascals für die folgenden Jahrhunderte europäische Geltung verschafft.

Im lebendigen Gespräch setzte sich Pascal vor allem mit der epikureisch-stoisch-skeptischen Popularphilosophie der »Libertiner« und »Atheisten« auseinander. Mit der negativen Etikette »Libertins« belegte man alle »starken« oder »freien Geister«, die sich freier, kräftiger, skeptischer über Religiöses und Staatliches – es war zur Zeit der Kardinäle Richelieu und Mazarin gefährlich genug! – äußerten. Kaum geduldet war offener »Atheismus«: Wenige Jahre vor Pascals Geburt hatte man den italienischen pantheistischen Naturphilosophen Lucilio (er nannte sich Julius Cäsar) Vanini, der in England den katholischen Glauben aufgegeben hatte, in Toulouse unter grausamsten Umständen wegen Atheismus und Gotteslästerung hingerichtet (1617). Als »Atheisten« hat man zur Zeit Pascals alle diejenigen abqualifiziert, die sich, meist nur mündlich, über Religion, Papst, politisierende Kardinäle und verweltlichten Klerus lustigmachten. Nur so ist die von Mersenne für Paris wohl allzu rund angegebene Zahl von 50 000 Atheisten zu erklären. Aber in dieser Zeit des 30jährigen »Religions«-Krieges, skrupelloser absolutistischer Machtpolitik nach außen wie innen und einer den Thron stützenden barock-triumphalistischen Fassaden-Kirche bahnte sich jener militante Atheismus an, der sich ein paar Jahrzehnte später auch literarisch äußerte und in der Französischen Revolution einen blutigen Durchbruch erreichte. Früher, ernsthafter als andere setzte sich Pascal mit Freidenkertum und Atheismus auseinander: gottesgläubig, christusgläubig und sogar – bezüglich so vieler Dogmen – auch kirchengläubig. »Bon chrétien, catholique, apostolique et romain«, wie er sich in seinem Testament nennt[69]. Vielleicht also auch ein guter Thomist?

Daß Pascal – schon aufgrund von Erziehung und Bildung, Temperament und Stil – nicht in der *thomistischen Tradition* steht, bedarf eigentlich keines Beweises. Im Streit gegen die Jesuiten hat er zwar zur Verteidigung der Jansenisten schließlich auch noch Thomas von Aquin für die übermächtige Bedeutung der Gnade ins Feld geführt. Aber das war taktisch bedingt. In den »Pensées« spielen Thomas und Thomismus keine Rolle; zweimal nur wird Thomas in nebensächlichem Zusammenhang bezüglich der menschlichen Eitelkeit erwähnt[70]. Besonders das Verhältnis von Vernunft und Glaube, Philosophie und Theologie sieht Pascal völlig anders.

Augustinisches Erbe

Das ist bei ihm unbestritten: Seine hauptsächliche theologische Inspiration erhält Pascal – abgesehen von der Bibel, die er vermutlich erst nach seiner »Bekehrung« eingehend studierte – aus der *augustinischen Tradition:* Als der Siebzehnjährige seine sensationelle Abhandlung über die Kegelschnitte veröffentlichte, erschien gleichzeitig ein davon sehr verschiedenes Buch: der »Augustinus« des zwei Jahre vorher verstorbenen flämischen Theologen und Bischofs von Ypern, Cornelius Jansen. Sechs Jahre später wurde Pascals ganze Familie während dreier Monate von zwei den verunglückten Vater pflegenden »bekehrten« Adligen mit den Schriften des Abbé Saint-Cyran, Haupt der von jenem Jansenius und seinem Augustinus-Verständnis herkommenden Bewegung, bekanntgemacht. Beim Tod seines Vaters schließt Pascal sein merkwürdig unpersönliches theologisches Trostschreiben an seine Familie mit einer Augustinus-Paraphrase[71]. Für seine »Bekehrung« galt ihm Augustins eigene plötzliche Bekehrung stets als Vorbild. Augustin, diesem ursprünglich sehr weltlichen Menschen, diesem intensiven Denker und scharfen Dialektiker, begabten Psychologen, brillanten Stilisten und schließlich leidenschaftlich engagierten Glaubenden, mußte sich Pascal überhaupt verwandt fühlen. Und im darauffolgenden gnadenlosen Gnadenstreit zwischen »Jansenisten« und Jesuiten war er überzeugt, jenen Augustin hinter sich zu haben, der das Problem von Gnade und freiem (oder unfreiem) Willen maßgebend gelöst hat. »Gott führt seine Kirche gut, daß er ihn (Augustin) damals mit Autorität gesandt hat[72].«

Auch für unseren Problemkreis *Vernunft – Glaube* empfing Pascal von Augustin wichtige Impulse: Auf die Parallele von Descartes' Cogito mit dem Cogito Augustins hat man zu Recht hingewiesen; der Kampf gegen den Skeptizismus und die Bejahung der Notwendigkeit eines geordneten Denkens sind Augustin und Descartes in der Tat gemeinsam. Aber sehr viel tiefer geht *Pascals Verwandtschaft mit Augustin gerade in bezug auf die Grundgewißheit*[73]. Denn:

Sowohl bei Augustin wie bei Pascal kommt der *Zweifel aus tiefer existentieller Not:* Es geht nicht nur um die Logik des abstrakten Denkens, sondern die Tragik des konkreten Menschen. Ein nicht nur methodisch-gedanklicher, sondern lebendig existentieller Zweifel! Das Cogito war für Augustin nicht wie für Descartes nur der erste Schritt eines geregelten Denkens, sondern die schmerzhafte Erfahrung des nach seiner Enttäuschung durch den Manichäismus beinahe verzweifelt Zweifelnden: ein Heilmittel gegen den drohenden Skeptizismus, wie er ihm von der griechischen Mittleren Akademie her wohlbekannt war. Und Pascal: Während Descartes seinen methodischen Zweifel hinter dem Ofen sitzend anstellte, lag er vor und nach seinen Ausführungen zur »Wette«, wie er selbst berichtet[74], auf den Knien.

Sowohl Augustin wie Pascal sehen das Heil nicht in einer universalen rationalen, gar geometrisch-mathematischen Methode, sondern in einer *Offenheit des ganzen Menschen für die ganze Wirklichkeit.* Für Augustin wie für Pascal ist das Denken nicht weniger wichtig als für Descartes, aber der Menschengeist ist wesentlich mehr als nur denkende Vernunft. Pascal steht in der Tradition der philosophia oder theologia cordis, die von Platon und Paulus vorbereitet, von Augustin über Bernhard, Bonaventura, Dante, die mittelalterliche Mystik bis zu Teresa von Avila, Franz von Sales und schließlich den erwähnten Theologen des französischen Oratoriums, Bérulle, Gibieuf und Condren, reicht[75].

Sowohl bei Augustin wie bei Pascal gründet sich die letzte existentielle Gewißheit nicht auf dem Cogito der reinen Vernunft, sondern auf dem *Credo der biblischen Botschaft.* Das radikale Mittel gegen den Skeptizismus ist der von der Kirche verbürgte biblische Glaube: »Ich aber würde dem Evangelium nicht glauben, wenn mich nicht die Autorität der katholischen Kirche dazu bewegte«, sagt Augustin[76]. Deshalb gilt für ihn entscheidend das »crede, ut intellegas«, »glaube, um zu erkennen«[77]. Auch bei Pascal ist entscheidend die »soumission«, »Unterwerfung« der Vernunft: der Glaube auf Autorität hin (Gottes, der Schrift, der Kirche). Gerade so aber können die Glaubenswahrheiten, mindestens bis zu einem gewissen Grad, zur Einsicht gebracht werden.

Sowohl bei Augustin wie bei Pascal geht es aber nie um ein irrationales, sondern ein *rational verantwortbares Glauben:* kein Rationalismus, aber Rationalität; keine blinde, vielmehr eine vernünftige Unterwerfung! Deshalb geht dem »crede, ut intellegas« das »intellege, ut credas« voraus: »Erkenne, um zu glauben«[78]. Gerade für diesen wichtigen Gesichtspunkt beruft sich Pascal ausdrücklich auf Augustin: »Augustinus[79]: Die Vernunft würde sich nie unterwerfen, wenn sie nicht zu dem Urteil käme, daß es Gelegenheiten gibt, wo sie sich unterwerfen muß. Es ist also richtig, daß sie sich unterwirft, wenn sie zum Urteil kommt, daß sie sich unterwerfen muß[80].«

Sowohl bei Augustin wie bei Pascal ist nicht nur in Fragen der christlichen Offenbarung, sondern *schon in Fragen des Alltags ein Glauben notwendig.* Auch hier beruft sich Pascal für seine Auffassung ausdrücklich auf Augustin: »Augustinus hat gesehen, daß man für das Ungewisse arbeitet, auf dem Meer, in der Schlacht usw.; aber er hat die Wahrscheinlichkeitsrechnung nicht gesehen, die beweist, daß man muß[81].« So gilt also nicht nur für Pascal, sondern auch schon für Augustin: Wie der Glaube mit Vernunft zu tun hat, so die Vernunft mit Glauben!

Sowohl bei Augustin wie bei Pascal findet sich eine *alle Wirklichkeit bestimmende Christozentrik*: Viele Sätze Pascals über die zentrale Bedeutung Jesu Christi könnten auch bei Augustin stehen und sind von ihm möglicherweise inspiriert: ». . . zum Gott des Menschen führt der Weg für den Menschen durch den Gottmenschen. Dieser nämlich ist der Mittler zwischen Gott und den Menschen, der Mensch Christus Jesus. Wodurch er Mittler ist, wodurch er Mensch ist, dadurch ist er auch der Weg: . . . der einzige gegen alle Irrtümer völlig gesicherte Weg[82].«

Sollen sich also in dieser augustinisch-pascalschen Sicht Vernunft und Glaube so einfach wie in der thomistisch-kartesianischen Tradition auf zwei verschiedene Stockwerke einquartieren lassen, als ob sie nichts miteinander zu tun hätten? In der Tat unterscheiden sich Thomismus und Augustinismus grundsätzlich bezüglich des Verhältnisses von Vernunft und Glaube, Philosophie und Theologie. Wenn man jetzt – von Pascal her das bereits von Descartes her Gesagte bestätigend – schematisieren will:

Der Thomismus und Descartes vertreten die klare und deutliche Scheidung der beiden Bereiche: der beiden Erkenntnisvermögen (Vernunft – Glaube), Erkenntnisebenen (natürliche Wahrheit – Offenbarungswahrheit), Wissenschaften (Philosophie – Theologie). Die Vernunft hat im Hinblick auf die wirklichen Dinge einen recht großen eigenen Bereich, in welchem sie aus sich selber heraus erkennend tätig sein kann: Dasein und Eigenschaften Gottes, Schöpfung und Vorsehung, Seele und Unsterblichkeit sind natürliche, auch ohne Offenbarung erkennbare Wahrheiten. Gewußtes (scitum) kann nicht Geglaubtes (creditum) und Geglaubtes nicht Gewußtes sein. Der Glaube ist im strengen Sinn nur erfordert für die Erkenntnis, das Für-wahr-Halten einzelner höherer Offenbarungswahrheiten: Die Geheimnisse etwa der Dreieinigkeit und der Menschwerdung Gottes übersteigen die menschliche Vernunft und sind nur durch Offenbarung erkennbare, übernatürliche Wahrheiten.

Wegen dieser doppelten Möglichkeit, Gott zu erkennen, und der doppelten Weise der Wahrheit über Gott sind Philosophie (ihre philosophische Gotteslehre eingeschlossen) und Theologie zu trennen, obwohl sie vom gleichen Gott, aber eben anders, sprechen. Die Philosophie geht dabei von den Kreaturen, die Theologie von Gott aus. Trotzdem können und sollen Vernunft und Glaube, Philosophie und Theologie – da sie, beide in der einen Wahrheit Gottes wurzelnd, vereinbar sind – sich, wie bereits beschrieben, gegenseitig stützen. Es ist verständlich, daß in einer solchen Stockwerk-Theorie vor allem das »intelligo, ut credam« im Vordergrund steht: »ich erkenne, um zu glauben«.

Der Augustinismus und Pascal vertreten die umfassende und durchgängige Einheit der beiden Bereiche: Glaube und Vernunft, Philosophie und Theologie sind ineinander verschlungen: man denkt im Glauben und glaubt im Denken. Gewußtes (scitum) und Geglaubtes (creditum) können also nicht adäquat voneinander unterschieden werden. Eine klare und deutliche Scheidung der beiden Erkenntnisebenen in der Art zweier Stockwerke ist uninteressant, letztlich unmöglich und jedenfalls dem Glauben gefährlich: Alle Wahrheiten hängen zusammen, und es läßt sich die eine nicht ohne die andere erkennen. Es geht nicht primär um das Für-wahr-Halten bestimmter einzelner Glaubenssätze, sondern um ein vertrauendes Sicheinlassen auf Gott und sein Wort.

Wegen dieser großen Einheit von Vernunft und Glauben, in der die philosophische Wahrheit mit der geoffenbarten eins ist, sollen Philosophie und Theologie nicht geschieden werden: gegen eine reine Philosophie muß man mißtrauisch sein. Nur die Philosophie, die im christlichen Glauben gründet, ist in dieser Sicht wahre Philosophie. Solche »christliche Philosophie« gründet also nicht im Denken als solchem, sondern ist denkende Selbstauslegung des christlichen Glaubens, insbesondere in bezug auf Gott und menschliche Seele. So kommt Unterwerfung unter göttliche Autorität vor allem rationalen Suchen und Untersuchen. Es ist verständlich, daß in dieser einheitlichen Sicht gerade umgekehrt das »Credo, ut intelligam« im Vordergrund steht: »ich glaube, um zu erkennen«.

Glaube als Grund der Theologie: Augustin und die Folgen

Auch von Pascal lassen sich die Linien nicht nur zurück, zu Augustin und der augustinischen Tradition, ziehen. Nicht weniger wichtig sind die Linien nach vorn: vor allem zum Protestantismus (Reformatoren, Kierkegaard, Barth) und zum katholischen Jansenismus.

Aurelius Augustinus: dieses einzige wirkliche Genie unter den lateinischen Kirchenvätern, war – obwohl zu seiner Zeit sehr umstritten – doch zu *dem* Lehrer des christlichen Abendlandes geworden. Vor Thomas von Aquin hatte er die bedeutsamste Synthese zwischen christlichem Glauben und griechischem (neuplatonischem) Denken geschaffen. Vor allem durch ihn, in dem die patristische Theologie ihren glanzvollen Höhepunkt erreicht hat, lebte und wirkte die Theologie der griechischen und lateinischen Väter im Mittelalter fort.

Den großen mittelalterlichen Scholastikern hatte besonders das Sentenzenwerk des Petrus Lombardus († 1160), das zum großen Teil aus Augustinus-Zitaten bestand, eine von Augustin geprägte Theologie vermittelt. So hat Augustin, zusammen mit vorwiegend neuplatonischem Gedankengut, bis ins 13. Jahrhundert hinein auch die scholastische Philosophie und Theologie in Methode und Inhalt beherrscht. Und selbst nach der beschriebenen Rezeption des gesamten Aristoteles durch Albert und Thomas suchte sich die Franziskanerschule unter Bonaventura – gleichzeitig mit Thomas bedeutendster Lehrer an der Pariser Universität – vor allem in Erkenntnistheorie und Psychologie an Augustin zu orientieren, wobei dem Guten vor dem Wahren, dem Willen vor dem Intellekt, der Liebe vor der Anschauung Vorrang gegeben wurde.

Freilich triumphierte dieser franziskanische Augustinismus, der sich vermehrt auch aristotelische Gedanken einverleibte, nur kurzfristig (mit Hilfe von Verurteilungen) über den konsequent angewandten Aristotelismus des Thomas. Bonaventura und Thomas starben im selben Jahr, 1274. Der konservative Augustinismus aber, jetzt mehr und mehr antithomistisch, wurde vom »moderneren« Skotismus (des franziskanischen »Doctor subtilis« Duns Skotus, † 1308) absorbiert und endete schließlich in jenem Ockhamismus (des englischen Franziskanertheologen Wilhelm von Ockham, † 1347), dem Luther wahrscheinlich eine erste Prägung seiner Theologie verdankt. Doch bleiben insbesondere mittelalterliche Mystik wie auch Staatstheorie (civitas Dei – civitas terrena für das Verhältnis sacerdotium – imperium) weiterhin stark unter Augustins Einfluß. Überhaupt lassen sich in der westlichen Theologie insgesamt seine Spuren auf Schritt und Tritt verfolgen. Zusammen mit Ambrosius und den östlichen Kirchenlehrern Athanasios und Chrysostomos trägt er denn auch in der römischen Peterskirche mit leichter Hand die unter dem Heiligen Geist des Alabasterfensters schwebende riesige Cathedra Petri: eine Kreation Berninis aus dem Jahre 1656, in welchem Pascal mit Berufung auf eben jenen Augustinus seine antijesuitischen »Lettres Provinciales« veröffentlichte, die im Jahre darauf von dieser Cathedra Petri her verurteilt werden sollten.

Unter theologischem Augustinismus versteht man heute freilich nicht so sehr das allen theologischen Schulen gemeinsame Erbe augustinischer Theologie, sondern den strengen Augustinismus in der Gnadenlehre (besonders Vorherbestimmung, Prädestination zu Seligkeit oder Verdammung), mit Auswirkungen selbstverständlich auch auf das Verhältnis Vernunft – Glaube. Dieser strenge Augustinismus kam immer wieder in Konflikt mit den kirchlichen Autoritäten: Er wurde verurteilt in der Gestalt der Prädestinationslehre des Mönches Gottschalk von Orbais im 9. Jahrhundert[83], der deswegen bis zu seinem Tod gefangengehalten wurde, sowie des Engländers John Wyclif im 14. Jahrhundert, dessen Gebeine auf Befehl des Konzils von Konstanz einige Jahrzehnte nach seinem Tod wieder ausgegraben und verbrannt werden mußten[84]. Zusammen mit seinem Nachfolger in Böhmen Jan Hus, der trotz zugesicherten freien Geleits auf demselben Konzil gleich direkt verbrannt wurde, gilt er als wichtigster Vorläufer der lutherischen Reformation.

War die *Reformation* die Vorhut der Moderne, die den Durchbruch zur neuzeitlichen Freiheit brachte, wie Feuerbach[85] annahm? Oder war sie die Nachhut der mittelalterlichen Gläubigkeit, die die weltliche Emanzipationsbewegung der Renaissance vorübergehend aufhielt und dann doch von radikaleren Kräften überholt wurde, wie Nietzsche[86] meinte? Als Bewegung an der Zeitenwende war die Reformation beides in einem, hatte sie zwei Gesichter. Ihre spezifische Bedeutung für damals und heute aber hat sie als die beispiellose Rückbesinnung auf das ursprünglich Christliche nach anderthalbtausend Jahren sehr komplexer Kirchengeschichte, worüber man sich in der katholischen Kirche erst seit dem Vatikanum II ernsthaft Rechenschaft zu geben begonnen hat.

Schon in der Reformation ging es ganz entscheidend – angesichts aller mit dem Umbruch vom Mittelalter zur Neuzeit gegebenen Zweifel und Anfechtungen – um die Frage nach einer *neuen Gewißheit.* Die Lösungen waren freilich entgegengesetzt[87]:

Luther erreichte die Gewißheit durch radikale Neubesinnung – gegen alle kirchlichen Autoritäten und Traditionen – auf den christlichen *Glauben:* als eine *Gewißheit des Gewissens, des Glaubens, eine Heilsgewißheit*!

Descartes, 100 Jahre später, erreichte die Gewißheit, wie wir sahen, durch eine radikale Neubesinnung – gegen alle Autoritäten und Traditionen überhaupt – auf die menschliche *Vernunft*: eine *Gewißheit des Wissens, der Wissenschaft, eine Grundgewißheit*!

Luthers Neubesinnung hat die Neubesinnung Descartes' sowohl vorbereitet wie schon von vornherein eine Gegenposition dazu aufgebaut. Nur die reformatorische Neubesinnung auf den christlichen Glauben – und nicht die römisch-katholische Bollwerkstrategie zur Bewahrung einer mittelalterlichen Christenheit und Gläubigkeit, wie sie zwischen Trient und Vatikanum I entwickelt wurde und mit dem Vatikanum II zu einem Ende kam – hat eine konstruktive Auseinandersetzung mit der Moderne ermöglicht. Auch wenn dabei die reformatorische Opposition zum Aristotelismus, zur Scholastik, zu Thomas von Aquin, zur modernen Weltlichkeit und Vernünftigkeit schon bei Luther sich oftmals übersteigerte zur Opposition gegen die »Hure Vernunft« überhaupt!

Die Reformatoren betrachteten sich in dieser epochalen Auseinandersetzung allesamt als die wahren Schüler Augustins. Dessen leidenschaftlichen Kampf gegen den Pelagianismus, der die Menschenwerke gegenüber Gottes Gnade betont, wollten sie in ihrem Kampf gegen die römische Werkgerechtigkeit, Kirchenherrlichkeit und das Renaissance-Papsttum fortsetzen. Nach Luther, Calvin und den anderen Reformatoren erreicht der Mensch Gewißheit, die Gewißheit seines Heiles, nicht durch alle die vorgeschriebenen oder empfohlenen frommen Werke, sondern *»allein durch den Glauben«* (»sola fide«), was dem »allein durch Gnade« (»sola gratia«) entsprach. Das war die authentische Lehre des Paulus von der Rechtfertigung des Menschen, das auch die Lehre Augustins. Was für die Reformatoren Paulus unter den neutestamentlichen Zeugen, das war für sie Augustin unter den Vätern. Und manche späteren protestantischen Theologen sprangen denn auch in ihrer Theologie oft mit Siebenmeilenstiefeln von Paulus zu Augustin und von Augustin – über das »finstere Mittelalter« hinweg – zu Luther. In ihrer Auffassung von Natur und Gnade, Vernunft und Glauben, freiem Willen und Vorherbestimmung hatten die Reformatoren Augustin zweifellos mehr hinter sich als ihre thomistischen, skotistischen und dann auch jesuitischen Gegner.

So blieb der Protestantismus besonders dort, wo er sich dem reformatorischen Rückgriff auf das Evangelium radikal verpflichtet fühlte, bis ins 19. und 20. Jahrhundert hinein stark von Augustin geprägt, wie andererseits manche augustinischen Gedanken im französischen Fideismus und Traditionalismus des 19. Jahrhunderts – bei de Bonald und de La Mennais (zunächst ganz unter Pascals Einfluß) – nachwirkten. Oft scheint es, als ob Pascals »Pensées« eher in der protestantischen als in der katholischen Theologie weitergedacht worden seien, auch wenn dort kaum auf sie Bezug genommen wird. Das gilt – wenn wir für das vergangene und das gegenwärtige Jahrhundert je nur einen prominenten Zeugen benennen – zunächst für jenen ganz und gar außerordentlichen Propheten im »christlichen« Dänemark des 19. Jahrhunderts, der das Christentum wieder in die Christenheit einführen wollte: Kierkegaard.

Sören Kierkegaard hat Pascal offensichtlich nicht gekannt; nur einmal zitiert er ihn indirekt durch Feuerbach[88]. Aber wie Pascal, so philosophierte auch er aus der Not seiner eigenen Existenz heraus und konnte sich mit einem objektiv unbeteiligten Erkennen im Geiste Descartes' oder auch mit einer idealistischen Bewußtseinsdialektik auf spekulativer Höhe im Geiste Hegels nicht zufriedengeben. Wie Pascal wollte auch Kierkegaard keine allgemein-theoretische *Einführung* ins Christentum, sondern des Einzelnen existentielle *Einübung* ins Christentum. Der Mensch soll nicht einfach eine historische, philosophische oder dogmatische Wahrheit gläubig annehmen, für wahr halten, sondern er soll als Christ leben: die christliche Wahrheit nicht nur denken, haben, sondern tun, sein. So soll dem Menschen zu einer christlichen Existenz verholfen werden. Die Leidenschaft zu solchem Existieren ist – und auch da würde Pascal zustimmen – der Glaube.

Es ist nicht verwunderlich, daß dieser aus dem personal-existentiellen Glaubensverständnis heraus denkende Lutheraner, der bewußt gegen die von Descartes eingeleitete und von Hegel vollendete Philosophie der natürlichen Vernunft, der Aufklärung und des Idealismus Stellung nahm, sich gerade mit Descartes' Cogito auseinandersetzte: in seiner geistvollen, aber leider unvollendet gebliebenen und dann posthum veröffentlichten kleinen Schrift »Johannes Climacus oder De omnibus dubitandum est[89]«. Kierkegaard versucht in dieser Frühschrift (vermutlich 1842/43), die seine ureigenen Intentionen besonders deutlich werden läßt, die Philosophen beim Wort zu nehmen: Zweifeln soll nicht ein intellektuelles Gedankenexperiment oder ein folgenlos-theoretisches »Dialektisieren« sein. Es soll mit dem Zweifel für die menschliche Existenz selbst ganz praktisch ernstgemacht werden. Die neueren Philosophen, so Kierkegaards Kritik, dispensieren sich im Grunde mit Berufung auf Descartes' Überwindung des Zweifels von jedem ernsthaften existentiellen Zweifel: »Und warum sprechen diese Männer davon gerade so, als wenn sie selbst es nicht getan hätten? Hat Cartesius es für uns alle abgemacht, ebenso wie Christus gekreuzigt ist? – Ist dies eine wissenschaftliche Frage – oder eine praktische – das muß es wohl bei Cartesius sein[90].«

So versuchte Kierkegaard – ganz im Sinne Pascals – den methodischen Zweifel Descartes' in der konkreten und widersprüchlichen Existenz des einzelnen, an den er ständig appelliert, zu radikalisieren und Descartes' rein gedankliche Gewißheit in die Krise zu führen: Man muß einmal ernsthaft, im Ernst zweifeln, verzweifeln. Und verzweifeln kann man nicht einfach unverbindlich. Eine Unterscheidung von zweifelnder Theorie und nichtzweifelnder Praxis, wie bei Descartes, ist nicht konsequent. Theoretischer Zweifel ist partial, Verzweiflung aber total. Ein ernsthafter universaler Zweifel im Dienst einer verstandesmäßigen Selbstsicherung ist nun freilich auch ohne Ausweg: »So sind denn die Philosophen schlimmer als die Pharisäer, von denen wir lesen, daß sie schwere Lasten binden und selbst mit keinem Finger sie aufheben. Denn das ist ja gleich, daß sie selbst sie nicht aufheben, wenn sie doch aufgehoben werden können. Jedoch die Philosophen fordern das Unmögliche. Und wenn da ein junger Mensch ist, welcher meint, philosophieren heißt nicht schwatzen oder schreiben, sondern aufrichtig und genau tun, wovon der Philosoph sagt, man solle es tun, dann lassen sie ihn mehrere Jahre seines Lebens vergeuden, und dann zeigt es sich, daß es unmöglich ist, dann hat es ihn so tief gefaßt, daß seine Befreiung vielleicht unmöglich wird[91].«

Die Alternative, die sich daraus ergibt: »Entweder« verzweifeln »oder« den Sprung in den Glauben wagen: »Das, dafür ich mich dabei interessiere, bin ich selbst. Es ist eigentlich das Christentum, das diese Art Zweifel auf die Welt gebracht hat; denn im Christentum erhielt dies Selbst die Bedeutung. – Der Zweifel wird nicht durch das System überwunden, sondern durch den Glauben, ebenso wie es der Glaube ist, der den Zweifel auf die Welt gebracht hat. Soll das System den Zweifel zur Ruhe bringen, so dadurch, daß es höher steht, sowohl als der Glaube wie als der Zweifel, aber in diesem Falle müßte zuvörderst der Zweifel überwunden sein durch den Glauben; denn ein Zwischenglied überspringen, das läßt sich nicht machen[92].«

Die späteren gesellschaftlich-politisch-religiösen Umwälzungen und Katastrophen haben die Einsichten Kierkegaards, dieses frühen Vorläufers der Existenzphilosophie und Existenztheologie, in die tiefe Ungesichertheit des menschlichen Daseins aktuell werden lassen. Aber innerhalb der liberalen Philosophie und Theologie des 19. Jahrhunderts blieb er ein kurioser Außenseiter, dem niemand folgte: Der optimistische Kulturprotestantismus, ganz auf der Linie der Aufklärung und des Idealismus (weniger Hegels als Schleiermachers), ging seinem Höhepunkt erst entgegen. Die Natürliche Theologie blühte nicht nur im Katholizismus und auf dem Vatikanum I, sondern – in anderen Formen – auch im Protestantismus.

Erst der die liberale Theologie desavouierende Erste Weltkrieg und die von *Karl Barth* daraufhin entwickelte »Theologie der Krise« oder »dialektische Theologie« brachte eine Wende: Aus der Not der Predigt heraus und unter dem Einfluß insbesondere Kierkegaards, aber auch Platons, Kants, Dostojewskis und Franz Overbecks bricht Barth mit Schleiermacher und der liberalen Theologie, nimmt die reformatorischen Anliegen wieder auf und schärft sie für die neue welt- und kirchengeschichtliche Situation: Jesus Christus brachte nicht nur eine neue Form religiöser Erfahrung oder Frömmigkeit, sondern ist als der Gekreuzigte und Auferweckte die Offenbarung des »ganz anderen« Gottes. Dieser Jesus Christus, wie er von der Schrift bezeugt und von der Kirche verkündigt wird als Gottes fleischgewordenes Wort, ist Gottes *alleinige* Offenbarung zum Heil der Welt!

In dieser polemischen Frontstellung gegen die liberale Theologie geht Barth freilich weit über die Reformatoren, aber auch über Pascal und Kierkegaard hinaus: jede andere Möglichkeit einer Offenbarung ist ausgeschlossen. Der Mensch kann nicht von sich aus eine Beziehung zu Gott herstellen, sondern muß sie sich von Gott schenken lassen. Damit wird nicht nur dem Neuprotestantismus (von Schleiermacher bis Harnack), sondern erst recht dem römischen Katholizismus (Vatikanum I), die sich beide in der Bejahung einer vom Glauben unabhängigen Natürlichen Theologie finden, kompromißloser Kampf angesagt. Mit dem »allein durch die Schrift«, »allein durch Gnade«, »allein durch Glauben« – alles konzentriert im »allein durch Christus« – wird jetzt wie noch nie ernstgemacht: bis in die große Politik hinein, wo Barth aufgrund seiner theologischen Position den »Kirchenkampf« gegen die natürliche Blut- und Bodentheologie des Nationalsozialismus und die diese unterstützende »politische Theologie« der Deutschen Christen aufnimmt und die »Bekennende Kirche« organisiert. Das von ihm formulierte Bekenntnis der Bekennenden Kirche von Barmen 1934 sagt im ersten Artikel: »Jesus Christus, wie er uns in der Heiligen Schrift bezeugt wird, ist das eine Wort Gottes, das wir zu hören, dem wir im Leben und im Sterben zu vertrauen und zu gehorchen haben. – Wir verwerfen die falsche Lehre, als könne und müsse die Kirche als Quelle ihrer Verkündigung außer und neben diesem einen Worte Gottes auch noch andere Ereignisse und Mächte, Gestalten und Wahrheiten als Gottes Offenbarung anerkennen[93].« Was soll dem Menschen (und der Kirche) in der individuellen, gesellschaftlichen, politischen Ungesichertheit des Lebens den entscheidenden Halt geben? Nichts anderes als Gottes Wort und Gnade, und auf seiten des Menschen – ohne alle falschen Sicherheiten des Wissens – der vertrauende Glaube!

Die ganze christliche Theologie, wie sie Barth in seiner »Kirchlichen Dogmatik« (ab 1932) systematisch entwickelt, muß ausschließlich und folgerichtig Lehre von Jesus Christus als dem uns gesagten lebendigen Wort Gottes sein[94]. Von diesem grundsätzlichen Standpunkt aus nimmt Barth dann im dritten Teil seiner vielbändigen Dogmatik, der Schöpfungslehre, auch ausführlich Stellung zum kartesianischen Cogito[95].

Nach einer genauen Analyse der sechs Meditationen Descartes' formuliert Barth, der in der »Kirchlichen Dogmatik« einer Auseinandersetzung mit dem wohl allzu kirchlichen Pascal ausweicht[96], seine Kritik am Cogito ganz auf der Linie Kierkegaards: Im Grunde hat Descartes nicht wirklich, sondern nur spielend an seiner eigenen Existenz gezweifelt: »Nehmen wir an, über ihn wäre der Gedanke gekommen, es könnte sein ganzes dem Dienst der Vernunft gewidmetes Gelehrtenleben mit allen seinen theoretischen Abbau- und Aufbauversuchen, mit der ganzen katholisch-humanistischen Mittelmäßigkeit, in der er sich ›zwischen den Zeiten‹ eingerichtet und durchgeholfen hat, mit seinen ganzen Plänen und Leistungen, Aspirationen und Befürchtungen eine einzige Nichtigkeit sein . . . Nehmen wir an, daß er angesichts dieser Möglichkeit nicht nur ernstlich gezweifelt hätte, sondern in Verzweiflung geraten wäre. Das ist offenkundig nicht geschehen[97].«

Ernsthaft hätte Descartes nur gezweifelt, wenn er an seiner eigenen Existenz gezweifelt hätte angesichts des sich offenbarenden Gottes und Schöpfers – und nicht nur angesichts eines philosophischen Gottes, der ein »harmloses Eigenprodukt seines Geistes« ist: »In Erkenntnis dieses Gottes hätte ihm die Möglichkeit seiner eigenen Nichtigkeit und dann gewiß auch der Nichtigkeit seines Denkens und der ganzen Außenwelt unwiderstehlich einleuchten müssen[98].«

Also wie Pascal geht es auch Barth – angesichts der vom lebendigen Gott der Bibel her sichtbaren Grenzen unserer Vernunft – um ein »credo, ergo sum«: »Wir heben hervor: Diese Erkenntnis geschöpflicher Existenz beruht ganz ausschließlich auf Gottes Selbstkundgebung und Offenbarung. Sie ist ganz und ausschließlich Echo und Antwort des Geschöpfs, auf das, was ihm durch seinen Schöpfer gesagt wird . . . Sie ist Erkenntnis in Form von Anerkennung, Erkenntnis unter dem Gesetz des Glaubens und des Gehorsams. Das unterscheidet sie formal von aller auf unser Ich- und Welt- und Gottesbewußtsein begründeten Erkenntnis[99].«

So verlief die Entwicklung in der protestantischen Theologie. Was aber war das Schicksal des Augustinismus in der katholischen Theologie?

Streit des Glaubens mit dem Glauben: Jansenismus

Der *katholische Augustinismus* wurde nach der Reformation in der katholischen Kirche noch mehr als schon vorher an den Rand gedrängt: Daß sich die Reformation neben Paulus vor allem auf Augustin berief, machte jeglichen Augustinismus in der katholischen Kirche unbequem und verdächtig. Zwar hat noch auf dem Konzil von Trient – besonders in dem für die Reformation zentralen Dekret über Rechtfertigung (und Vorherbestimmung) – der für stärkere Betonung von Gnade und Glauben eintretende gemäßigte

Augustinismus der Augustiner-Eremiten eine nicht unbedeutende Rolle gespielt: vor allem in der Gestalt des Augustiner-Generals Girolamo Seripando († 1563 in Trient), der freilich schon damals dem Vorwurf nicht entging, er komme seinem Ordens- und Zeitgenossen Martin Luther zu weit entgegen.

Aber dann mußte sich die ebenfalls in Italien beheimatete »jüngere Augustinerschule«, begründet von Pascals Zeitgenossen Henricus de Noris und von anderen Augustiner-Eremiten weitergeführt, ständig gegen den Vorwurf der Häresie verteidigen: Nur einem Brief des aufgeklärten Papstes Benedikt XIV. hatte es Noris zu verdanken, daß die spanische Inquisition – und dies erst nach zehnjährigem Widerstand gegen die päpstliche Anordnung! – seine Werke wieder von ihrem Index herunterholte. Die augustinische Lehre des Zusammenwirkens von sieghafter Gnade Gottes und geschwächter Freiheit des Menschen durfte von daher (freilich unter bleibendem Verdacht mangelnder Orthodoxie) weiterhin vertreten werden: neben der thomistischen Auffassung mit ihrem Akzent auf der (aller freien Zustimmung vorausgehenden, aus sich wirksamen) Gnade (Hauptvertreter: der Dominikaner D. Bañez) und der jesuitischen mit ihrem Akzent auf dem freien Willen, der durch seine Zustimmung die Wirksamkeit der vorausgehenden Gnade erst ermöglicht (Hauptvertreter: L. de Molina, der dem jesuitischen »Molinismus« den Namen gab).

Weniger glimpflich als in Italien gingen die Auseinandersetzungen zwischen streng augustinischer und »fortschrittlich«-aristotelisch-humanistischer Theologie an der Universität Löwen aus: die erste Phase endete mit der Verurteilung des augustinischen Michael Baius (1567 [100]), die zweite mit der Zurückweisung des extrem molinistischen – aber anfänglich mutiger als andere Theologen auch für Galilei eintretenden! – Jesuiten Leonhard Lessius (1611 [101]). Von der Universität Löwen ging schließlich auch die später sehr komplexe theologisch-moralisch-politische Reformbewegung des *»Jansenismus«* aus: Das Ziel des allgemein hochgeschätzten, frommen und reformeifrigen, den Jesuiten allerdings feindlich gesinnten Professors und dann Bischofs Jansen und seines französischen Freundes Jean Duvergier de Hauranne (später Abbé von Saint-Cyran) war seit ihrer frühen Bekanntschaft (1614–17) die Reform der nachtridentinischen scholastischen Theologie, Dogmatik und Moral im Geiste der Schrift und der Väter, vor allem Augustins. Doch führte der nach Jansens Tod veröffentlichte dreibändige »Augustinus oder die Lehre des heiligen Augustin über der menschlichen Natur Gesundheit, Krankheit und Heilung [102]« zum *»Großen Gnadenstreit«*, der vor allem in Frankreich ausgetragen wurde und der auch mit den päpstlichen Verurteilungen nicht enden wollte.

Zwei Parteien: auf der einen Seite der *augustinische Jansenismus*, der den Gnadenglauben Augustins und die strengeren moralischen und disziplinarischen Ideale der frühen Kirche verteidigte; auf der anderen Seite der *jesuitische Molinismus*, der für die Willensfreiheit des Menschen und eine liberalere Moral und Sakramentendisziplin eintrat. Der Streit wurde bis in Salons und Theater hinein ausgetragen: Pierre Corneille, der Schöpfer der klassischen französischen Tragödie, war molinistisch orientiert; ihr Vollender, der als Waisenkind in Port-Royal erzogene Jean-Baptiste Racine, der auch in Port-Royal begraben werden wollte, jansenistisch. Mit dem »Jansenismus«, wie man ihn später nannte, war Pascal, wie wir hörten, schon in seinen frühen zwanziger Jahren intensiv in Berührung gekommen (seine »erste Bekehrung«), ohne daß er damals freilich seine Lebensweise geändert hätte. Die entscheidende Wende von 1654 aber führte ihn in engste Verbindung mit dem Kloster Port-Royal bei Versailles (und seiner Zweigniederlassung in Paris), dem Zentrum des Jansenismus in Frankreich und jetzigem Wohnsitz seiner Schwester Jacqueline.

Dort hatte die Äbtissin Angélique Arnauld – der Vater dieser mit Port-Royal eng verbundenen Familie hatte als Kronanwalt einen Prozeß gegen die Jesuiten gewonnen – einen strengeren Geist eingeführt. Saint-Cyran aber brachte die Gnadenlehre des Jansenismus ins Kloster und wurde als geistlicher Führer und Inspirator von Port-Royal das Haupt der frühen jansenistischen Bewegung. Doch war es mehr eine gemeinsame Haltung als eine gemeinsame Doktrin, die diese kleine, stille Gruppe von Nonnen und Einsiedlern zusammenhielt, welche freilich bald zahlreiche Sympathisanten unter Gallikanern, Mitgliedern des Pariser Parlaments (oberster Gerichtshof) und einflußreichen Damen gewann. Für die leichtfertige Gesellschaft im Versailles Ludwigs XIV. war das nahe Port-Royal eine Mahnung und Herausforderung, für den Absolutismus von Kirche und Staat, der schon die kleinste Abweichung vom bestehenden System nicht dulden konnte, trotz der geringen Zahl eine Beunruhigung und Bedrohung.

Die Jesuiten, in Port-Royal und bei Jansenius Calvinismus witternd, griffen den »Augustinus« an. Der jüngste Bruder der Äbtissin, Antoine, der »große Arnauld«, Professor an der Sorbonne, verteidigte ihn, freilich recht akademisch und schwerfällig. Der Kampf war eröffnet. Die Jesuiten, ihrerseits des Pelagianismus verdächtigt, veranlaßten das Eingreifen Roms.

Warum erschien dieses dickleibige und so wenig gelesene Werk des Jansenius so gefährlich? Sein »Augustinus« bekämpft programmatisch die seit Humanismus und Renaissance auch in der scholastischen Theologie verbreitete und besonders von Jesuitentheologen geförderte Hochschätzung des Menschlichen: Mit ständiger Berufung auf Augustin betont er statt der Philosophie die Schrift und die Väter, statt der menschlichen Freiheit Gottes Gnade, statt der Vernunft den Glauben. In seiner unerforschlichen Vorherbestimmung entscheidet Gott von Ewigkeit ohne Rücksicht auf Verdienste nach seinem Belieben darüber, wem er Gnade und ewige Glorie schenken wird und wem nicht. Durch Ur- und Erbsünde ist die Natur des

Menschen verdorben, sein Wille geschwächt: unwiderstehlich von der Liebe zum Irdischen, von der bösen Begierlichkeit (Konkupiszenz) bestimmt. Wenn nicht die ebenfalls unwiderstehliche Gottesliebe oder Gnade (gratia victrix) die böse Begierlichkeit überwindet, kann der Mensch nichts Gott Wohlgefälliges tun. Die Möglichkeit einer »reinen«, das heißt gnade- und sündelosen, Menschennatur wird abgelehnt. War es darum so erstaunlich, daß man die Jansenisten, obwohl sie treue Katholiken sein wollten, des Calvinismus anklagte? Katholiken auf dem Weg der Reformatoren?

Die praktischen Konsequenzen dieses anthropologischen Pessimismus waren erheblich: Forderung der Rückkehr der Kirche zum ursprünglich strengen Glauben und Leben, moralischer Rigorismus bis zur teilweisen Ablehnung der Künste (Musik, Komödie, nicht der Tragödie), erschwerte Bedingungen für Beichte und Kommunion. Dann infolge der päpstlichen Verurteilungen eine antizentralistische (gallikanische) Haltung: für die Autorität der Bischöfe und des Pfarrklerus gegen die von Rom dirigierten Orden; Ablehnung der päpstlichen Unfehlbarkeit; Interventionsmöglichkeit des Staates in bestimmten kirchlichen Angelegenheiten.

Es kann hier natürlich nicht untersucht werden, inwiefern der »Augustinus« von Löwen den Augustinus von Hippo richtig verstanden hat. Heute kann freilich nicht mehr in Frage gestellt werden, daß schon Augustinus selbst in seiner defensiv-antipelagianischen Spätphase Ansichten über Vorherbestimmung zur Verdammung, die Erbsünde, die unwiderstehliche Gnade vertreten hat[103], die den – vom Neuen Testament nicht gedeckten – jansenistischen Interpretationen reichlich Vorschub geleistet haben; in einer späteren Phase versuchten auch die Jansenisten mehr Offenheit zu gewinnen durch Anleihen beim ebenfalls nicht molinistischen Thomas von Aquin.

Schließlich wurden in Rom fünf vom Jesuiten Cornet fabrizierte und von der Sorbonne wegen des unbekannten Verfassers für die Begutachtung abgelehnte Sätze (»propositiones«) durch Innozenz X. als häretisch 1653 verurteilt[104]. Damit war gegen Jansenius positiv definiert: die Möglichkeit, die Gebote Gottes zu halten; die Möglichkeit, der Gnade Gottes zu widerstehen; die Freiheit des Menschen von innerer Nötigung; der Tod Jesu als heilswirksam für alle Menschen. Nicht so sehr um das Buch des Jansenius als um die herausgenommenen verurteilten Sätze ging in der Folge wieder einmal der ganze Streit. Die französischen Jansenisten anerkannten die Sätze als häretisch: für die »Frage des Rechts« sei der Papst ja auch zuständig. Sie bestritten aber, daß diese Sätze im »Augustinus« zu finden seien: für die »Frage des Faktums« sei der Papst nicht zuständig. Wörtlich kamen die Sätze im »Augustinus« tatsächlich nicht vor – aber nicht doch sinngemäß?

Die Jesuiten jedoch ruhten nicht, bis auch die Sorbonne in einem von der Öffentlichkeit mit Spannung verfolgten großen Verfahren Antoine Arnauld im Januar 1656 verurteilte. Erst jetzt griff *Pascal* – auf Bitten Arnaulds, der ihm mit seinem Mitarbeiter Nicole auch die Unterlagen lieferte – mit seinem ganzen Elan in die Auseinandersetzung ein: Schon zehn Tage danach erscheint seine Aufsehen erregende anonyme Flugschrift, der erste »Brief an einen (fingierten) Freund in der Provinz«. Auch die folgenden *»Lettres Provinciales«* [105] – neuartig die meisterhafte Beherrschung von Ironie und Satire und der knappe, geschliffene, überlegene Stil – wurden vom Publikum gierig verschlungen und machten über Nacht den Mathematiker, der sich gerade zu einem zurückgezogenen Leben in Port-Royal entschlossen hatte, zum leidenschaftlich engagierten großen, wenn auch anonymen Publizisten. Er hatte sich unter anderem Namen im Gasthof »Zum König David« bei der Sorbonne in unmittelbarer Nähe des Jesuitenkollegs angesiedelt. Hätte man ihn als Verfasser überführen können, wäre ihm die Bastille sicher gewesen.

Die ersten drei Briefe richten sich gegen die Sorbonne. In kaum korrekter Prozedur weisen daraufhin die gereizten Theologen ihren Kollegen Arnauld aus dem Amt; die Drucker der Briefe werden verfolgt, teilweise monatelang in Haft gehalten und Port-Royals Schulen – Konkurrenz der jesuitischen – aufgelöst. In Rom drängen die Jesuiten indessen auf endgültige Verurteilung. Die nächsten Briefe schrieb Pascal deshalb direkt gegen sie, die Hauptgegner: gegen ihre laxe, heuchlerische Moral und Beichtpraxis (Briefe 4–10), ihre Politik und ihr Machtstreben, ihren Korpsgeist und die Anwendung ungeistlicher Mittel zu geistlichen Zwecken (Briefe 11–16), schließlich sogar gegen den mächtigen jesuitischen Beichtvater des jungen Ludwig XIV., F. Annat (Briefe 17–18).

Pascals »Provinzbriefe« treffen auf weitverbreitete Klagen: Die Mitglieder der im Geiste unbedingten militärischen Gehorsams organisierten Compañía de Jesús – anders als ältere Orden aktiv mitten in die Welt vorstoßend – hatten sich immer mehr nahe der Machtzentren als Beichtväter an Fürstenhöfen, in Schulen und Universitäten, in Wissenschaft und Künsten angesiedelt: mit viel Sinn für das praktisch Mögliche, mit Verständnis für die Schwächen Hochgestellter, in Dogmatik und Moral optimistisch-neuzeitlich die Freiheit und Aktivität des Menschen unter Gottes Gnade betonend. Pascal zeigte mit ausgewählten Zitaten aus Originalwerken, besonders aus dem weitverbreiteten, aus 24 Ordensautoritäten zusammengestellten Beichtväter-Handbuch des spanischen Jesuiten Escobar [106], was in verschiedenen besonders heißen »Fällen« (casus) alles erlaubt war; »escobartin« ging in die französische Sprache als Synonym für »scheinheilig« ein. Gegenschriften (samt Verleumdungen seiner Person und der Nonnen von Port-Royal) gab es viele, bedeutende keine. Die Kasuisterei war von da an berüchtigt, und Pascals Briefe haben zweifellos für die Aufhebung der Gesellschaft Jesu (auf Betreiben der katholischen Mächte Frankreich, Spanien, Portugal und interessierter kirchlicher und kurialer Kreise) durch Clemens XIV., hundert Jahre später, geistig den Boden bereitet. Andererseits traf auch der unerbittlich schroffe Rigorismus der Jansenisten, der den Menschen kein Vergnügen zu gönnen schien und die Notwendigkeit einer humaneren christlichen Ethik nicht erkannte, auf wenig Sympathie. Und Pascal selbst hatte an manchen Stellen doch reichlich zugespitzt argumentiert und jedenfalls zu sehr generalisiert.

Entscheidend indessen war: die Gegner hatten die Macht! Papst Alexander VII. bestätigte die Bulle seines Vorgängers Innozenz X. und erklärte nun ausdrücklich, daß die fünf »Propositiones« dem Buch des Jansenius entnommen und ganz im Sinne des Autors verurteilt worden seien[107]. Im folgenden Jahr wurden die »Lettres Provinciales« auf den Index der verbotenen Bücher gesetzt (1657). Aber die Dekrete des Sanktum Offizium waren in Frankreich nicht anerkannt. Später freilich wurden die »Lettres Provinciales« auch noch vom Pariser Staatsrat verurteilt und um die Mittagsstunde des 14. Oktober 1660 an der Kreuzung Croix-du-Tiroir durch Henkershand zerfetzt und verbrannt. Pascal setzte den Kampf noch eine Weile fort: mittels der von den Pfarrern von Paris unterzeichneten »Écrits«[108], wo es vor allem gegen die »Apologie pour les casuistes« des Jesuiten Pirot ging, der denn auch von der Sorbonne wegen seines moralischen Laxismus verurteilt und schließlich von Rom ebenfalls auf den Index gesetzt wurde. Weitere »Écrits sur la grâce«[109] existieren nur als Entwürfe und wurden von Pascal nicht veröffentlicht; sie wären der Verurteilung kaum entgangen. Aber: die fünf Sätze samt der Behauptung, sie seien im »Augustinus« des Jansenius enthalten, wurden nun zur Bekenntnisfrage! Klostermitglieder und jansenitisch gesinnte Geistliche mußten sie auf Befehl der französischen Bischöfe bei Strafe der Exkommunikation unterzeichnen (1666[110]). Port-Royal suchte zunächst einen kasuistischen Ausweg. In einem stolzen Brief, ihres Bruders würdig, plädiert Jacqueline Pascal für die Ablehnung der Unterschrift: Wenn Bischöfe nur den Mut von Mädchen hätten, müßten die Mädchen den Mut von Bischöfen haben. Doch dann gab auch sie nach. Sie unterzeichnete auf Rat Arnaulds mit den anderen. Wenige Wochen später starb sie.

Der Streit selber ging noch lange in verschiedenen Phasen weiter, wobei sich nun leider auch Port-Royal, darin einige Jahre später sogar von Jean Racine heftig kritisiert[111], auf die Auseinandersetzung um die fünf bei Jansenius angeblich nicht zu findenden Sätze fixierte und sich zusehends sektiererisch versteifte. Schließlich führte der »Sonnenkönig« aus politischen Gründen – in dieser Sache mit dem Papst einig – den definitiven Stoß: Er verbannte Arnauld und seinen begabten Kampfgefährten, Paschasius Quesnel, und ließ 1710 Port-Royal durch seine Dragoner bis auf den Erdboden zerstören; selbst die Gräber blieben nicht verschont. Aber auch danach gingen die Streitigkeiten – mit neuerlichen Verurteilungen des Jansenismus (101 Sätze des Quesnel 1713[112]), dann freilich auch des Laxismus[113] – weiter und endeten erst mit der Französischen Revolution, die Staat und Kirche gemeinsam heraufgeführt hatten und bei der jansenistischer Geist noch die »Constitution civile« zur Neuordnung des Verhältnisses von Staat und Kirche beeinflußte. »Jansenist« indessen blieb in Frankreich bis heute ein Etikett für Menschen, die puritanisch-protestantisch und katholisch zugleich sein wollen. Noch Georges Bernanos und François Mauriac wurden des latenten Jansenismus verdächtigt.

Und Pascal selbst? Er war strikt gegen jeden Kompromiß und empfand die diplomatische Taktik Arnaulds und Nicoles, die unter geheimen Vorbehalten ihre Verurteilung unterzeichnen wollten, als unwahrhaftig: An den Worten Roms ist nicht zu deuteln; wenn Jansenius – und mit ihm Augustin und Paulus – recht haben, dann hat eben der Papst und mit ihm die gegenwärtige Kirche unrecht! Pascal war bereit, sich auch öffentlich gegen Rom und die Bischöfe zu stellen[114]. Aber die Mehrzahl der Freunde von Port-Royal war gegen ihn, berief sich schließlich auf die Unfehlbarkeit der Kirche und erklärte sich zur bedingungslosen Unterzeichnung der Verurteilung bereit.

Pascal, der bei jener heftigen Diskussion aus Enttäuschung über die Einstellung seiner Freunde das Bewußtsein verloren hatte, schwieg fortan. Er hatte nur noch wenige Monate zu leben. Aus dem engeren Kreis von Port-Royal zog er sich zurück und suchte sein restliches Leben erneut Gott zu weihen. Schon nach der Veröffentlichung der Aufsätze über die Zykloide und anderen Arbeiten über geometrische Probleme hatte er – zumindest nach dem Bericht seiner Schwester – auch die Mathematik als etwas Unnötiges endgültig aufgegeben. Aus dem Gewissensdilemma jedoch, Papst und Kirche und zugleich seiner persönlichen Glaubensüberzeugung treuzubleiben, fand selbst sein überscharfer Geist keinen Ausweg: Hier lag nicht mehr der Glaube mit der Vernunft im Streit, sondern der Glaube mit dem Glauben!

Gegen die Indizierung seiner Briefe hatte er, auf einem Notizzettel überliefert, an ein höheres Gericht appelliert: »Wenn meine Briefe in Rom verdammt werden, so ist doch das, was ich in ihnen verdamme, im Himmel verdammt! Ad tuum, Domine Jesu, tribunal appello. An Dein Gericht, Herr Jesus, appelliere ich[115]!« Sicher ist Pascal kein kirchlicher Konformist geworden, wie man dies nach seinem Tod darzustellen versuchte; nie hat er irgendeinen Widerruf geleistet. Man kann auch nicht einfach sagen, er sei über die Fronten hinausgewachsen; seine Freunde bleiben die Jansenisten, die jenen Streit zu vergessen suchten und mit ihm ständigen Kontakt hielten. Aber für Pascal war die Debatte fruchtlos geworden, und nur auf höherer Ebene gedachte er sie weiterzuführen: in seinem großen Werk »Über die Wahrheit der christlichen Religion«, für das man nach seinem Tod jene rund zwei Dutzend Pakete oder Papiersäcke von Notizen – die uns bekannten

»Pensées« – fand.

Pascals körperliche Kräfte hatten nun sichtlich abgenommen. Schwindsucht, Krebs oder eine andere Krankheit? Darüber gibt es gelehrte medizinische Abhandlungen, die alle die Frage nicht lösen. Die zahlreichen nutzlosen Medikamente, Aderlässe, Purgierungen der besten Ärzte von Paris erträgt er gerne, aber sie schwächen ihn nur noch mehr. Er selber hatte sein Leben durch rücksichtslose Bußübungen verkürzt, ständig im Kampf mit seinem widerspruchsvollen Ich. Sein kostbares Inventar hatte er verkauft und das Geld an die Armen verteilt. Ein halbes Jahr vor seinem Tod hatte er sich noch, wie berichtet, Zeit genommen, die erste Omnibusgesellschaft für Paris zu organisieren, und Einkünfte daraus testamentarisch den Spitälern von Paris und Clermont vermacht. In sein Haus hatte er eine mittellose Familie aufgenommen, aus der ein Kind an Pocken erkrankt. Das Ende erwartend, wünscht er seine Übersiedlung ins Hospital der Unheilbaren, was ihm seine Schwester Gilberte, die ihn wegen der Ansteckungsgefahr durch die Pocken zu sich genommen hatte, verweigert. Bis zum letzten Tag wird ihm aber zu seiner größten Qual, weil die Ärzte die Stunde für noch nicht gekommen hielten, der Empfang der Sterbekommunion versagt. Sein Pfarrer reicht sie ihm schließlich, als er bereits in Agonie liegt, und muß sich später beim scharf antijansenistischen Erzbischof von Paris dafür verantworten. In dieser Zwangslage gibt der Pfarrer dann ein Zeugnis ab von einem Bruch Pascals mit Port-Royal, das der Erzbischof entgegen seinem Versprechen mit Triumph veröffentlicht. Doch: An der Übereinstimmung seines persönlichen Glaubens mit dem (nun gegen ihn definierten) Glauben der Kirche hatte Pascal festhalten wollen. Aber wie – ohne Aufgabe seines persönlichen Glaubens – ein Zeichen der Unterwerfung unter den offiziellen Glauben der Kirche geben? Pascal stirbt in der Überzeugung, ein treuer Katholik zu sein, erst 39 Jahre alt, am 9. August 1662, neun Monate nach Port-Royals Unterschrift unter die Verurteilung von Port-Royal. »Möge Gott mich nie verlassen«, waren seine letzten Worte.

4. Spuren des Atheismus

Angesichts des Lebens- und Leidensweges von Pascal, dem die Fragen, die an Descartes zu stellen waren, zu grausamen Schicksalsfragen geworden sind, könnte man ein wenig zögern, auch an ihn direkt kritische Fragen zu richten. Aber da hier nicht über Pascal geurteilt, sondern die neuzeitliche Problematik von Vernunft und Glauben geklärt werden soll und da diese kritischen Fragen nicht nur an ihn, sondern indirekt auch an die ganze augustinisch-reformatorische Tradition zu richten sind, dürfen wir uns davon nicht dispensieren. So wenig wie bei Descartes kann es sich bei Pascal um eine allgemeine Kritik seiner Philosophie handeln. Und noch weniger als bei Descartes lassen sich bei Pascal philosophische und theologische Fragen säuberlich trennen. Aber ebenso wie bei Descartes wird sich auch bei Pascal zeigen, wie sehr sich diese Fragen in oft nur leicht verwandelter Form bis heute durchgehalten haben; es sind also nicht primär historische, sondern höchst aktuelle Fragen. Wir finden hier nicht zuletzt die Spuren, die schon vor der Französischen Revolution zu heutigen Formen des Atheismus führen: zum humanistischen, politischen und wissenschaftlichen Atheismus. Wir beginnen wie bei Descartes mit Fragen, die für den oberflächlichen Betrachter wenig mit der Problematik Vernunft–Glaube und der Gottesfrage zu tun haben und die doch für die heutige Entscheidung Gottesglaube oder Atheismus von allergrößter Bedeutung sind.

Fragen der Moral: humanistischer Atheismus?

Man hat Pascals letzte Jahre seine größten genannt: die Zeit der »Pensées«, die mehr als alles andere seinen Weltruhm begründeten; die Zeit des leidenschaftlichen Kämpfers in gebrechlicher Gestalt, der ohne Stock nicht mehr gehen und Reisen kaum noch vertragen konnte; die Zeit der schonungslosen Hingabe eines »Moralisten«, der sich in diesem Jahrhundert nicht mit moralischen Betrachtungen in der Art von La Rochefoucaulds Maximen, La Bruyères Sittenbildern oder La Fontaines Fabeln begnügte und sich erst recht nicht jene Diskrepanz zwischen Lehre und Leben gestattete wie im folgenden Jahrhundert Rousseau, sondern der seine »Moral« radikal zu leben versuchte. Das Allerbanalste wäre es, dieses ungewöhnliche, wahrhaft »abnormale« Leben einfach aus seiner Krankheit heraus zu erklären und – da ja, Shakespeare zufolge, Genie und Wahnsinn überhaupt nahe verwandt sind – der Herausforderung von Pascals Pathos mit der Ausrede »pathologisch« zu begegnen. Was immer auch an Psychopathischem mitgespielt haben mag: Pascal war in allen Dingen bis zuletzt ein hellsichtiger, sehr nüchterner Analytiker und als solcher jederzeit ernstzunehmen.

Aber nun doch die *Fragen:* Zeigt Pascal nicht schon in seiner ersten Hinwendung zur Innerlichkeit (»erste Bekehrung«) die rigoristische Unduldsamkeit eines Neubekehrten gegen jenen Ex-Kapuziner Forton, Sieur de Saint-Ange: der ihm zu viel eine Allianz des Glaubens mit dem vernünftigen Denken und zu wenig Gottes Gnade propagiert und den er, nach persönlicher Aussprache mit ihm, beim Bischof denunziert und so lange nicht lokker läßt, bis Widerruf geleistet wird – ein tragisches Vorspiel für das, was Pascal an Inquisition am eigenen Leib erfahren sollte? Erkennt man so an ihm nicht schon früh Zeichen jenes von den Jansenisten genährten Hochmuts, zu den »Erwählten«, »Erleuchteten« zu gehören?

Und zeigt Pascal nach seiner »zweiten Bekehrung« nicht eine äußerst rigorose asketische Selbstquälerei, einen sinnenfeindlichen Spiritualismus? Ist seine Vorstellung von strenger Entsagung und Demütigung des Menschen vor Gott nicht mehr von Saint-Cyran und Jansenius geprägt als vom

Evangelium? Spielt nicht vielleicht auch einfach das Taedium vitae, der Lebensekel, eine alte Intellektuellen- und Aristokratenkrankheit, mit, die man – auf Pascals Spuren – auch in Jean-Paul Sartres Analysen der Langeweile (»ennui«) und des Ekels (»nausée«) wiederfindet? Muß man, um vor Gott vollkommen zu sein, auf alle Annehmlichkeiten verzichten, den Körper vernachlässigen, gar schmutzig sein, wogegen schon Jacqueline Pascal energisch Einwände anmeldete? Muß man, um Jesus Christus nachzufolgen, statt die Leiden des Alltags als Kreuz zu tragen, sich außerordentliche Leiden – nach dem Vorbild alter Wüstenmönche und Büßer – auferlegen? Muß man sich Überflüssiges, wie Bilder, Wandbehänge, Lieblingsspeisen, versagen und gräßlich bittere Medikamente köstlich finden, heimlich einen Stachelgürtel auf bloßem Leibe tragen und ihn bei Gedanken des Stolzes oder weltlicher Freude in die Haut pressen? Muß man auch harmlose Freundschaften ablehnen, selbst gegenüber der Liebe der Schwester Distanz halten, weil man sich nicht an Menschen binden soll? Muß man Selbsterniedrigung statt als Dienst am Mitmenschen als Selbstzerstörung begreifen? Muß man Dienstboten entlassen, das Zimmer selbst besorgen und notwendige Krankenpflege ablehnen, nur weil Arme sie auch nicht haben? Kurz: muß man sein eigenes Ich hassen, um Gott von Herzen zu lieben? Führt der christliche Weg zu Gott nicht eher über die Zuwendung zum Du statt über die Vernichtung des Ich: die Nächstenliebe (nach dem Maß der Eigenliebe!) als Erfüllung der Gottesliebe?

Zeigt sich so nicht gerade am Ende auch eine gewisse Widersprüchlichkeit, wie immer dann, wenn man in einer völlig verschiedenen Welt und Zeit die Forderungen Jesu anachronistisch-buchstäblich zu erfüllen trachtet? Imitation statt Korrelation: kopierend-nachahmend statt in einer neuen Zeit und Situation eigenständig nachfolgend? Gerade in bezug auf die drei traditionellen »evangelischen Räte« Armut, Gehorsam, Ehelosigkeit: Wie verhält es sich, wenn man Pferde, Karosse, Gobelins, Silber und kostbare Möbel verkauft und doch das Haus behält, vielleicht behalten muß? Wenn man vor der Familie flüchtet, um ganz einfach zu leben, und doch immer wieder notgedrungen ihre Hilfe in Anspruch nimmt? Wenn man dem Beichtvater Gehorsam gelobt, ihn dem Papst aber – aus Gewissensgehorsam gegenüber Gott! – nicht leisten kann? Wenn man freiwillig auf die Ehe verzichtet, sie aber dann – wie im Fall von Pascals Nichte, Pensionärin in Port-Royal – auch anderen verbieten will, sie als die gefährlichste und niedrigste aller christlichen Lebensformen bezeichnet und dabei so prüde wird, daß man nicht einmal mehr das Lob einer schönen Frau hören oder die Liebkosung von Kindern ansehen kann?

Es geht uns mit unseren Fragen *nicht um die Person, sondern um die Sache*: Das alles – in Pascals Leben belegt – soll ja selbstverständlich kein Urteil über sein persönliches Gewissen und seine persönliche Haltung sein. Das steht niemandem zu, besonders nicht angesichts der unbeschreiblichen Not dieses Leidens eines an Leib und Seele hochempfindsamen Menschen, der seit seinem 24. Lebensjahr (der zweite gesundheitliche Zusammenbruch ereignete sich wenige Monate vor Descartes' Besuch) zu keiner regelmäßigen Arbeit mehr fähig war und der trotzdem – ohne je den »ewigen Patienten« oder gar den »malade imaginaire« à la Molière zu spielen – in Wissenschaft und Gesellschaft präsent und aktiv blieb, bis er schließlich, schon lange den Todeskeim in sich tragend, durch geistige Anstrengung und körperliche Askese völlig geschwächt, dahinstarb.

Askese statt Liebe? Von Pascals Person abgesehen, muß doch um der Sache willen grundsätzlich zur notwendigen Unterscheidung des Christlichen gesagt werden: Diese Art äußerer »Askese« (»Übung« der Entsagung, Abtötung, Selbstverleugnung) auf Kosten des Menschlichen und Mitmenschlichen hat in der Neuzeit zweifellos vielen humanistisch Gesinnten – wie es sich im Zusammenhang mit Feuerbach und Nietzsche noch deutlicher zeigen wird – Gottesglauben und Christentum gründlich vergrämt: Schien doch Gott nur auf Kosten des Menschen, Christsein nur auf Kosten des Menschseins möglich zu sein. Die Heraufkunft eines *humanistischen Atheismus* wurde so vorbereitet! Phänomene, wie sie sich nicht nur bei den Jansenisten (den weltflüchtigen »katholischen Puritanern«) finden, sondern in anderer Form auch bei den (freilich meist keineswegs weltflüchtigen) protestantischen Puritanern und Pietisten mit ihrem Erwählungsglauben, Bekehrungseifer und ihrer Abwertung von Leiblichkeit und Sexualität, weltlicher Freude, Vergnügung, Theater. Gegen alle diese Tendenzen muß gesagt sein: Äußere Askese oder Selbstverleugnung durch spezielle Leistungen hat zwar viele Vorbilder, selbst in nichtchristlichen Religionen. Aber mit Leben und Lehren Jesu von Nazarets, der für Christen der Christus, die Norm, der Maßgebende, sein soll, hat sie kaum etwas zu tun[116].

Fragen der Politik: politischer Atheismus?

Pascal hat, das darf nicht übersehen werden, gerade in seiner letzten Lebensperiode in außerordentlicher Weise Nächstenliebe geübt, meist anonyme Werke christlicher Caritas: täglicher Dienst an den Armen. Wir hörten, daß er eine arme Familie in sein Haus aufnahm, auch half er einem beim Almosenbetteln aufgelesenen fünfzehnjährigen Landmädchen weiter, gab ständig Geld für die Armen und Hungernden und ging dabei (nach Verkauf so vielen Inventars) bis an die Grenzen des finanziell Tragbaren.

Und doch auch hier *Fragen:* Hätte nicht schon der junge Pascal beim ungeheuren Steuerdruck Richelieus, der auch in Rouen zu einem großen und blutig niedergeschlagenen Aufstand führte, gesellschaftlich Wirksameres tun können, als dem dorthin als Steuerkommissar entsandten Vater eine

Rechenmaschine zu konstruieren? Hätte er sich unter der Diktatur von Richelieus Nachfolger, Kardinal Mazarin, nicht besser der Revolte, der »Fronde« gegen die Pariser Zentralgewalt angeschlossen, wofür Pascal, den Bürgerkrieg als größtes aller Übel verabscheuend, nun freilich überhaupt keine Sympathie hatte?

Doch: kannte dieser in den herrschenden Kreisen verkehrende Intellektuelle überhaupt die soziale und politische Problematik der Beherrschten in diesem nach außen so glanzvollen Frankreich von Louis XIII und XIV? Scheint er nicht in einer recht heilen Welt zu leben? Hätte er sonst nicht ganz anders von der doch nicht nur individuellen, sondern sozialen »misère« des Menschen, der Menschen, sprechen müssen, die den Zündstoff lieferte für die große Explosion ein Jahrhundert später: nicht nur von der Niedrigkeit des Menschen, sondern von seiner Erniedrigung, Versklavung, Verelendung? Hätte er in diesen dreißig, vierzig Jahren unablässiger Kriege – Religionskriege, Steuerkriege, Bauernkriege, Kabinettskriege – im Namen einer absolutgesetzten, aber sehr bestimmten Interessen dienenden, brutalen Staatsraison nicht ganz anders protestieren und gegen die mißverstandene »grandeur« der Nation für Frieden nach außen und innen plädieren müssen? Hätte er, der es für gefährlich ansah, dem Volk zu sagen, daß die Gesetze ungerecht sind, nicht, statt nur allgemein über Recht und Gesetze zu sprechen, deutlich Roß und Reiter, die Namen der Herrschsüchtig-Eigensüchtigen, nennen müssen? Fand er – unter dem Einfluß der individualistischen, verinnerlichten jansenistischen Frömmigkeit – nicht allzu einfach die Lösung im Glauben? Befaßte er sich nicht auch nach seiner Wende nur mit allgemeinen Fragen der Glaubenspraxis und einer sozial irrelevanten Nächstenliebe statt mit politischer Aufklärung und Aktion? Das sind Fragen, die auch Nichtmarxisten stellen dürfen und sollen.

Aber auch hier geht es *nicht um die Person, sondern um die Sache*: Man sollte nicht aus einer unhistorischen Perspektive heraus Pascal richten wollen. Es war nicht nur lebensgefährlich, sondern faktisch unmöglich, unter der Diktatur Richelieus, Mazarins und schließlich Ludwigs XIV., die alle mit Hilfe von Bespitzelungen und überraschenden Verhaftungen jegliche Opposition sofort ausschalteten, öffentlich die Namen derer zu nennen, die im übrigen nur zu gut bekannt waren. Selbst Saint-Cyran, früher ein Freund Richelieus, war, weil angeblich gefährlicher als sechs Armeen, schon längst vor den großen theologischen Auseinandersetzungen vom selben Richelieu verhaftet und erst fünf Jahre später, nach Richelieus Tod, wieder freigelassen worden. Für sozialrevolutionäre Tätigkeit großen Stiles – und nicht nur politische Komplotte und begrenzte Aufstände in der Provinz – war das 17. Jahrhundert nun doch noch nicht so reif wie das 18. Und sich in die (letzte) »Fronde« der großen Adelsfamilien gegen das absolutistische Königtum einzureihen hieß nur, die eine Herrschaft durch die andere ersetzen und den Kardinal Mazarin auszutauschen gegen den Kardinal de Retz, der es mit jenem an Machtgier, Skrupellosigkeit, Verschlagenheit durchaus aufnehmen konnte. Beide stammten übrigens aus dem Land Macchiavellis, wo die Renaissance jene – sich in Frankreich mit dem Absolutismus Richelieus durchsetzende – Politik jenseits von Religion und Moral unter dem alleinigen Gesichtspunkt des Erfolgskalküls heraufgeführt hatte.

Ob Pascal diese Zusammenhänge und vor allem den ständigen politischen Mißbrauch der Religion für nackte Machtinteressen durchschaute? Er lebte gewiß nicht isoliert, nicht so unpolitisch, wie es dem oberflächlichen Leser seiner Gedanken scheinen möchte. Verschiedene »Pensées« über Gesetze und Macht lassen deutlich erkennen, daß er mehr dachte, als er sagen konnte. Nach ihm gründet die Macht der Könige auf der Vernunft, noch mehr aber auf der Torheit des Volkes: So hat die größte und wichtigste Sache der Welt die Schwäche zum Fundament, kann aber trotzdem erstaunlich sicher sein, weil nichts so sicher ist wie dies, daß das Volk schwach sein werde[117]. Gerade im letzteren freilich hat Pascal sich getäuscht.

Nächstenliebe statt politisches Engagement? Wiederum abgesehen von der Person Pascals wird man um der Sache willen ganz allgemein feststellen müssen: Das Versagen insbesondere der katholischen Kirche vor den sozialpolitischen Problemen, denen man bestenfalls mit frommen Worten, Almosen und individueller Caritas begegnete, hat den Gottesglauben schon früh ernsthaft diskreditiert. Sowohl die sozialen Implikationen der Verkündigung, des Verhaltens und des Geschicks Jesu wie auch die sozialethische Potenz und gesellschaftliche Relevanz der christlichen Botschaft überhaupt wurden völlig vernachlässigt[118]. Die Verbindung des spiritualisierten, individualisierten Gottesglaubens mit den erdrückenden politischen Ansprüchen des fürstlichen Absolutismus machte diesen Glauben dem aufstrebenden Bürgertum gerade Frankreichs zunehmend unglaubwürdig. Mehr als in anderen Ländern erhielt hier die Aufklärung – gründend in der Vor-Aufklärung der durch Orienthandel reichgewordenen, frühkapitalistischen oberitalienischen Renaissancestädte – ein zugleich politisches wie extrem antireligiöses Gefälle. Man war gegen den Gottesglauben, weil er den von Gottes Gnaden herrschenden Fürsten, Kardinälen, Bischöfen, Priestern als Mittel diente, die Ausbreitung des »Lichtes der Vernunft« zu verhindern und das Volk in Unmündigkeit und Unfreiheit zu halten. Nachdem Kirchen und Klerus sich zur Hauptstütze des unsozialen, korrupten und bankrotten Ancien Régime entwickelt hatten, war der Ruf der Jakobiner »Die Priester an die Laterne!« – nach dem äußerlich frommen französischen »Jahrhundert der Heiligen«! – nur bedingt erstaunlich. Zum ersten Mal in der Weltgeschichte war der Atheismus zu einem politischen Programm geworden! Und ziemlich genau 130 Jahre nach Pascals Tod, am 10. November 1793, wird der christliche Gott von der Partei der Hébertisten in Notre-Dame zu Paris abgesetzt und die atheistische Vernunft als Gegengöttin proklamiert, die christliche Zeitrechnung abgeschafft und der mit dem Jahre 1792 beginnende Revolutionskalender eingeführt. Dieser verschwand freilich wieder, nicht aber verschwand der *politische Atheismus*, der sich in neuen Gestalten wiederfand: nicht mehr nur bürgerlich-liberal, sondern auch proletarisch-sozialistisch. Er wird uns vor allem im Zusammenhang mit Karl Marx weiter beschäftigen müssen.

Fragen der Wissenschaft: wissenschaftlicher Atheismus?

Zu Recht hat Pascal gegenüber Descartes das Problem der gedanklichen Gewißheit auf das sehr viel grundlegendere Problem der existentiellen Ungesichertheit, Zwiespältigkeit, Bedrohtheit ausgeweitet: nicht nur gedankliche Gewißheit, existentielle Gesichertheit sucht der Mensch. Und die Lösung hat Pascal gegenüber dem rein mathematisch rationalen Erkennen in der Dimension des intuitiv-ganzheitlichen Erfühlens, des »sentiments«, des »Feingefühls«, des »Herzens« gesehen. Seinen archimedischen Punkt fand er zwischen Dogmatismus und Skeptizismus im Glauben an den biblischen Gott, der sich vor der Vernunft in seiner Glaubwürdigkeit verantworten kann: eine existentielle Selbstgewißheit, die in einer existentiellen Gottesgewißheit gründet. Der Mensch soll also im Glauben denken und im Denken glauben.

Aber auch hier stellen sich schließlich *Fragen:* Muß man die mathematisch-naturwissenschaftlichen Erkenntnisse der Vernunft abwerten, um den Glauben des Herzens aufzuwerten? War es eigentlich richtig, daß Pascal, der als Wunderkind spielend mit der Wissenschaft umging, diese Wissenschaft dann, älter geworden, vernachlässigte, beinahe wie ein Spielzeug, für das man zu alt geworden ist? War es richtig, daß er, an der Schwelle größter wissenschaftlicher Entdeckungen, jetzt »nicht zu tief in die Wissenschaft eindringen« wollte? Oder muß man das Forschen in den Geheimnissen der Natur aufgeben, um den göttlichen Geheimnissen auf die Spur zu kommen? Darf auf die Mathematik bestenfalls – so tut es Pascal am Ende – wie auf ein notwendiges Übel (ähnlich der sexuellen Lust) zurückgegriffen werden, etwa als schmerzstillendes Mittel bei unkurierbaren Zahnschmerzen? Hat nicht, wie Descartes meint, Gott selbst dem Menschen die Vernunft gegeben, die Fähigkeit zu denken, zu forschen, zu entdecken in Mikro- und Makrokosmos, eben auch für Rechenmaschinen und Luftdruckversuche? Muß man also der Wissenschaft wirklich absagen, um sich dem Dienste Gottes zu widmen? Muß man aufhören, »Philosoph und Gelehrter« zu sein, um wahrhaft an Gott zu glauben, um Christ zu sein?

Hat Pascal in der Praxis seiner letzten Jahre nicht immer mehr die Vernunft vom Glauben überwältigen lassen? Nur noch die Nichtigkeit des

Menschen und die Beschränktheit der Vernunft betonend und die Wahrheit der ihm allein noch verbliebenen Autorität des Glaubens bekennend? Ist die christliche Offenbarung faktisch also einzige Quelle von Wahrheit und Gewißheit, wie es dann Kierkegaard verschärft und Karl Barth grundsätzlich-dogmatisch durchzudenken versucht hat? Aufs ganze also eine Abwertung der menschlichen Vernunft, auch der menschlichen Freiheit, ja des Menschen selbst, die weder vor dem Schöpfer noch vor seinem Geschöpf vertreten werden kann? Im Zeitalter des Absolutismus also ein neuer Absolutismus des Glaubens? Und damit eine Vernunft, die selbst abdankt? Ein Denken, das sich selbst aufgibt? Ein Verzicht auf Philosophie als legitimes Ende aller Philosophie? »Sich lustigmachen über die Philosophie, das heißt wahrhaft philosophieren«[119]?

Und ist nun mit dieser Abwertung von Vernunft und Philosophie nicht eine folgenschwere Abwertung des philosophischen Gottesverständnisses gegeben, das weder der Philosophie- und Religionsgeschichte noch dem biblischen Glauben gerecht werden kann? Trennt Pascal nicht den Gott der Philosophen und Gelehrten so vom Gott Jesu Christi, daß er an jenem überhaupt keine Wahrheit mehr finden konnte? Warum sollte nicht schon der Gott der Philosophen dem Menschen etwas über seine Größe und sein Elend sagen können? Kommt man ohne gedankliche Reflexion des biblischen Gottesbildes nicht zu einem anthropomorph-naiven, für den modern denkenden Menschen unzumutbaren Gottesglauben? Führt das nicht – wie bei Pascal besonders seit der sensationellen Wunderheilung seiner Nichte in Port-Royal durch einen angeblichen Dorn aus der Dornenkrone – zu einem massiven Wunder-, Reliquien- und Prophezeiungsglauben, wie er schon damals in Zweifel gezogen wurde und wie er heute von keinem ernsthaften Bibelwissenschaftler mehr vertreten wird? Warum sollte es eigentlich nicht möglich sein, einen Weg ohne faulen Kompromiß zu finden: zwischen dieser gewaltsamen Trennung des philosophischen und des christlichen Gottesverständnisses, die Pascal (und dann auch Kierkegaard und Barth) auf augustinischer Linie vornimmt, und jener Harmonisierung, die Descartes (und mit ihm Barockscholastik und Neuscholastik) auf thomistischer Linie betreiben? Sollte also die Philosophie für den Glauben nicht auch anderes bedeuten können als nur Abfall vom Glauben oder Hindernis für den Glauben? Und der Glaube nicht auch anderes als nur ein Disqualifizieren der Vernunft und Abschaffen der Philosophie? Sollten schließlich nicht auch die Religionen der Welt positiver gewertet werden können, als dies bei Pascal, Kierkegaard oder Karl Barth geschieht, und zugleich kritischer, als dies im Thomismus und Neuthomismus zu geschehen pflegt?

Und fragt man nun schließlich nach dem theologischen Untergrund dieser Abwertung von Vernunft, Freiheit, Philosophie und Wissenschaft, dann stößt man auf die generelle Diffamierung des Wissenwollens (libido sciendi), das mit dem fleischlichen Genießenwollen (libido sentiendi) und Herrschenwollen (libido dominandi) drei Gestalten der unwiderstehbaren bösen Lust oder Begierde (Konkupiszenz) bei Augustin und Jansenius bildet. Man trifft hier auf jene theologische Interpretation des Menschen zwischen Adam und Christus, die drei scharf unterschiedene Stadien, Stände oder Naturen des Menschen annimmt, wie sie schon im Titel des »Augustinus« bezeichnet sind: Zuerst die heile, »unschuldige Natur« Adams vor der Ursünde, die notwendig mit der Gnade Gottes ausgestattet sein muß. Dann die verdorbene, »gefallene Natur« nach Adams Ursünde, unterworfen jener dreifachen Konkupiszenz. Schließlich die erlöste, »geläuterte Natur«, geheilt durch die unfehlbar wirksame Gnade, die aber nur den Auserwählten geschenkt wird und die die anderen – selbst die ungetauft gestorbenen Kinder – in der ewigen Verdammung beläßt: Der Heiden Tugenden sind glanzvolle Laster; die nicht erlöste Menschheit ist eine »massa damnata«.

Man wird zumindest heute sehr deutlich fragen müssen: Ist diese ganze Auffassung vom Menschen nicht verbunden mit einem Begriff von Paradies und Erbsünde, von einem Goldenen Zeitalter und einem mythologischen Sündenfall, wie es dies historisch – aus heutiger Sicht der biblischen wie der naturwissenschaftlichen Urgeschichte – nie gegeben hat? Die Welt von Anfang an in einer vollkommenen, unveränderlichen, statischen paradiesischen Ordnung, und das erste (und einzige) Menschenpaar von Gott direkt erschaffen mit grandiosen natürlichen, außernatürlichen und übernatürlichen Gaben? Eine Art Übermensch, frei von Begierlichkeit, Leiden und Sterblichkeit, mit von Gott eingegossenem hohem Wissen und der heiligmachenden Gnade nicht bloß für sich, sondern auch für die Nachkommen? Und dann diese ganze schöne anfängliche Ordnung durch einen Sündenfall dieses einen Menschenpaares zerstört, und der Mensch von da an aller außernatürlichen und übernatürlichen Gaben beraubt? Eine Ur-Sünde, die allen Menschen als Erb-Sünde durch die geschlechtliche Libido vermittelt wird und für alle eine Schwächung, wenn nicht Verderbnis der menschlichen Natur, Vernunft und Freiheit zur Folge haben soll? Die Naturwissenschaft konstatiert bezüglich Entstehung und Entwicklung von Welt und Mensch das klare Gegenteil von einem solchen vollkommenen Urzustand von Welt und Mensch: daß es im wissenschaftlichen Weltverständnis für eine Paradies- und Sündenfallgeschichte eines einzigen Menschenpaares, wenn sie historisierend statt grundsätzlich verstanden wird, gar keinen Platz mehr gibt.

Wird in einer solchen Theologie nicht auch das Auftreten Jesu Christi zu sehr von dieser anfänglich vollkommenen, dann zerstörten und von ihm wieder herzustellenden Ordnung her interpretiert: der im früheren Weltbild durchaus verständliche Abstieg eines Gottessohnes aus dem Himmel auf die Erde und sogar in die Unterwelt und dann wieder die Fahrt hinauf in denselben Himmel? Und zusammen mit dieser Christologie eine Anthropologie, die in allen drei Stadien oder Ständen mit einer dinghaft-unpersönlich verstandenen »geschaffenen Gnade« verbunden ist, die entgegen allem biblischen Gnadenverständnis vom gnädigen Wohlwollen Gottes losgelöst und verselbständigt wird: Gnade – mehr stoisch denn christlich – verstanden als »Kraft«, fast als übernatürlicher Kraftstoff?

Alles dies, das wird man sagen müssen, ist schwer belastendes traditionelles und insbesondere augustinisches Erbe, das Pascal über den Jansenismus aufgenommen hat, das sich aber auch bei den Reformatoren und bei den auf die augustinisch-reformatorische Tradition pochenden protestantischen Theologen findet. Ein Befund, der es in jedem Fall unmöglich macht, Thomas nun einfach durch Augustin, die spanische Barockscholastik durch Luther oder Calvin, das Vatikanum I durch Kierkegaard oder Barth zu ersetzen!

Auch hier geht es *nicht um die Person, sondern um die Sache*: Man wird gewiß Pascals Auffassungen nicht in allen Punkten mit denen des Jansenius und Port-Royals identifizieren dürfen: In den »Lettres Provinciales« hat er doch wohl nicht nur aus taktischen Gründen dagegen Einspruch erhoben, als Jansenist betrachtet zu werden. Manche Pascal-Interpreten zweifeln auch, ob insbesondere die beiden letzten Kapitel der Brunschvicq-Ausgabe (»Über die Wunder« und »Über den Streit der Meinungen innerhalb der Kirche«) in das große Werk »Über die Wahrheit der christlichen Religion« aufgenommen werden sollten; sie sind vielleicht einfach Material für weitere Schriften gegen die Jesuiten, wobei manches von Saint-Cyran und Nicole übernommen sein kann. Die Natur der Fragmente macht eine Sichtung und Entscheidung über Pascals ureigene theologische Auffassungen schwierig. Auch wird man auf keinen Fall den ganzen Pascal mit Wissenschaftsfeindlichkeit identifizieren können: Als er schon früh mit Jansenisten in Kontakt gekommen war, hat er deren Ablehnung der Wissenschaft gerade nicht übernommen. Und er hat sie auch bis zum Ende nie konsequent durchhalten können. Ging es nur um Rückfälle? In seinen letzten Jahren hat er noch ein Buch für den Geometrie-Unterricht in Port-Royal verfaßt. Richtiger wird man vermutlich sagen: Bis zu seinem Ende lebte er in einem unausgestandenen inneren Konflikt zwischen Wissenschaft und Religion, Forschergeist und Gottesliebe.

Religion statt Wissenschaft? Ganz abgesehen von Pascals Person muß aber auch hier um der Sache willen grundsätzlich gesagt werden: Diese Art von Vernunft-, Philosophie- und Wissenschaftsfeindlichkeit ist keineswegs vom christlichen Glauben gefordert. Im Gegenteil: sie hat den christlichen Gottesglauben in der Neuzeit aufs schwerste kompromittiert.

Hätte man die neue Naturwissenschaft und Philosophie nicht mit Berufung auf die Autorität Gottes, der Bibel, der Kirche, des Papstes apologetisch-defensiv und meist auch inquisitorisch-offensiv abgewehrt, um gleichwohl doch in unaufhörlichen Rückzugsgefechten ständig weiter zurückzuweichen; hätte man auch nicht den Glauben verabsolutiert, isoliert und scheinbar immunisiert, um ihn damit immer mehr der weltfernen Innerlichkeit auszuliefern: wäre es dann nicht ähnlich wie im Hochmittelalter möglich gewesen, vom christlichen Glauben her – wie es Kopernikus, Kepler, Galilei, Mersenne, Descartes und andere hofften – Impulse und Ergebnisse der neuen Wissenschaft rechtzeitig aufzunehmen, umfassend zu deuten und, wo nötig, zu kritisieren und zu relativieren? Alles um eines vertieften, umfassenden Verständnisses der Naturwissenschaft *und* des christlichen Glaubens willen? Mußte denn die unerhörte Weltbemächtigung der neuzeitlichen Wissenschaft und Technik die Leugnung der Existenz Gottes notwendig zur Folge haben? Nur weil die Naturwissenschaft Gott nicht wie andere Objekte konstatieren, analysieren, schließlich manipulieren und doch zugleich ohne ihn glänzend funktionieren kann?

Voraussetzung freilich wäre ein neues, von den astronomisch-physikalischen und immer mehr auch biologisch-medizinischen Entdeckungen her kritisches Bibelverständnis gewesen. Eine nüchterne literarische Bibelkritik hätte dazu verhelfen können. In Paris hatte ein weithin unbekannter Zeitgenosse Pascals und Descartes', der im Todesjahr Pascals als junger Kleriker ins Oratorium eintretende Richard Simon (1638–1712), längst vor Reimarus und Lessing die moderne Bibelkritik begründet: Als erster christlicher Autor entdeckte er, vom »Theologisch-politischen Traktat« [120] des jüdischen Philosophen Baruch de Spinoza (1632–1677) und einem Pariser Rabbiner lernend, ein Zusammengesetztsein des Pentateuchs (jener immer wieder den Konflikt mit den Naturwissenschaften provozierenden »fünf Bücher Moses«) aus verschiedenen literarischen Quellen und versuchte, die Schlußfolgerungen seiner kritischen Exegese mit dem Dogma in Übereinstimmung zu bringen. Pascal hielt die Bibel noch für ein verschlüsseltes Buch voller Symbole, Sinnbilder und Rätsel, die alle durch die schon von Origenes und Augustin, den alten und den mittelalterlichen Theologen und auch noch von Jansenius geübte allegorische Methode entschlüsselt werden müssen. Simon aber hielt nichts von dieser bereits durch vorchristliche Rabbiner und besonders durch Philon von Alexandrien praktizierten Methode, die die Texte unhistorisch spiritualisierend uminterpretierte. Er studierte eifrig die hebräische Sprache und bemühte sich intensiv um das Verständnis der einzelnen Texte, die für die biblischen Zeitgenossen doch keineswegs verschlüsselt, sondern verständlich waren. Er ahnte auch die Anonymität und Pseudonymität zahlreicher alttestamentlicher Bücher, die Bedeutung der Interpolationen und die Verschiedenheit der Stilarten. Aber als er anderthalb Jahrzehnte nach Pascals Tod seine »Kritische Geschichte des Alten Testaments« [121] veröffentlichte, wurde er schwer angefeindet, vor allem vom mächtigen Kanzelredner und Bischof von Meaux, Jacques Benigne Bossuet, dem so einflußreichen Theologen unter Ludwig XIV. und späteren Verfasser der antirömischen Gallikanischen Artikel der Kirche Frankreichs. Wieder einmal wurde das Problem autoritär-inquisitorisch »gelöst«: Noch im selben Jahr wurde Simons Buch unterdrückt und er selber aus dem Oratorium ausgestoßen. Simon arbeitete bis zum Tod unermüdlich weiter, veröffentlichte sein unterdrücktes Werk und alle folgenden im häretischen Amsterdam[122], fand aber im katholischen Raum keinen Nachfolger.

Wie groß die keineswegs rein hypothetischen Möglichkeiten des Christentums im Verhältnis zur modernen Naturwissenschaft waren, zeigt folgende Tatsache: Sowohl Descartes und Pascal, wie auch Kopernikus, Kepler, Galilei und Newton, die führenden Vertreter der neuen mathematisch-mechanischen Naturwissenschaft, waren nicht nur Gottgläubige, sondern bekennende Christen. Und selbst noch Voltaire, der Newtons Weltbild auf dem Kontinent popularisierte, ebenso wie d'Alembert und Diderot mit ihrer »Enzyklopädie« – dem großen Werk der französischen Aufklärung – propagierten die neue mechanistische Weltschau nicht als Atheisten, sondern als Deisten, die an einen freilich sehr fernen Schöpfer und Lenker dieser Weltmaschine glaubten. Doch erwies sich nicht nur die antik-mittelalterliche Vorstellung von einem Gott *über* der Welt, sondern auch die neuere aufgeklärte von einem Gott *außerhalb* der Welt als ungenügend. Dieser von der Theologie nicht aufgefangene Deismus, der Gott physikalisch noch, wie bei Newton, zur Korrektur der Planetenbahnstörungen benötigte, entwickelte sich nun konsequent zu einem *wissenschaftlichen Atheismus*, der Gott weder physikalisch für die Welterklärung noch auch moralisch für die Lebensführung brauchte.

Der Dualismus Descartes' zwischen Geist und Materie, zwischen weltüberlegenem Gott und Weltmaschine, der eine rein mathematisch-mechanistische Naturwissenschaft ermöglichte, hatte, wie schon bemerkt, die Aufspaltung der Philosophie in Idealismus und Materialismus zur Folge. Doch beide Seiten befriedigte dieser Dualismus auf die Dauer nicht: die Welt sollte aus einem einheitlichen Prinzip erklärt werden. Und während man auf der kartesianischen Rechten versuchte, alles einheitlich aus der ewigen göttlichen Idee zu erklären (die verschiedenen Idealismen von Malebranche und Spinoza bis Schelling und Hegel), so deutete man auf der kartesianischen Linken immer mehr alles von der »göttlichen« ewigen Materie her: davon zeugen die verschiedenen Materialismen, die jetzt einsetzen.

Das Wort »*Materialismus*« wird ein Jahr vor Pascals Tod vom englischen Begründer der wissenschaftlichen Chemie, Robert Boyle, der die Vier-Elemente-Lehre des Aristoteles angriff und zerstörte, den christlichen Glauben aber gegen den Atheismus verteidigte[123], zum ersten Mal verwendet und in den folgenden Jahrzehnten allgemein gebräuchlich. Doch erst im folgenden Jahrhundert – vorbereitet durch die lange Tradition des französisch-englischen Freidenkertums von Jean Bodin, Herbert von Cherbury, Anthony Collins über Thomas Hobbes und Pierre Bayle bis zu Voltaire und den Enzyklopädisten – zog *J. A. Lamettrie* die Konsequenzen eines völlig atheistischen Materialismus. Hier wurde nun nicht mehr nur, wie von den Deisten, der Gott der Väter und Jesu Christi verworfen, sondern auch – gegen die Deisten – der Gott der Philosophen und Gelehrten: Lamettrie, wegen seines materialistischen Atheismus in Frankreich als Militärarzt entlassen, von Friedrich II. aber in Preußen akzeptiert und gar in die Berliner Akademie der Wissenschaften aufgenommen, tat in seinem, wiederum in Holland veröffentlichten, Hauptwerk über den »Menschen als Maschine« [124] nichts anderes, als Descartes' mechanistische Vorstellung der Tiere als komplexer Maschinen – gegen Descartes – konsequent auf den Menschen anzuwenden: Auch das menschliche Denken, ja die ganze menschliche Psyche, die ja doch völlig von körperlichen Vorgängen abhängig ist, muß aus dem Mechanismus des Nervensystems erklärt werden. So bleibt das Bewußtsein innerhalb des Seins und der Geist innerhalb der unendlichen Körperwelt nicht ein unbegreiflicher Rest, sondern wird vom Sein, vom Körperhaften, von der Materie her erklärt. Die Moral hat noch Sinn: als Kunst des Lebensgenusses. Die Religion aber wird im Zusammenhang mit der Hygiene gewogen und – zu leicht befunden: sie erweist sich für unser Wohlbefinden als unwichtig.

Die materialistisch-atheistische Linie setzte nach Lamettries Tod – der große Friedrich selber hatte die Gedenkrede verfaßt – der aus der Pfalz stammende, aber in Paris lebende Baron *P.-H. von Holbach* fort. Zwanzig Jahre vor der Großen Revolution veröffentlichte er unter einem Pseudonym die umfassende Dogmatik des materialistischen Atheismus: Sein »System der Natur oder die Gesetze der physischen und moralischen Welt« [125] erklärt Materie und Geist, Physik und Moral für identisch und die Religion für schädlich: Priester sind durch Ärzte zu ersetzen. Daß die Seele den Tod überlebe, ist so absurd wie die Möglichkeit, daß eine in tausend Stücke zerschlagene Uhr fortfahren könnte, zu schlagen und die Stunden zu zählen.

Der atheistische Materialismus hatte in der Argumentation den immensen Vorteil, daß ihn die mechanische Naturwissenschaft durch ihre Ergebnisse laufend zu bestätigen schien: Immer besser erkannte diese Wissenschaft die Materie und ihre unbegrenzten Möglichkeiten, immer überflüssiger wurde für sie Gott und der Glaube an ihn. Als schließlich *P. S. Laplace*, als »Newton Frankreichs« Newton vervollständigend, in seiner »Himmelsmechanik« [126] auch noch die Unregelmäßigkeiten in den Planetenbahnen (von Saturn und Jupiter) durch Eigenkorrekturen der Planeten zu erklären vermochte, zeigte sich der Rückgriff auf einen Weltenschöpfer und Weltenlenker auch von daher endgültig als unnötig. Mit Recht konnte Laplace bei der Übergabe seines ersten Bandes an Napoleon auf dessen Fragen nach Gott in dieser Schöpfung antworten: »Sire, ich hatte diese Hypothese nicht nötig.«

So erwies sich denn das ganze Sonnensystem als mechanisch stabil und das Weltall als eine immense, selbstgesteuerte, für unbeschränkte Zeit aus sich weiterbestehende Maschine. Und die Naturwissenschaft war – gegen alle Opposition von Kirche, Theologie, Staat, die ganze autoritätsgläubige Welt – definitiv als gottlose möglich geworden. In dieser Wissenschaft mußte, nein, konnte und durfte Gott keine Rolle mehr spielen, wenn ihre Methode sauber und exakt bleiben sollte. Was der großen politischen Revolution nur vorübergehend gelungen war, hat die mechanistische Wissenschaft, von keiner Behauptung des Glaubens aufgehalten, für sich erreicht: die Abschaffung Gottes! Religion ist von jetzt an keine wissenschaftliche, sondern nur noch eine private Angelegenheit. Und für viele hat Wissenschaft auch im Privaten die Religion ersetzt. Die Nachricht vom Tode Gottes in der Wissenschaft sollte die Masse der Gebildeten freilich erst ein paar Jahrzehnte später erreichen.

Doch bevor wir die Problematik nach der Französischen Revolution weiterverfolgen, drängt sich eine kleine Zwischenbilanz zum Problemkreis Vernunft–Glaube auf.

III. Gegen Rationalismus für Rationalität

Blickt der Beobachter zurück auf die dramatische Geschichte von Vernunft und Glaube in der Neuzeit, die zur Eliminierung Gottes aus Politik und Wissenschaft führte, so wird er sich eines zwiespältigen Eindrucks nicht entziehen können: Was in dieser Geschichte war »notwendig« und was nicht? Ist dieser Geschichtsprozeß zur faktischen Gottlosigkeit irreversibel, ein für allemal abgelaufen? Oder hat der Gottesglaube doch noch eine Zukunft: gerade unter Voraussetzung und Anerkennung des modernen Säkularisierungs- und Emanzipationsprozesses vielleicht eine neue Zukunft?

1. *Die wissenschaftstheoretische Diskussion*

Im letzten Teil dieses ersten Kapitels geht es nur um eine vorläufige Bilanz, gleichsam eine Flurbereinigung im Vorfeld von Vernunft und Glaube, von moderner Wissenschaft und Theologie. Wenn nicht alles täuscht, so scheint sich die wissenschaftstheoretische »Großwetterlage« in unserem Jahrhundert nach anfänglichen weiteren Verdüsterungen doch eher aufzuhellen. Jedenfalls finden sich, nachdem man einige extreme Möglichkeiten durchgeprobt hat, konkrete Anzeichen für eine Besinnung auf beiden Seiten und ein besseres Verstehen nicht zuletzt zwischen Theologie und Naturwissenschaft. Es lohnt sich, zunächst einen kurzen Blick auf die neuesten Entwicklungen in der Wissenschaftstheorie [1] zu werfen, um dann einige grundsätzliche Folgerungen zur neuzeitlichen Rationalität zu ziehen.

Das Empirische und das »Mystische«: Ludwig Wittgenstein

Zwischen den beiden Weltkriegen hatten führende Wissenschaftstheoretiker – kartesianischen Rationalismus und englischen Empirismus verbindend – die These verfochten: Nur Sätze der Mathematik und Logik sowie der empirischen Wissenschaften können sinnvolle Sätze sein; darüber hinausgehende Sätze der Philosophie und Theologie müssen von vornherein als unsinnig bezeichnet werden.

Das war zunächst die Auffassung jenes Wiener Industriellensohnes und begabten Aeronautik-Ingenieurs, der dann in Cambridge Mathematik studierte und sich mit Bertrand Russell befreundete: *Ludwig Wittgenstein* (1889–1951). Als Freiwilliger und Offizier im Ersten Weltkrieg war er in italienische Kriegsgefangenschaft geraten und hatte in dieser Zeit seinen genial-einseitigen »Tractatus logico-philosophicus«[2] vollendet. Der »ganze Sinn« dieser außerordentlich einflußreichen »logisch-philosophischen Abhandlung«, die eine Analyse der logischen Struktur der Sprache bieten will, läßt sich nach dem Vorwort des Autors in zwei Sätzen zusammenfassen.

Satz I: »Was sich überhaupt sagen läßt, läßt sich klar sagen[3].« Damit ist Wittgenstein auf dem rationalen Weg Descartes' zu klaren und deutlichen »Ideen« – oder besser »Sätzen«, »Aussagen«, »Worten« – weit über Descartes hinausgeschritten, der dem Glauben und der Theologie noch immer ihre eigenen, freilich nicht klaren und deutlichen »Ideen« gelassen hatte. Für den jungen Wittgenstein, der die Sprachkritik der englischen Empiristen mit dem mathematischen Logizismus Russells verbindet, wäre die »richtige Methode der Philosophie« eigentlich die: »Nichts zu sagen, als was sich sagen läßt, also Sätze der Naturwissenschaft – also etwas, was mit Philosophie nichts zu tun hat –, und dann immer, wenn ein anderer etwas Metaphysisches sagen wollte, ihm nachzuweisen, daß er gewissen Zeichen in seinen Sätzen keine Bedeutung gegeben hat«[4]. Sätze, die über Logik und Naturwissenschaft hinausgehen, sind demnach geradezu als unsinnig zu bezeichnen: »Die meisten Sätze und Fragen, welche über philosophische Dinge geschrieben worden sind, sind nicht falsch, sondern unsinnig[5].« Deshalb:

Satz II: »Wovon man nicht reden kann, darüber muß man schweigen[6].« Freilich wurde Wittgenstein oft mißverstanden, als ob nach ihm alles, was sich nicht sinnvoll mathematisch-naturwissenschaftlich aussprechen läßt, nicht existiert, absurd sei. Wittgensteins Meinung indessen ist: »Wir fühlen, daß selbst, wenn alle *möglichen* wissenschaftlichen Fragen beantwortet sind, unsere Lebensprobleme noch gar nicht berührt sind. Freilich bleibt dann eben keine Frage mehr; und eben dies ist die Antwort[7].« Was außerhalb der Grenzen der Sprache, was undenkbar und unsagbar ist, kann es doch geben: »Es gibt allerdings Unaussprechliches. Dies *zeigt* sich, es ist das Mystische[8].« Was ist damit gemeint?

Unaussprechlich ist die Welt in ihrem Dasein: »Nicht *wie* die Welt ist, ist das Mystische, sondern *daß* sie ist[9].«

Unaussprechlich ist der Sinn und Wert der Welt: »Der Sinn der Welt muß außerhalb ihrer liegen ...; es gibt *in* ihr keinen Wert – und wenn es ihn gäbe, so hätte er keinen Wert[10].«

Unaussprechlich ist folglich auch das Ethische: »Darum kann es auch keine Sätze der Ethik geben[11].«

Unaussprechlich ist das Leben und das Fortleben: »Die Lösung des Rätsels des Lebens in Raum und Zeit liegt *außerhalb* von Raum und Zeit[12].«

Unaussprechlich ist schließlich auch Gott: »Gott offenbart sich nicht *in* der Welt[13].« Hat Wittgensteins Interpret und persönlicher Bekannter Norman Malcolm recht, wenn er sagt: »Offensichtlich ist der Traktat ein durch und durch metaphysisches Werk; das ist keine Nebentendenz«[14]? Gewiß: »Wittgenstein verwarf nicht das Metaphysische; vielmehr verwarf er die Möglichkeit, das Metaphysische zu *konstatieren*[15].« Doch – das bedeutet für Wittgenstein: Die Erfahrung des »Mystischen« kann nicht mehr zur Sprache gebracht werden. Und dies hat für Theologie und Philosophie verheerende Folgen.

Soll angesichts eines solchen Anspruchs des naturwissenschaftlichen Denkens die *Theologie* nur noch als »Mystik« in der Art asiatischer Religionsphilosophien durch rein negative Aussagen auf eine wortlose Erfahrung hinweisen? Oder soll sie gar als »dialektische Theologie« in der Art des jungen Barth auf völlige Distanz zum modernen Denken gehen und sich in der Nachfolge Kierkegaards in einen rational nicht zu verantwortenden, paradoxen Glauben flüchten? Aber nicht nur die Theologie, sondern auch jede *Philosophie*, die mehr zu sein beansprucht als »Sprachkritik«[16] und logische Klärung der Gedanken, ist von Wittgenstein zum Verstummen verurteilt. Und insofern Sätze des Tractatus darüber hinausgehen, sind selbst sie als »unsinnig« zu »überwinden«, um die Welt richtig zu sehen[17]. So radikal ist Wittgenstein: »Wovon man nicht sprechen kann, darüber muß man schweigen« – dieser letzte Satz des Tractatus gilt auch für diesen selbst[18].

Was theoretisch für die »Lebensprobleme« bleibt, ist – das muß man klar sehen – Sprachlosigkeit. Und Wittgenstein – darin ähnlich Albert Schweitzer nach dem negativen Ergebnis der liberalen Leben-Jesu-Forschung – zieht daraus die bewundernswerte Konsequenz, sich statt der philosophischen Theorie der praktischen Lebensarbeit zu widmen: Von einem Buch Tolstois angeregt, liest er die Evangelien und ist erschüttert. Er beschließt, ein einfaches Leben zu führen, und betätigt sich für viele Jahre als mönchisch lebender Dorfschullehrer in Niederösterreich, dann, ohne in den Orden einzutreten, als Hilfsgärtner in einem Benediktinerkloster, im Geräteschuppen schlafend, schließlich als Architekt. Erst 1929, als sich seine Auffassungen grundlegend geändert hatten, kehrt er auf Drängen seiner Freunde – freilich ohne dort seine mönchische Lebensweise zu ändern – nach Cambridge zurück, promoviert dort rasch und hält dann Vorlesungen, die indessen oft mehr Selbst- und Zwiegespräche waren. Auf seine weitere Entwicklung werden wir zu achten haben[19].

Logik und Wissenschaftstheorie gegen Metaphysik? Rudolf Carnap

Das Unaussprechliche, »Mystische« in Wittgensteins Denken *und* Leben hat man später oft einfach vernachlässigt. Und dies gerade dort, wo sein Tractatus sonst am stärksten wirkte: in jenem 1922 von Moritz Schlick[20], einem Max-Planck-Schüler, begründeten *Wiener Kreis* aus Philosophen, Mathematikern und Naturwissenschaftlern, die im Jahre 1929 ein Manifest »Wissenschaftliche Weltauffassung – der Wiener Kreis«[21] veröffentlichten. Auch hier: Nur Sätze der Mathematik und Logik, die ja rein formale Sätze ohne empirischen Gehalt sind, sowie Sätze der empirischen Wissenschaften, die an der Erfahrung überprüfbar sind, können sinnvolle Sätze sein. Vom Unaussprechlichen, »Mystischen« dagegen ist hier nicht die Rede. So urgiert man in Wien streng das vermutlich auf Wittgenstein[22] zurückgehende *Verifikationsprinzip:* Nur der Satz ist nicht sinnlos, der durch Beobachtung von Sachverhalten bewahrheitet, »verifiziert« werden kann.

Für dieses rationalistisch-empiristische Programm berief man sich auf Empiristen wie Hume und Mill, Wissenschaftstheoretiker wie Helmholtz, Mach, Poincaré und Einstein, Logiker wie Leibniz, Frege, Russell, Whitehead und natürlich auf Wittgenstein, schließlich auf Sozialphilosophen wie Feuerbach, Marx und Spencer. Nur auf die große deutsche Tradition berief man sich nicht, nicht einmal auf Kant, und wurde denn auch in Deutschland im allgemeinen nicht ernstgenommen. Die Aversion der Wiener gegen »Metaphysik« galt vor allem dem deutschen Idealismus (und mit ihm der Lebens- und Existenzphilosophie), in welchem man nicht zu Unrecht einen Hort der Feindschaft gegen die moderne Naturwissenschaft und ein Instrument der sozialen und politischen Reaktion erkannte. Man sah eine Wende der Philosophie heraufkommen. Erst jetzt, mit der Wende der Philosophie zur Sprache, zur Mathematik, zur Naturwissenschaft hat die Aufklärung endlich ihr Ziel erreicht, wird sich restlose Klarheit durchsetzen, die Rationalität ihre Vollendung finden. Keine falsche Rücksicht auf die Tradition! Auch keine falsche Rücksicht auf die Alltagssprache! Vielmehr ist die objektive Analyse der Wirklichkeit zu leisten mit Hilfe von neuen, neutralen, historisch unbelasteten, eindeutigen Zeichen und Symbolen, die ein Ja oder Nein und so eine endgültige Erledigung der schon so lange anstehenden Probleme ermöglicht. Die Philosophie wird auf Logik und Sprachanalyse reduziert, die Metaphysik definitiv überwunden, die Theologie von vornherein für unsinnig erklärt. Das »Suchen nach einer letzten Basis des Wissens«, wie wir es in moderner Form zuerst bei Descartes gefunden haben, findet sich somit nicht nur in der Transzendentalphilosophie, in der Phänomenologie, in Heideggers Fundamentalontologie und im älteren Positivismus, sondern auch in der Analytischen Philosophie: »Denn ihr Streben nach einer Ersetzung der Umgangssprache durch eine präzise, allen Exaktheitsforderungen genügende Wissenschaftssprache ist nur die typisch moderne Form, in der sich das alte Absolutheitsideal äußert: an die Stelle absoluten Wissens soll *absolute Exaktheit* treten[23].«

Schon ein Jahr vor dem Manifest hatte sich der bedeutendste Vertreter des Wiener Kreises, *Rudolf Carnap* (1891–1970), ein Schüler des Mathematikers und Logikers Gottlob Frege, in einem höchst ambitiösen Werk an den

»logischen Aufbau der Welt«[24] gemacht. Descartes' Traum schien hier in Erfüllung zu gehen. Bewegt vom Ethos einer echten »wissenschaftlichen Einstellung«, sah sich Carnap als Verwirklicher Leibnizscher Ideen: einer universellen Mathematik (mathesis universalis) und Kombinationskunst (ars combinatoria) wie einer universalen Wissenschaft (scientia universalis) und Zeichensprache (characteristica universalis). Whitehead und Russell hatten in ihren »Principia mathematica«[25] das umfassendste System einer an der Mathematik orientierten »symbolischen Logik« (Logistik) ausgearbeitet. Carnap wollte nun diese mathematische Logik verbinden mit der Zurückführung aller Wirklichkeit auf das in der Erfahrung »Gegebene« (im Sinne des Wissenschaftstheoretikers Ernst Mach, des Vorgängers Schlicks, und des Neopositivisten Poincaré).

Eine Analyse der gesamten Wirklichkeit also wird erstrebt mit Hilfe der mathematisch-logischen Relationenlehre auf empirischer Grundlage: Die unzerlegbaren Einheiten aus meinem eigenen Erlebnisstrom (»eigenpsychologische Elementarerlebnisse«[26]) werden als Grundelemente angenommen. Aus bestimmten Grund- oder Wurzelbegriffen sollen dann stammbaumähnlich sämtliche (zunächst intuitiv erkannten) empirisch gehaltvollen Begriffe der Natur- und Geisteswissenschaften rational abgeleitet, also durch logisch-mathematische Formeln »konstituiert« werden: eigenpsychische, physische, fremdpsychische und geistige Gegenstände[27]. Das große Ziel in freilich noch weiter Ferne: nämlich alle wissenschaftlich möglichen Aussagen über die empirische Wirklichkeit in einer allumfassenden, logisch zusammenhängenden Einheitswissenschaft rational »nachzukonstruieren«. Carnaps Konstitutionssystem zielt jedenfalls programmatisch auf »eine rationale Nachkonstruktion des gesamten, in der Erkenntnis vorwiegend intuitiv vollzogenen *Aufbaues der Wirklichkeit*«[28]. Alle Gegenstände sind hierbei durch bloß strukturelle (formal-logische) Eigenschaften zu kennzeichnen, alle wissenschaftlichen Aussagen in reine Strukturaussagen umzuformen: ein totaler Strukturalismus also[29]!

Die *Konsequenzen für die Philosophie?* Anders als bei Carnaps großem Ahnherrn, dem Mathematiker, Philosophen und Theologen Leibniz, der die »wissenschaftliche Einstellung« durchaus mit dem christlichen Glauben zu verbinden wußte, erklärte es Carnap kategorisch schon im Vorwort als eine »Forderung wissenschaftlicher Strenge«, »die ganze *Metaphysik aus der Philosophie zu verbannen*, weil sich ihre Thesen nicht rational rechtfertigen lassen«[30]. Genau wie von der Physik soll auch von der Philosophie »eine rein empirisch-rationale Begründung«[31] verlangt werden: deshalb der radikale »Ruf nach Klarheit, nach metaphysikfreier Wissenschaft«[32]. Nicht-rationale, nicht-wissenschaftliche, eben metaphysische Begriffe sind zum Beispiel: »die Wirklichkeit« (im Sinne der Unabhängigkeit vom erkennenden Bewußtsein) sowie »das Ding an sich«[33]. Und das Ich? Die Existenz des Ich »ist kein Ur-Sachverhalt des Gegebenen«[34]: »Aus dem Cogito folgt nicht sum; aus dem ›ich erlebe‹ folgt nicht, daß ich bin, sondern, daß ein Erlebnis ist[35].« Statt mit Descartes »ich denke«, wird man besser mit Russell »es denkt in mir« sagen – und dabei das »in mir« auch noch streichen! Strenge Objektivität also ohne alle Subjektivität! Nur so ist der Fortschritt der Wissenschaft garantiert.

Und die *Konsequenzen für den religiösen Glauben?* Carnap – am Ende seines »logischen Aufbaus der Welt« im Kapitel über »Glauben und Wissen«[36] – macht einen »Einigungsvorschlag«: zur friedlichen Koexistenz der beiden »so heterogenen Sphären«. »Erkenntnis«? Das ist nur die rationale (formale wie empirische) Wissenschaft. Und der religiöse Glaube? Soweit er nicht einfach ein Fürwahrhalten ist, kann er sowenig wie die irrationale Intuition »Erkenntnis« genannt werden. Er gehört, wie etwa Lyrik und Erotik, zu den »irrationalen Gebieten«, den Lebensgefühlen, Emotionen: diese und die Wissenschaft »können einander weder bestätigen noch widerlegen«[37]. Es führt »kein Weg vom Kontinent der rationalen Erkenntnis zur Insel der Intuition«[38].

Aber schon in der mehr populären Schrift »Scheinprobleme in der Philosophie« aus demselben Jahr 1928 – Wittgensteins Auffassung von den metaphysischen, unverifizierbaren, unsinnigen Sätzen wirkt sich hier einseitig aus – ist Carnap von der friedlichen Koexistenz und skeptischen Neutralität zum Kalten Krieg und zur »Verurteilung aller Thesen über metaphysische Realität«[39] übergegangen. Carnap wundert sich jetzt über »Magie (als Theorie), *Mythus* (einschließlich der *Theologie*) und *Metaphysik*«: Statt daß man ihren Inhalt »in der Form der Kunst oder nur in der praktischen Lebensführung« zum Ausdruck gebracht habe, habe man es getan »in Form einer Theorie, die doch keinen theoretischen Gehalt hat«[40]. Heftig verteidigt Carnap in der Folge sein Programm, nicht zuletzt gegen Heideggers Schrift »Was ist Metaphysik?« und solch »unsinnige« Sätze wie »Das Nichts selbst nichtet«: er befürwortet die »Überwindung der Metaphysik durch logische Analyse der Sprache« und – seine Ausgangsbasis jetzt statt von den psychischen Erlebnissen von physikalisch nachprüfbaren Ereignissen nehmend (Physikalismus!) – »die physikalische Sprache als Universalsprache der Wissenschaft«[41].

In England vertrat neben B. Russell[42] insbesondere A. J. Ayer[43] ähnliche direkt antimetaphysische und antitheologische Auffassungen. Alles in allem ein auch in Polen (A. Tarski), Skandinavien und den Vereinigten Staaten sich immer weiter ausbreitender *Logischer Positivismus*, der ein »Positum«, ein »Gesetztes«, ein in der Sinneserfahrung »Gegebenes« als letzte Grundlage seiner Argumentation annimmt. Eine Sinneserfahrung, die jetzt zwar nicht mehr als Ausgangspunkt und alleiniger Inhalt gilt (wie im älteren empiristischen Positivismus Comtes, der 1830 das Wort Positivismus geprägt hatte), wohl aber als Kontrollinstanz für die Wahrheit von Behauptungen (logischer Neopositivismus oder logischer Empirismus). Tief beeindruckt von den Erfolgen der Naturwissenschaft und der Mathematik, ja fasziniert von einer »objektiven«, »exakten«, »präzisen«, »formalisierten« Wissenschaft, waren diese Forscher der festen Überzeugung:

Nur wenn man sich methodisch überhaupt an den Naturwissenschaften orientiert und alle Aussagen *empirisch überprüft, verifiziert,* wird auch in der Philosophie ein entscheidender Fortschritt möglich und endlich eine neue, voll rationale Epoche eingeleitet: Als wirklich und sinnvoll hat also nur das zu gelten, was einen Sachverhalt zum Ausdruck bringt, was unmittelbarer Beobachtung unterliegt und durch Experimente überprüft werden kann.

Nur wenn man sich, so dachte man weiter, zugleich der rein formalen Zeichensprache der Mathematik, einer *Kunst- oder Symbolsprache* also, bedient, läßt sich eine unbedingte Klarheit des Denkens erreichen: Einwandfreie Methode, durchsichtige Konstruktion und eindeutige Wiedergabe des in der Erfahrung Gegebenen, ja eine einzige »Sprache der Wissenschaft«, eine Modellsprache, mit deren Hilfe man die eigenen Thesen besser überprüfen kann, werden so möglich. Das ist die Geburt der modernen *Wissenschaftstheorie*: Diese nämlich präzisiert das philosophische Argumentieren, begründet und überprüft erfahrungswissenschaftliche Theorien. Sie untersucht und klärt die von den Wissenschaften aufgestellten Sätze über die Welt, aber stellt keine eigenen auf: Wissenschaftstheorie ist Meta-Theorie, eine Theorie über die Theorie, eine Wissenschaft der Wissenschaft.

Carnaps »Glaube«, daß der Gesinnung, die überall auf Klarheit geht, »die Zukunft gehört«[44], wurde von der heraufkommenden Zeit des Nazismus und Faschismus desavouiert. 1935 wandert Carnap nach den Vereinigten Staaten aus. 1936 wird Schlick auf dem Weg zur Vorlesung von einem früheren Schüler und Psychopathen aus ungeklärten Motiven erschossen. Spätestens 1938 bei der Besetzung Österreichs emigrieren die übrigen Mitglieder des Kreises nach England und Amerika. Der Verkauf der »zersetzenden« Schriften des (weithin jüdischen) Kreises wird verboten. Der Wiener Kreis hatte sich aufgelöst, sich zugleich aber, besonders im angelsächsischen Bereich, rasch zunehmenden Einfluß verschafft.

Es waren indessen unübersehbare *innere Ausweglosigkeiten,* Aporien, dieses Denkens, die das Programm des Logischen Positivismus in die Krise führten. An allen möglichen Punkten mußte es korrigiert werden; es erwies sich schließlich in seinem ursprünglichen Konzept als undurchführbar. Die Logiker waren es selber, die in imponierender intellektueller Redlichkeit und schonungsloser Selbstkritik einen dramatischen Transformationsprozeß in Gang brachten. Vor allem war Carnap – er verstand sich bei der Konstruktion von Wissenschaftssprachen ähnlich wie ein Flugzeugkonstrukteur, der seine Modelle ständig verbessert und entwickelt – gerne bereit, Einwände und Verbesserungsvorschläge anzunehmen. Er hat darüber hinaus durch eigene Gegenargumente wesentlich zur Revision, Korrektur oder sogar Preisgabe seiner früheren Auffassungen beigetragen. Wissenschaft meint für ihn keine unfehlbare Weltanschauung, sondern kontinuierlichen Fortschritt durch ständige Korrektur. Bereits seine ersten Werke verstand er nicht als etwas Endgültiges, sondern als erste Entwürfe und Versuche, die nach weiteren rufen. An seinem Grundmodell freilich hat er festzuhalten versucht, auch wenn er sich später nach seinen Studien zur Semantik[45] vor allem mit den Problemen von Wahrscheinlichkeit und Induktion beschäftigte[46].

Vielen *Anliegen* Carnaps kann man als Theologe nur *zustimmen:* In Philosophie und Theologie ist viel gegen das Gebot der Klarheit, Durchsichtigkeit und Sachhaltigkeit gesündigt worden. Und mehr als in den Naturwissenschaften hat man Scheinprobleme, die schon längst überlebt waren, aus Pietät gegenüber der Tradition weiter diskutiert, statt sie beiseite zu lassen. Jedoch wurden, auch von logischen Detaileinwänden abgesehen, schon früh gerade gegen die positivistische Grundkonzeption dieses »Wissenschaftsglaubens« oder »Szientismus« entscheidende *Einwände*, insbesondere philosophischer Art, laut: Woher nimmt man das Recht zur Normierung der (gewiß in manchem mangelhaften) Umgangssprache durch eine (an Logik und Mathematik orientierte) künstliche Zeichensprache? Gibt es überhaupt eine vom alltäglichen Vorwissen völlig freie Wissenschaftssprache? Bleibt nicht auch die formalisierte Wissenschaftssprache auf Alltagssprache ständig angewiesen? Lassen sich Grundbegriffe der Forschung selbst in der Naturwissenschaft (zum Beispiel das Atom) überhaupt eindeutig definieren? Hängen sie nicht vielmehr von der ständig sich wandelnden Forschung ab, so daß Eindeutigkeit der Begriffe zwar angestrebt, aber nicht erreicht werden kann (schon das Wort »Atom« = das »Unteilbare« ist von der Forschung desavouiert worden)? Lassen sich im mathematisch-naturwissenschaftlichen Erkennen und Forschen zugunsten einer reinen Objektivität das Subjekt, das heißt subjektive Bedingungen und Voraussetzungen, Standpunkte und Perspektiven, völlig ausschalten? Muß wirklich jede Wissenschaft die mathematisch-naturwissenschaftliche Methodik als einzig legitime Leitidee nehmen? Hat sich die damals angestrebte einheitliche wissenschaftliche Sprache und damit Einheitswissenschaft unterdessen nicht klar als Illusion erwiesen? Kann Philosophie in einer Wissenschaftstheorie heute noch eine methodologische Grundlegung der Naturwissenschaft erarbeiten? Kam der Logische Positivismus nicht schon damals zu spät, da die empirischen Wissenschaften schon ihre eigene methodische Grundlegung erarbeiteten? Muß sich Philosophie heute nicht damit begnügen, wie der Tübinger Philosoph Walter Schulz im Anschluß an Edmund Husserl fordert, sich in die empirischen Wissenschaften ohne Anspruch auf theoretische Fundierung so gut als eben möglich »einzuleben«, um »zu erkennen, was in diesen selbst geschieht«[47]?

Aber man wird noch weiter fragen müssen: Ist es legitim, bestimmte Fragen von vornherein als »sinnlos« auszuschließen, wenn man empirisch-mathematisch gar nicht definieren kann, was »Sinn« überhaupt ist? Mit welchem Recht macht man gerade die empirische, sinnliche Erfahrung zum Sinn-Kriterium? Statuiert man damit nicht selbst einen »meta-physischen« und damit »sinnlosen« Satz und erklärt zugleich 2000 Jahre kritischen Denkens in Metaphysik für »sinnlos«? Läßt sich mit einem solchen Kunstgriff eine »Überwindung der Metaphysik durch logische Analyse der Sprache« überhaupt erreichen? Ist jegliche Metaphysik wirklich nichts anderes als Begriffsdichtung? Sind metaphysische Sätze wirklich nur Scheinsätze, Begriffe wie das Absolute, das Unbedingte, das Sein des Seienden, das Ich nur Scheinbegriffe? Und unterscheidet sich das Wort »Gott« wirklich nicht von einem sinnlosen, erfundenen Wort wie »babig«, für das kein Bedeutungskriterium angebbar ist[48]? Ist schon die Unterscheidung Theismus, Atheismus, Agnostizismus sinnlos? Muß es wegen der Erfolge von Mathematik und Naturwissenschaft tatsächlich zum »Tod Gottes in der Sprache« kommen? Muß sich eine moderne Logik und Wissenschaftstheorie notwendig antimetaphysisch und antitheologisch präsentieren?

Die philosophische, soziale, politische Aversion gegen den deutschen Idealismus (samt der Existenzphilosophie Heideggers und ihrer sprachlichen Eigenwilligkeiten) und besonders die »Auferstehung der Metaphysik« (P. Wust[49]) im Gefolge von Schopenhauer, Nietzsche und Klages war in den dreißiger Jahren mehr als verständlich. Heute ist der Glaube an Tatsachen und Rationalität trotz des Scheiterns des neopositivistischen Programms faktisch weithin zum Geist der Epoche geworden. Und da macht sich nun doch, wie Günther Patzig im Nachwort zur Neuausgabe von Carnaps »Scheinprobleme in der Philosophie« ausführt, eine »Distanz« zu Carnaps antimetaphysischen Texten bemerkbar: weil einerseits der Glaube an die »bloß wohltätigen Wirkungen der Wissenschaft« erschüttert ist und andererseits »die Schlacht gegen die Art von Metaphysik, gegen die Carnap sich vor allem wandte . . ., geschlagen« ist[50]. Metaphysik will heute nicht mehr »*ideologischer Überbau* der Wissenschaft, sondern das *unhintergehbare Fundament* der Wissenschaften«[51] sein. Solche Metaphysik behauptet gar nicht, empirisch verifizierbare Aussagen zu machen, wohl aber die Möglichkeitsbedingung empirischer Aussagen aufzuweisen.

Heute werden deshalb viele Logiker und Wissenschaftstheoretiker Wolfgang Stegmüller, der die Tradition Carnaps in Deutschland kritisch fortsetzt, zustimmen, wenn er in seiner Würdigung Carnaps und des Wiener Kreises klar zwischen der bedeutenden Arbeit der einzelnen Vertreter des modernen Empirismus an logisch-wissenschaftlichen Fragen einerseits und der polemischen Einstellung des Empirismus gegen Metaphysik überhaupt andererseits unterscheidet: »Beides ist voneinander vollkommen unabhängig . . . Tatsächlich kann jedoch z. B. ein Thomist oder ein moderner Ontologe die Untersuchungsergebnisse über den Aufbau semantischer Systeme, über die Bestätigungsfähigkeit empirischer Sätze, über die Möglichkeiten einer Präzisierung der Regeln des induktiven Schließens usw. akzeptieren, ohne die These von der Sinnlosigkeit der Metaphysik anzunehmen[52].«

War so alles in allem gesehen die positivistische »Erkenntnis«, daß metaphysische Probleme nur »sinnlose Scheinprobleme« seien, nicht doch nur Wunschdenken? Das genau war schon der frühe Einwand Karl Poppers: »Dieser Wunsch ... ist natürlich immer durchführbar; nichts ist leichter, als eine Frage als ›sinnloses Scheinproblem‹ zu enthüllen: Man braucht ja nur den Begriff des ›Sinns‹ eng genug zu fassen, um von allen unbequemen Fragen erklären zu können, daß man keinen ›Sinn‹ in ihnen zu finden vermag; und indem man nur Fragen der empirischen Wissenschaften als ›sinnvoll‹ anerkennt, wird ja auch jede Debatte über den Sinnbegriff sinnlos: einmal inthronisiert, ist dieses Sinndogma für immer jedem Angriff entrückt, ›unantastbar und definitiv‹ (Wittgenstein)[53].«

Universalanspruch naturwissenschaftlichen Denkens? Karl Popper

Die Entwicklung der Mathematik selbst, so sahen wir bereits in unseren kritischen Fragen an Descartes, hatte schon früh zu jenen Antinomien, Paradoxien, Widersprüchlichkeiten geführt, die die Grundlagen der Mathematik und Logik zutiefst erschütterten und damit die universalen Ansprüche des mathematisch-naturwissenschaftlichen Denkens von Grund auf fragwürdig machten[54]. Jetzt aber führte auch in der Wissenschaftstheorie ganz allgemein gerade das zunächst so einleuchtende Verifikationsprinzip zu Schwierigkeiten, die den Logischen Positivismus überhaupt fraglich erscheinen ließen.

Der Hauptstoß war faktisch schon 1935 von *Karl Popper* geführt worden, der trotz seiner Bekanntschaft mit mehreren Mitgliedern des Wiener Kreises diesem nie angehört hatte, aber paradoxerweise zunächst öfters für einen Positivisten gehalten wurde. Erst in unseren Tagen ist Popper auch in Deutschland – als Alternative zu den für viele immer fragwürdigeren Totalerklärungen des positivistischen »Szientismus« und des orthodoxen wie neueren Marxismus – populär geworden. Mit seinem einflußreichen Buch »Logik der Forschung«, das scharfsinnig die Spielregeln der Gewinnung naturwissenschaftlicher Hypothesen und Theorien analysierte, legte er schon damals das theoretische Fundament für einen Kritischen Rationalismus oder rationalen Kritizismus. Wie kommt eigentlich ein Forscher von einzelnen Erfahrungssätzen zu einem Theoriensystem? Wie kommt es zu wissenschaftlichem Fortschritt?

Popper macht klar: Der Logische Positivismus führt sich selbst ad absurdum. Inwiefern? Das für ihn so zentrale Verifikationsprinzip, die radikale Forderung nach Verifizierbarkeit an der Empirie, an der Erfahrung, würde nicht nur metaphysische Aussagen beseitigen. Es würde zugleich auch die empirischen Hypothesen und damit die *gesamte naturwissenschaftliche Erkenntnis vernichten:* »Der positivistische Radikalismus vernichtet mit der Metaphysik auch die Naturwissenschaft[55]!« Warum? Weil auch die meisten naturwissenschaftlichen Sätze nicht empirisch verifizierbar sind und so als Schein-Aussagen und »Metaphysik« abzulehnen wären! »Auch die Naturgesetze sind auf elementare Erfahrungssätze *logisch* nicht zurückführbar[56].« Deshalb Popper gegen Wittgenstein: »Wendet man das Wittgensteinsche Sinnkriterium konsequent an, so sind auch die Naturgesetze, die aufzusuchen ›höchste Aufgabe des Physikers ist‹ (Einstein), sinnlos[57].« Soll zum Beispiel ein Satz wie »Alles Kupfer leitet Elektrizität« an der Erfahrung verifiziert werden, so müßte alles Kupfer im ganzen Universum auf diese Eigenschaft hin überprüft werden, was selbstverständlich unmöglich ist. Also: Naturgesetze, die ja auch entscheidend Voraussagen für die Zukunft ermöglichen wollen, sind nicht verifizierbar.

Und das »Induktionsprinzip«, das doch von Einzelerfahrungen ausgehend auf allgemeine Gesetzmäßigkeiten schließt und so eine »induktive« Bestätigung naturwissenschaftlicher Theorien erlaubt? Schon Hume hatte es in anderer Form dargelegt: Ein allgemeiner Satz kann niemals durch Beobachtungen verifiziert werden. Und auch der vielgebrauchte Begriff der Wahrscheinlichkeit von Hypothesen ist kein Mittel zur Beurteilung ihrer Wahrheit.

Später bestimmt Popper seine Position auch *historisch* sowohl gegenüber *Descartes* wie gegenüber den *Empiristen* (insbesondere Bacon[58]): Beide haben gegen Autorität und Tradition gekämpft und die Wissenschaft auf unmittelbare Gewißheit des Menschen selbst begründet: sei es wie Descartes auf dem Cogito und den daraus folgenden Vernunfteinsichten, sei es wie die Empiristen auf den Sinneseindrücken. Beide Seiten halten ihre Grundwahrheiten für »offenbar«, für evident und so für unmittelbar gewiß. Beide Seiten sind deshalb nach Popper dem religiösen *Offenbarungsmodell* verhaftet geblieben! Sie haben nur die eine Autorität – Bibel und Aristoteles – durch eine andere ersetzt: die der Vernunft oder die der Sinne. So kommt es ihnen denn nur noch darauf an, aus jenen letzten Gewißheiten sichere Erkenntnisse herzuleiten: sei es durch Deduktion wie bei Descartes, sei es durch Induktion wie bei den Empiristen.

Nach Popper aber gibt es *keine solchen letzten »offenbaren« Gewißheiten der Vernunft oder der Sinne,* von denen wir ausgehen könnten; nicht umsonst seien solche Gewißheiten von der Gegenseite regelmäßig angezweifelt worden. Selbst die unmittelbare Sinneswahrnehmung sei bereits gedeutet. Am Anfang unseres Wissens stünden deshalb immer »Conjectures«, Mutmaßungen, Modelle, Hypothesen, die der Prüfung auszusetzen sind. Daß es eine letzte nicht mehr kritisierbare Begründung von Sätzen der Wissenschaft gäbe, ist für Popper ein Glaube, der in einem ausweglosen Trilemma endet, wie es Popper vom Philosophen Jakob Friedrich Fries (1773–1843) her entwickelt: entweder ein einfach behauptender Dogmatismus oder ein zu immer neuem Begründen verurteilter unendlicher Rückgriff (regressus in infinitum) oder ein Einzelerlebnisse verallgemeinernder Psychologismus[59].

Theorien sind für Popper somit nicht einfach induktiv aus der Erfahrung erschlossen. Sie sind zunächst freie, schöpferische Entwürfe, die nur hypothetische Geltung haben und der Nachprüfung bedürfen. Und dafür braucht es eine »kritische Methode«: »the method of trial and error«, *»die Methode von Versuch und Irrtum«*. Die These, daß »wir von unseren Fehlern lernen können«, ist das Thema der Essays und Vorlesungen des Buches »Conjectures and Refutations«[60]: gegen alle Unfehlbarkeitsanmaßungen eines dogmatischen Infallibilismus ein grundsätzlicher Fallibilismus[61]!

Aber kann man unter diesen Voraussetzungen wissenschaftliche Hypothesen oder allgemeine »All-Sätze« (zum Beispiel: »Alle Schwäne sind weiß«) überhaupt noch überprüfen? Jedenfalls nicht durch Verifikation: Wir können schlechterdings nicht alle Schwäne des Universums untersuchen. Wohl aber durch *Falsifikation:* Wir können versuchen, diese Hypothese zu widerlegen, zu falsifizieren. Wie? Wir müssen von bestimmten »Basissätzen« (»Singular-Sätze«) ausgehen, die von einzelnen, beobachteten und nachprüfbaren Vorgängen oder Eigenschaften sprechen (ein einziger schwarzer Schwan, wie man ihn in Australien beobachten kann, genügt dann zur Falsifikation). Doch auch diese Basissätze sind bereits Interpretationen, die mit Allgemeinbegriffen (Schwan, schwarz, weiß) Beobachtungen deuten. Aus solchen Basissätzen kann man jedoch einen allgemeinen Existenzsatz ableiten (»Es gibt nicht-weiße Schwäne«), der in logischem Widerspruch steht zur ursprünglichen Hypothese (»Alle Schwäne sind weiß« = »Es gibt keine nicht-weißen Schwäne«). Diese ist damit eindeutig widerlegt, falsifiziert. Aus einem Singularsatz kann also die Negation eines Allsatzes folgen, nicht jedoch ein Allsatz.

Wann aber ist dann eine Hypothese als *wahr* erwiesen? Popper liebt das Wort »wahr« (und »falsch«) nicht; er zieht das Wort »bewährt« vor. Wann also darf eine Hypothese, eine empirische Theorie, als *bewährt* gelten? Dann, wenn sie allen bisherigen Falsifikationsversuchen standgehalten hat. Was freilich nur vorläufig gilt: Es sind »die Hypothesen nicht als ›wahre‹ Sätze, sondern als ›vorläufige Annahmen‹ zu kennzeichnen«[62]. Das »alte Wissenschaftsideal, das absolut gesicherte Wissen (epistéme)«, hat sich »als ein Idol erwiesen«: Jeder wissenschaftliche Satz ist »vorläufig; er kann sich wohl bewähren – aber jede Bewährung ist relativ«[63]. Nur so kommen Fortschritte in Erkenntnis und Wissenschaft zustande: nicht durch Bestätigung von Theorien, sondern durch Widerlegung, nicht durch Verifikation, sondern durch Falsifikation.

Was folgert Popper aus all dem für das *Verifikationskriterium?* Ein solches Kriterium darf *nicht* als positivistisches *Sinn-Kriterium* verwendet werden: nicht als Regel zur Unterscheidung zwischen an sich sinnvollen und sinnlosen Sätzen, die ja wieder nach einem anderen Kriterium zur Unterscheidung von Sinn und Sinnlosigkeit riefe. *Sondern* nur als rationales *Abgrenzungskriterium:* zur Unterscheidung zwischen logisch-mathematisch wie erfahrungswissenschaftlich zulässigen und unzulässigen Sätzen. Ein solches rationales, aber nicht positivistisches Abgrenzungskriterium läßt Raum auch für sinnvolle »nicht-physische«, im weitesten Sinne »metaphysische« Sätze: Sätze also, die über den Bereich der Naturwissenschaft hinausgehen! Eine rationale Analyse metaphysischer Fragen ist demnach grundsätzlich möglich!

Freilich schränkt Popper, dem schon in seiner Jugend Spinozas kartesianische (»geometrische«) Ethik und Abhandlung über die Prinzipien der Philosophie Descartes' für sein ganzes Leben das Theoretisieren über Gott verleidet hatte[64], die Funktion von *Metaphysik* sofort stark ein: auf Theorien, die so etwas wie allzu allgemein gehaltene Vorformen wissenschaftlicher Theorien (oft Mythen) sind, die allmählich Anschluß an die Wissenschaften finden sollten und dann ja ebenfalls falsifiziert werden können. Gegenüber manchen spekulativ-idealistischen Systemen oder auch mythisch-dichterischen Seins-Lehren sind die Einschränkungen verständlich. Gegen den Logischen Positivismus andererseits macht Popper jedenfalls nachdrücklich geltend:

daß eine Einheitswissenschaft mit einer Einheitssprache Unsinn ist;

daß Philosophie nicht nur auf »logische Analyse« oder »Sprachanalyse« reduziert werden kann;

daß Sprache nicht auf mathematische Symbole und Kalküle eingeschränkt werden darf;

daß es keine alleinseligmachende (mathematisch-naturwissenschaftliche) Methode gibt;

daß »unklare« Begriffe zu Beginn der Theoriebildung nicht immer vermieden werden können;

daß es legitime genuin philosophische Probleme gibt, die mit den Mitteln der Naturwissenschaft nicht zu klären sind.

Ein solches genuin philosophisches Problem ist für Popper vor allem das *»Problem der Kosmologie«* (im weitesten Sinn verstanden), das »alle denkenden Menschen interessiert«: »das Problem, die Welt zu verstehen – auch uns selbst, die wir ja zu dieser Welt gehören, und unser Wissen«[65]. Die Sprachanalyse muß in diesem Rahmen gesehen werden: »Alle Wissenschaft ist Kosmologie in diesem Sinn«[66]; nur ein Teil dieser Aufgabe von Naturwissenschaft und Philosophie ist, »unsere Sprache und ihre Funktionen zu verstehen, aber nicht, unsere Probleme als bloße sprachliche Mißverständnisse wegzuerklären«[67]. Es läßt sich nämlich nach Popper nicht leugnen, »daß rein metaphysische Ideen – und daher philosophische Ideen – von größter Bedeutung für die geschichtliche Entwicklung der Kosmologie gewesen sind«: »Von Thales bis Einstein, von den griechischen Atomisten bis zu Descartes' Spekulationen über die Materie, von Gilberts, Newtons, Leibniz' und Boscovics Spekulationen über Kräfte bis zu denen von Faraday und Einstein über Felder von Kräften waren metaphysische Ideen wegweisend[68].«

So ist Poppers Wissenschaftsbegriff von dem des Logischen Positivismus weit entfernt: »Unsere Wissenschaft ist kein Wissen (›epistéme‹): weder Wahrheit noch Wahrscheinlichkeit kann sie erreichen[69].« Ja, Popper wagt die Aussage: »*Wir wissen nicht, sondern wir raten.* Und unser Raten ist geleitet von dem unwissenschaftlichen, metaphysischen (aber biologisch erklärbaren) Glauben, daß es Gesetzmäßigkeiten gibt, die wir entschleiern, entdecken können. Mit Bacon könnten wir die ›... Auffassung, der sich jetzt die Naturwissenschaft bedient ... Antizipationen ..., leichtsinnige und voreilige Annahmen‹ nennen[70].« Aber: »Diese oft phantastisch kühnen Antizipationen der Wissenschaft werden klar und nüchtern kontrolliert durch methodische Nachprüfungen[71].« Eine Nachprüfung, die folglich immer wieder weitergehen muß: »Nicht der *Besitz* von Wissen von unumstößlichen Wahrheiten macht den Wissenschaftler, sondern das rücksichtslos kritische, das unablässige *Suchen* nach Wahrheit[72].« Gegen allen Dogmatismus also durch permanente Kritik und rationale Kontrolle zu immer größerer Wahrheitsnähe und Wahrheitsähnlichkeit!

Popper hat im wesentlichen durch sein ganzes Leben hindurch an seiner fallibilistisch-reformerischen Grundauffassung festgehalten. Ja, als langjähriger Professor an der London School of Economics war er, anders als die Logischen Positivisten, offen für Natur- *und* Geisteswissenschaften und so auch sehr wach für soziale und geschichtswissenschaftliche Probleme. Er hat später seine Erkenntnistheorie zu einer Gesellschafts- und Geschichtstheorie ausgeweitet: Gegen alle totalitär-utopischen Heilslehren von rechts (Platon, Hegel) und links (Karl Marx) plädiert er eindrücklich für eine demokratische »offene Gesellschaft«, die nicht durch revolutionären Umsturz, sondern durch realistische reformerische »Sozialtechnik« und »Stückwerk-Technologie« Schritt für Schritt verbessert werden soll[73]. Dabei ist die Umwandlung von Poppers kritischem »Erkenntnismodell« in ein kritisches »Gesellschaftsmodell« freilich vielfach auf den Vorwurf der Abstraktheit, Praxisferne, Inhaltsleere gestoßen.

35 Jahre nach seiner »Logik der Forschung« bestimmt Popper im Vorwort zur dritten deutschen Ausgabe seinen erkenntnistheoretischen Standpunkt zwischen Skeptizismus und rationalistischem Positivismus noch immer gleich:

Gegen den erkenntnistheoretischen Pessimismus der Skeptiker: »*Eine Annäherung an die Wahrheit ist möglich*[74].«

Gegen den erkenntnistheoretischen Optimismus der Positivisten: »Sicheres Wissen ist uns versagt. *Unser Wissen ist ein kritisches Raten; ein Netz von Hypothesen; ein Gewebe von Vermutungen*[75].«

Heute kann man mit dem australischen Philosophen John Passmore feststellen: »Der Logische Positivismus ist tot, oder so tot wie philosophische Bewegungen es je sein können[76].« Popper, in seiner Autobiographie, fragt: »Wer tötete den Logischen Positivismus[77]?« Und antwortet: »Ich fürchte, daß ich die Verantwortung übernehmen muß. Aber ich tat es nicht mit Absicht[78].« Der letzte Grund der Auflösung seien nicht so sehr die schwerwiegenden theoretischen Fehler des Logischen Positivismus gewesen als vielmehr die »Abnahme des Interesses an den großen Problemen: die Konzentration auf die *minutiae* (auf ›puzzles‹) und besonders auf die Bedeutung von Worten, kurz, seine Scholastik«[79].

Mit Recht fand Popper in der Erkenntnislehre das Problem des *Wachstums* unserer Erkenntnis sehr viel wichtiger als das Konstruieren von komplizierten, schwierigen, nur von Spezialisten zu gebrauchenden und im Vergleich zur Umgangssprache erstaunlich armen künstlichen Modellsprachen. Bei der Untersuchung des wissenschaftlichen Fortschritts war für ihn der hypothetische Charakter aller wissenschaftlichen Theorien von Anfang an eine selbstverständliche Konsequenz aus der Einsteinschen Relativitätstheorie: Sie hat ihm gezeigt, daß selbst die am besten überprüfte Theorie wie die Newtons nicht als mehr angesehen werden kann denn als Hypothese und Annäherung an die Wahrheit. Daß indessen der Fortschritt in der Wissenschaft sich entscheidend nicht durch kontinuierliche Veränderung und auch nicht durch kontinuierliche Falsifikation, sondern durch revolutionäre Prozesse vollzieht, ist erst in neuester Zeit theoretisch reflektiert worden. Dabei hat sich freilich auch Poppers Falsifikationstheorie weithin als »vorläufig« erwiesen. Was Popper stets vermieden hat, ist geschehen: seine Falsifikationstheorie ist der Falsifikation ausgesetzt – und faktisch falsifiziert worden.

Wissenschaftliche Revolutionen: Thomas S. Kuhn

Schon Popper bemerkte gelegentlich, daß wegen vereinzelter entgegenstehender Basissätze eine Theorie noch keineswegs als falsifiziert betrachtet werden könne; eine Theorie werde erst dann abgelöst, wenn sie durch eine bessere ersetzt wird. Aber geschieht das wirklich aufgrund strenger rationaler Prüfungen und Tests, wie Popper unterstellt? Um das zu wissen, reicht die logisch-kritische Durchdringung nicht aus, muß man vielmehr auf die reale Geschichte der Wissenschaft, auf Psychologie und Soziologie zurückgreifen. Erst der amerikanische Physiker und Wissenschaftshistoriker *Thomas S. Kuhn* hat die »Struktur wissenschaftlicher Revolutionen«[80] umfassend untersucht und damit so etwas wie eine »New Philosophy of Science«[81] eingeleitet, die nicht nur die logische, sondern auch die *historisch-hermeneutische* und vor allem die *psychologisch-soziologische* Problematik des wissenschaftlichen Fortschritts reflektiert. Kuhns ketzerische Hauptthese: Einschneidend neue Theorien entstehen weder durch Verifikationen noch durch Falsifikationen, sondern durch die – im Einzelfall höchst komplexe und langwierige – Ablösung eines bisher geltenden Erklärungsmodells (Paradigma) durch ein neues. Diesem weder einfach irrationalen noch aber auch völlig rationalen Vorgang in den Naturwissenschaften, dem – oft mit heftigen Kämpfen verbundenen – »*Paradigmenwechsel*«, haben wir nun unsere besondere Aufmerksamkeit zu widmen, bevor wir zur Theologie zurückkehren. Wie kommt es in der Naturwissenschaft *wirklich* zum »Fortschritt«?

Es gibt selbstverständlich den Fortschritt der »*normalen Wissenschaft*«: jener »Forschung, die fest auf einer oder mehreren wissenschaftlichen Leistungen der Vergangenheit beruht, Leistungen, die von einer bestimmten wissenschaftlichen Gemeinschaft eine Zeitlang als Grundlagen für ihre weitere Arbeit anerkannt werden«[82]. Heute werden solche Leistungen in wissenschaftlichen Lehrbüchern für Anfänger und Fortgeschrittene im einzelnen dargelegt. Früher erfüllten die gleiche Funktion die berühmten Klassiker der Wissenschaft: die »Physik« des Aristoteles, der »Almagest« des Ptolemäus, Newtons »Principia« und »Optics«, Franklins »Electricity«, Lavoisiers »Chimie«, Lyells »Geology« usw. Die großen Theoriegebäude dienen der alltäglichen wissenschaftlichen Praxis als »Vorbild«, aus denen bestimmte festgefügte Traditionen wissenschaftlicher Forschung erwachsen: sie dienen als »Paradigma«. Die ptolemäische (und dann die kopernikanische) Astronomie, die aristotelische (und dann die Newtonsche) Dynamik, die Korpuskular- (und dann die Wellen-)Optik usw. waren oder sind solche großen »Paradigmata«, die jeder Studierende intensiv studieren muß, um überhaupt mitreden zu können. Die Bedeutung der Lehrbücher kann nicht übersehen werden: In der Praxis akzeptieren Studierende solche Erklärungsmodelle weniger aufgrund von Beweisen als aufgrund der Autorität des Lehrbuchs und des Lehrers. Neben diesen großen Paradigmata, die eine ganze Konstellation von Meinungen, Werten, Methoden umschließen, können auch einzelne exemplarische Problemlösungen als Paradigmata bezeichnet werden[83].

Die normale naturwissenschaftliche Forschungsarbeit ist wenig bestrebt, einschneidende Neuheiten hervorzubringen; sie unterdrückt sie eher. Vielmehr ist sie daran interessiert, das traditionelle Erklärungsmodell durch mehr Material zu präzisieren, zu bestätigen, abzusichern, auszubauen: ein kumulatives Wachstum der Erkenntnis also. Die normale Forschung besteht in der Praxis nicht im ständigen Bemühen um Falsifikationen, sondern im *Rätsellösen*, nämlich in der »Lösung einer Vielzahl umfangreicher instrumenteller, begrifflicher und mathematischer Rätsel«: »Derjenige, der sich erfolgreich zeigt, erweist sich als Experte im Rätsellösen, und die Herausforderung durch das Rätsel ist ein wichtiger Teil dessen, was ihn vorwärts zu treiben pflegt[84].«

Werden nun in einer Wissenschaft *Anomalien*, neue, unvermutete Phänomene, entdeckt, versuchen die Wissenschaftler zuerst, diese in das traditionelle Erklärungsmodell einzuordnen und nicht etwa zu falsifizieren. Denn allem Neuen, jeder Anomalie und ihrer empirischen oder theoretischen Anerkennung, die eine Veränderung des Erklärungsmodells, seiner Kategorien oder Verfahren zur Folge hätte, begegnen Wissenschaftler zunächst mit nicht geringem Widerstand. Statt die Theorie zu falsifizieren, versucht man sie zu korrigieren, zu modifizieren, neu zu formulieren; oft wartet man auch einfach ab oder versucht gar, den Entdecker als »Störenfried« moralisch zu diskreditieren.

Aber gerade die zunehmende Präzisierung und Erweiterung des bisherigen Erklärungsmodells, die immer stärkere Spezialisierung und Professionalisierung, die immer größere Genauigkeit der Information und Kompliziertheit der Theorie, dies alles führt nicht nur zu Verfestigung des bisherigen Erklärungsmodells, sondern ermöglicht (ironischerweise) auch dessen langsame Unterhöhlung. Je mehr man beispielsweise aufgrund des ptolemäischen Weltsystems die Bewegungen der Gestirne studierte und korrigierte, um so mehr produzierte man auch Material zu dessen Widerlegung. Und so war es nicht nur bei der kopernikanischen, sondern auch bei der Newtonschen, der chemischen und der Einsteinschen Revolution: »Je exakter und umfassender dieses Paradigma ist, desto empfindlicher ist es als Indikator für Anomalien und damit für einen Anlaß zu einer Paradigmaveränderung[85].« Der Prozeß kann langwierig und komplex sein. Und es gibt Übergangsperioden, in denen sich zunächst nur die Schablonen des alten Modells lockern. Aber immer mehr kommt so schließlich doch der kritische Zustand der traditionellen Theorie an den Tag. Eine Periode ausgesprochener Unsicherheit geht dem Auftauchen neuer Theorien voraus, die schließlich zur Paradigmazerstörung führt. Kurz, die *Krise* ist gewöhnlich *Voraussetzung für die Ablösung eines bisher geltenden Erklärungsmodells.*

Weder das Schema der *Verifikation noch* das der *Falsifikation* also vermag nach Kuhn die wirklich einschneidenden Umwälzungen in der Wissenschaft zu erklären. Nicht zuletzt auch mit psychologischem Scharfblick den normalen Wissenschaftsbetrieb durchschauend, macht er plausibel: Solange ein Erklärungsmodell sich bewährt hat, sind Wissenschaftler selten auf Alternativen aus. Und selbst wenn Anomalien auftauchen, so werden sie nicht als Gegenbeispiele behandelt, die die traditionelle Lehre falsifizieren: »Wenn eine wissenschaftliche Theorie einmal den Status eines Paradigmas erlangt hat, wird sie nur dann für ungültig erklärt, wenn ein anderer Kandidat vorhanden ist, der ihren Platz einnehmen kann. Kein bisher durch das historische Studium der wissenschaftlichen Entwicklung aufgedeckter Prozeß hat irgendeine Ähnlichkeit mit der methodologischen Schablone der Falsifikation durch unmittelbaren Vergleich mit der Natur... Die Entscheidung, ein Paradigma abzulehnen, ist immer gleichzeitig auch die

Entscheidung, ein anderes anzunehmen, und das Urteil, das zu dieser Entscheidung führt, beinhaltet den Vergleich beider paradigmata mit der Natur *und* untereinander[86].«

Der Übergang zu einem neuen Erklärungsmodell geschieht gerade nicht nach der »Logik der Forschung«: Schritt für Schritt. Er ist vielmehr eine *wissenschaftliche Revolution*. Der Prozeß verläuft nicht mehr wie in der normalen Wissenschaft kumulativ, sondern revolutionär: Das etablierte und das kommende Paradigma vertragen sich nicht; das alte muß dem neuen weichen. Hier erkennt man Hintergründe etwa des Falles Galilei ebenso wie des Falles Darwin. Feststehende und vertraute Begriffe ändern sich. Normen und Kriterien verschieben sich. Theorien und Methoden werden erschüttert. Ob in Makrokosmos oder Mikrokosmos, ob in Astronomie, Physik, Chemie oder Biologie – es kommt zur Wandlung der gesamten Weltsicht: »Unter der Führung eines neuen Paradigmas verwenden die Wissenschaftler neue Apparate und sehen sich nach neuen Dingen um. Und was noch wichtiger ist, während der Revolutionen sehen die Wissenschaftler neue und andere Dinge, wenn sie mit bekannten Apparaten sich an Stellen umsehen, die sie vorher schon einmal untersucht hatten. Es ist fast, als wäre die Fachgemeinschaft plötzlich auf einen anderen Planeten versetzt worden, wo vertraute Gegenstände in einem neuen Licht erscheinen und auch unbekannte sich hinzugesellen. Natürlich geschieht in Wirklichkeit nicht ganz dies: es gibt keine geographische Verpflanzung; außerhalb des Labors gehen die alltäglichen Geschehnisse wie bisher weiter. Und doch, Paradigmawechsel veranlassen die Wissenschaftler tatsächlich, die Welt ihres Forschungsbereichs anders zu sehen. Soweit ihre einzige Beziehung zu dieser Welt in dem besteht, was sie sehen und tun, können wir wohl sagen, daß die Wissenschaftler nach einer Revolution mit einer anderen Welt zu tun haben[87].«

Was können wir denn aus all dem folgern? Es führte der *Weg der Wissenschaftstheorie* in den vergangenen 50 Jahren von der hyperkartesianischen Rationalität einer abstrakten positivistischen Logik und Sprachanalyse durch zahllose Binnenkorrekturen wieder zurück zu den Dimensionen der Geschichte, des Subjekts, der gesellschaftlichen Gruppe und damit zur Notwendigkeit von Historie, Psychologie, Soziologie, ja »Metaphysik«[88]. Für die Beurteilung dieses ganzen rational-irrationalen Prozesses des wissenschaftlichen Fortschrittes reicht ein einziges einfaches Kriterium, eine einzige spezialisierte Methode, eine einzige starre Theorie, eine einzige weltabbildende Einheitssprache, ein einziges großes Paradigma offensichtlich nicht aus. So einfach rational ist die »Logik der Forschung« und des wissenschaftlichen Fortschritts der Menschheit nicht in den Griff zu bekommen. Die logisch-kritische Betrachtungsweise bedeutet eine Engführung, die in ihrem prononcierten Antidogmatismus leicht zu einem neuen Dogmatismus führt, der sich selber nicht der Kritik aussetzt[89].

Überdeutlich ist auf diese Weise bestätigt worden: Zu einer Verabsolutierung der mathematischen Methode und der mathematischen Wahrheit (Methoden-Monismus) besteht weniger denn je Anlaß, und manche Argumente des »enfant terrible« des Kritischen Rationalismus, Paul K. Feyerabend, sind bedenkenswert, auch wenn man seinen Methoden-Anarchismus (»Anything goes!«) nicht teilen kann[90]! Nicht nur in der Physik, sondern in der Naturwissenschaft überhaupt *hütet man sich* heute ganz anders als früher *vor einer Verabsolutierung* der angewandten Methode und der erkannten Wahrheit. Die klassische Physik war noch davon ausgegangen, daß die Natur, so wie sie an sich ist, erkannt werden kann und daß alle physikalischen Abläufe grundsätzlich vorausberechenbar sind. Die heutige Physik geht aufgrund neuer Erkenntnisse im Zusammenhang von Relativitätstheorie und Quantenmechanik davon aus, daß die Erkenntnisse der klassischen Physik nicht an sich, sondern nur unter ganz bestimmten Bedingungen gelten und unter anderen nicht: daß wir es keineswegs mit einem unter jedem Gesichtspunkt völlig determinierten Geschehen zu tun haben; daß auch im physikalischen Experiment die Methode den Gegenstand verändert und nur eine Perspektive und nur einen Aspekt wiedergibt; daß etwa die chemisch-physikalische Methode nur einen – eben den chemisch-physikalischen – Aspekt zum Beispiel des lebendigen Organismus erkennt und andere Aspekte ausblendet.

So spricht man denn heute auch in der Physik, in der Chemie, in der Biologie und in anderen Naturwissenschaften mit Vorliebe statt von allgemeingültigen, die Wirklichkeit kopierenden Wahrheiten von hypothetisch gültigen *»Entwürfen«* und *»Modellen«*, die nur aufgrund bestimmter Bedingungen und im Rahmen bestimmter Grenzen gelten und durchaus andere Entwürfe und Modelle neben sich zulassen: kein Abbild der Natur, sondern nur die – oft unvorstellbare und allein in mathematischer Formelsprache aussagbare – Feststellung bestimmter Funktionen und Relationen. Also keine absolut objektive Wahrheit, sondern nur eine bedingt objektive wird anvisiert: In Perspektivität und Variabilität sind unbestimmt viele Methoden und Aspekte, Entwürfe und Modelle für die eine Wirklichkeit möglich, die selber immer unendlich viel reicher und komplexer bleibt als alle, auch die exaktesten Aussagen über sie.

Doch zugleich mit der wissenschaftstheoretischen Relativierung der naturwissenschaftlichen Erkenntnis muß auch ihre *sozialkritische Entideologisierung*, wie sie etwa Jürgen Habermas betreibt, bedacht werden[91]. Kritische Gesellschaftstheorie wird dabei unterstützt von der allgemeinen gesellschaftlich-wirtschaftlichen Entwicklung, die die Ambivalenz des technologischen Fortschritts und die »Grenzen des Wachstums« drastisch vor Augen führt. Es ist keineswegs so, daß die Naturwissenschaft einfach weltanschaulich neutral, rein objektiv und wertfrei das Gegebene, die Tatsachen feststellte. Auch Naturwissenschaft und Naturwissenschaftler sind – oft unbewußt – verborgen geleitet von bestimmten Wertvorstellungen und *Interes-*

sen wie Effizienz, Ökonomie, kontrollierte Verfügbarkeit, technische Verwertbarkeit. Die Objektivität der Naturwissenschaft ist somit auch in dieser Hinsicht nicht absolut, sondern bedingt durch das ganze Bezugssystem, gesellschaftliche Interessen und so die angewandte Methode. Ihre häufig beschworenen Sachzwänge sind oft nur Zwänge einer bestimmten Methode. Doch dieses Bezugssystem, das Wozu, die Werte und Ziele der wissenschaftlichen Forschungspraxis werden von ihr selbst meist nicht reflektiert. Oft will man diese Fragen sogar ausdrücklich anderen überlassen: Man hält sich zuständig nicht für Werte, sondern nur für Tatsachen.

Aber diese umfassenden Fragen stellen sich heute auch sehr viele Naturwissenschaftler: Ist denn alles, was Naturwissenschaft und Technik tun, schon aus sich heraus sinnvoll? Soll man alles tun, was man tun kann, was technisch möglich ist? Dient jeder naturwissenschaftlich-technologische Fortschritt auch schon der Freiheit, Mündigkeit, Menschlichkeit des Menschen?

Es ist tatsächlich notwendig, daß die erkenntnisleitenden Interessen der Naturwissenschaft, daß sowohl die methodischen Voraussetzungen wie die gesellschaftlichen Bedingungen wie schließlich die praktischen Folgen, anstatt sie zu vernachlässigen oder zu verschleiern, thematisiert und reflektiert werden. Die bloß technisch verstandene Aufklärung muß über sich selber aufgeklärt werden. Nur so wird die Naturwissenschaft nicht samt der Technik ideologisch fehlgeleitet. Nur so wird sie nicht in den Dienst genommen von den massiven Interessen wirtschaftlicher oder politischer Mächte oder auch einfach einer uneingeschränkten Sozialtechnik, die den Menschen mit einem riesigen Apparat entmündigt und entpolitisiert. Nur so wird schließlich jener »kybernetische Traum« doch nicht Wirklichkeit, in welchem es zu einer totalen Regulierung der Gesellschaft, zu einer rationalen Verwaltung der Welt durch Steuerungstechniken kommt. Kurz: Der ideologische Szientismus muß aufgegeben werden: jener dogmatische Glaube an die scientia, die Wissenschaft[92].

Theologie und Wandlungen des Weltbildes

Gibt es auch in Philosophie und Theologie »wissenschaftliche Revolutionen«? Kuhn als Naturwissenschaftler behandelt diese Frage nicht. Man wird sie indessen kaum verneinen können. Sicher nicht für die *Philosophie,* wo man etwa im Zusammenhang mit Descartes oder Kant sogar von einer »kopernikanischen Wende« spricht. Aber auch nicht für die *Theologie,* wo häufiger, als man sich dessen bewußt war und ist, ein Erklärungsmodell das andere in faktisch revolutionärer Weise abgelöst hat. Gewiß liebt man in der Theologie und insbesondere in der offiziellen Kirche das Wort »revolutionär« nicht; betont man doch ständig recht einseitig Kontinuität, Identität und bis in unsere Tage hinein gar Infallibilität der Lehre. Aber brachte denn – um von den großen griechischen Theologen Klemens und Origenes zu schweigen – nicht schon Augustin in vielfacher Weise ein neues Interpretationsmodell oder Paradigma[93]? War nicht, wie wir sahen[94], auch die Aufnahme des Aristotelismus in Philosophie und Theologie des Mittelalters durch Albert und Thomas eine wissenschaftliche Revolution? Und galt dies nicht erst recht von Martin Luther im Verhältnis zum Mittelalter? Und schließlich auch von der Aufklärung und der historisch-kritischen Theologie im Verhältnis zur Reformation?

Die *Parallelen zwischen Theologie und Naturwissenschaft* sind oft verblüffend: Auch in der Theologie die »normale Wissenschaft« (Normaltheologie) mit ihren Klassikern, Lehrbüchern und Lehrern, mit dem schrittweisen kumulativen Wachstum der Erkenntnis und dem Lösen der verbliebenen Probleme oder »Rätsel«.
Auch hier freilich das Auftauchen neuer Schwierigkeiten, die man in das alte Erklärungsmodell zunächst einzuordnen versucht und dann doch nicht einordnen kann.
Auch hier der zähe Widerstand gegen alles, was Veränderung oder Ablösung des etablierten Erklärungsmodells zur Folge haben könnte: seine Anpassungen, Modifikationen, Neuformulierungen.
Auch hier jedoch die wissenschaftliche Perfektionierung des etablierten Modells, die dieses langsam durch Erarbeitung zusätzlicher Daten unterhöhlt; Übergangsperioden der Unzufriedenheit, in denen Bindungen und Regeln sich lockern; Reduktion der traditionellen Schulen und eine Fülle konkurrierender Neuansätze; ferner der Rückzug in die Wartestellung, die moralische Diskreditierung oder auch schlicht der Versuch des Totschweigens des »Störenfrieds«.
Auch hier schließlich so oft nicht das der Wahrheit Stück-für-Stück-Näherkommen, sondern die offene Krise als Voraussetzung für einen einschneidenden, revolutionären Wandel bestimmter bisheriger Grundannahmen und die Notwendigkeit eines neuen Paradigmas, das alles in einem neuen Licht sehen läßt.

Die Wandlungen der Theologie mögen für manche weniger sichtbar sein als die der Physik; und die Unterschiede sind ja auch in jedem Fall erheblich. Aber die *»Glaubenszweifel«* der Theologen scheinen manchmal den – freilich selten eingestandenen – »Glaubenszweifeln« jener großen Physiker zu entsprechen, die sich mit »normaler Wissenschaft« und tradiertem System nicht einfach zufriedengegeben haben: »Es war, wie wenn einem der Boden unter den Füßen weggezogen worden wäre, ohne daß sich irgendwo fester Grund zeigte, auf dem man hätte bauen können.« Das sagt nicht ein Theologe von der Theologie, sondern ein Physiker von der Physik: Albert Einstein[95]. Und wiederum ein Physiker ist es, der von seiner Wissenschaft an einen Freund schreibt: »Zur Zeit ist die Physik wieder einmal furchtbar durcheinander, auf jeden Fall ist sie für mich zu schwierig, und ich wünschte, ich wäre Filmschauspieler oder etwas Ähnliches und hätte von der Physik nie etwas gehört.« So Wolfgang Pauli in den Monaten, ehe Heisenbergs Schrift über die Matrizenmechanik den Weg zur neuen Quantentheorie zeigte[96].

Und wie sich die »Glaubenszweifel« von Theologen und Physikern entsprechen können, so auch – wiederum bei allen Unterschieden – ihre Schwierigkeiten bei einer »*Konversion*« zu einem neuen Paradigma, die weder im einen noch im andern Fall erzwungen werden kann: Die Auseinandersetzungen zwischen den beiden »Parteien«, besser Sprachwelten, zwischen den »Rätsellösern« und den »Paradigmaprüfern«, den Vertretern des alten und denen des neuen Modells, sind von vornherein oft weniger ernsthafte wissenschaftliche, rationale Diskussionen als gekonnte Werbungs-, Überredungs- und Bekehrungsversuche, die Gegenseite möge doch die so einleuchtenden eigenen Voraussetzungen übernehmen, aus denen dann alles folgt. Herkunft, Lebenslauf und Persönlichkeit der Beteiligten spielen hier ebenso mit wie Nationalität, Ruf und Lehrer des »Neuerers«. Neben diesen soziologischen und psychologischen Faktoren ist sachlich am wichtigsten der Anspruch der Befürworter des neuen Paradigmas, daß sie die Probleme, die das alte in die Krise geführt haben, zu lösen vermögen, wobei sich nicht zuletzt die größere Einfachheit, Transparenz, Universalität und Eleganz der neuen Lösung als attraktiv erweisen. Aber die sachliche Auseinandersetzung ist schwierig. Hinter den Kommunikationsschwierigkeiten zwischen den beiden Sprachwelten verbergen sich Übersetzungsschwierigkeiten: Soll jemand, der in der alten Sprachwelt und Normalwissenschaft aufgewachsen ist, überzeugt werden, bedarf es der Übersetzung, damit er so etwas über Stärke und Schwäche des anderen Paradigmas erfahre. Aber zur Übersetzung muß die Überzeugung und zur Überzeugung die Bekehrung kommen. Letztlich also geht es immer um eine »*Glaubensentscheidung*«, welches Paradigma in Zukunft die Forschung bei den Problemen leiten soll, und diese Entscheidung ist für den Theologen wie den Physiker – gerade im ersten Diskussionsstadium – eine Sache des Vertrauens: »Er muß den Glauben haben, daß das neue Paradigma mit den vielen großen Problemen, mit denen es konfrontiert ist, fertig werden kann, wobei er nur weiß, daß das alte Paradigma bei einigen versagt hat. Eine Entscheidung dieser Art kann nur aufgrund eines Glaubens getroffen werden[97].«

Ähnlich – bei allen großen Unterschieden – ist in Theologie und Physik auch der nähere *Ablauf des Paradigmenwechsels:* Zu Beginn hat ein neuer »Paradigmakandidat« sehr oft nur wenige, oft jüngere Befürworter (auch Außenseiter), und erst mit der Zeit bekehren sich mehr und mehr Wissenschaftler, wobei die Erforschung des neuen Paradigmas fortschreitet. Oft aber leisten gerade die erfahrensten älteren Forscher des etablierten Modells lebenslang Widerstand, und es bedarf einer neuen Generation, bis schließlich die ganze wissenschaftliche Gemeinschaft zum neuen Paradigma übergeht. Ob das, was Max Planck im Rückblick auf sein Leben von den Physikern sagt, auch von den Theologen gilt? »Eine neue wissenschaftliche Wahrheit pflegt sich nicht in der Weise durchzusetzen, daß ihre Gegner überzeugt wären und sich als belehrt erklären, sondern vielmehr dadurch, daß die Gegner allmählich aussterben und daß die heranwachsende Generation von vornherein mit der Wahrheit vertraut gemacht ist[98].«

Auch in der Theologie gibt es wie in der Physik grundsätzlich *drei Wege des Ausgangs aus der Krise*[99]:

Entweder erweist sich die normale Wissenschaft gegen allen Anschein doch als fähig, mit den krisenerzeugenden Problemen fertig zu werden und das tradierte Paradigma zu verbessern.

Oder diese Probleme sperren sich auch gegen anscheinend radikal neue Ansätze, so daß es zur vorläufigen »Archivierung« dieser Probleme kommt (was in Theologie und Kirche oft freilich nur durch brutale Ketzerverfolgung und Unterdrückung der Diskussion erreicht wurde, zuletzt im Kampf gegen die katholischen »Modernisten« um die Jahrhundertwende und die »Nouvelle théologie« um die Jahrhundertmitte).

Oder ein neues Erklärungsmodell tritt auf und setzt sich durch: Ein Prozeß, bei dem »das gleiche Paket Daten wie vorher behandelt wird, die Daten aber in ein neues System gegenseitiger Beziehungen gestellt werden, indem man ihnen einen anderen Rahmen gibt«[100].

Wissenschaftliche Lehrbücher, gemeinverständliche Darstellungen und philosophische Deutungen, die auf dem bisherigen Paradigma beruhen, werden *nach dem Sieg des neuen Paradigmas* ganz oder teilweise neu geschrieben und formen nun für die nächste Epoche die (neue) Tradition. Sie berichten von den »dauerhaften *Ergebnissen* vergangener Revolutionen und zeigen so die Grundlagen der jeweiligen normal-wissenschaftlichen Tradition auf«[101]. Zugleich verschleiern sie freilich zwangsläufig die Rolle und oft sogar die Existenz der wissenschaftlichen Revolutionen; sie sind dann Umdeutungen oder gar falsche Auslegungen der Geschichte, die die Revolutionen unsichtbar machen und sie nachträglich einfach als Erweiterungen des traditionellen Wissens erscheinen lassen. Wie Nationen und Wissenschaften, so lieben es auch Kirchen und Theologen nicht, allzuviel von menschlicher Subjektivität und Irrationalität, von Versäumnissen, Fehlern und Irrungen im eigenen Bereich zu hören. Erhebender ist die eigene Heldengeschichte, die harmonisierte, idealisierte und verklärte Geschichte – als ob das Gebäude der Wissenschaft planmäßig Stein um Stein aufgebaut worden wäre.

Eine letzte Parallele zwischen Theologie und Naturwissenschaft verdient unterstrichen zu werden: Es geht wie in der Naturwissenschaft so auch in der Theologie um »das gleiche Paket Daten wie vorher«, die allerdings »in ein neues System gegenseitiger Beziehungen gestellt werden«. Sowohl in der Physik wie in der Theologie handelt es sich also keineswegs einfach um einen totalen Bruch, sondern zugleich bei aller Diskontinuität um eine *grundlegende Kontinuität*. In der Theologie noch sehr viel mehr als in den im Grunde unhistorischen (ihre Väter und Helden nur in Einleitungen und am Rande erwähnenden) Naturwissenschaften geht es also nicht einfach um Neuerfindung einer Tradition. Es handelt sich vielmehr um Neuformulierung der alten Tradition, freilich im Lichte eines neuen Paradigmas: »Neuheit um ihrer selbst willen ist in der Wissenschaft kein Desideratum, wie in so vielen anderen kreativen Bereichen[102].« Neue Modelle sollen somit, »auch wenn sie selten oder niemals alle Fähigkeiten ihrer Vorgänger besitzen, gewöhnlich doch eine große Zahl der konkretesten Bestandteile vergangener Leistungen bewahren und immer zusätzliche konkrete Problemlösungen gestatten«[103].

Für die Theologie stellt sich das Problem der Kontinuität noch in ganz anderer Tiefe. Denn hier geht es ja doch um etwas, wofür Kuhn bis auf die allerletzten Seiten schon das Wort vermeidet: um die »Wahrheit«[104]. Ja, um die »Lebenswahrheit« oder – wie Wittgenstein sagt – um die »Lebensprobleme«. Denn der Naturwissenschaftler geht im allgemeinen weniger direkt von Lebensproblemen aus: »Im Gegensatz zum Ingenieur, zu vielen Ärzten und den meisten Theologen braucht der (Natur-)Wissenschaftler nicht Probleme zu wählen, weil sie dringend einer Lösung bedürfen ...[105].« Und weil es dem Theologen unmittelbarer um Lebensprobleme geht, muß ihm auch mehr an der Anerkennung nicht nur durch die »Fachwelt«, sondern durch eine weitere Öffentlichkeit gelegen sein: Selbst der »abstrakteste Theologe ist weit mehr als der (Natur-)Wissenschaftler um die Anerkennung seiner Arbeit durch den Laien besorgt, mag ihn auch Anerkennung allgemein weniger berühren«[106]. Kuhn weiß denn auch als Naturwissenschaftler keine Antwort auf die so naheliegende Lebensfrage nach dem Wohin des riesigen Entwicklungsprozesses sowohl der Wissenschaft wie der Welt überhaupt: »Zweifellos wird diese ›Lücke‹ viele Leser gestört haben[107].« Er weiß aber auch keine Antwort auf die Lebensfrage nach dem Woher: »Jeder, der meiner Argumentation bis hierher gefolgt ist, wird sich trotzdem genötigt fühlen zu fragen, warum der evolutionäre Prozeß denn funktioniere[108].«

Hier stellt sich also auch für Kuhn, was für Popper das »metaphysische« Problem der »Kosmologie« ist: »Die Welt, von der diese Gemeinschaft ein Teil ist, muß ebenfalls ganz besondere Eigenschaften haben, und wir wissen noch nicht mehr über sie als zu Beginn[109].« So stellt denn Kuhn auf der letzten Seite seines faszinierenden Buches fest: Das Problem »Wie muß die Welt beschaffen sein, damit der Mensch sie erkennen kann?« ist »so alt wie die Wissenschaft selbst«, aber für den Naturwissenschaftler »bleibt (es) unbeantwortet«[110]. Ob hier die Theologie vielleicht weiterhelfen kann?

2. *Zwischenbilanz I: Thesen zur neuzeitlichen Rationalität*

Offensichtlich haben nicht nur Philosophie und Theologie große Schwierigkeiten mit den Wandlungen des Weltbildes, sondern auch die Naturwissenschaften. Weder die Naturwissenschaft allein noch Philosophie und Theologie allein können diese Schwierigkeiten lösen. Mehr denn je sind sie auf Zusammenarbeit verwiesen. Mehr denn je scheint heute eine solche Zusammenarbeit – nach der Erledigung so vieler Vorurteile und Bereinigung so vieler Mißverständnisse von beiden Seiten – möglich und fruchtbar zu sein. Also nicht mehr ein feindliches Gegeneinander oder wie in der letzten Zeit ein friedlich-schiedliches Nebeneinander, sondern ein sinnvolles *kritisch-dialogisches Miteinander von Theologie und Naturwissenschaft* angesichts der einen Welt und des einen Menschen!

Kurskorrektur

Es mag Naturwissenschaftler geben, die sagen, philosophisch-theologische Fragen gingen sie nichts an und seien uninteressant, wie es Philosophen und Theologen geben mag, die sagen, mathematisch-naturwissenschaftliche Fragen gingen sie nichts an und seien uninteressant. Aber damit sind die Fragen nicht erledigt, sondern nur mit Ignoranz oder Arroganz verdrängt. Wie der Philosoph und Theologe praktisch doch alle Tage vom »Funktionieren« der Mathematik und der Naturwissenschaften lebt, so – in freilich sehr verschiedener Weise – der Mathematiker und Naturwissenschaftler faktisch von der Wirklichkeit, die die Welt seiner Phänomene ermöglicht und trägt.

Voraussetzung für ein neues kritisch-dialogisches Miteinander von Theologie und Naturwissenschaft ist freilich – um von direkten kritischen Anfragen an Naturwissenschaft und Technologie zu schweigen[1] – eine *radikale Kurskorrektur von Kirche und Theologie:* Was bereits das 17. Jahrhundert, jenes von uns betrachtete »Jahrhundert des Genies«, forderte und was seit dem 19. Jahrhundert (Evolutionstheorie!) überfällig geworden ist, muß endlich nicht nur verbal, sondern auch praktisch vollzogen werden: Abkehr vom mittelalterlichen Weltbild und konsequente Übernahme des modernen Weltbildes, was zweifellos für die Theologie selbst den definitiven Übergang zu einem neuen Paradigma zur Folge haben wird.

Ein methodisches Umdenken ist zweifellos schon lange im Gang, muß aber konsequent und umfassend durchgeführt werden. Ein solches *konsequentes Umdenken* darf somit weder in der Gotteslehre noch in der Lehre von Urstand und Ursünde noch in der Abstiegs- und Aufstiegschristologie noch in Fragen der Ethik und Sexualmoral noch in der Lehre von den »letzten Dingen« (Tod, Teufel, Gericht, Himmel, Hölle) durch weitere Rückzugsgefechte und Verschleierungstaktiken hinausgezögert werden. Diese Kurskorrektur war und ist für jede traditionelle Theologie angezeigt, besonders auf der einen Seite für jenen protestantischen Fundamentalismus, der an den Bibelwörtern haften bleibt, und auf der anderen Seite für jene hier besprochene traditionelle scholastische Theologie, die sich – abgesehen vom »großen Gnadenstreit« – von der spanischen Barockscholastik bis zur Neuscholastik unseres Jahrhunderts unter (falscher) Berufung auf Thomas von Aquin weithin mit dem Repetieren und Resümieren, Kommentieren und Fundieren hochscholastischer Lehren begnügte[2]. Bibelfremd und weltfremd geworden, hat diese mittelalterliche Theologie in der katholischen Kirche der Neuzeit zwar mit dem Vatikanum II, wo sie in der Lösung von zum Teil schon seit Jahrhunderten anstehenden theologischen, ethischen, pastoralen, gesellschaftlichen Problemen völlig versagte, ein offenkundiges und nicht mehr zu reparierendes Fiasko erlitten. Aber in der römischen Kurie und in manchen von ihr dominierten kirchlichen Lehranstalten führt sie noch immer ein anachronistisches Dasein, was für die katholische Kirche und die gesamte Christenheit höchst negative Auswirkungen hat.

Die gegenwärtige Theologie insgesamt bewegt sich aber offensichtlich in anderer Richtung. Die erste Übernahme eines neuen Paradigmas von Theologie hat – im Zusammenhang der Übernahme des modernen Weltbildes und der Entwicklung der historisch-kritischen Methode – schon längst und bei vielen stattgefunden: freilich in Exegese und Kirchengeschichte, aber auch in Ethik und Praktischer Theologie mehr als in der Dogmatik, die kirchlicher Tradition stärker verhaftet ist. Doch selbst traditionellere Dogmatiker können nicht in derselben Weise wie vor 200 Jahren reden über Bibel und Tradition, Schöpfung und Vollendung, Messiastitel und Wunder, Himmel und Hölle und vieles andere. Wenn nicht alles täuscht, geht es in den gegenwärtigen theologischen Auseinandersetzungen um jenen »Übergang zur Reife«, der nach Kuhn den eigentlichen »Übergang von der vor- zur nachparadigmatischen Periode in der Entwicklung eines wissenschaftlichen Gebietes« darstellt, in welchem sich »nicht das Vorhandensein eines Paradigmas, sondern vielmehr seine Natur« ändert: »Erst nach der Veränderung ist normale rätsellösende Forschung möglich[3].«

Darüber dürfte heute für alle Weiterblickenden in Theologie und Kirche kein Zweifel bestehen: *Konsequenz* ist nötig! Es genügt heute nicht mehr, aus konservativer Denkgesinnung, Glaubensangst und lang gepflegter Tradition (und das gilt auch für evangelische und orthodoxe Kirchen) den definitiven Zusammenbruch des alten und mittelalterlichen Weltbildes zu verschweigen, vom überholten Welthorizont der traditionellen Lehraussagen einfach abzusehen und so faktisch eine halbierte Scholastik zu bieten[4]. Wer in der heutigen Umbruchsituation, wie lange geschehen, in dogmatischer Vogelstraußpolitik den Kopf in den Sand der Tradition steckt und sich so über die Verlegenheiten und Widersprüche hinwegretten will, verspielt alle Glaubwürdigkeit für Theologie und Kirche:

Als ob nicht schon die biblische Botschaft selbst aus ihrem zeitbedingten

weltanschaulichen Rahmen gelöst und immer wieder in die neue Gegenwart hinein übersetzt werden müßte!
Als ob die mittelalterliche Scholastik nicht auf einer griechischen Metaphysik aufgebaut wäre, die mit der griechischen Physik und dem antiken Weltbild in wesentlichem Zusammenhang steht!
Als ob das römische Lehramt (Papst, Sanktum Offizium, Indexkongregation, Bibelkommission) diese weltanschaulichen Zusammenhänge nicht ständig übersehen und deshalb seit der Verurteilung von Kopernikus und Galilei sowohl bezüglich der Schriftinterpretation (besonders des Buches Genesis) wie der neuen naturwissenschaftlichen Ergebnisse (besonders Evolutionstheorie) bis hin zur Enzyklika »Humani generis« Pius XII. (1950) in Glaubenssachen immer wieder neue Fehlentscheidungen gefällt hätte, die man aus Angst um die eigene »Unfehlbarkeit« nie einzugestehen wagte!
Als ob die noch heute unausgestandenen Fragen etwa bezüglich »Paradies« und »Erbsünde« und Christologie nicht mit dem unbewältigten alten und mittelalterlichen Weltbild zusammenhingen[5]!
Als ob nicht auch der Fehlentscheid der Enzyklika »Humanae vitae« Pauls VI. (1968) bezüglich der Geburtenregelung auf jener unbedingt zu befolgenden unveränderlichen kosmischen Ordnung (als Naturrecht deklariert) gründete[6]!
Als ob schließlich nicht auch die Zölibatsenzyklika (1967), das römische Studiendokument zur Dämonenlehre (1975), das Sexualdokument bezüglich Masturbation und Homosexualität (1976) und die diffamierenden Aussagen über die Frau und das Verbot der Frauenordination (1977)[7] mit so vielem anderem Ausdruck jenes überholten mittelalterlichen Denkens wären!

Die praktische Bedeutung dieser Frage wird aus dem deutlich, was man in verschiedenen Ländern das »katholische Bildungsdefizit«[8] genannt hat, für das bis in die allerneueste Zeit hinein die folgenden Tatsachen sprechen: 1. Katholiken sind in gebildeten Schichten prozentual weniger zahlreich vertreten als Protestanten; 2. Katholiken sind besonders unterrepräsentiert bei denen, die eine wissenschaftliche Laufbahn einschlagen; 3. Katholiken meiden in einer auffällig hohen Zahl die naturwissenschaftlich-technischen Studienrichtungen zugunsten der geisteswissenschaftlichen. Was sind die Ursachen dafür? Kirchenfeindliche Politik und inferiore Sozialstellung, die freilich ihrerseits auch innerkirchliche Gründe haben, spielen eine Rolle. Aber nicht weniger auch weltanschauliche Hemmungen, insbesondere das problematische, historisch belastete Verhältnis der katholischen Kirche zur modernen Naturwissenschaft. In den letzten Jahren zeigt sich freilich zumindest in Deutschland und in den Vereinigten Staaten eine erfreuliche Tendenzwende.

Eine konsequente Kurskorrektur findet nur dort statt, wo man die Fehlentscheidungen und Fehlhaltungen von Kirche und Theologie ehrlich eingesteht; wo man die theologische Lehre nicht nur dann, wenn es nicht mehr anders geht, notdürftig dem neuen Weltbild anpaßt und einpaßt; wo man vielmehr die gesamte christliche Botschaft im Rahmen der neuen geschichtlich-dynamischen Weltsicht neu bedenkt. Dabei soll nicht etwa mit Hilfe von einigen neuen Ansichten, Schlagwörtern, Etiketten wieder einmal eine neue Modetheologie begründet, sondern die gesamte Theologie klar und konsequent in erarbeiteter Übereinstimmung mit den relativ gesicherten Daten der Naturwissenschaft entwickelt werden: also nicht nach dem heißen und dann kalten Krieg zwischen Theologie und Naturwissenschaft jetzt nur eine fade, beziehungslose Koexistenz, sondern ohne eiserne und papierene Vorhänge die konstruktive Auseinandersetzung um die eine Welt und den einen Menschen, um Wahrheit, Einheit, Wert und Sinn des Ganzen! Eine Aufgabe, die die Möglichkeiten eines Einzelnen oder einer einzelnen Gruppe freilich weit übersteigt. Für ein solches gemeinsames Neubedenken sollen in diesem Buch einige, freilich entscheidende Grundlagen in bezug auf ein zeitgemäß zu verantwortendes Gottesbild dargelegt werden.

Obwohl wir uns nur im Vorfeld der Gottesfrage bewegten, ist uns doch die Bedeutung der Sache, um die es hier geht, sehr klargeworden. Einige der aufgeworfenen Probleme haben sich im Laufe der historisch-systematischen Darstellung von selbst erledigt, die gewichtigsten aber stehen noch an und müssen uns gegenwärtig bleiben. Bevor wir aber die Problematik weiterverfolgen – nach der Französischen Revolution noch mehr zugespitzt auf die Gottesfrage selbst – muß hier, wie angekündigt, eine kleine Zwischenbilanz aus der entwickelten doppelten Perspektive heraus gezogen werden: Was ergibt sich jeweils aus der *Perspektive von Descartes und Pascal* und den von ihnen repräsentierten und bis in die Gegenwart hinein erkennbaren Traditionen?

Auch in der *evangelischen Theologie* wird heute die Notwendigkeit einer konstruktiven Konfrontation der beiden Traditionen deutlicher gesehen als vor einigen Jahrzehnten. Wir wissen uns eins etwa mit den Intentionen Gerhard Ebelings, wenn er – allerdings ohne die Problematik der Naturwissenschaft und die Pascals zu bedenken – sagt: »In der Verschlungenheit der Traditionen, die das Gewißheitsproblem betreffen, hat sie (die Theologie) Sachwalterin der Konfrontation beider Weisen von Gewißheit zu sein. Sie hat deshalb ihre Verantwortung nach beiden Seiten hin kritisch wahrzunehmen, wie sie durch die Namen Luther und Descartes repräsentiert sind. Sie hat das Erbe Luthers vor dem Forum der von Descartes her in ihrem Denken bestimmten Moderne selbständig zu verarbeiten. Sie hat aber auch den sogenannten Geist der Neuzeit vor dem Forum der Glaubensgewißheit der Prüfung auszusetzen. Doch sind das, recht verstanden, nicht zwei getrennte Vorgänge[9].«

Wir versuchen eine Gegenüberstellung in zusammenfassenden und zusammenführenden Thesen. In jeweils einem *Thesen-Paar* sollen betont die Anliegen Descartes *und* Pascals aufgenommen werden. Unsere Gegenüberstellung meint also gerade nicht eine grundsätzliche Unversöhnlichkeit zweier polarer Grundpositionen, gar »zweier Kulturen des Denkens«, wie sie noch jüngst im Anschluß an eine Formulierung von C.P. Snow polemisch gegen den »Mythos Philosophie« behauptet wurde[10].

Selbstverständlich gibt es seit Platon und Aristoteles bis hin zur analytischen und sozialkritischen Philosophie zahlreiche Polarisierungen. Selbstverständlich gibt es die Unterschiede zwischen Mystik und Scholastik, Human- und Realbildung, Geistes- und Naturwissenschaften. Selbstverständlich gibt es die Gegensätze von Rationalität und Erleben, Erklären und Verstehen, Urteilen und Werten, Esprit de géometrie und Esprit de finesse. Aber sollte hier ein Miteinander, sollte eine Kommunikation zwischen den beiden Denkformen überhaupt nicht möglich sein? Bei Bewahrung und Beachtung der verschiedenen Bereiche, Aspekte und Schichten der Wirklichkeit kann eine *differenzierte Synthese* nicht von vornherein ausgeschlossen werden, ja, ist sie unter Umständen sogar in der einen und selben Person möglich. Gerade Pascal »glaubte an eine mögliche Vereinigung oder Versöhnung der beiden disparaten Haltungen«, ja, er »könnte als Beispiel für eine geglückte Synthese beider Geistestypen gelten«, obwohl, wie wir sahen[11], »in seiner Person allmählich die eine über die andere Art des Esprit die Oberhand gewann[12]«. Unsere Doppel-Thesen zur neuzeitlichen Rationalität betreffen zuerst allgemein die neuzeitliche Wissenschaft, dann das Verhältnis Theologie – Naturwissenschaft, schließlich – in nur vorbereitender Form – das Verhältnis von Wissenschaft und Gottesfrage.

Neuzeitliche Wissenschaft

Der Mensch lernte seine Vernunft immer umfassender zu gebrauchen. Doch lebt er von der Vernunft allein?

- *Es war grundsätzlich berechtigt und geschichtlich notwendig, daß der Mensch in umfassendem Zweifel seine Vernunft immer besser gebrauchen lernte, um in wissenschaftlicher Aufklärung die Natur und ihre Gesetze, schließlich auch sich selbst und die gesellschaftlichen Verhältnisse in all den verschiedenen Aspekten unvoreingenommen systematisch zu untersuchen.*
- *Bei aller grundsätzlichen Berechtigung und geschichtlichen Notwendigkeit eigenständiger Vernünftigkeit und wissenschaftlicher Erkenntnis ist jedoch um des vollen Menschseins und echter Aufklärung willen eine verabsolutierte Vernünftigkeit abzulehnen: Mit der Vernunft sind hier auch Wollen und Fühlen, Phantasie und Gemüt, Emotionen und Passionen, die nicht einfach auf Vernunft reduziert werden können, zu berücksichtigen: mit methodisch-rationalem Denken (»l'esprit de géometrie«) auch intuitiv-ganzheitliches Erkennen, Erspüren, Erfühlen (»l'esprit de finesse«).*

Ideal neuzeitlicher Wissenschaft ist: adäquate Methode, Klarheit, Exaktheit, also letztlich Mathematisierung der Probleme. Sind damit alle Dimensionen des Menschlichen zu erfassen?

- *Es braucht für die wissenschaftliche Untersuchung in allen Bereichen eine sichere, neutrale und adäquate Methode, die nach eigenen Gesetzen vorgeht. Zur Anwendung dieser Methode sind Kriterien wie Klarheit und Deutlichkeit, Exaktheit, Effizienz und Sachhaltigkeit angemessen: In der Welt des Quantitativen und Meßbaren muß der Geist der Geometrie, der Objektivität, Neutralität und Wertfreiheit herrschen. Probleme müssen möglichst mathematisiert, quantifiziert und formalisiert werden.*
- *Bei aller Anerkennung der mathematisch-naturwissenschaftlichen Ideale der Klarheit und Deutlichkeit, der Exaktheit, Effizienz und Sachhaltigkeit darf man jedoch die mathematisch-naturwissenschaftliche Methode nicht mit exklusivem Anspruch auf den gesamten Menschengeist ausdehnen, der nun einmal mehr ist als Mathematik: Mathematisierung, Quantifizierung und Formalisierung reichen nicht aus, um die Welt des Qualitativen und spezifisch menschliche Phänomene wie Lächeln, Humor, Musik, Kunst, Leid, Liebe, Glauben in all ihren Dimensionen zu erfassen. Das faktisch Gemessene darf nicht mit dem gemeinten Phänomen gleichgesetzt werden. Es gibt nicht nur die eine, die mathematisch-naturwissenschaftliche Rationalität. Es gibt auch in der Wissenschaft viele Methoden und nicht nur eine einzige; ihre Wahl hängt von der jeweiligen Problematik ab. Objektivität, Neutralität und Wertfreiheit haben in der Wissenschaft nur dann Sinn, wenn man sich immer des gesamten Bezugssystems und der erkenntnisleitenden Interessen, wenn man sich der methodischen Voraussetzungen, der praktischen Folgen und der persönlichen wie sozialen Verantwortung bewußt bleibt. Methoden und Wissenschaft sollen nicht Selbstzweck, sondern Mittel zur Vermenschlichung des Menschen sein.*

Wissenschaftstheorie kann auch in Philosophie und Theologie, sofern sie Wissenschaft sein wollen, eine Hilfe sein, wenn sie nicht zur Ideologie wird. Also Kritik ja – Destruktion nein?

- *Es ist legitim, eine rein formale Logik, Sprachanalyse und Wissenschaftstheorie zu konstruieren und dabei nach der Verifikation oder Falsifikation empirischer Sätze zu fragen. Es kann Philosophie und Theologie nur helfen, wenn sie sich auch mit Hilfe von Logik, Sprachanalyse und Wissenschaftstheorie bemühen, ihre Probleme möglichst eindeutig zu formulieren, sich über ihr spezifisches Verfahren Klarheit zu verschaffen, Begriffe zu präzisieren, eine exakte Wissenschaftssprache zu gebrauchen und die verschiedenen vorgeschlagenen Lösungsversuche kritisch zu untersuchen. In diesem Sinne muß auch die Theologie, wenn sie Anspruch auf*

Wissenschaftlichkeit erheben will, rational, das heißt kritisch in intellektueller Verantwortung, getrieben werden.

- *Formale Logik, Sprachanalyse und Wissenschaftstheorie dürfen aber nicht – genausowenig wie die Theologie – zur Einheitswissenschaft mit universalen Ansprüchen werden. Das Problem der Verifikation oder Falsifikation von Sätzen ist im Gesamtkontext von Geschichte, Gesellschaft und ihrer Hermeneutik zu sehen. Es kann Philosophie und Theologie nicht helfen, wenn sie sich in Logik, Sprachanalyse und Wissenschaftstheorie auflösen, wenn sie vor lauter Methodenfrage ihre »Sache« nicht mehr zu Gesicht bekommen und in rational kritischer Destruktion ihr einziges Ziel sehen. Auch Theologie wird als Wissenschaft nur dann in intellektueller Verantwortung getrieben, wenn sie zugleich mit aller Kritik eine – vernünftige und begründete – affirmative Funktion wahrnimmt.*

Verhältnis Theologie – Naturwissenschaft

Naturwissenschaften versuchen ihre Erkenntnis bis zur mathematischen Gewißheit voranzutreiben. Naturwissenschaft ohne Grenzen?

- *Die exakten Forschungen von der Atomphysik bis zur Astrophysik, von der Mikrobiologie bis zur Genetik und Medizin können so weit vorangetrieben werden, daß möglichst mathematische Gewißheit erreicht wird. Die mathematisch orientierte Naturwissenschaft hat also ihre volle Berechtigung, Eigenständigkeit und Eigengesetzlichkeit, die ihr kein Theologe oder Kirchenmann mit Berufung auf eine höhere Autorität (Gott, Bibel, Kirche, Papst) bestreiten darf. Gegenüber aller Bevormundung durch Theologie und Kirche ist zu betonen: Eine Abgrenzung von mathematisch-naturwissenschaftlichen und metaphysisch-theologischen Sätzen ist berechtigt und notwendig.*
- *Wenn Fragen der Naturwissenschaft – zu Recht – nach Methodik und Stil der Naturwissenschaft behandelt werden, dann müssen andererseits Fragen der menschlichen Psyche und Gesellschaft, Fragen des Rechtes, der Politik, der Historie, Fragen der Ästhetik, der Moral und Religion auch nach einer eigenen, ihrem Objekt entsprechenden Methodik und eigenem Stil behandelt werden. Bei aller berechtigten Betonung von Eigenständigkeit und Eigengesetzlichkeit der Naturwissenschaft darf die Problematik ihrer Grundlagen nicht verschwiegen, der hypothetische Charakter ihrer Gesetze nicht übersehen und dürfen ihre Ergebnisse nicht verabsolutiert werden: mit ihren Möglichkeiten müssen auch ihre Beschränktheiten gesehen werden. Gegenüber aller Bevormundung durch Mathematik und Naturwissenschaft ist festzustellen: Es gibt kein mathematisch-naturwissenschaftliches Kriterium, nach welchem metaphysisch-theologische Sätze als sinnlos (Scheinprobleme) erklärt werden können.*

Naturwissenschaft als Grundlage? Ja, wenn man aus ihr nicht das Ganze macht:

- *Die Naturwissenschaft wurde zu Recht die Grundlage für neuzeitliche Technik und Industrie, ja für das moderne Weltbild, die moderne Zivilisation und Kultur überhaupt.*
- *Die Naturwissenschaft ist aber nur dann sinnvolle Grundlage für modernes Weltbild, moderne Zivilisation und Kultur, wenn man aus der Grundlage nicht das ganze Gebäude macht; wenn man die Relativität, Vorläufigkeit und soziale Bedingtheit eines jeden Weltbildes, aller Entwürfe, Modelle und Aspekte sieht; wenn man neben den naturwissenschaftlichen Methoden auch die anderer Wissenschaften, die der Human- und Sozialwissenschaften und so auch die der Philosophie und – in wiederum sehr verschiedener Weise – die der Theologie gelten läßt. Jede Wissenschaft, die sich selbst verabsolutiert, stellt sich selbst in Frage.*

Es geht um die Wahrheit! Wer besitzt sie definitiv?

- *Auch Naturwissenschaftler anerkennen heute, daß sie keine endgültigen, definitiven Wahrheiten bieten können: sie sind bereit, den einmal gewonnenen Standpunkt wieder zu revidieren und gegebenenfalls auch ganz zurückzunehmen.*
- *Auch Theologen, die sich um die definitive Wahrheit mühen, besitzen diese Wahrheit nicht definitiv. Auch sie müssen die Wahrheit immer wieder neu suchen, können sich ihr nur annähern, lernen durch Versuch und Irrtum und müssen deshalb zur Revision ihres Standpunktes bereit sein. Auch in der Theologie sollte das wissenschaftliche Wechselspiel von Entwurf, Kritik, Gegenkritik und Verbesserung möglich sein.*

Aber ist der Begriff »Wissenschaft« überhaupt eindeutig? Will Theologie Wissenschaft sein: was wären die Konsequenzen?

- *Definitionen von Worten wie »Wissenschaft«, »Philosophie«, »Metaphysik« haben weithin den Charakter von Vereinbarungen (Konventionen, Traditionen). So läßt sich das Wort »Wissenschaft« (wie im Englischen das Wort »science«) auf mathematisch-logische und naturwissenschaftliche Sätze eingrenzen.*
- *Gerade weil Definitionen von »Wissenschaft«, »Philosophie«, »Metaphysik« weithin konventionellen, traditionellen Charakter haben, läßt sich das Wort »Wissenschaft« (wie weithin in abendländischer Tradition das deutsche Wort) auch für nicht-mathematische und nicht-naturwissenschaftliche Sätze, also auch für metaempirisch-theologische Sätze gebrauchen. Wenn die Theologie jedoch beansprucht, »Wissenschaft« (oder im Englischen eine »academic discipline«) zu sein, dann muß sie sich be-*

stimmten wissenschaftlichen Prinzipien der Begriffsbildung und Begründung unterziehen und darf nicht im Verlauf der konkreten Durchführung dagegen verstoßen, indem sie neu eingeführte Begriffe nicht expliziert oder Behauptungen nicht begründet.

Wissenschaft und Gottesfrage

Darf die moderne Wissenschaft Gott aus dem Spiel lassen?

- *Die moderne Wissenschaft mußte, wenn sie methodisch einwandfrei vorgehen wollte, Gott, der ja nicht wie andere Objekte empirisch konstatiert und analysiert werden kann, notwendig aus dem Spiel lassen.*
- *Gerade weil Subjekt und Objekt, Methode und Gegenstand innerlich verflochten sind, sind jedoch das von der Naturwissenschaft erfaßbare Phänomen und die Wirklichkeit an sich zu unterscheiden: Keine noch so sichere, adäquate, exakte Methode (Entwurf, Modell, Theorie) darf absolutgesetzt werden; Perspektivität und Variabilität gerade auch der mathematisch-naturwissenschaftlichen Methoden erfordern, daß man sich ständig ihrer Grenzen, insbesondere auch hinsichtlich der je größeren Gesamtwirklichkeit, bewußt bleibt.*

Die Entfremdung zwischen Theologie und Naturwissenschaft war verhängnisvoll. Selbstkritik von Theologie und Kirche ist notwendig. Es stellen sich aber auch Fragen an die Naturwissenschaft. Darf insbesondere die Frage nach dem Letzten und Ganzen der Wirklichkeit einfach ausgeschaltet werden?

- *Vom biblischen Gottesglauben her war es grundsätzlich nicht notwendig, daß christliche Theologie und Kirche sich von vornherein in Opposition zu den Erkenntnissen der aufstrebenden Naturwissenschaft stellten. Man hätte frühzeitig biblisches Weltbild und biblische Botschaft unterscheiden können, wie die Resultate der Naturwissenschaft und die Naturwissenschaftler selber es nahelegten.*
- *Die Naturwissenschaft darf, wenn sie ihrer Methode treubleiben will, ihr Urteil nicht über den Erfahrungshorizont hinaus ausweiten; weder eine Überheblichkeit skeptischen Nichtwissens noch die eines Alles-besser-Wissens entspricht ihr. Eine mögliche übergreifende allererste-allerletzte Wirklichkeit, die wir Gott nennen und die, weil nicht konstatierbar und analysierbar, auch nicht manipulierbar ist, muß methodisch in den Naturwissenschaften außer Betracht bleiben. Dennoch kann in bezug auf die Wirklichkeit als ganzer und auf den Menschen selbst die Frage nach letzten-ersten Sinngebungen und Maßstäben, Werten und Normen und damit überhaupt einer letzten-ersten Wirklichkeit nicht von vornherein abgewiesen werden. Vom Naturwissenschaftler ist grundsätz-*

lich Offenheit gegenüber der gesamten Wirklichkeit zu fordern. Auch Wissenschaftstheoretiker anerkennen heute über den Bereich der naturwissenschaftlichen Erkenntnis hinaus die umfassendere »meta-physische« Frage nach den »Lebensproblemen« (Wittgenstein), der »Kosmologie« (Popper), der »Welt« (Kuhn).

War die Entwicklung zum neuzeitlichen Atheismus notwendig? Haben nicht Theologie *und* Naturwissenschaft ihre Grenzen überschritten?

- *Christliche Theologie und Kirche, die nach den Vorstellungen der Naturwissenschaftler des 16. und 17. Jahrhunderts zu Bundesgenossen der neuen Wissenschaft hätten werden sollen, haben durch ihr Versagen gegenüber der Naturwissenschaft, aber auch gegenüber den neuen philosophischen und sozialpolitischen Entwicklungen wesentlich dazu beigetragen, daß der wissenschaftliche wie der politische Atheismus sich durchsetzen konnte: im 18. Jahrhundert bei einzelnen Vorläufern, im 19. Jahrhundert bei einer großen Zahl von Gebildeten, im 20. Jahrhundert schließlich auch bei großen Massen in Ost und West.*
- *Es war jedoch grundsätzlich nicht notwendig, daß die autonome Vernunft, daß die moderne Naturwissenschaft ihre Resultate zunehmend derart generalisierte, daß für einen Glauben an Gott kein Platz mehr übrigblieb und der Gottesglaube praktisch weithin durch Wissenschaftsglaube ersetzt wurde. Der Gott der Bibel ist nicht identisch mit dem Gott des alten Weltbildes oder dem Gott der griechischen Philosophie.*

In summa: Wofür plädieren wir? Wir plädieren mit Descartes und seiner Gefolgschaft entschieden *für kritische Rationalität*, mit Pascal und seiner Gefolgschaft aber zugleich ebenso entschieden *gegen einen ideologischen Rationalismus*. Voll zu bejahen ist somit die Idee der kritischen Rationalität, abzulehnen nur die Ideologie eines kritischen Rationalismus, der das Rationale verabsolutiert und mystifiziert. Ideologie hier also kritisch verstanden: als ein System von »Ideen«, Begriffen und Überzeugungen, von Deutungsmodellen, Motiven und Handlungsnormen, das – meist durch bestimmte Interessen gesteuert – die Wirklichkeit der Welt verzerrt wiedergibt, die wahren Mißstände verschleiert und rationale Begründungen durch den Appell an Emotionen ersetzt. Die rationalistische Ideologie ist durch rationalistischen Dogmatismus und rationalistische Intoleranz charakterisiert.

Vielschichtigkeit und Einheit der Wirklichkeit

Auch Theologie muß für kritische Rationalität sein: Auch Theologen dürfen sich der Tradition kritischen Denkens verpflichtet wissen; die kühnsten unter ihnen in Altertum, Mittelalter und Neuzeit haben nicht wenig Anteil an der Aufklärung der Menschen gegenüber Mythologien, Ideologien und Obskurantismen aller Art. Andererseits können auch Philosophie und Naturwissenschaft gegen einen ideologischen Rationalismus sein: Gerade die großen Initiatoren der Aufklärung – Philosophen wie Descartes, Spinoza und Leibniz, aber auch Voltaire, Lessing und Kant, dann Naturwissenschaftler wie Kopernikus, Kepler, Galilei, Newton und Boyle – wären nie darauf verfallen, eine andere Dimension als die der mathematisch-naturwissenschaftlichen Vernunft schlechthin zu leugnen. Zumindest in dieser Hinsicht wurden die großen Rationalen zu Unrecht »Rationalisten«, Vertreter eines Ismus mit Scheuklappen gegenüber der ganzen Wirklichkeit, genannt.

Echte Radikalität ist nicht gleichzusetzen mit Einseitigkeit und Eindimensionalität. Gegenüber der Ideologie des Rationalismus ist von vornherein die Vieldimensionalität und *Vielschichtigkeit der Wirklichkeit* in Anschlag zu bringen: »Wirkliches kann in ganz verschiedener Weise begegnen und demgemäß auch einen ganz verschiedenen Charakter tragen. Die Wirklichkeit des Atomphysikers ist eine andere als die des Platonikers, die Wirklichkeit des Alltags eine andere als die der religiösen Erfahrung. Inhaltlich betrachtet ist also die Wirklichkeit zerklüftet; sie differenziert sich je nach dem Blickpunkt, unter dem sie erscheint. Es gibt offensichtlich nicht *die* Wirklichkeit, sondern es gibt viele unterschiedliche Wirklichkeitsebenen. Das aber besagt: Man kann und darf nicht einen bestimmten Aspekt auf die Wirklichkeit verabsolutieren; denn dann rebellieren die anderen Aspekte.« So der Philosoph Wilhelm Weischedel[13].

Bei aller Vielschichtigkeit der Wirklichkeit wird man jedoch die verschiedenen Wirklichkeitsschichten und Wirklichkeitsebenen nicht zu schlechthin verschiedenen Wirklichkeiten erklären dürfen. Bei aller Vieldimensionalität der Wirklichkeit wird man in den verschiedenen Dimensionen die Einheit nicht übersehen dürfen. Es geht bei all den verschiedenen Ebenen und Schichten, Dimensionen, Aspekten und Differenzierungen doch um die *eine* Wirklichkeit, die, wie wir zur Genüge sahen, immer nur auf Kosten des vollen Menschseins in dieser Welt aufgespalten wird.

Gegen den bereits kritisierten Dualismus Descartes' zwischen Subjekt und Objekt, Denken und Sein, Geist und Materie, Seele und Leib, aber auch zwischen Vernunft und Glaube, Philosophie und Theologie, einen Dualismus, der von Pascal allzuweit übernommen und bezüglich Vernunft und Glaube – nun freilich statt zugunsten der Vernunft zugunsten des Glaubens – noch verstärkt wurde, muß die *Einheit und Wahrheit der Wirklichkeit* erneut zur Sprache gebracht werden: »Mit der Antiquierung der aristotelisch formulierten theologischen Einheit von Wirklichkeit und Wissenschaften ist also die Frage nach der Einheit und Wahrheit und nach dem Heil und Sinn des Ganzen keineswegs erledigt. Erst jetzt wird sie aus einer traditionellen Selbstverständlichkeit zu einer offenen Frage, die die Zeit und den Fortschritt der menschlichen Geschichte in Atem hält, immer neue Antworten provoziert und alle Antworten überholt und zu vorläufigen Antworten macht. Die Wahrheit und das Heil des Ganzen wird in der Gestalt der offenen Frage begriffen. Solange diese Frage offen ist und dennoch als Frage sich überall anmeldet, bleibt Wissenschaft Wissenschaft. ›Eine Religion, die der Vernunft unbedenklich den Krieg erklärt, wird es auf die Dauer nicht gegen sie aushalten‹, hatte Kant mit Recht erklärt. Doch hat sich gezeigt, daß auch die Vernunft es in ihrem aufklärenden Sieg über das, was sie Glauben nannte, nicht bei sich selbst aushielt, sondern höchst unvernünftige Weisen von naiver Gläubigkeit entwickelte.« So der Theologe Jürgen Moltmann[14].

Wie soll nun die offene Frage nach Einheit und Wahrheit, Sinn und Wert des Ganzen beantwortet werden? Wie für Probleme des Lebens, der Kosmologie, der Gesellschaft, der Welt eine Lösung finden? Diese Fragen hängen offensichtlich mit der Gottesfrage zusammen. Darüber wird in allen folgenden Teilen zu reden sein. Hier ging es zunächst nur um das grundsätzliche Verhältnis von Vernunft und Glaube, um den Rahmen einer Antwort also. Eine materiale Füllung muß und soll folgen, um dieses Verhältnis positiv darzustellen. Dafür ist eines vor allem notwendig: Aus der neuzeitlichen Entwicklung müssen entschlossen die Konsequenzen für das Gottesverständnis gezogen werden. Ist nicht überhaupt ein neues, ein neuzeitliches Gottesverständnis vonnöten?

B. DAS NEUE GOTTESVERSTÄNDNIS

Wie soll der Mensch in der einen, aber vieldimensionalen Wirklichkeit Gott *denken*? Diese Frage, um die seit eh und je die Philosophie kreiste, hat sich seit der Zeit Descartes' und Pascals je länger desto mehr zugespitzt. Nach Aufklärung und Französischer Revolution erreichte die Denkbewegung um die Gottesfrage im deutschen Idealismus einen Höhepunkt: Das protestantisch-biblizistische ebenso wie das katholisch-traditionalistische, aber auch das deistisch-aufklärerische Gottesbild geriet in die Krise.

So stand die Theologie in Auseinandersetzung nicht nur, wie wir sahen, mit der modernen Naturwissenschaft, sondern auch mit der modernen Philosophie. Was nützte es schließlich, wenn man – recht spät – von einem naturwissenschaftlichen Weltbild auszugehen versuchte, aber doch bei einem philosophisch antiquierten Gottesbild stehenblieb? Hat die normale Theologie es bis heute genügend – und nicht nur abwehrend, sondern mitdenkend – zur Kenntnis genommen, welche bedeutsamen Entwicklungen in der neueren Philosophie- und Geistesgeschichte stattgefunden haben? Die es dem Menschen erlauben, größer von Gott, und vielleicht gerade auch vom biblischen Gott, zu denken, als dies in der Zeit der griechischen und lateinischen Väter oder im Mittelalter oder auch noch zur Zeit Descartes' und Pascals möglich war? Allzutief war sehr oft gerade im Gottesverständnis die Kluft zwischen der normalen Theologie und der neuzeitlichen Philosophie, ja dem neuzeitlichen Denken überhaupt. Aber wie immer: ob man sich heutzutage für oder gegen Gott entscheidet, diese Entscheidung fällt sachgemäß nicht angesichts eines griechischen oder mittelalterlichen, sondern angesichts eines neuzeitlich reflektierten Gottesverständnisses.

I. Gott in der Welt: Georg Friedrich Wilhelm Hegel

Einleitend zu diesem Kapitel sei erneut daran erinnert: Keine Philosophie- oder gar Geistesgeschichte ist hier beabsichtigt: nur die Fortführung der systematischen Klärung der geschichtlichen Gottesproblematik. Als Denkmodell dient hier zunächst vor allem die Philosophie *Hegels*, in der sich die mit Descartes einsetzende epochale Entwicklung vollendet und an welcher der weitere Schub der Problematik durchgeprüft werden soll: wie weit diese Denkvoraussetzungen auch heute noch von Gültigkeit sind, wie weit hier ein Denkstand erreicht wurde, hinter den man nicht ungestraft zurückfällt.

1. *Vom Deismus zum Panentheismus*

Hegels Biographie, sein geistesgeschichtlicher Kontext, seine Werke von den Tagebüchern des Stuttgarter Gymnasiasten und den Frühschriften des Tübinger Theologen, Berner und Frankfurter Hauslehrers über die gedruckten Werke des Jenaer Privatdozenten, Nürnberger Gymnasialdirektors und Heidelberger Professors (Phänomenologie, Logik, Enzyklopädie) bis zu den großen geschichtsphilosophischen Vorlesungen des Berliner Ordinarius (nach der Rechtsphilosophie die posthum in Nachschriften veröffentlichten Vorlesungen über die Philosophie der Weltgeschichte, der Kunst, der Religion, der Philosophiegeschichte): dies alles in seiner Kontinuität und Diskontinuität, in seinem Zusammenhang und seinen Brüchen wurde vom Verfasser in philosophisch-theologischer Perspektive mit den verschiedensten Implikationen und Komplikationen anderswo behandelt[1]. Es wäre schön, man könnte auch anderen hier wichtigen Figuren der Geistesgeschichte wie Lessing, Kant, Fichte, Schelling, Hölderlin, Goethe bezüglich der Gottesproblematik solche Aufmerksamkeit widmen[2]. Aber das ist bei unserer Zielsetzung nicht möglich, auch nicht nötig. Beschränkung ist angebracht, und wir hoffen doch, daß auch dem mit dem Detail nicht vertrauten Leser das Ganze transparent wird.

Hegel ist freilich der schwierigste unter den notorisch schwierigen deutschen Philosophen. Und zähes Fleisch bekommt auch der raffinierteste Koch nicht weich. Am Schluß dieses Teiles B soll jedenfalls wieder eine weiterhelfende Zwischenbilanz gezogen werden. Wem also die Lektüre dieses Teils zu schwierig wird, der lasse sich nicht entmutigen und fahre ebenso wie derjenige, den der Weg zum neuen Gottesverständnis und zum Umschlag in den auf Hegel folgenden Atheismus weniger interessiert, mit der Zwischenbilanz II fort. Noch besser freilich wäre es, der Leser nähme sich zum entschieden leichteren Verständnis die Zeit, diesen auch für den Autor mit Anstrengungen verbundenen Teil vielleicht noch ein zweites Mal durchzugehen.

Grenzen der Aufklärung

Im Jahr der Veröffentlichung der »Dogmatik« des materialistischen Atheismus, Holbachs »Système de la nature«, hatte Georg Friedrich Wilhelm Hegel in Stuttgart noch unter dem Ancien Régime das Licht der Welt erblickt: das war 1770. Ein Jahr vor dem Ausbruch der Französischen Revolution war der in einer protestantischen Familie erzogene, aber weniger von reformatorischem Geist als von einer trocken-intellektuellen Aufklärer-Religiosität erfüllte Gymnasiast in das berühmte Evangelische Stift von Tübingen eingetreten, um hier Theologie zu studieren – im Hinblick auf ein Christentum der naturgegebenen Vernünftigkeit, das protestiert gegen Obskurantentum und Aberglauben und ganz ausgerichtet ist auf Erziehung, Nützlichkeit, Tugend und Glückseligkeit: es war jetzt 1788! Im Jahr schließlich der Absetzung Gottes in Paris hat der zunächst nicht gerade übereifrige Theologiestudent Hegel in Tübingen sein Studium abgeschlossen, er, der vom apologetisch-biblizistischen Supranaturalismus seines Dogmatikprofessors G. Chr. Storr[3], Haupt der älteren protestantischen Tübinger Schule, wenig hielt; der lieber Voltaire, Kant und vor allem Rousseau las; der zusammen mit seinen Freunden und Zimmergenossen Hölderlin und Schelling im »Politischen Club« eifrig debattierte; der Sprüche wie »In tyrannos!«, »Vive Jean-Jacques!«, »Vive la liberté« auf Stammbuchblätter schrieb; der endlich durch Aktivitäten wie das Aufrichten eines Freiheitsbaumes bei Tübingen eine Inspektion durch das Konsistorium und eine persönliche Intervention des feudal-absolutistisch regierenden Herzogs Karl-Eugen im Refektorium des Stifts provozierte; jetzt hat er also schließlich nach einem Magisterexamen in Philosophie die kirchliche Konsistorialprüfung abgelegt: das war 1793 – für Europa ein Jahr des Schreckens!

Die meisten führenden Köpfe auch in Deutschland hatten sich für die Aufklärung und die *Französische Revolution* zunächst sehr begeistert: nicht nur Kant, Jacobi, Fichte, sondern auch Klopstock, Herder, Wieland, Novalis, Friedrich Schlegel; Schiller war sogar die Ehrenbürgerwürde der Stadt Paris angetragen worden. Aber gerade gegen Ende von Hegels Tübinger Zeit hatte in Paris die revolutionäre Diktatur der Jakobiner eingesetzt: Schon die Septembermorde 1792 hatten die Sympathie für die Revolution im Ausland stark abgekühlt. Im Januar 1793 war Ludwig XVI. hingerichtet worden. Es begann die furchtbare Zeit des Wohlfahrtsausschusses unter Robespierre mit den in die Tausende gehenden Massenexekutionen. Das alles war wie eine Bestätigung für das einflußreiche Buch des liberalen englischen Staatsmannes Edmund Burke »Reflections on the Revolution in France«[4], das im selben Jahr des Schreckens in deutscher Übersetzung erschien und entschieden für Freiheit des Einzelnen und Gerechtigkeit im Staat, aber gegen gewaltsamen politischen Umsturz auftrat: ein wesentliches Buch für die nun einsetzende geschichtsmächtige frühromantische Bewegung. Wie Herder, Schiller, Klopstock und andere, so verurteilten jetzt auch Hegel, Schelling und Hölderlin den jakobinischen Terror, ohne indessen die Ziele der Revolution aufzugeben.

Unseren Tübingern ging es dabei um mehr als um politisch-soziale Revolution, es ging ihnen um die *Revolution des Geistes:* Eine Kulturrevolution? Gewiß handelte es sich nicht einfach um ein revolutionäres politisches Programm, das in Deutschland ohnehin wenig Aussicht auf Realisierung hatte. Wohl aber um ein alle Gebiete, Wissenschaft, Literatur und Kunst, Politik, Philosophie und vor allem die Religion umfassendes humanitär-gesellschaftspolitisches Programm. Die Parole dafür: »Reich Gottes«, eine Chiffre, die alles, was man wollte, umfassend abdeckte[5].

Gerade in dieser humanitär-gesellschaftspolitischen Perspektive spielte die Religion für Hegel eine entscheidende Rolle. War ihm doch schon am Gymnasium in Stuttgart deutlich geworden: Wie soll denn der »gemeine Mann«, der Durchschnittsmensch, Anteil bekommen an dieser hellen neuen Zeit, der »Auf-klärung«? Eine abstrakte rationale Philosophie reicht da nicht aus. Es braucht die Religion[6]! Hegels Einstellung zur Religion während seines Studiums ist gerade deshalb eindeutig kritisch. Kritik – das ist kein Argument gegen, sondern für sein religiöses Engagement: eine Haltung, die auch für andere deutsche Aufklärer typisch ist. Seine Religionskritik zielt – anders als in Frankreich – nicht auf Abschaffung, sondern Erneuerung der Religion in einer modernen, aufgeklärten Gesellschaft: Religion muß zur echten »Volksreligion« werden.

Schon gegen Ende seiner Tübinger Zeit sah Hegel immer deutlicher die *Grenzen der Aufklärung:* »Wie muß Volksreligion beschaffen sein?«, fragt er sich ausdrücklich. Antwort: Sie muß zwar »auf der allgemeinen Vernunft gegründet sein«, aber zugleich dürfen »Phantasie, Herz und Sinnlichkeit . . . dabei nicht leer ausgehen«[7]. Gegenüber allem Rationalismus ist er der Meinung: »Aufklärung des Verstands macht zwar klüger, aber nicht besser . . . Daß schlimme Neigungen gar nicht aufsteigen, daß sie nicht zu einer großen Höhe gelangen, dies kann keine gedruckte Moral – keine Aufklärung des Verstands leisten[8].« Wie kein supranaturalistischer Schultheologe, so ist der Theologiestudent Hegel also auch kein rationalistischer Freidenker. Er will keine unvernünftige Tradition: darin ist er Aufklärer. Aber er will auch keine traditionslose Vernunft: darin ist er mehr als Aufklärer. Man hört hier Pascal gegen Descartes nachklingen: »Etwas anderes als Aufklärung, als Räsonnement ist Weisheit – Aber Weisheit ist nicht Wissenschaft – Weisheit ist eine Erhebung der Seele . . . sie räsoniert wenig, sie ist auch nicht methodo mathematica von Begriffen ausgegangen und durch eine Reihe von Schlüssen, wie Barbara und Barocco zu dem, was sie für Wahrheit nimmt, gekommen . . ., sondern spricht aus der Fülle des Herzens[9].«

Manche Ideen, die Pascal im vorausgehenden Jahrhundert einsam vertreten hat, sind unterdessen auf verschiedenen Wegen Allgemeingut geworden und haben sich mit anderen vermischt. Bei der neuen Hegelschen Akzentsetzung gegenüber der Aufklärung lassen sich *verschiedenste Einflüsse* feststellen: der Volksgeist bei Montesquieu und Herder, der Altruismus Shaftesburys und die Bedeutung der Empfindung bei Mendelssohn; die Idealisierung des Griechentums bei Winckelmann, Wieland, Herder und Schiller sowie die Differenz zwischen reiner Vernunftreligion und wahrer Religion bei Fichte . . . Vor allem aber ist hier – in manchem auf der Linie Pascals – *Rousseau* zu nennen: weniger sein Kulturpessimismus und die Bestreitung von Eigentumsordnung und Wissenschaft, wohl aber – bei aller Anknüpfung an die Aufklärung – die lebendige Verbindung von Vernunft und Sinnlichkeit; das Recht von Herz, Phantasie und Fühlen; der natürliche Altruismus (»Mitleid«, »Freundschaft«, »Liebe«); die pädagogisch-antiautoritäre Tendenz (»Wachsenlassen«); der Sinn für die überindividuelle Einheit (»volonté générale«); der Wille zur Erneuerung der Gesellschaft von der Kunst bis zu Politik und Religion.

Alles in Gott: Spinoza und die Folgen

Beinahe unmerklich hatte sich schon des längeren eine bedeutungsvolle Veränderung des geistigen Klimas und damit auch des Gottesverständnisses vollzogen: *weg vom aufklärerischen Deismus hin zu einer pantheisierenden Grundhaltung*. Ein völlig neues Lebensgefühl hatte sich Bahn gebrochen: ein von Lessing angekündigtes, durch Kant gefördertes, im Sturm und Drang durchbrechendes, letztlich aber vor allem auf Spinoza zurückgehendes Lebens-, Natur-, Welt- und Gottesgefühl.

Schon am Rand des Rationalismus des 17. Jahrhunderts und der Aufklärung des 18. Jahrhunderts hatte es neue umgreifende Vermittlungsversuche gegeben, angeregt von Unterströmungen der mittelalterlichen Mystik bereits beim Aufgang der Neuzeit, besonders bei Giordano Bruno und dann – für die Zukunft wirkmächtiger – bei Spinoza. Der iberische Jude *Baruch* (Benedikt, »der Gesegnete«) *de Spinoza* (1632–1677) war der wohl meistbeschimpfte Philosoph und religiöse Denker der frühen Neuzeit. In Amsterdam war er Rabbiner-Schüler gewesen, hatte sich aber auch Kenntnisse der lateinischen Philosophie und Literatur angeeignet und war schnell als selbständig und unabhängig denkender Kopf zum Außenseiter der jüdischen Gemeinde geworden, darin einem anderen großen Außenseiter ähnlich, der sein Nachbar war im Amsterdamer Judenviertel, dem Maler Rembrandt[10]. 1656 – Pascal sah seine »Provinciales« verurteilt – wurde Spinoza wegen schwerwiegender Irrlehren aus der Amsterdamer Synagoge mit dem großen Bannfluch ausgestoßen. Einen Lehrstuhl in Heidelberg, offeriert vom kurfürstlichen Bruder jener Elisabeth von der Pfalz, der Descartes seine »Prinzipien der Philosophie« gewidmet hatte, schlug er um seines ungestörten Daseins und seiner geistigen Freiheit willen aus. Still zurückgezogen auf dem Lande wohnend, widmete er sein Leben ganz seinem philosophischen Denken, seinen Unterhalt mit dem Schleifen optischer Gläser verdienend. In dem einzigen zu seinen Lebzeiten (anonym und mit fingiertem Erscheinungsort) veröffentlichten (und sofort verschiedentlich verurteilten) Werk (»Tractatus theologico-politicus«[11]) erweist er sich als einer der ersten entschlossenen Verteidiger der Freiheit des Denkens und Glaubens. Zugleich aber wird er damit zum Ahnherrn der modernen Bibelkritik, für den die Bibel nicht ein inspiriertes irrtumsfreies Buch Gottes ist, sondern das oft widersprüchliche Dokument echt menschlich-jüdischen Glaubens.

Für Spinoza gehört Gott – ganz anders als bei Descartes, von dem er so viel gelernt – als das unbedingt Gewisse an den Anfang der Philosophie[12]. Spinozas Gott lebt nicht getrennt vom Universum: Gott ist in der Welt und die Welt in Gott. Die Natur ist eine bestimmte Weise, in der Gott selbst existiert; das menschliche Bewußtsein eine bestimmte Weise, in der Gott selber denkt. Das Einzel-Ich und alle endlichen Dinge sind keine selbständigen Substanzen, sondern nur Modifikationen der *einen und einzigen göttlichen Substanz*. Also Gott alles in allem – ein rein immanenter, nicht ein transzendenter Gott? Transzendent ist für Spinoza Gott nur insofern, als seine unendlich vielen Attribute – von Ausdehnung und Denken (Descartes!) abgesehen – uns unzugänglich bleiben. Gott ist nicht überschreitende, sondern inwendige Ursache aller Dinge und Ursache seiner selbst.

Ein Schöpfer der Welt ist dieser unpersönlich gedachte Gott Spinozas freilich nicht, und die Frage der Zeitgenossen war durchaus berechtigt: Ist dieser Gott noch der Gott Abrahams, Isaaks und Jakobs? Spinoza aber glaubte – das war seine feste Überzeugung – an einen größeren Gott als die Bibelgläubigen. Bei aller Ablehnung durch Juden, Katholiken und Protestanten seiner Überzeugung unerschütterlich treu, zog er seine Kraft aus jener – alles Vergängliche überschreitenden – Sehnsucht nach dem Ewigen, der »geistigen Liebe zu Gott«, und hoffte auf das Hineinsterben in die all-eine Gott-Natur.

Hegel in der Geschichte der Philosophie über Spinoza: »Wenn man anfängt zu philosophieren, so muß man zuerst Spinozist sein. Die Seele muß sich baden in diesem Äther der einen Substanz, in der alles, was man für wahr gehalten hat, untergegangen ist. Es ist diese Negation alles Besonderen, zu der jeder Philosoph gekommen sein muß; es ist die Befreiung des Geistes und seine absolute Grundlage [13].« Nirgendwo deutlicher aber als bei Hegel sollten freilich auch die Schwierigkeiten jenes Gottesverständnisses offenbar werden, welches die Welt und all ihr Elend in Gott aufgenommen hat.

Seiner Zeit war Spinoza mit seinem ontologisch-ethischen Pantheismus freilich zu weit voraus, als daß er hätte Schule machen können. Aber in der Folge von Lessing sollte in der Zeit Goethes, Fichtes, Schellings und Hegels der »Spinozismus« die mehr oder weniger heimliche Fliehburg aller derer werden, die nach All-Einheit strebten. Allerdings wird schon bei den Kartesianern, im Okkasionalismus Malebranches und besonders bei Berkeley, das Sein und Wirken Gottes als ein Sein im menschlichen Geist verstanden. Und immer wieder die Frage: Ist das noch der Gott der Väter, der Gott Jesu Christi? Doch man interessiert sich jetzt nicht mehr für den Gott *über* dem Menschen oder auch für den Gott *außerhalb* des Menschen, sondern für den Gott *im* Menschen. Also: Gott in allen Dingen und alle Dinge in Gott!

Wie Herder, Fichte und Schiller, so waren Hölderlin, Schelling und vermutlich auch Hegel schon in Tübingen unter den Einfluß spinozistisch-pantheistischer Ideen geraten. Doch drei Gestalten, die für den Umschwung in Deutschland verantwortlich sind, müssen hier mindestens kurz erwähnt werden: Kant, Lessing und Goethe.

Seit *Kants* Kritik der Gottesbeweise – so wenig sie im einzelnen verstanden wurde – schien den Gebildeten erwiesen: Das Dasein Gottes kann nicht bewiesen werden! Gott ist also keine Sache des Wissens! Anders freilich als in Frankreich wird Gott in Deutschland zunächst kaum geleugnet, aber er wird mehr und mehr nur noch zum fragereichen letzten Horizont der Weltanschauung: Statt von Gott als dem denkenden und handelnden Weltenschöpfer und Weltenlenker des großen Weltuhrwerks spricht man jetzt immer mehr von der »Gottheit«. Und diese entzieht sich allen verendlichenden Bestimmungen des menschlichen Denkens, allen menschlichen Aussagen. Aus dem »Vater, Schöpfer des Himmels und der Erde« wird das allumfassende »Absolute«!

Zur selben Zeit hat nun *Lessing* – der größte Polemiker der klassischen deutschen Literatur und Herausgeber der skandalösen Fragmente des Reimarus (Beginn der historischen Leben-Jesu-Forschung!) – gleichsam posthum den Ideen Spinozas bei der intellektuellen Avantgarde Eingang verschafft: Seine aufklärerischen Berliner Freunde erschraken zutiefst, als vier Jahre nach seinem Tod (1781 im Jahr der »Kritik der reinen Vernunft«) Friedrich Heinrich Jacobi (»Über die Lehre des Spinoza in Briefen an den Herrn Moses Mendelssohn« [14]) von einem Privatgespräch mit Lessing kurz vor seinem Tod berichtete: Lessing hätte 1780 nach seinen eigenen Worten die orthodoxen Begriffe von der Gottheit preisgegeben. Ja, er hätte sich auf

Spinoza berufen, hätte Gott als persönliche Ursache der Welt abgelehnt, hätte ihn als eine Art Seele des Alls verstanden, die die Welt als Ein und Alles umfaßt... Jacobi klagt Lessing also des Pantheismus und damit auch des Determinismus, Fatalismus, Atheismus an: der *»Pantheismusstreit«* war ausgebrochen. Auch Lessings Freund Moses Mendelssohn, Wolffianer und Mitarbeiter des Führers der Berliner Aufklärer Friedrich Nicolai, vermochte die Zweifel nicht zu zerstreuen: Lessing war Spinozist. Er gilt von da an als der Begründer der eigentümlich deutschen Spielart eines dynamischen (Leibniz!) Pantheismus.

Der religiöse Einfluß *Goethes* geschah indirekt – über seine Dichtung; aber in der unpolemisch-harmonischen Art der Vermittlung und der gleichsam selbstverständlichen Weltlichkeit war er für damals und für die Folgezeit um so wirksamer. Zunächst unter pietistischem Einfluß und gegenüber der radikalen französischen Aufklärung zeitlebens mehr als reserviert, hatte sich der Goethe des Sturm und Drang – in Begegnung mit Herder und dessen Natur- und Geschichtsverständnis und in Auseinandersetzung mit Lavaters Christusfrömmigkeit – zu einem eigenen Verständnis des Göttlichen durchgerungen. Gott? Das ist für Goethe kein Weltbaumeister, Weltenschöpfer oder Weltenlenker! Gott – das ist der unerforschliche Urgrund aller Dinge, der Allumfasser und Allerhalter, die schöpferische Phantasie und schaffende Allnatur! Bald sollte auch Goethe des Atheismus angeklagt werden.

Verstärkt wurde diese Gegenbewegung zur rationalistisch-deistischen Aufklärung durch das religiöse Denken Hamanns, die Geschichtsphilosophie Herders und die Gefühlsphilosophie Jacobis. Gegenüber der aufklärerischen Kulturverbundenheit betonte man seit Rousseau wieder mehr die Naturverbundenheit. Und bis in die Garten- und Parkgestaltung hinein wurde der französisch-geometrische Rationalismus durch die organischere (»englische«) Art abgelöst. Ja, der naturwissenschaftlichen Entgöttlichung der Natur durch die Aufklärung folgte Herders, Goethes und Hölderlins Wiedervergöttlichung der Natur. Philosophisch hat sie sich vor allem in Schellings frühen Werken Ausdruck verschafft: Der Sinn für die lebendige, umfassende Totalität alles Seienden setzte sich durch, der Sinn für die als Leben verstandene Natur, für das als göttlich verstandene Leben.

Trotz, nein, eher wegen der politischen Schwäche des »Heiligen römischen Reiches deutscher Nation« unter der Vorherrschaft des napoleonischen Frankreich hatte sich der Schwerpunkt der philosophisch-kulturellen Auseinandersetzungen gegen Ende des 18. Jahrhunderts eindeutig von Frankreich nach *Deutschland* verlagert: Die fünfzig Jahre zwischen Lessings Tod und Kants »Kritik der reinen Vernunft« (1781) und dem Tode Hegels und Goethes (1831/32) sind von einer bisher in der menschlichen Geistesgeschichte selten (vielleicht nicht einmal in der ähnlich gedrängten Geschichte der klassischen griechischen Philosophie) beobachteten atemberaubenden

Schnelligkeit der Entwicklung und Fülle der Problematik. Nicht unerwähnt sei, daß zur selben Zeit die europäische Musik in Wien ihren Höhepunkt erreicht: Ebenfalls im Jahre 1781 war Mozart zu Haydn nach Wien gekommen, 1787 war Beethoven zu Mozart gereist, Schubert kam hinzu. Aber ebenfalls bereits 1827/28 hatte die klassische Periode mit dem Tode Beethovens und Schuberts ihr Ende gefunden.

Und *Hegel*? Sieben lange Jahre dauerten seine Lehr- und Wanderjahre: von Tübingen als Hauslehrer zuerst in die Schweiz nach Bern und dann nach Frankfurt. Erst 1801 konnte er sich in Jena für Philosophie habilitieren, mit 31 Jahren, während sein Freund Schelling dort schon mit 23 Jahren Professor der Philosophie geworden war. Was sich in Bern vorbereitet hatte, war bereits in Frankfurt offenkundig geworden: Auch für ihn eine Wende weg von der aufklärerischen, aber dann auch von der Kantschen Trennung von Gott und Mensch. Auch für ihn eine Wende hin zu einer Einheit von Unendlichem und Endlichem, Göttlichem und Menschlichem, zu einer Einheit des Lebens, des Geistes, ja des Göttlichen. Also auch für ihn – wie bei Lessing und Goethe – die definitive Abkehr vom dualistischen Deismus, der Gott in eine ferne Transzendenz abgeschoben hatte und in ihm ein bloß entgegengesetztes Gegenüber (ob-jectum) ohne Verbindung und Gemeinschaft mit Mensch und Welt sah.

Ist also auch Hegel *Pantheist*? Von einem Pantheismus im strengen Sinne eines »Alles-Gott-Seins« wird man besser nicht reden: Denn Hegel vergöttlicht nicht die empirische Welt, betreibt keine Alles-Götterei, wo das Endliche einfach im Unendlichen aufgeht. Wohl aber ein Pan-en-theismus im weiten Sinne eines lebendig bewegten »Alles-in-Gott-Seins«: eine differenzierte Einheit des Lebens, der Liebe, des allumfassenden Geistes – drei für Hegels Frankfurter Periode charakteristische Begriffe. Gott als Gegenüber erscheint überwunden von der Gottheit als dem Umgreifenden. In der Beschreibung des Verhältnisses von Gott und Mensch werden deshalb personale Kategorien jetzt tunlichst vermieden.

Doch es darf nicht übersehen werden: welch ein Unterschied zwischen dem Frankfurter »Theologen« und dem Jenaer »Philosophen«! Die großen Themen von Tübingen, Bern und Frankfurt waren: Volksreligion und Christentum, ja, ein Leben Jesu im Geiste Kants geschrieben, dann die Positivität der christlichen Religion, der Geist des Judentums und des Christentums. Alle diese theologischen Themen scheinen jetzt vollkommen abgelöst zu sein durch andere, säkulare: Logik, Metaphysik, Naturphilosophie, Geistphilosophie und die Probleme, die sich von daher ergeben.

Jetzt, in Jena, findet sich bei Hegel das klar gefaßte und theoretische Prinzip der Einheit: der *Geist-Monismus*, der den (göttlichen) Geist als das Eine, Allumfassende erkennt. Hier findet sich zugleich die Einsicht in die Gegensätzlichkeit alles Lebens: die *Dialektik*, das logische Denken und reale Geschehen in Gegensätzen, die etwas Neues hervortreiben. Die Dialektik also, die zugleich Denkmethode, Form der systematischen Darstellung und metaphysisch-realer Prozeß des Seins und ewigen Werdens alles Lebens ist. Den Durchbruch zu dieser systematisch-universalen Gestaltung, zur Ausbildung sowohl des Geistesmonismus wie der Dialektik, verdanken Hegel *und* Schelling vor allem Fichte. Dieser hatte freilich Jena schon vor Hegels Ankunft verlassen und war nach Berlin gezogen. Alles infolge eines zweiten unglückseligen Streites, dessen wir hier zu gedenken haben: nach dem Pantheismusstreit jetzt der Atheismusstreit.

2. *Atheismus?*

Der Philosoph *Johann Gottlieb Fichte*, acht Jahre älter als Hegel, war wie dieser zunächst auch Kandidat der Theologie, dann ebenfalls Hauslehrer und kurz nach Hegels Abschied von Tübingen bereits Professor in Jena. Auf den Bahnen der letzten heimlichen Gedanken Lessings und des jungen Goethe denkend, war Fichte *zunächst* von der Identität aller Dinge mit Gott im Sinne Spinozas fasziniert gewesen: Gott verstanden nicht als Persönlichkeit mit lebendig freiem Willen, sondern als ewig notwendiges Wesen. Diese Gottheit »ist« gewiß nicht einfach das All. Wohl aber denkt und setzt die Gottheit kraft ewiger Notwendigkeit das All. Bei Spinoza sind die einzelnen Dinge nur Modifikationen Gottes. Beim frühen Fichte aber sind die einzelnen Dinge Gedanken in dem von Gott gedachten großen Gedanken des Alls. Die Welt erscheint von daher als ein in sich verkettetes Ganzes, der Mensch fatalistisch bestimmt durch den Urgedanken der Gottheit. Die Vorsehung wird zum Schicksal, die Sünde zur notwendigen Folge der Endlichkeit. Diese Gedanken finden sich noch 1790 in Fichtes »Aphorismen über Religion und Deismus« [15].

Aber *dann* war es Kants praktische Philosophie, die Fichte von dieser Art der Identität abbrachte. Kant befreite ihn von der fatalistischen Gottes- und Weltschau und ließ ihn die Würde der freien, verantwortlichen, moralischen Persönlichkeit sehen. Von da an kommt es Fichte darauf an, daß der Mensch den Glauben an seine menschliche Bestimmung, der sich im moralischen Bewußtsein der Pflicht offenbart, als ein letztgültiges Unbedingtes ergreift. Was ist die Bestimmung des Menschen? Eine frei in sich gegründete sittliche Persönlichkeit zu sein! Nur von diesem ethischen Ansatz her ist das System zu beurteilen, wie es Fichte in seiner »Wissenschaftslehre« 1794 erstmals entwarf [16]. Wie aber konnte es unter solchen Voraussetzungen zum Vorwurf des Atheismus kommen?

Fichte und der Atheismusstreit

1798 hatte Fichte in seinem Aufsatz »Über den Grund unseres Glaubens an eine göttliche Weltregierung« erklärt: »Jene lebendige und wirkende moralische Ordnung der Dinge ist selber Gott; wir bedürfen keines andern Gottes und können keinen andern fassen[17].« Fichte wurde deshalb gewiß *zu Unrecht des Atheismus angeklagt:* Denn im Grunde seines Gemütes war dieser tiefe und leidenschaftliche Denker ein gläubiger, innerlich frommer Mensch; er meinte eigentlich mit seiner Aussage das Göttliche als das All-Eine, das als moralischer Grund eine Freiheitswelt bedingt, trägt und verwirklicht[18]. Und doch *nicht ganz zu Unrecht* wurde er als Atheist verdächtigt: Denn seit seiner Abkehr vom fatalistischen Spinozismus unter Kants Einfluß und seiner Zuwendung zu einer moralischen Urgewißheit schien bei ihm jede Gottesbeziehung ausgetilgt zu sein. Warum?

In der Frühzeit der »Wissenschaftslehre« ist die Gottesidee nicht viel mehr als ein Grenzbegriff: ein Absolutes, das nicht Persönlichkeit, nicht Selbstbewußtsein, erst recht nicht Weltschöpfer ist. Soll man überhaupt einen Begriff von Gott aufstellen? Fichte begnügte sich damit (und durch Schleiermacher wurde dies dann ungemein populär), den Gottesglauben als eine unmittelbare, ursprüngliche Gewißheit aufzuzeigen, die im Gefühl wurzelt. Dabei bestimmte er den Gehalt dieses religiösen Glaubens entsprechend Kants Idee des höchsten Gutes: Gott als die moralische Ordnung der Dinge, durch die im Tun des Guten das Idealreich, das »Reich Gottes«, unbedingt heraufgeführt wird.

Fichte in seiner Bedrängnis richtete 1799 eine leidenschaftliche »Appellation an das Publikum«: »eine Schrift, die man zuerst zu lesen bittet, ehe man sie konfisziert«[19]. Aber sie vermochte, nachdem er selber in einem übereilten Brief mit Demission gedroht hatte, seine *Dienstentlassung* in Jena nicht zu verhindern: Seine Exzellenz Johann Wolfgang von Goethe, dessen faustisches Glaubensbekenntnis – »Ich habe keinen Namen dafür. Gefühl ist alles«[20] – Fichtes angefochtenen Aufsatz abgeschlossen hatte, votierte für Fichtes Entlassung. Schiller, mit seinen »Worten des Glaubens«[21] zusammen mit Goethe zitiert, verhielt sich zweideutig. Und wer half Fichte? In Berlin verhinderten ausgerechnet die Oberkonsistorialräte einmütig jegliche Maßnahme gegen Fichtes Schriften, und dem überall abgewiesenen Philosophen gewährte – wie schon Friedrich der Große dem atheistischen Materialisten Lamettrie – jetzt Friedrich Wilhelm III. schließlich Zuflucht: »Ist es wahr, daß er mit dem lieben Gotte in Feindseligkeiten begriffen ist, so mag dies der liebe Gott mit ihm abmachen, mir tut das nichts[22].«

Fichtes abschließendes Wort in diesem wenig freundlichen Streit war seine Schrift über »Die Bestimmung des Menschen« (1800)[23]: zusammen mit Schleiermachers »Monologen« und Schellings »System des transzendentalen Idealismus« aus demselben Jahr eine der großen Morgengaben des neu beginnenden 19. Jahrhunderts! In drei Schritten legt Fichte, das System seiner »Wissenschaftslehre« nochmals zusammenfassend, auch leichter verständlich, dar: Vom »Zweifel« (der Spinozismus als Dogmatismus) über das »Wissen« (Kants Kritizismus als erkenntnistheoretischer Idealismus) zum »Glauben«: Fichtes Moralismus erscheint als Gewissensreligion der Pflicht. Auf dieses Werk vor allem bezieht sich zwei Jahre später Hegel kritisch – unter dem Einfluß Schellings, der sich in Jena von dem zunächst höchst bewunderten Fichte getrennt hatte. Hegel behandelt in seiner Schrift »Glauben und Wissen« die »Reflexionsphilosophie der Subjektivität, in der Vollständigkeit ihrer Formen, als Kantische, Jacobische, und Fichtesche Philosophie« (1802).

Nach-atheistisch

In seiner Schrift »Glauben und Wissen« hat Hegel – beinahe ein Jahrhundert vor Nietzsches Ankündigung »Gott ist tot! Gott bleibt tot! Und wir haben ihn getötet[24]!« – die Geschichte der neueren Zeit unter das Wort des Todes Gottes gestellt, und zwar unter Berufung auf Pascal! Was ist von Hegels Einstellung zum Atheismus zu halten?

1. *Hegel hat den neuzeitlichen Atheismus gesichtet:* Der Satz »Gott ist tot« – Zitat aus einem Lutherlied im Zusammenhang des Kreuzestodes Christi! – ist für ihn keine fromme Redensart auf orthodoxem theologischem Hintergrund, sondern eine harte geschichtliche Erfahrung: ein »unendlicher Schmerz«[25]. Seine klarsichtige Wachheit hat den geschichtlichen Kontext genau erkannt, in welchem dieses Grundgefühl der Religion der Neuzeit, daß Gott tot sei, zu sehen ist. In seinem Aufsatz über das Wesen der philosophischen Kritik hatte Hegel scharf Stellung genommen gegen den grundlegenden Dualismus in der neuzeitlichen Entwicklung, für den der Kartesianismus (mit seiner Trennung von Ausdehnung und Denken, von Weltmaschine und weltüberlegenem Geist) nur philosophischer Ausdruck und die politischen wie religiösen Revolutionen nur die Außenseite sind: »Gegen die *Cartesische* Philosophie nämlich, welche den allgemein um sich greifenden Dualismus in der Kultur der neuern Geschichte unserer nordwestlichen Welt – einen *Dualismus*, von welchem als dem Untergang alles alten Lebens die stillere Umänderung des öffentlichen Lebens der Menschen, so wie die lauteren politischen und religiösen Revolutionen überhaupt nur verschiedenfarbige Außenseiten sind –, in philosophischer Form ausgesprochen hat, mußte, wie gegen die allgemeine Kultur, die sie ausdrückt, jede Seite der lebendigen Natur, so auch die Philosophie Rettungsmittel suchen[26].«

Hegel – selbstverständlich ferne davon, Fichte des Atheismus anzuklagen – stellt nichtsdestoweniger einen gedanklichen Zusammenhang her zwischen Fichtes Position und dem Atheismus: Was tut der seit der Aufklärung so schwer in die Defensive gedrängte Glaube, um sich der Herrschaft des Verstandes zu erwehren? Er zieht sich – wie das mit Kant und Jacobi auch Fichte bejahte – in die von keiner Objektivität getrübte »reine« *protestantische Innerlichkeit* zurück: in die Innerlichkeit des Gemüts, des Fühlens, der selbstgewissen Subjektivität des Menschen. Aber, so argumentiert Hegel, gerade durch diesen Rückzug in die protestantische Subjektivität – allgemein gesprochen die pietistische Alternative! – liefert der Glaube die objektive Wirklichkeit, die Wirklichkeit der Welt und des Menschen dem Atheismus aus.

Auch und gerade die Philosophie Fichtes kommt in der Verwirklichung der Subjektivität über das Sollen nicht hinaus: Auch bei ihm will die selbstgewisse menschliche Subjektivität die angemaßte Absolutheit nicht preisgeben und kann nicht zur Erkenntnis des Absoluten durch die Vernunft gelangen. Das heißt: Der *Dualismus* zwischen unendlichem Gott und endlichem Menschen wird nicht überwunden, die Einheit nicht erreicht. Wenn aber die Unendlichkeit der Endlichkeit sich so entgegensetzt, »ist eins so endlich als das andere«[27]. Alle genannten Philosophien der Neuzeit bleiben also »innerhalb dieses gemeinschaftlichen Grundprinzips, der Absolutheit der Endlichkeit und des daraus sich ergebenden absoluten Gegensatzes von Endlichkeit und Unendlichkeit, Realität und Idealität, Sinnlichem und Übersinnlichem und des Jenseitsseins des wahrhaft Reellen und Absoluten«[28]. Dieser dualistische Zwiespalt also, wie er sich auch noch bei Kant, Jacobi und Fichte findet, ist es, der hinter dem neuzeitlichen Grundgefühl vom Tode Gottes steht, dem schon von Pascal beklagten Verlust Gottes innerhalb und außerhalb des Menschen: »Die Religion der neuen Zeit beruht auf dem Gefühl: Gott selbst ist tot (dasjenige, was gleichsam nur empirisch ausgesprochen war mit Pascals Ausdrücken: la nature est telle qu'elle *marque* partout un *Dieu perdu* et dans l'homme et hors de l'homme)«[29].

2. *Hegel hat den neuzeitlichen Atheismus nach-atheistisch verstanden:* Für Hegel gibt es trotzdem kein Zurück hinter die Aufklärung. Seitdem die Kritik der Religion durch den Begriff der Vernunft Bedürfnis geworden ist, ist es mit der alten naiven Unmittelbarkeit des Glaubens vorbei. Der Verstand hat ein Recht auf kritische Reflexion, solange er sich nicht verabsolutiert. Hegel lehnt also die Philosophie der Subjektivität seiner Vorgänger keineswegs einfach ab: Hier wird immerhin gegen alle Subjekt-Objekt-Trennung die Einheit von Denken und Sein vorausgesetzt und vollzogen – allerdings nur im Subjektiven. Und wenn so auch die Einigung von Endlichem und Unendlichem nur eine rein subjektive Einheit ist, so ist trotzdem Fichtes »Philosophie der Unendlichkeit der Philosophie des Absoluten näher als die des Endlichen«[30].

Um diese »Philosophie des Absoluten« aber geht es Hegel. Schon früh sichtet er die Gefahr: Wenn die menschliche Subjektivität sich verabsolutiert, kann sie dem Nihilismus verfallen: dem »Abgrund des Nichts, worin alles Sein versinkt«[31]. Deshalb muß es zu einer nicht nur subjektiven, sondern *wirklichen Einheit von Endlichem und Unendlichem* kommen. Das heißt: eine Einheit in Gott selbst, *im Absoluten.* Diese Einheit im göttlichen

Absoluten läßt sich nicht durch aufklärerisch-deistische Zusammensetzung des Endlichen und des Unendlichen erreichen, sondern durch die bewahrende »pan-en-theistische« Aufhebung des Endlichen im Unendlichen.

Schon hier wird deutlich: Nach Hegel muß die Philosophie die *Sache der christlichen Theologie* wahrnehmen. Denn die Aufhebung des Endlichen im Unendlichen sieht Hegel in Jesus Christus, seinem Tod und seiner Auferweckung, dargestellt, »vorgestellt«: In ihm ist nach christlicher Auffassung Gott selbst gestorben, aber auch auferstanden. Das bedeutet: Philosophisch gesprochen wird der unendliche Schmerz über den Verlust oder Tod Gottes in Gott selbst aufgehoben: »als Moment der höchsten Idee«[32]. Wie ist diese göttliche Dialektik zu verstehen?

Der *Tod* Christi darf nach Hegel nicht nur moralisch als »Aufopferung des empirischen Wesens«[33] aufgefaßt, sondern muß wahrhaft philosophisch als die Entäußerung des göttlichen Absoluten selbst verstanden werden. Das ist Gottes »absolute Freiheit«, das dann allerdings auch sein »absolutes Leiden«: Gott entäußert sich in die Welt hinein! Durch ein solches philosophisches Verständnis des Absoluten als Einheit des Unendlichen mit dem Endlichen wird die Philosophie nicht nur den »historischen« Karfreitag (von damals) in Erinnerung rufen. Sie wird vielmehr den wahrhaft »spekulativen« (geschichtlich-ewigen) »Karfreitag . . . in der ganzen Wahrheit und Härte seiner Gottlosigkeit wiederherstellen«[34].

Auf der Höhe spekulativer Philosophie muß also das atheistische Grundgefühl der neuen Zeit als eine Auslegung des Karfreitagsgeschehens verstanden werden: Der historische Karfreitag der Gottverlassenheit Jesu ist in der spekulativen Philosophie, wo Glauben und Vernunft sich finden und versöhnen, zu verstehen als der Karfreitag des göttlichen Absoluten selbst und damit als der Karfreitag der Gottverlassenheit alles Seienden. Erst diese christologische Interpretation läßt den »ganzen Ernst« und den »tiefsten Grund«[35] der Gottlosigkeit sichtbar werden.

3. Diese und andere überraschende Texte Hegels vom Tod Gottes machen verständlich, warum jene *»Gott-ist-tot-Theologen«*[36], die in den 60er Jahren unseres Jahrhunderts vor allem in den Vereinigten Staaten und Deutschland vereinzelt aufgetreten sind, sich neben Nietzsche besonders auf Hegel beriefen. Dorothee Sölle bekennt in ihrem »Atheistisch an Gott glauben«, daß »auf der Suche nach Vorbildern und Ansätzen zu einer solchen Theologie . . . der Blick vornehmlich von Hegel angezogen wird«[37]. Diese Theologen haben gewiß Hegel hinter sich, wenn sie – wie schon Hegel mit großer Redlichkeit, echtem Engagement und entschlossener Solidarisierung mit den säkularen Zeitgenossen – die sich »atheistisch« verstehende säkulare Welt äußerst ernstnehmen: daß Gott in der modernen naturwissenschaftlich geprägten Wirklichkeitserfassung keine begründende und absichernde Rolle mehr spielt, und wir leben müssen, »etsi Deus non daretur« – als wenn

es Gott nicht gäbe (Bonhoeffer[38]). Sie haben auch recht darin, daß sie mit Nachdruck auf die Problematik eines über-weltlichen, über-natürlichen, in diesem Sinne »theistischen« Gottesbildes aufmerksam machen, zugleich nach einer diesseitigen Aktualität Gottes Ausschau halten und sich dabei an den in Jesu Tod offenbaren christlichen Gott halten. Aber trotzdem: hier sollte man nicht zweideutig reden und mit dem Wort »Atheismus« (»A-theismus«) spielen; Hegel selber jedenfalls läßt sich für keinen Atheismus im gängigen Sinn des Wortes – Leugnung jeden Gottes – in Anspruch nehmen. Wie ja auch Bonhoeffer sofort hinzufügt: »Und eben dies erkennen wir – vor Gott!«

Der »Tod Gottes« ist das Ende nicht: Hegel verkündet kein »Evangelium des christlichen Atheismus«, sondern eher, wenn man so sagen will, eine »christliche Aufhebung des Atheismus«. Nicht ein »atheistisch an Gott glauben«, sondern ein »nach-atheistisch an Gott glauben«! Gerade weil es der Tod Gottes ist, folgt aus dem Karfreitag die *Auferstehung*. Denn gerade weil es der Karfreitag Gottes selbst ist, darf der unendliche Schmerz »als Moment, aber auch nicht mehr denn als Moment der höchsten Idee«, verstanden werden[39]. Weil es das Absolute selbst ist, »kann und muß« es aus dem Abgrund des Nichts, gleichsam sich selbst überbietend, als »die höchste Totalität in ihrem ganzen Ernst und aus ihrem tiefsten Grunde, zugleich allumfassend und in die heiterste Freiheit ihrer Gestalt auferstehen«[40]. So wird die atheistische Gottverlassenheit der Welt von Jesu Gottverlassenheit her – verstanden als Gottverlassenheit Gottes selbst – umfangen, aber damit auch gewendet und überstiegen.

Der Primat Gottes

Was also ist für Hegel das Spannend-Anspannende der neuzeitlichen Problematik? Es geht um *eine* Wirklichkeit: Es geht bei allen Problemen von Mensch und Welt letztlich um *Gott selbst*. Hegel will nichts anderes – so formuliert er mit elementarer Deutlichkeit im Jenaer Aufsatz über den »gemeinen Menschenverstand« – als das, »was überhaupt im jetzigen Augenblicke zunächst Interesse der Philosophie ist«: »nämlich einmal wieder Gott absolut vornehin an die Spitze der Philosophie als den alleinigen Grund von allem, als das einzige principium essendi und cognoscendi zu stellen, nachdem man ihn lange genug *neben* andere Endlichkeiten oder ganz ans Ende als ein Postulat, das von einer absoluten Endlichkeit ausgeht, gestellt hat...«[41].

Mitleidig-ironisch äußert sich Hegel über die Fixiertheit einer allzu verständigen Reflexionsphilosophie, welche die Problematik Gottes auf die Problematik des Menschen reduziert: auf das, was man naiv reflektierend »den Menschen heißt«. Er möchte sich nicht auf das einlassen, »worauf solche Philosophie ausgehen kann, nicht, Gott zu erkennen, sondern, was man heißt, den Menschen. Dieser Mensch und die Menschheit sind ihr absoluter Standpunkt, nämlich als eine fixe, unüberwindliche Endlichkeit der Vernunft . . .[42].«

Wird hier nicht bei aller Diskontinuität in der Themenstellung die Kontinuität zwischen dem philosophischen Hegel von Jena und dem theologischen von Tübingen, Bern und Frankfurt deutlich? Mit dem großen Unterschied freilich: Ein bewußter *Wille zum umfassenden System* bricht jetzt durch. Unter System versteht Hegel keineswegs eine einseitige Geistphilosophie. Vielmehr werden die *Naturwissenschaften* so konkret wie möglich einbezogen. In Jena beschäftigt sich Hegel – er war Mitglied verschiedener wissenschaftlicher Gesellschaften – wie schon früher mit Mineralogie, Botanik, Physiologie, Medizin. Die Venia legendi hatte er sich durch eine Habilitationsschrift über die Planetenbahnen verschafft – ein Beweis freilich nicht nur seines immer schon regen Interesses für Mathematik und Naturwissenschaft, sondern auch seiner Opposition gegen die abstrakte mechanistische Atomistik der rein mathematischen Naturerfassung[43]. So universal wie möglich also erarbeitet sich Hegel im Zusammenhang mit seinen Vorlesungen seine ersten Systementwürfe: die sogenannten Jenaer Systeme[44]. In einem nicht starr mathematischen, sondern bewegt dialektischen Universalsystem soll *alles Einzelne als Moment der einheitlichen dialektischen Entwicklung des Ganzen*, des göttlichen »absoluten Geistes« selbst, begriffen werden: des absoluten Geistes, der eine Einheit von Subjekt und Objekt, Sein und Denken, Realem und Idealem darstellt.

So versuchte Hegel, gleichsam den »Lebenslauf Gottes« zu beschreiben: den sich entäußernden Lauf Gottes in die Weltlichkeit hinein (Naturphilosophie) und durch die Weltlichkeit hindurch zum vollkommenen Zu-sich-selber-Kommen des Geistes (Geistphilosophie). Der unermeßliche Reichtum der Welt wird auf diesem Gang in den Gottesbegriff aufgenommen, beziehungsweise aus ihm entwickelt, und ein neues Gottes- und Weltbewußtsein ermöglicht. Eine mächtige Aufwertung für die Welt und den Menschen, zweifellos. Aber auch eine Bereicherung für Gott? Jedenfalls, wie auch Hegel sieht, eine Gefahr: die *Gefahr der Überfremdung des Gottesbegriffs*. Wo liegen die Grenzen?

Pantheismusstreit wie Atheismusstreit hatten überdeutlich die Gefahren signalisiert. Und der gedemütigte Fichte wäre der letzte gewesen, der sie nicht verstanden hätte. Jene Grenzen, die zum Beispiel Schelling 1800 in seinem kühnen »System des transzendentalen Idealismus« deutlich angemerkt hat, um den Begriff eines lebendigen Gottes in einem »System der Vorsehung, d. h. der Religion« zu schützen, sind gewiß auch von Fichte und von Hegel anerkannt worden:

Nicht in Frage kommt zur Rechten der *fatalistische Pantheismus*, wonach »alle freien Handlungen, also auch die ganze Geschichte, als schlechthin prädeterminiert« angenommen werden müssen: was »eine völlig blinde

Vorherbestimmung« durch ein »Schicksal« zur Folge hätte.
Nicht in Frage kommt zur Linken der *irreligiöse Atheismus*, wonach »in allem Tun und Handeln kein Gesetz und keine Notwendigkeit sei«: womit ein »System der absoluten Gesetzlosigkeit« aufgerichtet würde.
Bejaht wird jedoch das *»Absolute«*, das der gemeinsame »Grund der Harmonie zwischen der Freiheit und dem Intelligenten ist«[45].

Freilich: wie dieses Absolute im Verhältnis zur Welt und insbesondere zur menschlichen Freiheit näher bestimmt werden soll, darüber waren viele Meinungen möglich; und darüber haben sich denn auch Fichte, Schelling und Hegel bald zerstritten.

II. Gott in der Geschichte

Fichte, Schelling und Hegel gehen seit Jena trotz aller bleibenden Gemeinsamkeit sehr verschiedene Wege. Hegel selber war der Meinung, daß sich die Schwierigkeiten zwischen Atheismus und Pantheismus am besten meistern ließen, wenn das Leben, die Lebendigkeit Gottes selber ernstgenommen würde. Wenn Gott also in seinem Lebens*lauf* gesehen werde: nicht nur vom endlich-menschlichen Subjekt her (Kant), auch nicht von einem absoluten Subjekt (Fichte) oder von einer absoluten Identität von Subjekt und Objekt her (Schelling), sondern aus dem dialektisch verstandenen absoluten Geist. Das heißt für ihn: Gott muß gesehen werden als der, der eine *Geschichte* durchläuft und sich in dieser Geschichte offenbart: im Werden der, der er ist.

1. Phänomenologie des Geistes

Was Hegel im Oktober 1806 während einer ganzen Woche in seiner Rocktasche durch das geplünderte Jena trug, waren Schicksalsblätter für die deutsche Philosophie: der letzte Teil der »Phänomenologie des Geistes«, mit ungewöhnlicher Eile fertiggeschrieben in einer unruhigen Nacht von einem gequälten Autor, der nicht nur von den politischen Zeitereignissen, sondern auch von einem sehr ungeduldigen Verleger gehetzt wurde. Tags darauf hatte Napoleon vor Jena, wie gewohnt blitzschnell, die Schlacht geschlagen und gewonnen. Und Hegel sah dann »den Kaiser – diese Weltseele . . . durch die Stadt zum Rekognoszieren hinausreiten«: »es ist in der Tat eine wunderbare Empfindung, ein solches Individuum zu sehen, das hier auf einen Punkt konzentriert, auf einem Pferde sitzend, über die Welt übergreift und sie beherrscht«[1]. Hegel selber aber war ausgeplündert worden und konnte sein Manuskript erst nach Tagen an den Verleger in Bamberg schicken.

Das Absolute im Bewußtsein

Die »Phänomenologie des Geistes«[2], vielleicht Hegels genialstes und zugleich dunkelstes Buch: ein Pionierwerk, in welchem das Ganze schon da ist.

Es faßt in bohrendem Fleiß Hegels bisherige Entwicklung zusammen und gibt ihr in einem ersten großen Wurf einen reichen, geballten, kraftgeladenen, wenn auch nicht unzweideutigen Ausdruck: übervoll gärend, teilweise und vor allem in der zweiten Hälfte überquellend und letztlich doch in disziplinierter Leidenschaft zusammengehalten. Alles in allem ein Werk aufbrechender Jugend, das schon viele Zeichen reifen Alters an sich trägt: ein – bei allem Wechsel der inneren Perspektive, aller Uneinheitlichkeit der Durchführung und aller unnötigen Kompliziertheit der Sprache – tiefsinniges Werk vollendeten Denkens!

Auch Hegel kommt von Descartes her: Der Weg, den der natürliche Menschenverstand hier zu gehen hat, muß »als der Weg des *Zweifels* angesehen werden, oder eigentlicher als der Weg der Verzweiflung«[3]. Denn der Mensch soll vom natürlichen Standpunkt des gesunden und doch oft so verkehrten Menschenverstandes zum echt wissenschaftlichen Standpunkt geführt werden: er soll sich *vom unmittelbaren sinnlichen Eindruck durch alle Gestalten des Bewußtseins hindurch zum sich selbst wissenden Geist* erheben. So ist diese »Phänomeno-logie des Geistes« von ihrer endgültigen Form her zu verstehen als die »Wissenschaft vom Erscheinen des Geistes« in seinen verschiedenen Gestalten: Geduldig beschreibt Hegel Stufe um Stufe, wie das natürliche Bewußtsein zum absoluten Bewußtsein gelangt, besser, wie es sich des absoluten Wissens bewußt wird, das es selber verborgen schon ist. So darf dieser »Weg der Seele«[4] nicht nur psychologisch oder pädagogisch interpretiert werden. Er muß zugleich philosophisch und geschichtlich verstanden werden: Dieser Erziehungsweg des individuellen Bewußtseins ist – wie Hegel im Verlauf seiner ihn selbst unerwartet weitertreibenden Gedankenentwicklung deutlichmacht – zugleich der welthistorische Erscheinungsweg des absoluten Geistes selbst in seinen verschiedenen Gestalten. Entscheidender Hintergrund dieser Phänomenologie des Geistes ist: Absolutes und menschliche Erkenntnis sind von Anfang an nicht getrennt, sondern in noch unausgefalteter Einheit verbunden. Und der Weg der Erfahrung, der hier gemacht wird, bedeutet das Wechselseitige, daß das menschliche Bewußtsein sich des Absoluten, und das Absolute im menschlichen Bewußtsein sich seiner selbst bewußt wird.

Reine *Spekulation*? Nein und Ja! Nein: denn der Philosoph hat sich nach Hegel nicht wirklichkeitsleeren Theoriengebäuden hinzugeben, hat nicht die Wirklichkeit »von oben« zu deduzieren. Ja: denn er hat einfachhin »zusehend« – und in diesem Sinne wörtlich »spekulativ« – die Wirklichkeit so zu beschreiben, wie sie sich ihm in ihrer Geschichte zeigt, wie er sie erfährt, aus der ganzen Gedankenfülle seines theoretischen und praktischen, ethischen, juridischen, religiösen, philosophischen Bewußtseins heraus. Denn das Bewußtsein wird durch die Welt erkannt und zugleich die Welt durch das Bewußtsein: eine notwendige Geschichte der Erfahrung, die – ganz auf der modernen Linie von Descartes, Kant und Fichte – überall konsequent vom menschlichen Subjekt ausgeht und von daher die Welt (Natur, Gesellschaft, Kultur) erfährt. »Er-fahrung« der Welt aus der »Er-innerung« des Bewußtseins: ein weitausgreifendes Nach-innen-Gehen des Geistes, wie Martin Heidegger in seinem Aufsatz über Hegels Begriff der Erfahrung aus eigener Sicht deutlichgemacht hat[5]. Das Ausgehen vom individuellen Subjekt bedeutet für Hegel also gerade keinen subjektivistischen Individualismus: Der Bezug zur Welt ist immer mitgegeben.

Mit dem Weltbezug hängt es zusammen, daß die erinnernd ausgreifende Erfahrung sich nicht wie bei Descartes in einem anfänglichen »methodischen« Zweifel erschöpft, sondern beim Zweifel verweilt, aus dem in lebendig-gegensätzlicher Bewegung das ständig neue dialektische *Aufheben* hervorgeht. Was meint dieses mit Hegel so berühmt gewordene und kaum in andere Sprachen übersetzbare Wort »Aufheben«? Aus dem dreifachen Wortsinn leitet Hegel ab: die für absolut gehaltene Wahrheit muß immer wieder *fallengelassen,* aber in diesem Fallenlassen zugleich – als relatives Moment – neu *aufgenommen* und in eine höhere Einheit *hinaufgehoben* werden. Die ihm so oft zugeschriebenen Worte »Thesis–Antithesis–Synthesis« braucht Hegel kaum. Aber jedenfalls ist gemeint das Bejahen einer Wahrheit, das in ein Verneinen und von da wieder in ein Überschreiten von beidem übergeht! Trivial ausgedrückt: so – aber nicht so –, sondern so! In dieser Weise gerät starres Begriffsdenken in eine lebendige geistige Dynamik hinein: Das menschliche Bewußtsein hat so teil an der Dynamik des göttlichen Absoluten selbst, das ja nicht Leere und feste Substanz, sondern ein lebendig sich durch alle Widersprüche hindurchbewegendes Subjekt und Geist ist.

Es geht also in der Phänomenologie um die Geschichte des Subjekts, in der sich das Subjekt am jeweiligen Objekt und das Objekt am Subjekt ständig korrigieren: ein geistiger Prozeß in immer wieder anderen Widersprüchen und Negationen, auf immer höheren Stufen, in immer konkreteren Bewußtseinsgestalten und schließlich sogar Weltgestalten. Deshalb in dieser Phänomenologie zuerst die Kapitel über Bewußtsein – Selbstbewußtsein – Vernunft, denen dann aber (ursprünglich nicht geplant) die welthistorisch orientierten Kapitel über den Geist, die Religion und das absolute Wissen folgen. Nach Hegel muß sich die Vernunft notwendig in der Zeit, in geschichtlichen Gestalten, manifestieren, »erscheinen«: Phänomenologie jetzt besser verstanden als Erscheinungsgeschichte des Geistes. Deutlich wird so, daß es sich hier nicht nur um eine psychologische Bewegung des Bewußtseins, sondern zugleich um eine logische, kosmische, gesellschaftspolitische, weltgeschichtliche, ja religiöse, letztlich aber philosophische Bewegung handelt. Auch Religion wie immer im doppelten Sinn: Selbstoffenbarung des unendlichen Geistes im endlichen Geist und zugleich betrachtende Versenkung des endlichen Geistes im unendlichen Geist. So geschieht der – eben letztlich philosophische – dialektische Prozeß der Selbsterkenntnis: das Sich-Bewußtwerden des menschlichen Bewußtseins im Absoluten und das Absolute im menschlichen Bewußtsein. Freilich: wer hätte damals gedacht, daß später genau an diesem Punkt – mit Ludwig Feuerbach – die Kritik und der Umschlag in den Atheismus erfolgen würden?

Dialektik in Gott selbst

Bei dieser ganzen schmerzlich-tragischen, dennoch nicht pan-tragischen, sondern schließlich siegreichen Erscheinungsgeschichte des Geistes geht es immer, durch alle Positionen und Negationen, Entäußerungen und Verinnerlichungen hindurch, um einen mächtigen, *allumfassenden Versöhnungsprozeß*. Um die Versöhnung der in der Neuzeit aufgebrochenen Gegensätze unter dem Gesichtspunkt des Bewußtseins, in dem sich aber die ganze Weltgeschichte spiegelt: die subjektive Linie Descartes' und Kants wird konsequent ins Welthistorische ausgeweitet.

Und woraufhin zielt die allseitige Versöhnung der Phänomenologie? Auf die Versöhnung zwischen Stoizismus und Skeptizismus, Glaube und Aufklärung, Rationalismus und Romantik. Aber auch auf die Versöhnung zwischen Herr und Knecht, Idee und Gefühl, Lust und Notwendigkeit, zwischen Gesetz des Herzens und Gesetz der Wirklichkeit, Tugend und Weltenlauf. Schließlich überhaupt auf die Versöhnung zwischen Außen und Innen, Ansich und Fürsich, Objekt und Subjekt, Sein und Gedanke, Diesseits und Jenseits, Endlichem und Unendlichem, alles am Ende »aufgehoben« im absoluten Wissen, das heißt im sich selbst als Geist wissenden Geist. Das ist es, was Hegel auf vielen hundert Seiten entwickelt: Es ist seine – wie Hegel es im Alter nannte – »Entdeckungsreise« [6] durch das Reich des Geistes, die sich offenbart als die dramatische Odyssee des göttlichen Geistes selbst in dieser Welt und ihrer Geschichte. Faustisch unruhig und immer wieder neu erfüllt hat das Bewußtsein durch die Geschichte das Endliche nach allen Seiten ausgeschritten, um so in mannigfaltigen Abenteuern und Kämpfen das Unendliche zu erreichen, von dem es von vornherein umfangen war: eine in Spiralen oder Dreiecksbewegungen mühselig aufsteigende Reise der Er-fahrungen des Geistes. Die Geschichte des göttlichen Geistes selbst: beschrieben vom Philosophen getreu nach der Stunde, wie sie ihm schlug. Insofern ist die Phänomenologie eine theologische Geschichtsphilosophie und eine philosophische Geschichtstheologie.

Hegel durfte der Meinung sein, daß bei ihm nichts verlorengegangen war, was die neue Zeit an Vertiefung des – christlichen! – Gottesverständnisses gebracht hatte. Hatte er diese neue Wirklichkeit Gottes und Wirklichkeit der Welt, hatte er das neue Gott-in-der-Welt-Sein und Welt-in-Gott-Sein nicht umschrieben, ohne dem fatalistischen Pantheismus oder dem irreligiösen Atheismus zu verfallen? Im Gegenteil, in der Phänomenologie war beides zugleich deutlich geworden: wie Gott die Welt und doch nicht einfach die Welt ist, weil die Welt so erschreckend ungöttlich und trotzdem äußere Gestalt Gottes sein kann.

Wie aber hat dies Hegel, wenn wir jetzt vom Ende her auf seine Phänomenologie zurückblicken, erreicht? Auf dem Weg der *Entwicklung*: Die Welt ist nicht einfach Gott, wohl aber *Gott in seiner Entwicklung*. Dieser Gott in der Entwicklung, in der Geschichte, entäußert sich zur Welt *und* führt die Welt als Natur und endlich als Geist durch alle Stufen zu sich und zu seiner Unendlichkeit und Göttlichkeit empor. Alles in einem gewaltigen, allumfassenden Kreis, wie ihn schon die Kirchenväter und die mittelalterliche Scholastik gezeichnet haben: exitus a Deo – reditus in Deum; Ausgang von Gott – Rückkehr zu Gott. Oder nach Hegel besser: Ausgang Gottes und Rückkehr Gottes selbst.

Der Unterschied ist bedeutsam: Das traditionelle dualistische Paradigma ist hier neuzeitlich-modern überwunden – nicht nur der äußere Dualismus zwischen Himmel und Erde, den die Naturwissenschaft relativiert hat, auch der innere, wie Philosophie und Theologie ihn sahen, zwischen Gott und Mensch. Die Gottheit umfaßt alles, ohne daß die Differenz übergangen wird. Ganz im Gegenteil: die Differenz wird schon in Gott selbst gesehen. Das Leben Gottes besteht geradezu im Kampf mit dem Gegensatz: eine Auseinandersetzung Gottes mit sich selbst, in deren Lauf es zur Welt aus Gott und zur Versöhnung der Welt in Gott kommt! So wird der Dualismus in Gott selbst ausgetragen. Die Idee des ungetrübt immer gleichen Lebens Gottes, die Idee der einen Entwicklung Gottes sinkt für Hegel zur Erbaulichkeit und gar Fadheit herab, wenn sie nicht als innere *Dialektik Gottes selbst* verstanden wird: »Das Leben Gottes und das göttliche Erkennen mag also wohl als ein Spielen der Liebe mit sich selbst ausgesprochen werden; diese Idee sinkt zur Erbaulichkeit und selbst zur Fadheit herab, wenn der Ernst, der Schmerz, die Geduld und Arbeit des Negativen darin fehlt. *An sich* ist jenes Leben wohl die ungetrübte Gleichheit und Einheit mit sich selbst, der es kein Ernst mit dem Anderssein und der Entfremdung, so wie mit dem Überwinden dieser Entfremdung ist. Aber dies *Ansich* ist die abstrakte Allgemeinheit, in welcher von seiner Natur, *für sich zu sein*, und damit überhaupt von der Selbstbewegung der Form abgesehen wird[7].« Das später für die Gesellschaftstheorie von Marx so wichtige Wort »Entfremdung« steht bei Hegel ursprünglich in ganz und gar theologischem Zusammenhang.

Daß Gott selbst in dieser dialektischen Entfremdung und Überwindung der Entfremdung gesehen wird, hat ungeheure Konsequenzen für den Gottesbegriff. Der Gottesbegriff schließt damit das *Negative als Moment in Gott* und seine Entwicklung ein: den Ernst, den Schmerz, die Geduld und die Arbeit des Negativen. Um diese Reinigung und Vertiefung des traditionellen Gottesbegriffs auch im Namen zum Ausdruck zu bringen, spricht Hegel mit Vorliebe von Gott als vom *Geist*: »Geist« drückt aus, daß Gott ein werdender Gott, ein sich entwickelnder, ein dialektischer, sich entäußernder und aus der Entfremdung zu sich selbst kommender Gott ist.

Entwicklung – Dialektik – Geist: Von diesem Gott her sind alle Gegensätze der Welt und der Gesellschaft in ihrer Zusammengehörigkeit und in ihrer Notwendigkeit umgreifbar. Von diesem Gott her läßt sich die tragische, unglückliche Aufspaltung der Wirklichkeit auf ihren verschiedenen Ebenen durch Negation der Negation versöhnend aufheben. Das Bewußtsein Hegels hat an der Unversöhntheit der Wirklichkeit und insbesondere der neuzeitlichen menschlichen Gesellschaft mehr gelitten als irgendein anderes philosophisches Bewußtsein zuvor. Und gerade ihm war sehr klargeworden: Alle niederen Entfremdungsstufen sind nur Vorausnahme und Folge der einen höchsten; die wahre Versöhnung ist nur möglich, wenn es zu einer Versöhnung zwischen Endlichem und Unendlichem, Welt und Gott kommt.

Gewiß ist Hegels erster philosophischer Gesamtentwurf in philosophischer wie theologischer Hinsicht ein vielfach problematisches Unternehmen. Aber es bleibt seine »Phänomenologie des Geistes« der großartige und vielfältig fruchtbare Versuch einer umfassenden Versöhnung zwischen Philosophie und Theologie, Einsicht und Offenbarung, Aufklärung und Dogma, Vernunft und Geschichte, Forschung und Glaube, modernem Menschsein und vertieftem Christsein: Ist das, so konnte sich Hegel zu Recht fragen, nicht alles in allem eine Versöhnung, in der das Christentum sich selbst übertroffen, eben »aufgehoben« zu haben scheint? Viele gebildete Christen, Philosophen und auch Theologen waren Hegel damals sehr dankbar dafür.

Man wird Hegel jedenfalls nur gerecht, wenn man nicht vergißt, daß er wesentlich von einem anderen, gewandelten, vertieften neuzeitlichen Gottesbegriff her argumentiert. Und man kommt kaum gegen ihn an, wenn man sich dagegen einfach auf den Gott der Väter und Jesu Christi beruft, solange man sich nicht wenigstens Rechenschaft darüber gibt, was auch beim Gottesbild der Bibel auf Kosten eines bestimmten Weltbildes geht.

Hegel war gewillt, die kopernikanische Wende – im Physikalischen die des Kopernikus, im Geistigen die Descartes' und dann Kants – radikal ernstzunehmen. Er war ein durch und durch moderner Denker, der das *Gottesbild einer vergangenen Zeit endgültig zurückgelassen* hat: Zurückgelassen hat er das alte naiv-anthropomorphe Bild eines im wörtlichen oder räumlichen Sinn »über« der Welt Wohnenden (Gott im Himmel), mit dem wir trotzdem selbstverständlichen ständigen Kontakt haben. Zurückgelassen hat er aber auch das neuere aufgeklärt-deistische Bild eines im geistigen oder metaphysischen Sinn »außerhalb« der Welt in einem außerweltlichen Jenseits Wesenden (Weltbaumeister, Uhrmachergott), ohne den es sich praktisch recht gut leben läßt. Insofern war Hegel tatsächlich – nach Spinoza, Lessing und Goethe – nur noch an Gott *in* der Welt interessiert, und an der Welt *in* Gott.

Mit Atheismus hatte eine solche Sicht nach Hegel wahrhaftig nichts zu tun, das sahen wir. Und bei aller Konzentration auf die eine Welt auch nichts mit Naturalismus. Gewiß fühlte sich Hegel wie so manche Dichter und Denker damals von der früheren Weltangst und dem neuen Weltschrecken, wie ihn Pascal angesichts der leeren Räume des Alls empfand, befreit: befreit zu einer neuen Weltgläubigkeit, Weltfrömmigkeit, ja Weltleidenschaft. Das frühere mißtrauisch gewordene und in der rationalistischen Aufklärung weithin verschwundene Naturgefühl schien in der Romantik wiedergekommen zu sein als ein neues Gefühl des Naturvertrauens: Man nahm nicht nur einzelne lebendige Geschöpfe wahr. Man verstand die Natur im Ganzen als etwas Lebendiges, in sich Verbundenes, Verwandtes, gar Geistiges. Ja, das religiöse Gefühl war nicht eher beruhigt, als bis die irdische Welt in ihrer Tiefe einen göttlichen Charakter erhalten hatte.

Doch Hegel ging es entschieden um mehr als um die Natur: daß Gott selbst als das genommen werde, was er ist; daß er eben gerade nicht wie in den früheren Bildern eines überweltlichen oder außerweltlichen Gottes verendlicht, verdinglicht, verfestigt werde. Deshalb bezeichnet er ihn als »das Absolute« oder als den »absoluten Geist«, der sich aller verendlichenden Bestimmungen entzieht. Deshalb versteht er ihn nicht als »höchstes Wesen« oberhalb, außerhalb, jenseits dieser Welt und dann doch neben und gegenüber dieser Welt: also letztlich doch nur ein Teil der gesamten Wirklichkeit, ein Endliches neben Endlichem. Deshalb versteht er ihn vielmehr als das alldurchdringende Unendliche *im* Endlichen, als die letzte Wirklichkeit in der Welt, im Herzen der Dinge, im Menschen selbst, in der Weltgeschichte. Gott als der unerschöpfliche Grund allen Seins. Gott als der Diesseitig-Jenseitige, als die Transzendenz in Immanenz!

2. *System in Geschichte*

Unterdessen war Hegel bereits nach Bamberg – am Anfang des 19. Jahrhunderts ein bedeutendes Verlagszentrum – übergesiedelt. Vergeblich hatte er sich vorher in Heidelberg, Erlangen und Berlin um eine ordentliche Professur bemüht. Zwar war er, der 1804 als »der älteste der hiesigen Privatdozenten der Philosophie« bei Goethe um Berücksichtigung gebeten hatte, in Jena 1805 zum außerordentlichen Professor ernannt worden. Nach der Schlacht waren die Verhältnisse in Jena und an der Universität jedoch erst recht unerfreulich geworden. So war denn Hegel heilfroh, die eben freigewordene Redaktion der »Bamberger Zeitung« übernehmen zu können. Doch nicht für lange. Bald sehnte er sich nach Erlösung von der »Zeitungsgaleere«[8] und griff sofort zu, als ihm eine seiner philosophischen Neigung stärker entsprechende Stelle geboten wurde: 1808 wurde er Direktor des Gymnasiums in Nürnberg. In dieser Zeit schrieb er neben einer philosophischen Propädeutik für Gymnasiasten, denen er einiges zumutete, eine große »Wissenschaft der Logik«[9]: Ausgehend von der Dialektik von Sein, Nichts und Werden behandelt Hegel in drei großen Teilen die Logik des Seins, des Wesens und des Begriffs: eine Ordnung der reinen Wesenheiten oder, wie es Hegels Überzeugung ist, Gott in seinem ewigen Wesen vor Erschaffung der Welt.

Erst 1816 erhielt er den lang ersehnten Ruf: an die Universität Heidelberg. Mit seinen 46 Jahren lehrte er nun zum ersten Mal als ordentlicher Professor: wohlgerüstet mit allem, fähig, seine Ideen in einem umfassenden, genau formulierten System darzustellen. So wurden diese beiden Heidelberger Jahre, bevor er weiter nach Berlin berufen wurde, zu den Jahren der »Enzyklopädie der philosophischen Wissenschaften im Grundriß. Zum Gebrauch seiner Vorlesungen« (1817)[10].

Die neue Synthese

Hegels System: wird hier nicht doch nur spekulierend deduziert? So fragen nicht nur Empiristen. Wer den Entwicklungsgang der Hegelschen Philosophie auch nur ein wenig verfolgt hat, weiß: Hegels System, wie er es nach dem mühseligen Aufstieg der Phänomenologie (aus der unmittelbaren Erfahrung zum absoluten Wissen) zuerst auf dem Höhenweg seiner Logik (durch die Entfaltung des reinen Begriffs) neu begründet und dann in der *Enzyklopädie* zusammengefaßt hat, ist entgegen erstem Eindruck keineswegs a priori mit leichter Hand »konstruiert«. Gewiß wird hier eigenwillig geplant, äußerst schematisch skizziert und großflächig, eben enzyklopädisch, gemalt. Aber möglich war dies nur, weil die unermeßliche Kleinarbeit des *Empirikers Hegel* – den Empiristen meist nicht bekannt – vorangegangen war: scharfes Beobachten der natürlichen und geistigen Wirklichkeit; fleißige, jahrzehntelange Beschäftigung mit den empirischen Wissenschaften; unermüdliches Ummodellieren der Kategorien und der Terminologie; vitales Um- und Neugestalten der Systematik im Großen wie im Kleinen. »Sie wissen von mir, daß ich mich nicht nur mit alter Literatur, sondern auch mit Mathematik, neuerlich mit der höheren Analysis, der Differenzial-Rechnung, mit Physik, Naturgeschichte, Chemie zu sehr beschäftigt habe, um mich von dem Schwindel der Naturphilosophie, ohne Kenntnisse und durch Einbildungskraft zu philosophieren und leere Einfälle selbst des Aberwitzes für Gedanken zu halten, ergreifen zu lassen. Dies könnte mir negativerweise wenigstens zur Empfehlung dienen«, so hatte der Gymnasialdirektor Hegel aus Nürnberg mit einer Anspielung auf Schellings Naturphilosophie an den berühmten rationalistischen Theologen H. E. G. Paulus in Heidelberg geschrieben[11].

Nur wenn man die immense Vorarbeit dieses unermüdlichen Forschers – sein Porträt zeigt seine großen, offenen Augen – kennt, wird man Hegel als den universalen Systematiker der Neuzeit richtig schätzen. Ob Steine oder Pflanzen, ob die Keplerschen Gesetze oder Newtons Lichttheorie, von der

Elektrizität bis zur Ideenassoziation, ja bis zu Polizei und Eigentum: an Kenntnissen konnte er es, wenn auch nicht mit jedem Spezialisten, so doch mit jedem Polyhistor aufnehmen. Was ihn aber von Männern wie Varro im Altertum oder Vinzenz von Beauvais im Mittelalter unterschied, was ihn vielmehr auf eine Stufe mit Aristoteles und Leibniz stellte, war die Tiefe des Einblicks, die er mit der Weite des Umblicks verband und die ihn nicht zum Sammler, sondern zum Denker, und zwar mehr als Leibniz zum zusammenhängend enzyklopädischen und mehr als Aristoteles zum theologischen Denker werden ließ.

Und so kann man sich denn tatsächlich mit Karl Barth [12] fragen: Warum ist Hegel eigentlich für die protestantische Theologie nicht zu dem geworden, was Thomas von Aquin für die katholische war? Warum ist Hegel – nach dem Frühidealismus des kantischen Kritizismus und den verschiedenen genialen oder genialischen Vorstößen und Vorentwürfen (Fichte, S. Maimon, der junge Schelling, Jacobi ...) – nicht zu dem geworden, was nach der Frühscholastik Thomas von Aquin, lernend von Christen und Nichtchristen, Juden und Arabern, für das Mittelalter war (und einige Stufen tiefer und verglichen mit Hegel wenig originell Christian Wolff für die Aufklärung): der Doctor communis, der »allgemeine Lehrer«, der das von der Geschichte innerhalb und vor allem außerhalb der Mauern aufgeschichtete Material gesichtet, auf neue Art begrifflich geordnet und die notwendig gewordene neue, umfassende Synthese, das neue große Paradigma, wissenschaftlich-schöpferisch erarbeitet hat?

Hegel hatte ein sicheres Gespür dafür, was in der Luft lag. Und was Thomas bescheiden im stillen vollzog, bekannte Hegel – man lese nur seine verschiedenen Antrittsvorlesungen und Vorreden – programmatisch: daß eine neue Zeit angebrochen, daß die alten Synthesen nicht mehr ausreichten, daß die Zeit zu einer neuen Zusammenfassung gekommen war. Lag nicht alles bereit? Es galt, mutig die frühzeitig zugeschlagenen, oft noch gar nie geöffneten Türen zur volleren Wahrheit aufzuschließen. Man mußte nur im Besitz des neuen Schlüssels sein. Der Theologe Thomas hatte ihn damals – durch Vermittlung der muslimischen Araber und Alberts des Großen – bei Aristoteles gefunden und diesen Aristotelismus, wie ihm schien, gründlich von heidnischen Relikten gesäubert. Hegels neuzeitlicher »Passepartout« war Gabe seiner idealistischen Brüder: die dialektische Methode. Hart, geschmeidig und so unwiderstehlich zugleich, aber nicht leicht zu handhaben, erschien Hegel dieses Denken in schöpferischen Gegensätzen als das großzügige Geschenk des Geistes an die neue Zeit, um nicht nur eines, sondern alle verschlossenen Tore zu öffnen. Diese von Fichte übernommene und ins Absolute transponierte dialektische Methode ist, wie wir bei der Phänomenologie schon sahen, mehr als nur intellektuelles Arbeitsgerät. Sie ist Leben, Lebensprinzip, Selbstbewegung, Eigendynamik des göttlichen Geistes selbst. Sie hat das »Passer partout« in sich. Sie drängt zur

Totalität, zum universalen System[13]: »Ein Philosophieren *ohne System* kann nichts Wissenschaftliches sein[14].« Nur in einem System, das eben der sich selbst begreifende, organisierte Geist ist, wird die Wahrheit – und das wird nun viel deutlicher als in den ersten Jenaer Entwürfen und in der »Entdeckungsreise« der »Phänomenologie« – von der Zufälligkeit und Zusammenhanglosigkeit befreit und die Entwicklung in ihrer strengen *Notwendigkeit* aufgezeigt.

Gegenüber einer hochmittelalterlichen »Summa«, die ja auch nicht nur für den Unterricht bestimmt war, ist die Enzyklopädie ein verhältnismäßig kleines Buch. Nur ein für die Vorlesung nützlicher »Grundriß«, ein »Leitfaden« sollte geboten werden:

Im *ersten* Teil die *Logik*[15]: eine kleinere, verbesserte Ausgabe der früheren, in Nürnberg geschriebenen, großen Logik, in derselben Grundeinteilung nach Sein – Wesen – Begriff, wieder kulminierend in der »absoluten Idee«[16].

Dann im *zweiten* Teil aufgrund der »Entäußerung« der Idee in der Natur die *Naturphilosophie*[17]: Mechanik – Physik – organische Physik.

Schließlich im *dritten* Teil aufgrund der Rückkehr des Geistes aus der Natur zu sich selbst die ebenfalls dreiteilige *Geistphilosophie*[18]: der subjektive Geist (in Anthropologie, Phänomenologie oder Bewußtseinslehre und Psychologie), der objektive Geist (in Recht, Moralität und Sittlichkeit), der absolute Geist (in Kunst, Religion und Philosophie).

Auf diese Weise hat Hegel, dieses Genie dialektischer Synthese, ein System von bewundernswerter Materialfülle, bergender Spannweite und durchgestalteter Einheitlichkeit geschaffen, wie es sich bis jetzt dem Christentum noch nie angeboten hatte: eine Summa universalis und gerade so eine Summa summe theologica. Im Vergleich zum meisten, was damals in der Theologie geschaffen wurde, ein durch und durch auf der Höhe der Zeit gedachtes Werk. Weder beidfüßig im Mittelalter oder in der Reformationszeit wie noch immer so manche zeitgenössische Theologen im katholischen wie im evangelischen Lager. Noch mit einem Fuß in der alten, mit dem anderen in der neuen Zeit wie so manche »Vermittlungstheologen«. Sondern mit beiden Füßen fest und sicher in der Neuzeit, bekennt er sich entschlossen zu einer Philosophia perennis, die weder im 13. noch im 17. noch im 18. Jahrhundert zu perennieren, weiterzuschreiten aufgehört hatte. Alles prüfend, meint Hegel, von allem das Gute zu behalten.

Und – so empfanden damals auch viele Theologen – ein Wunder in der glaubenslosen, offenbarungsfeindlichen Philosophie der Zeit: Hier wurde ein System vorgelegt – wir sahen es schon in der Interpretation des Karfreitagsgeschehens –, in dem das Christentum weder polemisch abgefertigt noch indifferent beiseitegelassen, sondern mit Sympathie geistvoll aufgenommen, aufs allerbeste »aufgehoben« wurde! Ein System, das nicht nur, wie frühere Systeme, Antike und Christentum, sondern auch Renaissance und Reformation, Aufklärung und Romantik, schließlich überhaupt Altzeit und Neuzeit vereint. Ein System, das grundsätzlich alle denkbaren Gegensätze im absoluten Geist versöhnt und das bei alldem nichts anderes als wissende, philosophische Religion sein will: das sich selbst denkende und wissende Christentum! Sollte die Christenheit – im Streit zwischen Aufklärern und reinen Gefühlstheologen und schließlich im tödlichen Kampf gegen die anstürmende Moderne überhaupt – nicht mit Enthusiasmus nach diesem rettenden christlichen System greifen? Vieles gewiß im einzelnen korrigierend (dies zu gestatten wäre Hegel großzügig genug), aber doch dankbar dafür, daß hier – traditionell und modern zugleich – dem christlichen Glauben in den Stürmen der Zeit nicht ein Strohhalm, sondern ein durchkonstruiertes neues Instrumentarium von systematischer Sicherheit und strenger Notwendigkeit angeboten wurde?

Die neue Geschichtsphilosophie

Hegel auf dem Lehrstuhl Fichtes! Noch im Jahre der Enzyklopädie 1817 – mitten im freiheitsberauschten Aufruhr der Universitäten, Burschenschaften, Turner – war Hegel aus dem ihm bereits etwas zu eng gewordenen Heidelberg von Preußens erstem »Cultusminister« Altenstein in den aufstrebenden Militär- und Bildungsstaat Preußen berufen worden: an die 1810 im Zuge der Humboldtschen Unterrichtsreform gegründete Universität Berlin (Schleiermacher, Niebuhr, F. A. Wolf, Savigny, Fichte ...!).

»Ich darf wünschen und hoffen, daß es mir gelingen werde, auf dem Wege, den wir betreten, Ihr Vertrauen zu gewinnen und zu verdienen; zunächst aber darf ich nichts in Anspruch nehmen als dies, daß Sie Vertrauen zu der *Wissenschaft*, *Glauben* an die *Vernunft*, *Vertrauen und Glauben zu sich selbst* mitbringen. Der *Mut der Wahrheit*, *Glauben an die Macht des Geistes* ist die erste Bedingung *des philosophischen Studiums;* der Mensch soll sich selbst ehren *und sich des Höchsten würdig achten«*, so hatte Hegel in seiner Antrittsrede am 22. Oktober 1818 in Berlin verkündet[19].

Sein Wünschen und Hoffen war unterdessen reichlich in Erfüllung gegangen. Bald war er nicht nur Professor, sondern vielbewundertes und umschwärmtes Schulhaupt, hatte großen Einfluß auf die Besetzung staatlicher Stellen und konnte sich verschiedene Auslandsreisen leisten. Und zugleich hatte er volle Gelegenheit, sein System in Ruhe nach allen Seiten auszubauen. Der Grund war gelegt, der Gesamtplan mit der »Enzyklopädie« erarbeitet. Freilich konnte Hegel nicht wissen, daß die 1821 im Druck erschienenen »Grundlinien der Philosophie des Rechts«[20] das letzte große Werk sein würden, das er selbst zur Veröffentlichung bestimmte.

Doch wichtiger sind für uns seine geschichtsphilosophischen Vorlesungen, zu denen die Rechtsphilosophie hinführt und denen er in Berlin den größten Teil seiner Arbeitskraft widmet: über die Philosophie der Weltgeschichte, die Philosophie der Kunst, die Philosophie der Religion und schließlich die Philosophie der Philosophie (Philosophiegeschichte). Nur einige Andeutungen lassen sich zu diesen »Anwendungen« des Systems machen, die integrierende Teile des Systems selber sind und die in Hegels gesammelten Werken – nach den Nachschriften seiner Schüler – viele Bände umfassen.

Hegels *Philosophie der Weltgeschichte*[21] will nicht irgendeine, sondern eine ausgesprochen philosophisch-spekulative Betrachtung der Weltgeschichte sein. »Wer die Welt vernünftig ansieht, den sieht *sie* auch vernünftig an; beides ist in Wechselbestimmung[22].« Die Weltgeschichte zeigt so dem Philosophen in ihrer Vernünftigkeit geradezu, daß »eine *Vorsehung die Welt regiere*«, daß »die göttliche Vorsehung den Begebenheiten der Welt vorstehe«[23]. Die Weltgeschichte geschieht zur »Verherrlichung Gottes«, zur »Ehre Gottes«[24]. So ist die Weltgeschichte Verwirklichung des Reiches Gottes auf Erden!? Aber alle die Katastrophen, Kriege und Revolutionen? Durch dies alles hindurch sieht das betrachtende Auge des Philosophen den unbehinderten Marsch des freien, guten, aber auch listigen Weltgeistes. Formen, Gestaltungen, Völker, auch die großen weltgeschichtlichen Individuen müssen verschwinden, *müssen* verschwinden: um neuen Platz zu machen. Der göttliche Geist marschiert weiter und bewahrt doch alles, was er fallen ließ, im Neuen aufs beste auf. In jeder Zeit, wenn auch verschieden, ist der Geist mit der ganzen Fülle der Ewigkeit anwesend, und so ist jede Zeit vollendetes Ende der Zeit. Jede Zeit hat ihr Gutes – wenn sie als der Kairos, die »günstige Stunde« des allesbergenden Weltgeistes betrachtet wird. Auch schlimmste Katastrophen haben einen guten Sinn. Der echte Pessimismus ist im Optimismus des Geistes aufgehoben.

Denn: *Gott selbst ist in der Geschichte!* Ewig vollendet, entfaltet der göttliche Geist durch alles Elend, durch alle Negationen hindurch seinen ganzen Reichtum in der Zeit. Weil Gott alles Elend in seinem Gang durch die Geschichte auf sich nimmt, ist das Böse, das Negative in der Weltgeschichte von vornherein vom Guten umfangen: die Weltgeschichte als »Schädelstätte des absoluten Geistes«, wie Hegel schon am Ende der Phänomenologie sagte[25]. Er will bewußt des weltfrommen Leibniz abstrakte »Rechtfertigung Gottes« geschichtlich überbieten: »Unsere Betrachtung ist insofern eine Theodizee, eine Rechtfertigung Gottes, welche Leibniz metaphysisch auf seine Weise in noch abstrakten, unbestimmten Kategorien versucht hat: das Übel in der Welt überhaupt, das Böse mit inbegriffen, sollte begriffen, der denkende Geist mit dem Negativen versöhnt werden; und es ist in der Weltgeschichte, daß die ganze Masse des konkreten Übels uns vor die Augen gelegt wird. (In der Tat liegt nirgend eine größere Aufforderung zu solcher versöhnenden Erkenntnis als in der Weltgeschichte ...)[26].«

Welche *Funktion* hat demnach die Geschichtsphilosophie? »Die Philosophie ist also nicht ein Trost; sie ist mehr, sie versöhnt, sie verklärt das Wirkliche, das unrecht scheint, zu dem Vernünftigen, zeigt es als solches auf, das in der Idee selbst begründet ist und womit die Vernunft befriedigt werden soll[27].« Eine Theodizee also nicht mehr mit den ungeschichtlichen Kategorien des Leibniz, sondern real in der konkreten Geschichte der Welt, organisch durch die großen Weltalter hindurch. In einer gewaltigen Ost-West-Bewegung wachsender Freiheit von der orientalischen Welt als dem Kindesalter (China, Indien, Persien, Westasien, Ägypten) zur griechischen als dem Jünglingsalter und zur römischen als dem Mannesalter und von dort schließlich zur germanischen Welt als dem reifen Greisenalter der Menschheit: Aufgang – Mittelalter – Neuzeit. Alles nichtumkehrbar eschatologisch ausgerichtet auf den Endzweck der Geschichte: die Wirklichkeit der Freiheit schlechthin. In gewaltigen Märschen geht der Philosoph, mit den Siebenmeilenstiefeln des Begriffs angetan, diesen Weg, diese Bewegung des Weltgeistes mit.

Analytisch und synthetisch zugleich denkt Hegel die politische Geschichte, die hier klar Vorrang hat, mit Kultur- und Religionsgeschichte zusammen, verbindet seine intuitiv-einheitliche Geistesschau mit einer Überfülle an polyhistorischem Detailwissen und stellt so die Menschheitsgeschichte in ihrem geistigen Zusammenhang dar: als eine einzige unbewußt-bewußte, geheimnisvolle Entwicklung zu immer tieferem Bewußtsein, zu immer größerer Vollkommenheit, zur wahren Freiheit. Diese Weltgeschichte ist indessen keineswegs, wie man Hegel (Schopenhauer nachredend) oft vorgeworfen hat, eine harmlose, harmonische Entfaltung. Hegel, kein naiver Fortschrittsgläubiger, lebte aus der Erfahrung einer antagonistischen Gesellschaft. Die Weltgeschichte, für ihn eine Schlachtbank, ist der kämpferisch-dialektische Stufengang des Setzens und Aufhebens. Dabei hat jede Stufe ihr bestimmtes, eigentümliches Prinzip im Geiste eines jeden Volkes, in welchem die Handlungen seiner Werkzeuge, der Einzelindividuen und der großen welthistorischen Individualitäten, aufgehoben sind: im »Volksgeist« also, der durch seinen Aufstieg, Höhepunkt und Abstieg sich immer wieder in den allgemeinen Weltgeist heimfindet. Der Philosoph aber ist es, der in diesem andauernden Weltgericht der Weltgeschichte die Gerichtssprüche verkünden darf, die ergangen sind über Völker und Staaten, ihre Siege und Niederlagen, ihren Aufgang und ihren Niedergang[28].

Hegels Philosophie der Weltgeschichte kann als Grundlage für die folgenden *geschichtlichen Darstellungen der Kunst, der Religion und der Philosophie* betrachtet werden. Denn aus den Volksgeistern, in denen Weltgeschichte konkret geschieht, geht die Kultur hervor: die Weltgestalten der Kunst, der Religion und der Philosophie[29]. Wie im absoluten Staat der vollkommene Wille Gestalt annahm, so nun in der absoluten Kunst die vollkommene Schau, in der absoluten Religion das vollkommene Empfinden und Fühlen, in der absoluten Philosophie das vollkommene Denken. Diese drei Weltgestalten bilden verschiedene Sphären der einen geschichtlichen Entwicklung Gottes in der Welt: ein Prozeß des Bewußtwerdens des Geistes, der erfaßt wird in den drei Wissenschaften der Kunstphilosophie, der Religionsphilosophie und der Philosophiegeschichte.

Die neue Religionsphilosophie

Für Hegel fällt in allen diesen Wissenschaften geschichtliche Entwicklung und systematische Darstellung ineins. Sie bilden so in Hegels System zugleich die Fortentwicklung der Philosophie der Weltgeschichte und die Ausführung der in der Enzyklopädie aufgezeigten Systematik. Die Rechtsphilosophie und – ihr Höhepunkt – die Philosophie der Weltgeschichte beschreiben systematisch-historisch den *objektiven Geist* (der *subjektive Geist* in Anthropologie, Phänomenologie, Psychologie wurde von Hegel nach der Enzyklopädie nie ausführlicher behandelt). Kunstphilosophie, Religionsphilosophie und Philosophiegeschichte nun sollen – immer historisch-systematisch – die drei Momente des *absoluten Geistes* darstellen. Ein ganz knapper Überblick mag skizzieren, was uns in Kollegnachschriften verschiedener Qualität in mehreren Bänden überliefert ist.

Die *Philosophie der Kunst* [30] behandelt:
zuerst allgemein die Idee des Schönen überhaupt, das Naturschöne und das Kunstschöne, das Ideal;
dann die systematischen Grundbegriffe in der geschichtlichen Entwicklung des Ideals zu den besonderen Gestalten des Kunstschönen; von der symbolischen (orientalischen) über die klassische (griechische) zur romantischen (christlichen) Kunstform;
schließlich die geschichtliche Entwicklung der Hierarchie der Künste von der äußerlichsten (Architektur) über Skulptur, Malerei und Musik bis zur innerlichsten (Poesie).

Die *Philosophie der Religion* [31] behandelt:
zuerst allgemein den Begriff (Boden, Wissen und Wirklichkeit) der Religion und besonders ihre ideellen Momente: Gott in seiner Allgemeinheit als absolute Substanz, weiter Schöpfung und Offenbarung als der absolute Unterschied, endlich die Erhebung zu Gott in Gottesbeweisen und Kult (Glauben) als die absolute Vermittlung;
dann die bestimmte oder endliche Religion: unter Ablehnung eines paradiesischen Urzustandes die dialektisch-aufsteigende Entwicklung von den Naturreligionen (die Gottheit als Naturmacht) über die Religionen der geistigen Individualität (vom Judentum als der Religion der Erhabenheit über das Griechentum als der Religion der Notwendigkeit und Schönheit zum Römertum als der Religion der Zweckmäßigkeit) bis hin zu der alle Vorformen aufnehmenden Hochform der Religion, dem Christentum;

schließlich die christliche oder absolute Religion: die absolute ewige Idee ist:
an und für sich, Gott in seiner Ewigkeit, auf dem Boden des Denkens: Reich des Vaters (Dreieinigkeit);
in der Trennung und Erschaffung der Welt, in der Sphäre der Entäußerung und Vorstellung: Reich des Sohnes (die Schöpfung und das Böse);
in der Aufhebung der Trennung, im Prozeß der Versöhnung: Reich des Geistes (Tod und Leben des Gottmenschen, Geist und Kirche).

Der tiefste und letzte Sinn der Religionsphilosophie ist freilich: sie weist nicht auf sich selbst, sondern über sich hinaus. Nicht als ob sie die letzte und ganze Wahrheit nicht enthielte. Aber sie enthält diese nicht in der letztgültigen Form. Sie weist nur hin auf die Wahrheit in der letztgültigen Form: auf die Philosophie, gegenüber der auch die Religion eine vorläufige Gestalt aufweist. Die konkrete Philosophie aber ist die Philosophie in ihrer Entwicklung, von ihrem Anfang bis zu ihrem gegenwärtigen Höhepunkt. Und diese Entwicklung stellt uns Hegel in der *Geschichte der Philosophie* dar[32]. Seine »Philosophie der Philosophie« behandelt die aufsteigende Problem- und Systemgeschichte: nach der chinesischen und indischen Philosophie als Vorstufen die Philosophie der Griechen bis zum Ende der Antike; dann die mittelalterliche Philosophie bis zur Reformation, und endlich die neuere Philosophie, die nach Bacon und Böhme entscheidend mit Descartes einsetzte: »Mit ihm hat das Denken angefangen, in sich zu gehen. ›*Cogito ergo sum*‹ sind die ersten Worte seines Systems; und eben diese Worte sprechen den Unterschied der neueren Philosophie zu allem vorherigen aus[33].«

Zahllose große Namen passieren hier Revue, zahllose Ideen werden entfaltet, geprüft und – überstiegen, bis Hegel den Schlußpunkt setzt. Das »Resultat«, der »nunmehrige Standpunkt«[34]: Auf dem mächtigen Gipfel, das dreitausendjährige Aufwärts des Geistes hinter und unter sich – Hegel! »Bis hierher ist nun der Weltgeist gekommen. Die letzte Philosophie ist das Resultat aller früheren; nichts ist verloren, alle Prinzipien sind erhalten[35].« Hegel erbt das ganze Erbe. Und im Rückblick auf die Jahrtausende »der Bemühungen des Geistes« und »seiner ernsthaftesten Arbeit« stellt er fest: »Tantae molis erat, se ipsam cognoscere mentem« (so groß war die Mühe, daß der Geist sich selbst erkannte)[36].

Eine entsprechende Würdigung der mächtigen geschichtsphilosophischen Konzeption Hegels ist hier nicht möglich[37]. Was wir schon im Zusammenhang mit seinem System herausstellten: Ist es nun durch die Philosophie der Kunst, der Religion, der Philosophiegeschichte – alle in differenzierter Einheit von Anfang an miteinander verschlungen – nicht mit allen Konsequenzen sichtbar geworden? Hegel hat, im jahrhundertealten Streit zwischen Idee und Geschichte vermittelnd, eine erstaunlich geschlossene, unerschöpflich tiefgründige und bewußt *christlich bestimmte Geschichtsschau* gegeben. Ja, Hegels ganzes Denken will geschichtliches Denken, sein Geschichtsdenken religiöses Denken sein. Sein religiöses Denken freilich will im Lichte der Menschwerdung Gottes philosophisch-spekulativ verstanden werden: nicht als zeitlos statische Ideenmetaphysik, sondern als umfassend-dynamische, christlich bestimmte Geschichtsphilosophie. Hegels Onto-Theo-Logik hat sich als eine gewaltige geschichtliche Theodizee (Rechtfertigung Gottes) manifestiert, die zugleich auf der ganzen Linie und in allen ihren Schichtungen umfassende göttliche Historiodizee (Rechtfertigung der Geschichte) zu sein beabsichtigt.

Und dies in solcher Zeit: ein über zweitausend Jahre altes Weltbild war endgültig zerbrochen und hatte auch das bisherige Gottes- und Menschenbild mit in den Sog geschichtlicher Vergänglichkeit hineingerissen. Die Geschichte der Menschheit erscheint »entzaubert«, entmystifiziert, säkularisiert; neue wirtschaftlich-gesellschaftliche Verhältnisse, eine revolutionär neue »bürgerliche« Gesellschaft hatte sich gebildet. Die Französische Revolution hatte kaum eine politische, sittliche oder religiöse Institution unerschüttert gelassen; die Aufklärung und der von ihr formulierte Konflikt zwischen Glaube und Vernunft war weit über die Gebildeten hinaus ins Volk gedrungen; nicht nur Staat und Gesellschaft, auch Christentum und Kirchen hatten gewaltig an integrierender Kraft verloren, und die aufklärungsfeindliche, subjektivistische Romantik vermochte sie kaum zurückzugeben.

In solcher Zeit machte es auf viele Menschen, die in intellektueller Redlichkeit zugleich menschlich und christlich, aufgeklärt und gläubig, traditionsverwurzelt und fortschrittlich sein wollten, einen überwältigenden Eindruck: Hier hatte ein durch und durch moderner Philosoph über alle Kritik und auch Apologie der Religion hinaus in großartiger systematischer Geschlossenheit eine Vergegenwärtigung der christlichen Wahrheit geleistet, die auch dem kritischen modernen Menschen eine Zustimmung ermöglicht. Eine nicht nur naiv-autoritätsgläubige, sondern eine philosophisch begründete und bis ins letzte durchdachte Zustimmung: Statt der neuzeitlichen Schizophrenie von Glaube und Aufklärung eine differenzierte Einheit von Philosophie und Theologie. Statt der Alternative von Rationalismus oder Gefühlsreligion die Einheit von Verstand und Gefühl in der Vernunft. Statt des Biblizismus der Orthodoxie oder einer philosophischen Naturreligion das systematische Bemühen um eine zeitgemäße biblische Hermeneutik.

Ja, wer die Texte aus seiner »Philosophie der Religion« selber liest und sie mit früheren vergleicht, wird erkennen, daß Hegel, der zweifellos kein Exeget, sondern Systematiker war, sich gerade in der Religionsphilosophie sehr viel mehr um die Interpretation der Schrift bemüht hat. An verschiedenen schwierigen Einzelpunkten, in den Jugendschriften und gedruckten Hauptschriften noch undeutlich dargestellt, versuchte er zu präzisieren: in der Lehre von der Trinität, vom Guten und Bösen im Menschen, von der Zeugung des Sohnes und der Schöpfung der Welt, von der Einzigartigkeit Christi (Darstellung seiner Botschaft und seines Schicksals), schließlich von der Bedeutung des Geistes und der Kirche. Seine Religionsphilosophie ist gewiß alles andere als eine orthodoxe Dogmatik, aber sie ist auch alles andere als seichter Aufkläricht. Sie ist ein neues Paradigma, ein neuer Paradigmakandidat. Freilich, ob er Erfolg haben wird?

Im *Vergleich mit der normalen Theologie* – das mag nicht nur Theologen interessieren – fällt an dieser philosophisch-theologischen Geschichtsschau, die keine Anstrengung des Begriffs gescheut hat, auf:

Hegels Gott ist nicht ein Geist jenseits der Sterne, der von außen in die Welt hineinwirkt, sondern der alles durchdringende Geist in den Geistern, in der Tiefe der menschlichen Subjektivität.

Seine Trinitätslehre ist keine wirklichkeitsferne Begriffsarithmetik, sondern eine zur Weltgeschichte in Bezug gesetzte trinitarische »Oikonomia«, Heilsgeschichte.

Die Weltschöpfung wird nicht als abstrakter, willkürlicher Willensentschluß betrachtet, sondern als in Gottes Wesen begründet: nicht unter dem Leitbild einer Art Emanation (vom Vollkommenen zum Unvollkommenen, mit paradiesisch-goldenem Zeitalter am Anfang), sondern unter dem Leitbild der Evolution (vom Unvollkommenen zum Vollkommenen, wenn auch ohne Entwicklung der Arten).

Die Vorsehung Gottes wird nicht von einem Willkür-Gott her behauptet oder aber in abstrakter Ungeschichtlichkeit bewiesen, sondern im konkreten Ablauf der Geschichte spekulativ zur Kenntnis genommen.

Die nichtchristlichen Religionen werden nicht als rein negative oder neutral-belanglose Erscheinungen gewertet, sondern als vorchristliche Religionen, die es »in Schatten und Abbild« mit dem einen wahren Gott zu tun haben, die als vor-läufige Gestalten das Vollkommene bereits ankünden.

Das Christusgeschehen wird nicht als Ereignis für die private Frömmigkeit pietistisch verharmlost oder aber theologisch für die institutionelle Kirche vereinnahmt, sondern als Weltereignis des Geistes in seiner Bedeutsamkeit für die Gesamtmenschheit aufgewiesen.

Das Negative, Sünde, Leid und Tod werden nicht von einer überzeitlich-abstrakten Theodizee bagatellisiert, sondern von einer Theologie des Todes Gottes in konkreter Rechtfertigung Gottes und des Menschen als von Gott selbst in der Geschichte schmerzvoll-sieghaft überwunden dargestellt.

Der philosophische Betrachter der Geschichte wird deshalb nach Hegel die Widersprüchlichkeiten, Antagonismen und Katastrophen in der Welt- und Menschengeschichte nicht illusionär in Abrede stellen, wird aber auch nicht fassungslos vor ihnen stehen. Weder wird er resigniert auf Einsicht in die Welttragödie verzichten, noch in unvernünftiger Empörung gegen die oberflächliche Sinnlosigkeit rebellieren. Vielmehr wird er die Geschichte, so wie sie nun einmal ist, aus der Einsicht der Vernunft in die letzte, dem Verstande verborgene Vernünftigkeit der Geschichte gelassen akzeptieren.

Sollte solche Einstellung nicht ein Mittelweg sein können zwischen dem flachen Räsonnement der Aufklärung und dem frommen Irrationalismus der Romantik, die doch beide der Vernunft in aller Unvernunft nicht gerecht werden? Sollte der Glaube in all dem etwas zu befürchten haben, wenn er vernünftig begriffen, von der Vernunft Gottes selbst her begriffen wird?

Die Zeit indessen, der Hegel entgegenging, sah keineswegs vernünftig aus. 1830 schienen mit den Revolutionen in Frankreich, Belgien, Polen und den Unruhen in Deutschland die stürmischen Jahre um die Jahrhundertwende wiedergekommen zu sein. Damit hatte Hegel nicht gerechnet. »Zum ersten Mal geschieht ihm, was ihm in vierzig Jahren nie geschah«, schreibt der Philosoph Franz Rosenzweig: »Er muß der Wirklichkeit auf ihre stumme Frage die klare und bestimmte Antwort des Geistes versagen. Der dem Gange der Revolution, dem Aufstieg und Fall Napoleons, der Wiederherstellung der alten Staatengesellschaft Schritt für Schritt begreifend und bejahend, als ›Sekretär des Weltgeistes‹, gefolgt war, verhüllt jetzt sein Antlitz vor dem neuen ›Ruck‹, den die Geschichte tut; er hört ihn, aber er kann ihn nicht mehr sehen, nicht mehr deuten[38].«

Doch während so die Zukunft in der Geschichte der Welt sich unerwartet neue Bahn verschaffte, war Hegels Ende näher, als er oder irgend jemand ahnte. Nachdem die im gleichen Sommer in Deutschland eingebrochene Cholera wieder zurückgegangen war, eröffnete er am 10. November 1831 die Vorlesungen des neuen Semesters mit Rechtsphilosophie und Philosophiegeschichte. Drei Tage später erkrankte er, und am folgenden Nachmittag war er bereits in sanftem Schlaf schmerzlos verschieden – nach dem Urteil der Ärzte an »Cholera in ihrer intensivsten Form«. Das letzte Werk auf seinem Schreibtisch, zur Veröffentlichung bestimmt, blieb ein Torso: es waren die »Beweise vom Dasein Gottes«. So war Hegel, ohne mit dem Tod gerungen zu haben, ruhig verschieden, auf der Höhe seines Lebens, ohne Beschwerden des Alters und abnehmenden Ruhm gesehen, ohne das Versagen seiner Schule geahnt zu haben. »Nichts an ihm war überlebt, als er starb«, sagt sein bedeutender Interpret Kuno Fischer[39].

Die Nachricht vom Tode Hegels löste in Berlin eine gewaltige Überraschung aus. Unübersehbar war der Trauerzug. Neben Fichte, wie Hegel es gewünscht, wurde er beigesetzt. Über Nacht hatte Deutschland seinen führenden Philosophen, einen seiner Großen, verloren. Ein Zeitalter – Goethe sollte wenige Monate später sterben – war zu Ende gegangen.

III. Weltlicher und geschichtlicher Gott

Die Bedeutung von Hegels geschichtsphilosophischem Denken übersteigt bei weitem das, was man seit Voltaire als »Geschichtsphilosophie« bezeichnet. Diese hat nach Aufklärung, Hamann und Herder tatsächlich in Hegel eine derart beeindruckende Krönung gefunden, daß selbst das weithin antihegelsche Geschichtsverständnis von Marx, Kierkegaard oder Dilthey sowie die Geschichtswissenschaft des 19. Jahrhunderts davon geprägt geblieben sind. Geschichte, so könnte man sagen, ist *das* große Thema der Hegelschen Philosophie überhaupt. Was in den Jugendschriften langsam sich anbahnte und in Jena entscheidend durchbrach; was in der Phänomenologie in einem ersten genialen Durchgang vom Bewußtsein her entfaltet und dann im reinen Denken der Logik aufs exakteste grundgelegt wurde; was sich in der Enzyklopädie als universales System darstellte und in der Rechtsphilosophie auf die gesellschaftliche Wirklichkeit angewendet wurde: das ist in den großen geschichtsphilosophischen Vorlesungen über Weltgeschichte, Kunst, Religion und Philosophiegeschichte in einzigartiger Weise konkretisiert worden – die Geschichte als Vollzug, als dialektischer Prozeß, als Selbstdarstellung und Selbstoffenbarung des Absoluten. Indem Hegel die Geschichte ins Absolute verlegt und das Absolute selbst Geschichte werden läßt, hat er über alle »Geschichtsphilosophie« hinaus in erregender Weise dem zum Bewußtsein verholfen, was man später Geschichtlichkeit und insbesondere Geschichtlichkeit der Wahrheit genannt hat und womit man gerade von Hegel her nicht von vornherein die Vorstellung des Relativismus, der Ablehnung alles Bleibenden und eine allgemeine Ungesichertheit wird verbinden können. Trotzdem: es stellen sich hier Fragen.

1. *Die unaufhebbare Differenz*

»Die wahrhafte Widerlegung muß in die Kraft des Gegners eingehen und sich in den Umkreis seiner Stärke stellen; ihn außerhalb seiner selbst angreifen und da recht zu behalten, wo er nicht ist, fördert die Sache nicht« [1], so sagt Hegel in seiner Logik in Zusammenhang mit dem Spinozismus.

Identität von Endlichem und Unendlichem?

Es war schon immer eine notorisch schwierige Aufgabe, Hegel zu kritisieren und ihm trotzdem gerecht zu werden. Ihm gerecht werden, müßte heißen, sich auf seinen spekulativen Standpunkt zu stellen: Aber wie soll er dann noch grundlegend kritisiert werden? Auf jeden Einwand vermeint der Kritiker bereits Hegels zurückfragende Antwort zu hören: Habe ich dies nicht auch schon selber gesagt und berücksichtigt? So manches Desiderat kann man in Hegels System finden – zusammen mit seinem Gegenteil. Dies ist die grundlegende Schwierigkeit jeder Hegelkritik; sie ergibt sich direkt aus der allumfassenden Aufhebung sämtlicher Gegensätze in Hegels absolutem Geist. Man wird deshalb von vornherein besser daran tun, Hegel der Einseitigkeit als einfachhin der Negation in der Darlegung gewisser Seiten der Wirklichkeit zu zeihen.

Trotz allem aber zeigt sich unter den Hegel-Kritikern heute, den philosophischen wie den theologischen, den marxistischen wie den christlichen, eine gewisse *negative Übereinstimmung gegen Hegels spekulative Identität von Endlichem und Unendlichem.* Die damals proklamierte Identität scheint heute für viele ein schöner idealistischer Traum gewesen zu sein: Schon angesichts der Kierkegaardschen Gegendialektik der unaufhebbaren menschlichen Existenz des Einzelnen und erst recht angesichts der Marxschen Konfrontation mit der unversöhnten gesellschaftlichen Wirklichkeit und der wirklichen Entfremdung des arbeitenden Menschen tritt dies klar zutage. Die Kritik betrifft also nicht nur Zweitrangiges, sondern das Zentrale: Hegels Auffassung vom »absoluten Geist«, der je nach Problemdimension absolute Idee, absoluter Begriff, absolutes Selbstbewußtsein, das Selbst oder auch Gott genannt wird.

Die Grundfrage läßt sich als Frage vom Allgemeinen und Besonderen, vom Abstrakten und Konkreten, von Subjekt und Objekt auf *jeder* der ungezählten Stufen der Hegelschen Geistesdialektik stellen: weil jede dieser Stufen als Verwirklichung des konkret-spekulativen Differenzierungs- und Synthetisierungsprozesses des absoluten Geistes verstanden werden muß. Doch verschärft sich die Frage bei fortschreitender Dialektik und ist in der Gestalt der »absoluten Religion« und des »absoluten Wissens« mit voller Ausdrücklichkeit gestellt. Sie läßt sich hier sowohl seinsmäßig (ontologisch) wie erkenntnismäßig (noetisch) formulieren als die Frage der Identität (der Identität und Nichtidentität) von endlichem und unendlichem Geist, von Gott und Mensch (Welt).

Hegel hat die Differenz zwischen endlichem und unendlichem Geist, zwischen Mensch (Welt) und Gott gewiß zur Kenntnis genommen. Aber er hat sie im absoluten Wissen des absoluten Geistes »aufzuheben« versucht. In diesem Punkt jedoch ist die sehr vielfältige Hegelkritik einhellig. Und es ist bezeichnend, daß sogar Hegels gewandter Interpret und Verteidiger,

R. Kroner, äußert: »Die *Philosophie* mißversteht sich selbst, wenn sie ihr eigenes reflexives Versöhnungswerk dem der Religion überordnet, wenn sie durch sich selbst das Bewußtsein endgültig versöhnt zu haben wähnt; als Reflexion begreift sie vielmehr die Unmöglichkeit, ja die Widersinnigkeit absoluter Versöhntheit. Die Philosophie mißversteht sich selbst, wenn sie die absolute Versöhnung dadurch vollbracht zu haben wähnt, daß sie die gesamte *Selbstverwirklichung* des Geistes als sein stufenweise fortschreitendes Sich-Begreifen denkt ...[2].«

Letztlich wird solche Kritik auf irgendeine Weise immer darauf hinauslaufen, daß die *Aufhebung der Gegensätze im absoluten Geist nur Forderung und Behauptung* bleibt: »Die allumfassende Versöhnung wird tatsächlich im Hegelschen System stets nur gemeint, nie aber faktisch erreicht und vollzogen, denn wir Menschen bleiben endlich. Endlichkeit und Unendlichkeit, Glauben und Wissen, Gott und Mensch waren die bestimmenden Fragen der Hegelschen Philosophie. Die Lösung konnte nicht standhalten, die Fragen blieben; diese aber in einer ungeheuren Tiefe aufgerissen zu haben, wird Hegels Verdienst bleiben[3].«

Fruchtbar dürfte es indessen sein, Hegels *Dialektik der Erkenntnis* durch eine *Dialektik der Liebe* auszuweiten[4]: Hatte nicht der junge Hegel selbst, wie seine frühen Schriften zeigen, eine ursprüngliche geistige Erfahrung der Liebe manifestiert: der Liebe, die eint, ohne zu herrschen und beherrscht zu werden, die den Anderen als Anderen gelten läßt, ja will und bejaht? Wer also vom jungen Hegel her eine Ausweitung der Erkenntnisdialektik durch eine Liebesdialektik fordert, trägt nichts Fremdes, keine Kritik von außen an Hegels Denken heran: Der Subjekt-Objekt-Vollzug des Geistes als solcher würde vielmehr mitvollzogen, würde jedoch nicht einseitig nur unter dem Aspekt der Erkenntnis gesehen. Er würde, von seiner inneren Verkürzung befreit, konsequent in seiner ganzheitlichen Struktur expliziert. Mit dem intellektuell-erkenntnishaften Moment käme zugleich das existentiell-willensmäßige Moment, kämen Liebe und Freiheit zur Geltung.

Von allen diesen Überlegungen her wäre ein im besten Sinn des Wortes *nachhegelischer Gottesbegriff* zu fordern, und dies in einem doppelten Sinn:

1. Kein Zurück hinter Hegel zu einem naiv-anthropomorphen oder auch aufgeklärt-deistischen Gottesbild, von einem überweltlichen oder außerweltlichen Gott, der neben und gegenüber dieser Welt und dem Menschen west! Gegen alle *biblizistische* Berufung auf den biblischen Gott und alle *traditionalistische* Berufung auf den traditionell-christlichen Gott: Es muß bleiben bei der nachkopernikanisch-neuzeitlichen Einsicht: Gott in der *Welt*, Transzendenz in der *Immanenz*, Jenseitigkeit in der *Diesseitigkeit*.
2. Ein Hinaus über Hegel zu einem in neuer Weise *lebendigen* Gott: Die Dialektik der Liebe schafft neuen Raum für das Gottsein Gottes, die Freiheit, die Liebe Gottes und all das, was in verkürzter Erkenntnisdialektik einseitig

vereinnahmt wird! Gegen alle *modernistische* Berufung auf den Gott der modernen Philosophen: Es ist in neuer Weise das schon vorkopernikanische Anliegen zu bewahren: *Gott* in der Welt, die *Transzendenz* in der Immanenz, die *Jenseitigkeit* in der Diesseitigkeit.

Alles vernünftig?

Ist nun aber nicht offensichtlich, daß gerade in der Geschichtsphilosophie die inneren Schwierigkeiten der Hegelschen Grundkonzeption besonders sichtbar werden? Wie hätte Hegel so leicht über Blut und Tränen, Hunger und Elend, Krisen und Katastrophen, Ungerechtigkeit und Geistlosigkeit der Weltgeschichte hinwegsehen können! Hier setzt doch jeder Mensch mit seinem »Warum?« ein. Hier muß auch eine Geschichtsphilosophie einsetzen, hier ist sie auf die Probe gestellt: Es gibt im einzelnen so unendlich viel *Zufall, Willkür, Unrecht, Unvernunft* . . . Und in einer geradezu dramatischen Schilderung weist Hegel »mit tiefem Mitleid« auf das »furchtbarste Gemälde« hin, wo wir »die Geschichte als diese Schlachtbank betrachten, auf welcher das Glück der Völker, die Weisheit der Staaten und die Tugend der Individuen zum Opfer gebracht worden . . . [5].«

Und was tut Hegel? Er möchte sich nicht direkt auf dieses schaurige Empirische beziehen: er »verschmäht, den Weg der Reflexion einzuschlagen, von jenem Bilde des Besondern zum allgemeinen aufzusteigen« [6]. Er beruft sich vielmehr auf die *List der Vernunft,* die List des vernünftigen Weltgeistes, der sich durchhält und bewahrt: trotz und in diesem ganzen furchtbaren Getriebe der Unvernunft. Man kann sich fragen, ob nicht Hegels geschichtsphilosophischem Optimismus geradezu eine tragische Lebensschau zugrundeliegt [7]. Aber es bleibt ihm schließlich nichts anderes übrig – nachdem er die Unvernunft nicht schlicht und einfach leugnen kann – als de facto einen Kompromiß zu schließen zwischen dem hochspekulativen Gang des Weltgeistes und der nieder-empirischen unvernünftigen Weltgeschichte [8].

Diese gewaltige Konzeption verdient es, daß man sie vor allzu billigen Einwänden verschont. Zweifellos ist Hegel abhängig vom Wissensstand seiner Zeit, doch er bemühte sich sehr um historische Genauigkeit und unverfälschte Darstellung der Tatsachen im richtigen Zusammenhang. Aber die kritische *Frage* bleibt: Wie soll die Weltgeschichte noch als spekulative Geschichte des vernünftigen Weltgeistes betrachtet werden können, wenn in diesem Prozeß der Selbstvervollkommnung des Geistes zu größerer Freiheit so unendlich viel Schutt – Einzelne, Völker, ganze Epochen – abfällt?

Und wenn auch Hegel mit der »List der Vernunft« vielleicht sein ingeniösestes dialektisches Kunststück ausführt (in Parallele übrigens zum Lösungsversuch von Leibniz für das Problem des Bösen), so fragt es sich, ob diese »List der Vernunft« nicht doch die Achillesferse von Hegels Geschichtsphilosophie ist. Vertritt Hegel faktisch nicht gerade hier eine eher dualistische als spekulative Konzeption? Die letztlich irrationale Konzeption einer Selbstüberlistung des absoluten Subjekts, insofern es zugleich Objekt seiner List ist[9]?

Das bedeutet aber: Selbst mit Hegels stupenden Kenntnissen auf fast allen Gebieten des Lebens, selbst mit seiner genialen Synthese von noch nie dagewesenem Ausmaß, höchster formaler Kunst und durchdachtem Detail ließ sich *die ganze geschichtliche Wirklichkeit* nun eben doch *nicht als spekulativ-vernünftig aufweisen*. Und was tat Hegel? Sich all der auftauchenden Schwierigkeiten nur mit Mühe erwehrend, gestaltete er unter der Hand den ursprünglichen dialektischen Geistesmonismus seiner Geschichtsphilosophie um zu einem verdeckten Dualismus, wobei er aber noch immer den Triumph der ursprünglichen Konzeption verkündet und tut, als ob sich nichts geändert habe[10].

Was jedoch in der reinen Logik noch verhältnismäßig kompromißlos durchgeführt werden konnte, wurde in der weiteren Entwicklung des Geistes in Natur und Geschichte zunehmend unmöglich. Hegel stand vor einem Dilemma, vor dem im Grunde schon Spinoza stand: An sich hatte Hegel Lust, das Empirisch-Konkrete einfach spekulativ zu leugnen; aber das gelingt ihm – dem Empiriker und Realisten – je länger, desto weniger. Dann wäre ihm jedoch nach seiner ursprünglichen Konzeption nichts anderes übriggeblieben, als es in den majestätischen Gang des Absoluten einzuschließen. Doch dazu – zu einem Einschluß des Chaos in Gott und zu einer Allesgötterei – konnte sich Hegel nie voll entschließen: »Und siehe da, Hegels Philosophie schwankt unentwegt zwischen dem *Dualismus in verkappter Form* und *dem Versuch, das Empirisch-Konkrete* aus eigener Macht *zu ›streichen‹* (I. Iljin[11]).«

Das heißt: Der Geistesmonismus wird aus einer zunächst als vollendet betrachteten philosophischen Tatsache zur schöpferischen Aufgabe des langsamen göttlichen Seins und Werdens, dem die Philosophie gemächlich zu folgen hat. Der ursprünglich rationalistische Pan-logismus wird zum rational-irrationalen Pan-teleologismus: Daß alles logisch, vernünftig, ist, ließ sich nicht beweisen; leichter jedoch, daß alles teleologisch, zielgerichtet, ist. Das bedeutet: alles ist zwar nicht vernünftig, es kann aber vernünftig werden!? Das dialektisch-organische Selbstdenken der Vernunft wird zur organisch-schaffenden Vernunft Gottes: Gott schafft auch dort, wo die Vernunft – in Natur und Geschichte – von sich abfällt und nicht sich selber denkt. Der Panentheismus als Seinsform Gottes wird zur Aufgabe von Gottes schöpferischem Wirken. Die Logos-Theodizee wird zur Telos-Theodizee. Was heißt das anders als: das maximale Hegelsche Programm gelangt zur minimalen Ausführung.

Schon die Generation nach Hegel – und wahrhaftig nicht nur Marx, sondern gerade auch die zünftigen Historiker wie Ranke, Droysen und Burckhardt – vermochte nicht mehr einzusehen, daß in der Weltgeschichte alles vernünftig zugehe, daß die ganze Geschichte die stufenweise dialektische Selbstentfaltung des Geistes sei [12]. Die Fakten sprechen eine andere Sprache als Hegels Systematisierung.

Alles notwendig?

Man hat Hegel oft den Vorwurf gemacht, sein Denken sei von einem Systemzwang bestimmt. Darauf würde Hegel antworten: es gehe ja gar nicht um sein, Hegels System (»Was in meinen Büchern von mir selbst stammt, ist falsch«, soll Hegel einer ihn als Genie anstaunenden Bewundererin gesagt haben). Es geht um das absolute System, *das System des Absoluten selbst:* Gott, wie er in sich ist, sich entäußert und in sich zurückkehrt, das System dieses Gottes in der Welt! Diese Enkyklo-paideia, diese In-Kreis-Lehre, in der jeder der Teile der Philosophie »ein sich in sich selbst schließender Kreis« und das Ganze »ein Kreis von Kreisen« ist [13], stellt, echt philosophisch verstanden, nichts anderes dar als die – vom Philosophen treu und sachlich nach- und mitgedachte – Geschichte des Absoluten selbst, deren Notwendigkeit im Einzelnen die Freiheit des Ganzen aufleuchten läßt. Insofern schließt Hegels System Freiheit nicht aus, sondern setzt sie in seiner Notwendigkeit voraus.

Und doch drängt sich die *Frage* auf: Ist der Gott dieser Systematik nicht der Gefangene seiner selbst? Sollte dieser Gott nicht gezwungen sein, wenn auch nicht von einem Anderen, so doch von sich selbst, sich so und nicht anders zu entwickeln? Sollte er nicht aus seinem Wesen heraus gemäß einem von Menschen zu durchschauenden enzyklopädischen Schema funktionieren und sich in die Endlichkeit hinein differenzieren müssen? Ist dieser Gott nicht in die Notwendigkeit eines Systems der Wissenschaft eingeschlossen? In ein geschlossenes System, das zwar nicht starre Konstruktion, sondern Fülle lebendiger Bewegung sein will, das aber als die notwendige Selbstbewegung des gottmenschlichen Begriffs, das als die angewandte absolute Methode im ehernen Dreitakt doch unaufhaltsam sich fortbewegt? Eine Dialektik, die sich von keinem Abgrund aufhalten läßt, weil sie sich in jeden hineinstürzt und gerade durch die Bejahung der Negation weit über ihn hinausgehoben wird? Eine Dialektik, die sich dem antithetischen Widerspruch kühn anheimgibt, um gerade so – durch die negative Kraft von Irrtum und Bosheit – in die volle, nichts übersehende synthetische Wahrheit hineinbefördert zu werden? Ist dieser eherne Dreitakt des Systems nicht höchst problematisch? Nicht etwa weil an sich etwas gegen die Trias einzuwenden, weil die Triaden etwa durch Tetraden abzulösen oder die einzelnen Triaden pedantisch zu bekritteln wären. Sondern weil dieser grandiose Dreitaktrhythmus auch Gott systematisch zu vereinnahmen sucht, um das, was nach der Bibel nur aus des Menschen Schuld und Gottes freier Gnade zu verstehen ist, umzuinterpretieren: zu einer dialektischen Folgerichtigkeit und Notwendigkeit des göttlichen Begriffs und des menschlichen Bewußtseins, zu einem immanent notwendigen Umschlagen ins Böse und wiederum ins noch bessere Gute.

Damit deutet sich schon an: Die *theologische Kritik* an Hegels System muß die philosophische Kritik noch verschärfen. Von der biblischen Botschaft her läßt es sich kaum rechtfertigen:
Vater, Sohn und Geist als personale Symbole für die in dreifaltiger Dialektik voranschreitende immanente Bewegung des absoluten göttlichen Begriffs zu verstehen;
die Schöpfung ewig notwendig zu setzen: als Gleichnis für den dialektischen Übergang Gottes selbst zum Anderssein innerhalb der Selbstbewegung des Geistes;
den Sündenfall (der mit der Endlichkeit des Bewußtseins gegeben ist) und damit die Erlösung (als Lebensprozeß, der keiner Vergebung bedarf) immanent-logisch zu rationalisieren;
eine Menschwerdung Gottes nach dem zwingenden Schema des absoluten Geistes (Identität – Nichtidentität – Identität der Identität und der Nichtidentität) zu verstehen;
eine mehr ideale als reale Aufhebung der Widersprüche und Befreiung des Menschen zu verkünden: eine Interpretation der Wirklichkeit ohne ihre Veränderung; eine Freiheit und ein Heil, die das Ethische vorwiegend dem objektiven Geist (Staat) überlassen und sich im rein Intellektuell-Spekulativen bewegen;
eine Kirche, die in ihrem Bewußtsein herrschend übergreift über ihr Haupt und ihren Herrn und die schließlich von der säkularen Heilsanstalt des Staates überspielt wird, zu akzeptieren;
einen Fortschrittsglauben, der im Blick auf die schuldig-stationäre Welt und das tief ungerechte Weltgericht der Weltgeschichte auf eine Rechtfertigung des Status quo hinausläuft;
eine äußere Offenbarung, die als pädagogische auf Vorläufigkeit im authentischen Gottesdienst der Philosophie aufzuheben ist.

Gewiß, gerade der Gott Abrahams, Isaaks und Jakobs, der Gott Jesu Christi, gerade der christliche Gott der Gnade darf, wenn auch nicht als Gott systematischen Zwanges, so doch auch umgekehrt *nicht als Gott unsystematischer Willkür* verstanden werden. Mit Recht hat H. Blumenberg in seinem Aufsatz über Kant und die Frage nach dem gnädigen Gott vom philosophischen Standpunkt her scharfe Kritik geübt am Gottesbild des spätmittelalterlichen Nominalismus, der »die Züge der absoluten Souveränität und herrscherlichen Willkür aufs äußerste herausgetrieben« hat: an Luthers »mutabilissimus Deus – veränderlichster Gott« und an des Jansenius Gott als »ipsissima Libertas – die Freiheit selbst« [14]. Ein solcher Gott, der je nach Belieben Gutes oder Böses »schickt«, kann moralisch unerträglich werden. Und schon in der Antike haben Philosophen eine Entmachtung der Götter mit Berufung auf die Moral angestrebt, welche Tradition sich bis Nietzsche, Sartre und Camus verfolgen läßt. Der Protest – sei es der des Iwan in Dostojewskis »Brüder Karamasoff«, sei es der des Orest in Sartres »Fliegen«, sei es der des Dokteur Rieux in Camus' »Pest« – gegen einen despotisch-unzuverlässigen Willkürgott besteht zu Recht.

Die Kritik an Hegels Systemzwang darf also nicht als Stellungnahme für einen Freiheitsgott gegenüber einem Vernunftgott verstanden werden. Weder eine Isolierung des göttlichen Willens als einer der Vernunft fremden und ihr gegenüber indifferenten Instanz, wie in der nominalistischen und oft auch in der reformatorisch-jansenistischen Theologie, hilft weiter; noch eine Isolierung der göttlichen Vernunft als eines recht schemenhaften kosmischen Ordnungsprinzips, wie bei vielen englischen, französischen und deutschen Aufklärern.

Auch hier darf es – wie schon im Zusammenhang mit der Phänomenologie herausgestellt, aber jetzt mehr praktisch-ethisch gesehen – kein Zurück hinter Hegel geben. Der Gott der Väter und Jesu Christi, der Gott der Gnade, meint nicht jenes naiv-biblizistische Gottesverständnis von einem allmächtig-absolutistischen Herrscher, der mit Welt und Mensch in unumschränkter Gewalt nach völligem Belieben verfährt. Der Gott der Gnade meint auch nicht jenes aufgeklärt-deistische Gottesverständnis von einem jetzt gleichsam konstitutionell regierenden Monarchen, der seinerseits durch eine natur- und moralgesetzliche Verfassung gebunden ist und sich vom konkreten Leben von Welt und Mensch weithin zurückgezogen hat. Der Gott der Gnade meint durchaus jenen *in* der Welt selber lebendigen, nichtvorfindlich-gegenwärtigen, immanent-transzendenten, diesseitig-jenseitigen, nahe-fernen Gott, der gerade als der Haltende, Tragende, Umfangende uns in allem Leben und Bewegen, Schreiten und Fallen schon immer voraus ist, der gerade in dem, was nicht sein *muß*, aber wirklich *ist*, der eben gerade in seiner freien Gnade auch nach der Bibel nicht der unvernünftige, sondern der verläßliche, der beständige, der treue Gott ist.

2. *Gott im Werden*

Hegel in der Kritik: Man wird sich heute gewiß nicht Hegels geistesmonistisches System und dessen ontisch-noetische Zwänge, welche die Differenz zwischen Gott und Mensch überspielen, zu eigen machen können. Aber man wird auch nicht, wie es manche Philosophen und Theologen getan haben, nur eklektisch einzelne periphere Hegelsche Momente versammeln oder gar apologetisch verarbeiten wollen: Vielmehr sollte man neu, wie durch Hegels Worte zu Beginn dieses Abschnittes angekündigt, versuchen, »in die Kraft des ›Gegners‹ einzugehen« und uns gerade in der zentralen Frage nach dem Gottesverständnis »in den Umkreis seiner Stärke zu stellen«. »Wer weiß«, fragt Karl Barth die Hegel ablehnende Theologie, »ob sie nicht gerade vor dem *echt* Theologischen bei Hegel zurückgeschreckt ist[15].« Und insofern könnte vielleicht jenes allerletzte rätselhafte Wort doch noch wahr werden, mit dem Barth seine eindringliche Darstellung und Kritik der Hegelschen Philosophie schließt: Hegel – »eine große Frage, eine große Enttäuschung, vielleicht doch auch eine große Verheißung«[16]. So etwas wie eine Negativ-Folie zu Hegels Philosophie mag uns zunächst helfen, das Positiv-Theologische, wie es in neueren Entwicklungen zum Ausdruck kommt, besser zu sichten.

Fortschritt ohne Gott? Auguste Comte

Die Weltgeschichte ließ sich auch anders deuten denn als Geschichte Gottes in der Welt: atheistisch nämlich als Geschichte der Menschheit. Das tat Hegels Zeitgenosse, der aber Hegel nicht kannte, der französische Philosoph *Auguste Comte* (1798–1857), hochbegabter Schüler der École Polytechnique, der mit 13 Jahren den katholischen Glauben abgelegt hatte. Comte war zwar nicht der Erfinder, wohl aber der Namensgeber des »Positivismus« und der »Soziologie«. Mit seinen sechs Bänden »Cours de philosophie positive«, die im letzten Lebensjahr Hegels zu erscheinen begannen[17], erwies er sich als bedeutender Systematiker, der wie Hegel die gesamte Menschheitsgeschichte in ein einheitliches Denksystem aufzunehmen versuchte – alles zur theoretischen Vorbereitung eines praktischen Reformismus, der jenseits des Traditionalismus der Konservativen und des Jakobinismus der Progressiven die Ideen der Französischen Revolution »positiv« zu verwirklichen trachtete.

Wie Hegel sah auch Comte alles in Entwicklung und betonte zugleich mit dem Fortschritt die Notwendigkeit der Ordnung. Auch er sah die Entwicklung in strenger Gesetzlichkeit, im Dreitakt, verlaufen. Auch er betonte die Parallele zwischen der Entwicklung der Menschheit und der des Einzelnen. Auch er ordnete die Gemeinschaft dem Individuum, das Allgemeine dem Persönlichen vor. Auch er rechnete mit einem – freilich erst heraufziehenden – vernünftig-moralischen Reifezustand der Menschheit.

Aber: Comte, in seinem völlig an der positiven Wissenschaft orientierten Fortschrittsglauben, dachte nicht vom Absoluten, sondern vom Relativen, von den Fakten, vom Gegebenen, vom Positiven her, demgegenüber ihm alles Metaphysische als Fiktion erschien. Kein absoluter Geist entfaltet sich hier in der Geschichte der Welt zu immer höheren Formen. Die *Menschheit* vielmehr ist es, dieses große, allgemeine Wesen, das sich in *drei Stadien* zur Positivität entwickelt: Auf die theologisch-fiktive Mythendichtung einer vor allem militärisch bestimmten Gesellschaft folgt die abstrakte Metaphysik der juristisch orientierten Gesellschaft und schließlich die positive Wissenschaft der Tatsachen in einer industriellen Gesellschaft. Der traditionelle Gott wird also nach Comte nicht durch die »Raison« im Sinne des Robespierre ersetzt, dieser »Raison« als »Être suprême« des Jahres II nach der Großen Revolution, sondern durch das »Grand Être«, die Menschheit ganz allgemein. An der Stelle Gottes und seiner Vorsehung steht jetzt der Mensch: der sieht, um vorauszusehen, und voraussieht, um zu planen, und vorausplant, um sich der Welt zu bemächtigen (voir pour prévoir, prévoir pour prévenir, prévenir pour pourvoir).

So entwickelte Comte – besonders in seiner letzten Phase nach einer Liebesepisode mit Clothilde de Vaux – anstelle des Gottesglaubens die neue »Religion de l'humanité«, deren Hauptgegenstand die Menschheit, deren Norm mitmenschliche Liebe, deren Basis die gesellschaftliche Ordnung und deren Ziel der menschliche Fortschritt ist. Comte, Verkünder und Prophet der neuen positivistischen Weltanschauung, sieht sich am Ende als der Hohepriester einer neuen säkularen Kirche, einer neuen *Religion ohne Gott*, deren Organisation, Hierarchie und Zeremoniell der katholischen Kirche – Comte war von Anfang an stark vom katholischen Papst-Ideologen Joseph de Maistre beeindruckt – nachgebildet werden sollte. Gegründet wurde diese Kirche freilich nicht – von kleinen positivistischen Vereinen abgesehen. Schule hat dieser Katholik ohne Christentum nicht gemacht, und nur ein paar Dutzend Freunde folgten ihm bei seinem Tod zum Grabe.

Comtes historische Konstruktionen mit ihren Systemzwängen sind genauso wie die Hegels von der streng historischen Forschung der Folgezeit desavouiert worden: Sie postulieren eine logische Notwendigkeit, statt den faktischen Ablauf zu referieren; Comtes Drei-Stadien-Gesetz – schon bei Turgot und Comtes Lehrer Saint-Simon vorgebildet – ist heute selber nur noch von »historischem« Interesse. Als neues Paradigma für die Geschichtswissenschaft konnte sich weder die positivistische Geschichtsphilosophie Comtes noch die spekulative Hegels durchsetzen.

Doch hat sich Comte dadurch als Prophet der neuen Zeit erwiesen, daß er klarer und systematischer als andere die positivistischen Grundlagen des heraufkommenden technokratischen Zeitalters herausarbeitete: Wissenschaft und Technik als die Geschichtsmächte, die den definitiven Fortschritt der Menschheit und eine neue, bessere gesellschaftliche Ordnung notwendig heraufführten. Dies war freilich weniger eine wissenschaftlich begründete Auffassung als eine *Wissenschafts- und Technikgläubigkeit* (Szientismus), die in unseren Tagen zutiefst erschüttert dasteht. Nur noch Naive glauben im Zeitalter der Öl-, Rohstoff-, Atom- und Umweltkrisen an den notwendigen Fortschritt der Menschheit durch Technologie. Und in Frage gestellt ist damit jener soziologische Positivismus Comtes, der sich auch in seiner logischen Variante, wie wir im Zusammenhang mit dem Wiener Kreis sahen[18], nicht halten ließ.

Und so kommen denn in unserem Jahrhundert gerade aus dem Bereich von Mathematik und Naturwissenschaft bedeutende Denker, die zur Wissenschaft ohne Religion und zum Fortschritt ohne Gott Alternativen entwickeln: Sie wollen Gott gerade mitten im Fortschritt und Gott selber im Fortschritt sehen. Sie stehen damit bei allen Unterschieden Hegel näher und zeigen die Relevanz seiner Gedanken für die Gegenwart: Teilhard de Chardin und Alfred N. Whitehead.

Der Gott der Evolution: Pierre Teilhard de Chardin

»Zunächst und trotz gewissen Anscheins stellt die ›Weltanschauung‹, die ich darlege, keineswegs ein festes und geschlossenes System dar. Es handelt sich hier keineswegs (das wäre lächerlich!) um eine deduktive Lösungsformel für die Welt ›à la Hegel‹, um einen endgültigen Rahmen der Wahrheit – sondern lediglich um ein Bündel von *Fortschrittsachsen*, wie es sie in jedem in Evolution befindlichen System gibt und wie sie nach und nach darin entdeckt werden[19].« So der französische Jesuit *Pierre Teilhard de Chardin* (1881–1955) in der gegen Ende seines Lebens geschriebenen außerordentlich konzentrierten Schrift »Comment je vois« (»Mein Weltbild«): »die authentische und vollständige Zusammenfassung meiner derzeitigen intellektuellen Position angesichts der Welt und Gottes – die Essenz meines Glaubens«[20]. Die Evolution von Natur und Kosmos war das große Arbeitsfeld dieses Geologen und Paläontologen, der versuchte, seine naturwissenschaftlichen Erkenntnisse mit theologischen Vorstellungen zusammenzudenken.

Aber was ist es um den »gewissen Anschein« der *Ähnlichkeit seiner Weltanschauung zu der Hegels?* Daß der ständig der Häresie verdächtigte Teilhard gleich in den ersten Sätzen seiner Darstellung dies zu korrigieren versucht, läßt aufmerken. In der Tat: Weder will der Auch-Empiriker Hegel eine »Lösung« für die Welt einfach »deduzieren«. Noch kommt der Auch-Spekulant Teilhard ohne »Deduktionen« zu seiner »Metaphysik«. Und es ist durchaus möglich, daß Teilhard nicht nur »unbewußt« Hegelsche Intentionen aufgenommen hat, wie sie der protestantische Theologe S. Daecke herausgestellt hat[21]. Denn wie bei Hegel so bei Teilhard: 1. die Überwindung des Dualismus (Zweiweltenschema) und die Einheit der Wirklichkeit; 2. eine Verweltlichung Gottes und Vergöttlichung der Welt; 3. das entwicklungsgeschichtliche Denken und das Werden Gottes: »Auch nach Teilhard ereignet sich Gottes Geschichte in der Weltgeschichte: in der Naturgeschichte des Kosmos und in der Geistesgeschichte der Menschheit. Teilhard spricht hier von einer ›Theogenese‹ und ›Christogenese‹, die sich in und mit der ›Kosmogenese‹ und der ›Noogenese‹ vollzieht. Mit diesen Gedanken steht Teilhard in doppelter Weise in Hegels Nähe. Einmal berührt er damit Hegels Verständnis Gottes als Werden und Weltprozeß, und zum anderen besteht damit auch für ihn ein enger Zusammenhang von Denken und Sein[22].«

Schaut man Teilhards »Weltbild« genauer an, so sind die *Konvergenzen* noch erstaunlicher: Auch bei Hegel im kosmischen Prozeß eine unumkehrbare Bewegung des Fortschritts: so etwas wie eine »Einrollung« des Universums in immer komplexere Formen, die in eine Art »Super-Reflexion« (bei Hegel das absolute Wissen) einmündet. Auch bei Hegel ein universaler kosmischer Einigungsprozeß: ein Prozeß der Konvergenz und Zentrierung, der Personalisation, Spiritualisation, Sozialisation und Totalisation. Auch bei Hegel ist Gott trinitarisch verstanden als Voraussetzung der Schöpfung; der Mensch als Wesen, das weiß, daß es weiß; das Böse als unvermeidliches Nebenprodukt der Schöpfung. Auch bei Hegel »kein Gott (bis zu einem gewissen Punkt...) ohne schöpferische Vereinigung. Keine Schöpfung ohne inkarnatorisches Eintauchen. Keine Inkarnation ohne erlösende Kompensation«[23]. Schöpfung, Inkarnation und Vollendung als »die drei Grund-›Geheimnisse‹ des Christentums«, die »nur mehr als die drei Seiten ein und desselben Geheimnisses der Geheimnisse, des Geheimnisses der Pleromisation (oder einsmachenden Reduktion der vielen) erscheinen«[24].

Freilich gerade an diesem Punkt werden die *Unterschiede* zwischen Teilhard und Hegel deutlich: Anders ist bei Teilhard – wie man bald erkennt, wenn man die drei Abschnitte im »Weltbild« liest – schon die »Physik«, anders auch die »Metaphysik«, anders erst recht die »Mystik« (Frömmigkeit). Entscheidender Unterschied dürfte sein: 1. Teilhards Entwicklungsdenken geschieht nicht im Sinne der idealistischen Geschichtsphilosophie »von oben«, von der göttlichen Idee her, sondern im Sinne der Darwinschen Entwicklungsbiologie »von unten«, von der Materie und vom Leben her: eine Aufwärts- und Vorwärtsbewegung der Welt – zu Gott hin! 2. Ganz anders als Hegel, der in seinem System die schon gegenwärtige Vollendung sah, ist Teilhard offen für die noch ausstehende Zukunft und Vollendung. In diesem Sinn ist Teilhards Entwicklungsdenken auf die Kosmogonie ausgerichtet, auf die Entwicklung der Welt. Denn die Welt erschien diesem Denker als ein riesiger Entwicklungsprozeß, der, in Jahrmilliarden stufenweise sich vorwärtstastend, durch immer stärkere Komplizierung und Verinnerlichung der Materie seiner Erfüllung zureift. In dieser Weltsicht ist auch der Mensch selbst noch nicht vollendet. Er ist ein werdendes Wesen: Menschwerdung, Anthropogenese ist noch nicht abgeschlossen. Er treibt zu auf die Christogenese, die Christogenese schließlich auf ihre zukünftige Fülle, ihr Pleroma im »Punkt Omega«, wo das individuelle und das kollektive Abenteuer des Menschen Ende und Vollendung findet, wo die Vollendung der Welt und die Vollendung Gottes konvergieren. Diese »Pleromisation«, dieses Zur-Fülle-Kommen, diese Entwicklung von Kosmos und Mensch vorwärts und aufwärts kulminiert im universalen kosmischen Christus, der für Teilhard die Einheit von Gottes- und Weltwirklichkeit in Person ist. Dies alles ist für Teilhard eine Vision nicht der reinen Vernunft, sondern des erkennenden Glaubens, wie er in den Leitsätzen zu seiner Bekenntnisschrift »Comment je crois« formuliert: »Ich glaube, daß das Weltall eine Evolution ist. Ich glaube, daß die Evolution auf den Geist hin strebt. Ich glaube, daß der Geist sich im Personalen vollendet. Ich glaube, daß das höchste Personale der universale Christus ist[25].«

Hinter Teilhards ganzem Bemühen steht – wiederum so ganz anders als beim Philosophen Hegel – das *pastorale Anliegen* eines Theologen, der mit der modernen, weitgehend naturwissenschaftlich-technisch orientierten Zeit konfrontiert ist. Priester und Wissenschaftler zugleich – eine Spannung, die er sein Leben lang aushielt –, war er sich seiner Ausnahmestellung in der damaligen Zeit bewußt. Er war von der Überzeugung geprägt, daß die moderne Naturwissenschaft nicht nur in keinem Widerspruch zur Offenbarung steht, sondern direkt zum Christentum hinführt: »Die Originalität meiner Überzeugung besteht darin, daß sie in zwei Lebensbereichen wurzelt, die gewöhnlich als gegensätzlich angesehen werden. Durch Erziehung und geistige Bildung gehöre ich zu den ›Kindern des Himmels‹. Aber durch Temperament und Fachstudien bin ich ein ›Kind der Erde‹. So vom Leben in das Herz zweier Welten gestellt, deren Theorie, Sprache und Empfindungen ich aus enger Erfahrung kenne, habe ich keinerlei Scheidewand in mir aufgerichtet. Ich habe vielmehr zwei anscheinend gegensätzliche Einflüsse auf dem Grund meiner selbst völlig frei aufeinander wirken lassen. Nun aber, am Ziel dieses Unternehmens, nach dreißig Jahren, dem Streben nach innerer Einheit geweiht, habe ich den Eindruck, daß sich ganz natürlich eine Synthese gebildet hat zwischen den beiden Strömungen, die mich treiben. Das eine hat das andere nicht vernichtet, sondern gestärkt. Heute glaube ich wahrscheinlich richtiger denn je an Gott, – und gewiß mehr denn je an die Welt[26].«

Doch Teilhard muß feststellen, »daß das Christentum trotz einer gewissen Erneuerung seines Einflusses auf die konservativen (oder unentwickelten) Kreise der Welt ganz entschieden dabei ist, vor unseren Augen sein Ansehen und seinen Reiz für den einflußreichsten und fortschrittlichsten Teil der Menschheit zu verlieren«: »Nicht nur für die Heiden oder die einfachen Gläubigen, sogar im Herzen der Orden beherbergt das Christentum zwar noch teilweise ›die moderne Seele‹, doch *übergreift* es sie bereits nicht mehr, noch *befriedigt* es sie, noch *führt* es sie. Irgendetwas spielt nicht mehr – und folglich wird in Dingen des Glaubens und der Religion in Kürze auf unserem Planeten etwas erwartet. – Aber was eigentlich? . . .« Teilhards Antwort liegt schon im Titel des kurz vor seinem Tod geschriebenen Aufsatzes »Der Gott der Evolution«: »Ich meine den unwiderstehlichen (und dennoch immer verkannten) Aufstieg dessen über unserem Horizont, was man einen Gott (*den* Gott) der Evolution nennen könnte[27].«

Was meint dieser Begriff »*Gott der Evolution*«? Sicher, anders als bei Hegel, keine Identifikation von Gott und Evolution (Welt). Die Theogenese, das Werden Gottes im Sinne Teilhards bedeutet keine Theogonie im mythologischen Sinne, keine Entstehung Gottes, wo ein Gott wird, der noch nicht ist. Wiewohl Gott im Entwicklungsprozeß im Werden ist, so ist er, der wird, doch von Anfang an. Und wiewohl Gott zukünftig ist, so ist er, der kommen wird, doch schon in der Gegenwart. Insofern also sind bei Teilhard die Hegelschen Positionen korrigiert.

Gott ist nicht die Evolution, aber Gott ist *in* der Evolution, und dies in einem doppelten Sinn:
Ein *Gott von innen*: Gott soll nicht mehr als Wirkursache seiner Schöpfung verstanden werden, der gleichsam »von außen« die Erde geschaffen hat. Sondern innerhalb des Evolutionsprozesses als eine Art »Formal«-Ursache, die sich mit dem »Konvergenzzentrum der Kosmogenese« deckt: die gleichsam »von innen« die Schöpfung evolutiv-dynamisch vorantreibt[28].
Ein *Gott von vorn*: Gott soll nicht mehr länger – wie in Philosophie und Theologie seit Aristoteles üblich – »a retro«, von den Ursprüngen her gedacht werden. Sondern, gerade als der »Erste Beweger« der Welt, »ab ante«, vom Zielpunkt her: als der, der die Schöpfung »von vorn« zu sich heranzieht[29].

Dieser Gott der Zukunft ist für Teilhard kein abstrakter Gott der Philosophen, sondern der im Glauben bekannte Gott Jesu Christi: »Ein unvermeidliches und ›implosives‹ Zusammentreffen, das wahrscheinlich die Wirkung hat, morgen inmitten eines Stromes freigesetzter evolutiver Kraft Wissenschaft und Mystik miteinander zu verschweißen – um einen Christus, der endlich, zweitausend Jahre nach dem Bekenntnis des Petrus, durch die Arbeit der Jahrhunderte als der endgültige Gipfel (d. h. als der einzig mögliche Gott) einer entschieden als eine Bewegung konvergenten Typs erkannten Evolution identifiziert ist.
Das sehe ich voraus.
Und das erwarte ich[30].«

Nach dem Tode Teilhards fand man auf seinem Arbeitstisch eine ebenfalls zwei Jahre vorher eigenhändig niedergeschriebene Litanei unter einem Bild, das einen Christus mit strahlendem Herzen – die Erinnerung an eine überwältigende Gebetserfahrung des 18jährigen kurz vor seinem Eintritt in den Orden, die an Pascal erinnert – darstellt:

»Der Gott der Evolution
Das Christische, der Trans-Christus

Jesus { Herz der Welt / Wesen / Motor } der Evolution[31].«

Naturwissenschaftler werden Teilhard – das werden wir noch sehen – in manchen seiner kühnen naturwissenschaftlichen Hypothesen nicht folgen, die Theologen manche seiner oft höchst einseitig formulierten theologischen Auffassungen überzogen oder – bezüglich Leben Jesu und Kreuz – mangelhaft finden. Und möglicherweise werden heute beide Seiten vor allem seinen – das Problem des Bösen kaum genügend reflektierenden – Optimismus und Fortschrittsglauben ablehnen. Aber wie immer: Pierre Teilhard de Chardin hat das nicht genügend zu lobende Verdienst, *als erster* Theologie und Naturwissenschaft genial zusammengedacht und *Naturwissenschaftler wie Theologen provokativ zur Besinnung auf die gemeinsame Problematik zusammengebracht* zu haben. Er wollte keinen oberflächlichen »Konkordismus« zwischen Bibel und Naturwissenschaft und lehnte »gewisse knabenhaft unausgereifte Versöhnungsversuche« entschieden ab, »die die Erkenntnisebenen und -quellen vermischen und nur zu unbeständigen, monströsen Gebilden geführt haben«[32]. Wohl aber wollte er eine tiefinnere »Kohärenz«, damit »ein positiv durchkonstruiertes Ganzes« sichtbar werde, »in dem die Teile einander immer besser gegenseitig tragen und ergänzen«[33]. Nirgendwo kommt dies ergreifender zum Ausdruck als in Teilhards Hymne »An die Materie«: »Gesegnet seist du, fährdevolle Materie, unbändiges Meer, unbezähmbare Leidenschaft. Gesegnet seist du, mächtige Materie, unaufhaltsame Entwicklung, immerdar werdende Wirklichkeit. Gesegnet seist du, allumfassende Materie, Dauer ohne Schranken, Äther ohne Küsten, die du in unsere engen Maße überbordest und uns offenbarst die Ausmaße Gottes. Ich grüße dich, göttliche Wohnstatt (milieu divin), geladen mit schöpferischer Kraft, vom Geist bewegtes Meer, gekneteter Ton, dem das fleischgewordene Wort Leben einhaucht. Ich grüße dich, unerschöpfliche Fassungskraft an Sein und Umwandlung, darin die erkorene Substanz keimt und heranwächst. Ich grüße dich, harmonische Stadt der Seelen, durchsichtiger Kristall, von dem uns das neue Jerusalem kommt. Ich segne dich, Materie, nicht in der Gestalt, wie dich – geschmälert und entstellt – die Hohenpriester der Wissenschaft beschreiben und die Tugendprediger. Ein Gemenge, sagten sie, aus brutalen Kräften und niederen Begierden. Ich segne dich in jener Gestalt, in der du mir heute erscheinst, in deiner Ganzheit und Wahrheit. Nimm mich fort, Materie, in jene Höhe, wo mir vergönnt wird, das All zu umarmen[34].«

Die kirchlichen Autoritäten haben Teilhard für sein Versöhnungswerk bis heute nicht gedankt. Und auch das Zweite Vatikanische Konzil konnte sich weder in seinem noch in Galileis Fall zu einer deutlichen Satisfaktion gegenüber den irrigerweise Verurteilten, Verfolgten und Verleumdeten entschließen. So bleibt denn die Leidensgeschichte auch dieses theologischen Denkers ein empörendes Armutszeugnis für den bis heute keineswegs völlig verschwundenen – und deshalb hier nicht zu verschweigenden! – Geist antimodernistischer Ketzerriecherei und Dissidentenverfolgung im römischen System: Dem 1899 mit 18 Jahren in die Gesellschaft Jesu Eingetretenen entzogen seine Vorgesetzten 1926 den Lehrstuhl am Institut Catholique in Paris, unterdrückten in der Folge alle seine philosophisch-naturwissenschaftlichen Schriften, ja 1947 wiesen seine Oberen ihn an, überhaupt keine philosophischen Themen mehr zu behandeln. Teilhard wurde total isoliert: 1948 wird ihm verboten, einer Berufung an das Collège de France zu folgen, 1951 verbannt man ihn aus Europa an das Forschungsinstitut der Wenner Gren

Foundation in New York. Noch in seinem Todesjahr 1955 wird ihm die Teilnahme am Internationalen Kongreß für Paläontologie verboten. Nur wenige zufällig anwesende Menschen folgten dem Sarg, als der am Ostersonntag Gestorbene 160 km von New York entfernt auf dem Friedhof eines (unterdessen aufgehobenen) Jesuitenkollegs am Hudson River beerdigt wurde, und nur mit Mühe fand der Besucher später Teilhards Grab. Wohl zählt schon das von C. Cuénot aufgestellte Werkverzeichnis 380 Nummern. Indes durfte Teilhard bloß die rein fachwissenschaftlichen Abhandlungen veröffentlichen. Es war ihm zeitlebens nicht vergönnt, auch nur eines seiner Hauptwerke gedruckt zu sehen. Am 6. Dezember 1957 erging ein Dekret des Heiligen Offiziums (heute Glaubenskongregation[35]), die Bücher Teilhards aus den Bibliotheken zu entfernen, sie in katholischen Buchhandlungen nicht zu verkaufen und sie nicht in andere Sprachen zu übersetzen. Doch beim Ableben Teilhards war das Eigentumsrecht an seinen Manuskripten unter Billigung des Ordens testamentarisch an seine Sekretärin Jeanne Mortier übergegangen und wurde damit dem Machtbereich der römischen Inquisition entzogen. Wie hätte dieser Theologe wirken können, wenn man seinen kirchlichen Gehorsam nicht so schmählich ausgenützt hätte! Und wie hätte seine wissenschaftliche Arbeit gewonnen und zugleich bestimmte Einseitigkeiten, Mangelhaftigkeiten und Widersprüchlichkeiten verloren, wenn sie noch zu seinen Lebzeiten ständig der öffentlichen Kritik ausgesetzt gewesen wäre!

Gott im Prozeß: Alfred N. Whitehead

Aufgewachsen in einem streng anglikanischen Elternhaus, hatte *Alfred North Whitehead* (1861–1947) als Mathematiker und Logiker in Cambridge begonnen, wo er, wie uns bekannt, mit seinem Schüler Russell die monumentalen »Principia mathematica« veröffentlichte; hatte dann in London vor allem eine Wissenschaftsphilosophie entwickelt, um schließlich in einer dritten Phase seines Lebens, schon 63jährig, als Professor der Philosophie in Harvard (seit 1924) ein umfassendes metaphysisches System zu entwerfen.

Wie Teilhard in der Theologie, so geht es Whitehead in der Philosophie um den strengen Zusammenhang mit dem Denken der modernen Naturwissenschaft. Auch er versteht die ganze Natur als einen riesigen Prozeß, in welchen unendlich viele kleinste Einheiten (»Ereignisse« oder, wie Whitehead später sagt, »aktuelle Gelegenheiten«) mit anderen in aktive Beziehung treten und in unendlich vielen kleinen Werdeprozessen zusammenwachsen (zu einer »concrescence of prehensions«). Auch für ihn gilt: In ganz neuer Weise ist sich der heutige Mensch der Dynamik der Natur bewußt geworden: ein ganz neues Ernstnehmen der Realität der Zeit (Relativitätstheorie), der Möglichkeit des Neuen, des dynamischen Charakters der Wirklichkeit überhaupt. Doch anders als Teilhard, der diese Dynamik der

Natur als Ablauf verschiedener Phasen verstand, als die linear nach »oben« verlaufende kumulative Evolution, verstand Whitehead sie als ein in allen möglichen verschiedenen Formen pulsierendes Leben, als nicht zielgerichteten Prozeß: ein kreatives Vorwärts, eine unendliche Zeit ohne Höhepunkt.

Das *metaphysische System* dieses hervorragenden Mathematikers, wie es vor allem in seinem schwierigen philosophischen Hauptwerk »Process and Reality« dargelegt ist, arbeitet mit 45 höchst eigenwillig verstandenen Kategorien (8 Existenzkategorien, 9 kategorischen Pflichten, 27 Erklärungskategorien und der einen Kategorie des Letzten). Bei dieser universalformalen Methode kommt Whiteheads frühes Interesse an mathematisch-logischen Systemen, aber auch an elektromagnetischen Feldtheorien und besonders am Begriff des Energieflusses zum Ausdruck. Wichtige Aussagen Platons und Aristoteles' über die Ideen, Leibniz' Auffassung von den dynamischen Atomen (Monaden), aber auch William James' und John Deweys experimentell-empirischer Pragmatismus wirken sich hier aus. Bergsons Lehre vom allumfassenden Élan vital, jener Lebensschwungkraft, die in einer »évolution créatrice« die Entwicklung der Organismen vorantreibt, kommt ebenso zum Tragen wie – über den englischen Hegelianer Francis Herbert Bradley (1846–1924)[36] – Hegels Metaphysik und Gottesverständnis, was von amerikanischen Process-Theologen oft übersehen wird: Gerade im Verhältnis Gott–Welt geht es Whitehead im Grunde um eine – wie er selbst sagt – »Umwandlung einiger Hauptlehren des Absoluten Idealismus auf realistischer Grundlage«[37]! Kritisiert hat man freilich, daß Whitehead keine grundlegend verschiedenen Arten von Wesenheiten (entities) in der Welt annimmt – organische und anorganische, Geist und Leib –, sondern denselben allgemeinen Charakter für alles Seiende. Whitehead konnte deshalb psychologische Begriffe (zum Beispiel: »feelings«) benutzen und verallgemeinern, um auch biologische, ja physikalische Prozesse zu erklären; in seinem System werden deshalb auch Steinen »Gefühle« zugeschrieben. Ist es aber so selbstverständlich, daß all die verschiedenen Erfahrungen – physiologische, psychologische, auch moralische, ästhetische, religiöse – Veranschaulichungen derselben Grundprinzipien sind?

Unser Interesse gilt jedoch dem *Gottesverständnis*. Whitehead versucht, die Einseitigkeiten traditioneller »Lösungsversuche« des Verhältnisses Gott–Welt, Transzendenz–Immanenz zu vermeiden: Einseitig erscheint ihm der ostasiatische Begriff einer unpersönlichen Ordnung, also die absolute Immanenz Gottes. Einseitig freilich auch der semitische Begriff Gottes als eines persönlichen Wesens, also die absolute Transzendenz Gottes. Einseitig schließlich auch der pantheistische Begriff, der die Welt als eine Phase des Seins Gottes versteht und damit einem extremen Monismus verfällt. Das Christentum hat nach ihm zu Recht keine dieser drei klaren, aber allzu einfachen Alternativen akzeptiert. Whitehead indessen kommt es darauf an, nicht nur die Einseitigkeiten der drei Begriffe zu vermeiden, sondern sie wirklich zusammenzudenken, um in einer »metaphysischen Rationalisierung«[38] den Gottesbegriff heute verständlich zu machen.

Nun wird man freilich nicht sagen können, daß die klassische Theologie der Kirchenväter und des Mittelalters sich nicht auch schon bemüht hätte, Transzendenz *und* Immanenz Gottes, Gott *und* Welt zusammenzudenken: Auch für sie ist Gott weder einfach eine unpersönliche Ordnung, noch einfach die individuelle Person, die das Universum schafft. Nur hat die Theologie vor Hegel die Vermittlung in statischer Weise versucht, während Whitehead nach Hegel auf dessen Linie eine dynamische Vermittlung unternimmt. So versteht er schon die Religion überhaupt historisch und phänomenologisch als Religion im Werden: als – wie der Titel seiner Lowell Lectures in Boston 1926 lautete – »Religion in the Making«, und dies bezüglich der Entwicklung von vier Momenten der Religion (Ritus, Emotion, Glaube, Rationalisierung des Glaubens). So versteht er dann insbesondere Gott selbst als Gott im Prozeß, versucht nun aber – und dies noch deutlicher in den Gifford Lectures in Edinburgh über »Process and Reality« 1927/28 – *Gottes Werden* nicht nur zu behaupten, sondern *rational zu rechtfertigen.*

Die Welt ist wesentlich Welt im Übergang. Gott aber ist die Wirklichkeit, die der vorausgehende Grund ist für den gesamten Prozeß, in welchem die idealen Formen aller »Wesenheiten« in die zeitliche Welt eintreten. Deshalb muß »Gott, welcher der Grund ist, der dem Übergang vorausgeht, begrifflich alle Möglichkeiten von physikalischem Wert einschließen«[39]. *Gottes Natur muß also »dipolar«, »zweipolig«*[40] *verstanden werden:* Whitehead unterscheidet so im »klassischen« letzten Kapitel von »Process and Reality« zwischen einer »ursprünglichen« und einer »nachfolgenden« Natur Gottes[41].

Was meint diese begrifflich-ideale *»ursprüngliche Natur«* (primordial nature) Gottes? Am »Anfang« ist Gott »die unbeschränkte begriffliche Verwirklichung des absoluten Reichtums aller Möglichkeit«[42]. Insofern ist er nicht »vor«, sondern »mit« aller Schöpfung; insofern ist er »unzureichend verwirklicht«, ja »ohne Bewußtsein«[43]. Bei dieser begrifflichen »Urnatur« Gottes denkt man an Platons Welt der wirklichen Ideen, die schon von Augustin in den Geist Gottes verlegt wurde; man denkt aber noch mehr an Hegels Logik, in welcher Gott vor der Schöpfung der Welt in den rein logischen Kategorien sich entfaltet.

Was meint die physikalisch-reale *»nachfolgende Natur«* (consequent nature) Gottes? Am »Ende« ist Gott »die Verwirklichung der aktuellen Welt in der Einheit seiner Natur . . .«[44]. Der Reichtum der begrifflichen Möglichkeiten ist in der Welt, auf freilich unvollständige Weise, realisiert, und dies hat Rückwirkungen auf Gott selbst: Die Welt der Ideen wird durch den schöpferischen Akt in Gott gleichsam objektiviert. Insofern ist Gott jetzt bestimmt, voll verwirklicht und bewußt. In einer weiteren Analyse wird diese ewigdauernde »Folgenatur« Gottes von Whitehead umschrieben mit den

Bildern der zarten Sorge, der nichts verlorengehe, der schonenden Weisheit und der endlosen Geduld. So erscheint Gott als der »Poet der Welt«: er verwirklicht seine »Vision von Wahrheit, Schönheit und Gutheit«[45] in geduldigem Wirkenlassen einer alles übergreifenden Vernünftigkeit und vereint so in Harmonie die realen Prozesse der zeitlichen Welt mit seiner unendlichen ursprünglichen Konzeption von Welt.

Auch Whitehead lehnt wie Teilhard den Begriff des »unbewegten Bewegers«, den das Christentum und auch der Islam von Aristoteles übernommen haben, entschieden ab, allerdings ebenso das Verständnis Gottes als eines königlichen Herrschers oder als eines erbarmungslosen Moralisten. Und obwohl er als Philosoph – im Gegensatz zu Teilhards Christozentrik – das Christologische kaum betont, kann auch er, christlich beeinflußt, von einem von Liebe bestimmten Gott reden, ja, von Gott als einem »Leidensgenossen, der versteht« (»a fellow sufferer who understands«[46]) – was sich wohl schwerlich rein philosophisch, sondern nur christlich begründen läßt. Das ursprüngliche christliche Gottesverständnis paßt für Whitehead nicht in den Rahmen jener drei Hauptmodelle: »Es betont die zarten Elemente in der Welt, die langsam und in Ruhe durch Liebe wirken, und es findet sein Ziel in der gegenwärtigen Unmittelbarkeit eines Reiches nicht von dieser Welt. Liebe herrscht nicht, ist nicht unbewegt; auch ist sie ein wenig vergeßlich, was die Moral angeht[47].« So ist auch das Gottesverständnis Whiteheads – und er hält es für das ursprünglich christliche – entsprechend seiner allgemeinen Metaphysik und im Gegensatz zu Teilhard nicht auf die Zukunft gerichtet, sondern auf die Gegenwart konzentriert: Die Liebe »schaut nicht auf die Zukunft; denn sie findet ihre Belohnung in der unmittelbaren Gegenwart«[48].

In seiner metaphysischen Reflexion nun denkt Whitehead ganz hegelisch – wenn auch ohne Anspruch absoluten Wissens – Gott als dialektische *Einheit von Beständigkeit im Fluß und Fluß in Beständigkeit*. Das heißt: Die Wirklichkeit (Aktualität) in Beständigkeit, wie sie Gottes ursprüngliche Natur kennzeichnet, erfordert Fließen als ihre Erfüllung. Umgekehrt: die Wirklichkeit im Fließen, wie sie Gottes nachfolgende Natur kennzeichnet, erfordert Beständigkeit als ihre Erfüllung. So wird die tiefe Einheit von Gott und Welt deutlich: »Die nachfolgende Natur Gottes ist die fließende Welt, ewigdauernd geworden durch ihre objektive Unsterblichkeit in Gott[49].« Umgekehrt: »Die objektive Unsterblichkeit der aktuellen Ereignisse erfordert die ursprüngliche Beständigkeit Gottes, wobei sein schöpferisches Vorwärts sich immer wieder neu durchsetzt, ganz bestimmt von der anfänglichen Zielrichtung, wie sie sich aus Gottes Bedeutung für die sich entwikkelnde Welt ergibt[50].« So vollenden sich Gott und Welt gegenseitig.

In abschließenden *Antithesen* faßt Whitehead sein Gottesverständnis zusammen; ihr scheinbarer Selbstwiderspruch indessen wandelt sich nach ihm durch Bedeutungsverlagerung in Kontrast:

»Es ist ebenso wahr zu sagen, daß Gott beständig ist und die Welt fließend wie daß die Welt beständig ist und Gott fließend.
Es ist ebenso wahr zu sagen, daß Gott einer ist und die Welt viele wie daß die Welt eine ist und Gott viele.
Es ist ebenso wahr zu sagen, daß Gott im Vergleich zur Welt eminent wirklich ist wie daß die Welt im Vergleich zu Gott eminent wirklich ist.
Es ist ebenso wahr zu sagen, daß die Welt Gott immanent ist wie daß Gott der Welt immanent ist.
Es ist ebenso wahr zu sagen, daß Gott die Welt transzendiert wie daß die Welt Gott transzendiert.
Es ist ebenso wahr zu sagen, daß Gott die Welt schafft wie daß die Welt Gott schafft[51].«

Hier brechen selbstverständlich *Fragen an Whiteheads System* auf: Nicht nur daß er Altes und Neues Testament selektiv benützt und andererseits Ergebnisse der klassischen christlichen Gotteslehre unbeachtet läßt, die man nicht ungestraft vernachlässigt. Sondern auch und vor allem, daß er denkerisch das Verhältnis von Gott und Welt zu sehr vereinfacht, wenn er es auf völlige Gegenseitigkeit abstellt. Löst es wirklich das Problem Gott–Welt, wenn man Gott und Welt als ewig einander zugeordnete, letztlich austauschbare Größen ansieht, so daß es schließlich ebenso wahr ist zu sagen, daß Gott vor der Welt ist wie daß die Welt vor Gott ist? Im »ebenso wahr« liegt das Problem!

Hier muß man doch einen Systemzwang vermuten, der auch Whiteheads Aversion gegen den Begriff des Schöpfers, der ja nicht Irrationalität, Zufälligkeit und Willkürlichkeit meint, zu bestimmen scheint. Hier gründet wohl auch Whiteheads Behauptung einer ursprünglichen Natur Gottes ohne alles Bewußtsein, die jedoch kaum das Entstehen des Bewußtseins in der Welt zu erklären vermag. Hier schließlich auch die Vernachlässigung einer wirklichen Vollendung der Welt in der Zukunft, wie sie die von Whitehead zitierte biblische Botschaft vom Reich Gottes in Wahrheit meint.

Man fragt sich: Will Whitehead bei aller Distanzierung von der Hegelschen Spekulation nicht doch zu viel von Gottes Wesen wissen? Schafft er sich nicht einen »Poeten der Welt« nach eigenem Bild und zieht Gott psychologisierend und ästhetisierend auf menschliches Niveau herab? Verharmlost seine Prozeßtheorie nicht ähnlich wie Teilhards Entwicklungstheorie allzusehr das Böse, die Schuld, die Sünde, die Unvernunft in der Welt? Erweist sich deshalb seine großzügige und weiträumige Harmonisierung aller Gegensätze ohne den Ausblick auf einen Punkt Omega – hier ganz anders als die Theorie Teilhards – nicht faktisch doch als allzu optimistisch und systemstabilisierend? Und für unsere Problematik schließlich die Hauptfrage: Sind Whiteheads ungeschützte »Antithesen« über Gott und Welt, seine gewagten Aussagen über Gott als »Poeten der Welt« und »Leidensgenossen« – so viel Anregung Whiteheads Denken gerade der amerikanischen Process-Philosophy und Process-Theology gegeben hat[52] – nicht doch nur Behauptungen? Wird also bei aller Betonung einer »realistischen Grundlage« und allem Anspruch auf »Rationalität« letztlich nicht doch allzu hegelisch im Sinne des »Absoluten Idealismus« spekuliert?

Genau die »königliche Verachtung für Argumente« ist es, die Karl Popper Whitehead vorwirft, der für ihn mit Arnold J. Toynbee eine »der einflußreichsten irrationalistischen Autoritäten der Gegenwart« ist: »einer der wenigen Neuhegelianer, die wissen, wie viel sie Hegel (und Aristoteles) schuldig sind«[53]. Als Beispiel für die »dogmatische Methode« Whiteheads nennt Popper gerade das von uns analysierte Schlußkapitel von »Process and Reality« über »Gott und die Welt«, und insbesondere die eben zitierten zusammenfassenden Antithesen, die für Popper nicht eigentlich Widersprüche, wohl aber rein dogmatische Behauptungen Whiteheads sind: »Aber wie alle Neuhegelianer bedient er sich der dogmatischen Methode; er stellt seine Philosophie ohne Argumente dar. Wir können sie annehmen oder bleiben lassen. Aber wir können sie nicht diskutieren[54].«

Freilich setzt sich Popper hier mit Whitehead nur auf der logischen Ebene auseinander, so daß die Konfrontation oberflächlich und inhaltsleer bleibt. Der Logiker Popper stellt sich der Gottesfrage nicht, die der Mathematiker Whitehead so ernstgenommen hat, was mit der früher behandelten Beschränktheit von Poppers wissenschaftstheoretischer Methode zusammenhängt[55], und so müssen beide aneinander vorbeireden. Popper hat freilich recht, wenn er bezüglich der Gottesfrage auf Argumenten besteht. Das heißt für uns: Wir werden uns dem Problem des Atheismus in seiner ganzen Radikalität stellen müssen. Vorher aber sei doch der Ertrag der gesamten Diskussion um das neue Gottesverständnis – unter Abzug der problematischen Eigenheiten der einzelnen Denker – bilanziert.

3. *Zwischenbilanz II: Thesen zur Weltlichkeit und Geschichtlichkeit Gottes*

Existiert Gott? Die Frage ist bisher noch keineswegs entschieden. Nur das dürfte in diesem Kapitel unzweideutig klargeworden sein: Ob die Frage mit Ja oder Nein beantwortet wird, sie muß zumindest richtig gestellt werden! Das heißt: Sie muß für den heutigen Menschen gestellt werden, nicht unter griechischen, mittelalterlichen oder frühneuzeitlichen Voraussetzungen, sondern unter heutigen Verstehensbedingungen, auf dem heutigen Denkstand, im heutigen geistesgeschichtlichen Kontext.

Kurskorrektur

Eines kann auch hier im vorhinein gesagt werden: Nicht nur zwischen Theologie und moderner Naturwissenschaft muß mehr als ein friedlich-schiedliches Nebeneinander angestrebt werden. Angesichts der einen Welt und des einen Menschen muß auch *zwischen Theologie und moderner Philosophie wie modernem Denken überhaupt* ein neues, sinnvolles, *kritisch-dialogisches Miteinander* gesucht werden.

Drängt sich nicht auch da eine radikale Kurskorrektur von Kirche und Theologie auf? Ist die Ablösung des alten Paradigmas nicht bereits im Gang? Was sich seit der Wende vom 18. zum 19. Jahrhundert abgezeichnet hat, muß gegen Ende des 20. Jahrhunderts nicht nur verbal und halbherzig, sondern auch praktisch und folgerichtig vollzogen werden. Ein *konsequentes methodisches Umdenken* ist auch hier notwendig: nicht nur bezüglich des antiquierten Weltbildes, wie wir sahen, sondern auch bezüglich des – mit diesem Weltbild immer zusammenhängenden – antiquierten Gottesbildes. Auch dies darf nicht, wie in der neuscholastischen Schultheologie oder im protestantischen Fundamentalismus, durch weitere Rückzugsgefechte und Verschleierungstaktiken hinausgezögert werden. Nicht nur in der Theologie insgesamt, sondern auch in der einzelnen Predigt und Religionsstunde müßte klar und deutlich werden: Der heutige Mensch braucht sich Gott nicht mehr wie der antike oder mittelalterliche Mensch vorzustellen, zu denken.

Genügt es also, unter Voraussetzung des modernen Weltbildes mit Pascal und vielen anderen einfach an den Gott Abrahams, Isaaks und Jakobs, den Gott Jesu Christi, den biblischen Gott, zu appellieren? Dies war uns schon im vorausgehenden Teil fraglich geworden. Oder genügt es umgekehrt, unter Voraussetzung des modernen Weltbildes mit Descartes und wiederum vielen anderen vom biblischen Gott einfach abzusehen und nur mit einem abstrakten Gott der Philosophen und Gelehrten, einem philosophischen Gott, zu rechnen? Auch dies erwies sich schon im vorausgehenden Teil als wenig befriedigend.

Hegel hat – und in diesem Sinn gegen Descartes und Pascal zugleich – gegen die Aufspaltung von Glauben und Wissen, philosophischem und biblischem Gott eine *Vermittlung* gesucht. Und darin ist ihm grundsätzlich zuzustimmen. Doch fand Hegel die Vermittlung darin, daß er den Glauben in Wissen, den biblischen Gott in ein philosophisches Absolutes aufhob. Und darin konnte ihm weder philosophisch noch theologisch zugestimmt werden. Vielmehr hat sich gerade auch bei Teilhard und Whitehead gezeigt, daß bei aller Einheit überall eine *unaufhebbare Differenz bleibt zwischen Göttlichem und Menschlichem*: sowohl in ontischer wie in noetisch-ethischer Hinsicht. Das heißt:

In *ontischer* Perspektive gegenüber einer monistischen *Seins*dialektik, die ganz innerhalb des einen absoluten Geistes spielt:
Es ist philosophisch der Gegensatz von göttlichem und menschlichem Wesen ernstzunehmen. In theologischer Perspektive wäre dieser Gegensatz als Widerspruch von gnädigem Gott und schuldigem Menschen zu umschrei-

ben: In biblischem Verständnis gibt es keine spekulative Notwendigkeit, die Gottes freie Gnade überspielt und überflüssig macht.

In *noetisch-ethischer* Perspektive gegenüber einer monistischen *Erkenntnis*dialektik, die ganz innerhalb des einen absoluten Wissens spielt: Es ist philosophisch der Gegensatz von göttlichem und menschlichem Wissen ernstzunehmen. In theologischer Perspektive wäre dieser Gegensatz als Widerspruch von göttlicher Offenbarung und menschlichem Unglauben zu umschreiben: In biblischem Verständnis gibt es kein absolutes Wissen, das den vertrauenden Glauben überspielt und überflüssig macht.

Doch bei aller kritischen Abgrenzung und Korrektur ist das für uns Entscheidende: Auch wenn man gegen Hegels von Anfang intendierte und am Ende proklamierte Identität zwischen Gott und Mensch (Welt) an einer unaufhebbaren Differenz festhalten muß, so dürfen doch *wesentliche Einsichten Hegels in das Verhältnis von Gott und Mensch nicht wieder aufgegeben werden*, die auch bei Teilhard und Whitehead ihre Aufnahme gefunden haben.

Man darf nicht vergessen: Auf der Ebene der Religion – nicht der Philosophie – hält ja auch Hegel selbst bei aller Betonung der Einheit an einer letzten Differenz fest. Und diese Differenz zwischen Gott und Mensch ist vom späteren Hegel eher mehr als weniger herausgestellt worden: Richtig bemerkt Ernst Bloch, daß »Hegels Objektbetonung, im Sinn des Vaters und höchsten Objekts« (also die Betonung der Entgegen-Setzung) sich in späteren Jahren steigerte und Hegels letzte Vorlesungen über die Beweise vom Dasein Gottes kaum mehr die Transponierung der Substanz zum Subjekt und statt dessen mehr Gottes Aseität, ein nur von sich abhängiges Sein Gottes, unterstreichen[56]. Und nachdem früher Unversöhnliches über Hegels Verhältnis zu den ehemaligen Freunden und Gesinnungsgenossen Schelling und Fichte berichtet werden mußte, so darf zur Abrundung unseres Bildes versöhnlich darauf hingewiesen werden: Hegel hat sich trotz aller Unterschiede uneingestanden in dieselbe Richtung bewegt, in die sich Fichte und Schelling bewegten – weg von ihrer anfänglichen Identitätsphilosophie zu einem stärkeren Ernstnehmen der unaufhebbaren grundlegenden Grenzen[57]. Es darf also als wichtige negative Abgrenzung festgehalten werden: Statt einer *Identifikation* muß (wie auch bei Teilhard und Whitehead) eine *Korrelation* zwischen Gott und Mensch, göttlicher und menschlicher Vernunft ausgesagt werden:

- *Keine Gleichung zwischen Gott und Mensch: Sind Gott und Mensch auch nicht voneinander zu trennen, so doch auch nicht zu identifizieren: sie sind nicht gleichzusetzen, sondern in Beziehung zu setzen. Mensch und Gott gehen nicht ineinander über; Gott ist nie Produkt des Menschen. Die Differenz zwischen göttlichem Wesen und menschlichem Wesen ist also bei aller Einheit unaufhebbar.*

- *Keine Gleichung zwischen göttlicher und menschlicher Vernunft: Sind göttliche Vernunft und menschliche Vernunft auch nicht voneinander zu trennen, so sind sie doch auch nicht identisch. Sie sind nicht gleichzusetzen, wohl aber in Beziehung zu setzen. Menschliche Vernunft und göttliche Vernunft gehen nicht ineinander über; Gottes Denken ist nie Produkt des menschlichen Denkens. Die Differenz zwischen göttlichem Wissen und menschlichem Wissen ist also bei aller Einheit unaufhebbar.*

Aber gerade wenn man, anders als Hegel, um Gottes und des Menschen willen an der unaufhebbaren Göttlichkeit Gottes und Menschlichkeit des Menschen festhält und somit die Religion nicht in Identitätsphilosophie aufhebt, dann darf man anerkennen: Hegel hat weitgehend recht, wenn er als Vollender und zugleich Überwinder des Gottesbegriffs der griechischen Metaphysik aus genuin christlichen Motiven heraus die Einheit von Gott und Welt, das Werden Gottes und die Dialektik in Gott ernstzunehmen versucht wie vielleicht vor und nach ihm kein anderer Philosoph. Weder von Hegel noch auch von Teilhard oder Whitehead kann das System als ganzes, die »Vision« als ganze übernommen werden; die Einwände allen gegenüber sind zahlreich. Aber gerade von Hegel, Teilhard und Whitehead her können und müssen heute insbesondere Weltlichkeit und Geschichtlichkeit Gottes neu bedacht werden.

Weltlichkeit Gottes

Die klassische griechische Metaphysik, wie sie von der christlichen Theologie übernommen wurde, war ein erster, aber für uns unzulänglicher Schritt zur Überwindung des naiv-anthropomorphen Gottesverständnisses (etwa Homers): eine Betonung der grundlegenden Differenz von Gott und Göttlichem einerseits und Welt und Mensch andererseits.

Platon war es gewesen, der, vermittelnd zwischen der Werdephilosophie des Heraklit und der Seinsphilosophie des Parmenides, jene folgenschwere dualistische Teilung der Wirklichkeit in die abendländische Geistesgeschichte einführte, die uns so oft begegnet ist: die Aufteilung zwischen der unwahren, schlechten, aufgespaltenen, sinnlichen Welt des Werdens (im Sinne des Heraklit) und der wahren, guten, einen, geistigen Welt des Seins (im Sinn des Parmenides), kurz, die Meta-physik. Das bedeutet für das Gottesverständnis eine scharfe Trennung: zwischen der göttlichen Ideenwelt mit der höchsten Idee des Guten und der erscheinenden Sinnenwelt, die aus der bösen Materie ist.

Aristoteles dann gelang es, die überweltlichen göttlichen Ideen des Platon vom Himmel herunterzuholen und in die Dinge dieser Welt zu verlegen. Doch dadurch wurde die Entfernung des ersten Prinzips von der Welt nur noch unüberbrückbarer. Gott und die Welt leben – abgesehen vom göttlichen Anstoß zur Weltbewegung – von Ewigkeit nebeneinander her. Gott denkt nur sich selbst: er ist das Denken des Denkens. Die Welt kennt dieser Gott nicht und liebt er nicht: kein kausales Wirken, keine Vorsehung, keine moralische Ordnungs- und Gesetzgebung geht auf ihn zurück. Und dies alles, weil Aristoteles es der Ab-solutheit, der Los-gelöstheit seines Gottes schuldig zu sein glaubt, die keine reale Relation, keine wirkliche Beziehung zu einem anderen zuläßt. Denn jeder echte Weltbezug würde für dieses reine göttliche Sein (actus purus) einen Mangel (potentia) bedeuten.

Plotin – der dritte im Dreigestirn der klassischen griechischen Philosophie – sieht ebenfalls das göttliche Eine getrennt von der Welt: Die Welt wird von diesem Gott nicht erkannt. Sie ist aus der Einheit ausgeflossen, ist Abfall. Die Materie, der Leib ist das Schlechte, von dem der Mensch sich befreien muß[58].

Die *christliche Theologie* – das braucht hier nicht im einzelnen begründet zu werden – hat den griechischen Dualismus in vielfacher Weise korrigiert; für die klassische Theologie der Kirchenväter und der Hochpatristik ist Gott gerade deshalb weltimmanent, weil er welttranszendent ist. Doch ist die christliche Theologie dem Dualismus durch die Geschichte hindurch auch vielfach verhaftet geblieben; eine reale Beziehung zur Welt würde auch nach ihr Gott von der Welt abhängig machen. Descartes hat, wie wir sahen, diesen Dualismus gar verschärft und den Deismus der Aufklärung, der Gott und Welt wieder völlig trennte, vorbereitet. *Hegel* schließlich war es, der nach anderen mit Fichte und Schelling die Vermittlung suchte. Und erst Teilhard und Whitehead sehen vom heutigen einheitlichen naturwissenschaftlichen Weltbild her Gott und Welt ohne Aufhebung der Differenz in ihrer Einheit. Bei allen geäußerten Vorbehalten gegen Hegels Identifikation von Gott und Welt, Glauben und Wissen, wurde durch diese Entwicklung doch ein Denkstand erreicht, hinter den ein neuzeitliches theologisches Denken nicht zurückfallen darf. Wir können jetzt kurz zusammenfassen:

- *Gott ist kein überirdisches Wesen über den Wolken, im physikalischen Himmel! Die naiv-anthropomorphe Vorstellung ist überholt: Gott ist kein im wörtlichen oder räumlichen Sinn »über« der Welt (»Überwelt«) wohnendes »höchstes Wesen«.*

  Für Sein und Handeln des Menschen bedeutet dies: Gott ist kein allmächtig-absolutistischer Herrscher, der mit Welt und Mensch in unumschränkter Gewalt nach völligem Belieben verfährt.
- *Gott ist kein außerirdisches Wesen jenseits der Sterne, im metaphysischen Himmel! Die aufgeklärt-deistische Vorstellung ist überholt: Gott ist kein im geistigen oder metaphysischen Sinn »außerhalb« der Welt in einem außerweltlichen Jenseits (»Hinterwelt«) wesendes, verobjektiviertes, verdinglichtes Gegenüber.*

Für Sein und Handeln des Menschen bedeutet dies: Gott ist nicht ein jetzt gleichsam konstitutionell regierender Monarch, der seinerseits durch eine natur- und moralgesetzliche Verfassung gebunden ist und sich aus dem konkreten Leben von Welt und Mensch weithin zurückgezogen hat.

- *Gott ist in dieser Welt und diese Welt in Gott! Es gilt ein einheitliches Wirklichkeitsverständnis: Gott ist nicht nur als Teil der Wirklichkeit ein (höchstes) Endliches neben Endlichem. Vielmehr ist er das Unendliche im Endlichen, die Transzendenz in der Immanenz, das Absolute im Relativen. Gerade als der Absolute kann Gott zu Welt und Mensch in Beziehung treten: Beziehung, »Relation« nicht im Sinne der Schwäche, der Abhängigkeit, der schlechten Relativität, sondern der Stärke, der unbeschränkten Freiheit, der absoluten Souveränität. So ist Gott der Absolute, der Relativität einschließt und schafft, der gerade als der Freie Beziehung ermöglicht und Beziehung verwirklicht: Gott als die absolute-relative, diesseitig-jenseitige, transzendent-immanente, allesumgreifend-allesdurchwaltende wirklichste Wirklichkeit im Herzen der Dinge, im Menschen, in der Menschheitsgeschichte, in der Welt.*

  Der Absolute ist somit in der Welt zugleich der Welttragende, Welthaltende und Weltgeleitende: zugleich Tiefe, Mitte und Höhe von Welt und Mensch.

  Also eine weltimmanente Welt-Überlegenheit Gottes: ein neuzeitlich-weltliches Gottesverständnis!

  Für Sein und Handeln des Menschen bedeutet dies: Gott ist der nahe-ferne, weltlich-unweltliche Gott, der gerade als der Tragende, Haltende, Geleitende uns in allem Leben und Bewegen, Scheitern und Fallen schon immer gegenwärtig ist und uns umfängt. »Gott ist mitten in unserem Leben jenseitig« (D. Bonhoeffer[59]).

- *»Weltlichkeit« wird somit (als ein die Kategorien übergreifender, »transzendentaler« Begriff) sowohl von Mensch und Welt wie von Gott gebraucht: zwar nicht gleich (univok), auch nicht ungleich (äquivok), sondern ähnlich in immer noch größerer Unähnlichkeit (analog): Analogie der Weltlichkeit!*

So also stellt sich das Verhältnis von Gott und Welt, Gott und Mensch heute dar[60]. Von dieser *Weltlichkeit Gottes* her läßt sich auch die *biblische Botschaft* von einem Gott, der ja keineswegs von der Welt getrennt west, sondern inmitten der Welt handelt, besser verstehen als von der klassischen griechischen oder mittelalterlichen Meta-physik her.

Geschichtlichkeit Gottes

Die klassische griechische Metaphysik, wie sie von der christlichen Theologie übernommen wurde, war noch in einer anderen Hinsicht ein erster, wenn auch wiederum für uns unzulänglicher Schritt zur Überwindung des naiv-anthropomorphen Gottesverständnisses: sie betonte, wie bereits angedeutet, auch die grundlegende Differenz zwischen Sein und Werden:

Platon – zwischen Heraklit und Parmenides – verstand die Teilung zwischen göttlicher Ideenwelt und ungöttlicher Sinnenwelt wesentlich als Trennung zwischen dem in Zeit und Raum Veränderlichen dieser Welt und dem außerzeitlichen und außerräumlichen Ewig-Unveränderlichen über dem Himmel. Die launischen und wankelmütigen Götter Homers scharf kritisierend, versteht er das göttliche Urprinzip als absolut unbeweglich und unveränderlich. Dieses Urprinzip ist die unablässig strahlende, geistige Sonne, die auf der Spitze der Ideenpyramide stehende Idee des Guten, die sich selbst genügt.

Aristoteles versteht den göttlichen Geist zwar als die reine Aktualität. Doch dieser ist derart erstarrt in Unveränderlichkeit und schließt derart radikal jede Bewegung aus, daß er nur sich selbst erkennt und kein Handeln und Tun in bezug auf ein Anderes verträgt. Jede Bewegung wäre Veränderung, jede Veränderung aber würde ein Noch-Nicht, eine unverwirklichte Potentialität, also einen Mangel einschließen, der der absoluten Vollkommenheit der Gottheit widerspräche. In der extremen Transzendenz der vollkommenen Gottheit als des unbeweglichen Bewegers und Denkers seiner selbst tritt die griechische Angst vor dem Werden nur allzu klar ans Licht. Werden ist Unvollkommenheit.

Plotin überwindet zwar die platonische Starrheit weitgehend durch ein System der auseinanderfließenden Seinsstufen. Doch bleibt das oberste Prinzip allen Seins, das göttliche Eine, in absolut starrer Unveränderlichkeit, so daß Plotin ihm sogar das Leben abspricht.

Die *christliche Theologie* hat die griechische Unveränderlichkeit zwar in gewisser Hinsicht korrigiert; für die klassische christliche Theologie der Kirchenväter und der Hochpatristik bleibt er immer der lebendige Gott. Aber sie ist dieser griechischen Unveränderlichkeit trotzdem – und oft mit Widersprüchen zu Gottes Lebendigkeit – verhaftet geblieben; eine reale Veränderung würde auch nach ihr einen Mangel in Gott bedeuten. Descartes mit seiner neuen Bewegungstheorie im materiellen Bereich brachte keine Lösung für die Gottesfrage. In der Folge der Aufklärung (und Leibnizens dynamischer Monadologie) wendet man sich zunächst vor allem dem Werden des Kosmos (der junge Kant), dem Werden der Menschheitsgeschichte (Lessing), dem Werden von Natur- und Menschheitsgeschichte zugleich (Herder) zu. Aber erst *Hegel* (nach Fichte und Schelling) macht den geschichtlichen Ansatz auch für das Gottesverständnis philosophisch fruchtbar und entwirft von daher eine konsequente, umfassende Philosophie des Werdens, des Lebens, der Entwicklung, der Geschichte. Und erst Teilhard – und bedingt auch Whitehead – sieht vom biologischen Evolutionsprozeß her die Bedeutung der Entwicklung und des Fortschritts, des Werdens und Sichentfaltens, des Aufsteigens und Vorwärtsschreitens der Welt für Gott selbst. Bei allen geäußerten Vorbehalten gegenüber Hegels Identifikation von Gott und Weltprozeß wurde doch auch hier für diese Problematik ein Denkstand erreicht, hinter den neuzeitliches theologisches Denken nicht zurückfallen darf. Wir fassen erneut knapp zusammen:

- *Gott ist nicht der absolut Unbewegliche und Unveränderliche, der nur sich selbst erkennt und kein Tun und Handeln in Richtung auf ein Anderes verträgt. Er ist nicht zu finden in einer unveränderlich-ewigen »metaphysischen« Welt, die von der veränderlich-zeitlichen »physischen« Welt geschieden ist.*
  Keine Un-Geschichtlichkeit Gottes: also kein griechisch-metaphysischer Gottesbegriff!
  Für Sein und Handeln des Menschen bedeutet dies: Gott ist kein unbeweglicher Beweger und keine unveränderliche Idee des Guten ohne Bezug zu Mensch und Welt in ihrer Geschichtlichkeit.
- *Gott ist nicht das statische Sein selbst, das jedes Werden und jede echte Zukunft ausschließt: kein Gott, der zwar die Welt erkennt und liebt, in sich jedoch unbeweglich und unveränderlich bleibt. Er ist nicht zu finden in einem übergeschichtlichen Bereich, von dem aus er in die Geschichte von Welt und Mensch mirakulös eingreift.*
  Keine Über-Geschichtlichkeit Gottes: also kein mittelalterlich-metaphysischer Gottesbegriff!
  Für Sein und Handeln des Menschen bedeutet dies: Gott ist keine übergeschichtliche Person, die kraft ihrer Schöpfermacht den geschichtlichen Menschen und die Völker auch gegen die Ordnungen und Gesetze von Welt und Natur überfällt und überwältigt.
- *Gott ist der in Identität Lebendige, der in der Geschichte dynamisch Wirkliche und stetig Wirkende. Gerade als der ewig Vollkommene hat er in seiner Freiheit die »Möglichkeit«, geschichtlich zu werden: »Möglichkeit« also nicht im Sinne der Unerfülltheit, der Potentialität, sondern der Mächtigkeit, der Überfülle, der Omni-potenz. So ist Gott der Ewige, der die Geschichte der Welt und des Menschen stiftet, trägt und vollendet: der geschichtliche Urgrund und Ursinn der ganzen Wirklichkeit von Welt und Mensch.*
  Der Ewige ist somit in der Geschichte zugleich Grundgeschichtlichkeit, Geschichtsmächtigkeit und Endgeschichtlichkeit: zugleich Ursprung, Mitte und Zukunft, Alpha und Omega von Welt und Mensch.
  Also eine geschichtsimmanente Geschichtsmächtigkeit Gottes: ein neuzeitlich-dynamisches Gottesverständnis!
  Für Sein und Handeln des Menschen bedeutet dies: Gott ist der lebendige Gott, der in aller Unverfügbarkeit und Freiheit den Menschen erkennt und liebt, in seiner Geschichte handelt, bewegt und anzieht.

- *»Geschichtlichkeit« wird somit (als ein die Kategorien übergreifender »transzendentaler« Begriff) sowohl von Mensch und Welt wie von Gott gebraucht: zwar nicht gleich (univok), auch nicht ungleich (äquivok), sondern ähnlich in immer noch größerer Unähnlichkeit (analog): Analogie der Geschichtlichkeit!*

So also stellt sich das Verhältnis von Gott und Welt, Gott und Mensch heute dar[61]. Von dieser *Geschichtlichkeit Gottes* her läßt sich auch die *biblische Botschaft* von einem Gott, der keineswegs in einem ungeschichtlichen oder übergeschichtlichen Bereich unbeweglich und unveränderlich verharrt, sondern lebendig in der Geschichte handelt, besser verstehen als von der klassisch-griechischen oder von der mittelalterlichen Meta-physik her.

Das mag für unsere zweite Zwischenbilanz genügen. Dem Leser wird nicht entgangen sein, daß wir hier in der positiven Darlegung eines neuzeitlichen Gottesverständnisses schon recht weit vorangeschritten sind. Ihm wird aber auch ein anderes nicht entgangen sein, daß wir dabei, wie angedeutet, die Existenz Gottes ständig vorausgesetzt haben. Aber: Existiert Gott überhaupt? Ist seine Existenz wirklich bewiesen oder erwiesen oder wird sie nur behauptet?

Es ist ja zu bedenken: Nach Hegel hatte in Deutschland jener Atheismus, der in Frankreich schon vor Hegel durchgebrochen war, zur skeptischen Rückfrage angesetzt und erreichte im Anschluß und gar mit Berufung auf Hegel seine ganze Schärfe und klassische Form. Die Rückfrage lautet also: Dieser Gott, über den Philosophen und Theologen bis heute vermeintlich so gut Bescheid wissen – existiert er überhaupt? Deshalb ist es für uns – freilich mit dem neugewonnenen Gottesbild im Hintergrund – an der Zeit, in die Auseinandersetzung mit dem Atheismus einzutreten.

C. DIE HERAUSFORDERUNG DES ATHEISMUS

Sokrates wurde als »atheos«, als »Gott-loser«, zum Tode verurteilt. Aber er hatte keineswegs jeden Gott, sondern nur, wie auch andere gebildete Griechen, die herkömmliche Verehrung der Götter der griechischen Polis abgelehnt. Der eigentliche Atheismus jedoch leugnet nicht nur eine Vielzahl von Göttern, nicht nur eine bestimmte Verehrung Gottes, auch nicht nur einen persönlichen, »theistischen« Gott. Er leugnet jeden Gott und jedes Göttliche, mythologisch, theologisch oder philosophisch verstanden. Ein solcher Atheismus, eine solche Gesamtansicht der Wirklichkeit, die ohne jeden Gott auszukommen meint, war sowohl in der Antike wie im Mittelalter nur Sache einiger weniger.

Erst mit der radikalisierten französischen Aufklärung – im Gefolge der Säkularisierung und der Kompromittierung des Gottesglaubens durch die Kirche in ihrem Kampf gegen moderne Naturwissenschaft wie moderne Demokratie – fand der Atheismus, wie wir sahen [1], zunächst unter den Gebildeten stärkere Verbreitung. Über diesen »Vulgäratheismus« fühlten sich die neuen Vertreter des Atheismus im 19. Jahrhundert freilich weit erhaben. In der Tat wurde der Atheismus erst mit Feuerbach und Marx und später – unterstützt von atheistischen Naturwissenschaftlern – mit Nietzsche und Freud zu einer Weltanschauung, die Gottesglauben und Christentum an ihrer Wurzel bedrohte, die in alle Bevölkerungsschichten eindrang und die schließlich über die europäischen Grenzen hinaus globale Dimensionen erreichte. Das Selbstverständnis des modernen Menschen wurde so in nicht geringem Ausmaß atheistisch bestimmt: Atheistisch orientiert waren und sind nicht nur die politischen Massenbewegungen des Nationalsozialismus in Deutschland und des Kommunismus in der Sowjetunion, in Osteuropa und China. Atheistisch geprägt ist auch die Wissenschafts- und Technologiegläubigkeit in Westeuropa, Nord- und Südamerika, Australien und Japan. Zur Zeit finden atheistische Ideen marxistischen oder nichtmarxistischen Ursprungs ihren Eingang in bisher unterentwickelte Gebiete wie Naher Osten, Schwarz-Afrika, Indonesien und gar Indien. Wer also heute den Glauben an Gott vor der Welt und seiner eigenen Vernunft verantworten will, muß ihn angesichts dieses Atheismus verantworten.

I. Gott – eine Projektion des Menschen? Ludwig Feuerbach

Friedrich Engels, getreuer Kampfgefährte von Karl Marx, berichtet 1886 vom jähen Umschlag zum Atheismus in der Hegelschen Schule: »Da kam Feuerbachs ›Wesen des Christentums‹. Mit einem Schlage zerstäubte es den Widerspruch, indem es den Materialismus ohne Umschweife wieder auf den Thron erhob. Die Natur existiert unabhängig von aller Philosophie; sie ist die Grundlage, auf der wir Menschen, selbst Naturprodukte, erwachsen sind; außer der Natur und den Menschen existiert nichts, und die höheren Wesen, die unsere religiöse Phantasie erzielt, sind nur die phantastische Rückspiegelung unseres eigenen Wesens. Der Bann war gebrochen; das ›System‹ war gesprengt, und beiseite geworfen, der Widerspruch war, als nur in der Einbildung vorhanden, aufgelöst. – Man muß die befreiende Wirkung dieses Buches selbst erlebt haben, um sich eine Vorstellung davon zu machen. Die Begeisterung war allgemein; wir waren alle momentan Feuerbachianer. Wie enthusiastisch Marx die neue Auffassung begrüßte und wie sehr er – trotz aller kritischen Vorbehalte – von ihr beeinflußt wurde, kann man in der ›Heiligen Familie‹ lesen . . . Die Hegelsche Schule war aufgelöst, aber die Hegelsche Philosophie war nicht kritisch überwunden . . . Feuerbach durchbrach das System und warf es einfach beiseite[2].«

Ob Engels hier aus der Erinnerung nach mehr als 40 Jahren im einzelnen zutreffend berichtet, welche Rolle im Kreis der Berliner Junghegelianer (Bruno Bauer, Max Stirner, Karl Marx) Ludwig Feuerbach[3] wirklich zukommt, wird diskutiert: Nicht »Das Wesen des Christentums«, sondern erst die zwei Jahre später veröffentlichten »Grundsätze der Philosophie der Zukunft« (1843) hätten Marx zum überzeugten Feuerbachianer gemacht, wurde neuerdings behauptet – wohl zu Unrecht[4]. Aber nicht um die Entscheidung solcher historischer Teilfragen geht es uns, wiewohl wir oft faktisch Stellung beziehen müssen. Auch nicht um Feuerbachs (und insbesondere auch des späteren Feuerbach) Philosophie im allgemeinen, wiewohl uns die Neuinterpretationen und vielfachen Aufwertungen Feuerbachs gegenwärtig sein müssen[5]. Feuerbach, immerhin der bedeutendste Vertreter der linken Hegel-Kritik vor Marx, ist ebenso wichtig für die Hegel-Interpretation wie für die Marxismus-Forschung; auf Feuerbach berufen sich so verschiedene Denker wie Karl Barth zur Kritik der anthropozentrischen protestantischen Theologie[6], Martin Buber zum Verständnis des Ich-Du-Verhältnisses in seiner dialogischen Philosophie[7], Karl Löwith für seine Analyse des Individuums in der Rolle des Mitmenschen[8]. Was uns hier interessiert, ist: Feuerbachs Religionskritik, sein Atheismus und dessen Begründung[9].

1. *Der anthropologische Atheismus*

Theologie und Atheismus sind nahe beieinander. Und gibt es auch Atheisten, die zu Theologen geworden sind, so doch auch Theologen (schon längst vor dem nachmals berühmten Seminaristen in Tiflis, Josif Wissarionowitsch Dschughaschwili, genannt Stalin), die zu Atheisten geworden sind. *Ludwig Feuerbach* (1804–1872) sagt von sich und kennzeichnet damit seine ganze geistige Entwicklung: »Gott war mein erster Gedanke, die Vernunft mein zweiter, der Mensch mein dritter und letzter Gedanke[10].«

Vom Theologen zum Atheisten

Gott war Feuerbachs *erster Gedanke*: der junge Feuerbach ist Theologe! Jugendwunsch des (wohl aus Not) katholisch getauften, aber gut protestantisch erzogenen, stillen Musterschülers, Sohn eines bekannten Rechtsgelehrten, der schon am Gymnasium eifrig Griechisch, Hebräisch und die Bibel studierte, war es, evangelischer Pfarrer zu werden: freilich »auf dem Standpunkt *denkender* Religiosität«[11]. Seit 1823 studierte er Theologie in Heidelberg, war aber weder von der engherzig-begriffslosen protestantischen Orthodoxie noch von dem die Schrift rationalistisch-willkürlich uminterpretierenden Exegeten und Kirchengeschichtler H. E. G. Paulus befriedigt. Schließlich hörte er regelmäßig nur noch die Dogmatik-Vorlesungen des von Hegel beeinflußten spekulativen Systematikers Karl Daub, durch den er auf den Philosophen Hegel aufmerksam wurde. Alles zog ihn nun nach Berlin, wo mit Hegel auch die berühmten Theologen – der hegelianische Systematiker Marheinecke, der Kirchenhistoriker Neander und Hegels theologischer Antipode Schleiermacher – lehrten. Da zwei seiner ebenfalls hochbegabten Brüder in einer weitverzweigten studentischen Geheimorganisation an der Universität Erlangen führend waren (der eine sogar längere Zeit in Haft), suchte die preußische Polizei zunächst sein Studium in Berlin zu verhindern. Die demokratische Opposition gegen das reaktionäre politische System zwischen dem Sturz Napoleons 1815 und der französischen Juli-Revolution 1830 rekrutierte sich ja in Deutschland vor allem aus den Universitäten. Nach der Ermordung des konservativen Dichters August von Kotzebue 1819 durch den revolutionären Theologiestudenten K. L. Sand waren auf Veranlassung Metternichs die Karlsbader Beschlüsse gefaßt worden: Überwachung der Universitäten, Entlassung revolutionär gesinnter Lehrkräfte, Verbot der Burschenschaften, Vorzensur für Zeitschriften und alle Schriften unter 20 Druckbogen ... Ludwig Feuerbach indessen wurde schließlich zugelassen.

Die Vernunft war Feuerbachs *zweiter Gedanke*: der Theologe wird zum Hegelianer! Zwischen Philosophie und Theologie schwankend und innerlich zerrissen, nach »Wahrheit, d. h. Einheit, Entschiedenheit, Unbedingtheit verlangend«[12], kam Feuerbach 1824 in die Vorlesungen Hegels, der ihm bald »Kopf und Herz zurechtgesetzt« hatte und ihn als einziger »erfahren ließ, was ein Lehrer ist«, sein »zweiter Vater«[13], wiewohl Feuerbach nur einmal persönlich mit ihm in einer Weinstube sprach und dabei vor Schüchternheit kaum etwas Richtiges herausbrachte. Aber für ihn war nun klar: »Ich wußte, was ich sollte und wollte: nicht *Theologie*, sondern *Philosophie*! Nicht faseln und schwärmen, sondern lernen! Nicht glauben, sondern denken[14]!« Und dies bedeutete für die Philosophie: nicht nur die individuelle Vernunft, sondern eine alle Einzelindividuen übergreifende allgemeine Vernunft! »Über die eine, allgemeine, unendliche Vernunft«[15] promovierte er 1828 zum Doktor der Philosophie, jetzt aber wegen der bayerischen Universitätssatzungen und aus finanziellen Gründen an der Universität Erlangen. Hier habilitierte er sich auch und hielt als Privatdozent Vorlesungen über Descartes und Spinoza, über Logik und Metaphysik. Doch innerlich begann er sich langsam von Hegel zu lösen, wie sich dies bereits in seinem Begleitbrief an Hegel ankündigte, mit dem er diesem seine Dissertation zuschickte[16].

Der Mensch war Feuerbachs *dritter und letzter Gedanke*: der Hegelianer wird zum Atheisten! Feuerbach will Hegels Weg konsequent zu Ende gehen: Der alte Zwiespalt zwischen Diesseits und Jenseits muß nicht nur wie bei Hegel im Gedanken, er muß in Wirklichkeit aufgehoben werden: damit die Menschheit sich wieder mit ganzem Herzen auf sich selbst, auf ihre Welt und ihre Gegenwart konzentriere. Statt unsterbliches Leben in einem Jenseits ein neues Leben hier und heute; statt unsterblicher Individuen tüchtige, an Geist und Leib gesunde Menschen! Ein Jahr vor dem Tod Hegels, für den der Mensch als Geist über Endlichkeit und Abhängigkeit erhaben, unsterblich ist, veröffentlicht der Hegel-Schüler anonym seine revolutionären »Gedanken über Tod und Unsterblichkeit ... nebst einem Anhang theologisch-satirischer Xenien«[17]: gegen die Vorstellung eines persönlichen Gottes und den egoistischen Glauben an Unsterblichkeit. Das antitheologisch-aufklärerische Buch, mit kecken, oft einfältigen Distichen und platten Reimereien im Anhang, wird beschlagnahmt und verboten, der Autor polizeilich ermittelt. An seine Schwester schreibt Feuerbach: »Ich stehe im Geruch, ein gräßlicher Freigeist, ein Atheist, ja, noch nicht genug, der leibhaftige Antichrist zu sein[18].«

Schon bisher kein Redner und als Dozent ohne großen Lehrerfolg, zieht sich Feuerbach, nach dreijährigem Pausieren und drei (wegen der Unsterblichkeitsschrift!) vergeblichen Gesuchen um eine außerordentliche Professur in Erlangen, 1836 definitiv von der Universität zurück: Zum Philosophen, nicht zum Philosophieprofessor sei er geboren, meint er, bemüht sich aber doch wieder um Professuren in Bern, Berlin, Bonn, Jena, Marburg und Freiburg im Breisgau. Alles vergebens. Vor einer höchst schwierigen Berufswahl – Redakteur, Gymnasiallehrer, Hofmeister, Bibliothekar oder als Emigrant (wie Heinrich Heine) nach Paris, nach Griechenland oder gar nach Amerika? – bewahrt ihn eine hübsche Frau. Berta Löw, Tochter eines Porzellanfabrikanten, ermöglicht dem geistvollen, gutaussehenden Mann mit den ernst-milden Zügen vom folgenden Jahr an in den Turmzimmern ihres Schlosses beim Dorf Bruckberg (zwischen Ansbach und Nürnberg) mitten in der Natur das beschauliche Dasein eines Privatgelehrten. So kann er jetzt – wie er schreibt – »gereinigt von dem Unrate des Garçonlebens, in das gesunde Badewasser des heiligen Ehestandes steigen«[19].

Zurückgezogen, einfach und diszipliniert lebend, konnte Feuerbach sich nun völlig der Philosophie widmen: um mit Hilfe der Betrachtung der Vergangenheit die Problematik der Gegenwart in den Griff zu bekommen. An Hegels Philosophiegeschichte stoffmäßig und methodisch anknüpfend, in spinozistisch-pantheistischem Geist auf dem Weg zum Materialismus, arbeitet er die neuzeitliche Philosophiegeschichte erneut auf. Immer klarer wird ihm dabei: Vernunft und Glaube, Philosophie und Theologie, Aufklärung und Christentum lassen sich nicht versöhnen, widersprechen sich vielmehr zutiefst. In rascher Folge veröffentlicht er die »Geschichte der neueren Philosophie von Bacon von Verulam bis Benedict Spinoza« (1833)[20], dann als Fortsetzung die »Darstellung, Entwicklung und Kritik der Leibnizschen Philosophie« (1836)[21], schließlich »Pierre Bayle« (1838)[22].

Streit um Hegel: Religion aufbewahrt oder aufgelöst?

Durch *Pierre Bayle* (1647–1706) erhielt Feuerbach Anschluß an den französischen Atheismus, dessen Vorläufer dieser »ungebundene lose Skeptiker« war. Obwohl selber nicht Atheist, hält Bayle, der als Reformierter in Genf Descartes studiert hatte, den Deismus für eine halbe Sache: Wie kann man die traditionelle christliche Religion als unvernünftig ablehnen und doch Gottes Existenz als vernünftig annehmen? Es fesselt Feuerbach völlig, wie dieser »hyperbolisch spitze Kritiker«[23] den »Zwiespalt von Gott und Welt, Himmel und Erde, von Gnade und Natur, von Geist und Fleisch, von Vernunft und Glaube«[24] und auch die Widersprüche im Katholizismus (zwischen Geist und Fleisch: Zölibat!) wie im Protestantismus (zwischen Vernunft und Glaube) analysiert, wie er in der Frage der Existenz Gottes schlicht Stimmenthaltung übt, ja als erster Abendländer eine Gesellschaft von Atheisten für möglich hält. Der Atheist brauche ja keineswegs ein unsittlicher Mensch zu sein, womöglich stehe er einem Gott näher als der abergläubische Christ. Gerade der dogmatische Aberglaube aber sei der Teufel im Menschengeist. So relativiert Bayle, der sich nur an Tatsachen halten will, die Religion völlig zugunsten einer Moral, die er für angeboren und aus sich selber mit klaren, allgemein gültigen Sätzen formulierbar hält. Bayle wurde als Professor in Rotterdam von den Reformierten entlassen und von der römischen Kirche mit all seinen Werken auf den Index der verbotenen Bücher gesetzt[25]. Er selber blieb trotz seiner Zweifel bis zu seinem Tod in Rotterdam ein gläubiger Kalvinist. Feuerbach dagegen verstärkt nun die von Bayle vorgebrachten Zweifel erheblich durch eigene Argumente aus Historie und Naturwissenschaft und lehnt die christliche Religion als ein notwendiges Element der Bildung sowie die Theologie als Wissenschaft leidenschaftlich ab.

Doch Feuerbachs »Bayle« war nur das »Präludium zu einem größeren Werk«, mit dessen Vorbereitung er sofort beginnt, nicht ohne vorher noch öffentlich *mit seinem Lehrer Hegel abzurechnen*: Bislang hatte er Hegels Philosophie gegen Angriffe von protestantisch-orthodoxer oder auch Schellingscher Seite des öfteren verteidigt: durch Rezensionen in den »Halleschen Jahrbüchern«[26], um die sich – gegen die »rechten«, konservativen Althegelianer in Berlin (und ihre Berliner »Jahrbücher«) – die »linken«, liberalen Neu- oder Junghegelianer unter der Führung Arnold Ruges gesammelt hatten. Eine letzte Verteidigung und zugleich Verabschiedung Hegels war – im Zusammenhang mit dem Kölner Bischofsstreit für die katholische Kindererziehung in konfessionellen Mischehen – die Feuerbach-Streitschrift gegen den Führer der antikatholischen protestantischen Orthodoxie, Heinrich Leo, gewesen, der die linken »Hegelinge« als Atheisten angegriffen hatte. Bereits hier verteidigte Feuerbach die Unversöhnlichkeit von Philosophie und christlichem Glauben und die Ersetzung des Gottesbegriffs durch den Begriff der menschlichen Gattung[27].

Jetzt aber, in der Abhandlung »Zur Kritik der Hegelschen Philosophie«[28], greift er direkt die Grundlagen des Hegelschen Systems an: Er wendet sich gegen die Verabsolutierung der Hegelschen Philosophie (als der letzten und höchsten), jedoch auch gegen die des Christentums (die menschliche Gattung könne sich unmöglich in einem einzigen Individuum, Christus, voll realisieren). Gegen Hegels Idealismus und Bruch mit der sinnlichen Anschauung fordert Feuerbach eine realistische, eine im allerweitesten Wortsinn »materialistische« Erkenntnistheorie: Trotz Berufung auf die sinnliche Wahrnehmung setze Hegels Philosophie doch nicht mit der sinnlichen Wahrnehmung selbst ein, sondern nur mit dem Gedanken der sinnlichen Wahrnehmung. Damit aber werde das Sekundäre zum Primären gemacht, das Bewußtsein gegenüber dem Sein verabsolutiert und die dialektische Methode dem System untergeordnet. Statt daß die Wirklichkeit (die Natur) der Kanon sei für die Philosophie, würde die Philosophie zum Kanon für die

Wirklichkeit. »Die Philosophie ist die Wissenschaft der Wirklichkeit in ihrer Wahrheit und Totalität; aber der Inbegriff der Wirklichkeit ist die *Natur* (Natur im universellsten Sinne des Wortes) . . . Die Rückkehr zur Natur ist allein die Quelle des Heils[29].«

Beinahe hundert Jahre nach der Radikalisierung der französischen Aufklärung im atheistischen Materialismus kommt es nun in den 40er Jahren auch in Deutschland zu einem *religiösen wie politischen Radikalismus*, der die Revolution von 1848 vorbereitet. Auch in Deutschland waren Religion, Kirche und Theologie die Hauptstützen des absolutistischen Systems, ihre Glaubensbekenntnisse Staatsreligion. Diese Radikalisierung war vor allem *in der Hegelschen Schule* festzustellen, deren Spaltung zunächst religiösphilosophisch, dann aber auch politisch bedingt war.

Die Frage brach auf: Was eigentlich war Hegels letzte Absicht gewesen? In welchem Verhältnis standen Philosophie und Theologie letztlich zueinander? Darüber wurden nach Hegels Tod unter Philosophen wie Theologen recht verschiedene Vermutungen angestellt. Hegels spekulatives Christentum konnte nun einmal nach zwei Richtungen hin gedeutet werden:
Entweder als Versuch, die christlichen Glaubenswahrheiten rational zu rechtfertigen und tiefsinnig spekulativ zu interpretieren, um sie für den modernen Menschen annehmbar, verständlich, einsichtig, ja in einem höheren Sinn vernünftig zu machen: *Religion* also *positiv aufgehoben* = *aufbewahrt* in der Philosophie (so dachten, mit Berufung auf zahlreiche ausdrückliche Äußerungen Hegels selbst, die »rechten« Hegelianer);
oder als Versuch, die christlichen Glaubenswahrheiten als nur anschaulichvorstellungsmäßige, vorläufige, unzulängliche Gestalt der eigentlichen, selbstbewußten, vollkommenen, definitiven Wahrheit, eben der Philosophie, der spekulativen Vernunft und ihres absoluten Wissens darzustellen: *Religion* also letztlich *negativ aufgehoben* = *aufgelöst* in der Philosophie (so dachten, mit Vermutungen über Hegels verborgene Intentionen, die »linken« Hegelianer).

Verstand man Hegel in der zweiten Weise, konnte man früher oder später zu der Überzeugung kommen, daß schon Hegel selbst als Pantheist »im Grunde« ein Atheist gewesen sei, ja, mußte man gerade mit Berufung auf Hegel fordern, die christliche Religion – ganz konsequent – durch Philosophie zu ersetzen.

Vorläufer des Atheismus in Deutschland: David Friedrich Strauß

Auslösender Faktor der Spaltung in Rechts- und Linkshegelianer war ein theologisches Werk gewesen: das »Leben Jesu, kritisch bearbeitet« (Band I 1835) des Hegelianers *David Friedrich Strauß* (1808–1874), der im Jahr nach Hegels Tod Tübinger Stiftsrepetent geworden war, aber bereits abgesetzt ist, als er 1836 den zweiten Band herausgibt. Strauß, keineswegs Atheist, mehr leidenschaftlicher, gescheiter Grübler und Debattierer als spekulativer Denker und konstruktiver Systematiker, hatte – beeinflußt vom großen Tübinger Kirchengeschichtler und Exegeten Ferdinand Christian Baur, der auch auf dem Gebiet des Neuen Testaments entschlossen die historische Methode einführte – als erster in Schärfe die bis heute die neutestamentliche Wissenschaft in Atem haltende These formuliert: die These von der grundsätzlichen Differenz zwischen dem Jesus der Geschichte (das »historische Individuum«) und dem Christus des (kirchlichen) Glaubens (die »Idee des Gottmenschen«).

Von der Hegelschen Philosophie her war Strauß überzeugt, daß die biblischen Aussagen als mythische Vorstellungen, als mythisches Gewand einer wesentlich philosophischen Aussage zu sehen sind: Mythen, verstanden als erzählerische, geschichtsartige Einkleidungen urchristlicher Ideen, gebildet in der absichtslos dichtenden Sage, im Bewußtsein der geisterfüllten Urgemeinde, der ja schon Hegel grundlegende Bedeutung für den christlichen Glauben zugeschrieben hatte. Man darf Straußens Absicht nicht mißverstehen: Seine unbarmherzige philologische Kritik an den biblischen Texten wollte das Wesentliche des christlichen Glaubens gerade nicht zerstören, sondern in seiner echten unmythologischen, das heißt philosophischen Wahrheit zum Leuchten bringen. Auf der sicheren Grundlage von Hegels spekulativer Christologie (der Idee vom Gottmenschen) meinte er, ungestört eine uneingeschränkte historische Kritik durchführen zu können: eine radikale »Ent-mythologisierung« nicht nur von Anfang und Ende, sondern des gesamten Lebens Jesu, der Reden wie der Wunder. Das Resultat: eine kritische Destruktion der Geschichte Jesu von seiner übernatürlichen Empfängnis und Geburt bis hin zu seiner Auferstehung und Himmelfahrt.

Diese Entmythologisierung führt Strauß in seinen zwei Bänden aufs akkurateste durch. Seine eigene spekulative Christologie aber (ursprünglich als großer zweiter und dritter Teil gedacht) erledigt er schließlich auf knapp sechs Seiten[30]. Gerade im Ausgehen von Hegels *Idee des Gottmenschen* war Strauß skeptisch geworden, ob sich diese Idee in einem einzigen Menschen voll realisieren könne. Wem sollen die dem einzelnen Individuum fehlenden Züge, die der christliche Glaube unbegründeterweise dem einen Gottmenschen Jesus zuschreibt, vernünftigerweise zukommen, wenn nicht der *Menschheit als ganzer*? Von wem sollte diese Einheit aus menschlicher und göttlicher Natur, von der Hegel so emphatisch gesprochen hatte, anders ausgesagt werden als von der Menschheit selbst, von der menschlichen Gattung? Strauß stimmt also der spekulativen Christologie vom Gottmenschen zu, nur mit der einen grundstürzenden Korrektur, die er nun den »Schlüssel der ganzen Christologie« nennt und die auch für Feuerbachs Interpretation des Christentums den Schlüssel liefern sollte: »In einem Individuum, einem Gottmenschen gedacht, widersprechen sich die Eigenschaften und Funktionen, welche die Kirchenlehre Christus zuschreibt: in der Idee der Gattung stimmen sie zusammen. Die Menschheit ist die Vereinigung der beiden Naturen, der menschgewordene Gott, der zur Endlichkeit entäußerte Unendliche, und der seiner Unendlichkeit sich erinnernde endliche Geist ...[31].« Durch die Geschichte Jesu wurde diese allgemeine Idee zum Bewußtsein gebracht – nicht weniger und nicht mehr! Nach Jesu Tod freilich erfolgte die Mythologisierung durch die christliche Gemeinde: »Wie der Gott des Plato auf die Ideen hinschauend die Welt bildete: so hat der Gemeinde, indem sie, veranlaßt durch die Person und das Schicksal Jesu, das Bild ihres Christus entworfen, unbewußt die Idee der Menschheit in ihrem Verhältnis zur Gottheit vorgeschwebt[32].« So wird also schon bei Strauß – angeregt durch Hegels Idee von der allgemeinen Gottmenschheit – die Christologie (= die Lehre vom einen Gottmenschen Jesus Christus) in Anthropologie (= die Lehre von der Göttlichkeit der Menschheit) umgewandelt. So findet sich schon bei Strauß deutlich die Tendenz, die dann bei Feuerbach und erst recht bei Marx zum Durchbruch kommen wird: die menschliche Gattung, die Menschheit, die menschliche Gesellschaft an die Stelle Gottes zu setzen.

Ist es erstaunlich, daß sich an Strauß die theologischen und philosophischen Geister in Deutschland schieden? Sein »Leben Jesu« rief 41 namentliche und 19 anonyme Streitschriften und eine unabsehbare Zahl von Zeitschriftenartikeln hervor[33]. Man warf Strauß nicht nur Zerstörung des christlichen Glaubens, sondern auch – und zu Unrecht – Atheismus vor. Ähnlich wie Feuerbach verdarb auch er sich durch sein Erstlingswerk die akademische Karriere für sein ganzes Leben. Erst Feuerbach aber interpretierte die von Strauß an die Stelle des Gottmenschen gesetzte Idee der menschlichen Gattung in aller Form atheistisch.

Der preußische Staat reagierte auf den religiösen und politischen Radikalismus durch verschärfte Zensur und die Berufung konservativer Professoren nach Berlin. Vor allem erfolgte, zehn Jahre nach Hegels Tod, 1841 die Berufung seines alten Tübinger Freundes und nachmaligen entschiedenen Gegners, Friedrich Wilhelm Schelling, der den Berliner Lehrstuhl für Philosophie bis 1846 innehatte. Im Kampf gegen die Religion und dann – nachdem die Hoffnung auf Liberalisierung durch den neuen preußischen König Friedrich Wilhelm IV. getrogen hatte – in aller Offenheit auch gegen den reaktionären Staat sahen sich die Linkshegelianer gezwungen, auf die Argumente des französischen Materialismus und Atheismus zurückzugreifen und sich damit auch immer mehr ausdrücklich gegen Hegels idealistisches System zu wenden.

So sah sich *Feuerbach* nun in einer *doppelten Frontstellung*:
gegen die *christliche Theologie* (= Mythologie), die die Philosophie der Religion opfert und sich jedes Ammenmärchen als Tatsache aufbinden läßt;
gegen die *Hegelsche Philosophie* oder Spekulation, die die Religion der Philosophie opfert und die christlichen Glaubensartikel als eine notwendige logisch-metaphysische Wahrheit abzuleiten versucht.

Die spekulative Philosophie läßt die Religion nur das sagen, was sie selbst gedacht hat und weit besser sagt. Die christliche Theologie aber läßt die Religion anstelle der Vernunft reden.

Im Jahr der Berufung Schellings nach Berlin 1841 wird nun jenes »größere Werk« publiziert, das selbst Strauß als Kompromißler zwischen Philosophie und Religion erscheinen läßt und das im Kreis der radikalen Berliner Junghegelianer als die konsequente Vollendung und Überwindung der Hegelschen Religionsphilosophie so begeistert begrüßt wird: »*Das Wesen des Christentums*« des gegen seine ursprünglichen Absichten mit vollem Namen zeichnenden Ludwig Feuerbach[34]. Feuerbachs Selbstbewußtsein ist durch diesen Erfolg stark gestiegen: er empfindet sich jetzt als »den letzten, an die äußerste Grenze des Philosophentums hinausgeschobenen Philosophen«[35].

So wird nun auch in Deutschland auf der Linie der Radikalen der Französischen Revolution (der »Montagnards« = »Bergpartei«, »Hinterbänkler«) die »Montagne proklamiert« und »der Atheismus und die Sterblichkeit zur Fahne erhoben«, wie der genannte führende Junghegelianer Arnold Ruge die neue Situation umschreibt: »Gott, Religion und Unsterblichkeit wird abgesetzt und die philosophische Republik, die Menschen, die Götter proklamiert . . . So haben wir: 1. Alte Doktrinärs, 2. Straußianer, 3. Atheisten oder solche, die Strauß für einen ›verfluchten Pfaffen‹ erklären[36].« Bruno Bauer, Ludwig Feuerbach und Karl Marx beabsichtigen jetzt, ein »Archiv des Atheismus« herauszugeben, und Marx will die französische Ausgabe des »Wesens des Christentums« betreuen. Auch die junghegelianische Schule ist nun gespalten. Das also ist die dramatisch veränderte Situation – nur zehn Jahre nach Hegels Tod.

Gott als Spiegelbild des Menschen

Bei Feuerbach zeigt sich, wie ungeheuer gefährlich Hegels Identifikation von endlichem und unendlichem Bewußtsein, von Mensch und Gott für Gottesglauben und Christentum war. Man braucht nur den Standpunkt zu wechseln, und alles erscheint umgekehrt: Dann nämlich wird das endliche Bewußtsein nicht ins unendliche, der menschliche Geist nicht in den absoluten Geist »aufgehoben«, sondern umgekehrt das unendliche Bewußtsein ins endliche, der absolute Geist in den menschlichen Geist! Und genau das tut Feuerbach: Er will nicht »trunkene« Spekulation, er will »nüchterne« Philosophie. So gibt er den »absoluten Standpunkt« und damit den »Unsinn des Absoluten« auf. Damit schlägt das menschliche Bewußtsein vom (göttlichen) Unendlichen um: in das menschliche Bewußtsein von der Unendlichkeit des (eigenen, menschlichen) Bewußtseins! »Das Bewußtsein Gottes ist das Selbstbewußtsein des Menschen, die Erkenntnis Gottes die Selbsterkenntnis des Menschen[37].« Der idealistische Pantheismus (Panentheismus) kippt um in »materialistischen« Atheismus.

In höchst beeindruckender Weise, in leidenschaftlicher, nicht ironischer Sprache wendet Feuerbach diese Einsicht nun kritisch auf die gesamte christliche Theologie an: Was ist das Geheimnis der Theologie? »Das *Geheimnis der Theologie* (ist) die *Anthropologie*[38]!« Anthropologie verstanden als Kampfbegriff: ein Appell zum Vorstoß in eine wirklichere Wirklichkeit als die, mit der sich christliche Theologie und idealistische Spekulation meinen beschäftigen zu müssen. Das ist »die Aufgabe der neueren Zeit«: »die Verwirklichung und Vermenschlichung Gottes – die Verwandlung und Auflösung der Theologie in die Anthropologie«[39]. Feuerbach will also eine konsequent anthropologische Philosophie begründen.

Ganz anders als Hegel in seiner idealistischen Manier hat der nachhegelische Philosoph nicht beim hypostasierten Bewußtsein, bei der Idee, sondern bei der konkreten, handfesten, nicht auf »Geist« zurückführbaren sinnlichen Wirklichkeit – und dies nicht nur in Gedanken – anzusetzen. Nicht wie der Idealist eben doch beim Übersinnlichen, sondern wie der Realist bei der Empirie: bei den »Materialien«, bei den »Sinnen«[40]. Man muß der Religion und auch der spekulativen Philosophie oder Theologie nur »die *Augen öffnen* oder vielmehr nur ihre *einwärts*gekehrten Augen *auswärts* richten«[41].

Immer deutlicher wird Feuerbach: Wirklichkeit meint primär Sinnlichkeit, und auch der Geist – als allgemeine Einheit der Sinne – ist auf die Sinnlichkeit zurückzuführen. So gesehen vertritt Feuerbach bei allem ethischen Idealismus theoretisch je länger desto klarer einen freilich differenzierten, sensualistischen »Materialismus«, der aber vom mechanistischen Materialismus eines Lamettrie oder Holbach sehr verschieden ist: ein unmechanistischer, anthropologischer Materialismus, der Welt und Mensch allein aus sich selbst und durch sich selbst erklärt[42].

Nicht mehr Gott, vielmehr der Mensch ist jetzt der Ausgangspunkt allen Philosophierens: »Der erste Gegenstand des Menschen ist der Mensch[43].« Es geht um »kein abstraktes, nur gedachtes oder eingebildetes, sondern ein *wirkliches* oder vielmehr das allerwirklichste Wesen, das wahre Ens realissimum: *den Menschen*«[44]. Dieser Mensch ist jedoch für Feuerbach gerade nicht – wie seit Descartes immer wieder – der aus der Natur herausgerissene, von seiner Sinnlichkeit abstrahierte Vernunftmensch. Sondern der wahre, wirkliche, ganze, konkrete, sinnliche, leibliche Mensch: Auf der Linie Pascals und Rousseaus betont Feuerbach mit der Vernunft den Willen und das Herz, die Empfindung, die Liebe. – Zugleich aber sieht er den Menschen nicht nur als isoliertes Individuum, sondern in Gemeinschaft: in der Einheit des Menschen mit dem Menschen; das Ich bedarf der Ergänzung durch das Du. – Schließlich wertet er den Menschen nicht nur im Bezug zum Du, sondern zum Gesamt der Menschen, zur menschlichen Gattung überhaupt, also zum Wesen nicht nur dieses oder jenes Menschen, sondern zum allgemeinen, gattungsmäßigen Wesen des Menschen: Der andere

Mensch repräsentiert ja immer wieder den »allgemeinen Menschen«, die gesamte menschliche Gattung, die allein der vollkommene Mensch und das Kriterium des Menschen und der Wahrheit ist. So ist denn der »allgemeine Mensch«, die menschliche Gattung, das höchste Wesen und das Maß aller Dinge! Ist das nicht ein Humanismus in höchster Potenz? Anthropologische Philosophie meint eine Philosophie des Menschen für den Menschen: der Mensch als das höchste Wesen des Menschen!

Und *Gott*? Was folgt daraus für den Gottesbegriff? Entscheidende Voraussetzung ist: »Das Bewußtsein des Unendlichen ist nichts anderes als das Bewußtsein von der *Unendlichkeit des Bewußtseins*.« Das heißt: »Im Bewußtsein des Unendlichen ist dem Bewußten die *Unendlichkeit des eigenen Wesens Gegenstand*[45].« So also entsteht der Gottesbegriff, was höchst verständlich scheint: Der Mensch stellt sein menschliches Wesen aus sich heraus, er sieht es als etwas außer sich Existierendes und von sich selbst Getrenntes; er projiziert es so als selbständige Gestalt gleichsam an den Himmel, nennt es Gott und betet es an. Kurz, der Gottesbegriff ist gar nichts anderes als eine *Projektion des Menschen*: »das *absolute Wesen*, der Gott des Menschen ist *sein eigenes Wesen*. Die Macht des *Gegenstandes* über ihn ist daher die Macht *seines eigenen Wesens*[46].«

So ist Gotteserkenntnis ein gewaltiges Schein-Werfen: Gott erscheint als projiziertes, hypostasiertes Spiegelbild des Menschen, hinter dem in Wirklichkeit nichts ist. Das Göttliche ist das ins Jenseits hinausprojizierte allgemein Menschliche. Was sind die Eigenschaften des göttlichen Wesens: Liebe, Weisheit, Gerechtigkeit ...? Sie sind in Wirklichkeit die Eigenschaften des Menschen, der menschlichen Gattung. Homo homini deus est, der Mensch ist der Gott des Menschen: das ist das ganze Geheimnis der Religion!

Beim eigenständigen, außerhalb des Menschen existierenden, persönlichen (»theistischen«) Gott des Christentums wird dies besonders deutlich. Dieser Gott ist nichts anderes als der verselbständigte Gattungsbegriff des Menschen, das personifizierte Menschenwesen: Der Mensch »schaut sein Wesen außer sich«; Gott ist das offenbare Innere des Menschen, sein ausgesprochenes, »entäußertes Selbst«[47]. Die Bestimmungen Gottes sind in Wirklichkeit die Bestimmungen des vergegenständlichten Wesens des Menschen. Also nicht mehr wie in der Bibel: Gott schuf den Menschen nach seinem Bild. Vielmehr umgekehrt: der Mensch schuf Gott nach seinem Bild. Gott als ein außerhalb des Menschen existierendes, von ihm selbst vorgespiegeltes, gespenstisches Gegenüber. Der Mensch ein großer Projektor, Gott die große Projektion. Man mache nur die Probe, sie geht auf:

Gott ist ein intelligentes Wesen, Geist!? Gerade so erscheint Gott als reine *Projektion des menschlichen Verstandes*[48]: Gott ist nichts anderes als das vergegenständlichte allgemeine Wesen der menschlichen Intelligenz! Nicht Gott, sondern die menschliche Intelligenz erweist sich doch in Wirklichkeit als Kriterium aller Realität: als wahre Selbständigkeit, Unabhängigkeit, Einheit, Unendlichkeit und Notwendigkeit (Hegels »absoluter Geist« ist die von den Schranken der Individualität und Leiblichkeit abgesonderte menschliche Vernunft). – Freilich: Als reines Verstandeswesen würde Gott nur den Verstand des Menschen befriedigen. Die Religion sagt denn auch mehr von Gott:

Gott ist das moralisch vollkommene Wesen!? Gerade so erscheint Gott deutlich als *Projektion des menschlichen Willens*[49]: Gott ist nichts anderes als das personifizierte Gesetz der menschlichen Moralität, das verabsolutierte moralische Wesen des Menschen! Nicht Gott, sondern des Menschen eigenes Gewissen ist Richter seiner innersten Gedanken und Gesinnungen. – Allerdings: Auch ein absolut vollkommenes Wesen mit seiner Gesetzesforderung ließe den Menschen in der Qual seines Sündenbewußtseins und seines Nichtigkeitsgefühls kalt und leer, erschiene ihm herzlos. So sagt denn die Religion noch mehr von Gott:

Gott ist die Liebe!? Gerade so erscheint Gott unbestreitbar als *Projektion des menschlichen Herzens*[50]. Gott ist nichts anderes als das verobjektivierte allgemeine Wesen der menschlichen Liebe, ist ein nicht nur moralisches, sondern wahrhaft menschliches Wesen! Nicht Gott ist die Liebe, sondern die Liebe ist Gott. Die menschliche Liebe – und zwar die sinnliche Liebe, die Fleisch und Blut hat, die die Materie idealisiert und den Geist materialisiert – ist die höchste, absolute Macht und Wahrheit.

Das also ist der Schlüssel, mit dem das Geheimnis Gottes ein für allemal erschlossen ist: Gott – in jeder Hinsicht der gewaltige, an den Himmel projizierte Wider-Schein des Menschen, dem kein Sein entspricht außer dem des scheinwerfenden Menschen selbst. Kapitel für Kapitel in erregter und doch ermüdender, aber eben sehr nachhaltiger Weise hämmert Feuerbach sein neues Credo dem Leser ein und wendet so seine Grunderkenntnis auf sämtliche christlichen Dogmen an, deren Erklärung man sich jetzt beinahe selbst denken kann:

Was ist das Geheimnis der Inkarnation, der *Menschwerdung Gottes*? Der menschgewordene Gott ist nur die Erscheinung des gottgewordenen Menschen. Das Geheimnis der Liebe Gottes zum Menschen ist nichts anderes als das Geheimnis der Liebe des Menschen zu sich selbst. Gerade hier ist Gott mehr als ein reiner Verstandes- und Gesetzesgott: Die Inkarnation ist die Erscheinung des menschlich fühlenden Herzens.

Was ist das Geheimnis der Passion, des *leidenden Gottes*? Es ist das Geheimnis der menschlichen Empfindung: Das Leiden des Menschen für andere, das Empfinden überhaupt ist göttlich.

Was ist das Geheimnis der *Dreieinigkeit*? Es ist das Geheimnis des gesellschaftlichen Lebens: in der göttlichen Dreieinigkeit spiegelt sich die menschliche Gemeinschaft von Ich, Du und die Einheit im Geist.

Was ist das Geheimnis des Logos, des *göttlichen Wortes*? Es ist nichts ande-

res als das Geheimnis der Göttlichkeit des erlösenden, versöhnenden, beglückenden, befreienden menschlichen Wortes.
Was ist das Geheimnis der *Auferstehung Christi*? Es ist nichts anderes als das befriedigte Verlangen des Menschen nach unmittelbarer Gewißheit von seiner persönlichen Unsterblichkeit.

Und so weiter: In der Personhaftigkeit Gottes feiert der Mensch die Unabhängigkeit, Unbeschränktheit, Unsterblichkeit seiner eigenen Persönlichkeit. Im Gebet betet der Mensch sein eigenes Herz an und verehrt die Allmacht des Gefühls. In Taufe und Abendmahl geschieht die feierliche Anerkennung der göttlichen Heilkraft der Natur, der Gegenstände sinnlichen Genusses. Im Glauben an die göttliche Vorsehung manifestiert sich der Glaube an den eigenen Wert des Menschen, der Glaube des Menschen an sich selbst. Mein eigenes Interesse deklariert als Interesse Gottes; mein eigener Wille als Gottes Wille; mein eigener Endzweck als Gottes Zweck . . .

Das Geheimnis der Religion: Atheismus

Ist Feuerbach mit seiner Deutung der Religion nicht weit über alle Aufklärung hinausgeschritten? Religion ist nicht nur, wie man in der Aufklärung oberflächlich dachte, Priesterbetrug, ein großes Blendwerk. Religion muß tiefer verstanden werden: Anfang, Mittelpunkt und Ende der Religion ist der Mensch selbst; Religion ist Selbstanbetung des Menschen! So ist in der Religion Wahres und Falsches merkwürdig vermischt. Denn: »Religion, wenigstens die christliche, ist das *Verhalten des Menschen zu sich selbst*, oder richtiger: *zu seinem Wesen*«: darin liegt ihre Wahrheit. Aber Religion ist leider zugleich des Menschen »Verhalten zu seinem Wesen *als zu einem anderen Wesen*«[51]: darin liegt ihre Unwahrheit. Oder anders gesagt: In der Gleichsetzung der göttlichen und menschlichen Prädikate liegt die Wahrheit der Religion; im Versuch, sie doch noch zu unterscheiden, ihre Unwahrheit.

Und wie wirkt sich diese Unwahrheit aus? In einem Verdoppelungs- und Potenzierungseffekt: in einer durchgängigen *Entfremdung und Verarmung des Menschen*! Religion zeigt sich deutlich als Selbstentäußerung und Selbstentfremdung – nicht Gottes, wie noch Hegel meinte, vielmehr des einzelnen Menschen selbst. In dem Maße, in dem der Mensch religiös wird, entäußert er sich seiner Menschlichkeit. Der Mensch stattet Gott mit den Schätzen seines eigenen Inneren aus: der arme Mensch hat einen reichen Gott! Weil aber Gott und Mensch statt als eines als zwei gesehen werden, ist das Resultat der Religion der zerrissene, entzweite, selbstentfremdete, innerlich verarmte Mensch.

Was also tut not? Was anderes, als daß Gott und Mensch wieder eins werden! Was anderes, als daß die durchgängige Selbstentfremdung und Verarmung des Menschen rückgängig gemacht, zurückgenommen wird! Also: »Reduktion des außermenschlichen, übernatürlichen und widervernünftigen Wesens Gottes auf das natürliche, immanente, eingeborene Wesen des Menschen«[52]. Es ist ja von vornherein der Entwicklungsgang der Religion, daß der Mensch immer mehr Gott abspricht und immer mehr sich selber zuspricht; am Anfang führte er alles und jedes auf Gott zurück, im Lauf der Geschichte immer weniger. Diesen Prozeß gilt es zu Ende zu bringen, damit dem Menschen seine veräußerten Reichtümer wieder restlos zurückgegeben werden und die Zweiteilung zwischen Gott und Mensch überhaupt rückgängig gemacht wird. Grundsätzlich gilt deshalb: Was in der Religion Prädikat ist (Intelligenz, Moralität, Liebe, Leiden), das muß wieder zum Subjekt werden. Und umgekehrt: Was in der Religion Subjekt ist (eben Gott), das muß zum neuen Prädikat werden. Also nicht mehr: Gott ist Intelligenz, Moral, Liebe, Leiden. Sondern umgekehrt: die Intelligenz, die Moralität, die Liebe, das Leiden sind göttlich!

Der *Atheismus* ist also »das Geheimnis der Religion«[53]. Aber niemand kann es übersehen: es wird hier nur verneint, um zu bejahen. Dieser Atheismus ist alles andere als nur Negation, er ist vielmehr höchste Position. Dieser Atheismus ist der *wahre Humanismus*! Es soll nicht etwa nur einfach Gott (= das Scheinwesen der Religion) geleugnet, es soll vielmehr das wirkliche Wesen des Menschen (= das wahre Wesen der Religion) bejaht, gelobt, geliebt werden. Ja, es soll dem Menschen durch den Atheismus seine wahre göttliche Würde, die ihm der Theismus genommen hat, wiedergegeben werden: besser als »Atheismus« wäre der Ausdruck *»Anthropotheismus«*. So wird deutlich, »daß den übernatürlichen Mysterien der Religion ganz einfache, natürliche Wahrheiten zugrundeliegen«[54]: es sind »nicht ausländische, sondern einheimische Mysterien, die Mysterien der menschlichen Natur«[55]. Es braucht nur die getreue, richtige Übersetzung der christlichen Religion aus der orientalischen Bildersprache in richtiges Deutsch, es braucht nur die historisch-philosophische Analyse – und man hat die Auflösung des Rätsels der christlichen Religion: Das Religiöse zurückgeführt auf das Menschliche. Der Grund des Religiösen aufgedeckt in den zwischenmenschlichen Verhältnissen und Beziehungen. Das Wesen des Menschen, statt aus dem göttlichen Jenseits, abgeleitet aus dem wirklichen Diesseits.

So wird in einer neuen Zeit die Philosophie (als Anthropologie) zur neuen, wahren, atheistischen »Religion«. Wozu denn in die Ferne schweifen, wenn das Gute liegt so nah! Das ist es doch, was wir ganz praktisch brauchen: statt Gottesliebe endlich Menschenliebe, statt Gottesglaube Glaube des Menschen an sich selbst, statt Jenseitigkeit vollständige Diesseitigkeit!

In diesem Sinn also trieb Feuerbach schon 1843 eine destruktiv-revolutionäre »politische Theologie«, seinen antireligiösen Kampf als politische Notwendigkeit verstehend: »Übrigens bleibe ich dabei. Die Theologie ist für Deutschland das einzige praktische und erfolgreiche Vehikel der Politik, wenigstens zunächst[56].« Später, in seinen »Vorlesungen über das Wesen der Religion«, hatte er seine Aufgabe sehr deutlich so formuliert: »Der Zweck meiner Schriften, so auch meiner Vorlesungen, ist: die Menschen aus Theologen zu Anthropologen, aus Theophilen zu Philanthropen, aus Kandidaten des Jenseits zu Studenten des Diesseits, aus religiösen und politischen Kammerdienern der himmlischen und irdischen Monarchie und Aristokratie zu freien, selbstbewußten Bürgern der Erde zu machen[57].«

2. *Feuerbach in der Kritik*

Feuerbach war »jetzt an Straußens Stelle die Vogelscheuche der Christen« geworden, wie ihm Ruge 1842 schrieb[58]. Aber – erscheint seine Konzeption nicht verblüffend einsichtig und überzeugend? Es gibt wohl kaum einen Leser Feuerbachs, der nicht mindestens gestutzt hätte: Das stimmt doch einfach; sein Ansatz erscheint durchgängig plausibel; sein Schlüssel paßt! Von daher wird auch der Enthusiasmus des jungen Engels um so einleuchtender, der, von protestantischer Orthodoxie und Pietismus herkommend, sich unter dem Einfluß von Straußens »Leben Jesu« und von Schleiermacher während seines Berliner Aufenthaltes dem Pantheismus und dem Junghegelianismus zugewandt hatte und der nun bei der Lektüre des »Wesens des Christentums« sein atheistisches »Offenbarungserlebnis« hatte. Feuerbach ist – braucht man das zu betonen? – auch heute alles andere als passé. Kein Atheismus seither, der nicht von Feuerbachs Argumenten zehrte. So muß man sich auch heute ernsthaft fragen: Ist Feuerbachs Kritik der Religion nicht wirklich begründet?

Horizont anthropologischer Religionskritik

Feuerbachs Religionskritik muß im Gesamtkontext seines Werkes gesehen werden. Sie darf weder überbewertet noch unterbewertet werden.

Keine Überbewertung: Feuerbachs Werk darf nicht einfach auf Religionskritik reduziert werden, wie dies in marxistischer wie nichtmarxistischer Literatur weithin geschieht. Besonders der spätere Feuerbach ist mehr als Religionskritiker und Religionsphilosoph. Sein anthropologischer (sensualistischer, aber nicht mechanistischer) Materialismus und sein keineswegs naiv-realistischer erkenntnistheoretischer Einsatz bei der universellen Sinnlichkeit wird neuerdings von neomarxistischer Seite unter dem Programmwort »emanzipatorische Sinnlichkeit« geradezu als eigenständiger, fruchtbarer Ansatz herausgestellt: um so von innen, von den eigenen Quellen her, den immer mehr dogmatisch erstarrten und auch technokratisch verengten Marxismus der Kritik zu unterziehen und zugunsten eines neuen theoretisch-praktischen Verhältnisses zu Subjektivität, Menschlichkeit, Natur, Welt weiterzuentwickeln[59]. Ein Versuch, der auf marxistischer wie nichtmarxistischer Seite freilich mehr Ablehnung als Zustimmung gefunden hat[60]. Bei Marx wird darauf zurückzukommen sein.

Keine Unterbewertung: Feuerbachs Religionskritik darf freilich auch nicht dialektisch überspielt, seinem harten, entschiedenen Atheismus nicht ausgewichen werden, wie dies auf seiten einer marxistisch-revolutionären (es gibt auch heute eine kirchlich-konformistische) »politischen Theologie« geschieht, die freilich mehr eine »kritische Theorie der Geschichte« im Dienst am proletarischen Klassenkampf denn Theologie ist[61]. Mit Berufung auf Feuerbachs »Sinnlichkeit« (statt als »sensibilité« primär als sexuelle »sensualité« verstanden) und Wilhelm Reichs Forderung der sexuellen Befreiung als Voraussetzung sozialer Revolution bietet sich diese Spielart »politischer Theologie« als neue Lösung an: zwischen der »Theologie« und der »Antitheologie« (Feuerbachs) eine sich selber als »destruktiv« bezeichnende »Kontra-Theologie«, die die »bestimmte Kritik der ›religiösen Ideologie‹ zu formulieren« und »die sinnlichen und psychischen Ängste des Individuums vor Freiheit und Glück aufzuheben« hat[62]. Ein kontratheologischer »Discours post-Feuerbachien de la foi chrétienne«, der freilich bei allen berechtigten Anliegen (psychische und soziale Befreiung) weder Marxisten noch Nichtmarxisten genügend herausfordernd erscheint und der vor allem Feuerbach und seinen Atheismus nicht genügend ernstnimmt[63].

Gerade dieser für Feuerbach absolut zentrale Atheismus darf nicht heruntergespielt, sondern muß ernsthaft diskutiert werden. Und die entscheidende Frage, die auch in der neuesten Feuerbach-Diskussion – aus Verlegenheit? – oft übergangen wird, lautet: Ist Feuerbachs Atheismus eigentlich überzeugend begründet? Verschiedene Argumente sind zu untersuchen.

Unendlichkeit des menschlichen Bewußtseins?

Feuerbach hat seinen Atheismus *phänomenologisch*, vom Bewußtsein her, begründet: »Aber die Religion ist das Bewußtsein des Unendlichen; sie ist also und kann nichts anderes sein als das Bewußtsein des Menschen von *seinem*, und zwar nicht endlichen, beschränkten, sondern *unendlichen* Wesen[64].«

Und in der Tat: Besagt das Bewußtsein von einem Unendlichen nicht eine gewisse Unendlichkeit, nämlich eine Ausgerichtetheit (Intentionalität) auf das Unendliche? Kann und muß man nicht von einer *intentionalen Unendlichkeit* des menschlichen Bewußtseins sprechen? Aus dieser Ausgerichtetheit unseres menschlichen Bewußtseins, Erkennens, Strebens (»desiderium naturale«) auf das Unendliche möchten manche Theologen (mit Hilfe einer »transzendentalen Deduktion«) die Existenz eines von unserem Bewußtsein, Erkennen, Streben unabhängigen göttlichen Unendlichen ableiten. Angesichts Feuerbachscher Kritik kaum überzeugend! Denn warum soll es nicht möglich sein, daß unser Bewußtsein, Erkennen, Streben statt auf ein wirkliches Unendliches auf ein Nichts, einen Schein, ausgerichtet ist? Wahrhaftig: die intentionale Unendlichkeit unseres Bewußtseins ist noch *kein Beweis für* die Existenz einer von unserem Bewußtsein unabhängigen unendlichen Wirklichkeit.

Freilich darf nun auch die *Gegenfrage* nicht unterschlagen werden: Ist diese intentionale Unendlichkeit des Bewußtseins vielleicht *ein Beweis gegen* die Existenz einer solchen unendlichen Wirklichkeit? Sagt sie also etwas für die Nicht-Existenz eines von unserem Bewußtsein unabhängigen Unendlichen? Das hat nun Feuerbach seinerseits zwar immer wieder behauptet, aber nicht bewiesen. Die Frage muß vielmehr offenbleiben. Nur das ist aus Feuerbachs Argument logisch zu folgern: Die Ausgerichtetheit des menschlichen Bewußtseins auf ein Unendliches sagt noch nichts aus über die Existenz oder Nichtexistenz einer vom Bewußtsein unabhängigen unendlichen Wirklichkeit.

Kann man aber dem Menschen vielleicht eine nicht nur intentionale, sondern *reale Unendlichkeit* zuschreiben? Auch Feuerbach behauptet nicht direkt eine reale Unendlichkeit des menschlichen Individuums. Er behauptet jedoch eine reale Unendlichkeit der den Menschen und sein Wesen bestimmenden »höchsten Kräfte«, die »das *absolute Wesen* des Menschen als Menschen und der Zweck seines Daseins« sind: »Vernunft (Einbildungskraft, Phantasie, Vorstellung, Meinung), Wille, Liebe oder Herz sind keine Kräfte, welche der Mensch hat – denn er ist nichts ohne sie, er ist, was er ist, nur durch sie –, sie sind als die sein Wesen, welches er weder *hat* noch *macht*, begründenden Elemente, die ihn *beseelenden, bestimmenden, beherrschenden Mächte – göttliche, absolute Mächte*, denen er keinen Widerstand entgegensetzen kann[65].«

Aber eine reale Unendlichkeit des menschlichen Wesens oder der menschlichen Gattung und ihrer Kräfte oder auch – wie sie der späte Feuerbach vertritt – der Natur überhaupt läßt sich nicht fraglos annehmen: von Feuerbachs grundsätzlicher Akzentuierung der Sinnlichkeit und damit Endlichkeit der Wirklichkeit her am allerwenigsten. Feuerbach hat eine solche Unendlichkeit der menschlichen Kräfte, des menschlichen Wesens oder der Gattung oder auch der Natur, die dann keine Grenzen des Raumes oder der Zeit, keinen Anfang und kein Ende hätte, nirgendwo begründet. Er hat sie vorausgesetzt: sie erscheint als *reines Postulat*.

Vom einzelnen Menschen redet Feuerbach freilich oft so, als sei dieser der Mensch im Allgemeinen, der allgemeine Mensch, das allgemeine Menschenwesen. Aber hier müssen wir die Rückfrage stellen: Ist Feuerbach jetzt nicht selbst unkritisch gegenüber seinen eigenen Entwürfen, Projektionen? Ist der wirkliche Mensch nicht der einzelne Mensch: dieser oft so beschränkte und gar nicht gute, in jedem Fall, wie auch Feuerbach betont, sterbliche, also endliche Mensch? Ist das »allgemeine Menschenwesen« nicht eine Abstraktion? Projiziert hier Feuerbach nicht selber etwas aus sich heraus, was es in Wirklichkeit nicht gibt? Ist somit nicht gerade dieser Mensch im allgemeinen, ist nicht dieses *allgemeine Menschenwesen eine reine Projektion*, von Feuerbach vergegenständlicht und verselbständigt? Kann die Projektion eines solchen gespenstischen Menschenwesens den Humanismus garantieren, auf den es Feuerbach zu Recht so sehr ankommt?

In der Tat konnte sich Feuerbach mit seiner ungeklärten Auffassung vom allgemeinen Menschenwesen auch unter den Linkshegelianern nicht durchsetzen: Schon vor Marx wandte sich der von den Marxisten gern zugunsten von Marx übersehene Junghegelianer Max Stirner, der selber wohl mehr Existentialist ist als, wie immer behauptet, Individualist und Anarchist, mit seinem Buch »Der Einzige und sein Eigentum«[66] gegen den Gattungsmenschen Feuerbachs – und damit auch gegen den des frühen Marx! Was der eingangs dieses Kapitels zitierte Friedrich Engels später nicht mehr für erwähnenswert hielt, hatte er am 19. November 1844 selber an Marx geschrieben: »Stirner hat recht, wenn er den ›Menschen‹ Feuerbachs, wenigstens das ›Wesen des Christentums‹ verwirft; der Feuerbachsche ›Mensch‹ ist von Gott abgeleitet ... ›Der Mensch‹ ist immer eine Spukgestalt, solange er nicht an dem empirischen Menschen seine Basis hat[67].«

Christentum am Ende?

Feuerbach hat seinen Atheismus auch *geschichtsphilosophisch* begründet: Mit großer suggestiver Kraft verkündete er, daß die Zeit des Christentums unwiderruflich abgelaufen sei und wir in einer »Periode des Untergangs des Christentums«[68] lebten: »An die Stelle des Glaubens ist der Unglaube getreten, an die Stelle der Bibel die Vernunft, an die Stelle der Religion und Kirche die Politik, an die Stelle des Himmels die Erde, des Gebetes die Arbeit, der Hölle die materielle Not, an die Stelle des Christen der Mensch[69].«

Man spürt auch ohne Einzelbelege, wieviel an dieser Auffassung einfach richtig ist: Hat der Säkularisierungsprozeß der Neuzeit, der zur Eigenständigkeit der weltlichen Ordnungen führte, nicht eine früher ungeahnte Weite und Tiefe angenommen? Geriet das traditionelle Christentum durch die konstatierte Mitschuld der Kirche und der Theologie nicht in eine tiefe Krise? Und ist seit der Aufklärung nicht der Gottesglaube selber vielfach unglaubwürdig und der Atheismus schließlich ein Massenphänomen geworden?

Mit einer von manchen Christen erhofften Umkehr dieses Säkularisierungsprozesses ist realistischerweise nicht zu rechnen. Also nur mit seiner Vollendung im allgemeinen Atheismus? Auch hier drängen sich *Gegenfragen* auf:

Zunächst: Müßte man bei der komplexen Problematik der Säkularität nicht *unterscheiden zwischen Säkularisierung* und *Säkularismus*? Also zwischen dem neuzeitlichen Säkularisierungsprozeß und der Weltlichkeit der Welt auf der einen Seite – und dem Säkularismus als einer Ideologie, die die Weltlichkeit der Welt und ihrer Ordnungen mit grundsätzlicher Gottlosigkeit verbindet, auf der andern Seite? Gibt es nicht zahllose moderne Menschen, die die neuzeitliche Säkularisierung entschieden bejahen, den atheistischen Säkularismus aber ebenso entschieden ablehnen? Kann der säkulare Gottgläubige den Säkularisierungsprozeß nicht vielleicht gerade aus seinem Gottesglauben heraus ebensogut oder gar besser bejahen als der säkularistische Atheist?

Weiter: Ist Feuerbachs *Prophezeiung vom Untergang des Christentums in Erfüllung gegangen?* Ist der Gottesglaube in den vergangenen hundert Jahren verschwunden und der Atheismus Allgemeingut geworden, wie es Feuerbach prognostizierte? Gilt das im Westen, gilt das im Osten? Hat nicht auch der Atheismus im Westen wie im Osten – auch ohne Auschwitz und Archipel Gulag – an Glaubwürdigkeit verloren: in der Naturwissenschaft ebenso wie in der Medizin, in der Politik wie in der Kultur?

Schließlich: Kann von vornherein ausgeschlossen werden, daß christlicher Glaube und christliche Gemeinschaft aus dieser Krise des traditionellen Christentums, wie schon oft, gereinigt und gestärkt hervorgehen? Könnte nicht *der Gottesglaube in Zukunft wieder neue Attraktivität gewinnen?* Gerade für den, der den Atheismus mit allen seinen Konsequenzen in seinem individuellen oder sozialen Bereich gesehen und erlebt hat? Könnte in einer Zeit, wo die Kirchen an öffentlichem, politischem und kulturellem Einfluß verlieren, der persönliche Gottesglaube, jetzt freier geworden, nicht wieder eine weniger belastete Glaubwürdigkeit erreichen? Müssen sich Vernunft und Bibel, Politik und Religion, Arbeit und Gebet, Erde und Himmel notwendig ausschließen? Kann nicht auch der Christ Mensch, unter Umständen sogar »menschlicher« Mensch sein? Kommen uns heute manche atheistischen Einsprüche Feuerbachs nicht anachronistisch oder gar komisch vor, etwa wenn er schon vor 150 Jahren gezeigt zu haben meint, »daß das Christentum längst nicht nur aus der Vernunft, sondern auch aus dem Leben der Menschheit verschwunden, daß es nichts weiter mehr ist als eine *fixe Idee,* welche mit unsern Feuer- und Lebensversicherungsanstalten, unsern Eisenbahnen und Dampfwägen, unsern Pinakotheken und Glyptotheken, unsern Kriegs- und Gewerbeschulen, unsern Theatern und Naturalienkabinetten im schreiendsten Widerspruch steht«[70]? Wirklich?

Man kommt hier um die Schlußfolgerung kaum herum: Auch die *geschichtsphilosophische These* Feuerbachs erweist sich als *Behauptung, die nicht begründet erscheint: eine Extrapolation in die Zukunft, die* auch heute, im Rückblick, *nicht verifiziert werden kann.* Ja, angesichts des offensichtlichen politischen Mißbrauchs der Religionskritik Feuerbachs im orthodoxen Kommunismus und angesichts des Weiterlebens von Religion, Theologie, Christentum wird man heute die Problematik auch in umgekehrter Richtung reflektieren müssen: »Ist die Religionskritik Pfahl im Fleische der Theologie, so ist Theologie der Pfahl im Fleische ihrer Folgen, insofern die Theologie darauf insistiert, daß die politische und soziale Definition des Menschen nicht die ganze Wahrheit über den Menschen ist. Diese theologische Einsicht in die Wirklichkeit des Menschen konstituiert nicht nur die Unabschließbarkeit der im Thema ›Feuerbach und die Theologie‹ angezeigten Problemkonstellation, sie weist vielmehr auf die Bedingung der Möglichkeit hin, unter der die Religionskritik in der Theologie selbst zu ihrem eigenen Ende kommt[71].«

Gott – Wunsch oder Wirklichkeit?

Feuerbach hat seinen Atheismus vor allem – und hier hat er am nachhaltigsten gewirkt – *psychologisch* begründet: Der Gottesbegriff ist ein psychologisches Produkt des Menschen. Die Religion scheint entlarvt, sobald man erkennt, daß »in der Religion keine anderen Kräfte, Ursachen, Gründe wirken und sich vergegenständlichen als in der Anthropologie überhaupt«[72]. Nach Feuerbach gründet die Religion vor allem im Abhängigkeitsgefühl, das aber eine rein innerweltliche und innermenschliche Angelegenheit (Abhängigkeit von der Natur) ist; es gründet ebenso in durchaus begreiflichen menschlichen Wünschen und Bedürfnissen, letztlich im allumfassenden Glückseligkeitstrieb des Menschen: »Was der Mensch *vermißt* – sei dieses nun ein bestimmtes, darum bewußtes oder unbewußtes Vermissen –, das ist *Gott*«[73]; oder positiv gewendet: »Was der Mensch . . . zu sein wünscht, das macht er zu seinem Gotte[74]!« So ist die Religion im Grund ein Produkt des menschlichen Selbsterhaltungstriebes, des menschlichen Egoismus. Die Einbildungskraft des Menschen aber ist es, die den Gegenstand dieser Kräfte und Triebe, Bedürfnisse, Wünsche und Ideale real setzt: ihn als ein wirkliches Wesen erscheinen läßt. Aber – der Schein trügt, und die Religion gibt diesen Schein für Wirklichkeit aus. Die Gottesvorstellung ist nichts als menschliche Einbildung.

Ist diese psychologisch begründete Projektionstheorie nicht mehr als plausibel? Man hätte es nie bestreiten dürfen: Auch der Gottesglaube läßt sich psychologisch deuten, sogar ableiten! Psychologisch gesehen sind die von Feuerbach angenommenen Kräfte und Funktionen beim Gottesglauben und bei der Religion unzweifelhaft beteiligt. Niemand kann in Abrede stellen, daß das Abhängigkeitsgefühl, daß verschiedenste Wünsche und Bedürfnisse, daß erst recht der Glückseligkeits- und der Selbsterhaltungstrieb in der Religion eine grundlegende Rolle spielen. Zugleich muß zugegeben werden, daß bei jedem Erkennen auch die Vorstellungskraft mitspielt, daß ich jeden und jedes auf meine eigene Weise erkenne und daß ich so bei jeder Erkenntnis auch etwas von mir selbst in den Gegenstand meines Erkennens hineinlege, hineinprojiziere. Man muß geradezu betonen: Hoffentlich sind bei der Erkenntnis Gottes nicht nur der Verstand, sondern auch das Herz, der ganze Mensch beteiligt. Die Realität dieser psychologischen Sachverhalte ist ganz offensichtlich der Grund, warum Feuerbachs psychologische

Erklärung der Religion auf den ersten Blick so frappiert und auch immer wieder neu fasziniert.

Nur drängen sich auch hier unabweisbare *Gegenfragen* auf: Sagt die psychologische Erklärung schon alles über das sehr vielschichtige Phänomen »Gottesglaube«? Ist mit der Anerkennung der Tatsache, daß psychologische Faktoren beim Gottesglauben eine nicht unbedeutende Rolle spielen, schon ausgeschlossen, daß diese psychologischen Faktoren auf ein reales Objekt, eine Wirklichkeit zielen? Gewiß: Es läßt sich nicht positiv ausschließen (und das ist von Feuerbach her erneut gegen allzu leichtfüßig »transzendental« deduzierende Theologen zu sagen), daß den verschiedenen Bedürfnissen, Wünschen und Trieben (»desiderium naturale«) in Wirklichkeit vielleicht doch kein Objekt entspricht. Aber umgekehrt: Es läßt sich auch nicht von vorneherein ausschließen (und dies ist gegen die bloß behauptenden Atheisten zu sagen), daß all diesen Bedürfnissen, Wünschen und Trieben tatsächlich etwas Wirkliches (wie immer zu bestimmen – das muß hier offenbleiben) entspricht.

Konkreter gefragt: Könnten unser *Abhängigkeitsgefühl* und unser *Selbsterhaltungstrieb* nicht einen sehr *realen Grund*, könnte unser *Glückseligkeitsstreben* nicht ein sehr *reales Ziel* haben? Und wenn ich, wie bei jeder Erkenntnis so auch in der Gotteserkenntnis, viel von meinem Eigenen in den Gegenstand hineinlege, hineinprojiziere, ist denn damit schon erwiesen, daß dieser Gegenstand nur meine Projektion ist: nur meine Einbildung und sonst nichts? Könnte all unserem Wünschen, Denken und Einbilden nicht vielleicht doch irgendein reales Objekt, irgendeine Wirklichkeit entsprechen? Ist, wenn ich menschlich von Gott rede, der Gott, von dem ich menschlich rede, nur etwas Menschliches?

»Wenn die Götter Wunschwesen sind, so folgt daraus für ihre Existenz oder Nicht-Existenz gar nichts«, führt E. von Hartmann aus: »Nun ist es ganz richtig, daß darum etwas noch nicht existiert, weil man es wünscht; aber es ist nicht richtig, daß darum etwas nicht existieren könne, weil man es wünscht. Feuerbachs ganze Religionskritik und der ganze Beweis für seinen Atheismus beruht jedoch auf diesem einzigen Schluß, d. h. auf einem logischen Fehlschluß[75].« Das ist mehr als ein »formal-logisches« Argument. Ich kann auch meine Welterfahrung psychologisch ableiten, aber das sagt doch nichts gegen die Existenz einer von mir unabhängigen Welt – als dem Bezugspunkt meiner Erfahrungen. Und ich kann meine *Gotteserfahrung psychologisch ableiten*, aber das *sagt doch nichts gegen die Existenz eines von mir unabhängigen Gottes* – als dem Bezugspunkt all meiner Bedürfnisse und Wünsche. Kurz: meiner psychologischen Erfahrung kann in Wirklichkeit durchaus etwas Wirkliches entsprechen; dem Wunsch nach Gott kann durchaus ein wirklicher Gott entsprechen.

Man kann sich der Schlußfolgerung nicht entziehen: Feuerbachs *Atheismus* bleibt *auch unter diesem dritten psychologischen Gesichtswinkel ein reines Postulat*! Es genügt nicht, ständig neue angeblich nur-menschliche Bestimmungen der Religion vorzulegen, diese Bestimmungen aber (als nur-menschliche) nicht zu beweisen, sondern bloß zu erläutern und zu kommentieren. Psychologische Argumentation allein kann zur Wirklichkeit der Transzendenz prinzipiell nicht vorstoßen, bleibt ihr gegenüber grundsätzlich neutral. Dabei ließe sich die Kritik auch zurückgeben; das sei erneut hier angedeutet: Könnte nicht gerade bei Feuerbachs (aus vielfachen Gründen verständlichem) Interesse an einem entschiedenen Atheismus der Wunsch der Vater des Gedankens sein? Der Atheismus selbst also eine Projektion des Menschen? Der Projektionskritiker selber *unter Projektionsverdacht*?

Man mache jetzt freilich keine Kurzschlüsse: Bei aller zutreffenden Kritik an Feuerbachs phänomenologischer, geschichtsphilosophischer und psychologischer Begründung des Atheismus ist der Gottesglaube selbst damit noch keineswegs positiv bewiesen! Die beunruhigende Frage taucht vielmehr auf: Sind vielleicht Gottesglaube wie Atheismus zwar beide unwiderleglich, aber auch beide unbeweisbar? Also aufs ganze gesehen ein großes Unentschieden, ein großes Patt?

3. *Kein Zurück hinter Feuerbach*

Feuerbach hatte seinen Atheismus mehr intuitiv ergriffen als wissenschaftlich begründet. Bei aller Fragwürdigkeit der Begründung jedoch stellt seine atheistische Religionskritik eine bis dahin noch nicht dagewesene und auch heute nicht zu verharmlosende Bedrohung jeglichen Gottesglaubens und damit der gesamten christlichen Theologie an ihrer Wurzel dar. Theologen scheinen oft Schwierigkeiten, beinahe Angst zu haben, solch blankem Atheismus direkt ins Auge zu sehen, sich ihm zu stellen. Sie ziehen es vor, ihm auszuweichen, ihn nicht wahrhaben zu wollen, ihn dialektisch zu überspielen.

Atheismus – bleibende Herausforderung

Bei Feuerbach aber enden solche Theologenkünste. Hier findet das »Interpretieren« seine Grenzen: Feuerbach ist kein »atheistisch an Gott Glaubender«, ist kein »kontra-theologischer politischer Theologe«, ist bei allem guten Willen, den man ihm gewiß nicht absprechen darf, erst recht kein »anonymer Christ«. Gerade als Humanist ist er völlig unzweideutig entschiedener und bekennender Un-gläubiger, Nicht-Christ, Anti-Theologe. Wobei Feuerbach selber meint: »Mein Atheismus« ist »nur der zum Bewußtsein gebrachte, unumwundene, ausgesprochene, *unbewußte* und *tatsächliche* Atheismus der modernen Menschheit und Wissenschaft«[76].

Bei allem prophetischen Pathos, aller quasireligiösen Sprache und aller theologischen Begrifflichkeit Feuerbachs – bei ihm liegt definitiv Atheismus vor: zum ersten Mal in der Menschheitsgeschichte ein voll reflektierter, unbedingt entschlossener, sich rückhaltlos zu sich selber bekennender und – auch das ist wichtig – *bis zum Ende durchgehaltener programmatischer Atheismus*, der sich theologisch auf keinen Fall nachträglich uminterpretieren und vereinnahmen läßt. Dieser konsequente Atheismus stellt eine bleibende Herausforderung an jeden Gottesglauben dar.

Feuerbach blieb bis zu seinem Ende ein Anthropologe, der freilich sein ganzes Leben hindurch vom Theologisieren nicht loskam. Was er 1841 auf dem Höhepunkt seines Ruhms geschrieben hatte, traf ein: »So spüre ich auch jetzt schon in mir, daß meine neue Schrift, statt wie es im Plane und in Aussicht war, mit ihr die antitheologische Schriftstellerei zu beschließen für immer, mich nur tiefer und tiefer hineintreiben wird[77].« Zwar hatte er in späteren Perioden, wie man nachgerechnet hat, nach seinem ersten, zweiten und dritten Gedanken (Gott – Vernunft – Mensch) noch einen vierten (das Sinnliche), fünften (die Natur) und sechsten (der Stoff) und ließ sich mit dem berüchtigten Satz »Der Mensch ist, was er ißt«[78] auf den kruden naturwissenschaftlichen Materialismus der 50er und 60er Jahre ein. Aber in allem blieb er der Anti-Theologe, der von einem immer wieder anderen Blickwinkel her den Atheismus zu begründen und die Auflösung der Religion zu betreiben versuchte. Hierin ist er freilich über den im »Wesen des Christentums« und in den »Grundsätzen der Philosophie der Zukunft« (1843) entwickelten Standpunkt in seinen späteren Veröffentlichungen nicht mehr hinausgekommen.

Schon bald aber wurde Feuerbach, zuerst von Stirner und dann von Marx und Engels, wegen seines Kults der allgemeinen Menschennatur als »religiös« abgetan und von der allgemeinen politischen und gesellschaftlichen Entwicklung überrollt. Als 1848 die Revolution ausbrach, stellt er sich zwar als »Kommunist« (statt »Egoist«!) auf die Seite der Revolution. Doch erwiderte er auf die Forderung von Gustav Struve, Führer des badischen Aufstandes, auf der Seite des Volkes mit Waffen zu kämpfen: »Ich gehe jetzt nach Heidelberg und halte dort den Studenten Vorlesungen über das Wesen der Religion, und wenn dann von dem Samen, den ich dort ausstreue, in 100 Jahren einige Körnchen aufgehen, so habe ich zum Besten der Menschheit mehr ausgerichtet als Sie mit Ihrem Dreinschlagen[79].«

Auf Einladung der Studentenschaft las Feuerbach in der Tat im Heidelberger Rathaus – die Universität verschloß ihm die Tore – für Studenten, Bürger und auch Arbeiter über »das Wesen der Religion«[80]. Aber seine Popularität war an die zusammenbrechende Bewegung von 1848 gebunden. Ein Theoretiker war und blieb er: »Wir sind noch nicht auf dem Übergange von der Theorie zur Praxis, denn es fehlt uns noch die Theorie, wenigstens in ausgebildeter und allseitig durchgeführter Gestalt. Die Doktrin ist noch immer die Hauptsache[81].«

Deprimiert kehrte Feuerbach nach einem Semester in sein Exil nach Bruckberg zurück, um sich dort neu mit den Naturwissenschaften (Chemie, Physiologie) zu befassen und vor allem an seiner »Götter-Entstehung« zu arbeiten: Diese »Theogonie nach den Quellen des klassischen, hebräischen und christlichen Altertums«, Hauptwerk der 50er Jahre, wurde jedoch kaum beachtet. Rascher, als er es verdiente, war Feuerbach vergessen – und vereinsamt. Sein größtes Leid: das Studierzimmer im Schloß, das seit 24 Jahren seine Welt gewesen war, blieb ihm nicht erhalten. Die Porzellanfabrik, in die er sein ganzes Vermögen investiert hatte, machte bankrott. Mit Frau und Tochter mußte er ausziehen: »Meine Scheidung von Bruckberg ist eine Scheidung der Seele vom Leibe. Ich habe heute meinen Mietkontrakt mit H. v. B., und damit vielleicht mein Todesurteil unterzeichnet[82].« Unter erbärmlichen Umständen kann er die letzten Jahre aufgrund privater und öffentlicher finanzieller Zuwendungen in Rechenberg, einem Dorf bei Nürnberg, überleben: völlig verarmt, lethargisch und schließlich durch einen Schlaganfall geschwächt. Er sehnt sich nach Ruhe: »Wie wieder die verfluchten Hunde bellen! Wahrlich, meine Existenz auf dem Rechenberg ist eine Hunde-Existenz[83].«

Aber Kompromisse mit dem Gottesglauben schließt er nicht: »Als *Jüngling* feierte ich den *Tod*, als *Greis* feiere ich das *Leben*[84].« Sein letztes Werk »Gottheit, Freiheit, Unsterblichkeit« war 1866 erschienen. Nach einem weiteren Schlaganfall und einer längeren Zeit völlig apathischen Dahinvegetierens starb er am 13. September 1872, 68 Jahre alt. Begraben wurde er in Nürnberg. Dem im Leben so Einsamen gaben 20 000 Personen das Totengeleit. Am Grab sprach einer seiner letzten Freunde die Worte: »Was ist es gewesen, das ihn zur Erfüllung dieser seiner Lebensaufgabe, die er für die Menschheit vollbracht hat, was ist es gewesen, das ihn zu dieser Riesenarbeit und Riesentat befähigt, welches ist der innerste Trieb oder Drang seines Wesens, der ihn dazu geführt hat? *Es war seine große, seine unverfälschte, seine unbestechliche Liebe zur Wahrheit*[85].«

Mit Feuerbachs Tod waren die Fragen, die dieser wahrhaft existentielle Denker aufgeworfen hatte, alles andere als erledigt. Und auch mit dem hier dargelegten Aufweis der letztlichen Unbegründetheit seines Atheismus ist seine Religionskritik inhaltlich keineswegs überholt. Im Gegenteil: Gerade nach durchgeführter Grundlagenkritik kann man sich mit größerer Freiheit den unerledigten Fragen dieser Religionskritik stellen. Ist doch die Religionskritik Feuerbachs kein Durchgangsstadium, das wir nun definitiv hinter uns hätten, sondern vielmehr der Schatten, der der Theologie ständig folgt. Einige der unerledigten Fragen seien im folgenden kurz notiert.

Was bleibt von Feuerbachs Religionskritik?

Ein erstes: Seinem Bruder Eduard, einem Juristen, der ihn um die Patenschaft für seinen Sohn bat, aber gleichzeitig mit dieser Bitte die Gelegenheit ergriff, Ludwigs »Richtung gegen das Christentum, das nach meiner Überzeugung die Grundlage sittlicher Erziehung des Menschengeschlechtes und für jede höhere Bildung ist«, zu tadeln[86], antwortet Feuerbach: Er bedaure, daß Eduard »von dem Gespenste des nur noch durch politische und literarische Gewaltstreiche sich behauptenden Christentums so betört« sei, daß er »außer der *natürlichen*, schlichten Erziehung des Menschen zum Menschen noch eine besondere supranaturalistische Verziehung« für sein Kind in Anspruch nehme[87]. Eine Deputation des »Heidelberger Arbeiter-Bildungs-Vereins« hingegen richtete am Schluß seiner Vorlesungen eine öffentliche Dankadresse an den »Herrn Dr. Feuerbach«, die mit den Worten schloß: »Wir sind keine Gelehrte und wissen daher den wissenschaftlichen Wert Ihrer Vorlesungen nicht zu würdigen; soviel aber fühlen und erkennen wir, daß der Trug der Pfaffen und des Glaubens, gegen den Sie ankämpfen, die letzte Grundlage des jetzigen Systems der Unterdrückung und der Nichtswürdigkeit ist, unter welchem wir leiden; und daß Ihre Lehre daher, die an die Stelle des Glaubens die Liebe, an die Stelle der Religion die Bildung, an die Stelle der Pfaffen die Lehrer setzt, einzig die sichere Grundlage derjenigen Zukunft sein kann, die wir anstreben ...[88].«

Damit sind sehr ernste *Fragen* Feuerbachs an Religion und Theologie thematisiert: Verteidigten Kirche und Theologie *Gott* nicht vielfach *auf Kosten des Menschen*, das Jenseits auf Kosten des Diesseits? Deckt Feuerbach nicht zu Recht – wenn auch oft einseitig verzeichnet durch völlig willkürlichen Umgang mit biblischen und kirchlichen Texten und Fakten – die große Schwäche des geschichtlichen Christentums auf, wie wir sie bereits vielfältig und besonders in Zusammenhang mit Pascal, dem Jansenismus, aber auch bei Augustin und dem protestantischen Pietismus und Puritanismus festgestellt haben? Eine breite dualistische (neuplatonische) Tradition der Natur-, Diesseits- und Leibesabwertung durch die ganze Geschichte des Christentums hindurch? Eine Abwertung gerade des leibhaft-sinnlichen Menschen (und besonders der Frau!) zugunsten Gottes? Ein sinnenfeindlicher Spiritualismus, der sich in einer von Jesus selbst nicht gedeckten strengen Entsagung und Erniedrigung des Menschen vor Gott, ja oft in einer Vernachlässigung und Züchtigung des Körpers und einer Ablehnung von Freundschaft, Eros und Sexus äußerte? Alles in allem eher eine Vernichtung des Ich statt der Zuwendung zum Du, eine Askese auf Kosten des Menschlichen und Mitmenschlichen? Schien hier Gott nicht überall nur auf Kosten des Menschen, das Christsein nur auf Kosten des Menschseins möglich zu sein?

Ein zweites: Der Benediktinersubprior von Mariastein, P. Ildephons Müller, schrieb am 11. Oktober 1867 voller Verehrung an Feuerbach als einen »Mann von Charakter, der seine persönliche Überzeugung frei und frank auszusprechen pflegt«: »Sie werden es, verehrtester Herr! begreiflich und auch verzeihlich finden, wenn eben dieser gerade Sinn, verbunden mit so vielen anderen Vorzügen des Geistes und Herzens, schon oft den Wunsch in mir rege gemacht: *Utinam cum sis talis, noster esses!* (O daß Du doch, da Du so bist, der unsere wärest!).« Und fügt hinzu: »Ich habe übrigens die festeste Überzeugung, daß, hätten Sie in Ihrer Jugend dem Studium der *katholischen* Theologie sich gewidmet, unsere Kirche Sie zu ihren größten Apologeten der Neuzeit zählen würde. Daß der Protestantismus – das sog. protestantische Christentum – Ihnen nicht zusagen, Ihren Durst nach Wahrheit nicht stillen konnte, begreife ich wohl, und man müßte es als ein Wunder ansehen, wenn *Sie* in demselben Befriedigung gefunden hätten[89].«

Nun, wir haben keinen Anlaß, Feuerbach dasselbe zu empfehlen. Aber hier brechen – nicht etwa konfessionalistisch mißzuverstehende – *Fragen* auf: Sah Feuerbach seine Philosophie nicht zu Recht als Endphase einer protestantischen *Theologie*, die – wie er meinte – schon *längst vor ihm zur Anthropologie geworden* war, so daß er nur ihre eigentlichen Absichten zu verstehen und aufzunehmen brauchte? Wird hier nicht die Gefahr einer Theologie im Stile Schleiermachers deutlich, die die Wirklichkeit Gottes von Glaubenserfahrungen und Herzensbedürfnissen des frommen menschlichen Subjekts abhängig macht? Aber wird nicht auch die Gefahr einer zeitgenössischen »politischen Theologie« sichtbar, die die Theo-logie auf eine »kritische Theorie der Geschichte« oder »der Gesellschaft« reduziert? Wird hier nicht klar, wie nahe man beim Atheismus ist, wenn man theologische und anthropologische Sätze nicht unterscheidet, wenn man das Interesse des Menschen und das Interesse Gottes identifiziert, wenn man einseitig Gottes Nicht-Gegenständlichkeit herausstreicht, Gott im Nächsten nahezu aufgehen läßt und das Geheimnis des Seins einfach im Geheimnis der Liebe sieht?

Ein drittes: Unser freundlicher Benediktiner Ildephons Müller bestätigt eher Feuerbachs Kritik am Gottesglauben, wenn er diesen naiv und treuherzig zu einer Frage der (nur in der katholischen Kirche zu erreichenden) Bedürfnisbefriedigung macht: »Wie Sie aber im Pantheismus, Materialismus oder in irgend einem anderen rein philosophischen Systeme volle Befriedigung finden können, ist und bleibt für mich auch ein Rätsel. Hat doch das menschliche Herz unleugbare Bedürfnisse, für welche diese Erde stets ein Brachfeld bleiben wird. Diese Bedürfnisse können nur durch das Christentum, wie es in der katholischen Kirche fortlebt und Leben spendend fortwirkt, allseitig gestillt werden[90].«

Brechen aber nicht auch bei dieser gutgemeinten und »unter Anwünschung alles Wohlergehens« vorgebrachten katholischen Auffassung *Fragen* auf, die freilich nicht nur an die katholische Adresse zu richten sind? Hat Feuerbach nicht zu Recht große Schwächen des christlichen Redens von Gott, sowohl des naiven wie des spekulativen, aufgedeckt?

Die *Schwächen zunächst eines allzu naiv-anthropomorphen Redens von*

Gott, seinen Worten und Taten, in Bildern, Formeln, Prädikaten, die tatsächlich mehr der Wirklichkeit des Menschen als der Wirklichkeit Gottes angemessen sind: Haben sich Christen durch die Geschichte hindurch ihren Gott nicht oft nach ihren eigenen Bedürfnissen, Sehnsüchten und Zwecken zurechtgemacht und ihn auf die Ansprüche ihrer oft banalen Alltagswirklichkeit reduziert? Haben sie sich Gott nicht tatsächlich vielfach »nach ihrem eigenen Bild« geschaffen und sich an seine Stelle gesetzt? Haben sie nicht von Gott geredet und ihre eigenen Interessen gemeint, Gott verkündet und dabei die Erfüllung ihrer eigenen Wünsche betrieben? Muß ein solcher verdinglichter, verzweckter, interessengelenkter Gott nicht notwendigerweise unter den Projektionsverdacht Feuerbachscher Religionskritik fallen?

Aber die *Schwächen auch eines philosophisch-spekulativen Redens von Gott:* Ist durch Feuerbach nicht deutlich geworden: die Antwort auf das allzu anthropomorphe Reden von Gott kann nicht die den Gegensatz zwischen Welt und Gott aufhebende dialektische Selbstbewegung des Geistes sein, wie sie Hegel in genialer Weise darzustellen versuchte[91]! Also nicht statt des früher allzu oberflächlichen Gegenüber jetzt eine allen Gegensatz zwischen göttlichem und menschlichem Wesen, zwischen göttlichem und menschlichem Wissen aufhebende pantheistische oder pantheisierende Einheit! Nicht statt des früher allzu menschlichen Gottes jetzt ein allzu unmenschlicher Gott! Und ist durch Feuerbach nicht deutlich geworden, wie eine alle Gegensätze aufhebende spekulative oder auch mystische Einung zwischen Gott und Mensch die Möglichkeit einer Umkehrung von oben nach unten, von Gott und Mensch eröffnet und damit eine Interpretation nicht nur in Richtung Pantheismus, sondern auch in Richtung Atheismus möglich macht? Ist durch den mit Feuerbach erfolgten Umschlag des Pantheismus in den Atheismus nicht deutlich geworden, wie wichtig es ist, daß das Verhältnis von Gott und Mensch ein unumkehrbares Verhältnis bleibt und den Charakter der Begegnung behält? Und ist nicht überall, wo Gott mißverstanden wurde, auch der Mensch mißverstanden worden?

Damit ist das Kernproblem des Streites zwischen Feuerbach und der Theologie freigelegt: Es geht um das richtig zu bestimmende Verhältnis von Theologie und Anthropologie. Der von Feuerbach behaupteten Auflösung von Theologie in Anthropologie setzt die Theologie *nicht die Auflösung der Anthropologie in Theologie, wohl aber die sachliche Priorität der Theologie vor der Anthropologie* entgegen: nicht um eines defizienten Menschseins, sondern um eines Mehr an Menschsein willen! Die Theologie muß mit Feuerbach um den Menschen streiten, weil es ihr ganz und gar um Gott geht. Und sie muß mit ihm um Gott streiten, weil es ihr ganz und gar um den Menschen geht. Ob man allerdings so weit wie Martin Buber gehen soll, der Feuerbach eine »Reduktion auf den unproblematischen Menschen« vorwirft, wollen wir offenlassen. Martin Buber ist zumindest insofern zuzustimmen, als er die Auseinandersetzung mit Feuerbach zentral als Streit um den »wirklichen Menschen« sieht: »Aber der wirkliche Mensch, der Mensch, der einem nichtmenschlichen Sein gegenübersteht, der von ihm immer wieder als von einem unmenschlichen Schicksal überwältigt wird und der dennoch dieses Sein und dieses Schicksal zu erkennen wagt, ist nicht unproblematisch; vielmehr, er ist der Anfang aller Problematik[92].«

Karl Barth hat hier nach *beiden* Seiten hin auf die entscheidenden Dimensionen aufmerksam gemacht: »Der wirkliche Mensch dürfte doch wohl, wenn ganz existentiell gedacht werden soll, der einzelne Mensch sein. Feuerbach hat mit der Theologie seiner Zeit mit dem Menschen im Allgemeinen operiert, und indem er diesem Gottheit zuschrieb, über den wirklichen Menschen faktisch nichts gesagt. Und wenn er nun diese beiden doch weithin verwechselt und also vom einzelnen Menschen redet, als wäre er jener Mensch im Allgemeinen, und also es wagt, dem einzelnen Menschen Gottheit zuzuschreiben, so hing das doch wohl damit zusammen, daß er weder um die Bosheit des Einzelnen, noch darum, daß dieser Einzelne sterben muß, ernstlich und wirklich gewußt zu haben scheint. Hätte er darum gewußt, dann würde ihm der fiktive Charakter jenes Menschen im allgemeinen vielleicht aufgegangen sein, und er würde dann die Identifizierung Gottes mit dem Menschen, dem nach Abstrich jener Abstraktion übrig bleibenden wirklichen Menschen, vielleicht unterlassen haben. Aber so bestimmt wußte auch die Theologie seiner Zeit weder um den Einzelnen, noch um das Böse, noch um den Tod, daß sie Feuerbach in dieser Richtung hätte belehren können. Ihre eigenen Konstruktionen des Gottesverhältnisses waren von diesen drei Seiten her zu wenig berührt. Das hatten sie mit der Feuerbachschen Konstruktion gemein. Auf diesem gemeinsamen Boden war Feuerbach nicht zu schlagen. Darum konnte sie sich schließlich wohl vor ihm behüten, wie sie sich vor David Friedrich Strauß behütet hat, ohne ein energisches: Behüt uns *Gott*! ihm gegenüber aufzubringen[93].«

Die von Feuerbach geübte atheistische Religionskritik ist in den 100 Jahren nach seinem Tod richtig zum Durchbruch gekommen: Feuerbach ist bei allen Mißerfolgen schließlich doch der »Kirchenvater« des modernen Atheismus geworden, der Inspirator Gottfried Kellers, des jungen Richard Wagner, Friedrich Nietzsches, freilich auch der Inspirator eines bürgerlich verflachten »Freidenkertums«, gar von Vereinen mit Hauptprogrammpunkt Feuerbestattung. Weltbedeutung jedoch hat er durch Karl Marx erlangt.

II. Gott – eine interessebedingte Vertröstung? Karl Marx

War es Karl Marx oder Ludwig Feuerbach selbst, der ein Jahr nach Erscheinen von Feuerbachs »Wesen des Christentums« (1841) die berühmten Worte geschrieben hat? »Und euch, ihr spekulativen Theologen und Philosophen, rate ich: macht euch frei von den Begriffen und Vorurteilen der bisherigen spekulativen Philosophie, wenn Ihr anders zu den Dingen, wie sie sind, d. h. zur Wahrheit kommen wollt. Und es gibt keinen andern Weg für Euch zur Wahrheit und Freiheit als durch den Feuer-bach. Der Feuerbach ist das Purgatorium der Gegenwart.« Das in den wichtigsten neueren Marx-Ausgaben [1] aufgenommene Wort vom Feuer-bach ist im orthodoxen Marxismus klassisch geworden. Vermutlich aber ist jener mit »Kein Berliner« unterzeichnete kleine Aufsatz »Luther als Schiedsrichter zwischen Strauß und Feuerbach« nicht vom nie Luther direkt zitierenden Marx geschrieben. Vielmehr vom gerade damals intensiv mit Luther beschäftigten Feuerbach: der sich gerne als »Luther II.« bezeichnete; der zur selben Zeit in bewußter Parallele zu Luthers Thesen »Vorläufige Thesen zur Reformation der Philosophie« [2] veröffentlichte; der seinem Werk für Religion, Theologie und Philosophie eine ähnliche »welthistorische« Bedeutung zuschrieb [3]. So erscheint der umstrittene Aufsatz neuerdings auch in Feuerbach-Ausgaben [4].

Wie immer: Was »Wahrheit und Freiheit« bedeuten, zu der der Weg durch den Feuer-bach führen soll, wird schon jetzt von Feuerbach und von Marx verschieden bestimmt. In einem ersten Brief aus Paris versuchte dieser seine eigene Auffassung Feuerbach zu suggerieren: »Sie haben – ich weiß nicht, ob absichtlich – in diesen Schriften dem Sozialismus eine philosophische Grundlage gegeben, und die Kommunisten haben diese Arbeiten auch sogleich in dieser Weise verstanden. Die Einheit der Menschen mit den Menschen, die auf dem realen Unterschied der Menschen begründet ist, der Begriff der Menschengattung aus dem Himmel der Abstraktion auf die wirkliche Erde herabgezogen, was ist er anders als der Begriff der *Gesellschaft* [5]!«

Auch in diesem Abschnitt geht es uns nicht um die zum Teil sehr umstrittenen historischen Einzelfragen, auch nicht um Genese und Systematik des Marxschen Denkens im allgemeinen. Erneut ist es die Religionskritik, die uns interessiert: der Atheismus und seine Begründung.

1. *Der sozialpolitische Atheismus*

1841 war auch für den Junghegelianer Marx ein Schicksalsjahr. Mit 23 Jahren promovierte er nach sechsjährigem Studium über ein Thema antiker atheistischer Philosophie »Die Differenz der demokritischen und epikureischen Naturphilosophie«[6], in Berlin fertiggestellt, aber – weil der Verfasser dort als Mitglied des linksliberalen »Doktorclubs« schlecht beleumundet war – eingereicht in Jena. In der Vorrede ein atheistisches Bekenntnis: zum prometheischen »Die Götter hasse ich« und zum menschlichen Selbstbewußtsein als der obersten und einzigen Gottheit! Obwohl noch immer im Geiste Hegels arbeitend, stand Marx doch bereits stark unter dem Einfluß Feuerbachs und vor allem des Berliner Privatdozenten für Theologie und damaligen Atheisten Bruno Bauer, der sich nach Bonn umhabilitieren ließ und bei dem sich Marx habilitieren wollte. Mit Bauer nach Bonn umgezogen, fuhr er nun aber, erst drei Jahre nach dem Tod seines Vaters, in seine Heimatstadt Trier, um dort Familienangelegenheiten zu regeln.

Vom Juden zum Atheisten

Als Jude geboren, als Christ erzogen, als Atheist gebildet: das sind die drei Phasen im Werdegang des jungen Karl Marx.

Als *Jude* war Marx 1818 in Trier geboren worden: mitten in der Zeit politischer Restauration, als die »Heilige Allianz« des Wiener Staatskanzlers Metternich die durch die Französische Revolution erkämpften bürgerlichen Freiheiten wieder zurückzudrängen versuchte, unter Berufung auf Legitimität, Rechtsordnung, Religion. Obwohl Vater und Mutter aus hochangesehenen jüdischen Rabbinergeschlechtern stammten, war der Vater – ein liberaler Rechtsanwalt – kurz vor Karls Geburt zum Protestantismus übergetreten; erst rund 7 Jahre später – Karl war 6 Jahre alt – folgten die Kinder und schließlich auch die Gattin. Konversion: für den erfolgreichen, politisch opportunistischen Advokaten und vermögenden Besitzer eines großen Hauses und verschiedener Weinberge – angesichts all der zahllosen skandalösen und heute unvorstellbaren Schwierigkeiten für Juden im beruflichen Leben – ein Akt verständlicher Anpassung und sozialer Integration. Konversion: für den französisch-aufgeklärten Mann zugleich ein Akt bewußter Emanzipation; schon den Kindern las der Vater, der freilich mit seinem Rabbiner-Bruder und den Gliedern der jüdischen Gemeinde in Verbindung blieb, nicht aus der Bibel, wohl aber aus Voltaire, Racine und vor allem Rousseau vor. Die Eltern, vor allem die Mutter, blieben gottgläubig. Aber sollte es für die Religiosität des jungen Marx ohne Bedeutung gewesen sein, daß ihm ein wenig imponierender, untertäniger Vater und eine von ihm später fast völlig verschwiegene ängstlich-ungeistige Mutter die Entfremdung gleichsam in die Wiege mitgegeben haben? »Marx war nicht nur als Jude ein der nichtjüdischen Umwelt, sondern als Getaufter auch ein dem eigenen Judentum Entfremdeter ... Doch provozierte das Grunderlebnis der Entfremdung in Marx, der sich offenbar sehr früh angewöhnt hatte, alles Allzuintime zu verdrängen, keine verzweifelten Grübeleien in schlaflosen Nächten, sondern er sublimierte, rationalisierte, objektivierte alles zum philosophischen – und später ökonomischen – Problem. Aber es handelte sich dabei um einen unbewußten Vorgang.« So der Basler Soziologe A. Künzli[7].

Als *Christ* jüdischer Abstammung und protestantischer Konfession war der weit überdurchschnittlich begabte und eher aggressive Neffe des Trierer Oberrabbiners während seiner Schul- und Gymnasialzeit im erzkatholischen Trier, auch wenn man seine »Psychographie« nicht überziehen will, trotz allem ein »Fremder«, jedenfalls ohne viele Freunde: von 32 Schülern in seinem Abiturjahr 1835 studierten 12, meist vom Land, Theologie! Für das Abitur schreibt er, der nie einen Beruf ausüben sollte, einen Deutschaufsatz »Betrachtung eines Jünglings bei der Wahl eines Berufs«[8]. Als »Hauptlenkerin« bei der Berufswahl werden hier zwei »Interessen« in auffälliger Direktheit verbunden: »eigene Vollendung« durch Wirken für das »Wohl der Menschheit«[9]. Damit war natürlich gerade nicht, wie für das genannte Dutzend seiner Mitschüler, das aktive Wirken in der Kirche gemeint. Religion? Für das Abitur hatte Karl auch einen Religionsaufsatz über ein ebenfalls soziales Thema zu schreiben: »Die Vereinigung der Gläubigen mit Christo nach Jo 15, 1–14, in ihrem Grund und Wesen, in ihrer unbedingten Notwendigkeit und in ihren Wirkungen dargestellt«[10]. Eine, wie damals im evangelischen Bereich üblich, im Geist eines idealistischen Humanismus verfaßte Arbeit, worin allgemein von der »Gottheit« und ihrer »Stimme« die Rede ist. Im Schlußsatz wird Marxens Auffassung vom – offensichtlich gar nicht revolutionären, sondern allein passiv-duldenden – Christentum grell beleuchtet: »Sobald ein Mensch diese Tugend, die Vereinigung mit Christo erlangt hat, wird er still und ruhig die Schläge des Schicksals erwarten, mutig dem Sturme der Leidenschaft sich gegenüberstellen, unerschrokken die Wut des Schlechten ertragen ... Wer sollte nicht gern Leiden erdulden, da er weiß, daß durch sein Beharren in Christo, durch seine Werke Gott selbst geehrt wird ...[11].«

Als *Atheist* war Marx 1841 in seine Heimat zurückgekehrt: Im Bonn der romantischen Biedermeierzeit hatte er 1835 mit Bierkonventen im »Kneipverein der Trierer« und Karzernächten, mit einem dubiosen Pistolenduell in Köln und ungewöhnlich hohem Geldverbrauch seine Studien mit »wildem Toben«[12] begonnen. In Berlin hat er sie dann ernsthafter fortgesetzt: Angeregt von den Debatten im linkshegelianischen »Doktorclub« trieb er neben der vor allem belegten Jurisprudenz (besonders beim Linkshegelianer Eduard Gans) im Selbststudium Geschichte und Philosophie. Nicht zu vergessen sind seine Versuche in Literatur, von denen verschiedene belanglose lyrische Produkte erhalten sind. Hier im Kreis der Berliner Junghegelianer wurde Marx zum Atheisten. Wir haben schon im Zusammenhang mit Feuerbach von der nachhegelschen Entwicklung zum Atheismus gehört: »Bruno Bauer (und Marx und Christiansen) und Feuerbach werden oder haben schon die ›montagne‹ proklamiert und den Atheismus und die Sterblichkeit zur Fahne erhoben[13].« In seiner Dissertation wird dies zum ersten Mal greifbar: Epikur findet Beifall, weil er diejenigen getadelt hatte, »die glauben, der Mensch bedürfe des Himmels«[14]. Aber gerade der im Vorwort proklamierte prometheische Atheismus sollte nun die Zukunft des jungen Doktors der Philosophie verdüstern.

Der Freund des Studenten Marx in diesem Zirkel – dem Arnold Ruge, Ludwig Feuerbach, Max Stirner, Moses Hess und später auch Friedrich Engels angehörten – war vor allem der genannte Privatdozent *Bruno Bauer*, Inspirator des Kreises, dann das Haupt jener radikalen »Bergpartei«, gewesen. Dieser Theologe, früher Rechtshegelianer und Herausgeber der »Zeitschrift für spekulative Theologie«, der Straußens »Leben Jesu« damals heftig angegriffen hatte, war unterdessen nach links abgewandert: Er berief sich im selben Jahr 1841 – freilich, anders als Feuerbach, anonym unter der Maske eines empörten pietistischen Bibelgläubigen – auf Hegel, den Pantheisten, als versteckten »Atheisten und Antichristen«: »Die Posaune des Jüngsten Gerichts über Hegel den Atheisten und Antichristen. Ein Ultimatum«[15]. Schließlich bestritt er nicht nur – unter dem Einfluß der französischen Materialisten und Marx' – die Existenz Gottes, sondern auch den historischen Kern der Evangelien und die historische Existenz Jesu von Nazaret.

So ganz erstaunlich war es jedenfalls nicht, daß dem bibelkritischen Privatdozenten der Theologie Bauer im folgenden Jahr 1842 an der Evangelisch-Theologischen Fakultät der Universität Bonn die angestrebte Professur verweigert und die akademische Lehrbefugnis entzogen wurde[16]: für die Berliner Junghegelianer – zusammen mit dem Verbot der liberalen Presse durch die preußische Regierung – das Signal für die nun auch durchbrechende politische Radikalisierung. Die religiöse Kritik, auch schon die von Feuerbach und Stirner, wurde immer mehr von einer politischen und sozialen abgelöst. Aus dem humanistischen Atheismus wurde nun auch in Deutschland – in Frontstellung gegen den »christlichen Staat« – ein *politischer Atheismus*.

Für Marx besonders, der vermutlich an Bauers »Posaune« mitgearbeitet hatte, bedeutete Bauers Entfernung von der Universität einen tiefen Schock: Was sollte aus dem endlich promovierten Dr. Marx werden, dem nun die Hochschullaufbahn ebenfalls versperrt war und dem doch manche im »Doktorclub« schon als Studenten eine große Zukunft vorausgesagt hatten? Wie der Begründer des »wahren Sozialismus«, der spätere »Kommunistenrabbi« Moses Hess, einem Freund geschrieben hatte: »Du kannst Dich darauf gefaßt machen, den größten, vielleicht den *einzigen* jetzt lebenden *eigentlichen Philosophen* kennenzulernen . . . Er geht, sowohl seiner Tendenz als seiner philosophischen Geistesbildung nach, nicht nur über *Strauß*, sondern auch über Feuerbach heraus, und letzteres will viel heißen! ... Dr. Marx, so heißt mein Abgott, ist noch ein ganz junger Mann (etwa 24 Jahre alt), der der mittelalterlichen Religion und Politik den letzten Stoß versetzen wird, er verbindet mit dem tiefsten philosophischen Ernst den schneidendsten Witz; denke Dir Rousseau, Voltaire, Holbach, Lessing, Heine und Hegel in Einer Person vereinigt; ich sage *vereinigt*, nicht zusammengeschmissen – so hast Du Dr. Marx [17].« Ob alles anders gekommen wäre, wenn sich Dr. Marx, Dr. Bauer, Dr. Feuerbach, Dr. Strauß rechtzeitig als Universitätsprofessoren hätten etablieren können?

Vom Atheisten zum Sozialisten

Marx, ohne beruflichen und finanziellen Rückhalt – sein Vater verstorben, seine Mutter praktisch Alleinerbin, außer zwei Gedichten keine vorweisbaren Publikationen –, übernimmt auf Betreiben Bauers mit 24 Jahren die gutbezahlte Chefredaktion der neugegründeten liberaldemokratischen »Rheinischen Zeitung« in Köln und kommt so zum erstenmal mit der sozialen Frage in Berührung. Wegen kritischer sozialpolitischer Artikel bezüglich Holzdiebstahlgesetz und Lage der Moselbauern hat er bald erhebliche Schwierigkeiten mit der Zensur. Er ist schließlich gezwungen, seinen junghegelianisch gesinnten leitenden Redakteur zu entlassen. Am *Atheismus*, auch am politischen Atheismus, hält er fest. Aber entschieden wendet er sich in seiner Zeitung gegen Kommunismus und Sozialismus und nimmt sogar den Bruch mit seinen unterdessen sehr radikalisierten Berliner Freunden in Kauf, erstaunlicherweise auch mit Bruno Bauer; aus dem »Doktorclub« war unterdessen der noch radikalere Verein der »Freien« geworden. In einem programmatischen Brief an Ruge distanziert sich Marx von den Radikalen: »Ich erklärte, daß ich das Einschmuggeln kommunistischer und sozialistischer Dogmen, also einer neuen Weltanschauung, in beiläufigen Theaterkritiken etc. für unpassend, ja für unsittlich halte und eine ganz andere und gründlichere Besprechung des Kommunismus, wenn er einmal besprochen werden soll, verlange... Endlich wollte ich, daß, wenn einmal von Philosophie gesprochen, weniger mit der *Firma*: ›Atheismus‹ getändelt (was den Kindern ähnlich sieht, die jedem, der's hören will, versichern, sie fürchteten sich nicht vor dem Bautzenmann) als vielmehr ihr Inhalt unters Volk gebracht würde. Voilà tout [18].« Trotz aller Zurückhaltung wird die Zeitung zwei Monate später von der preußischen Regierung unterdrückt.

Marx, erneut ohne Beruf und Einkommen, heiratet nun endlich – kirchlich! – seine Jugendfreundin Jenny von Westphalen, Halbschwester des späteren preußischen Innenministers, mit der er sich schon sieben Jahre zuvor verlobt hatte: damals, wohl aus Angst, hinter dem Rücken des von ihm wie ein zweiter Vater verehrten und nun verstorbenen Baron von Westphalen.

Diese charmante, einfühlsame, bedeutende Frau identifizierte sich völlig mit seinen Auffassungen und geht von jetzt an den mehr als schwierigen Weg durch alle äußere Not und alles psychische Elend gemeinsam mit ihrem vielfach egoistisch-anspruchsvollen Ehemann: Ehefrau und Sekretärin zugleich, verantwortlich für Haus, Kinder und das Schreiben seiner Manuskripte wie seiner umfangreichen Korrespondenz. Marx sieht in Deutschland keine Zukunft mehr und zieht mit seiner jungen Frau nach Paris: 1843.

Paris – das bedeutet für Marx:
ein komfortables *bürgerliches Leben*, jetzt auch mit einer Tochter, aufgrund von Spenden aus Deutschland frei von materiellen Sorgen;
Freundschaft mit dem Dichter *Heinrich Heine*, der eher dem (neben Rechtsgleichheit auch Besitzgleichheit fordernden) gewaltlosen Sozialismus eines F. N. Babeuf zuneigte, Marx indessen die Hinwendung zur politischen Lyrik und die Erstveröffentlichung von Teilen seines sozialkritischen »Deutschland, ein Wintermärchen« verdankt;
Freundschaft noch mehr mit dem gleichzeitig wie Strauß aus dem Tübinger Evangelischen Stift verwiesenen Theologen und jetzigen Lyriker *Georg Herwegh*, mit dem Marx das gesellschaftliche Leben in Paris reichlich genießt und um dessentwillen es sogar zum abrupten Bruch mit Arnold Ruge kommt, der Marx so oft unterstützt und der, jetzt ebenfalls in Paris, mit ihm zusammen die »Deutsch-französischen Jahrbücher« (ein einziges Heft erscheint!) begründet hatte.

Paris – das bedeutet für Marx aber auch:
Hier kommt er in engeren Kontakt mit den Ideen des vorrevolutionären *Frühsozialismus* der Fourier, Saint-Simon, Owen, Cabet, Blanc und vor allem zur persönlichen Bekanntschaft – durch den Anarchisten Bakunin – mit P.-J. Proudhon (»Eigentum ist Diebstahl«!), gegen dessen für Marx allzu versöhnliche »Philosophie des Elends« er schließlich mit dem heftigen, aber wenig wirksamen Pamphlet »Elend der Philosophie« konterte.
Hier erst kommt Marx in Kontakt mit einer lebendigen *revolutionären Tradition*: er entfernt sich – unter dem Einfluß des nun ebenfalls in Paris ansässigen *Moses Hess* und seiner sozialrevolutionären »Philosophie der Tat« (Praxis!) [19] – vom reformistischen, demokratischen Humanismus Ruges und Feuerbachs.
Hier erst – und nicht zuletzt durch den sentimentalen Sensationsroman »Les mystères de Paris« des Serienschreibers Eugène Sue – wird Marx (wie überhaupt das große Pariser Publikum) auf das *Elend des Industrieproletariats* aufmerksam.
Hier erst – durch die nun beginnende *Freundschaft mit Friedrich Engels*, dem Fabrikantensohn – beginnt er eine intensive Beschäftigung mit der politischen Ökonomie, hört er von einem »Bund der Kommunisten« in London und in der Schweiz, und nimmt er, ohne sich anzuschließen, an Versammlungen kommunistischer Geheimbünde (»Arbeitergesellschaften«, etwas

schwärmerische Gruppen meist deutschsprachiger Handwerker) teil. Hier kommt es zur großen *Abrechnung* mit einem weiteren bewährten Freund, *mit Bruno Bauer*, der dann in seiner dritten Phase ein konservativer Politiker wurde. Marx verfaßt das unförmige, alle möglichen philosophischen, politischen, ökonomischen Themen anschlagende Buch »Die heilige Familie oder Kritik der kritischen Kritik. Gegen Bruno Bauer und Consorten«[20].

Kurz: in Paris erst wird Marx *Sozialist und Kommunist*, erkennt er mit der ihm eigenen Kraft der Utopie die ungeheuren Möglichkeiten einer organisierten Arbeiterbewegung und wird er zum Theoretiker des Proletariats.

Dies bedeutet nun aber für unsere Fragestellung: Marx war schon längst *Atheist, bevor er Kommunist* wurde! Die antikapitalistische Einstellung war nicht Voraussetzung, sondern Bestätigung seines Atheismus! Die Atmosphäre im Elternhaus wie am Gymnasium und dann entscheidend das philosophische Klima unter den radikalen Junghegelianern in Berlin, seine Beschäftigung mit der atheistischen Tradition und besonders der Einfluß der Atheisten Bauer und Feuerbach: dies alles führte zu jenem materialistischen Atheismus, der für Karl Marx bald eine Selbstverständlichkeit war, der sich aber in besonderer Weise auswirken mußte in einem Genie, das hohe Rationalität wie Fähigkeit zur scharfen Analyse verband mit ungewöhnlicher Leidenschaftlichkeit und Bereitschaft zum praktischen Engagement. Der Atheismus bestimmte fortan nicht nur Marx, den analytischen Wissenschaftler, sondern auch Marx, den politischen Kämpfer und Propheten. Das größte Verdienst von Marx war es, weniger aus sozialem Empfinden als aus intellektueller Analyse die geschichtliche Rolle und Dynamik der Arbeiterbewegung frühzeitig erkannt und ihr ein entsprechendes Programm gegeben zu haben: durch ihn ist der Atheismus für den Sozialismus weithin und auf lange Zeit die selbstverständliche ideologische Grundlage geworden.

Statt Idealismus dialektischer Materialismus

Atheismus und Kommunismus, das ist der neue Humanismus: »Der Atheismus ist der durch Aufhebung der Religion, der Kommunismus der durch Aufhebung des Privateigentums mit sich vermittelte Humanismus.« So Marx in seinen in Paris verfaßten »ökonomisch-philosophischen Manuskripten«[21].

Vor Paris hatte sich Marx kaum wissenschaftlich mit *ökonomischen Fragen* beschäftigt. Jener um zwei Jahre jüngere Fabrikantensohn aus Barmen, jetzt in Manchester, der anläßlich seines Militärdienstes im Zirkel Bruno Bauers in Berlin zum Junghegelianer geworden war, der später bei einem kurzen Besuch auf der Redaktion der »Rheinischen Zeitung« von Marx nicht besonders freundlich aufgenommen wurde, der nun aber bei einem zehntägigen Parisbesuch mit ihm engsten Kontakt gewann und damit eine lebenslange gemeinsame Arbeit begründete: er war es, der ihn von der Wichtigkeit der politischen Ökonomie überzeugte – *Friedrich Engels*[22]. Wie immer mit leidenschaftlicher Besessenheit arbeitet Marx sich nun in die ökonomische Literatur ein, studiert und exzerpiert Adam Smith und dessen französischen Systematisator Jean-Baptiste Say, David Ricardo und John-Stuart Mill. Zu dem großen, systematischen politisch-ökonomischen Werk aber, welches Engels von ihm erwartet, kommt es nicht; er hatte sich durch die Polemik – nämlich durch die nach Engels reichlich überflüssige gegen »Bauer und Consorten« – ablenken lassen.

Erst im Jahre 1932 (nach teilweise russischer Veröffentlichung 1927) wurden diese »Pariser Manuskripte« veröffentlicht, die Marx 1844 »Zur Kritik der Nationalökonomie« (Materialsammlungen, Skizzen einzelner Kapitel) erarbeitet hatte. Diese »ökonomisch-philosophischen Manuskripte«, wie sie heute meistens genannt werden, über Arbeitslohn und entfremdete Arbeit, Profit des Kapitals, Privateigentum und Kommunismus und schließlich auch über Hegelsche Dialektik und Philosophie überhaupt, gelten seither als die Geburtsurkunde des – wie man es heute nennt – »wissenschaftlichen Sozialismus«. Hier geht es erstmals um die ökonomisch verstandene Entfremdung durch Lohnarbeit und Privateigentum und deren Aufhebung durch die kommunistische Gesellschaft. Diese »ökonomisch-philosophischen Manuskripte« stellen, zusammen mit dem (im einzigen Heft der »Deutsch-französischen Jahrbücher« veröffentlichten) Aufsatz »Zur Kritik der Hegelschen Rechtsphilosophie, Einleitung«[23], auch den einzigen selbständigen Versuch in der gesamten marxistischen Literatur dar, die marxistische Religionsauffassung philosophisch zu begründen. Alles Folgende ist nur Ausweitung oder Anwendung der hier durchgeführten sozialphilosophischen Interpretation der Religion.

Marx' Leben ist von – oft jähen und schonungslosen – Abrechnungen mit Freunden, Kampfgenossen und Konkurrenten begleitet. Man mag diesen Umschlag von Freundschaft in Feindschaft sympathisch oder unsympathisch finden: Marx gewinnt nun einmal sehr oft aus der Kontraposition die Position, aus der Polemik die eigene Theorie; er beerbt, indem er bekämpft; er entfaltet, indem er richtet. Gegenüber zwei Gestalten aber, von denen er sich ebenfalls entschieden abgesetzt hat, bewahrt er zeitlebens Respekt, ja Bewunderung: Hegel und Feuerbach. Warum?

Marx hatte *Hegels Philosophie* zunächst wohl vor allem durch Bruno Bauer und Eduard Gans kennengelernt und sich möglicherweise erst in Paris eingehend damit beschäftigt. Jedenfalls datieren aus dieser Zeit nicht nur ein Auszug aus dem letzten Kapitel der »Phänomenologie des Geistes« (über absolutes Wissen und Religion)[24], sondern auch ein unabgeschlossenes Manuskript »Kritik der Hegelschen Dialektik und Philosophie überhaupt«[25], eine ebenfalls nur angefangene »Kritik des Hegelschen Staatsrechts«[26] und schließlich – die einzige Veröffentlichung in diesem Zusammenhang – der genannte Aufsatz »Zur Kritik der Hegelschen Rechtsphilosophie«, der über die »Einleitung« nicht hinauskam. Offensichtlich hatte Marx eine umfassende Auseinandersetzung mit Hegel vor. Aber wie seine meisten größeren Arbeiten blieb auch diese Fragment. Doch gerade dieser wenige Seiten zählende, dichte und brillant formulierte einleitende Aufsatz enthält mehr Explosivkraft als die vielhundertseitige, abgeschlossene Anti-Bauersche »Heilige Familie oder Kritik der kritischen Kritik«. Von ihm sagt die Große Sowjetenzyklopädie mit Recht: »Hier finden wir die grundlegenden Thesen der marxistischen Theorie, in der die Religion als eine verkehrte phantastische Widerspiegelung betrachtet wird[27].«

Wenn man jedoch Marx' Kritik an Hegel und seiner Religionsphilosophie verstehen will, darf man keinen Moment vergessen, *wieviel Marx Hegel verdankt*:

Was wäre sein Materialismus ohne *Dialektik*? Er wäre eben kein dialektischer Materialismus. Die Dialektik aber, »Algebra der Revolution«, wie man im russischen Sozialismus sagen wird, hat Marx von Hegel übernommen.

Und was wäre sein Materialismus ohne *Historie*? Er wäre eben kein historischer Materialismus. Aber auch die Historie, die einheitlich-dialektische Betrachtung der Weltgeschichte, hat Marx bei Hegel gelernt.

Auch eine gegenüber der Tradition ganz neue Einschätzung des *gesellschaftlichen Wesens* des Menschen, die Bedeutung des Faktors *Arbeit* für sein Selbstverständnis, das Erkennen der *Entfremdung* des Menschen und so vieles, was den früheren Materialismus als primitiv, als »mechanistischen Materialismus« erscheinen ließ, lernte Marx bei Hegel[28]. Dies alles jedoch mit einem alles verändernden Unterschied:

Marx verwarf den Idealismus, der aber nun gerade den Kern des Hegelschen Systems ausmacht! Das geschah *unter dem Einfluß Feuerbachs*: »Feuerbach ist der einzige, der ein *ernsthaftes*, ein *kritisches* Verhältnis zur Hegelschen Dialektik hat und wahrhafte Entdeckungen auf diesem Gebiete gemacht hat, überhaupt der wahre Überwinder der alten Philosophie ist[29].« Was ist Feuerbachs »große Tat«? Nach Marx:

»1) der Beweis, daß die Philosophie nichts anderes ist als die in Gedanken gebrachte und denkend ausgeführte Religion; also ebenfalls zu verurteilen ist, eine andere Form und Daseinsweise der Entfremdung des menschlichen Wesens;

2) die Gründung des *wahren Materialismus* und der *reellen Wissenschaft*, indem Feuerbach das gesellschaftliche Verhältnis ›des Menschen zum Menschen‹ ebenso zum Grundprinzip der Theorie macht . . .[30].« Also:

Dialektik ja: aber nicht die abstrakt-unwirkliche Dialektik einer göttlichen Idee, sondern, umgestülpt, die wirkliche konkrete Dialektik der Materie: dialektischer *Materialismus*.

Historie ja: aber nicht die abstrakt-unwirkliche Historie eines absoluten Geistes, sondern, umgekehrt, die konkret-wirkliche Historie des wahren Subjekts der Geschichte, des Menschen, der menschlichen Gesellschaft, des Proletariats: materialistischer *Sozialismus.*

Konkret bedeutet das: Der Mensch ist nicht primär Bewußtsein, sondern Sein, Materie, Leib. Was alles vom Idealismus vernachlässigt wird. Seine Welt ist nicht nur eine abstrakte Gedankenwelt, sondern seine Welt sind die konkreten gesellschaftlichen Verhältnisse. Seine Arbeit ist nicht primär die Selbsterzeugung des Bewußtseins, sondern die praktische Arbeit des Arbeiters. Seine Entfremdung ist nicht die des Gedankens, sondern die brutale Entfremdung im Arbeitsprozeß. Und die Aufhebung dieser Entfremdung hat wiederum nicht nur im Gedanken, sondern im praktischen Leben der wirklichen Gesellschaft zu geschehen.

Auch bezüglich *Religion und Religionskritik* steht Marx grundsätzlich – gegen Hegel – auf seiten Feuerbachs: Marx bejaht nicht nur den neuen Ansatz beim Menschen, bei den realen Gegebenheiten, bei der diesseitigen, sinnlichen Wirklichkeit, beim Sein statt beim Bewußtsein, sondern er bejaht auch völlig Feuerbachs Religionskritik. Mehr noch: Feuerbach hat Marx zufolge diese Kritik ein für allemal geleistet: »Für Deutschland ist die *Kritik der Religion* im wesentlichen beendigt, und die Kritik der Religion ist die Voraussetzung aller Kritik[31]!« Auch in diesem sachlich-historischen Sinn also geht der Atheismus dem Kommunismus voraus! Und man beachte: Für Feuerbach waren Religion, Theologie und Atheismus noch Gegenstand ständiger Auseinandersetzung. Für Marx aber ist der Atheismus nun eine – nicht mehr zu begründende oder ernsthaft zu diskutierende – Selbstverständlichkeit geworden.

Ganz selbstverständlich ist für Marx *Gott eine Projektion des Menschen*: »Der Mensch, der in der phantastischen Wirklichkeit des Himmels, wo er einen Übermenschen suchte, nur den *Widerschein* seiner selbst gefunden hat, wird nicht mehr geneigt sein, nur den *Schein* seiner selbst, nur den Unmenschen zu finden, wo er seine wahre Wirklichkeit sucht und suchen muß[32].«

Ganz selbstverständlich ist auch für Marx *Religion zugleich Produktion und Entfremdung des Menschen*: »Das Fundament der irreligiösen Kritik ist: *Der Mensch macht die Religion*, die Religion macht nicht den Menschen. Und zwar ist die Religion das Selbstbewußtsein und das Selbstgefühl des Menschen, der sich selbst entweder noch nicht erworben oder schon wieder verloren hat[33].«

Freilich: wie sind der Mensch und seine Wirklichkeit zu verstehen?

Feuer-bach zu Marx?

Bei aller Zustimmung zeigt Marx doch schon früh auch starke *Vorbehalte gegen Feuerbach.* Durch die von Marx damals nicht (sondern erst von Engels nach Marx' Tod) veröffentlichten »*Thesen über Feuerbach*«, die er etwas später in Brüssel verfaßt hat, werden sie bestätigt. Trotzdem wird man nicht, wie im orthodoxen Marxismus, Feuerbach nur als Feuer-bach zu Marx sehen dürfen: Feuerbach ist nicht nur Vorläufer und Wegbereiter, sondern auch zeitweiliger Wegbegleiter von Marx. Schon bei Feuerbach – vor allem in den »Grundsätzen der Philosophie der Zukunft« – finden sich Ansätze zu einer neuen Wertung von Geschichtlichkeit, Gesellschaftlichkeit und Praxis des Menschen. Aber – gemessen an Marx – bleiben es doch nur Ansätze. Schon Feuerbachs Religionskritik ist politisch und sozial intendiert und seine »Grundsätze der Philosophie der Zukunft« und das »Wesen des Christentums« haben, nach dem zitierten Brief von Marx aus Paris an Feuerbach, »dem Sozialismus eine philosophische Grundlage gegeben«[34]. Aber die Durchdringung der Gesamtproblematik und die umfassende Gesellschaftskritik finden sich bei ihm noch nicht. Eine kurze Konkretisierung der nicht immer beachteten Übereinstimmungen und Unterschiede dürfte sich lohnen:

1. Erkennt Feuerbach die *Gesellschaftlichkeit des Menschen*? Marx: »Feuerbach löst das religiöse Wesen in das *menschliche* Wesen auf. Aber das menschliche Wesen ist kein dem einzelnen Individuum innewohnendes Abstraktum. In seiner Wirklichkeit ist es das Ensemble der gesellschaftlichen Verhältnisse« (6. These über Feuerbach[35]).

Gewiß sieht *schon Feuerbach* den Menschen als ein gemeinschaftliches, ja gesellschaftliches Wesen, eben als menschliche Gattung, und versucht, den Menschen aus der Natur der natürlichen Beziehungen zu ergründen.
Aber: sein Begriff des Menschen als Gattung reflektiert nur die natürlichen Beziehungen zwischen den einzelnen Menschen und zur Natur und vernachlässigt den gesellschaftlichen Kontext.
Marx dagegen versucht den Menschen aus der Natur der gesellschaftlichen Verhältnisse zu ergründen: Er sichtet die reale gesellschaftliche Wirklichkeit und analysiert ihre Triebkräfte und Gesetzmäßigkeiten: konkrete politisch-ökonomische Analyse der materiellen gesellschaftlichen Bedingungen, der Rolle der Arbeit, der Produktion, des Entstehens der Produktionsverhältnisse, der gesellschaftlichen Verhältnisse überhaupt.

2. Erkennt Feuerbach die *Geschichtlichkeit des Menschen*? Marx: »Feuerbach, der auf die Kritik dieses wirklichen Wesens nicht eingeht, ist daher gezwungen: 1. von dem geschichtlichen Verlauf zu abstrahieren und das religiöse Gemüt für sich zu fixieren, und ein abstrakt – *isoliert* – menschliches Individuum vorauszusetzen ...« (6. These über Feuerbach[36]).

Gewiß will *schon Feuerbach* sich im Unterschied zu Hegel am konkreten empirischen, ja am sinnenhaft-leibhaft konkreten Menschen orientieren.
Aber: sein Mensch wird doch als allgemeiner Gattungsmensch außerhalb der

Welt und ihrer Geschichte gesehen.
Marx dagegen versucht, Mensch und Menschheit entscheidend historisch, innerhalb des großen weltgeschichtlichen Prozesses aus der betreffenden geschichtlichen Epoche heraus, zu verstehen: keine allgemeine Fortschrittsgläubigkeit wie bei Feuerbach, wohl aber ein an gesellschaftliche Notwendigkeiten und Gesetzmäßigkeiten gebundenes Fortschrittsbewußtsein.

3. Erkennt Feuerbach die Bedeutung der *Praxis des Menschen*? Marx: »Der Hauptmangel alles bisherigen Materialismus (den Feuerbachschen mit eingerechnet) ist, daß der Gegenstand, die Wirklichkeit, Sinnlichkeit, nur unter der Form des *Objekts oder der Anschauung* gefaßt wird; nicht aber als *sinnlich menschliche Tätigkeit, Praxis;* nicht subjektiv ... Er begreift daher nicht die Bedeutung der ›revolutionären‹, der ›praktisch-kritischen‹ Tätigkeit ... In der Praxis muß der Mensch die Wahrheit, i. e. Wirklichkeit und Macht, Diesseitigkeit seines Denkens beweisen« (1. / 2. These über Feuerbach[37]).

Gewiß ist *schon Feuerbach* für menschliche Emanzipation: Diese hängt bei ihm an der Einsicht in das menschliche Wesen, menschliche Ideale, die Ordnung menschlicher Verhältnisse und ist bestimmt von bürgerlichen Reform- und Moralvorstellungen.
Aber: Feuerbach erwartet deshalb die gesellschaftliche Umgestaltung vor allem durch Aufklärung, Bewußtseinsänderung, Freiheit von religiös-moralischen Zwängen und Wiedergewinnung menschlicher Beziehungen sowohl zu den Menschen wie zur Natur. Er appelliert darum – ohne wesentliche praktische Resultate – an das Individuum der bürgerlichen Gesellschaft und sein Glücksstreben, das im Anderen zu realisieren ist und das am berechtigten Glücksstreben des Anderen auch immer wieder seine Grenze finden muß: Überwindung des (nach ihm gerade in der Religion zum Ausdruck kommenden) Egoismus durch Liebe zum Menschen.
Marx dagegen analysiert die menschliche Emanzipation als soziale Frage unter ökonomischen, politischen und ideologischen Gesichtspunkten: Emanzipation nicht ein Problem des Egoismus, sondern ökonomischer Zwänge und sozialer Klassen. Gefordert ist nicht ein anderes Verhältnis des Menschen zur außermenschlichen Natur, sondern zur praktischen Politik. Marx erwartet die gesellschaftliche Umgestaltung von der Revolutionierung der Gesellschaft von Grund auf. Er appelliert deshalb an die – für diese Aufgabe allein fähige – Arbeiterklasse und fordert den praktischen politischen Kampf: den Klassenkampf des ausgebeuteten Proletariats gegen die ausbeutende Bourgeoisie! Im Gegensatz zu früheren Sozialismen Befreiung der Arbeiterschaft durch die Arbeiterschaft selbst! Der Sozialismus muß proletarisch und so das Proletariat sozialistisch werden! Alles in allem also die praktische, d. h. sozialistisch-revolutionäre Emanzipation des Menschen: konkret die kommunistische Revolution!

So müht sich denn Marx nicht wie Feuerbach um einen Kult des abstrakten »Menschen«, der der Kern einer neuen Religion wäre. Sondern um eine Wissenschaft vom wirklichen Menschen in seiner konkreten gesellschaftlichen Entwicklung, die die Theorie für eine neue gesellschaftliche – und das heißt für ihn immer: revolutionäre – Praxis darstellt. Und gerade so erreicht Marx nun eine wesentliche Vertiefung auch der Feuerbachschen Religionskritik.

Opium des Volkes

Für Marx ist klar: Im Hinblick auf die Religion kann man nicht nur allgemein vom menschlichen Wesen reden. Man muß die konkreten gesellschaftlichen und politischen Bedingungen der Entstehung und der Existenz dieser den Menschen erniedrigenden religiösen Ideologie und Praxis zu klären versuchen. Deshalb die für Marx entscheidende Frage, die Feuerbach gerade nicht beantwortet hat: Wie kam es zu der von Feuerbach richtig konstatierten religiösen Selbstentfremdung des Menschen und wie kann sie überwunden werden? Will man diese beiden Fragen beantworten – und Marx tut dies zu Beginn seines Aufsatzes »Zur Kritik der Hegelschen Rechtsphilosophie. Einleitung« mit beinahe lutherischer Sprachkraft –, muß man auch bezüglich der Religion die Faktoren Gesellschaft und Praxis sehr viel ernster nehmen als Feuerbach. Und dies also in zweifacher Hinsicht, bezüglich der Entstehung und der Überwindung der religiösen Entfremdung:

1. Wie kommt es zur *religiösen Entfremdung*? Die religiöse Entfremdung ist nicht einfach vom abstrakten Menschen, sondern von den *konkreten gesellschaftlichen Verhältnissen* her zu erklären. Das heißt: Daß der Mensch – wie Feuerbach nach Marx richtig sieht – aus sich selber die Religion entwirft, erklärt sich, was Feuerbach nicht sieht, von der verkehrten sozialen Welt her: »Aber *der Mensch*, das ist kein abstraktes, außer der Welt hockendes Wesen. Der Mensch, das ist *die Welt des Menschen*, Staat, Sozietät. Dieser Staat, diese Sozietät produzieren die Religion, ein *verkehrtes Weltbewußtsein*, weil sie eine *verkehrte Welt* sind[38].« Die verkehrte, ungerechte, unmenschliche Gesellschaft erzeugt das verkehrte, eben religiöse Bewußtsein des Menschen.

Die religiöse Entfremdung bedarf also nicht nur der allgemeinen aufklärerischen Kritik, sondern der *praktischen Kritik* der ungerechten und unmenschlichen gesellschaftlichen Verhältnisse, die die Religion hervorbringen und die die Religion ihrerseits aber auch wieder sanktioniert, stützt, rechtfertigt, durch Vertröstung am Leben erhält: »Die Religion ist die allgemeine Theorie dieser Welt . . ., ihre moralische Sanktion, ihre feierliche Ergänzung, ihr allgemeiner Trost- und Rechtfertigungsgrund. Sie ist die *phantastische Verwirklichung* des menschlichen Wesens, weil das *mensch-*

liche Wesen keine wahre Wirklichkeit besitzt. Der Kampf gegen die Religion ist also mittelbar der Kampf gegen *jene Welt*, deren geistiges *Aroma* die Religion ist[39].«

Und doch ist die Religion, was bei der Interpretation von Marx oft übersehen wird, nicht nur negativ zu sehen. Sie ist nicht nur *Konsequenz*, sondern auch schon – und Ernst Bloch wird von daher durch die ganze Bibel wie die ganze Kirchengeschichte den »roten Faden« des Protestes zu entdecken suchen[40] – *Protest* gegen die unmenschlichen gesellschaftlichen Verhältnisse: »Das *religiöse* Elend ist in einem der *Ausdruck* des wirklichen Elendes und in einem die *Protestation* gegen das wirkliche Elend. Die Religion ist der Seufzer der bedrängten Kreatur, das Gemüt einer herzlosen Welt, wie sie der Geist geistloser Zustände ist[41].«

Nur bleibt dieser Protest der Religion – nach Marxens Auffassung – wirkungslos und ohnmächtig: weil die Religion von dieser diesseitigen Welt und ihrer Veränderung auf ein Jenseits ablenkt und vertröstet. So wirkt die Religion eben schließlich doch als Beruhigungs- und Betäubungsmittel, das illusorisches statt wirkliches Glück verschafft: »Sie ist das *Opium* des Volks[42].« Gerade dieses im Marxismus so oft mißverstandene – und sich auch bei Moses Hess[43] findende! – Wort unterscheidet den Ideologiekritiker Marx vom naiven Aufklärer: Religion ist nicht einfach die Erfindung betrügerischer Priester oder Herrscher. Religion ist Äußerung der nach Trost suchenden, leidenden Menschheit. Wie es im selben sozialpsychologischen Zusammenhang heißt: »Seufzer der bedrängten Kreatur«. Ein Wort, angeregt von Feuerbach, der im Kapitel über das Gebet Gott als »Echo unserer Schmerzenslaute«, »entäußerten Seelenschmerz«, »Träne der Liebe, in tiefster Verborgenheit vergossen über das menschliche Elend« interpretieren möchte und sich dafür auf ein Wort des mystischen reformatorischen Schwärmers Sebastian Franck beruft: »Gott ist ein unaussprechlicher Seufzer im Grund der Seelen gelegen[44].«

2. Wie kommt es zur *Aufhebung der religiösen Entfremdung*? Auch die Aufhebung hat von den konkreten gesellschaftlichen Verhältnissen und von der Praxis her zu geschehen. Es hätte keinen Sinn, den Menschen nur ihr Opium wegzunehmen und jene Zustände unverändert zu lassen, die schmerzlindernde Mittel nötig machen: »Die Aufhebung der Religion als des *illusorischen* Glücks des Volkes ist die Forderung seines *wirklichen* Glücks. Die Forderung, die Illusionen über seinen Zustand aufzugeben, ist die *Forderung, einen Zustand aufzugeben, der der Illusionen bedarf*. Die Kritik der Religion ist also im *Keim* die *Kritik des Jammertales*, dessen *Heiligenschein* die Religion ist. – Die Kritik hat die imaginären Blumen an der Kette zerpflückt, nicht damit der Mensch die phantasielose, trostlose Kette trage, sondern damit er die Kette abwerfe und die lebendige Blume breche[45].«

Aus der Kritik der Religion muß die Kritik der Politik und so schließlich die praktische Revolution folgen, die von der Geschichte selbst vollzogen, von der Philosophie aber vorbereitet wird: »Es ist also die *Aufgabe der Geschichte*, nachdem das *Jenseits der Wahrheit* verschwunden ist, die *Wahrheit des Diesseits* zu etablieren. Es ist zunächst die *Aufgabe der Philosophie*, die im Dienste der Geschichte steht, nachdem die *Heiligengestalt* der menschlichen Selbstentfremdung entlarvt ist, die Selbstentfremdung in ihren *unheiligen Gestalten* zu entlarven. Die Kritik des Himmels verwandelt sich damit in die Kritik der Erde, die *Kritik der Religion* in die *Kritik des Rechts*, die *Kritik der Theologie* in die *Kritik der Politik*[46].«

Der revolutionäre Imperativ ist damit klar: »Die Kritik der Religion endet mit der Lehre, daß der *Mensch das höchste Wesen für den Menschen* sei, also mit dem *kategorischen Imperativ, alle Verhältnisse umzuwerfen*, in denen der Mensch ein erniedrigtes, ein geknechtetes, ein verlassenes, ein verächtliches Wesen ist, Verhältnisse, die man nicht besser schildern kann als durch den Ausruf eines Franzosen bei einer projektierten Hundesteuer: Arme Hunde! Man will euch wie Menschen behandeln! – Selbst historisch hat die theoretische Emanzipation eine spezifisch praktische Bedeutung für Deutschland. Deutschlands *revolutionäre* Vergangenheit ist nämlich theoretisch, es ist die *Reformation*. Wie damals der *Mönch*, so ist es jetzt der *Philosoph*, in dessen Hirn die Revolution beginnt[47].«

Also auch Marx – wie schon Feuerbach – ein zweiter Luther, der nun aber nicht mehr den Kampf »mit den *Pfaffen außer ihm*«, sondern »mit seinem *eigenen inneren Pfaffen*, seiner *pfäffischen Natur*«[48] führt. Emanzipation nicht nur der Fürsten, sondern des Volkes: Zum erstenmal taucht der Begriff des *Proletariats* auf, das »die völlige Wiedergewinnung des Menschen«[49] bringen wird! Der Schluß dieses Aufsatzes klingt in Ton und Sache wie eine Prophetie: »In Deutschland kann *keine* Art der Knechtschaft gebrochen werden, ohne *jede* Art der Knechtschaft zu brechen. Das *gründliche* Deutschland kann nicht revolutionieren, ohne *von Grund aus* zu revolutionieren. Die *Emanzipation des Deutschen* ist die *Emanzipation des Menschen*. Der *Kopf* dieser Emanzipation ist die *Philosophie*, ihr *Herz* das *Proletariat*. Die Philosophie kann sich nicht verwirklichen ohne die Aufhebung des Proletariats, das Proletariat kann sich nicht aufheben ohne die Verwirklichung der Philosophie. – Wenn alle inneren Bedingungen erfüllt sind, wird der *deutsche Auferstehungstag* verkündet werden durch das *Schmettern des gallischen Hahns*[50].« Also: die einzige große Hoffnung ist die proletarische Revolution! Deutscher und französischer Geist, deutsche Philosophie und französischer Sozialismus müssen sich dafür finden!

Man versteht nun besser, was die vielzitierte elfte der »Thesen über Feuerbach« meint: »Die Philosophen haben die Welt nur verschieden *interpretiert*; es kömmt darauf an, sie zu verändern[51].«

Ökonomisch begründeter Atheismus

Als Marx die Thesen gegen Feuerbach in sein Notizbuch schrieb, hatte er Paris schon längst verlassen. Der preußischen Regierung war der Angriff der deutschen Oppositionellen in Paris zuviel geworden. Nachdem ihre Zeitschrift »Vorwärts« ein mißlungenes Revolverattentat auf den deutschen König begrüßt hatte, wurden Heine, Bakunin, Ruge und Marx aus Frankreich ausgewiesen. Nur Marx folgte dem Befehl – innerhalb von 24 Stunden. So ist nun Marx seit Anfang 1844 in *Brüssel*, wo er – wieder mit Spenden wohlversorgt, gutbürgerlich ein Haus bewohnend – sowohl schriftstellerisch wie politisch eine ungeheure Aktivität entfaltet: philosophische und ökonomische Studien, und vor allem – neben der genannten Antwort auf Proudhon – eine erneute überdimensionierte Polemik gegen seine alten Freunde, die »neueste deutsche Philosophie in ihren Repräsentanten Feuerbach, B. Bauer und Stirner, und des deutschen Sozialismus in seinen verschiedenen Propheten« unter dem Titel »Die Deutsche Ideologie«, die er allerdings – als er keinen Verleger fand – »der nagenden Kritik der Mäuse«[52] überlassen mußte. Sie wurde erst 1932 veröffentlicht[53].

Im Jahr 1847, am Vorabend der neuen europäischen Revolutionsbewegung, schalten sich Marx und Engels in Brüssel nun auch direkt in die *politische Arbeiterbewegung* ein: Mit ihrem »Kommunistischen Korrespondenzbüro« und ihrer »Kommunistischen Partei« (am Anfang nur 17 ausschließlich deutsche Mitglieder) treten sie dem zwar kleinen, aber international verzweigten »Bund der Gerechten« (vormals »Bund der Geächteten«) bei, der unter der Leitung des Schneiders Wilhelm Weitling im Geist des Frühsozialisten Babeuf moralisierend-schwärmerisch und christlich-sozialistisch eine unblutige Revolution, Gütergemeinschaft und »Garantie der Harmonie und Freiheit« (so der neue Titel von Weitlings erweiterter Programmschrift »Die Menschheit wie sie ist und wie sie sein sollte«) gefordert hatte. Marx – im Umgang mit Genossen wie Weitling oft unduldsam, diktatorisch, ja bösartig – arbeitet zielbewußt auf eine straffe internationale Organisation eines seiner selbst bewußten Proletariats unter seiner eigenen Leitung hin.

Der erste Kongreß des »Bundes der Gerechten« 1847 in London beschließt den Ausschluß von Weitlings Anhängern, Namensänderung in »Bund der Kommunisten«, eine Neuorganisation und vor allem Beauftragung von Marx und Engels mit der Erarbeitung eines »Kommunistischen Glaubensbekenntnisses«: nach kleinen Fraktionskämpfen und Intrigen als Broschüre schließlich im Februar 1848 in englischer, französischer, deutscher, italienischer, flämischer und dänischer Sprache veröffentlicht als *Manifest der Kommunistischen Partei*. Im selben Februar in Paris die neue Revolution: der Bürgerkönig Louis-Philippe abgesetzt, die Zweite Republik ausgerufen, auch in Brüssel Unruhen, Forderung der Arbeiterschaft nach

Waffen mit ausdrücklicher Billigung von Marx! Am selben 3. März 1848, zufällig, wird Marx vom belgischen König ausgewiesen, von der provisorischen Revolutionsregierung aber nach Paris eingeladen.

»Ein Gespenst geht um in Europa – das Gespenst des Kommunismus«[54], so beginnt, mehr ironisch als drohend, dieses Manifest, das zum ersten Mal das revolutionäre Emanzipationsprogramm für die Arbeiterklasse geschlossen theoretisch begründet. Es gibt – unter scharfer Abgrenzung von der Bourgeoisie einerseits, von den verschiedenen reaktionären, konservativen und utopistischen Sozialismen andererseits – eine knappe Synthese von dem, was man später den »dialektischen und historischen Materialismus« nannte. Die Kritik der Religion kommt – abgesehen von einer kurzen, scharfen Polemik gegen den mit dem feudalistisch-reaktionären Sozialismus verbündeten »pfäffischen Sozialismus«[55] – nur kurz zur Sprache: »Was beweist die Geschichte der Ideen anders, als daß die geistige Produktion sich mit der materiellen umgestaltet? Die herrschenden Ideen einer Zeit waren stets nur die Ideen der herrschenden Klasse . . . Als die Welt im Untergehen begriffen war, wurden die alten Religionen von der christlichen Religion besiegt. Als die christlichen Ideen im 18. Jahrhundert den Aufklärungsideen unterlagen, rang die feudale Gesellschaft ihren Todeskampf mit der damals revolutionären Bourgeoisie. Die Ideen der Gewissens- und Religionsfreiheit sprachen nur die Herrschaft der freien Konkurrenz auf dem Gebiete des Wissens aus[56].«

Und jetzt? Der bourgeoise Vorwurf, der Kommunismus schaffe ewige Wahrheiten wie Freiheit und Gerechtigkeit, schaffe Religion und Moral ab, wird kühl beantwortet: Die Geschichte der bisherigen Gesellschaft bewege sich in je verschiedenen Klassengegensätzen; allen Epochen indessen sei die Ausbeutung der einen Klasse durch die andere gemeinsam. Die Kommunistische Revolution aber werde radikal mit den überlieferten Eigentumsverhältnissen (Privateigentum) und Gesellschaftsverhältnissen (Klassengesellschaft) brechen, so daß die traditionellen »Bewußtseinsformen« wie Staat, Religion und Moral »sich vollständig auflösen«[57].

Auch im Kommunistischen Manifest also keine Aufforderung zur direkten gewaltsamen Verfolgung von Religion und Kirche, wohl aber eindeutig zum »gewaltsamen Umsturz aller bisherigen Gesellschaftsordnung«. Dies ist die Verheißung, mit der das Kommunistische Manifest endet: »Mögen die herrschenden Klassen vor einer kommunistischen Revolution zittern. Die Proletarier haben nichts in ihr zu verlieren als ihre Ketten. Sie haben eine Welt zu gewinnen. *Proletarier aller Länder vereinigt euch!*[58]«

Erfüllung der Verheißung schon 1848? Ob Marx dies erwartet hat, ist umstritten. Am 19. März war in Wien Metternich verjagt worden und am Tag darauf in Berlin die Revolution ausgebrochen. Marx zieht von Paris nach Köln, hält aber dort die Zeit einer proletarischen Revolution für offensichtlich noch nicht gekommen: Die von ihm wieder neu gegründete und autoritär geführte »*Neue* Rheinische Zeitung« segelt, zunächst jedenfalls, nicht unter kommunistischer, sondern unter demokratischer (und im übrigen stramm antirussischer!) Flagge und unterstützt nicht eine proletarische, sondern die bürgerliche Revolution. Erst als Marx 13 Monate später nach wieder erstarkter Restauration – wegen immer radikaleren Kurses seiner Zeitung und Verwicklung in revolutionäre Umtriebe – am 16. Mai 1849 aus Preußen ausgewiesen wird, zeigt er in der letzten, ganz rot gedruckten Nummer seine wahre Flagge, die blutrote Flagge der revolutionären Gewalt, die – man sollte es nicht verschweigen – auch den Terror nicht scheut: »Wir sind rücksichtslos, wir verlangen keine Rücksicht von euch. Wenn die Reihe an uns kommt, wir werden den Terrorismus nicht beschönigen[59].«

Völlig mittellos fährt Marx mit seiner Familie wieder zurück nach Paris, wo er aber kurz darauf von der Regierung in die Provinz verbannt wird und sich deshalb im August 1849 nach *London* absetzt. Dort verbringt er nun, mit nur wenigen Unterbrechungen, die letzten drei Jahrzehnte seines Lebens. Die ersten Londoner Jahre waren die düstersten seines Lebens: bezüglich Geld, Unterkunft, Essen, Gesundheit. Seine Frau, schon bei der Ankunft erneut schwanger, hatte die Hauptlast zu tragen, an der sie beinahe zerbrach. Drei ihrer Kinder sterben in der Not der ersten Flüchtlingsjahre. Er (oder öfters Engels für ihn) schreibt Artikel für die erste englisch-amerikanische Zeitung »New York Tribune«, organisiert, korrespondiert und konferiert mit aller Welt und wird dabei von seinem Freund Engels, der in Manchester mittlerweile die gutgehende Textilfabrik seines Vaters übernommen hat, großzügig auch finanziell unterstützt. So lebt er schließlich doch wieder – durch verschiedenste Spenden und Erbschaften mit dem nötigsten Geld versehen – recht bequem, doch nie ohne die berüchtigten Emigrantenquerelen mit anderen sozialistischen Gruppierungen und leider auch nicht ohne ernsthafte Schwierigkeiten mit Frau und Töchtern (und einem ihm zugeschriebenen unehelichen Sohn). Zu Hause und seit der Eröffnung des runden Lesesaals 1857 im British Museum arbeitend, nimmt er seine Studien neu auf: Ungeheuer viel Literatur aller Art verschlingt er, um seine geschichtsphilosophischen und politischen Ideen und Theorien durch ökonomische Tatsachen zu unterbauen und die Funktion des Proletariats für den Weg in die Zukunft zu klären. Weniger ein Praktiker der Politik als ein Theoretiker der politischen Praxis.

Zehn Jahre nach seiner Ankunft in London erscheint endlich die von Engels so lang erwartete erste Frucht seiner ökonomischen Studien: der freilich nur allererste Teil einer »Kritik der politischen Ökonomie«, die aber im Vorwort Marx' eigene denkerische Entwicklung und die berühmte gedrängte Zusammenfassung der materialistischen Geschichtsauffassung sowie eine erste kurze Darstellung seiner Werttheorie gibt[60]. Ihr Inhalt deckt sich im wesentlichen mit dem ersten Abschnitt des ersten Bandes von Marx' großem Hauptwerk »Das Kapital«, das nach langen und aus verschiedenen Gründen oft unterbrochenen Vorarbeiten 1867 in Hamburg veröffentlicht wird, ohne aber damals nennenswertes Echo auszulösen. Im selben ersten Abschnitt dieses kritisch-nüchtern analysierenden und dann wieder prophetisch-anklagend proklamierenden Werkes kommt Marx noch einmal auf seine *Religionskritik* zurück: unter der Überschrift »Der Fetischcharakter der Ware und sein Geheimnis«[61]. Wo früher politisch-humanistisch argumentiert wurde, wird jetzt *im »Kapital« politisch-ökonomisch argumentiert*. Die sozialökonomische Entfremdung ist ja die Grundlage der religiösen und politischen Entfremdung. Denn die materialistische Basis, die vom Menschen unabhängig sich wandelnden Produktions- oder Eigentumsverhältnisse, bestimmen die jeweilige gesellschaftliche Situation und das gesamte Bewußtsein des Menschen: Recht, Staat, Religion und Philosophie, den gesamten ideologischen »Überbau«. Von der kritischen Analyse der kapitalistischen Gesellschaft und Ökonomie her lassen sich nun auch die schon früher gestellten beiden grundlegenden Fragen der Religionskritik von Marx noch einmal exakter beantworten:

1. Wie kommt es zur *religiösen Entfremdung*? Weil infolge der Arbeitsteilung die Produktionsmittel (samt den Produkten) zum Privateigentum einzelner geworden sind, haben die Arbeiter im modernen industrialisierten und technisierten Produktionsprozeß nichts als ihre nackte Arbeitskraft als »Ware« anzubieten. Dafür erhalten sie als Preis, als Gegenleistung, ihren Lohn. Aber – und das ist entscheidend – gerade nicht den vollen Lohn, den das Arbeitsprodukt nachher im Tausch auf dem Markt wert ist. Die Besitzer der Produktionsmittel schöpfen nämlich den »Mehrwert« (die Differenz zwischen Lohn und dem Tauschwert des Arbeitsprodukts) ab, so daß sich ihr Kapital auf Kosten der eigentlichen Produzenten, der Arbeiter, ständig vermehrt. »Kapital« als Geld hervorbringendes Geld wird so zum Charakteristikum des »kapitalistischen« Wirtschafts- und Gesellschaftssystems. Für die Lohnarbeiter aber wird im Tauschprozeß ihr eigenes Arbeitsprodukt zu einer entfremdeten, vermarkteten »Ware«: zu etwas von ihnen Getrenntem, Verselbständigtem, Austauschbarem, mysteriös Mehr- und Höherwertigem, ja geradezu zu einer Art sinnlich-übersinnlichem »Fetisch« (religiös gesehen ein Gegenstand, der als Sitz höherer Kräfte gedacht und verehrt wird).

Und gleichen etwa diese Verhältnisse nicht denen in der »Nebelregion der religiösen Welt«? »Hier scheinen die Produkte des menschlichen Kopfes mit eigenem Leben begabte, untereinander und mit den Menschen in Verhältnis stehende selbständige Gestalten. So in der Warenwelt die Produkte der menschlichen Hand. Dies nenne ich den Fetischismus, der den Arbeitsprodukten anklebt, sobald sie als Waren produziert werden und der daher von der Warenproduktion unzertrennlich ist[62].«

Solange die ökonomische Entfremdung im Waren-Fetischismus andauert, wird auch die religiöse Entfremdung mit ihren göttlichen Gestalten in ihrer Nebelregion andauern! Je nach der ökonomisch-gesellschaftlichen Entwicklung (Marx unterscheidet asiatische, antike, feudale und modern bürgerliche Produktionsweise oder Gesellschaft) gab es auch verschiedene Formen der religiösen Entfremdung: Der individualistische Protestantismus bildet so die auffällige Entsprechung zum Kapitalismus der bürgerlichen Gesellschaft mit seiner individuellen Produktionsweise und Isolierung der (allein durch den Markt verbundenen) Warenproduzenten oder Arbeiter. Schon lange vor Max Weber hat somit Marx auf gewisse Zusammenhänge zwischen dem Protestantismus und dem »Geist des Kapitalismus« aufmerksam gemacht.

2. Wie kommt es zur *Überwindung der religiösen Entfremdung*? Nur wenn aufgrund einer neuen Produktionsweise die Beziehungen der Menschen wieder durchsichtig und vernünftig werden, wird die religiöse Entfremdung aufgehoben: »Der *religiöse Widerschein* der wirklichen Welt kann überhaupt nur verschwinden, sobald die Verhältnisse des praktischen Werkeltagslebens den Menschen tagtäglich durchsichtige vernünftige Beziehungen zueinander und zur Natur darstellen. Die Gestalt des gesellschaftlichen Lebensprozesses, das heißt des materiellen Produktionsprozesses, streift nur ihren mystischen Nebelschleier ab, sobald sie als Produkt frei vergesellschafteter Menschen unter deren planmäßiger Kontrolle steht[63].«

Und wie werden diese durchsichtigen und vernünftigen Produktionsverhältnisse erreicht? Durch Aufhebung der Arbeitsteilung und Verschwinden des Privateigentums. Der ständig steigenden Akkumulation und Konzentration des Kapitals in immer weniger Händen entspricht eine ständige Vermehrung und Verelendung des Proletariats. Bis es in diesem notwendigen dialektischen Prozeß zum großen Umschlag der kommunistischen Revolution kommt: Expropriation der Expropriateure, Vergesellschaftung der Produktionsmittel! Diktatur des Proletariats als Zwischenstadium zur Einführung des vollendeten Kommunismus der klassenlosen Gesellschaft: in welcher Arbeitsteilung und ökonomische Entfremdung aufgehoben sind und der Staat (dieses Unterdrückungsinstrument der herrschenden Klasse), die nationalen Gegensätze (zu überwinden durch die Internationale) und schließlich auch die Religion (dieses jetzt überflüssig gewordene Trostmittel) absterben!

Erneut ist deutlich geworden: Die Religion braucht nicht aktiv bekämpft und gewaltsam ausgerottet zu werden. Es wird einfach kein Bedürfnis nach Religion mehr geben. Das religiöse Bewußtsein stirbt von selbst, sobald die neue kommunistische Gesellschaftsordnung eingeführt ist – die Verwirklichung des wahren Menschen im Reich der Freiheit.

Atheismus als Weltanschauung: von Engels zu Lenin

War die sozialistische Revolution im Kommen? Gerade im hochindustrialisierten England, wo nach der ökonomischen Theorie von Marx der Umschlag zuerst hätte erfolgen müssen, war sie jetzt unwahrscheinlicher denn je. Marx selber war offensichtlich nicht nur durch Krankheit und äußere Schwierigkeiten gehindert, das »Kapital« weiterzuführen. Engels (und nach ihm K. Kautsky und E. Bernstein) veröffentlichten erst nach Marxens Tod das schon vor langen Jahren erarbeitete, aber nie in endgültige Fassung gebrachte Material als Folgebände des »Kapital«. Warum sich der Abschluß verzögerte, ist gerade heute wieder umstritten: Sicher ist die orthodoxe Version von dem durch Krankheit und Armut gehinderten Marx zu einfach. Ob nicht Marx selbst sich durch die faktische ökonomisch-politische Entwicklung in seinen Theorien überholt beziehungsweise zu ständig neuer Überarbeitung gezwungen sah[64]?

So viel jedenfalls ist sicher: Marx blieb, bis auf seine letzten Jahre, unermüdlich tätig, und zwar nicht nur studierend, sondern auch publizierend und agitierend. Den Staatsstreich Louis Bonapartes analysierte er scharfsinnig in seinen ökonomisch-politischen Ursachen und Folgen[65]. Anläßlich einer großen Volksversammlung für das unterdrückte Polen 1864 in London wurde Marxens Aufforderung »Proletarier aller Länder vereinigt euch!« durch die Gründung einer Internationalen Arbeiter-Assoziation in die Praxis umgesetzt: in die Geschichte ist sie eingegangen als die »Erste Internationale«. Marx, der schon 1852 den Bund der Kommunisten aufgelöst hatte und nun korrespondierender Sekretär der Internationale für Deutschland wurde, schrieb für sie die meisterhaft argumentierende »Inauguraladresse« sowie die »Provisorischen Statuten«[66]. Aber den Verhältnissen in Deutschland immer ferner und doch kein Engländer geworden, blieb er ohne bestimmenden Einfluß auf die aufsteigende Gewerkschaftsbewegung in England und die sozialdemokratische Arbeiterbewegung in Deutschland: Den Arbeiterverein (ADAV) des sozialistischen Reformers Ferdinand Lasalle lehnte er ebenso ab wie die Vorstellungen des Anarchisten Bakunin. Den blutigen Aufstand der Pariser Kommune 1871 unterstütze Marx von London aus nicht, schrieb aber nachher dazu eine brillante Kampfschrift: »Der Bürgerkrieg in Frankreich«[67]. Aufgrund der inneren Zwistigkeiten und der äußeren Ineffizienz hatte die Erste Internationale seit 1871 praktisch aufgehört zu existieren, nachdem auf Marx' und Engels' Vorschlag der Sitz des Generalrates nach New York verlegt worden war.

Je mehr sich aber das Kommen der sozialistischen Revolution hinauszögerte und eine alles umwälzende revolutionäre Aktion unmöglich schien, um so mehr zeigte sich das Bedürfnis nach einem theoretischen Ersatz: einer verbindlichen Doktrin, einer ausgebauten Lehre, einer umfassenden »Weltanschauung«. Und je mehr gleichzeitig – in Deutschland besonders nach

1870[68] – die Arbeiterbewegung als eine Partei von Millionen Menschen sich organisierte und konsolidierte, um so mehr bedurfte sie der nicht nur organisatorischen, sondern auch ideologischen Integration und Festigung durch eine gemeinsame Weltanschauung. Der dialektische und historische Materialismus konnte dazu dienen. *Friedrich Engels* nahm sich dieser Arbeit an, die ganz seinen persönlichen Neigungen entsprach.

1878 trat Engels mit einer entsprechenden Schrift an die Öffentlichkeit: »Herrn Eugen Dührings Umwälzung der Wissenschaft« [69] – eine mehr zufällige Arbeit gegen das Universalsystem des zeitweise einflußreichen Berliner Privatdozenten Dühring. Dieser *»Anti-Dühring«* – eine weitere philosophische Arbeit von Engels, »Dialektik der Natur«, blieb unvollendet und ist erst 1925 in Moskau veröffentlicht worden – wurde zur Programmschrift eines allgemein-weltanschaulich verstandenen »dialektischen Materialismus« (Diamat) schlechthin: Mehr gelesen als das »Kapital«, einflußreich in diesem Jahrhundert bis weit in die Sozialdemokratie hinein, wurde diese Schrift das klassische philosophische Lehrbuch der gesamten kommunistischen Bewegung. Bezüglich der Religionskritik ging Engels in zweifacher Hinsicht über Marx hinaus:

Er suchte die Unterstützung der *Naturwissenschaft*: Theorien wie die von der Erhaltung der Energie und dann vor allem Darwins Entdeckung der Entwicklung der Arten schienen eine hervorragende Bestätigung der Marxschen Entdeckung des materialistischen Entwicklungsgesetzes der Gesellschaft zu sein.

Er suchte auch die Unterstützung der *Religionsgeschichte*: Besonders die ethnologischen Forschungen über primitive Religionen schienen geeignet, den historischen Materialismus zu bestätigen.

Es dürfte sich lohnen, hier zur Illustration ausnahmsweise einen längeren Abschnitt beispielhaft zu zitieren, in welchem Engels umfassend die historische Entwicklung der Religion auf der Basis des historischen Materialismus darzustellen versucht (wir heben die einzelnen Phasen durch Gliederung und Unterstreichung hervor).

»Nun ist alle *Religion* nichts anderes als die phantastische Widerspiegelung, in den Köpfen der Menschen, derjenigen äußern Mächte, die ihr alltägliches Dasein beherrschen, eine Widerspiegelung, in der die irdischen Mächte die Form von überirdischen annehmen. In den *Anfängen der Geschichte* sind es zuerst die *Mächte der Natur*, die diese Rückspiegelung erfahren und in der weitern Entwicklung bei den verschiedenen Völkern die mannigfachsten und buntesten Personifikationen durchmachen. Dieser erste Prozeß ist wenigstens für die indoeuropäischen Völker durch die vergleichende Mythologie bis auf seinen Ursprung in den indischen Vedas zurückverfolgt und in seinem Fortgang bei Indern, Persern, Griechen, Römern, Germanen, und soweit das Material reicht, auch bei Kelten, Litauern und

Slawen, im einzelnen nachgewiesen worden.

Aber bald treten neben den Naturmächten auch *gesellschaftliche Mächte* in Wirksamkeit, Mächte, die den Menschen ebenso fremd und im Anfang ebenso unerklärlich gegenüberstehen, sie mit derselben scheinbaren Naturnotwendigkeit beherrschen, wie die Naturmächte selbst. Die Phantasiegestalten, in denen sich anfangs nur die geheimnisvollen Kräfte der Natur widerspiegelten, erhalten damit gesellschaftliche Attribute, werden Repräsentanten geschichtlicher Mächte.

Auf einer noch weitern Entwicklungsstufe werden *sämtliche natürlichen und gesellschaftlichen Attribute der vielen Götter auf einen allmächtigen Gott* übertragen, der selbst wieder nur der Reflex des abstrakten Menschen ist. So entstand der Monotheismus, der geschichtlich das letzte Produkt der spätern griechischen Vulgärphilosophie war und im jüdischen ausschließlichen Nationalgott Jahve seine Verkörperung vorfand. In dieser bequemen, handlichen und allem anpaßbaren Gestalt kann die Religion fortbestehn als unmittelbare, das heißt gefühlsmäßige Form des Verhaltens der Menschen zu den sie beherrschenden fremden, natürlichen und gesellschaftlichen Mächten, solange die Menschen unter der Herrschaft solcher Mächte stehn. Wir haben aber mehrfach gesehen, daß in der *heutigen bürgerlichen Gesellschaft* die Menschen von den von ihnen selbst geschaffenen ökonomischen Verhältnissen, von den von ihnen selbst produzierten Produktionsmitteln wie von einer fremden Macht beherrscht werden. Die *tatsächliche Grundlage der religiösen Reflexaktion dauert also fort, und mit ihr der religiöse Reflex selbst.* Und wenn auch die bürgerliche Ökonomie eine gewisse Einsicht in den ursächlichen Zusammenhang dieser Fremdherrschaft eröffnet, so ändert dies der Sache nach nichts. Die bürgerliche Ökonomie kann weder die Krisen im ganzen verhindern noch den einzelnen Kapitalisten vor Verlusten, schlechten Schulden und Bankrott oder den einzelnen Arbeiter vor Arbeitslosigkeit und Elend schützen. Es heißt noch immer: der Mensch denkt und Gott (das heißt die Fremdherrschaft der kapitalistischen Produktionsweise) lenkt.

Die bloße Erkenntnis, und ginge sie weiter und tiefer als die der bürgerlichen Ökonomie, genügt nicht, um gesellschaftliche Mächte der Herrschaft der Gesellschaft zu unterwerfen. Dazu gehört vor allem eine gesellschaftliche *Tat.* Und wenn diese Tat vollzogen, wenn *die Gesellschaft durch Besitzergreifung und planvolle Handhabung der gesamten Produktionsmittel* sich selbst und alle ihre Mitglieder aus der Knechtung befreit hat, in der sie gegenwärtig gehalten werden durch diese von ihnen selbst produzierten, aber ihnen als übergewaltige fremde Macht gegenüberstehenden Produktionsmittel, wenn der Mensch also nicht mehr bloß denkt, sondern auch lenkt, dann erst *verschwindet die letzte fremde Macht, die sich jetzt noch in der Religion widerspiegelt, und damit verschwindet auch die religiöse Widerspiegelung selbst,* aus dem einfachen Grunde, weil es dann nichts mehr widerzuspiegeln gibt[70].«

Man hat verschiedentlich diese Sicht der Geschichte und der Religion mit dem Drei-Stadien-Schema des französischen Positivisten Auguste Comte verglichen: von der religiös-fiktiven über die metaphysisch-abstrakte zur wissenschaftlich-positiven (atheistischen) Weltanschauung[71]. Dieser Marxismus stimmt mit dem Positivismus in seinen Argumentationen gegen die Religion in der Tat weithin überein. Aber nachdem die traditionelle Kirche und Theologie die Naturwissenschaft samt ihren Ergebnissen entweder bekämpft oder dann ignoriert hatten, war es für Engels und in seinem Gefolge etwa für den bedeutenden österreichischen Sozialdemokraten Karl Kautsky und schließlich auch für Lenin ein leichtes, mit Berufung auf die Naturwissenschaft und insbesondere die materialistische Evolutionslehre weniger Darwins als Haeckels die marxistische Weltanschauung als »Wissenschaft« der »unwissenschaftlichen« Religion entgegenzusetzen. Dabei waren noch von Engels selbst Parallelen zwischen proletarischem Sozialismus und Urchristentum hervorgehoben worden[72], und der mit Marx und Engels befreundete »Proletarierphilosoph« Joseph Dietzgen hatte die Sozialdemokratie selbst als »neue Religion« angepriesen: »Ja, die *soziale Demokratie* ist insofern *die wahre Religion, die alleinseligmachende Kirche,* als sie den gemeinschaftlichen Zweck nicht mehr auf phantastischem Wege, nicht mit Bitten, Wünschen und Seufzen, sondern auf realem, tatkräftigem Wege, wirklich und wahr, durch gesellschaftliche Organisation der Hand- und Kopfarbeit erstrebt ... Die Sozialdemokratie lebt im *Glauben* an den Sieg der Wahrheit, in der *Hoffnung* auf Erlösung aus materieller und geistiger Knechtschaft, in der *Liebe* für die Gleichberechtigung der Menschen[73].«

Hier wird deutlich, wie sehr die marxistische Weltanschauung faktisch als *atheistischer Religionsersatz oder atheistische Ersatzreligion* dient. Dabei stimmt der Inhalt dieser betont materialistischen Weltanschauung erstaunlicherweise mit der ebenfalls materialistischen und nicht (wie vom Schema des historischen Materialismus gefordert) idealistischen Weltanschauung des »Bürgertums« zu einem schönen Teil überein!

Aber während Marx (wie auch der Positivismus) annahm, die Religion würde durch die gesellschaftliche Entwicklung selbst überflüssig werden, haben spätere Marxisten, davon nicht mehr in gleicher Weise überzeugt, die Religion als feindliche Weltanschauung aktiv bekämpft. Es war vor allem *Wladimir Iljitsch Uljanow,* genannt *Lenin,* der aufgrund schlimmer Erfahrungen mit Staat und Religion im zaristischen Rußland (sein Bruder Alexander war im Zusammenhang mit der Ermordung des Zaren Alexander II. am 1. März 1881 hingerichtet worden: ein Ereignis, das Lenin tief erschütterte) von einem unbeschreiblichen Haß auf alles Religiöse besessen war, der aufs heftigste gegen die Religion polemisierte und agitierte. Religion ist jetzt nicht mehr wie für Marx »Opium des Volkes«, dem sich das Volk selbst zur Linderung seines Elends ausliefert. Sondern Religion ist – wieder viel mehr auf der Linie der vormarxistischen Aufklärung – »Opium *für* das Volk« (das von den Herrschenden bewußt verabreicht wird): »Die Religion ist Opium für das Volk. Die Religion ist eine Art geistigen Fusels, in dem die Sklaven des Kapitals ihr Menschenantlitz und ihre Ansprüche auf ein halbwegs menschenwürdiges Leben ersäufen. – Doch der Sklave, der sich seiner Sklaverei bewußt geworden ist und sich zum Kampf für seine Befreiung erhoben hat, hört bereits zur Hälfte auf, ein Sklave zu sein. Durch die Fabrik der Großindustrie erzogen und durch das städtische Leben aufgeklärt, wirft der moderne klassenbewußte Arbeiter die religiösen Vorurteile mit Verachtung von sich, überläßt den Himmel den Pfaffen und bürgerlichen Frömmlern und erkämpft sich ein besseres Leben hier auf Erden[74].«

Schon damals hat Lenin deshalb von seinen Anhängern eine einheitliche atheistische Weltanschauung gefordert: Religion ist zwar Privatsache für den Staat. Keinesfalls aber ist sie dies für die Partei: die »unter anderem gerade für einen solchen Kampf gegen jede religiöse Verdummung der Arbeiter gegründet«[75] wurde!

Aus taktischen Gründen freilich sollte der Atheismus – bei aller organisierten Propaganda für ihn – im Parteiprogramm selbst überhaupt nicht genannt und auch sonst nicht zur Hauptsache gemacht werden. Primär ist nicht der Kampf gegen die Religion. Primär ist der Klassenkampf, bei dem alle, auch die Christen, sogar die mit dem Regime unzufriedenen Geistlichen, willkommen sind: »Die Einheit dieses wirklich revolutionären Kampfes der unterdrückten Klasse für ein Paradies auf Erden ist uns wichtiger als die Einheit der Meinungen der Proletarier über das Paradies im Himmel[76].«

In seinem philosophischen Hauptwerk »Materialismus und Empiriokritizismus« hat Lenin seine Auffassung von Religion bestätigt und zugleich jede Ergänzung des Marxismus durch andere philosophische Richtungen wie Neukantianismus, Positivismus oder Empiriokritizismus verworfen. Aber er war klug genug, auch nach der Oktoberrevolution zunächst noch Anhänger abweichender weltanschaulicher Richtungen in wichtigen Partei- und Regierungsämtern zu dulden. Doch an der Parteilinie und an Lenins ganz persönlicher Auffassung von Religion bestand kein Zweifel. Nirgendwo hat er seine entschiedene Ablehnung von Religion deutlicher zum Ausdruck gebracht als in einem Brief an den Schriftsteller Maxim Gorki aus dem Jahre 1913, der damals dem religiösen Sozialismus (»Gottbildnertum«) nahestand und den Marxismus mit der Religion zu versöhnen trachtete: »Der ›Volks‹-begriff vom lieben Gott und vom Göttlichen ist Stumpfsinn, Unterwürfigkeit und Unwissenheit des ›Volks‹, ist genau dasselbe wie die ›Vorstellung des Volks‹ vom Zaren, vom Waldschrat, vom Prügeln der Ehefrauen. Wie Sie die ›Vorstellung des Volks‹ von Gott ›demokratisch‹ nennen können, ist mir absolut unverständlich[77].«

Von einer derart massiven verbalen Ablehnung des Christentums zu dessen massiver praktischer *Verfolgung* war es nur ein kleiner Schritt. Die vor allem mit dem stalinistischen Regime beginnende ungeheure Leidensgeschichte der – für die elenden vorrevolutionären Zustände zweifellos mitverantwortlichen – russisch-orthodoxen Kirche, beziehungsweise der russischen Christen, ist hier nicht nachzuzeichnen. Die Frage nach Religionsfreiheit und Menschenrechten hängt mit dem kommunistischen System als ganzem zusammen. Ist dieses System die Realisierung jenes Humanismus, von dem Marx in seinem ganzen Denken ausgegangen war? Ist es diese soziale Gesellschaft, auf die er bis zu seinem Tod gehofft hat?

Von seiten der Kirchen allerdings erkannte man lange Zeit nur die Gefahren, nicht aber die positiven Anliegen des Sozialismus. Im Jahre 1878 hatte Papst Leo XIII. seine Enzyklika »Quod Apostolici muneris« gegen die »Pest des Sozialismus« veröffentlicht, der auf den Umsturz der Gesellschaft hinarbeite, alle bisherigen Gesetze, jede Autorität, alle Unterordnung und Ungleichheit und sogar eheliche Bindung und Eigentumsrecht verneine und der deshalb »mit der Wurzel ausgerottet« werden müsse[78]. Und Marx? Damals war Marx bereits ein weithin unaktiver, kranker Mann, der als friedlicher Rentner im kleinen Kreis lebte; mehrere Kuraufenthalte waren nötig geworden. Nach dem Tod seiner Frau 1881 war sein Leben nur noch eine Kette stoisch ertragener Leiden, die sich ein Jahr darauf durch den plötzlichen Tod seiner ältesten Tochter noch verschärften. Marx war gebrochen und erholte sich nicht wieder. Am 14. März 1883 fand Engels ihn, in seinem Lehnstuhl sitzend, tot auf.

2. *Marx in der Kritik*

Man hüte sich bei aller Kritik an Marx und Marxismus vor christlicher Selbstgerechtigkeit: Ist nicht vielleicht auch das Christentum – freilich im Widerspruch zur ursprünglichen Botschaft! – zu einer oft absolutistisch, zentralistisch, ja totalitär verwalteten Weltanschauung geworden? Nicht nur böse Zungen behaupten, sowjetischer Kommunismus und römischer Katholizismus insbesondere seien sich deshalb so spinnefeind, weil sie sich so ähnlich seien. Einer der besten Kenner der kommunistischen Ideologie, der frühere Rektor des Päpstlichen Collegium Russicum, Gustav A. Wetter, hat in seinem bekannten Buch über den »Dialektischen Materialismus«[79] die unübersehbaren phänotypischen *Ähnlichkeiten zwischen dem römisch-katholischen und dem sowjet-kommunistischen System* als katholischer Theologe in aller Schärfe herausgestellt:

Wie der römische Katholizismus, so geht auch der sowjetische Kommunismus davon aus, daß die Welt »im Argen liegt« und der »Erlösung« bedarf. Die in der »Fülle der Zeit« oder auf dem Höhepunkt der dialektischen Entwicklung erfolgte »Offenbarung« ist auch für den Kommunisten niedergelegt in vier kanonischen Texten (Marx, Engels, Lenin und ihrem jeweiligen Nachfolger). Sie wird bewahrt, geschützt und ausgelegt vom unfehlbaren Lehramt der Partei, vom Heiligen Offizium des Politbüros und vom obersten unfehlbaren Parteisekretär persönlich. Aufgabe des einzelnen Philosophen ist nicht, dieses Lehrgut zu bereichern, zu vermehren und zu kritisieren, sondern lediglich, die Menschen seine Anwendung auf alle Lebensbereiche zu lehren und durch Entlarvung von Häresien und Abweichungen für die »reine Lehre« zu sorgen. Das unfehlbare Lehramt der Partei verdammt Irrlehren öffentlich. Hat es gesprochen, so hat sich der abweichende Irrlehrer zu unterwerfen, Selbstkritik zu üben und seiner Irrlehre abzuschwören. Versäumt er seine Pflicht, wird er »exkommuniziert«, ausgeschlossen. So erweist sich die Partei als »Säule und Grundfeste der Wahrheit«, als Bollwerk der Orthodoxie. Dieser orthodoxe Kommunismus ist in seiner Defensive zugleich offensiv missionarisch: Als einzig wahre und alleinseligmachende Lehre strebt er naturnotwendig danach, sich mit allen Mitteln über die ganze Welt auszubreiten und vom Propagandazentrum aus überall seine Missionare hinzusenden. Außerhalb kein Heil! Erfordert ist: strenge Organisation, blinder Gehorsam, Parteidisziplin. Alles unter dem großen Führer, der beinahe kultisch gefeiert wird mit Ergebenheitsbezeugungen, großen Aufmärschen, Paraden und Wallfahrten zu seinem Grabmal[80]...

Horizont sozialpolitischer Religionskritik

Auch Karl Marx' Atheismus muß als ein Humanismus verstanden werden. Ein Humanismus freilich, der nicht nur wie der Feuerbachs abstrakt postuliert, sondern geschichtlich in einer menschenwürdigen Gesellschaft verwirklicht werden soll: *ein realer Humanismus*! Dieses Streben nach einem realen Humanismus hat auch der spätere Marx beibehalten.

In den mehr philosophischen Frühschriften bedient sich Marx, unter Hegels und Feuerbachs Einfluß, einer mehr *humanistischen Terminologie und Argumentationsweise*. In den späteren Werken, besonders im »Kapital«, argumentiert Marx ökonomisch-politisch und meidet – zur Abgrenzung von anderen Sozialismen – die für ihn nun unwirksamen humanistischen Worte und Phrasen.

Aber die *humanistische Intention* hat sich durchgehalten: Gegen die unmenschlichen Verhältnisse der kapitalistischen Gesellschaft sollen wahrhaft menschliche Verhältnisse geschaffen werden! Also keine Gesellschaft mehr, wo große Menschenmassen erniedrigt, verachtet, verelendet, ausgebeutet sind; wo der höchste Wert der Warenwert, der wahre Gott das Geld (als die Ware der Waren), die Motive des Handelns Profit, Selbstinteresse, Eigennutz sind: wo also faktisch der Kapitalismus als Religionsersatz fungiert. Sondern eine Gesellschaft, wo jeder Mensch wahrhaft Mensch, ein freies, aufrechtgehendes, würdiges, autonomes, alle seine Möglichkeiten realisierendes Wesen sein kann: also Ende der Ausbeutung des Menschen durch den Menschen. Die Menschlichkeit der Verhältnisse, der Gesellschaft und somit des Menschen selbst: dies und nichts anderes ist nach Marx der Sinn der proletarischen Revolution durch die Aufhebung der Arbeitsteilung, Abschaffung des Privateigentums und Diktatur des Proletariats. Dies und nichts anderes ist das von Marx nur in Umrissen vorsichtig angedeutete Wesen der klassenlosen kommunistischen Zukunftsgesellschaft, in welcher Staat und Religion absterben. Alles in allem somit ein sozialisierter und demokratisierter Humanismus, oder eben ein humaner Sozialismus und eine humane soziale Demokratie.

Zu diesem sozialpolitischen Programm sei nur kurz vermerkt: Wichtige *Elemente der Marxschen Gesellschaftstheorie* sind auch im Westen allgemein *übernommen* worden[81]! Überall wird heute der Mensch, ganz anders als im individualistischen Liberalismus, in seiner Gesellschaftlichkeit gesehen. Ganz anders als im idealistischen Denken konzentriert man sich auf die konkret zu ändernde gesellschaftliche Wirklichkeit, auf die faktische Entfremdung des Menschen in unmenschlichen Verhältnissen, auf die Notwendigkeit der Bewahrheitung jeder Theorie in der Praxis. Die zentrale Bedeutung der Arbeit und des Arbeitsprozesses für die Entwicklung der Menschheit und der Menschlichkeit wird gesehen und der Einfluß der ökonomischen Faktoren auf die Geschichte der Ideen und Ideologien bis ins Detail untersucht. Die weltgeschichtliche Relevanz des Aufstiegs der Arbeiterklasse im Zusammenhang mit sozialistischen Ideen wird auch im Westen anerkannt. Und auch Nichtmarxisten ließen sich für die Widersprüche und strukturellen Ungerechtigkeiten des kapitalistischen Wirtschaftssystems sensibilisieren und benutzen für ihre Analysen das von Marx bereitgestellte kritische Instrumentarium. So ist denn der uneingeschränkte Wirtschaftsliberalismus der Zeit von Marx und Engels, der »Manchester-Liberalismus« mit seinem Laisser-faire, für den die Bedürfnisbefriedigung Mittel zur eigennützigen Gewinnmaximierung und der Staat nur ein Nachtwächterstaat ist, weithin durch sozialere Wirtschafts- und Gesellschaftsformen (mit freilich immer stärkerer Staatsintervention) abgelöst worden.

Wo immer Freiheit der Kritik besteht und der Marxismus nicht als dogmatisches System herrscht, erkennt man heute freilich auch die *Schwächen der Marxschen Gesellschafts- und Geschichtstheorie*, insofern sie, wie leider in allen kommunistischen Staaten, eine Totalerklärung der Wirklichkeit und eine atheistische Weltanschauung sein will[82]. Es sind keine »bürgerlichen« Vorurteile, wenn man einfach sachlich feststellt: Marx täuschte sich in der Grundannahme, daß die Lage des Proletariats ohne Revolution nicht verbessert werden könne. Er erkannte nicht die neuen Möglichkeiten der Gewerkschaftsbewegung, die Verbesserung der Arbeitsbedingungen durch neue technische Produktionsmethoden, die sozialen Interventionsmöglichkeiten des Staates (Wohlfahrtsstaat) und was sonst alles die Einkommenslage der Arbeiterschaft verbesserte und diese faktisch verbürgerlichte (Marx verwertete nie eine Lohnstatistik). Bei aller (teilweisen) Akkumulation des Kapitals (nationale und multinationale Konzerne) hat sich so die Marxsche Vorstellung von einer fortschreitenden Proletarisierung der Arbeiterschaft in einer riesigen revolutionären Reservearmee, aus deren dialektischem Umschlag die Revolution als Übergang zum Sozialismus, dann zum Kommunismus und zum Reich der Freiheit notwendig hervorgehen sollte, in der Praxis nicht bewahrheitet. Die dieser Vorstellung zugrundeliegende Theorie vom Mehrwert (vom Arbeiter erarbeitet, vom Kapitalisten abgeschöpft) – zumindest für den Vulgärmarxismus der Eckpfeiler der Marxschen Ökonomie – wird von orthodoxen Marxisten zwar noch repetiert, von anderen marxistischen Ökonomen aber kritisiert und von nichtmarxistischen überhaupt abgelehnt. Die Theorie vom Kampf zweier Klassen hat sich als Interpretationsschema für den Ablauf der Menschheitsgeschichte und erst recht für die Analyse der komplexen Gesellschaftsschichtung der Gegenwart – verbürgerlichtes Proletariat, Bestehenbleiben alter Mittelklassen (die von Marx in seiner Theorie vernachlässigte Bauernschaft, das Handwerk) und Entstehen neuer (Facharbeiter, leitende Angestellte) – als zu einfach erwiesen. Die ökonomische Geschichtsauffassung des historischen Materialismus beruht faktisch zu einem nicht geringen Teil auf nachträglichen, künstlichen Geschichtskonstruktionen und falschen Voraussetzungen[83]. Und dies betrifft nicht zuletzt die Frage der Religion. Ist gerade dieser Atheismus, der sich so selbstverständlich und selbstsicher gibt, wirklich begründet?

Ist Religion Menschenwerk?

Historisch-biographisch hat sich klar gezeigt: Für Marx stellte sich zuerst die Gottesfrage und erst dann die soziale Frage. Nicht das Elend des Proletariats, sondern das der linken hegelianischen Philosophie ist für diesen Atheismus verantwortlich. Marx' Atheismus gründet nicht in seinem Sozialismus und Kommunismus, sondern geht ihnen voraus. Die atheistische Religionskritik ist auch für ihn ganz persönlich die Voraussetzung aller Kritik. Die *entscheidenden Argumente für seinen Atheismus* hat Marx im wesentlichen *von Feuerbach übernommen.* Er war der festen Überzeugung, daß mit Feuerbach die Religionskritik bereits abgeschlossen und der Atheismus theoretisch solide etabliert sei. In der Begründung des Atheismus geht der Religionskritiker Marx über den Religionskritiker Feuerbach nicht wesentlich hinaus.

Das bedeutet nun aber für die Kritik des Marxschen Atheismus: Die Gründe, die gegen Feuerbachs Atheismus, insbesondere gegen seine psychologischen und geschichtsphilosophischen Beweisgänge, angeführt werden mußten, treffen auch für den Atheismus von Marx zu. Und insofern sich der Atheismus Feuerbachs als eine letztlich nicht stringent begründete Hypothese erwiesen hat, muß nun auch der Atheismus von Marx als eine letztlich *nicht stringent begründete Hypothese* erscheinen.

Nun hat Marx freilich hinter Feuerbachs psychologische Projektionshypothese zurückgefragt und sie sozialpsychologisch auf ihre gesellschaftlichen Bedingungen hin überprüft. Er hat so diese Hypothese zunächst politisch-humanistisch und dann politisch-ökonomisch vertiefen können. Aber auch er hat die Projektionstheorie dadurch nicht eigenständig begründet. Denn: Marx hatte ja *unter Voraussetzung* dieser (von Feuerbach scheinbar unwiderlegbar begründeten) Projektionstheorie gefragt und aufgezeigt, wie sie politisch-humanistisch-ökonomisch erklärt werden könne. Und gerade diese atheistische Voraussetzung hatte sich schon bei Feuerbach als letztlich nicht begründet erwiesen.

Marx hat das unbestreitbare Verdienst, herausgearbeitet zu haben, wie sehr es ökonomische Veränderungen sind, die die Welt bewegen; wie sehr die Entwicklung der Technologie und neuer Produktionsverhältnisse für die reale Entfremdung des Menschen und besonders des modernen Lohnarbeiters verantwortlich ist; wie groß überhaupt der Einfluß der Ökonomie auf die Ideengeschichte und auch auf die Religionsgeschichte ist. Aber wir sahen im Zusammenhang mit *Feuerbach* deutlich: Aus dem unbestreitbaren Einfluß *psychologischer Faktoren* auf Religion und Gottesbegriff folgt noch nichts für die Existenz oder Nichtexistenz Gottes! Und so bedarf es eigentlich keiner weiteren Erklärung, wenn wir jetzt in bezug auf *Marx* ganz entsprechend sagen: Aus dem unbestreitbaren Einfluß *ökonomisch-gesellschaftlicher Faktoren* auf Religion und Gottesbegriff *folgt ebenfalls noch nichts für die Existenz oder Nichtexistenz Gottes*!

Es sei aber doch kurz untersucht, was es bedeutet: »*Der Mensch macht die Religion*«. Marx hat seinen Begriff von Religion nie definiert. Zuzugeben ist: Der Satz stimmt, wenn mit »Religion« die religiösen Vorstellungen und Lebensformen, also die menschlichen Lehren, Dogmen, Gebete und Lieder, die Riten und Ordnungen gemeint sind. Aber: stimmt er auch, wenn mit »Religion« der zentrale Inhalt, die eigentliche Sache der Religion, also Gott selbst, gemeint ist? Der Mensch macht sich seine Gottes-Vorstellungen (und Welt-Vorstellungen); aber macht er sich damit Gott selbst (die Welt selbst)? Hieße das nicht, aus der Idee Gottes statt auf die Existenz jetzt auf die Nicht-Existenz Gottes zu schließen: gleichsam ein negativer ontologischer Gottesbeweis?

Gewiß, der Mensch denkt Gott, macht sich Vorstellungen, Bilder, Begriffe von ihm. Aber damit ist noch nicht bewiesen, daß Gott *nur* ein Produkt menschlichen Denkens und Vorstellens ist. Zugegeben: Gottesvorstellungen sind Menschenwerk. Aber damit ist doch nicht bewiesen, daß Gott selbst Menschenwerk ist. Zugegeben: Gottesvorstellungen wechseln mit den ökonomischen Verhältnissen, und insofern ist Gott ein »Widerschein« des Menschen. Aber damit ist noch keineswegs bewiesen, daß Gott nichts als Schein ist.

Auch wenn bewiesen werden kann (was heute tatsächlich besser als zur Zeit Engels möglich ist), daß das Gottesbild einer antik-hellenistischen, feudalen oder bürgerlichen Gesellschaft wesentlich hellenistisch, feudal oder bürgerlich bestimmt, gefärbt, geprägt ist, so folgt daraus keineswegs, daß dieses Bild reine Illusion, dieser Gottesbegriff nur Projektion, dieser Gott ein Nichts ist. Vielleicht ist Gott ganz anders, und zu jeder Zeit ist ja auch ein ganz anderer als der »herrschende« Gott verkündet worden. Trotzdem kann er – vielleicht doch – existieren! Vielleicht existiert er in der Tat wirklich nicht, aber allein aus dem Einfluß ökonomisch-sozialer Faktoren auf Gottesbild und Gottesbegriff folgt dies noch keineswegs zwingend. *Die Frage* – auch hier darf das Gegenargument nicht zugunsten der Existenz Gottes überzogen werden – *muß folglich offen bleiben.* Der Atheismus von Marx, der vor aller ökonomischen Kritik bereits feststand, erweist sich ebenfalls als reine Hypothese, als unbewiesenes Postulat, als dogmatischer Anspruch.

Im Grunde war Marx von Anfang an – Erziehung und Bildungsgang zeigen es – nie sehr an Wesen und Selbstverständnis der Religion, des Judentums oder des Christentums, interessiert. Ihn interessierte im Grunde lediglich – und auch dies eigentlich nur während seiner Berliner, Pariser und Brüsseler Zeit intensiv –, welche Rolle die Religion im gesellschaftlichen Prozeß faktisch spielt. Sein geringes theologisches und religionsphilosophisch-religionsgeschichtliches Wissen stand denn auch in keinem Verhältnis zur ungeheuren Tragweite seiner Kritik. Sonst wäre gewiß auch er schon der Frage nachgegangen, die dann Max Weber und andere Religionssoziologen gründlich untersucht haben: ob denn neben allem Einfluß der ökonomisch-gesellschaftlichen Basis auf den religiösen »Überbau« nicht vielleicht auch umgekehrt ein Einfluß der Religion auf die ökonomisch-gesellschaftliche Basis festzustellen sei.

Feuerbach hatte seine Religionskritik zweifellos unvergleichlich gründlicher entwickelt, als Marx dies in seinen zwar programmatischen, aber weniger argumentativen als proklamatorisch-plakativen Äußerungen tat. Doch Marx hatte – angesichts der auch durch Religion und Kirche ausgebeuteten Arbeiterklasse – den Vorteil größerer Anschaulichkeit und damit der unmittelbaren, lebensnahen Plausibilität. Die geschliffene Brillanz seiner Sprache und die dialektische Geschärftheit seiner Gedanken gaben ihm Überlegenheit über Freunde und Feinde. Vor allem war seine Auffassung von Religion mit einer großen Geschichtsschau verbunden, die ihre suggestive Kraft weniger aus konkreter historischer Forschung als aus der materialistisch umgestülpten weltgeschichtlichen Dialektik Hegels bezogen hatte. So ist denn zu fragen:

Stand Marx nicht derart *im Banne Hegels,* daß gerade deshalb die Frage der Begründung seines dialektischen und historischen Materialismus gar nicht aufkommen konnte? Offensichtlich genügte ihm als Wahrheitsbeweis schon, daß es ihm im Anschluß an Feuerbach gelang, Hegels gewaltiges idealistisches Denksystem materialistisch »vom Kopf auf die Füße«[84] zu stellen, was nach ihm den unaufhaltsamen »Verwesungsprozeß des absoluten Geistes« gleichsam automatisch zur Folge haben mußte, als ob mit Hegels Philosophie auch schon der Gottesglaube überwunden sei.

Fühlte sich Marx nicht schon deshalb auf dem richtigen Weg, weil er sich durch das *von den Junghegelianern geprägte Zeitbewußtsein* gedeckt sah? Marx konnte sich für seinen Atheismus entscheidend auf Feuerbach und eigene praktische Erfahrungen berufen. Und Engels hat erst Jahrzehnte später eine nachträgliche weltanschauliche Begründung für etwas zu liefern versucht, was von vornherein unwiderruflich beschlossen war.

Marx hatte also diesen materialistischen Atheismus als Prophet in wissenschaftlichem Gewande mehr proklamiert und verkündigt denn als Wissenschaftler streng rational begründet: hier und da einige wenige Sätze, die »Deutsche Ideologie« unveröffentlicht, und, als einzige etwas längere Ausführungen, die wenigen Seiten aus der »Kritik der Hegelschen Rechtsphilosophie« und aus der »Kritik der politischen Ökonomie«. Marx anerkannte zu Recht die ökonomische Bedingtheit der Wirklichkeit von Mensch und Welt – auch und gerade von Politik, Kunst, Literatur, Wissenschaft, Technik, Recht, Moral, Philosophie, Religion (des sogenannten »Überbaus«). Aber zu Unrecht machte er daraus einen weltanschaulichen Ökonomismus: der ökonomische Aspekt verabsolutiert als Totalerklärung der Wirklichkeit, die sich aber ebensowenig kohärent durchführen ließ wie die apriorisch konstruierten »notwendigen« Systeme des Idealismus, den er nur umkehrte. So war in Marx schließlich und endlich immer wieder der utopische Revolutionär stärker als der realistische wissenschaftliche Analytiker. Und dies gilt insbesondere vom Bild der Zukunft, das er entworfen hat: einer Zukunft ohne Religion.

Zukunft ohne Religion?

So scharfsinnig und realistisch Marxens Analysen der Gesellschaft seiner Gegenwart oft waren, so sehr erwiesen sich bald die meisten seiner Prognosen für eine Gesellschaft der Zukunft als schief, unrealistisch, ja falsch: die Betrachtung des Horizonts der Marxschen Religionskritik hat uns dies bereits gezeigt. So sind seine Prognosen für die Zukunft gerade auch der Religion von vornherein belastet. Man fragt sich, ob nicht vielleicht auch hier revolutionäre Ideologie und revolutionärer Wille die wissenschaftlichen Analysen und Entscheidungen von Marx allzu sehr beeinflußt haben.

Wie soll diese zukünftige religionslose sozialistische Gesellschaft ausse-

hen? Gewiß, nach Marx nicht wie ein Paradies auf Erden, von dem Lenin gesprochen hat, nicht wie eine Art Schlaraffenland ohne existentielle menschliche Probleme. Wohl aber ein Reich der Freiheit und der menschlichen Selbstverwirklichung, wo es bei allen individuellen Besonderheiten keine prinzipielle Ungleichheit und Unterdrückung von Menschen, Klassen und Völkern gibt, wo die Ausbeutung der Menschen durch Menschen ein Ende hat, so daß der Staat seine politische Funktion als Kontrollmacht verlieren kann und Religion überflüssig wird.

So weit die Idee. Aber es ist offensichtlich: so zwingend oft Marxens Diagnose, so wenig zwingend seine Therapie. Exakte Angaben über die Zukunft verweigert er in seinen veröffentlichten Schriften. Was ihn allein zu interessieren scheint, ist das unmittelbar durch Revolution zu Erreichende: die radikale Abschaffung des Privateigentums und der Arbeitsteilung und damit die radikale Umwälzung der gesellschaftlichen Verhältnisse. Aber was dann?

Marx hat den Sozialismus vor ihm, den »rohen Kommunismus«, und dessen ideale Auffassung vom Menschen als utopisch, als undurchführbar disqualifiziert: Wie sollte man denn je gesellschaftlich veränderte Verhältnisse ohne einen veränderten, neuen Menschen schaffen wollen, der in freier, universeller Tätigkeit sein Menschsein voll entfalten und mit anderen vernünftige menschliche Beziehungen unterhalten kann? Aber fragt man dann im Anschluß an all die glanzvollen Gesellschaftsanalysen nach diesen veränderten gesellschaftlichen Verhältnissen selbst, erhält man statt konkreter gesellschaftspolitischer Entwürfe, Modelle, Pläne, gar Details, höchst abstrakte, unbestimmte, vage, ja *utopisch-schwärmerische Antworten.*

Man höre eine dieser Antworten aus den damals nicht veröffentlichten Pariser Manuskripten: »Gesetzt, wir hätten als Menschen produziert: Jeder von uns hätte in seiner Produktion sich selbst und den anderen doppelt bejaht! Ich hätte 1. in meiner Produktion meine Individualität, ihre Eigentümlichkeit vergegenständlicht und daher sowohl während der Tätigkeit eine individuelle Lebensäußerung genossen, als im Anschauen des Gegenstandes die individuelle Freude, meine Persönlichkeit als gegenständliche, sinnlich anschaubare, und darum über allen Zweifel erhabene Macht zu wissen. 2. In deinem Genuß oder deinem Gebrauch meines Produkts hätte ich unmittelbar den Genuß, sowohl des Bewußtseins, in meiner Arbeit ein menschliches Bedürfnis befriedigt, als das menschliche Wesen vergegenständlicht und daher dem Bedürfnis eines anderen menschlichen Wesens seinen entsprechenden Gegenstand verschafft zu haben. 3. Für dich der Mittler zwischen dir und der Gattung gewesen zu sein, also von dir selbst als eine Ergänzung deines eigenen Wesens und als ein notwendiger Teil deiner selbst gewußt und empfunden zu werden, also sowohl in deinem Denken wie in deiner Liebe mich bestätigt zu wissen, 4. in meiner individuellen Lebensäußerung unmittelbar deine Lebensäußerung geschaffen zu haben, also in meiner individuellen Tätigkeit unmittelbar mein wahres Wesen, mein menschliches, mein Gemeinwesen bestätigt und verwirklicht zu haben. – Unsere Produktionen wären ebenso viele Spiegel, woraus unser Wesen sich entgegenleuchtete[85].«

Noch deutlicher wird der unrealistische, rein utopische Charakter dieser gottlosen Zukunft aus einem Text der damals ebenfalls nicht veröffentlichten »Deutschen Ideologie«: In der durch Arbeitsteilung bedingten Klassengesellschaft »hat jeder einen bestimmten ausschließlichen Kreis der Tätigkeit, der ihm aufgedrängt wird, aus dem er nicht heraus kann; er ist Jäger, Fischer oder Hirt oder kritischer Kritiker und muß es bleiben, wenn er nicht die Mittel zum Leben verlieren will – während in der kommunistischen Gesellschaft, wo jeder nicht einen ausschließlichen Kreis der Tätigkeit hat, sondern sich in jedem beliebigen Zweige ausbilden kann, die Gesellschaft die allgemeine Produktion regelt und mir eben dadurch möglich macht, heute dies, morgen jenes zu tun, morgens zu jagen, nachmittags zu fischen, abends Viehzucht zu treiben, nach dem Essen zu kritisieren, wie ich gerade Lust habe, ohne je Jäger, Fischer, Hirt oder Kritiker zu werden[86].«

Auch später hat Karl Marx – in freilich allgemeineren Formulierungen – an dieser Utopie einer neuen »humanen Gesellschaft« festgehalten, in denen, wie wir hörten, die Menschen »tagtäglich durchsichtige vernünftige Beziehungen zueinander und zur Natur darstellen«, so daß der »religiöse Widerschein der wirklichen Welt ... verschwinden« kann[87]. Im Kommunistischen Manifest heißt es: »An die Stelle der alten bürgerlichen Gesellschaft mit ihren Klassen und Klassengegensätzen tritt eine Assoziation, worin die freie Entwicklung eines jeden die Bedingung für die freie Entwicklung aller ist[88].«

Man fragt sich: *Warum* konnte der realistische Analytiker Marx zu einer so unrealistisch-optimistischen Zukunftsutopie kommen[89]? Diese Utopie erklärt sich nicht nur daraus, daß der prophetische Revolutionär hier den nüchternen Wissenschaftler überspielt hat. Vielmehr ist offensichtlich, daß Marx gerade bei seinen wahrhaftig nicht einfach falschen Analysen im *Kapitalismus* nur die *negativen* Tendenzen ernstnahm, die er dann radikalisierend und dramatisierend in die Zukunft extrapolierte, daß er aber beim *Sozialismus* umgekehrt nur die *positiven* Aspekte wahrnahm. Konkret:

a. Es wird ihm zufolge die *Entwicklung der Technologie* einerseits den Kapitalismus in eine katastrophale Krise führen und andererseits dem Sozialismus in den Großunternehmen fertige Gebilde einer hochkollektivierten Planung und Führung bereitstellen, die in der Revolution vom Proletariat nur übernommen zu werden brauchen, so daß dann – ohne Abschöpfung des Mehrwerts – genug produziert werden wird, um alle Bedürfnisse befriedigen zu können.

b. Zugleich wird aber eine *Veränderung des moralischen Wesens* des Menschen stattfinden: Durch die sozialistische Revolution werden die infolge der kapitalistischen Gesellschaft aufs höchste gesteigerten Klassengegensätze und die damit verbundene Entfremdung des Menschen aufgehoben und so das Wesen des Menschen dergestalt verändert, daß der neue sozialistische Mensch freiwillig so viel leistet, als er zu leisten fähig ist, und zugleich nicht mehr beansprucht, als er braucht. Das Prinzip also: Jeder nach seinen Fähigkeiten, jedem nach seinen Bedürfnissen!

Auf diese Weise vermag Marx – in seinem optimistischen Glauben an einen guten, aber durch gesellschaftliche Einflüsse verdorbenen Menschen ein Spätaufklärer – jene Zukunftsutopie zu entwickeln, welche die Utopien der von ihm kritisierten »utopischen« Sozialisten, die zur Gewährleistung der Ordnung immerhin neue Institutionen erfanden, noch übertrifft: *Überflüssigkeit des Staates*, der als Produkt der Klassenkämpfe mit den Klassenkämpfen in der letzten Stufe, im Kommunismus, verschwindet; *Überflüssigkeit der Religion*, die als Produkt und sichtbarer Ausdruck der ökonomisch-sozialen Entfremdung mit der Aufhebung der Entfremdung ebenfalls verschwindet.

Verheißung ohne Erfüllung?

Was die Religion betrifft, so fragt man sich zunächst rein hypothetisch: Marx hat die Funktion der Religion innerhalb der bürgerlichen, kapitalistischen Gesellschaft des 19. Jahrhunderts analysiert. Wie aber steht es um die Religion in einer nach-bürgerlichen, sozialistischen Gesellschaft? Für Marx ist klar: In der nachbürgerlich-sozialistischen Gesellschaft, nach Aufhebung von Privateigentum und Klassengegensätzen, wird es Religion nicht mehr geben. Doch Gegenfrage: Ist es nicht eine von vornherein gewagte und wenig gesicherte Extrapolation, auf ein Absterben der Religion auch unter völlig verschiedenen gesellschaftlichen Bedingungen zu schließen? Marx bekommt von daher die andere Hypothese, nämlich die Möglichkeit einer neuen Art von Religiosität und Christlichkeit in einer nachbürgerlich-sozialistischen Gesellschaft – was heutigen Marxisten sogar die Versöhnung von Christentum und Sozialismus möglich erscheinen läßt – überhaupt nicht in den Blick. Die These vom Ableben der Religion steht so bei Marx von vornherein unter dem Verdacht, keine wissenschaftliche Prognose, sondern eine willkürliche Setzung zu sein. Wunschdenken? Aber sehen wir genauer zu.

In seiner einseitigen Extrapolation einer staats- und religionslosen Zukunft hat Marx tatsächlich *übersehen*:

a. Gerade die hochentwickelte Technologie und hochkomplizierte moderne Wissenschaft erfordern in einem noch vermehrten Maß Arbeitsteilung, Über- und Unterordnung, Strukturierung der Gesellschaft und damit eine Rechtsordnung und einen Staat als deren Garanten.

b. Auch in einer kommunistischen Gesellschaft bleibt der Mensch Mensch:

Seine immer noch vorhandene Entfremdung, Schwäche und Bosheit sind offensichtlich nicht nur Ergebnis von Privateigentum und Klassenkampf, und seine Religion ist möglicherweise auch nicht nur Folge seiner ökonomisch-sozialen Entfremdung. Das zu sehen, schließt Kampf für Humanität in einer unter Entfremdung leidenden Gesellschaft nicht aus, läßt aber von vornherein mit den Grenzen rechnen, die jede Reform oder Revolution am Menschen selbst findet. Die Frage bricht hier auf: Kann der Mensch selbst den Menschen zum Menschen machen, oder braucht es dazu mehr als den Menschen? Kommt das »Reich der Freiheit« als Reich evolutionärer oder revolutionärer Selbstvervollkommnung des Menschen oder als – Reich Gottes?

Marx hat das Hereinbrechen des neuen »Reiches der Freiheit« für seine Gegenwart erwartet. Aber auch diese *»Naherwartung« wurde enttäuscht*. Der von Marx möglicherweise schon für 1848, dann für die fünfziger, dann für die siebziger Jahre erwartete und schließlich von Engels für die Jahrhundertwende prophezeite Zusammenbruch des kapitalistischen Systems gerade in den höchstindustrialisierten Ländern (England und Deutschland), aus welchem die kommunistische Produktionsweise im revolutionären dialektischen Umschlag hervorgehen sollte, ist nicht eingetreten. Im Gegenteil: Die sozialistische Revolution konnte sich bezeichnenderweise nur in zurückgebliebenen agrarischen Ländern – und hier weniger durch das Industrieproletariat als durch Intellektuelle und Bauern – durchsetzen, und auch dies nur mit Gewalt und Terror. Sie wird in den meisten Ostblockstaaten nur mit sowjetischer Militärgewalt aufrechterhalten.

Der »Kapitalismus« – ein vieldeutiges Wort – jedoch hat sich bei allen bleibenden schweren Defekten als in hohem Ausmaß korrigierbar erwiesen. Er hat nicht nur die empirische Sozialanalyse und damit ein System von Kontrolle und Korrektur geschaffen, sondern zugleich weittragende soziale Reformen, angefangen vom Kinderarbeitsverbot bis hin zur gesetzlichen Altersversorgung und zu verschiedenartigen Formen von Mitbestimmung, verwirklicht. Durch dieses »Netz sozialer Sicherungen« konnten weiteste Bevölkerungsschichten vom Armutsdruck befreit und zu einem relativ gesicherten, ja früher unvorstellbaren Wohlstand geführt werden. Sachgemäßer als von »Kapitalismus« spricht man heute von »sozialer Marktwirtschaft« (im Gegensatz zu »sozialistischer Planwirtschaft«).

Wie immer: bisher wurde weder im Westen noch im Osten, weder in der wissenschaftlichen Theorie noch in der politischen Praxis ein anderes Wirtschafts- und Gesellschaftssystem entwickelt, das die Mängel der Marktwirtschaft beseitigte, ohne andere, schlimmere Übel zu erzeugen: Weder die orthodoxe zentrale Planwirtschaft noch eine Rätedemokratie noch erst recht jene kurzlebigen und kurzgeschlossenen ökonomischen Leer- und Wunschformeln einzelner Radikaler haben den Nachweis erbracht, daß sie Freiheit und Demokratie, Gerechtigkeit und Wohlstand besser zu garantieren vermögen[90]. Nirgendwo zeichnet sich am Horizont die Heraufkunft der klassenlosen freien kommunistischen Gesellschaft ab, nirgendwo ein Absterben des Staates, nirgendwo aber auch ein Absterben der Religion.

Nirgendwo ein Absterben des Staates: In noch ganz anderer Weise als in den westlichen Demokratien droht in der kommunistischen Gesellschaft die Übermacht des Staates: durch die Identifikation von Staat und Partei ein sozialistischer Etatismus mit Staatskapitalismus und einer »neuen Klasse« von Parteifunktionären auf Kosten der arbeitenden Bevölkerung. »Im Kapitalismus herrscht die Ausbeutung des Menschen durch den Menschen«, sagt ein im Osten weitverbreitetes ernstes Scherzwort, »im Sozialismus aber ist es umgekehrt«. Die Individuen werden mit Berufung auf ein fernes, künftiges Glück der Menschheit vertröstet und in der »Zwischenzeit« in einem unbarmherzigen System mit harten Arbeits- und Leistungsnormen auf Steigerung von Produktionsziffern, Planerfüllung, Planübererfüllung verpflichtet. Die Zeitungen im »Paradies der Arbeiterklasse« sind bis zum Überdruß voll davon. *Vor* der kommunistischen Revolution konnte man sich in der Tat ernsthaft fragen: die *Religion* – das Opium des Volkes? Jetzt aber, 60 Jahre *nach* geschehener kommunistischer Revolution, wird man sich ehrlicherweise auch umgekehrt fragen müssen: die *Revolution* – das Opium des Volkes[91]?

Nirgendwo ein Absterben der Religion: Gerade durch die Entwicklung in den sozialistischen Staaten wurde Marx in seiner von Feuerbach inspirierten Utopie eines »Absterbens der Religion« nach der Revolution gründlich desavouiert. Ohne Vertrauen in ein solches automatisches »Absterben« wurde der militant-aggressive Atheismus in Doktrin und Praxis der Kommunistischen Partei der Sowjetunion und anderer kommunistischer Parteien aufgenommen und Religion und Kirchen dem auf Ausrottung zielenden stalinistischen Terror und der nachstalinistischen Repression ausgesetzt. Die Nachfolger Stalins haben den Kampf gegen die Religion nicht nur nicht aufgegeben, sondern, unauffällig für das Ausland, intensiviert und verfeinert. Die religionsfeindliche stalinistische Gesetzgebung blieb in Kraft, die antireligiöse Propaganda wurde reorganisiert, die atheistische Erziehung verschärft: noch immer Verbot des Religionsunterrichtes für Jugendliche auch in den Gemeinden, Atheismus als Pflichtfach für Universitäten und Hochschulen, Schließung von immer noch mehr Kirchen, Schließung der Priesterseminare bis auf drei . . . Diese »chronique scandaleuse« der Kommunistischen Partei der Sowjetunion ließe sich beliebig fortsetzen: eine in diesem Ausmaß in der Geschichte beispiellose Verletzung der Menschenrechte! Der »Fastenbrief« von Alexander Solschenizyn an den Moskauer Patriarchen 1972[92] zeugt von der anhaltend schlimmen Situation der Christen in der Sowjetunion ebenso wie der Brief der beiden russisch-orthodoxen Priester an die Vollversammlung des Weltkirchenrates in Nairobi 1975, die damit endlich eine – freilich weder Roß noch Reiter nennende – Stellungnahme des Weltkirchenrates zur Lage der Christen in der Sowjetunion zu provozieren vermochten, sich persönlich jedoch sofortige Strafmaßnahmen eingehandelt haben.

Und trotz allem: 60 Jahre nach der Oktoberrevolution, nach unbeschreiblichen Verfolgungen und direkten wie indirekten Schikanen gegenüber Kirchen und Einzelnen ist das Christentum in der Sowjetunion eine eher wachsende als abnehmende Größe: Nach neuesten (wohl vielfach überhöhten) Angaben soll sogar jeder dritte Russe (Russen stellen etwa die Hälfte aller Sowjetbürger) und jeder fünfte erwachsene Sowjetmensch in irgendeiner Form praktizierender Christ sein[93]. Die Sowjetgesellschaft ist bestimmt nicht jene sozialistische Gesellschaft, auf die Karl Marx gewartet hatte.

»Es gibt kaum etwas, das so oft totgesagt wurde wie die Religion«, sagt der Religionssoziologe Thomas Luckmann: »Zweifellos ist es wahr, daß in der Geschichte der Menschheit verschiedene Religionen gekommen – und dann wieder gegangen sind. Aber in allen Gesellschaften, von der archaischsten bis zur modernsten, hat es sozial geformte, mehr oder minder verfestigte, mehr oder minder obligate Symbolsysteme gegeben, die Weltorientierung, Legitimierung natürlicher und gesellschaftlicher Ordnungen und den Einzelnen transzendierende (z. B. familien- oder sippenbezogene) Sinngebungen mit praktischen Anleitungen zur Lebensführung und biographischen Verpflichtungen verbanden – allerdings in jeweils sehr verschiedenen Dosierungen. Religion in *diesem* Sinn, als ›gesellschaftliches Produkt‹, als ›Bewußtsein der Transzendenz, das hervorgeht aus dem wirklichen Wissen‹, um zwei auf Religion bezogene Formulierungen von Marx zu übernehmen, ist fälschlicherweise für tot erklärt worden. Religion in *diesem* Sinn ist offenbar doch nicht – wie Marx annahm – an eine bestimmte Gesellschaftsform gebunden[94].«

Für uns freilich stellt sich von hier aus die weitere Frage: Ist damit schon alles gesagt, was heute über Marx und Religion zu sagen ist?

3. *Kein Zurück hinter Marx*

Der Atheismus von Marx erscheint ebenso wie der Feuerbachs unbegründet. Aber ist deshalb seine Religionskritik schon erledigt? Keineswegs! Dafür enthält sie viel zu viel Wahres. Besser denn als leicht zu durchschauendes und zu durchschreitendes Zwischenstadium wird man auch sie als einen den Gottesglauben ständig begleitenden, mahnenden dunklen Schatten verstehen.

Was bleibt von Marxens Religionskritik?

Die weitgehende *Berechtigung der Marxschen Religionskritik* erhellt schon aus dem bisherigen Gang unserer Darlegungen: Wir haben bereits im Zusammenhang mit Pascal[95] gesehen, wie sehr sich auch engagierte Christen in einer Zeit des ständigen politischen Mißbrauchs der Religion für nackte Machtinteressen mehr um die individuelle als um die soziale Misere des Menschen Gedanken gemacht haben. Stimmt es denn nicht, daß Theologie und Kirche sich mehr um die Niedrigkeit und das Sünderelend des menschlichen Individuums als um die Erniedrigung, Versklavung und Verelendung ganzer Schichten kümmerten? Daß sie sich mehr zu einer sozial irrelevanten Nächstenliebe als zur politischen Aufklärung und Aktion verpflichtet fühlten? Haben wir nicht darauf hinweisen müssen, wie das Versagen insbesondere der katholischen Kirche vor den sozialpolitischen Problemen, denen man bestenfalls mit frommen Worten, Almosen und individueller Caritas begegnete, den Gottesglauben schon früh diskreditierte und wie im Zusammenhang der Französischen Revolution der Atheismus zum ersten Mal in der Weltgeschichte ein politisches Programm wurde: ein politisch motivierter militanter Atheismus zunächst bürgerlich-liberaler, aber dann auch proletarisch-sozialistischer Prägung?

Und zeigt das Christentum nicht gerade im 19. und noch im 20. Jahrhundert einen einseitig bürgerlichen Charakter? Erschien die herrschende Religion nicht weithin als die Religion der Herrschenden? War sie nicht eine Jenseitsvertröstung, eine Deformation des Bewußtseins, ein Schmücken der Ketten mit Blumen, anstatt sie zu zerbrechen? Versagten die offiziellen Kirchen im 19. Jahrhundert nicht vielfach vor den sozialen Problemen? Man lasse sich nicht täuschen: Es geht hier keineswegs nur um historische Reminiszenzen! Noch auf der katholischen Synode Deutschlands 1975 stritt man sich allen Ernstes darüber, ob die Kirche damals vor der Arbeiterfrage wirklich versagt habe[96].

Zwar nicht generell für die »sozialen Prinzipien«, wohl aber für bestimmte geschichtliche Ausformungen des Christentums war Marx – er hatte vor allem die preußische Staatskirche vor Augen – weithin zuzustimmen, wenn er am 12. September 1847 als Antwort auf einen sozialreformerischen Artikel des Magdeburger Konsistorialassessors H. Wagener in der Deutschen Brüsseler Zeitung schreibt:

»Die sozialen Prinzipien des Christentums haben jetzt achtzehnhundert Jahre Zeit gehabt, sich zu entwickeln, und bedürfen keiner ferneren Entwicklung durch preußische Konsistorialräte.

Die sozialen Prinzipien des Christentums haben die antike Sklaverei gerechtfertigt, die mittelalterliche Leibeigenschaft verherrlicht und verstehen sich ebenfalls im Notfall dazu, die Unterdrückung des Proletariats, wenn auch mit etwas jämmerlicher Miene, zu verteidigen.

Die sozialen Prinzipien des Christentums predigen die Notwendigkeit einer herrschenden und einer unterdrückten Klasse und haben für die letztere nur den frommen Wunsch, die erstere möge wohltätig sein.

Die sozialen Prinzipien des Christentums setzen die konsistorialrätliche Ausgleichung aller Infamien in den Himmel und rechtfertigen dadurch die Fortdauer dieser Infamien auf der Erde.
Die sozialen Prinzipien des Christentums erklären alle Niederträchtigkeiten der Unterdrücker gegen die Unterdrückten entweder für gerechte Strafe der Erbsünde und sonstigen Sünden oder für Prüfungen, die der Herr über die Erlösten nach seiner unendlichen Weisheit verhängt.
Die sozialen Prinzipien des Christentums predigen die Feigheit, die Selbstverachtung, die Erniedrigung, die Unterwürfigkeit, die Demut, kurz alle Eigenschaften der Kanaille, und das Proletariat, das sich nicht als Kanaille behandeln lassen will, hat seinen Mut, sein Selbstgefühl, seinen Stolz und seinen Unabhängigkeitssinn noch viel nötiger als sein Brot.
Die sozialen Prinzipien des Christentums sind duckmäuserig, und das Proletariat ist revolutionär[97].«

1848 war das Kommunistische Manifest veröffentlicht worden, erst 1891 erschien die erste päpstliche Sozialenzyklika: Leos XIII. »Rerum novarum cupidi«. Wie man dann in Anlehnung an den Titel der zweiten Sozialenzyklika, Pius' XI. »Quadragesimo anno« (1931), gesagt hat: »40 Jahre« zu spät! Die protestantischen Kirchen in Deutschland aber kamen großenteils noch später: Sie waren sozial weithin paralysiert durch das cäsaropapistische Staatskirchentum mit seiner Verbindung von Thron und Altar; durch die Verflochtenheit von Religion, Politik und Wirtschaft im aufsteigenden Kapitalismus; durch die politisch-religiöse Erziehung zu staatsbürgerlichen Tugenden wie Ruhe und Ordnung gegen alle Veränderung der angeblich gottgegebenen Gesellschaftsordnung; durch die individualistische, orthodox-pietistische Seelenheil-Frömmigkeit; durch die idealistische Intellektuellen-Theologie ohne Interesse für die realen Bedürfnisse des Lebens ... So erkannte die protestantische Kirche und Theologie ebenfalls kaum die Bedeutung der Industrialisierung, die epochale Heraufkunft des Proletariats und die Dringlichkeit der sozialen Frage.

Dies alles ist freilich gesagt, ohne die katholischen wie protestantischen Ausnahmen zu berücksichtigen, die in ihrer Rarität und in ihrem Außenseitertum nachgerade berühmt wurden und heute vielfach als Feigenblatt für das soziale Versagen der Kirchen und der Theologie in dieser Zeit herhalten müssen[98]. Freilich konnte auch Marx nicht übersehen, daß man sich, zunächst gerade innerhalb der weniger staatshörigen katholischen Kirche (Kulturkampf!), langsam der sozialen Verantwortung bewußt wurde. Und mit einigem Ärger vermerkt er zwei Jahrzehnte nach jenem Brüsseler Artikel unter dem Eindruck einer Reise durch Deutschland im Herbst 1869 in einem Brief an Engels: »Bei dieser Tour durch Belgien, Aufenthalt in Aachen und Fahrt den Rhein hinauf, habe ich mich überzeugt, daß energisch, speziell in den katholischen Gegenden, gegen die Pfaffen losgegangen werden muß. Ich werde in diesem Sinne durch die Internationale wirken. Die

Hunde kokettieren (z. B. Bischof Ketteler in Mainz, die Pfaffen auf dem Düsseldorfer Kongreß usw.), wo es passend scheint, mit der Arbeiterfrage. Wir haben in der Tat 1848 für sie gearbeitet, nur sie genossen die Früchte der Revolution während der Reaktionszeit[99].«

Dieses Zitat weist indirekt darauf hin: *Marxens Religionskritik ist bei aller Berechtigung einseitig.* Nach der Darstellung von Marx, der sich mit dem biblischen Gottes- und Menschenverständnis und der Botschaft Jesu Christi nie ernsthaft auseinandergesetzt hat und der sich folglich in den »sozialen Prinzipien des Christentums« überhaupt nicht auskannte (er war sogar bereit, an einen Kannibalismus der ersten Christengemeinden im Zusammenhang mit dem Abendmahl zu glauben![100]), erscheint das Christentum als eine rein von wirtschaftlichen und politischen Interessen bestimmte Herrschaftsideologie einer staatshörigen Kirche, die mit einer illusionären Jenseitsvertröstung die Rechtfertigung allen Unrechts im Diesseits verbindet. Das eigentliche, das spezifisch Christliche ist Marx sein Leben lang fremdgeblieben. Man kann das Christentum und die christliche Botschaft, man kann das Christsein und sogar die christliche Kirche auch völlig anders sehen[101]. Sicher ist: man darf das Christentum und seine »Prinzipien« nicht mit den kirchlichen Systemen des Byzantinismus, des mittelalterlichen römischen Katholizismus oder des protestantischen Staatskirchentums verwechseln. Und selbst da sind erhebliche soziale Leistungen zu verzeichnen: nicht nur im Hinblick auf Armenversorgung, Schulen, Alters- und Waisenheime, sondern auch schon im Hinblick auf die Urbarmachung großer Gebiete Mittel- und Osteuropas durch die Klöster sowie die Vermittlung antiker Landwirtschaft, Handwerkstechnik, aber auch Kunst, Literatur und Philosophie an das Mittelalter.

Marx jedoch schloß aus bestimmten Verhaltensweisen von Klerus, Theologie und Kirche auf das Wesen von Religion und Christentum: aus unbestreitbar weitverbreiteten Mißständen auf die Zustände, aus der Dysfunktion auf die Funktion von Religion überhaupt. Heute aber – und auch das ist ein Verdienst Marxscher Religionskritik – wird kein Christ ernsthaft bestreiten wollen:

Das Christentum, das den Schwachen tröstend und helfend beigestanden hat, darf nicht eine duckmäuserige Sklavenmoral sein.

Das Christentum, das noch längere Zeit die antike Sklaverei und dann auch wieder die germanische Leibeigenschaft geduldet hat, darf seinem Wesen nach Unterdrückung und Diskriminierung in keinem Fall rechtfertigen.

Das Christentum, das im Mittelalter mit den Feudalherren und im 19. Jahrhundert mit den Reichen gegangen ist, darf generell keine Interessenvertretung der jeweils Herrschenden mehr sein.

Das Christentum, das im 19. Jahrhundert die soziale Frage nicht ernsthaft angefaßt hat, darf grundsätzlich keine unsoziale Institution sein.

Das Christentum, das zweifellos wirtschaftliche Aspekte hat, muß keineswegs notwendigerweise ausschließlich Reflex und Produkt wirtschaftlicher Verhältnisse sein[102].

Die *Protestfunktion der Religion*, auf die Marx in seinem Aufsatz zur Hegelschen Rechtsphilosophie immerhin deutlich hingewiesen hatte, zu analysieren, hat ihn nie interessiert. Erst seine Schüler von Karl Kautsky bis Ernst Bloch haben das programmatisch getan – um in ihrem Marxismus das Christentum und sein revolutionäres Potential zu beerben. Es gibt unbestreitbar auch einen wirkmächtigen kritischen (und »utopischen«) Unterstrom in der Geschichte des Christentums: Christliche Impulse waren nicht nur für die soziale Verbesserung der niedrigen Schichten in Antike und Mittelalter von größter Bedeutung, sondern auch für die Bauernkriege und die Heraufkunft der modernen Industriegesellschaft. Und wie Marxens Bericht schon durchblicken läßt, wurden die sozialen Reformen, denen sich der orthodoxe Marxismus – auf die Verelendung des Proletariats und die Revolution spekulierend – prinzipiell verschlossen hatte, im 19. Jahrhundert zu einem nicht geringen Teil von verantwortungsbewußten christlichen Politikern und Klerikern vorgeschlagen und durchgesetzt. Auch die Opposition gegen ein Terrorregime wie den Nationalsozialismus (und heute den Kommunismus) wurde wesentlich von aktiven Christen mitgetragen. Ebenso stehen die Friedens- und Emanzipationsbewegungen des 20. Jahrhunderts (Bürgerrechtsbewegung in den Vereinigten Staaten, Frauenbewegung, nationale Unabhängigkeit in Afrika und Südamerika) weithin unter der Inspiration bekennender Christen. Solche Impulse für eine menschenwürdige Gesellschaft können auch in Zukunft das Angesicht des Christentums erneuern und es endlich »bis zur Kenntlichkeit« (Bloch) verändern. Um so mehr stellt sich in diesem Zusammenhang die Frage nach dem Verhältnis des Marxismus zum Atheismus und zum Christentum: Muß der Marxismus notwendig atheistisch sein? Kann ein Christ auch Marxist sein? Ist der Marxismus überhaupt korrigierbar?

Christentum und Marxismus

Neuerdings versucht man unter Neomarxisten, Marx, wie wir bereits sahen, durch *Feuerbach* zu korrigieren: Die von Marx bei Feuerbach vernachlässigten Elemente könnten danach geradezu ein *Korrektiv* bilden gegenüber einem totalitären und immer mehr technokratischen Marxismus. Auch wenn man nun der Sinnlichkeit als solcher wohl eher konservative als emanzipatorische Kraft zuschreiben wird (eher kommt der Moral eine emanzipatorische Kraft zu[103]), so wird man doch die Feuerbach-Interpretationen etwa Alfred Schmidts[104] (und in anderer Hinsicht auch die M. Bubers und K. Löwiths) unter zwei Gesichtspunkten bejahen können:

Einmal Feuerbachs Eintreten für die bei Marx entschieden zu kurz kommenden *nicht-verstandesmäßigen Kräfte des Menschen*: Herz, Phantasie, Liebe. Zu Recht nimmt Feuerbach die Sinnlichkeit und Leiblichkeit des Menschen, die Bedeutung des Du und der Mitmenschlichkeit sehr viel ernster als Marx: als notwendige Voraussetzung einer neuen Gesellschaft und einer neuen Freiheit.

Dann Feuerbachs *positive Wertung der außermenschlichen Natur*, die bei Marx nur Objekt der Herrschaft des Menschen und Material gesellschaftlicher Arbeit ist: Zu Recht sieht Feuerbach Natur und Freiheit nicht als feindlichen Gegensatz und betont die Versöhnung von Mensch und Natur. Eine bleibende Mahnung gegenüber aller Selbstüberschätzung der technologischen Gesellschaft, gegen die Trennung von Politik und Natur, Moral und Natur, gegen den Utilitarismus einer überdrehten Praxis, gegen die Zerstörung der natürlichen Lebensgrundlagen des Menschen und der menschlichen Gesellschaft.

Nur bleibt die *Frage*, die nun allerdings an Marx *und* Feuerbach zu stellen wäre: Müßte, um einen totalitären Marxismus zu korrigieren, neben den Fragen nach dem einzelnen Menschen und der Natur nicht auch die Frage nach dem Sinn, Grund, Halt des Ganzen (Mensch und Natur), also die Frage nach Gott, neu gestellt werden? Doch da hört man die dogmatische Antwort: Der Marxismus ist *notwendig atheistisch*. Stimmt das?

Das stimmt für den *orthodoxen Marxismus*. Für Marx und die marxistischen Klassiker Engels, Lenin, Stalin – in ihrem persönlichen Leben, in ihrer Bildung, in ihrem System und in ihrer Praxis – war und blieb der Atheismus von zentraler Bedeutung und wesentlich mit ihrer Gesellschafts- und Geschichtstheorie verbunden: Religion und Wissenschaft sind zwei einander ausschließende Methoden der Wirklichkeitserfassung, die beide nicht zugleich wahr sein können. So schreibt Lenin im Anschluß an Engels: »Wenn es eine objektive Wahrheit gibt (wie die Materialisten meinen), wenn nur die Naturwissenschaft allein, indem sie die Außenwelt in der menschlichen ›Erfahrung‹ abbildet, fähig ist, uns die objektive Wahrheit zu vermitteln, so ist damit jeglicher Fideismus unbedingt verworfen [105].« Zwar geht die ökonomische Entfremdung der religiösen sachlich-historisch voraus, aber die Überwindung der Entfremdung überhaupt muß mit der Erkenntnis der religiösen Entfremdung beginnen, also mit der atheistischen Religionskritik: »Die Kritik der Religion ist Voraussetzung aller Kritik«, schrieb Marx; auch für Lenin ist der Kampf gegen die Religion »das ABC des *gesamten* Materialismus und folglich auch des Marxismus« [106]. Die intellektuelle proletarische Elite, die die sozialistische Revolution vorbereitet und einleitet, muß atheistisch sein: Nach dem ökonomisch-politischen Umsturz wird der Atheismus der Massen folgen. Orthodoxer Marxismus ist deshalb notwendig atheistisch. Das ist nach wie vor der Standpunkt des offiziellen sowjetrussischen Marxismus-Leninismus wie des chinesischen Maoismus.

Stimmt das aber auch für einen *revidierten Marxismus*? Nichtatheistisch könnte ein revidierter Marxismus sein, der zwischen aufgebbaren und nicht aufgebbaren Elementen unterscheidet. Die Religionskritik ist dann nicht mehr die Voraussetzung aller Kritik: Sie wäre dann nicht mehr wie bei den atheistischen Klassikern ein zentraler Bestandteil des Marxismus, sondern ein modifizierbares Randgebiet. Ein solches – in Moskau als »revisionistisch« verschrieenes – Verständnis des Marxismus findet sich heute faktisch sogar bei einzelnen kommunistischen Parteien, bei einzelnen weniger orthodoxen Parteitheoretikern und nicht zuletzt in Europa und Südamerika bei denjenigen Kräften, die auf eine praktische Allianz zwischen Christen und Marxisten abzielen. Die kommunistische Partei Italiens etwa wendet sich wie andere eurokommunistische Parteien nicht nur gegen den katholischen Konfessionsstaat, sondern auch – zumindest aus wahltaktischen Gründen – gegen den sowjetischen Staatsatheismus und lädt auch gläubige Christen zum Parteieintritt ein, ohne auf ein Bekenntnis zum atheistischen Materialismus zu drängen. So gibt es denn heute verschiedene Marxdeutungen, neben der sowjetischen, maoistischen, hispano- oder italo-kommunistischen die sozialdemokratische, existentialistische, strukturalistische und schließlich neben allen atheistischen auch eine christliche Marxdeutung. Welcher »Marxismus« aber ist noch Marx-ismus?

Blickt man auf die soziale Lage der Arbeiterschaft gerade in südlichen, leider meist katholischen Ländern, versteht man, warum sich gerade hier viele aktive Christen, Laien und Priester, für den Marxismus einsetzen; warum es besonders in Südamerika eine starke Bewegung von »Christen für den Sozialismus« gibt; warum in Italien auf einer Versammlung von Arbeiterpriestern (140 in Modena 1976) die »Internationale« gesungen wird und der »Christus der Fabriken« als verschieden vom »Christus der Kurie« proklamiert wird, und so weiter. Hier wird ein Versagen der institutionellen Kirche, aber auch der »christlichen« Parteien deutlich! Der Marxismus erscheint sehr vielen Christen als einzige reale Hoffnung, um die unbeschreiblichen sozialen Mißstände dieser Länder zu beseitigen und eine gerechtere und menschlichere Gesellschaftsordnung heraufzuführen.

Kann also ein *Christ Marxist* sein, ja muß er es nicht sogar [107]? So vielen engagierten Christen auch in Zentraleuropa ist dieses »Muß« keine Frage mehr. Sie vollziehen heute bereits den zweiten Schritt auf dem Wege der Annäherung von Christentum und Sozialismus: vom »Dialog zum Bündnis« [108]. Trotzdem muß auch hier wiederum vor politischen Kurzschlüssen gewarnt werden [109]. Eine theologisch wie politisch zu rechtfertigende Antwort auf diese brisante Frage kann heute angesichts der gesellschaftspolitischen und theologischen Komplexität der Problematik in verschiedenen Ländern und Kontinenten weniger denn je auf Differenzierungen verzichten. Die Antwort wird heute weitgehend je nach Lage in den einzelnen Ländern oder politischen Blöcken unterschiedlich auszusehen haben: in den sozialistischen Ländern anders als in denen der westlichen Welt und dort wieder anders als in der Dritten oder Vierten Welt[110].

Deshalb hier als Leitlinie: Wir haben bereits gesehen, wie wesentliche Elemente der Marxschen Gesellschaftstheorie auch im Westen unabhängig vom Marxschen Atheismus rezipiert wurden und wieder andere Elemente sich selbst im Osten als fragwürdig erwiesen haben. Die Totalverwerfung oder Totalannahme zeigte sich also je länger desto deutlicher als falsche Alternative. Letztlich hängt die Beantwortung der Frage an der genauen Bestimmung dessen, was einer unter »Marxismus« versteht. »Marxismus« wird manchmal auch einfach als eine der Tendenz nach positive Sozialwissenschaft oder als ethischer, wirtschaftlicher, gemeinschaftlicher, wissenschaftlicher, »revolutionärer« Humanismus verstanden, der Glauben an Gott nicht ausschließt[111]. Der freiheitlich-demokratische Sozialismus (Sozialdemokratie, Labour Party) – entstanden auf der Linie des »revidierten« Sozialismus als Ergebnis der seit den 90er Jahren einsetzenden Spaltung des Sozialismus (E. Bernstein im Anschluß mehr an Lasalle als an Marx) als dessen gemäßigte Richtung gegenüber der radikalen kommunistischen Richtung – wandte sich von den marxistischen Zukunftsverheißungen zur gegenwärtigen praktischen Sozialpolitik. Dabei veränderte sich die Einstellung zu Klassenkampf, Privateigentum und Verstaatlichung, aber auch zur materialistischen Geschichtsauffassung und ihrer deterministischen Lehre von der Zwangsläufigkeit des Geschichtsprozesses. Der Atheismus als Parteidoktrin ist hier aufgegeben, und zahlreiche praktizierende Christen arbeiten in diesen »sozialistischen« Parteien mit.

Ein *soziales Engagement* wird vom Christen in jedem Fall erwartet, auch wenn ihm keine bestimmte politische Lösung oder Partei vorgeschrieben werden kann. Hier soll weder der Sozialismus noch der Kapitalismus verteidigt noch überhaupt für eine bestimmte Partei Propaganda gemacht werden. Nur ein Zweifaches soll als Schlußfolgerung – ungeachtet aller Unpopularität links und rechts – deutlich ausgesprochen werden: *Ein Christ kann Sozialist sein* (gegen »Rechts«), *aber ein Christ muß nicht Sozialist sein* (gegen »Links«)! Mit anderen Worten: Ein Christ hat verschiedene politische Optionen! Er kann sein Engagement für soziale Gerechtigkeit durchaus ernstnehmen und braucht das Heil doch nicht in der *Sozialisierung* der Industrie, der Agrarwirtschaft und womöglich auch noch der Erziehung und der Kultur zu sehen, was mit Sozialismus im strengen Sinn gemeint ist. Er kann als Christ auch für eine soziale Marktwirtschaft sein. Wie immer er aber zu diesen Fragen steht: Christ wird in jedem Fall nur der sich ernsthaft nennen dürfen, für den in Fragen wie Klassenkampf, Gewaltanwendung, Terror, Friede, Gerechtigkeit, Liebe nicht Marx, sondern Christus die letzte, ausschlaggebende Autorität ist[112].

Sicher haben in all diesen Fragen nicht nur Christen von Marxisten, sondern auch Marxisten von Christen zu lernen. Was im westlichen Marxismus schon längst offen diskutiert wird, kann heute selbst im östlichen Marxismus-Leninismus nicht mehr schlechthin verschwiegen werden: Die Frage etwa nach dem *Sinn des Lebens und andere »moralische« Fragen* werden heute auch in bestimmten sowjetischen Publikationen diskutiert. In Arbeit, kämpferischer Solidarität und dialogischer Existenz, die zur Entfaltung der Persönlichkeit, zur sittlichen Zufriedenheit und zum freilich unverfügbaren menschlichen Glück führen sollen: darin sieht der dogmatische Marxismus-Leninismus den Sinn des Lebens. Angesichts letzter Sinnfragen aber, angesichts der Frage nach Sterben und Tod etwa, wo alle Vollendung der Persönlichkeit und alles Glück hinfällig wird, scheint dieser dogmatische Marxismus-Leninismus letztlich unfähig zu sein, dem einzelnen Individuum eine gedanklich widerspruchsfreie und menschlich anspornende Konzeption vom Sinn des Lebens über alles zufällige Glück hinaus zu bieten[113]. Die Sinngebung der kommunistischen Gesellschaft allgemein (Fortschritt, Sozialisierung, Humanisierung, klassenlose Gesellschaft) kann offensichtlich den Sinn des individuellen Lebens nicht ersetzen.

So ist der orthodoxe Marxismus-Leninismus – als umfassende atheistische Weltanschauung, wie wir sahen, mehr ein Produkt von Engels und Lenin als von Marx – auf den Atheismus zwar noch immer wie auf ein unfehlbares Dogma festgelegt, das für die Parteiprogramme der allermeisten kommunistischen Parteien unbedingt verbindlich ist. Aber nicht nur in Italien, Spanien, Frankreich und Südamerika versucht man die marxistische Theorie von der atheistischen Ideologie zu lösen. Auch in den östlichen Staaten haben die Erfolge und Mißerfolge des Marxismus dazu geführt, die neuen Formen der klassenspezifischen Entfremdung des Individuums in der sozialistischen Gesellschaft – von Marx nicht vorgesehen – offen oder versteckt zu reflektieren. Von fortschrittlichen östlichen Marxisten wie dem Polen Adam Schaff[114] und dem (nach dem Prager Frühling freilich zum Schweigen gebrachten) Tschechen Milan Machoveč[115] wurden nun auch die früher mit Hilfe ökonomistischer Reduktion verdrängten »privaten« Fragen diskutiert, für die bisher die Religion zuständig war und vermutlich auch bleiben wird: die Fragen nach persönlicher Schuld und persönlichem Schicksal, nach Leid und Tod, Gerechtigkeit und Liebe des Individuums und schließlich auch der Menschheit als ganzer, ihrem letzten Woher und Wohin. Fragen, auf die man vom Standpunkt einer atheistisch-materialistischen Weltanschauung her kaum eine befriedigende Antwort zu geben vermag.

Bewahrheitung in der Praxis

Man braucht nicht Marxist zu sein, um zu erkennen: Alle rationalen Argumentationen gegen die Marxsche Religionskritik haben eine Grenze – die Praxis!

Man kann noch so sehr beweisen, daß Religion nicht einfach Opium des Volkes ist: wo sie trotzdem faktisch so wirkt, nützen alle Argumente wenig.
Man kann noch so sehr darlegen, daß Religion nicht einfach die Herrschaftsverhältnisse der Erde widerspiegelt: wo sie dies trotzdem faktisch tut, helfen alle Darlegungen wenig.
Man kann noch so sehr begründen, daß Gott nicht als Garant der bestehenden sozialen Ungerechtigkeit verstanden werden darf: wo er trotzdem faktisch dafür in Anspruch genommen wird, nützt alle Theologie dagegen wenig.

Das bedeutet positiv, und auch das ist ein Kapitel Theologie nach Marx: *Die Wahrheit des Gottesglaubens muß sich in der Praxis erweisen, bewähren, bewahrheiten!* Praktisch muß erwiesen werden, daß Religion nicht Opium ist, daß sie nicht der irdischen Herrschaft dient und Unrecht sanktioniert. Eine nur theoretisch-kontemplative Auseinandersetzung ohne praktische Kritik und Veränderung bestehender Zustände ist nicht beweiskräftig.

Für den christlichen Gottesglauben insbesondere bedeutet dies, daß er praktisch zu beweisen hat:
wie sehr christlicher Glaube sozialethische Potenz und gesellschaftskritische Relevanz hat,
wie sehr das Christentum Bereitschaft zur Veränderung und tätiges Engagement fordert,
wie sehr das Erwarten des Reiches Gottes die Emanzipation der Mühseligen und Beladenen nicht ausschließt, sondern einschließt.

So kann der christliche Glaube in den friedlichen Wett-Streit mit der atheistischen Weltanschauung des Marxismus eintreten, wie der bekannte Marxismus-Forscher Iring Fetscher formuliert:
»1. Gegen die *Marxsche* These, daß Religion immer hervorgehe aus sozialen Verhältnissen, in denen der Mensch ein elendes und geknechtetes Wesen ist und die für die Individuen ›undurchsichtig‹, unverständlich bleiben, kann die christliche Antwort lauten: Wohlan denn, wir lassen es auf eine ›Wette‹ im Pascalschen Sinne ankommen. Wir *wissen*, daß die Religion etwas anderes ist als eine bloße Folge menschlichen Elends und unzulänglicher Durchsichtigkeit sozialer Beziehungen; wenn ihr aber überzeugt seid, daß es sich anders verhält, dann *beweist*, daß die Religion *von allein* abstirbt, wenn man optimale (oder »ideale«) soziale Verhältnisse schafft, in denen alle Menschen glücklich werden können. Ihr dürft aber in diesem Falle nicht die Überzeugungskraft dieses empirischen Nachweises dadurch beeinträchtigen, daß ihr *direkt* mit allen möglichen Arten sozialen und politischen Zwangs gegen die Gläubigen und ihre Kirche vorgeht. Die Kirche wird sich Anstrengungen um die Stiftung wahrhaft gerechter und freiheitlicher Verhältnisse nicht widersetzen, im Gegenteil ...
2. Gegenüber der *späteren marxistischen Religionskritik* aber kann die zeit-

genössische Theologie und Wissenschaftstheorie überzeugende Argumente ins Feld führen. Sie kann zeigen, wie christlicher Glaube keineswegs an ein mittelalterliches Weltbild gebunden ist, daß heutige Theologie der wissenschaftlichen Forschung keine Schranken mehr setzt, sondern lediglich im Interesse des Menschen und seiner Personwürde Bedenken gegen eine skrupellose Anwendung naturwissenschaftlicher Erkenntnisse anmeldet. Gleichzeitig wird man auf das Wissenschaftsverständnis so gut wie aller bedeutenden zeitgenössischen Wissenschaftler hinweisen, die genau wissen, wie wenig die Wissenschaft Fragen nach dem Sinn menschlichen Daseins, dem Wert des Lebens und nach unseren sittlichen Aufgaben zu beantworten vermag[116].«

Der erste Problemkreis – christlicher Glaube und modernes Weltbild – wurde hier bereits eingehend behandelt[117]. Der zweite aber bedarf der genaueren Untersuchung. Denn gerade ihrer Grenzen war die Wissenschaft sich keineswegs immer bewußt. Schien doch etwa die Naturwissenschaft in den letzten Lebensjahren von Marx und Engels immer mehr zu einer neuen atheistischen Weltanschauung zu werden. Das aber war die Voraussetzung, unter der Sigmund Freud seine epochemachenden Forschungen begann und die Religionskritik um eine weitere Dimension bereicherte: die psychoanalytische.

III. Gott – eine infantile Illusion? Sigmund Freud

Schon Feuerbach hatte es nach dem Scheitern der politischen Revolution von 1848 prophezeit: Die Naturwissenschaften, die radikalen, korrosiven, destruktiven Naturwissenschaften, insbesondere die Chemie, werden jetzt die Revolution vorantreiben! Haben diese doch – wiewohl von den reaktionären Regierungen mit ihrem beschränkten Blickfeld nicht bemerkt – schon »längst in ihrem Scheidewasser die Mysterien der christlichen Weltanschauung aufgelöst«[1]. Statt mit der Theologie müsse sich die Philosophie jetzt mit der Naturwissenschaft verbinden, fordert der Philosoph, der selber zu den Naturwissenschaften strebt und doch immer wieder auf die Theologie zurückfällt. Nach einem Preislied auf Kopernikus, den »ersten Revolutionär der neueren Zeit«[2], empfiehlt er die chemische »Lehre der Nahrungsmittel. Für das Volk« des bereits genannten Jakob Moleschott. Dieser war es, der zusammen mit anderen jungen Naturforschern, besonders Carl Vogt und Ludwig Büchner, und gestützt auf Feuerbachs philosophische Kritik an Religion und Unsterblichkeit, den Durchbruch brachte zu einem spezifisch *naturwissenschaftlichen Materialismus*: Die spekulative idealistische Naturphilosophie Hegels und Schellings ist endgültig abgelöst durch exakte induktive Forschung in den Laboratorien. Die materialistischen Entwürfe von Demokrit und Lukrez im Altertum, von Lamettrie und Holbach in der französischen Aufklärung finden, nachdem sie vom Deutschen Idealismus zunächst überspielt worden waren, nun doch auch in Deutschland gerade unter Naturforschern Zustimmung. Und die stürmische Entwicklung der Naturwissenschaften samt der ihr folgenden Technisierung und Industrialisierung in Frankreich, England und Deutschland scheinen den Materialismus Schritt für Schritt zu bestätigen. Bereits war es gelungen, einen ersten organischen Stoff (Harnstoff) aus anorganischen Stoffen herzustellen (1828 F. Wöhler). Tierversuche bewiesen überdies die Abhängigkeit des Seelenlebens von leiblichen Funktionen.

Im Jahr 1854 – in Rom definierte Pius IX. die Unbefleckte Empfängnis Mariens! – brach in der »31. Versammlung deutscher Naturforscher und Ärzte zu Göttingen«, auf philosophisch wie naturwissenschaftlich freilich wenig hohem Niveau, der Konflikt offen aus: der berühmte »*Materialis-*

musstreit« zwischen dem anatomisch-physiologisch arbeitenden Mediziner Rudolph Wagner und dem Physiologen Carl Vogt. Wagner wollte aufgrund philosophisch-theologischer Argumente die Abstammung aller Menschen von einem einzigen Menschenpaar sowie eine besondere unsichtbar-unwägbare »Seelensubstanz« gegen neuere physiologische Theorien in Schutz nehmen[3]. Der angegriffene Vogt, scharf mit der traditionellen Konzeption unter dem Titel »Köhlerglaube und Wissenschaft«[4] abrechnend, nahm dagegen mehrere ursprüngliche Menschenpaare an und verglich das Verhältnis Gehirn–Gedanken sogar mit dem Verhältnis Leber–Galle oder Niere–Harn. Eine in dieser Frontstellung heute kaum noch denkbare Debatte: Unklarheiten, Übertreibungen, eigentliche Unrichtigkeiten, auch Grobheiten von beiden Seiten! Wer hatte hier recht?

1. *Der psychoanalytische Atheismus*

Für die große Öffentlichkeit damals hatten die Materialisten die Schlacht gewonnen. Seit diesem Streit war klar: Glaubensüberzeugungen haben in naturwissenschaftlich-medizinischen Fragen nichts zu suchen; der mechanisch-naturgesetzliche Zusammenhang ist ohne philosophisch-theologische Vorbehalte bis ins Letzte zu erforschen; Bewußtseinstätigkeit ohne Gehirntätigkeit, eine selbständig dem Leib gegenüberstehende Seele gibt es nicht; Religion hat mit Wissenschaft nichts zu tun und ist, wenn überhaupt, Privatsache! Nachdem schon zwei Jahre vor der Göttinger Diskussion ein weiteres Werk des Physiologen Moleschott »Der Kreislauf des Lebens«[5] erschienen war, folgte ein Jahr später 1855 der Arzt Ludwig Büchner mit »Kraft und Stoff«[6]. Über 20 Auflagen machten dieses Buch zur kämpferischen Bibel der neuen naturwissenschaftlich-materialistischen Weltanschauung: Aus dem Zusammenwirken von Stoffen und ihren Kräften erklärt sich das Weltganze, erklärt sich auch der Menschengeist! Gott ist überflüssig!

Ein Jahr nach dem Erscheinen dieses Buches, am 6. Mai 1856, wurde Sigismund Freud, der sich nach dem Abitur stets *Sigmund Freud* nannte, geboren: im katholischen Landstädtchen Freiberg in Mähren (heute Tschechoslowakei), wo es nur zwei Prozent Protestanten und Juden gab[7].

Vom Naturwissenschaftler zum Atheisten

Es waren – vom Darwinismus sehen wir zunächst ab – vor allem die bahnbrechenden Fortschritte der beiden medizinischen Grundwissenschaften, der Anatomie und der Physiologie (samt der Pathologie), die so etwas wie einen *medizinischen Materialismus* begünstigten. Ein Jahrzehnt nach jenem Materialismusstreit – die Familie des Wollkaufmanns Jakob Freud war unterdessen mit dem vierjährigen Sigmund wegen geschäftlicher Schwierigkeiten nach Wien umgezogen, blieb aber in recht beengten Verhältnissen – lobt Feuerbach in einer seiner letzten Abhandlungen »Über Spiritualismus und Materialismus« ausgerechnet den Reformator Martin Luther: weil er seinen Sohn Paul Medizin studieren und damit zu einem potentiellen Leugner der unsterblichen Menschenseele habe werden lassen. Die Reformation also Beginn des deutschen Materialismus!? Für Feuerbach jedenfalls ist zu dieser Zeit klar: Der Mediziner ist von Natur aus Materialist[8].

In der Tat, gerade die Medizin war für den materialistischen Atheismus in der zweiten Hälfte des 19. Jahrhunderts von größter Bedeutung: Atheismus also nicht nur in der marxistischen oder nicht-marxistischen Arbeiterbewegung, sondern in erster Linie im aufgeklärten, der Kirche wie dem Christentum immer mehr entfremdeten Bürgertum. Von Feuerbach führt so der Weg nicht nur zur Weltanschauung des dialektischen Materialismus (Engels nahm im übrigen gegen Büchners mechanistischen, undialektischen Materialismus Stellung), von Feuerbach führt der Weg auch – eben über die mechanistische oder gar materialistische Medizin – zur Psychoanalyse Sigmund Freuds. Wichtig auch die Tatsache, daß schon Feuerbach für die grundlegende Bedeutsamkeit der menschlichen Geschlechtlichkeit eintrat und offen die idealistisch-spiritualistische Psychologie samt der ihr entsprechenden Prüderie anprangerte: was alles zum Abbau der nicht geringen Hemmungen, auch die Sexualität naturwissenschaftlich-medizinisch zu untersuchen, wesentlich beitrug.

Nach Freuds Schüler Ernest Jones, Verfasser einer monumentalen dreibändigen Freud-Biographie von über 1600 Seiten, wuchs Freud »ohne jeden Glauben an einen Gott oder an die Unsterblichkeit auf und scheint ihn nie vermißt zu haben«[9]. Ein erstaunlich globales Urteil, das Jones, der sich manchmal recht weitschweifig über geringfügigste Details seines Helden verbreitet, freilich in keiner Weise zu belegen vermag. Ja, alles, was er selber in Sachen *Religion* über den jungen Freud berichten muß, bezeugt das Gegenteil: »Freud selber war zweifellos mit allen jüdischen Gebräuchen und Festen vertraut[10].«

Sigmunds patriarchalischer *Vater* Jakob Freud, als orthodoxer Jude erzogen, war, bei aller liberal-distanzierten Einstellung zur jüdischen Tradition, anders als der Vater von Marx nicht zum Christentum konvertiert. Als er 75 war, schenkte er seinem Sohn zum 35. Geburtstag eine Bibel mit einer hebräischen Widmung: »Mein geliebter Sohn, Es war in deinem siebenten Lebensjahr, daß der Geist des Allmächtigen dich überkam und dich drängte zu lernen. Der Geist des Allmächtigen spricht zu dir und sagt: ›Lies in Meinem Buch; wenn du so tust, so eröffnen sich dir die Quellen des Wissens und Verstehens.‹ Es ist das Buch der Bücher; es ist der Brunnen, den die Weisen gegraben haben, und aus dem die Gesetzgeber das Wasser ihrer Weisheit schöpfen. – Du hast in diesem Buch deinen ersten Blick auf das

Bild des Allmächtigen geworfen. Du hast seine Lehre willig angehört und hast dein Bestes getan, dich auf den Flügeln seines Geistes in die Höhe tragen zu lassen. Heute, an deinem 35. Geburtstag, hole ich diese Bibel wieder ans Licht und schicke sie dir als einen Beweis der Liebe von deinem alten Vater[11].«

Ebenfalls unbegründet ist Jones' Behauptung, Freuds *Mutter*, die ihm zur Eröffnung seiner Praxis den Segen des Allmächtigen wünscht, habe nur »einen Rest von Gottesglauben bewahrt«[12]. Amalie Freud war es, die ihren Sohn im jüdischen Glauben unterrichtete. Wie problematisch freilich unaufgeklärter Religionsunterricht ist, zeigt folgende Erinnerung Freuds: »Als ich sechs Jahre alt war und den ersten Unterricht bei meiner Mutter genoß, sollte ich glauben, daß wir aus Erde gemacht sind und darum zur Erde zurückkehren müssen. Es behagte mir aber nicht, und ich zweifelte die Lehre an. Da rieb die Mutter die Handflächen aneinander . . . und zeigte mir die schwärzlichen Epidermisschuppen, die sich dabei abreiben, als eine Probe der Erde, aus der wir gemacht sind, vor[13].«

Jedenfalls bekennt Freud selbst, die Bibellektüre habe ihn als jungen Mann stark beeinflußt: »Frühzeitige Vertiefung in die biblische Geschichte, kaum daß ich die Kunst des Lesens erlernt hatte, hat, wie ich viel später erkannte, die Richtung meines Interesses nachhaltig bestimmt[14].« Professor Hammerschlag, der ihn biblische Geschichte und Hebräisch gelehrt hatte, blieb zeitlebens der wichtigste seiner älteren Freunde und genießt »insofern eine Vorzugsbehandlung, als Freud, der sonst mit Kritik nicht sparte, an ihm nie etwas auszusetzen fand«[15]. Wie weit aber frühe Kindheitserlebnisse und die recht verwickelten Familienverhältnisse die Religiosität des kleinen Sigmund beeinflußt haben, werden heutige Psychoanalytiker kaum noch herausfinden können. Bemerkenswert ist: Freuds Vater hatte – nach dem Tod seiner zweiten Frau und mit zwei Kindern – im Alter von über 40 Jahren (er war bereits Großvater) eine noch nicht zwanzigjährige Jüdin geheiratet, die ein Jahr darauf Sigmund als ihren Erstgeborenen von acht Geschwistern zur Welt brachte; Freud war so von Geburt an Onkel, und sein fast gleichaltriger und dazu noch stärkerer Spielgefährte war als Sohn seines Halbbruders Emanuel sein Neffe, der seinen Vater als Großvater anredete. 40 Jahre später, nach dem Tod seines Vaters, stellte Freud in seiner schonungslosen Selbstanalyse den Höhepunkt einer Neurose fest, eine unbewußte Eifersucht und Abneigung gegen seinen Vater, der für ihn Autorität, Versagung und Zwang verkörperte, zugleich eine Leidenschaft zu seiner jugendlichen Mutter: kurz das, was er einen Ödipuskomplex nannte! Zur gleichen Zeit stellte er zur Verhütung weiterer Kinder jede sexuelle Betätigung rigoros ein, so daß nicht wenige Kritiker seine Wertung der Sexualität auf eine von hierher kommende »Sexualstauung« zurückführen[16]. Der Beziehung zu seiner Mutter schrieb er jedenfalls sein unerschütterliches Selbstvertrauen, seine innere Sicherheit zu: »Wenn man der unbestrittene Liebling der Mutter gewesen ist, so behält man fürs Leben jenes Erobergefühl, jene Zuversicht des Erfolges, welche nicht selten wirklich den Erfolg nach sich zieht [17].«

Zweierlei »antireligiöse« Erfahrungen aber haben sich Freud – ähnlich wie die Abneigung gegen Musik – schon früh und tief eingeprägt: Erfahrungen mit Ritualismus und Antisemitismus.

Erfahrungen mit dem katholischen *Ritualismus*: Die alte, tüchtige, aber auch strenge Kinderfrau seiner ersten Jahre, eine katholische Tschechin, impfte dem Kleinen katholische Vorstellungen von Himmel und Hölle und wahrscheinlich auch von Erlösung und Auferstehung ein und pflegte ihn in die katholische Messe mitzunehmen. Darauf ahmte der Kleine zu Hause die liturgischen Gesten nach, predigte und erklärte, »Wie's der liebe Gott macht« [18]. Ob da Freuds Abneigung gegen religiöse Zeremonien und Lehren grundgelegt wurde? Jedenfalls dürfte es kein Zufall sein, daß sein erster Aufsatz über Religion 1907 unter dem Titel »Zwangshandlungen und Religionsübungen« geschrieben wurde [19]: Freud bezeichnet hier »die Zwangsneurose als pathologisches Gegenstück zur Religionsbildung«, umgekehrt »die Religion als universelle Zwangsneurose« [20].

Erfahrungen mit dem katholischen *Antisemitismus*: Freud fühlte sich als Jude und war stolz darauf. Aber er hatte dafür zu leiden, obwohl am Gymnasium eindeutig Klassenprimus und nur selten geprüft. Seine Außenseiterposition an Volksschule und Gymnasium war der von Karl Marx ähnlich: er hatte nur wenige nichtjüdische Freunde; Demütigungen mannigfacher Art durch antisemitische »Christen« gehörten zur alltäglichen Erfahrung. Lieber wäre er wie sein Neffe John im liberaleren England erzogen worden. Sein Respekt vor seinem Vater aber erlitt eine entscheidende Einbuße, als der Zwölfjährige miterlebte, daß dieser eine Beleidigung – eine neue Pelzmütze vom Kopf geschlagen mit dem Wort »Jud, herunter vom Trottoir!« – einfach ruhig hingenommen hatte [21]. Solche Erlebnisse lösten in Freud frühe Haß- und Rachegefühle aus und machten ihm den christlichen Glauben zutiefst unglaubwürdig. Auch auf der Universität war es nicht besser: »Vor allem traf mich die Zumutung, daß ich mich als minderwertig und nicht volkszugehörig fühlen sollte, weil ich Jude war. Das erstere lehnte ich mit aller Entschiedenheit ab«, schrieb der 69jährige in seiner »Selbstdarstellung« [22].

Doch diese negativen Erfahrungen mit Religion, so sehr sie das Christentum diskreditierten, hätten nicht unbedingt Freuds – jüdischen! – Gottesglauben erschüttern müssen. Wie also kam es dazu?

Seinen *Beruf* wählte Freud, als er mit 17 Jahren zur Universität ging, nur zögernd, jedenfalls ohne Rücksicht auf wirtschaftliche Erwägungen. Schließlich entschied er sich ohne jede besondere Neigung zum Arztberuf. Nach seinem eigenen späteren Bekenntnis nicht aus einem »Bedürfnis, leidenden Menschen zu helfen«, sondern aus dem »Bedürfnis, etwas von den Rätseln der Welt zu verstehen und vielleicht selbst etwas zu ihrer Lösung beizutragen«[23]. Die Wissensbegierde also gab den Ausschlag: »Die Inskription an der Medizinischen Fakultät schien der beste Weg dazu, aber dann versuchte ich's – erfolglos – mit der Zoologie und der Chemie, bis ich unter dem Einfluß Brückes, der größten Autorität, die je auf mich gewirkt hat, an der Physiologie haften blieb, die sich damals freilich zu sehr auf Histologie einschränkte[24].« Hier fand er die Personen, die er »respektieren und zu Vorbildern nehmen konnte«[25].

So hatte auch Freud seinen »zweiten Vater«: Was Hegel in Berlin für Feuerbach war, war Brücke in Wien für Freud. Und damit sind wir bei den Hauptpromotoren jener so erfolgreichen physikalischen, *mechanistischen Physiologie*, bei jener *Helmholtzschen Schule* der Medizin, die hervorgegangen war aus einem kleinen Club junger Physiker und Physiologen im Berlin der 40er Jahre. Es waren meist Schüler des großen Physiologen Johannes Müller und dann Freunde aufs Leben, die die Forschungen der nächsten zwanzig, dreißig Jahre weit über Deutschland hinaus beeinflußten: Hermann Helmholtz, Emil DuBois-Reymond, Carl Ludwig und eben Ernst Brücke, das Vorbild eines disziplinierten, unbestechlichen, ernsten Naturwissenschaftlers. In dessen Institut blieb Freud sechs Jahre und nahm auch dann nur ungern Abschied.

Hermann Helmholtz, Physiker, Mathematiker und Biologe zugleich – »einer meiner Zimmergötzen« (Freud 1883[26]) –, hatte als 26jähriger dem vom Arzt Robert Mayer 1842 entdeckten Gesetz von der Erhaltung der Energie, jetzt exakt und allgemein formuliert, zum Durchbruch verholfen: Die Summe der Energien bleibt in jedem System konstant, welche Veränderung auch immer die einzelnen Energiebestandteile (mechanische, elektrische, strahlende, chemische) erleiden. Dieser Erhaltungssatz (»erster Hauptsatz der Thermodynamik«) ließ eine Einheit aller Naturkräfte vermuten. Zusammen mit dem Entropiesatz (Wärme kann niemals restlos in Energie zurückverwandelt werden) ist er das fundamentalste aller Naturgesetze. Erst jetzt konnte sich auch die von Descartes begründete mechanistische Auffassung vom Menschenleib voll auswirken, doch – wie schon bei Lamettrie – auf Kosten des Menschengeistes: Wie die anorganische Natur, so muß auch der menschliche Organismus aus Zusammenspiel und Umwandlung physikalisch-chemischer Kräfte oder Energien verstanden werden. Helmholtz, übrigens auch Erfinder eines Spiegels für das Innere des Auges und Verfasser eines weitgreifenden (physikalisch-physiologisch-psychologisch-ästhetischen) Werkes über Tonempfindungen (Akustik), gelang es, die Fortpflanzungsgeschwindigkeit von Reizen in den Nervenfasern zu messen.

Schon 1842 hatte DuBois-Reymond, Erforscher der Elektrizität in tierischen Muskeln und Nerven, geschrieben: »Brücke und ich haben uns verschworen, die Wahrheit geltend zu machen, daß im Organismus keine anderen Kräfte wirksam sind als die gemeinen physikalisch-chemischen; daß, wo diese bislang nicht zur Erklärung ausreichen, mittels der physikalisch-mathematischen Methode entweder nach ihrer Art und Weise die Wirksamkeit im konkreten Fall gesucht werden muß oder daß neue Kräfte angenommen werden müssen, welche, von gleicher Dignität mit den physikalisch-chemischen, der Materie inhärent, stets auf nur abstoßende oder anziehende Komponenten zurückzuführen sind[27].« Auf diese Weise räumte die physikalische Physiologie mit der idealistischen Naturphilosophie gründlich auf. Und überhaupt mit jenem von Aristoteles und der Scholastik herkommenden »Vitalismus«, der in den Organismen (vom Schöpfer eingestiftete) immaterielle Faktoren, Wesensformen, Zwecke, Ziele (Entelechien) und damit höhere Pläne und letzte Absichten annahm. Dies alles zugunsten einer rein kausalen, deterministischen Erklärung aufgrund chemisch-physikalischer Faktoren (ähnlich also wie bei jener künstlichen Herstellung von Harnstoff). Auch die Psychoanalyse, so wird Freud später sagen, führt »alle psychischen Vorgänge . . . auf das Spiel von Kräften zurück, die einander fördern oder hemmen, sich miteinander verbinden, zu Kompromissen zusammentreten usw.«[28]. Freud wandte Grundsätze dieser physikalisch-physiologischen Wissenschaft unter Verzicht auf eine anatomische Grundlage empirisch auf klinisch beobachtete psychologische Vorgänge an: menschliche Psyche, verstanden als eine Art Maschine, als »seelischer Apparat«. »Psychische Energie« (Energiebesetzung und -gegenbesetzung, Energiezufuhr und -abfuhr, Erregung, Spannung und Verschiebung usw.) wurde so zu einem zentralen Begriff Freuds. Ja, Freud konnte sogar im Zusammenhang mit der Analyse des Traums als Wunscherfüllung die Begriffe »Zweck«, »Absicht«, »Ziel« wieder neu einführen, ohne jedoch die deterministischen Voraussetzungen aufzugeben, die für psychische Erscheinungen ebenso gelten wie für physische. Also eine durchgehende Sinnhaftigkeit *und* Determiniertheit auch der anscheinend dunkelsten und willkürlichsten seelischen Phänomene.

Ist es nicht verständlich: Statt in Religion, Politik oder Philosophie sehen jetzt viele in der *Naturwissenschaft das Universalheilmittel* für alle Leiden der Zeit! Aus einer Forschungsmethode wurde eine Weltanschauung; man »glaubte« an sie. Auch Freud empfand für diese Wissenschaft, wie sie sein Lehrer Brücke und seine Assistenten verkörperten, eine grenzenlose Ehrfurcht. Auch er »glaubte« an sie: Für ihn bedeutete sie in jedem Fall den Übergang zum Atheismus, wenn nicht zeitweilig gar zum radikalen Materialismus, den aber überlegene Forscher wie DuBois-Reymond und wohl auch Brücke ablehnten. Direkte Zeugnisse für diesen Übergang liegen jedoch von Freuds eigener Hand nicht vor. Merkwürdig: Freud, der sonst Intimstes aus seinem Leben berichten kann, verliert über diesen Übergang zum Atheismus kein Wort! Gab es vielleicht Widerstände? Wenn wir

Freuds Religionskritik verstehen wollen, müssen wir weiter ausholen und seinen Weg zur Psychoanalyse genau verfolgen.

Von der Physiologie zur Psychologie

Da Freud sich nach wie vor nicht zur praktisch-ärztlichen Tätigkeit hingezogen fühlte, blieb er nach all seinen medizinischen Examina (Doktordiplom 1881) in der wissenschaftlichen Forschung und Laboratoriumsarbeit: sein Untersuchungsobjekt war hier das Rückenmark einer der niedrigsten Fischarten. Die theoretische Tätigkeit im physiologischen Institut ermöglichte ihm freilich ein nur unzureichendes materielles Auskommen. So riet ihm Brücke zur medizinischen Praxis. Wohl oder übel arbeitete Freud daraufhin seit 1882 in verschiedenen Abteilungen des Wiener Allgemeinen Krankenhauses, besonders in der *Neuropathologie* beim berühmten Psychiater Meynert. Der Theorie aber blieb Freud weiterhin treu. Zeitweise am Gehirnanatomischen Institut und an der Kinderklinik tätig, dehnte er seine Untersuchungen von tierischen Nervenzellen und Nervenfasern auf das menschliche Zentralnervensystem aus. Bis in die neunziger Jahre publizierte er eine große Anzahl von Arbeiten: 1891 die bedeutendste seiner neurologischen Publikationen, über die Gehirnlähmung der Kinder[29].

Was er schon so lange erstrebt hatte, erreichte er jetzt: Seit 1885 ist Freud Privatdozent für Neuropathologie an der Universität Wien. Im Jahr darauf endlich eröffnet er als Dreißigjähriger die Privatpraxis eines Facharztes für Nervenleiden. Und dies ausgerechnet an einem Ostersonntag! Eine »Trotzhandlung« in Erinnerung an die Osterfeste mit seiner katholischen Kinderfrau, der er später einen Großteil seiner psychischen Schwierigkeiten zuschrieb[30]? Wie dem auch sei: Jetzt endlich kann Freud sich – nach vierjähriger Wartezeit und beinahe täglicher Korrespondenz mit seiner fernen Verlobten (die berühmten über 900 Braut-Briefe!) – verheiraten: mit Martha Bernays aus einer bekannten jüdischen Familie Hamburgs, der die Eheschließung mit dem mittellosen, beruflich wenig erfolgreichen und überdies »heidnischen« Freud allerdings gar nicht gefallen wollte. Freud mußte einen jüdischen Hochzeitsritus über sich ergehen lassen, für welchen er auch noch hebräische Texte zu lernen hatte, er, der sein Leben lang Abscheu vor Zeremonien, insbesondere religiösen, hegte. Doch gab seine Frau unter seinem Einfluß die orthodoxen jüdischen Bräuche auf, ohne freilich das Judentum in ihrer Familie je zu verleugnen. Es war eine glückliche Ehe: Drei Söhne und drei Töchter erwuchsen ihr, und sie bildete für Freud ein starkes Gegengewicht zu den anhaltenden beruflichen Schwierigkeiten.

An solchen war wahrhaftig kein Mangel: Die in Wien herrschende antisemitische Einstellung, dazu ein eklatantes (interessanterweise von ihm nachher verschwiegenes) Versagen Freuds bei der medizinischen Anwendung des Kokains, schließlich immer mehr auch weitverbreitete Vorurteile der Standeskollegen gegen Freuds ungewöhnliche Entdeckungen im Zusammenhang mit Hysterie und Hypnose (in Wien von vornherein »unseriöse« Themen, ja »unechte« Phänomene!) bildeten unübersteigbare Hindernisse für eine Berufung auf einen ordentlichen Lehrstuhl an der Universität.

Jedoch schon kurz vor der Eröffnung seiner Privatpraxis hatte Brücke ihm ein Reisestipendium verschafft: ins »Mekka der Neurologie«, an die Pariser Nervenklinik Salpêtrière, zum großen Jean Martin Charcot. Hier begann er, sich für Hysterie (auch bei Männern!) und Hypnose (als Heilmethode!) zu interessieren: die ersten Anfänge seiner *Erforschung der Seele*, die Wende von der Neurologie zur *Psychopathologie*. Nach Wien zurückgekehrt, stieß Freud auf Widerstand: Hysterie bei Männern? Erzeugung hysterischer Lähmungen durch hypnotische Suggestion? Das wollte ihm niemand glauben. Er aber begann seine Entdeckungen allmählich zu einer systematischen Forschungsmethode auszubauen.

Bei Spezialisten in Nancy (Liébault, Bernheim) lernte Freud 1889 selber die Technik der hypnotischen Suggestion, die ihn dann aber in der Praxis ebensowenig befriedigte wie Versuche mit der Elektrotherapie. Erst Erfahrungen seines älteren medizinischen Freundes Josef Breuer mit einer jungen, intelligenten Hysterikerin (der berühmte Fall des Fräulein Anna O. = Bertha Pappenheim) brachten ihn weiter. Er begann nun, Hysterie und deren Symptome als Produkte seelischer Erschütterungen (Traumata) zu verstehen und zu behandeln: Der Patient hat diese vergessen, »verdrängt«; er soll sie unter hypnotischer Suggestion wieder in die Erinnerung zurückrufen, um sie so, statt sie zu unterdrücken, »abzureagieren«. So kann der Patient allmählich von dem unerledigt gebliebenen, unbewußten Reiz (später »Komplex« genannt) und seinen krankhaften Symptomen geheilt werden – freilich nicht ohne eine gewisse (damals von Breuer nicht eingestandene) »Übertragungsliebe« zum Arzt. Breuer und Freud nannten dieses Verfahren die *Methode der Katharsis* (Reinigung)[31].

Freuds Übergang von der Physiologie zur Psychologie wurde jetzt immer entschiedener. Greifbar zuerst 1895 im »Entwurf einer Psychologie«[32] (mitgeteilt nur dem Berliner Arzt Wilhelm Fließ): Beschreibung psychologischer Vorgänge, hier allerdings noch in rein physiologischer Terminologie (als quantitativ bestimmbare Zustände der Nervenzellen oder »Neuronen«). Fünf Jahre später dann, in der »Traumdeutung«: Beschreibung psychologischer Vorgänge, zwar noch unter Benützung zahlreicher Einzelzüge und Strukturmerkmale aus der Physiologie, aber ohne Nachweis einer physikalisch-physiologischen Basis der klinisch beobachteten psychologischen Vorgänge. Physiologischen Ausdrücken gab Freud jetzt mehr und mehr eine psychologische Bedeutung. Denn: zwischen den physiologischen und den psychischen Vorgängen gibt es eine bisher freilich unerklärte Parallelität und Wechselwirkung.

Wie kam Freud darauf? »Ich war immer für die Ideen G. Th. Fechners zugänglich und habe mich auch in wichtigen Punkten an diesen Denker angelehnt«, schrieb Freud in seiner »Selbstdarstellung«[33]. In der Tat: In seinen psychologischen Grundvorstellungen lehnte Freud sich stark an den – vom Philosophen und Psychologen J. F. Herbart herkommenden – Fechner an, den Begründer der Experimentalpsychologie[34]. Dieser hatte damals den einzigen bedeutenden Gegenentwurf eines Naturwissenschaftlers zum Materialismus Moleschotts, Vogts und Büchners vorgelegt und übte einen starken Einfluß auf Freuds Lehrer, den Physiologen Brücke, sowie den Psychiater Meynert aus.

Doch je selbständiger sich Freud mit der kathartischen Methode in Theorie und Praxis beschäftigte, desto mehr geriet er auf einen anderen Weg und wurde damit zum Revolutionär gegen überlieferte Dogmen der Medizin. Er machte die unerwartete, aber sich rasch bestätigende Erfahrung: Hinter den Erscheinungen der Neurose stehen nicht beliebige Affektregungen, sondern sind regelmäßig aktuelle oder frühere *Sexualstörungen* (freilich weniger tatsächliche Verführungen als, wie er erst später feststellte, sexuelle Phantasien) verborgen wirksam. Konsequent ging Freud dazu über, das Sexualleben der Neurotiker zu untersuchen, was seine Stellung in Wien nicht gerade erleichterte: Verlust mancher Patienten, allgemeine Kritik der Fachkollegen und schließlich vor allem Bruch der zwanzigjährigen Freundschaft mit Breuer (1895), nun abgelöst durch die intensive Freundschaft mit dem genannten Wilhelm Fließ, waren die Folge.

Das Reich der verborgenen Wünsche

Sehr viel später wird Freud auch kritisch die *Religion* analysieren, was ihn im katholischen Wien nur noch verdächtiger machen wird. Er wird fragen: Woher haben die religiösen Vorstellungen ihre innere Kraft? Und seine Antwort wird sein: Sie sind »nicht Niederschläge der Erfahrung oder Endresultate des Denkens«, sondern »Erfüllungen der ältesten, stärksten, dringendsten Wünsche der Menschheit; das Geheimnis ihrer Stärke ist die Stärke dieser Wünsche«[35]. Will man diese grundlegende Antwort Freuds auf die Frage nach dem Wesen von Religion nicht mißverstehen, muß man seine neuen Einsichten in die menschliche Psyche und auch in das, was Wunsch bedeutet, klar vor Augen haben. Es geht nicht nur und auch nicht in erster Linie um bewußte Wünsche, um das menschliche Bewußtsein. Wir nähern uns nun dem, was die Psychoanalyse ausmacht.

Freud hatte die Dynamik der menschlichen Psyche entdeckt, das Kräftespiel vor allem jener oft kaum beachteten seelischen Schicht, die, von manchen überhaupt geleugnet, unmittelbarer Erkenntnis nicht zugänglich ist: das zunächst völlig dunkle und im Vergleich zum bewußten Seelenleben anscheinend willkürliche und planlose Unbewußte. Die zentrale Einsicht war:

Alles Psychische ist zunächst unbewußt! Die unbewußten Prozesse sind die »primären« psychischen Prozesse; die bewußten Prozesse dagegen sind die »sekundären«. In epochaler Weise macht Freud unter unendlichen Mühen das bisher (etwa in der Romantik) mehr erahnte als erforschte *Unbewußte zum Objekt methodisch-wissenschaftlicher Ergründung* (Unterscheidungen zwischen Vorbewußtem und eigentlichem Unbewußten, auch sehr viel später dann zwischen verschiedenen Instanzen oder Systemen der Psyche: Ich – Es – Über-Ich).

Freud entdeckte: Im Normalfall werden die unbewußten anstößigen Triebregungen vom Bewußtsein, vom Ich, in mehr oder weniger intensiver Auseinandersetzung abgewiesen; die Energie wird entzogen oder abgeführt. Doch in bestimmten Fällen werden solche Triebregungen erst gar nicht zur Auseinandersetzung zugelassen: Durch einen primären Abwehrmechanismus vom Ich von vornherein abgewiesen, werden sie – die Summe der Energie bleibt konstant! – mit ihrer vollen Energiebesetzung ins Unbewußte verlagert, *verdrängt*. Die Folgen: Es kommt zur Ersatzbefriedigung – in Form von Träumen oder gar körperlichen neurotischen Symptomen.

Aufgabe der *Therapie* ist von daher: Die traumhaften oder neurotischen Affekte sind nicht einfach abzureagieren, sondern als Verdrängungen aufzudecken. Sie sind ins Bewußtsein zu heben und im Zusammenwirken von Patient und Therapeut durch Urteilsleistungen abzulösen, welche Annahme oder Verwerfung der früher abgewiesenen Triebregungen bedeuten können. Damit hatte Freud den anderen Weg gefunden: Heilung seelischer Krankheiten durch Aufdeckung unbewußter, unerledigter traumatischer Erlebnisse und Affekte, gewiß. Aber jetzt nicht mehr durch die oft erfolglose hypnotische Exploration (»Auskundschaftung« der Psyche im Zustand der Hypnose), auch nicht (wie Freud zunächst versucht hatte) durch Bedrängen und eindringliches Befragen seitens des Therapeuten, sondern *durch »freie Assoziation« des Patienten.* Das heißt: In voller Aufrichtigkeit soll der Patient alles, wirklich alles, sagen, was ihm im Augenblick durch den Kopf geht, während er sich jeder bewußten Zielsetzung enthält. So kann das Verdrängte gegen allen Widerstand des Bewußtseins diesem dennoch zugeführt werden. So lernt der Patient sich kennen, mit seinen Tiefen und Untiefen. Freud gab dem neuen Verfahren zur Untersuchung und Heilung den Namen *Psychoanalyse.*

Aber Freud hatte erkannt: Der Widerstand des Patienten gegen die Bewußtmachung kann nur aufgedeckt und überwunden werden, wenn der Analytiker jene bestimmte (zu erlernende) Deutungskunst beherrscht, welche dem Patienten den Gang der Analyse und die Anordnung des Stoffes überläßt. Breuer jedoch hatte eines nicht verstanden und deshalb nicht eingestanden: das Moment der *»Übertragung«*, das heißt die positive oder negative Gefühlsbeziehung des Patienten zum Analytiker, die ohne dessen Zutun entsteht, und auch das umgekehrte Phänomen der *»Gegenübertra-*

gung« des Analytikers auf den Patienten. Für Freud aber wird die Übertragung nun zum entscheidenden Wendepunkt des therapeutischen Verfahrens: Sie ermöglicht sowohl den Einfluß des Arztes als auch den Widerstand des Patienten; es entsteht das, was man später »Arbeitsbündnis« oder »therapeutische Allianz« genannt hat. Nur so, am Arzt gleichsam als dem Duplikat einer früher erlebten Person, kann der Patient seine verdrängten positiven oder negativen Gefühlsrelationen zu wichtigen Personen der Vergangenheit (vor allem Eltern, Geschwister) wiedererleben. Nur so ist ein Einblick in die hier wirksamen unbewußten Strukturen und Dynamismen, nur so auch eine Aufdeckung, Deutung, Formulierung der unbewußten Motivationen möglich. Nur so wird eine dauerhafte Veränderung der seelischen Ökonomie, ein Verschwinden der krankhaften Symptome samt einer Auflösung der Übertragung erreicht. Der Patient soll wieder lieben und arbeiten können: das ist nach Freud das Ziel der Therapie.

Was aber ist der beste Weg zu diesem Ziel? Der Hauptzugang für die Psychoanalyse, die Via regia, der königliche Weg in das dunkle Reich des Unbewußten, ist die *Deutung der Träume*: Der zunächst sinnlos erscheinende Traum hat durchaus einen Sinn, wenn man nämlich nicht einfach auf den bewußten »manifesten Trauminhalt«, sondern auf die im Traum verarbeiteten, vorbewußten »latenten Traumgedanken« schaut. Untersucht man diese, so finden sich vor allem Spuren des vorausgegangenen Wachlebens (»Tagesreste«). Daneben aber taucht auch eine oft sehr anstößige, früher verdrängte Wunschregung auf, die als der eigentliche Traumbildner die Energie für die Produktion des Traumes aufgebracht hat! Sie bedient sich der Tagesreste als Material, um – bei dem im Schlafzustand herabgesetzten Verdrängungswiderstand des Ich – mit Hilfe des Traums zum Bewußtsein vorzudringen. Doch wegen der Traumzensur des Ich (= dem Rest des Verdrängungswiderstandes) muß das vorbewußte Traummaterial geändert, abgeschwächt, verdichtet, verschoben, verzerrt und schließlich dramatisiert werden: Das ist der Prozeß der »Traumarbeit«; er führt zu der für den Traum so charakteristischen »Traumentstellung« und läßt ihn deutlich als Ersatz- und Kompromißbildung erscheinen.

Schon 1895 hatte Freud das Sinnmoment im Traum entdeckt: *»Träume« sind »Wunscherfüllungen«* [36]. Das heißt: Träume – ähnlich wie die zunächst ebenso unverständlichen neurotischen Symptome – sind *verkappte* Erfüllungen eines *verdrängten* und so der Deutung bedürftigen Wunsches. So können denn verdrängte Traumata mit Hilfe der Träume analysiert und verstanden werden. Oder auch mit Hilfe jener kleinen Fehlleistungen und Symptomhandlungen des Alltags (Versprechen, Verschreiben, Verlesen, Verlegen, Vergessen von Vorsätzen, Namen, Erlebnissen), die keineswegs zufällig sind, sondern unbewußte Vorgänge an den Tag bringen, was Freud 1904 in seinem dann populär gewordenen Buch »Zur Psychopathologie des

Alltagslebens« darlegte. Grundlegend aber bleibt jenes Buch, das Freud immer als sein wichtigstes betrachtet hat: »Die Traumdeutung«, veröffentlicht – wie Harnacks »Wesen des Christentums« – im Jahre 1900[37], von der Öffentlichkeit zunächst völlig ignoriert und in Fachzeitschriften vernichtend kritisiert. Kein guter Start des »Vaters der Psychoanalyse«: In sechs Jahren verkaufte man ganze 351 Exemplare dieses originellsten und bedeutendsten Werkes Sigmund Freuds. An seinem Vorlesungszyklus über Träume im selben Jahr 1900 nahmen drei Hörer teil.

Doch: Vom Traumverständnis her gesehen erscheint die Psychoanalyse jetzt nicht mehr nur als Hilfswissenschaft der Psychopathologie. Sie ist Ansatz für ein gründlicheres Verständnis des Seelenlebens auch des normalen, gesunden Menschen. Gerade mit Hilfe der Traumdeutung vermag der Analytiker zum vergessenen Stoff der Kindheitsjahre vorzustoßen. Auf der Suche nach den sexuellen Konfliktsituationen, aus denen die Verdrängungen resultieren, gelangte Freud nämlich zur Untersuchung der allerersten Kinderjahre, die sich – keineswegs sexuell »unschuldig« – als hochbedeutsam für die Gesamtentwicklung des Menschen erwiesen. Will man Freuds damals sehr schockierende Lehre von der *infantilen Sexualität* freilich nicht von vornherein mißverstehen, so muß man wissen, was er unter dem oft so mißdeuteten Begriff »Libido« versteht: Libido ist die (auch schon bei Kindern sich findende) Energie der Sexualtriebe; diese ist aber nicht allein an die Genitalien gebunden, sondern sie stellt eine umfassendere nach Lust strebende Körperfunktion (Wollustempfindung im weitesten Sinn des Wortes) dar; sie ist Kindern wie Erwachsenen, Normalen wie Anormalen gemeinsam und schließt somit auch alle bloß zärtlichen oder freundschaftlichen Regungen (alle Arten von »Liebe«) ein. Warum einen so erweiterten Begriff von Sexualität? Nur so wird es Freud möglich, eine umfassende Theorie der Sexualität zu erarbeiten: ihre Wunschphantasien (später vor allem der Ödipus-Komplex); ihre verschiedenen frühen Phasen (autoerotische – orale – anale – genitale); ihre Fixierungen auf gewisse Stellen des Entwicklungsganges; ihre Regressionen auf diese Stellen im Fall der Verdrängung; ihre Sublimierung oder Verwendbarkeit für mannigfache kulturelle Leistungen.

Dies also sind die beiden bedeutendsten wissenschaftlichen Errungenschaften Freuds: seine Theorien vom Unbewußten und dessen Arbeitsweise (»Primärvorgang«, Traumdeutung) und von der Libido (infantiles Sexualleben). Für diese beiden epochalen Entdeckungen hatte Freuds Selbstanalyse (systematisch ab 1897) eine entscheidende Rolle gespielt. Dabei hatte er an sich selbst, wie bereits bemerkt, eine frühkindliche Leidenschaft zu seiner Mutter und Eifersucht auf seinen Vater entdeckt: ein allgemein menschlicher Zug, wie er meint, schon früh zum Ausdruck gebracht im Mythos vom König Ödipus, der, ohne es zu wissen, seinen Vater getötet und seine Mutter geheiratet hatte[38].

1905 hat Freud seine überraschenden Ermittlungen über das menschliche Sexualleben in den »Drei Abhandlungen zur Sexualtheorie«[39] grundlegend zusammengefaßt, in späteren Auflagen dann immer wieder korrigiert und ergänzt (seit 1908 auch direkte Beobachtung an Kindern): mit der »Traumdeutung« für Freud das wichtigste Buch. 1916/17 schließlich war er fähig, eine große Synthese, bestehend aus den drei Teilen Fehlleistungen – Traum – allgemeine Neurosenlehre, vorzulegen: »Vorlesungen zur Einführung in die Psychoanalyse«[40], die 1933 durch eine »Neue Folge« ergänzt wurden[41].

Freud war jetzt nicht mehr isoliert wie in dem Jahrzehnt nach der Trennung von Breuer. 1902 hatte er, endlich, den für Mediziner in Wien so wichtigen Titel eines (außerordentlichen) Professors erhalten (erst 1920 freilich den eines Ordinarius). Immer mehr unterstützten ihn jetzt Schüler und Mitstreiter: zuerst ein kleiner Kreis in Wien; dann die großen Schweizer Psychiater E. Bleuler und C. G. Jung, mit denen Freud 1908 die erste von in Bälde drei psychoanalytischen Zeitschriften gründete; schließlich die Internationale Psychoanalytische Vereinigung, die 1910 mit C. G. Jung als erstem Präsidenten und mehreren Ortsgruppen gebildet wurde. Im Jahr zuvor hatten Freud und Jung, noch immer in Deutschland verfemt und geschmäht, in USA (Worcester/Mass.) Gastvorlesungen gehalten und auch den Harvard-Neurologen J. J. Putnam und den Philosophen William James getroffen. Und wenn sich in der Folge nach Bleuler auch C. G. Jung und Alfred Adler von Freud trennten und eigene tiefenpsychologische Schulen gründeten, so war die Psychoanalyse jetzt doch theoretisch, praktisch und organisatorisch genügend gefestigt, daß Freud daran gehen konnte, nicht nur das psychoanalytische Lehrgebäude als solches auszubauen (in bezug auf Ödipuskomplex, Narzißmus, Trieblehre und Anwendung auf Psychosen), sondern auch die Voraussetzungen und Ergebnisse der Psychoanalyse auf andere Gebiete des seelischen und geistigen Geschehens zu übertragen.

Mit der Traumdeutung (und besonders dem Ödipuskomplex) hatte die Psychoanalyse die *Grenzen der Medizin* längst *überschritten*. Und Freud selber, dem die Psychoanalyse zum Lebensinhalt geworden war, leitete mit seinen Aufsätzen über eine Kindheitserinnerung des Leonardo da Vinci, den Wahn und die Träume in W. Jensens »Gradiva«, den Moses des Michelangelo, eine Kindheitserinnerung Goethes aus »Dichtung und Wahrheit«, über Dostojewski und die Vatertötung sowie mit vielen anderen größeren und kleineren Arbeiten ein, was unterdessen eine unüberschaubare Ausweitung erfahren hat: die Anwendung der Psychoanalyse auf Literatur und Kunstwissenschaft, auf Mythologie, Volkskunde und Pädagogik, Prähistorie und Religionsgeschichte. Psychoanalyse also nicht mehr als therapeutisches Verfahren, sondern *als universales Aufklärungsinstrument*. Und damit sind wir – nach unumgänglich längerer Vorbereitung – wieder bei unserem eigentlichen Thema, zu dem schließlich auch Freud selber hingefunden hat auf seinem langen Weg von der Gehirnanatomie und Gehirnphysiologie über die Psychopathologie zu seiner neuartigen Psychologie (»Metapsychologie«): bei der Kritik der Religion.

Zwei Fragen sind es, die die verschiedenen Zweige der neueren religionswissenschaftlichen Forschung ständig in Gang gehalten haben und die auch Sigmund Freud beschäftigten: Was ist der Ursprung und was ist das Wesen der Religion? Beide Fragen hängen zusammen.

Woher kommt Religion?

Ein Blick zunächst auf den *geschichtlichen Horizont*: Die Frage nach der Entstehung der verschiedenen Religionen ist für *Freud* ganz selbstverständlich eine *psychologische Frage*. Für die christlichen und jüdischen *Theologen* war dies jahrhundertelang eine dogmatische Frage gewesen: Die heidnischen Religionen sind Entartungen, Degenerationen der ursprünglichen reinen Offenbarungs-Religion (Uroffenbarung) – aufgrund des in der Bibel berichteten Sündenfalls. Aber auch noch für die rationalistischen *Aufklärer* des 18. Jahrhunderts – vom Engländer David Hume über die Franzosen Rousseau, Voltaire und Diderot bis zum Deutschen Gotthold Ephraim Lessing – war es eine dogmatische Frage: Die verschiedenen Religionen sind Entartungen, Degenerationen der ursprünglich reinen Vernunft-Religion mit ihrem klaren Glauben an Gott, Freiheit, Unsterblichkeit – aufgrund von Priestererfindungen und Volksgebräuchen. Erst für die *Religionswissenschaftler* des 19. Jahrhunderts wurde die Frage nach dem Ursprung der Religion zu einer historischen, philologischen, ethnologischen, psychologischen Frage. Freilich gab es Interesse für die Geschichte der Religionen schon im klassischen Griechenland; doch Religionswissenschaft als eigene Disziplin gibt es erst seit dem 19. Jahrhundert. Für sie wurde die Urreligion selber zum Problem.

Den *Philologen* aller Art – Sinologen, Indologen, Iranisten, Assyrologen, Ägyptologen, Arabisten, Germanisten, klassischen Philologen sowie alt- und neutestamentlichen Exegeten – ging es darum, die zahlreichen verschollenen religiösen Urkunden der schriftkundigen Völker zum Sprechen zu bringen und den engen Zusammenhang von Religion und Sprache aufzuhellen. Durch vergleichende Erforschung der alten Mythen und Märchen hofften deutsche Philologen wie J. Grimm und W. Schwartz die urgermanische Religion, ja die älteste indoeuropäische Religion rekonstruieren zu können. Der auch indische Quellen einbeziehende Mythenforscher A. Kuhn und der eigentliche Begründer der »Religionswissenschaft« (und Verantwortliche für den Wortgebrauch), F. Max Müller, sahen hinter allen Mythen Naturphänomene und rekonstruierten so eine poetische Naturreligion. Historische Wahrheit?

Vor allem die britischen *Anthropologen* und *Ethnologen* aber waren – aufgrund ihrer philosophischen Tradition und der kosmopolitisch-kolonialen Interessen im aufstrebenden British Empire – anderer Auffassung. Diese älteste Religion soll nicht aufgrund alter mythologischer Überlieferungen spekulativ erdacht, sondern empirisch untersucht werden: durch direkte Erforschung der Religionen der kulturarmen, schriftlosen (= »primitiven«) Völker (»Naturvölker«) an Ort und Stelle. Ethnologie (Anthropologie) und Religionswissenschaft (Religionsgeschichte, -phänomenologie, -psychologie, -soziologie) ließen sich theoretisch, kaum aber praktisch trennen. Überall wollte man jetzt – es ist die Zeit Darwins – die »Entwicklung« sehen; schon im Zusammenhang des späten Engels hören wir davon.

»Die damals aktuelle Lehre *Darwins* zog mich mächtig an, weil sie eine außerordentliche Förderung des Weltverständnisses versprach«, so berichtet der fast siebzigjährige Freud vom Gymnasiasten Freud und dessen Entschluß zum Medizinstudium[42]. Charles Darwin hatte dem *Entwicklungsdenken* indessen nicht nur in der Biologie und den Naturwissenschaften, sondern auch *in Ethnologie, Religionswissenschaft und Religionsgeschichte* in epochaler Weise zum Durchbruch verholfen. Das theologische Schema von einem Höhenanfang, einem reinen Monotheismus und einem paradiesischen Zustand menschlicher Vollkommenheit (Degenerationstheorie) wurde abgelöst durch ein naturwissenschaftlich aufgeklärtes Schema von einem Tiefenanfang: einem primitiven menschlichen Zustand mit einem elementaren »Macht«- oder Geisterglauben, der sich erst allmählich zu Höherem entwickelte (Evolutionstheorie).

Der Entwicklungsgedanke als solcher war nicht neu. Nach Ansätzen in der griechischen Antike (Empedokles, Lukrez) wurde er, insbesondere von Leibniz her, im deutschen Idealismus wie im französischen Positivismus heimisch. Vor allem Hegel und Comte hatten ihm in ihrer Geschichtsphilosophie vorgearbeitet. Der Philosoph und Soziologe *Herbert Spencer*, Darwins englischer Zeitgenosse und philosophischer Hauptvertreter des Evolutionismus im 19. Jahrhundert, hatte schon vor Darwin die Entwicklung von niedrigeren zu höheren Stufen als Grundgesetz aller Wirklichkeit proklamiert und zur Grundlage seines »Systems der synthetischen Philosophie« gemacht[43]. Auf ethnologischer Ebene aber wurde die Evolutionstheorie grundgelegt durch den Kulturanthropologen (erster Fachprofessor in Oxford) *E. B. Tylor*[44]: Auch Religion habe sich in einer geraden Linie von der Steinzeit bis zur Gegenwart entwickelt, gleichförmig durch dieselben Phasen hindurch in kleinen Schritten von niedrigeren zu höheren Formen – freilich auf verschiedenen Gebieten mit verschiedenem Tempo! Also gilt es nur, die Religion der »primitiven« Naturvölker und ihre Überbleibsel (»survivals«) in späteren Religionen zu untersuchen – und man hat die älteste Religion gefunden!

Als erste Stufe der Religion – oder besser nur Vorstufe der Religion – galt seit Tylor der *Animismus*: jener in Rein- oder Mischform sich findende

Glaube an anthropomorph gedachte »Seelen« oder – später – »Geister« (lateinisch »animi«: selbständig bestehende Seelen), also der Glaube an eine Allbeseelung. Dem Seelen- oder Geisterglauben folgte dann der polytheistische Götterglaube und schließlich der monotheistische Gottesglaube. Diese Auffassung vom animistischen Ursprung der Religion wurde von dem Psychologen und Philosophen Wilhelm Wundt psychologisch unterbaut[45]. Einige nahmen später mit dem englischen Religionswissenschaftler R. R. Marett[46] noch eine präanimistische Vorstufe an: Präanimismus als Minimaldefinition einer Religion, wo der Mensch, bevor er an bestimmte Geister glaubt, an eine geheimnisvolle, angeblich unpersönliche, belebende Kraft oder »Macht« (melanesisch »Mana«) in allen Dingen glaubt. Dort Glaube an die Allbeseelung (Animismus), hier Glaube an die Allebendigkeit (Animatismus) aller irdischen Dinge. Der Schotte W. Robertson Smith[47] aber hatte herausgestellt, daß nicht so sehr der Glaube an Geister oder Götter, sondern die heilige Handlung, der Ritus, der Kult das für Religion Grundlegende ist. Für ihn ist deshalb der *Totemismus*, die Tierverehrung, wie er sie bei einem primitiven Clan in Australien fand und wie sie alle Völker durchlaufen hätten, die ursprüngliche Religion: Der Clan versteht sich als mit einem bestimmten Totem, einem Tier (oder später auch einer Pflanze oder Naturerscheinung) verwandt (»Totem« = Verwandtschaft) oder gar von ihm abstammend. Das Totemtier beschützt die Gruppe und darf nicht beschädigt oder getötet werden; den Angehörigen der Totemgruppe ist Sexualverkehr untereinander nicht erlaubt (Exogamie). So treten im Gefolge des Totemismus die ersten ethischen Gebote auf: Mordverbot und Inzestverbot – das sind nach Robertson Smith die beiden herrschenden »Tabus« (ein polynesisches Wort für »gemerkt«, »verboten«, also »unberührbar«). Einmal im Jahr aber wird das Totemtier rituell getötet und aufgezehrt, damit es die Kraft des Clans oder Stammes erneuere. Aus diesem gleichsam sakramentalen Totemmahl seien sowohl die Verehrung göttlicher Wesen (zunächst in Tiergestalt) wie auch die Schlachtopfer hervorgegangen.

Nach dem Evolutionsschema nun ist das Leben der Naturvölker nicht anders als primitiv vorstellbar: dumpf, ja nach manchen beinahe sprachlos (nur mit Gebärden und Grunzlauten). Deshalb ist jeder Kult auf der Stufe des Animismus oder Totemismus nichts anderes als *Magie* (Zauber): Handlungen, besonders Worte, durch deren gleichsam automatische Wirkung zwingend auf die Naturmächte Einfluß genommen werden soll. Erst aus der wachsenden Erkenntnis der Wirkungslosigkeit der Magie – vor allem gegen den Tod – soll sich dann zur Besänftigung der Naturmächte der Glaube an Geister und Götter und somit *Religion* entwickelt haben. Und schließlich, sehr viel später, durch weitere Korrekturen das rationale, wissenschaftliche Denken, die *Wissenschaft*. Jenes von Hegel und Comte her wohlbekannte weltgeschichtliche Dreitaktschema erscheint jetzt umgesetzt in ein religionsgeschichtliches Entwicklungsschema, das insbesondere durch den britischen Ethnologen und Religionsforscher J. G. Frazer, der, von Robertson Smith und Wilhelm Mannhardt[48] beeinflußt, zwischen imitativer und sympathetischer Magie unterscheidet, mit ungeheuer viel Tatsachenmaterial angefüllt wird: die drei Phasen Magie – Religion – Wissenschaft[49]. Schien das nicht alles klar und logisch stringent?

Genau diese *ethnologische Erklärung der Religion* und dieses Entwicklungsschema der frühen Klassiker der Religionsgeschichte nimmt Freud auf. Direkt angeregt dazu wurde er von C. G. Jungs religionsvergleichenden Forschungen und dessen großer Abhandlung »Wandlungen und Symbole der Libido«[50]; doch stützte er sich seinerseits besonders auf Robertson Smith, Frazer und auch Marett. Es ging Freud zunächst einfach darum, seine schon 1907 vorgetragene These religionsgeschichtlich zu untermauern: Religiöse Riten gleichen neurotischen Zwangshandlungen! Er tut es in vier Aufsätzen, veröffentlicht als Buch unter dem Gesamttitel *»Totem und Tabu«* (1912)[51]. Ob Freud die Inzest-Scheu (1. Aufsatz) oder die Tabuverbote insgesamt (2. Aufsatz), ob er Animismus und Magie (3. Aufsatz) oder auch den Totemismus (4. Aufsatz) untersucht: Überall zeigt sich ihm eine Ähnlichkeit zwischen Bräuchen und Glaubenshaltungen der Primitiven einerseits und den Zwangshandlungen seiner neurotischen Patienten andererseits; überall findet er ein Weiterbestehen des primitiven Geisteslebens bis in die Gegenwart hinein. Immerhin präzisiert jetzt Freud seine frühere provozierende Aussage, nach welcher Religion als universelle Zwangsneurose bezeichnet wurde. Bei aller Ähnlichkeit von Zwangsneurose und Religion sei die Neurose doch deren *Verzerrung*: »Man könnte den Ausspruch wagen, eine Hysterie sei ein Zerrbild einer Kunstschöpfung, eine Zwangsneurose ein Zerrbild einer Religion, ein paranoischer Wahn ein Zerrbild eines philosophischen Systems[52].«

Doch wollte Freud mehr, als nur auf diese Ähnlichkeit aufmerksam machen. Er wollte eine *»Psychogenese der Religion«*, deren Grundkonzeption in seinem Kopf von vornherein feststand: »Ich lese dicke Bücher ohne rechtes Interesse, da ich die Resultate schon weiß, mein Instinkt sagt mir so; sie müssen aber durch alles Material hindurchgeschleift werden[53].« Woher hatte Freud die Resultate? Er bezog sie aus seiner psychoanalytischen Gesamtschau und seinen klinischen Erfahrungen, die er nach Diskussion der verschiedenen unbefriedigenden Theorien zur Erklärung des Totemismus vorträgt.

Insbesondere war Freud bei der Beobachtung von Kleinkindern aufgefallen, daß diese zunächst Tiere lieben, in einer späteren Entwicklungsphase aber Tiere zu fürchten beginnen. Analysiert man derartige Tierphobien bei Kindern oder auch bei solchen Erwachsenen, bei denen sich kindliche Phobien in neurotischer Weise erhalten haben, so entdeckt man als ihren Grund: eine Angst vor dem eigenen Vater, die aber auf ein Vatersymbol –

das Tier – verschoben, projiziert wird. Warum? Eigentlich möchte das Kind den Vater verehren und lieben, und doch fürchtet es ihn zugleich. Diese Angst wird allerdings nicht bewußt verarbeitet, sondern vom Bewußtsein ins Unbewußte verdrängt. Sie lebt dort weiter und taucht in anderer Gestalt wieder auf: An die Stelle des Vaters tritt ein Tier. Doch eigentlich gelten die ambivalenten Gefühle, Liebe wie Angst, dem Vater; das Tier ist nur ein Verschiebungsersatz.

Diese psychoanalytische Erklärung wendet nun Freud im letzten seiner vier Aufsätze auf den Totemglauben an; unter dem Titel »Die infantile Wiederkehr des Totemismus« versucht er eine psychologische Erklärung der Religion zu geben. Dieselbe Ambivalenz der Gefühle läßt sich im Verhalten gegenüber Totemtieren beobachten: Tötungsverbot und doch Opfer. Die Totemgenossen verhalten sich also zu den Totemtieren ähnlich wie Kinder und Neurotiker Tieren gegenüber: Auch für sie ist demnach das Tier ein Symbol für den Vater, genauer ein Symbol für den Stammvater.

Das bedeutet: Auf dem Grund des Totemismus, diesem Durchgangsstadium auch für höherstehende Völker, ist nichts anderes als der *Ödipuskomplex* mit seinen beiden Inhalten – Zuneigung zur Mutter und Todeswunsch gegen den väterlichen Rivalen – verborgen wirksam. Und gerade der Kern des Totemismus, jene Totemmahlzeit, in der alljährlich das heiliggehaltene Totemtier kultisch getötet, verzehrt, dann betrauert und schließlich doch mit einem Fest gefeiert wird, macht deutlich, daß die Vatertötung der Ausgangspunkt des Totemismus und damit der Religionsbildung überhaupt ist.

Läßt sich aber ein solcher *Vatermord historisch belegen*? Freud greift hier auf die »Vermutung« Darwins zurück, daß die Menschen anfänglich in Horden lebten: alle Weibchen unter der Herrschaft eines starken, gewalttätigen, eifersüchtigen Männchens (vergleichbar einer Herde von Hirschen). Freud blieb auch später bei dieser in »Totem und Tabu« entwickelten Auffassung, trotz aller Kritik ohne Korrekturen oder Ergänzungen. Er faßt sie in seiner »Selbstdarstellung« wie folgt zusammen: »Der Vater der Urhorde hatte als unumschränkter Despot alle Frauen für sich in Anspruch genommen, die als Rivalen gefährlichen Söhne getötet und verjagt. Eines Tages aber taten sich diese Söhne zusammen, überwältigten, töteten und verzehrten ihn gemeinsam, der ihr Feind, aber auch ihr Ideal gewesen war. Nach der Tat waren sie außerstande, sein Erbe anzutreten, da einer dem anderen im Wege stand. Unter dem Einfluß des Mißerfolgs und der Reue lernten sie, sich miteinander zu vertragen, banden sich zu einem Brüderclan durch die Satzungen des Totemismus, welche die Wiederholung einer solchen Tat ausschließen sollten, und verzichteten insgesamt auf den Besitz der Frauen, um welche sie den Vater getötet hatten. Sie waren nun auf fremde Frauen angewiesen; dies der Ursprung der mit dem Totemismus eng verknüpften Exogamie. Die Totemmahlzeit war die Gedächtnisfeier der ungeheuerlichen Tat, von der das Schuldbewußtsein der Menschheit (die Erbsünde) herrührte, mit der soziale Organisation, Religion und sittliche Beschränkung gleichzeitig ihren Anfang nahmen[54].« Also gründet Religion überhaupt im Ödipuskomplex der Gesamtmenschheit!

Damit war für Freud der Ursprung der Religion psychologisch erklärt. Die Religionsbildung ist auf dem Vaterkomplex und seiner Ambivalenz aufgebaut: »Nachdem der Vaterersatz durch das Totemtier verlassen war, wurde der gefürchtete und gehaßte, verehrte und beneidete Urvater selbst das Vorbild Gottes. Der Sohnestrotz und seine Vatersehnsucht rangen miteinander in immer neuen Kompromißbildungen, durch welche einerseits die Tat des Vatermordes gesühnt, andererseits deren Gewinn behauptet werden sollte. Ein besonders helles Licht wirft diese Auffassung der Religion auf die psychologische Fundierung des Christentums, in dem ja die Zeremonie der Totemmahlzeit noch wenig entstellt als *Kommunion* fortlebt[55].«

Im Unterschied zum Judentum gibt das Christentum den Vatermord zu: Bei Paulus setzt sich nach Freud die Erkenntnis durch, daß wir unglücklich sind, weil wir den Vater-Gott getötet haben. Erst indem Jesus Christus als der Sohn sein Leben hingab, wurden wir von dieser Schuld erlöst. Der Sohn tritt sogar an die Stelle Gottes: »Aus einer Vaterreligion hervorgegangen, wurde das Christentum eine Sohnesreligion. Dem Verhängnis, den Vater beseitigen zu müssen, ist es nicht entgangen[56].« Die Angst vor dem Urvater hat sich im Christentum in verschiedensten Formen durchgehalten.

Wer nun als heutiger Leser (wie übrigens die meisten damaligen Leser, von psychoanalytischen Kreisen natürlich abgesehen) diese reichlich romanhaft klingende Deutung vom Ursprung der Religion als das eines Wissenschaftlers nicht würdige Phantasieprodukt ansieht, bedenke:

Erstens schreibt Freud in einer Zeit erster Begeisterung für die evolutive Welt- und Religionserklärung, wo man aus Entdeckerfreude Stufen, Phasen, ja konkrete Abläufe der religionsgeschichtlichen Entwicklung kühn entwarf und eine animistische oder totemistische Phase als erste Stufe von Religion noch unbekümmerter vertreten konnte; das freilich änderte sich später.

Zweitens sprach Freud selbst im Rückblick auf die von ihm kombinierten Theorien recht deutlich von »Hypothese«, »Vision«, »Vermutung«, »Versuchung«. Er hielt aber trotz zugegebener historischer Anfechtbarkeit und allgemeiner Kritik auch von Ethnologen und Religionswissenschaftlern an diesen Auffassungen fest. Warum?

Im Grunde war Freud an der historischen Frage nur sekundär interessiert. Im Grunde ging es ihm, wie wir sahen, um eine *von vornherein feststehende Theorie von Religion*, die er dann mit religionsgeschichtlichem Material zu belegen versuchte. Schon bevor er ernsthaft die Quellen primitiver Religion erforschte, hatte er in seinem Artikel über Leonardo da Vinci (1910) bereits das Ergebnis einer psychoanalytischen Deutung von Religion vorweggenommen: »Die Psychoanalyse hat uns den intimen Zusammenhang zwischen dem Vaterkomplex und der Gottesgläubigkeit kennen gelehrt, hat uns gezeigt, daß der persönliche Gott *psychologisch* nichts anderes ist als ein erhöhter Vater, und führt uns täglich vor Augen, wie jugendliche Personen den religiösen Glauben verlieren, sobald die Autorität des Vaters bei ihnen zusammenbricht. Im Elternkomplex erkennen wir so die Wurzel des religiösen Bedürfnisses[57].«

Die Wurzeln des religiösen Bedürfnisses: Psychologisch gesehen hängt die Frage nach dem Ursprung der Religion mit der nach ihrem Wesen aufs engste zusammen.

Was ist Religion?

Vier Jahre vor seinem Tod – in einer »Nachschrift« zu seiner »Selbstdarstellung« – vermerkt Freud: Im Lauf der vergangenen zehn Jahre sei in seinen Schriften »ein bedeutsamer Unterschied« zu beobachten, der so vieles Vorausgegangene als »Umweg« erscheinen lasse: »Nach dem lebenslangen Umweg über die Naturwissenschaften, Medizin und Psychotherapie war mein Interesse zu jenen kulturellen Problemen zurückgekehrt, die dereinst den kaum zum Denken erwachten Jüngling gefesselt hatten[58].«

An erster Stelle dieser Probleme seiner Jugend und seines Alters steht die Religion! Freuds religionskritische Hauptschrift *»Die Zukunft einer Illusion«* eröffnet 1927 jene Reihe von Studien, die ihn für den Rest seines Lebens hauptsächlich beschäftigen sollten, darunter »Das Unbehagen in der Kultur« (1930)[59] und schließlich seine letzte große Veröffentlichung, »Der Mann Moses und die monotheistische Religion« (1939)[60]. Auch am Ende der »Neuen Folge der Vorlesungen zur Einführung in die Psychoanalyse« (1933)[61] behandelt Freud die Religion.

Was ist Religion? Was sind – Freud sieht jetzt nicht mehr nur religiöse Riten – »religiöse Vorstellungen«? Darüber gibt Freuds Schrift »Die Zukunft einer Illusion« erschöpfend Auskunft. Neu ist: Religion wird nicht mehr nur als historisches, sondern vor allem als zeitgenössisches soziales Phänomen analysiert. »Religiöse Vorstellungen« sind »Lehrsätze, Aussagen über Tatsachen und Verhältnisse der äußeren (oder inneren) Realität, die etwas mitteilen, was man selbst nicht gefunden hat, und die beanspruchen, daß man ihnen Glauben schenkt[62].« Doch *worauf gründet sich dieser Anspruch*? Nach Freud erhält man auf diese Frage drei – unter sich widersprüchliche und allesamt unzureichende – Antworten:

Erste Antwort: Wir sollen glauben, ohne Beweise zu verlangen!? Freuds Gegenfrage: Warum? Etwa deshalb, weil man sich der Unsicherheit, der Unbegründetheit des eigenen Anspruchs im Grunde bewußt ist?

Zweite Antwort: Wir sollen glauben, weil unsere Ahnen geglaubt haben!? Gegenfrage: Haben sie nicht vieles geglaubt, was wir heute unmöglich noch glauben können?

Dritte Antwort: Wir sollen glauben, weil uns Beweise aus der Vorzeit überliefert sind!? Gegenfrage: Stammen diese Beweise nicht aus unzuverlässigen, widerspruchsvollen, überarbeiteten, verfälschten Schriften, die sich zwar auf göttliche Offenbarung berufen, gerade darin aber unbeglaubigt sind? Und wer Beweise aus der Gegenwart, etwa die der Spiritisten, anführt: Sind die von diesen beschworenen großen Geister samt ihren nichtssagenden, albernen Auskünften ihren Beschwörern nicht so ähnlich, daß sie leicht durchschaut werden können: als psychische Produktionen der Beschwörer selbst, die keine Beweise einer leibunabhängigen geistigen Wirklichkeit (unsterbliche Seele) sind?

Das »sonderbare Ergebnis«: Die bedeutungsvollsten Aussagen, die uns die Rätsel der Welt lösen und uns mit allem Leid versöhnen sollen, haben »die allerschwächste Beglaubigung«[63]! Sie sind und waren offensichtlich schon immer unbeweisbar.

Und doch fragt man sich: Steckt hinter der Religion überhaupt keine Realität? Haben religiöse Vorstellungen nicht trotz mangelnder Beglaubigung allerstärksten Einfluß auf die Menschen ausgeübt? Woher dann diese Kraft? Nun, auch diese Frage muß psychologisch angegangen werden: die psychische Genese der Religion erklärt ihr Wesen. Das anhand von Träumen und neurotischen Symptomen entdeckte Modell der Wunscherfüllung wendet Freud jetzt auf das Phänomen Religion an! Was wir schon früher von ihm gehört haben, verstehen wir nun – nach allen tiefen Einsichten in die Struktur des Unbewußten, der Triebe und der Träume – sehr viel besser, und wir unterstreichen es jetzt: *Religiöse Vorstellungen sind* »nicht Niederschläge der Erfahrung oder Endresultate des Denkens«, sondern »*Illusionen, Erfüllungen der ältesten, stärksten, dringendsten Wünsche der Menschheit;* das Geheimnis ihrer Stärke ist die Stärke dieser Wünsche[64].« Welcher Wünsche? Der Wünsche des kindlich hilflosen Menschen nach Schutz vor den Gefahren des Lebens, nach Erfüllung der Gerechtigkeit in dieser ungerechten Gesellschaft, nach der Verlängerung der irdischen Existenz durch ein zukünftiges Leben, nach Wissen um die Entstehung der Welt und der Beziehung zwischen Körperlichem und Seelischem ... Es geht also nach Freud um Projektionen, die Abhängigkeit von Feuerbach ist offenkundig: »Die unklare innere Wahrnehmung des eigenen psychischen Apparates regt zu Denkillusionen an, die natürlich nach außen projiziert werden und charakteristischerweise in die Zukunft und in ein Jenseits. Die Unsterblichkeit, die Vergeltung, das ganze Jenseits sind solche Darstellungen unseres psychischen Inneren ... Psychomythologie[65].«

Doch alle diese Wünsche sind *infantile Wünsche*: begründet in den »nie ganz überwundenen Konflikten der Kindheit aus dem Vaterkomplex«[66]. Konflikte der Kindheit im doppelten Sinn: Kindheit des menschlichen Individuums und Kindheit der menschlichen Gattung. Konflikte also schon aus der Frühzeit der Menschheit; denn die Kindheit des Einzelnen ist ja ein Abbild der Kindheit der Menschheit, die Ontogenese des menschlichen Individuums ein Abbild der Phylogenese der menschlichen Gattung! In beiden Fällen ist die Vatersehnsucht die Wurzel der religiösen Bedürfnisse, in beiden Fällen spielt der Ödipuskomplex die zentrale Rolle. Freud hat also in »Zukunft einer Illusion« die in »Totem und Tabu« gegebene historisch-ethnologische Erklärung von Totemismus und Religion nicht etwa widerrufen. Er hat sie vielmehr verstärkt: durch den Akzent auf der *kindlichen Hilflosigkeit des Menschen* und der Menschheit angesichts der übergroßen Gefahren von außen und aus dem eigenen Inneren. Was hat diese Hilflosigkeit mit Religion zu tun?

Die Kultur ist es, die dem Einzelnen die religiösen Vorstellungen schafft, verschafft. Gleich allen anderen kulturellen Errungenschaften stammt auch die Religion aus der Notwendigkeit, sich gegen die Übermächte der Natur, des Schicksals zu verteidigen. Wie? Indem der ohnmächtige Mensch sich in seiner Rat- und Hilflosigkeit mit diesen Übermächten in Verbindung zu setzen und sie zu beeinflussen, kurz, sie in naiver Kindlichkeit zu vermenschlichen, zu personifizieren versucht. Da er aber mit diesen bedrohlichen Übermächten doch nicht wie mit seinesgleichen verkehren kann, erhalten sie väterliche Züge; Schutzbedürfnis und Vatersehnsucht erweisen sich so als identisch. Das bedeutet: Der ohnmächtige Mensch schafft sich Götter, gleichzeitig zu fürchtende und zu gewinnende. Ambivalente Naturgötter der Furcht und des Trostes.

Doch selbst bei allmählicher Einsicht des Menschen in die Regel- und Gesetzmäßigkeiten der Naturerscheinungen verlieren diese Götter ihre Funktion nicht. Denn: »die Hilflosigkeit der Menschen bleibt und damit ihre Vatersehnsucht und die Götter«[67]. Die *Götter* behalten die *dreifache Aufgabe*: Sie sollen die Schrecken der Natur bannen, sollen mit Schicksal und Tod versöhnen, sollen – jede Kultur gründet auf Arbeitszwang und Triebverzicht – für alles Leiden und Entbehren im kulturellen Zusammenleben entschädigen. Mit der wachsenden Kenntnis der Naturgesetze konzentrieren die Menschen ihre religiösen Vorstellungen allerdings auf diese dritte, moralische Funktion: Die Götter sollen den Menschen einen höheren Lebenszweck bieten, eine weltüberlegene Intelligenz oder Vorsehung, eine göttliche Sanktionierung der Moralgesetze, ein Leben nach dem Tode. So wird den Menschen die Weisheit, Allgüte und Gerechtigkeit, ja schließlich – bei den Juden – die Einzigkeit des göttlichen Wesens deutlich. Erst jetzt, gegenüber dem einen Gott, kann ein richtiges Kind-Vater-Verhältnis entstehen. Für jene Menschen, die die Sittenvorschriften zur Regelung zwischenmenschlicher Beziehungen nicht zu verinnerlichen vermochten, bedeutet die Androhung göttlicher Strafen eine zusätzliche Motivation. Für die anderen aber ist solche Strafandrohung nicht mehr notwendig; im Gegenteil: wenn diese über die ursprünglichen elementaren Gebote hinaus (Verbot von Mord, Inzest) auf alle möglichen kleinen Einzelvorschriften ausgedehnt wird, ist sie sogar schädlich.

So also entstand Religion aus den ältesten, stärksten, dringendsten Wünschen der Menschheit: *Religion ist Wunschdenken, Illusion!* Illusion heißt: Religion ist jedenfalls nicht bewußte Lüge im moralischen Sinn und auch nicht – Freud betont das – Irrtum im erkenntnistheoretischen Sinn; Religion ist nicht notwendig illusorisch im Sinn von unrealistisch oder im Widerspruch mit der Realität. Illusion, das ist für sie charakteristisch, ist von dem Bedürfnis Wunscherfüllung motiviert, also ein Produkt des Sinnlich-Triebhaften, das zu seiner Entzifferung der angewandten psychologischen Entschlüsselungstechnik bedarf.

Für Freud sind sämtliche religiösen Lehren Illusionen: unbeweisbar, und deshalb darf niemand gezwungen werden, daran zu glauben. Freilich sind sie zugleich auch unwiderlegbar. Aber deshalb noch längst nicht glaubwürdig! Sind doch manche von ihnen, psychologisch gesehen, derart unwahrscheinlich, daß sie Wahnideen vergleichbar sind (Freuds alte Idee von den Riten als Zwangshandlungen, ausgeweitet auf religiöse Doktrinen). Religiöse Lehren sind indessen von Wahnideen verschieden, insofern sie, wie gesagt, nicht notwendig falsch sein müssen: Es könnte ja sein, daß ...!

Man beachte also wohl: Freud beschäftigt sich nur mit der psychologischen Natur der religiösen Vorstellungen (als Illusionen), nicht mit ihrem Wahrheitsgehalt (als Wirklichkeit). »Es liegt nicht im Plan dieser Untersuchung, zum Wahrheitswert der religiösen Lehren Stellung zu nehmen. Es genügt uns, sie in ihrer psychologischen Natur als Illusionen erkannt zu haben[68].« Freilich verhehlt Freud nicht, daß die psychologische Ableitung der Religion seine Einstellung zu ihrem Wahrheitsgehalt mächtig beeinflußt habe, besonders nachdem man heutzutage ungefähr wisse, zu welchen Zeiten und aus welchen Motiven bestimmte religiöse Lehren entstanden seien: »Wir sagen uns, es wäre ja sehr schön, eine sittliche Weltordnung und ein jenseitiges Leben, aber es ist doch sehr auffällig, daß dies alles so ist, wie wir es uns wünschen müssen. Und es wäre noch sonderbarer, daß unseren armen, unwissenden, unfreien Vorvätern die Lösung all dieser schwierigen Welträtsel geglückt sein sollte[69].«

Erziehung zur Realität

Wäre es aber nicht schlimm, *wenn Religion*, die der Kultur so große Dienste geleistet hat, *verschwände*? Könnte der Mensch ohne den Trost der Religion überhaupt die oft grausamen Härten des Lebens ertragen? Die Religion – das ist Freuds kühle Antwort – hatte durch die Jahrtausende Zeit zu zeigen, was sie zur Beglückung der Menschen zu leisten vermochte. Offensichtlich nicht genug; denn die Mehrzahl der Menschen in dieser Kultur ist immer noch unglücklich. Aber war Religion nicht Stütze der Sittlichkeit? Gewiß, aber gleichzeitig auch Stütze der Unsittlichkeit! Denn um die Unterwürfigkeit der Massen gegenüber der Religion zu erhalten, machte man der menschlichen Triebnatur große Zugeständnisse.

Doch in unserer Zeit nimmt der Einfluß der Religion immer mehr ab. Der Grund ist »die Erstarkung des wissenschaftlichen Geistes in den Oberschichten der menschlichen Gesellschaft«: »Die Kritik hat die Beweiskraft der religiösen Dokumente angenagt, die Naturwissenschaft die in ihnen enthaltenen Irrtümer aufgezeigt, der vergleichenden Forschung ist die fatale Ähnlichkeit der von uns verehrten religiösen Vorstellungen mit den geistigen Produktionen primitiver Völker und Zeiten aufgefallen . . . In diesem Prozeß gibt es keine Aufhaltung[70].« Die Religion als die letztlich aus dem Ödipuskomplex stammende allgemeine menschliche Zwangsneurose verschwindet nach Freud unerbittlich.

Will man indessen den Gefahren eines solchen Auflösungsprozesses vor allem für die Moral der ungebildeten und unterdrückten Massen vorbeugen, braucht es eine gründliche Revision der Beziehungen zwischen Kultur und Religion: eine neue, rational begründete Weltanschauung, die Gott aus dem Spiele läßt und den rein menschlichen Ursprung aller kulturellen Einrichtungen und Vorschriften eingesteht. Also: eine rein rationale Begründung des Mordverbots und aller Kulturvorschriften – nicht aus göttlicher Offenbarung, sondern aus sozialer Notwendigkeit! So übermächtig unsere Gefühle, unsere Triebwünsche sind, sie müssen beherrscht werden: durch die Intelligenz, die Vernunft, welche nicht mehr durch frühe Dressur, religiöse Denkverbote und sexuelle Denkhemmungen verkümmern darf. Man versuche es deshalb mit der areligiösen Erziehung! Nur versuche man nicht, Religion gewaltsam und mit einem Schlag aufzuheben!

»Erziehung zur Realität«: Religion, für den einzelnen Menschen wie für die Menschheit insgesamt, ist eine pubertäre Durchgangsphase der Menschheitsentwicklung. Weder als Individuum noch als Gattung kann der Mensch ewig Kind bleiben. Er muß erwachsen werden, muß aus eigener Kraft und mit Hilfe der Wissenschaft die Wirklichkeit bewältigen und zugleich die unabwendbaren Schicksalsnotwendigkeiten mit Ergebung ertragen lernen. Den Himmel Engeln und Spatzen überlassen (Freud zitiert des »Unglaubensgenossen« Heinrich Heine »Deutschland, ein Wintermärchen«), die Erwartungen vom Jenseits abziehen und alle freigewordenen Kräfte aufs irdische Leben konzentrieren: das ist die Aufgabe des reifen, des erwachsenen Menschen! »Was soll ihm die Vorspiegelung eines Großgrundbesitzes auf dem Mond, von dessen Ertrag doch niemand je etwas gesehen hat[71]?«

Zugegeben: Auch auf diesem rationalen Weg mag man sich Illusionen machen. Aber diese Illusionen sind nicht unkorrigierbar, sind nicht wahnhaft wie die religiösen. Auf die Dauer kann der Mensch Vernunft und Erfahrung nicht widerstehen, und der Widerspruch der Religion zu beidem ist eklatant. Nein, die Stimme der Vernunft vermag sich doch gegen alle Unvernunft Gehör zu verschaffen; unser Gott Logos verwirklicht allmählich die von der Natur gestatteten Wünsche; der *Glaube an die Wissenschaft*, an das durch verifizierbare Erfahrung erworbene Wissen, gibt einen Halt, der dem Gottgläubigen fehlt: »Wir glauben daran, daß es der wissenschaftlichen Arbeit möglich ist, etwas über die Realität der Welt zu erfahren, wodurch wir unsere Macht steigern und wonach wir unser Leben einrichten können. Wenn dieser Glaube eine Illusion ist, dann sind wir in derselben Lage wie Sie, aber die Wissenschaft hat uns durch zahlreiche und bedeutsame Erfolge den Beweis erbracht, daß sie keine Illusion ist[72].« Am Ende seiner Schrift wiederholt es Freud mit ungewohntem Pathos: »Nein, unsere Wissenschaft ist keine Illusion. Eine Illusion aber wäre es zu glauben, daß wir anderswoher bekommen könnten, was sie uns nicht geben kann[73].«

Ein halbes Jahrhundert später kommt Freud in der »Neuen Folge der Vorlesungen zur Einführung in die Psychoanalyse« (1933) auf das Verhältnis von Religion und Wissenschaft zurück: im letzten Kapitel »Über eine Weltanschauung«. Ist die Psychoanalyse etwa selber eine Weltanschauung? Freuds Antwort ist eindeutig negativ, wie er am Ende zusammenfaßt: »Die Psychoanalyse, meine ich, ist unfähig, eine ihr besondere Weltanschauung zu erschaffen. Sie braucht es nicht, sie ist ein Stück Wissenschaft und kann sich der wissenschaftlichen Weltanschauung anschließen[74].«

Aber gerade *dieser wissenschaftlichen Weltanschauung größter Gegner* ist *die Religion*: »Von den drei Mächten, die der Wissenschaft Grund und Boden bestreiten können, ist die Religion allein der ernsthafte Feind[75].« Nicht die Kunst, nicht die Philosophie, sondern die Religion ist die »ungeheure Macht, die über die stärksten Emotionen der Menschen verfügt« und »eine Weltanschauung von unvergleichlicher Folgerichtigkeit und Geschlossenheit geschaffen hat, die, wiewohl erschüttert, heute noch fortbesteht«[76]. Nie hat Freud so deutlich vom »großartigen Wesen der Religion« geredet und von dem, »was sie den Menschen zu leisten unternimmt«, indem sie gleichzeitig drei Funktionen erfüllt: »Sie gibt ihnen Aufschluß über Herkunft und Entstehung der Welt, sie versichert ihnen Schutz und endliches Glück in den Wechselfällen des Lebens und sie lenkt ihre Gesinnungen und Handlungen durch Vorschriften, die sie mit ihrer ganzen Autorität vertritt[77].« Also zugleich Belehrung, Tröstung und Forderung.

Aber nie hat Freud auch so kompakt wie hier die Religion der Kritik unterzogen, indem er das, was er 20 Jahre zuvor in der Totem-Schrift und 6 Jahre zuvor in der Illusions-Schrift gesagt hatte, mit geballter Kraft und systematischer Konsequenz umgreift und ausweitet. Das Resultat: »Das zusammenfassende Urteil der Wissenschaft über die religiöse Weltanschauung lautet also: Während die einzelnen Religionen miteinander hadern, welche von ihnen im Besitz der Wahrheit sei, meinen wir, daß der Wahrheitsgehalt der Religion überhaupt vernachlässigt werden darf. Religion ist ein Versuch, die Sinneswelt, in die wir gestellt sind, mittels der Wunschwelt zu bewältigen, die wir infolge biologischer und psychologischer Notwendigkeiten in uns entwickelt haben. Aber sie kann es nicht leisten. Ihre Lehren tragen das Gepräge der Zeiten, in denen sie entstanden sind, der unwissenden Kinderzeiten der Menschheit. Ihre Tröstungen verdienen kein Vertrauen. Die ethischen Forderungen, denen die Religion Nachdruck verleihen will, verlangen vielmehr eine andere Begründung, denn sie sind der menschlichen Gesellschaft unentbehrlich und es ist gefährlich, ihre Befolgung an die religiöse Gläubigkeit zu knüpfen. Versucht man, die Religion in den Entwicklungsgang der Menschheit einzureihen, so erscheint sie nicht als ein Dauererwerb, sondern als ein Gegenstück der Neurose, die der einzelne Kulturmensch auf seinem Weg von der Kindheit zur Reife durchzumachen hat[78].«

Gegen jegliche Religion erklärt sich Freud für eine »wissenschaftliche Weltanschauung«. Freilich mit einem gehörigen Schuß Skepsis, denn so endet – nach kurzer Auseinandersetzung auch mit Nihilismus und Marxismus – die »Neue Folge« seiner Einführungsvorlesungen in die Psychoanalyse: »Eine auf die Wissenschaft aufgebaute Weltanschauung hat außer der Betonung der realen Außenwelt wesentlich negative Züge, wie die Bescheidung zur Wahrheit, die Ablehnung der Illusionen. Wer von unseren Mitmenschen mit diesem Zustand der Dinge unzufrieden ist, wer zu seiner augenblicklichen Beschwichtigung mehr verlangt, der mag es sich beschaffen, wo er es findet. Wir werden es ihm nicht verübeln, können ihm nicht helfen, aber auch seinetwegen nicht anders denken[79].«

Ist es nun aber nach dieser vernichtenden Kritik nicht erstaunlich, daß Freud, inzwischen 80jährig, die Religion trotz allem noch weiterer, intensiver Studien würdigt, ja ihr geradezu den Großteil der letzten fünf Jahre seines Lebens widmet? Daß er sich erneut auf die Ursprünge der jüdischen und der christlichen Religion besinnt, um jetzt nicht nur die psychologische, sondern die historische Wahrheit gerade der monotheistischen Religion herauszustellen: wie auch diese auf der unbewußten Erinnerung an tatsächliche Ereignisse beruht? Dabei stützt er sich, im übrigen mit vielen Zweifeln, auf höchst gewagte Rekonstruktionen der Mose-Legende, nach welcher Mose ein Ägypter war, der den monotheistischen Glauben des Pharao Echnaton angenommen hatte, zu dem er die Juden bekehrte, um dann in einem Aufruhr erschlagen zu werden, was im jüdischen Volk ein dauerndes unbewußtes Schuldgefühl zurückließ . . . Der Mord des Propheten in der monotheistischen Religion entspricht dem Mord des Urvaters im Totemismus und dem Mord des Gottessohnes im Christentum: alles Auswirkungen des Ödipuskomplexes.

Ursprünglich als »Der Mann Moses. Ein historischer Roman« betitelt, wurde dieses Werk in drei getrennten Abhandlungen veröffentlicht; ein Teil der letzten in seinem Auftrag von seiner Tochter Anna auf dem Pariser Internationalen Psychoanalytischen Kongreß 1938 verlesen. Das Buch erschien unter dem Titel »Der Mann Moses und die monotheistische Religion« im folgenden Jahr 1939. Es war Freuds Todesjahr.

2. *Freud in der Kritik*

Freud selbst hat sich in seiner religionskritischen Hauptschrift die Frage gestellt, »ob die Veröffentlichung dieser Schrift nicht doch jemand Unheil bringen könnte. Zwar keiner Person, aber einer Sache, der Sache der Psychoanalyse«[1]. In der Tat ist die Psychoanalyse in der Öffentlichkeit nicht zuletzt unter dem Einfluß der Kirchen lange Zeit mit Areligiosität und Sexualismus gleichgesetzt worden: Auflösung von Religion, Ordnung, Sitte.

Aber gegen allen zu erwartenden »Lärm« der Gegner und alle Unannehmlichkeiten für seine Mitarbeiter – »von denen manche meine Einstellung zu den religiösen Problemen überhaupt nicht teilen« – hält Freud daran fest: »In Wirklichkeit ist die Psychoanalyse eine Forschungsmethode, ein parteiloses Instrument, wie etwa die Infinitesimalrechnung . . . Kann man aus der Anwendung der psychoanalytischen Methode ein neues Argument gegen den Wahrheitsgehalt der Religion gewinnen, *tant pis* für die Religion, aber Verteidiger der Religion werden sich mit demselben Recht der Psychoanalyse bedienen, um die affektive Bedeutung der religiösen Lehre voll zu würdigen[2].« Das ist tatsächlich geschehen. Und nicht zuletzt die unterschiedliche Einstellung zu Sexualität und Religion war es, die Freud und seine Freunde, die vor allem Freud, Adler und Jung auseinander und gegeneinander gebracht hat.

Religion bei Adler und Jung

»Tiefenpsychologie«: den Ausdruck verdanken wir (ebenso wie »Schizophrenie« und »Ambivalenz«) dem bekannten Zürcher Psychiater Eugen Bleuler, dem Lehrer Jungs. Gemeinsam war und bleibt Freud, Adler und Jung – dem berühmten »Dreigestirn der Tiefenpsychologie« – im Unterschied zu allen früheren Psychologen die theoretische wie praktische Bemühung um die »Tiefe« menschlicher Psyche, um den »Untergrund« menschlichen Verhaltens: also um das Unbewußte, das – vor allem durch die Traumanalyse, aber immer mehr auch durch andere therapeutische Methoden, besonders die verschiedenen Tests – wissenschaftlich erfaßt, methodisch zugänglich gemacht und therapeutisch erschlossen werden soll. Eine entscheidende Vertiefung unserer Einsicht in die menschliche Wirklichkeit, mit kaum überschaubaren Auswirkungen für Mensch und Gesellschaft, nicht nur für die Medizin, Psychiatrie und Psychologie, sondern auch für die Pädagogik, die Humanwissenschaften, die Religionswissenschaft und das menschliche Verhalten überhaupt! Aber Freuds Theorie hatte sehr ernsthafte Fragen aufgeworfen, gerade auch für seine eigenständigen Freunde: Ist es richtig, daß das Unbewußte so stark negativ gefaßt wird, lediglich als Reservoir verdrängter Wünsche? Ist es richtig, den Trieb mechanistisch nur unter dem Gesichtspunkt der Kausalität zu betrachten? Ist es richtig, alle Intentionen neben dem Selbsterhaltungstrieb auf sexuelle Wünsche, auf die Libido zurückzuführen, auch wenn man »sexuell« mit Freud in einem umfassenderen Sinn versteht? Ist es richtig, die individuelle Struktur der Psyche nur retrospektiv, von vergangenen Ereignissen her, statt prospektiv, vom selbst gesteckten (oder übernommenen) Sinn und Ziel des Lebens her zu verstehen?

1911 hielt der praktische Arzt *Alfred Adler* (1870–1937) – auch er wie Freud jüdischer Abstammung, aber entschiedener Sozialist und späterer Freund Trotzkis, seit einem guten Jahrzehnt Mitglied des Freudschen Freundeskreises und jetzt Vorsitzender der Wiener Gruppe der Psychoanalytischen Vereinigung – vier Vorträge: »Zur Kritik der Freudschen Sexualtheorie«[3]. Sie führten zu seiner und weiterer sieben Ärzte »Exkommunikation« aus dem Kreis um Sigmund Freud. Ein Jahr später begründete Adler mit seinem Werk »Über den nervösen Charakter«[4] die mit seinem Namen künftig verbundene *»Individualpsychologie«*, die das un-teilbare, freie, zielgerichtete, für sein Tun verantwortliche »In-dividuum« zum Gegenstand ihrer Lehre und zum Ziel ihrer psychotherapeutischen Praxis (und dann vor allem auch der Pädagogik) hat. Anders als der analysierend zergliedernde Freud ist Adler mehr auf die Ganzheit des Menschen und den Entwurf seines Lebensplanes in dieser Welt ausgerichtet.

Für Adler ist Ausgangspunkt seiner wissenschaftlichen Theorie und erklärendes Prinzip der seelischen Störungen nicht der Konflikt zwischen Ich und Sexualtrieb, sondern das Streben nach Überwindung, das sich ebenfalls schon im Kind findet, wenn es baut und zerstört und um Anerkennung der Erwachsenen ringt: das »Streben nach Macht«, wie Adlers bedeutendster Schüler Fritz Künkel dann sagt. Von der Untersuchung der »Minderwertigkeit von Organen«[5] war Adler zur Entdeckung des »Gefühls der Minderwertigkeit«[6] gekommen. Neurosen sind von daher nicht kausal als Folge frühkindlicher und unbewußt nachwirkender Traumata zu interpretieren, sondern final als Ausdruck eines »Minderwertigkeitsgefühls«, das ständig durch neue negative Lebenserfahrungen, die den Menschen am Erreichen seiner Ziele hindern, genährt und durch den »Geltungstrieb« »kompensiert« und oft »überkompensiert« wird. Gegenüber den zahllosen Fehlanpassungen, deren gemeinsames Charakteristikum die »Ich-Zentrierung« (»Ichhaftigkeit«) des gesamten menschlichen Erlebens und Verhaltens ist, stellt Adler als echten Normalzustand heraus: Zentrierung auf die Gruppe im »Gemeinschaftsgefühl« (»soziales Interesse«) und auf die jeweils gestellte Aufgabe (Forderung des »Vollkommenheitsstrebens« oder nach F. Künkel der »Sachlichkeit«). Kein Glück des Individuums auf Kosten anderer, sondern – ohne es erjagen oder erzwingen zu wollen – nur gemeinsam mit ihnen! Überwindung des »Minderwertigkeitsgefühls« durch das »Gemeinschaftsgefühl«! Mit diesem Ziel eine »vergleichende Individual- und Gemeinschaftspsychologie«[7]!

Carl Gustav Jung (1875–1961), aufgrund seiner experimentellen Untersuchungen der gefühlsbetonten Komplexe[8] ein bekannter Psychiater schon vor seiner Zusammenarbeit mit Freud (seit 1907), trennte sich ein Jahr nach Adler ebenfalls von Freud: weil er dessen Sexualtheorie und Libidoverständnis ablehnte, wie er in seinem frühen Werk »Wandlungen und Symbole der Libido« (1912)[9] darstellt. 1914 trat Jung als Präsident der Internationalen Psychoanalytischen Gesellschaft zurück und schied später ganz aus. In der Folge versuchte er, durch größere Differenziertheit und umfassendere Weite die Einseitigkeiten Freuds und Adlers zu überwinden und die menschliche Psyche – diese Gesamtheit aller psychischen, bewußten wie unbewußten, Vorgänge – in der ganzen Komplexität und Totalität ihrer Beziehungen und Möglichkeiten zu analysieren. Er nennt seine Theorie deshalb im Gegensatz zu Freuds »Psychoanalyse« und Adlers »Individualpsychologie« die *»Analytische«* bzw. *»Komplexe Psychologie«*.

Libido darf nach Jung nicht ausschließlich als (noch so weit verstandener) Sexualtrieb des Menschen angesehen werden. Vielmehr ist sie aufzufassen als undifferenzierte psychische Energie, die vor allem durch die Gesetze der Erhaltung der Energie und der Entropie, durch Kausalität, aber auch durch Finalität bestimmt ist und die den vier verschiedenen seelischen Prozessen (Denken, Fühlen, Empfinden, Intuieren) zugrundeliegt. Vier fundamentale psychische Funktionsweisen sind demnach zu unterscheiden: als rationale, wertende Funktionen das Denken (wahr oder falsch?) und das Fühlen (angenehm oder unangenehm?); als irrationale, rein wahrnehmende Funktionen das Empfinden (äußere Gegebenheiten) und das Intuieren (das Innere, Hintergründige, Eigentliche). Zugleich sind zwei fundamentale Einstellungs- oder Reaktionsweisen des Menschen zu beachten: ein Mensch ist entweder extravertiert (vor allem von objektiven Faktoren bestimmt) oder introvertiert (vor allem von subjektiven Faktoren bestimmt). Aufgrund dieser verschiedenen Funktions- und Reaktionsweisen gelangt Jung zu acht »psychologischen Typen«[10]: dem extravertierten oder introvertierten Denk-, Fühl-, Empfindungs-, Intuitionstypus. Bei jedem dieser Typen ist eine Funktion die »superiore Funktion« (z. B. das Denken); ihr steht als Gegenpol die »minderwertige Funktion« (z. B. das Fühlen) gegenüber, die jedoch im Unbewußten stark ist und (besonders in der zweiten Lebenshälfte) kompensatorisch zum Ausgleich drängt, während die anderen beiden Funktionen »Hilfsfunktionen« darstellen.

Nach Jung soll auch die dunkle Seite der Seele, ihr »Schatten«, bewußtgemacht, »angenommen« und in die personale Verantwortung einbezogen werden, soll auch der andersgeschlechtliche Personanteil (für den Mann die »Anima«, für die Frau der »Animus«) in uns differenziert und realisiert werden, soll die »Persona«, das Gesicht, das wir (als Schutz oder Maske) anderen zeigen, in die richtige Beziehung zu unserem Ich gesetzt werden. Nur so entwickelt der Mensch im Prozeß der Selbstwerdung (Individuation) sein individuelles Selbst, das für die Integration und Stabilität der Persönlichkeit verantwortlich ist: die Einheit der Person in echter Verbindung von Bewußtsein und Unbewußtem. Störungen dieses Individuationsprozesses sind Neurosen.

Adlers und Jungs Korrekturen und Weiterführungen – für das Verständnis der Religion wichtig – sind hier zur Kenntnis zu nehmen. Dabei kann es nicht unsere Aufgabe sein, zwischen Freud, Adler und Jung, beziehungsweise ihren Schulen, zu richten oder die Rückwirkungen Adlers und Jungs auf Freud zu untersuchen. Es müßte sonst zum Beispiel ausgeführt werden: wie Freud, der fast von Anfang an zwischen Sexual- und Selbsterhaltungstrieb (später: Ichtrieb) unterschied, aber nur den Sexualtrieb ausführlich untersuchte und erst später (Adler verdeckt rechtgebend) der Aggressivität dieser Triebe Beachtung schenkte; wie er schließlich nach erneuter Modifikation seiner Trieblehre den Phänomenen der Aggression und Destruktivität einen fundamentalen und eigenständigen Rang einräumte, indem er die beiden Triebklassen Lebenstrieb (Libido) und Todestrieb (Destruktion, Aggression) unterschied, die großen Mächte Eros und Thanatos [11].

Es kann insbesondere nicht unsere Aufgabe sein, die spezifischen Themen der Individualpsychologie *Adlers* zu diskutieren: etwa die Überängstlichkeit der Mutter und die Verzärtelung des Kindes; die Entthronung des Erstgeborenen und der Kampf der Geschwister; der schon in der Kindheit vorhandene Entwurf eines Lebensplanes, hin auf ein fiktives Lebensziel; der Aufstand der Frau im »männlichen Protest«; das Geltungsstreben als Überwindungsversuch des menschlichen Unsicherheits- und Minderwertigkeitsgefühls ... Und es kann auch nicht unsere Aufgabe sein, uns in den Streit um bestimmte tiefenpsychologische Lehren *Jungs* einzumischen: neben den genannten vor allem die Lehren vom individuellen und kollektiven Unbewußten, von den Archetypen, von den Symbolen und Mythen ... Wichtig für unsere Betrachtung ist allein die *Problematik der Religion*: und gerade darin unterscheiden sich sowohl Adler wie Jung entscheidend von Freud.

Adler geht in seiner Analyse der Religion nicht vom Vaterkomplex aus. Ja, Adler setzt sich sogar in deutlicher Anspielung von der »Triebpsychologie« Freuds ab: In dieser »mechanistischen Anschauung« sieht er eine »Illusion«, da sie »ziel- und richtungslos ist« [12].

Adler geht in seiner Bestimmung der Religion vielmehr vom »konstanten Minderwertigkeitsgefühl der bedürftigen Menschheit« aus. Die »Gottheit«

– so Adler – ist »bis auf den heutigen Tag die glänzendste Manifestation des Zieles der Vollkommenheit« des Menschen. Das heißt: »Die Gottesidee und ihre ungeheure Bedeutung für die Menschheit kann vom individualpsychologischen Standpunkt aus verstanden, anerkannt und geschätzt werden als Konkretisierung und Interpretation der menschlichen Anerkennung von Größe und Vollkommenheit und als Bindung des einzelnen wie der Gesamtheit an ein in der Zukunft des Menschen liegendes Ziel, das in der Gegenwart durch Steigerung der Gefühle und Emotionen den Antrieb erhöht[13].«

Damit wird deutlich: Religion und Individualpsychologie kommen für Adler im »Ziel der Vollkommenheit der Menschheit« zusammen. Adler kann tolerant gegenüber der Religion sein, insofern sie diesem Ziel dient: »Ich würde jede Strömung als wertvoll gelten lassen, die in ihrem letzten Ziel das Wohl der Gesamtheit garantiert[14].« Dies ist die Auskunft eines Mannes, der seine Individualpsychologie als die »Erbin aller großen Menschheitsbewegungen«[15] versteht. Denn dies ist für Adler bei aller Toleranz gegenüber der Religion klar: Gott ist eine Idee, wenn auch die höchste und größte Idee der Menschheit, die Idee der Vollkommenheit, nach der der Mensch sich sehnt. Letzte Wirklichkeit aber ist auch für Adler der Mensch: Der Mensch ist Mittelpunkt der Wirklichkeit, und Aufgabe der Individualpsychologie ist es, den Menschen »zum Mittelpunkt zu machen«[16]. Damit ist der Menschheit das Ziel, wenn auch ein unerreichbares, gesteckt für die gewaltige Entwicklung zu ihrem ständigen Aufstieg: »Ob einer das höchste wirkende Ziel als Gottheit benennt oder als Sozialismus oder« – wie Adler – »als reine Idee des Gemeinschaftsgefühls . . ., immer spiegelt sich darin das machthabende, Vollendung verheißende, gnadenspendende Ziel der Überwindung[17].«

Das hier sichtbar werdende Problem hat Ernst Jahn, Schüler Adlers und Theologe, klar erkannt, wenn er in Erwiderung auf Adler schreibt: »Hier ist die Frage: Idee, Ziel oder Wirklichkeit? nicht völlig geklärt. Für die christliche Deutung ist Gott weder Idee noch Ziel. Gott ist Wirklichkeit. Idee und Ziel lassen sich durch die Kraft des menschlichen Denkens bestimmen. Aber das Sein Gottes ist nicht an menschliche Denkvorgänge gebunden. Gott ist kein Denkergebnis. Gott ist überwältigende Wirklichkeit[18].« Freilich: Woher weiß Jahn das so sicher? Für den Psychologen Adler ist »Gott . . . ein Geschenk des Glaubens«[19]. Dem Glauben fehlt zwar nicht wie der Psychoanalyse Freuds »das Leben bedeutende Ziel«, wohl aber – weil Gott nicht wissenschaftlich erweisbar ist – der »kausale Unterbau«[20]. Für den Theologen Jahn ist umgekehrt »der Glaube . . . ein Geschenk Gottes«[21]! Aber: Ist nicht gerade dies Wunschdenken? Die radikale Frage Freuds ist noch nicht beantwortet.

Jung distanziert sich ausdrücklich vom Atheismus der Illusions-Schrift Freuds: »Freud steht dabei auf dem Standpunkt eines rationalistischen Materialismus der naturwissenschaftlichen Weltanschauung des ausgehenden 19. Jahrhunderts«[22], sagt der um eine Generation Jüngere. Zur Zeit von Freuds Illusions-Schrift wendet er sich deutlich gegen »den ärztlichen Übergriff ins Weltanschauungsgebiet, zu dem sich der Arzt naiverweise berechtigt glaubt (siehe Erklärung religiöser Prozesse als Sexualsymptomatologie oder als infantile Wunschphantasie)«[23]. Während Freud die Religion als solche kompromißlos ablehnt und Adler sie wohlwollend toleriert, steht Jung ihr grundsätzlich freundlich gegenüber. Doch wie weit geht diese Freundlichkeit?

Jung ist der einzige unter den dreien, der sich ernsthaft in die psychologische Dimension der religiösen Glaubensinhalte selbst vertieft: Gotteslehre (Dreieinigkeit), Christologie, Mariologie, Sakramente und besonders Beichte und Meßopfer finden seine Aufmerksamkeit in breiten Studien[24]. Sein Standpunkt ist dabei jedoch ausschließlich psychologisch-phänomenologisch. Das heißt: Er fragt nicht nach der historischen, sondern allein nach der psychologischen Wahrheit: »Wenn die Psychologie z. B. von dem Motiv der jungfräulichen Geburt spricht, so beschäftigt sie sich nur mit der Tatsache, daß es eine solche Idee gibt, aber sie beschäftigt sich nicht mit der Frage, ob eine solche Idee in irgend einem Sinne wahr oder falsch sei. Die Idee ist psychologisch wahr, insoweit sie existiert. Psychologische Existenz ist subjektiv, insoweit eine Idee nur in einem Individuum vorkommt. Aber sie ist objektiv, insoweit sie durch einen consensus gentium von einer größeren Gruppe geteilt wird[25].« Doch: läßt sich die psychologische Wahrheit (= psychologische Existenz) so von der tatsächlichen, historischen Wahrheit trennen? Zu Recht bemerkt Erich Fromm kritisch zu Jungs Auffassung von Religion: »Sogar der praktizierende Psychiater kann nicht arbeiten, ohne sich um die Wahrheit einer Idee zu bekümmern ... sonst vermöchte er nicht von Selbsttäuschung oder einer paranoiden Verfassung zu sprechen[26].«

Später ist sich Jung der Grenze seiner psychologischen Methode deutlicher bewußt. Die psychologische Erforschung bedeute keineswegs eine »Psychologisierung, d. h. Vernichtung des Mysteriums«: »Damit, daß eine sogenannte metaphysische Aussage als ein psychischer Vorgang betrachtet wird, ist keineswegs gesagt, daß er ›bloß psychisch‹ sei, wie meine Kritiker sich auszudrücken belieben. Wie wenn mit ›psychisch‹ etwas allgemein Bekanntes festgestellt wäre! Hat es noch niemand gedämmert, daß, wenn wir ›Psyche‹ sagen, damit symbolisch das dichteste Dunkel, das man sich ersinnen kann, angedeutet ist ? Es gehört zum Ethos des Forschers, daß er zugeben kann, wo er mit seinem Wissen zu Ende ist. Dieses Ende nämlich ist der Anfang höherer Erkenntnis[27].« Unklar aber bleibt: Ist Gott ein Teil der menschlichen Psyche, oder ist er unterschieden von ihr?

Jung selber wollte bei aller Skepsis gegenüber dem kirchlichen und konfessionellen Christentum immer Christ bleiben. In seinem letzten Lebensjahr schrieb er an einen belgischen Theologen: »Genau gesagt halte ich mich für einen Christen, bin aber zugleich davon überzeugt, daß das heutige Christentum nicht die letzte Wahrheit darstellt; das beweist die chaotische Situation unserer Zeit. Der augenblickliche Zustand erscheint mir unerträglich, darum erachte ich eine grundlegende Weiterentwicklung des Christentums für absolut notwendig. Meiner Meinung nach müßten die Erkenntnisse der Psychologie des Unbewußten berücksichtigt werden ...[28].«

Adler und Jung haben aus ihrer Sicht der Religion die Religionskritik Freuds in wichtigen Punkten relativiert. Aber auch Jungs freundlichere Einstellung zur Religion läßt die grundsätzliche Frage Freuds nach wie vor offen: Ist Religion bei aller positiven Funktion nicht doch nur Wunschdenken? Ist Gott bei aller psychologischen Bedeutsamkeit der Gottesidee nicht doch eine »bloß psychologische« Wirklichkeit? Oder, im Anschluß an die Worte Jungs: Wenn Gott zweifellos »psychologisch existent« ist (eine »psychologische Wahrheit«) – subjektiv im menschlichen Individuum, objektiv in einer größeren Gruppe –, existiert er dann auch unabhängig von unserem Bewußtsein, unserer Psyche? Bevor wir uns dieser Frage – die schon bei Feuerbach und Marx zur Debatte stand – unter psychologischen Aspekten erneut zuwenden, ist zunächst Freuds Antwort auf die Frage nach dem Ursprung der Religion zu untersuchen, die seine Antwort auf die Frage nach dem Wesen vorbereitet.

Die umstrittenen Anfänge der Religion

Nirgendwo hat Freud so wenig Gefolgschaft gefunden wie bei seinen ethnologisch-religionsgeschichtlichen Auffassungen. Vielleicht haben sich Ethnologen und Anthropologen von Anfang an nicht genügend mit Freuds Thesen auseinandergesetzt, da sie allesamt der Überzeugung waren, eine ernsthafte Diskussion lohne sich nicht, Freud habe das Material mißverstanden. Wie immer, die religionsgeschichtlichen Theorien, die Freud zur Begründung seiner – wir sahen es – vorkonzipierten Auffassung vom Ödipuskomplex als Ursprung der Religion benützte, werden heute unter Religionswissenschaftlern in reiner Form kaum noch vertreten: Weder die animistische noch die präanimistische, weder die magistische noch die totemistische Theorie über den Ursprung der Religion konnte sich durchsetzen.

In Frage gestellt wurde nicht in erster Linie das umfangreiche Tatsachenmaterial selbst, wie es von so verdienten Forschern wie Tylor und Marett, Frazer und Robertson Smith gesammelt worden war. In Frage gestellt wurde die Interpretation des gesammelten Materials: so zum Beispiel das Verständnis des Mana als von Personen unabhängiges, unpersönliches Kraftfluidum, oder die Belebtheit aller Dinge im Sinne des Animatismus, oder die Verknüpfung von Totemismus und Exogamie. In Frage gestellt wurde vor allem die Einordnung des so wenig gleichförmigen Materials in ein vorgefaßtes Schema: in das *Entwicklungsschema*.

Selbstverständlich bestreitet heute kein ernsthafter Forscher die Evolution in der Religionsgeschichte: Auch Religionen haben sich entwickelt! Insofern behielt Freud mit den Ethnologen recht gegen alle statisch und fixistisch denkenden Theologen. Aber alle ernsthaften Forscher bestreiten heute den *doktrinär-schematischen Evolutionismus* in der Religionsgeschichte: Die Religionen entwickelten sich in ganz und gar unsystematischer Vielfalt! Für die postulierten Urphasen der Religion bedeutet dies: Gewiß hat die Magie und hat der Seelen- und Geisterglaube in vielen Religionen eine überragende Rolle gespielt; gewiß sind manche vergötterten Ahnen später als göttliche Wesen verehrt worden; gewiß ist in vielen Fällen die Verehrung eines Totemtieres in Götterverehrung übergegangen. Aber: daß überall ein Präanimismus oder Animismus oder Totemismus die ursprüngliche Form von Religion gewesen sei, ist ein dogmatisches Postulat und keine historisch bewiesene Tatsache.

Historisch wurde keineswegs bewiesen, was das Entwicklungsschema voraussetzte: daß sich Religion überhaupt in Gleichförmigkeit entwickelte; daß eine bestimmte Religion die verschiedenen Phasen durchgemacht hat; daß sich generell Religion aus der Magie, Heiligkeitsvorstellungen aus dem Tabu, Geisterglauben aus dem Seelenglauben, Götterglauben aus dem Geisterglauben, Gottesglauben aus dem Götterglauben entwickelt hat. Gerade die angeblich primitivste Stufe eines Seelen- oder Geisterglaubens findet sich nicht bei allen Naturvölkern und besonders nicht in den vermutlich ältesten Kulturen. Animistische Vorstellungen sind ethnologisch, religionsgeschichtlich und entwicklungspsychologisch nicht ursprüngliche, sondern spätere und abgeleitete Phänomene. Schon von daher wird klar, warum bisher bei keiner einzigen Religion die angenommene Abfolge der verschiedenen Phasen nachgewiesen werden konnte: Die einzelnen Phänomene und Phasen durchdringen einander. Besser als von Phasen oder Epochen spricht man heute von Schichten oder Strukturen, die sich grundsätzlich in allen Phasen oder Epochen finden können.

Man ist heute gegenüber allzu schön aufgehenden Konstruktionen mißtrauisch geworden und befragt deren *problematische Voraussetzungen*: Ist es denn so sicher, daß der europäische oder amerikanische Typ des Intellektuellen mit all seiner Aufgeklärtheit dem lebendigen, existentiellen Wissen der im Kreis jener Religionen lebenden Menschen, besonders der »Primitiven«, wirklich überlegen ist? Ist es so sicher, daß sich hinter dem religiösen Glauben und Handeln dieser »Primitiven« nichts an Realität verbirgt und alles im Grunde auf einen (aufzuklärenden) Irrtum zurückgeht? Sind Religionen also von vornherein weniger wahr als Wissenschaft? Oder stößt Wissenschaft hier möglicherweise an Grenzen, wenn sie mit »geometrischer«, rationaler Methode eine lebendige Religion und die so ganz verschiedene Erkenntnis »primitiver« Menschen ergründen will? Ist es überhaupt berechtigt, Religiöses grundsätzlich aus Nichtreligiösem, Religion aus Magie erklären zu wollen, und dringt man so zum Verständnis des genuin Religiösen vor? Und deckt sich das Verhältnis von Nieder- und Hochkulturen mit dem Verhältnis von Nieder- und Hochreligionen? Kann zwischen primitiven und höheren Religionen überhaupt so scharf und eindeutig unterschieden werden?

Schon im Jahr der Veröffentlichung von »Totem und Tabu« hatte einer der Begründer der modernen Soziologie, Emile Durkheim[29], mit dem Blick besonders auf bestimmte australische Urvölker Einspruch erhoben gegen das damals verbreitete Bild von primitiver Religion als einem leeren, abstrusen Gespinst aus Aberglauben. Auch diese primitiven Religionen hätten einen Kern von Realität, den Durkheim freilich nicht in einer göttlichen Macht, sondern in der Gesellschaft sah: im Clan, dessen Symbol oder Emblem das Totem ist.

Frontal aber wurde das Entwicklungsschema angegriffen zuerst vom schottischen Schriftsteller Andrew Lang[30]. Ihm folgte dann mit einem riesigen zwölfbändigen Werk über den »Ursprung der Religion« der Anthropologe Wilhelm Schmidt[31], der nach der Methode von Frobenius und anderen mit seinen Schülern die These zu beweisen versuchte: Nicht Animismus, Präanimismus oder Totemismus, sondern der »Ur-Monotheismus« ist die älteste Religion! Also gegen das Evolutionsschema ein *Anti-Evolutionsschema*? Nun scheinen sich in der Tat primitive Stämme nachweisen zu lassen, die nicht an Geister, sondern an einen »Hochgott« (Ur- oder Allvater als Stammes- oder Himmelsvater) glauben, der aber im Kult merkwürdig zurücktritt und anscheinend nur als »Urheber« die Antwort darstellt auf die Frage nach dem Woher der Dinge. Diese Hochgötter könnten etwas Primäres und nicht aus niederen Stufen Abgeleitetes sein. Doch blieben ihr Alter und ihre Natur in der Forschung umstritten. Unklarheit besteht besonders darüber, ob diese »Urvölker« wirklich Ur-völker sind; ob ein solcher oberster Gott andere Götter ausschließt (Mono-theismus) oder einschließt (Heno-theismus); ob sein Wesen aktivisch oder passivisch (Deus otiosus) zu verstehen ist.

Doch so sehr die Forschungen von Lang, Schmidt und zuletzt die des deutschen Ethnologen A. E. Jensen[32] das Entwicklungsschema erschüttert haben, sie haben doch die *zentrale These nicht bewiesen*, die sie beweisen wollten: daß gerade diese Hochgott-Religion und nicht der Animismus die Urreligion ist. Das hinter dem Anti-Evolutionsschema steckende theologische Interesse war offenkundig: Daß man mit der These vom Urmonotheismus das Faktum einer »Uroffenbarung« historisch aufweisen wollte, hat sich in der wissenschaftlichen Diskussion belastend ausgewirkt.

So ist denn immer deutlicher geworden: *Weder die Degenerationstheorie* von einem monotheistischen Höhenanfang *noch die Evolutionstheorie* von einem animistisch-präanimistischen Tiefenanfang lassen sich historisch eindeutig belegen. Beide sind im Grunde dogmatische Schemata, das erste in theologisch-naturwissenschaftlichem und das andere in aufgeklärt-naturwissenschaftlichem Gewande. Bisher ist die *Urreligion* nicht nur nicht gefunden worden. Sie ist wissenschaftlich überhaupt *nicht zu finden*: Sie soll deshalb – ein solcher Konsens zeichnet sich ab – gar nicht mehr gesucht werden. Zu Recht sagt der indische Religionswissenschaftler *M. Dhavamony*: »Historisch können wir nicht zeigen, daß eine Religionsform früher ist als die andere. Animismus, Präanimismus, Manismus, Fetischismus, Totemismus, Urmonotheismus usw. haben als Theorien des Ursprungs der Religion alle ihre Zeit gehabt[33].« Man hat eingesehen, was nun freilich auch für Freuds Theorie gelten muß: Für eine historische Erklärung des Ursprungs der Religion fehlen einfach die notwendigen Quellen. Die zeitgenössischen Naturvölker sind nicht die »Urvölker«; sie haben wie die Kulturvölker eine lange, wenn auch ungeschriebene Geschichte hinter sich. Wie es Freud im Grunde schon selber angedeutet hat, ohne freilich daraus strenge Konsequenzen zu ziehen: Über historische und psychologische »Hypothesen«, »Visionen«, »Vermutungen«, »Versuchungen« kommen wir bezüglich des Ursprungs der Religion nicht hinaus.

Andererseits muß heute auch die *Theologie* offen zugestehen, daß sie historisch *über den Anfang der Religion nichts weiß*. Die Aussagen des Buches Genesis über einen paradiesischen Urstand der Welt und des Menschen wollen ihrer literarischen Gattung nach nicht historischer Bericht, nicht »Urzeiterinnerungen«, sondern poetisch eingekleidete Botschaft sein: von der Größe des einen Schöpfers, von der durchgängigen Güte seiner Geschöpfe, von der Freiheit, Verantwortung und Schuld des Menschen. Ernsthafte Theologie hat heute keine Schwierigkeiten mehr, eine Entwicklung der Welt und des Menschen aus Niederem anzunehmen. So hat denn das Interesse der Theologie an der These von einem »Urmonotheismus« spürbar nachgelassen. Eine Synthese zwischen biblischen Zeugnissen und ethnologischem Befund anzustreben, ist von der Quellenlage her aussichtslos geworden. Eine dogmatische Entkrampfung ist erfreulicherweise allenthalben spürbar, und dies sowohl auf seiten von Theologie und Kirche wie auf seiten von Ethnologie und Religionswissenschaft.

In neueren religionsgeschichtlichen Handbüchern findet sich oft kein Kapitel mehr über eine Urreligion oder *die* primitive Religion. Statt dessen finden sich ein oder meist mehrere Kapitel über die *primitiven Religionen*; man hat sogar vorgeschlagen, überhaupt gleich konkret mit der polynesischen, nordindianischen und afrikanischen Religion zu beginnen, was aber die trotz allem bestehenden gemeinsamen Züge zwischen den verschiedenen primitiven Religionen übersehen ließe[34]. Jedenfalls müssen die verschiedenen Kulturen, »patterns of cultures« (Ruth Benedict), aus sich selbst[35] und die verschiedenen Religionen aus ihren je eigenen Voraussetzungen heraus verstanden werden. Darauf hat sich Religionswissenschaft heute konzentriert: Immer mehr Religionen sind durch intensive Feldforschungen – mit Hilfe von Sprachwissenschaft, Psychologie, Soziologie, Völkerkunde, Archäologie, Kunstgeschichte, Folkloristik – in ihren eigenen Konturen untersucht worden. Für solche Feldforschung hat besonders die »funktionalistische« Anthropologie Bronislaw Malinowskis[36] große Verdienste erworben. Sie beschreibt, wie die verschiedenen Institutionen einer primitiven Kultur »funktionieren«, so daß ein lebenstüchtiges Ganzes entsteht. Recht wunderliche, scheinbar sinnlose Bräuche der »Primitiven« haben so im Zusammenhang ihre Funktion offenbart. So wird denn als Aufgabe heutiger Religionswissenschaft erkannt: nicht apriorisches Konstruieren, nicht Einstufen in »höhere« und »niedere« Religionen, nicht Werturteile über einzelne Religionen, sondern das Profilieren der Verschiedenheiten in aller Übereinstimmung, das Analysieren der Funkionen bei allem Geheimnisvollen, das Respektieren der Religionen bei aller Verschiedenheit der Erfahrung.

Eines indessen ist auch historisch bei allen Untersuchungen deutlich geworden: Bisher wurde in der ganzen langen Geschichte der Menschheit *kein Volk oder Stamm* gefunden *ohne irgendwelche Merkmale von Religion.* Schon dem Neandertaler vor 100 000 Jahren werden Vorstellungen eines jenseitigen Lebens, erkennbar in seiner Grabausstattung, schon dem Heidelberger Menschen vor 150 000 Jahren werden Erstlingsopfer zugeschrieben. Immer hat es Religion gegeben. Religion ist sowohl historisch wie geographisch allgegenwärtig. Ja, es hat sich in der religionsgeschichtlichen Forschung geradezu eine Umkehr der Problemstellung ergeben, wie Bronislaw Malinowski schreibt: »Tylor mußte noch den Irrtum widerlegen, es gäbe primitive Völker ohne Religion. Heute sind wir etwas verwirrt durch die Entdeckung, daß für einen Primitiven alles Religion ist, daß er ständig in einer Welt des Mystizismus und des Ritualismus lebt. Wenn Religion ›Leben‹ und ›Tod‹ umschließt, wenn sie aus allen ›kollektiven‹ Handlungen erwächst und aus allen ›entscheidenden Ereignissen‹ des individuellen Lebens, wenn sie die ganze ›Gedankenwelt‹ der Primitiven und alle ihre ›praktischen Belange‹ umfaßt – dann sehen wir uns veranlaßt, nicht ohne Bestürzung zu fragen: Was verbleibt noch außerhalb der Religion, welches ist der Bereich des ›Profanen‹ im Leben des Primitiven[37]?« Kann man nicht verstehen, daß manche Religionswissenschaftler gerade aufgrund ihrer religionsgeschichtlichen Einsichten der Meinung sind, daß es auch immer Religion geben wird? Ist Religion also eine ewige Sehnsucht der Menschheit?

Einer der bedeutendsten Religionswissenschaftler der Gegenwart, Mircea Eliade, hat sich gefragt, warum Freuds »Totem und Tabu«, dieser »roman noir frénétique«, einen so »unglaublichen Erfolg« unter den westlichen Intellektuellen haben konnte, obwohl die führenden Ethnologen der Zeit

Freuds – von W. H. Rivers und F. Boas bis zu A. L. Kroeber, B. Malinowski und W. Schmidt – »die Absurdität solch eines urgeschichtlichen ›Totemmahls‹« bewiesen hätten[38]. Vergebens hätten alle diese Gelehrten herausgestellt, daß der Totemismus sich an den Anfängen der Religion nicht gefunden hätte; daß er nicht universal sei und nicht alle Völker eine totemistische Phase durchgemacht hätten; daß schon nach Frazer selber von den vielen hundert totemistischen Stämmen nur 4(!) einen Ritus gekannt hätten, der an ein rituelles Töten und Essen eines »Totem-Gottes« herankäme; daß dieser Ritus somit nichts mit dem Ursprung des Opfers zu tun habe, da der Totemismus in den ältesten Kulturen nicht vorkomme ...

Der Genius Freuds darf nach Eliade nicht nach den »horror stories« beurteilt werden, die in »Totem und Tabu« als objektive historische Tatsachen hingestellt werden. Wichtiger ist nach Eliade: Die Psychoanalyse hatte nun einmal die Schlacht gegen die älteren Psychologen gewonnen. Damit wurde sie freilich, auch aus vielen anderen Gründen, zu einer »kulturellen Mode«. Und weil »kulturelle Mode«, wurde die Freudsche Ideologie auch in ihren unsicheren Elementen von der westlichen Intelligenzia nach 1920 als erwiesen angenommen. Doch durchleuchtet man gerade mit den Mitteln und Methoden der Psychoanalyse diese »kulturelle Mode«, so werden nach Eliade »einige der tragischen Geheimnisse des modernen westlichen Intellektuellen« offenbar: »zum Beispiel seine tiefe Unzufriedenheit mit den verbrauchten Formen des historischen Christentums und sein Wunsch, sich gewaltsam vom Glauben seiner Vorfahren freizumachen, begleitet von einem seltsamen Schuldgefühl, als ob er selbst Gott getötet hätte, an den er nicht glauben, dessen Abwesenheit er aber auch nicht ertragen konnte. Aus diesem Grund habe ich gesagt, eine kulturelle Mode sei höchst signifikant, ganz unabhängig von ihrem objektiven Wert; der Erfolg gewisser Ideen oder Ideologien offenbart uns die geistige oder existentielle Situation aller derjenigen, für die diese Ideen oder Ideologien eine Art Erlösungslehre darstellen[39].«

Religion – nur Wunschdenken?

Historisch-biographisch ist kein Zweifel möglich: Seit seiner Studienzeit ist Freud Atheist. Er war Atheist, längst bevor er Psychoanalytiker war. Freuds Atheismus gründet also nicht in seiner Psychoanalyse, sondern geht ihr voraus. Und daran hat Freud auch stets festgehalten: *Psychoanalyse* hat *nicht notwendig Atheismus* zur Folge. Sie ist eine Forschungs- und Heilmethode, die von Atheisten wie von Gottesgläubigen gleichermaßen geübt werden kann. Und gerade deshalb wehrt sich der Atheist Freud dagegen, daß aus der Psychoanalyse als einem »parteilosen Arbeitsinstrument« eine atheistische »Weltanschauung« extrapoliert wird. Methodischer »Atheismus« darf nicht zum weltanschaulichen Atheismus gemacht werden, Psychoanalyse nicht zur Totalerklärung der Wirklichkeit.

Die entscheidenden *Argumente für seinen persönlichen Atheismus* hat Freud im wesentlichen *von Feuerbach und dessen Nachfolgern übernommen*: »Ich habe bloß – dies ist das einzig Neue an meiner Darstellung – der Kritik meiner großen Vorgänger etwas psychologische Begründung hinzugefügt«, sagt Freud bescheiden und richtig zugleich[40]. Schon bei Feuerbach, so sahen wir, findet sich eine psychologische Begründung des Atheismus: Wünsche, Phantasie oder Einbildungskraft sind für die Projektion des Gottesgedankens und der ganzen religiösen Schein- oder Traumwelt verantwortlich. Wie schon die Opiums-Theorie von Marx, so gründet auch die Illusions-Theorie Freuds in der Projektions-Theorie Feuerbachs. Neu ist im wesentlichen nur Freuds psychoanalytische Vertiefung.

Aber das bedeutet nun für die Kritik des Freudschen Atheismus: Die Gründe, die gegen Feuerbachs (und Marx') Atheismus, insbesondere gegen seine psychologischen und geschichtsphilosophischen Beweisgänge angeführt werden mußten, treffen auch für den Atheismus Freuds zu. Und insofern sich der Atheismus Feuerbachs (und Marx') als eine letztlich nicht stringent begründete Hypothese erwiesen hat, muß nun auch der *Atheismus Freuds* als eine letztlich *nicht stringent begründete Hypothese* erscheinen.

Freilich hat Freud hinter Feuerbachs psychologische Projektionstheorie zurückgefragt und sie tiefenpsychologisch auf ihre unbewußten Bedingungen hin überprüft. So hat er diese Hypothese religionshistorisch und dann religionspsychologisch vertiefen können. Aber so wenig wie Marx hat Freud die Projektionstheorie dadurch eigenständig begründet. Denn: Auch Freud hat ja *unter Voraussetzung* dieser (von den »großen Vorgängern« scheinbar unwiderlegbar begründeten) Projektionstheorie gefragt und aufgezeigt, wie sie religionshistorisch und religionspsychologisch erklärt werden könne. Und gerade diese Voraussetzung hatte sich als letztlich nicht begründet erwiesen.

Freud hat das epochale Verdienst, herausgearbeitet zu haben, wie sehr das Unbewußte Mensch und Menschheitsgeschichte bestimmt, wie sehr schon früheste Kindheit, erste Eltern-Kind-Beziehungen, das Verhältnis zur Sexualität auch für die religiösen Einstellungen und Vorstellungen eines Menschen grundlegend sind. Aber wir sahen gerade im Zusammenhang mit *Feuerbach* (und Marx) sehr deutlich: Aus dem unbestreitbaren Einfluß *psychologischer* (ökonomisch-gesellschaftlicher) Faktoren auf Religion und Gottesbegriff folgt noch nichts für die Existenz oder Nichtexistenz Gottes! Und so bedarf es eigentlich auch keiner weiteren Erklärung, wenn wir jetzt in bezug auf *Freud* ganz entsprechend sagen: Auch aus dem unbestreitbaren Einfluß *tiefenpsychologischer, unbewußter* Faktoren auf Religion und Gottesbegriff *folgt noch nichts für die Existenz oder Nichtexistenz Gottes*!

Es sei dies aber doch kurz im Hinblick auf Freuds zentrale religionskritische Aussage konkretisiert: »Die religiösen Vorstellungen sind Erfüllungen der ältesten, stärksten, dringendsten Wünsche der Menschheit«? Ganz richtig, so kann auch der Gottesgläubige sagen. Und zugleich wird er zugeben:
Gewiß kann Religion, wie Marx aufzeigt, Opium, ein Mittel sozialer Beschwichtigung und Vertröstung (Repression), sein. Aber: sie muß es nicht.
Gewiß kann Religion, wie Freud aufzeigt, Illusion, Ausdruck einer Neurose und psychischer Unreife (Regression), sein. Aber: sie muß es nicht.
Gewiß enthält alles menschliche Glauben, Hoffen, Lieben – auf einen Menschen, eine Sache oder auf Gott bezogen – ein Moment der Projektion. Aber: deshalb muß ihr Objekt nicht nur Projektion sein.
Gewiß kann der Glaube an Gott stark von der Einstellung des Kindes zum Vater beeinflußt sein. Aber: deshalb kann Gott doch existieren.

Also: Nicht daß der Gottesglaube psychologisch erklärt werden kann, ist das Problem. Psychologie oder nicht Psychologie ist hier eine falsche Alternative. Psychologisch gesehen weist der Gottesglaube immer Strukturen und Gehalte einer Projektion auf oder kann als reine Projektion verdächtigt werden. Auch jeder Liebende projiziert notwendig sein eigenes Bild auf seine Geliebte. Aber heißt das, daß seine Geliebte nicht existiert oder nicht doch wesentlich so existiert, wie er sie sieht und sich denkt? Kann er sie mit seinen Projektionen nicht vielleicht sogar tiefer erfassen als der, der sie als neutraler Beobachter von außen zu beurteilen versucht? Das Faktum der Projektion also entscheidet nicht über Existenz oder Nicht-Existenz des Objekts, auf das sie sich bezieht.

Und hier hat auch der Freudsche Schluß vom Anomalen auf das Normale, vom Neurotischen auf das Religiöse bei aller Berechtigung seine entschiedenen Grenzen. Religion ist menschliches *Wunschdenken*? Und deshalb darf Gott nur ein menschliches Wunschgebilde, eine infantile Illusion oder gar nur eine neurotische Wahnidee sein? Dem Wunsch nach Gott, so argumentierten wir schon gegen Feuerbach, *kann* durchaus ein wirklicher Gott entsprechen. Diese – noch eingehend zu diskutierende – Möglichkeit hat auch Freud nicht ausgeschaltet. Und warum sollte man das Wunschdenken ganz allgemein disqualifizieren? Ist Wünschen nicht ganz und gar menschlich, Wünschen im kleinen wie im großen, Wünschen in bezug auf die Güter dieser Erde, die Mitmenschen, die Welt und vielleicht doch auch – Gott?

Freilich steht es schlimm um einen religiösen Glauben, wenn er keine echten Gründe hat oder in einer psychoanalytischen Behandlung keine Gründe übrigbleiben; das wäre, auch wenn er sich noch so fromm gebärdet, ein unreifer, infantiler, unter Umständen gar neurotischer Glaube. Aber ist ein Glaube schon darum schlecht und spricht es schon gegen seine Wahrheit, weil in ihm – wie doch auch in der Psychoanalyse! – alle möglichen triebhaften Motive, libidinösen Neigungen, psychodynamischen Mechanismen, bewußte und unbewußte Wünsche mitspielen? Warum soll ich eigentlich nicht wünschen dürfen? Warum soll ich nicht wünschen dürfen, daß Schweiß, Blut und Tränen, alles Leid durch die Jahrtausende nicht umsonst waren, daß definitives Glück allen Menschen und besonders den Mißachteten und Getretenen schließlich doch ermöglicht werde? Und warum soll ich nicht umgekehrt eine Abneigung empfinden dürfen gegenüber der Zumutung, mit seltenen Augenblicken des Glücks zufrieden zu sein und mich im übrigen mit dem »normalen Unglück« abzufinden? Eine Abneigung auch gegenüber der Vorstellung, das Leben des Menschen und der Menschheit sei nur von unbarmherzigen Naturgesetzen, vom Spiel des Zufalls und vom Überleben des Stärkeren regiert, und alles Sterben sei Sterben in ein Nichts hinein[41]?

Aus dem tiefen menschlichen Wunsch nach Gott und ewigem Leben folgen, da irren manche Theologen, zweifellos noch nicht die Existenz Gottes und die Realität des ewigen Lebens und Glückes. Daraus folgten aber auch nicht, da irren manche Atheisten, Nichtexistenz und Nichtrealität! Gewiß, der Wunsch allein birgt in sich nicht schon die Erfüllung. Es *kann* sein, daß den ältesten, stärksten, dringendsten Wünschen der Menschheit nichts entspricht und die Menschheit sich tatsächlich Jahrtausende lang Illusionen gemacht hat. So wie ein Kind, das in seiner Einsamkeit, Verlassenheit, Hilfsbedürftigkeit, Glücksbedürftigkeit von ganzem Herzen wünscht, ersehnt, sich vorstellt und einbildet, es hätte irgendwo in einem fernen russischen Lager doch einen Vater, sich nun eben Illusionen macht, Selbsttäuschungen hingibt, Wunschbildern nachjagt, außer . . . Außer? Außer der schon längst toterklärte Vater, den das Kind nur vom Hörensagen kennt, wäre durch irgendeinen Zufall doch am Leben geblieben, würde – obwohl das niemand mehr glaubt – noch immer existieren! Dann, ja dann hätte das Kind tatsächlich recht gegen die vielen, die nicht mehr an die Existenz eines Vaters glaubten. Dann würde seinem Wunschbild doch eine Wirklichkeit entsprechen, von der es sich eines Tages vielleicht sogar von Angesicht zu Angesicht überzeugen kann!

Hier genau also sind wir wieder wie schon bei Feuerbach und Marx beim springenden Punkt, der eigentlich gar nicht schwer zu verstehen ist und an dem jegliche Projektionstheorie, Opiumstheorie, Illusionstheorie ihre suggestive Kraft augenblicklich verliert: *Vielleicht* gibt es *tatsächlich* dieses Wesen unserer Sehnsüchte und Träume? Vielleicht gibt es tatsächlich dieses Wesen, das uns Glückseligkeit verspricht. Nicht nur die Glückseligkeit des Säuglings an der Mutterbrust, die nach Freud das Unbewußte des Menschen bleibend bestimmt, sondern eine noch ganz andere Wirklichkeit in der Zukunft, die den unbewußten und bewußten Strebungen gerade des reifen, erwachsenen Menschen entspricht und auf die die ältesten, stärksten, dringendsten Wünsche der Menschheit ausgerichtet sind. Wer weiß?

Freuds Erklärung der psychologischen Genese des Gottesglaubens hat den Gottesglauben selbst nicht widerlegt. Freud hat die religiösen Vorstellungen psychologisch analysiert, abgeleitet. Und gerade dies hätten Theologen und Kirchenmänner ihm wie schon Feuerbach nie verbieten dürfen. Denn: Psychologische Deutung des Gottesglaubens ist möglich und auch legitim! Aber ist das Psychische schon das Ganze der Religion? Man beachte: Freud hat die religiösen Vorstellungen gerade nicht grundsätzlich destruiert und widerlegt, und Atheisten wie Theologen hätten dies aus Freuds Religionskritik nie herauslesen dürfen. Denn psychologische Deutung allein kann aus ihrem Wesen heraus zur allerletzten oder allerersten Wirklichkeit nicht vorstoßen: Sie bleibt ihr gegenüber grundsätzlich neutral. Psychologisch gesehen muß also die Frage nach der Existenz Gottes – das Argument darf genausowenig positiv überzogen werden – offenbleiben.

Auch der *Atheismus Freuds*, der für ihn vor allen psychoanalytischen Entdeckungen feststand, erweist sich somit als *reine Hypothese*, als unbewiesenes Postulat, als dogmatischer Anspruch. Und im Grunde war sich Freud selbst dessen durchaus bewußt: Denn die religiösen Vorstellungen sind, obwohl unglaubwürdig, für ihn doch auch unwiderlegbar. Sie könnten grundsätzlich auch wahr sein. Was zu ihrer psychologischen Natur zu sagen ist, entscheidet auch nach ihm noch keineswegs über ihren Wahrheitsgehalt und Wahrheitswert. Wir vernahmen seine Antwort: »Wir sagen uns, es wäre ja sehr schön ... aber ...«

Glaube an die Wissenschaft?

An die Stelle des Glaubens an Gott tritt bei Freud der Glaube an die Wissenschaft: an »unseren Gott Logos«[42], an dem er den »sicheren Anhalt« findet, der dem Gottgläubigen »fehlt«[43]. Wir vernahmen, wie emphatisch Freud im vollen Bewußtsein der Unzulänglichkeit des Menschen und seines Fortschritts doch seinen *Glauben* bekannte: »Wir glauben daran, daß es der wissenschaftlichen Arbeit möglich ist ...[44].« Und wie emphatisch er dem Unglauben abschwor: »Nein, unsere Wissenschaft ist keine Illusion[45].«

Offensichtlich kommt der Mensch um die zumindest fiktive Setzung eines solchen obersten Wertes (im Falle Freuds die Wissenschaft) nicht herum, womit eben noch nichts über die Realität eines solchen Wertes ausgesagt ist. Hier stellt sich nur die Frage: Kann der Glaube an die Wissenschaft den *Glauben an Gott* ersetzen? Es braucht nicht wiederholt zu werden, was wir aus der Perspektive Pascals zu neuzeitlichem Erkenntnisideal, Naturwissenschaft und Gottesfrage zu sagen hatten: gewiß nicht gegen eine kritische Rationalität, wohl aber gegen einen ideologischen Rationalismus[46]. Jedenfalls war dann gegen Feuerbach[47] und Marx[48] darauf aufmerksam zu machen: Weder im Westen noch im Osten ist bisher der Gottesglaube zugunsten der Wissenschaft verschwunden; der neuzeitliche Atheismus hat, besonders nach den Erfahrungen mit Nationalsozialismus und Kommunismus, viel von seiner Glaubwürdigkeit verloren. Für Ungezählte in aller

Welt jedoch hat der Gottesglaube auch und vielleicht gerade in unserer Zeit wieder eine neue Zukunft. Sowohl Feuerbachs anthropologischer Atheismus wie Marxens sozialpolitischer Atheismus wie schließlich Freuds psychoanalytischer Atheismus sind weit davon entfernt, allgemeine Überzeugung der Menschen zu werden. Auch die These Freuds also von der *Ablösung der Religion durch Wissenschaft* erwies sich als *Behauptung*, die *nicht begründet* erscheint: eine Extrapolation in die Zukunft, die auch heute, im Rückblick, in keiner Weise zu verifizieren ist.

Andererseits versteht man heute jeden *Fortschritt der Wissenschaft* längst nicht mehr so wie in Freuds Studienzeit als Widerspruch zum Gottesglauben. Und man fragt sich auch unter Naturwissenschaftlern und Psychologen: Wurde der Gottesglaube durch den bisherigen Fortschritt der Wissenschaft und die damit gewiß notwendig gewordenen Korrekturen wirklich im Kern getroffen? Widersprechen sich Wissenschaft und Gottesglauben überhaupt im Kern?

Unterdessen ist aber auch die Wissenschaft, gerade aufgrund ihres Fortschritts, in eine Krise geraten, wie sie selbst der gegenüber dem Fortschritt gleichzeitig wieder skeptische Freud nicht vorausgeahnt hatte. Gerade der unbezweifelbare Fortschritt der Wissenschaft auf allen Gebieten läßt heute viele, besonders in den Industrienationen, zweifeln an dem, auch von Freud vertretenen, *Glauben an die Wissenschaft*: daß Wissenschaft und die ihr folgende Technologie automatisch Fortschritt bedeuten und so der Schlüssel zu jenem – nach Freud von der Religion nicht vermittelten – allgemeinen Glück der Menschheit seien. Dagegen weist man heute auf den ambivalenten Charakter dieses Fortschritts von Wissenschaft und Technologie hin, die so leicht jeglicher menschlichen Kontrolle entgleiten und heute eine – oft ins Apokalyptische übersteigerte – Zukunftsangst verbreiten[49]. Schon Freud hat dem Fortschritt nur bedingt vertraut. Der Zukunft unserer Kultur war er nicht sicher; die Wirkkraft des Todestriebs, das im Übermaß angehäufte Aggressionspotential hielt er für höchst gefährlich; der Kampf zwischen Vernunft und Zerstörung war für ihn keineswegs entschieden[50].

Die Fortschrittsideologie einer von selbst zur Humanität führenden wissenschaftlichen Entwicklung steht heute jedenfalls erschüttert da: Ein Fortschritt, der vielfältig zerstörerisch wirkt. Eine Rationalität, die irrationale Züge trägt. Ein Gott Logos, der sich immer mehr als Götze erweist. Auch Wissenschaftler fordern deshalb, daß der Wissenschaftsglaube als Totalerklärung der Wirklichkeit (»Weltanschauung«) und die Technokratie als alles heilende Ersatzreligion aufzugeben sind.

Dennoch wäre es grundsätzlich falsch, die heute weitverbreitete Skepsis des Menschen gegenüber Wissenschaft und Technologie theologisch auszubeuten. Nicht jeder Schritt von Wissenschaftsgläubigkeit weg ist automatisch ein Schritt auf Gottgläubigkeit hin: Skepsis gegenüber Wissenschaft und Technologie begründet noch keineswegs den Glauben an Gott. Theologen haben zur Kenntnis zu nehmen: Es gibt heute viele Menschen, die eine Ideologisierung der Wissenschaft als Totalerklärung der Wirklichkeit ablehnen, dem Glauben an Gott aber gleichfalls skeptisch gegenüberstehen. Es gibt heute viele Menschen, die sich nicht mehr leidenschaftlich für einen Überzeugungsatheismus verkämpfen, die sich aber ebensowenig leidenschaftlich für einen Glauben an Gott aussprechen. Zwischen Skepsis und Affirmation findet sich heute allzuoft ein zwar nicht mehr kämpferischer, aber doch faktisch praktizierter, alltäglicher, banaler Atheismus.

Nur wenige Wissenschaftler gibt es heute, die wie Freud öffentlich Rechenschaft über ihren Unglauben geben. Aber auch nicht allzu viele gibt es, die öffentlich von ihrem Glauben Zeugnis ablegen. Religion, Glaube, Gott – ein Bereich, der für viele seltsam ausgeblendet erscheint, tabuisiert, in der Schwebe gelassen: man legt sich nicht fest. Gottesglaube? Privatsache, die niemanden etwas angeht. Hat sich nicht in vielen Fällen eine billige Toleranz in Sachen Religion breitgemacht, die jeden das glauben läßt, was er gerade glaubt?

Die Frage ist freilich nicht ganz abwegig: Könnte es sich nicht auch hier um ein Verdrängungsphänomen handeln, das natürlich wieder seine eigenen und nicht zuletzt historische Wurzeln hat? Die erwähnten unnötigen Auseinandersetzungen zwischen Kirche und Naturwissenschaft erklären jedenfalls zum Teil, warum Wissenschaftler von Gott heute lieber schweigen als reden. Doch wir haben festgestellt: Sexualität kann verdrängt werden. Deshalb die Frage: Kann vielleicht auch die Zukunft, die Angst und die Hoffnung, die Frage nach dem Lebenssinn, kann auch die Religiosität verdrängt werden? Man berufe sich nicht zu rasch auf die objektive Wissenschaft, die sachliche Vernunft. Auch wissenschaftliche Vernunft ist bestechlich: durch alle möglichen Wünsche, Triebe, Neigungen, Kindheitsfixierungen, Vorurteile. Und dies gerade dort, wo es nicht um »exakte« (mathematische, naturwissenschaftliche, technologische, »reine«) Ergebnisse, sondern um deren Voraussetzungen und Anwendungen, wo es besonders um die eigenen Lebensfragen geht. Atheisten werfen der Religion Wunschdenken vor. Gegenfrage: Könnte nicht auch der *Atheismus Wunschdenken, Projektion* sein? Die Frage stellen, heißt noch nicht, sie beantwortet zu haben.

Verdrängte Religiosität?

Für Freud persönlich, soweit das hier interessiert, spitzt sich das Problem zu: Liegt bei seinem bis zum Ende durchgehaltenen Atheismus vielleicht doch ein Verdrängungsphänomen vor? Zwar soll mit dieser in aller Behutsamkeit gestellten Abschlußfrage dieses kritischen Abschnitts nicht zuguterletzt Freuds Religionskritik individualpsychologisch gedeutet und damit neutralisiert werden. Doch es gibt immerhin zu denken: Daß Freud nicht unreligiös erzogen wurde, haben wir gesehen. Daß er ein guter Bibelkenner war, hat er in seiner »Selbstdarstellung« bezeugt, seltsamerweise aber erst 1935 in einer Einfügung[51]. Daß ihn in jungen Jahren offensichtlich eine starke Neigung zum Spekulieren über die Rätsel von Welt und Mensch ergriffen hatte, bezeugt er ebenfalls, merkwürdigerweise aber bekämpfte er diese seine Neigung: »In jungen Jahren war meine Neigung zum Spekulieren so groß, daß ich ihr um keinen Preis nachgeben wollte[52].« So nährte er »im Geheimsten die Hoffnung«, auf dem Umweg über die Physiologie zu seinem »Anfangsziel der Philosophie zu kommen«: »Denn das wollte ich ursprünglich, als mir noch gar nicht klar war, wozu ich auf der Welt bin[53].« Seinem Freund Fließ schrieb er als 40jähriger von seiner *Sehnsucht nach Erkenntnis*: »Ich habe als junger Mensch keine andere Sehnsucht gekannt als die nach philosophischer Erkenntnis, und ich bin jetzt im Begriff, sie zu erfüllen, indem ich von der Medizin zur Philosophie hinüberlenke. Therapeut bin ich wider Willen geworden[54].«

Offensichtlich war der junge Freud mit Fragen beschäftigt, die man philosophische, weltanschauliche oder religiöse nennen kann. Und offensichtlich kehrte der alte Freud – wie wir von ihm selbst hörten, war alles dazwischen nur »Umweg« – zu den Fragen seiner Jugend zurück und beschäftigte sich nun mit größter Intensität bis zu seinem Tod vor allem mit Problemen der Religion. Dabei fesselte ihn seit seiner Jugendzeit und seinen ersten Bibelstudien nichts so sehr wie der »Gründer« derjenigen Religion, aus der er kam, der jüdischen. Durch drei einsame September-Wochen hatte er schon 1913 alltäglich betrachtend vor der Mose-Statue des Michelangelo in S. Pietro in Vincoli in Rom gestanden, um seine frühe (anonym veröffentlichte!) Abhandlung über diese Figur zu schreiben. Und über Historie und Bedeutung dieses Mose schrieb er schließlich auch das letzte große Werk seines Lebens. Woher diese Faszination?

Ohne Zweifel gehört Freud zu den *großen Moralisten* der Menschheit. Er war alles andere als der sexuelle Libertinist, den viele damals und manche noch heute in ihm vermuten: Seine Lebensführung und sein Sexualleben waren äußerst sittenstreng. Ja, Prüderie, gar die Sexualneurose, war ihm ursprünglich nicht fremd, und seine Moralität zeigt ausgesprochen strenge, teilweise gesetzhaft düstere Züge.

Mit »Pansexualismus« und einem »Ausleben der Triebe« hat seine Auffassung vom Menschen nichts zu tun. Im Gegenteil, für Freud beruht die gesamte Menschheitskultur wesentlich auf Trieb-Verzicht: Überwindung des infantilen Lustprinzips zugunsten des Realitätsprinzips. Weder von »Freude« noch von »Schönheit« ist in seinem Werk viel die Rede. Die ethischen Forderungen, die er rein rational areligiös begründet sehen wollte, waren inhaltlich auffällig identisch mit denen des mosaischen Dekalogs. Und es dürfte kaum zu bezweifeln sein, daß er, der selber auf die ihn prägende harte Erziehung seiner Kindheit hinweist und bei sich einen Vaterkomplex in der Selbstanalyse festgestellt hatte, unbewußt der alten mosaischen Gesetzhaftigkeit verpflichtet geblieben war.

Sein Atheismus dagegen ist nicht ursprünglich, sondern, so sahen wir sehr deutlich, übernommen: ohne Zusammenhang mit der von ihm entwickelten psychoanalytischen Methode, unter dem ungeheuren Eindruck der angeblich atheistischen Naturwissenschaft, die für ihn jetzt an die Stelle des jüdischen Gottesglaubens tritt! Der Glaube an Gott aber wird nicht einfach ersetzt durch wissenschaftliche Argumentation, sondern durch einen anderen Glauben, den quasireligiösen Glauben an die Wissenschaft. Für Freud persönlich ist denn auch die *Psychoanalyse* faktisch weit mehr als nur Forschungs- und Heilmethode: Sie ist Grundlage einer atheistischen Weltanschauung, eine Art *Religionsersatz.*

Auffällig dabei ist: Gerade Freuds Atheismus wird von vielen seiner Freunde, die mit ihm wichtige tiefenpsychologische Überzeugungen gemeinsam haben, nicht geteilt, wie er selber sagt. Und auch viele seiner eigenen Schüler, die seine psychoanalytische Methode ganz übernahmen, übernahmen, wie er selber bekennt, seinen Atheismus nicht. So bleibt denn Freuds Atheismus seine ganz persönliche Grundhaltung, die mit Psychoanalyse an sich nichts zu tun hat. Ob nicht vielleicht doch das Phänomen einer aus begreiflichen Gründen verdrängten jüdischen Religiosität vorliegt?

Wir brauchen die Frage hier nicht zu entscheiden. Wir stehen jedenfalls mit größtem Respekt vor dem Leben und Wirken dieses einzigartig konsequenten Forschers. Wir stehen mit größtem Respekt auch vor seinem langsamen *Sterben.* Der Tod erlöste ihn von einem grausamen Leiden, das er durch die Jahre durchgestanden hatte: ein 16 Jahre lang mit heroischem Gleichmut ertragener Gaumenkrebs, der ihn zu über dreißig Operationen zwang.

Fragen aber wirft nicht zuletzt auch sein Sterben, der Tod dieses Mannes, auf, dem der Hausarzt der letzten zehn Jahre, Max Schur, seine Erinnerungen widmete[55]. Wir sehen mit Erstaunen, welche stark emotional besetzte Rolle der persönliche Tod für diesen Mann nüchternster Wissenschaft und klarster Rationalität gespielt hat. Sein ganzes Leben lang hat er mit diesem Problem gerungen – und es doch nicht wirklich bewältigt: angefangen von einer »fast zwanghaften Beschäftigung mit möglichen oder voraussichtlichen Daten seines Todes«[56], zum Teil gespeist aus Quellen jüdischen Aberglaubens, über »Anfälle von Todesangst«[57] vor allem im Zusammenhang mit seinem 51. Lebensjahr, bis hin zu »Schuldgefühlen des Überlebenden« beim Tod seines Vaters[58]. Dies alles ist der sehr persönliche Hintergrund eines Mannes, der schließlich die ganze Wirklichkeit des Menschen durch das antagonistische Triebpaar Eros und Thanatos, den Lebens- und den Todestrieb, geprägt sah.

Trotz aller Leiden ungebrochen, arbeitete Freud bis zum Ende weiter. 1938 zwang ihn der Einmarsch der Nationalsozialisten in Österreich, Wien zu verlassen und nach London zu emigrieren. Seine Krankheit aber nahm ihren unaufhaltsamen Lauf. Ende August 1939 hatte der Krebs eine offene Verbindung von der Mundhöhle nach außen gefressen. Ein Moskitonetz mußte über Freuds Bett gespannt werden, weil der Geruch die Fliegen anlockte. Der Krieg hatte begonnen, und Freud erlebte noch die ersten Fliegeralarme. Er starb 83jährig am 23. September 1939, morgens um 3 Uhr, nachdem ihm der Hausarzt verabredungsgemäß mit einer Injektion Morphium das Hinscheiden erleichtert hatte. Schon 1915 hatte er in »Zeitgemäßes über Krieg und Tod« geschrieben: »Dem Verstorbenen selbst bringen wir ein besonderes Verhalten entgegen, fast wie eine Bewunderung für einen, der etwas sehr Schwieriges zustande gebracht hat[59].«

3. *Kein Zurück hinter Freud*

Der Atheismus Freuds erscheint ebenso wie der von Feuerbach und Marx letztlich unbegründet. Aber ist deshalb seine Religionskritik schon erledigt? Ebensowenig wie die von Feuerbach und Marx! Auch diese Religionskritik ist weniger als rasch zu durchschreitendes Zwischenstadium denn als ein den Gottesglauben ständig begleitender, mahnender Schatten zu verstehen. Die vielzitierte »Revolution der Psychoanalyse«, Freuds geniale Entdeckung und methodisch-wissenschaftliche Ergründung der dynamischen Wirklichkeit des Unbewußten, hat ihre bleibenden Auswirkungen auch auf Religion und Gottesglauben. Wie immer man über einzelne Momente der psychoanalytischen Theorie, die von Freud auch später noch ständig empirisch und gedanklich ausgebaut und modifiziert worden war, denkt: Seit Freud muß alles Menschliche, muß alle bewußte individuelle und gesellschaftliche Aktivität des Menschen, müssen auch seine Religion und sein Gottesglaube in wesentlichem Zusammenhang mit jener Region der Psyche gesehen werden, die ihre eigene Gesetzlichkeit hat und die doch bewußter Kontrolle und direkter Beobachtung entzogen bleibt – das Unbewußte, die Tiefenschicht des Menschen.

Was bleibt von Freuds Religionskritik?

»Der Freudismus hat zwar den Glauben der Ungläubigen bereits gestärkt, jedoch kaum begonnen, den Glauben der Gläubigen zu läutern«, sagt der französische Philosoph Paul Ricoeur[1]. Theologen können tatsächlich bei Freud lernen: Seine religionskritischen Schriften sind ein einziges Plädoyer für *Ehrlichkeit im Umgang mit Religion*! Von allen »möglichen Unaufrichtigkeiten und intellektuellen Unarten« ist hier die Rede: Philosophen (Theologen?) »überdehnen die Bedeutung von Worten, bis sie kaum etwas von ihrem ursprünglichen Sinn übrigbehalten«[2]. Einige nennen »irgendeine verschwommene Abstraktion, die sie sich geschaffen haben, ›Gott‹«[3]. Oder sie nennen Menschen, die »irreligiös im wahrsten Sinne des Wortes sind«, »tief religiös«, nur weil sie »sich demütig mit der geringfügigen Rolle des Menschen in der großen Welt bescheiden«[4]. Freud selber bekennt sich jedenfalls unzweideutig zum Atheismus und ist bereit, für seine ehrliche kritische Haltung der Religion gegenüber auch die »unliebenswürdigsten Vorwürfe« in Kauf zu nehmen: »Wenn jemand schon in jungen Jahren sich über das Mißfallen seiner Zeitgenossen hinausgesetzt hat, was soll es ihm im Greisenalter anhaben, wenn er sicher ist, bald jeder Gunst und Mißgunst entrückt zu werden[5]?«

Aber es geht um mehr als nur um intellektuelle Redlichkeit, es geht um *kritische Rationalität*! Gewiß kein Wissenschaftsglaube im Namen einer verabsolutierten Vernunft, so mußten wir auf der Linie Pascals *gegen* Freud einwenden. Aber nun auch umgekehrt: Keine Wissenschaftsskepsis im Namen eines verabsolutierten Glaubens, so ist jetzt auf der Linie Descartes' *für* Freud zu sagen[6]. Denn im Zusammenhang mit Reformation, Pascal, Jansenismus, Kierkegaard und Barth haben wir gesehen, wie sehr Christen und Theologen immer wieder in Gefahr waren, die Erkenntnisse der Vernunft abzuwerten, um den Glauben aufzuwerten: eine spezifische Art von Vernunftfeindlichkeit, die keineswegs vom christlichen Glauben gefordert ist. Muß man aufhören, »Philosoph und Gelehrter« zu sein, um wahrhaft an Gott zu glauben? Haben so nicht schon Pascal und vor allem Kierkegaard und Barth die Vernunft vom Glauben überwältigen lassen: die christliche Offenbarung faktisch die einzige Quelle von Wahrheit und Gewißheit? Mußte deshalb nicht gegen allen protestantischen Biblizismus wie katholischen Traditionalismus eine radikale Kurskorrektur von Kirche und Theologie gefordert werden: statt des feindlich-polemischen Gegeneinanders oder dann friedlich-schiedlichen Nebeneinanders jetzt ein kritisch-dialogisches Miteinander von Theologie und Wissenschaft, Theologie und Naturwissenschaft? Was also bereits aus der Perspektive Descartes' und der von ihm repräsentierten Tradition grundsätzlich für das neuzeitliche Erkenntnisideal, die Naturwissenschaft und die neue Gottesfrage und hier überall für eine kritische Rationalität ohne ideologischen Rationalismus gesagt wurde: Das alles bedeutet weithin auch eine Rechtfertigung von Freuds an der Naturwissenschaft orientierten Methode der Psychologie.

Freud hat jedenfalls entschieden recht, wenn er sich gegen das »Credo quia absurdum« wendet: Als ob die religiösen Lehren den Ansprüchen der Vernunft gänzlich entzogen wären, völlig über der Vernunft stünden! Als ob ihre Wahrheit nur innerlich verspürt und nicht begriffen zu werden brauche! Er nennt ein solches Credo einen »Machtanspruch ohne Verbindlichkeit«: »Soll ich verpflichtet werden, jede Absurdität zu glauben? Und wenn nicht, warum gerade diese[7]?« Keine Instanz über der Vernunft: »Wenn die Wahrheit der religiösen Lehren abhängig ist von einem inneren Erlebnis, das diese Wahrheit bezeugt, was macht man mit den vielen Menschen, die solch ein seltenes Erlebnis nicht haben? Man kann von allen Menschen verlangen, daß sie die Gabe der Vernunft anwenden, die sie besitzen, aber man kann nicht eine für alle gültige Verpflichtung auf ein Motiv aufbauen, das nur bei ganz wenigen existiert[8].«

Mit Recht wendet sich Freud auch gegen die weitverbreitete Basis einer »Philosophie des ›Als ob‹«, was meint: die Grundlosigkeit, ja Absurdität religiöser Lehren unter Umständen durchaus einsehen, aber dann sich doch »aus mannigfachen praktischen Motiven ... so benehmen, ›als ob‹ wir an diese Fiktionen glauben«[9]. Ein religiöser Konformismus und Opportunismus: vor allem wegen der unvergleichlichen Wichtigkeit der Religion »für die Aufrechterhaltung der menschlichen Gesellschaft«[10]!? Dem durch eine solche Philosophie nicht verdorbenen Menschen scheint mit dem Zugeständnis der Absurdität, der Vernunftwidrigkeit, die Religion erledigt: »Er kann nicht dazu verhalten werden, gerade in der Behandlung seiner wichtigsten Interessen auf die Sicherheiten zu verzichten, die er sonst für alle seine gewöhnlichen Tätigkeiten verlangt[11].« Auch Kinder würden ja, wenn sie vernünftiger werden, bei Märchen fragen: Ist das eine wahre Geschichte?

Aber auch über die allgemeine Forderung nach intellektueller Redlichkeit und kritischer Rationalität hinaus ist bezüglich der speziellen Religionskritik von Freud zu sagen: Die *relative Berechtigung seines religionskritischen Ansatzes* ist ihm ebensowenig zu bestreiten wie Feuerbach und Marx. Was Feuerbach in philosophischer und Marx in politisch-sozialer, das will Freud in psychologisch-tiefenpsychologischer Perspektive: Emanzipation, umfassende Befreiung, mehr Menschlichkeit des Menschen! Und dies nun einmal gegen Bevormundung, Herrschaft, Unterdrückung durch Religion, Kirche, Gott selbst! Ganz zu Unrecht? Einige Punkte mögen zur Konkretisierung genügen, die sich im übrigen auch von Adler oder Jung her belegen ließen:

Zu Recht kritisiert Freud die *Fehlformen von Religion.* Christen sollten selbstkritisch zugeben:

Wo Religion völlig auf das »ganz Andere« konzentriert ist, geht der Kontakt zur Wirklichkeit notwendig verloren: Religiöse Fragen werden so leicht zu Selbsttäuschungen und Fluchtversuchen. Religion wird zu einer infantilen, wirklichkeitsblinden Bindung an ein tyrannisches Über-Ich, Gott zum Verschiebungsersatz.

Wo Religion sich allein auf Wunscherfüllung und nicht auf innere Wahrheit stützt, wird sie auf reine Bedürfnisbefriedigung reduziert: Solche Religion ist ohne Frage Rückwendung zu infantilen Strukturen, ist Regression auf kindliches Wünschen.

Wo Religion sich in starrer Buchstabentreue, in einem Paragraphengewissen, in zwangshafter, pedantisch-kleinlicher Repetition bestimmter Gebete, Formeln und Rituale manifestiert, geraten religiöse Vorstellungen in die Nähe von Wahnbildungen, religiöse Verrichtungen in die Nähe von Ersatzbefriedigung durch kultischen Wiederholungszwang: Solch sinnlos gewordene oder ungenügend motivierte religiöse Übungen sind oft von Angst, Schuldbewußtsein, Gewissensqualen diktierte Abwehr- und Schutzmaßnahmen gegen bestimmte, oft unbewußte Versuchungen und drohende Strafen – ganz ähnlich dem privaten Zeremoniell (z. B. Waschzwang) des Zwangsneurotikers.

Zu Recht kritisiert Freud auch den *Machtmißbrauch der Kirchen*. Es ist genügend bekannt:
Welch eine Fülle von Machtarroganz und *Machtmißbrauch* in der Geschichte der Kirchen: Intoleranz und Grausamkeit gegenüber Abweichlern, Kreuzzüge, Inquisition, Ketzerausrottung, Hexenwahn, Kampf gegen theologische Forschung, Unterdrückung der eigenen Theologen – bis heute.
Welch eine *Über-Ich-Wirkung* der Kirchen durch die Jahrhunderte: Herrschaft über die Seelen im Namen Gottes, Abhängigkeit und Unmündigkeit der armen Sünder, Tabugehorsam gegenüber ungeprüfter Autorität, immer wieder neue Unterdrückung der Sexualität und Mißachtung der Frau (Zölibat, Ausschluß der Frau von kirchlichen Ämtern) – bis heute.
Welch eine Anzahl *ekklesiogener Neurosen*: Neurosen aufgrund von Zwängen des kirchlichen Systems, klerikaler Herrschaft, Beichtpraxis, sexueller Verdrängung, Fortschritts- und Wissenschaftsfeindlichkeit – bis heute. Die »Chronique scandaleuse« des Christentums und der Kirchen ist hier nicht noch einmal aufzurollen[12].

Zu Recht kritisiert Freud schließlich das *traditionelle Gottesbild*. Es ist noch zu wenig bekannt:
Oft genug entspringt das Gottesbild eines Gläubigen statt ursprünglicher Einsicht und freier Entscheidung einem vorgeprägten strafenden oder gütigen *Vaterbild*.
Oft genug werden frühkindliche Erlebnisse mit Erwachsenen, die als »Götter« erscheinen, positiv wie negativ *auf Gott übertragen*, so daß hinter dem Gottesbild das eigene Vaterbild sichtbar wird, obwohl dies längst vergessen oder verdrängt wurde (auch Mutterbild – Gottesmutter – Mutter Kirche).
Oft genug wird der strafende Vatergott von Eltern bewußt zum *Erziehungsinstrument mißbraucht*, um ihre Kinder zu disziplinieren, mit langfristigen negativen Folgen für die Religiosität der Heranwachsenden.
Oft genug sind so *Religion und* die (von der Religion oft verdrängte) *Sexualität* von Anfang an derart miteinander *verschränkt*, daß scheinbar religiöse Konflikte nur Fixierungen an Urerlebnisse der Familienszene sind.

Bedeutung der Psychotherapie für die Religion

Für seine kritische Analyse nützte Freud, der einen glänzenden künstlerischen Sprachstil pflegte, in Theorie wie Praxis alle *Möglichkeiten der Sprache*, und dies nach H. M. Gauger in dreifacher Hinsicht[13].
Stilistisch-ästhetisch: Auf mittlerer Stilebene zwischen Pathos und Ge-

wöhnlichkeit bringt er seine Anliegen und Auffassungen höchst eindrücklich zur Sprache.

Heuristisch: Sprichwörter, Redensarten, »durchsichtige Worte« sollen die dem Sprechenden unbewußte, verschüttete Bedeutungsebene zum Bewußtsein bringen.

Therapeutisch: Im Zusammenwirken von Patient und Therapeut ist die Sprache geradezu einziges Therapeutikum. Allerdings ein grundlegendes: Denn die Sprache ist das »für die ›Menschwerdung‹ konstitutive Phänomen des Bewußtseins, ... Sprache ermöglicht den Menschen« [14]. Aber nicht nur das »Ich« des Menschen, sondern auch sein »Über-Ich« ist sprachlich strukturiert, gebildet im Spracherwerb durch Internalisierung vorgegebener und weithin von den Eltern geprägter Sprachmuster: »Es ist ja bemerkenswert, daß wir, was man ›Gewissen‹ nennt, gleichsam vokal-akustisch in Analogie zum Sprachlichen auffassen: es erscheint uns wie eine Stimme, die in uns zu uns spricht, und zwar wie die Stimme eines anderen, Fremden, aber doch zu uns Gehörenden, in uns selbst [15].« Bedeutung hat die Sprache schließlich auch für das dritte, unbewußte System der Psyche, das »Es«: Sprache spielt eine entscheidende Rolle bei aller Traumarbeit und deshalb bei aller Bewußtmachung und Verarbeitung von Verdrängungen. Daß aus dem unbewußten »Es« bewußtes »Ich« wird, ist somit für Freud ein sprachlich vermittelter Vorgang.

Ob nicht gerade Theologen und praktische Seelsorger, die ex professo mit dem »Wort« umzugehen haben, von Freud lernen sollten, welche vielschichtige Bedeutung die Sprache hat: für Verkündigung, Aussprache, Zuspruch, Bekenntnis von Schuld und Glauben – Sprache als befreiende, tröstende, sinnstiftende Kraft, die zum Selbstverständnis wie zum Verständnis der Anderen, zur Selbstannahme wie zur Annahme der Anderen verhelfen kann?

Psychologen und Theologen, Seelenärzte und Seelsorger haben heute in jeder Hinsicht Anlaß, intensiv zusammenzuarbeiten. Erfreulicherweise hat die *Annäherung von beiden Seiten* Fortschritte gemacht.

Immer mehr *Psychoanalytiker* kritisieren heute die Verbannung der Psychoanalyse in den Bereich der Naturwissenschaften: und dies tun nicht nur solche der neueren politisch-gesellschaftskritischen, sondern auch solche der orthodox-individualpsychologischen Richtung. Sie anerkennen neben den sexuellen auch zahlreiche geistige, ja religiöse Impulse, Anfragen, Probleme, die nicht verdrängt werden dürfen, sondern zugelassen werden müssen.

Immer mehr *Theologen und Seelsorger* aber entdecken heute die kritische Potenz der Psychoanalyse für Kirche und Theologie. Sie anerkennen die Psychoanalyse nicht nur als eine bessere kirchliche Hilfswissenschaft, sondern als eine eigene kritische Instanz, vor der die Theologie über den Realitätsbezug vieler ihrer Aussagen Rechenschaft ablegen muß, die aber auch wirksam zu einem nicht mehr infantilen, sondern erwachsenen Glauben beizutragen vermag. Und dies auch inhaltlich: zur Klärung so wichtiger Begriffe wie Sünde und Schuld, Rechtfertigung und Vergebung, Leiblichkeit und Geschlechtlichkeit.

Der Mensch soll nach Freud zu sich selbst kommen, indem er seine Triebe, die Last seiner eigenen Geschichte und das Problem seines Schuldbewußtseins bewältigen lernt. Im »Realitätsprinzip« ist ein ethischer Appell verborgen, der sich mit großen humanen Intentionen auch des christlichen Glaubens deckt. So wird die Auseinandersetzung mit Freud zur Forderung an das christliche Menschenverständnis, den Menschen auch seiner psychischen Wirklichkeit nach als freien, reifen, wirklichkeitsbezogenen und getrösteten Menschen zu verstehen, für den alles davon abhängt, ob er es lernt, sich selber anzunehmen, sich mit der Wahrheit seiner Vergangenheit auseinanderzusetzen, Gefühle des Versagens und der Schuld auf ihre Ursache hin zu durchleuchten und zu bewältigen. So könnten christlicher Glaube und Psychoanalyse Partner im selben humanen Ziel werden.

Trotzdem sind die *Grenzen* zu sehen: Die Kompetenz des *Psychoanalytikers* bleibt auf die Wirklichkeit des Psychischen beschränkt. Die Psychoanalyse darf also nicht die Gesamtwirklichkeit auf den Bereich des Psychischen reduzieren, will sie nicht der Gefahr einer »reduktionistischen Hermeneutik« verfallen[16]. Die Psychoanalyse kann zwar neurotische Schuldgefühle beheben, aber nicht von realer Schuld befreien. Sie kann psychosomatische Krankheiten beheben, aber nicht letzte Fragen bezüglich Sinn und Unsinn, Leben und Sterben beantworten. Ihr Ziel ist Bewußtmachung, nicht Vergebung, ist Heilung, nicht Heil.

Freilich, die letzten Fragen rufen nach Antwort, für Kranke und Gesunde. Schon die Neurosen-Probleme sind sehr oft mit grundlegenden Lebens-Problemen verbunden und lassen die Patienten manchmal fragen: Heilung – wozu? Eine nicht nur skeptisch-resignativ rückwärtsgewandte, sondern progressiv-kommunikativ vorwärtsgewandte Psychoanalyse wird die Frage nach dem Sinn des Lebens und auch des Leidens und Sterbens nicht schlechthin ausblenden dürfen. Nur muß der Psychotherapeut dann wissen: Solche Fragen, die aufs Ganze gehen, wird er nur dann beantworten können, wenn er in bewußter Grenzüberschreitung auf irgendeinen – religiösen oder nichtreligiösen – Glauben zurückgreift.

Der *Theologe* seinerseits wird in psychologischen Fragen zurückhaltend sein müssen: Als Schiedsrichter in den verschiedenen psychotherapeutischen Kontroversen ist er als Nichtfachmann von vornherein nicht geeignet. Er soll nicht binnenpsychologische Positionen beurteilen wollen, wohl aber soll er psychologische Positionen, die für die Religion Bedeutung haben, in ihrer Problematik zur Kenntnis nehmen. Und da kommt er nun freilich um das mühselige Geschäft nicht herum, im Hinblick auf die Religion bestimmte Ergebnisse der Psychoanalytiker und die Kritik ihrer Gegner zu sichten.

Ist der Preis der Genialität die Einseitigkeit? Manche übertrieben scheinende Ansichten Freuds, die er mit seiner psychoanalytischen Theorie verbindet, mögen persönlichen Charakter haben und in seiner eigenen psychischen Entwicklung, gar Neurose, grundgelegt sein. Aber selbst wo er – nicht selten stark dogmatisch und zu formellen Korrekturen ungern bereit – vernachlässigt oder abwertet, was seinen Lehrern entgegensteht, behält er mit seinen positiven Anliegen recht. An einigen auch für die Religion und Religiosität wichtigen Punkten seien Kritik und Gegenkritik[17] knapp illustriert.

Kritik und Gegenkritik

1. Die Kritik macht geltend: Freud habe den Begriff der *Libido überdehnt* und ihn unter Mißachtung der Unterschiede undifferenziert und mechanistisch auf alle möglichen Äußerungen nicht nur der Sexualität, sondern auch der Sympathie, der Freundschaft, der Eltern-, Kindes- und Selbstliebe und der Religiosität ausgedehnt, so daß die Sexualität allgegenwärtig und allwirksam werden mußte.

Konkret wird eingewendet: Der Sexualität kann kaum solche psychische Universalität zugebilligt werden. Andere Trieb- und Persönlichkeitsfaktoren, die ganze Komplexität und Vielpoligkeit der Trieb- und Persönlichkeitsstruktur verlangen nach adäquater Berücksichtigung. Schon das Saugen, Essen, Laufen des Kleinkindes bereitet zwar Lust, aber diese Lustgefühle sind nicht sexueller Art. Auch aus Traumsymbolik und Phantasien lassen sich nur dann überall sexuelle Motive herauslesen, wenn sie von vornherein in einem sexuellen Horizont gesehen werden. Nicht alles Vergessene ist verdrängt, nicht jede Fehlleistung verborgen sinnvoll. Träume sind längst nicht immer Erfüllungen unerfüllbarer Wünsche: Ihnen liegen nicht nur sexuelle Wünsche zugrunde, sondern ein breites Spektrum von Emotionen, Affekten, Stimmungen, Empfindungen, Trieben, Bildern als gleichberechtigte Motive, die keine schematische Deutung vertragen; Traummaterial ist jede Problematik, die im Tagleben unerledigt blieb, ist jede Gefühlsregung, die im Tagleben nicht zu ihrem Recht kam. Sexualität und Liebe, sexueller Reiz und Reiz der Persönlichkeit, müssen, obwohl oft verbunden, grundsätzlich unterschieden werden. Die Übertragung naturwissenschaftlicher, physiologischer und gehirnmechanischer Theorien auf das seelische Geschehen, das nach dem Funktionieren eines Reflexapparates verstanden wird, hat dort ihre Grenzen, wo spezifisch menschliche Bedürfnisse ins Spiel kommen, die alle physiologisch programmierten Instinkte transzendieren.

Trotzdem bleibt wahr: Der Mensch ist in seinem ganzen bewußten und auch in seinem religiösen Leben ständig entscheidend mitbestimmt von unbewußten, aber sehr dynamischen und ins Licht des Bewußtseins drängenden Erfahrungen und Erinnerungen, Inhalten und Tendenzen, psychischen Faktoren, unter denen der Sexualität eine erstrangige Rolle zukommt. Gestörte Sexualität ist Ursache vieler auch religiös sich äußernder Neurosen (z. B. krankhafter Skrupulosität, Aggressivität, Frömmelei und Fanatismus). Sexualität erlangt gerade dann eine omnipräsente Virulenz, wenn sie nicht verarbeitet und in die Persönlichkeitsstruktur integriert ist.

2. *Die Kritik macht geltend:* Freud hat die *frühkindlichen Erlebnis- und Umweltfaktoren* gegenüber den angeborenen Anlagen (Erbmasse, Einflüsse im Mutterschoß und beim Geburtsvorgang) *überbewertet.*

Konkret wird eingewendet: Den sexuell bestimmten Kindheitstraumata kann kaum ausschließliche Bedeutung zuerkannt werden. Frühkindliche Traumatisierungen und Fehlentwicklungen dürfen in ihrer Wirkung nicht überschätzt, Pubertätskonflikte dagegen, entscheidend für das Erwachsenwerden des Menschen, nicht unterschätzt werden. Wie frühkindliches Sexualinteresse, das auf kein unmittelbares Sexualziel gerichtet ist, und erwachsene Sexualität nicht die gleiche Qualität haben, so können auch andere Konflikte späterer Entwicklungsstufen und Situationen nicht einfach auf frühkindliche Erlebnis- und Umweltfaktoren reduziert werden. Träume verarbeiten überwiegend aktuelle und nicht nur in die frühe Kindheit zurückweisende Anlässe und Materialien.

Trotzdem läßt sich nicht bestreiten: Neben allen später aus verschiedenen Gründen (Gewissen, Umgebung, Autoritäten) verdrängten Inhalten sind es doch auch Triebwünsche und Konflikte aus frühester Kindheit, die das Denken, Fühlen, Wollen und Handeln des Menschen und auch seine Religiosität bestimmen. Aus den unverarbeiteten Ereignissen der frühen Kindheit resultieren nur zu oft die entscheidenden Probleme und Schwierigkeiten eines ganzen Lebens, ohne daß es dem Betroffenen bewußt wird.

3. *Die Kritik macht geltend:* Ein normal funktionierendes Sexualleben schließt neurotische Störungen nicht aus, die folglich auch *andere als sexuelle Ursachen* haben können. Deshalb kann die freie Betätigung der Sexualität den Menschen ebenso in *Konflikte* stürzen wie ihre Verdrängung. Sogar die psychoanalytische Behandlung kann negative Folgen haben: Verunsicherung instinktiver Verhaltensweisen, Störungen des Taktgefühls, ungelöste Übertragungen besonders bei jahrelangen Analysen (Fixierung auf die Person des Arztes), absolute Relativierung der ethischen Werte oder dogmatische Verkrampfung.

Konkret wird eingewendet: Die Freudsche Therapie kann kaum als die einzig mögliche Methode seelischer Konfliktbewältigung betrachtet werden. Die positiven vitalen, ethischen, auch religiösen Zielsetzungen dürfen nicht vernachlässigt und Bewußtsein, Verantwortlichkeit und Willen müssen angesprochen werden. Eine allmählich zunehmende positive Mitarbeit des Patienten und ein wechselseitiges Gespräch sollen angestrebt und eine Verkürzung der (sonst nur Wohlhabenden zugänglichen) Behandlung ermöglicht werden (Kurztherapie bei den zahlreichen aktuellen Konflikten und weniger tief verwurzelten Neurosen; Forderung der Gruppentherapie). Nicht zu Unrecht wird zur Ergänzung der analytisch-zergliedernden Arbeit von manchen eine synthetisch-intuitive Arbeit gefordert: zur Selbstfindung, zum Neuaufbau einer ganzheitlichen Persönlichkeit und zur Wekkung der produktiven Kräfte und Tendenzen, damit der Mensch wieder den Weg ins Leben und die Integration in die Gesellschaft finde (»Psychosynthese«, »Psychagogik« [18]). Also eine nicht nur rückwärts, sondern vorwärts gerichtete, prospektive Orientierung, bei der die positive Lebensauffassung des Psychotherapeuten – der Psychotherapeut als Partner! – eine große Rolle spielt. Religion kann hier äußerst wichtig werden.

Trotzdem darf nicht übersehen werden: Erziehung zur unbedingten Aufrichtigkeit auch bezüglich der Sexualität ist gerade für das Ethos wichtig. Das »Erkenne dich selbst« kann zur Grundlage des Neuaufbaus der Persönlichkeit werden. Die Analyse der Genese bestimmter Konflikte darf bei deren Lösung nicht vernachlässigt werden. Bei Konflikten, die aufgrund von Kompromissen zwischen unbewußten Triebwünschen oder zwischen Bewußtem und Unbewußtem (abgewiesene und verschleiert doch halb akzeptierte Triebwünsche) entstehen, muß eine reifere Konfliktlösung durch Bewußtmachung der unbewußten Motive herbeigeführt werden: Der Patient soll lernen, die verdrängten Regungen (auch ursprünglich sexuelle Impulse) entweder in Wirklichkeit zu befriedigen oder sie, wenn dies unmöglich ist, durch Ersatzbefriedigung zu sublimieren oder aber auf die Befriedigung erfolgreicher als bisher zu verzichten, so daß die Krankheitssymptome verschwinden und ihm der Weg zu neuer Entwicklung und vollem Gebrauch der vitalen Energien eröffnet wird.

4. *Die Kritik macht geltend:* Der *Ödipuskomplex* (des Mannes) und entsprechend der *Kastrationskomplex* (der Frau) sind *als universale Phänomene nicht erwiesen worden*, obwohl dies klinisch, ontogenetisch und phylogenetisch versucht wurde.

Konkret wird eingewendet: Inzestuöse Bindung an die Eltern wurde als normales Vorkommnis im Kindesalter weder von Ethnologen noch von Psychologen je bewiesen: kein regelmäßiges Vorhandensein positiver sexueller Bindungen an den Elternteil des entgegengesetzten Geschlechts und einer Eifersucht auf den gleichgeschlechtlichen Elternteil! Entscheidender Faktor bei der Auslösung von Neurosen ist weniger das kindliche Luststreben, sind vielmehr jene widrigen Verhältnisse in Familie und Gesellschaft, die dem Kind das Gefühl der Unsicherheit, Hilflosigkeit und Wehrlosigkeit geben. Sexuelle Schwierigkeiten erweisen sich oft mehr als Ergebnis denn als Ursache des neurotischen Charakters. Fixierungen von inzestuösen Kindheitsbeziehungen dürfen also nicht verallgemeinert und ins Grobsexuelle verzerrt werden. Es darf nicht einfach ein dogmatisch vorgegebenes sexuelles Schema über alle möglichen Beobachtungen und Tatsachen gestülpt werden.

Trotzdem bleibt wahr: Mit dem Ödipus- oder Kastrationskomplex berührt Freud Punkte, die wichtige allgemeinmenschliche Konfliktstoffe enthalten; Gefühle und Affekte gegenüber früheren und besonders den frühesten Bezugspersonen, Mutter und Vater, sind und bleiben für das ganze Leben des Menschen von grundlegender Bedeutung.

Im Hinblick auf spätere Gedankenführungen mag dieser letzte Punkt ein wenig kritisch erläutert werden: Bedarf nicht auch der *Ödipuskomplex* – und dies nicht nur religionsgeschichtlich – der *Entmythologisierung*? Zwar nicht der Eliminierung, wohl aber der verstehenden Interpretation?

Wörtlich genommen erscheint der Ödipuskomplex vielen Psychologen als Mythos. Und es läßt sich nicht von vornherein abweisen, was der Traumforscher A. Hoche, zweifellos Sprecher für viele, humorig-einseitig so ausdrückt: »Das Verfahren der Psychoanalytiker, die in ihren Fällen entdecken, was das Dogma hineinprojiziert, erinnert an die Väter, die mit erfreuter Miene vor ihren Kindern die Ostereier finden, die sie selber versteckt haben . . . Es ist eine merkwürdige Sache hiermit. Ich habe mich ehrlich bemüht, in langen Jahren jemanden zu finden, der seine Mutter begehrte und den Wunsch hatte, seinen Vater totzuschlagen. Es ist mir nicht gelungen. Anderen erfahreneren Kollegen geht es nicht anders. Der Ödipuskomplex fährt in der Literatur herum wie der Fliegende Holländer auf den Meeren: Jeder spricht von ihm, einige glauben an ihn, aber niemand hat ihn gesehen[19].«

Entmythologisiert jedoch drückt der Ödipuskomplex eine Wahrheit aus. Im Anschluß an Freuds berühmte »Drei Abhandlungen zur Sexualtheorie« versuchten Psychoanalytiker die ganz frühen Entwicklungsvorgänge im Kleinkind, die »Entstehung der ersten Objektbeziehungen«, genau zu erforschen: sei es durch Rekonstruktion aufgrund der Analyse späterer Phasen, sei es durch direkte Beobachtung von Kindern. Neben den angeborenen Anlagen ist die erste Objektbeziehung, nämlich die Beziehung des Neugeborenen zu seiner *Mutter* oder ihrer Stellvertreterin, von grundlegender Bedeutung für das Werden der Persönlichkeit: »Für das Neugeborene besteht die Umwelt gleichsam aus einem einzigen Individuum, der Mutter oder ihrer Stellvertreterin (R. A. Spitz[20]).« Der Säugling verbringt sein erstes Lebensjahr in Einheit, in Symbiose mit der Mutter, gleichsam in einem »geschlossenen System« (»Dyade«).

Nun ist aber das Auftreten einer zweiten Beziehungsperson, im Regelfall der *Vater*, von nicht geringerer Bedeutung. Denn dadurch kommt es zu der dreipoligen Kind-Eltern-Beziehung. Das »geschlossene« Mutter-Kind-System öffnet sich, das symbiotische Bezugsverhältnis erweitert sich zu einer

Dreiergemeinschaft, in der Konkurrenz und Konflikt eine wichtige Rolle spielen. Und ob man nun den Konflikt in dieser *Dreipersonenbeziehung* »Ödipuskomplex« nennt oder nicht, man wird nicht bestreiten können, was der entscheidende sachliche Gehalt dieses Terminus ist: »Was sich in der Zeitphase des Ödipuskomplexes (vom zweiten bis sechsten Lebensjahr) zwischen diesen drei Personen abspielt, wie es vom heranwachsenden Kind erlebt und gemeistert wird, trägt entscheidend zur Charakterbildung bei. Mit anderen Worten: Die endgültigen Grundlagen aller späteren Weisen des Fühlens, Denkens und Handelns werden in dieser Periode geprägt ... Bleiben die Erfahrungen der Ödipusphase unbewältigt, dann sind später neurotische Symptome praktisch die Regel« (W. Loch[21]).

Ob dies alles für das psychologische Verständnis von Religion nicht sehr wichtig ist? Gerade diesen letzten Problemkreis werden wir nicht aus den Augen verlieren dürfen. Könnte aber nicht umgekehrt auch die Religion für die Psychotherapie sehr wichtig sein?

Bedeutung der Religion für Jung, Fromm, Frankl

Für Freud hatte die Religion noch die Funktion einer »universellen Zwangsneurose«. Für *C. G. Jung* hingegen ist gerade der *Mangel an Religion*, lebendiger Religion, *Ursache zahlreicher Neurosen*: Es schien ihm, »als ob parallel mit dem Niedergang des religiösen Lebens die Neurosen sich beträchtlich vermehrt hätten«[22]. Für Freud also schafft die Religion Neurosen und ist sie Neurosenersatz, für Jung schafft sie Neurosenheilung und verhindert Neurosenentstehung. Jung hatte beobachtet: »Unter allen meinen Patienten jenseits der Lebensmitte, das heißt jenseits 35, ist nicht ein einziger, dessen endgültiges Problem nicht das der religiösen Einstellung wäre. Ja, jeder krankt in letzter Linie daran, daß er das verloren hat, was lebendige Religionen ihren Gläubigen zu allen Zeiten gegeben haben, und keiner ist wirklich geheilt, der seine religiöse Einstellung nicht wieder erreicht, was mit Konfession oder Zugehörigkeit zu einer Kirche natürlich nichts zu tun hat[23].«

Zu lösen ist ja nicht nur die Organisation der Triebe, sondern auch die *Frage nach dem Sinn des Lebens*: Jung sieht in der Psychoneurose letztlich »ein Leiden der Seele, die ihren Sinn nicht gefunden hat«[24]. Was aber wird, wenn ein Mensch »*keine Liebe* hat, sondern bloß Sexualität, keinen *Glauben*, weil ihn die Blindheit schreckt, keine *Hoffnung*, weil ihn Welt und Leben desillusioniert haben, und keine *Erkenntnis*, weil er seinen eigenen Sinn nicht erkannt hat[25]«? Hier öffnet sich nach Jung eine Problematik, die man gar nicht ernst genug nehmen kann und die den Seelenarzt in nächste Berührung mit dem Seelsorger bringt. Hier geht es nicht nur um die Frage verdrängter Sexualität, selbst wenn die Sexualsphäre tatsächlich gestört ist. Hier geht es um die Frage nach dem Sinn im Leben, gegenüber der die Störung der Triebsphäre sekundär sein kann. »Deshalb nehme ich die religiösen Probleme, die mir der Patient vorlegt, durchaus als eigentlich und als mögliche Ursache der Neurose[26].«

Von zentraler Bedeutung, gleichsam »Inbegriff des moralischen Problems« und »Kern einer ganzen Weltanschauung«[27], ist dabei, daß der Mensch *sich selber annehmen* lernt: und zwar auch mit seiner Schattenseite, mit allem Unvernünftigen, Sinnlosen, Bösen! Aber gerade hier genügt es nicht, die Schattenwelt und das Böse nur wie Freud in der Psychoanalyse bewußt zu machen: »Freud hat leider ganz übersehen, daß der Mensch noch zu keiner Zeit imstande war, allein mit den Mächten der Unterwelt, das heißt des Unbewußten, fertig zu werden. Er bedurfte dazu stets der geistigen Hilfe, welche ihm seine jeweilige Religion gewährte ... Dem leidenden Menschen hilft nie, was er selbst ersinnt, sondern nur übermenschliche, geoffenbarte Wahrheit, die ihn dem leidenden Zustand enthebt[28].«

Mehr als Freud und Jung legt *Erich Fromm*[29], der 1900 in Frankfurt/Main geborene deutsch-amerikanische Psychoanalytiker jüdischer Herkunft, darauf Gewicht, den Menschen nicht nur abstrakt-individualistisch als homo psychologicus zu sehen, sondern, wie Adler, in seinem wesentlichen Bezug zur Welt und so immer mehr – im Gefolge des jungen Marx – in seiner sozialpsychologischen und soziologischen Dimension. Freud und Marx sind zusammenzudenken: Das wird immer deutlicher das Anliegen E. Fromms[30]. Denn: Die Leidenschaften des Menschen sind nicht einlinig aus biologisch vorgegebenen Instinkten ableitbar; sie sind sozio-biologisch aus der Bezugsetzung menschlicher Bedürfnisse zur Umwelt gebildet und so wesentlich schon Ergebnis sozialer und kultureller Verhältnisse.

Auch der *Psychoanalytiker* selbst steht in diesem Weltbezug: Sein Denken und Fühlen wird *von seiner Weltanschauung und seinem Wertsystem beeinflußt*. Seine Deutungen sind verschieden, je nachdem, wer er selber ist. Zwei Grundhaltungen sind hier zu beobachten[31]. Die einen Psychoanalytiker amten als »Anpassungsberater«: Das erste Ziel des Lebens und auch der Psychoanalyse ist die »soziale Anpassung«, Anpassung an das bestehende soziale Gefüge. Die anderen Psychoanalytiker sehen sich als echte »Seelenärzte«: Das erste Ziel ist dann die »Seelenkur« (Seelsorge), das heißt die optimale Entwicklung der Möglichkeiten eines Menschen, die Verwirklichung seiner Individualität und seiner moralisch-intellektuellen Integrität, in der Entfaltung einer produktiven Bejahung des Lebens, der Liebe.

Und wie sieht Fromm von diesem Ansatz aus die *Religion*? Er macht dies in seinen Vorlesungen »Psychoanalyse und Religion« klar, die eine konsequente Weiterführung der Abhandlung »Psychoanalyse und Ethik«[32] darstellen: Psychoanalyse, der es um menschliche Individualität und Integrität geht, steht *zu einer echt humanitären* (nicht autoritären) *Religion in keinem unversöhnlichen Gegensatz*[33]. Denn eine solche humanitäre Religion ist gewiß nicht einfach von einer übernatürlichen Macht abzuleiten, der man sich zu unterwerfen habe; sie bedarf nicht unbedingt eines jenseitigen Gottes, in dem allein das Ja zum Leben gründen könnte. Sie ist aber auch nicht einfach, wie das bei Freud geschieht, auf ein Über-Ich, ein angeblich autoritäres Gewissen, zurückzuführen: Als ob das Gewissen nicht auch ausgleichend und »beruhigend« sein könnte; als ob es dem Menschen nicht helfen könnte, Entfremdung und Nicht-Identität zu überwinden. Im Gegenteil: Der echten Religion geht es wie auch der Psychoanalyse um die Erkenntnis der Wahrheit, die Freiheit und Unabhängigkeit des Menschen, seine Liebesfähigkeit, um die sozialen Bedingungen, in denen sie gedeihen können, um die Erkenntnis des Unterschieds zwischen Gut und Böse und das Hören auf das Gewissen.

Die im weitesten Sinn des Wortes »religiöse« Haltung der Verwunderung, des Ergriffenseins und des Einswerdens mit dem All findet sich nach Fromm ähnlich auch in der Psychoanalyse: ein Prozeß der Durchbrechung der Schranken des bewußten Ich (Ego) und des Kontakts mit dem ausgeschlossenen Unbewußten, das zur Hingabe an einen das Individuum transzendierenden Rahmen der Orientierung, zu einem vorbehaltlosen Ja zum Leben strebt. Dieses Unbewußte darf freilich weder mit Freud nur als das Verdrängte, Negative, »Böse« verstanden werden, noch mit Jung geradezu als Quelle der Offenbarung und als Symbol für Gott. Unser Unbewußtes, im System der Leidenschaften individuell geformt, steht schon in Kontakt mit der Umwelt und reagiert auf sie bejahend oder verneinend, beginnt schon, die menschlichen Bedürfnisse nach Verwurzelung, Identität, Wirksamkeit und Hingabe auf produktive oder verneinende Weise zu verwirklichen, und enthält deshalb beides: Niedrigstes und Höchstes, Schlechtes und Bestes, das Ja und das Nein zum Leben, alle möglichen Wünsche, Befürchtungen, Ideen und Einsichten, die nicht verdrängt, sondern im Sinne der höchsten Werte der Religion durchdrungen und integriert werden müssen. *Das Unbewußte* somit auch *Ort positiver menschlicher Möglichkeiten.*

Kein unversöhnlicher Gegensatz also zwischen Psychoanalyse und Religion, keine Bedrohung echter, humanitärer Religion durch die Psychoanalyse! Für Fromm lautet die Frage nicht wie für Freud: Religion oder nicht Religion, sondern: welche Religion? Es kommt somit für Fromm darauf an, was man unter »Religion« versteht[34]. *Bedroht* von der Psychoanalyse ist gewiß der *»wissenschaftlich-magische« Aspekt* der Religion: die unverifizierbaren Hypothesen über die Natur und ihre Erschaffung. *Nicht bedroht* aber sind der *»erlebnismäßige«* und der *»semantische« Aspekt*: religiöses Gefühl und Hingabe und die in Leben und Bräuchen symbolische Sprache. Gerade hier kann die Psychoanalyse, auch wenn ein Psychoanalytiker wie Fromm keine positiven Aussagen über Gott zu machen vermag, zu einer neuen Einschätzung der in der Religion niedergelegten tiefen Weisheit verhelfen.

Nicht bedroht ist auch der *»ritualistische« Aspekt* der Religion: Freilich,

Freud hatte zu Recht eine Parallelität bestimmter religiöser Riten mit neurotischen Zwangshandlungen festgestellt. Aber er und manche Psychoanalytiker haben übersehen, daß es neben den irrationalen Riten, die Verdrängungs- und Zwangscharakter haben und deren Versäumnis Angst und Schuldgefühle auslöst, auch rationale, dem Leben dienende Kultformen gibt, die ohne Zwang »unsere Hingabe an höchste Werte in Gemeinschaft mit anderen durch Handlungen ausdrücken«[35]. Zusammen mit weltlichen Riten (Grußformen, Beifallklatschen, Totenehrung u. a.) gibt es auch *sinnvolle religiöse Riten*: »Ein religiöses Reinigungsritual kann als sinnvoller, rationaler Ausdruck einer inneren Läuterung ohne einen Zusatz von Zwangsmäßigkeit oder Irrationalität verstanden werden, ein symbolischer Ausdruck unseres Wunsches nach innerer Reinheit in der Form eines Ritus zur Vorbereitung einer Handlung, die volle Konzentration und Hingebung erfordert. Ebenso können Riten wie Fasten, religiöse Trauungszeremonien, Konzentrations- und Meditationsübungen völlig rational sein und bedürfen darum keiner Analyse außer derjenigen, welche aufhellt, was damit gemeint ist[36].« Das Bedürfnis auch des modernen Menschen nach einem Ritus wird Fromm zufolge weithin unterschätzt.

Freilich ist bei aller positiven Würdigung der Funktion von Religion im individuellen und soziokulturellen Bereich durch Fromm eines festzuhalten: Wie Adler, so macht auch Fromm *keine Konzessionen an den Gottesglauben* als Erfahrung einer Wirklichkeit, die unabhängig von Mensch und Welt existiert. Auch für ihn steht bei der Frage nach Religion nicht Gott, sondern der Mensch als letzte Wirklichkeit im Zentrum. Gefragt wird nach der Funktion des Gottesglaubens, nicht nach Gottes Wirklichkeit. Daher: Nach Fromm sollte es nicht so sehr um die Bejahung oder Verneinung Gottes, von dem wir nichts wissen können, sondern um Bejahung oder Ablehnung bestimmter menschlicher Haltungen gehen. Eine menschliche Haltung, die Fromm im humanitären Sinn »religiös« nennen möchte, soll entwickelt werden: statt einer Vergottung von Dingen oder Aspekten der Welt eine Haltung der Liebe und der Vernunft! Ob indessen nicht jeder ernsthafte Gottgläubige zumindest Fromms Ablehnung der modernen Götzendienerei zustimmen wird? »Nicht Bildnisse aus Stein und Holz sind die Idole. Worte können Idole werden; Maschinen können Götzenbilder sein; Führer, der Staat, Macht und politische Gruppen können diese Rolle spielen. Die Wissenschaft oder die Meinung der Leute über uns können zu Götzen werden – und Gott ist für viele ein Idol geworden[37].« Ja, das sei Fromm zugegeben, auch Gott kann zu einem Idol werden. Aber kann man Gott nicht auch als Psychoanalytiker anders sehen?

In dieser Hinsicht geht *Viktor E. Frankl* – 1905 in Wien geboren, oft Begründer einer »Dritten Wiener Richtung der Psychotherapie (Logotherapie)« genannt und vor allem in den USA einflußreich – auch über Jung und

Fromm hinaus. Nach ihm wird der Mensch nicht nur von einem unbewußt Triebhaften (Freud) oder auch unbewußt Psychischen (Jung) beherrscht, sondern von einem unbewußt Geistigen oder einer unbewußten Geistigkeit bestimmt. Nach Frankl ist der Psychotherapeut im Alltag seiner Praxis ständig auch mit weltanschaulichen, geistigen Fragen konfrontiert, die als solche unmittelbar ernstgenommen werden müssen. Sie dürfen nicht von vornherein als Sublimierung der Libido demaskiert (Freud) oder als unpersönlicher Ausdruck eines kollektiven Unbewußten (Archetypen) interpretiert (Jung) werden. Diese Fragen konzentrieren sich auf die von Freud völlig vernachlässigte und von Adler und Jung allzu kurzschlüssig psychologisierte Frage nach dem Sinn des Menschenlebens. Nicht schon von der Seele, der »Psyche«, sondern *erst vom Geist, vom »Logos« her* sei *Heilung*, sei jene geistige Ausrichtung, die der Mensch zur Gesundheit und Lebensführung braucht, möglich. Gerade die Religiosität dürfe deshalb nicht verdrängt werden. So fordert Frankl eine am Geistigen orientierte Psychotherapie und den – freilich nie zu erzwingenden – bewußten »Willen zum Sinn (Logos)«: Die Psychoanalyse muß zur Existenzanalyse, die weltliche Beichte zur ärztlichen Seelsorge, die Psychotherapie zur *Logo-therapie* fortschreiten. Auch Frankl geht empirisch vor: Am Modell des Gewissens und der existenzanalytischen Traumdeutung, mit zahlreichen Beispielen aus der eigenen Praxis, versucht er, den Leser von der Wirklichkeit einer unbewußten Religiosität und Gottbezogenheit zu überzeugen.

Freilich stellen sich auch hier *Fragen*: Ob man so rasch von der »Faktizität« auf die »Transzendentalität« des Gewissens schließen kann: von der Stimme des Gewissens auf eine »außermenschliche Instanz« gar »personaler Seinsart«, ja auf einen »unbewußten Gott«[38]? Urteilt Frankl von dieser religiösen Position her nicht allzu leichtfertig über die »irreligiösen Menschen« und ihren »Hochmut«[39]? Wo Fromm allzu reserviert in einer negativen Psychologie (Theologie?) verharrt, bewegt sich Frankl allzu passioniert auf eine positive Theologie (Psychologie?) hin. Und wo Freud nur Triebhaftes, ja Sexuelles sieht, sieht Frankl schon Geistiges, ja Religiöses aufscheinen . . .

Aber das wird man Frankl zugestehen müssen: Schon Jahrzehnte, bevor das Sinnlosigkeitsgefühl zur Massenneurose zu werden droht, hat er deutlicher als jeder andere der großen Psychotherapeuten gefordert, daß die Psychotherapie sich den geistigen Fragen und ganz besonders der *Sinnfrage* und schließlich auch der *Gottesfrage* stelle und so der Konfrontation mit der Theologie nicht ausweiche[40].

Inzwischen aber sind immer mehr *Psychoanalytiker auch aus der Schule Freuds* auf das aufmerksam geworden, worauf Jung und Frankl schon früh hingewiesen haben: Im Wien Freuds vor dem Ersten Weltkrieg – auch dort eine Periode »viktorianischer« Prüderie – stand zu Recht das Problem der *verdrängten Sexualität* im Mittelpunkt therapeutischer Bemühungen. Das »Es« bedurfte damals einer intensiven Analyse. Jetzt aber zieht erneut das »Ich« die Aufmerksamkeit auf sich. Die soziokulturellen Bedingungen der meisten Neurosen dürfen nicht übersehen werden. Müßte jetzt nicht auch das Problem der *verdrängten Religiösität* reflektiert werden?

Seit der Jahrhundertmitte steht jedenfalls das *Problem der Identität* des Menschen im Vordergrund: Man kann dafür Erik Eriksons »Childhood and society« (1950)[41] und Rollo Mays »Man's search for himself« (1953)[42] anführen. Aufgrund seiner und seiner Kollegen klinischen Erfahrungen hatte May damals festgestellt: »Das Hauptproblem des Menschen im mittleren Jahrzehnt des 20. Jahrhunderts ist *Leere* (›emptiness‹)[43]«; »der Mensch kann nicht für sehr lange in einer Bedingung der Leere leben: Wenn er nicht auf etwas hinwächst, so stagniert er nicht nur, sondern die aufgestauten Potentialitäten verwandeln sich in Krankheit und Verzweiflung und vielleicht sogar in zerstörerische Aktivitäten«[44]; »das *Gefühl* der Leere ... kommt im allgemeinen vom Gefühl der Menschen, daß sie *machtlos* sind, irgend etwas Wirksames zu tun für ihr Leben und die Welt, in der sie leben«[45]. Einige Jahre später – unterdessen waren die Studentenrevolten mit Macht ausgebrochen – konnte May schreiben: »Die kulturellen Werte, durch die Menschen ihr Identitätsbewußtsein erhielten, sind weggefegt worden. Unsere Patienten waren sich dieses Tatbestandes bewußt, *bevor* es die Gesellschaft im großen war, und sie hatten nicht die Verteidigungsmöglichkeiten, um sich gegen die störenden und dramatischen Konsequenzen zu schützen[46].«

In der Tat: Braucht es in heutiger Zeit noch den ungeheuren Mut eines Freud, um einer muffigen Sexualmoral und Sexualprüderie entgegenzutreten? Wird heute nicht eher das Geistige als das Sexuelle verdrängt? Ist nicht neben der Verdrängung auch die von Freud nicht genügend davon abgehobene Beherrschung der Sexualität ein echtes Problem? Sind in der gegenwärtigen Konsumgesellschaft nicht die Bequemlichkeits- und Verwöhnungshaltungen und Süchte aller Art von der Zigarette bis zur Droge die spezifischen Verhaltensstörungen? Und geht es heute nur um die Wiedergewinnung der Genuß- und Leistungsfähigkeit und nicht vielmehr um die Wiedergewinnung eines echten Lebenssinns und Lebenszwecks?

Nein, nicht mehr die Verdrängung von Sexualität und Schuld ist die *charakteristische Neurose unserer Zeit*, sondern *Orientierungslosigkeit, Normenlosigkeit, Bedeutungslosigkeit, Sinnlosigkeit, Leere*, und damit die *Verdrängung von Moralität und Religiosität*: Immer mehr Psychotherapeuten verschiedenster Richtung beklagen heute »das Überwuchern des Lustprinzips bei gleichzeitiger Vernachlässigung und Verdrängung geistiger und religiöser Prinzipien« (E. Wiesenhütter[47]). Die gesamte Entwicklung – auch das Problem der Anfälligkeit gerade der gebildeten Jugend für quasireligiöse Ideologien bis hin zum terroristischen Anarchismus – hängt in einem nicht geringen Ausmaß mit der Loslösung von religiösen Überzeugungen und Riten zusammen! Ob nicht gerade sie Individuation und Selbstfindung des Menschen fördern, als Ordnungsfaktoren Orientierung anbieten und durch Förderung und Steuerung von Sensitivität und Emotionalität zur Kreativität, zur Bewußtseinserweiterung verhelfen könnten? Auch zur Aufarbeitung der eigenen Vergangenheit, zu einer echten »Regression«? Denn eine falsch verstandene Regression kann gerade im religiösen Bereich eine verderbliche Flucht sein, dann nämlich, wenn der Mensch in infantile Verhaltens- und Erlebnismuster zurückfällt, die seinem gegenwärtigen Alter und seiner gegenwärtigen Lebenssituation nicht angemessen sind. Aber eine richtig verstandene Regression mit Hilfe bestimmter religiöser Übungen (Gebet, Gottesdienst, Gewissenserforschung, Beichte) kann für einen gesunden Menschen höchst hilfreich sein und den Weg zur Progression und Reifung ebnen, insofern er nämlich Vergessenes oder Verdrängtes in seiner Lebensgeschichte wiedererlebt, positiv verarbeitet und zu seiner Selbstidentifikation integriert.

Der Atheist *Freud* hat zweifellos das Christentum grundsätzlich abgelehnt. Aber stand er ihm faktisch so fern? »Ich habe, wie Sie zugeben, viel für die Liebe getan«, so schreibt Freud bereits 1910 an Pfarrer Oskar Pfister, den einzigen Theologen, mit dem er durchs ganze Leben hindurch in geistigem Austausch blieb[48]. In Freuds System jedoch gab es damals nur den Begriff der sexuell bestimmten Liebe, der alles umfassenden Libido. Erst gegen Ende seines Lebens bekannte sich Freud zur nichtsexuellen Liebe[49]. Der Mensch ist jetzt für ihn nicht mehr nur jenes unter dem Einfluß Brückes und der früheren Physiologen mechanistisch verstandene System, angetrieben von Ichtrieb und Libido, ein »homme machine«, primär isoliert und egoistisch. Sondern ein Wesen, primär bezogen auf Andere, angetrieben durch Lebenstriebe, die nach Einigung mit Anderen verlangen. Leben und Liebe gehören zusammen und sind tiefer verwurzelt als alle Sexualität.

Noch 1930 hatte Freud in der Schrift »Das Unbehagen in der Kultur« das christliche Gebot der Nächstenliebe als »nicht vernünftig«, als »unpsychologisch« und »undurchführbar« bezeichnet[50]. Drei Jahre später, angesichts der sich verdüsternden Weltlage im Jahr von Hitlers Machtergreifung, ruft Freud in einem (in Deutschland nicht veröffentlichten) Offenen Brief an Albert Einstein, um der indirekten Bekämpfung des Krieges willen, zur Liebe auch »ohne sexuelle Ziele« auf: »Die Psychoanalyse braucht sich nicht zu schämen, wenn sie hier von Liebe spricht, denn die Religion sagt dasselbe: ›Liebe deinen Nächsten wie dich selbst‹[51].«

Was Freud hier auch theoretisch zugesteht, war für ihn schon länger Praxis geworden: Nächstenliebe – freilich ohne zu wissen warum. An den Harvard-Neurologen James Putnam schrieb er schon 1915: »Wenn ich mich frage, warum ich immer gestrebt habe, ehrlich, für den Anderen schonungsbereit und womöglich gütig zu sein, und warum ich es nicht aufgegeben, als ich merkte, daß man dadurch zu Schaden kommt, zum Amboß wird, weil die Anderen brutal und unverläßlich sind, dann weiß ich allerdings keine Antwort[52].«

Gibt es darauf keine Antwort?

4. *Zwischenbilanz III: Thesen zum Atheismus*

Blickt man zurück auf unsere lange kritisch-konstruktive Auseinandersetzung mit dem Atheismus, wird man uns nicht vorwerfen können, wir hätten die heutigen Religionskritiker in jene »schiefe Lage« gebracht, über die sich *Theodor W. Adorno* – bedeutender Philosoph wie Soziologe und mit *Max Horkheimer* Begründer der »Frankfurter Schule« und ihrer »Kritischen Theorie« – beklagt. In seinem Aufsatz »Vernunft und Offenbarung« macht er das Dilemma des Religionskritikers deutlich: Der Streit um die Offenbarungsreligion sei bereits im 18. Jahrhundert entschieden worden. Entweder wiederhole nun der Kritiker einfach den recht vollständigen Argumentenkatalog der Aufklärung: dann sage er angeblich nur Altbekanntes. Oder aber er beruhige sich mit dem Altbekannten: dann werde er als altmodischer aufklärerischer Rationalist verdächtigt. Diese Lage würde von den Verteidigern der Religion ausgenützt.

Aber auch angesichts der Kritik nicht nur der Offenbarungsreligion, sondern der Religion überhaupt, die erst nach der Aufklärung im 19. und 20. Jahrhundert ihren Höhepunkt erreichte, wollten wir auf keinen Fall der Wahrheitsfrage, wie Adorno beklagt, ausweichen: um »anstelle sachlicher Besinnungen über Wahrheit oder Falschheit die Entscheidung der Zeit als solcher zuzuschieben und womöglich das Vorgestrige gegen das Gestrige auszuspielen«[1]. Die radikale Religionskritik läßt sich in Wahrheit nicht überspielen: Weder mit dem Argument, man kenne sie schon, und deshalb sei sie falsch. Noch damit, daß wir uns »der gegenwärtigen religiösen Stimmung anbequemen, die so sonderbar wie erklärlich mit dem herrschenden Positivismus zusammengeht«[2]. Darum haben wir immer wieder neu der Versuchung widerstanden, »aus der fortdauernd nominalistischen Situation unvermittelt in den Realismus, die an sich seiende Ideenwelt zu springen, die damit ihrerseits zum Produkt bloßer Subjektivität, sogenannter Entscheidung, nämlich Willkür, gemacht wird«[3]. Als ob Gott schon real existierte, weil der Mensch das Nomen, das Wort »Gott« braucht, die Idee »Gott« denkt! Da waren mit allem Ernst die Gründe zu überlegen, die gegen seine Existenz zu sprechen schienen. Jetzt sind wir imstande, einige der angedeuteten Linien im Licht zeitgenössischer Religionskritiker auszuziehen und schließlich auch zu bündeln. Welche Ergebnisse sind zu unterstreichen?

Kurskorrektur

Eines ist der frühen aufklärerischen Religionskritik des 18., der klassischen Religionskritik des 19. und beginnenden 20. Jahrhunderts und der gegenwärtigen späten Religionskritik gemeinsam: Ablehnung von Religion überhaupt hängt zusammen mit Ablehnung von institutionalisierter Religion, Ablehnung von Christentum mit Ablehnung von Christenheit, *Ablehnung von Gott* mit *Ablehnung von Kirche*. Das galt schon für Lamettrie und Holbach, das galt dann besonders für Feuerbach, Marx und Freud. Und genau das gilt auch für die gegenwärtige Religionskritik, auch etwa für Adorno, Horkheimer und Hans Albert[4].

Kurz vor seinem Tod bekannte sich der genannte Philosoph und Soziologe Max Horkheimer in einem Interview mit einer bis dahin in der »Frankfurter Schule« unerhörten Deutlichkeit zu einer entschieden positiven Einschätzung von Religion und Theologie als eines möglichen Instruments der Kritik an ungerechten gesellschaftlichen Zuständen. Dies hat viele überrascht, die ihn als marxistischen Philosophen, Ideologiekritiker, Gesellschaftsanalytiker und Vater der »Kritischen Theorie« kennen und bewundern gelernt hatten. Vor allem die programmatische Formel von der Religion als Ausdruck der »Sehnsucht nach dem ganz Anderen« ließ viele glauben, hier habe ein alter Mann resigniert und sein kritisches Vermögen verloren: Das Klischee vom verstockten Atheisten, der sich auf dem »Sterbebett« bekehrt, tauchte auf.

Nachdem aber mit dem Erscheinen der »Notizen«[5] Horkheimers Spätwerk definitiv vorliegt, dürfen seine Äußerungen zur Religion nicht mehr isoliert, sondern müssen in Kontinuität mit seiner und Adornos »Kritischen Theorie« gesehen werden. Von einer Milderung seiner früheren Kritik an der Religion kann jedenfalls keine Rede sein, erst recht nicht von einer Anbiederung an kirchliche Institutionen. Ganz im Gegenteil, an die Adresse von Theologie und Kirche wird unmißverständlich der Vorwurf gerichtet: Die christliche Religion hat es nicht verstanden, ihre »Überzeugung von der Existenz eines allgütigen Gottes in die Praxis der von ihr beherrschten und geprägten Geschichte zu übersetzen«[6]. Denn: »Ihre Vertreter haben die Annahme eines allgütigen Gottes nicht glaubwürdig gemacht und nicht im Sinne eines göttlichen Schöpfers und Stifters gehandelt, sondern vielfach Grausamkeiten und Schandtaten verübt, die die Religion in den Dienst böser menschlicher Triebe stellten. Hierfür sind die Kreuzzüge und die Hexenverbrennungen traurige Beispiele. Der Unmut der in unwürdigen Zuständen niedergehaltenen Menschen wurde – gerade mit Hilfe der etablierten Religion – auf wehrlose Opfer und Aggressionsobjekte abgelenkt. Aus dieser Praxis erwuchs der Religion eine ernste Gefährdung[7].«

Von den auffälligen phänotypischen Ähnlichkeiten gerade zwischen römischem Katholizismus und sowjetischem Kommunismus bezüglich Ideologie, Organisation, Machtstruktur hörten wir schon[8]. Kann man diesen Religions- und Kirchenkritikern vorwerfen, sie seien gleichsam auf dem linken Auge blind und sähen einseitig nur Mängel und Fehlentwicklungen bei Religion und Christentum? Derselbe Kritiker fährt ebenso unmißverständlich fort: »Auch der Kommunismus hat ein ähnliches Schicksal erfahren. Der Kommunismus, der auszog, die friedliche Vereinigung aller Länder und vorerst aller Menschen innerhalb eines Landes herbeizuführen und die Klassengesellschaft abzuschaffen, etablierte in den von ihm beherrschten Ländern eine Klassenherrschaft, die die der nichtkommunistischen Welt an Strenge übertrifft. Auch hier wird die Aggression der niedergehaltenen Menschen auf äußere Bedrohungen und Feinde abgelenkt, nämlich auf Länder, in denen es keine derart krasse Klassenherrschaft gibt[9].«

Eines freilich fällt bei der heutigen Religionskritik auf: So sehr Kirche und Christenheit kritisiert werden, so sehr wird der Christus Jesus bei der Kritik ausgespart, ja oft als Gegeninstanz gegen Kirche und Christenheit ins Feld geführt: »Wer das Evangelium liest und nicht sieht, daß Jesus *gegen* seine heutigen Vertreter gestorben ist, kann nicht lesen. Diese Theologie ist der grimmigste Hohn, der je einem Gedanken widerfuhr[10].« Ob Gott vielleicht anders aussähe, wenn er statt von der konkreten Kirche vom konkreten Jesus her gesehen würde? Noch einmal Horkheimer: »Der Mann am Marterpfahl, am Galgen, am Kreuz ist das Symbol des Christentums. Wer als Nächster gelten soll, bestimmt nicht die je herrschende Ordnung; das Zuchthaus, die Gaskammer steht den Nachfolgern des göttlichen Delinquenten zumindest nicht ferner als das Hauptquartier. Um ihrer armen Seelen willen waren die barbarischen Herren, die Männer der raschen Entschlüsse, die Befehlshaber und ihre Vertrauten, in die Liebe mit aufgenommen. Zunächst betraf der Bund die geistlich Armen, deren Leben nicht zuerst auf Reichtum, Herrschaft, Staatsraison, ja nicht einmal auf Prestige gerichtet war. In den ersten Jahrhunderten der christlichen Zeitrechnung, als aufstrebende Völkerschaften draußen und die im Kampf mit ihnen wachsende Barbarei im Innern das Selbstvertrauen des Senats und Volks ins Wanken brachten, gab die Verkündigung des Ziels im Jenseits dem Leben der versklavten Massen und der Verstörten unter ihren Herren einen neuen Sinn[11].«

Wie sehr Gottesfrage und Kirchenfrage zusammenhängen, läßt sich bei Christen wie Atheisten immer wieder feststellen. Darf das gerade der Theologe übersehen? Manche ältere spiritualisierende oder ästhetisierende Theologen auf der einen und einzelne jüngere gesellschaftskritische Theologen auf der anderen Seite treffen sich merkwürdigerweise darin, daß sie – die ersten auf dem Höhenflug der Mystik, die zweiten auf dem Gleitflug über die politisch-soziale Programmatik – die konkrete irdische Kirche und besonders die ordinär erscheinenden praktischen Strukturfragen vernachlässigen. Ein bequemer, meist auch opportunistischer, oft von der Angst vor Disziplinierungsmaßnahmen diktierter Weg. Aber man kann doch nicht übersehen: Für Atheisten wie für Christen gehören theologische Glaubensfragen und praktische kirchliche Strukturfragen, gehören ganz allgemein *Theorie und Praxis* zusammen. Wenn die Kirchen in ihrer Praxis unglaubwürdig sind – und das sind sie heute für viele –, wer soll dann in der breiten Öffentlichkeit der Welt für Gott glaubwürdig eintreten?

Freilich soll hier keiner undifferenzierten Einheit von Theorie und Praxis das Wort geredet werden. Gewiß, die Theorie darf nicht von der Praxis getrennt werden. Aber die Praxis darf auch nicht von der Theorie getrennt werden. Theorie und Praxis gehören zwar zusammen, aber weder darf Theorie auf Praxis noch Praxis auf Theorie reduziert werden[12]. Auf die Problematik des Pragmatismus werden wir noch eigens eingehen. Doch ist schon hier zweierlei festzuhalten:

a. Praxis ist nicht Wahrheitskriterium der Theorie: Wahrheit darf nicht mit praktischer Nützlichkeit, Brauchbarkeit, Verwertbarkeit gleichgesetzt, nicht der Taktik geopfert, nicht einem pragmatischen Utilitarismus ausgeliefert werden. Also keine Theoriefeindlichkeit der Praktiker: Als ob nicht auch schon das Denken Tun sei und Theorie eine Form von Praxis, die aus sich praktische Veränderung bewirken kann. Ja, auch eine Theorie, die nicht befolgt wird, kann wahr sein; auch eine Botschaft, die nicht oder wenig Glauben findet, kann doch stimmen. Erfolg an sich ist kein Wahrheitskriterium.

b. Theorie muß jedoch zur Praxis führen: Theorie hat sich in der Praxis zu bewähren, hat sich praktisch zu bewahrheiten. Also keine Praxisfremdheit der Theoretiker: Als ob die Wissenschaft mit dem Leben, die Reflexion mit der Aktion, das Denken mit dem Handeln, die theoretische Vernunft mit der praktischen, Erkenntnis mit Interesse nichts zu tun hätte.

Eine *Kurskorrektur* drängt sich also nicht nur für die theologische Theorie der Kirche auf, sondern *auch für die kirchliche Praxis.* Angewendet auf den Gottesglauben würde das vor allem bedeuten:

- *Der Gottesglaube bewährt sich in der Praxis:*
  Gottesgläubige, die wahrhaft menschlich leben, sind ein Argument für den Gottesglauben. Aber auch umgekehrt:
  Gottesgläubige, die nicht wahrhaft menschlich leben, sind ein Argument gegen den Gottesglauben.
- *Das Wahrheitskriterium des Gottesglaubens ist trotzdem nicht einfach die Praxis:*
  Gottesgläubige, die nicht wahrhaft menschlich leben, können den Gottesglauben nicht in sich unwahr machen. Aber auch umgekehrt:
  Gottesgläubige, die wahrhaft menschlich leben, können den Gottesglauben nicht in sich wahr machen.
- *Gottesfrage und Kirchenfrage, Gottesverständnis und Kirchenreform,*

Theo-logie und Ekklesio-logie gehören also zusammen:
Die Gottesfrage ist gewiß wichtiger als die Kirchenfrage, aber vielfach verstellt die Kirchenfrage die Gottesfrage[13].
Die Kirche, zur Verkündigung Gottes da, kann den Glauben an Gott durch Lehre und Praxis kompromittieren. Sie kann aber auch, wenn glaubwürdig, die Frage nach Gott für den Menschen durch Lehre und Praxis offenhalten und den Glauben an Gott bekräftigen oder neu wekken[14].

Hat man aber nicht oft den Eindruck, man wüßte in den Kirchen von heute zu wenig, wie von Gott begründet und überzeugend zu sprechen wäre? Gerade aus unserer Auseinandersetzung mit dem Atheismus ließen sich dafür einige Leitlinien gewinnen.

Die Wahrheitsfrage

Der traditionelle Glaube der Kirchen wurde seit der Aufklärung im Namen der kritischen Vernunft angegriffen. Von seiten der Kirchen aber hat man diesen Glauben oft mit ebenso rationalistischer Berufung auf die Vernunft verteidigt und sich damit schlicht auf die Ebene des Angreifers begeben – auf Kosten des Glaubens. In unserer veränderten Situation freilich ist nach all den politischen, wirtschaftlichen, sozialen Erschütterungen auch die Überzeugung von der Macht der Vernunft längst nicht mehr so selbstverständlich, wie sie es in der Aufklärung zunächst war. Statt eines Vernunftoptimismus macht sich eher Vernunftpessimismus, statt Rationalismus Irrationalismus breit. Von seiten der Kirchen hat man deshalb nicht selten versucht, die Krise der Vernunft zugunsten des Glaubens auszubeuten. Mit Hilfe rationaler Reflexion kämpfen Theologen gegen rationale Reflexion. Mit der Vernunft schlägt man die Vernunft, um den Glauben zu rechtfertigen. Genau gegen diese ebenso opportunistische wie kurzschlüssige Haltung erhebt *Th. W. Adorno* seine Einwände, und dies in zweifacher Richtung.

a. Statt die Frage nach der Wahrheit der Religion zu stellen, beruft man sich in Theologie und Kirche auf das – doch so weitverbreitete – *Bedürfnis nach Religion*: »Nicht die Wahrheit und Authentizität der Offenbarung entscheidet, sondern das Bedürfnis nach Orientierung, der Rückhalt am festen Vorgegebenen; auch die Hoffnung, man könne durch den Entschluß der entzauberten Welt jenen Sinn einhauchen, unter dessen Abwesenheit man so lange leidet, wie man als bloßer Zuschauer aufs Sinnlose hinstarrt[15].«

Aber: »Das Opfer des Intellekts, das einmal, bei Pascal oder Kierkegaard, vom fortgeschrittensten Bewußtsein und um nicht weniger als den Preis des ganzen Lebens gebracht war, ist mittlerweile sozialisiert, und wer es bringt, ist dabei unbeschwert von Furcht und Zittern[16].« Klarer als andere hat gerade Adorno die »Dialektik der Aufklärung«[17] analysiert: Die Aufklärung hat durch den Triumph menschlicher Rationalität eine fortschreitende Naturbeherrschung ermöglicht, was Max Weber die »Entzauberung der Natur« nannte. Aber zugleich hat sie durch Rationalisierung, Mechanisierung, Industrialisierung bei gleichzeitiger Atomisierung des Einzelnen und Vermassung ganzer Gesellschaften unendliches Leid und Unheil über die Menschen in einer »verwalteten Welt« gebracht – was nun der Rationalität selbst, der Ratio als solcher, zur Last gelegt wird! Dabei übersieht man aber nach Adorno, daß wir nicht an einem Zuviel, sondern noch immer an einem Zuwenig an Rationalität leiden: daß die Aufklärung zum Nutzen der Menschheit nicht zu weit getrieben, sondern zu früh abgebrochen wurde.

b. Statt auf die Wahrheit der Religion beruft man sich in Theologie und Kirche zugleich auf die *Notwendigkeit von Bindungen*: »Man wählt gleichsam aus prekärer Autonomie das Heteronome[18].«

Aber: »In der Gegenwart gibt es, aller Profanität zum Trotz, eher zuviel Bindungen als zuwenig[19].« Und hinter dieser Sucht nach Bindungen versteckt sich die Schwäche des Ich (Freud!), aber vielfach auch die Kapitulation vor den bestehenden menschenunwürdigen Verhältnissen, ja, ihre Fetischisierung (Marx!). Als ob der Mensch zur Menschlichkeit überhaupt nicht fähig wäre: »Was einmal Thomas Mann gegen Spengler ›Defaitismus der Humanität‹ nannte, hat sich universal ausgebreitet. Die Wendung zur Transzendenz fungiert als Deckbild immanenter, gesellschaftlicher Hoffnungslosigkeit[20].« So wird hier ein Geschäft mit der Angst gemacht. Doch: »Die Siege, welche die Offenbarungsreligion im Namen solcher Angst erficht, sind Pyrrhussiege. Wird Religion um eines andern als ihres eigenen Wahrheitsgehalts willen angenommen, so unterminiert sie sich[21].«

Muß man dieser Kritik als Theologe nicht zustimmen? Fordert diese Religionskritik die Theologie nicht mit Recht heraus, sich nicht mit zweitrangigen Motiven des Glaubens zu begnügen, sondern in aller Klarheit die *Wahrheitsfrage* zu stellen? Deshalb als Echo auf Adornos Kritik und im Rückblick auf Feuerbach, Marx und Freud folgende Feststellungen:

- *Es darf im Gottesglauben nie nur um irgendwelche (individuellen oder sozialen) menschlichen* Bedürfnisse *gehen, die angeblich Religion erfordern.*
  Es muß vielmehr um die volle, strenge Wahrheit *des Gottesglaubens gehen: nicht um seinen Nützlichkeitseffekt, sondern seinen Wahrheitsgehalt. Sonst wird der Glaube, in falscher Defensive gegenüber dem Unglauben, zum Aberglauben.*
- *Es darf im Gottesglauben nie nur um irrationale* Gefühle und Empfindungen, *aber auch nie nur um mechanisch zu tradierende* Lehren, Dogmen und Formeln *gehen.*

Es muß vielmehr um die in ständigem suchendem Bemühen neu zu bedenkende Wahrheit *des Gottesglaubens gehen. Sonst wird der Glaube, in falscher Defensive gegenüber dem Rationalismus, zum Stimmungs- oder zum Buchstabenglauben.*

- Rationalität *darf nicht, wie im Rationalismus, verabsolutiert oder isoliert werden: keine superbia intellectus!*
Rationalität darf aber auch nicht, wie im Irrationalismus, übersprungen oder geopfert werden: kein sacrificium intellectus!
Rationalität muß vielmehr als ein Moment und nur ein Moment innerhalb des Ganzen der Wirklichkeit ernstgenommen werden.

Damit dürfte das frühere Plädoyer für eine kritische Rationalität ohne den ideologischen Rationalismus [22] einen schönen Schritt weitergeführt sein. In bezug auf das später genauer zu bestimmende Verhältnis Vernunft – Glaube kann schon jetzt festgestellt werden: Vernunft und Glaube gehören grundsätzlich zusammen. Sie dürfen nicht einfach getrennt, aber auch nicht einfach identifiziert werden. Weder gilt: »Man muß einfach glauben«, noch: »Man kann alles wissen«.

Aber wenn es schon beim Gottesglauben um die volle, strenge Wahrheit geht, so selbstverständlich auch beim *Atheismus.* Und deshalb nun – wiederum im Rückblick auf Feuerbach, Marx und Freud – folgende, unsere langen Untersuchungen resümierenden Feststellungen:

- *Alle* Beweise oder Aufweise der bedeutenden Atheisten *reichen zwar aus, um die Existenz Gottes fragwürdig zu machen, aber nicht, um Gottes Nicht-Existenz fraglos zu machen: Weder eine philosophisch-psychologische (Feuerbach) noch eine gesellschaftskritische (Marx) noch eine psychoanalytische (Freud) Deutung des Gottesglaubens kann über die Existenz oder Nicht-Existenz einer von unserem Denken, Wollen, Fühlen, von Psyche und Gesellschaft unabhängigen Wirklichkeit entscheiden.*
- *Die immer wieder variierte* geschichts- oder kulturphilosophische Argumentation für ein Ende der Religion *gründet auf einer letztlich nicht begründeten Extrapolation in die Zukunft: Weder die »Aufhebung der Religion« durch atheistischen Humanismus (Feuerbach)* [23] *noch das »Absterben der Religion« durch atheistischen Sozialismus (Marx)* [24] *noch die »Ablösung der Religion« durch atheistische Wissenschaft (Freud)* [25] *erwiesen sich als wahre Prognosen.*
- *Die immer wieder variierte* individual- oder sozialpsychologische Argumentation für die Religion als Projektion *gründet auf einem methodisch wie sachlich nicht begründeten Postulat: Feuerbachs Projektionstheorie* [26], *Marxens Opiumstheorie* [27] *und Freuds Illusionstheorie* [28] *vermochten nicht zu beweisen, daß Gott nur eine Projektion des Menschen oder nur eine interessenbedingte Vertröstung oder nur eine infantile Illusion*

sei. »Nur«-Sätzen oder »Nichts-als«-Sätzen ist darum mit Mißtrauen zu begegnen.

- *Auch der Atheismus lebt aus einem* unbeweisbaren Glauben: *sei es der Glaube an die Menschennatur (Feuerbach)*[29] *oder der Glaube an die zukünftige sozialistische Gesellschaft (Marx)*[30] *oder der Glaube an die rationale Wissenschaft (Freud)*[31]*: Die Absolutsetzung der sinnlichen Erfahrung (Feuerbach), des gesellschaftlichen Prozesses (Marx) oder der wissenschaftlichen Entwicklung (Freud) bleibt ein Dogma der humanistischen, sozialistischen, psychoanalytischen Anti-Dogmatik. So kann jeder Atheismus selbst gefragt werden, ob nicht er selbst eine begreifliche Projektion des Menschen (Feuerbach), eine interessenbedingte Vertröstung (Marx) oder eine infantile Illusion (Freud) sei.*
- *Aber: Weil der Atheismus sich als letztlich nicht begründet erweist, ist der Gottesglaube noch keineswegs als begründet erwiesen: Läßt sich denn der Gottesglaube seinerseits begründen, verifizieren? Wir scheinen in einer Patt-Situation zu stehen.*

In der Tat: Die Existenz Gottes steht in Frage, aber die Nicht-Existenz auch. Der Gottesglaube scheint unerwiesen, aber der Atheismus auch. Lassen sich vielleicht weder Gottes Lebendigkeit noch Gottes Tod verifizieren? Sowohl von der Philosophie (Feuerbach) wie von der Gesellschaftskritik und Gesellschaftstheorie (Marx) wie von der Psychologie und Tiefenpsychologie (Freud) her erscheint die Frage nach Gott als offene Frage.

Gegen eine theologische Rückzugsstrategie

Früher sah man in Gott den für alles Unerklärliche unmittelbar Zuständigen. Als es dann gelang, die innerweltlichen Vorgänge aus ihren eigenen natürlichen Gründen wissenschaftlich zu erkennen, ohne auf die Erklärungshypothese Gott zurückgreifen zu müssen, schien Gott überflüssig zu werden: Wetter und Schlachtensiege, Krankheit und Heilungen, Glück und Unglück der Menschen, Gruppen, Völker werden vom modernen Menschen nicht mehr durch Gottes direkten und unmittelbaren Eingriff, sondern durch natürliche Gründe im Rahmen der Naturgesetzlichkeit erklärt.

Diese Zurückdrängung Gottes aus der Welt hat der Theologie verständlicherweise Schwierigkeiten bereitet und ihr einen Lernprozeß abgefordert. Unverständlicherweise aber hat man in einer merkwürdigen *theologischen Abschirmungs- und Rückzugsstrategie* nur unfreiwillig Stück um Stück des Bodens preisgegeben: stets neue, nutzlose Nachhutgefechte, welche die Opfer zahlloser Menschen in Theologie und Kirche forderten. Es sei nur kurz daran erinnert[32]: Brauchte man Gottes unmittelbaren Eingriff nicht mehr zur Erklärung der unerklärlichen Dinge des Alltags, so zog man sich zurück: auf die Notwendigkeit Gottes für die Lenkung der Planetenbahnen. Als dann die Planetenbahnen durch die Gravitation erklärt werden konnten, zog man sich wiederum zurück: auf Gottes direktes Eingreifen zur Erklärung ihrer noch nicht erklärbaren Abweichungen (Newton). Als dann auch diese Abweichungen naturwissenschaftlich erklärt werden konnten und Gott im gegenwärtigen Universum funktionslos erschien (Laplace), trat man erneut den Rückzug an. Man konzentrierte sich jetzt auf den Anfang der Welt und verteidigte noch gegen die Entwicklungstheorie Darwins – wir kommen auf sie zurück – vehement ein wörtliches Verständnis der biblischen Schöpfungsberichte.

Die Behandlung des *Falles Darwin* gerade in der katholischen Kirche war ebenso symptomatisch wie die des Falles Galilei: Schon 1860, ein Jahr nach Erscheinen von Darwins epochemachendem Werk (im Jahr der deutschen Übersetzung), stellte sich der deutsche Episkopat im Partikularkonzil von Köln offiziell gegen die Evolutionstheorie mit der Erklärung: die Entstehung des Menschenleibes durch Evolution aus höheren Tierarten stehe im Widerspruch zur Schrift und müsse als unvereinbar mit der katholischen Glaubenslehre zurückgewiesen werden[33]. Der Großteil der katholischen Theologen und später auch das römische Lehramt verfochten die gleiche Linie. Theologische Dissenters wurden in der Folge eingeschüchtert, zum Zurückziehen ihrer Bücher gezwungen und so zum Schweigen gebracht. Die uns bereits bekannte Leidensgeschichte eines Pierre Teilhard de Chardin, der ja noch in unseren Tagen Theologie und Entwicklungsdenken zu versöhnen suchte, spricht allein schon Bände. Noch 1941, beinahe ein Jahrhundert nach der Veröffentlichung von Darwins »Origin of Species« behauptete Pius XII. in einer Ansprache an die Mitglieder der Päpstlichen Akademie der Wissenschaften, der Ursprung des Menschenlebens aus tierischen Vorfahren sei völlig unbewiesen, und – man denkt an »Humanae vitae« und die Pille – weitere Untersuchungen müßten abgewartet werden[34]. Erst in der (auf der ganzen Linie reaktionären) Enzyklika »Humani generis« (1950) gesteht derselbe Papst mit vielen Warnungen doch ausdrücklich zu, das noch immer völlig ungewisse Problem einer Evolution des Menschenleibes dürfe naturwissenschaftlich und theologisch weiter untersucht werden, unter Bedingungen natürlich. Denn: Festzuhalten sei an der unmittelbaren Erschaffung der Menschenseele durch Gott und am Ursprung des gesamten Menschengeschlechts aus einem einzigen Menschenpaar (Monogenismus), und zu folgen sei in jedem Fall dem Urteil des kirchlichen Lehramtes[35].

So zog man sich also von der unmittelbaren Erschaffung der ganzen Welt durch Gott zurück auf die unmittelbare Erschaffung des Lebens (im Gegensatz zur unbelebten Materie) oder auf die des Menschen (im Gegensatz zum Tier), dann auf die der Menschenseele (im Gegensatz zum Menschenleib), um endlich – so scheint es heute – auf einen unmittelbaren Eingriff Gottes in der Entwicklung der Welt und des Menschen überhaupt zu verzichten . . . Glaubwürdiger Gottesglaube?

Es war, als ob man gleichsam die ersten Kapitel der Bibel durchproben und bei jedem konstant dieselben Fehler wiederholen wollte: nach Genesis 1 (Erschaffung der Welt in 6 Tagen) und Genesis 2 (Erschaffung des einen Menschenpaares) jetzt Genesis 3 (Sündenfall, Erbsünde, Teufel), wo gewisse Hierarchen und manche Theologen noch heute, uneinsichtig wie eh und je, an alten traditionellen Vorstellungen dogmatisch festhalten wollen. Ähnliches ließe sich vom Neuen Testament im Hinblick auf die Christologie sagen (von Präexistenz und Jungfrauengeburt über die Naturwunder bis zur Höllen- und Himmelfahrt). Durch diese immer wieder neu geübte Abschirmungs- und Rückzugsstrategie gab man leider dem englischen Philosophen Antony Flew recht, der sagt: die »Hypothese Gott« wird »zentimeterweise ermordet und stirbt den Tod von tausend Einschränkungen«[36].

Nicht zuletzt aufgrund dieser beschämenden Abschirmungs- und Rückzugsstrategie ist mit der konservativen Bibelexegese auch die sogenannte *»natürliche Theologie«* bei den modernen Theologen in Mißkredit geraten. Um jetzt einen Zeugen aus dem der »Frankfurter Schule« entgegengesetzten soziologischen Lager zu zitieren: »Von einer natürlichen Theologie wollen sie meist nicht viel wissen«, stellt *Hans Albert*, atheistischer Verfechter jenes von K. R. Popper inspirierten »Kritischen Rationalismus«, mit Genugtuung fest, »was damit zusammenhängt, daß eine solche Theologie in der Tat durch die wissenschaftliche Entwicklung überholt ist«[37].

Eine solche »natürliche Theologie als Bestandteil einer kosmologischen Auffassung«[38] ist in der Tat überholt. Aber sind damit auch alle Anliegen der früheren »natürlichen Theologie« überholt? »Man übersieht die unangenehmen Konsequenzen, die sich daraus ergeben«, warnt Albert selber die Theologen. »Solange man nämlich eine solche natürliche Theologie als erklärungsrelevante Komponente einer Kosmologie zu benötigen glaubt, hat man immerhin Gründe, auch an die Existenz Gottes zu glauben, das heißt: Der Gottesbegriff ist im Rahmen des akzeptierten Weltbildes nicht funktionslos, auch wenn strikte Gottesbeweise schon deshalb fehlschlagen müssen, weil man durch Beweis keine inhaltlichen Aussagen sicherstellen kann. Sobald sich eine natürliche Theologie aber als überflüssig erweist, ist die Aufrechterhaltung der alten Gottesvorstellung, so sehr auch bestimmte menschliche Bedürfnisse zu ihren Gunsten zu sprechen scheinen, objektiv gesehen nichts anderes als ein Bestandteil einer fragwürdigen ideologischen Strategie, eines ad-hoc-Verfahrens, das notwendig zu ›Ärgernissen‹, ›Paradoxien‹ und ›Aporien‹ führen muß[39].«

Aber auch schon Adorno hatte eine Religion und Theologie kritisiert, die einer Konfrontation mit den naturwissenschaftlichen Befunden aus dem Weg geht: »Einmal hielt es die Religion, mit gutem Grund, nicht so fein. Sie bestand auf ihrer Wahrheit auch im kosmologischen Sinn, weil sie wußte, daß ihr Anspruch auf jene vom stofflich-konkreten Inhalt nicht abgespalten werden kann, ohne Schaden zu nehmen. Sobald sie ihren Sachgehalt preisgibt, droht sie zur bloßen Symbolik sich zu verflüchtigen, und das geht dem Wahrheitsanspruch ans Leben[40]«.

Was ist von theologischer Seite dazu zu sagen? Alle unsere bisherigen Ausführungen, besonders das erste Kapitel über Vernunft, Glaube und Weltbild[41], haben deutlich gemacht: Hier soll keine Theologie vertreten werden, die der Konfrontation mit den naturwissenschaftlichen Befunden ausweicht. Freilich auch keine, die vor ihnen kapituliert. Hier soll also gerade kein weltloses (akosmisches), rein auf die menschliche Existenz bezogenes (»existentiales«) Fragen nach Gott betrieben werden: Wenn Gott heute *nicht* mehr als unmittelbares universales oder partielles *kosmisches Erklärungsprinzip* der Einzelabläufe im Kosmos in Frage kommt, so doch auch *nicht* als bloßes *existentiales Deutungsprinzip*, das nur der einzelnen menschlichen Existenz zum eigentlichen Selbstverständnis verhelfen soll. Gott ist *vielmehr in bezug auf die Gesamtwirklichkeit von Mensch und Welt* zu betrachten. Lösungen einer »natürlichen Theologie« lassen sich ablehnen, ihre Probleme jedoch nicht. Vielmehr werden in freilich anderer Perspektive ihre eigentlichen Anliegen erneut zu bedenken sein. Hier soll nur vorläufig, in Antwort auf die dargelegten Einwände der Religionskritiker, differenziert werden:

- *Keine Wissenschaft – weder die Theologie noch irgendeine andere – hat* alle *Aspekte der Welt, des menschlichen Lebens und Handelns zum Gegenstand. Wenn es nun anderen Wissenschaftlern – Naturwissenschaftlern, Psychologen, Soziologen – zu Recht mehr um die Analysen von Daten, Fakten, Phänomenen, Operationen, Abläufen, Energien, Strukturen, Entwicklungen geht, so dem Theologen zu Recht um die Fragen* letzter *beziehungsweise* erster *Sinndeutungen, Zielsetzungen, Werte, Ideale, Normen, Entscheidungen, Haltungen. Diese oft quälenden und vielleicht doch befreienden Fragen nach einem letzten oder ersten Warum und Wozu, Woher und Wohin von Mensch und Welt lassen sich nicht – zur Beruhigung des Atheisten und oft mehr emotional denn rational – als illegitime Fragen deklarieren.*
- *Die Fragen der Theologie betreffen somit nicht nur einen* Ausschnitt *aus dem, was Mensch und Welt sind. Sie betreffen vielmehr den fundamentalsten* Aspekt *von* allem, *was Mensch und Welt sind. Unter diesem* einen *Aspekt untersucht die Theologie* alle *Schichten menschlichen Lebens und Handelns: Unter dem einen grundlegenden Aspekt kommt die gesamte Wirklichkeit zur Sprache, muß sich die Theologie* allen *Fragen bezüglich Mensch und Welt stellen.*
- *Überholt ist zweifellos die Frage nach dem* Gott des alten Weltbildes, *der als der für alles unmittelbar zuständige Allmächtige oder dann später als der noch beschränkt zuständige wundertätige Nothelfer und Lückenbüßer verstanden wird:*

jener Gott also, der in Natur und Geschichte herbeizitiert werden soll nur dort, wo wir mit unserer menschlichen Wissenschaft und Technik nicht mehr weiterkommen oder mit unserem persönlichen Leben nicht mehr fertig werden;
jener Gott also, der mit dem geistig-materiellen Fortschritt immer mehr intellektuell entbehrlich, praktisch überflüssig und deshalb immer unglaubhafter geworden ist.

- *Keineswegs überholt ist jedoch die Frage nach dem* Gott des neuen Weltbildes, *der als die transzendent-immanente, allesumgreifende, allesdurchwaltende wirklichste Wirklichkeit im Menschen und in der Welt zu verstehen ist:*
jener Gott also, der die Antwort *sein kann auf die Fragen letzter und erster Sinndeutungen, Zielsetzungen, Werte, Ideale, Normen, Entscheidungen, Haltungen, auf die Fragen nach dem letzten oder ersten Warum und Wozu, Woher und Wohin von Mensch und Welt:*
jener Gott also, der uns ganz persönlich mitten und durch alle Bedingtheiten der Welt als der Unbedingte unbedingt angeht, der uns (unendlich fern und doch näher als wir uns selbst) als letzter und erster Grund, Halt und Ziel aller Wirklichkeit hält, trägt und umfängt, der so einen Anspruch auf uns hat, der Antwort, Verantwortung, Tat erheischt und der gerade so auch angerufen werden darf[42].

Die Frage nach diesem Gott des neuen Weltbildes ist nicht überholt. Aber nur weil die Frage nicht überholt ist, hat sie nicht auch schon eine Antwort gefunden. Noch ist die Frage nur eine Frage.

Für eine ernsthafte Theologie

Theologen scheinen manchmal eine merkwürdige Angst zu haben, von Gott zu reden, obwohl Theologe doch »Redner von Gott« heißt. Sie vermeiden dann möglichst den Namen Gottes und sprechen lieber vom wohlbekannten Menschen, obwohl sich solche Theologen dann ehrlicherweise Anthropologen, »Redner vom Menschen«, nennen sollten.

Es ärgert begreiflicherweise gerade dezidierte Atheisten, wenn Theologen einen völlig vagen, zerdehnten, *ausgehöhlten Gottesbegriff* vertreten und die Grenzen zwischen Gottesglauben und Atheismus verwischen. Wir hörten es schon von Freud. Auch *Hans Albert* wirft der Theologie vor, sie sei Tummelplatz für Liebhaber von unredlichen »Immunisierungsstrategien«, durch die die betreffende Vorstellung, insbesondere die Gottesidee selbst, »so vollständig entleert wird, daß sie mit keiner möglichen Tatsache mehr kollidieren kann«[43]. Er zielt dabei auch – wenngleich zu Unrecht – auf so bedeutende Theologen wie Bultmann, Tillich und Niebuhr, aber auch auf eine angeblich vom Irrationalismus angesteckte deutsche Philosophie. Die »Spezialstrategie« (»special pleading«) der Theologen, für die auch sie sonst im normalen Leben keine Verwendung hätten, bestehe dann darin, daß man bei bestimmten Glaubensüberzeugungen die »Methodologie der kritischen Prüfung suspendiert«: Man rede dann einfach vom »Glauben« oder von »Ärgernissen«, »Paradoxien«, »Aporien« des Glaubens[44]. Ließe sich so nicht jeder Unsinn behaupten?

Als »eine der kuriosesten Strategien zur Immunisierung der Gottesidee, die in letzter Zeit Schule gemacht haben«, bezeichnet Hans Albert »die *Diffamierung* desjenigen Glaubensbegriffs, der auf das ›bloße‹ *Für-Wahr-Halten* einer Behauptung abstellt«[45]. Dagegen Albert zu Recht: »Das bloße Für-Wahr-Halten der These, daß ein Gott existiert, der bestimmte Eigenschaften hat oder in bestimmter Weise in das Weltgeschehen eingreift, mag nun in der Tat dem Gläubigen oft nicht genügen, aber sie ist wohl eine Mindest-Implikation jedes Glaubens, innerhalb dessen in sinnvoller und gehaltvoller Weise von Gott geredet werden kann«[46]. Nicht mehr sinnvoll und gehaltvoll reden Theologen von Gott, wenn sie »›Gott‹ als Metapher für zwischenmenschliche Beziehungen ... oder rein expressiv« benützen[47]. Oder soll es vielleicht eine Theo-logie ohne Theos, eine atheistische Theologie geben können?

Albert macht solcher Theologie den Vorwurf des mehrdeutig redenden »Krypto-Atheismus«: Die Bagatellisierung oder gar Eliminierung dieses Existenzproblems sei keineswegs ein Symptom dafür, daß man eine höhere oder weniger grobe Form des Gottesglaubens bevorzugt. Sie sei vielmehr »ein Zeichen dafür, daß man sich entweder über wichtige Konsequenzen der eigenen Weltauffassung im unklaren ist, oder aber, daß man de facto *zum Atheismus übergegangen* ist, aber mittels einer theistischen Sprache die alte Fassade aufrechterhalten möchte, möglicherweise, um die an eine alte Tradition geknüpften Wirkungsmöglichkeiten nicht aufgeben zu müssen«[48]. Oder ist Gott etwa – so der Theologe Fritz Buri[49] – »der mythologische Ausdruck für die Unbedingtheit personalen Verantwortlichseins«? Aus Alberts Antwort könnte man Freud sprechen hören: »Ein Gottesbegriff, der nur noch moralische und rhetorische Funktionen hat, ist eine höchst fragwürdige Sache, besonders, wenn es für die in diesem Vokabular Angesprochenen eine Frage der Intelligenz wird, inwieweit sie imstande sind, seine Verwendungsweise zu durchschauen[50].« Auf diese Weise – oder auch die »Nicht-Objektivierbarkeit Gottes« vorschützend – könnten Theologen »unbefangen und ungestört weiter über Gott reden«, ohne damit Behauptungen zu verbinden, »die auch nur eine Spur von Gehalt haben«. Daß die Theologen in gleicher Weise auch von beliebigen anderen mythologischen Wesenheiten, von Hexen, Teufeln und Göttern, reden, »scheint da nicht im geringsten zu stören«[51]. Ist Gott also nicht wirklicher als Götter, Hexen und Teufel?

Modern sich nennende Theologen sollten jedenfalls nicht um das Existenz-Problem, wenn es überhaupt auftauche, so herumreden, »daß man keine Klarheit darüber gewinnen kann, was der betreffende theologische – manchmal auch philosophische – Autor wirklich glaubt«[52]. Angesichts dieser »pompös aufgetakelten Immunisierungsmaschinerie« einer besonders von protestantischen Theologen vorgetragenen speziellen Erkenntnistheorie, in der von Subjekt-Objekt-Spaltung, Nicht-Objektivierbarkeit, ungegenständlichem Reden, von Chiffren des Seins und ähnlichem die Rede sei, ohne daß auch nur eine kleine Bemühung erkennbar würde, Resultate der Logik, Semantik, Sprachforschung oder der modernen Erkenntnislehre zu berücksichtigen, müsse man sich die Frage stellen, »ob da nicht vielleicht sogar der ziemlich unverschleierte Dogmatismus des katholischen Denkens vorzuziehen ist«[53]. Welche Frage nun freilich gerade der katholische Theologe lieber verneinen möchte – jedenfalls sofern Albert unter »Dogma« eine »kritikimmune« These versteht[54].

Aber gibt es nicht wirklich zu denken: Sogar ein Theologe vom Format des Bultmann-Schülers Gerhard Ebeling, der gewiß nicht Theologie durch Anthropologie ersetzen will, hatte in der mit anerkennenswertem Engagement angegangenen Diskussion mit Hans Albert die für diesen Atheisten so wichtige Gottesfrage zunächst aus der Diskussion überhaupt ausgeklammert. Erst nachträglich hat er eine den Anfragen Alberts jedoch kaum genügende These – eine einzige unter 70! – eingefügt[55]. Muß er sich dann von Albert nicht zu Recht sagen lassen, daß auch sein »›Reden über Gott‹ gewissermaßen ›ontologisch in der Luft hängt‹«, insofern er der Frage nach der Existenz Gottes ausweicht, sie sogar bagatellisiert und dabei noch mit der »unendlichen Strittigkeit und Vieldeutigkeit der Vokabel ›Gott‹« operiert[56]? Man wird Albert kaum widersprechen können, wenn er dazu bemerkt: »Auch wer als Theologe ›in bezug auf menschliche Existenz‹ von Gott *redet,* wird vermutlich annehmen wollen, daß es diesen Gott auch gibt, so daß er ganz zwanglos zum Problem der ›objektiven‹ Existenz gelangt, es sei denn, er verwende die ›vieldeutige Vokabel‹ in jenem mehr metaphorischen Sinne, der den modernen Krypto-Atheismus kennzeichnet[57].«

Gewiß, der Theologe – das darf auch einmal gesagt werden – hat heute keine leichte Aufgabe: Die Entwicklung der säkularen Welt und Wissenschaft sowie im Zusammenhang damit die Heraufkunft von Säkularismus und Atheismus bedeuten für ihn eine ungeheure Herausforderung: eine *Herausforderung zur kritischen theologischen Selbstbesinnung.* Die Aufgabe ist heute – nach so vielen verpaßten Gelegenheiten – nicht leichter als die der griechischen und lateinischen Väter des 2. und 3. Jahrhunderts in Auseinandersetzung mit dem Hellenismus oder die Aufgabe der mit dem Aristotelismus konfrontierten Scholastik des 13. Jahrhunderts oder die der Reformatoren des 16. Jahrhunderts angesichts von Humanismus und Renaissance. Gerade heute kann diese theologische Aufgabe effektiv geleistet werden nur dann, wenn sie – wie von Feuerbach und Marx bis zu Freud,

Adorno, Horkheimer und Albert indirekt gefordert und hier zumindest angestrebt – in weitestmöglicher *intellektueller Redlichkeit* geleistet wird: vor dem Horizont dieser Welt, wie sie wirklich ist; mit Hilfe der Wissenschaften und Erfahrungen dieser Zeit; mit dem Blick auf die Praxis des Einzelnen, der Kirche, der Gesellschaft. Aber doch in allem immer wieder neu konzentriert auf die große »Sache« der Theo-logie: Gott selbst! Je mehr der Theologe von dieser Welt weiß, durch die Naturwissenschaften, die Psychologie, Soziologie, Philosophie, Kunst, Literatur und – heute weniger denn je zu vergessen – die Historie, vielleicht am meisten indessen durch seine eigenen Erfahrungen, um so umfassender wird er seine theo-logische Aufgabe erfüllen können. Allerdings auch der Theologe kann, seltsam genug – sich »um gar viele Dinge kümmern« und des »einen Notwendigen« vergessen[58].

Gerade angesichts der weithin berechtigten religionskritischen Einwände gegen die unlautere theologische Apologetik und angesichts eines »Plädoyers für kritischen Rationalismus«[59] bedarf die katholische, protestantische und orthodoxe Theologie heute eines »Plädoyers für eine kritische Theologie«, für eine unbedingt redliche, aufrichtige, *ernsthafte Theologie*:

- *Ernsthafte Theologie beansprucht keinen elitären, privilegierten Zugang zur Wahrheit:*
  Sie darf auf keinen Fall nur Gläubigen verständlich sein wollen.
  Sie beansprucht nur, wissenschaftliche Reflexion über ihren Gegenstand mit einer diesem Gegenstand angemessenen sauberen Methode zu sein, deren Tauglichkeit wie in anderen Wissenschaften die Resultate erweisen mögen.
- *Ernsthafte Theologie beansprucht keinen vollen, totalen Besitz der Wahrheit, kein Wahrheitsmonopol:*
  Sie kann auf keinen Fall ein umfassendes und bis ins kleinste festgelegtes Weltanschauungssystem sein, das die weiteren Überlegungen von Soziologen, Psychologen, Ökonomen, Juristen, Medizinern, Naturwissenschaftlern letztlich überflüssig machen würde.
  Sie beansprucht nur, wissenschaftliche Reflexion über die Wirklichkeit unter einem bestimmten Blickwinkel zu sein, der allerdings ein legitimer Blickwinkel neben anderen ist.
- *Ernsthafte Theologie kann sich deshalb auf keinen Fall mit der gnädigen Duldung in einem unexakt-unverbindlichen Sonderbereich (»religiöse Wahrheit« ähnlich wie »dichterische Wahrheit«) zufriedengeben:*
  In der theologischen Wissenschaft gelten nicht grundsätzlich andere Spielregeln als in den übrigen Wissenschaften. Als ob hier Irrationalität, unbegründbare Stellungnahmen, subjektivistische Entscheidungen erlaubt wären. Strikt abzulehnen sind: jegliche Abschirmung gegen Argumente, Informationen, Fakten; unbedingte Legitimation bestehender geistiger und sozialer Tatbestände; parteiische Rechtfertigung bestimm-

ter Glaubenssätze, ideologischer Konstruktionen, gesellschaftlicher Herrschaftsformen.

- *Ernsthafter Theologie kann es folglich auch innerhalb der Kirche nie um Prämierung »schlichten« Glaubens oder Zementierung eines »kirchlichen« Systems gehen, sondern erneut – immer und überall – nur um die volle und ganze Wahrheit:*
In der theologischen Wissenschaft kann man nicht mit systemimmanenter Berufung auf irgendwelche Autoritäten die Beachtung kritischer Argumente vernachlässigen, der Konkurrenz der Ideen ausweichen, Anfechtungen des Zweifels unterdrücken, Möglichkeiten des Irrtums bei bestimmten Personen oder in bestimmten Situationen ausschließen.

Von seiner Aufgabe darf sich der Theologe durch niemanden abhalten lassen. Auch nicht durch die Leitung seiner Kirche, der er sich loyal verpflichtet fühlt. Der Theologe soll, wie es seine erfreuliche Pflicht und Schuldigkeit ist, in ernsthaftem Studium unprätentiös um ehrliche Antworten ringen, die er vor Kirche und Gesellschaft verantworten kann: in Freiheit unerschrocken, doch zugleich solidarisch mit seiner Gemeinschaft, verpflichtet ihrer großen Tradition, loyal gegenüber ihren Leitern und Lehrern. Gerade so wird es ihm immer mehr um die große »Sache« der Theologie gehen, ohne daß er für sich je Unfehlbarkeit beanspruchen könnte.

Atheismus – ernstzunehmen

Als »letzte Rückzugsposition der protestantischen Theologie« kritisiert auch Horkheimer die »fortgeschrittenen protestantischen Theologen«, die ohne Gott – »das Dogma, ohne dessen Geltung ihre eigene Rede nichtig ist« – dem »individuellen Leben seine nur ihm eigene Bedeutung« zuschreiben: Indem man »im weltlichen Leben mehr als Weltliches« meine, das man in Erinnerung an das religiöse Erbe als »Liebe« bestimme. Dazu Horkheimer: »Liebe jedoch als Abstraktum, wie es in den neuen Schriften auftritt, bleibt so dunkel wie der verborgene Gott, an dessen Stelle sie treten soll[60].« Gegenüber jeder verwaschenen Annäherung an den Atheismus ist, so meinen wir, zugleich die neue Gemeinsamkeit zwischen Gottgläubigen und Atheisten, wie aber auch der bleibende Unterschied zwischen Gottesglaube und Atheismus, ernstzunehmen:

1. Die neue *Gemeinsamkeit zwischen Gottgläubigen und Atheisten*: Schaut man kritisch auf die Praxis, erhält man den Eindruck, daß auch kritischen Atheisten oder Agnostikern deutlich geworden ist, daß man zur Wahrheitsfindung nicht auf der einen Seite nur die Positiva des Atheismus, auf der anderen Seite umgekehrt nur die Negativa des Gottesglaubens addieren darf. In diesem, und nur in diesem, Sinn ist »der Gegensatz von

Atheismus und Theismus nicht mehr aktuell«[61]. Denn:

Gottesglaube und Atheismus haben beide ihr *eigenes Passivkonto*: »In europäischer Geschichte jedenfalls ist Schreckliches und Gutes von beiden angerichtet worden, beide haben ihre Gewaltherren und ihre Märtyrer. Als Hoffnung bleibt die Arbeit daran, daß in der anbrechenden Weltperiode der Blöcke verwalteter Massen noch einige Menschen sich finden, die Widerstand leisten wie die Opfer der Geschichte, zu denen der Stifter des Christentums gehört.« So Horkheimer[62].

Atheismus und Gottesglaube haben aber auch beide ihr eigenes *Aktivkonto*: »In der Kritik der politischen Ökonomie, der Theorie von Marx und Engels, der Psychoanalyse, in jenen sogenannten nihilistischen Werken, die in Ost und West auf schwarzen Listen stehen und den Zorn der Mächtigen erwecken wie einst die aufreizenden Reden des Stifters bei den Zeitgenossen, nicht weniger als in manchen theologischen Entwürfen hat der Gedanke an eine richtigere Wirklichkeit Gestalt gewonnen.« So ebenfalls Horkheimer[63].

Ein Gottesglaube, der »ewige Gerechtigkeit zum Vorwand für das zeitliche Unrecht nimmt«, ist »so schlecht« wie ein Atheismus, der »dem Gedanken an ein Anderes keinen Raum gewährt«[64]. Ob man auf beiden Seiten genügend realisiert hat, daß sich die *Situation zwischen Gottesglauben und Atheismus grundlegend verändert* hat?

Früher einmal *erforderte der Atheismus Mut*: »Einmal war Atheismus Zeugnis innerer Unabhängigkeit und unbeschreiblichen Muts. In den autoritären und halbautoritären Staaten, wo er als Symptom des verhaßten liberalen Geistes gilt, ist er es noch[65].«

Heute indessen *erfordert der Gottesglaube oft mehr Mut*: »Unter totalitärer Herrschaft, welchen Vorzeichens auch immer, die heute die universale Bedrohung bildet, pflegt ehrlicher Theismus seine Stelle einzunehmen[66].« Wobei zu beachten ist: »Atheismus umfaßt höchst Verschiedenes, der Begriff Theismus dagegen ist bestimmt genug, um alle, die in seinem Namen andere hassen, zu Heuchlern zu stempeln[67].«

2. Obwohl, pragmatisch betrachtet, eine nicht unwichtige Gemeinsamkeit zwischen Gottesglauben und Atheismus, besser: zwischen Gottgläubigen und Atheisten sichtbar wird, darf doch, grundsätzlich betrachtet, der entscheidend wichtige *Unterschied* zwischen Gottgläubigen und Atheisten, besser: *zwischen Gottesglauben und Atheismus,* nicht überspielt werden: die Annahme oder Ablehnung der Wirklichkeit Gottes. Die atheistische Religionskritik bleibt weiterhin die ernsthafte Herausforderung für die Theologie, der sie in angemessener Weise zu begegnen hat[68]:

- *Der Atheismus darf nicht generell als gewollter »Abfall von Gott« moralisch abqualifiziert werden:*

Er ist nicht immer voll reflektierte, gar bösartige Entscheidung des Menschen gegen Gott, sondern oft nur halb reflektierte Teilhabe am philosophischen, wissenschaftlichen, kulturellen Zeitgeist: eher ein Entgleiten als ein Aufgeben des Glaubens, manchmal freilich auch ein Verdrängungsvorgang mit allen negativen Folgen. Er ist nicht immer individuelle Schuld des heutigen Menschen, sondern zumindest auch geschichtliche Schuld von Generationen: eher historische Verdrängung als reale Schuld.

- *Der Atheismus darf ebensowenig als verborgener »Glauben an Gott« theologisch vereinnahmt werden:*
  Die Überzeugung der Atheisten darf nicht – statt respektiert – spekulativ überspielt werden. Als ob ihr Atheismus nicht echt, ihr Un-Glaube doch Glaube, die Atheisten doch »verborgene« Gottgläubige wären: also Feuerbach, Marx und Freud samt den heutigen Atheisten einfach »anonyme Christen« – eine Vorstellung, die diesen wenn nicht arrogant, so zumindest komisch vorgekommen wäre.
- *Der Atheismus darf schließlich auch nicht konformistisch-kokettierend gehätschelt werden:*
  »A-theismus« (Leugnung eines eigenständig-persönlichen Gottes), leichthin propagiert, tendiert zum Atheismus (Leugnung Gottes überhaupt). Ein Gott, der stirbt, hat nie existiert; der »Tod« Gottes kann theologisch höchstens noetisch ausgesagt werden: Ausdruck eben der Abwesenheit Gottes, seines Absterbens in der menschlichen Erfahrung.

Wenn Gott aber wirklich nicht existierte und nie existiert hätte? Die Frage ist nach wie vor offen. Man muß sich schon sehr ernsthaft fragen: Was würde es bedeuten für die Menschheit, wenn alle Zeichen der Religion, von den Gräbern der Steinzeit, den Höhlenmalereien von Altamira und den Pyramiden von Ägypten bis zu den heutigen Grabzeichen für Tod und ewiges Leben wirklich für ein Nichts gesetzt worden wären? Wenn alle die wunderbaren Kirchen und Tempel von Salamanca bis Agra – die großartigsten Kunstwerke der Menschheit überhaupt – wirklich um ein Nichts gebaut wären? Wenn alle die großen Denker von den alten Indern und Griechen bis zu den Heutigen wirklich um ein bloßes Nichts gedacht hätten? Wäre die Welt, wäre unsere Situation nicht anders, wenn an der Stelle Gottes ein bloßes Nichts wäre?

D. NIHILISMUS – KONSEQUENZ DES ATHEISMUS

Ist Gott vielleicht ein Wort wie jedes andere? Kann man im Plauderton fragen, ob es Gott gibt, wie man fragt, ob es fliegende Untertassen oder das Ungeheuer im Loch Ness gibt? Ändert sich für den Menschen nichts, wenn Gott nicht existiert? Oder doch? Ändert sich vielleicht mehr, als Feuerbach, Marx und Freud ahnten? Führt der Atheismus, zu Ende reflektiert und konsequent vollzogen, nicht schließlich zur Umwertung aller Werte, zur Zerstörung der bisherigen Moral und damit zum Nihilismus? Hat somit letztlich nicht Friedrich Nietzsche recht? Ja, hat er in unserem Jahrhundert nicht schon längst Recht bekommen, dieser Philosoph, der zugleich Prophet war und der mit seinem Einfluß nicht zuletzt auf Dichter, Philosophen, Komponisten die europäische Geistesgeschichte des 20. Jahrhunderts entscheidend mitgeprägt hat?

I. Die Heraufkunft des Nihilismus: Friedrich Nietzsche

Unmittelbar vor seiner geistigen Umnachtung hatte *Friedrich Nietzsche* (1844–1900)[1] noch einen Rückblick auf sein Leben und Werk geschrieben: »Ecce homo. Wie man wird, was man ist« (1889). Er erinnert sich: Ein gewisser Professor Hoffmann aus Würzburg, Schüler des Philosophen von Baader, habe ihm nach seinem »tödlich« abgelaufenen »Attentat« auf den alten David Friedrich Strauß und dessen »Neuen Glauben« eine »große Bestimmung« vorausgesagt: »eine Art Krisis und höchste Entscheidung im Problem des Atheismus herbeizuführen, als dessen instinktivsten und rücksichtslosen Typus er mich erriet«[2]. Entscheidung? Gegen wen? Gegen »die Theologen und alles, was Theologen-Blut im Leibe hat – unsere ganze Philosophie«[3]! So Nietzsche in der zur gleichen Zeit geschriebenen, aber ebenfalls nicht mehr von ihm selber veröffentlichten Schrift »Der Antichrist. Fluch auf das Christentum«. Nur gegen die Theologen? Nein, denn im gleichen Atemzug wendet Nietzsche sich auch gegen den selbstsicheren, optimistischen Atheismus »unserer Herren Naturforscher und Physiologen«, den er nur als schlechten »Spaß« empfinden kann: »ihnen fehlt die Leidenschaft in diesen Dingen, das *Leiden* an ihnen«[4]. Dagegen der Theologensohn Friedrich Nietzsche: »Man muß das Verhängnis . . . an sich selbst erlebt, man muß an ihm fast zugrunde gegangen sein, um hier keinen Spaß zu verstehen[5].« Nietzsche hatte wenig übrig für den rationalistischen Fortschrittsoptimismus des Bildungsbürgers seines Jahrhunderts. Ein damals stark und heute wieder weit verbreitetes Phänomen. Wir wollen näher zusehen.

1. Kritik der Kultur

Skeptisch blieb Nietzsche vor allem der Fortschrittsidee gegenüber, dieser, wie wir sahen, besonders von Naturwissenschaftlern propagierten großen Idee des 19. Jahrhunderts: »Die Menschheit stellt *nicht* eine Entwicklung zum Besseren oder Stärkeren oder Höheren dar, in der Weise, wie dies heute geglaubt wird«, meint er. »Der ›Fortschritt‹ ist bloß eine moderne Idee, das heißt eine falsche Idee. Der Europäer von heute bleibt in seinem

Werte tief unter dem Europäer der Renaissance; Fortentwicklung ist schlechterdings *nicht* mit irgendwelcher Notwendigkeit Erhöhung, Steigerung, Verstärkung«[6] verbunden. Insbesondere wollte Nietzsche noch weiter »darüber nachdenken«, »inwiefern unter den Formeln ›Natur‹, ›Fortschritt‹, ›Vervollkommnung‹, ›Darwinismus‹, unter dem Aberglauben einer gewissen Zusammengehörigkeit von Glück und Tugend, von Unglück und Schuld immer noch die christliche Voraussetzung und Interpretation ihr Nachleben hat. Jenes absurde *Vertrauen* zum Gang der Dinge, zum ›Leben‹, zum ›Instinkt des Lebens‹«[7]. Auf Darwin müssen wir jetzt zurückkommen.

Darwins Entwicklungsdenken

1859 – drei Jahre nach Freuds Geburt, Feuerbach hatte zwei Jahre davor seine große atheistische »Theogonie« veröffentlicht und sollte gleich darauf sein geliebtes Bruckberg für immer verlassen müssen; Marx hatte endlich die von Engels so sehnlichst erwartete »Kritik der politischen Ökonomie« in einem Heft herausgebracht, und Nietzsche war, eben fünfzehnjährig, in das berühmte humanistische Gymnasium von Schulpforta eingetreten: in diesem selben Jahr veröffentlichte in London Charles Darwin sein epochemachendes Werk »*On the Origin of Species by Means of Natural Selection*«, das schon im folgenden Jahr in deutscher Übersetzung erschien: »Über die Entstehung der Arten durch natürliche Zuchtwahl«[8]. Die englische Auflage von 1250 Exemplaren war am ersten Tag ausverkauft und wurde von den großen Vorkämpfern des Atheismus mit Begeisterung aufgenommen: von Feuerbach und Marx, später auch von Freud. Ja, Marx wollte dann dem in derselben Stadt wohnenden weltberühmten Mann gar die englische Übersetzung des ersten Bandes (oder den zweiten Band?) seines »Kapital« widmen, was dieser höflich reserviert ablehnte, nicht ohne den Hinweis, antichristliche oder atheistische Propaganda sei der geistigen Freiheit abträglich.

Was war denn so ungeheuer aufregend an den Thesen dieses 1809 im englischen Shrewsbury geborenen Arztsohnes, den das Erlebnis von zwei chirurgischen Operationen vom Medizin- zum Theologiestudium trieb; der sich dann aber der Naturwissenschaft zuwandte und als unbezahlter Naturforscher an der fünfjährigen Weltumsegelung der »Beagle« (1831–36) teilnahm; der so in Südamerika, den pazifischen Inseln, in Australien Pflanzen, Tiere, Fossilien, geologische Data studierte und sammelte; der schließlich trotz chronischen Kopfleidens zahllose Einzeluntersuchungen (von der Entstehung der Vulkaninseln und Korallenriffe bis zur Orchideenbefruchtung und Tätigkeit der Regenwürmer) durchführte und erst nach zwanzig Jahren empirischer Überprüfung seine Theorie veröffentlichte? Was war denn so ungeheuer aufregend an der *Darwinschen Theorie*? Im wesentlichen folgende Einsichten:

Erstens: Die Tier- und Pflanzenarten können sich verändern. Sie sind nicht, wie in der Bibel berichtet, unabhängig voneinander geschaffen und folglich auch nicht, wie noch Linnés Konstanztheorie annimmt, unveränderlich.
Zweitens: Artverwandtschaft und Artumwandlung sind festzustellen. Die Arten stammen, wie entsprechende Untersuchungen in domestiziertem Zustand und in freier Natur ergeben, von anderen Arten ab, die zwar meist schon erloschen, aber zum Teil noch in Fossilien bezeugt sind.
Drittens: Kampf ums Dasein (»the struggle for life«) ist Lebensprinzip der Natur. Er ist es, der eine natürliche Auswahl oder Zuchtwahl vornimmt: das Überleben der Stärksten, Besten, Bestangepaßten (»the survival of the fittest«), deren Variationen nach den Gesetzen der Vererbung gesteigert und kumuliert werden. Die Folge: Ausmerzung der Schwächeren und weniger Angepaßten.
Viertens: Die ganze gewaltige, über Jahrmillionen sich erstreckende Entwicklungsgeschichte der Natur hat sich nach rein kausal mechanistischen Gesetzen ohne alle vorgesetzten Zwecke und Ziele entwickelt: aus einfachsten (womöglich einem einzigen Urorganismus) zu immer komplizierteren und vollkommeneren Formen.
Fünftens: Auch der Mensch ist nach Körperbau und embryonaler Entwicklung variabel und erweist sich als Abkömmling älterer und niederer Lebensformen, er hat sich aber im Vergleich zu diesen im Kampf ums Dasein besser bewährt. Dies legt Darwin freilich erst später dar in seinem Werk »Die Abstammung des Menschen« (1871)[9].

Merkwürdigerweise war die Darwinsche Lösung – wenn wir hier vom früher genannten Entwicklungsphilosophen Herbert Spencer[10] absehen – besonders von einem Nationalökonomen (und früheren Pfarrer) vorbereitet worden: Schon 1798 hatte der gegenüber der Idee einer »natürlich« stabilen Wirtschaftsentwicklung und aller Fortschrittsutopie kritische *Thomas R. Malthus* (1766–1834) in seinem »Essay on the Principles of Population«[11] die Theorie vom ungleichen Wachstum der Bevölkerung und der Nahrungsmittelversorgung entwickelt, was nach ihm Überbevölkerung und Massenelend zur Folge haben müsse, wenn nicht Geburtenbeschränkung durch Enthaltsamkeit geübt werde. Infolge Nahrungsbeschränktheit Kampf ums Dasein: Darwin wandte die Theorie von Malthus auf die gesamte Pflanzen- und Tierwelt an und war damit bei seiner Idee der natürlichen Auswahl. Allerdings hatten auch die Naturwissenschaftler selber Darwin vorgearbeitet: Ch. Lyell in der Geologie, J.-G. de Lamarck sowie Charles Darwins Großvater Erasmus in der Biologie. Aber erst Charles Darwin gelang es, induktiv aufgrund eigener Beobachtungen mit einer erdrückenden Fülle an morphologischem, embryologischem, biogeographischem und paleontologischem Material ein ebenso anschauliches wie allgemein verständliches Entwicklungsmodell für Pflanzen, Tiere und Mensch zu erarbeiten: eine wissenschaftlich begründete Theorie.

So war denn Darwin schließlich durch seine universelle Erklärung der Entwicklung von der Urzelle bis zum Menschen zum »Kopernikus der Biologie« geworden. Leider aber auch zugleich – wir hörten es – zu einem *zweiten »Fall Galilei«*. Nicht umsonst hat der bedeutendste Gefolgsmann Darwins in Deutschland, Ernst Haeckel, beiden Bänden seiner großen »Generellen Morphologie der Organismen« die Trotzantwort Galileis »E pur si muove!« als Motto auf dem Titelblatt vorangestellt[12]. Es erübrigt sich, aufzuführen, wie konservative Christen, Theologen, Amtsträger anglikanischer, protestantischer und katholischer Provenienz gegen die neue, offensichtlich bibel- und traditionswidrige Lehre protestierten und agierten. Ähnlich wie schon angesichts der neuen Physik und Astronomie identifizierte man auch jetzt wieder die biblische Botschaft mit einer bestimmten naturwissenschaftlichen Theorie und kämpfte vom angeblich sicheren Felsen eines biblischen oder traditionellen Glaubens aus: gegen den verderblichen »Evolutionismus«, für einen mit Bibel und Tradition übereinstimmenden »Fixismus«. Dies geschah mit den vor allem seit dem 17. Jahrhundert in den verschiedenen Kirchen üblich gewordenen Methoden, von denen im Zusammenhang mit Galilei und Darwin schon die Rede war[13]: mit Büchern, Pamphleten, Artikeln, Karikaturen, auch überall in Predigten und im Religionsunterricht.

Aber, so wandte man damals ein: Kann man denn angesichts dieser alles revolutionierenden Entwicklungstheorie über die schwerwiegenden *Konsequenzen für Glauben und Sitten*, für die Religion überhaupt, einfach hinwegsehen?

Wird hier nicht wie früher der Kartesianischen Geometrie und dann der Newtonschen Physik so jetzt der Biologie und dem organischen Denken ein Primat zugeschrieben, und auch dies wieder auf Kosten der Religion? Ein Wissenschaftsideal für die zahlreichen jetzt neu entstehenden Wissenschaften, dem die Theologie aber erneut von vornherein nicht entsprechen kann[14]?

Und wenn sich schon im biologischen Bereich alle Formen derart verändern und ständig neuen Formen Platz machen, gilt dasselbe dann nicht auch im geistigen und gesellschaftlichen Bereich für alle menschlichen Ideen und Ideale, Institutionen, Organisationen und Strukturen, wie das ja auch die ungeheure Entwicklung der modernen Industriegesellschaft im 19. und 20. Jahrhundert nahezulegen scheint? Im geistigen wie im gesellschaftlichen Bereich also die gleiche verwirrende Vielfalt der Formen, die gleiche Verwickeltheit der Zusammenhänge und Entwicklungsprozesse? Ist dann bei derart fließenden Grenzen überhaupt noch grundsätzlich zwischen Wahrheit oder Unwahrheit zu unterscheiden? Oder geht es eben nur noch historisierend um Neu oder Alt, um Modernität oder Antiquiertheit?

Wird man schließlich bei aller notwendigen Konzentration auf die empirische Erforschung der einzelnen Entwicklungsschritte, Entwicklungsmechanismen, Entwicklungswahrheiten nicht noch mehr abkommen vom Suchen nach den ersten und letzten Gründen, Zielen, Wahrheiten? Statt des Glaubens an einen göttlichen Zweck und Plan in Natur und Geschichte die Statuierung der Mechanik des Zufalls: durch die sogar eine Entstehung des Urorganismus auf rein physikalisch-chemischem Weg denkbar wird und auch der Mensch ganz »von unten her«, von der Materie, vom Kosmos, vom Tier her, verstanden wird?

Eine *einheitlich-umfassende wissenschaftliche »Weltanschauung«* scheint in der Tat möglich geworden zu sein: In Darwin haben sich die beiden großen wissenschaftlichen Strömungen des 19. Jahrhunderts, Naturwissenschaft und Geisteswissenschaft, die zuerst völlig getrennt gelaufen waren, gefunden! Natur und Geschichte entwickeln sich in einem einzigen gewaltigen natur-geschichtlichen Prozeß, der durch kleinste Schritte in riesigen Zeiträumen den ganzen Reichtum der Welt und die Fülle ihrer Lebewesen hervorgebracht hat. Fortschritt als Geschichts- und Naturgesetz! Der letzte Rest der mittelalterlichen Weltordnung hat sich damit aufgelöst: keine Rede mehr von einer von Anfang an vollkommenen, unveränderlich-statischen, hierarchisch geordneten und anthropozentrischen Weltordnung! Weder für die Entstehung des Lebens noch für die des Menschen wird die Hypothese Gott benötigt! Der Mensch, bislang »Ebenbild Gottes«, erscheint als Ebenbild des Tieres!

Ob mit dieser völlig neuen Situation christliche Kirche und Theologie nicht doch ausgespielt haben? Zwar gab es zahlreiche Theologen, die den alten, biblischen Glauben leidenschaftlich verteidigten, ohne aber das neue evolutive Weltverständnis ernstzunehmen. Und es gab eine allerdings nur kleine Zahl von Theologen, die das neue Weltverständnis begeistert übernahm, ohne jedoch zugleich den alten, biblischen Glauben bewahren zu können. Kaum aber gab es solche, die in überzeugender Weise den alten Glauben in das neue Weltverständnis hinübertrugen, »über-setzten«. Erst mit der Zeit und eigentlich erst seit Teilhard de Chardin bemerken Theologen zunehmend, welch *neue Chancen für den alten Glauben* gerade das evolutive Weltverständnis bietet:

für ein vertieftes Verständnis von *Gott* – nicht über oder außerhalb, sondern inmitten der Welt und ihrer Entwicklung[15];

für ein vertieftes Verständnis der *Schöpfung* – nicht als Gegensatz zur Entwicklung, sondern als Ermöglichung von Entwicklung;

für ein vertieftes Verständnis der Sonderstellung des *Menschen* – nicht unabhängig vom Tier, seiner Geschichte, seinem Verhalten, sondern als Leib-Geistwesen in seinem einzigartigen Bezug zu Gott.

In der Westminster Abbey, ganz in der Nähe des Grabes von Sir Isaak Newton, war Charles Darwin 1882 beigesetzt worden. Schon damals hatte er alle führenden Biologen und einen großen Teil der gebildeten Welt bezüglich des Faktums einer Entwicklung auf seiner Seite, wenn auch seine Theorie über die Faktoren der Entwicklung mannigfach (im sogenannten Neo-Darwinismus etwa hinsichtlich der von Lamarck übernommenen Lehre von der Vererbung erworbener Eigenschaften) korrigiert wurde. Doch das wissenschaftlich-theologische Dogma von der Unveränderlichkeit der Arten war definitiv gestürzt, die ständige Veränderung als Weltgesetz aufgerichtet. Die Glaubensdebatte aber tobte nun quer durch ganz Europa: zwischen Radikalen, Freidenkern, Antiklerikalen aller Art auf der einen Seite und traditionalistischen, biblizistischen, fundamentalistischen Anglikanern, Protestanten, Katholiken auf der Gegenseite. Darwin selbst – persönlich ein bescheidener und vorsichtiger, nüchterner und intellektuell unbedingt integrer Mann – hatte sich anders als »Darwin's bulldog« Thomas H. Huxley (Großvater des Schriftstellers Aldous Huxley) aus dem Streit herausgehalten. Er war, obwohl als solcher beschimpft, keineswegs Atheist. Freilich konnte er schon seit seiner großen Reise weder die biblischen Wunder noch die ewige Verdammung der Ungläubigen akzeptieren. Zur Zeit der Veröffentlichung von »Entstehung der Arten« glaubte er noch in einem theistischen oder deistischen Sinn an eine Gottheit, die die Urorganismen erschaffen hat, aus denen sich dann alles Leben entwickelte. Wie aber seine erst 1958 in unpurgierter Form veröffentlichte Autobiographie [16] zeigt, scheint er schließlich (auch infolge des Versagens der Theologie?) einem Agnostizismus gehuldigt zu haben: »Das Geheimnis des Anfangs aller Dinge ist unlösbar für uns; und ich für mich muß mich damit zufrieden geben, ein Agnostiker zu bleiben [17].«

Viele Darwinisten der ersten Generation bekannten sich allerdings ausdrücklich zum Atheismus, insbesondere zum einheitlichen atheistischen (»pantheistischen«) »Monismus« – gegen den zwiespältigen christlichen »Dualismus«. So in Deutschland der genannte, von Theologen vielgelästerte Hauptvorkämpfer und Verbreiter der Darwinschen Entwicklungstheorie, *Ernst Haeckel* (1834–1919). Zwei Jahre nach seinem theoretischen Hauptwerk »Generelle Morphologie« (1866) folgte seine allgemein verständliche »Natürliche Schöpfungsgeschichte« [18]: eine Darstellung der gesamten Weltentwicklung aus dem Urnebel bis herauf zu den geistigen Vorgängen, die schon – vor Darwin – den Menschen konsequent in die Evolution einbezog (zehn Auflagen und Übersetzungen in zwölf Sprachen!). Sehr viel später veröffentlichte er dann auch direkt weltanschauliche Werke, vor allem um die Jahrhundertwende (1899) »Die Welträtsel«, ein Bekenntnisbuch über Mensch, Seele, Welt, Gott (300 000 Exemplare in Deutschland und Übersetzungen in fünfzehn Sprachen! [19]). Im Gegensatz zu den früher genannten Materialisten Moleschott und Büchner war Haeckel wie Darwin selbst nicht bloß Theorienbildner, sondern scharf beobachtender Empiriker und selber intensiv forschender Gelehrter. Sein biogenetisches Grundgesetz, nach welchem die Entwicklung des einzelnen menschlichen Individuums (Ontogenese) die Entwicklung des ganzen Menschengeschlechts (Phylogenese) wiederholt, wurde – wir hörten es – auch von Freud übernommen.

Aber Haeckels Lösung der »Welträtsel« – wie Thomas H. Huxley war er der Meinung, die Naturwissenschaft sei das Mittel zur Lösung der höchsten Fragen des Lebens – mutet heute auch Naturwissenschaftler eher naiv an: Sein vor allem von Goethe inspirierter Monismus »erkennt im Universum nur eine einzige Substanz, die ›Gott und Natur‹ zugleich ist; Körper und Geist (oder Materie und Energie) sind für sie untrennbar verbunden«[20]. In seiner oft verletzenden Polemik plädiert er nicht nur für die Abstammung des Menschen vom »Affen«, sondern tut auch den rein geistigen und doch persönlichen Gott als »gasförmiges Wirbeltier«[21] ab. Sein Bekenntnis zum »Atheismus«, zur »entgötterten Weltanschauung«, ist unzweideutig: »*Es gibt keinen Gott* und keine Götter, falls man unter diesem Begriff persönliche, außerhalb der Natur stehende Wesen versteht. Diese ›gottlose Weltanschauung‹ fällt im wesentlichen mit dem *Monismus* und *Pantheismus* unserer modernen Naturwissenschaft zusammen[22].« Beifällig zitiert er Schopenhauer: »*Pantheismus* ist nur ein höflicher Atheismus. Die Wahrheit des Pantheismus besteht in der Aufhebung des dualistischen Gegensatzes zwischen Gott und Welt, in der Erkenntnis, daß die Welt aus ihrer inneren Kraft und durch sich selbst da ist. Der Satz des Pantheismus: ›Gott und die Welt ist eins‹ ist bloß eine höfliche Wendung, dem Herrgott den Abschied zu geben[23].« Und was ist der »reiche Ersatz für die verlorenen anthropistischen Ideale von ›Gott, Freiheit und Unsterblichkeit‹«? Nach Haeckel: der »reine Kultus des ›Wahren, Guten und Schönen‹«[24].

Als den »größten Theologen des 19. Jahrhunderts« lobt Haeckel den uns bekannten Autor des »Leben Jesu« von 1835/36, David Friedrich Strauß: »Sein letztes Bekenntnis: ›Der alte und der neue Glaube‹ (1872, neunte Auflage 1877) ist der allgemein gültige Ausdruck der ehrlichen Überzeugung aller derjenigen Gebildeten der Gegenwart, welche den unvermeidlichen Konflikt zwischen den anerzogenen, herrschenden Glaubenslehren des Christentums und den einleuchtenden, vernunftgemäßen Offenbarungen der modernen Naturwissenschaft einsehen[25].« In der Tat hatte Strauß in seinen späteren Jahren seinen »neuen Glauben« – wie auf andere Weise auch der spätere Friedrich Engels (»Anti-Dühring«) – an einer solch optimistischen mechanistisch-evolutionären Weltanschauung zu orientieren begonnen. Was ihm niemand mehr verübelt hat als eben – Friedrich Nietzsche. Die erste seiner »Unzeitgemäßen Betrachtungen« widmete er diesem bisher als Freidenker gefeierten »David Strauß«, dem »Bekenner und Schriftsteller«, und gab ihn durch eine beispiellose philosophisch-literarische Kritik öffentlich der Lächerlichkeit preis[26].

Straußens Philister-Optimismus

1872 – Feuerbachs Todesjahr; Marx erwartet seit fünf Jahren vergeblich entsprechendes Echo auf das »Kapital« Band I, der nun schließlich doch nicht Darwin (dieser hatte im Vorjahr »Die Abstammung des Menschen« veröffentlicht) gewidmet worden war; Freud, vor dem Abitur, entschließt sich unter dem Einfluß der eindrucksmächtigen Darwinschen Theorie zum Studium der Medizin: In diesem selben Jahr hatte der jetzt 66jährige Strauß eine erneut vielbeachtete Zusammenfassung seiner jetzigen »Weltanschauung« unter dem Titel »Der alte und der neue Glaube« veröffentlicht[27]. Straußens »neuer Glaube« zeigt unmißverständlich, wie weit sein Verfasser vom alten, biblischen Glauben, aber nun auch vom philosophischen Idealismus abgekommen und ins Lager des mechanistisch-evolutionären Atheismus hinübergewechselt war: »Gott« mit dem »Universum« identifiziert, dessen Entstehung mit Hilfe von Kant/Laplace und dessen Entwicklung mit Hilfe von Darwin beschrieben wird. Vier große Fragen wollte Strauß für sich und, wie er sagt, für ungezählte andere (»wir«) mit aller Deutlichkeit beantworten: Sind wir noch Christen? Haben wir noch Religion? Wie begreifen wir die Welt? Wie ordnen wir unser Leben?

Strauß – »wir als ehrliche und aufrichtige Menschen« – verneint klar die erste Frage: »Wir sind keine Christen mehr[28].« Auf die zweite Frage aber antwortet er zweideutig-eindeutig: »Wir fordern für unser Universum dieselbe Pietät, wie der Fromme alten Stils für seinen Gott. Unser Gefühl für das All reagiert, wenn es verletzt wird, geradezu religiös. Fragt man uns daher schließlich, ob wir noch Religion haben, so wird unsere Antwort nicht die rundweg verneinende sein, wie in einem frühern Falle, sondern wir werden sagen: ja oder nein, je nachdem man es verstehen will[29].« Nietzsches Kommentar ein Jahr darauf in seiner »Unzeitgemäßen Betrachtung« zu dieser *Weltanschauung des zeitgenössischen »Bildungsphilistertums«*: »Im Grunde ist also die neue Religion nicht ein neuer Glaube, sondern fällt mit der modernen Wissenschaft zusammen, ist also als solche gar nicht Religion[30].« In der Tat: Nach Strauß ist der Himmel des Neugläubigen hier auf der Erde, die christliche Hoffnung auf ein unsterbliches Leben Illusion, Jesus ein überspannter Schwärmer, seine Auferstehung ein welthistorischer Humbug, die Selbstverleugnung der alten Einsiedler und Heiligen eine Form des Katzenjammers ... zu all dem will Nietzsche – vornehm-ironisch – keine Stellung nehmen[31]. Aber unmöglich, so scheint ihm, kann dann »jene Empfindung für das All, für welches Strauß dieselbe Pietät fordert, wie der Fromme alten Stils für seinen Gott«, noch als Religion bezeichnet werden. Das sei nur noch ein armer, schwächlicher, kalter, eben »herausdestillierter Notglaube«, von dem Strauß denn auch möglichst wenig rede, um dafür »seine neu erlernten naturwissenschaftlichen Kenntnisse« zu präsentieren: »So scheu er ist, wenn er vom Glauben redet, so rund und voll wird sein Mund, wenn der größte Wohltäter der allerneuesten Menschheit, Darwin, zitiert wird: dann verlangt er nicht nur Glauben für den neuen Messias, sondern auch für sich, den neuen Apostel[32].«

Vor allem stößt sich Nietzsche an Straußens »schamlosem Philister-Optimismus«. Dessen Ursprung sieht Nietzsche freilich weniger bei Darwin als schon bei Hegel (und Schleiermacher): »Wer einmal an der Hegelei und Schleiermacherei erkrankte, wird nie wieder ganz kuriert[33].« Angesichts dieses »inkurablen Optimismus« begreife man »Schopenhauers feierliche Erklärung, daß ihm der Optimismus . . . nicht bloß als eine absurde, sondern auch als eine *wahrhaft ruchlose Denkungsart* erscheint, als ein bitterer Hohn über die namenlosen Leiden der Menschheit[34]«.

Der »Philisterhäuptling« Strauß aber, der sich »mit einem gewissen rauhen Wohlbehagen . . . in das zottige Gewand unserer Affengenealogen« hülle, preise dafür »Darwin als einen der größten Wohltäter der Menschheit«[35]. Aber nachdem er die dritte seiner Fragen (»Wie begreifen wir die Welt?«) mit Hilfe von Darwin beantwortet habe, löse er, dem neben allem guten Stil auch die Logik fehle, die vierte Frage (»Wie ordnen wir unser Leben?«) ohne allen Zusammenhang mit der Antwort auf die dritte: »Mit Beschämung sehen wir, daß seine Ethik ganz losgelöst von der Frage: ›wie begreifen wir die Welt?‹ sich aufbaut[36].« So fehlt denn in der Behandlung der vier Hauptfragen alle logische Stringenz, »weil die dritte Frage nichts mit der zweiten, die vierte nichts mit der dritten und alle drei nichts mit der ersten zu tun haben«[37]. Hier hätte Strauß, der immer nur gegen Pfaffen, Wunder und Auferstehung eifere, aus der darwinistischen Theorie mutig ethische Konsequenzen ziehen und eine »echte und ernst durchgeführte darwinistische Ethik« entwickeln müssen. Wie? »Hier war eine Gelegenheit, natürlichen Mut zu zeigen: denn hier hätte er seinem ›Wir‹ den Rükken kehren müssen und kühnlich aus dem *bellum omnium contra omnes* und dem Vorrechte des Stärkeren Moralvorschriften für das Leben ableiten können[38].«

Offensichtlich hat Strauß noch nicht einmal gelernt, »daß Moral predigen ebenso leicht als Moral begründen schwer ist«[39]. Als »Naturwesen« hat sich der Mensch nach Darwin doch gerade dadurch zum Menschen entwickelt, »daß er in jedem Augenblick vergaß, daß die anderen gleichartigen Wesen ebenso berechtigt seien, gerade dadurch, daß er sich als den Kräftigeren fühlte und den Untergang der andern schwächer gearteten Exemplare allmählich herbeiführte«[40]. Und angesichts »allen Untergangs, aller Unvernunft, alles Bösen« in der Welt möchte Nietzsche nun gerade nicht von einer »Vernünftigkeit alles Werdens und aller Naturgesetze« reden, möchte er auch nicht in einer neuen Metaphysik das Universum religiös verehren und mit dem Namen »Gott« anreden[41]. Strauß wage es nämlich nicht, den Menschen »ehrlich zu sagen: von einem helfenden und sich erbarmenden Gott habe ich euch befreit, das ›Universum‹ ist nur ein starres Räderwerk, seht zu, daß seine Räder euch nicht zermalmen! Er wagt es nicht: so muß denn doch die Hexe dran, nämlich die Metaphysik[42].«

Aber gerade so eignet sich Straußens Buch nicht nur zum »Hand-Orakel des deutschen Philisters«, von Studenten als »Kanon für starke Geister«, ja von einigen geradezu als »Religionsbuch für den Gelehrten« begrüßt[43]. Es eigne sich insbesondere für den »wissenschaftlichen Menschen«, dessen »Paradoxon« nach Nietzsche gerade darin besteht, für das Unwichtige viel und für das Wichtige keine Zeit zu haben: »Ihm scheint es erlaubt, ein Leben auf Fragen zu verschwenden, deren Beantwortung im Grunde nur dem, der einer Ewigkeit versichert wäre, wichtig sein könnte. Rings umstarren ihn, den Erben weniger Stunden, die schrecklichsten Abstürze, jeder Tritt sollte ihn erinnern: Wozu? Wohin? Woher? Aber seine Seele erglüht bei der Aufgabe, die Staubfäden einer Blume zu zählen oder die Gesteine am Wege zu zerklopfen, und er versenkt in diese Arbeit das ganze, volle Gewicht seiner Teilnahme, Lust, Kraft und Begierde[44].« Aber nun meine ja schon – und auch wir erinnern uns – Pascal, »daß die Menschen so angelegentlich ihre Geschäfte und ihre Wissenschaften betrieben, um nur damit den wichtigsten Fragen zu entfliehen, die jede Einsamkeit, jede wirkliche Muße ihnen aufdringen würde, eben jenen Fragen nach dem Warum, Woher, Wohin«[45].

Schade um Strauß, meint Nietzsche. Schade um diese allmählich untergrabene und zuletzt zerstörte, aber »im Grunde kräftig und tief angelegte Gelehrten- und Kritiker-Natur, *das heißt den eigentlichen Straußschen Genius*«: »Es gab einen Strauß, einen wackeren, strengen und straffgeschürzten Gelehrten, der uns ebenso sympathisch war, wie jeder, der in Deutschland mit Ernst und Nachdruck der Wahrheit dient und innerhalb seiner Grenzen zu herrschen versteht; der, welcher jetzt in der öffentlichen Meinung als David Strauß berühmt ist, ist ein anderer geworden: die Theologen mögen es verschuldet haben, daß er dieser andere geworden ist; genug, sein jetziges Spiel mit der Genie-Maske ist uns ebenso verhaßt oder lächerlich, als uns sein früherer Ernst zum Ernste und zur Sympathie zwang[46].« Der erste Strauß war der Strauß des »Leben Jesu«: er hatte dem jungen Nietzsche in der großen Lebensentscheidung zwischen Theologie und Philologie, nein, zwischen Gottesglaube und Atheismus zur letzten Klarheit verholfen.

Aber welch ein Zusammentreffen am Ende: Kaum war Nietzsches »Unzeitgemäße Betrachtung« heraus, vernahmen er und Overbeck in Basel betroffen, daß Strauß in seinem Geburtsort Ludwigsburg »tödlich und auf das traurigste erkrankt«[47] sei. Aller Wahrscheinlichkeit nach hat Strauß Nietzsches »tödlichen« literarischen Verriß nicht mehr lesen können. Er starb zu Beginn des folgenden Jahres, am 8. Februar 1874.

Nietzsches Anfänge

1882 – Feuerbachs zehntes Todesjahr; das folgende Jahr wird das Todesjahr von Marx und das Publikationsjahr von Engels' »Entwicklung des Sozialismus von der Utopie zur Wissenschaft«[48] sein; Freud, seit einem Jahr in Wien promoviert und jetzt entschiedener Atheist, praktiziert im Allgemeinen Krankenhaus: in diesem selben Jahr proklamiert Nietzsche öffentlich sein »*Requiem aeternam deo*«: »Gott ist tot! Gott bleibt tot! Und wir haben ihn getötet[49]!«

Aber hatte dieser Verkünder des Todes Gottes – darin Feuerbach gleich – nicht als guter Christ und Theologiestudent begonnen? »Als die Konfirmanden paarweise zum Altar traten, um kniend die Weihe zu empfangen, da knieten Nietzsche und ich als nächste Freunde nebeneinander. Sehr wohl erinnere ich mich noch an die heilige, weltentrückende Stimmung, die uns während der Wochen vor und nach der Konfirmation erfüllte. Wir wären ganz bereit gewesen, sogleich abzuscheiden, um bei Christo zu sein, und all unser Denken, Fühlen und Treiben war von einer überirdischen Heiterkeit überstrahlt, welche freilich als ein künstlich gezüchtetes Pflänzlein nicht von Dauer sein konnte ...« So Nietzsches Freund Paul Deussen, mit dem zusammen er Ostern 1861 konfirmiert worden war[50].

Kein Zweifel: Viele Jahre war der kommende Atheist und Antichrist ein braves, sehr frommes Christenkind gewesen, wie es sich für einen Sproß aus evangelischer Pfarrhaustradition gehörte. In Bibliothekskatalogen mag schon manch einer zunächst gestutzt haben, wenn er unter dem Namen Friedrich Nietzsche Titel wie folgende fand: »Gamaliel oder über die immerwährende Dauer des Christentums, zur Belehrung und Beruhigung bei der gegenwärtigen Gärung in der theologischen Welt« und »Beiträge zur Beförderung einer vernünftigen Denkensart über Religion, Erziehung, Untertanenpflicht und Menschenleben«. Doch dieser Friedrich Nietzsche ist der rührige Pfarrer und Superintendent Friedrich August Ludwig Nietzsche[51], des kleinen »Fritz« Großvater, der in der Zeit nach der Französischen Revolution gegen das neue Freigeistertum alles das eifrig verteidigte, was sein Enkel dann so leidenschaftlich verwerfen sollte. Und Pfarrer war auch Nietzsches musisch begabter, eher weicher und etwas schwärmerischer Vater Karl Ludwig Nietzsche, der seinerseits eine (siebzehnjährige) Pfarrerstochter geheiratet hatte, die ihm ein Jahr darauf, am 15. Oktober 1844, im Landpfarrhaus Röcken bei Lützen ihren Erstgeborenen schenkte: Friedrich Wilhelm. Es wurde das Schicksal dieses Kindes, daß ihm sein Vater schon fünf Jahre darauf – aufgrund einer Gehirnerweichung – wegstarb. Die Familie zog in die Stadt Naumburg, wo der ernste, sensible Musterknabe mit seinen frühen musikalischen und literarischen Neigungen und guten Bibelkenntnissen (der »kleine Pastor« war sein Spitzname) begreiflicherweise Anpassungs- und Kontaktschwierigkeiten hatte und jetzt nur von Frauen umhütet aufwuchs: da war neben seiner jungen Mutter seine um zwei Jahre jüngere Schwester Elisabeth, die ihn ihr Leben lang vergötterte, dann zwei fromme Tanten und die alles dominierende Großmutter. Die Familienatmosphäre und die *Erziehung allein durch sanfte, frömmelnde Frauen* dürfte ein *erster Faktor bei der Genese von Nietzsches Antichristentum* gewesen sein. Das Christentum erschien ihm stets als eine weichliche, schwächliche, unmännliche, dekadente Angelegenheit; seine ursprüngliche Stärke und Tiefe hat er praktisch nicht kennengelernt.

Der von Jugend auf zum Predigeramt bestimmte Junge, der bereits mit zehn Jahren eine Motette komponierte und Gedichte machte, stach schon auf der Knaben-Bürgerschule hervor durch das Bewußtsein seiner Andersheit und den Drang zum Universalwissen. Schon früh bildet sich das heraus, was Jaspers den »Grundzug von Nietzsches Leben« nannte: »sein *Ausnahmesein*«[52]. Als er dann für das traditionsreiche Gymnasium in der ehemaligen Zisterzienserabtei Schulpforta bei Naumburg ausgewählt wurde, erhielt er, der eine Abneigung gegen die »langweilige« Mathematik und eine Vorliebe für das Griechische hatte, eine gründliche humanistische und insbesondere klassisch-philologische Bildung. Diese wurde noch vertieft durch die von Nietzsche und zwei Freunden begründete private literarisch-musikalische Vereinigung »Germania«, wo Nietzsche zum ersten Mal mit einem Klavierauszug von Richard Wagners »Tristan« bekanntwurde. Eigene Kompositionen und Gedichte, Sallust, Rousseau, Byron, Jean Paul und besonders der von seinen Lehrern gar nicht geschätzte, in frühe Umnachtung geratene Tübinger Dichter Friedrich Hölderlin fesselten ihn mehr als alles Christliche.

Die glänzende philologische Ausbildung brachte ihn in wachsende Distanz zur traditionellen Gläubigkeit seines Elternhauses; und daß die historisch-kritische Methode sich auch für sein Verständnis des Neuen Testaments auswirken mußte, liegt auf der Hand. Schon zwei Jahre vor dem Abitur hatte der oft von Überlegenheits- und Einsamkeitsgefühlen, aber auch von starken Kopfschmerzen Geplagte für seine »Germania« einen philosophischen Aufsatz verfaßt, der viele seiner späteren Themen anklingen läßt und tiefe Zweifel an seinem Kinderglauben offenbart: »Es stehen noch große Umwälzungen bevor, wenn die Menge erst begriffen hat, daß das ganze Christentum sich auf Annahmen gründet; die Existenz Gottes, Unsterblichkeit, Bibelautorität, Inspiration und anderes werden immer Probleme bleiben. Ich habe alles zu leugnen versucht: aber niederreißen ist leicht, aber aufbauen! Und selbst niederreißen scheint leichter als es ist; wir sind durch die Eindrücke unserer Kindheit, die Einflüsse unserer Eltern, unserer Erziehung so in unserem Innersten bestimmt, daß jene tiefeingewurzelten Vorurteile sich nicht so leicht durch Vernunftgründe oder bloßen Willen herausreißen lassen. Die Macht der Gewohnheit, das Bedürfnis nach

Höherem, der Bruch mit allem Bestehenden, Auflösung aller Formen der Gesellschaft, der Zweifel, ob nicht zweitausend Jahre schon die Menschheit durch ein Trugbild irregeleitet ist, das Gefühl der eigenen Vermessenheit und Tollkühnheit: das alles kämpft einen unentschiedenen Kampf, bis endlich schmerzliche Erfahrungen, traurige Ereignisse unser Herz wieder zu dem alten Kinderglauben zurückführen[53].« Zum alten Kinderglauben zurück? Ein anderer großer Einsamer, Kierkegaard, stets vom Glauben des Vaters beeindruckt, findet zu einem erneuerten, erwachsenen Glauben, Nietzsche nicht.

Im selben Jahr hatte Nietzsche die Kirchengeschichte und das »Leben Jesu« Karl August von Hases[54], dem »geistvollen Verfechter des idealen Rationalismus«, gelesen und die Lektüre auch seiner Schwester empfohlen, woran die Mutter und die ebenfalls stronggläubige Tante Rosalie schweren Anstoß nahmen. So behielt er denn seine kritischen Gedanken und Zweifel für sich und seine beiden Freunde und entfremdete sich immer mehr seiner Mutter, die ihn umsorgte, aber nicht verstand. Um ihretwillen schrieb er sich nach seinem Abitur (lateinische Abschluß- oder »Valediktions«-Arbeit über den Theognis von Megara) als Zwanzigjähriger an der Universität Bonn für Philologie *und* Theologie ein. Aber sein Beruf, das war ihm jetzt deutlich, sollte die klassische Philologie sein. Ein Gedicht aus diesem Herbst 1864 an den verlorenen, zurückzurufenden, unfaßbaren »unbekannten Gott« zeigt die große innere Spannung zwischen Nicht-mehr-glauben-Können und Doch-noch-glauben-Wollen:

»Noch einmal eh' ich weiterziehe
und meine Blicke vorwärts sende
heb' ich vereinsamt meine Hände
zu Dir empor, zu dem ich fliehe,
dem ich in tiefster Herzenstiefe
Altäre feierlich geweiht
daß alle Zeit
mich seine Stimme wieder riefe.
Darauf erglüht tief eingeschrieben
das Wort: Dem unbekannten Gotte:
sein bin ich – und ich fühl die Schlingen,
die mich im Kampf darniederziehn
und, mag ich fliehn
mich doch zu seinem Dienste zwingen.

Ich will dich kennen, Unbekannter,
du tief in meine Seele Greifender,
mein Leben wie ein Sturm Durchschweifender
du Unfaßbarer, mir Verwandter!
Ich will dich kennen, selbst dir dienen[55].«

Wie etwas früher Karl Marx studierte Nietzsche nur die ersten beiden Semester in Bonn: auch er als Mitglied einer Studentenverbindung reichlich zechend, fechtend, reitend, tanzend, Schulden machend – eine vertane Zeit, wie er später feststellte. Und die Theologie? »Von der Theologie nahm ich nur genau so weit Notiz, als mich die philologische Seite der Evangelienkritik und der neutestamentlichen Quellenforschung anzog . . . Ich bildete mir nämlich damals noch ein, daß die Geschichte und ihre Erforschung imstande sei, auf gewisse religiöse und philosophische Fragen eine direkte Antwort geben zu können[56].« Nietzsche hat nie wirklich Theologie studiert.

Zur letzten Klarheit verhalf Nietzsche, wie schon angemerkt, das »Leben Jesu« von David Friedrich Strauß. Es war die Zeit – »damals war ich zwanzig Jahre alt« –, wo auch er »gleich jedem jungen Gelehrten, mit der klugen Langsamkeit eines raffinierten Philologen das Werk des unvergleichlichen Strauß auskostete«[57]. In den Osterferien des folgenden Jahres wieder zu Hause, erschien Nietzsche sehr verändert. Seiner Mutter stürzte eine Welt ein, als er ihr seine definitive Absage an die Theologie verkündete, sich dabei heftigst gegen das Christentum äußerte und sich weigerte, mit ihr und seiner Schwester zum Abendmahl zu gehen. Nach dieser großen Szene mit vielen Tränen und heftigen Reden bedung sich die Mutter nur aus, daß in ihrer Gegenwart nicht mehr von Glaubenszweifeln geredet werden solle; sie ließ ihren Sohn – ein Leben lang ihr geliebtes großes Sorgenkind – seinen Weg ziehen, ohne ihn zu hindern, aber auch ohne ihn zu verstehen. Neben Familie und Erziehung war es also die *kritische philologische Forschung*, die als *zweiter Faktor* die Genese Nietzsches zum Atheisten und Antichristen entscheidend beeinflußt hat.

Nietzsche, von Bonn an die Universität Leipzig umgezogen, änderte sein Leben gründlich: Bruch mit der Studentenverbindung »Frankonia«, Freundschaft mit dem Philologen Erwin Rohde (Verliebtheit wie auch später öfters aus Distanz, hier in eine Schauspielerin), enger Anschluß an seinen ihn stark fördernden Lehrer, den großen Philologen Professor Friedrich Wilhelm Ritschl, auf dessen Anregung hin er nicht nur seine Theognis-Arbeit, sondern auch andere beachtete philologische Aufsätze veröffentlichte. Aber Nietzsche, jetzt Atheist und der früheren geistigen Stützen in seinem Leben beraubt, war alles andere denn glücklich: »Ich hing damals gerade mit einigen schmerzlichen Erfahrungen und Enttäuschungen ohne Beihilfe einsam in der Luft, ohne Grundsätze, ohne Hoffnungen und ohne eine freundliche Erinnerung[58].«

Und wer half ihm? Ein begüterter Danziger Kaufmannssohn, der den Pessimismus gleichsam in die Wiege gelegt bekam, der, gepeinigt seit dem sechsten Lebensjahr von unbestimmten Ängsten und Argwohn, schon jung auf Reisen mit seinen Eltern, pessimistische Betrachtungen über die Menschen anstellte und durch leidenschaftliche Empfindsamkeit (Mitleid mit den Galeerensklaven von Toulon) auffiel. Der dann, belastet durch den frühen Tod seines Vaters und die völlige Ablehnung von seiten seiner lebenslustigen, schriftstellernden, im Weimar Goethes beheimateten Mutter Adele, die Verwandtschaft mit den altindischen Upanischaden (ein lateinisch herausgegebenes persisches Kompendium der Vedanta-Philosophie) als Trost für sein Leben und Sterben entdeckte. Der dann nach kaufmännischer Tätigkeit mit zwanzig Jahren Gymnasium und Universität (Studien besonders von Platon, Kant und Goethescher Farbenlehre) nachholte und als Privatdozent in Berlin eigensinnig-eingebildet dem berühmten Professor Hegel – vergeblich natürlich – Konkurrenz zu machen versuchte. Der schließlich, über Universitätsphilosophie und besonders Hegelei wüst schimpfend, freier Schriftsteller in Frankfurt wurde, erst in seinen letzten einsam-trübseligen Lebensjahren wachsenden Ruhm erfuhr und bereits seit fünf Jahren verstorben war, als Nietzsche sein Hauptwerk rein zufällig in einem Leipziger Antiquariat entdeckte und dann in wenigen Tagen gierig verschlang: der Philosoph *Arthur Schopenhauer* (1788–1860). Die Philosophie Schopenhauers ist der *dritte Faktor*, der das Antichristentum Nietzsches zu erklären vermag.

Schopenhauers pessimistisches Lebens- und Weltgefühl aber hat zu viele Menschen, insbesondere Künstler, Dichter und Musiker (von Jacob Burckhardt bis Max Horkheimer, von Richard Wagner bis Hans Pfitzner) geprägt, als daß es hier nicht – auch abgesehen von Nietzsche – besondere Beachtung verdiente. Um nur zwei Nobelpreisträger für Literatur zu zitieren: Thomas Mann 1918: »Das kleine hochgelegene Vorstadtzimmer schwebt mir vor Augen, worin ich, es sind sechzehn Jahre, tagelang hingestreckt auf ein sonderbar langgeformtes Langfauteuil oder Kanapee, ›Die Welt als Wille und Vorstellung‹ las. Einsam-unregelmäßige, welt- und todsüchtige Jugend – wie sie den Zaubertrank dieser Metaphysik schlürfte, deren tiefstes Wesen Erotik ist, und in der ich die geistige Quelle der Tristan-Musik erkannte[59]!« Und André Gide 1924: »Als ich ›Die Welt als Wille und Vorstellung‹ las, dachte ich sofort: Also das ist es[60]!«

Schopenhauers Pessimismus

Dieses stolzen, mißtrauischen, reizbaren, sarkastischen Welt- und Menschenverächters Hauptwerk *»Die Welt als Wille und Vorstellung«* [61] entsprach völlig Nietzsches damaliger Grundstimmung: »Nun vergegenwärtige man sich, wie in einem solchen Zustande die Lektüre von Schopenhauers Hauptwerk wirken mußte ... Hier war jede Zeile, die Entsagung, Verneinung, Resignation schrie, hier sah ich einen Spiegel, in dem ich Welt, Leben und eigen Gemüt in entsetzlicher Großartigkeit erblickte. Hier sah mich das volle interesselose Sonnenauge der Kunst an, hier sah ich Krankheit und Heilung, Verbannung und Zufluchtsort, Hölle und Himmel. Das

Bedürfnis nach Selbsterkenntnis, ja Selbstzernagung packte mich gewaltsam . . .[62].«

Und in der Tat: Wohin sollten jene suchenden bürgerlichen Intellektuellen, Wissenschaftler und Künstler flüchten, denen durch Feuerbach und die Seinen, durch naturwissenschaftlichen Materialismus und Darwinschen Evolutionismus die Fundamente ihres christlichen Gottesglaubens und ihrer idealistischen Geistigkeit untergraben, zerstört worden waren und die doch nicht auf Marxschen Spuren militante Sozialisten werden wollten? Woher neue Fundamente, woher ein neues tragfähiges, gleichwertiges oder womöglich höherwertiges Selbst- und Weltverständnis gewinnen, wenn nicht von diesem atheistischen und doch nicht oberflächlichen, antihegelischen und doch nicht materialistischen, tief pessimistischen und doch zugleich höchst ästhetischen Selbst-Denker? Der von unmittelbarer leidvoller Lebenserfahrung ausgehend, gleichwohl die Philosophiegeschichte überblikkend, Kantsche Kritik und Goethesche Anschauung originell verband? Der so ganz das Lebensgefühl von Spätromantikern wie Nietzsche und Richard Wagner traf und zu allem – im Gegensatz zu vielen deutschen Philosophieprofessoren – ein durch Einfachheit, Farbigkeit, Biegsamkeit und Temperament bestechender Meister der deutschen Sprache war? Schopenhauers Philosophie wurde zum *Religionsersatz*: »Der Atheismus war das, was mich zu Schopenhauer führte«, bekennt Nietzsche[63].

Auf welche Weise aber verschafft nun Schopenhauer Nietzsche jenen geistigen Rückhalt, dessen er nach Verlust des Gottesglaubens so dringend bedurfte, um überhaupt zu einer Lebensbewältigung fähig zu sein? Der Materialismus eines Moleschott oder Büchner war für Schopenhauer eine Philosophie für Barbiergesellen und Apothekerlehrlinge, die sich mit Anatomie und Physiologie dummdreist und vermessen an die Natur der Dinge und der Welt wagen – keine Alternative zum Idealismus eines Fichte, Schelling oder Hegel, noch im Vorwort zur zweiten Auflage 1844 freilich als »Windbeutelei« und »Scharlatanerei« apostrophiert[64]. Schopenhauer – wie so viele nach Hegel – geht auf Kant zurück: »*Die Welt ist meine Vorstellung*«, mit diesem ersten ganz allgemeinen Grundsatz und mit Berufung auf Descartes, Berkeley, Kant, aber auch auf die Weisen Indiens beginnt Schopenhauers »Die Welt als Wille und Vorstellung«[65]. Das heißt: Unmittelbar gegeben sind mir nicht die Dinge selbst, sondern meine Vorstellungen von den Dingen; nicht der Baum, sondern nur meine Vorstellung vom Baum; nicht die Sonne, sondern nur das Auge, das die Sonne sieht, und auch dieses nur als Vorstellung. Man kann auch sagen: Die ganze in unsern Vorstellungen enthaltene Welt und selbst unser eigener Leib ist – zunächst – nichts anderes als eine Welt von Erscheinungen, über die hinaus menschliche Erkenntnis und Wissenschaft nicht reichen. Kant hat recht: »Erscheinungen«, »Phänomene« erkennen wir, nicht die »Dinge an sich«, erst recht nicht ein Absolutes, erst recht nicht Gott.

Aber hat der Mensch in dieser Erscheinungswelt nicht doch ein Bedürfnis nach mehr: nach *Sinn, Bedeutung, Wesen des Ganzen*? Ein solches Bedürfnis muß nach Schopenhauer vom menschlichen Subjekt selbst befriedigt werden: in einer freien Deutung des menschlichen Daseins, die sich allerdings zu bewähren hat in einer möglichst umfassenden und zusammenhängenden wissenschaftlichen Erklärung der Erscheinungen der Welt überhaupt. Wie soll das geschehen?

Der Mensch als leibhaftes Wesen erfährt seinen Leib auf zwei Weisen: äußerlich als Objekt der Vorstellung, innerlich als Ausdruck des Willens. Das Wort »Wille« muß nach Schopenhauer erweitert verstanden werden: Sein innerstes Wesen erkennt, nein, erfühlt der Mensch als jenen *Willen zum Leben*, der alle einzelnen Organe, Regungen, Triebe, Wünsche, Sehnsüchte, Leidenschaften bis hin zum Erkennen prägt und durchwaltet. Diesem Willen gegenüber ist der erkennende Intellekt abgeleitet, nachgeordnet, zweitrangig, hat er eine nur dienende Rolle: Nicht durch das Erkennen (darin hat Kant recht), wohl aber durch den Willen (das sieht Kant nicht) kommen wir mit dem »Ding an sich« in Kontakt. So ist der Wille zum Leben, wie ich ihn an meinem eigenen Leib erfahre, zugleich der »Schlüssel zum Wesen jeder Erscheinung in der Natur«[66]. Was die Welt unserer Vorstellung – von der Schwerkraft bis zum menschlichen Selbstbewußtsein, von den Naturkräften, dem Wachsen der Pflanzen, dem Instinkt der Tiere bis zum Selbsterhaltungstrieb des Menschen – innerlich zusammenhält, ist somit nicht Geist, ist nicht ein Absolutes, ist nicht Gott; in intellektueller Redlichkeit verzichtet Schopenhauer auf jegliche pantheisierende Verbrämung. *»Die Welt ist mein Wille«*, kann Schopenhauer als zweiten ergänzenden Grundsatz formulieren[67]. Wie ist das zu verstehen?

Das innerste Wesen aller Erscheinungen ist ein primär unbewußter Wille, »welcher, rein an sich betrachtet, erkenntnislos und nur ein blinder, unaufhaltsamer Drang ist«[68]. Dieser Drang zum Leben, dieser Urwille ist es, was in allen Erscheinungen erscheint: die Welt der Vorstellung existiert als erscheinender Wille! Die Welt ist »ihrem ganzen Wesen nach durch und durch *Wille* und zugleich durch und durch *Vorstellung*«[69]. Was bei Kant als bloßes X unbestimmt und unerklärt im Leeren hängt, wird somit von Schopenhauer klar bestimmt: Der Wille ist »das Ding an sich«! Der »Wille zum Leben« – für Schopenhauer ein Pleonasmus – ist »das Ding an sich, der innere Gehalt, das Wesentliche der Welt«[70].

Dieser eine und derselbe Wille in der Vielheit seiner Erscheinungen in Raum und Zeit aber ist ein Urwille ohne Ursache, ohne Rast, ohne Ziel! Zum ersten Mal wird hier die seit den alten Griechen herrschende Überzeugung von der Rationalität des Weltengrundes entschieden bestritten: das Wesen der Welt ist nicht Ratio, Logos, Idee, Vernunft, absoluter Geist oder transzendentales Subjekt, sondern Drang, Trieb, Leben, Wille. In diesem grund- und ziellosen Willen zum Leben, im ruhelosen Treiben der Natur ebenso wie in der wirren Bewegung der Geschichte, kann kein Sinn wahrgenommen werden. Überall nur das unaufhaltsame, ursprünglich dunkle, blinde, gestaltlose, widersprüchliche Drängen einer Vitalität, ein ständiges Entstehen und Vergehen, ein Leben, Leiden, Sterben und neues Leben der Individuen – ohne Erfüllung. Die eine Urkraft spaltet sich im Prozeß ihrer Selbstverwirklichung, auf all den verschiedenen Stufen ihres Erscheinens, in unendlich viele Willen, welche überall in unaufhörlichem Streit begriffen sind: ein Gegeneinander im anorganischen Bereich, ein Kampf ums Dasein auch unter Organismen, eine ständige Auseinandersetzung insbesondere in der Menschenwelt – das alles läßt sich empirisch leicht belegen[71].

In Farben, die an Pascal erinnern, zeichnet Schopenhauer dieses menschliche Dasein, das er schon von seinem persönlichen Lebensleiden her als eine »mißliche Sache« empfand: ein Endliches, geworfen in endlosen Raum und endlose Zeit, ohne festes, absolutes Wo und Wann. Ein Leben, das von Anfang an schon Sterben ist, eingespannt zwischen erfüllten Wünschen und Langeweile: »damit das Spiel des steten Überganges vom Wunsch zur Befriedigung und von dieser zum neuen Wunsch, dessen rascher Gang Glück, der langsame Leiden heißt, unterhalten werde und nicht in jenes Stocken gerate, das sich als furchtbare, lebenserstarrende Langeweile, mattes Sehnen ohne bestimmtes Objekt, ertötender languor zeigt«[72]. Der Mensch ist »das bedürftigste unter allen Wesen«: »sich selber überlassen, über alles in Ungewißheit, nur nicht über seine Bedürftigkeit und seine Not«[73]. Was ihn trotzdem in ständiger Bewegung hält, ist die Furcht vor dem Tod und so das Streben nach Dasein, nach einem Leben, das aber doch wesentlich Leiden ist, von dem der Mensch sich wieder zu befreien versucht durch Sicherung dieses Daseins und sich damit erneute Langeweile und Unbefriedigtheit einhandelt.

Es ist deutlich geworden: Der eine, allem immanente, widersprüchliche und leidende Urwille ist für Schopenhauer das alles erklärende metaphysische Grundprinzip, das dem Menschen die Antwort geben soll auf sein metaphysisches Bedürfnis nach Sinn, Bedeutung, Wesen des Ganzen. Hinter allem steht *kein Gott, sondern der grund- und ziellose Urdrang zum Leben*, für den man aber nicht »inhaltsleere, negative Begriffe« wie das »Absolute«, das »Unendliche«, das »Übersinnliche« – im Grunde alles ein »Wolkenkuckucksheim« – gebrauchen soll[74]. Echte Philosophie fragt »nicht nach dem Woher, Wohin und Warum, sondern immer und überall nur nach dem *Was* der Welt«[75]. So also sieht Schopenhauers Metaphysik aus: eine Willensphilosophie im Geiste der Romantik, doch in origineller Verbindung platonischer, kantischer, Goethescher und altindischer Gedanken, und dies alles wesentlich unter negativem, irrationalem, atheistischem, pessimistischem Vorzeichen.

Der in Schopenhauers Leben grundgelegte tiefe und umfassende *Pessimismus* wird vom Philosophen metaphysisch begründet: Alles Wünschen und Begehren ist vom Urwillen her, der mit sich selber im Widerstreit ist, grenzenlos, rastlos, unstillbar. Was ist alles Dasein anderes als Streben aus Mangel, als Leiden? Was ist jede Lebensgeschichte anderes als zutiefst Leidensgeschichte? Im Kleinen oft ein Lustspiel, aufs Ganze doch ein Trauerspiel! Das Menschenleben? Ein Geschäft, bei dem die Kosten den Ertrag nicht dekken. Das Zusammenleben? Eine Hölle, wo die Menschen zugleich die gequälten Seelen und die quälenden Teufel sind. Der ganze Fortschritt und die Entwicklung der Menschheit? Ein absurdes Kreisen. Nein, trotz aller optimistischen Rechtfertigungsversuche eines Leibniz: diese Welt ist nicht die beste, sondern die schlechteste aller möglichen Welten! Nein, trotz aller listig-optimistischen Geschichtsphilosophie eines Hegel: dieser Weltprozeß ist ohne Vernunft, ohne Sinn und Ziel! Schopenhauer: »Besagte Geschichts-Philosophen und -Verherrlicher sind demnach einfältige Realisten, dazu Optimisten und Eudaimonisten, mithin platte Gesellen und eingefleischte Philister, zudem auch eigentlich schlechte Christen; da der wahre Geist und Kern des Christentums ebenso wie des Brahmanismus und Buddhaismus die Erkenntnis der Nichtigkeit des Erdenglücks, die völlige Verachtung desselben und Hinwendung zu einem ganz anderartigen, ja entgegengesetzten Dasein ist: dies, sage ich, ist der Geist und Zweck des Christentums, der wahre ›Humor der Sache‹; nicht aber ist es, wie sie meinen, der Monotheismus; daher eben der atheistische Buddhaismus dem Christentum viel näher verwandt ist als das optimistische Judentum und seine Varietät, der Islam«[76].

Aber wie ist nun *Befreiung vom Leiden*, wie ist *Erlösung* möglich? Nach Schopenhauer nur durch des Menschen Selbsterlösung! Und wie kommt es zu einer solchen? Die *Kunst* ist ein Anfang. Und Schopenhauer hat sich eingehend mit bildender Kunst, Poesie und Musik sowie mit den Unterschieden des Erhabenen, Reizenden, Schönen beschäftigt. Die Kunst bringt Entlastung vom Dasein mit all seinen Leiden, indem sie über die Erkenntnis des einzelnen hinaus zur reinen Betrachtung des Wesens der Dinge führt: jenes andere, zweckfreie und interesselose Anschauen der Welt, wie es (neben der philosophischen Erkenntnis) in der Schau des Künstlers (Genius), auch des Kunstbetrachters, geschieht. Die Kunst erhebt den Menschen, der sich gänzlich in den Gegenstand verliert, über die beschränkte, leidvolle Individualität hinaus zum Allgemeinen, zur ewigen Form, zur Betrachtung der Ideen: jener Urformen aller Dinge, die die verschiedenen Künste stofflich verkörpern[77]. Doch in einzigartiger Weise geschieht dies in der *Musik*[78], der vollendetsten, reinsten und eindringlichsten aller Künste. Sie ist es, die nicht nur die im Urwillen aller Verwirklichung vorausgehenden Urformen oder Ideen zur Darstellung bringt, sondern den Urwillen selbst und damit das reine Wesen der Welt. Wer Schopenhauers Ausführungen über die Musik gelesen hat, den wundert wenig, daß im Lichte solcher Kunstmetaphysik gerade die Kunst, besonders die Musik und ganz besonders die Musik Richard Wagners, für viele gebildete Menschen zum Religionsersatz werden konnte.

Doch auch die Kunst, selbst die Musik, ist für Schopenhauer nur anhebende Erlösung, eine immer wieder entfliehende Ruhe, ein einstweiliger Trost, eine vorübergehende Besänftigung oft nur für den Augenblick. Völlige Erlösung ist nur dort, wo der Lebenswille, diese Quelle allen Leidens, vom Intellekt theoretisch durchschaut und vom Willen praktisch verneint wird. Selbsterkenntnis und Verneinung also: nur dazu hat der Mensch eine echte Freiheit. Diese ist nach Schopenhauer nicht bei den einzelnen Taten (keine Wahlfreiheit), sondern nur in der Wurzel seines Wesens, im Urwillen, gegeben. Definitive Erlösung ist nicht Sache der Kunst, sondern Sache der Ethik: einer *Ethik der Entsagung und des Mitleids*[79]. Hier sieht der Atheist Schopenhauer den ethischen Kern von Buddhismus *und* Christentum, das für ihn im Ursprung asketisch war: »Wirklich ist die Lehre von der Erbsünde (Bejahung des Willens) und von der Erlösung (Verneinung des Willens) die große Wahrheit, welche den Kern des Christentums ausmacht; während das übrige meistens nur Einkleidung und Hülle oder Beiwerk ist. Demnach soll man Jesum Christum stets im allgemeinen auffassen als das Symbol oder die Personifikation der Verneinung des Willens zum Leben; nicht aber individuell, sei es nach seiner mythischen Geschichte in den Evangelien oder nach der ihr zum Grunde liegenden, mutmaßlichen, wahren[80].«

Worauf kommt es also an? In Wunschlosigkeit und Gelassenheit sich selbst sterben und auf alles verzichten, woran das Herz hängt, zugleich aber auch das Leiden der anderen durch Mit-Leiden lindern. Dies wird weniger christlich als buddhistisch begründet: Das principium individuationis, die räumlich-zeitliche Trennung eines Individuums vom anderen, wie es die Welt der Vorstellung zeigt, muß überwunden werden durch die Einsicht in das Wesen der Welt: die Welt als Wille, in welchem alles eins ist. Daher ist das Leiden des Anderen auch mein Leiden. Daher ist gegen den Egoismus des Individuums, aus dem alles Böse kommt, jenes Mit-Leiden gefordert, in welchem sich der Mensch mit allen lebendigen Wesen (auch dem Tier) und ihren Leiden eins weiß und aus dem das Gute kommt, das sich in Gerechtigkeit und vor allem in selbstloser Liebe äußert. Je mehr ein Mensch erkennt, daß er als Individuum nur eine vorübergehende Erscheinung des einen Lebenswillens ist, und je mehr er deshalb von sich aus seinen individuellen Lebenswillen verneint, um so mehr gelangt er zum völligen Aufheben des Egoismus, zur wahren Resignation und zur Heiligkeit; um so mehr geschieht an ihm Erlösung von der Welt und von sich selbst; um so mehr geht er ein ins All-Eine.

Deshalb auch die Askese: freiwillige Unterdrückung der natürlichen

Triebe (besonders des Geschlechtstriebes), Einschläferung der Leidenschaften, Abtöten des Begehrens und Wollens und so schließlich »ein unerschütterlicher Friede, eine tiefe Ruhe und innige Heiterkeit«[81]. Voll des Lobes ist Schopenhauer über die christlichen oder buddhistischen Asketen. Diese schönen Seelen, Heiligen, diese Weltüberwinder, die größer sind als alle Welteroberer, kann er nicht genug rühmen. Aber neben der freiwilligen Askese der Heiligen gibt es noch einen zweiten, gewöhnlicheren Weg zur Erlösung: das Leiden, wie es vom Schicksal verhängt wird und wie es oft eine völlige Sinnesänderung, Verneinung des Lebenswillens, gänzliche Resignation und Heiligkeit und selbst höchste Freudigkeit im Tod (nicht Selbstmord) herbeiführen kann.

Auf diesem oder jenem Weg also kommt der Mensch zu einer Haltung der Wunschlosigkeit. Wer sie erreicht, den kann im eigenen Tod auch das Nichts nicht schrecken; er wird sich ihm ruhig ganz anheimgeben. Nur so wird der Bann gebrochen, nur so der Kreislauf von Leben, Leiden, Sterben und wieder Leben gestoppt, nur so die Individualität überwunden und der Lebenswille aufgegeben. Mit dem Aufgeben des Willens werden auch alle Erscheinungen des Willens aufgehoben. Denn: ohne Willen keine Vorstellung, keine Welt.

Was bleibt? »Vor uns bleibt allerdings nur das Nichts[82]«. Das *wahre Ziel von Welt und Mensch* ist also nicht irgendein Brahma oder Nirwana, sondern, ob man es will oder nicht, *das Nichts*: »Wir bekennen es vielmehr frei: was nach gänzlicher Aufhebung des Willens übrigbleibt, ist für alle die, welche noch des Willens voll sind, allerdings nichts. Aber auch umgekehrt ist denen, in welchen der Wille sich gewendet und verneint hat, diese unsere so sehr reale Welt mit allen ihren Sonnen und Milchstraßen – nichts[83].« Nichts – dies ist das allerletzte Wort in Schopenhauers großem Werk.

Wen wundert's, wenn ein solches Werk nicht in die Zeit paßt? 1819 erschienen, waren in anderthalb Jahren kaum hundert Exemplare verkauft, und der noch beträchtliche Rest wurde später eingestampft. Achtzehn Jahre lang veröffentlichte der enttäuschte Schopenhauer nichts mehr. 1831 floh er wegen einer Cholera-Epidemie, die auch seinen weniger ängstlichen großen Gegenspieler Hegel dahinraffte, aus dem ihm verhaßten Berlin und ließ sich 1833 schließlich endgültig in Frankfurt nieder, um – jetzt 45jährig – getreu seinen Prinzipien als Einsiedler allein seiner Wissenschaft zu leben. Alle Veröffentlichungen der Folgezeit waren im Grunde nur Kommentare zu diesem seinem Hauptwerk: so »Über den Willen in der Natur« (1836)[84], dann »Die beiden Grundprobleme der Ethik« (1841, über Willensfreiheit und über Mitleid als Fundament der Moral[85]) und als drittes »Kleine philosophische Schriften« unter dem Titel »Parerga und Paralipomena« (= »Nebenarbeiten und Übriggebliebenes«[86]) mit den »Aphorismen zur Lebensweisheit« als Hauptstück[87] – jenes Buch von 1851, das, ohne jegliche Honorierung veröffentlicht, endlich den Wandel in der Publikumsgunst herbeiführte und Schopenhauers populärstes Buch wurde und blieb.

Eine zwiespältige Persönlichkeit, dieser Philosoph, der ein Fremdling war unter den Leuten und mit seinem Pudel auf täglichen zweistündigen Eilmärschen so etwas wie eine Frankfurter Sehenswürdigkeit geworden war; der, sein universales Mitleid konkret nur seinem Hund schenkend, die Welt haßte und doch, von Haus aus vermögend, gutes Essen und feine Garderobe liebte; der die Menschen und (nach Liebesverhältnissen und mißlungenen Heiratsplänen) besonders »die Weiber« verachtete und sich doch zeitlebens nach Anerkennung und einer Frau sehnte; der den Lebenswillen verneinte, aber, Leiden und Sterben fürchtend, neunzig Jahre alt werden wollte. Er starb im Alter von einundsiebzig Jahren am 21. September 1860, an einer Lungenentzündung. Im Arbeitszimmer, in dem er auch starb, hingen Porträts von Descartes, Shakespeare, Goethe und Matthias Claudius, auf dem Schreibtisch stand die Büste Kants, in der Ecke auf einer Marmorkonsole jedoch – als vergoldete Statuette – Buddha. Im letzten Gespräch vor seinem Tod mit seinem Freund, Testamentsvollstrecker und späteren Biographen, dem Advokaten und Schriftsteller Wilhelm von Gwinner, äußerte Schopenhauer seine Freude vor allem darüber, »daß seine scheinbar irreligiösen Lehren ›als Religion anschlugen‹, und den leergewordenen Platz des verlorenen Glaubens ausfüllend, zur Quelle innerster Beruhigung und Befriedigung wurden«[88]. Beim Abschied habe er noch geäußert: »Es würde für ihn nur eine Wohltat sein, zum absoluten Nichts zu gelangen; aber der Tod eröffne keine Aussicht darauf. Allein, es gehe wie es wolle, er habe zum wenigsten ein reines *intellektuelles Gewissen*[89].«

Nietzsches eigener Weg

Schopenhauers Erlösungslehre und Ethik – letztlich nicht von christlicher, sondern von buddhistischer Geistigkeit bestimmt – ist ein weiteres großes Beispiel einer modernen atheistischen »Religiosität«, die auch in wachsendem Ausmaß eine eigentliche Gemeinde begeisterter und gebildeter Anhänger anzuziehen vermochte: »Apostel« und »Erzevangelisten«, wie der philosophische »Religionsstifter« seine ersten Jünger nennt. Und Nietzsche? Auch bei ihm nahm diese Lehre »den leergewordenen Platz des verlorenen Glaubens« ein, als er, der von den Philosophen nur Platon intensiv studiert hatte, fünf Jahre nach Schopenhauers Tod als Student in Leipzig dieses atheistische »Evangelium« der Verneinung und Entsagung (um nicht zu sagen: Dys-angelion, un-frohe Botschaft) für sich entdeckte. Doch sie wurde ihm keineswegs, wie Schopenhauer hoffte, zur »Quelle innerster Beruhigung und Befriedigung«. Im Gegenteil: erbarmungslose Selbstanalyse, Askese, Selbsthaß, ja Selbstpeinigung während zweier Wochen mit jeweils nur vier Stunden Schlaf waren die Folge. Von Dauer war dies allerdings nicht. Doch die

Leidenschaft für die Philosophie war jetzt in ihm geweckt; der Einzelgänger Schopenhauer hatte den Einzelgänger Nietzsche angesprochen.

Entscheidend bestätigt – wenn wir hier von F. A. Langes »Geschichte des Materialismus«[90], die ihn über Philosophiegeschichte und Darwinismus orientierte, absehen – wurde Nietzsche in seiner Hochschätzung Schopenhauers durch den um einunddreißig Jahre älteren und schon hochberühmten »Tondichter« *Richard Wagner*, den er – nach Schopenhauer seine zweite große Leipziger Entdeckung (1868) – in ganz privater Soirée bei Wagners Schwester als faszinierende Persönlichkeit kennenlernen durfte und der ihm seine Verehrung für Schopenhauer freiweg gestand: Schopenhauer sei »der einzige Philosoph, der das Wesen der Musik erkannt habe«[91]. Schon 1854 hatte Wagner, der ursprünglich begeisterter Feuerbachianer war, seinem Philosophen die Dichtung des »Ring des Nibelungen« mit handschriftlicher Widmung »Aus Verehrung« überbringen lassen, was Schopenhauer mit der Korrektur einiger Verse und einem Bekenntnis zu – Mozart und Rossini beantwortete. Aber nicht »Der Ring« (oft fälschlicherweise als »gereimter Schopenhauer« kritisiert), sondern erst der »Tristan« wurde von Wagner im Geiste Schopenhauers geschrieben, als er hier Weltschmerz und Erlösung durch Untergang im Allgemeinen vertonte.

Was Schopenhauer in der Philosophie, wurde Wagner für Nietzsche in der Musik: »Genie« und Abgott seines Herzens – zumindest vorläufig! Die Philologie erschien ihm immer mehr nur als Schicksal. Doch völlig überraschend – Nietzsche wollte eigentlich nach Paris zum Chemiestudium! – erhielt der Fünfundzwanzigjährige 1869 ohne Doktorat und Habilitation auf Empfehlung seines Lehrers Ritschl hin einen Ruf als Professor für griechische Sprache und Literatur an die Universität Basel. Der junge Gelehrte – auch seine Antrittsvorlesung über »Homer und die klassische Bildung« – wurde in Basel sehr freundlich aufgenommen; er machte unter anderem Bekanntschaft mit dem großen Kunsthistoriker Jacob Burckhardt, dessen Vorlesungszyklus von 1879, als »Welthistorische Betrachtungen« veröffentlicht, weites Echo auslöste, später auch mit dem jungen skeptischen Theologen und Kirchenhistoriker Franz Overbeck, fast der einzige Freund bis ans Ende[92]. Aber von drei Monaten Dienst als freiwilliger nationalgesinnter Krankenpfleger im Deutsch-Französischen Krieg abgesehen (seine frühere freiwillige Soldatenzeit als Artillerist war durch einen Reitunfall beendet worden), fuhr Nietzsche in den nächsten drei Jahren so oft wie möglich von Basel ins nahe Luzern, wo in der Villa Tribschen am Vierwaldstättersee Richard Wagner residierte und komponierte, zusammenlebend mit der zweiunddreißigjährigen Cosima von Bülow, Frau des mit Wagner befreundeten Dirigenten Hans von Bülow, Tochter Franz Liszts und der französischen Gräfin Marie d'Agoult. Hier standen dem jederzeit willkommenen jungen Freund stets zwei Zimmer zur Verfügung. Der von ihm hochverehrten, aber völlig von Richard faszinierten Cosima allerdings scheint Nietzsche keinen tieferen Eindruck gemacht zu haben: Obwohl in Cosimas erst 1976/77 veröffentlichten Tagebüchern[93] immer wieder erwähnt, wird von den Gesprächen mit ihm kaum etwas berichtet.

Was lag näher, als daß der junge Nietzsche in dieser ersten Periode seines Schaffens, Anfang der siebziger Jahre, versuchte, auf dem Boden eines ästhetischen Irrationalismus des Gefühls, *Schopenhauers Willensmetaphysik mit Wagners Kunsttheorie zu vereinen*? »Die Geburt der Tragödie aus dem Geiste der Musik« (1871[94]), in seinem ersten Basler Jahr geschrieben, wird ein solcher Versuch. Denn: schon die vielbewunderte Welt des griechischen Altertums war nicht nur »Einfalt und stille Größe« (Winckelmann), sondern zutiefst Zwiespalt zwischen zwei Lebensmächten (Schopenhauer): eine ständige Auseinandersetzung zwischen dem *Apollinischen*, dem Prinzip von Maß und Ordnung (= die Welt als Vorstellung), und dem *Dionysischen*, dem Prinzip der Zerstörung und der ungestüm-schöpferischen Mächtigkeit (= die Welt als Wille). Aus diesem Ringen – direkt aus dem ekstatischen Chortanz des Dionysos-Kultes, also aus der Musik – geht die größte Leistung des Griechentums hervor: die Tragödie. Das Dionysische wird aber schon bald vom intellektualistischen sokratischen Geist der Wissenschaft und Aufklärung erdrückt. Es feiert erst in der Romantik wieder Auferstehung: in Schopenhauers Philosophie und Wagners Musik, Ausdruck eines allgemeinen kulturellen Neubeginns!

Eine ebenso neue wie anfechtbare Deutung griechischer Kunst und kultureller Gegenwart, vorgetragen, zum Entsetzen aller klassischen Philologen seiner Zeit, von einem klassischen Philologen! Die Folgen für Nietzsche: Diese Schrift machte ihn – besonders nach der Streitschrift des jungen, nachmalig hochbedeutenden Altphilologen Ulrich von Wilamowitz-Möllendorff gegen Nietzsches »Zukunftsphilologie«[95] – in den Augen der Fachkollegen als ernsthaften Philologen ein für allemal »wissenschaftlich tot«. Nietzsche hatte in seiner Vorlesung noch ganze vier Hörer, davon einer ein Tapezierer, der kaum Griechisch verstand. Er war und blieb tief getroffen von der Reaktion seiner Zunftgenossen, auch Ritschls[96]. Freilich verachtete Nietzsche schon damals die reine Philologie und Historie und drückt dies nun auch öffentlich unmißverständlich aus in den bald folgenden »Unzeitgemäßen Betrachtungen« über »David Strauß« (1873), dann besonders »Vom Nutzen und Nachteil der Historie für das Leben« (1874), über »Schopenhauer als Erzieher« (1874) und schließlich später über »Richard Wagner in Bayreuth« (1876). Aus dem *Philologen* Nietzsche war jetzt der *Philosoph* Nietzsche geworden, der sich denn auch in Basel, leider vergebens, um einen anderen Lehrstuhl bemühte, damit er als Professor der Philosophie seine ästhetisch-heroische Weltanschauung gegen alles Philistertum in Leben und Wissenschaft verkündigen könne. Das vorsokratische Griechentum bleibt von da an – Ersatz für das Urchristentum? – Vorbild und Maß wahren Menschentums. Das Dionysische insbesondere – die Lust am Irrationalen, am Leben, an der Macht der Triebe, am rauschhaften Urtaumel, am gestaltlosen Chaos aus dem Urgrund alles Schöpferischen – bleibt von da an eine von Nietzsches Grundkategorien.

Freilich hat sich Nietzsche bereits in dieser ersten Schaffensperiode zunehmend *von Schopenhauer distanziert.* Schon immer hatte er an ihm weniger das philosophische Gesamtsystem geschätzt als den Mann der unbedingten Wahrhaftigkeit, des reinen intellektuellen Gewissens und des denkerischen Mutes, den Erzieher zu Selbst-Kritik, Selbst-Zucht, Selbst-Verteidigung, Härte, Einfachheit und gesundem Pessimismus, schließlich den großen Stilisten und Ästheten, der eintritt für den besonderen Weg der genialen Natur gegenüber dem Durchschnittsmenschen, dem Philister. Im Gegensatz zu Kant ist Schopenhauer der Dichter, im Gegensatz zu Goethe der Philosoph. Von Schopenhauers Verneinung des Willens und Lebens jedoch distanziert sich Nietzsche jetzt, da er für ein dionysisch-rauschhaftes Jasagen zu schlechthin allen Erscheinungen des Lebens einzutreten beginnt; das Ideal eines germanischen Hellenentums war weniger das Ideal Schopenhauers als das Nietzsches. Und zugleich setzte Nietzsches ausdrückliche Kritik an einem zentralen Punkt an: Schopenhauers Grundansicht, anstelle des Kantschen »Ding an sich« einfach den »Willen« zu setzen und das schlechthin Undenkbare mit viel zu bestimmten Prädikaten zu belegen, spanne die Welt allzu bequem in ein System ein. »Schopenhauer wollte das x einer Gleichung finden: und es ergibt sich aus seiner Rechnung, daß es gleich x ist, daß er es nicht gefunden hat[97].« Doch »die Irrtümer großer Männer sind verehrungswürdig, weil sie fruchtbarer sind als die Wahrheiten der kleinen«[98]. Klar distanziert sich Nietzsche auch von Schopenhauers relativ positiver (atheistischer) Einschätzung des (asketischen) Christentums: »Gewiß ist es auch, daß er über den *Wert der Religion für die Erkenntnis* sich geirrt hat.« Jetzt würde bestimmt auch Schopenhauer mit ihm, Nietzsche, sagen: »*Noch nie hat eine Religion, weder mittelbar noch unmittelbar, weder als Dogma noch als Gleichnis, eine Wahrheit enthalten*[99].«

Grausamer verlief die *Distanzierung von Wagner* und seiner ihm nun angetrauten (zweiten) Frau Cosima, die schon mit deren Übersiedlung nach dem von Luzern so verschiedenen Bayreuth (1872) einsetzte: aus der lokalen Distanz wurde bald eine persönliche. Beidseitige Empfindlichkeit, vor allem aber Nietzsches Verletzlichkeit, seine deutlichen Rivalitätsgefühle und sein sich verschlechternder Gesundheitszustand spielten eine Rolle. Doch entscheidend für den Bruch war etwas anderes: Wagners – des aktiven Revolutionärs von 1839 (in Leipzig) und 1849 (in Dresden mit Bakunin), des Verfassers von »Die Kunst und die Revolution« (1849)[100] – Annäherung an das Christentum! Wie Nietzsche zwölf Jahre später in seiner Schrift »Nietzsche contra Wagner« von jenem ersten Bayreuther Festspiel-Sommer schreibt: »Es war in der Tat damals die höchste Zeit, Abschied zu nehmen: alsbald schon bekam ich den Beweis dafür. Richard Wagner, scheinbar der Siegreichste, in Wahrheit ein morsch gewordener verzweifelnder décadent, sank plötzlich, hilflos und zerbrochen, vor dem christlichen Kreuze nieder ... [101].« Als Wagner ihm bei einem nachfolgenden Treffen in Sorrent lebhaft von seiner Gestaltung des christlichen »Parsifal« spricht, verstummt Nietzsche, entschuldigt sich plötzlich und verschwindet in der Dämmerung – auf ein Niemehrwiedersehen. Die Zusendung des »Parsifal« zwei Jahre später beantwortet Nietzsche mit seinem in den Tagen der Flucht aus Bayreuth begonnenen, hauptsächlich in Sorrent geschriebenen und eben jetzt erschienenen Buch »Menschliches, Allzumenschliches« [102], in welchem Wagner nur mehr als »der Künstler« apostrophiert wird. Auch Cosima hat Nietzsche nie mehr wiedergesehen. Der Bruch war definitiv, die Wege gingen auseinander. Wagner, sich immer mehr als Hüter des deutschen Kunstgrals verstehend, baute weiter an jenem Bayreuth, dem Wallfahrtsort einer säkularen ästhetisierenden Ersatzreligion, in welcher schließlich Wagner selbst zur messianischen Heilsfigur emporstilisiert wurde und Cosima, nach Wagners Tod mit unfehlbarer Autorität ausgestattet, das heilige Erbe verwaltete.

Im folgenden Jahr 1879 mußte Nietzsche wegen seines arg verschlimmerten Gesundheitszustandes (heftigste Kopf- und Augenschmerzen, ständiges Erbrechen, schwermütige Anwandlungen) als Professor der Universität, fünfunddreißigjährig, um die Pensionierung bitten. Über Nietzsches *Krankheit*, die ihn ohne Bruch aus dem ungeliebten Philologen-Beruf und der bisherigen Umgebung herauslöste und zu Untätigkeit und eigenem Denken zwang, ist viel geschrieben worden [103]. Sie ist in jedem Fall ein komplexes Phänomen: Anfälle von Kopf- und Augenschmerzen von Jugend auf; Brustverletzungen durch Reitunfall im Militärdienst (1868), dann Ruhr im Deutsch-Französischen Krieg (1870) und seither Unterleibsbeschwerden; psychische Belastungen etwa durch die Loslösung von Wagner und seiner Frau und später gescheiterte Heiratspläne. Folgenschwer war vor allem die für die Studentenzeit klar bezeugte – wenn auch in der genauen Datierung umstrittene – syphilitische Ansteckung [104]. Aber so sehr Krankheit und Schmerz seit 1870 Nietzsches ständige Begleiter waren und sein körperlicher Zerfall in den achtziger Jahren – trotz zeitweiliger Genesung, häufiger euphorischer Stimmungen und Perioden außerordentlicher Schaffenskraft – unaufhaltsam voranschritt, so wenig dürfen die Schriften auch der letzten Periode als die Werke eines Geisteskranken angesehen werden. Allzu bequem wäre solche »Diagnose«.

Mit *»Menschliches, Allzumenschliches«* (1878), diesem ironischerweise Wagner zugesandten »Buch für freie Geister«, hat Nietzsche als ein von Idealismus, Christentum, Schopenhauer und Wagner »befreiter Geist« in

Stil und Sache endgültig zu sich selbst gefunden: von jetzt an als Denker und Schriftsteller unverwechselbar seinen *eigenen Weg* gehend. Dem Kranken, der immer wieder an anderen Plätzen zwischen Genua und Venedig, Naumburg und Sils-Maria im Oberengadin Erleichterung suchte, der wegen Krankheit und unsteter Lebensweise nur schwierig zu kontinuierlicher Schreibtischarbeit kam, der aber selbst auf Reisen und Spaziergängen unermüdlich zahllose Gedankensplitter, Beobachtungen, Einfälle, Erkenntnisse, Entwürfe in seine Notizbücher eintrug, war der vorwiegend aphoristische Stil die ihm angemessene Form des Ausdrucks. Ein geschliffener, biegsamer, auch die feinsten Nuancen der Sprache beherrschender Stil ohne alle trockene Gelehrsamkeit: wissenschaftlich und künstlerisch zugleich, ironisch-intellektuell distanziert und psychologisch raffiniert. Ein Stil, geschult am literarischen Vorbild großer Franzosen: an Michel de Montaigne, La Rochefoucauld und La Bruyère, auch an Chamfort und Stendhal und anderen »Esprits forts«. Nicht zu vergessen aber auch Gotthold Ephraim Lessing und schließlich der Freund Paul Rée mit seinen »Psychologischen Betrachtungen« [105] und deren Lob der Eigenliebe. Keine Frage: »Menschliches, Allzumenschliches« ist eine würdige Gabe zur hundertjährigen Todesfeier Voltaires, der im Gegensatz zu seinen Nachfahren, wie Nietzsche auch von sich selbst meint, »vor allem ein *grandseigneur* des Geistes« [106] gewesen sei. »Für meine Generation«, bekennt von Nietzsche der Dichter Gottfried Benn, »war er das Erdbeben der Epoche und seit Luther das größte deutsche Sprachgenie« [107].

Wo andere Ideales sahen, sieht Nietzsche nur Menschlich-Allzumenschliches. Sein *Glaube an die Kultur, die Moderne, war zerbrochen*: Wir leben in einer Zeit des inneren Zerfalls, der Ungewißheit, des seelischen Substanzverlustes, wo Rausch und Sensation die Öde und Langeweile des Lebens übertönen, kurz, einer Zeit der Décadence. Wofür Wagners Musik Symptom ist [108]. Aus dem schopenhauerisch-wagnerischen Antisokratiker, der schönes Gefühl und dionysischen Enthusiasmus pries und Rationalität verachtete, war der kritisch-negative Sokratiker und skeptisch-rationale Intellektuelle geworden. Bewußt »die Fahne der Aufklärung, die Fahne mit den drei Namen: Petrarca, Erasmus, Voltaire« [109] weitertragend, unterzieht er mit unbestechlicher Schärfe nicht nur die eudämonistische Philistermoral, sondern überhaupt den »Idealismus« einer schonungslosen Kritik: »Irrtümer« wie »das Ideal«, »das Genie«, »der Heilige«, »der Held«, »der Glaube«, »die Überzeugung«, »das Mitleiden«, »das Ding an sich« und damit das Christentum sowie die gesamte (an sich mögliche, aber nicht mehr nötige und glaubhafte) Metaphysik – jene erträumte »*zweite reale* Welt« und des Menschen »Zerlegung in Seele und Leib« [110]. Ob über die »ersten und letzten Dinge«, die »Geschichte der moralischen Empfindungen«, das »religiöse Leben«, die »Seele der Künstler und Schriftsteller« und die »Anzeichen höherer und niederer Kultur« oder über »Mensch im Verkehr«, »Weib und

Kind«, »Staat« und »Mensch mit sich allein«[111]: überall geht Nietzsche – ohne Spekulation empirisch-induktiv analysierend und auf den Wahrheitsgehalt überprüfend – von Realitäten statt von Idealitäten aus und erweist sich so mit seinem geradezu unheimlichen psychologischen Scharfblick schon jetzt als bedeutendster, aber auch gefährlichster Diagnostiker des modernen Menschen. Schon dieses Werk tendiert mit einer »unbedingten *Verschiedenheit des Blicks*« auf die »Umkehrung gewohnter Wertschätzungen und geschätzter Gewohnheiten«, wie Nietzsche selbst in der Vorrede zur Neuausgabe nachträglich feststellt: »Im Hintergrunde seines (des befreiten Geistes) Treibens und Schweifens – denn er ist unruhig und ziellos unterwegs wie in einer Wüste – steht das Fragezeichen einer immer gefährlicheren Neugierde. ›Kann man nicht *alle* Werte umdrehn? und ist Gut vielleicht Böse? und Gott nur eine Erfindung und Feinheit des Teufels? Ist alles vielleicht im letzten Grunde falsch? Und wenn wir Betrogene sind, sind wir nicht ebendadurch auch Betrüger? *müssen* wir nicht auch Betrüger sein?‹ – solche Gedanken führen und verführen ihn, immer weiter fort, immer weiter ab. Die Einsamkeit umringt und umringelt ihn, immer drohender, würgender, herzzuschnürender, jene furchtbare Göttin und *mater saeva cupidinum* – aber wer weiß es heute, was *Einsamkeit* ist? . . .[112].«

»Schule des Verdachts« sind erst recht die beiden weiteren Werke dieser Periode, die man mißverständlich Nietzsches »positivistische« genannt hat: jene beiden anderen Aphorismen-Schriften »Morgenröte, Gedanken über die moralischen Vorurteile« (1881) und die »Fröhliche Wissenschaft« (1882). Mit der »Morgenröte«[113] beginnt Nietzsches großer Feldzug gegen die Moral als Vorurteil, als Décadence, als Verachtung des Lebens und Leibes, als Entselbstung. Schon hier faktisch ein Standpunkt jenseits von Gut und Böse, eine »Umwertung aller Werte« mit positiv-bejahendem Ziel, wie Nietzsche wiederum im Rückblick deutlich feststellt: »in einer *Umwertung aller Werte*, in einem Loskommen von allen Moralwerten, in einem Jasagen und Vertrauen-haben zu alledem, was bisher verboten, verachtet, verflucht worden ist. Dies *jasagende* Buch strömt sein Licht, seine Zärtlichkeit auf lauter schlimme Dinge aus, es gibt ihnen ›die Seele‹, das gute Gewissen, das hohe Recht und *Vorrecht* auf Dasein wieder zurück. Die Moral wird nicht angegriffen, sie kommt nur nicht mehr in Betracht . . . Dies Buch schließt mit einem ›Oder?‹ – es ist das einzige Buch, das mit einem ›Oder?‹ schließt . . .[114].«

Nach der »Morgenröte« sieht Nietzsche insbesondere »Die Fröhliche Wissenschaft«[115] – jene provençalische »gaya scienza« des Sängers, Ritters, Freigeistes, mit der über die Moral hinweggetanzt wird (»Lieder des Prinzen Vogelfrei«) – als entscheidenden Schritt zu einer inneren und äußeren »Genesung« an. Jedenfalls hat Nietzsche dieses Werk in einem neuen Hochgefühl geschrieben. Sein Gesundheitszustand hatte sich beim ersten Aufenthalt in Sils-Maria, im Schweizer Hochtal Engadin, 2000 m über dem Meer, merklich gebessert. Hier war ihm die Schlüsselidee für seinen »Zarathustra« aufgegangen, der denn auch am Ende des vierten Buches [116] zum ersten Mal eingeführt wird, wie überhaupt dieses Werk schon Themen des »Zarathustra« präludiert, Themen einer allerdings recht zweideutigen Fröhlichkeit, Grundthemen einer Gegen-Religion.

2. *Die Gegen-Religion*

»Das größte neuere Ereignis – daß ›Gott tot ist‹, daß der Glaube an den christlichen Gott unglaubwürdig geworden ist – beginnt bereits seine ersten Schatten über Europa zu werfen«: So eröffnet Friedrich Nietzsche das 5. Buch »Wir Furchtlosen« seiner »*Fröhlichen Wissenschaft*« mit einem Abschnitt über »Was es mit unserer Heiterkeit auf sich hat« [1].

Doch wie viele sind es schon, welche die *ferneren Folgen* dieses ungeheuren Ereignisses ahnen? Wie viele wissen schon, welch unvorstellbarer Vertrauensverlust, Zusammenbruch der Moral, Umsturz und Untergang, welche Verdüsterung und Sonnenfinsternis dies für die *ferne* Zukunft zur Folge haben wird? Müßte sie nicht in ihrer bürgerlichen Selbstzufriedenheit das Grauen packen? Nietzsche macht sich da keine Illusionen: »Für die wenigen wenigstens, deren Augen, deren *Argwohn* in den Augen stark und fein genug für dies Schauspiel ist, scheint eben irgendeine Sonne untergegangen, irgendein altes tiefes Vertrauen in Zweifel umgedreht: ihnen muß unsre alte Welt täglich abendlicher, mißtrauischer, fremder, ›älter‹ scheinen. In der Hauptsache aber darf man sagen: das Ereignis selbst ist viel zu groß, zu fern, zu abseits vom Fassungsvermögen vieler, als daß auch nur seine Kunde schon *angelangt* heißen dürfte; geschweige denn, daß viele bereits wüßten, *was* eigentlich sich damit begeben hat – und was alles, nachdem dieser Glaube untergraben ist, nunmehr einfallen muß, weil es auf ihm gebaut, an ihn gelehnt, in ihn hineingewachsen war: zum Beispiel unsre ganze europäische Moral. Diese lange Fülle und Folge von Abbruch, Zerstörung, Untergang, Umsturz, die nun bevorsteht: wer erriete heute schon genug davon, um den Lehrer und Vorausverkünder dieser ungeheuren Logik von Schrekken abgeben zu müssen, den Propheten einer Verdüsterung und Sonnenfinsternis, derengleichen es wahrscheinlich noch nicht auf Erden gegeben hat? . . . [2].«

Wenige also sind es, die es überhaupt ahnen! Und selbst für die sind hier Sorgen und Ängste nur gering. Warum? Sie haben nur die *nächsten Folgen* dieses ungeheuren Ereignisses vor Augen. Und sie sehen für ihre eigene *nahe* Zukunft eine unbeschreibliche Erhellung, Erheiterung, Erleichterung, Ermutigung, eine neue Morgenröte, einen freien Horizont, das offene Meer heraufkommen: »Stehen wir vielleicht zu sehr noch unter den *nächsten Folgen* dieses Ereignisses – und diese nächsten Folgen, seine Folgen für *uns* sind, umgekehrt als man vielleicht erwarten könnte, durchaus nicht traurig und verdüsternd, vielmehr wie eine neue schwer zu beschreibende Art von Licht, Glück, Erleichterung, Erheiterung, Ermutigung, Morgenröte ... In der Tat, wir Philosophen und ›freien Geister‹ fühlen uns bei der Nachricht, daß der ›alte Gott tot ist‹, wie von einer neuen Morgenröte angestrahlt; unser Herz strömt dabei über von Dankbarkeit, Erstaunen, Ahnung, Erwartung – endlich erscheint uns der Horizont wieder frei, gesetzt selbst, daß er nicht hell ist, endlich dürfen unsre Schiffe wieder auslaufen, auf jede Gefahr hin auslaufen, jedes Wagnis des Erkennenden ist wieder erlaubt, das Meer, *unser* Meer liegt wieder offen da, vielleicht gab es noch niemals ein so ›offenes‹ Meer[3].«

Doch Nietzsche liegt schon in diesem Werk alles daran, auch die *ferneren Folgen* des Todes Gottes zu bedenken. Und dies ganz anders und umfassend als etwa Feuerbach. Über dem 5. Buch »Wir Furchtlosen« steht warnend ein Wort des französischen Feldherrn Turenne: »Carcasse, tu trembles? Tu tremblerais bien davantage, si tu savais, où je te mène« – Carcasse, du zitterst? Du würdest sehr viel mehr zittern, wenn du wüßtest, wohin ich dich führe[4].«

Wider den folgenlosen Atheismus

»Der Niedergang des Glaubens an den christlichen Gott, der Sieg des wissenschaftlichen Atheismus, ist« nach Nietzsche »ein gesamteuropäisches Ereignis, an dem alle Rassen ihren Anteil von Verdienst und Ehre haben sollen«[5]. Was folgt aus solchem Atheismus, nimmt man mit Schopenhauer – nach Nietzsche unter den Deutschen »der *erste* eigenständliche und unbeugsame Atheist« – »die Ungöttlichkeit des Daseins ... als etwas Gegebenes, Greifliches, Undiskutierbares«[6]? Was folgt? Es »kommt nun sofort auf eine furchtbare Weise die *Schopenhauersche* Frage zu uns: *hat denn das Dasein überhaupt einen Sinn?* – jene Frage, die ein paar Jahrhunderte brauchen wird, um auch nur vollständig und in alle ihre Tiefe hinein gehört zu werden«[7]. Auch über Schopenhauers jugendlich-voreilige und bedauerlicherweise noch immer christlich bestimmte Antwort auf »seinen entsetzten Blick in eine entgöttlichte, dumm, blind, verrückt und fragwürdig gewordene Welt, sein *ehrliches* Entsetzen«[8], muß entschieden hinausgegangen werden: sie ist noch »ein Stehen- und Steckenbleiben in eben den christlich-asketischen Moral-Perspektiven, welchen mit dem Glauben an Gott *der Glaube gekündigt war*«[9]. Also?

Nirgendwo hat Nietzsche dramatischer die ferneren Folgen des Atheismus angekündigt als in der bekannten Parabel vom »tollen Menschen«, jener Vision eines scharfsichtigen Sehers, »der am hellen Vormittage eine Laterne anzündete« und den *Tod Gottes* proklamierte. Man beachte: Adressat dieser Proklamation des Todes Gottes sind nicht in erster Linie die Theologen. Es sind jene oberflächlichen Atheisten – wir erinnern uns an »unsere

Herren Naturforscher und Physiologen«, denen »die Leidenschaft in diesen Dingen fehlt« –, die nicht wissen, was es bedeutet, Gott verloren zu haben, und die beim Ruf des Sehers »Ich suche Gott! Ich suche Gott!« ein »großes Gelächter« anstimmen: »Ist er denn verlorengegangen? ... Oder hält er sich versteckt? Fürchtet er sich vor uns? Ist er zu Schiff gegangen? ausgewandert[10]?« Der leichtsinnige, verantwortungslose Atheismus, der die Folgen nicht sieht, ist es, der hier gebrandmarkt wird.

Doch die Menschen kommen um ihre Verantwortung nicht herum, obwohl sie nach Nietzsche nicht wissen, was sie getan. »Wohin ist Gott?«, rief der »tolle Mensch« und »durchbohrte sie mit seinen Blicken«: »Ich will es euch sagen! *Wir haben ihn getötet* – ihr und ich! Wir alle sind seine Mörder! Aber wie haben wir dies gemacht[11]?« Kann dies ohne *Folgen* bleiben?

Nein, was zunächst als offenes Meer, weiter Horizont, neue Morgenröte erscheinen mochte, erscheint dem die Zukunft sichtenden, die Gegenwart richtenden Seher ganz anders. In *drei* beeindruckenden, mächtigen *Bildern* beschreibt der »tolle Mensch«, was sich in Begriffen nur schwach wiedergeben läßt: »Wie vermochten wir das Meer auszutrinken? Wer gab uns den Schwamm, um den ganzen Horizont wegzuwischen? Was taten wir, als wir diese Erde von ihrer Sonne losketteten? Wohin bewegt sie sich nun[12]?«

»Gott ist tot! Gott bleibt tot[13]!«: ein Geschehen von schwindelerregender Unmöglichkeit und alles bedrohender Sinnlosigkeit! Theologen haben diese Parabel nachträglich zu verharmlosen versucht, indem sie das Bild von der losgeketteten Erde eliminierten oder das vom weggewischten Horizont auf einen gleichnishaften »Widerruf« des anselmischen Gottesbeweises reduzierten[14]. Dies läßt sich jedoch weder von der Textgeschichte noch von Wortlaut und Kontext der drei sich gegenseitig ergänzenden und interpretierenden Metaphern her rechtfertigen[15]. Nein, auch und gerade Nietzsches Atheismus ist theologisch voll ernstzunehmen[16]: Nietzsche leugnet Gott – jeden Gott und besonders den christlichen! Er will nicht noch nachträglich als »Gottsucher« vereinnahmt werden. Wie schon Schopenhauer ist Nietzsche für den »unbedingt redlichen Atheismus«, der »sich die *Lüge* im Glauben an Gott verbietet«: und dies aus jenem »wissenschaftlichen Gewissen« und jener »intellektuellen Sauberkeit« heraus, die ja schließlich eine Sublimierung des »immer strenger genommenen Begriffs der Wahrhaftigkeit« und der »Beichtväter-Feinheit des christlichen Gewissens« sind, so daß es »die christliche Moralität selbst« ist, die »eigentlich über den christlichen Gott gesiegt hat«[17]. Auch für Nietzsche selbst trifft zu, was er an Schopenhauer lobte: »Die Ungöttlichkeit des Daseins galt ihm als etwas Gegebenes, Greifliches, Undiskutierbares; er verlor jedesmal seine Philosophen-Besonnenheit und geriet in Entrüstung, wenn er jemanden hier zögern und Umschweife machen sah. An dieser Stelle liegt seine ganze Rechtschaffenheit[18]«.

Entscheidend ist: Nietzsche beschränkt sich bei seiner Rede vom Tod Gottes nicht auf die bloß psychologische Feststellung: es gibt keinen Gott, ich glaube an keinen Gott. Seine Feststellung hat vielmehr den Charakter eines Grundfaktums zur Deutung des Ganzen von Mensch und Welt, das erhebliche Konsequenzen für den weiteren Verlauf des Zeitalters in sich trägt. Gottes Tod bedeutet den *großen Zusammenbruch*! Trostlose Leere: das ausgetrunkene Meer. Ein aussichtsloser Lebensraum: der weggewischte Horizont. Das bodenlose Nichts: die von der Sonne losgekettete Erde. Für den Menschen selbst ein tödlicher Sturz, richtungslos nach allen Seiten, der ihn zerreißen muß: »Wohin bewegen wir uns? Fort von allen Sonnen? Stürzen wir nicht fortwährend? Und rückwärts, seitwärts, vorwärts, nach allen Seiten[19]?« Hier tut sich das Chaos auf, ja, die tödliche Kälte und Nacht des Nihilismus: »Gibt es noch ein Oben und ein Unten? Irren wir nicht wie durch ein unendliches Nichts? Haucht uns nicht der leere Raum an? Ist es nicht kälter geworden? Kommt nicht immerfort die Nacht und mehr Nacht[20]?«

Feuerbachs Erleichterung über den Tod Gottes erscheint gefährlich harmlos und naiv gegenüber dem tiefen Erschrecken, das hier der »tolle Mensch« zum Ausdruck bringt. »Müssen nicht Laternen am Vormittage angezündet werden? Hören wir noch nichts von dem Lärm der Totengräber, welche Gott begraben? Riechen wir noch nichts von der göttlichen Verwesung? – auch Götter verwesen! Gott ist tot! Gott bleibt tot! Und wir haben ihn getötet! Wie trösten wir uns, die Mörder aller Mörder? Das Heiligste und Mächtigste, was die Welt bisher besaß, es ist unter unsern Messern verblutet – wer wischt dies Blut von uns ab? Mit welchem Wasser können wir uns reinigen? Welche Sühnefeiern, welche heiligen Spiele werden wir erfinden müssen[21]?«

»Sühnefeiern«? »Heilige Spiele«? Einige machten daraus ein apologetisches Argument für die Existenz Gottes – gegen Nietzsche selbst. Doch Nietzsche ruft hier nicht etwa Gott zurück. Mehr Prophet als Diagnostiker, proklamiert er in der Maske des »tollen Menschen« den Tod Gottes nicht einfach, um die geistige Situation von Mensch und Welt zu beschreiben, sondern um ihn ins Bewußtsein zu rufen und so die Situation zu verändern. Solche Rede hat, wie man in der heutigen Sprachtheorie sagt, performativen Charakter. Nietzsche will die ungeheuren Konsequenzen des Gottesmordes bewußt machen, und er selber ist bereit, diese Konsequenzen auf sich zu nehmen: »Ist nicht die Größe dieser Tat zu groß für uns? Müssen wir nicht selber zu Göttern werden, um nur ihrer würdig zu erscheinen? Es gab nie eine größere Tat – und wer nur immer nach uns geboren wird, gehört um dieser Tat willen in eine höhere Geschichte, als alle Geschichte bisher war[22]!«

Was dieses »Zu-Göttern-Werden«, was diese »höhere Geschichte« bedeutet, sagt Nietzsche in seiner »Fröhlichen Wissenschaft« noch nicht. Aber bald wird er es tun. Hier geht es zunächst um die Verkündigung des Gottestodes, ohne positive Alternative. Doch allein damit schon ist Nietzsche seiner oberflächlichen Zeit weit voraus: »Ich komme zu früh«, sagt der »tolle Mensch« schließlich, nachdem er seine Zuhörer zum Schweigen gebracht und seine Laterne auf dem Boden zerschmettert hatte: »Ich bin noch nicht an der Zeit. Dies ungeheure Ereignis ist noch unterwegs und wandert – es ist noch nicht bis zu den Ohren der Menschen gedrungen. Blitz und Donner brauchen Zeit, das Licht der Gestirne braucht Zeit, Taten brauchen Zeit, auch nachdem sie getan sind, um gesehn und gehört zu werden. Diese Tat ist ihnen immer noch ferner als die fernsten Gestirne – *und doch haben sie dieselbe getan*[23]!«

Den Schluß dieses seines Stückes »fröhlicher Wissenschaft« versieht Nietzsche mit einer kirchenkritischen Pointe: »Man erzählt noch, daß der tolle Mensch desselbigen Tages in verschiedene Kirchen eingedrungen sei und darin sein *Requiem aeternam deo* angestimmt habe. Hinausgeführt und zur Rede gestellt, habe er immer nur dies entgegnet: ›Was sind denn diese Kirchen noch, wenn sie nicht die Grüfte und Grabmäler Gottes sind‹[24]?«

Aus alledem ergibt sich: Nach Nietzsche ist nicht nur der Gottesglaube selbst, es sind auch alle *Folgen des Gottesglaubens* zu *überwinden*. Gott ist tot, aber sein Schatten ist lang: »Nachdem Buddha tot war, zeigte man noch jahrhundertelang seinen Schatten in einer Höhle – einen ungeheuren schauerlichen Schatten. Gott ist tot: aber so wie die Art der Menschen ist, wird es vielleicht noch jahrtausendelang Höhlen geben, in denen man seinen Schatten zeigt. – Und wir – wir müssen auch noch seinen Schatten besiegen[25]!« Um Gottes Tod in Theorie und Praxis völlig nachzuvollziehen, braucht es »neue Kämpfe«[26].

Deshalb Nietzsches vielfältiges »Hüten wir uns!« vor einer vergöttlichten Natur. An keine letzte Ordnung, Zweckhaftigkeit, Zielgerichtetheit, Vernünftigkeit – sie sei organisch oder mechanistisch begründet – sollen wir glauben: »Der Gesamtcharakter der Welt ist dagegen in alle Ewigkeit Chaos, nicht im Sinne der fehlenden Notwendigkeit, sondern der fehlenden Ordnung, Gliederung, Form, Schönheit, Weisheit, und wie alle unsere ästhetischen Menschlichkeiten heißen[27].«

Deshalb schon hier Nietzsches nun zunehmend heftiger werdender Kampf gegen die Moral, wie er es am Ende des dritten Buches der »Fröhlichen Wissenschaft« in »granitene Sätze« faßt:

»*Letzte Skepsis.* – Was sind denn zuletzt die Wahrheiten des Menschen? – Es sind die *unwiderlegbaren* Irrtümer des Menschen.

Wo Grausamkeit nottut. – Wer Größe hat, ist grausam gegen seine Tugenden und Erwägungen zweiten Ranges.

Mit einem großen Ziele. – Mit einem großen Ziele ist man sogar der Gerechtigkeit überlegen, nicht nur seinen Taten und seinen Richtern.

Was macht heroisch? – Zugleich seinem höchsten Leide und seiner höchsten Hoffnung entgegengehn.
Woran glaubst du? – Daran: daß die Gewichte aller Dinge neu bestimmt werden müssen.
Was sagt dein Gewissen? – ›Du sollst der werden, der du bist.‹
Wo liegen deine größten Gefahren? – Im Mitleiden.
Was liebst du an anderen? – Meine Hoffnungen.
Wen nennst du schlecht? – Den, der immer beschämen will.
Was ist dir das Menschlichste? – Jemandem Scham ersparen.
Was ist das Siegel der erreichten Freiheit? – Sich nicht mehr vor sich selber schämen[28].«

Im Mitleid gipfelte nach Schopenhauer altruistisch-sozial alle Sittlichkeit. Genau dieses Mitleid ist es, das Nietzsche jetzt egoistisch-aristokratisch von vorneherein ablehnt.

Der Übermensch als Gegen-Figur

Wie kann der Schatten Gottes ausgelöscht, wie können seine Spuren verwischt, alle Folgen des Glaubens an ihn beseitigt werden? Nur, wenn der Mensch selbst über sich hinausschreitet, eintritt eben in eine »höhere Geschichte«, den »Göttern« gleich. Und genau das ist das große Thema des ersten Teiles jenes Werkes, das alles Frühere zusammenfaßt und alles Spätere grundlegt, in welchem Nietzsche nicht mehr nur schreibt, redet, sondern verkündigt, predigt: »*Also sprach Zarathustra*« [29].

Niedergeschrieben wurde dieses »Buch für Alle und Keinen« von einem physisch und psychisch erneut schwer belasteten Autor, der womöglich noch einsamer war denn je zuvor. In Rom nämlich hatte sich Nietzsche 1882 nach Abschluß seiner »Fröhlichen Wissenschaft« bis über die Ohren in die ebenso reizvolle wie gescheite junge Russin Lou von Salomé – später dem Freundeskreis von Freud zugehörig – verliebt. Mit ihr und seinem Freund Paul Rée reiste Nietzsche nach Luzern, besuchte dort das erinnerungsschwere Tribschen, schwärmte von der Zeit mit Richard Wagner und Cosima und eröffnete Lou seine geheimsten philosophischen Gedanken. Wieder allein in Naumburg, komponierte er Lous »Gebet an das Leben« und feierte dann mit ihr bei Bayreuth (nicht in Bayreuth, nicht bei Wagner, nicht bei der Uraufführung des »Parsifal«!) Wiedersehen. Aber auch diese vielleicht ernsthafteste Liebe Nietzsches endete verhängnisvoll: Rivalität seines ebenfalls in Lou verliebten Freundes Rée, unbeschreibliche Intrigen seiner eifersüchtigen Schwester, mangelnde Aufrichtigkeit und Gehemmtheit Nietzsches, der gerade Rée bittet, für ihn bei Lou zu werben! So schließlich: Bruch Nietzsches mit Schwester und Mutter, Trennung von Rée und vor allem Entfremdung von Lou, seiner Schülerin, Verehrerin, die aber seinen Heiratsantrag ablehnt. Nietzsche flieht nach Italien, nach Rapallo beim

Vorgebirge von Portofino: »Dieser Winter war der schlechteste meines Lebens[30].«

Aber gerade hier schreibt Nietzsche mit atemberaubender Geschwindigkeit in zehn Tagen einer euphorischen »Inspiration« – er spricht gar von »Offenbarung«[31] – den ersten Teil des *»Zarathustra«: die Gegen-Bibel einer Gegen-Religion.* Geschrieben nicht mehr vom Prosaisten Nietzsche, der als solcher auch heute noch über Kritik erhaben ist, sondern vom Dichter, Polemiker, Prediger, Propheten Nietzsche, der mit religiöser Sprache und biblischem Pathos die Bibel zu übertrumpfen und alle Religion auszurotten hofft und der gerade so – und heute mehr denn je – rhetorisch überzogen, theatralisch, oft bombastisch wirkt. Aber, *wie* immer er es sagte: *was* er sagte, war und bleibt zu bedenken. Und was sagt er? *Zwei große Leitbilder – Übermensch* und *ewige Wiederkehr* – bestimmen mit einer Überfülle von Parabeln und Metaphern die Reden des »Zarathustra«: jenes vorchristlichen persischen Religionsstifters, den Nietzsche deshalb zur Zentralfigur seines Werkes macht, weil er als einziger »Wahrheit reden und *gut mit Pfeilen schießen*«[32] als oberste Tugend gelehrt, freilich auch als erster den Dualismus zwischen Gut und Böse gepredigt hatte und so nun auch als erster dessen Überwindung künden soll.

Und Zarathustra sprach also zum Volke: »*Ich lehre euch den Übermenschen.* Der Mensch ist etwas, das überwunden werden soll. Was habt ihr getan, ihn zu überwinden[33]?« Die *Überwindung des Menschen durch den Menschen* ist das Thema des ersten Buches, der *Übermensch* das *erste Leitbild* des »Zarathustra« überhaupt.

Hier kommt nun doch noch sehr deutlich *Darwin* – zumindest einige seiner allgemeinen, gängigen Gedanken – zu Ehren. Wie über den Affen der Mensch, so soll über den Menschen der Übermensch hinausschreiten: »Ihr habt den Weg vom Wurme zum Menschen gemacht, und vieles ist in euch noch Wurm. Einst wart ihr Affen, und auch jetzt noch ist der Mensch mehr Affe, als irgendein Affe ... Seht, ich lehre euch den Übermenschen[34]!« Nicht ein Gott und sein Reich, sondern der Übermensch und seine Herrschaft ist das Ziel der Entwicklung und soll es sein: »Der Übermensch ist der Sinn der Erde. Euer Wille sage: der Übermensch *sei* der Sinn der Erde[35]!« Der Übermensch – mit seiner Erde ohne Himmel, seinem Diesseits ohne Jenseits, seiner Welt ohne Hinterwelt, seinem Leib ohne Geistseele – er soll *nach Gottes Tod an Gottes Stelle* treten:

»Ich beschwöre euch, meine Brüder, *bleibt der Erde treu* und glaubt denen nicht, welche euch von überirdischen Hoffnungen reden! Giftmischer sind es, ob sie es wissen oder nicht.

Verächter des Lebens sind es, Absterbende und selber Vergiftete, deren die Erde müde ist: so mögen sie dahinfahren!

Einst war der Frevel an Gott der größte Frevel, aber Gott starb, und damit

starben auch diese Frevelhaften. An der Erde zu freveln ist jetzt das Furchtbarste und die Eingeweide des Unerforschlichen höher zu achten, als den Sinn der Erde!
Einst blickte die Seele verächtlich auf den Leib: und damals war diese Verachtung das Höchste – sie wollte ihn mager, gräßlich, verhungert. So dachte sie ihm und der Erde zu entschlüpfen[36].«

Also wird aus der Großtat des Gottestodes entschlossen die Konsequenz gezogen, wie sie der »tolle Mensch« gefordert hatte. Zwar nicht der Mensch, wohl aber der Übermensch kann den Tod Gottes verkraften: Er ist Ziel der losgeketteten Erde, er vermag das Meer in sich hineinzutrinken, er soll als zündender und zerstörender Blitz wirken: »Seht, ich lehre euch den Übermenschen: der ist dies Meer, in ihm kann eure große Verachtung untergehn ... der ist dieser Blitz, der ist dieser Wahnsinn! ... Was geliebt werden kann am Menschen, das ist, daß er ein *Übergang* und ein *Untergang* ist[37].«

So wird der Übermensch, der zugleich der Starke und der Weise, zugleich der Zerstörende und der Liebende sein wird, der neue Typus sein. Um dieser grandiosen Zukunft des Menschen willen, die noch nirgendwo verwirklicht ist, erfolgt die *Kritik der überlieferten Werte und des Bestehenden.* Gegen die Verächter des Lebens und des Leibes, gegen die Tugendlehrer und Priester, gegen die Dichter und Heiligen, gegen die Hinterweltler und Prediger des Todes, gegen die Mitleidigen und das Gesindel, gegen den alten Wahn von Gut und Böse:
ein Lob des Lebens, des Leibes, der Gesundheit, der Freuden des Fleisches;
ein Lob der Leidenschaften, die zu Freudenschaften werden;
ein Lob des Krieges, Kampfes, Hasses, der Härte und des Gehorsams;
ein Lob der starken Naturen, der Krieger und Soldaten gegenüber allen ungelehrigen Gelehrten;
ein Lob der aristokratischen Wenigen gegenüber jenen Viel-zu-Vielen, Überflüssigen und ihrem demokratischen Staat;
ein Lob des Wandels der Werte, der neuen Tafeln statt der alten, der Fernsten-Liebe statt der Nächstenliebe;
ein Lob schließlich des *Willens zur Macht*, die das eigentliche Ziel des Lebens ist, dem aller Wille zur Wahrheit zu dienen hat: »Wo ich Lebendiges fand, da fand ich Willen zur Macht; und noch im Willen des Dienenden fand ich den Willen, Herr zu sein ... Und dies Geheimnis redete das Leben selber zu mir: ›Siehe‹, sprach es, ›ich bin das, *was sich immer selber überwinden muß*‹. Freilich, ihr heißt es Wille zur Zeugung oder Trieb zum Zwecke, zum Höheren, Ferneren, Vielfacheren: aber all dies ist eins und *ein* Geheimnis ... Und auch du, Erkennender, bist nur ein Pfad und Fußstapfen meines Willens: wahrlich, mein Wille zur Macht wandelt auch auf den Füßen deines Willens zur Wahrheit[38]!« Hier überall hatte stillschweigend Darwin Pate gestanden: die Macht des Lebens und seine Entwicklung; der Kampf

ums Dasein, den nur die Härtesten bestehen; Auswahl und Zuchtwahl der Tüchtigsten . . . Was Strauß versäumt hatte, Nietzsche holte es gründlich nach.

Der abgründlichste Gedanke

Der Übermensch war das erste große Leitbild des »Zarathustra«. Erst in dem 1884 in Nizza geschriebenen dritten Teil enthüllt Nietzsche das *zweite Leitbild*, ja die eigentliche Grundkonzeption seines Werkes, wie sie den einsamen, ständig seinen Gedanken nachhängenden Wanderer am See und auf den Waldwegen des Engadin blitzhaft überfallen hat: *die ewige Wiederkunft des Gleichen*. Nietzsche selbst erzählt es: »Die Grundkonzeption des Werks, der *Ewige-Wiederkunfts-Gedanke*, die höchste Formel der Bejahung, die überhaupt erreicht werden kann –, gehört in den August des Jahres 1881: er ist auf ein Blatt hingeworfen, mit der Unterschrift: ›6000 Fuß jenseits von Mensch und Zeit‹. Ich ging an jenem Tage am See von Silvaplana durch die Wälder; bei einem mächtigen pyramidal aufgetürmten Block unweit Surlei machte ich halt[39].«

Schon in der »Fröhlichen Wissenschaft«, wir hörten es, hatte er den ihm damals aufgegangenen Grundgedanken in seiner ganzen Ambivalenz von höchster Bejahung *und* höchster Verneinung fragend vorangekündigt: »Wie, wenn dir eines Tages oder Nachts ein Dämon in deine einsamste Einsamkeit nachschliche und dir sagte: ›Dieses Leben, wie du es jetzt lebst und gelebt hast, wirst du noch einmal und noch unzählige Male leben müssen; und es wird nichts Neues daran sein, sondern jeder Schmerz und jede Lust und jeder Gedanke und Seufzer und alles unsäglich Kleine und Große deines Lebens muß dir wiederkommen, und alles in derselben Reihe und Folge – und ebenso diese Spinne und dieses Mondlicht zwischen den Bäumen, und ebenso dieser Augenblick und ich selber. Die ewige Sanduhr des Daseins wird immer wieder umgedreht – und du mit ihr, Stäubchen vom Staube!‹ – Würdest du dich nicht niederwerfen und mit den Zähnen knirschen und den Dämon verfluchen, der so redete? Oder hast du einmal einen ungeheuren Augenblick erlebt, wo du ihm antworten würdest: ›du bist ein Gott und nie hörte ich Göttlicheres‹[40]!«

Im ersten Fall also höchste *Verneinung*: »Wenn verwandeln und vielleicht zermalmen; die Frage bei allem und jedem: ›willst du dies noch einmal und noch unzählige Male‹? würde als das größte Schwergewicht auf deinem Handeln liegen[41]!«

Oder vielleicht doch höchste *Bejahung*? »Oder wie müßtest du dir selber und dem Leben gut werden, um nach nichts *mehr zu verlangen* als nach dieser letzten ewigen Bestätigung und Besiegelung[42]?« Ewige Wiederkehr – ein höchst zwiespältiger Gedanke.

Es dauerte drei Jahre, bis Nietzsche die ihm im Engadin blitzartig aufgegangene, aber offensichtlich nicht leicht zu entwickelnde »Grundkonzeption« darlegte. Im dritten Teil des »Zarathustra« wird sie nun freilich gleich am Anfang wirkungsvoll – aber unter durchaus negativem Vorzeichen – eingeführt, im Rahmen einer grausigen Auseinandersetzung mit einem Zwerg als »Gesicht und Rätsel«: »Siehe diesen Torweg! . . .: der hat zwei Gesichter. Zwei Wege kommen hier zusammen: die ging noch niemand zu Ende. Diese lange Gasse zurück: die währt eine Ewigkeit. Und jene lange Gasse hinaus – das ist eine andre Ewigkeit . . . Der Name des Torwegs steht oben geschrieben: ›Augenblick‹ . . . Von diesem Torwege Augenblick läuft eine lange ewige Gasse *rückwärts*: hinter uns liegt eine Ewigkeit. Muß nicht, was geschehn *kann* von allen Dingen, schon einmal geschehn, getan, vorübergelaufen sein? . . . Müssen wir nicht alle schon dagewesen sein? – und wiederkommen und in jener anderen Gasse laufen, hinaus, vor uns, in dieser langen schaurigen Gasse – müssen wir nicht ewig wiederkommen[43]?« – Ein Gedanke, schwierig zu verkraften: Am Ende muß der Hirte der Schlange, die im Schlaf in seinen Mund gekrochen war, den Kopf abbeißen, um so als Verwandelter und Umleuchteter lachen zu können!?

Die eigentliche »Offenbarung« dieser Lehre geschieht indessen erst nach dem entscheidenden Abschnitt »von alten und neuen Tafeln«: »Ich, Zarathustra, der Fürsprecher des Lebens, der Fürsprecher des Leidens, der Fürsprecher des Kreises – dich rufe ich, meinen abgründlichsten Gedanken[44]!« Ein Gedanke, der zugleich »Heil« und »Ekel, Ekel, Ekel – wehe mir«[45]! bewirkt. Durch den Mund der Tiere wird er gedeutet:

»Alles geht, alles kommt zurück; ewig rollt das Rad des Seins. Alles stirbt, alles blüht wieder auf, ewig läuft das Jahr des Seins.

Alles bricht, alles wird neu gefügt; ewig baut sich das gleiche Haus des Seins. Alles scheidet, alles grüßt sich wieder; ewig bleibt sich treu der Ring des Seins.

In jedem Nu beginnt das Sein; um jedes Hier rollt sich die Kugel Dort. Die Mitte ist überall. Krumm ist der Pfad der Ewigkeit[46].« –

Das also ist nun Zarathustras Schicksal: »Siehe, *du bist der Lehrer der ewigen Wiederkunft*[47].« Als solcher soll auch er selbst »genesen«, »untergehen« und »wiederkehren«. Auch hier jedoch bleibt die Ambivalenz: »Ach, der Mensch kehrt ewig wieder! Der kleine Mensch kehrt ewig wieder! . . . Und ewige Wiederkunft auch des Kleinsten! – das war mein Überdruß an allem Dasein! Ach, Ekel! Ekel! Ekel[48]!« – »Neue Lieder« und das Ertragen des »Schicksals« sollen dagegen »Trost« und »Genesung« bringen[49]. Deshalb geht Zarathustra über zu einem »anderen Tanzlied«: ein Lied auf das ewige »Leben«, das Leben »jenseits von Gut und Böse«, das Leben, das Leiden, Vergehen und Entstehen und so doch Ewigkeit bedeutet:

»Die Welt ist tief,
Und tiefer als der Tag gedacht.

Tief ist ihr Weh –,
Lust – tiefer noch als Herzeleid:
Weh spricht: Vergeh!
Doch alle Lust will Ewigkeit –,
– will tiefe, tiefe Ewigkeit[50]!«

So kulminiert und endet der dritte Teil des »Zarathustra« im großen »Ja- und Amen-Lied«, mit dem Refrain der »sieben Siegel«: »O wie sollte ich nicht nach der Ewigkeit brünstig sein und nach dem hochzeitlichen Ring der Ringe – dem Ring der Wiederkunft! . . . *Denn ich liebe dich, o Ewigkeit*[51]!«

Der vierte Teil des Zarathustra geht im entscheidenden Punkt der ewigen Wiederkunft nicht über den dritten hinaus. Noch einmal wird jenes »trunkene Lied« – »das Lied, des Name ist ›Noch einmal‹, des Sinn ist ›in alle Ewigkeit‹«! – gesungen[52]. Nur daß hier gegen die Versuchung zur »letzten Sünde«, nämlich in Leid und Mitleid schwach zu werden, Härte gepredigt wird: »Mein Leid und mein Mitleiden – was liegt daran! Trachte ich denn nach *Glücke?* Ich trachte nach meinem *Werke*[53]!«

Schon nach Abschluß des dritten Teils hatte Nietzsche an Rohde geschrieben: ». . . ich bilde mir ein, mit diesem Z. die deutsche Sprache zu ihrer Vollendung gebracht zu haben. Es war, nach *Luther* und Goethe noch ein dritter Schritt zu tun –; sieh zu, alter Herzens-Kamerad, ob Kraft, Geschmeidigkeit und Wohllaut je schon in unserer Sprache so beieinander gewesen sind[54].« Später, im Rückblick des »Ecce homo«, hat Nietzsche den »Zarathustra« sogar über Shakespeare, Dante und die Dichter des Veda gestellt; ein beginnender Größenwahn zeichnet sich ab. Sachlich aber hebt er konzentriert heraus, was ihm das Zentrale war, daß nämlich dieses Werk der Verneinung alles Bestehenden doch ganz und gar ein Werk dionysischer Bejahung aller Dinge ist: »Das psychologische Problem im Typus des Zarathustra ist, wie der, welcher in einem unerhörten Grade Nein sagt, Nein *tut*, zu allem, wozu man bisher Ja sagte, trotzdem der Gegensatz eines neinsagenden Geistes sein kann; wie der das Schwerste von Schicksal, ein Verhängnis von Aufgabe tragende Geist trotzdem der leichteste und jenseitigste sein kann – Zarathustra ist ein Tänzer –: wie der, welcher die härteste, die furchtbarste Einsicht in die Realität hat, welcher den ›abgründlichsten Gedanken‹ gedacht hat, trotzdem darin keinen Einwand gegen das Dasein, selbst nicht gegen dessen ewige Wiederkunft findet – vielmehr einen Grund noch hinzu, das ewige Ja zu allen Dingen *selbst zu sein*, ›das ungeheure unbegrenzte Ja- und Amensagen‹ . . . ›In alle Abgründe trage ich noch mein segnendes Jasagen‹ . . . *Aber das ist der Begriff des Dionysos noch einmal*[55].«

Nietzsche hatte allen Grund anzunehmen, daß er ein Jahrhundertwerk geschrieben habe. Um so schlimmer aber war die Erfahrung: Auch sein

»Zarathustra« blieb ohne jegliches Echo. Querelen schon mit dem Verleger, der die Veröffentlichung nicht für rentabel hielt und hinauszögerte, und nachher in der Tat kein Verkaufserfolg. Der vierte Teil erschien dann nur noch als Nietzsches Privatdruck: Auflage – 40 Exemplare. Nietzsches Gesundheit verschlechterte sich wieder: »Abgesehen von diesen Zehn-Tage-Werken« – die drei, nach Nietzsches Selbstdarstellung in je zehn Tagen niedergeschriebenen Teile des »Zarathustra« – »waren die Jahre während und vor allem *nach* dem Zarathustra ein Notstand ohnegleichen. Man büßt es teuer, unsterblich zu sein: man stirbt dafür mehrere Male bei Lebzeiten[56].« Aber Nietzsche war der Überzeugung: Seine *positive* Aufgabe hat er erfüllt: »*jasagend* bis zur Rechtfertigung, bis zur Erlösung auch alles Vergangenen ...: auch über den *großen Ekel* am Menschen ist Zarathustra Herr geworden[57].«

Allerdings: »Für eine *dionysische* Aufgabe gehört die Härte des Hammers, die *Lust selbst am Vernichten* in entscheidender Weise zu den Vorbedingungen[58].« Die *negative* Aufgabe also, ihre negative Seite. Wir kommen damit in Nietzsches Spätjahre. Äußerlich bringen sie wenig Ereignisse: die Sommer in Sils, die Winter meist in Nizza und dann in Turin, zugleich immer wieder Mißhelligkeiten mit Mutter und Schwester (jetzt zu Nietzsches großem Ärgernis verheiratet mit dem Berliner Oberlehrer, Wagnerianer und Antisemiten Dr. Bernhard Förster). Innerlich aber führen diese Jahre das Drama dem Höhepunkt entgegen.

3. *Was ist Nihilismus?*

»Die Aufgabe für die nunmehr folgenden Jahre war so streng als möglich vorgezeichnet. Nachdem der jasagende Teil meiner Aufgabe gelöst war, kam die neinsagende, *neintuende* Hälfte derselben an die Reihe: die Umwertung der bisherigen Werte selbst, der große Krieg – die Heraufbeschwörung eines Tags der Entscheidung[1].« Nietzsche selbst gibt hier für das Werk seiner letzten Jahre eine Wegweisung, die man in der Diskussion um das Spätwerk allzu oft vernachlässigt hat.

In der Tat: in den nächsten drei Jahren, Nietzsches letzten vor dem Zusammenbruch, entsteht Schrift um Schrift, ein *Vernichtungskrieg* ohnegleichen! Im Grunde sind alle Negationen im »Zarathustra« schon vorgegeben: kein Motiv, das nicht dort schon anklingt, kein Schatten, der nicht dort schon fällt. Aber Nietzsche will jetzt mit höchstem Nachdruck den Kontrapunkt setzen, die Schatten zur Verdeutlichung verselbständigen. Deshalb herrscht hier Kälte vor, Skepsis, Mißtrauen, Bosheit, nicht das Licht und die Wärme Zarathustras. Mit sämtlichen Mitteln des Stils und der Sprache wird in einer kunstvollen Mischung aus psychologischer Hellsichtigkeit und Sarkasmus geistvoll, raffiniert, brutal alles das ausgeleuchtet, abgetastet, angebohrt und schließlich fallengelassen oder weggeworfen, was bisher der modernen europäischen Menschheit, auch wenn sie längst nicht mehr christlich war, als wahr, gut und human gegolten hat. Weder Sokrates noch Platon, weder Descartes noch Kant, weder Buddhismus noch Christentum werden geschont. Selbstverständlich auch Nietzsches alte Haßliebe Richard Wagner nicht, der, im Jahr des Zarathustra (1883) in Venedig verstorben, von Nietzsche weit über den Tod hinaus erbittert verfolgt wird: als *»Künstler der décadence« – »er hat die Musik krank gemacht«* – und *»Schauspieler in der Musik«*, als verunglücktes Genie, ja Neurotiker. Fünf Jahre nach Wagners Tod noch schrieb Nietzsche die Streitschrift »Der Fall Wagner. Ein Musikanten-Problem«[2] und, Früheres zusammenfassend, »Nietzsche contra Wagner, Aktenstücke eines Psychologen«[3].

Descartes, Pascal oder der Streit um die Grundgewißheit

»Jenseits von Gut und Böse«: Auch dieses Motiv klang im »Zarathustra« immer wieder an und wird nun Thema eines eigenen, bewußt destruierenden Werkes (1886). Schon dieses »Vorspiel« einer »Philosophie der Zukunft«[4] will »in allem Wesentlichen eine *Kritik der Modernität*« sein, auch der modernen Wissenschaften, Künste, Kultur und gar Politik. Wogegen? »Gegen die berühmte ›Objektivität‹ zum Beispiel, das ›Mitgefühl mit allem Leidenden‹, den ›historischen Sinn‹ mit seiner Unterwürfigkeit vor fremdem Geschmack, mit seinem ›Auf-dem-Bauch-Liegen vor *petits faits*‹, die ›Wissenschaftlichkeit‹[5].« Zugleich sollen »Fingerzeige« gegeben werden »zu einem Gegensatz-Typus, der so wenig modern als möglich ist, einem vornehmen, jasagenden Typus«: das Buch – wir erinnern uns der Linie von Castigliones »Cortigiano« zum Chevalier de Méré und zu Pascal[6] – als »eine *Schule des gentilhomme*, der Begriff geistiger und *radikaler* genommen, als er je genommen worden ist«[7].

Die Deutschen hätten »nie ein 17. Jahrhundert harter Selbstprüfung durchgemacht wie die Franzosen«, meinte Nietzsche einmal[8] und nannte die Namen von La Rochefoucauld und Descartes, an anderen Stellen auch den von Pascal. Diese Selbstprüfung hat Nietzsche dreihundert Jahre später gründlich nachgeholt! Und bezeichnenderweise ist er dabei zu dem Punkt vorgestoßen, von dem wir historisch zum Verständnis der neuzeitlichen Gottesfrage meinten ausgehen zu müssen: Descartes' Cogito als den Grund aller Gewißheit – »ich denke, also bin ich«. Nietzsches Interesse ist eklatant: Alle bisherigen *Fundamente menschlichen Wissens* sind zu *untergraben*, indem man sie als *Vorurteile des Glaubens* hinstellt – »Vorurteile der Philosophen«, wie er das erste Hauptstück seiner Schrift »Jenseits von Gut und Böse« überschreibt. Und in der Tat sind wir auf unserem langen, aber doch wohl unerläßlichen Weg durch die Neuzeit auf jenem Grund der Problematik von Glauben und Wissen angekommen, den wir von Anfang an anvisierten. Wenn überhaupt, so ist nur von daher eine grundlegende Antwort auf die Gottesfrage heute denkbar. Gerade deshalb muß Nietzsches *negative* Argumentation voll ernstgenommen werden. Wie also steht Nietzsche in seiner »harten Selbstprüfung« zu Descartes und Pascal?

Nietzsche reduziert »das alte theologische Problem von ›Glauben‹ und ›Wissen‹« auf das Problem von »Instinkt und Vernunft«: Seit Platon hätten alle Philosophen und Theologen in der Moral dem »Instinkt« oder, wie die Christen es nennen, dem »Glauben« oder, wie Nietzsche es nennt, der »Herde« den Vorzug vor der Vernunft gegeben[9]. Mit der einen großen Ausnahme: *Descartes* – der »Vater des Rationalismus (und folglich Großvater der Revolution), welcher der Vernunft allein Autorität zuerkannte«. »Aber« – Nietzsches Lob folgt Tadel auf dem Fuß – »die Vernunft ist nur ein Werkzeug, und Descartes war oberflächlich[10].« Oberflächlich?

Descartes, der große Meister der »certitude«, war, wie uns bekannt[11], schon von dem ebenfalls um (höhere) Gewißheit bemühten *Pascal* als »incertain« bezeichnet worden; wenig geeignet erschien diesem Descartes' Cogito als ein sicheres Fundament für das Wissen. Nietzsche kannte und schätzte Pascal, diesen seinen frühen Vorgänger, als »Psychologen« und Erforscher der Tiefen und Untiefen des Ich. Skepsis, Passion im Denken und Drang zur Wahrheit, Abneigung gegen Autoritäten und spitze Feder waren auch ihm eigen. Ihn zählt Nietzsche mit Epikur und Montaigne, Goethe und Spinoza, Platon und Rousseau und schließlich Schopenhauer zu den vier Paaren von Denkern, »welche sich mir, dem Opfernden, nicht versagten« und ihm ständig gegenwärtig seien[12]! Wichtiger sind sie ihm als alle Lebenden. Beinahe in jedem seiner Werke setzte Nietzsche sich mit Pascal auseinander, und das grausame Schicksal dieses Einzelnen am Abgrund, dem seinen so ähnlich, stand ihm lebhaft vor Augen. Noch unmittelbar vor seiner geistigen Umnachtung schrieb er seinem dänischen Bewunderer Georg Brandes: »Pascal, den ich beinahe liebe, weil er mich unendlich belehrt hat; der einzige *logische* Christ[13].« Daß des Menschen Problem nicht nur die Ungewißheit der Vernunft, sondern die Ungesichertheit der menschlichen Existenz überhaupt ist, daß der Mensch nicht nur seine Vernunft, sondern auch Herz, Gefühl, Instinkt, ja, im Grunde eine Chimäre, ein Monstrum, ein Chaos, ein Subjekt des Widerspruchs ist: dies alles war – mit Pascal gegen Descartes – auch Auffassung Friedrich Nietzsches.

Nur *Pascals Lösung* – der Sprung in den Glauben an den Gott der Bibel –, die war für Nietzsche völlig *unannehmbar*. Da war Nietzsche wieder auf der Seite Descartes': er lobt zwar Pascal als echten Christen (= Asketen), der aber gerade deshalb »das lehrreichste Opfer des Christentums« sei, »langsam hingemordet, erst leiblich, dann psychologisch, die ganze Logik dieser schauderhaftesten Form unmenschlicher Grausamkeit«[14]. Pascal glaubte an die eigene Verderbnis, weil er »an die Verderbnis seiner Vernunft durch die Erbsünde glaubte, während sie nur durch sein Christentum verdorben war«[15]! Was daher für Nietzsche auf keinen Fall in Frage kam: das Opfer der Vernunft, das »*Pascalsche sacrifizio dell'intelletto*«[16]!

Kann aber die Vernunft und das »Cogito« Descartes' seinerseits Grundgewißheit verschaffen? Nein, Nietzsche glaubt *Descartes durchschaut* zu haben. Nur »harmlose Selbst-Beobachter« könnten noch »glauben, daß es ›unmittelbare Gewißheiten‹ gäbe, zum Beispiel ›ich denke‹ oder, wie es der Aberglaube Schopenhauers war, ›ich will‹: gleichsam als ob hier das Erkennen rein und nackt seinen Gegenstand zu fassen bekäme, als ›Ding an sich‹, und weder von seiten des Subjekts, noch von seiten des Objekts eine Fälschung stattfände«[17]. Eine unmittelbare Gewißheit ist für Nietzsche eine contradictio in adiecto: »Mag das Volk glauben, daß Erkennen ein zu-Ende-Kennen sei, der Philosoph muß sich sagen: wenn ich den Vorgang zerlege, der in dem Satz ›ich denke‹ ausgedrückt ist, so bekomme ich eine Reihe von verwegnen Behauptungen, deren Begründung schwer, vielleicht unmöglich ist, – zum Beispiel, daß *ich* es bin, der denkt, daß überhaupt ein Etwas es sein muß, das denkt, daß Denken eine Tätigkeit und Wirkung seitens eines Wesens ist, welches als Ursache gedacht wird, daß es ein ›Ich‹ gibt, endlich, daß es bereits feststeht, was mit Denken zu bezeichnen ist – daß ich *weiß*, was Denken ist[18].«

Statt jener unmittelbaren Gewißheit, »an welche das Volk im gegebenen Falle glauben mag«, bekomme der Philosoph also eine Reihe von Fragen der Metaphysik in die Hand, »recht eigentliche Gewissensfragen des Intellekts«: »Woher nehme ich den Begriff Denken? Warum glaube ich an Ursache und Wirkung? Was gibt mir das Recht, von einem Ich, und gar von einem Ich als Ursache, und endlich noch von einem Ich als Gedanken-Ursache zu reden[19]?« Ganz ähnlich argumentiert Nietzsche auch gegen Schopenhauers »ich will« und erst recht gegen die Theorie vom »freien Willen«[20].

Doch Nietzsche kritisiert darüberhinaus auch den »Glauben an ›synthetische Urteile a priori‹« im Sinne Kants[21], auch den »Glauben an den ›Stoff‹, an die ›Materie‹, an das Erdenrest- und Klümpchen-Atom«[22] im Sinne der Naturwissenschaftler, und natürlich erst recht die »Seelen-Atomistik«, »jenen Glauben . . ., der die Seele als etwas Unvertilgbares, Ewiges, Unteilbares, als eine Monade, ein *Atomon* nimmt: *diesen* Glauben soll man aus der Wissenschaft hinausschaffen«[23]! Die Physik sei ja überhaupt »nur eine Welt-Auslegung und -Zurechtlegung . . . und *nicht* eine Welt-Erklärung«: »aber, insofern sie sich auf den Glauben an die Sinne stellt, gilt sie als mehr und muß auf lange hinaus noch als mehr, nämlich als Erklärung gelten«[24].

Hier überall stellt Nietzsche in einer bisher noch nie dagewesenen Radikalität die *Frage nach der Wahrheit, nach dem Wert von Wahrheit überhaupt*: »Gesetzt, wir wollen Wahrheit: *warum nicht lieber* Unwahrheit? und Ungewißheit? selbst Unwissenheit[25]?« Nur aus einem »Glauben« heraus gelangen die Philosophen zu ihrem »Wissen«, zu etwas, was am Ende schließlich feierlich als »die Wahrheit« getauft wird. Was ist das für ein Glaube, für ein »Grundglaube«? Es ist der keineswegs selbstverständliche *»Glaube an die Gegensätze der Werte«*: vor allem die Grundgegensätze zwischen Gut und Böse, Wahr und Falsch . . . Aber gerade daran hätte man nach Nietzsche unbedingt zweifeln müssen! Was aber nicht einmal die Philosophen in der Gefolgschaft Descartes' getan hätten: »Es ist auch den vorsichtigsten unter ihnen nicht eingefallen, hier an der Schwelle bereits zu zweifeln, wo es doch am nötigsten war: selbst wenn sie sich gelobt hatten: ›de omnibus dubitandum‹[26].«

An zweierlei muß man nach Nietzsche entschieden zweifeln: »erstens, ob es Gegensätze überhaupt gibt, und zweitens, ob jene volkstümlichen Wertschätzungen und Wert-Gegensätze, auf welche die Metaphysiker ihr Siegel gedrückt haben, nicht vielleicht nur Vordergrunds-Schätzungen sind, nur vorläufige Perspektiven, vielleicht noch dazu aus einem Winkel heraus, vielleicht von unten hinauf, Frosch Perspektiven gleichsam, um einen Ausdruck zu borgen, der den Malern geläufig ist«[27]. Das meiste bewußte Denken eines Philosophen sei doch durch seine Instinkte heimlich geführt. Hinter aller Logik stünden Wertschätzungen, ja physiologische Forderungen zur Erhaltung einer bestimmten Art von Leben, und die eigentlichen »Interessen« der Gelehrten lägen gewöhnlich gar nicht beim Trieb zur Erkenntnis, sondern ganz woanders, in Familie, Gelderwerb, Politik. Jedenfalls müsse man sich bei allem Wert, den manche dem Wahren, Wahrhaftigen, Selbstlosen zuschreiben, sagen: »Es wäre möglich, daß dem Scheine, dem Willen zur Täuschung, dem Eigennutz und der Begierde ein für alles Leben höherer und grundsätzlicherer Wert zugeschrieben werden müßte[28].«

Ist also die Falschheit eines Urteils kein Einwand gegen ein Urteil? Nein: »Die Frage ist, wie weit es lebenfördernd, lebenerhaltend, Art-erhaltend, vielleicht gar Art-züchtend ist[29].« Möglicherweise sind für uns die falschesten Urteile die unentbehrlichsten. Jenseits von Gut und Böse meint also in erster Linie: *jenseits von Wahr und Falsch!*

Überwindung der Moral

Die Frage nach der Wahrheit reduziert sich für Nietzsche schließlich auf eine *psychologische Frage.* Was aber heißt hier Psychologie? Psychologie soll nach Nietzsche eine »Morphologie und *Entwicklungslehre des Willens zur Macht*« sein, und damit »der Weg zu den Grundproblemen«[30]. Psychologie wird so zur »Herrin der Wissenschaften«[31]. Gegen alle »Gewalt der moralischen Vorurteile« und alle »unbewußten Widerstände« müsse eine solche »Physio-Psychologie« sich durchsetzen: »eine Lehre von der gegenseitigen Bedingtheit der ›guten‹ und der ›schlimmen‹ Triebe«, ja sogar »eine Lehre von der Ableitbarkeit aller guten Triebe aus den schlimmen«[32]. Das geht so weit, daß man möglicherweise »gar die Affekte Haß, Neid, Habsucht,

Herrschsucht als lebenbedingende Affekte« zu bejahen habe: »als etwas, das im Gesamt-Haushalte des Lebens grundsätzlich und grundwesentlich vorhanden sein muß, folglich noch gesteigert werden muß, falls das Leben noch gesteigert werden soll«[33].

Jenseits von Gut und Böse meint jenseits von Wahr und Falsch. Aber auch umgekehrt: jenseits von Wahr und Falsch meint auch *jenseits von Gut und Böse*. Die erkenntnistheoretische Problematik erscheint als die andere Seite der ethisch-moralischen Problematik. In einer zweiten destruierenden Abhandlung »*Genealogie der Moral*« kommt diese Psychologie in der Form einer »Streitschrift« zur Anwendung[34]. Diese besteht aus drei selbständigen Teilen. Zuerst die Psychologie des Christentums: »Geburt des Christentums aus dem Geiste des Ressentiment«[35]. Dann die Psychologie des Gewissens: Gewissen nicht »die Stimme Gottes im Menschen«, sondern »der Instinkt der Grausamkeit, der sich rückwärts wendet«[36]. Schließlich die Psychologie des Priesters: »die ungeheure *Macht* des asketischen Ideals, ... das *schädliche* Ideal *par excellence*«[37]. In der Tat: »drei entscheidende Vorarbeiten eines Psychologen für eine Umwertung aller Werte«[38]!

Die dritte destruierende Schrift gegen die Moral bildet die »*Götzen-Dämmerung oder Wie man mit dem Hammer philosophiert*«[39]. Für Nietzsche ist das ganze eine »*große Kriegserklärung*«: diesmal nicht mehr gegen die »Zeitgötzen« der Moderne, sondern gegen die »*ewigen* Götzen, an die hier mit dem Hammer wie mit einer Stimmgabel gerührt wird«[40]. Nietzsche kommentiert: »Will man sich kurz einen Begriff davon geben, wie vor mir alles auf dem Kopfe stand, so mache man den Anfang mit dieser Schrift. Das, was *Götze* auf dem Titelblatt heißt, ist ganz einfach das, was bisher Wahrheit genannt wurde. *Götzen-Dämmerung* – auf deutsch: es geht zu Ende mit der alten Wahrheit ...[41].«

Die Konsequenzen sind offensichtlich. Zu Ende geht es mit »fast jeder Moral, die bisher gelehrt, verehrt und gepredigt worden ist«[42]. Warum? Weil sie sich »gerade *gegen* die Instinkte des Lebens« wendet und »eine bald heimliche, bald laute und freche *Verurteilung* dieser Instinkte« darstellt: »Indem sie sagt ›Gott sieht das Herz an‹, sagt sie nein zu den untersten und obersten Begehrungen des Lebens und nimmt Gott als *Feind des Lebens* ...[43].« Was Nietzsche dagegen will, ist der »Naturalismus in der Moral«, den man auch »*gesunde* Moral« nennen kann, insofern sie »von einem Instinkte des Lebens beherrscht«[44] ist. Eine solche unmoralische Moral, ein solcher Immoralismus, bejaht alles, was immer dem Leben nützt. »Wir andern, wir Immoralisten haben umgekehrt unser Herz weit gemacht für alle Art Verstehn, Begreifen, *Gutheißen*. Wir verneinen nicht leicht, wir suchen unsre Ehre darin, *Bejahende* zu sein[45].«

Zusammenfassung schließlich und Höhepunkt von Nietzsches Auseinandersetzung mit der Moral, zugleich die letzte von ihm selbst zum Druck bestimmte Schrift, ist »*Der Antichrist*«. Wahrhaftig, ein »Fluch auf das

Christentum«[46]. Oder noch genauer: das Christentum selbst als der »*eine* große Fluch, die *eine* große innerlichste Verdorbenheit, der *eine* große Instinkt der Rache, dem kein Mittel giftig, heimlich unterirdisch, *klein* genug ist«[47].

Vernichtung des Christentums also: Das ist die Zielsetzung, mit der Nietzsche in Zorn, Haß und Stolz das Christentum – aber damit verbunden auch Buddhismus und Judentum – in seiner großen negativen historischen Entwicklung behandelt: als eine Religion, die ihren eigenen Stifter von Anfang an mißverstand. Jesus, der »›frohe Botschafter‹«, der »starb, wie er lebte, wie er *lehrte*«[48], wurde erst nachher von Paulus und der frühen Kirche zur Erlöserfigur gemacht. Kann man es übersehen? »Die *Kirche* ist exakt das, wogegen Jesus gepredigt hat – und wogegen er seine Jünger kämpfen lehrte[49].« Wen wundert, daß Nietzsche in diesem Zusammenhang auch den schon stets bekämpften christlichen *Gottesbegriff* noch einmal allerschärfster Kritik unterzieht: »Der christliche Gottesbegriff – Gott als Krankengott, Gott als Spinne, Gott als Geist – ist einer der korruptesten Gottesbegriffe, die auf Erden erreicht worden sind; er stellt vielleicht selbst den Pegel des Tiefstands in der absteigenden Entwicklung des Götter-Typus dar. Gott zum *Widerspruch des Lebens* abgeartet, statt dessen Verklärung und ewiges *Ja* zu sein! In Gott dem Leben, der Natur, dem Willen zum Leben die Feindschaft angesagt! Gott die Formel für jede Verleumdung des ›Diesseits‹, für jede Lüge vom ›Jenseits‹! In Gott das Nichts vergöttlicht, der Wille zum Nichts heilig gesprochen ...[50]!«

Über solchen oft maßlosen Negationen dürfen freilich auch hier Nietzsches Affirmationen nicht übersehen werden: Das wird von ihm selbst noch im bereits krankhaft pathetischen letzten Abschnitt seiner kurz darauf geschriebenen Autobiographie »*Ecce homo*« unter dem Titel »Warum ich ein Schicksal bin« mit größter Emphase ausgesprochen. Gewiß, Nietzsche erkennt seine zerstörerische Kraft. Er fühlt sich als »der erste *Immoralist*« und »*Vernichter par excellence*«[51]: »Ich bin kein Mensch, ich bin Dynamit[52].« Aber Nietzsche will keineswegs nur Neinsager sein. Er fühlt sich zugleich – nach der »Verlogenheit von Jahrtausenden« – als »der erste *anständige* Mensch«: »Ich widerspreche, wie nie widersprochen worden ist, und bin trotzdem der Gegensatz eines neinsagenden Geistes. Ich bin ein *froher Botschafter*, wie es keinen gab, ich kenne Aufgaben von einer Höhe, daß der Begriff dafür bisher gefehlt hat; erst von mir an gibt es wieder Hoffnungen[53].« So hat Nietzsche denn, obwohl er kein Religionsstifter sein, keine Massen ansprechen, keine »Gläubigen« haben will, »eine erschreckliche Angst davor, daß man mich eines Tags *heilig* spricht ... Ich will kein Heiliger sein, lieber noch ein Hanswurst ... Vielleicht bin ich ein Hanswurst ... Und trotzdem oder vielmehr *nicht* trotzdem – denn es gab nichts Verlogneres bisher als Heilige – redet aus mir die Wahrheit. – Aber meine Wahrheit ist *furchtbar*: denn man hieß bisher die *Lüge* Wahrheit. – *Umwertung aller*

Werte: das ist meine Formel für einen Akt höchster Selbstbesinnung der Menschheit, der in mir Fleisch und Genie geworden ist[54].«

Soweit hatte Nietzsche seine Infragestellung der überlieferten Werte von Moral, Religion, Kultur vorangetrieben. Was bleibt? Es folgt zunächst vor allem die Auseinandersetzung Nietzsches mit einem Begriff, der durch ihn zu einem Schlüsselbegriff der Geistesgeschichte des 20. Jahrhunderts geworden ist: dem Nihilismus. Ort dieser Auseinandersetzung: das *Spätwerk*, Nietzsches Nachlaß, der wie kaum ein philosophischer Nachlaß Gegenstand heftiger Diskussionen der Fachleute ist.

Der langjährige Nietzsche-Freund Peter Gast war es, der nach den Intentionen von Nietzsches Schwester, Elisabeth Förster-Nietzsche, das nachgelassene »Hauptwerk« des Philosophen veröffentlicht und in zweiter Auflage sogar noch wesentlich erweitert hatte: »Der Wille zur Macht. Versuch einer Umwertung aller Werte« (1911)[55]. Dieses Werk hat bei Nietzsche-Enthusiasten wie Nietzsche-Gegnern oft mehr Interesse gefunden als die noch von Nietzsche selbst zur Publikation freigegebenen Werke. Heute aber steht nach den jahrelangen Forschungen, die nach dem Tod von Nietzsches Schwester († 1935) Karl Schlechta (Herausgeber der auch von uns benützten Ausgabe) im Nietzsche-Archiv zu Weimar durchgeführt hat, fest: Ein von Nietzsche verfaßtes »Hauptwerk« gibt es nicht; »Der Wille zur Macht« ist kein nachgelassenes Werk Nietzsches selbst. Die Intentionen der Schwester sind nicht sicher die Intentionen des Bruders; die entscheidenden Briefe des Bruders an seine Schwester, die ein Vertrauensverhältnis und höchstes Maß an Einverständnis zu ihr dokumentieren oder auch negative Urteile über Nietzsches Freunde wie Overbeck, Rée, Lou Salomé enthalten, sind erwiesenermaßen Fälschungen der ebenso eifersüchtigen wie geltungsbesessenen Elisabeth[56]. Zahlreiche deutsche Nietzsche-Kenner haben, wie auch Erich F. Podach scharf kritisiert, die Herausgeber-Willkür jahrzehntelang hingenommen und die Legenden-Bildung gefördert[57].

So ist das, was uns von Nietzsche selbst hinterlassen wurde, historisch-kritisch betrachtet, nicht mehr als eine Sammlung von allen möglichen Notizen und Entwürfen mit höchst unterschiedlichen Plänen und Titeln für die Ordnung des Materials (»Wille zur Macht«, »Die ewige Wiederkehr«, »Umwertung aller Werte«): ein »Nachlaß der achtziger Jahre«, wie er jetzt ohne ersichtliche Struktur nach rein philologischen Kriterien von Schlechta herausgegeben wurde[58]. Daraus lassen sich gewiß verschiedene Kompilationen machen, in der Art von Förster-Gast oder auch in der davon sehr verschiedenen von Friedrich Würzbach[59]. Aber jegliche Systematik bleibt dabei Werk der Herausgeber. Was Nietzsches Ingenium selbst daraus gemacht hätte, muß ein für allemal offenbleiben.

Das heißt nun freilich nicht, daß wir uns mit dem ungeordneten Material zufriedengeben müssen, wie Schlechta meint, der alles vom Zerfall Nietzsches her interpretiert, dort »keinen *neuen* zentralen Gedanken« finden kann und davon abrät, »in den Abfällen herumzuwühlen«[60]. Man kann durchaus nicht ausschließen, daß Nietzsche fähig gewesen wäre, sein Werk, das er als eine Einheit verstand, zu vollenden. Und halten sich auch die großen Themen durch und klingen, wie betont, im »Zarathustra« bereits alle Themen an, so werden sie doch zum Teil erst jetzt ausgeführt und vielfach variiert. Wir haben uns deshalb – anders als andere systematische Darstellungen[61] – streng historisch an die von Nietzsche selbst zur Veröffentlichung freigegebenen Werke gehalten und kommen, ohne irgendeine geschlossene Systematisierung des Nachlasses anzustreben, erst jetzt zu den am Ende von Nietzsche entwickelten Themen. Für unsere Fragestellung steht dabei die Problematik des *Nihilismus* im Vordergrund, wie sie Nietzsche erst jetzt systematisch durchzudenken beginnt. Nietzsche selbst sagt jetzt: »*Zur Genesis des Nihilisten.* – Man hat nur spät den Mut zu dem, was man eigentlich *weiß*. Daß ich von Grund aus bisher Nihilist gewesen bin, das habe ich mir erst seit kurzem eingestanden: die Energie, der Radikalismus, mit dem ich als Nihilist vorwärts ging, täuschte mich über diese Grundtatsache. Wenn man einem Ziele entgegengeht, so scheint es unmöglich, daß ›die Ziellosigkeit an sich‹ unser Glaubensgrundsatz ist[62].« Damit ist nun freilich nicht nur ein persönliches Problem Nietzsches, sondern auch ein allgemeines Problem der heutigen Menschheit angesprochen, das Theologen nur allzu oft mit »Glauben« überspielt haben.

Herkunft des Nihilismus

Wir haben gesehen: Schon längst war Nietzsches Glaube an Zivilisation, Kultur, Fortschritt, Modernität zerbrochen. Seit seiner Trennung von Wagner und Cosima war er fest überzeugt, daß wir in einer Zeit der Ungewißheit, des Auseinanderbrechens, der Nichtigkeit, also der »décadence« und damit des »Abfalls, Verfalls, Ausschusses« leben[63]. Schon in »Menschliches, Allzumenschliches« war die Frage aufgetaucht: »Kann man nicht *alle* Werte umdrehn[64]?« Und in der »Fröhlichen Wissenschaft« hatte der »tolle Mensch« prophezeit: grundstürzende Folge des Todes Gottes ist das »Irren durch ein unendliches Nichts«[65]. »Nihilismus« ist von da an Nietzsches großes »*Fragezeichen*«[66], der »Fragezeichen-Charakter«, der alle Dinge prägt[67]. Anstelle des Hergebrachten und scheinbar so sicher Bestehenden zeigt sich, je länger desto deutlicher, das Nihil, das Nichts.

Das *Wort* »*Nihilismus*« findet sich zum ersten Mal nicht, wie behauptet[68], 1829 in Rußland, in Umlauf gebracht dann durch Turgenjews Roman »Väter und Söhne« (1862), auch nicht etwas früher in Jean Pauls »Vorschule der Ästhetik« zur Kritik des Novalis[69]. Es findet sich vielmehr schon 1799 im Sendschreiben des Philosophen Friedrich Heinrich Jacobi an seinen Kollegen Johann Gottlieb Fichte: »Wahrlich, mein lieber Fichte, es soll mich nicht verdrießen, wenn Sie oder wer es sei, *Chimärismus* nennen wollen, was ich dem Idealismus, den ich *Nihilismus* schelte, entgegensetze[70].« Das heißt: Der Idealist könne zwar die – nach Jacobi unmittelbar durch die Vernunft erfahrene – Realität Gottes, der anderen Menschen, der Dinge als Chimäre, etwas nur Eingebildetes, im Grunde als ein Nichts abtun. Aber der Idealismus seinerseits, in welchem die Vernunft nur sich selbst vernehme und alles Vorgegebene im Nichts der Subjektivität auflöse, sei für ihn, Jacobi, ein Nihilismus, so daß folglich zwischen dem einen und dem anderen Nihilismus zu wählen wäre[71].

Von da an ist das Wort in der Diskussion um den Idealismus gang und gäbe. Oft ein diffamierendes Schlagwort und jedenfalls sehr verschieden gebraucht: für Atheismus, Pantheismus, Fatalismus, Untergang des Abendlandes . . . Auch Nietzsche gebraucht es anfänglich wenig differenziert. Erst in seinem Nachlaß finden wir es nach allen Seiten reflektiert. »Was bedeutet Nihilismus«? fragt hier Nietzsche, und seine Antwort jetzt: »*Daß die obersten Werte sich entwerten.* Es fehlt das Ziel; es fehlt die Antwort auf das ›Wozu?‹[72].« Und in einem anderen Fragment präzisiert er: »Der *radikale Nihilismus* ist die Überzeugung einer absoluten Unhaltbarkeit des Daseins, wenn es sich um die höchsten Werte, die man anerkennt, handelt; hinzugerechnet die *Einsicht,* daß wir nicht das geringste Recht haben, ein Jenseits oder ein An-sich der Dinge anzusetzen, das ›göttlich‹, das leibhafte Moral wäre[73].« Man kann sagen – und das soll im Folgenden erklärt werden: *Nihilismus* meint nach Nietzsche die *Überzeugung von der Nichtigkeit, von der Zwiespältigkeit, Sinnlosigkeit und Wertlosigkeit der Wirklichkeit.*

Diesen Nihilismus sieht Nietzsche für das 20. und 21. Jahrhundert heraufkommen. »Was ich erzähle, ist die Geschichte der nächsten zwei Jahrhunderte. Ich beschreibe, was kommt, was nicht mehr anders kommen kann: *die Heraufkunft des Nihilismus.* Diese Geschichte kann jetzt schon erzählt werden: denn die Notwendigkeit selbst ist hier am Werke. Diese Zukunft redet schon in hundert Zeichen, dieses Schicksal kündigt überall sich an; für diese Musik der Zukunft sind alle Ohren bereits gespitzt. Unsre ganze europäische Kultur bewegt sich seit langem schon mit einer Tortur der Spannung, die von Jahrzehnt zu Jahrzehnt wächst, wie auf eine Katastrophe los: unruhig, gewaltsam, überstürzt: einem Strom ähnlich, der ans *Ende* will, der sich nicht mehr besinnt, der Furcht davor hat, sich zu besinnen[74].« Ja, man muß sagen: »Der Nihilismus steht vor der Tür«, und man kann nur fragen: »Woher kommt uns dieser unheimlichste aller Gäste[75]?«

Doch: hat nicht Nietzsche selbst diesen unheimlichen Gast in unsere Gesellschaft eingeführt? So sagen manche. Nietzsche würde diesen Vorwurf strikt zurückweisen. Denn: Der Nihilismus kommt *mit geschichtlicher Notwendigkeit.* »Warum ist die Heraufkunft nunmehr notwendig?« Nietzsche antwortet: »Weil unsre bisherigen Werte selbst es sind, die in ihm ihre letzte Folgerung ziehn; weil der Nihilismus die zu Ende gedachte Logik unsrer großen Werte und Ideale ist[76].« Wie ist das gemeint?

Die Werte und Ideale des Menschen – Wahrheit, Gerechtigkeit, Liebe, Moral, Religion – existieren nicht irgendwo für sich. Sie sind ganz Produkt der Erfindung und Bestimmung des Menschen. Der Mensch legte sie ursprünglich in die Dinge hinein und schuf sich so nach den Bedürfnissen seines Lebens Werte und Ideale: »Alle diese Werte sind, psychologisch nachgerechnet, Resultate bestimmter Perspektiven der Nützlichkeit zur Aufrechterhaltung und Steigerung menschlicher Herrschafts-Gebilde: und nur fälschlich *projiziert* in das Wesen der Dinge[77].« Schon früh allerdings – geschichtlich greifbar bei Sokrates und dann bei Platon – wurden die Werte und Ideale verselbständigt: das Gute oder Wahre »an sich«, die »Idee« des Guten oder Wahren ... Die Bedürfnisse des Lebens aber wurden vergessen. Werte und Ideale gelten von nun an »an sich«, ab-solut, los-gelöst von den Dingen und Bedürfnissen des Lebens. Die obersten Werte werden zu religiösen, ja zu metaphysischen Größen: »Die obersten Werte, in deren Dienst der Mensch leben *sollte*, namentlich wenn sie sehr schwer und kostspielig über ihn verfügten, – diese *sozialen Werte* hat man zum Zweck ihrer *Ton-Verstärkung*, wie als ob sie Kommandos Gottes wären, als ›Realität‹, als ›wahre‹ Welt, als Hoffnung und *zukünftige* Welt über dem Menschen *aufgebaut*[78].«

Freilich: »Jetzt, wo die mesquine Herkunft dieser Werte klar wird, scheint uns das All damit entwertet, ›sinnlos‹ geworden[79].« Die Folge: Gerade in dieser ihrer *Verselbständigung*, gerade als absolute moralische und religiöse Werte, kehren sich diese obersten Werte gegen die Bedürfnisse des Lebens, werden sie zum Ausdruck der Lebensferne, Lebensfremdheit, Lebensfeindlichkeit, kurz der Décadence. Die gesamte Moral also ein »Instinkt der *décadence*«[80], »Instinkt der Verneinung des Lebens«[81]? Ja: »Eine solche Gesamt-Abirrung der Menschheit von ihren Grundinstinkten, eine solche Gesamt-décadence des Werturteils ist das Fragezeichen *par excellence*, das eigentliche Rätsel, das das Tier ›Mensch‹ dem Philosophen aufgibt[82].«

Damit ist für Nietzsche klar: Hinter den verabsolutierten Werten, die die Moral anstrebt, ist – nichts! Als ausgerichtet auf nichtige Werte (Gott, Jenseits, wahres Leben, Tugenden) ist die *gesamte Moral* zugewendet dem Nichts, ist sie selbst *nihilistisch*.

Insbesondere gilt dies für die *christliche Moral*, ja, die christliche Religion überhaupt, die sich für Nietzsche im wesentlichen auf Moral reduziert: »Der ganze absurde Rest von christlicher Fabel, Begriffs-Spinneweberei und Theologie geht uns nichts an[83].« Ist diese christliche Moral nicht – sehr viel mehr als die zweite große nihilistische Religion, der Buddhismus – das Paradebeispiel für die Verselbständigung der Werte? Schon Platon freilich hatte alle Werte in einer ewigen, unveränderlichen Überwelt angesiedelt:

in der Welt der ewigen Ideen, der obersten Ideen des Guten, des Göttlichen selbst. Das Christentum setzte ebenfalls absolute Werte und setzte darüberhinaus den Menschen selbst als absoluten Wert: »Christentum ist Platonismus fürs ›Volk‹[84].« Mehr als jede andere Religion hat sich so das Christentum durch seine Moral am Leben versündigt: die Moral des Christentums ist ein »*Kapitalverbrechen am Leben*«[85], und Gott selbst ist zum »*Widerspruch des Lebens* abgeartet.«[86] Insofern das Christentum ganz auf lebensfeindliche, nichtige Werte, insbesondere auf Gott, den höchsten und zugleich absolut nichtigen Wert, ausgerichtet ist, ist das Christentum eine »*nihilistische* Religion«[87]. Paradox genug: Die aus dem Christentum hervorgegangene Wahrhaftigkeit selbst ist es, die die Nichtigkeit des Christentums und den Atheismus an den Tag gebracht hat: Es wird »in Gott das Nichts vergöttlicht, der Wille zum Nichts heilig gesprochen«[88].

»Wer Gott fahren ließ, hält um so strenger am Glauben an die Moral fest[89].« Verständlich, daß die moderne Menschheit sich in dieser atheistischen und deshalb sinn- und haltlosen Situation anstelle des alten übermenschlichen Sinns und Halts einen neuen, rein menschlichen Sinn und Halt verschafft hat: *Ersatzautoritäten.* »Die Frage des ›Nihilismus‹ ›*Wozu?*‹ geht von der bisherigen Gewöhnung aus, vermöge deren das Ziel von *außen her* gestellt, gegeben, gefordert schien – nämlich durch irgendeine *übermenschliche Autorität.* Nachdem man verlernt hat, an diese zu glauben, sucht man doch nach alter Gewöhnung nach einer *anderen* Autorität, welche *unbedingt zu reden wüßte* und Ziele und Aufgaben *befehlen könnte.* Die Autorität des *Gewissens* tritt jetzt in erster Linie (je mehr emanzipiert von der Theologie, um so imperativischer wird die *Moral*) als Schadenersatz für eine *persönliche* Autorität. Oder die Autorität der *Vernunft.* Oder der *soziale Instinkt* (die Herde). Oder die *Historie* mit einem immanenten Geist, welche ihr Ziel in sich hat und der man sich *überlassen kann.* Man möchte *herumkommen* um den *Willen*, um das *Wollen* eines Zieles, um das Risiko, *sich selbst* ein Ziel zu geben; man möchte die Verantwortung abwälzen (– man würde den *Fatalismus* akzeptieren). Endlich: *Glück* und mit einiger Tartüfferie, das *Glück der meisten*[90].«

Doch können diese Ersatzautoritäten einen letzten Sinn und Halt geben? »Jede rein *moralische* Wertsetzung (wie z. B. die buddhistische) *endet mit Nihilismus*: dies für Europa zu erwarten! Man glaubt mit einem Moralismus ohne religiösen Hintergrund auszukommen: aber damit ist der Weg zum Nihilismus notwendig[91].« Und die keiner Moral verpflichteten modernen Wissenschaften, Natur- und Geschichtswissenschaft? Sie helfen tatkräftig mit, diesen Nihilismus heraufzuführen. Sollen sie doch »ohne moralische Vorurteile« betrieben werden. Sollen sie doch »wert-freie« Wissenschaften sein, die sich nicht kümmern um den Sinn der Natur, den Sinn der Geschichte, den Sinn des Ganzen. Insofern ist in ihnen – aber auch in der wert- und moralfreien Wirtschaft, Politik, Kunst – ein »nihilistischer Zug«[92] unübersehbar.

Was so schon lange und vielfältig vorbereitet war, dämmert in unserer Zeit langsam herauf. Diese gesamte große Entwicklung bringt den bisher verborgenen Nihilismus voll zum Bewußtsein, und das bedeutet: »Alles hat keinen Sinn«, »Sinnlosigkeit«, »Sehnsucht ins Nichts«[93]; »Glaube an die Wertlosigkeit«, »umsonst bisher«[94]; »radikale Ablehnung von Wert, Sinn, Wünschbarkeit«[95]; »Rückschlag von ›Gott ist die Wahrheit‹ in den fanatischen Glauben ›alles ist falsch‹«[96]. Dies also ist »der Nihilisten-Glaube«: *»daß es gar keine Wahrheit gibt«*[97]. »Der philosophische Nihilist ist der Überzeugung, daß alles Geschehen sinnlos und umsonstig ist[98].« »Das Pathos des ›Umsonst‹«: dies ist nach Nietzsche »das Nihilisten-Pathos – zugleich noch als Pathos eine *Inkonsequenz* des Nihilisten«[99]. Ist jetzt nicht klargeworden, was es bedeutet: Nihilismus ist die Überzeugung von der Nichtigkeit, das heißt von der Zwiespältigkeit, Sinnlosigkeit und Wertlosigkeit der Wirklichkeit? Kein Zusammenhang, kein Sinn, kein Wert ist in dieser Wirklichkeit, alles ist nichtig.

Wird sich der Mensch der Nichtigkeit der Wirklichkeit bewußt, so wird aus dem bisher verschleierten, unausgesprochenen Nihilismus ein ausgesprochener, aber freilich noch vielfach »unvollständiger Nihilismus«[100]: Dieser will den Konsequenzen ausweichen, aber wider Willen verschärft er angesichts aller Leere das Problem durch seine Verzögerungstaktiken und alle »Arten der Selbstbetäubung« (Musik, Arbeit, Wissenschaft, Schwärmen für Personen oder Zeiten)[101]. Der vollständige Nihilismus wird dadurch nicht aufgehalten.

War Nietzsche Nihilist?

Was also tun? Nietzsche kommt jetzt zu seinem Eigentlichsten: Man darf den Nihilismus nicht verzögern, sondern muß ihn aushalten und durchhalten! Das ist Nietzsches Forderung: Aus dem *Nihilismus der Schwäche muß ein Nihilismus der Stärke werden*! Der Nihilismus der *Schwäche* ist ein »müder Nihilismus, der nicht mehr *angreift«*[1]. Seine berühmteste Form ist – auch hier unterscheidet sich Nietzsche wesentlich von Schopenhauers Einschätzung – der Buddhismus: dieser ist ein *»passivischer* Nihilismus«[2], der ein Zeichen der Enttäuschung, des *»Niedergangs und Rückgangs der Macht des Geistes«* darstellt[3]. Die bisherigen Werte und Ziele finden einfach keinen Glauben mehr und zersetzen sich. Der Nihilismus der *Stärke* dagegen ist ein »Zeichen der *gesteigerten Macht des Geistes«*[4] ... Seiner neuen Kraft genügen die bisherigen Werte und Ziele nicht mehr, andererseits ist er noch nicht stark genug, »produktiv sich nun auch wieder ein Ziel, ein Warum, einen Glauben zu setzen«[5]: »Sein *Maximum* von relativer Kraft erreicht er als gewalttätige Kraft der *Zerstörung*: als *aktiver Nihilismus«*[6].

Die »extremste Form des Nihilismus« aber wäre »die Einsicht«, »daß *jeder* Glaube, jedes Für-wahr-Halten notwendig falsch ist: weil es eine *wahre Welt* gar nicht gibt. Also: ein *perspektivischer Schein*, dessen Herkunft in uns liegt (insofern wir eine engere, verkürzte, vereinfachte Welt fortwährend *nötig haben*)[7].« Als »*Leugnung* einer wahrhaften Welt, eines Seins« könnte der Nihilismus geradezu »*eine göttliche Denkweise sein* ...[8].«

Aber der Nihilismus ist *nicht nur eine Denkweise*: Er ist nicht nur eine »Betrachtsamkeit über das ›Umsonst‹«, ist nicht »nur der Glaube, daß alles wert ist, zugrunde zu gehen«. Im Gegenteil, *Praxis* ist erfordert: »Man legt Hand an, man *richtet zugrunde* ... Das ist, wenn man will, *unlogisch*: aber der Nihilist glaubt nicht an die Nötigung logisch zu sein ... Der Ver-Nichtsung durch das Urteil sekundiert die Ver-Nichtsung durch die Hand[9].« In diesem langsamen und komplexen Prozeß der Vernichtung der Moral durch die Tat – nach Nietzsche ein Schauspiel in hundert Akten – ist keine Rücksicht auf Menschen, auf sich selbst oder auf andere, zu nehmen. Da darf man nicht zögern, schonungslos »*Menschenopfer* zu bringen, jede Gefahr zu laufen, jedes Schlimme und Schlimmste auf sich zu nehmen: die *große Leidenschaft*«[10].

Und doch ist all diese Negation nur Durchgang, die Zerstörung nur Voraussetzung des Neuschaffens, das große Nein Vorbereitung des großen Ja: »Wir wissen das ›Wohin?‹ noch nicht, zu dem wir getrieben werden, nachdem wir uns dergestalt von unsrem alten Boden abgelöst haben. Aber dieser Boden selbst hat uns die Kraft angezüchtet, die uns jetzt hinaustreibt in die Ferne, ins Abenteuer, durch die wir ins Uferlose, Unerprobte, Unentdeckte hinausgestoßen werden, – es bleibt uns keine Wahl, wir müssen Eroberer sein, nachdem wir kein Land mehr haben, wo wir heimisch sind, wo wir ›erhalten‹ möchten. Ein verborgenes *Ja* treibt uns dazu, das stärker ist, als alle unsre Neins. Unsre *Stärke* selbst duldet uns nicht mehr im alten morschen Boden: wir wagen uns in die Weite, wir wagen *uns* daran: die Welt ist noch reich und unentdeckt, und selbst Zugrunde-gehn ist besser als halb und halb giftig werden. Unsre Stärke selbst zwingt uns aufs Meer, dorthin, wo alle Sonnen bisher untergegangen sind: wir *wissen* um eine neue Welt ...[11].«

Damit haben die Fragen des »tollen Menschen« nach dem ausgetrunkenen Meer, dem weggewischten Horizont, der losgeketteten Erde ihre Antwort gefunden. Konkret heißt das: Der Ent-Wertung aller Werte muß als »*Gegenbewegung*« eine »Umwertung aller Werte« folgen[12]! Wie sie schon »Zarathustra« anstoßen wollte: statt der alten Wertetafeln – neue!

Und was für *neue Werte und Ideale* sollen dies sein? In jedem Fall nicht mehr jene lebensfeindlichen, metaphysischen, moralischen, religiösen Werte. Vielmehr jetzt die vitalen, natürlichen, naturalistischen Werte, die Werte des Lebens: »*Prinzipielle Neuerungen*: An Stelle der ›moralischen Werte‹ lauter *naturalistische Werte*. Vernatürlichung der Moral ... An

Stelle von ›Metaphysik und Religion‹ die *Ewige Wiederkunftslehre* (diese als Mittel der Züchtung und Auswahl)[13].«

Und damit sind wir wieder bei der Lehre von der *ewigen Wiederkunft*, mit der der »Zarathustra« geendet hatte. Sie ist die von Nietzsche neu entdeckte Antwort auf den Nihilismus. Sie ist zugleich die *extremste Form des Nihilismus und ihre Überwindung*, die aus dem Nein ein »*Jasagen* zur Welt, wie sie ist, ohne Abzug, Ausnahme, Auswahl« ermöglicht[14]: ein »Jasagen zum Leben noch in seinen fremdesten und härtesten Problemen, der Wille zum Leben im *Opfer* seiner höchsten Typen, der eigenen Unerschöpflichkeit froh werdend, ... um ewige Lust des Werdens *selbst zu sein*, – jene Lust, die auch noch die *Lust am Vernichten* in sich schließt«[15].

Das *Leben* ist also jetzt nach Nietzsche in seiner ganzen Widersprüchlichkeit das eigentlich Wahre. Das Leben ist das – durch und durch relative! – Kriterium für das, was wahr und falsch ist. Wahr ist von daher, was dem Leben, dem Leben des Einzelnen, dient. Leben verstanden – jetzt in Nietzsches Spätphase immer mehr im erneuten Anschluß an Schopenhauer und an Burckhardts Betonung der historischen Persönlichkeiten – als blinder, triebhafter, schöpferisch-zerstörerischer *Wille zur Macht*: »Meine Formel dafür lautet: Leben ist Wille zur Macht[16].« Dieses unerschöpfliche, ewig entstehende, vergehende, wiederkehrende Leben, dieser in Triebleben, organischen Funktionen, ja allen wirkenden Kräften zum Ausdruck und immer wieder zum Durchbruch kommende Wille zur Macht ist jetzt faktisch das metaphysische Grundprinzip des großen Anti-Metaphysikers, für welches als Symbol *Dionysos* steht: »Was mir ›die Welt‹ ist? Ein Ungeheuer von Kraft, ohne Anfang, ohne Ende ... die sich nicht verbraucht, sondern nur verwandelt ... – vom ›Nichts‹ umschlossen als von seiner Grenze, ... ein Meer in sich selber stürmender und flutender Kräfte, ewig zurücklaufend mit einer Ebbe und Flut seiner Gestaltungen, aus den einfachsten in die vielfältigsten heraustreibend, aus dem Starrsten, Kältesten hinaus in das Wildeste, sich selber Widersprechendste, und dann wieder aus der Fülle heimkehrend zum Einfachen, aus dem Spiel der Widersprüche zurück bis zur Lust des Einklangs, ... als ein Werden, das kein Sattwerden, keine Müdigkeit kennt –: diese meine *dionysische* Welt des Ewig-sich-selber-Schaffens, des Ewig-sich-selber-Zerstörens, ... wollt ihr einen *Namen* für diese Welt? ... *Diese Welt ist der Wille zur Macht – und nichts außerdem*. Und auch ihr selber seid dieser Wille zur Macht – und nichts außerdem[17].« Und darauf kam es Nietzsche im Gegensatz zu Schopenhauer an: »auf eine *Rechtfertigung des Lebens*, selbst in seinem Furchtbarsten, Zweideutigsten und Lügenhaftesten – dafür hatte ich die Formel ›*dionysisch*‹ in den Händen«[18].

War Nietzsche also Nihilist? Da ist zu unterscheiden: Die Zerstörung der Werte hat er nur diagnostiziert, die Heraufkunft des Nihilismus nur früher als andere gesichtet und laut proklamiert, und insofern *war er kein Nihilist.* Aber er, der Pastorensohn, der Verehrer Schopenhauers und Freund Wagners, hat den Nihilismus auch grausamer als andere am eigenen Leib erfahren und bejaht, so daß er sein bleibendes Schicksal wurde, und insofern *war er Nihilist.* Also, wenn man will: Patient, Diagnostiker und Therapeut der Todeskrankheit Nihilismus in einer Person! Nichts, aber auch gar nichts hatte sich in seinem Leben als beständig erwiesen: nicht die fromme Erziehung durch seine Mutter, nicht die strenge Disziplin von Schulpforta, nicht die klassische Bildung unter Professor Ritschl, nicht die ästhetische Weltanschauung eines Schopenhauer oder Wagner. So war ihm schließlich alles in die Brüche gegangen: die Wahrheit, die Moral, die Religion, der Glaube an Gott, das Christentum überhaupt, aber auch der Glaube an Humanität, Vernunft, an menschliche Wissenschaft, Philosophie, Kultur, Entwicklung und Fortschritt. Was blieb ihm anderes übrig als zu lernen, »›ohne Gott und Moral‹ allein zu leben«[19]?

Und hat er nicht alles getan, um mit diesem Schicksal fertigzuwerden? Er, als freier Geist und Vorläufer des kommenden Übermenschen, hat das Übermenschliche gewagt, dem in allen Dingen lauernden Nichts in die Augen zu schauen. Mit dem großen Instinkt des Schaffenden ist er von der Entwertung zur Umwertung aller Werte fortgeschritten, von der totalen Verneinung zur totalen Bejahung. Zur Bejahung des Lebens und seiner Widersprüche, seines absurden Kreisens, des blinden Willens zur Macht. Er hat sein Schicksal, so gut er konnte, geliebt – amor fati – und hat als Einsamer das durchgemacht, was nach ihm die Zukunft allen bringen wird. Einsam – ohne Frau, Schüler, Jünger, ohne Beruf, Lebenskreis und festen Wohnsitz – hat er sich geopfert und es gewagt, alles durchzuproben, um es anderen vorauszukünden: »Als ein Wage- und Versucher-Geist, der sich schon in jedes Labyrinth der Zukunft einmal verirrt hat; als ein Wahrsagevogel-Geist, der *zurückblickt,* wenn er erzählt, was kommen wird; als der erste vollkommene Nihilist Europas, der aber den Nihilismus selbst schon in sich zu Ende gelebt hat, – der ihn hinter sich, unter sich, außer sich hat[20].«

Hatte Nietzsche den Nihilismus wirklich hinter, unter, außer sich? Zweifel drängen sich auf. Seinen eigenen Untergang hat Nietzsche schon früh geahnt. Schon sieben Jahre davor hatte er Overbecks Frau Ida gewarnt, den Gottesgedanken aufzugeben, und dabei düster bemerkt: »Ich habe ihn aufgegeben, ich will Neues schaffen, ich will und darf nicht zurück. Ich werde an meinen Leidenschaften zugrunde gehen, sie werfen mich hin und her; ich falle fortwährend auseinander, aber es liegt mir nichts daran[21].« Scheint Nietzsche nicht auch noch in den sieben Jahren nach dem Scheitern seiner Liebe zu Lou von Salomé bis in seine Umnachtung hinein jemanden gesucht zu haben, der ihm aus dem Labyrinth, in das er sich vorgewagt hatte, heraushelfen könnte? Die Frau vielleicht, die er, auch darin Schopenhauer gleich, durch sein ganzes Leben hindurch ersehnt hat: eine *Ariadne*, die ihn wie in der griechischen Sage aus diesem Labyrinth hinauszuführen vermocht hätte? Eine geheimnisvoll-hintergründige Rolle spielt Ariadne in den Dionysos-Dithyramben, jenen letzten, großen, freirhythmischen Gedichten aus den Jahren 1884–1888 von dem unendlich leidenden und doch wieder erstehenden Gott Dionysos, die Nietzsche in Turin unmittelbar vor seinem Zusammenbruch – sein letztes bewußtes Jahr war das Jahr eines unerhörten Schaffensrausches – noch in Reinschrift gebracht und für den Druck vorbereitet hatte. Hier – »zwischen Raubvögeln« – mußte er, der »jüngst noch so stolz . . ., jüngst noch der Einsiedler ohne Gott, der Zweisiedler mit dem Teufel, der scharlachne Prinz jedes Übermuts« war, erkennen:

»Jetzt –
zwischen zwei Nichtse
eingekrümmt,
ein Fragezeichen,
ein müdes Rätsel –
ein Rätsel für *Raubvögel* . . .
– sie werden dich schon ›lösen‹,
sie hungern schon nach deiner ›Lösung‹,
sie flattern schon um dich, ihr Rätsel,
um dich, Gehenkter! . . .
O Zarathustra! . . .
Selbstkenner! . . .
Selbsthenker! . . . [22].«

Bei dieser Gelegenheit holte er auch das Lied des Zauberers aus dem vierten Buch des »Zarathustra« wieder hervor, was zeigt, wie wenig der Vereinsamte den Gott, den er doch aufgegeben hatte, vergessen konnte. Dieses Klagelied wird jetzt Ariadne in den Mund gelegt: Die Klage richtet sich an den grausamen Jäger hinter Wolken, unnennbar, verhüllt, entsetzlich, den moralischen Henker-Gott, der schadenfroh, eifersüchtig, schamlos im Herzen alles erhorcht und erstiehlt, an den doch *unbekannten Gott*.

Dieser Gott wird, jetzt in der Rolle der Ariadne, um Liebe angebettelt:

»Gib *Liebe* mir – wer wärmt mich noch?
wer liebt mich noch?
gib heiße Hände,
gib Herzens-Kohlenbecken . . .«

Dieser Gott aber entzieht sich, wo er sich ergeben sollte:

». . . gib, ja ergib,
grausamster Feind,
mir – *dich!* . . .

Davon!
Da floh er selber,
mein einziger Genoß,
mein großer Feind,
mein Unbekannter,
mein Henker-Gott! . . .«

Dieser Gott wird dennoch zurückgerufen, Schmerz und Glück zugleich:

»Nein!
Komm zurück!
Mit allen deinen Martern!
All meine Tränen laufen
zu dir den Lauf
und meine letzte Herzensflamme
dir glüht sie auf.
O komm zurück,
mein unbekannter Gott! mein *Schmerz!*
mein letztes Glück! . . .«[23]

So wenig wie von Wagner, seinem vermeintlichen Widersacher, kam Nietzsche also auch von einem ganz anderen vermeintlichen Widersacher los: von Gott. Ein prometheischer Wille zum gottlosen Übermenschen und zugleich eine verdrängte, verzehrende Sehnsucht nach dem verworfenen, als Feind verkannten unbekannten Gott? Am Schluß dieses Dithyrambus erscheint dann aber vor Ariadne Dionysos »in smaragdener Schönheit« und beendet die Versuchung der Gottessehnsucht. Wie? Dionysos fragt Ariadne – um ihre Liebe. Bemerkenswert: Dieser Schluß wurde von Nietzsche erst bei der Neufassung hinzugefügt. Wer ist Ariadne? Ein großes Rätsel. In »Ecce homo« hatte Nietzsche zur selben Zeit geschrieben: »Die Antwort auf einen solchen Dithyrambus der Sonnen-Vereinsamung im Lichte« – jenes römische »Nachtlied« der Begierde nach Liebe im »Zarathustra« – »wäre Ariadne . . . Wer weiß außer mir, was Ariadne ist! . . . Von allen solchen Rätseln hatte niemand bisher die Lösung, ich zweifle, daß je jemand hier auch nur Rätsel sah[24].« Und doch, dieses Rätsel hat Nietzsche selber in seinem letzten, schon in der Umnachtung geschriebenen Brief vom 6. Januar 1889 an Jacob Burckhardt preisgegeben: »Der *Rest* für Frau Cosima . . . Ariadne.« Kein Zufall: Schon Jahre früher hatte er von ihr als der »sympathischsten Frau, der ich im Leben begegnet bin«, gesprochen[25]. Und in den gleichen Januartagen nun erhielt auch Cosima Wagner selbst einen großen Büttenpapierzettel: »Ariadne, ich liebe dich. Dionysos.« Absender war Friedrich Nietzsche.

Am 3. Januar 1889 war die *Katastrophe endgültig hereingebrochen*[26]. Nietzsche – jetzt 45 Jahre alt – hatte eben seine Wohnung in Turin verlassen, als er auf der Piazza Carlo Alberto einen Kutscher brutal sein Pferd mißhandeln sieht. Schluchzend wirft er sich dem Tier um den Hals; die Menschen laufen zusammen, und zum Glück kommt der Vermieter Nietzsches hinzu, dem es mit größter Mühe gelingt, seinen Gast in die Wohnung zurückzubringen. Drei Tage später wird in Basel Nietzsches beständigster Freund, der Theologe Franz Overbeck, alarmiert durch Jacob Burckhardt, der jenen Brief Nietzsches aus Turin erhalten hatte und ihn nur als das Schreiben eines Wahnsinnigen deuten konnte: Nietzsche ganz im Gefühl, der »Geopferte« zu sein, identifiziert sich nicht nur mit Dionysos, dem Zerstückelten und doch Leben Gebärenden, sondern schließlich auch mit dem Gekreuzigten, ja mit Gott selbst. Als »der Gekreuzigte« hatte er Briefe an den italienischen König, den Kardinalstaatssekretär Mariano Rampolla und verschiedene Freunde geschrieben. Als nun Overbeck seinerseits am folgenden Tag einen mit Dionysos unterzeichneten Brief erhält, zögert er nicht länger: Er setzt sich mit dem Leiter der Basler Psychiatrischen Klinik, Professor Wille, in Verbindung, reist nach Turin und holt Nietzsche unter größten Schwierigkeiten von Italien nach Basel. Overbeck ist es auch, der Nietzsches Mutter benachrichtigt, diese einfältige, beschränkte, aber in rührender Anteilnahme um den Sohn besorgte Pastorenfrau, die sofort nach Basel kommt und unbedingt den Sohn mit nach Naumburg in ihre Pflege nehmen will. Doch Overbeck und Wille können durchsetzen, daß Nietzsche zunächst in die Nervenklinik Professor Binswangers nach Jena überwiesen wird. Hier findet Nietzsche die Ruhe und Pflege, die zumindest seinen körperlichen Zustand so verbessern können, daß die Mutter, 1890 selber nach Jena umgesiedelt, ihn schließlich zu sich in ihre Pflege nehmen kann, später abgelöst von seiner geltungssüchtigen Schwester, die bereits das Nietzsche-Archiv »organisiert«. Zehn Jahre dämmert Nietzsche in geistiger Umnachtung dahin. Er starb sechsundfünfzigjährig am 25. August 1900 gegen Mittag. Begraben liegt er in seinem Geburtsort Röcken neben seinem Vater, dem Pastor Karl Ludwig Nietzsche.

II. Überwindung des Nihilismus?

Nietzsches »Flüche« auf das Christentum provozieren schnelle, vielleicht allzu schnelle Abwehrreaktionen. Es liegt nahe, seiner oft einseitigen, ungerechten und hemmungslosen Kritik auszuweichen, indem wir seinen »Fall« personalisieren und psychologisieren. Doch so wie wir bei Feuerbach, Marx und Sigmund Freud hinter jeder Kritik, jeder Ablehnung, jeder Empörung über die Religion ein persönliches, oft dramatisches Schicksal verborgen sahen, so auch bei Friedrich Nietzsche. Und so wie uns das Leben jener drei großen Figuren der Weltgeschichte Respekt abnötigte, so auch das Leben dieses Pfarrerssohnes, der ohne Rücksicht auf die Kosten mit allem gebrochen hatte, was ihn an die Vergangenheit band; der seinen philosophischen Weg in unbedingter Redlichkeit ohne eine Spur von Opportunismus ging; der wenige Freunde hatte, aber auch von ihnen meist nicht verstanden wurde, ja schlimmer noch, der von den Freunden in dem, was er geschrieben hatte, weithin ignoriert zu werden schien.

Wird dadurch nicht etwas von der zunehmenden Aggressivität, Lautstärke, auch Lieblosigkeit verständlich bei diesem Menschen, der immer einsamer wurde, gefangen in einem Teufelskreis von Selbstisolation und Fremdisolation? Selbst seine Freunde verschweigen seine Philosophie, und die Universitäten nehmen sie überhaupt nicht zur Kenntnis: »Trotzdem bleibt wahr, daß ich fast jeden Brief, der mich seit Jahren erreicht, als einen Zynismus empfinde: es liegt mehr Zynismus im Wohlwollen gegen mich als in irgendwelchem Haß . . . Ich sage es jedem meiner Freunde ins Gesicht, daß er es nie der Mühe für wert hielt, irgendeine meiner Schriften zu *studieren*: ich errate aus den kleinsten Zeichen, daß sie nicht einmal wissen, was drin steht. Was gar meinen Zarathustra anbetrifft, wer von meinen Freunden hätte mehr darin gesehn, als eine unerlaubte, zum Glück vollkommen gleichgültige Anmaßung? . . . Zehn Jahre: und niemand in Deutschland hat sich eine Gewissensschuld daraus gemacht, meinen Namen gegen das absurde Stillschweigen zu verteidigen, unter dem er vergraben lag: ein Ausländer, ein Däne war es, der zuerst dazu genug Feinheit des Instinkts *und Mut* hatte, der sich über meine angeblichen Freunde empörte . . . An welcher deutschen Universität wären heute Vorlesungen über meine Philosophie möglich, wie sie letztes Frühjahr der damit noch einmal mehr bewiesene Psychologe Dr. Georg Brandes in Kopenhagen gehalten hat[1]?« Ob so betrachtet es allein bei Nietzsche lag, daß er, der tödlich Verletzte, so früh mitten aus seiner Arbeit heraus den Weg in die Umnachtung gehen mußte?

Ja, hier liegt die eigentliche *Tragik Friedrich Nietzsches.* »Seltsam zu denken: ein gesunder Nietzsche, nicht infiziert von einer geschlechtskranken Hure, hätte den Bezirk der Bücher und Pulte, der Hörsäle und Bibliotheken mit großer Wahrscheinlichkeit niemals verlassen«, schreibt Walter Jens. »Wie Kant die ›Kritik der praktischen Vernunft‹ in einer Königsberger Studierstube entwickelte ... wie Marx eine Philosophie, die darauf abzielt, die Theorie in der Praxis aufzuheben, im Britischen Museum durchdachte, so hätte der dritte der drei großen philosophierenden Praktiker seine Philosophie von der Umwertung aller Werte mit einigem Glück im Hörsaal auslegen können. Im Gespräch mit Studenten, und nicht in Hotelzimmern, im Gespräch mit sich selbst. – Daß ihm der Dialog in einer Schule vorenthalten war – ihm, der doch so brav und bürgerlich korrekt war –, daß er nur mittelbar, durch seine Schriften, wirken durfte, durch dürftige Ersatz-Kollegs, das ist Nietzsches eigentliche Tragik gewesen. Das ist der Grund, warum er Sokrates beneidete – und sogar Bismarck, der wenigstens einen Reichstag hatte, vor dem er seine Gedanken darlegen konnte. Nietzsche, ein Pastor ohne Kanzel. Ein Professor ohne Katheder[2].«

1. Nietzsche in der Kritik

Nietzsche wäre gerne Professor geblieben. Lieber Professor als – Gott: Nietzsches letzter wirrer, erschütternder Brief an den genialen Basler Jacob Burckhardt vom 6. Januar 1889, zwei Tage nach seinem Zusammenbruch, enthüllt den unerfüllt gebliebenen Wunsch des Gottlosen, dessen aus viel Not geborener Größenwahn schließlich in Gotteswahn umgeschlagen war: »Lieber Herr Professor, zuletzt wäre ich sehr viel lieber Basler Professor als Gott; aber ich habe es nicht gewagt, meinen Privat-Egoismus so weit zu treiben, um seinetwegen die Schaffung der Welt zu unterlassen. Sie sehen, man muß Opfer bringen, wie und wo man lebt[3].« Ein solches Ende sollte niemand apologetisch ausnützen. Es legt Fragen nahe, gewiß – aber nach beiden Seiten.

Ewige Wiederkunft des Gleichen?

»Es wird überhaupt zu viel Theater um Nietzsche gemacht. Die Nietzsche-Literatur ist zu einem guten Teil nicht viel anderes als gebranntes Wasser, Artistik und Interessantmacherei. Es wäre an der Zeit, daß das Geflirte um den Tiefsinn, Unsinn und Wahnsinn der Gedankenwelt Nietzsches zu Ende ginge. Nietzsche hat schon Unheil genug angerichtet. Soweit Deutschland reicht, verdirbt es die Kultur, hat er gemeint. Richtiger wäre es, zu sagen: Soweit Nietzsche reicht, verdirbt er die Philosophie. Ein junger Mensch, der über Nietzsche seine erste Berührung mit der Philosophie sucht, wird niemals lernen, klar, nüchtern, kritisch und vor allem sachlich zu denken, sondern wird bald beginnen, die Einseitigkeit und Subjektivität zu forcieren, Kraftsprüche zu machen und Diktate loszulassen. Das ist das Gegenteil von Philosophie. Allein, wenn die Dinge auch nicht so sind, wie sie sein sollen, Tatsache ist, daß Nietzsche eine ungeheure Gefolgschaft fand und daß wir geradezu von einer Nietzsche-Bewegung sprechen können.« So der katholische Philosoph Johannes Hirschberger[4]. Man kann die Auseinandersetzung um Nietzsche auch so sehen und – ihr ausweichen.

Gewiß, darin hat Hirschberger[5] recht: den verschiedenen *Nietzsche-Bewegungen* unseres Jahrhunderts wird man heute mehr denn je reserviert und skeptisch gegenüberstehen. Denn:

Vorbei ist die Zeit einer *ästhetisch-musischen Deutung Nietzsches* im Sinne des Stefan-George-Kreises (K. Hildebrandt, E. Bertram) zu Beginn des Jahrhunderts, der das heroisch-ästhetische Griechentum der Tragödie den Deutschen als Bildungsideal empfahl.

Desavouiert ist erst recht die *politisch-nationale Nietzsche-Deutung* jener populären Nazi-Propaganda nach 1933 und ihrer akademischen Version (besonders A. Baeumler): Wer könnte heute noch die blonde Bestie und die Brutalität der vornehmen Rasse verherrlichen oder auch nur heroischen Aktivismus, triebhafte Vitalität, permanenten Kampf, Lust an Opfer und Untergang?

Ist aber auch die *philosophisch-existentialistische Deutung* eines Karl Jaspers überholt? Hier wird man Hirschberger, der Jaspers einseitig interpretiert, kaum zustimmen können. Jaspers Nietzsche-Deutung – von Einseitigkeiten und Harmonisierungen abgesehen – dürfte dem authentischen Nietzsche näherkommen als frühere. Näher vermutlich auch als die eigenwillige Nietzsche-Deutung Martin Heideggers, der nach der Kehre von der Analyse des menschlichen Daseins zum Denken des Seins selbst nun Nietzsche – für ihn letzter Vertreter einer Metaphysik (des »Willens der Macht« und der »ewigen Wiederkunft des Gleichen«) – völlig im Lichte seines eigenen Seinsverständnisses interpretiert[6].

Zweifellos, die extreme Verschiedenheit der Nietzsche-Deutungen ist in Nietzsches Werk selbst begründet: Viele Aussagen widersprechen sich und machen es leicht, bestimmte Gedankenstränge herauszuoperieren und zu isolieren. Trotzdem ist nun gegenüber allzu seinsgewissen Neuscholastikern, die den Nihilismus nicht einmal als echtes Problem zu sichten vermögen, deutlich zu sagen: *Die Herausforderung des Nihilismus muß angenommen werden!* Nicht ein »Theater um Nietzsche«, sondern die ernste Grundlagenkrise der naiven Metaphysik präsentiert sich hier.

Man kann der entscheidenden Auseinandersetzung auch nicht ausweichen dadurch, daß man an sich berechtigte Einwände als *Ausflüchte* benützt:
die Ausflucht etwa, naturwissenschaftliche, soziologische, psychologische, philosophisch-theologische Unrichtigkeiten in Nietzsches Werk aufzuweisen und die mangelnde Methodik und philosophische Schulung zu rügen: Nietzsche war sich durchaus seines allzu begrenzten Wissens, insbesondere in den Naturwissenschaften und sogar in der Philosophie, bewußt, ersetzte aber manchen Mangel durch seine geniale kritische Intuition;
die Ausflucht, Nietzsche alle möglichen Widersprüche im Detail nachzurechnen: Bei einem so umfangreichen Werk, das vorwiegend aus Aphorismen und zuletzt nur aus unveröffentlichten Notizen und Augenblickseinfällen besteht, ist dies ein zu leichtes Spiel; Nietzsches Denken will als Ganzes verstanden werden;
die Ausflucht, Nietzsche rasch auf einen Widerspruch in der Grundkonzeption festzulegen: Auf die Behauptung etwa, Wiederkunftsgedanke und Übermenschgedanke widersprächen sich, läßt sich kurz antworten: auch der Übermensch, auch Zarathustra kommt wieder[7];
die Ausflucht schließlich, in Nietzsches umstrittenem Nachlaß nur die negativ-destruktiven Seiten – die absolute Sinnlosigkeit der Welt und den Willen zum Nichts – ernstzunehmen: Der »Wille zur Macht« darf nicht als »Verlegenheitsauskünftlein« abgetan werden, wie dies zum Beispiel Karl Schlechta tut[8].

Wilhelm Weischedel hat anders als Schlechta die positive Seite von Nietzsches Denken – nicht ganz zu Unrecht – so betont, als ob Nietzsche die Sinnlosigkeit nicht durchhalte, die Idee der ewigen Wiederkehr als letzten Sinn stabilisiere, das ewige Werden dem ewigen Sein angleiche und so dem Nihilismus entfliehe, statt ihn zu überwinden[9]. Ein Nihilist hat indessen wenig Schwierigkeiten, Widersprüche zuzugeben: Nietzsches Grundprinzip, der »Wille zur Macht«, ist aus seiner Natur heraus widersprüchlich. Wer Nietzsches Beschreibung des Lebens als eines pulsierenden, lebendigen, in sich komplexen und widersprüchlichen Werdens ernstnimmt, wird hier nicht unbedingt mangelnde Konsequenz feststellen; will doch die *Idee der ewigen Wiederkunft* kein kohärentes Werde- oder Seinsprinzip, sondern nur Ausdruck der Absurdität des ganzen Geschehens sein. Nietzsche ist damit dem Nihilismus nicht enflohen. Freilich: Ist er durch ihn hindurchgegangen? Die ewige Wiederkehr ist und bleibt eben doch *ambivalent*: »das Dasein, so wie es ist, ohne Sinn und Ziel aber unvermeidlich wiederkehrend, ohne ein Finale ins Nichts . . . Das ist die extremste Form des Nihilismus: das Nichts (das ›Sinnlose‹) ewig[10]!«

Lou von Salomé, der Nietzsche den Wiederkunft-Gedanken als erster anvertraut hatte, berichtet von dieser Ambivalenz: »Unvergeßlich sind mir die Stunden, in denen er ihn mir zuerst, als ein Geheimnis, als etwas, vor dessen Bewahrheitung und Bestätigung ihm unsagbar graue, anvertraut hat: nur mit leiser Stimme und mit allen Zeichen des tiefsten Entsetzens sprach er davon. Und er litt in der Tat so tief am Leben, daß die Gewißheit der ewigen Lebenswiederkehr für ihn etwas Grauenvolles haben mußte. Die Quintessenz der Wiederkunftslehre, die strahlende Lebensapotheose, welche Nietzsche nachmals aufstellte, bildet einen so tiefen Gegensatz zu seiner eigenen qualvollen Lebensempfindung, daß sie uns anmutet wie eine unheimliche Maske. – Verkündiger einer Lehre zu werden, die nur in dem Maße erträglich ist, als die Liebe zum Leben überwiegt, die nur da erhebend zu wirken vermag, wo der Gedanke des Menschen sich bis zur Vergötterung des Lebens aufschwingt, das mußte in Wahrheit einen furchtbaren Widerspruch zu seinem innersten Empfinden bilden, – einen Widerspruch, der ihn endlich zermalmt hat. Alles, was Nietzsche seit der Entstehung seines Wiederkunfts-Gedankens gedacht, gefühlt, gelebt hat, entspringt diesem Zwiespalt in seinem Inneren, bewegt sich zwischen dem ›mit knirschenden Zähnen dem Dämon der Lebensewigkeit fluchen‹ und der Erwartung jenes ›ungeheuren Augenblicks‹, der zu den Worten die Kraft gibt: ›du bist ein Gott und nie hörte ich Göttlicheres!‹ – Je höher er sich, als Philosoph, zur vollen Exaltation der Lebensverherrlichung erhob, je tiefer litt er, als Mensch, unter seiner eigenen Lebenslehre[11].«

Zur Begründung der Wiederkunfts-Idee fügt Lou von Salomé hinzu: »Damals war . . . die Wiederkunfts-Idee für Nietzsche noch keine Überzeugung geworden, sondern erst eine Befürchtung. Er hatte die Absicht, ihre Verkündigung davon abhängig zu machen, ob und wie weit sie sich wissenschaftlich werde begründen lassen. Wir wechselten eine Reihe von Briefen über diesen Gegenstand, und immer ging aus Nietzsches Äußerungen die irrtümliche Meinung hervor, als sei es möglich, auf Grund physikalischer Studien und der Atomenlehre, eine wissenschaftlich unverrückbare Basis dafür zu gewinnen. Damals war es, wo er beschloß, an der Wiener oder Pariser Universität zehn Jahre ausschließlich Naturwissenschaften zu studieren. Erst nach Jahren absoluten Schweigens wollte er dann, im Fall des gefürchteten Erfolgs, als der Lehrer der ewigen Wiederkunft unter die Menschen treten[12].«

Nietzsches Befürchtung, der verhängnisvolle Gedanke werde sich aufgrund der atomistischen Theorie als richtig erweisen, bestätigte sich nicht. Aber: »Was wissenschaftlich erwiesene Wahrheit werden sollte, nimmt den Charakter einer mystischen Offenbarung an, und fürderhin gibt Nietzsche seiner Philosophie überhaupt als endgültige Grundlage, anstatt der wissenschaftlichen Basis, die innere Eingebung – seine eigene persönliche Eingebung[13].« Selbst Nietzsches Freund Peter Gast zeigte sich gegenüber der Wiederkunfts-Idee zurückhaltend, Overbeck hielt sie für eine Verstiegenheit. Konnte sie sich durchsetzen? Karl Jaspers hat Nietzsches Gründe für die Wiederkunftslehre eingehend untersucht, differenziert und sie allesamt nicht überzeugend gefunden[14]. Man wird ihm zunächst zustimmen müssen, wenn er einige Jahre später schrieb: »Aber an die ewige Wiederkehr, an Nietzsches Dionysos und den Übermenschen hat noch niemand eigentlich geglaubt. Die außerordentliche Unbestimmtheit von ›Leben‹, ›Stärke‹ und ›Wille zur Macht‹ scheint deren Sinn sich ständig verschieben zu lassen[15].«

Nietzsche wollte den Nihilismus hinter sich lassen, aber doch nicht zur jüdisch-christlichen Auffassung von der Geschichte als einem sinnvollen, zusammenhängenden, weiterführenden, zielgerichteten Geschehen zurückkehren. Seine Alternative: Er greift auf den Mythos zurück! Auf jenen einen *uralten Menschheitsmythos*, der sich in allgemeiner Fassung ebenso in der ältesten indischen wie in der ältesten germanischen Überlieferung findet: »Der Glaube an die periodische Zerstörung und Schöpfung des Weltalls findet sich schon im ›Altharva Veda‹. Die Bewahrung ähnlicher Vorstellungen in der germanischen Überlieferung (Weltbrand, ragnarök, dem eine neue Schöpfung folgt) bekräftigt die indo-arische Struktur dieses Mythos . . .[16].« Weiter findet sich dieser Mythos nicht nur in Buddhismus und Jainismus, sondern auch – wohl unter östlichem Einfluß – bei den von Nietzsche hochgeschätzten Vorsokratikern, deutlich vor allem im primitiven Pythagoreismus, modifiziert auch bei Platon und wiederum sehr klar im Neupythagoreismus, mit vielen Nachwirkungen dann in Mittelalter und Neuzeit (zur Zeit Nietzsches in physikalisch-mechanischer Gestalt bei Louis A. Blanqui, Gustave Le Bon, Jean-Marie Guyau). Nach dem amerikanischen Religionswissenschaftler Mircea Eliade ist dieser Mythos »ein äußerster Versuch zur ›Statisierung‹ des Werdens, zur Annullierung der Unumstößlichkeit der Zeit«[17].

Freilich: *beweisen läßt sich diese zyklische Auffassung nicht.* Und sie kann uns in etwa auch gleichgültig sein; denn ob der Mensch einmal oder unendliche Male in völlig gleicher Weise da ist, wird ihm ja nicht bewußt und läuft so auf dasselbe hinaus. Gewiß, niemand bezweifelt eine allgemeine Periodizität in der Natur, nach der sich wesentliche Abläufe wie Gestirnsbewegungen, Jahreszeiten, Tag und Nacht immer wiederholen; doch wiederholen sich hier gerade nicht die konkreten Details. Und wissenschaftlich völlig unverifizierbar ist die weit darüber hinausgehende Auffassung von der ewigen Wiederkehr des Gleichen, nach welcher jedes Ereignis im Universum mit allen seinen Details und in seinem ganzen kosmischen Zusammenhang unendliche Male exakt gleich ablaufen wird, wie es schon in der Vergangenheit unendliche Male abgelaufen ist. Zu dieser Auffassung sagt der amerikanische Philosoph Milič Čapek: »Die Annahme einer völlig identischen Wiederholung der kosmischen Situation macht die Theorie aus ihrem inneren Wesen heraus unverifizierbar . . . Die ewige Wiederkehr wird abgelehnt von allen Denkern, die auf die Unumkehrbarkeit des Werdens, auf echte Neuheit und Unvergänglichkeit der Vergangenheit Gewicht legen [18].« Die ewige Wiederkehr ist ein Mythos und dient Nietzsche faktisch nach dem Verlust aller Religion als *Religionsersatz*, ja, wie er selbst sagt, als »Religion der Religionen« [19]. Diese »Religion der Religionen«, die alle Religion aufnehmen, auflösen, aufheben soll, wird selbstverständlich atheistisch verstanden. Selbstverständlich?

Atheismus begründet?

Hat Nietzsche seinen Atheismus eigentlich begründet? Wir haben diese Frage an Feuerbach, Marx und Freud gestellt und mußten sie überall verneinen. Feuerbachs Atheismus war ein auf den Kopf gestellter Hegelianismus, Marx' Religionskritik setzte Feuerbach voraus und Freud seinerseits alle großen Unglaubensgenossen des 19. Jahrhunderts. Nicht anders Nietzsche. Auch er hat – sieht man ein wenig nüchtern hinter die Maske des Prophetischen, Visionären, Pathetischen, Predigerhaften – seinen Atheismus *nicht eigentlich begründet, sondern als gegeben vorausgesetzt.*

»Die Menschen haben Gott geschaffen« [20]; »Ein Volk . . . projiziert seine Lust an sich, sein Machtgefühl in ein Wesen, dem man dafür danken kann« [21]: hier spricht ein gelehriger Schüler Ludwig Feuerbachs. Das Christentum? Lauter imaginäre Ursachen, lauter imaginäre Wirkungen, lauter imaginäre Wesen, imaginäre Naturwissenschaft, imaginäre Psychologie! Hier nimmt der Philosoph voraus, was der Psychoanalytiker später eingehend untersuchen wird: Das Christentum ist eine reine Fiktionswelt. Aber diese »unterscheidet sich dadurch sehr zu ihren Ungunsten von der Traumwelt, daß letztere die Wirklichkeit *widerspiegelt*, während *sie* die Wirklichkeit fälscht, entwertet, verneint« [22]. Doch auch hier wird nicht eigentlich begründet, sondern einfach behauptet.

Man muß allerdings sehen: Die Frage der Begründung seines Atheismus hat Nietzsche gar nicht interessiert. Nicht um einen Beweis der Nicht-Existenz Gottes ging es ihm, allenfalls um eine historische Widerlegung des Gottesglaubens. Denn für ihn war mit der Antwort auf die Frage »Woher kommt der Gottesglaube?« – genauso wie bei Feuerbach, Marx und Freud – auch dieser Glaube selber erledigt. Eine Tatsache, die schon recht früh für Nietzsche feststand, wie bereits seine Schrift »Morgenröte« (1881) belegt: »*Die historische Widerlegung als die endgültige.* – Ehemals suchte man zu beweisen, daß es keinen Gott gebe, – heute zeigt man, wie der Glaube, daß es einen Gott gebe, *entstehen* konnte und wodurch dieser Glaube seine Schwere und Wichtigkeit erhalten hat: Dadurch wird ein Gegenbeweis, daß es keinen Gott gebe, überflüssig. – Wenn man ehemals die vorgebrachten ›Beweise vom Dasein Gottes‹ widerlegt hatte, blieb immer noch der Zweifel, ob nicht noch bessere Beweise aufzufinden seien als die eben widerlegten: damals verstanden die Atheisten sich nicht darauf, reinen Tisch zu machen[23].«

Woher kommt *der Gottesglaube* nach Nietzsche? Seine Deutung ist unterschiedlich, hat eine erkenntnismäßige und eine praktische Seite: Auslegung unerklärbarer Naturvorgänge einerseits, Begründung sittlichen Handelns andererseits. Entscheidend indessen kommt der Gottesglaube für Nietzsche aus zwei Quellen: dem Machtgefühl und dem Ohnmachtgefühl des Menschen, beide Gefühle verstanden als psychologische Vorgänge, die es in ihrer »psychologischen Logik« aufzuhellen gilt. Denn: »Das *Gefühl der Macht*, wenn es plötzlich und überwältigend den Menschen überzieht ... erregt ihm einen Zweifel an seiner Person: er wagt sich nicht als Ursache dieses erstaunlichen Gefühls zu denken – und so setzt er eine *stärkere* Person, eine Gottheit für diesen Fall an. *In summa:* der Ursprung der Religion liegt in den extremen Gefühlen der Macht, welche, als *fremd* den Menschen überraschen ... Die Religion ist ... eine Art *Furcht*- und *Schreckgefühl* vor sich selbst ... Aber ebenso ein außerordentliches *Glücks*- und *Höhengefühl*[24].« Machtgefühle also einerseits, Ohnmachtsgefühle andererseits: denn aus dem Gefühl der Selbstverneinung und der Dekadenz wirft der Mensch »alles Nein, das er zu sich selbst, zur Natur, Natürlichkeit, Tatsächlichkeit seines Wesens sagt, aus sich heraus ... als Gott«[25].

Für Nietzsche ist damit der Gottesglaube als Irrtum durchschaut, die Religion als Erfindung entlarvt, der Atheismus selbstverständlich – mit den entsprechenden Konsequenzen. Besonders entschieden lehnt Nietzsche dabei den Gottesglauben christlicher Provenienz ab: Daß Gott nicht existiert, hält Nietzsche für ausgemacht, aber selbst wenn die Existenz Gottes bewiesen werden könnte, würde das nichts ändern: der *Gott des Christentums bleibt unannehmbar*! »Das ist es nicht, was *uns* abscheidet, daß wir keinen Gott wiederfinden, weder in der Geschichte, noch in der Natur, noch hinter der Natur – sondern daß wir, was als Gott verehrt wurde, nicht als ›göttlich‹, sondern als erbarmungswürdig, als absurd, als schädlich empfinden, nicht nur als Irrtum, sondern als *Verbrechen am Leben* ... Wir leugnen Gott als Gott ... Wenn man uns diesen Gott der Christen *bewiese*, wir würden ihn noch weniger zu glauben wissen[26].« Das Wesen Gottes ist gleichsam der Gegenbeweis zu Gottes Existenz.

Aber ein letztes Zweifeln und Sehnen, wir sahen es, bleibt dem Atheisten, wie nicht nur das »Lied des Zauberers« und dann die »Klage der Ariadne« beweisen. Nietzsches Gottlosigkeit war Erschütterung, Qual und Sehnsucht in einem. Besonders im Nachlaß finden sich Notizen wie: »Im Grunde ist ja nur der moralische Gott überwunden. Hat es einen Sinn, sich einen Gott ›jenseits von Gut und Böse‹ zu denken[27]?« Nietzsche, immer wieder alles neu hinterfragend, scheint hier an eine ewige Wiederkehr im pantheistischen Kontext zu denken. Bei anderer Gelegenheit spricht er von einem Gott als Ausprägung des Willens zur Macht: »Die einzige Möglichkeit, einen Sinn für den Begriff ›Gott‹ aufrechtzuerhalten, wäre: Gott *nicht* als treibende Kraft, sondern Gott als *Maximal-Zustand*, als eine Epoche – ein Punkt in der Entwicklung des Willens zur Macht[28].« Aber was wäre das noch für ein Gott? Aus solchen vereinzelten und vieldeutigen Sätzen läßt sich keine große Argumentation aufbauen oder gar Nietzsches Atheismus in Frage stellen. Viel wichtiger ist es, gerade für Christen, Nietzsches Kritik am Gottesglauben und am Christentum überhaupt ganz ernstzunehmen. Nicht so sehr Nietzsches positive »Lösungen« – Wille zur Macht, dionysisches Leben, ewige Wiederkehr, Übermensch: alles Ersatzprodukte für den toten Gott – fordern Christen heraus, sondern seine radikalen Infragestellungen, vollzogen im bewußten Willen zur Gottlosigkeit und reinen Diesseitigkeit: »Wenn es Götter gäbe, wie hielte ich's aus, kein Gott zu sein! Also gibt es keine Götter[29].«

2. *Was Christen lernen können*

Sicher: Christen brauchen keineswegs alles zu akzeptieren, was Nietzsche an Kritik vorbringt. Und bei allem Respekt vor seiner Wahrheitsleidenschaft: Nietzsches Wahrheiten sind zu oft Halbwahrheiten. Seine Kenntnisse in Theologie und Kirchengeschichte entsprechen nicht der Schwere seiner Anklagen. Viele Passagen, besonders im historisch-exegetisch orientierten »Antichrist«, sind mehr Pamphlet denn ruhige Untersuchung; Nietzsches Sprache der Empörung und Verachtung will verletzen. Und bei aller Anerkennung seiner Wahrhaftigkeit: Seine Entgleisungen sind manchmal peinlich, Pauschalurteile und Etiketten nehmen überhand, antichristlicher Fanatismus trübt das Urteil. Selbst seine Komplimente für die antidemokratische Rangordnung der römischen Hierarchie, ihren Willen zur Macht und ihre aristokratischen Herrscherallüren, aber auch für Jesuiten, Zölibat und Beichte sind fragwürdig. Und fragwürdig sind erst recht seine Invektiven gegen Luther als den Verderber der heidnischen Renaissance, den Plebejer und Rüpel, den beredtesten und unbescheidensten Bauern Deutschlands, der in allen kardinalen Fragen der Macht verhängisvoll kurz, oberflächlich, unvorsichtig angelegt sei: »Luther, dies Verhängnis von Mönch, hat die Kirche, und, was tausendmal schlimmer ist, das Christentum wiederhergestellt, im Augenblick, *wo es unterlag*[1].« Was sagen zu all dem? Einzelwiderlegungen würden Bücher füllen und sich doch nicht lohnen. Es geht ja auch nicht um das Detail, sondern um das Ganze. Vereinzelte positive Äußerungen über Kirche und Priester fallen gar nicht ins Gewicht gegenüber Nietzsches totaler Destruktion des gewordenen Christentums[2].

Der einzig wahre Christ?

Entschiedene Absage an das Christentum jedenfalls, aber überraschenderweise doch Respekt vor dem, auf dessen Person und Sache das Christentum sich beruft: *Jesus von Nazaret*. Gewiß, auch er wird schließlich von Nietzsche als der – immerhin »interessanteste« – »décadent«[3] abgelehnt, doch ohne die in Sachen Christentum sonst üblichen Haßtiraden und Ekelgefühle. Bei seinem Versuch der Evangelienkritik meint Nietzsche, einen fundamentalen Widerspruch feststellen zu müssen: Da ist der »Berg-, See- und Wiesenprediger, dessen Erscheinung wie ein Buddha auf einem sehr wenig indischen Boden anmutet«, und da ist der »Fanatiker des Angriffs, der Theologen- und Priester-Todfeind«[4]. Nietzsche ist der Meinung, daß der Typus des Fanatikers erst später durch die christliche Propaganda »auf den Typus des Meisters übergeflossen« sei[5].

Was Nietzsche an Jesus eigentlich interessiert, ist »das Problem der *Psychologie des Erlösers*«[6]. Begriffe wie »Held« und »Genie« passen auf ihn nicht: da wäre »ein ganz andres Wort eher noch am Platz: das Wort Idiot«[7]. Eine merkwürdige Übereinstimmung mit Dostojewskis Christus-Deutung liegt hier vor, obwohl Nietzsche Dostojewskis Roman »Der Idiot« vermutlich nicht gelesen hat. »Idiot« – das heißt »Instinkthaß gegen *jede* Realität, die Flucht ins ›Unfaßliche‹, ins ›Unbegreifliche‹, als Widerwille gegen jede Formel, jeden Zeit- und Raumbegriff, gegen alles, was fest, Sitte, Institution, Kirche ist«[8]. Die »gute Botschaft« dieses »Frohen Botschafters« besteht nämlich darin, daß es keine Gegensätze mehr gibt: die Grenzen zwischen Juden und Nichtjuden, Fremden und Einheimischen sind gefallen, ja sogar die zwischen Gott und Mensch. Begriffe wie Schuld, Strafe und Lohn gibt es nicht: die »Seligkeit wird nicht verheißen, sie wird nicht an Bedingungen geknüpft: sie ist die *einzige* Realität – der Rest ist Zeichen, um von ihr zu reden«[9]. Das Himmelreich dieses »großen Symbolisten« ist ein »Zustand des Herzens – nicht etwas, was ›über der Erde‹ oder ›nach dem Tode‹ kommt . . . es ist überall da, es ist nirgends da«[10]. Die Praxis ist es von daher, die die Christen unterscheidet, nicht der Glaube: kein Widerstand gegen das Böse, keine Verteidigung seiner Rechte trotz Verleumdung und Hohn, passives Hinnehmen alles dessen, was geschieht. Deshalb stirbt dieser Jesus von Nazaret am Kreuz wie er lebte: »Er bittet, er leidet, er liebt *mit* denen, *in* denen, die ihm Böses tun . . . *nicht* sich wehren, *nicht* zürnen, *nicht* verantwortlich-machen . . . Sondern auch nicht dem Bösen widerstehen – ihn *lieben* . . .[11].«

Das ist das nicht unsympathische Bild des Jesus von Nazaret. Klar ist für Nietzsche, daß die Botschaft eines »solchen Symbolisten par excellence«, der nur vom Innersten, vom Leben, von der Wahrheit, vom Licht gesprochen hatte und für den die übrige Realität nur den Wert eines Zeichens, eines Gleichnisses hatte, sich nicht auf Formeln, Dogmen und Lehren bringen läßt. Klar auch, daß die Jünger ihn erst verstanden, als sie ihn in bekannte Formen einordnen konnten: Prophet, Messias, zukünftiger Richter, Morallehrer, Wundermann. Doch schon das war eine Verzerrung, ein Mißverständnis. Und die ganze Geschichte des Christentums, das sich zunehmend vulgarisierte, barbarisierte, Lehren und Riten aller unterirdischen Kulte des Imperium Romanum aufnahm, erwies sich als eine Geschichte des »schrittweise immer größeren Mißverstehns eines *ursprünglichen* Symbolismus« [12]. Aus der Lebenspraxis Jesu wurde ein Glaube und aus dem Glauben eine Lehre. Man denke nur, was die Christen (vor allem Paulus) aus dem Kreuz gemacht haben. Im Zeichen dieses Kreuzes, das für Jesus gerade die stärkste Probe seiner Lehre von der Liebe war, wurde Rache gepredigt, Vergeltung, Strafe, Gericht: die Frohbotschaft wurde zur Drohbotschaft. Jetzt wurde auch der Typus des Fanatikers Jesus geschaffen: Jetzt »trug man die ganze Verachtung und Bitterkeit gegen Pharisäer und Theologen in den Typus des Meisters ein – man *machte* damit aus ihm einen Pharisäer und Theologen« [13]!

Schwarz-weiß-Malerei? Sicher, aus heutiger Perspektive wird man diese Art von Geschichtsschreibung und Exegese kritisch beurteilen müssen. Aber ist für Christen, die sich von ihrem Christus Jesus her verstehen, nicht entscheidender, mit welchem Respekt hier die Figur, die Botschaft Jesu Christi herausgearbeitet ist, auch wenn man mit dem Gesamtbild nicht einverstanden sein kann? Wird nicht, für viele Christen beschämend, im Munde dieses Atheisten und Nihilisten der Botschafter in einzelnen Zügen vielleicht glaubwürdiger verkündet, als dies bei vielen Christen geschieht? Wie viele Christen fragen schon nach dem ursprünglichen Christentum? Der Hauptvorwurf, von Nietzsche überzogen, verdient doch alle Beachtung: »Ich erzähle die *echte* Geschichte des Christentums – das Wort schon ›Christentum‹ ist ein Mißverständnis, im Grunde gab es nur einen Christen, und der starb am Kreuz. Das ›Evangelium‹ *starb* am Kreuz. Was von diesem Augenblick an ›Evangelium‹ heißt, war bereits der Gegensatz dessen, was *er* gelebt: eine ›*schlimme* Botschaft‹, ein *Dysangelium*. Es ist falsch bis zum Unsinn, wenn man in einem ›Glauben‹, etwa im Glauben an die Erlösung durch Christus das Abzeichen des Christen sieht: bloß die christliche *Praktik*, ein Leben so wie der, der am Kreuze starb, es *lebte*, ist christlich . . . [14].«

Und man höre und staune, auch das steht im »Antichrist«: »Heute noch ist *solches* Leben möglich, für *gewisse* Menschen sogar notwendig: das echte, das ursprüngliche Christentum wird zu allen Zeiten möglich sein [15].« Sind Christen hier nicht herausgefordert, immer wieder ihren Anspruch kritisch mit der Wirklichkeit zu vergleichen, Theorie und Praxis glaubwürdig zur Deckung zu bringen, sich am Ursprung, an Jesus selbst, zu messen?

Christsein und Menschsein?

Der »Antichrist« ist offensichtlich mehr Anti-Christ denn Anti-Christus: eine Provokation für Christen, die heilsam sein kann. Man braucht nur einige charakteristische Stichworte in Erinnerung zu rufen, um genügend

Stoff zur kritischen Überlegung zu haben.

Erstens: was ist wahr an Nietzsches *Kritik an der Kirche?* Kirche als Herrschaftsgebilde über die Seelen der Menschen, eine verlogene Art von Staat? Kirche im Gegensatz zum Evangelium Jesu und zur freimütigen, rechtschaffenen Menschlichkeit? Kirche im Kampf gegen alle Größe des Menschen, darauf bedacht, sich unentbehrlich zu machen? Kirche als Ort psychologischer Falschmünzerei, die die Natur-Werte des Lebens entwertet und sich ins Einzelleben der Menschen einmischt? Kirchen als Grabmäler Gottes, lebensfremd, unbeweglich, starr . . . ?

Zweitens: was ist wahr an der *Kritik am Priestertum?* Priester als die großen Hasser in der Weltgeschichte? Die geschicktesten bewußten Heuchler? Vergifter des Lebens, Parasiten, die von den Sünden leben, von Angst- und Schuldgefühlen der Menschen? Die die Sinnlichkeit ebenso wie die Wissenschaft fürchten, die Freiheit ebenso unterdrücken wie das Leben? Priester – allzulange der falsche oberste Typus, das Ideal des Menschen . . . ?

Drittens: was ist wahr an Nietzsches *Kritik am Gottesbegriff?* Jenem Gottesbegriff, geboren aus dem Ressentiment und der Kleine-Leute-Moralität, das Oberhalb dieser erbärmlichen Eckensteher-Moral von Gut und Böse? Jenem Gottesbegriff, aus dem man alles Starke, Tapfere, Heroische, Stolze eliminiert hat und der Gott zu einem Gott der Schwachen, Kranken und Dekadenten gemacht hat, zu einem Arme-Leute-Gott, Sünder-Gott, Kranken-Gott? Was ist wahr an der Kritik Friedrich Nietzsches, der überall in der Rede von »Gnade«, »Vorsehung«, »Heilserfahrung« den »Mißbrauch der göttlichen Fingerfertigkeit« sieht? Der den Gott »absurd« findet, der zur rechten Zeit vom Schnupfen kuriert oder uns in dem Augenblick in die Kutsche steigen läßt, wo gerade ein großer Regen losbricht? Ein Gott also, der mehr »Dienstbote«, »Briefträger«, »Kalendermann« ist: im Grunde ein Wort für die dümmste Art aller Zufälle? Wird man nicht zugeben müssen, daß diese Kritik an Gott um des Menschen willen geübt wird: um gegen ein lähmendes Wissen, eine kleinliche moralische Beaufsichtigung, eine erdrückende Liebe Gottes die menschliche Identität zu bewahren? Entledigte sich Nietzsche also nicht Gottes um des Menschen willen: Gottlosigkeit nicht als Selbstzweck, sondern als Vorkehrung gegen die das Menschsein abwertende Gottgläubigkeit? Kann die Unmittelbarkeit des Menschseins nicht von einer religiös bedingten Entfremdung bedroht sein?

Man wird jedoch noch mehr sagen müssen:

Wenn Christentum wirklich das *wäre,* als was es Nietzsche sah, dann würde man es heute mit guten Gründen ablehnen dürfen, ablehnen müssen:

Wenn »Gott« nur der Gegensatz-Begriff zum Leben wäre und in ihm alles Schädliche, Vergiftende, Verleumderische, die ganze Todfeindschaft gegen das Leben in eine entsetzliche Einheit gebracht wäre;

wenn der Begriff »Jenseits« oder »wahre Welt« erfunden wäre, um die einzige Welt zu entwerten, die es gibt, um kein Ziel, keine Vernunft, keine

Aufgabe für unsere Erden-Realität übrig zu behalten;
wenn der Begriff »Seele« oder »Geist« oder zuletzt gar noch »unsterbliche Seele« erfunden wäre, um den Leib zu verachten, um ihn krank, »heilig«, zu machen, um allen Dingen, die Ernst im Leben verdienen, also den Fragen von Nahrung, Wohnung, Krankenbehandlung, Reinlichkeit, Wetter, einen schauerlichen Leichtsinn entgegenzubringen;
wenn statt Gesundheit das »Heil der Seele« als ein verrückter Zirkel, eine »folie circulaire« zwischen Bußkrampf und Erlösungshysterie gesetzt wäre;
wenn der Begriff »Sünde« ebenso wie der des »freien Willens« erfunden wäre, um die Instinkte zu verwirren und das Mißtrauen gegen sie zur zweiten Natur zu machen;
wenn im Begriff des »Selbstlosen«, des »Sich-selbst-Verleugnenden« das eigentliche Décadence-Abzeichen enthalten wäre;
wenn die Selbstzerstörung zum Wertzeichen überhaupt, zur »Pflicht«, zur »Heiligkeit«, zum »Göttlichen« im Menschen gemacht wäre;
wenn endlich im Begriff des »guten Menschen« die Partei aller Schwachen, Kranken, Mißratenen, An-sich-selber-Leidenden genommen wäre gegen den ja-sagenden, zukunftsgewissen, zukunftsverbürgten Menschen;
wenn das alles also die christliche Moral wäre [16],
dann, ja dann müßte man auch mit Nietzsche Voltaires »Ecrasez l'infâme!« mitunterschreiben. Dann, ja dann müßte man mit »Dionysos gegen den Gekreuzigten« [17] sein. Dann könnte man nicht mehr Christ, sondern nur noch Anti-Christ sein.

Wie oft aber hat sich das Christentum – in einem bestimmten Protestantismus und Katholizismus – tatsächlich so präsentiert, wie es Nietzsche sah, der das Christentum vor allem durch ein protestantisches Pfarrhaus, ein christliches Internat und die Philosophie Schopenhauers kennengelernt hatte? Und wie oft wird es in den Kirchen noch heute so gepredigt, empfohlen, gelebt?

Nur das eine kann hier dagegengehalten werden: Christentum muß nicht so gesehen werden! Ja, vom richtig verstandenen Christus Jesus her darf es nicht so gesehen werden! Denn von diesem her gilt: Kein Christsein ohne Menschsein. Kein Christsein auf Kosten des Menschseins. Kein Christsein neben, über oder unter dem Menschsein. Sondern Christsein als radikales, als wahrhaft menschliches Menschsein, sofern es nämlich das Menschlich-Allzumenschliche sogar in aller Negativität voll einzubeziehen vermag [18].

3. *Was Nichtchristen lernen können*

Nichtchristen? Können auch Nichtchristen von Nietzsche lernen? Die Frage mag den überraschen, der allzu sicher wußte, woran er mit Nietzsche war. Die Frage soll den überraschen, der über die Konsequenzen sich nicht im klaren ist, die ein Sich-Einlassen auf Nietzsche bedeuten. Wie keiner vor ihm hat Nietzsche die Grundlagen menschlichen Erkennens und Handelns angebohrt und angezweifelt, keiner kommt ihm an Schärfe, Tiefe und Radikalität des denkerischen Ansatzes gleich, nicht Feuerbach, nicht Marx und auch nicht Freud, am ehesten Pascal. Hätte man nicht die Folgen insbesondere des von Nietzsche analysierten Nihilismus rechtzeitig bedenken müssen?

Folgen des privaten Nihilismus

Nach alldem, was wir zum Kampf Nietzsches gegen das Christentum zu berichten hatten, ist eines überdeutlich: Mit der ganzen Leidenschaft, die in ihm steckt, bekämpft Nietzsche eine bestimmte Art von Mensch, den kranken, leidenden, niedrigen, mittelmäßigen Menschen. Dieser ist der Typus des Zerfalls, der Zersetzung und der Schwäche. Also Umwertung der Werte, Wille zur Macht gerade hier. Die Natur, darwinisch gesehen, ist die Vorlage, nach der Nietzsche sein Menschenbild zeichnet: »Das grandiose Vorbild: der Mensch in der Natur – das schwächste, klügste Wesen sich zum Herrn machend, die dümmeren Gewalten sich unterjochend[19].«

Wir hörten es: nirgendwo deutlicher sah Nietzsche den Typus, den er verachtete, mehr verwirklicht als im Christentum mit seinem »Gott am Kreuz«, wo »alles was leidet, alles was am Kreuz hängt« für *»göttlich«* erklärt[20] wird. Und wer wollte gerade als Christ heute behaupten, dieses Bild Nietzsches von einem leidenden, schuldbewußten, niedrigen, schwächlichen, »typischen« Christen sei einfach ein Zerrbild? Freilich, auch Christen haben dazugelernt: Auch im Bereich des Christlichen wird heute nicht mehr einfach der Duckmäuser herangebildet, der Schwächliche, der Mittelmäßige, der Verklemmte, der Schuldbewußte. Aber – und das muß jetzt die Rückfrage an Nietzsche sein – wie steht es mit der Gegenfigur, die er als Alternative seit dem »Zarathustra« nicht müde wird, zu propagieren, preisen, feiern: mit dem Übermenschen? Ist es denn der Übermensch oder zumindest der Machtmensch, der heute angestrebt, gezüchtet werden soll? Der nach Nietzsche den Pöbel verachtet und sich zu den physisch und geistig Starken, den Vornehmen, Aristokraten, Privilegierten zählt? Der, gewiß schonungslos auch gegen sich selbst, vernichten will, was mittelmäßig, und pflegen, was Härte und Grausamkeit verspricht? Der als Raubtier unter der Devise »gefährlich leben« ohne Rücksicht auf Opfer seine Interessen verfolgt, wenn dies die Macht nur nährt, dem Leben nützt, der Herrschaft dienlich ist? Der einfach standhält seinem Schicksal bis hinein in den sinnlosen Untergang?

In der zweiten Hälfte des 20. Jahrhunderts nun ist diese Art Mensch nur zu wohl bekannt: Menschen ohne Gott, deren Beziehungen untereinander bis in den privaten Bereich hinein verdinglicht sind, von Funktions- und Gebrauchswert bestimmt, von Machtinteressen geleitet: der Schwache überall das Opfer der Stärkeren, Überlegeneren, Skrupelloseren. Der Sinnhorizont in der Tat weggewischt, keine obersten Werte mehr, keine verbindlichen Normen, keine zuverlässigen Leitbilder, keine absolute Wahrheit. Bestimmt hier faktisch nicht ein Nihilismus der Werte das menschliche Verhalten? Ist somit nicht eingetroffen, was Nietzsche, hellsichtiger als viele vor ihm, vorausgesehen hat? Nur, es ist oft ein leiser, verborgener, unpathetischer Nihilismus – ohne das Pathos eines Zarathustra, doch nicht weniger gefährlich. Einem lauten, öffentlichen Nihilismus stehen heute viele mißtrauisch gegenüber, und kein Politiker etwa könnte ihn sich leisten. Den leisen, privaten Nihilismus aber gestattet man sich, arglos oft, harmlos, erst sehr spät die Folgen erkennend. Denn nachdem in der Kriegs- und Nachkriegszeit so viele Tabus gebrochen, Traditionen verschwunden, Konventionen gefallen, Humanismen entleert worden sind, weiß man in so vielen Familien bei allem Wohlstand und aller Bildung oft nicht mehr, an welche Werte, Leitbilder, Ideale, Normen, Wahrheit sich die Eltern halten und woraufhin sie ihre Kinder erziehen sollen: Entwertung (oft gar ohne Umwertung) der Werte, deren Verlust dann bemerkt, aber nur schwer rückgängig gemacht werden kann. In Erziehung, Bildung, Wirtschaft, Wissenschaft, Staat ein klein- oder großbürgerlich gelebter, schwächlicher, nur halb bejahter, »unvollständiger Nihilismus ... Wir leben mitten drin[21].«

Aber manchmal auch mehr: Der Nihilismus zeigt viele Gesichter, vom blasierten intellektuellen Skeptizismus bis hin zum gewalttätigen politischen Anarchismus. Es hat fraglos nicht nur mit einem ganzen Bündel von sozialen Faktoren, sondern schließlich auch mit einer nihilistischen Orientierungs- und Normenlosigkeit zu tun, wenn die Zahl der Diebstähle, Raubtaten, Gewaltverbrechen, Morde durch Kinder, Jugendliche, Studenten (immer mehr auch weiblichen Geschlechtes) erschreckend zugenommen hat, wenn die Zahl der Drogensüchtigen, Drop-outs, Selbstmorde im letzten Jahrzehnt gewaltig angestiegen ist, die Ideologieanfälligkeit sich oft bis zur Wahnbildung gesteigert hat. Das »Sinndefizit« und »Sinnvakuum« wird in der westlichen Wohlstandsgesellschaft schon längst nicht mehr nur im »absurden Theater« eines Ionesco oder Beckett vom Bourgeois mit einem prickelnden intellektuellen Reiz goutiert, auch nicht mehr allein von Psychotherapeuten und Psychiatern diagnostiziert und beklagt[22]. Es beginnt, ein politisches Faktum zu werden.

Hat Nietzsche also recht bekommen? Wie wir sahen, mit seiner Analyse: vielfach ja. Hat Nietzsche recht? Mit seiner Alternative: nein. Denn so wie der schwächliche Typus christlicher Provenienz, wie ihn Nietzsche sah, nicht Leitfigur wahrhaften Menschseins sein kann, sein darf, so auch nicht der Übermensch säkularer Provenienz. Die Alternativen stimmen nicht: Kann Schwäche denn nur durch Härte überwunden werden? Gibt es da keine Zwischentöne, Abstufungen, Mitte? Ist Mitleid, Güte, Barmherzigkeit, Schonung, Mitmenschlichkeit, Liebe etwas, was nur als Schwachheit denunziert werden darf? Gibt es denn nicht auch eine Barmherzigkeit aus der Stärke, ein Mitleid aus der Fülle, eine Güte aus der Größe eines Menschen heraus? Ja, ist nicht vielleicht gerade dies das Ziel, das Menschen heute anstreben sollten, gerade auch als Christen, gerade aus dem Glauben an Gott heraus? Wenn also schon kein Moralismus, so vielleicht doch Moral? Wenn also schon kein Idealismus, so vielleicht doch Ideale? Wenn schon keine Frömmelei, so vielleicht doch Religion?

Folgen des gesellschaftlichen Nihilismus

Die verheerende Sinnkrise betrifft heute nicht mehr nur den Einzelnen, sondern hat auch die Gesellschaft und ihre Institutionen – Ehe und Familie, Schule und Universität, auch den Staat selbst – erfaßt. Die Frage kann manch einem kommen: Was soll das alles in einer »permissive society«, wo nichts wahr und alles erlaubt ist, wo man keinen tieferen Sinn sieht, wo jeder »alles dürfen darf«? Umgekehrt zeigt die öffentliche Diskussion um die Menschenrechte, die Grundwerte, die geschäftliche und politische Moral, daß nach wie vor unleugbar ein echtes Bedürfnis nach Normen, Werten, Orientierung, Sinn besteht. Nietzsche selber hatte da freilich seine eigenen gesellschaftlichen Vorstellungen entwickelt.

»Zeitweiliges Überwiegen der sozialen Wertgefühle begreiflich und nützlich: es handelt sich um die Herstellung eines *Unterbaus*, auf dem endlich eine *stärkere* Gattung möglich wird. – Maßstab der Stärke: unter den *umgekehrten* Wertschätzungen leben können und sie ewig wieder wollen. Staat und Gesellschaft als Unterbau: weltwirtschaftlicher Gesichtspunkt, Erziehung als *Züchtung*[23].« Drei wichtige Aspekte des Gesellschaftsbildes Nietzsches sind in dieser Notiz vereint: die Erziehung als Züchtung, der weltwirtschaftliche Aspekt einer Gesamtgesellschaft, das soziale Wertgefühl, nützlich als Voraussetzung für die Schaffung einer stärkeren Gattung Mensch.

Von *Erziehung* hielt Nietzsche wenig. Denn Erziehung hieße ja, sich um den Mittelmäßigen, den Massenmenschen zu kümmern, ihn auf eine höhere Stufe zu heben. Nichts davon: die Kluft zwischen den Gattungen breiter machen, »Distanzen aufreißen«, das ist die Losung[24]. Die niedrige Spezies ist die Basis, auf der die höhere steht, auf der die höhere erst ihre Aufgabe erfüllen kann. Und was der höheren Spezies zukommt, ist nichts für die niedere. »Das, was nur in *stärksten* und fruchtbarsten Naturen freisteht zur Ermöglichung *ihrer* Existenz – Muße, Abenteuer, Unglaube, Ausschweifung selbst –, das würde, wenn es den *mittleren* Naturen freistünde, diese notwendig zugrunde richten – und tut es auch. Hier ist die Arbeitsamkeit, die Regel, die Mäßigkeit, die feste ›Überzeugung‹ am Platze – kurz die ›Herdentugenden‹: unter ihnen wird diese mittlere Art Mensch vollkommen[25].«

Dort, wo keine Erziehung gewünscht, ist *Züchtung* die Aufgabe, und was Nietzsche dazu schreibt, ist das Rezept, nach dem rassenbiologisch verblendete NS-Ideologen fünfzig Jahre später vorgegangen sind: »Eine Frage kommt uns immer wieder ... Wäre es nicht an der Zeit, je mehr der Typus ›Herdentier‹ jetzt in Europa entwickelt wird, mit einer grundsätzlichen, künstlichen und bewußten *Züchtung* des entgegengesetzten Typus und seiner Tugenden den Versuch zu machen? Und wäre es für die demokratische Bewegung nicht selber erst eine Art Ziel, Erlösung und Rechtfertigung, wenn jemand käme, der sich ihrer *bediente* – dadurch daß endlich sich zu ihrer neuen und sublimen Ausgestaltung der Sklaverei (– das muß die europäische Demokratie am Ende sein) jene höhere Art herrschaftlicher und cäsarischer Geister hinzufände, welche sich auf sie stellte, sich an ihr hielte, sich durch sie emporhübe? Zu neuen, bisher unmöglichen, zu *ihren* Fernsichten? Zu *ihren* Aufgaben[26]?« Diese Ideen Nietzsches sind mit der Katastrophe des Nationalsozialismus nicht erledigt. Sie sind heute wieder neu aktuell angesichts mikrobiologischer Entdeckungen zur Genmanipulation.

Wo eine solche menschenverachtende Lehre gepredigt wird, ist auch die *Rechtfertigung des Krieges*, des Opfers der vielen, des Durchhaltens um jeden Preis, nicht schwer: »Man muß von den Kriegen her lernen: 1. den Tod in die Nähen der Interessen zu bringen, für die man kämpft – das macht *uns* ehrwürdig; 2. man muß lernen, *Viele* zum Opfer bringen und seine Sache wichtig genug nehmen, um die Menschen nicht zu schonen; 3. die starre Disziplin, und im Krieg Gewalt und List sich zugestehn[27].«

Alle diese Gedanken hat man in diesem Jahrhundert in grausamster, wenn auch gewiß einseitiger Weise zu nutzen verstanden, als schließlich ein wirklicher »Übermensch« kam. In der Gestalt eines – Deutschen: anders also als Nietzsche es erwartete, er, der Anti-Nationalist und Europäer, Verächter deutscher Philisterei, Spießigkeit, Bierseligkeit, nationaler Großtuerei und zugleich Bewunderer lateinischer Form, französischen Esprits und mediterraner Gesinnung. Dies berücksichtigt, muß Nietzsche doch als einer der – unfreiwilligen! – geistigen Wegbereiter des Nationalsozialismus (und des heute gerne verschwiegenen italienischen Faschismus!) bezeichnet werden, der entscheidende Gedanken Nietzsches verstehend-mißverstehend in die Praxis umsetzte[28].

Klar war, daß Nietzsche nichts von *Demokratie*, Parlamentarismus und auch nichts von Sozialismus halten konnte. Das Volk? Seit seiner frühen Beschäftigung mit den Griechen war Nietzsche vom Gedanken der Elite, jetzt der Machtelite, fasziniert. – Die Revolution? Sie hatte für ihn nur das eine Gute: Sie hat Napoleon hervorgebracht. Ansonsten war das Ergebnis der *»soziale Mischmasch«*: die »Herstellung gleicher Rechte«, der »Aberglaube an ›gleiche Menschen‹«[29]. – Das allgemeine Wahlrecht, der Parlamentarismus? Das ist für Nietzsche die Tyrannei der Mittelmäßigkeit, die Herrschaft der niederen Menschen. Alles, was so lange untengehalten werden konnte, kommt jetzt nach oben: die »Sklaven-Instinkte, die Feigheits-, Schlauheits-

und Canaillen-Instinkte der lange unten gehaltenen Schichten«[30]. – Walter Jens hat recht, wenn er schreibt: »Während Kant und Hegel, Goethe und Heine die Zeit kannten, in der sie lebten, und von der Französischen Revolution oder dem Preußischen Hof, von Amerika oder dem Republikanischen Geist Impulse erwarteten, die ihre Epoche bestimmten ... Während sie Zeitgenossen waren, im Austausch mit Gleichgesinnten und Gegnern, hat Nietzsche, allein mit sich selbst, in einem Niemandsland gelebt, einem Schattenreich: Blind nicht nur im physischen Sinn. Kein Marx ist ihm jemals begegnet. Die Art und Weise, wie er den Sozialismus beschreibt – ›Tyrannei der Dummen‹, ›Das Herdentier selbst zum Herren‹, ›Eine hoffnungslos säuerliche Sache‹ – zeugt von purer Ignoranz. Nietzsche – dies muß gesagt sein – wußte nicht, wovon er sprach[31].«

Wußte Nietzsche auch, wovon er sprach, als er den Gebrauchswert der Menschen – der niedrigen Menschen wohlgemerkt, nicht der höheren – mit der Funktion in einer *Maschine verglich*? »Die Aufgabe ist, den Menschen möglichst nutzbar zu machen, und ihn, soweit es irgendwie angeht, der unfehlbaren Maschine zu nähern: Zu diesem Zwecke muß er mit *Maschinen-Tugenden* ausgestattet werden (– er muß die Zustände, in welchen er maschinal-nutzbar arbeitet, als die höchstwertigen empfinden lernen: dazu tut not, daß ihm die *anderen* möglichst verleidet, möglichst gefährlich und verrufen gemacht werden)[32].« Wußte Nietzsche, wovon er sprach, als er die »Erzeugung des synthetischen Menschen« forderte, »für den jene Machinalisierung der Menschheit eine Daseins-Vorausbedingung ist, als ein Untergestell, auf dem er seine *höhere Form zu sein* sich erfinden kann«[33]? Wußte Nietzsche, wovon er sprach, als er seine Verachtung für die niederen Menschen mit Vorliebe in einer Metaphernsprache industrieller Technologie zum Ausdruck brachte: »Die Irren, die Verbrecher und die ›Naturalisten‹ nehmen zu: Zeichen einer wachsenden und jäh *vorwärts* eilenden Kultur – d. h. der Ausschuß, der Abfall, die Auswurfstoffe erringen Importanz –, das Abwärts *hält Schritt*«[34]? Keine Frage, was Fritz Lang in seinem berühmten Film »Metropolis« aus den zwanziger Jahren in expressionistischer Bildersprache beschwor und Aldous Huxley in »Brave New World« Anfang der dreißiger Jahre in der Form einer negativen Utopie gestaltete, hier ist es vorausgenommen: Der Pöbel hat nach Art der Maschine zu funktionieren, die Herrschaft einer aristokratisch-technokratischen Elite ist aufgerichtet, der Übermensch geschaffen.

Und Nietzsche selber? Welch ein Kontrast zwischen diesem Mann und seinem Werk, dieser Botschaft und diesem Botschafter. Man mache sich klar: Da verkündet einer eine Philosophie von weltgeschichtlicher Dimension mit großer visionärer Kraft, mit dem Pathos eines weltüberschauenden Propheten und der Gestik eines Religionsstifters – und ist selber ein unbekannter pensionierter Professor der Altphilologie, der von Ort zu Ort rastlos reist und in bescheidenen Zimmern eines Hotels oder eines Bäckerhauses sein Leben fristet. Da verkündet einer die Botschaft von der unbedingten Härte, der rücksichtslosen Grausamkeit und der Ausrottung alles Kranken und Schwachen – und ist selber seit seiner Studienzeit ein kranker Mann, der Hilfe gerade derjenigen bedürftig, die er verachtet, vom Mitleid gerade derjenigen abhängig, die er bekämpft, ständig besorgt um Ernährung und Lebensweise, Diätpläne verfolgend, Klimatabellen führend, ja sogar Arztrezepte fälschend. Da verkündet einer die Lehre vom Übermenschen, vom Licht und vom Leben – und kommt selber aus seiner Schattenwelt nicht heraus, lebt erfolglos abseits der Realität seiner Zeit, nur mit Hotelgästen und vor allem seinen Büchern Gespräche führend. Welch ein Kontrast: ein im Grunde zarter, verletzlicher, eher schüchterner, schwärmerischer Mensch, den alle, auch die einfachsten Menschen, angenehm fanden. Und doch dieser Haß auf die Menschen, die Verachtung gerade der Schwachen und Niedrigen. Ein intellektuell unbedingt redlicher Denker. Und doch erzählt er lieber aristokratisch-vornehm von seiner (allerdings fiktiven) Abstammung aus einem polnischen Adelsgeschlecht als von seiner Herkunft aus einer protestantischen Pfarrersfamilie. Eine zwiespältige Figur also? In vieler Hinsicht, ja: Denker, Psychologe, Rhetor, Prediger, aber auch Schauspieler großen Stils in einer Person, dessen Denken in seiner Radikalität herausfordernd, dessen Schicksal in seiner Schwere erschütternd, dessen Lehre aber in ihren Konsequenzen beängstigend ist.

4. Zwischenbilanz IV: Thesen zum Nihilismus

Lang war unser Weg durch die Gottesproblematik der Neuzeit: von Descartes und Pascal über Hegel zu Feuerbach, Marx, Freud und nun zu Nietzsche, um nur unsere »Hauptstationen« zu nennen, bei denen wir, mit orientierenden Rückblicken, Seitenblicken und Ausblicken, länger verweilten. Doch dies alles war – zur Klärung der heutigen Fragen – notwendig; oberflächlich und klischeehaft ist hier auch von Theologen oft genug geredet worden. Ob sich nun aber nicht doch mit Nietzsche ein Ende und vielleicht auch eine Wende in der Atheismusproblematik abzeichnet? Wir sind mit Nietzsche endgültig zur radikalen Frage-Stellung und auch In-Frage-Stellung der Neuzeit vorgedrungen. Und »Sein oder Nichtsein«, das ist hier nun tatsächlich die Frage: Nihilismus oder . . .? Das ist die Frage gerade unseres Jahrhunderts. Genügt es da, einfach an den Gottesglauben zu appellieren? Wir möchten Kurzschlüsse vermeiden und methodisch klar Schritt für Schritt vorgehen. Wo stehen wir jetzt?

Kurskorrektur

Jede der bisherigen drei Zwischenbilanzen hat die Notwendigkeit einer

Kurskorrektur von Theologie und Kirche signalisiert:
im Teil A – im Sinne einer »Flurbereinigung« im Vorfeld Vernunft und Glaube: ein neues kritisch-dialogisches Miteinander von Theologie (Kirche) und *Naturwissenschaft*;
im Teil B – im Hinblick auf ein neuzeitliches Gottesverständnis: ein neues kritisch-dialogisches Miteinander von Theologie (Kirche) und *moderner Philosophie wie modernem Denken überhaupt*;
im Teil C – im Hinblick auf die berechtigten Anliegen der Atheisten: eine Korrektur nicht nur der theologischen Theorie, sondern auch der *kirchlichen Praxis*.

In diesem Teil D nun wurde – im Hinblick auf den radikalen Nihilismus – deutlich, daß von der Theologie eine *Basiskorrektur* gefordert ist: nicht eine neue Basis, sondern eine Korrektur der Basisorientierung. Seit Nietzsche muß von *Gott im Horizont des Nihilismus* – der extremsten Gegenposition zum Gottesglauben – geredet werden, und dies bedingt am Ende ein erneutes Durchdenken der Frage, von der wir am Anfang der Neuzeit mit Descartes und Pascal ausgegangen sind: der *Frage der Grundgewißheit*.

Worauf, auf welcher letzten Gewißheit gründet all unser Wissen, Handeln, Leben? So fragten auch wir von Beginn an: auf einer Gewißheit der Vernunft oder einer Gewißheit des Glaubens?

Auf der Gewißheit der Vernunft! So riefen und rufen die einen mit Descartes. *Cogito*, ergo sum – Ich *denke*, also bin ich: Der Mensch ist primär denkende Vernunft. Worauf sollen wir uns letztlich verlassen können, wenn nicht auf die Gewißheit des subjektiven menschlichen Bewußtseins, der menschlichen Vernunft! Es geht um die Logik des klaren Denkens! Was nützt dem Menschen alle Gewißheit des Glaubens ohne die grundlegende Gewißheit der Vernunft?

Aber: Was nützt dem Menschen alle Gewißheit der Vernunft ohne die tragende Gewißheit des Glaubens? So riefen und rufen die andern mit Pascal dagegen. *Credo*, ergo sum – Ich *glaube*, also bin ich! Der Mensch ist doch mehr als nur denkende Vernunft. Worauf sollen wir uns bei aller Unverläßlichkeit auch unserer Vernunft letztlich verlassen können, wenn nicht auf die Gewißheit des persönlichen christlichen Glaubens, wenn nicht auf die Gewißheit der Offenbarung Gottes selbst. Es geht nicht nur um die Logik des abstrakten Denkens, sondern um die Tragik des konkreten Menschen!

Doch mit Descartes: ohne Denken kommt der Mensch gar nicht zum Glauben! – Sicher, aber mit dem Denken allein kommt der Mensch nicht zur Wahrheit, würde Pascal sagen.

Halt: es kommt doch nach Descartes (und Thomas) gerade auf die saubere Trennung von Glauben und Wissen an. Wie die Vernunft dem Glauben ein Fundament liefern kann, so der Glaube der Vernunft eine letzte Überhöhung und Vervollkommnung. Das zu Wissende und das zu Glaubende sind zu unterscheiden: Das Gewußte muß Voraussetzung für das Geglaubte sein. Intelligo ut credam – Ich muß erkennen, um zu glauben.

Nein: Glaube und Wissen sind zwar zu unterscheiden, aber nach Pascal (und Augustin) gerade nicht zu trennen. Wie der Glaube schon immer mit der Vernunft zu tun hat, so die Vernunft schon immer mit dem Glauben. Das zu Wissende und das zu Glaubende können gar nicht adäquat unterschieden werden. Man denkt im Glauben und glaubt im Denken! Credo ut intelligam – Ich muß glauben, um zu erkennen.

Und Nietzsche? Auf welcher Seite nun dieses Disputs steht er? Auf keiner von beiden. Denn Nietzsches *nihilistische Negation bestreitet beides*, und zwar radikal: die Gewißheit des Glaubens, von der er herkam, und die Gewißheit der Vernunft, zu der er strebte und doch nicht hinfand. Wir sahen es: Das Credo christlichen Glaubens verwirft er mit Pathos, und das Cogito der menschlichen Vernunft untergräbt er in Skepsis. Resultat: eine grundlegende Gewißheit gibt es nicht. Nichts ist gewiß.

Die nihilistische Negation trifft aber nicht nur die subjektive Gewißheit: die Gewißheit des denkenden oder glaubenden Subjekts. Sie *trifft auch jede objektive Gewißheit*, das, was wir stillschweigend in jedem Erkenntnisakt als sicher voraussetzen können: die *angebliche Grundgewißheit des Seins und evidenter erster Seinsprinzipien*, wie sie in der klassischen Seinsphilosophie behauptet wird. Insbesondere: *ens est ens, ens non est nonens*; Sein ist Sein, Sein ist nicht Nichtsein – um hier die beiden grundlegenden Sätze der Seinsphilosophie, Identitäts- und Kontradiktionsprinzip, anzuführen. Sind solche Prinzipien denn nicht allen Menschen evident (principia per se nota omnibus); müssen sie noch bewiesen werden? Ist das Verhältnis von Subjekt und Prädikat in solchen Sätzen nicht unmittelbar einleuchtend? Hat der Mensch hier nicht eine natürliche Gewißheit (habitus principiorum)?

Keine Frage: Über 2000 Jahre abendländischer Geistesgeschichte sind von einer solchen objektiven Seinsphilosophie geprägt worden: Grundgelegt bei den alten Griechen, wurde sie von Augustin und den mittelalterlichen Scholastikern entwickelt, in der Neuzeit von den Barockscholastikern tradiert, von anderen Philosophen wie Leibniz, Kant und Hegel uminterpretiert und schließlich von den *Neuscholastikern* des 19. Jahrhunderts gegen alle idealistische Bewußtseinsphilosophie – oft reichlich verflacht – restauriert. »Philosophia perennis« nannte man sie, oft auch die naive Metaphysik oder Philosophie des gesunden Menschenverstandes. Und so lief hier die Debatte:

Gegen die Vertreter des Cogito und des Credo wandten die neuscholastischen Seinsphilosophen ein: Das Cogito wie das Credo sind nur subjektive, subjektivistische Positionen. Nicht vom – denkenden oder gläubigen – Bewußtsein, sondern nur vom Sein, von der objektiven Wirklichkeit, von objektiven Prinzipien her kann ich der Wahrheit gewiß werden.

Doch die Vertreter des Cogito und des Credo hielten solcher Seinsphilosophie von Anfang an entgegen: Eine rein objektive Wahrheit kann ich gar nicht erfassen. Sein läßt sich nur vom Bewußtsein her erkennen. Der Standpunkt des Subjekts spielt im Akt des Erkennens immer und überall eine entscheidende Rolle. Subjekt und Objekt, Subjektives und Objektives, Bewußtsein und Sein lassen sich von vornherein gar nicht adäquat unterscheiden, sondern stehen im Wechselbezug. Das Subjekt-Objekt-Schema ist mehr als problematisch.

Trotzdem hat die Neuscholastik versucht, mit Hilfe einer solchen Seinsphilosophie einen evidenten objektiven Unterbau für den Glauben zu erstellen: Im Anschluß an die naive Metaphysik der mittelalterlichen Scholastik entsteht eine allgemeine Ontologie oder Seinslehre, die in einer »natürlichen Theologie« oder philosophischen Gotteslehre gipfelt, die ihrerseits Voraussetzung ist für den Glauben. Also – wir sahen es – zwei klar unterschiedene Erkenntnisvermögen (Vernunft – Glaube), Erkenntnisebenen (natürliche Wahrheit – Offenbarungswahrheit), Wissenschaften (Philosophie – Theologie), wie sie den Hintergrund der Definitionen des Vatikanum I (1870) über das Verhältnis von Vernunft und Glaube bildeten[35]. Ein philosophisch-theologisches System, in seiner Klarheit, Geschlossenheit und Konsequenz beeindruckend. Nur wer eine solche Philosophie kennt und es einmal durchgeprobt hat, auf ihren so »objektiven«, so »natürlichen«, so »vernünftigen« Fundamenten seinen Glauben und seine Theologie zu gründen, der weiß freilich auch, welche gefährlichen Illusionen der Gewißheit eine angeblich so vernünftige, so einleuchtende, so evidente Basis vermitteln kann.

Nietzsche seinerseits nun hat nicht nur »unmittelbare Gewißheiten« des Subjekts wie das Cogito und das Credo, sondern auch die »unmittelbare Gewißheit« des Seins und der angeblich evidenten ersten Seinsprinzipien in seinen Zweifel hineingezogen. Nicht nur bestimmte Wege zur Gewißheitsfindung zweifelte er an; ihre gemeinsame innere Voraussetzung hat er bestritten; denn einen erkennbaren Sinn der Dinge gibt es ihm zufolge nicht. Der alte Streit um den Ort letzter Gewißheit – ob im Glauben oder Denken, ob im Subjekt oder Objekt, ob schließlich im Prozeß der Entäußerung und Rückkunft des Geistes zu sich selber – dieser Streit ist jetzt ad absurdum geführt: Die Basis ist ihm entzogen. Denn über ihn zu disputieren ist müßig, wenn nicht mehr sicher ist, ob es solche Orte der Gewißheit überhaupt noch geben kann. Der *Zweifel an der Tauglichkeit bestimmter Gewißheiten* ist radikalisiert: zum *Zweifel an der Möglichkeit von Gewiß-Sein überhaupt*.

Damit ist auch die Gewißheit der ersten Seinsprinzipien vom Nihilismus radikal in Zweifel gezogen: Kein Streit kann mehr auf ihrer Basis ausgefochten werden; ihr Sinn ist jetzt ins Wanken geraten. Wozu mit Seinsprinzipien die Welt und das Leben verständlich machen wollen, wenn sie selbst nicht mehr selbst-verständlich sind? Über ihre Erklärbarkeit nachzudenken lohnt sich nicht, da jede Erklärung in widersprüchlichem Unsinn endet.

So haben denn angeblich klare Seinsprinzipien die Heraufkunft des europäischen Nihilismus in der Tat weder verhindert noch auch nur hinausgezögert. Das bedeutet nun aber: Soll nicht nur in wohlbehüteter Kirchlichkeit, sondern angesichts des Nihilismus in der Welt von heute weiterhin Theologie getrieben werden, muß die gesamte Basis neu bedacht werden. Um zu zeigen, daß wir um eine Basiskorrektur nicht herumkommen, wollen wir grundlegende Prinzipien traditioneller Seinsphilosophie mit entsprechenden Negationen des Nihilismus in systematischer Knappheit konfrontieren.

Die Wirklichkeit fraglich

Auch der Nihilist bestreitet selbstverständlich nicht, daß dieses Blatt Papier ein Blatt Papier und dieses Buch in meiner Hand ein Buch ist, *ist*. Das ist auch für ihn einfachhin gegeben, ein Gegebenes, ein Faktum, eine Tatsache, ein wahrer Sachverhalt: eine fraglose Wirklichkeit! Aber diese fraglose Faktizität zugegeben: Jetzt fangen die radikalen Fragen des Nihilisten erst an. Beginnt er nämlich zu fragen, zu hinter-fragen, ist gerade diese so fraglos scheinende Faktizität – der Welt, der Anderen, meiner selbst – keineswegs mehr so selbst-verständlich. Dem Nihilisten ist nun einmal das Ganze verdächtig, die Wirklichkeit insgesamt und vor allem sein eigenes Leben erscheint ihm zutiefst unbeständig, hinfällig und vergänglich: flüchtig, leer, unwirksam, zwiespältig, letztlich nutzlos, sinnlos, wertlos, mit einem Wort – nichtig. Und dieser »Nihilistenglaube« wirkt sich in allem und jedem aus: Wer von der Nichtigkeit seines eigenen Lebens und der Wirklichkeit überhaupt überzeugt ist, wer mit Nietzsche durch die »Schule des Verdachtes« gegangen ist, wird überall Unbeständigkeit, Hinfälligkeit, Vergänglichkeit, Flüchtigkeit, Leere, Unwirksamkeit, Zwiespältigkeit, letztlich Nutzlosigkeit, Sinnlosigkeit, Wertlosigkeit, mit einem Wort: Nichtigkeit, feststellen. Denn: Alles, was ist, könnte eben auch nicht sein. Diese Möglichkeit des Nicht-Seins, die sich in allem auswirkt und manifestiert, diese Nichtigkeit also, stellt die Wirklichkeit immer wieder zutiefst in Frage: Sie macht die grundlegende Fraglichkeit der Wirklichkeit aus.

So offenbaren dann scheinbar einfache, aber grundlegende Fragen ihre verborgene Tiefe – oder Untiefe. So sehr das einzelne Ding als Faktum auch für den Nihilisten fraglos ist, fraglich ist für ihn das Ganze: das Ganze der Wirklichkeit und insbesondere das seines eigenen Lebens. Und diese seine Fragen, die aufs Ganze gehen, berühren damit indirekt auch das Einzelne: Gibt es überhaupt eine Wahrheit? Ist die Welt eigentlich gut? Ist der Mensch nicht im Grunde widersprüchlich, gespalten? Das menschliche Leben also gekennzeichnet von Nicht-Identität, einer letzten Sinn- und Wertlosigkeit, also Nichtigkeit? Und in diesem Sinn: Ist das einfach Gegebene, das bloß Faktische, Tatsächliche wahrhaft wirklich? Ist die Welt des Faktischen, ist diese »bloße« Wirklichkeit »wahre« Wirklichkeit?

Man sage nicht, dieser Sprachgebrauch sei von vornherein unklar. Wir gebrauchen hier wie im Folgenden den Ausdruck »Wirklichkeit« eben nicht *nur* für Faktizität, Tatsächlichkeit, sondern für alle Schichten, Ebenen, Dimensionen dessen, was ist. Wir gebrauchen ihn nicht, wie manche Sprachanalytiker, nur für »Tatsachen« (= »wahre« oder »wirkliche Sachverhalte«[36]): ein Wort, das im Deutschen (wie das englische »matter of fact«) erst im 18. Jahrhundert dem lateinischen »res facti« nachgebildet wurde. Dieser Sprachgebrauch mag zum Aufbau einer »normierten Sprache«[37] oder logischen Wissenschaftssprache im Hinblick auf ein »Verfahren der interpersonalen Verifizierung«[38] geeignet sein, hat aber selbst hier – wie im Zusammenhang von Carnap und Popper deutlich geworden[39] – seine großen Probleme. Dieser Sprachgebrauch kann für uns schon insofern nicht normativ sein, weil er, wie seine Vertreter zugeben, nicht nur dem traditionellen Verständnis von »Wirklichkeit«, sondern auch dem Gebrauch dieses Wortes in der Umgangssprache wie in der Bildungssprache widerspricht. Nach diesem reduzierten Sprachgebrauch, dessen »bevorzugtes Feld« die »Vergangenheit«[40], d. h. das Geschehene, das Gewordene ist, darf man nicht einmal von »zukünftiger« Wirklichkeit, von »Schichten der Wirklichkeit«, von »gesellschaftlicher Wirklichkeit« und ähnlichem sprechen[41], weil es sich hier nicht einfach um Tatsachen handelt.

Für die Aufarbeitung der *nihilistischen Problematik*, die nicht nur auf die Faktizität, sondern auf die Wirklichkeit überhaupt zielt, ist solcher Sprachgebrauch jedenfalls ungeeignet. Die große abendländische Tradition hatte ihre Antwort auf die Frage nach der Wirklichkeit zwar gegeben, indem sie der Wirklichkeit insgesamt, der Welt, dem Menschen, den Dingen, allem Seienden nicht nur Sein, sondern zugleich auch ein grundsätzliches Einssein, Wahrsein, Gutsein zubilligte. Einlegte, würde Nietzsche jedoch sagen: hineininterpretierte durch einen Rest von Glauben! Denn kann man das noch sagen: Einzelnen Seienden und dem Sein insgesamt (= der Gesamtheit des Seienden) kommt wahrhaft Sein (= Dasein, Existenz) zu? Ja, sagt die traditionelle Seinsphilosophie, jedes einzelne Seiende und auch die Gesamtheit alles Seienden, das Sein, ist grundsätzlich, insofern es *ist*, mit sich identisch (= eines, unum), sinnvoll (= wahr, verum), wertvoll (= gut, bonum). Heute – im Horizont des Nihilismus – eine kühne These: Grundlegende Identität (Einheit), Sinnhaftigkeit (Wahrheit), Werthaftigkeit (Gutheit) kommt allem zu, was ist und sofern es *ist*!? Diese drei Begriffe meinen geradezu die unanfechtbaren, unbestreitbaren, von selbst einleuchtenden *Eigentümlichkeiten, Grundbestimmungen und Grundzüge jedes Seienden und des Seins insgesamt.* Einssein, Wahrsein, Gutsein sind unmittelbare Entfaltungen, notwendige Aspekte des Seinsbegriffs und mit Sein geradezu austauschbar (konvertibel)!?

Gewiß, welche lange Tradition: Schon in der Ideenlehre Platons, in der Metaphysik des Aristoteles und in der Philosophie vom Einen bei Plotin wurde diese Lehre grundgelegt, dann von Augustin, dem Araber Avicenna und den Scholastikern Albert und Thomas systematisch entfaltet; oft nahm man zu den Begriffen des Einen, Wahren und Guten noch die des Schönen, des Wesens, des Etwas (aliquid) hinzu. Besonders aber über den scharfsinnigen spanischen Barockscholastiker Francisco de Suárez sind das Eine, das Wahre und das Gute als die drei klassischen »*Transzendentalien*«, welche alle einzelnen Seinsordnungen und Kategorien übersteigen (transcendere) und umfassen, der nachfolgenden Scholastik und auch der deutschen Aufklärungsphilosophie, vor allem Christian Wolff, überliefert worden. Leibniz verwendet sie in seiner Monadenlehre, Kant freilich sieht in ihnen nur noch logische Vorbedingungen jeglicher Dingerkenntnis, Hegel aber entwickelt sie in seiner Logik erneut als die Urbestimmungen des Seins[42].

Und alles dies hat Nietzsche durch seinen Nihilismus *in Frage gestellt*: Die Gegensätze zwischen Wahr und Falsch, Gut und Böse, Eins und Uneins, Sein und Nichtsein können nicht als gegeben angenommen, vielmehr muß der Standpunkt eines Jenseits zu diesen Gegensätzen im dionysischen Werden eingenommen werden; das Irrationale ist das »Wahre« und der Rausch das »wahre« Leben. Was bedeutet dies für Nietzsche in bezug auf jene drei »Transzendentalien«?

a. Keine Einheit: Der Mensch macht sich Illusionen, wenn er eine »*Ganzheit*, eine *Systematisierung*, selbst eine *Organisierung* in allem Geschehen und unter allem Geschehen« voraussetzt[43]. Es gibt »unter allem Werden keine große Einheit«[44], »es fehlt die übergreifende Einheit in der Vielheit des Geschehens«[45]. Mit dem Begriff »*Einheit*« darf nicht »der Gesamtcharakter des Daseins interpretiert werden«[46].

b. Keine Wahrheit: Der Nihilist ist sich dessen bewußt geworden, »daß wir einen ›Sinn‹ in allem Geschehen gesucht haben, der nicht darin ist, sodaß der Sucher endlich den Mut verliert«[47]: »Sinnlosigkeit«[48], »absolute *Sinn*losigkeit«[49]. Auch mit dem Begriff »*Wahrheit*« darf nicht »der Gesamtcharakter des Daseins interpretiert werden«[50]. Voraussetzung des Nihilisten ist, »daß es *keine Wahrheit* gibt; daß es keine absolute Beschaffenheit der Dinge, kein ›Ding an sich‹ gibt«[51].

c. Keine Gutheit: Nach langer Vergeudung von Kraft, nach Unsicherheit und Qual des Umsonst »begreift man, daß mit dem Werden *nichts* erzielt, *nichts* erreicht wird . . .«: »Wertlosigkeit«[52], »absolute *Wert*losigkeit«[53]. Schließlich darf auch mit dem Begriff »*Zweck*« nicht ein »Gesamtcharakter des Daseins interpretiert werden«[54].

Dies eben bedeutet nun einmal der *Nihilismus* als Einsicht in die Nichtigkeit, die Zwiespältigkeit, Sinnlosigkeit, Wertlosigkeit der Wirklichkeit. »Kurz: die Kategorien ›Zweck‹, ›Einheit‹, ›Sein‹, mit denen wir der Welt einen Wert eingelegt haben, werden wieder von uns *herausgezogen*, und nun sieht die Welt *wertlos* aus[55].« So erscheint denn das Antlitz des Seins –

ohne seine Grundbestimmungen und Grundzüge – völlig zerstört. Diese »*Vernunft-Kategorien*« beziehen sich »*auf eine rein fingierte Welt*« [56]. Das bedeutet konkret: »›*Schön* und *häßlich*‹, ›*wahr* und *falsch*‹, ›*gut* und *böse*‹« – diese »*Scheidungen*« und »*Antagonismen*« verraten nun völlig oberflächliche und relative »Daseins- und Steigerungsbedingungen« [57]. Dagegen gilt es, »die absolute Homogenität in allem Geschehen zu zeigen und die Anwendung der moralischen Unterscheidung nur als *perspektivisch bedingt*; zu zeigen, wie alles das, was moralisch gelobt wird, wesensgleich mit dem Unmoralischen ist und nur, wie jede Entwicklung der Moral, mit unmoralischen Mitteln und zu unmoralischen Zwecken ermöglicht worden ist –; wie umgekehrt alles, was als unmoralisch in Verruf ist, ökonomisch betrachtet, das Höhere und Prinzipiellere ist, und wie eine Entwicklung nach größerer Fülle des Lebens notwendig auch den *Fortschritt der Unmoralität* bedingt. ›Wahrheit‹ ist der Grad, in dem wir uns die Einsicht in *diese* Tatsache *gestatten* [58].«

Wer wagt es jetzt noch, angesichts der schon von Descartes und Pascal durch die ganze Neuzeit hindurch bis zu Nietzsche immer deutlicher werdenden Nichtigkeit des Menschen, seiner vielfältigen Bedrohtheit und Verfallenheit, Unsicherheit und Ungewißheit, Ungeborgenheit und Verlorenheit, wer wagte es, noch in der Art der älteren Philosophen und Theologen an die *behauptete Evidenz erster Seinsprinzipien* naiv zu appellieren? Nach dem Einspruch Nietzsches schließlich gegen »unmittelbare Gewißheiten« etwa an die »natürliche« Gewißheit des Identitäts- oder des Kontradiktionsprinzips? Der radikale Nihilist behauptet doch gerade: Alles hat keinen Halt, keinen Sinn, keinen Wert. Das Ganze ist nicht stimmig, sinnvoll, wertvoll. Alles was ist, alles Seiende und das Sein überhaupt, ist nichtig, ist wesenlos, sinnlos, wertlos. Alles was ist, taugt nichts, erklärt nichts, erzielt nichts, ja, ist nichts. Mit dem Ganzen des Seins ist nichts. Wirklichkeit ist letztlich Nichtigkeit und nichts als Nichtigkeit.

Dem radikalen Nihilismus ist nicht dadurch zu entkommen, daß man – wie zum Beispiel Dieter Arendt auf der Linie des dialektischen Materialismus gegen Idealismus, Existenzphilosophie und Nihilismus – ein ontologisches Nichts leugnet und damit glaubt, auch den Nihilismus überwunden zu haben [59]. Gewiß, das Nichts darf nicht ontologisiert, das heißt verselbständigt, hypostasiert, mythisiert werden, als ob es doch ein Sein wäre. Ein »absolutes« Nichts – gleichsam einen negativen Gott – gibt es nicht.

Aber die Nichtigkeit alles Seienden und des menschlichen Daseins im besonderen ist ein Grundproblem, dem auch der Materialist nicht ausweichen kann: diese Nichtigkeit umschließt alles, was Vergänglichkeit, Verfallenheit, Verlorenheit, Endlichkeit besagen will [60].

Was bedeutet nun dies alles für die Frage nach Gott? Dazu später! Auf dieser *allgemeinen* Frageebene muß nämlich die Frage nach Gott und dem

Atheismus zunächst gerade außerhalb der Betrachtung bleiben: Es gibt nicht nur die Alternative »entweder Gottesglaube oder Nihilismus«, wie oft behauptet wird. Sonst wären alle Atheisten Nihilisten, was sie nicht sind. Jeder Nihilismus, wie er hier zur Debatte steht, ist zwar atheistisch, aber nicht jeder Atheismus ist gleichzeitig nihilistisch. Die Antworten auf Atheismus und Nihilismus sind also zu unterscheiden. In dieser vierten Zwischenbilanz hier geht es noch nicht um die Problematik des Atheismus: nicht um die Frage Gott oder nicht Gott! Es geht um die umfassendere Problematik des Nihilismus: um die Frage *Sein oder Nichtsein*! Und dies ist der Befund:

- *Die Wirklichkeit, alles was ist, ist bedroht durch die überall gegenwärtige Nichtigkeit, die Möglichkeit des Nichtseins, die Vergänglichkeit, Verfallenheit, Endlichkeit. Dies macht die Fraglichkeit der Wirklichkeit aus. Die Frage nach Sein oder Nichtsein des Seienden ist unabweisbar.*
- *Eine Verneinung des Seins – durch Beharren auf der Nichtigkeit alles Seienden – ist möglich, so daß alles, das Ich und die Welt, als letztlich chaotisch, absurd, illusorisch, nichtig verstanden werden muß.*
- *Es gibt somit schlechthin nichts, woran man nicht zweifeln und sogar verzweifeln kann: der nicht nur methodische (Descartes), sondern auch existentielle (Pascal) Zweifel beginnt nicht erst mit der Gottesfrage. Er beginnt schon mit der Seinsfrage. Er beginnt mit der Fraglichkeit des menschlichen Daseins und der Wirklichkeit überhaupt. Vergebens sucht man einen evidenten Unterbau der Vernunft, auf welchen sich der Glaube gründen ließe (»Natürliche Theologie«). Angesichts des Nihilismus böte solche Glaubensbegründung nur ein Scheinfundament für Scheinsicherheit.*

Es hat sich gezeigt: Kein Satz über das Sein ist zwingend, evident. Alle principia per se nota sind abstrakt und können in concreto principia ignota oder negata sein. Alle »philosophische oder metaphysische Gewißheit« muß auf dem Hintergrund einer fundamentalen existentiellen Ungesichertheit des menschlichen Daseins gesehen werden.

Der Nihilismus – möglich, unwiderlegbar, aber unbewiesen

In sachlicher Unvoreingenommenheit müssen von daher die Chancen des Nihilismus abgewogen werden:

- *Der Nihilismus ist* möglich: *Die durchgehende Fraglichkeit der Wirklichkeit selbst ermöglicht den Nihilismus, sei er nun faktisch gelebt (praktischer Nihilismus) oder auch philosophisch oder unphilosophisch reflektiert (grundsätzlicher Nihilismus).*

Wenn sich bisher keine Einheit, Wahrheit, Gutheit der Wirklichkeit beweisen ließ, ist es in der Tat möglich, daß es sie nicht gibt. Faktisches Dasein kann sinnloses Dasein werden. Der Zweifel kann nicht nur eine kreative, sondern auch eine destruktive Kraft entwickeln, so daß aus dem (möglicherweise nur methodischen) Zweifel eine existentielle Verzweiflung wird. Gleichsam: Cogito, ergo *non* sum – Ich denke zwar, aber eigentlich bin ich nicht. Der »Todestrieb«, den Freud meinte feststellen zu können und dessen Existenz von vielen Psychologen in Frage gestellt wird, dürfte weniger ein Problem der Triebstruktur als der existentiellen Lebensbedrohtheit darstellen. Ist so der Nihilismus möglich, dann gilt aber zugleich:

- *Der Nihilismus ist* unwiderlegbar: *Es gibt kein rational zwingendes Argument gegen die Möglichkeit des Nihilismus. Es ist eben doch zumindest möglich, daß dieses Menschenleben letztlich sinnlos ist, daß der Zufall, ein blindes Schicksal, Chaos, Absurdität und Illusion die Welt regieren, daß alles letztlich zwiespältig, sinnlos, wertlos, nichtig ist.*

Man sagt zwar: die Behauptung, daß alles zwiespältig, sinnlos, wertlos, nichtig sei, widerspreche sich selbst. Aber dieses formallogische Argument gegen den Nihilismus überzeugt kaum: Die Behauptung, daß alles zwiespältig, sinnlos, wertlos, nichtig ist, ist noch kein Selbstwiderspruch. Denn: auch die Tatsache, daß dieser Satz von der Nichtigkeit alles Seins ausgesprochen wird, ist für den Nihilisten eben sinnlos und wertlos! –
Man sagt ebenfalls: Aus dem Nihilismus folge notwendig der Selbstmord. Aber auch dieses praktische Argument gegen den Nihilismus überzeugt nicht: Für den Nihilisten ist das Leben kein absoluter Wert. Folglich ist gleichgültig, ob er es aufgibt oder – in Apathie, Ironie oder Trotz – weiterführt. Eher wird er den Selbstmord unterlassen: er könnte ja noch als letzter sinnvoller Akt verstanden werden. – Ist jedoch der Nihilismus unwiderlegbar, so gilt doch auch das Umgekehrte:

- *Der Nihilismus ist auch* unbeweisbar: *Es gibt kein rationales Argument für die Notwendigkeit der Annahme des Nihilismus. Es ist eben doch auch möglich, daß dieses Menschenleben letztlich nicht sinnlos ist, daß nicht nur Zufall, Schicksal, Absurdität und Illusion die Welt regieren, daß keineswegs alles zwiespältig, sinnlos, wertlos, letztlich nichtig ist.*

Wer hätte das Gegenteil bewiesen? Wir sahen schon: Nietzsches glänzende Rhetorik blendet leicht, zeigt Erfahrungen auf, aber begründet nicht. Auch wenn man zugeben muß, daß die Wirklichkeit fraglich ist und das Sein des Seienden geleugnet werden kann, so muß doch auch zugegeben werden: Was geleugnet werden kann, ist faktisch Sein. Es ist gewiß fraglich, aber ist es deshalb von vornherein nichts? Wäre das Sein von vornherein nichts, bräuchte es der Nihilist nicht zu verneinen und stets neu zu verneinen. Wäre das Sein einfach nichts, hielte es sich in der Verneinung gar nicht durch, sondern löste sich in nichts auf. Doch schon die Sprache verrät den Nihilisten: »Sein ist (!) Nichtsein!« oder »Ich bin (!) nicht«. Damit ist nicht das formallogische Argument gerechtfertigt, sondern der Einsicht in die Tatsache Rechnung getragen, daß das Sein bei aller Bedrohung durch das Nichts doch immer wieder neu jeglicher schlechthinnigen Verneinung, jeglichem totalen Zu-nichte-Machen durch den Menschen widersteht. Zwar drängt sich das Sein nicht zwingend, mit Evidenz, als Sein auf. Aber gerade in der Verneinung scheint es sich durch seinen Widerstand gegen sie als Sein zu manifestieren. Also: Sein oder Nichtsein?

- *Wenn es somit letztlich kein rationales Argument für die Unmöglichkeit des Nihilismus gibt, so umgekehrt auch keines für dessen Rechtfertigung. Wenn es möglich ist, daß alles letztlich zwiespältig, sinnlos, wertlos, nichtig ist, so ist doch auch das Gegenteil nicht von vornherein unmöglich: daß alles letztlich doch identisch, sinnvoll, wertvoll, wirklich ist.*

Dies also ist der Ausgang des Streits: Der Nihilismus ist unbeweisbar, aber das Gegenteil ist es auch. Eine reichlich verzweifelte Patt-Situation? Vielleicht!

Wir jedenfalls sind endlich auf den Grund der Probleme für unsere Fragestellung vorgestoßen. Zeichnet sich vielleicht doch eine Wende ab?!

E. JA ZUR WIRKLICHKEIT – ALTERNATIVE ZUM NIHILISMUS

Sein oder Nichtsein – das ist die Frage, das ist die *Grund-Frage*! Kann der Nihilismus überwunden werden, und wie?

»Der auf sein Spezialgebiet konzentrierte wissenschaftliche Fachmann (Mathematiker, Historiker, Naturwissenschaftler) hört nicht gern, *daß fundamentale Voraussetzungen seiner Denktätigkeit metaphysischer Natur sind*; der Metaphysiker hört nicht gern, *daß seine geistige Tätigkeit auf einer vorrationalen Urentscheidung beruht*; Philosophen aller Varianten, außer Skeptikern, hören nicht gern, *daß die ernstzunehmenden Arten der Skepsis unwiderleglich sind*; schließlich nehmen Skeptiker aller Schattierungen nicht gern zur Kenntnis, *daß sie ihren Standpunkt nicht beweisen können.* Eine solche komplexe Feststellung provoziert geradezu das empörte Aufbegehren: ›Dies kann doch unmöglich dein *letztes Wort* sein. Irgendeine Lösung in der einen oder andern Richtung muß es doch geben!‹ Dazu kann ich nur sagen: ›Diese Lösung hast du jederzeit in der Hand: Entscheide dich‹!« So Wolfgang Stegmüller, einer der führenden Logiker und Wissenschaftstheoretiker [1].

I. Die Grundeinstellung

Die Wende zeichnet sich ab. Bei allen vorausgehenden notwendigen Klärungen und sichtenden Antworten bezüglich Vernunft und Glaube, Weltverständnis und Gottesverständnis, Atheismus und Gottesglaube waren bisher in der Hauptsache doch immer wieder neu Fragen über Fragen aufgekommen, bis wir zur durchgängigen Fraglichkeit der Wirklichkeit überhaupt vorstießen. Zweifel über Zweifel, bis wir die durchgängige Zweifelhaftigkeit alles Seienden bis zur Unwirklichkeit der Wirklichkeit zu Gesicht bekamen. So sind wir auf den Grund aller Fragen, die Grund-Frage gestoßen. Nichts wollten wir unbefragt lassen, nichts apologetisch verschleiern, auf keine inappellable Autorität uns berufen. Kritisch-selbstkritisch versuchten wir zu denken, um die Grundlage unseres Wissens und Glaubens zu erkennen und uns ihrer gewiß zu werden. Aber mit welchem Erfolg? Droht nicht das Scheitern?

Oder gibt es eine letzte Gewißheit angesichts des Nihilismus? Sollte es jetzt trotz allen Anscheins, trotz aller Fraglichkeit der Wirklichkeit und trotz der Zweifelhaftigkeit alles Seienden doch noch gelingen, ein Fundament unter die Füße zu bekommen: eine grundlegende Gewißheit, wie wir sie von der ersten Seite an, bei der Heraufkunft der Neuzeit mit Descartes und Pascal und immer wieder neu, gesucht haben? Sollte es möglich sein, eine Grundgewißheit zu finden, welche die einseitigen, unbefriedigenden Positionen des »Cogito« ebenso wie des »Credo«, aber auch die des »Ens est ens« überwindet und, in die Tiefe hinein, transzendiert? Nach den eingehenden historisch-systematischen Analysen können wir in diesem Teil mehr synthetisch vorgehen und dabei die Kenntnis mancher Auffassungen und Texte aus Vergangenheit und Gegenwart voraussetzen.

1. *Klärungen*

Aus den Auseinandersetzungen mit und um den Nihilismus ist es deutlich geworden: Ich kann mich grundsätzlich positiv oder negativ zur fraglichen Wirklichkeit stellen, sie für wirklich oder unwirklich halten. Auch der Nihilist, der sich grundsätzlich negativ oder gleichgültig zur fraglichen Wirklichkeit stellt, kann nicht übersehen, daß es andere Menschen gibt, die sich – seiner Auffassung nach zu Unrecht – grundsätzlich positiv zur fraglichen Wirklichkeit stellen. Unter dieser – vorläufigen – Voraussetzung soll die Analyse zunächst weitergeführt werden: Ich kann mich grundsätzlich positiv oder negativ zur fraglichen Wirklichkeit stellen: Welches »Ich«, welche »Wirklichkeit« erscheint mir da? Welche »Stellungnahme«, welche »Einstellung« ist gemeint?

Welches Ich?

Zunächst: Es geht um meine eigene Einstellung zur Wirklichkeit. Es geht in dieser Frage nach der Wirklichkeit um mich selbst. Ich aber – das ist gegen Descartes deutlich geworden – bin nie nur Vernunft! Selbst im Zweifel bin ich nie nur Denkender. Menschlichkeit meint nie nur Vernünftigkeit. Selbst wenn man von einer »dritten Dimension« des »Fühlens« abstrahiert, lassen sich nicht alle Vorgänge des menschlichen Geistes in zwei Fähigkeiten – gleichsam zwei Arme der Seele – aufteilen, wie dies bei Descartes und im späten Thomismus vorwiegend geschieht: *Vernunft* und *Wille* lassen sich nicht scheiden wie zwei verschiedene Substanzen, sondern bestenfalls unterscheiden wie zwei verschiedene Grundfunktionen des einen Menschen. Das heißt: Ein isoliertes Cogito gibt es nicht.

Anders als manche Thomisten läßt selbst Thomas von Aquin – bei allem unbestreitbaren Intellektualismus! – Verstand und Wille ganz und gar ineinandergreifen. Ein Ineinandergreifen schon subjektiv, vom Seelenvermögen her, betrachtet: In jedem echt menschlichen Akt muß der Wille den Verstand zur Tätigkeit (exercitium) bringen. Und zugleich muß der Verstand den (blinden) Willen auf ein bestimmtes Objekt hin ausrichten (specificatio). Ein Ineinandergreifen jedoch auch vom Objekt her betrachtet: Was wahr ist für den Verstand, wird für den Willen zu etwas Gutem. Und zugleich: was gut ist für den Willen, ist nun für den Verstand etwas Wahres[2]. So besteht nach Thomas zwischen Verstand und Willen, Wahrem und Gutem eine wechselseitige Priorität und Ergänzung.

Heute freilich redet man weniger gern von »Seelenvermögen« oder »Seelenfähigkeiten«. Psychologen betonen, daß es sich bei Willen und Verstand um unableitbare Urphänomene handelt, die weder physiologisch noch psychologisch erklärt werden können. Man zieht deshalb vielfach den Ausdruck »*Wollen*« dem »Willen« vor. »Wollen« ist im Gegensatz zum »Willen« beobachtbar, empirisch erfaßbar. Wollen meint die bewußte (also nicht impulsive oder unüberlegte) Entscheidung für eine bestimmte Richtung des Handelns (Handlungsweg oder Handlungsart[3]). Aber Wollen in diesem Sinn ist eine Entscheidung nicht nur eines isolierten Willens, sondern des ganzen Individuums, meiner selbst!

Um mich selbst also geht es. Genauer: Es geht um meine ganze Person, um Verstand und Willen, Gemüt und Triebstruktur, Geist und Leib, Kopf und Herz; Herz verstanden, wie Pascal es verstand, als Mitte meiner Person. Es geht um mich selbst *mit meiner ganzen Subjektivität*!

Gewiß kann man »funktionale« und »wesentliche« Fragen, kann man Technisch-Rationales und Gesamthaft-Personales unterscheiden. Im konkreten Leben jedoch hängt alles zusammen. »Rechnendes« Denken, im Sinne Heideggers auf Machbares, Berechenbares, Richtigkeiten bezogen, läßt sich im Alltag vom »besinnlichen«, »wesentlichen« Denken, das auf Sinn und Wahrheit aus ist, nicht völlig trennen. Allgemeingültige, ungeschichtliche, zeitlose Wahrheiten, deren Richtigkeit (mathematisch, physikalisch ...) bewiesen werden kann, hängen im konkreten Menschen zusammen mit jenen gelebten, konkreten, geschichtlichen Wahrheiten, die nicht in derselben Weise bewiesen werden können.

Ob ich es will oder nicht: Die subjektiven Bindungen – auch Interessen, Triebe, Emotionen, Leidenschaften, Haltungen – haben ebenso wie die gesellschaftlichen Verhältnisse entscheidenden Einfluß auf meine Erkenntnis, ihre Voraussetzungen und ihre Konsequenzen. Jeder Mensch ist vielfältig präformiert. Selbst in seinen elementarsten Erfahrungen und Erkenntnissen (»ich bin«, »etwas ist«) spielt seine Subjektivität mit. Menschsein ist nie nur Vernünftigsein, nie nur Rationalität, gar kritische Rationalität. Es ist also keineswegs immer Dummheit oder böser Wille, wenn sich die Vernunft nicht überall durchsetzt; das hat sich bei der Kuhnschen »Struktur wissenschaftlicher Revolutionen«[4] selbst für die Naturwissenschaft gezeigt.

Objektives und Subjektives, Einsicht und Gefühle, Rationales und Irrationales lassen sich im Menschen *nicht sauber trennen*. Immer und überall sehe, erkenne und urteile ich nach dem, was ich selber bin, in meiner ganz konkreten lebendigen Existenz: gestellt in eine ganz bestimmte Situation, bewußt oder unbewußt abhängig von gewissen Erfahrungen und Begegnungen, Traditionen und Autoritäten, Denkgewohnheiten und Wertschemata, verflochten in diese oder jene gesellschaftlichen Verhältnisse und Klassenstrukturen, geprägt von ganz bestimmten Interessen. Alles dies läßt mich das eine sehen und das andere nicht, läßt mein Wahrnehmen, Erkennen, Erinnern, Fühlen, Werten selektiv, auswählend, ja perspektivisch, standpunktbedingt sein[5]. Einen absoluten menschlichen Standpunkt aber gibt es nicht. Von meiner Subjektivität her wird ständig durch die Richtung meines Wahrnehmens und Vorstellens über die Auswahl dessen bestimmt, was faktisch zur Wahrnehmung und auch zur Erinnerung kommt. Ich selber färbe die Wirklichkeit ein und setze Akzente. So »mache« ich in etwa meine Wahrheit: aus der allgemeinen Wahrheit »an sich« mache ich in meinem Wahrnehmen, Erkennen, Fühlen, Werten die konkrete Wahrheit »für mich«. Dies gilt auch für meine elementare Seinserfahrung und meine Grundeinstellung zur Wirklichkeit.

Welche Wirklichkeit?

Die Wirklichkeit? Das ist alles Wirkliche, ist alles, was ist: alles Seiende, die Gesamtheit der Seienden also, in diesem Sinn das existierende Sein überhaupt. Was Wirklichkeit ist, soll hier nicht etwa eingehend analysiert werden. Definiert werden kann Wirklichkeit von vornherein nicht. Ist doch das Allumgreifende per definitionem nicht definierbar, nicht abgrenzbar. Bereits am Ende des ersten Teiles sahen wir, wie vielschichtig und vieldimensional dieser Begriff ist. Nur kurz soll ins Bewußtsein gerufen werden, was hier mit Wirklichkeit konkret gemeint ist, damit wir nicht abstrakt oder inhaltsleer reden.

Die Wirklichkeit: das ist in erster Linie die *Welt* und alles, was Welt in Raum und Zeit ausmacht, Makrokosmos und Mikrokosmos mit ihren Abgründen. Die Welt in ihrer Geschichte, in Vergangenheit, Gegenwart und Zukunft. Die Welt mit Materie und Energie, mit Natur und Kultur, mit all ihren Wundern und Schrecken. Keine »heile Welt« jedenfalls, sondern die reale Welt in ihrer ganzen Fraglichkeit: mit all ihren konkreten Bedingungen und natürlichen Katastrophen, mit ihrem realen Elend und all dem Leid. Tiere und Menschen in ihrem Kampf um das Dasein: dem Entstehen und Vergehen, »Fressen« und »Gefressenwerden«. Die ganze Welt, in ihrer Ambivalenz, so schwierig zu akzeptieren, wie es Dostojewski in seinem Roman »Die Brüder Karamasoff« beschreibt: »Nun, so laß dir denn kurz gesagt sein«, sagt der Skeptiker Ivan Karamasoff zu seinem gottgläubigen jungen Bruder Aljoscha, »daß ich im Endresultat diese Gotteswelt – *nicht* akzeptiere, und wenn ich auch weiß, daß sie existiert, so will ich sie doch nicht gelten lassen. Nicht Gott akzeptiere ich nicht, verstehe mich recht, sondern die von ihm geschaffene Welt akzeptiere ich nicht und kann ich nicht akzeptieren[6].«

Die Wirklichkeit: das sind in der Welt also besonders die *Menschen*, die Menschen aller Schichten und Klassen, aller Farben und Rassen, Nationen und Regionen, das sind Einzelmensch und Gesellschaft. Die Menschen: die Fernsten und vor allem die Nächsten, die uns oft am fernsten sind. Die Menschen mit all ihrem Menschlich-Allzumenschlichen. Keine ideale Menschheit jedenfalls, sondern auch alles das miteingeschlossen, was wir beim »Seid umschlungen, Millionen« und beim »Kuß der ganzen Welt« lieber ausschließen möchten. Auch alle die also miteingeschlossen, die uns das Leben im großen oder kleinen zur Hölle machen können. »L'enfer, c'est les autres!« – »die Hölle – das sind die anderen«: das ist die Hauptthese in Jean-Paul Sartres Drama »Huis clos« (In geschlossener Gesellschaft«) von jenen drei in einem Zimmer bei ewigem Licht zum Miteinander Verdammten[7]: einem Miteinander, dessen Scheitern Sartre im großen philosophischen Werk »L'être et le néant« (»Das Sein und das Nichts«)[8] nach allen Richtungen analysiert.

Die Wirklichkeit: das bin vor allem *ich selbst*, der ich als Subjekt mir selber Objekt werden kann. Ich selber mit Geist und Leib, mit Veranlagung und Verhalten, mit Schwächen und Stärken. Kein Idealmensch jedenfalls, sondern ein Mensch mit seinen Höhen und Tiefen, Tages- und Nachtseiten, mit all dem, was C. G. Jung den »Schatten« der Person nennt, mit all dem, was der Mensch abgeschoben, unterdrückt, verdrängt hat und was Freud mit den Mitteln der Analyse ins Bewußtsein zu heben und annehmbar zu machen versucht. Ein Mensch auch, der immer in verschiedene soziale Rollen zerfällt, die er in der Gesellschaft zu spielen hat, der immer auch bestimmte gesellschaftliche Funktionen erfüllen muß, die die Gesellschaft von ihm erwartet[9]. Oft nimmt man leichter die Welt an als sich selbst, wie man nun einmal ist oder durch andere gemacht wurde. »Ich bin nicht Stiller«, so beginnt der Roman »Stiller« des Schweizer Schriftstellers Max Frisch, der die Geschichte eines Mannes erzählt, der sich beharrlich weigert, sich selber anzunehmen: weil er sich den Bildern entziehen will, die andere sich von ihm gemacht haben; weil er die Rollen abschütteln will, die andere ihn zu spielen zwingen; weil er darunter leidet, daß er nicht sein kann, wie er will, sondern, wie er soll. Vor diesem Hintergrund der für den modernen Menschen charakteristischen Identitäts- und Rollenproblematik wird die Selbstannahme des Menschen zu einem schwierigen Problem. So sagt C. G. Jung: »Das Einfache aber ist immer das Schwierigste. In Wirklichkeit ist nämlich Einfachsein höchste Kunst, und so ist das Sich-selbst-annehmen der Inbegriff des moralischen Problems und der Kern einer ganzen Weltanschauung[10].«

Über diese »Annahme seiner selbst«, über das Ich-Sein als Aufgabe schreibt schon der Theologe Romano Guardini und beruft sich dabei auf Pascal:

»Die Aufgabe kann sehr schwer werden.

Es gibt die Auflehnung dagegen, man selber sein zu müssen: Warum soll ich es denn? Habe ich denn verlangt, zu sein? . . .

Es gibt das Gefühl, es lohne nicht mehr, man selbst zu sein: Was habe ich denn davon? Ich bin mir langweilig. Ich bin mir zuwider. Ich halte es mit mir selbst nicht mehr aus . . .

Es gibt das Gefühl, mit sich selbst betrogen; in sich eingesperrt zu sein: Nur so viel bin ich, und möchte doch mehr. Nur diese Begabung habe ich, und möchte doch größere, leuchtendere. Immer muß ich das Gleiche. Immer stoße ich an die nämlichen Grenzen. Immer begehe ich dieselben Fehler, erfahre dasselbe Versagen . . .

Aus alledem kann eine unendliche Monotonie kommen; ein furchtbarer Überdruß[11].«

Aber *Ich und Welt* dürfen *nicht einfach als Subjekt und »gegenüberstehendes« Objekt* – das haben wir bereits angedeutet – *verstanden* werden. Subjekt und Objekt können nicht voneinander abgelöst und isoliert gedacht werden. Rein objektive Erkenntnis – das hat schon Kant deutlich gemacht und die moderne Physik bestätigt – gibt es nicht einmal in der Naturwissenschaft. Nicht als ob alle Grundbestimmungen der Welt wie Raum, Zeit und Kausalität auf die reine Subjektivität zurückgeführt werden könnten; darin hat die moderne Physik Kant nicht bestätigt. Aber daß wir es nie mit der Welt an sich, sondern immer mit der Welt, wie sie uns erscheint, zu tun haben, davon geht auch die exakteste heutige Naturwissenschaft aus. Die Welt, wie wir sie erkennen, ist also kein rein Objektives und kein rein Subjektives, sondern das gemeinsame Produkt unserer Subjektivität und des Ansichseienden. Das bedeutet: Subjekt und Objekt sind bei allem Unterschied stets aufeinander bezogen, aneinander gebunden, stehen in einem *dialektischen »Wechselverhältnis«*, in einer »dialektischen Verflechtung« (W. Schulz[12]).

Also grundsätzlich kein Subjekt ohne Objekt, kein Objekt ohne Subjekt. Das Subjekt-Objekt-Schema reicht nicht aus, um die Wirklichkeit zu beschreiben. Die Frage nach der Wirklichkeit ist immer auch die Frage nach dem Fragenden. Ich bin nicht nur als Subjekt dem Objekt gegenüber, ich selber als Subjekt bin mir zugleich auch Objekt. Deshalb kann ich mich und die Welt nie ganz objektivieren, wie ich selbst nie zum reinen Subjekt werden kann. Ich selber bin Teil der Welt, und die Welt ist Teil meiner selbst. Wenn wir hier also von Wirklichkeit reden, dann meinen wir nie etwas, was sich nur auf der einen oder der anderen Seite findet, meinen wir nie nur das Subjektive oder nur das Objektive. Wenn wir hier von Wirklichkeit reden, meinen wir immer etwas, was Subjekt und Objekt, Bewußtsein und Sein, Ich und Welt verbindet und umgreift. In diesem Sinne reden wir abgekürzt von der Wirklichkeit von Ich und Welt.

2. *Stellungnahme zur Wirklichkeit*

Nun verlangt aber die Wirklichkeit selber eine Stellungnahme. Ich muß in der Wirklichkeit Stand fassen, in ihr als Mensch leben, handeln, Stellung beziehen. Jeder Mensch entscheidet selber über seine *Grundeinstellung* zur Wirklichkeit: jene grundlegende Einstellung, die sein ganzes Erleben, Verhalten, Handeln umfaßt, einfärbt, prägt[13]. Es geht dabei um eine in bestimmten Grenzen *freie Stellungnahme*. Denn es ist zunächst grundsätzlich daran zu erinnern: Die Wirklichkeit drängt sich nicht zwingend, nicht mit Evidenz auf als das, was sie ist. Sie läßt somit Raum für einen – wie wir sehen werden: in Grenzen – freien Entschluß ohne intellektuellen oder moralischen Zwang. Eine solche Stellungnahme bedeutet keine dogmatische Setzung. Es wird ja nichts anderes vorausgesetzt als die fragliche Wirklichkeit selbst. Es wird nichts hinzu »gesetzt«. Ich lasse vielmehr die Wirklichkeit, deren Teil ich bin, auf mich wirken. Nicht ich postuliere, fordere etwas, sondern die Wirklichkeit selbst lädt mich ein, fordert mich heraus: Sie verlangt meine Antwort, meine Stellungnahme, meine freie Stellungnahme: Aber was heißt das?

Freiheit in Grenzen

Absolute Freiheit? Das war die Übertreibung des Existentialismus, vor allem des frühen Jean-Paul Sartre gegenüber der Verleugnung der Freiheit in Materialismus und mechanistischer Naturwissenschaft, aber auch gegenüber der Unterdrückung der menschlichen Freiheit in einem bestimmten Gottesverständnis. Dem Menschen, so oft von Wissenschaft und Leben zum Objekt erniedrigt, so oft auch in der Religion gedemütigt, sollte seine »dignité«, seine »Würde«, zurückgegeben werden. Und diese seine Würde liegt – das ist des Atheisten Sartre zentrale These – in seiner Freiheit, die das Sein oder die Existenz des Menschen ausmacht, die vom Erfolg nicht abhängig ist und durch reale Hindernisse sogar noch gesteigert wird. »Ich *bin* meine Freiheit! Kaum hast du mich geschaffen, habe ich aufgehört, dir zu gehören«, das schleudert in Sartres Drama »Die Fliegen« Orest dem Jupiter entgegen [14]. »Es gibt keinen Determinismus, der Mensch ist frei, ja, der Mensch ist Freiheit«, so heißt es in Sartres programmatischer Schrift »Der Existentialismus ist ein Humanismus« [15].

Doch war die von Christen und Atheisten an Sartre geübte Kritik nicht berechtigt? Kann man das Sein, die Existenz des Menschen einfach als Freiheit, nur als Freiheit definieren? Geht diese frei entworfene Existenz, wie Sartres Freiheitsthese auch lautete, wirklich jeglicher menschlichen Essenz oder Natur voraus? Ist diese Existenz wirklich unbestimmt, diese Freiheit völlig unbeschränkt, die Verantwortung des Menschen total? Ist der Mensch wirklich freier Erfinder und Schöpfer aller Werte, der Moral und des Lebenssinnes? Die unbeschränkte, absolute Freiheit führt, wie der zunächst für die Französische Revolution begeisterte Hegel in der »Phänomenologie des Geistes« ausführt, zum Terror der Guillotine: »Der *Schrecken* des Todes ist die Anschauung dieses ihres negativen Wesens [16].« Die Alternative, die Sartre in seinem Hauptwerk »Das Sein und das Nichts« darlegt, überzeugt nicht: »Der Mensch ist entweder ganz und immer frei, oder er ist es nicht [17].« Erfahren wir es nicht anders: wir sind frei und doch nicht frei?

Relative Freiheit? Das wahre Moment der Existenzphilosophie Heideggers, Jaspers', Marcels und Sartres, aber auch schon Rousseaus, Kants, Fichtes, des späteren Schelling und Bergsons – gegenüber aller Verleugnung der Freiheit in einem philosophischen, physiologischen, psychologischen oder soziologischen Determinismus – darf heute weniger denn je vergessen werden. In bestimmten Grenzen des Menschlichen, die schließlich Sartre in der Form einer unveränderbaren »menschlichen Bedingtheit« (»condition humaine« [18]) doch wieder anerkennen muß, hat Orest recht: »Ich bin ein

Mensch, Jupiter, und jeder Mensch muß seinen Weg erfinden[19].« Gegen alle falsche Selbstsicherheit und bürgerliche Sattheit ist zu betonen: Der Mensch, der nicht ist, was er ist, ist sich aufgegeben; er wird das sein, als was er sich entworfen hat. Er muß sich selber verwirklichen, und erst in der Verwirklichung erfüllt sich seine Freiheit. In diesem eingegrenzten Sinne stimmt der Satz in Sartres Programmschrift: »Der Mensch ist das, was er aus sich macht[20].« Und es stimmt auch, wenn Sartre die einzelnen Taten als Ausdruck einer ursprünglicheren Wahl sieht: »Ich kann einer Partei zugehören, ein Buch schreiben, mich verheiraten wollen: dies alles ist nur Manifestation einer ursprünglicheren Wahl[21].« Die ursprünglichere Wahl, in der jede Einzelwahl gründet, nennt er *»Urwahl«* (»choix originel«, »choix fondamental«[22]): »Wahl meiner selbst in der Welt und zugleich Entdeckung der Welt[23].« Für Sartre ist dies der grundlegende Existenz- und Freiheitsakt, der alle Einzelheiten prägt und ihnen Sinn verleiht: Die fundamentale Wahl, in der ich über mein Sein entscheide, geht allen Willensakten voraus. Sie ist eins mit dem Bewußtsein, das ich von mir selbst habe[24].

Diese »Urwahl« wird anders zu verstehen sein, als sie Sartre versteht: ein Freiheitsakt gewiß, aber nicht im Sinne eines völlig unbestimmten freien Entwurfs, sondern in Anerkennung der – dem Menschen keineswegs nur äußerlichen – unveränderbaren menschlichen Bedingtheit; ein Freiheitsakt, der allerdings keineswegs nur auf das Sein, sondern auch auf das Nichts gerichtet sein kann: Sartres Existentialismus berücksichtigt hier zu wenig die nihilistische Alternative[25]. Trotzdem: es geht tatsächlich um eine freie Wahl angesichts von Mensch und Welt. Eine freie Stellungnahme zur Wirklichkeit überhaupt, in der Grundfrage nach Sein oder Nichtsein: wir nennen sie *Grundentscheidung*.

Kierkegaard war es, der den – im rechtlich-ethischen wie im religiösen Bereich schon immer gebrauchten – Begriff der »Entscheidung« (»Wahl«) zu einem philosophischen Grundbegriff machte, um damit die menschliche Existenz zu charakterisieren. Er hat damit einen starken Einfluß sowohl auf Philosophen wie Heidegger, Jaspers und Sartre als auch auf Theologen wie Barth, Gogarten und Bultmann ausgeübt[26]. Doch der frühe Kierkegaard hatte den Begriff subjektivistisch verwendet für die isolierte Existenz des einzelnen Menschen: »Ich wähle das Absolute, und was ist das Absolute? Es ist ich selbst in meiner ewigen Gültigkeit. Etwas anderes als mich selbst kann ich nie als das Absolute wählen . . .[27].« Der spätere Kierkegaard hat den Begriff der »Entscheidung« vorwiegend spezifisch christlich gebraucht: Im »entscheidendsten Augenblick der wirklichen Lebensgefahr« – und dies ist der Testfall – gibt es nach ihm »nur *einen* Namen, den zu nennen ein Mensch wünschen könnte: Christi Namen; einen Trost, den er suchen möchte: den Jesu Christi«; »Aufgabe« des Menschen ist es, diese »ewige Entscheidung der Innerlichkeit . . . festzuhalten in der Zeit, und den Eindruck der Entscheidung zu bewahren«[28].

Aber: weder die rein subjektive noch die spezifisch christliche Bedeutung von Entscheidung ist hier mit Grundentscheidung gemeint. Grundentscheidung meint hier vielmehr die Entscheidung des Menschen gegenüber der Wirklichkeit überhaupt: die grundlegende Stellungnahme zur eigenen Existenz und zur Welt.

Neueste Ergebnisse besonders der amerikanischen und deutschen Verhaltensforschung haben nun freilich noch deutlicher nachgewiesen, als es uns früher ohnehin bewußt war: Der Mensch ist für eine solche Grundentscheidung bezüglich der Wirklichkeit von Ich und Welt *in doppelter Weise präformiert* – sowohl durch Umwelteinflüsse wie durch Erbanlagen.

Der Mensch ist *umweltgesteuert*, geprägt durch Einflüsse, abhängig von Bedingungen, ist vielfältig konditioniert und somit in seinem Verhalten weithin voraussagbar. Dies machen sich Verhaltensforscher wie jene amerikanischen *Behavioristen* zunutze, die einen auf das Gute hin programmierten Menschen fordern. Der radikale Behaviorist B. F. Skinner fordert gar – und das erscheint nun als extreme Gegenposition zu Sartre – einen Standpunkt »jenseits von Freiheit und Würde« [29]: Es müsse der für so viele individuelle und soziale Übel verantwortliche ungezügelte Freiheitsdrang des autonomen Menschen durch wissenschaftliche Kontrolle des menschlichen Verhaltens ersetzt und mit Hilfe einer umfassenden »Verhaltenstechnologie« gesteuert werden.

Aber selbst Skinner leugnet die menschliche Freiheit nicht. In der Tat: Der Mensch ist nicht *nur* umweltgesteuert, ist nicht *total* konditioniert, nicht *völlig* voraussagbar. Zweifellos formt die Umwelt den Menschen und seinen Willen. Aber zugleich formen der Mensch und sein Wille die Umwelt, insofern er der Umwelt als autonomes System gegenübertritt. Kein Zweifel: Ich kann trotz aller Umweltbedingtheiten mit überkommenen Vorurteilen in Freiheit brechen und mein Verhalten entsprechend ändern. Ich kann auch anderen die Freiheit zutrauen, meine Argumente zu erwägen, vielleicht anzunehmen und ebenfalls ihr Verhalten zu ändern. Kurz, ich kann die Autonomie des inneren Menschen realisieren und auch andere dazu auffordern.

Freilich, und darin haben nun die Gegenspieler der amerikanischen Behavioristen, die deutschen Verhaltensforscher oder *Ethologen* in der Schule des Nobelpreisträgers Konrad Lorenz, recht: Der Mensch ist – was übrigens von Skinner nicht geleugnet wird – als stammesgeschichtlich gewordene Konstruktion schon *genetisch vor-programmiert*: er ist in seinen Verhaltensformen, Handlungsweisen, Reaktionen von ererbten Programmen angetrieben und gesteuert. Das Angeborene ist für das Individual- und Sozialverhalten von grundlegender Bedeutung[30]. Aber die Ethologen weisen selber darauf hin: das Angeborene wirkt nur als ein bestimmter Faktor, nicht jedoch als unabwendbares Geschick, das ich lediglich zu erdulden und hinzunehmen hätte. Wie der Lorenz-Schüler Irenäus Eibl-Eibesfeldt sagt: Die einseitige »Ansicht, der Mensch würde nur durch Lernen programmiert, ist falsch, ebenso falsch, als würde einer behaupten, der Mensch sei zur Gänze vorprogrammiert«[31].

Darüber sollte man sich im klaren sein: Ein Mensch, total von seiner Erbmasse vorprogrammiert oder von seiner Umwelt konditioniert, wäre kein Mensch mehr; er wäre ein Tier oder ein Roboter. In den Grenzen des Angeborenen und des Umweltbestimmten ist der Mensch frei: frei im Gegensatz zur Abhängigkeit von Macht und Zwang, frei im Sinne von Selbstbestimmung, von Autonomie.

Freiheit als Erfahrung

Sowohl Behavioristen wie Ethologen, sowohl Psychoanalytiker wie marxistische Gesellschaftstheoretiker sollten zur Kenntnis nehmen, daß jegliche *Verabsolutierung von zwar richtigen, aber partikulären Erkenntnissen* schließlich zur Verkennung von Freiheit und Menschlichkeit, wie schon Karl Jaspers ausführt, zur »Verwahrlosung des Menschenbildes« und damit zur »Verwahrlosung des Menschen selber« führt: »Alle weltlichen Abhängigkeiten und biologischen Entwicklungsprozesse betreffen gleichsam den Stoff des Menschen, nicht ihn selbst. Es ist nicht abzusehen, wie weit die Forschung noch kommen wird in der Erkenntnis der Entwicklung dieses Menschenstoffes. Und es gibt kaum ein Gebiet, das spannender und erregender für uns wäre. – Jede Erkenntnis vom Menschen läßt, wenn sie sich verabsolutiert zu vermeintlicher Erkenntnis des Menschen im Ganzen, seine Freiheit verschwinden. So ist es auch mit den Theorien vom Menschen, wie sie für begrenzte Horizonte sinnvoll von der Psychoanalyse, dem Marxismus, der Rassenlehre entworfen sind. Sie verschleiern den Menschen selbst, sobald sie mehr wollen als Seiten seiner Erscheinung erforschen[32].«

Die wissenschaftliche Forschung erkennt *immer nur Aspekte des Menschen*: »Die Forschung zeigt uns zwar sehr merkwürdige, überraschende Dinge am Menschen, aber je klarer sie wird, desto bewußter auch, daß sie nie den Menschen im Ganzen zum Forschungsgegenstand gewinnen kann. Der Mensch ist stets mehr, als er von sich weiß. Das gilt sowohl vom Menschen überhaupt, wie von jedem einzelnen Menschen. Man kann nie die Bilanz ziehen und nun Bescheid wissen, weder über den Menschen überhaupt, noch über irgendeinen einzelnen[33].« Der Mensch selber aber ist sich des Ganzen des Menschseins und damit gerade seiner menschlichen Freiheit durchaus gewiß: »Was der Mensch sei, dessen sind wir uns im Ganzen und jeder für sich auf eine Weise gewiß, die vor und nach der Forschung liegt. Es ist Sache unserer Freiheit, die sich an zwingende Erkenntnis gebunden weiß, aber selber als ein Erkenntnisgegenstand in sie nicht eingeschlossen ist. Denn soweit wir uns erforschen, sehen wir keine Freiheit mehr, sondern

Sosein, Endlichkeit, Gestalt, Beziehung, Kausalnotwendigkeit. Unsere Freiheit aber ist es, aus der wir uns unseres Menschseins bewußt sind[34].«

Dies besagt für die *Erkenntnis der menschlichen Freiheit*: Die Freiheit des Menschen läßt sich nicht einfach gegenständlich vorzeigen wie andere Gegenstände; sie ist ja auch eine durchaus umstrittene, fragliche Größe. Sie läßt sich auch nicht einfach von außen wissenschaftlich konstatieren oder beweisen. Aber dieser Freiheit kann ich mir selber bewußt werden. Ich kann sie innerlich wahrnehmen. Daß ich frei bin, sagt mir letztlich nicht ein äußerer Beweis für Freiheit, sondern meine eigene innere *Erfahrung von Freiheit*! Eine Erfahrung nicht des Denkens, sondern des *Tuns*. Im Vollzug kann ich es eben immer wieder neu unmittelbar erfahren: Ich will dies, aber ich könnte auch anders, ja, ich mache es jetzt anders, ich bin frei. Eine Erfahrung nicht nur des Tuns, sondern auch des Nichttuns, Versagens, *Schuldigwerdens*. Im Vollzug kann ich auch dies unmittelbar erfahren: Ich habe es nicht getan, aber ich hätte es tun sollen; ich habe das Versprechen gegeben, aber nicht gehalten; ich bin selber schuld, ich anerkenne meine Schuld und bitte um Entschuldigung; ich fordere aber auch vom anderen Anerkennung der Schuld, wo ich nicht schuld war; das lag schließlich ganz in seiner Freiheit . . . Ja, was wäre Sittlichkeit ohne Verantwortung, was Verantwortung ohne Freiheit?

Ich selber in meiner ganzen Person erfahre mich als Ursprung meines So-und-nicht-anders-Wollens. Diese meine Freiheit ist nicht nur eine Eigenschaft meines Wollens oder gar nur Handelns, sondern meines Seins. Bin ich darin einfach abhängig vom stärksten Motiv, welches sich in meinem seelischen Assoziationsmechanismus notwendig durchsetzt? So nämlich lautet die säkulare Version der uns bereits bekannten augustinisch-jansenistischen Lehre von der notwendigen Determiniertheit des menschlichen Willens durch den jeweils stärkeren »Reiz« (delectatio victrix): entweder die unwiderstehliche böse Begierlichkeit oder die unwiderstehliche Gnade[35]. Aber diese Art von Determiniertheit wurde schon in der Theologie und dann auch wieder in der Psychologie mehr behauptet als bewiesen. Bestimme ich denn nicht auch mit über das Gewicht, das den einzelnen Motiven zukommt? Bestimme ich nicht selbst Kriterien und Maßstäbe? Nennt man nicht einfach dasjenige das »stärkste Motiv«, das ich selber zum stärksten werden ließ? Entscheide ich schließlich nicht selbst, ob und wann nun einmal so oder anders gehandelt wird? Sosehr ich in meinem ganzen Dasein äußerlich und innerlich abhängig und bestimmt bin, so bin ich mir doch dessen bewußt, daß dieses oder jenes zu guter Letzt eben doch an mir liegt: ob ich rede oder schweige, aufstehe oder sitzenbleibe, ob ich dieses oder jenes Kleidungsstück, diese oder jene Speise, diese oder jene Reise vorziehe, wähle . . . Der Mensch bleibt – bei aller Kausalgesetzlichkeit – ein zutiefst unberechenbares, weil freies Wesen: So oft sagt er Nein, wo man ein Ja erwartet, und Ja, wo man ein Nein fürchtet.

In noch ganz anderer Weise aber liegt es zu guter Letzt an mir in der hier anstehenden *Grund-Frage*: wo es gerade nicht um dieses oder jenes, sondern um die fragliche Wirklichkeit überhaupt geht, um meine Grundeinstellung zur fraglichen Wirklichkeit meines Ich und der Welt. Gerade da kann ich es erfahren: *Ich kann in Freiheit Ja oder Nein sagen!* Diese Grundentscheidung zur fraglichen Wirklichkeit braucht freilich nicht reflektiert und erst recht nicht philosophisch reflektiert zu sein. Langsam wächst der Mensch als Kind, wie wir noch sehen werden, in sie hinein. Sie kann auch später, mehr oder weniger bewußt, im täglichen Dasein unmittelbar vollzogen werden. Sie wird ihm zu einer bestimmten Einstellung zum Leben, zur Welt, zur Wirklichkeit. Aber angesichts der im Alltag oft so konkret erfahrenen Bedrohung durch die Nichtigkeit, durch die Vergänglichkeit, Verfallenheit, Verlorenheit, Endlichkeit alles Menschlichen und Irdischen, wird sich auch für den geistig träge und oberflächlich Dahinlebenden immer wieder eine mehr oder weniger reflektierte Entscheidung aufdrängen. Was ohne Nachdenken gelebt worden war, will dann bewußt angeeignet und mit Entschiedenheit übernommen werden. Schon kleine Erschütterungen können die große Frage aufwerfen: Wie stelle ich mich grundsätzlich zum Leben, positiv oder negativ? Wie zu meinem eigenen Dasein und zu meiner Umwelt? Wie zu meinen Mitmenschen und zur Gesellschaft? Wie zur Welt überhaupt und zu ihrer Geschichte? Wie *zur Wirklichkeit insgesamt*?

- *Angesichts der Wirklichkeit insgesamt geht es nicht nur um die mehr oder weniger bedeutenden Einzelentscheidungen des Lebens, die Mittel zum Zweck sind. Es geht zugleich um die in allen Einzelentscheidungen sich auswirkende freie, aber nicht willkürlich, sondern verantwortlich zu vollziehende, reflektierte oder unreflektierte* grundsätzliche Stellungnahme zur Wirklichkeit: *die positive oder negative* Grundentscheidung, *welche die* Grundeinstellung *des Menschen zur Wirklichkeit überhaupt bestimmt, prägt, einfärbt: die Grundeinstellung zu sich selbst, zu den anderen Menschen, zur Gesellschaft, zur Welt, und damit um des Menschen gesamtes Erleben, Verhalten und Handeln.*

Auf die Terminologie soll es uns freilich nicht ankommen. Man kann die Grundentscheidung auch anders nennen, etwa:
»Lebensentscheidung«, in der es um die ganze Lebenseinstellung des Menschen geht;
»Urwahl«, in der ich wähle, was mir Welt, Gesellschaft, Menschen und ich selbst bedeuten;
»Fundamentaloption«, auf der alle meine Einzeloptionen, das ganze komplexe System meiner Anschauungen, Meinungen, Überzeugungen und Erwartungen basieren;
»Primärentschluß«, der sich in allem meinem Wahrnehmen, Fühlen, Den-

ken und Handeln auswirkt und gegenüber dem alle meine anderen Entscheidungen sekundär sind;
»Kardinalbestimmung«, um welche cardo (Türangel) sich mein Dasein (in seiner kognitiven, affektiven, Verhaltens- und Handlungsdimension) bewegt;
das große »Entweder-Oder« (Kierkegaard), in dem über meine Existenz in der Welt grundlegend entschieden wird (ähnlich wie etwa im religiösen Kontext die »electio« oder »Wahl« im Exerzitienbüchlein des Ignatius von Loyola) . . .

Die Grundalternative

Man kann Ja oder Nein zur fraglichen Wirklichkeit sagen. Ein *Wagnis* ist solche Grundentscheidung und Grundeinstellung allemal. Wer kann mir, wo alles vergänglich, verfallen, endlich, nichtig ist, sagen, was richtig ist? Wer kann selber, wo es um das Ganze geht, die Tragweite des Entschlusses übersehen? Was kann mich, wo es um Grund und Sinn des Lebens geht, vor Enttäuschung und Scheitern bewahren, Gelingen und Glücken garantieren?

Die Wirklichkeit selbst erzwingt nicht ein Ja oder Nein, eine positive oder negative Grundeinstellung. Sie ist – das zeigt sich von neuem – nicht evident; das Ganze ist nicht durchsichtig. Soll ich mich also an etwas ausliefern, was nicht einleuchtend, beweisbar, abschätzbar ist? Besteht zum »Verdacht« (Nietzsche), Argwohn, Mißtrauen nicht aller Grund?

Wahrhaftig: Hier geht es um eine *Sache des Vertrauens oder Mißtrauens*, in der ich mich ohne Sicherheit und Garantie selbst aufs Spiel setze. Um nur mit verschiedenen Worten das »Trauen« zu umschreiben:
Entweder ich traue der Wirklichkeit zu, daß sie mich trägt, und vertraue ihr – oder nicht.
Entweder ich lasse mich grundsätzlich auf die Wirklichkeit ein und verlasse mich auf sie – oder nicht.
Entweder ich halte also die Wirklichkeit für vertrauenswürdig und verläßlich – oder nicht.
Entweder ich spreche der Wirklichkeit mein Vertrauen aus – oder nicht.

Wie immer man diese Grundentscheidung fällt, was für eine Grundeinstellung man auch einnimmt, sie ist *unausweichlich*. Der Mensch ist frei. Aber er ist nicht frei, frei zu sein: »Man muß wetten, darin ist man nicht frei. Sie sind mit im Boot«, hörten wir von Pascal[36]. Der Mensch ist zur Freiheit »verdammt«, sagt Jean-Paul Sartre[37], zur Freiheit »berufen«, sagen andere. Aber ob zur Freiheit verdammt oder zur Freiheit berufen, ein unbestimmtes Schweben gegenüber der Wirklichkeit zwischen Nihilismus und Nicht-Nihilismus ist auf Dauer nicht möglich. Entweder – oder: Sehen oder Nichtsehen! Wer nicht sehen will, ist nicht indifferent, sondern blind.

Auch wer nicht wählt, wählt: Er hat gewählt, nicht zu wählen – in einer verschleierten Wahl, von der gilt, daß, wer nicht gewinnt, verliert. Und weil es nun nicht um die Auswahl eines einzelnen Dinges oder Seienden, nicht um eine Einzelentscheidung, sondern um die Wahl meines Lebens, um die Grundentscheidung und Grundeinstellung zu meinem Leben und zum Leben der anderen, zur Welt, wie sie ist, zur Wirklichkeit überhaupt, weil es also um die Stellungnahme zum Ganzen des Seienden geht, außer dem es nichts gibt, bleibt nur die Wahl zwischen Bejahung oder Verneinung. In dieser Vertrauensabstimmung bedeutet Stimmenthaltung Vertrauensverweigerung, Mißtrauensvotum. Wer hier nicht – zumindest faktisch – Ja sagt, sagt faktisch Nein:

- *Weil sich die fragliche Wirklichkeit – die meiner selbst und die der Welt – nicht zwingend, nicht mit Evidenz als das manifestiert, was sie ist, kann man sie entweder auf Sein oder Nichtsein hin interpretieren: das Seiende erscheint mir dann entweder in einer grundlegenden Identität, Sinnhaftigkeit, Werthaftigkeit, Wirklichkeit oder aber in einer grundlegenden Zwiespältigkeit, Sinnlosigkeit, Wertlosigkeit, Nichtigkeit.*
- *In dieser Grund-Frage ist die Grundalternative ein (reflektiertes oder unreflektiertes) grundsätzliches* Ja oder Nein zur Wirklichkeit: *ein unerzwingbares und unbeweisbares Vertrauen oder Mißtrauen zur Wirklichkeit der Welt und meines eigenen Ich.*
- *Da es in dieser Grundalternative um ein* grundsätzliches *Vertrauen oder Mißtrauen geht, wird man – entsprechend zu Grundentscheidung und Grundeinstellung – von* Grundvertrauen *oder* Grundmißtrauen *sprechen. Also nicht nur ein Vertrauen (Mißtrauen) zu diesem oder jenem Menschen, dieser oder jener Sache, sondern das dahinterliegende, jedes Einzelvertrauen überhaupt erst ermöglichende grundlegende Vertrauen (Mißtrauen) zu mir selbst, zu den anderen Menschen, zur Welt, zur fraglichen Wirklichkeit überhaupt.*
- *Ein grundsätzliches Vertrauen in die Wirklichkeit schließt ein Mißtrauen im Einzelfall keineswegs aus und darf somit nicht mit Vertrauensseligkeit oder einem unkritischen Optimismus verwechselt werden.*
  Ein grundsätzliches Mißtrauen gegenüber der Wirklichkeit schließt vielleicht ein Vertrauen im Einzelfall nicht aus und darf jedenfalls nicht mit Mißmut oder einem oberflächlichen Pessimismus gleichgesetzt werden.

Auch hier kommt es nicht auf die Terminologie, sondern auf die Sache an. Das Grundvertrauen oder Grundmißtrauen kann verschieden benannt werden, wobei jeder Ausdruck seine eigene Betonung und Gefährdung hat. Statt Grundvertrauen oder Grundmißtrauen kann man auch sagen: »Urvertrauen« oder »Urmißtrauen«: ein Vertrauen oder Mißtrauen schlechthin (nicht theologisch-mystisch mißzuverstehen).

»Lebensvertrauen« oder »Lebensmißtrauen«: ein grundsätzliches Zutrauen oder Nichtzutrauen zum Leben in seiner allgemeinen, Welt und Mensch umschließenden Bedeutung, zum »Gang der Dinge« (nicht subjektivistisch-psychologisch mißzuverstehen!).

»Seinsvertrauen« oder »Seinsmißtrauen«: ein grundlegendes Sichverlassen oder Sich-nicht-Verlassen auf das umgreifende Sein (nicht objektivistisch-ontologisch mißzuverstehen!).

»Vernunftvertrauen« oder »Vernunftmißtrauen«: ein grundlegendes Sichverlassen oder Sich-nicht-Verlassen auf die Vernünftigkeit der Vernunft (nicht rationalistisch-positivistisch mißzuverstehen!).

Um diese Grundentscheidung und Grundeinstellung kommt niemand herum. Auch nicht der »*Kritische Rationalist*« [38]. Denn wie soll ich, wenn ich Rationalist bin, beweisen oder erweisen, daß meine Ratio rational, daß meine Vernunft vernünftig ist? Auch die Vernünftigkeit der Vernunft ist ja oft genug – wir hörten es – fraglich! Und nicht ein Vernunft*argument*, sondern ein Vernunft*vertrauen* (Grundvertrauen) ist es, was – für uns nicht erstaunlich – auch kritische Rationalisten als Basis ihres ganzen Systems einfach voraussetzen müssen. Karl Popper hat dies klar gesehen und zugegeben: »Der Rationalismus schätzt das Argument und die Theorie und die Überprüfung an der Erfahrung. Aber diese Entscheidung zum Rationalismus kann man nicht selbst wieder durch Argument und Erfahrung begründen. Obwohl man über sie diskutieren kann, beruht sie letztlich auf einem irrationalen Entschluß, auf dem Glauben an die Vernunft. Aber diese Entscheidung für die Vernunft ist keine rein intellektuelle, sondern eine moralische. Sie beeinflußt unsere ganze Einstellung zu anderen Menschen und zu den Problemen des sozialen Lebens. Eng verbunden ist damit ein Glaube an die rationale Einheit des Menschen, an den Wert jedes Menschen[39].« Eine erstaunliche Feststellung für einen kritischen Rationalisten! Wie ist sie zu verstehen?

Ein »selbstgenügsamer«, »umfassender« oder »unkritischer« Rationalismus, wie ihn Descartes und so viele moderne Wissenschaftler vertreten, ist nach Popper »logisch unhaltbar«[40]: Eine rationalistische Einstellung, die jede Annahme auf ein Argument oder eine Erfahrung stützen will, läßt sich eben ihrerseits wiederum nicht durch Argumente oder Erfahrung stützen. Ein »bescheidener«, seine Grenzen offen zugebender »*kritischer*« Rationalismus aber, wie ihn Popper vertritt, muß »ohne rationale Überlegung einen Vorschlag, einen Entschluß, einen Glauben oder ein Verhalten akzeptieren«, das »daher seinerseits irrational genannt werden muß«: »Was immer es auch sein mag – wir können es einen irrationalen *Glauben an die Vernunft* nennen[41].« Also eine »Wahl«, die »nicht einfach eine intellektuelle Angelegenheit oder eine Geschmacksfrage« ist, sondern eine »moralische Entscheidung«, die »unsere ganze Einstellung zu anderen Menschen und zu den Problemen des sozialen Lebens zutiefst beeinflußt«[42]! Ja, für Popper ist der »Konflikt zwischen dem Rationalismus und dem Irrationalismus« geradezu der »wichtigste intellektuelle und vielleicht sogar moralische Konflikt unserer Zeit«[43].

Unsere Frage aber ist: Wie kann man noch von einem kritischen »Rationalismus« sprechen, wenn sein Fundament der Irrationalismus ist – und bleibt? Denn dieser »irrationale Glaube an die Vernunft« muß ja *ständig* vorausgesetzt werden! Ist denn Rationalismus auf irrationalem Fundament nicht unfundierter Rationalismus? Popper: »Wir geben also offen zu, daß wir uns bei unseren Festsetzungen in letzter Linie von unserer Wertschätzung, von unserer Vorliebe leiten lassen[44].« Ist ein im Grund irrationaler Rationalismus nicht ein nachträglich – mit dem Blick auf die negativen Konsequenzen[45] – rationalisierter Irrationalismus? Und mußte nicht Popper selber »in diesem Ausmaß auch eine gewisse Priorität des Irrationalismus anerkennen«[46]?

»Die Basis schwankt«, so kann man mit Popper selber feststellen[47]: Hier hat man tatsächlich das Gebäude der objektiven Wissenschaft nicht auf »Felsengrund« gebaut, sondern ist in einen »Sumpf« geraten, wo – wie uns scheint – die »Pfeiler«, die »sich von oben her in den Sumpf senken«[48], zu kurz geraten sind, um Halt verschaffen zu können. Gerade die von Popper und Albert stark betonte Fehlbarkeit der Vernunft in allen Gebieten, selbst in Mathematik, Logik und Naturwissenschaft, manifestiert jene Fraglichkeit der Vernunft, die die Frage nach der grundlegenden Vernünftigkeit der Vernunft stellen läßt. Ja, es geht nicht nur um die Vernünftigkeit der Vernunft, sondern zugleich um die vom Nihilismus in Frage gestellte Wirklichkeit der Wirklichkeit. Und gerade die grundlegende Auseinandersetzung mit dem Nihilismus um die Wirklichkeit der Wirklichkeit – Nietzsche wird in dem hier vor allem zur Diskussion stehenden zweiten Band der »Offenen Gesellschaft« kaum einmal genannt – wird von Popper, aber auch von seinen Schülern, nicht geleistet. Soll man jedoch für die ständig vorausgesetzte Vernünftigkeit der Vernunft und Wirklichkeit der Wirklichkeit gegen alle sonstigen Gewohnheiten auf die kritische Überprüfung verzichten wollen? Soll man gerade diese Grund-Frage nicht rational beantworten können, wo man sonst in sehr viel weniger wichtigen Dingen so viel Gewicht auf rationales Denken, Argumente der Logik und Ergebnisse der Erfahrung legt?

»Rationaler also müßten mir die Rationalisten sein!«, so möchte man ein bekanntes Barth-Wort entsprechend variieren. Rationaler als die Rationalisten, werden wir eine solche grundlegende Entscheidung gerade nicht »irrational« nennen, wie zu begründen sein wird. Doch genüge zunächst die Feststellung, daß selbst der Rationalist nicht um die »Wahl«, den »Entschluß«, die »Entscheidung« zwischen Vernunftvertrauen und Vernunftmißtrauen, Grundvertrauen oder Grundmißtrauen herumkommt.

Die Grundentscheidung ist ein Wagnis der Freiheit, das ist nun deutlich geworden. Aber: Freiheit meint nicht irrationale Beliebigkeit! Aus der Tatsache, daß die fundamentale Stellungnahme frei ist, folgt keineswegs, daß es gleichgültig ist, welche man trifft. Aus der Möglichkeit verschiedener Grundentscheidungen, Grundeinstellungen, Grundhaltungen folgt nicht ihre Gleich-Gültigkeit. Nicht jede Richtung ist die richtige. Und wir kommen zum entscheidenden Punkt, wenn wir fragen: Welche Richtung ist die richtige?

II. Grundmißtrauen oder Grundvertrauen?

Nietzsche hatte bis in seine Umnachtung hinein nach einer Ariadne gesucht, die ihn aus dem Lebenslabyrinth hinauszuführen vermocht hätte. Gibt es wirklich keine Antwort auch für den »Geopferten« angesichts des Untergangs? Ein anderer sah es anders:

»Ich weiß nicht, wer – oder was – die Frage stellte. Ich weiß nicht, wann sie gestellt wurde. Ich weiß nicht, ob ich antwortete. Aber einmal antwortete ich *ja* zu jemandem – oder zu etwas.
Von dieser Stunde her rührt die Gewißheit, daß das Dasein sinnvoll ist und daß darum mein Leben, in Unterwerfung, ein Ziel hat.
Seit dieser Stunde habe ich gewußt, was das heißt, ›nicht hinter sich zu schauen‹, ›nicht für den anderen Tag zu sorgen‹.
Geleitet durch das Lebenslabyrinth vom Ariadnefaden der Antwort, erreichte ich eine Zeit und einen Ort, wo ich wußte, daß der Weg zu einem Triumph führt, der Untergang, und zu einem Untergang, der Triumph ist; daß der Preis für den Lebenseinsatz Schmähung und daß tiefste Erniedrigung die Erhöhung bedeutet, die dem Menschen möglich ist. Seither hat das Wort Mut seinen Sinn verloren, da ja nichts mir genommen werden konnte.«

So Dag Hammarskjöld[1], Generalsekretär der Vereinten Nationen, Pfingsten 1961, vier Monate vor seinem Tod auf Friedensmission an der Grenze des Kongo. Die bei Nietzsche schon früh sichtbare Grundalternative hat hier eine grundsätzlich andere Antwort gefunden.

1. Konfrontation

Um an diesem zentralen Punkt der Auseinandersetzung völlig unzweideutig zu reden, seien zunächst beide Positionen antithetisch gegeneinandergestellt. Dabei ist nicht etwa beabsichtigt, die Menschen in Böcke und Schafe einzuteilen und ihre Entscheidung für oder gegen die Wirklichkeit moralisch zu qualifizieren. Das heißt: Die grundsätzliche Alternative zwischen Ja oder Nein zur fraglichen Wirklichkeit darf nicht von vornherein identifiziert werden mit der moralischen Alternative: »Liebe, die alles verklärt«, oder

»Selbstsucht, die alle Klarheit verdunkelt«; »liebende Willensgeöffnetheit und heitere Klarheit des Geistes« oder »Verstocktheit und Verblendung«; »ritterlich-idealistische Hochgesinntheit« oder »selbstsüchtig-mißtrauische Niedriggesinntheit«. So wörtlich – mit der verfänglichen Berufung auf die »so hellen Lichtstrahlen der objektiven Sachevidenz« und die »sozusagen abgeblendeten Fenster unseres Geistes« – der katholische Philosoph Peter Wust[2], der freilich zu einer Zeit die Grundalternative von »Urvertrauen« und »Urmißtrauen« analysierte, als die meisten katholischen Neuscholastiker von den Tiefen der Problematik von »Ungewißheit und Wagnis« noch keine Ahnung zeigten und die meisten Psychologen auch nicht [3]. Es ist hier jedoch nicht beabsichtigt, mit der psychischen Genesis von Grundvertrauen und Grundmißtrauen einzusetzen und den Entscheidungsvorgang primär psychologisch zu analysieren. So sehr in der Folge dann auch psychologische und moralische Aspekte ins Spiel kommen werden, so wenig wird eine Moralisierung oder Psychologisierung der Grundproblematik gerecht. Hier muß die Alternative zunächst in grundsätzlicher Gegenüberstellung herausgearbeitet werden.

Das Nein zur Wirklichkeit

Wir beginnen mit der negativen Grundeinstellung: Was heißt Grundmißtrauen? Was meint das Urmißtrauen, Lebensmißtrauen, Seinsmißtrauen, Vernunftmißtrauen? Zunächst eine kompakte, nachher zu erklärende Antwort:

- *Im Grundmißtrauen sagt der Mensch ein grundsätzliches, aber in der Praxis nicht konsequent durchhaltbares* Nein zur fraglichen Wirklichkeit *seiner selbst und der Welt, in welchem er sich der Wirklichkeit verschließt: Diese negative Grundeinstellung bedeutet eine nihilistische Fixierung auf die Nichtigkeit der Wirklichkeit und für alles menschliche Erleben und Verhalten eine abgründige Ungewißheit.*

Dazu drei Gesichtspunkte:

a. *An sich neigt der Mensch nicht zum Nein:* Etwas in ihm, er selber, sträubt sich gegen eine grundsätzlich negative Entscheidung. Er muß sich selbst dazu überwinden. Denn: an sich will sein Auge sehen, sein Verstand erkennen, sein Wille streben. An sich ist der Mensch nicht verschlossen für eine grundlegende Identität, Sinnhaftigkeit, Werthaftigkeit der fraglichen Wirklichkeit seiner selbst und der Welt: das Seiende als Sein und nicht als Schein zu nehmen. Und selbst ein bitterer Protest gegen die Wirklichkeit ist oft noch ein Sichklammern an diese Wirklichkeit.

Aber der Mensch ist dennoch frei, frei auch für das Nein: Die Anfechtung der Skepsis, die Versuchung zum Nihilismus ist echt und ernst. Sie gründet, wie wir sahen, in der durchgehenden Fraglichkeit der Wirklichkeit, auf die sich der Mensch fixieren kann. Trotz der Neigung seiner Vernunft also, trotz der Offenheit seines Daseins kann sich der Mensch der Wirklichkeit seiner selbst und der Welt in Eigen-Sinn und Eigen-Willen verschließen und kann das Seiende einfach als Schein erklären. Er kann das Wagnis des Grundmißtrauens gegenüber dem Leben, der Vernunft, der Wirklichkeit überhaupt eingehen: kein »Vertrauen zum Gang der Dinge«, ein »Nihilisten-Glaube«, wie Nietzsche es nannte.

b. Dem Grundmißtrauen bleibt die Wirklichkeit verschlossen: Das ist die eine Möglichkeit: Ich kann negativ Stellung nehmen. Ich kann der fraglichen Wirklichkeit mit einem grundsätzlichen Mißtrauen begegnen und gestehe dann mir selbst, der Welt, dem Seienden überhaupt, kein echtes Sein zu. Ich sehe dann nur die Nichtigkeit der Wirklichkeit: unter ihrem Schein nicht Sein, sondern Nichtsein. Ich sage so – bei allen möglichen Zugeständnissen im einzelnen – ein grundsätzliches Nein zur fraglichen Wirklichkeit. In diesem Grundmißtrauen zeigt sich mir so statt der Wirklichkeit die Nichtigkeit:
statt der Identität absolute Zwiespältigkeit: die Wirklichkeit als Chaos;
statt der Sinnhaftigkeit absolute Sinnlosigkeit: die Wirklichkeit als Absurdität;
statt der Werthaftigkeit die absolute Wertlosigkeit: die Wirklichkeit als Illusion.

Und auch für mein eigenes fragliches Dasein zeigt sich das Obsiegen der Nichtigkeit über die Wirklichkeit:
von Schicksal und Tod über die Identität;
von Leere und Sinnlosigkeit über die Sinnhaftigkeit;
von Schuld und Scheitern über die Werthaftigkeit meines Lebens.

Also: die fragliche Wirklichkeit, der ich mich von Grund auf verschließe, zeigt mir nur ihre Nichtigkeit. Die Wirklichkeit verschließt sich meiner mißtrauischen Grundeinstellung, die ja auch mein ganzes Erleben und Verhalten bestimmt. Das also ist das zweifelnde Wagnis des Grundmißtrauens, durch welches ich mich nihilistisch fixiere: In meinem Eigen-Sinn und Eigen-Willen gehe ich ein in den Abgrund der *Ungewißheit*, in die Verlorenheit des Zweifels, die Angst der Verzweiflung, wogegen auch Apathie, Ironie und heroischer Trotz nicht aufzukommen vermögen.

c. Das Nein ist in der Praxis nicht konsequent durchzuhalten: Gewiß kann einer sagen: Alles ist zwar absurd, nur einzelne Schritte sind vernünftig. Aber: konsequent ist ein Vertrauen im Einzelfall bei grundsätzlichem Mißtrauen nicht. Wie kann der Einzelschritt sinnvoll werden, wenn der ganze Weg absurd ist? Dies zeigt schon an: In der Praxis ist das Nein nicht konsequent durchzuhalten. Denn: Wer nihilistisch das Nichts wählt, muß in der

Praxis doch ständig Anleihen beim Sein machen. Wer als Nihilist leben will, kann körperlich wie geistig doch nicht von nichts leben. Auch der Mißtrauischste muß hin und wieder vertrauen. Und auch wer über die Absurdität des Seins schreibt, lebt unter anderem von seinen Bücherhonoraren. Leben doch viele nicht nur in der Absurdität, sondern auch von der Absurdität. Die schlechten Kompromisse des Nihilismus und die grundsätzliche Diskrepanz zwischen Theorie und Praxis sind bei aller Ironie und allem Trotz unvermeidlich. Hierin steckt eine gewisse Tragikomik, die aus der Absurdität eine Wahrheit macht und zugleich die Merkmale der »mauvaise foi« (J.-P. Sartre[4]) aufweist: eine inkonsequente, inkonsistente, verfälschte Existenz. Erscheint so das Nein zur fraglichen Wirklichkeit nicht deutlich als eine unechte Möglichkeit?

Das Ja zur Wirklichkeit

Im Vergleich dazu die positive Grundeinstellung: Was heißt Grundvertrauen? Was meint das Urvertrauen, Lebensvertrauen, Seinsvertrauen, Vernunftvertrauen? Auch hier zunächst eine kompakte Antwort:

- *Im Grundvertrauen sagt der Mensch ein grundsätzliches und in der Praxis konsequent durchhaltbares* Ja zur fraglichen Wirklichkeit *seiner selbst und der Welt, in welchem er sich der Wirklichkeit öffnet: Diese positive Grundeinstellung bedeutet für alles menschliche Erleben und Verhalten eine antinihilistische Grundgewißheit trotz bleibend-bedrohlicher Fraglichkeit.*

Dazu die drei entsprechenden Gesichtspunkte:

a. An sich neigt der Mensch zum Ja: Er ist nicht indifferent gegenüber solcher Entscheidung. Zwischen Chaos und Kosmos, zwischen Absurdität und Intelligibilität, zwischen Wert und Unwert, zwischen Sein und Nichtsein gestellt, finde ich mich vorbelastet vor: An sich möchte ich doch sehen, verstehen, streben, Erfolg haben, glücklich sein. Es zieht mich hin zum Sein. Die Wirklichkeit selbst – die Wirklichkeit der Welt und meiner selbst – wirkt auf mich. Ihre Identität, Sinnhaftigkeit, Werthaftigkeit legt sich mir nahe[5].

Aber ich bleibe frei: Ich kann Nein sagen, kann alles Vertrauen mit Skepsis ersticken, kann mich in Eigen-Sinn und Eigen-Willen der Wirklichkeit verschließen. Ohne Bereitschaft keine Einsicht, ohne Öffnung kein Empfangen. Und auch wenn ich Ja sage, bleibt das Nein ständige Versuchung.

b. Das Grundvertrauen macht offen für die Wirklichkeit: Das ist die andere Möglichkeit: Ich kann positiv Stellung nehmen. Ich kann der fraglichen Wirklichkeit mit einem grundsätzlichen Vertrauen begegnen und gestehe dann mir selbst, der Welt, dem Seienden überhaupt echtes Sein zu. Ich sehe

dann trotz aller Nichtigkeit die Wirklichkeit: unter allem Schein das Sein und nicht das Nichtsein. Ich sage so – ohne billigen Optimismus – ein grundsätzliches Ja zur fraglichen Wirklichkeit. In diesem Grundvertrauen zeigt sich mir so trotz der Nichtigkeit die Wirklichkeit:
trotz aller Zwiespältigkeit eine verborgene Identität: die Wirklichkeit als »eine«;
trotz aller Sinnlosigkeit eine verborgene Sinnhaftigkeit: die Wirklichkeit als »wahre«;
trotz aller Wertlosigkeit eine verborgene Werthaftigkeit: die Wirklichkeit als »gute«.

Und auch für mein eigenes fragliches Dasein zeigt sich gegen alle Nichtigkeit die Wirklichkeit:
gegen Schicksal und Tod die Identität,
gegen Leere und Sinnlosigkeit die Sinnhaftigkeit,
gegen Schuld und Selbstverwerfung die Werthaftigkeit meines Lebens.

Also: die fragliche Wirklichkeit, der ich mich von Grund auf öffne, zeigt mir durch alle Nichtigkeit hindurch ihre Wirklichkeit. Die Wirklichkeit erschließt sich meiner vertrauenden Grundeinstellung, die ja auch mein ganzes Erleben und Verhalten bestimmt. Das also ist das hoffende Wagnis des Grundvertrauens, durch welches ich mich Welt und Menschen öffne: Trotz aller bedrohlichen Unsicherheiten gehe ich ein in eine *Grundgewißheit*, die auch Zweifel und Angst, die auch der Nihilismus zwar anzufechten, aber gegen meinen Willen nicht zu überwinden vermögen. Ich allein kann mein Ja zurücknehmen.

c. Das Ja ist in der Praxis konsequent durchzuhalten: Während das Nein zur Wirklichkeit sich in immer größere Widersprüche verwickelt, läßt sich dagegen das Ja – als Annehmen der fraglichen Wirklichkeit – durch alle Anfechtungen hindurch leben und bewähren. Mit einem grundsätzlichen Vertrauen läßt sich das Mißtrauen im Einzelfall durchaus vereinen. Denn das Grundvertrauen vermag auch noch das wahre Moment im Grundmißtrauen – die Nichtigkeit der Wirklichkeit – mitaufzunehmen, während umgekehrt das Grundmißtrauen kein wahres Moment im Grundvertrauen – keine Wirklichkeit bei aller Nichtigkeit – anzuerkennen vermag. So ist die Haltung des Grundvertrauens und sie allein offen für die Wirklichkeit in ihrer Fraglichkeit. Gewiß ist ein Grundvertrauen nicht ohne ständige Schwierigkeiten und Zweifel, nicht ohne Gefahr der Verbitterung und Enttäuschung durchzuhalten, wohl aber in beständiger Treue zur getroffenen Grundentscheidung. Die Wirklichkeit eröffnet sich selbstverständlich nicht schlagartig, sondern immer nur Schritt für Schritt: ein Sein durch den Schleier der Nichtigkeit. Doch die Wirklichkeit ermöglicht immer wieder neues Standfassen und neues Ausschreiten. Insofern bedeutet Grundvertrauen Hoffnung: nicht nur diese oder jene bestimmte Hoffnung, sondern die durch alle Enttäuschungen sich durchhaltende *Grundhoffnung*, welche die Bedingung der Möglichkeit wahrhaft menschlichen Lebens und der Gegenpol zur Verzweiflung ist.

Kein Patt

Die drei Gesichtspunkte im Vergleich haben es deutlichgemacht: Von einem Patt zwischen Ja und Nein, Grundvertrauen und Grundmißtrauen kann keine Rede sein! An sich neigt der Mensch nicht zum Nein, sondern zum Ja, das ihm die Wirklichkeit – statt verschließt – eröffnet und das auch in der Praxis konsequent durchzuhalten ist. Doch sei jetzt die Konfrontation noch zugespitzt durch die Feststellung: *Dem Grundvertrauen ist eine ursprüngliche Vernünftigkeit, Rationalität eigen!* Wir möchten damit zugleich einen weiteren – und vielleicht nicht nur Spezialisten interessierenden – Schritt auf dem Weg zur wissenschaftstheoretischen Grundlagenklärung machen.

Was ist mit *ursprünglicher Rationalität* gemeint? Hier muß unterschieden werden: Es darf dem Grundmißtrauen nicht simplifizierend jegliche Vernünftigkeit, Rationalität, abgesprochen werden; nimmt es doch seinen Ausgang nicht unvernünftig von der unbestreitbaren Fraglichkeit der Wirklichkeit. Aber von diesem Ausgang und Anfang her kann nur von einer »anfänglichen« und in diesem Sinn »zu-fälligen« (akzidentellen), ja *scheinbaren Rationalität* des Grundmißtrauens gesprochen werden. Denn: im Vollzug verharrt ja das Grundmißtrauen bei dieser Fraglichkeit, die – isoliert – schlechterdings als Chaos, Absurdität und Illusion erscheinen muß, die naturgemäß gar keine Vernünftigkeit aufkommen, gar keine ursprüngliche Rationalität aufscheinen lassen kann. Wer die Wirklichkeit nur mißtrauisch ansieht, so erkannten wir, dem enthüllt sie nicht Identität, Sinn und Wert. Eine *ursprüngliche* Rationalität kann nur von der Wirklichkeit selbst ermöglicht werden, wie sie sich – so sahen wir ebenfalls – im Grundvertrauen eröffnet. Wer die Wirklichkeit grundsätzlich vertrauend ansieht, dem enthüllt sie Identität, Sinn und Wert. Deshalb eignet dem Grundvertrauen eine *ursprüngliche* Rationalität. So können wir denn die These formulieren, die im folgenden näher erörtert werden soll:

- *Das Grundvertrauen manifestiert seine ursprüngliche Vernünftigkeit im Vollzug: Solche positive Grundeinstellung ist rational verantwortbar.*

Damit soll nicht etwa nachträglich rückgängig gemacht werden, was wir dem Nihilismus zugestanden haben, weil wir es zugestehen mußten. Es bleibt dabei: Der Nihilismus, das Grundmißtrauen, läßt sich durch rationale Argumente nicht erschüttern. Es beruht auf einer Grundentscheidung und ist, wie dargelegt, rational nicht zu widerlegen. Ihm gegenüber ist das Grundvertrauen durch rationale Argumente nie unangreifbar und krisenfest abgesichert.

Und dennoch ist dieses Grundvertrauen, wie bereits Popper gegenüber ausgeführt, *keineswegs irrational.* Das hängt am Charakter der Wahl. Ist die Grundentscheidung eine Wahl zwischen zwei gleichen Möglichkeiten? Nein: Nicht wie zwischen rot und grün oder auch weiß und schwarz wird hier gewählt, sondern wie zwischen Licht und Nicht-Licht, Helligkeit und völligem Dunkel! Es ist auch nicht die berühmte Wahl des Herkules am Scheideweg. Denn: Nicht zwischen Lust und Tugend, Neigung und Pflicht wird hier gewählt, sondern zwischen Sein und Nichtsein! Das Nichtsein aber ist weder eine Wirklichkeit noch eine (reale) Möglichkeit, sondern eine Unwirklichkeit und eine (freilich denkbare) Unmöglichkeit. Doch (und das ist das Rätsel der menschlichen Freiheit) die Wahl dieser Unwirklichkeit und Unmöglichkeit ist – freilich mit widersprüchlichen Konsequenzen – möglich. So ist die Grundentscheidung nicht eine Wahl zwischen zwei gleichen Möglichkeiten, sondern – genau besehen – eine Wahl zwischen der Wirklichkeit und einer möglichen Unmöglichkeit. Alles andere als ein Patt also!

Wenn ich mich folglich der fraglichen Wirklichkeit nicht verschließe, sondern mich ihrer Wirkung öffne, wenn ich mich im Schein dem Sein nicht entziehe, sondern mich dran- und hinzugeben wage, so erkenne ich, zwar *nicht bevor,* aber auch *nicht nur erst nachher, sondern indem* ich das tue, daß ich das Richtige, ja das »Allervernünftigste« tue. Denn, was sich im voraus nicht beweisen oder erfahren läßt (und insofern gibt es weder Argument noch Erfahrung), das erfahre ich *im Akt des Vertrauens selbst*: Das Seiende manifestiert das Sein, sobald ich mich selber nicht verschließe. Bei aller Fraglichkeit eröffnet sich die Wirklichkeit und manifestiert ihre Identität, Sinnhaftigkeit, Werthaftigkeit. Und zugleich erfahre ich bei aller Fraglichkeit auch meiner eigenen Vernunft die grundlegende Vernünftigkeit meiner Vernunft. Ich erkenne somit die Vernünftigkeit der Vernunft nicht als Prämisse *vor* meiner Entscheidung (darin hat Popper recht), aber auch nicht erst als Konsequenz *nach* meiner Entscheidung (darin hat Popper unrecht), sondern *im Vollzug* meiner Entscheidung. Wie kann diese Vernünftigkeit, diese Rationalität des Grundvertrauens im Vollzug noch näher bestimmt werden?

Hans Albert im Gefolge von Popper ist zuzustimmen: In der kartesianischen Grundfrage nach dem Fundament unseres Wissens versagt eine »Begründung« im streng logischen Sinn (nach dem methodologischen Prinzip vom ausreichenden Grund). Eine »Rückführung auf sichere – und damit unbezweifelbare – Gründe mit logischen Mitteln, das heißt mit Hilfe logischer Folgerungen« ist für das Fundament unseres Erkennens und Handelns unmöglich[6]. Mit Recht beruft sich hier Albert gegen Descartes auf Pascal[7]. Denn: Wer für *alles* eine logische Begründung verlangt, der muß entweder ständig weiter nach den Gründen der Gründe zurückfragen (unendlicher Regreß), oder er muß im Kreise fragen und als begründet voraussetzen, was der Begründung bedarf (logischer Zirkel), oder er muß das Begründungsverfahren an einem mehr oder weniger willkürlichen Punkt abbrechen und eine durch Evidenz ausgezeichnete Intuition (Erlebnis, Erfahrung) als archimedischen Punkt der Erkenntnis deklarieren: eine dogmatische Behauptung also, deren Wahrheit gewiß und die der Begründung nicht bedürftig sein soll (Dogmatismus). Kurz: Wer alles streng logisch »begründen« will, wer sich hier (ob deduktiv, induktiv oder transzendental) zweifelsfrei rational abstützen will, gerät in das Münchhausen-Trilemma, aus dem er sich nicht an seinen eigenen Haaren herausziehen kann. Das bedeutet für uns:

- *Das grundsätzlich vertrauende Ja zur fraglichen Wirklichkeit weist sich durch* keine äußere Rationalität *aus: Ich kann die Begründetheit meiner positiven Grundeinstellung nicht gleichsam von außen objektiv aufweisen. Es läßt sich nicht zunächst etwas als evident oder vernünftig aufweisen, was dann die Begründetheit meines Vertrauens garantieren könnte, so daß es über jeden Zweifel erhaben wäre. Ein solches Etwas, einen solchen vorausgesetzten »archimedischen Punkt« des Denkens gibt es nicht: Denn weil es um die Wirklichkeit überhaupt, also um das Ganze des Seienden, geht und diesem nichts äußerlich ist außer das Nichts selbst, scheiden alle äußeren Gründe aus. Auch das im Ja zur Wirklichkeit miteingeschlossene grundsätzliche Ja zur grundlegenden Vernünftigkeit meiner Vernunft ließe sich rational nur in einem Zirkelschluß aufweisen. Die Vernünftigkeit der Vernunft kann tatsächlich nur in einem »Entschluß« des Vertrauens angenommen werden, zu dem es immer die Alternative des Grundmißtrauens gibt.*

»Entscheide dich!« sagt Wolfgang Stegmüller[8], »Glauben an die Vernunft« nennt es Karl Popper[9]. »Glauben an die Vernunft, Vertrauen und Glauben zu sich selbst..., Mut der Wahrheit, Glaube an die Macht des Geistes« hatte schon längst vor ihm Hegel als »die erste Bedingung des philosophischen Studiums« gefordert[10]. Aber warum ist diese Entscheidung dennoch nicht, wie Popper meint, »irrational«? Das Problem des archimedischen Punktes allen Wissens kann man (mit Albert auch gegen Popper) ein falsch gestelltes Problem nennen. Das Problem der Vernünftigkeit der Vernunft jedoch darf (mit Popper gegen Albert) wegen der Unmöglichkeit einer logischen Begründung nicht umgangen werden. Denn auch Alberts *»Idee der kritischen Prüfung«* [11] setzt ja schon, wie Popper richtig sieht, ein Vertrauen zur Vernunft voraus. Obwohl also auf ein logisches Begründen der Grundgewißheit verzichtet werden muß, so doch keineswegs auf deren rationales Verantworten. Die rationale Begründetheit unserer Grundgewißheit wird ja im Grundvertrauen von der Wirklichkeit selbst her erfahrbar, ohne daß man dabei in das Münchhausen-Trilemma gerät. Wenn ich mich vertrauend auf die Wirklichkeit trotz ihrer Fraglichkeit verlasse, so frage ich gerade nicht im Kreis, frage auch nicht ständig weiter zurück, setze nichts Evidentes dogmatisch voraus. Weder rekurriere ich auf eine letzte unbezweifelbare Gegebenheit, noch nehme ich eine Einsicht als »Offenbarung«. Hier bin ich nicht plötzlich mit meinem Erkenntnisprozeß am Ende und so über jeden Zweifel erhaben. Vielmehr habe ich ständig mit der fraglich bleibenden Wirklichkeit zu rechnen, lasse mich aber trotzdem in aller Fraglichkeit auf sie ein: gerade so erfahre ich, erkenne ich die Wirklichkeit der Wirklichkeit und die Vernünftigkeit der Vernunft. Das bedeutet für uns:

- *Das grundsätzlich vertrauende Ja zur fraglichen Wirklichkeit zeichnet sich durch* eine innere Rationalität *aus: Ich kann die wirkliche Begründetheit meiner grundsätzlich positiven Einstellung zur Wirklichkeit erfahren. Die Wirklichkeit manifestiert sich ja selber durch alle Fraglichkeit hindurch und läßt mein grundsätzliches Vertrauen zu ihr (keine Vertrauensseligkeit!) als gerechtfertigt erscheinen. Anders formuliert: Im Seinsvertrauen selbst, das keine Seinsgläubigkeit meint, erfahre ich bei aller realen Bedrohung durch die Nichtigkeit doch das Sein und damit die grundsätzliche Begründetheit meines Vertrauens! Ebenso: Im Vernunftvertrauen, das keine Vernunftgläubigkeit meint, im vertrauensvollen Gebrauch der Vernunft also, erfahre ich trotz aller realen Bedrohung durch die Unvernunft die grundsätzliche Vernünftigkeit der Vernunft! Wie andere Grunderfahrungen (zum Beispiel Liebe, Hoffnung) ist somit auch die Grunderfahrung des Vertrauens nur* im Vollzug *einsichtig: durch die »Praxis«. Nur im Vollzug erfahre ich die Begründetheit meines Ja zur – fraglich bleibenden! – Wirklichkeit.*

Hier geht es also gerade nicht, wie Albert fürchtet, um eine selbstfabrizierte und damit wertlose Sicherheit, die durch Dogmatisierung gegen jede mögliche Kritik immunisiert und so gegen das Risiko des Scheiterns von vorneherein abgesichert werden soll. Hier wird keineswegs Erkenntnis durch Entscheidung ersetzt und damit ein irrationaler Dezisionismus vertreten. Aber deshalb braucht man auf die kritische Prüfung der Grundlagen unseres Erkennens nicht zu verzichten: Hier muß man gerade nicht, wie Albert meint, das »Streben nach Gewißheit opfern und die permanente Ungewißheit in Kauf nehmen« [12]. Nein, es ist gerade nicht so, »daß sich Gewißheitsstreben und Wahrheitssuche letzten Endes ausschließen« [13]. Diese Art von »pseudokritischem Antidogmatismus«, so muß sich Albert wohl nicht zu Unrecht sagen lassen, »schließt komplementär einen Dogmatismus in sich«; seinem kritischen Rationalismus mangelt die »innere Konsistenz« [14].

- *So erweist sich mein Grundvertrauen als ein von der Wirklichkeit selbst begründetes und somit vor der Vernunft gerechtfertigtes Vertrauen, das* keine *von vornherein einleuchtende selbstfabrizierte* Sicherheit, *wohl* aber *eine im Vollzug dem Menschen aufleuchtende* Gewißheit *gewährt.*
- *Das grundlegende Ja zur Wirklichkeit ist also präzis formuliert: ein weder rationalistisch beweisbares noch irrationalistisch unüberprüfbares,*

sondern ein mehr als vernünftiges, nämlich überrationales *Vertrauen, das gerade so ein* rational verantwortbares, *also nicht unvernünftiges, sondern durchaus* vernünftiges Wagnis *ist, das aber immer Wagnis bleibt.*

- *Es gibt folglich einen Weg zwischen einem irrationalen »unkritischen Dogmatismus« und einem letztlich ebenfalls irrational fundierten »kritischen Rationalismus«: den Weg der* kritischen Rationalität.

Sowohl der »unkritische Dogmatismus« wie der »kritische Rationalismus« sind gegenüber der Herausforderung des Nihilismus zu kurzatmig. In der Praxis allerdings helfen gegen den Nihilismus alle Argumente nur bedingt. Da hilft direkt nur das von jedem Menschen selbst geübte und immer wieder neu gewagte Vertrauen. Schwimmen lernen kann ich, bei aller nützlichen Theorie und allen hilfreichen Trockenübungen, nur im Wasser: indem ich das nicht irrationale, sondern rational durchaus verantwortbare Wagnis eingehe und mich trotz des bleibenden Risikos dem unsicheren nassen Element anvertraue, das dann auch trägt, wenn ich mich von ihm tragen lasse. So kann gegen den Nihilismus indirekt das gelebte Zeugnis für die Wirklichkeit helfen: Wenn ein anderer trotz aller Fraglichkeit Ja zur Wirklichkeit sagt und seine positive Grundeinstellung überzeugend lebt, kann dies in mir Bereitschaft zum selben Grundvertrauen wecken. Das vorpraktizierte Wagnis ist dann eine Einladung zum selben Wagnis: wie wenn einer ins Wasser vorspringt und zeigt, daß das Wasser zu tragen vermag. Schwimmen muß dann freilich jeder selber. Das vorpraktizierte Wagnis eines anderen enthebt mich des eigenen Wagnisses nicht.

Damit ist nun endgültig klar: von einer echten Patt-Situation, von einer Gleich-Gültigkeit des Ja und des Nein kann keine Rede sein. Statt des rational nicht verantwortbaren Wagnisses eines letztlich irrationalen und nicht konsequent durchhaltbaren Grundmißtrauens ist das Ja zur Wirklichkeit das rational verantwortbare Wagnis eines überrationalen und auch konsequent durchhaltbaren Grundvertrauens. Noch einmal Dag Hammarskjöld:

> »Du wagst dein Ja – und erlebst einen Sinn.
> Du wiederholst dein Ja – und alles bekommt Sinn.
> Wenn alles Sinn hat, wie kannst du anderes leben als ein Ja[15].«

Heißt dies aber: das Grundvertrauen ist die große, positive Leistung, die der Mensch zu erbringen hat?

Gabe und Aufgabe

Vertrauen läßt sich nicht erzwingen. Ich meinerseits schenke einem Anderen Vertrauen, aber doch nur, weil mir der Andere das Vertrauen »einflößt«. Wie läßt sich diese Gegenseitigkeit verstehen: beim zwischenmenschlichen Vertrauen, beim Grundvertrauen?

Niklas Luhmann, der das Vertrauen auf dem Hintergrund seiner funktionalen Systemtheorie rein soziologisch als »einen Mechanismus der Reduktion sozialer Komplexität« interpretiert, sieht das Problem des *zwischenmenschlichen Vertrauens* zu Recht als »Problem der *riskanten Vorleistung*« [16]. Vertrauen schließt einen Vorschuß, ein Wagnis, ein Risiko ein. Für das persönliche Vertrauen gilt: »Man kann Vertrauen nicht verlangen. Es will geschenkt sein. Vertrauensbeziehungen lassen sich daher nicht durch Forderungen anbahnen, sondern nur durch Vorleistung – dadurch, daß der Initiator selbst Vertrauen schenkt [17].« Aber: Kann ich meinerseits einem Anderen Vertrauen schenken, wenn mir der Andere nicht als vertrauenswürdig erscheint? Der Andere muß mir durch seine Vertrauenswürdigkeit mein Vertrauen auch *ermöglichen*.

Ähnlich schließt das *Grundvertrauen* – welches sehr viel mehr besagt als Luhmanns »Systemvertrauen« (jenes Sich-Verlassen auf das Funktionieren von Systemmechanismen und institutionellen Strukturen wie Geld, politische Macht, Wahrheit [18]) – einen Vorschuß, ein Wagnis, ein Risiko ein. Aber: Auch das Grundvertrauen läßt sich nicht einfach beschließen, wollen, erzeugen, machen. Die *Wirklichkeit selbst muß* mir trotz aller Fraglichkeit mein *Vertrauen ermöglichen*. Und in der Tat:

Es ist die fragliche Wirklichkeit selber, die mich einlädt und herausfordert, mich grundsätzlich auf sie einzulassen und mich auf sie zu verlassen; ihr zuzutrauen, daß sie mich trägt, und ihr zu vertrauen; ihre Verläßlichkeit und Vertrauenswürdigkeit zu akzeptieren und ihr mein Vertrauen auszusprechen.

Es ist die fragliche Wirklichkeit selber, bei der sozusagen die »Initiative« liegt, die mir ihre verborgene Identität, Sinnhaftigkeit, Werthaftigkeit und so zugleich auch die verborgene Identität, Sinnhaftigkeit und Werthaftigkeit meines eigenen Daseins manifestiert.

Es ist die fragliche Wirklichkeit selber, die so die »Vertrauensbasis« für das »Vertrauensverhältnis« schafft und die eine gewisse »Atmosphäre des Vertrauens«, echte »Vertrautheit« (»Geborgenheit«) ermöglichen kann.

- *Das Grundvertrauen ist eine* Gabe! *Die Wirklichkeit ist mir vorgegeben: Lasse ich mich vertrauensvoll auf sie ein, empfange ich sie sinn- und werterfüllt zurück. Mein eigenes Dasein ist mir vorgegeben: Lasse ich mich vertrauensvoll darauf ein, so kann ich Sinn und Wert meiner Existenz erfahren. Auch meine Vernunft ist mir vorgegeben: Lasse ich mich vertrauensvoll auf sie ein, so kann ich ihre Vernünftigkeit erfahren. Und meine Freiheit ist mir vorgegeben: Lasse ich mich vertrauensvoll auf sie ein, so kann ich sie als wirklich erfahren.*

Ähnlich wie in Frankreich Gabriel Marcel [19] hat sich in Deutschland mehr als andere der Tübinger Philosoph und Pädagoge *Otto Friedrich Bollnow* [20] um die Überwindung des einseitig-heroischen, hoffnungslosen Existentialismus bemüht. Geprägt von der Lebensphilosophie F. H. Jacobis und W. Diltheys, von der Auseinandersetzung ebenso mit Heidegger und H. Lipps wie mit Sartre und Camus hat Bollnow dabei mit seinen Schülern[21] die anthropologische Bedeutung des allzu selten reflektierten[22] Vertrauens als Gegengewicht zu Angst und Sorge herausgearbeitet[23]. Bollnow war es auch, der im Zuge seiner anthropologischen Betrachtung den »Geschenkcharakter« des Grundvertrauens mit Nachdruck betont hat. Wie soll dem Menschen von heute das vielfach verlorengegangene Vertrauen zum Leben und zur Welt wiedergegeben werden? »Es nützt nichts, wenn der Mensch es mit aller Kraft seines Willens herbeizubringen versucht. Und je verzweifelter er sich darum bemüht, um so mehr entzieht es sich ihm ins Unerreichbare, um umgekehrt wiederzukommen, wenn er es am wenigsten erwartet. Dieses allgemeine Lebensvertrauen ist vielmehr wie eine Stimmung, die über den Menschen kommt und dann beglückend sein Leben erfüllt, indem es Sinn und Wert dort sehen läßt, wo vorher nur die leere Wüste absoluter Sinnlosigkeit zu sein schien. Ein Gefühl neuer Geborgenheit in seinem Leben erfüllt dann den Menschen ... Dieses neue Vertrauen ist wie ein Geschenk, das dem Menschen zufällt. Fast könnte man von einer Gunst oder einer Gnade sprechen, wenn man diesen Begriff nur ganz vorsichtig zur Beschreibung jenes Phänomens benutzt, wie das Vertrauen über den Menschen kommt, ohne von ihm hervorgebracht zu sein, und wenn man jede darüber hinausgehende dogmatische Auslegung fernhält[24].« Freilich: gerade dieser Charakter des Grundvertrauens als Geschenk, Gunst, Gnade wird in einem späteren Kapitel zwar nicht dogmatisch, wohl aber theologisch zu reflektieren sein.

Ein zweites jedoch muß zur Vermeidung von Mißverständnissen sogleich hinzugefügt werden: *Was Gabe an den Menschen ist, muß Aufgabe des Menschen werden!* Noch einmal Bollnow: »Das wirkliche Vertrauen aber muß ergriffen werden, und der Mensch muß das Wagnis auf sich nehmen, das unaufhebbar darin enthalten ist. Der Mensch muß sich anstrengen dabei ... Freilich ist es eine Tugend besonderer Art, nämlich eine solche, die nicht aus der Anstrengung des Menschen vorsätzlich hervorgebracht werden kann, sondern bei der dieser Anstrengung etwas entgegenkommen muß, was ihm wie ein Geschenk zufällt, wo also Anstrengung und Geschenktwerden sich in einer unauflösbaren Weise durchdringen[25].« Manche Formulierungen Bollnows bezüglich jener »beglückenden Stimmung, die über den Menschen kommt«, mögen heute manchen zu optimistisch, zu emotional, zu unpolitisch vorkommen: ebenso wie jene »heile Welt« des Dichters Werner Bergengruen (Titel eines Gedichtbandes von 1952!), der in der Neuauflage von Bollnows »Neue Geborgenheit« (1972!) zusammen mit Rilke als »nicht mehr typisch für die weitere Entwicklung« weggelassen wird (dafür wurde ein Abschnitt über Ernst Blochs »Prinzip Hoffnung« neu eingefügt). Es kann heute nicht deutlich genug gesehen werden:

- *Das Grundvertrauen ist* Aufgabe! *Das Grundvertrauen zur fraglichen Wirklichkeit, zu meinem Dasein, zu meiner Vernunft und zu meiner Freiheit muß sich in der Praxis bewähren. Das Grundvertrauen als Wagnis läßt keine Flucht in die Stimmung und Idylle einer »heilen Welt« zu. Gerade wegen der Fraglichkeit der Wirklichkeit fordert es die Kritik ebenso wie die Veränderung jener gesellschaftlichen Verhältnisse, die das Vertrauen der Menschen in die Solidität ihrer Institutionen, Autoritäten und Systeme ständig neu erschüttern und oft das Grundvertrauen selbst fraglich erscheinen lassen; was im Zusammenhang mit Marx zu sagen war, braucht hier nicht wiederholt zu werden*[26].

Die Entscheidung für die fraglich bleibende Wirklichkeit darf also *nicht* als *ein für allemal gefällt* verstanden werden. Wer Nein sagte, kann später Ja sagen; aber auch wer Ja sagte, kann wieder Nein sagen. Auch das Grundvertrauen also ist stets bedroht, ist revidierbar, muß gegen allen andrängenden Zweifel in neuen Situationen durch neue Entscheidung ratifiziert, durchgehalten, gelebt, errungen, erlitten werden. Vertrauen in die Wirklichkeit, einmal ausgesprochen, ist widerrufbar: Es gibt keine fraglose Sicherheit. Zeitlebens bleibt der Mensch in den unaufhebbaren Gegensatz zwischen Vertrauen und Verzweiflung, Hoffnung und Hoffnungslosigkeit gestellt. »To be, or not to be, that is the question« (»Sein oder Nichtsein – das ist die Frage«): und dies nicht nur in der Situation des angesichts des Todes zaudernden Prinzen von Dänemark[27]. Angesichts der Fragwürdigkeit der Welt, der Gesellschaft, der Zeit – »the time is out of joint« (»die Zeit ist aus den Fugen«) – liegt die Verantwortung beim Menschen: »born to set it right« (»geboren, sie ins rechte Lot zu bringen«)[28].

2. *Konkretion*

Was bisher in grundsätzlicher Konfrontation dargelegt wurde, soll jetzt in verschiedener Hinsicht durch die Erwägung wissenschaftlicher Einzelergebnisse konkretisiert werden. Natürlich gerieten wir ins Uferlose, wollten wir uns einlassen auf die vielen Untersuchungen aus der Psychotherapie, die auf das Vertrauen direkt oder indirekt zu sprechen kommen[29], oder auf die verschiedenen Untersuchungen aus den Sozial-, Verhaltens- und Erziehungswissenschaften, die sich mit dem Vertrauen im zwischenmenschlichen Bereich beschäftigen[30]. Auch dürfte es in unserem Zusammenhang nicht lohnen, auf die von Wolfgang Klafki auch für die Pädagogik erhobene Forderung der »Operationalisierung« einzutreten, die das Phänomen Vertrauen (Genese und Struktur, Voraussetzungen und Wirkungen) zum Zweck einer empirischen Erforschung und Überprüfbarkeit meßbar machen soll; die bisherigen Versuche gehen, wie Claus Narowski überzeugend darlegt[31], von einem verkürzten Vertrauensbegriff aus, verwenden nicht eindeutige Indikatoren der Meßbarkeit und lassen die Operationalisierbarkeit von Phänomenen wie Vertrauen grundsätzlich als fraglich erscheinen.

Wohl aber dürfte es sich lohnen, das Grundvertrauen zunächst *in entwicklungspsychologischer Hinsicht* zu konkretisieren, um es dann später wissenschaftstheoretisch zu explizieren. So streng zunächst die grundsätzliche Konfrontation zwischen den beiden Möglichkeiten der Einstellung zur fraglichen Wirklichkeit durchzuführen war, so wenig handelt es sich dabei um freie gedankliche Konstruktion oder eine an der Erfahrung nicht zu verifizierende Spekulation. So sehr einer völligen Psychologisierung der beiden Einstellungen zunächst zu wehren war, so sehr muß nun doch auch der psychologische Aspekt gerade des Grundvertrauens untersucht werden. Deshalb die Fragen: Wie entsteht im Menschen, psychologisch gesehen, das Grundvertrauen? Inwiefern ist und bleibt es für den Menschen ein Leben lang wichtig?

Zur Entstehung des Grundvertrauens im Kleinkind

Der Mensch findet das Grundvertrauen nicht einfach vor. Das Grundvertrauen ist, so hörten wir, ein Geschenk und nicht eine Selbstverständlichkeit. Aber es ist kein Geschenk, das senkrecht vom Himmel fällt und den Menschen überwältigt. Es setzt vielmehr die mehr oder weniger normale physisch-psychische Entwicklung des Menschen voraus. Im Kleinkind müssen sich die psychosomatischen Voraussetzungen des Grundvertrauens bilden. Drei Phasen lassen sich dabei unterscheiden.

Phase I: vor der Geburt. Man würde an der grausamen Realität des Lebens vorbeisehen, wollte man nicht zur Kenntnis nehmen: Das Grundvertrauen kann in einem Menschenwesen nur schwer oder überhaupt nicht entstehen, wenn ein Kind in seinen *angeborenen Anlagen* geschädigt wurde. Das kann auf verschiedene Weise geschehen: durch Vererbung (beschädigte Gene oder Chromosomen), durch intra-uterine Einflüsse bei der Schwangerschaft (kranke Mutter), durch Einflüsse beim Geburtsvorgang (weniger durch das von Freud behauptete, aber von vielen bestrittene »Geburtstrauma« als durch organische Verletzungen).

Zweierlei wäre hier sehr ernsthaft zu bedenken: Die Verantwortung der Eltern für das Grundvertrauen beginnt also längst vor der Geburt. Aber auch: Alle vorsorgende Verantwortung der Eltern kann nicht verhindern, daß im Neugeborenen der Grund für menschliches Vertrauen unter Umständen überhaupt fehlt und für manche Eltern angesichts eines abnormalen Kindes die Frage nach Identität, Sinn und Wert des Menschenlebens in geradezu dramatischer Weise aufbricht und offenbleibt.

Phase II: nach der Geburt. Das Grundvertrauen kann auch dann nur schwer oder vielleicht überhaupt nicht entstehen, wenn ein Kind schon im

Säuglingsalter geschädigt wurde durch *psychogene Krankheiten*. Bereits im Jahre 1905 hatte Freud in den genannten »Drei Abhandlungen zur Sexualtheorie« in diesem Zusammenhang den Begriff der »Wahl« gebraucht: für die Wahl der menschlichen Bezugspersonen (Mutter, Vater oder ihre Ersatzpersonen), die Freud, naturwissenschaftlich orientiert, »Objekte« nannte. So hat Freud damals den Begriff der »Objektwahl« geschaffen, ohne aber die Problematik der frühesten Wechselbeziehungen zwischen Subjekt und Objekt, Kind und Mutter besonders, empirisch zu untersuchen. Die Psychoanalytiker versuchten zunächst, allein mit der Freudschen Methode der Analyse späterer Phasen zu einer Rekonstruktion der Vorgänge in der Säuglingsphase zu gelangen. Erst der amerikanische Psychiater *René A. Spitz* hat es seit 1935 innerhalb der Freud-Schule unternommen, statt durch Rekonstruktion experimentell vorzugehen: durch direkte Beobachtung von (mehreren hundert) Säuglingen (mit Hilfe von Tests, Filmaufnahmen, Protokollen und Interviews von Eltern und Pflegepersonal[32]).

Auf Spitz' einzelne Statistiken, seine psychoanalytischen Deutungen und ätiologische Klassifizierung der psychogenen Säuglingskrankheiten (affektive Mangelerkrankungen) brauchen wir hier nicht einzugehen. Wichtig für die Frage des Grundvertrauens sind aber die allgemein anerkannten Ergebnisse seiner Beobachtungen: Der Vergleich von Säuglingen, die von der Mutter versorgt, mit solchen, die der Mutter entzogen und von uninteressierten oder überbeschäftigten Pflegerinnen (in einem Findelhaus) versorgt wurden, zeigt frappant die verheerenden psychisch-physischen Folgen eines teilweisen oder gar totalen Liebesentzuges (Affektentzuges). An verschiedensten Phänomenen wird deutlich, »daß die normalen Mutter-Kind-Beziehungen weit über das Körperliche hinaus eine lebenserhaltende, vor Krankheit schützende Wirkung haben, indes der völlige Liebesentzug zu einem fortschreitenden Verfall führt. Der Verfall der Kinder steht in direktem Verhältnis zur Dauer des Liebesentzuges, dem der Säugling ausgesetzt ist. – Dieses klinische Bild wird in der Fachliteratur mit Hospitalismus bezeichnet und bildet den Gegenstand vieler wissenschaftlicher Untersuchungen[33].« Je nach dem Entwicklungsstadium hat Spitz folgende Störungen beobachtet: Gewichtsverlust, Entwicklungsstillstand, Kontaktverweigerung, Schlafstörung, starrer Gesichtsausdruck, motorische Verlangsamung, Unfähigkeit zur Nahrungsaufnahme, Selbstaggression (Haare ausreißen) bis hin zu völligem Verfall (Marasmus) und Tod. So gibt es denn nach Spitz bei derart vernachlässigten Kindern drei mögliche Entwicklungen, die alle – so müssen wir folgern – ein Grundvertrauen von vornherein ausschließen: »Sie kehren die nach dem Liebesentzug verbleibende Aggression gegen sich selbst und sterben; im milderen Fall, den Anteil des Körpers rettend, treibt die freischwebende Aggression sie in den Schwachsinn; gelingt es ihnen, diesen beiden Schicksalen zu entgehen, so werden sie haßerfüllte, verwahrloste Jugendliche – am Ende dieses Weges steht das Verbrechen[34].«

Nun aber umgekehrt, wenn die Mutter-Kind-Beziehung intakt ist und bleibt: Die Mutter (oder die entsprechende Ersatzperson!) ist dann für den Säugling – wie unterdessen auch aus vielen anderen Untersuchungen feststeht – die entscheidende Vermittlungsinstanz zur Wirklichkeit! Repräsentiert sie doch für das Kind zunächst die gesamte Umwelt, vermittelt die optischen, akustischen, taktilen Wahrnehmungen sowie die verschiedenen Affekte und ist so entscheidend für alle spätern sozialen Beziehungen. Die Bedeutung des »affektiven Klimas« (emotional climate) ist empirisch nachweisbar: »In den ersten sechs Lebensmonaten erwirbt das Kind ... schrittweise einen wachsenden Grad von Gesichertheit in Anlehnung an die Haltung und an das affektive Klima seiner Mutter. Die Sicherheit, das Ungefährdete seines Daseins bildet das Sprungbrett, auf welchem dann die rasche Entwicklung in der zweiten Jahreshälfte ansetzen kann, und ihr Maß bestimmt das Tempo dieser Entwicklung. Die affektiven Signale, die das Kind von der Mutter empfangen hat, ihre Qualität, ihre Konstanz, die Gewißheit und Verläßlichkeit, die diese Signale dem Kind übermitteln, gewährleisten seine normale psychische Entwicklung. Diese von der Mutter dargebotenen affektiven Signale werden von ihrer unbewußten Einstellung bestimmt; ihr Verhalten wird ihr nur teilweise bewußt sein[35].« Von »Vertrauen« spricht der Psychoanalytiker Spitz nicht direkt, wohl aber – in seiner späteren Zusammenfassung – von einer (am Ende des ersten Lebensjahres möglichen) »Atmosphäre der Geborgenheit ..., die durch stabile und verläßliche Objektbeziehungen zustandekommt«[36].

Phase III: Auch *nach dem ersten Halbjahr* ist die Mutter-Kind-Beziehung von grundlegender Bedeutung – für das motorische Verhalten, für das Spiel- und Erkundungsverhalten, für das Sozialverhalten des Kindes. Der Biologe (Schüler des bekannten Basler Biologen Adolf Portmann) und Psychoanalytiker *Franz Renggli* hat neuerdings verschiedenartige und doch gleichlaufende Ergebnisse aus Verhaltensforschung, Psychoanalyse und Ethnologie[37] in beeindruckender Weise zusammengefaßt und dabei die weittragenden sozio-kulturellen Folgen der Mutter-Kind-Beziehung im ersten Lebensjahr synthetisch dargelegt. Aus den von Renggli herangezogenen Forschungen ergibt sich deutlich, wie die Mutter für das Kleinkind geradezu die Funktion einer Sicherheitsbasis (»secure base«) oder, können wir sagen, *Vertrauensbasis für alle Welterforschung* hat: »Wenn das Kind fähig ist zu kriechen, bleibt es nicht immer in engem Kontakt mit seiner Mutter, sondern beginnt, sich zunehmend von ihr wegzubewegen, um seine Umwelt zu erforschen oder mit anderen Personen Kontakt aufzunehmen. Dabei werden die Abstände von der Mutter im Laufe der Entwicklung immer größer; im zweiten Lebensjahr kann sich das Kind schon außerhalb der Sichtweite der Mutter bewegen. Jedoch von Zeit zu Zeit – die Intervalle werden mit zunehmendem Alter natürlich länger – kehrt das Kind immer wieder zur Mutter zurück und versichert sich, daß sie noch da ist. Dieses Sich-Wegbewegen von der Mutter mit dem Ziel, die Umwelt zu erkunden, zeigt das Kind nur in der sicheren Gegenwart der Mutter, das heißt wenn es jederzeit zu ihr als *secure base* zurückkehren darf. Geht die Mutter dagegen weg, beginnt das Kind zu schreien: Es zeigt Trennungsangst[38].«

Für das Sozialverhalten im ersten Lebensjahr haben H. R. Schaffer und P. E. Emerson folgende Gesetzmäßigkeit beobachtet: Ein Kind mit starker Mutterbindung neigt dazu, auch zu anderen Personen Beziehungen oder gar Bindungen zu knüpfen – und umgekehrt[39]. Das bedeutet nach M. D. S. Ainsworth bei negativem Verlauf: Je unsicherer ein Kind in seiner Mutterbindung, desto mehr ist es im Aufbau von Beziehungen zu anderen Menschen blockiert, da es ganz damit beschäftigt ist, mindestens eine zuverlässige Mutterbeziehung aufzubauen[40].

Indem sich das Kleinkind so zunächst vertrauend der Mutter öffnet, öffnet es sich – unter langsamer Ablösung von der Mutter – den Menschen, den Dingen, der Welt. Wie es der Tübinger Kinderkliniker Alfred Nitschke formulierte: »Mit diesem vertrauenden Sich-Aufschließen in der liebenden Bindung an die Mutter, mit dieser besonderen Erfahrung der Zugehörigkeit zu einem Du öffnet sich das Kind zur Welt als eigenes menschliches Wesen ... Die Mutter schafft in ihrer sorgenden Liebe für das Kind einen Raum des Vertrauenswürdigen, Verläßlichen, Klaren. Was in ihm einbezogen ist, wird zugehörig, sinnvoll, lebendig, vertraut, nahe und zugänglich. – Ungeheuer ist die aufschließende Kraft des Vertrauens. – Auch die Dinge, nicht nur die Menschen offenbaren ihr Wesen, ihre Ordnung, ihren verborgenen Sinn. Daher stammen die Kräfte der Einsicht, die dem Kind den Zugang zur Welt, zu den Menschen und zu den Dingen ermöglichen[41].«

Vom Vertrauen zur Mutter (oder ihrer Ersatzperson) her also bildet sich in einem komplexen Prozeß – auf die Stellung des Vaters[42] und manche hochinteressante Details (etwa die Bedeutung des Hautkontakts) kann hier nicht eingegangen werden – das *zunächst naiv-fraglose*, doch schon ständig gefährdete *Grundvertrauen des Kindes*[43]. Aber dieses ursprünglich-fraglose Verhalten des Kindes wird je länger desto mehr in Frage gestellt und oft erschüttert. Schon früh und immer mehr kann es zu schweren Vertrauenskrisen kommen, wie nicht nur die sich mehrenden Schüler-Selbstmorde bezeugen. Schon früh erfahren heute junge Menschen ihr Versagen in Schule, Ausbildung und Leben, aber auch eine aussichtslose Zukunft durch Arbeitslosigkeit, verratene Freundschaft und erste große Enttäuschung in der Liebe, Scheitern im Beruf, Verlust der Gesundheit, die oft unerträgliche Last des Daseins ... Ob früher oder später: Aus dem fraglosen, vorbehaltlosen, unwillkürlichen Vertrauen des zunächst ganz von der Mutter abhängigen Kindes muß durch die Krise hindurch das gereifte Grundvertrauen werden: das *überlegte, kritische Vertrauen des selbständig gewordenen Erwachsenen* zur Wirklichkeit. Je länger desto weniger geht es also ohne *bewußte Entscheidung* ab, wie sich der Mensch zum Leben, zur Welt, zur Wirklichkeit stellt. Diese Entscheidung wird immer wieder neu zu bewähren und zu erringen sein. Ohne gereiftes Grundvertrauen kein Bestehen der Lebenskrisen!

Grundvertrauen als lebenslange Aufgabe

Die Stellungnahme zur Wirklichkeit fällt zwar mitten in der menschlichen Existenz selbst, aber offensichtlich von Anfang an nicht in einer isolierten menschlichen Existenz, sondern immer wieder neu *im Bezug zum menschlichen Du.* Das heißt: Diese Stellungnahme fällt nicht nur im menschlichen Bewußtsein (idealistische Philosophie), auch nicht nur im menschlichen Dasein vor dem Hintergrund einer nur allgemeinen Mitmenschlichkeit (Existenzphilosophie): eines anonymen »man« (Heidegger) oder gar einer negativen Bezogenheit zum Mitmenschen (Sartre). Der Mensch bedarf, um sich in der Wirklichkeit zurechtzufinden, mehr als eines allgemeinen »Mit-Seins«. Er bedarf eines echten personalen Du, worauf – nach Analysen des Du-Begriffs bei F. H. Jacobi, J. G. Fichte und W. von Humboldt[44] – mit Recht schon Feuerbach[45] und in neuerer Zeit E. Rosenstock[46], Ferdinand Ebner[47], Martin Buber[48] und Gabriel Marcel[49] aufmerksam gemacht haben. Der Mensch braucht nicht nur ein Es: nicht nur ein Anderes oder einen Anderen als Nicht-Ich. Er braucht ein Du: ein anderes Ich, das der Freiheit, Hilfe, Treue, Güte, des Verstehens fähig ist und in der Anrede zum Du wird: ein Du, das Vertrauen annimmt und Vertrauen schenkt. Gewiß nicht alle Menschen können in dieser Weise begegnen, aber wenigstens einige, zumindest einer müßte dem Menschen in dieser ganz und gar personalen Weise begegnen, wenn er immer wieder neu Vertrauen zur fraglichen Wirklichkeit überhaupt gewinnen und es auch bewahren soll.

Auch für den Erwachsenen ist *ohne Vertrauen ein menschenwürdiges Leben nicht möglich*: »Das Vertrauen ist die unerläßliche Voraussetzung alles menschlichen Lebens. Nur auf dem Boden eines Vertrauens ist Leben überhaupt möglich. Mißtrauen umgekehrt läßt das Leben vertrocknen und schließlich ganz ersterben«, so sagt Otto Friedrich Bollnow[50], bewußt angesichts einer Zeit, die weithin – und leider vielfach verständlich, wie wir im Zusammenhang mit Marx, Freud und Nietzsche sahen – geprägt ist durch Vertrauensverlust: im zwischenmenschlichen Bereich nicht nur, sondern auch gegenüber dem eigenen Ich (mit seinem verdeckten Willen zur Macht, seinem sublimierten Geschlechtstrieb) und schließlich auch gegenüber den bestehenden gesellschaftlichen Autoritäten, Institutionen, Strukturen. Gewiß, Kritik auf allen Gebieten und Gesellschaftskritik insbesondere – das dürfte in diesem Buch deutlich geworden sein – ist immer wieder notwendig. Trotzdem gilt: ohne Vertrauen kein menschliches Zusammenleben, keine Freundschaft, Liebe, Ehe, auch keine psychotherapeutische Behandlung, kein Geschäftsleben, keine Politik, Wissenschaft, Kultur. Vertrauen auf Menschen, mit denen ich zu tun habe, auf Verhältnisse, in denen ich arbeite, auf Dinge, auf die ich mich verlassen muß, ja, sogar Vertrauen auf die Grammatik, die semantischen und grammatikalischen Regeln, ohne die Sprache und menschliche Verständigung gar nicht möglich ist. Was Nietzsche indirekt bestätigt: »Ich fürchte, wir werden Gott nicht los, weil wir noch an die Grammatik glauben . . . [51].«

Bewahrung und Bewährung des Vertrauens: Der Erwachsene – jetzt nicht mehr das von der Mutter behütete Kind in der Welt eines fraglosen Vertrauens – muß gegen alle andrängenden Zweifel und Anfechtungen das Vertrauen in die Wirklichkeit immer neu behaupten, sich für die positive Einstellung zur Wirklichkeit neu entscheiden. Doch auch die Vertrauenswürdigkeit und Verläßlichkeit eines Du läßt sich nicht durch rationale Argumente beweisen und aufweisen oder gar bei bestehenden Zweifeln aufzwingen; selbst das zärtlichste Lächeln und das teuerste Geschenk können täuschen. Auch hier also ist ein unerzwingbares, aber – es braucht nicht wiederholt zu werden – nicht unvernünftiges, sondern vernünftig verantwortbares Wagnis nötig: Ich muß mich gleichsam mit einem Vertrauensvorschuß auf den anderen Menschen einlassen und mich selber dranwagen, ob ich nun dem Du statt Abneigung oder Gleichgültigkeit Vertrauen, Sympathie oder gar Freundschaft und Liebe entgegenbringe. »Vertrauen Sie mir! Vertrauen wir uns!«, schrieb selbst ein Friedrich Nietzsche, als er verliebt war[52]. Es gibt kein menschliches Wissen von der letzten Vertrauenswürdigkeit des anderen Menschen außerhalb des Wagnisses der vertrauenden Begegnung. In der vertrauenden Begegnung aber verändern sich das Bild des anderen Menschen und das Bild der Welt. Das Vertrauen hat verändernde Kraft: die Wirklichkeit zeigt sich in aller Fraglichkeit nicht mehr nur von der unheimlichen, drohenden, sondern von der tragenden, bergenden, verläßlichen, erfreulichen Seite. So ist das menschliche Du unbestreitbar von entscheidender Bedeutung für die Entstehung *und* Bewahrung des menschlichen Grundvertrauens.

Von Anfang an wurde die Psychoanalyse, wie wir sahen[53], kritisiert, weil sie die entscheidenden Ereignisse für die Entwicklung des Individuums allzu ausschließlich in der frühen Kindheit sucht. Auch in späteren Lebensphasen gibt es noch entscheidende Einschnitte; man denke an die neuerdings stark diskutierte mid-life-crisis. Ja, ein Phänomen wie die im Zusammenhang des Hospitalismus bei Kleinkindern festgestellte Isolationsangst läßt sich, wie neuerdings auch der Psychosomatiker Horst Eberhard Richter geltend macht[54], bei allen Altersgruppen mit erheblichen sozialen Auswirkungen beobachten. Nun hat man sich allerdings schon lange auch innerhalb der Freud-Schule um Korrektur und Ergänzung der klassischen Lehre bemüht. Der von uns bereits genannte amerikanische Psychoanalytiker *Erik H. Erik-*

son hat sogar versucht, mit Hilfe von Phasen-Diagrammen möglichst differenziert die einzelnen Entwicklungsphasen des Menschen zu analysieren, um so »Wachstum und Krisen der gesunden Persönlichkeit«[55] umfassender zu beschreiben. Für ihn ist das erste Stadium (ungefähr das erste Lebensjahr) geradezu das *Stadium des Grundvertrauens* (»basic trust«, in der deutschen Ausgabe weniger gut mit »Urvertrauen« übersetzt[56]. Dieses Grundvertrauen – Grundlage des Identitätsgefühls – muß jedoch nachher, in stets wieder neuen Formen durch *alle sozialpsychologischen Konflikte hindurch* durchgehalten werden: also immer wieder neu »Grund-Vertrauen gegen Grund-Mißtrauen«[57]! Eine Grundeinstellung, die in einem eigenen Kapitel über die Entwicklung persönlicher Bindung und des Urvertrauens auch vom Verhaltensforscher und Lorenz-Schüler I. Eibl-Eibesfeldt geteilt wird: »Wir beweisen diese Grundhaltung in unzähligen Situationen des Alltags, ob wir uns einem öffentlichen Verkehrsmittel anvertrauen oder jemanden um Auskunft bitten: Wir erwarten grundsätzlich Gutes von unseren Mitmenschen, und nichts verbittert mehr als enttäuschtes Vertrauen. Dieses Urvertrauen ist die Voraussetzung für jede positive Einstellung zur Gesellschaft, für jede Fähigkeit der Identifikation mit einem Kollektiv, für jedes soziale Engagement. Die Fähigkeit, Menschen zu lieben, setzt die Fähigkeit zur Freundschaft voraus. Das ist ein Punkt, der meines Erachtens von jenen nicht klar gesehen wird, die, von edlen Gründen bewegt, die Anpassung des Menschen an die Massengesellschaft dadurch zu erreichen suchen, daß sie die Bildung persönlicher Beziehungen möglichst frühzeitig behindern[58].«

Das Grundvertrauen ist so für Erikson geradezu der *Eckstein der psychisch gesunden Persönlichkeit*: »Als erste Komponente der gesunden Persönlichkeit nenne ich das Gefühl eines *Grund-Vertrauens*[59].« Was versteht Erikson darunter? »Eine auf die Erfahrungen des ersten Lebensjahres zurückgehende Einstellung zu sich selbst und zur Welt[60].« Und diese Grundeinstellung beschreibt er so: »Mit ›Vertrauen‹ meine ich das, was man im allgemeinen als ein Gefühl des Sich-Verlassen-Dürfens kennt, und zwar in bezug auf die Glaubwürdigkeit anderer wie die Zuverlässigkeit seiner selbst[61].«

Diese im Säuglingsalter im Mutter-Kind-Verhältnis grundgelegte und zunächst unbewußte Einstellung wird erst in Krisensituationen des erwachsenen Menschen – angesichts der Möglichkeiten des Grund-Mißtrauens – völlig bewußt: »Wenn ich davon als einer *Grund*-Erfahrung spreche, so meine ich damit, daß weder diese noch die später hinzutretenden Komponenten sonderlich bewußt sind, in der Kindheit so wenig wie im Jugendalter. Tatsächlich gehen alle diese Kriterien, wenn sie sich in der Kindheit entwikkeln und im Jugendalter integriert werden, in der Gesamtpersönlichkeit auf. Dagegen sind ihre Krisen in der Kindheit und ihre späteren Schädigungen im Erwachsenenalter deutlich abgegrenzt . . . Beim Erwachsenen drückt sich die Verletzung des Grund-Vertrauens in einem Grund-Mißtrauen aus. Ein solcher Mensch zieht sich in einer bestimmten Weise in sich selbst zurück, wenn er mit sich selbst und anderen uneins ist. Deutlicher wird diese Verhaltensweise, wenn die Betroffenen in psychotische Zustände regredieren, etwa sich einschließen, Nahrung und Zuspruch verweigern und jede menschliche Beziehung vergessen. Um ihnen mittels Psychotherapie helfen zu können, muß man versuchen, sie auf diesen ihren Rückzugswegen zu erreichen, um sie die Überzeugung zurückgewinnen zu lassen, daß sie dem Therapeuten, der Welt und sich selber vertrauen dürfen[62].«

Also: »Das Grund-Vertrauen ist der Eckstein der gesunden Persönlichkeit; das hat uns die Kenntnis solcher radikaler Regressionen und die Entdeckung der tiefsten und am weitesten in die Kindheit zurückreichenden Schichten bei leichter erkrankten Patienten gelehrt[63].« Das *Grundmißtrauen* bildet so den »*lebenslangen Kontrapunkt*«: »Gegen diese sich häufenden Eindrücke von Enttäuschung, Trennung und Verlassenwerden, die zusammen einen Niederschlag von Grund-Mißtrauen bilden können, muß das Grund-Vertrauen aufrechterhalten und gefestigt werden[64].« Hier überall geht es darum – um die Parole von H. E. Richter aufzunehmen –, nicht zu »flüchten«, sondern – gerade auch in der heutigen Gesellschaft – »standzuhalten«[65]. Ein Grundvertrauen im Sinne von Erikson ist auch nach Richter um der menschlichen Identität willen »unentbehrlich«[66]. Der amerikanische Soziologe Andrew M. Greeley sieht als »eins der kritischsten Probleme in der Gesellschaft« den »Mangel an Vertrauen«: »Um Weltprobleme wie Vorurteile, Kriege, Verseuchung zu lösen, brauchen wir möglicherweise eine neue Art Mensch, ein Wesen, dessen Stärke und Vertrauen in einem starken, stützenden Geflecht aus Freundschaft verankert sind, und das sowohl anderen vertraut als auch in der Lage ist, Vertrauen an diejenigen weiterzugeben, mit denen es Beziehungen unterhält[67].«

3. *Explikation*

Nach der Konfrontation der beiden Grundeinstellungen zur Wirklichkeit und der Konkretion vor allem des Grundvertrauens jetzt die Explikation: es sollen einige Konsequenzen besonders *in wissenschaftstheoretischer Hinsicht* zwar nicht breit ausgeführt, wohl aber bestimmt genug angedeutet werden. Wissenschaftstheoretische Erwägungen mögen manchen allzu »theoretisch«, abstrakt und lebensfremd vorkommen. Aber gerade unser Ausgangspunkt von den großen Problemen zu Beginn der neuzeitlichen Wissenschaft, den grundlegenden Fragen Descartes' und Pascals, haben deutlich gemacht, wie eminent »praktisch«, wie konkret, ja lebenswichtig solche Fragen sein können. Und es dürfte jetzt die Zeit gekommen sein, auch diesbezüglich einige wichtige Resultate, die sich im Laufe unserer langen Untersuchungen ergeben haben, zu sammeln. Die Anfangsfrage nach dem

Cogito und dem Credo ist ja noch nicht positiv beantwortet. Deshalb – unter interpretierender Aneignung von Resultaten zuständiger Spezialisten – einige Ausführungen zunächst zur Grundlagenproblematik der Wissenschaft überhaupt und dann zur Grundlagenproblematik der Ethik.

Grundvertrauen als Basis der Wissenschaft

Im Lauf der dramatischen Entwicklung der Wissenschaftstheorie[1] ist besonders bei *Karl Popper* zweierlei überdeutlich geworden. Zunächst: Alle methodischen Regeln sind freie »Festsetzungen«, gleichsam die »Spielregeln des Spiels ›empirische Wissenschaft‹«[2]: »*Festsetzungen* sind es somit, die über das Schicksal der Theorie entscheiden«[3]. Dann vor allem: Alles rationale Denken beruht auf einer Wahl, einem Entschluß, einer Entscheidung, einem Verhalten, kurz auf einem »Glauben an die Vernunft«[4]. – Aber auch der Logische Positivist *Rudolf Carnap* vertritt bereits in seinem frühen Entwurf einer allgemeinen Syntax beliebiger Sprachen (1934), daß die Grundsätze und Schlußregeln einer (künstlichen) Sprache Sache freier »Wahl« sind, und somit auch jede andere »Wahl« toleriert werden muß[5]. Auf diese Weise »verschwindet auch der Streit zwischen den verschiedenen Richtungen im Grundlagenproblem der Mathematik«[6]. Dieses »Toleranzprinzip« bezieht sich nach Carnap »aber nicht nur auf die Mathematik, sondern auf alle logischen Fragen überhaupt«[7]: »Vor uns liegt der offene Ozean der freien Möglichkeiten[8]!« Zugleich teilt Carnap, sich auf Moritz Schlick, Haupt des Wiener Kreises, berufend, mit, daß auch *Wittgenstein* entgegen seiner »früheren dogmatischen Einstellung ... schon seit mehreren Jahren in unveröffentlichten Arbeiten die Regeln der Sprache als völlig frei wählbar hinstellt«[9]. – Von der Wissenschaftsgeschichte her hat dann *Thomas S. Kuhn* aufgezeigt, daß die »Wahl« zwischen wissenschaftlichen Theorien oder Paradigmen allgemein nicht durch Logik und Experiment allein, sondern auch durch psychologische und soziologische Faktoren bedingt sein kann. Es gibt eine ganze »Reihe von Bindungen, ohne die keiner ein Wissenschaftler ist«, ein »starkes Netz von Verpflichtungen – begrifflicher, theoretischer, instrumenteller und methodologischer«[10]. Solche Bindungen kann man »als Vertrauen auf bestimmte Modelle bezeichnen«[11]. – Und wer analytisch statt mit einer Kunstsprache mit der Umgangssprache einsetzt, muß nun einmal auf die Sprache, die Grammatik, die Logik vertrauen, wie *W. Kamlah* und *P. Lorenzen* feststellen: »In der Tat beginnen wir nun ›vertrauensvoll inmitten‹, indem wir immer schon sprechen und weiterhin sprechen, nämlich unsere *Umgangssprache* gebrauchen. Unser skeptisches Mißtrauen richtet sich gegen die *Bildungssprache* ...[12].« Und *J. Habermas* bekennt in der Auseinandersetzung mit dem Kritischen Rationalismus: »Ich vertraue auf die Kraft der Selbstreflexion ...[13].«

Dieser kurze Überblick weist unübersehbar auf die zentrale Bedeutung des Grundvertrauens auch für die Wissenschaftstheorie hin, was merkwürdigerweise gerade von wissenschaftstheoretisch interessierten Theologen wie Pannenberg[14] und Peukert[15] übersehen wird. Dabei hatte schon früh der eingangs dieses Kapitels zitierte führende Vertreter der Analytischen Philosophie *Wolfgang Stegmüller* die Bedeutung des »Glaubens« für das »Wissen« systematisch herausgearbeitet. Ihm war wichtig »zu wissen, wo die Grenze liegt, an der die philosophische Diskussion aufhört, sinnvoll zu sein. Es ist der Punkt, wo jede denkbare Theorie ›mit ihrer Weisheit zu Ende ist‹ und die persönliche Entscheidung einsetzen muß«. So geschrieben in Oxford, im Frühjahr 1954 im Vorwort zu »Metaphysik, Skepsis, Wissenschaft«[16]. Wo aber ist der Punkt, an dem die Philosophie »mit ihrer Weisheit zu Ende« ist?

In seiner »Neuen Einleitung 1969: nach 15 Jahren« nimmt Stegmüller gerade zu den Fragen, die uns hier brennend interessieren, ausführlich Stellung und äußert sich zur Evidenzproblematik in einer Weise, die für einen Logiker erstaunlich ist, der man aber nach all dem Gesagten weitgehend zustimmen kann. Ihm zufolge beruht jede Evidenz oder Einsicht auf einem Gewissensentscheid: »Dagegen ist es gerade meine Auffassung, *daß das Problem, ob hic et nunc eine echte, gelten zu lassende und anzuerkennende Einsicht vorliegt, allein durch meine persönliche Gewissensentscheidung, für die ich nur mir selbst gegenüber verantwortlich bin, gelöst werden kann*[17].« Es gibt Fragen, die »sich nicht durch reines Nachdenken entscheiden« lassen[18].

Man wird jedoch sagen: Ist das persönliche Gewissen nicht nur für ethische Entscheidungen zuständig? Nach Stegmüller keineswegs: »Mein persönliches Gewissen ist nicht nur bei *ethischen* Entscheidungen die oberste Instanz, sondern auch bei den *scheinbar* ganz entsubjektivierten objektivwissenschaftlichen Sachfragen. Dies ist eine Entscheidung im *praktischen*, nicht-theoretischen Sinn[19].« Aber ist das nicht »Existentialismus«? Stegmüller unbeeindruckt: »Jemand hat einmal im Gespräch gegen mich den Einwand vorgebracht: ›Damit, daß du eine private Gewissensentscheidung *jedem* wissenschaftlichen Räsonieren voranstellst, entlarvst du dich als ein verkappter Existentialist!‹ Einem solchen Einwand habe ich nichts entgegenzuhalten, außer, *daß ich eine solche Reaktion nicht als Einwand empfinde*. Vielmehr würde ich darauf etwa erwidern: ›Wenn du unter einer existenzphilosophischen Position u. a. *dies* verstehen willst, so deutest du nur auf *einen* wahren Kern dieser Philosophie hin[20].« In der Tat, so können wir hinzufügen: An diesem Punkt finden sich diese beiden großen Strömungen der Gegenwartsphilosophie: Existenzphilosophie mit Akzent auf Entscheidung und Analytische Philosophie (Wissenschaftstheorie) mit Akzent auf Erkenntnis!

Bei Stegmüller, der mythologische Ursprünge des Evidenzbegriffs zu erkennen glaubt, kommt neben Aristoteles vor allem *Descartes* zur Sprache: In der Neuzeit sei »das Problem in seiner aufrüttelnden Vehemenz vielleicht am stärksten von *Descartes* empfunden worden«[21]. Er aber stellte nicht mehr wie Aristoteles die apodiktische (notwendige) Evidenz von allgemein einleuchtenden Seinsprinzipien in den Vordergrund, sondern geht aus von der »Urwahrheit« des Cogito, *»daß das Problem auf menschlicher Ebene unlösbar ist«*: »Um dennoch zu so etwas wie zu einer ›Lösung‹ zu gelangen, mußte er den berühmten ›*Cartesianischen Zirkel*‹ in Kauf nehmen. Er sah keine andere Möglichkeit *in dieser theoretisch ausweglosen Situation* als die: Um sicher zu sein, daß ich bei vermeintlicher Evidenz nicht von einem genius malignus betrogen werde, muß ich mich zunächst dessen vergewissern, daß es einen gütigen Gott gibt, der mich geschaffen hat und der von solchen Betrugsabsichten frei ist. Für den Gottesbeweis muß ich dabei eben jene Art von *untrüglicher Evidenz* in Anspruch nehmen, deren Existenz nach Voraussetzung erst sichergestellt sein kann, *nachdem* ich das Wissen gewonnen habe, daß ich nicht von einem genius malignus geschaffen wurde[22].«

In einer ausführlichen Analyse der »philosophischen Grundlagen der Logik und Mathematik«[23] bestätigt Stegmüller das bisher Herausgearbeitete und formuliert sein Resultat so: »Eine ›Selbstgarantie‹ des menschlichen Denkens ist, auf welchem Gebiete auch immer, ausgeschlossen. Man kann nicht vollkommen ›voraussetzungslos‹ ein positives Resultat gewinnen. Man muß bereits an etwas glauben, um etwas anderes rechtfertigen zu können[24].«

Aber Stegmüller sieht das Problem der Evidenz zugleich in einem weiteren, metaphysischen Rahmen, und da – »am entscheidendsten Punkt unserer ganzen Betrachtungen« – lautet seine ebenfalls zunächst negative These: *»Das Evidenzproblem ist absolut unlösbar, die Frage, ob es Einsicht gibt oder nicht, absolut unentscheidbar*[25].« Warum? Stegmüller: *»Alle Argumente für die Evidenz stellen einen circulus vitiosus dar und alle Argumente gegen sie einen Selbstwiderspruch*[26]*!«* Also:

Wer *für* Evidenz argumentiert, begeht einen Zirkel, weil er vom ersten Augenblick seiner Argumentation an Evidenz bereits voraussetzen muß: »Wer für die Evidenz eintritt und dafür Begründungen zu geben glaubt, verschleiert sich damit selbst die Tatsache, daß er nur seinem Glauben an die Evidenz Ausdruck verleiht[27].«

Wer *gegen* Evidenz argumentiert, begeht einen Selbstwiderspruch, weil auch er voraussetzen muß, daß seine Argumentationen evident sind: »Wer gegen sie zu Felde zieht und dabei ebenfalls mit Gründen aufwartet, drückt damit nur seinen Unglauben aus und straft sich selbst zugleich Lügen, da er gar nicht versuchen durfte, zu argumentieren, wenn er wirklich nicht an Evidenz glaubte[28].«

Aus diesem negativen Befund folgt Stegmüllers positive Schlußfolgerung: »An Einsicht kann man glauben oder nicht glauben, man kann diesen Glauben oder Unglauben aber nicht weiter begründen, es sei denn, man wolle unter ›begründen‹ nur die Angabe gewisser Motive dafür verstehen, etwas zu tun oder nicht zu tun. Es ist eine ›vorrationale Urentscheidung‹, die hier getroffen werden muß, und zwar in jedem einzelnen Falle, wo etwas erkannt werden soll[29].«

Wird so aber nicht das Problem von der »theoretischen« Ebene auf die »praktische« abgeschoben und damit *»reine Willkür der oberste Schiedsrichter in der Frage der Einsicht«*[30]? Darauf Stegmüller sehr eindeutig: »Eine persönliche Gewissensentscheidung, für die ich nur mir selbst verantwortlich bin, ist selbstverständlich *keine* Willkürentscheidung[31].« Selbstverständlich? Diese Antwort kann uns nun freilich nicht befriedigen. Denn: Stegmüller gibt zumindest hier keine Gründe dafür an, warum eine ganz persönliche Gewissensentscheidung keine Willkürentscheidung sei. Ob nicht auch da der oben entwickelte Begriff der inneren Rationalität weiterhelfen könnte?

Aber wie immer: man kann Stegmüllers Schlußresultat nur zustimmen, »daß das Problem auf Grund *theoretischen* Räsonierens allein *nicht entscheidbar* ist«[32]. Wie wir zwischen Neuscholastikern und Nihilisten, so stellt er seine Lösung zwischen »die Reflexion der Evidenztheoretiker« und die »Begründungen der Skeptiker«[33]. Kant zugleich bestätigend und überbietend: *»Man muß nicht das Wissen beseitigen, um dem Glauben Platz zu machen. Vielmehr muß man bereits etwas glauben, um überhaupt von Wissen und Wissenschaft reden zu können*[34].«

Alles Wissen enthält somit eine »Voraussetzung«, die man als »glaubensmäßig« bezeichnen kann: »Die Alternative, wie sie üblicherweise gefaßt wird, ›Glauben oder Wissen‹, womit der Unterschied zwischen dem religiösen Erleben und der wissenschaftlichen Erkenntnis getroffen werden soll, ist irreführend[35].« Warum?

In der *Wissenschaft* herrscht die *Hypothese*, die man »glauben« muß: »Wie schon einmal betont, besteht der wissenschaftliche Forschungsbetrieb, insbesondere in den empirischen Wissenschaften, hauptsächlich in der Aufstellung von vorläufig bis zu einem gewissen Grade bestätigten Hypothesen. Aber auch in formalisierten Disziplinen, etwa in der Mathematik, spielt das hypothetische Moment insofern eine große Rolle, als man einerseits zunächst vermuten muß, daß bestimmte Sätze Theoreme sind, für die sich dann ein Beweis entdecken läßt, und andererseits bei der Aufstellung eines neuen Axiomensystems ebenfalls vorläufig nur hypothetisch vermutet werden kann, daß das System sich nicht als widerspruchsvoll herausstellen werde; zumindest solange hält die Vermutung an, als nicht ein Widerspruchsfreiheitsbeweis auf ›finiter Basis‹ gelungen ist (aber wie selten gelingt dies!)[36].«

In der *Religion* umgekehrt herrscht *Gewißheit;* diese Gewißheit »weiß« man: »Auf der anderen Seite enthält jede Religion einen theoretischen Gehalt, den man in Sätzen formulieren kann, ›es gibt nur einen Gott‹, ›der Mensch hat eine unsterbliche Seele‹ usw. Diese Aussagen sind dort keineswegs hypothetische Annahmen, sondern werden als gewisse Sätze hingestellt[37].«

Damit *kehrt sich das Verhältnis von Glauben und Wissen geradezu um*: »Nicht in der Religion wird ›bloß geglaubt‹, in der Wissenschaft hingegen ›gewußt‹, sondern umgekehrt begnügt man sich in der Wissenschaft meist mit einem hypothetischen, vorläufigen Glauben – wenn auch, wie wir erkannt haben, einiges weniges gewußt werden muß –, während innerhalb der Religion sehr vieles in theoretischen Aussagen Formulierbares als sicheres Wissensgut auftritt. Denn was gewiß ist, wird sprachüblich als Wissen bezeichnet. Man könnte daher mit mehr Berechtigung die obige Formulierung umkehren und sagen: in der Wissenschaft wird geglaubt, in der Religion weiß man (oder: behauptet man, zu wissen)[38].« Behauptet man zu wissen? Darüber wird später zu reden sein.

»*Glauben*« könnte hier allerdings im Sinn des spezifisch religiösen Glaubens, des Gottesglaubens oder gar des biblischen Gottesglaubens, mißverstanden werden, und offensichtlich ist Stegmüller auch in dieser Weise mißverstanden worden. Umgekehrt aber ist der von ihm in diesem Zusammenhang früher gebrauchte Ausdruck einer »vorrationalen Entscheidung«[39], »vorrationalen Urentscheidung«[40], einem »vorrationalen Urentschluß«, wie er selbst schreibt[41], auch nicht ohne Mißverständnis geblieben. Es sei deshalb *stattdessen* vorgeschlagen: ein *»rational verantwortbares Grundvertrauen«*, dem eine »innere Rationalität«[42] zukommt.

Nur angemerkt sei hier: Von einer ganz anderen philosophischen Richtung her bestätigt *Hans-Georg Gadamer*, der bedeutendste Vertreter hermeneutischen Philosophierens, in seinem Hauptwerk »Wahrheit und Methode«[43], daß es Wahrheit und Gewißheit auch ohne Methode, daß es vorwissenschaftliche Wahrheit als Voraussetzung aller Wissenschaft gibt, wobei durch Gadamers Akzent auf dem allesumfassenden Verstehen das Moment der Kritik und der Unterscheidung von Wahr und Falsch freilich zu kurz kommt[44]. Aber auch nach Gadamer geht ein Glauben – wir würden es ein Vertrauen nennen – dem Wissen, der Wissenschaft voraus. Wie er am Ende seines Buches sagt: »Wir sind als Verstehende in ein Wahrheitsgeschehen einbezogen und kommen gleichsam zu spät, wenn wir wissen wollen, was wir glauben sollen[45].«

Grundvertrauen als Basis der Ethik

Dieselbe Grundlagenproblematik, die wir eben theoretisch (aber keineswegs praxisfern) in bezug auf das menschliche Wissen überhaupt behandelten, läßt sich praktisch (aber keineswegs theorielos) darlegen in bezug auf das *menschliche Handeln.* Was ergibt sich aus dem aufgezeigten Ansatz für das praktische Verhalten des Menschen zu derselben fraglichen Wirklichkeit?

Nach den verheerenden Auswirkungen des Nihilismus im gesellschaftlichen wie im individuellen Bereich, dem Zerfall insbesondere der ethischen Werte und Normen[46], fragen heute manche Menschen bewußter als früher nach ihnen. Und dies gerade in einem demokratischen, weltanschaulich neutralen Staat, der Lebenssinn und Lebensstil, oberste Werte und letzte Normen nicht wie in totalitären Systemen (brauner, schwarzer oder roter Prägung) offiziell-doktrinär vorschreiben darf und der doch auf Werte und Normen angewiesen ist. So wenig wie die Frage nach der Wahrheit[47] darf das Bedürfnis nach Bindung vernachlässigt werden. Der Mensch hat nun einmal – bewußt oder unbewußt – ein elementares Bedürfnis nach grundlegender Bindung, nach einer Bindung an Sinn, Werte, Normen.

Der beispiellose Fortschritt von Naturwissenschaften und Technik hat dieses Bedürfnis nach Sinn, Werten und Normen nicht, wie vielfach erwartet, absterben lassen, sondern vielmehr – angesichts der wachsenden Probleme mit der Technologie – neu geweckt. Wir machen die Erfahrung: Der Mensch wird heute mit allem möglichen, nur nicht mit sich selber fertig. Gerade Naturwissenschaftler fragen heute nach Sinn und Grenzen des menschlichen Tuns, nach Sinn und Grenzen auch der naturwissenschaftlichen Forschung und technologischen Realisierung: »Hunderttausende von Jahren hat sich der Mensch gegen den Widerstand Umwelt entwickelt, sich auf sie ausgerichtet und sich ihr angepaßt. Das Schwinden dieses Widerstandes bewirkt einen Sturz nach vorn ... Die neuartige ethische Situation besteht darin, daß der Mensch in Zukunft weniger mit der Natur, sondern mehr mit sich selbst zu kämpfen hat. Wir können offenbar mehr, als wir dürfen, und daher dürfen wir nicht mehr alles, was wir können. Leider aber existieren sachgemäße und praktikable Normen zur Zeit kaum, und niemand will sich recht mit diesem unbeliebten Geschäft abgeben. Selbst die Religionsgemeinschaften sind mit verbindlichen Aussagen über eine materiale Ethik sehr zurückhaltend geworden und verweisen statt dessen auf das subjektive Urteil, auf die Gewissensfreiheit, ohne zu bedenken, daß die Enge der Lebensgemeinschaft heute kaum noch rein private Entscheidungen zuläßt[48].« Wird dieses Bedürfnis auch im vorstaatlichen Bereich (Religionen, Kirchen, Gruppen) nicht befriedigt, vermittelt also nichts oder niemand eine Grundorientierung, eine Wertordnung, eine Bindung an einen Lebenssinn, droht ein gefährliches nihilistisches *Sinn- und Normenvakuum,* das nach allen Erfahrungen unseres Jahrhunderts doch nur wenige wünschen können und wünschen.

Deshalb fragen denn auch wieder mehr Menschen: Woher Orientierung in heutiger Orientierungslosigkeit? Woher Orientierung bei der ständig neuen Verunsicherung durch eine Überfülle an Informationen über die verschiedensten und widersprüchlichsten Wert- und Normsysteme, Ideologien, Philosophien und Theologien, Weltanschauungen und Religionen, die alle den eigenen moralischen und religiösen Standpunkt radikal zu relativieren scheinen? Woher bei den vielen rechtlich garantierten Freiheiten die eigene personale Freiheit, die Selbstbestimmung und Selbstgestaltung des Menschen? Woher im drohenden Beliebigkeitspluralismus Lebenssinn und Lebenszweck? Woher gerade in der offenen (lernoffenen, zukunftsoffenen, wahrheitsoffenen) freiheitlich-demokratischen Gesellschaft mit ihrem freien geistigen und sozialen Kräftespiel jene minimale Übereinstimmung in Werten, Normen und Haltungen, die für ein menschenwürdiges Zusammenleben und auch das Funktionieren eines demokratischen Staates einfach notwendig ist[49]? Wenn schon nicht einfach eine subjektivistische Willkür und ein Ordnungsnihilismus des Geltenlassens von schlechthin allem: woher die Ziele, Prioritäten, Ideale, Modelle[50]? Wenn schon nicht einfach ein immoralistisches Jenseits von Gut und Böse, Wahr und Falsch: woher die entscheidenden Kriterien für Wahr und Falsch, Gut und Böse; woher die letzte Orientierung und unbedingte Verpflichtung für alle die zahllosen unumgänglichen Sachentscheidungen des individuellen und des politischen Lebens[51]?

Heißt dies nun aber, daß *nur der Gottesgläubige* oder gar nur der Christ Ziele und Prioritäten, Ideale und Modelle, Werte und Normen, *Kriterien für Wahr und Falsch, Gut und Böse haben kann*? Kann nur der Gottesgläubige oder gar nur der Christ anständig, wahrhaft menschlich, ja moralisch leben? Besitzt denn der Mensch nicht eine wirkliche menschliche Autonomie, die ihn unter Umständen auch ohne Gottesglauben seine Verantwortung in der Welt wahrnehmen läßt? Schließlich: Kann nicht auch der Atheist oder Agnostiker ein echtes Grundvertrauen in die Wirklichkeit haben? Diese Frage verneinen, hieße, an der heutigen Wirklichkeit und an vielen heutigen Menschen vorbeisehen. Es läßt sich nicht bestreiten:

Es gibt zahllose wissenschaftsorientierte Menschen wie den englischen Mathematiker, Philosophen und Soziologen *Bertrand Russell*, der sein Leben von »drei einfachen, aber übermächtigen Leidenschaften« bestimmt sah: »Verlangen nach Liebe, der Drang nach Erkenntnis und ein unerträgliches Mitgefühl mit den Leiden der Menschheit[52]«; der in der Praxis entschieden eintrat für Liebe und nicht Haß, Zusammenarbeit und nicht Konkurrenz, Friede und nicht Krieg und der gerade als Agnostiker – in seiner Schrift »Warum ich kein Christ bin«[53] – sein Grundvertrauen in der Form eines »Glaubens« an das »gute Leben«, das »von Liebe beseelt und von Wissen geleitet«[54] ist, zum Ausdruck bringt: »Wenn ich sagte, das gute Leben bestehe aus Liebe, die vom Wissen geleitet wird, so hatte ich dabei den Wunsch, soweit wie möglich ein solches Leben zu führen und auch andere ein solches Leben führen zu sehen. Und der logische Inhalt der Definition besteht darin, daß in einer Gemeinschaft, in der die Menschen auf solche Weise leben, mehr Wünsche erfüllt werden als in einer, in der es weniger Liebe oder weniger Wissen gibt. Ich meine damit nicht, daß ein solches Leben ›tugendhaft‹ oder sein Gegenteil ›sündhaft‹ sei, denn dies sind Auffassungen, die meiner Meinung nach wissenschaftlich nicht gerechtfertigt sind[55].«

Es gibt zahllose sozial engagierte Menschen wie den unorthodoxen marxistischen Philosophen *Ernst Bloch*, der, ebenfalls Atheist, sein Leben lang für die Aufhebung der Entfremdung zwischen Mensch und Natur, für eine gerechtere Gesellschaftsordnung und die Vermenschlichung des Menschen gekämpft hat. Schon auf der ersten Seite seines Hauptwerkes »Prinzip Hoffnung« proklamiert er das Grundvertrauen in Gestalt einer docta spes, einer geprüften und immer wieder bewährten Hoffnung in einem antinihilistischen, dialektisch-materialistischen Sinn: »Es kommt darauf an, das Hoffen zu lernen. Seine Arbeit entsagt nicht, sie ist ins Gelingen verliebt statt ins Scheitern. Hoffen, über dem Fürchten gelegen, ist weder passiv wie dieses, noch gar in ein Nichts gesperrt. Der Affekt des Hoffens geht aus sich heraus, macht die Menschen weit, statt sie zu verengen, kann gar nicht genug von dem wissen, was sie inwendig gezielt macht, was ihnen auswendig verbündet sein mag. Die Arbeit dieses Affekts verlangt Menschen, die sich ins Werdende tätig hineinwerfen, zu dem sie selber gehören. Sie erträgt kein Hundeleben, das sich ins Seiende nur passiv geworfen fühlt, in undurchschautes, gar jämmerlich anerkanntes. Die Arbeit gegen die Lebensangst und die Umtriebe der Furcht ist die gegen ihre Urheber, ihre großenteils sehr aufzeigbaren, und sie sucht in der Welt selber, was der Welt hilft; es ist findbar. Wie reich wurde allzeit davon geträumt, vom besseren Leben geträumt, das möglich wäre[56].« Und der letzte Satz des ersten Bandes: »Die Menschen wie die Welt tragen genug gute Zukunft; kein Plan ist selber gut ohne diesen gründlichen Glauben in ihm[57].«

Es gibt zahllose skeptische Menschen wie den von den Jenseitsverheißungen des Christentums und denen des Marxismus gleichermaßen enttäuschten französischen Schriftsteller und Philosophen *Albert Camus*, der dennoch programmatisch »jenseits des Nihilismus«[58] ein Grundvertrauen in Form einer Revolte zum Ausdruck bringen kann. Denn Camus kann sich nicht abfinden mit einer Welt, »in der Kinder leiden und sterben«[59]. Er weiß, daß Menschen es nicht verhindern können, »daß diese Schöpfung eine Welt ist, in der Kinder gemartert werden«[60]. Aber er weiß auch – pessimistisch »in bezug auf das Los der Menschheit«, aber »optimistisch in bezug auf den Menschen«: »Wir können die Zahl der gemarterten Kinder verringern[61].« So heißt Revolte für ihn, dieser Welt »wenigstens die Stirn bieten«, ohne zu »behaupten, alles lösen zu können«[62], heißt leben für die »Gedemütigten« und in »unerhörtem Großmut« die »Ungerechtigkeit abweisen«[63]. Die Revolte kommt nach Camus nicht »ohne eine sonderbare Liebe« aus: »Ihre Ehre ist, nichts zu berechnen, alles an das jetzige Leben und ihre lebenden Brüder zu verteilen. So spendet sie für die kommenden Menschen. Die wahre Großzügigkeit der Zukunft gegenüber besteht darin, in der Gegenwart alles zu geben. – Die Revolte beweist dadurch, daß sie die Bewegung des Lebens selbst ist und daß man sie nicht leugnen kann, ohne auf das Leben zu verzichten. Ihr Aufschrei läßt jedesmal ein Wesen sich erheben. Sie ist somit Liebe und Fruchtbarkeit, oder sie ist nichts[64].« Und Menschen, die diese Revolte leben, geben nach Camus »ein Beispiel, die einzige Richtschnur, die heute originell ist: leben und sterben lernen und, um Mensch zu sein, sich weigern, Gott zu sein«[65].

Zeigen diese Beispiele nicht, daß *aus einem Grundvertrauen heraus eine autonome Moral möglich* ist – wie immer dann ihre einzelnen Vertreter danach leben mögen? Jedenfalls: Die Zeiten sind vorbei, da Theologen meinten, alle möglichen Fragen nach dem Erlaubten und Unerlaubten kurzschlüssig aus der Bibel (Protestanten) oder aus der Menschennatur (Katholiken), womöglich mit fixen Sätzen und kategorischen Kurzformeln, beantworten zu können. Zu komplex sind die Probleme und Konflikte der heutigen Menschheit (Überbevölkerung und Geburtenregelung, Wirtschaftswachstum und Umweltschutz, Machtapparate und Machtkontrolle, Aggressivität und Sexualität), zu komplex aber auch die Problematik der Schriftinterpretation und des »Naturrechts«, als daß man ewig gültige Normen menschlichen Handelns aus der Schrift oder der Menschennatur leichthin ableiten könnte. Es kann hier nicht auf die von den Ethikern intensiv diskutierte Fundamentalproblematik der Begründung ethischer Normen, also allgemein verbindlicher Regeln des menschlichen Verhaltens und Zusammenlebens und so echten Menschseins eingegangen werden[66]. Doch können hier in Zusammenfassung von früher Gesagtem[67] für unsere Problematik zunächst drei Gedankengänge herausgehoben werden, die erneut die berechtigten Anliegen der Atheisten, insbesondere Nietzsches, aber auch Feuerbachs, Marx' und Freuds aufnehmen:

a. Wir können heute *weniger denn je fixe Lösungen aus dem Himmel holen* oder theologisch von einer unveränderlichen allgemeinen Wesensnatur des Menschen her deduzieren: Es gibt in der Tat eine »Genealogie der Moral« (Nietzsche). Historisch gesehen haben sich konkrete ethische Normen, Werte, Einsichten, Schlüsselbegriffe in einem höchst komplizierten gruppendynamischen, sozialdynamischen Prozeß gebildet – als Schöpfungen des Menschen. Nicht vom Himmel fiel die Moral, sondern ähnlich wie die Sprache ist sie Produkt der Entwicklung. Wo Bedürfnisse des Lebens, wo menschliche Dringlichkeiten und Notwendigkeiten sich zeigten, da drängten sich für menschliches Verhalten Handlungsregulative, Prioritäten, Konventionen, Gesetze, Gebote, Weisungen, Sitten, kurz, bestimmte Normen auf. Immer wieder neu mußten und müssen die Menschen ethische Lösungen in Entwürfen und Modellen erproben und sie oft durch Generationen hindurch einüben und bewähren. Nach Perioden von Gewährung und Eingewöhnung kommt es schließlich zur Anerkennung solcher eingelebter Normen, aber manchmal auch wieder – in völlig veränderter Zeit – zu ihrer Aushöhlung und Auflösung.

b. Wir müssen heute mehr denn je für all die schwierigen Probleme und Konflikte *»auf Erden« differenzierte Lösungen suchen und erarbeiten*: Wir sind für unsere Moral verantwortlich. Wir müssen von Erfahrungen, von der Verschiedenartigkeit des Lebens ausgehen und uns an Tatsachen halten. Das heißt: wir müssen uns gesicherte Informationen und Erkenntnisse verschaffen und überall mit Sachargumenten operieren, um so zu überprüfbaren Entscheidungshilfen und schließlich praktikablen Lösungen zu kommen. Insofern gilt es, »der Erde treu zu bleiben«! Kein Appell an eine noch so hohe Autorität kann dem Menschen die innerweltliche Autonomie abnehmen: die ethische Selbst-Gesetzgebung und Selbst-Verantwortung für seine Selbst-Verwirklichung und Welt-Gestaltung.

c. Wir müssen heute mehr denn je die vielschichtige, wandelbare und komplexe Wirklichkeit des Menschen und der Gesellschaft *nach strengen wissenschaftlichen Methoden* möglichst vorurteilslos auf ihre Sachgesetzlichkeiten und Zukunftsmöglichkeiten hin untersuchen. Gewiß, nicht nur der Wissenschaftler kann ethisch handeln! Das vorwissenschaftliche Bewußtsein von bestimmten ethischen Normen behält selbstverständlich auch heute seine grundlegende Bedeutung. Und viele Menschen handeln in bestimmten Situationen »spontan« richtig, ohne je einen moraltheologischen oder moralphilosophischen Traktat gelesen zu haben. Dennoch: Zu komplex ist das moderne Leben geworden, als daß man bei der Bestimmung konkreter ethischer Normen (etwa bezüglich wirtschaftlicher oder politischer Macht, Sexualität, Aggressivität) in naiver Wirklichkeitsblindheit von den wissenschaftlich gesicherten empirischen Data und Einsichten absehen dürfte; im Zusammenhang mit Marx und Freud war immer wieder darauf aufmerksam zu machen. Keine wissenschaftliche Ethik heute also ohne engen Kontakt mit den Humanwissenschaften: mit Psychologie und Psychoanalyse, mit Gesellschaftskritik und Soziologie, mit Verhaltensforschung, Biologie, Kulturgeschichte und philosophischer Anthropologie. Die Humanwissenschaften bieten eine wachsende Fülle von gesicherten anthropologischen Erkenntnissen und handlungsrelevanten Informationen: überprüfbare Entscheidungshilfen, die freilich letzte Fundierungen und Normierungen des menschlichen Ethos nicht zu ersetzen vermögen.

Wenn die Ethik so nicht mehr von einem tradierten und einfach passiv rezipierten System ewiger, starrer, unwandelbarer Normen ausgeht, sondern bewußt von der konkreten, dynamischen, komplexen Wirklichkeit auszugehen versucht, dann setzt sie dies eine voraus: ein Ja zur fraglichen Wirklichkeit, eine bei aller Kritik im einzelnen doch *grundsätzlich vertrauende Grundeinstellung* zu dieser Wirklichkeit *als Grundlage für alles ethische Verhalten und Handeln* des Menschen in dieser Wirklichkeit. Also:

- *Jegliche Annahme von Sinn, Wahrheit und Rationalität, von Werten und Idealen, Prioritäten und Präferenzen, Modellen und Normen setzt ein* Grundvertrauen *zur fraglichen Wirklichkeit voraus: im Gegensatz zum Nihilismus ein grundsätzliches Ja zu ihrer grundlegenden Identität, Sinnhaftigkeit und Werthaftigkeit trotz aller Zwiespältigkeit, Sinnlosigkeit und Wertlosigkeit, ein grundsätzliches Ja auch zur grundlegenden Vernünftigkeit der menschlichen Vernunft trotz aller Unvernunft.*

Ist es von daher nicht klar, wie sehr das Grundvertrauen Konsequenzen hat für die Begründung von verbindlichen normativen Regeln menschlichen Verhaltens? Wie grundlegend es ist für menschliches Handeln und Zusammenleben? Wie notwendig für die *Begründung ethischer Normen* [68]? Um es nur knapp anzudeuten:

- *Nur wenn die Wirklichkeit von Welt und Mensch, wie im Grundvertrauen angenommen, von einer letzten Identität, Sinnhaftigkeit und Werthaftigkeit bestimmt ist, lassen sich in sinnvoller Weise einzelne Normen echt menschlichen Verhaltens und Handelns von dieser Wirklichkeit und, entscheidend, von den wesentlichen menschlichen Erfordernissen, Dringlichkeiten und Notwendigkeiten ablesen, wie sie im alltäglichen Leben erfahren und mit Hilfe der Humanwissenschaften heute auch in neuer Weise wissenschaftlich-empirisch ermittelt werden können.*
- *Solche Normen sind freilich weder rein logische Sätze noch reine Erfahrungssätze. Transparenz kommt ihnen im allgemeinen wie im einzelnen nicht rein rational zu, sondern nur unter der Bedingung einer positiven vertrauensvollen Einstellung des ganzen Menschen zur Wirklichkeit überhaupt und zum Menschen insbesondere. Einem Nihilisten dagegen sind sie in der Logik ihres Anspruchs weder durchschaubar noch einsichtig.*

Unter Voraussetzung der vertrauensvollen Annahme seines Menschseins also: was ist dann die *Grundnorm einer autonomen menschlichen Sittlichkeit* [69]? Zuerst negativ ausgedrückt:

Gut ist gewiß nicht einfach das, was schon immer und überall galt: weder Traditionalität noch Universalität sind aus sich allein verbindliche Norm für den Menschen. Das »gute Alte« erwies sich oft als menschenfeindlich.

Gut ist aber auch nicht einfach das, was Neues und Besonderes bringt. Weder Novität noch Originalität sind aus sich allein verbindliche Norm für den Menschen. Das »angepriesene Neue« erwies sich oft als ebensowenig menschenfreundlich. Jetzt positiv ausgedrückt:

- Gut *ist für den Menschen, was – ob alt oder neu, weitverbreitet oder nicht – ihm hilft, wahrhaft Mensch zu werden. Autonome Grundnorm ist: Der Mensch soll Mensch sein! Der Mensch soll sein Menschsein verwirklichen! Der Mensch soll menschlich leben! Sittlich gut ist also, was menschliches Leben in seiner individuellen und sozialen Dimension auf die Dauer gelingen und glücken läßt, was eine optimale Entfaltung des Menschen in allen seinen Schichten und Dimensionen ermöglicht. Der Mensch soll demnach seine Menschlichkeit in allen ihren Schichten (auch die Trieb- und Gefühlsschicht) und Dimensionen (auch seine Gesellschafts- und Naturbezogenheit) leben.*
- *Nach dieser Grundnorm lassen sich für den mit Vernunft begabten Menschen* Gut und Böse unterscheiden *und in der Erfahrung sowohl im individuellen wie sozialen Bereich auch nachprüfen:*
  Wege, Normen, Strukturen, Taten, durch die der Mensch in seiner Identität, Sinnhaftigkeit und Werthaftigkeit gefördert *wird und so eine sinnvolle und fruchtbare Existenz* gewinnt;
  Wege, Normen, Strukturen, Taten, durch die der Mensch in seiner Identität, Sinnhaftigkeit und Werthaftigkeit gehindert *wird und so eine sinnvolle und fruchtbare Existenz* verfehlt.

Damit dürfte die Autonomie des Sittlichen konkret deutlich geworden sein: Der Mensch soll nicht einfach ein äußeres Prinzip oder eine allgemeine Norm, sondern sich selbst in allen seinen Schichten und Dimensionen verwirklichen, aber ebenso zur Selbstverwirklichung auch der anderen Menschen beitragen. Gerade im Bereich der Ethik stehen meine Selbstverwirklichung und die Selbstverwirklichung des Anderen, aber auch unsere gemeinsame Weltverantwortung in einem unlösbaren Zusammenhang. Gerade hier ist – wir deuteten es an – Grundvertrauen Gabe und Aufgabe, Basis und Ziel menschlichen Handelns zugleich. Der Rückbezug auf das Grundvertrauen enthält auch ein *ideologiekritisches Moment* gesellschaftlichen Verhältnissen gegenüber, die die Schaffung von grundlegenden zwischenmenschlichen Vertrauensstrukturen (in der Politik, am Arbeitsplatz, in der Familie) unmöglich machen[70]. Wir können es so zusammenfassen:

- *Selbstverwirklichung, Menschwerdung des Menschen und Humanisierung der Gesellschaft sind nur möglich auf der Basis einer grundsätzlich positiven Einstellung zur fraglichen Wirklichkeit von Welt und Mensch. Diese Einstellung ist nur dann keine bequeme veränderungsfeindliche Ideologie, wenn Selbstverwirklichung des Menschen und Humanisierung der Gesellschaft als gleich dringende Aufgaben verstanden werden. Die Annahme autonomer Normen des Menschlichen ist so der ethische Ausdruck des Grundvertrauens in die Identität, Sinnhaftigkeit und vor allem Werthaftigkeit der fraglichen Wirklichkeit von Welt und Mensch. Ohne dieses Grundvertrauen können autonome ethische Normen nicht sinnvoll und begründet angenommen werden.*

Also: *keine Ethik ohne Grundvertrauen!* Heißt das aber auch: *Ethik allein aus Grundvertrauen?* Wir haben gesehen: Ethisches Verhalten allein aus Grundvertrauen *ist möglich*, und gerade Gottgläubige sollten es nicht aus apologetischen Gründen bestreiten. »Anständig« lebende Menschen, die nicht an Gott glauben, können für manche Gottesgläubige eine durchaus heilsame Verunsicherung ihres Gottesglaubens sein, und diese sollten sich hüten, wie der ältere Augustin die Tugenden der Heiden, die er als Jüngerer gelobt und gelebt hatte, zu »glänzenden Lastern« umzuinterpretieren. Ist es doch heutzutage eine jedermann zugängliche Erfahrung: Es gibt »anständig« lebende Menschen auch außerhalb der Kirche. Es gibt gute Menschen, die nicht an Gott glauben. Es gibt Atheisten und Agnostiker liberaler, marxistischer, positivistischer oder welcher Herkunft auch immer, die nicht nihilistisch, sondern echt menschlich, also human und in diesem Sinne durchaus sittlich und moralisch zu leben versuchen. Wenn diese sich selber den Gottesglauben absprechen, so werden wir ihnen doch das Grundvertrauen nicht absprechen dürfen, aus dem heraus sie human und moralisch zu leben versuchen.

Nur vom Grundvertrauen her vermag der Gottgläubige die positive Grundeinstellung und *ethische Haltung von Atheisten und Agnostikern sachlich und gerecht zu würdigen*: keine Verurteilung, aber auch keine Anbiederung! Auch Gottgläubige können so – ohne die Ungläubigen entweder als Unmoralische zu disqualifizieren oder aber als verborgene (»anonyme«) Gottgläubige zu vereinnahmen[71] – vorurteilslos anerkennen:

- *Aus dem Grundvertrauen kann auch ein Atheist ein echt menschliches, also humanes und in diesem Sinn moralisches Leben führen.*
- *Gerade darin zeigt sich die innerweltliche Autonomie des Menschen: seine Selbst-Gesetzgebung und Selbst-Verantwortung für seine Selbst-Verwirklichung und Welt-Gestaltung.*
- *Auch Atheisten und Agnostiker müssen folglich keineswegs Nihilisten, sondern können Humanisten und Moralisten sein: ernsthaft um Humanität und Moralität bemüht.*
- *Aber gerade um der Humanität und Moralität willen darf vom Atheisten und Agnostiker erwartet werden, daß er sich den Fragen des Gottgläubigen nach seiner Humanität und Moralität stellt.*

Diese Fragen werden später zu stellen sein, wie später auch das Grundvertrauen theologisch zu reflektieren sein wird. Aber zunächst muß jetzt um der Sache willen auf terminologische Klarheit und Unterscheidung gedrängt werden. Kann und soll man das Grundvertrauen »Glauben« nennen?

Grundvertrauen und religiöser Glaube

Man kann das Grundvertrauen »Glauben« nennen. Trotzdem sollte man um der Klarheit willen *Grundvertrauen und Glauben unterscheiden.* Selbst Autoren, die im Gegensatz zu manchen anderen Philosophen und Theologen die hier behandelte Grundproblematik gesichtet haben, identifizieren zu rasch: Karl Jaspers unterscheidet in seinem »philosophischen Glauben« zu wenig scharf zwischen Glauben und Grundvertrauen [72]; Romano Guardini appelliert für die »Annahme seiner selbst« zu kurzschlüssig (in der Weise Pascals) an den biblischen Gott [73]; Wilhelm Weischedel, der nur nach dem Woher der Fraglichkeit und nicht nach dem Woher der fraglichen Wirklichkeit fragt und für ein unentschiedenes »Schweben« optiert, bekommt die Möglichkeit eines Grundvertrauens nicht zu Gesicht [74]. Umgekehrt interpretiert ein Autor wie der Psychiater Balthasar Staehelin das Grundvertrauen allzu rasch theologisch-mystisch: »Urvertrauen« meint bei ihm polemisch-antiaufklärerisch eine »Stimmung aus dem Unbedingten in der eigenen Innerlichkeit«, eine »primäre, intuitive, elementarreligiöse Glaubensgewißheit« [75], in der der Mensch – ganz auf der Linie der großen (christlichen wie nicht-christlichen) mystischen Tradition – sich als eins mit der »zweiten Wirklichkeit«, mit dem »Unbedingten«, »Unsagbaren«, »Absoluten« [76], ja »Gott« [77] vorfindet; also wäre »prinzipiell jeder Mensch seiner zweiten Natur nach – auch in deren biologischem Aspekt – ein Mystiker« [78]; ja, »jeder Mensch ist primär und unausweichlich Religion« [79]. Dies alles mit »wissenschaftlich-empirischer« Berufung auf Träume, mystische Erfahrungen (Große Ftan-Erfahrung), Parapsychologisches (Psi-Phänomene), deren möglicher Projektionscharakter indessen nicht kritisch in Betracht gezogen wird [80]!

Gebraucht man die Worte »Grundvertrauen« (»Urvertrauen«) einerseits und »Glaube« andererseits nicht im strikten Sinne, ist eine Klärung dieser komplexen und schon so lange anstehenden Problematik beinahe unmöglich. Wir bezeichnen deshalb das Grundvertrauen bewußt nie als Glauben, sondern reservieren dieses Wort dem Glauben im strengen Sinn: dem religiösen Glauben, dem Glauben an Gott oder Göttliches, und dann in besonderer Weise dem biblischen Gottesglauben. Wie läßt sich unter dieser Voraussetzung das Verhältnis von Grundvertrauen und (religiösem) Glauben näher beschreiben?

Hören wir zuerst nochmals den Psychologen: »Für ihn ist entscheidend, ob auf seinem Beobachtungsfeld Religion und Tradition lebendige psychologische Kräfte darstellen und jene Art von Vertrauen und Glauben schaffen, die sich in der Persönlichkeit der Eltern ausdrückt und das Grundvertrauen des Kindes, die Verläßlichkeit der Welt stärkt [81].« Auch diese Terminologie Eriksons ist unexakt. Trotzdem hilft es weiter, wenn er *drei Möglichkeiten* des Verhältnisses von Grundvertrauen und Glauben unterscheidet:

Möglichkeit I: Es gibt ein *Grundvertrauen aus religiösem Glauben*: »Der Psychopathologe kann nicht umhin zu beobachten, daß es Millionen von Menschen gibt, die ohne Religion nicht leben können; diejenigen, die sich rühmen, keine zu haben, kommen ihm oft vor wie Kinder, die im Dunkeln singen[82].«

Möglichkeit II: Es gibt ein *Grundvertrauen ohne religiösen Glauben*: »Andererseits gibt es ohne Zweifel auch Millionen, die ihren Glauben aus anderen Quellen als den religiösen Glaubenssätzen schöpfen, z. B. aus der Kameradschaftlichkeit, aus produktiver Arbeit, sozialer Tätigkeit, wissenschaftlicher Forschung und künstlerischem Schaffen[83].«

Möglichkeit III: Es gibt einen *religiösen Glauben ohne Grundvertrauen*: »Und schließlich gibt es Millionen, die sich als gläubig bezeichnen, in Wirklichkeit aber dem Leben wie den Menschen mißtrauen[84].«

An sich *kann Religion dem Grundvertrauen durchaus förderlich sein*: »Man könnte Spekulationen darüber anstellen, daß die Religion Jahrhundert für Jahrhundert dazu gedient hat, in regelmäßigen Intervallen ein im Glauben verankertes Vertrauensgefühl wiederaufzurichten, während sie zugleich der Ahnung des Bösen in der Welt, das sie zu bannen versprach, eine greifbare Form verlieh. Alle Religionen haben die periodische kindhafte Hingabe an einen großen Versorger (oder mehrere Versorger) gemeinsam, der irdisches Glück und seelisches Heil verleiht. Sie demonstrieren die Kleinheit und Abhängigkeit des Menschen in den Gesten der Erniedrigung und Unterwerfung; rufen in Gebet und Lied zum Bekenntnis von Missetaten, bösen Gedanken und Absichten auf. Sie verlangen das Geständnis der inneren Spaltung und den Hilferuf nach innerer Einheit durch göttliche Führung; das Bedürfnis nach deutlicheren Umrissen und Schranken des Selbsts, und schließlich die Einsicht, daß das Vertrauen des Einzelnen zum gemeinsamen Glauben aller, das Mißtrauen des Einzelnen zum gemeinsam erkannten Bösen werden muß. Das Bedürfnis des Einzelnen aber nach seelischer Wiederherstellung muß zur rituellen Praxis der vielen und zu einem Merkmal der Vertrauenswürdigkeit in der Gemeinschaft werden[85].«

Eriksons Schlußfolgerung: »Wer also behauptet, religiös zu sein, muß aus seiner Religion einen Glauben ableiten können, den er dem Kleinkind in Gestalt des Grundvertrauens weitergeben kann. Wer behauptet, keine Religion zu besitzen, muß dieses Grundgefühl aus anderen Quellen schöpfen[86].«

Über diese psychologische Erklärung hinaus müssen wir später zu einer grundsätzlichen Klärung des Verhältnisses von Grundvertrauen und Glauben kommen. Doch dafür müssen wir zuerst genauer wissen, was Glauben ist.

Das bleibende Grundrätsel der Wirklichkeit

Im Grundvertrauen kann der Mensch in der fraglichen Wirklichkeit Fuß fassen und zur Grundgewißheit kommen, aber keine endgültige Sicherheit erlangen. Die Grundentscheidung kann, so sahen wir, nicht ein für allemal, sondern sie muß *in jeder Situation neu vollzogen werden*. Diese Betonung der Entscheidung, der decisio, meint freilich keinen verkrampften Dezisionismus[87]: Nicht jede »Lage« des Menschen ist schon im strengen Sinn »Situation«; Situation ist eine kritische Lage, eine Lage, die eine »Krisis« oder »Entscheidung« herausfordert. Doch unser Leben, glücklicherweise, besteht nicht nur aus Krisen, sondern auch aus dem normalen Ablauf der Tage nach bestimmten Gewohnheiten und Plänen, tragenden Überzeugungen und Beziehungen (Beruf, Partnerschaft, Freundschaft, Ehe), wo oft mehr Geduld und Gelassenheit als ständig neue Entscheidungen am Platze sind. Die Entscheidung darf also nicht formalisiert und verabsolutiert werden: kein Pathos der Entscheidung für nackte Entschiedenheit (Heidegger), keine Forderung nach permanenter Entscheidung als der Hochform menschlicher Existenz, woraus erfahrungsgemäß allzu leicht Aktivismus, Irrationalismus, Heroismus, ja existentialistisches oder politisches Abenteurertum folgen. Mit Recht fordert O. F. Bollnow gegenüber solchem verkrampftem Entscheidungsirrationalismus eine Entschlossenheit ohne Verschlossenheit und eine Berücksichtigung auch der »Gegentugenden« – Gelassenheit, Verfügbarkeit, Getrostheit, Dankbarkeit, Geduld und Hoffnung –, um auf diese Weise eine »neue Geborgenheit« zu finden.

Aber: bleiben nicht auch diese Begriffe ambivalent, auch diese »Gegentugenden« problematisch? Wird nicht Getrostheit leicht zur Vertröstung? Wird »Verfügbarkeit« (»disponibilité«, G. Marcel), dieses Sichoffenhalten für alle Möglichkeiten der Zukunft, nicht allzu leicht zur Unentschlossenheit hier und jetzt? Ist es so einfach, im Blick auf die Vergangenheit Dankbarkeit zu üben, wenn man nicht weiß, woher man eigentlich kommt? Und könnte es nicht zu viel verlangt sein, im Blick auf die Gegenwart Geduld (mit sich selbst, der Arbeit, den Menschen, den Dingen, der Wirklichkeit überhaupt) zu üben, wenn man nicht weiß, wo man eigentlich steht? Und kann man schließlich ernsthaft Hoffnung haben im Blick auf die Zukunft, wenn man keine Ahnung hat, wohin man schließlich geht? Wie dieses Leben ertragen, wenn man sich von niemandem getragen fühlt? Wie Trost finden, wenn das Leben trostlos ist: der Belanglosigkeit, Auswechselbarkeit, Namenlosigkeit zutreibend? Die Geborgenheit, die das Grundvertrauen schenkt, erscheint im Blick auf die Wirklichkeit, wie sie ist, doch zutiefst problematisch und bedroht: geht es nur um ein »nicht weiter begründbares Geborgenheitsgefühl«[88]?

Und ist nicht auch unser autonomes menschliches Handeln problematisch? Sind nicht gerade unsere elementaren Normen vieldeutig? Ist nicht auch, was »menschlich« und »human« ist, was menschlich »geht«, ambivalent? Kann optimale Entfaltung des Menschen nicht höchst verschieden verstanden werden? Und kann »der Mensch«, das Menschsein, das Menschliche überhaupt einen unbedingten Anspruch erheben? Warum im Namen des Menschen kategorische Forderungen? Warum in einer bestimmten Situation ein unbedingtes Sollen? Angesichts der Problematik aller Normen und angesichts der riesenhaft angewachsenen Verantwortung des Menschen stellt sich wie vielleicht noch nie zuvor die Frage nach letzter Fundierung und Normierung menschlichen Handelns. Gerade unter Voraussetzung der diffizilen empirischen und technischen Probleme stellt sich die Frage: Woher überhaupt die in allen individuellen und sozialen Planungen, Steuerungen, Gestaltungen und Unternehmungen vorausgesetzte Rationalität der Wirklichkeit und den immer wieder gefragten Sinn des Ganzen begründen?

Man muß es schon deutlich sehen: Das Grundvertrauen zur Identität, Sinnhaftigkeit und Werthaftigkeit der Wirklichkeit, welches Voraussetzung ist für menschliche Wissenschaft und autonome Ethik, ist nur dann letztlich begründet, wenn die Wirklichkeit selbst, zu der auch der Mensch gehört, nicht grundlos, haltlos und ziellos bleibt.

Läßt sich nun übersehen, was dem Nihilismus erneut zugegeben werden muß: Auch wenn ich die Wirklichkeit in ihrer Fraglichkeit vertrauensvoll bejahe, mich positiv zu ihr stelle, *verliert* sie deshalb doch *nicht ihre Fraglichkeit*: die Welt erscheint meist mehr als »zerbrochene« denn als »heile« Welt; der Mensch als ein gar nicht rationales »monstre incompréhensible« (Pascal); die Vergangenheit vergangen, die Gegenwart vergänglich, die Zukunft unzugänglich und so die Wirklichkeit im Ganzen doch mehr Schein als Sein. Und wenn sich auch die fragliche Wirklichkeit dem Vertrauenden durchaus in ihrer grundlegenden Identität, Sinnhaftigkeit und Werthaftigkeit zu zeigen vermag, so erscheint sie so doch nur faktisch, letztlich aber nicht begründet: Sind die im Akt des Grundvertrauens erfahrene Identität, Sinnhaftigkeit und Werthaftigkeit wirklich von Dauer? Oder obsiegen schließlich doch noch Chaos, Absurdität, Illusion, das Kranke, Böse, Tödliche? Wer wird am Ende lachen? Ist also – wovon wir in unseren Darlegungen ausgegangen sind – die Ungewißheit und Unsicherheit, Verlassenheit und Ungeborgenheit, Verfallenheit und Bedrohtheit meines eigenen Daseins definitiv überwunden? Oder habe ich Schicksal und Tod, Leere und Sinnlosigkeit, Schuld und Selbstverwerfung vielleicht doch nicht letztlich hinter mir? Ist also das Sein von Welt und Ich wirklich beständig und verläßlich? Hat das Ganze Bestand? Ist die Wirklichkeit nicht bodenlos, hängt sie nicht gleichsam in der Luft? Woraus und woraufhin leben wir? Ein »Lauf der Dinge« ohne Grund, Halt und Ziel?

- *Die fragliche* Wirklichkeit von Welt und Ich begründet *zwar Vertrauen*,

insofern ihr Sein wirklich ist. Aber: sie selber erscheint unbegründet, *insofern ihr Sein fraglich bleibt. – So erscheint denn die Wirklichkeit als Rätsel:*
gründend, aber aus sich selbst grundlos;
tragend, aber in sich selbst haltlos;
wegweisend, aber für sich selbst ziellos.

- *Die fragliche Wirklichkeit von Welt und Ich erscheint als* reine Faktizität, *die nach Erklärung ruft: Das rätselhafte Faktum, daß ich da bin, Dinge, Menschen da sind, die Welt da ist, daß überhaupt etwas ist – das ist das* Grundrätsel *der Wirklichkeit.*

Was bedeutet das – so fragen wir am Schluß dieses großen Abschnittes über das Ja zur Wirklichkeit als Alternative zum Nihilismus – für den Nihilismus selbst? Zweierlei:

- *Der Nihilismus ist durch das Grundvertrauen zwar* faktisch überwunden: *Das Grundvertrauen ist durch die Wirklichkeit begründet; und mit der Wirklichkeit in ihrer Fraglichkeit* kann *der Mensch im Grundvertrauen leben und handeln.*
- *Aber der Nihilismus ist trotz des Grundvertrauens* nicht grundsätzlich überwunden: *Die Wirklichkeit, die Grundvertrauen begründet, erscheint selbst unbegründet; und mit der Fraglichkeit der Wirklichkeit* muß *der Mensch auch in seinem Grundvertrauen leben und handeln.*

Die rätselhafte Faktizität, die Grundlosigkeit, Haltlosigkeit und Ziellosigkeit der Welt und insbesondere die meines eigenen Daseins läßt immer wieder neu die Frage nach der möglichen Unwirklichkeit der Wirklichkeit, nach der Nichtigkeit des Seienden aufbrechen. Und Sein oder Nichtsein – das *bleibt* dann trotz des Grundvertrauens die Frage. Gibt es denn keine Lösung dieses Grundrätsels der Wirklichkeit, welches sich für den Menschen als ständig verborgen präsent und in heiklen Situationen des Lebens als gefährlich virulent erweist?

F. JA ZU GOTT – ALTERNATIVE ZUM ATHEISMUS

»Wenn ich jetzt sterben müßte, würde ich sagen: ›Das war alles?‹ – Und: ›Ich habe es nicht so richtig verstanden.‹ Und: ›Es war ein bißchen laut.‹« So der jüdische Berliner Schriftsteller Kurt Tucholsky (1935 aus Verzweiflung über die Erfolge der Nationalsozialisten freiwillig aus dem Leben geschieden[1]).

Denken nicht viele so? Ihr Leben bleibt ihnen, wenn sie so ehrlich sind wie Tucholsky, etwas Unverstandenes, ein Rätsel. Ist an dieses Grundrätsel heranzukommen? Wir wollen es versuchen.

I. Der mehrdimensionale Mensch

Das Grundrätsel des menschlichen Lebens dürfte kaum zu lösen sein, wenn man die zentrale Frage, die Gottesfrage, nicht zu Gesicht bekommt. Kann die moderne Wissenschaft allein hier weiterhelfen? »Eins möchte ich den Theologen sagen, etwas, das sie wissen und die anderen wissen sollten: Sie bewahren die einzige Wahrheit, die tiefer reicht als die Wahrheit der Wissenschaft, auf der das Atomzeitalter beruht. Sie bewahren ein Wissen vom Wesen des Menschen, das tiefer wurzelt als die Rationalität der Neuzeit. Der Augenblick kommt immer unweigerlich, in dem man, wenn das Planen scheitert, nach dieser Wahrheit fragt und fragen wird! Die heutige bürgerliche Stellung der Kirche ist kein Beweis dafür, daß die Menschen nach der christlichen Wahrheit wirklich fragen. Überzeugen wird diese Wahrheit, wo sie gelebt wird.« Das sagt der Atomphysiker und Philosoph Carl Friedrich von Weizsäcker an die Adresse der Theologen[2]. Ist dieser Augenblick heute gekommen?

1. *Transzendenz?*

Es ist erstaunlich, welchen Verlauf die Entwicklung in Wissenschaft und Technik, Wirtschaft, Politik und Kultur im letzten Vierteljahrhundert genommen hat. Diese Entwicklung ist hier nicht nachzuzeichnen, aber ein kurzes Einhalten kann doch von Nutzen sein.

Rückblick und Ausblick

Soll »Religion« nicht einfach vom Himmel fallen, wird man bei den Fragen und Hoffnungen des heutigen Menschen einsetzen müssen. Deswegen begann das Buch »Christ sein« 1974 nicht mit einer Gottes- oder Christuslehre, sondern mit einer Analyse der beiden, die letzten Jahrzehnte beherrschenden, *Großideologien*: der *technologischen Evolution* und der *politisch-sozialen Revolution.* Viel konnte nach beiden Seiten hin zugegeben werden: einerseits der enorme Fortschritt der modernen Wissenschaft und Technologie; andererseits das nicht geringe humanistische Potential, das auch in einer sozialrevolutionären Ideologie wie dem Marxismus steckt. Aber: Schon damals mußte die Ambivalenz dieser beiden Ideologien gesehen werden. Unsere These im einen wie im anderen Fall: Erschüttert scheint heute die Ideologie einer von selbst zur Humanität führenden technologischen Evolution. Erschüttert auch die Ideologie einer von selbst zur Humanität führenden politischen Revolution.

Diese These ist weder damals bestritten worden, noch wurde sie durch die seitherige Entwicklung in Gesellschaft und Politik widerlegt: Die Zeichen der Erschütterung im Wirtschaftlichen sind deutlicher geworden, die Krise im Politischen hat noch schärfere Konturen erhalten. Und vieles, was man damals nur ahnen konnte, ist heute zur Gewißheit geworden, und dies auch dem weiteren Publikum: das Ausmaß der Inflation und der Währungsprobleme, der Arbeitslosigkeit und der Zukunftsangst, der Rohstoffverknappung und der Energielücke, der atomaren Gefährdung und der allseitigen Umweltbedrohung, der Überbevölkerung und des Hungers, der Armut und der Unterdrückung der Menschenrechte ... der Nord-Süd-Konflikt, der Kampf um Afrika, die ungeklärte Lage im Nahen und Fernen Osten, die Aufrüstung des Ostblocks, die Militärdiktaturen in Südamerika, die unstabilen Demokratien in Westeuropa ... Zweifellos sind demokratische Entwicklungen wie etwa in Spanien, Portugal, Griechenland positiv zu vermerken. Aber sie können das im Ganzen beängstigende Gesamtbild kaum entscheidend verändern.

Und trotzdem wollen wir die damals ebenfalls ausgedrückte *Hoffnung nicht aufgeben.* Um es nochmals deutlich nach beiden Seiten hin zu sagen:

1. *Aufzugeben* ist nur der technologische *Fortschritt als Ideologie,* die, von Interessen gesteuert, die wahre Wirklichkeit der Welt verkennt und pseudorational Illusionen von Machbarkeit erweckt: Das Bemühen um Wissenschaft und Technologie und damit um menschlichen Fortschritt hat weiterzugehen. Aufzugeben ist nur der *Wissenschaftsglaube* als *Totalerklärung der Wirklichkeit* (»Weltanschauung«), die *Technokratie* als allesheilende *Ersatzreligion*!

Nicht aufzugeben ist also die *Hoffnung auf eine meta-technologische Gesellschaft,* eine neue Synthese von gebändigtem technischem Fortschritt und einem von den Fortschrittszwängen befreiten menschlichen Dasein: eine menschlichere Arbeitsweise, mehr Nähe zur Natur, ein ausgeglicheneres soziales Gefüge und die Befriedigung auch der nichtmateriellen Bedürfnisse, jener menschlichen Werte also, die das Leben erst lebenswert machen und sich doch nicht in Geldwert quantifizieren lassen!

2. *Aufzugeben* ist nur die politisch-soziale *Revolution als Ideologie,* die mit Gewalt den gesellschaftlichen Umsturz betreibt und ein neues System der Herrschaft von Menschen über Menschen aufrichtet. Das Bemü-

hen um eine grundlegende Änderung der Gesellschaft hat weiterzugehen. Aufzugeben ist nur der *Marxismus* als *Totalerklärung der Wirklichkeit* (»Weltanschauung«), die *Revolution* als allesheilende *Ersatzreligion*!

Nicht aufzugeben ist also die *Hoffnung auf eine meta-revolutionäre Gesellschaft* jenseits von Stagnation und Revolution, unkritischer Hinnahme des Gegebenen und totaler Kritik am Bestehenden! Also die Hoffnung auf ein wirklich befriedetes Dasein, auf eine bessere Gesellschaft, auf ein Reich von Freiheit, Gleichheit und Glück, einen Sinn im eigenen Leben und einen Sinn in der Geschichte der Menschheit!

Es braucht nicht daran erinnert zu werden: Es gibt zahlreiche Technokraten, die Wissenschaft und Technologie keineswegs zu ihrer Religion machen. Und es gibt auch immer mehr Marxisten im Westen und selbst im Osten, die den Marxismus nicht zu ihrer Religion machen. Je länger desto deutlicher zeigt sich: Die Totalverwerfung *oder* Totalannahme der technologischen Evolution, aber auch die Totalverwerfung *oder* Totalannahme der politisch-sozialen Revolution sind falsche Alternativen! Ruft nicht auch die Entwicklung der Gesellschaft im Westen und Osten nach einer neuen Synthese? Läßt sich in einer ferneren Zukunft nicht vielleicht doch beides verbinden: die Sehnsucht eines politisch-revolutionären Humanismus nach einer grundlegenden Änderung der Verhältnisse, nach einer besseren, gerechteren Welt, einem wirklich guten Leben – und zugleich die Forderungen eines technologisch-evolutiven Humanismus nach konkreter Realisierbarkeit, nach Vermeidung von Terror, nach einer problemoffenen pluralistischen Freiheitsordnung, die niemand zu einem Glauben zwingt? Ein befreiendes Über-Schreiten (»trans-scendere«), das dem »eindimensionalen Menschen« (H. Marcuse[3]), dem echte Alternativen fehlen, in Theorie und Praxis eine reale Alternative – und nicht nur eine rückwärtsgewandte Nostalgie oder einen oberflächlichen Reformismus[4] – ermöglicht?

Der transzendierende Mensch: Ernst Bloch

»Ich bin, aber ich habe mich nicht, darum werden wir erst«[5], so beginnt die »Tübinger Einleitung in die Philosophie« des marxistischen Philosophen *Ernst Bloch* (1885–1977), gehalten im Wintersemester 1961/62, als Bloch nach dem Berliner Mauerbau von einem Aufenthalt in Westdeutschland nicht mehr nach Leipzig zurückgekehrt war und sich in Tübingen niedergelassen hatte.

Transzendieren des Menschen ist das große Thema des Blochschen Denkens: Überschreiten von Grenzen, Übersteigen von Schranken, Philosophie des Noch-Nicht, entfaltet in einem ungemein reichen, von Einfällen, Ideen, Gedanken, Bildern, Metaphern, Geschichten, Anspielungen überquellenden Werk, das Expressivität der Sprache mit streng philosophischen Gedankengängen zusammenzubringen versteht und Naturgeschichte von Mensch und Kosmos genau so einzubeziehen vermag wie die große Tradition der Philosophie, Literatur, Kunst, Musik und Religion.

Beim Menschen setzt Blochsches Denken an. Lebenssituationen in all ihrer Komplexität und Differenziertheit werden ausgeleuchtet, nach Unabgegoltenem, Uneingelöstem, Noch-Nicht-Fertigem, Halbgarem. Schon die Kindheit wird miteinbezogen: die Wünsche des Kindes, die Träume, Sehnsüchte, Hoffnungen. Jedes Menschenleben erscheint in dieser Betrachtung unfertig, unvollendet und – zum Unterschied vom Tier – nie völlig erfüllt. Der Mensch hat nicht genug, will mehr haben: das ist der ganz und gar elementare Ausgangspunkt dieses Denkens. Der Mensch ist so für Bloch primär ein Mangelwesen, das sich aber in der Überwindung des Mangels ständig selbst überschreitet. Schon das neugeborene Kind drängt ja zur Mutterbrust, um dem Mangel abzuhelfen: »Daß man entbehrt, dies also geht zuerst auf. Alle anderen Triebe haben im Hunger ihren Grund; jeder Trieb treibt von hierher um und umher, sich an ihm gemäßen Was und Etwas außer ihm zu stillen. Was bedeutet: Alles, was lebt, muß auf etwas aus sein oder muß sich bewegen und zu etwas unterwegs sein, die unruhige Leere sättigt draußen ihr Bedürfnis, das von ihr kommt[6].«

Der Trieb also ist es, der den Menschen vorantreibt. Aber auch die Not. Not macht erfinderisch und lehrte, wie Bloch meint, den Menschen zuerst das Denken: Werkzeuge herstellen, Feuer schlagen, Hütten bauen. Doch dabei blieb das Denken nicht stehen. Es gibt im Alltag vieles, woran sich das Staunen entzündet. Wie schon für Platon, so steht auch für Bloch das Staunen am Anfang aller Philosophie, das Staunen, das zum Nachdenken führt. Staunen aber ist Ausdruck des Nicht-Wissens, des Noch-Nicht. So führen Trieb, Not und Staunen des Menschen über das bloße Daß-Sein hinaus und offenbaren so seine ursprüngliche Offenheit. Schon zu den ersten Erfahrungen des Menschen gehört also nach Bloch das Nicht. Der Mensch ist nicht so, wie er sein könnte: das ist eine Grunderfahrung. Doch dieses Nicht ist nichts Endgültiges, es ist das Noch-Nicht, das eingelöst werden kann, wenn der Mensch tätig daran mitwirkt.

»Wer sind wir? Wo kommen wir her? Wohin gehen wir? Was erwarten wir? Was erwartet uns?« Mit diesen allgemein menschlichen Fragen hatte Ernst Bloch schon sein Hauptwerk »Das Prinzip Hoffnung« begonnen, das er 1938–1947 während der Emigration in den USA geschrieben und in den 50er Jahren in Deutschland überarbeitet hatte[7]. Er gibt auf diese allgemein menschlichen Fragen auch allgemein menschliche Antworten. Schon hier hatte er deutlich gemacht: Der Mensch, als Einzelner und als Gesellschaft unabgeschlossen, ist im Denken wie im Handeln ständig neu im Überschreiten, Übersteigen, Transzendieren begriffen. Der Mensch lebt, indem er strebt, lebt zukünftig, lebt von Zukunft bestimmt. Von Tagträumen ist sein im Argen liegendes, privates wie öffentliches Dasein durchzogen, von Träumen nach einem besseren Leben. Und dieser Traum, diese Sehnsucht, dieses »Desiderium« ist nach Bloch die einzige ehrliche Eigenschaft aller Menschen, aber gerade dies ist unerforscht.

So erforscht Bloch denn – von Marx belehrt, aber in einer seltenen Breite und Tiefe des Ansatzes – das Träumen nach vorwärts, das Noch-Nicht-Bewußte, Noch-Nicht-Gewordene, also des Menschen Sehnsucht, Erwartung, Hoffnung. Grundhaltung des Menschen gegenüber der Wirklichkeit ist dabei für Bloch die »docta spes«, die geprüfte, fundierte, vermittelte, wegkundige Hoffnung, die auch die Enttäuschung als das »schöpferische Minus«[8] integrieren kann. Die »docta spes« ist aber auch das große, immer schon gegebene und beständig bleibende Prinzip der Wirklichkeit überhaupt: »Erwartung, Hoffnung, Intention auf noch ungewordene Möglichkeit: das ist nicht nur ein Grundzug des menschlichen Bewußtseins, sondern, konkret berichtigt und erfaßt, eine Grundbestimmung innerhalb der objektiven Wirklichkeit insgesamt[9].«

Und diese objektive Wirklichkeit ist für Bloch – noch ganz anders als für Teilhard und Whitehead – ein Weltprozeß, der noch offen ist und in den der Mensch schöpferisch eingreifen kann; die Welt ist ein Laboratorium, in dem das »mögliche Heil« experimentierend entworfen werden kann: »Nichts ist menschlicher als zu überschreiten, was ist. Daß Blütenträume fast selten reiften, ist lang bekannt. Die geprüfte Hoffnung weiß das besser als irgendwer; auch darin ist sie ja keine Zuversicht. Sie weiß vor allem auch, sozusagen per definitionem ihrer, daß nicht nur, wo Gefahr, auch das Rettende, sondern wo das Rettende, auch Gefahr wächst. Sie weiß, daß das Vereitelnde als Funktion des Nichts in der Welt umgeht, daß auch ein Umsonst in der objektiv-realen Möglichkeit latent ist, die Heil wie Unheil unausgemacht in sich trägt. Der Weltprozeß ist noch nirgends gewonnen, doch freilich auch: er ist noch nirgends vereitelt, und die Menschen können auf der Erde die Weichensteller seines noch nicht zum Heil, aber auch noch nicht zum Unheil entschiedenen Wegs sein. Die Welt bleibt in ihrem Insgesamt das selber höchst laborierende Laboratorium possibilis salutis[10].«

Die Welt als Laboratorium ist deshalb voll Anlage zu etwas, Tendenz auf etwas, Latenz von etwas: das *»Utopische«* im weiten, positiven, weltzugewandten Sinne (nicht nur im engeren Sinne der Staatsromane wie Thomas Mores »Utopia«, Tommaso Campanellas »Sonnenstaat«, Francis Bacons »Nova Atlantis«). Ein Ineinander von Haben und Nichthaben, wie es alle Sehnsucht und Hoffnung charakterisiert, hat nach Bloch in allen Freiheitsbewegungen der Menschheit gewirkt: schon im Exodusmotiv und in den messianischen Passagen der Bibel, in den Mythen von Prometheus und vom wiederkehrenden Goldenen Zeitalter, in Figuren wie Odysseus und Faust, Don Quichotte und Don Giovanni, in den deutschen Bauernkriegen, in der amerikanischen, französischen, russischen und deutschen Revolution. Es hat gewirkt auch in der Philosophie: in Leibnizens Begriff der Tendenz, in

Kants Postulaten des moralischen Bewußtseins, in Hegels weltgeschichtlicher Dialektik und erst recht im Marxschen Pathos des praktischen Veränderns. Nach allen Seiten unterscheidet so Bloch die Funktion der Utopie und des antizipierenden Bewußtseins: auf der Grundlage einer allgemeinen Ontologie des Noch-Nicht, im Zusammenhang der Kategorien Zukunft, Front, Novum, Heimat, im Vergleich mit Archetypen, Idealen, Ideologien. Und ganz konkret beschreibt und analysiert er Sehnsucht und Hoffnung des Menschen in allen möglichen Wunschbildern: in der Märchenwelt, in der Traumfabrik Film, im Exempel Theater, in der Reisesehnsucht, im Tanz, aber auch in den ärztlichen, sozialen, technischen, geographischen, künstlerischen Utopien, also in den Wunschbildern der Gesundheit und der Gesellschaft ohne Not, in den Wunschproblemen der Freizeit, in den geographischen Entdeckungsreisen, in den realen Luftschlössern der Architektur, in den Wunschlandschaften von Malerei, Dichtung, Oper und schließlich in den Hoffnungsbildern gegen die stärkste Nicht-Utopie, den Tod. »Zentralpunkt hier überall bleibt das Problem des Wünschenswerten schlechthin oder des *höchsten Guts* [11].«

Transzendieren ohne Transzendenz?

Der Weg zu diesem »höchsten Gut« ist und bleibt für Bloch der Sozialismus, der für ihn die Praxis der konkreten Utopie ist. Ein freilich durchaus unorthodoxer, schöpferischer Marxismus, der nichts übrig hat für die Plattitüden eines vulgärmarxistischen Atheismus. Hinter oberflächlicher Aufklärung und ihrem Nein zu dem, was mit dem Namen Gott als Verheißung der Menschheit geschenkt wurde, sieht Bloch »die allzu völlige Haltlosigkeit des Nihilismus anheben«: »der Feuermangel an jedem Wohin, Wozu, Überhaupt, Eschaton, Sinn« [12]. Anders als jener banale Reduktionsatheismus möchte Bloch – gegen die immer wieder mit der herrschenden Klasse verbündete Kirche – die positiven, revolutionierenden Impulse des Gottesglaubens aufnehmen, wie sie sich für ihn besonders in der Bibel finden, die man freilich einer spezifischen kritischen Exegese unterziehen muß, wenn man unter vielerlei Schichten, Ablagerungen, Überdeckungen das verborgen Rebellische gegen ein herrscherliches, theokratisches Gottesverständnis entdecken will. Statt Entmythologisierung fordert Bloch deshalb Enttheokratisierung der Bibel [13]! Vor allem der Mose-Impuls und der Christus-Impuls lassen sich »nach vorn« interpretieren. Das Rebellische, Prophetische, Messianische der jüdisch-christlichen Religion kann so in seinen Latenzen und Tendenzen auch für heute fruchtbar gemacht werden: für die neue sozialistische Gesellschaft, für die Nova Vita, das utopische Omega, den erfüllten Augenblick, für das Reich Gottes ohne Gott.

»Wo Hoffnung ist, ist auch Religion [14]«: Religion ist für Bloch – im Unterschied zu Feuerbach und Marx – Ausdruck der Hoffnung, besser, sie kann Ausdruck der Hoffnung sein; denn »nicht gilt ... die Umkehrung: Wo Religion ist, ist auch Hoffnung«[15]. Religion entspringt aus der unaufhebbaren Differenz zwischen dem, was ist, und dem, was noch nicht ist, zwischen Gegenwärtigem und Zukünftigem und dies sowohl hinsichtlich des Menschen wie des Kosmos. Für Bloch ist »Gott« eine Chiffre für das ungefundene, zukünftige Humanum, den noch unbekannten Menschen, genauer: das »*hypostasierte Ideal des in seiner Wirklichkeit noch ungewordenen Menschenwesens*«[16].

Damit scheint die Differenz zum Gottesglauben, welcher Herkunft auch immer, klar aufgezeigt. Was schon immer seine These war, schickt Bloch seinem Buch »Atheismus im Christentum« als Motto noch einmal ausdrücklich voraus: »*Entscheidend: Ein Transzendieren ohne Transzendenz*«.

Es gibt freilich Theologen, die der Meinung sind, Blochs Gottesreich sei nicht ohne jeden Gott. Bloch würde nur den deistischen Gott, den Gott der Heteronomie, Theokratie und Entfremdung des Menschen, den Theodizee-Götzen ablehnen. Blochs stets programmatisch vertretener Atheismus sei also im Grunde nicht wirklich gott-los, sei kein radikaler Atheismus.

Liest man Bloch indessen unvoreingenommen, so ist völlig eindeutig, daß er jeglichen Gott ablehnt. Bloch ist nicht A-theist, sondern Atheist. In einem wahrhaft radikalen Atheismus fordert er den Auszug aus Gott selbst, der für ihn tot ist samt der Religion, deren Erbe er jedoch übernehmen möchte. Ohne alle Mythifizierungen, Ideologien, Illusionen soll der schöpferische Marxismus die tiefsten Latenzen und Tendenzen der Religion mit sich vereinen im nicht mehr entfremdeten, gottlosen Humanum. »Reich Gottes«? Das ist für Bloch das gottlose sozialistische Reich der Freiheit, in welchem – so seine große Utopie – der Mensch naturalisiert und die Natur humanisiert, Mensch und Natur, Logos und Kosmos versöhnt werden: wo Gott ganz im Sinne Feuerbachs Mensch und nichts als Mensch geworden ist. So vertritt Bloch eine prometheisch-aktive, atheistisch-utopisch verstandene Menschwerdung[17].

Der Philosoph Ernst Bloch ist für den Theologen zweifellos ein höchst fruchtbarer Gesprächspartner – fruchtbarer vielleicht als die meisten anderen zeitgenössischen Philosophen. Natürlich stellen sich auch in diesem Gespräch schwerwiegende *Rückfragen*:

Ist Blochs (nirgendwo realisierte) Zukunftsutopie eines sozialistischen Reiches der Freiheit, in welchem Mensch und Natur, Logos und Kosmos versöhnt und der Mensch wirklich Mensch ist, nicht doch nur eine Wunschprojektion, die – da Gott ausfällt – schließlich allein durch die angebliche Notwendigkeit einer ursprünglich hegelisch-idealistischen, aber jetzt materialistischen Geschichtsdialektik garantiert wird[18]?

Bleibt nicht in allen Zukunftsutopien der Mensch selber – als Individuum und Gesellschaft – das Problem, weil er mit allem in der Welt, nur nicht mit sich selber fertigzuwerden scheint? Genügt es schon, sich von allen kirchlichen und theologischen Dominanzen zu emanzipieren und die Lebensplanung und Handlungsnormierung autonom-innerweltlich statt religiös zu fundieren, um damit die Menschlichkeit des Menschen zu retten? Hat nicht gerade die neueste Geschichte deutlichgemacht, daß jegliches lineare und womöglich revolutionäre Transzendieren aus der Eindimensionalität unseres modernen Daseins nicht hinausführt? Wird der Mensch nicht immer wieder gerade von den Kräften und Mächten und ihren Mechanismen schließlich abhängig, die er in seiner Mündigkeit und Autonomie entbunden hat?

Kann also individuelles und gesellschaftliches Transzendieren ohne wahre Transzendenz überhaupt zum Ziel kommen? Und ruft Blochs Frage nach dem Wozu und Wohin nicht auch die Frage nach dem Woher und Warum hervor, die seine materialistische Dialektik in keiner Weise ausreichend zu beantworten vermag? Und warum sollte Gott schließlich nicht, wenn er sich in bürgerlicher Gestalt überlebt hat, in einem neuen Zeitalter in neuer Gestalt sich manifestieren können[19]?

Aber wir wollen dies nicht weiterverfolgen. Die entscheidenden Antworten sind ja schon im Kapitel über den Atheismus und besonders in den Abschnitten über Feuerbach und Marx gegeben worden[20]. Auch Blochs Atheismus gründet – bei aller Differenz – letztlich auf der nicht bewiesenen und auch nicht beweisbaren Projektionstheorie Feuerbachs, der gesellschaftlichen Entfremdungsthese von Marx und auf der von beiden vertretenen, aber bisher in keiner Weise in Erfüllung gegangenen geschichtsphilosophischen These von der Auflösung der Religion in einen atheistischen Humanismus. Und ironisch genug: Schaut man auf die Wirkungsgeschichte Blochs, so ist aus der »Religion im Erbe« Blochs praktisch weithin ein Bloch im »Erbe der Religion« geworden. Das heißt: Gerade die Religion hat durch Bloch neue schöpferische Impulse erhalten, wie das am frühesten und gründlichsten der evangelische Theologe Jürgen Moltmann in seiner »Theologie der Hoffnung« sichtbar gemacht hat. Religion ist nicht zuletzt deshalb weiter davon entfernt abzusterben als zur Zeit von Feuerbach und Marx.

Was bleibt? Wo haben Blochsche Hoffnungsphilosophie und christliche Hoffnungstheologie ihren gemeinsamen Boden, von dem aus freilich weitergegangen werden muß? Dies läßt sich sagen:

- *Der Mensch ist unruhig, unfertig, nicht völlig erfüllt.*
  Er ist nicht der, der er sein könnte.
  Der Mensch – ein Wesen des Mangels.
- *Der Mensch ist deshalb immer neu unterwegs, weiterverlangend und weitererkennend, sich ausstreckend nach Anderem, Neuem.*
  Er ist der, der sich ständig überschreitet.
  Der Mensch – ein Wesen der Erwartung, Hoffnung, Sehnsucht.

- *Wo immer unmenschliche gesellschaftliche Verhältnisse, politische Unterdrückung, wirtschaftliche Ausbeutung, soziale Diskriminierung und Verletzung der elementaren Menschenrechte das Streben des Menschen über sich hinaus verhindern, da wird der Mensch um die Verwirklichung seines Menschseins gebracht und zum Untermenschen oder Roboter erniedrigt.*
- *Wo immer endliche, innerweltliche Größen – früher »die Nation«, »das Volk«, »die Rasse«, gar »die Kirche«, jetzt »die Arbeiterklasse«, »die Partei« oder »das wahre Bewußtsein« einer intellektuellen Elite – verabsolutiert und für die endgültige Emanzipation gehalten werden, kommt es nicht zur wahren Befreiung des Menschen, sondern zur totalitären Herrschaft von Menschen über Menschen und damit zu neuem Mißtrauen und Haß, neuen Ängsten und Leiden unter Einzelnen, Gruppen, Völkern, Rassen und Klassen: also keine bessere Gesellschaft, Gerechtigkeit für alle, Freiheit für den Einzelnen, wahre Liebe.*
- *Auf der Ebene des Linearen, Horizontalen, rein Menschlichen allein scheint kein wahrhafter qualitativer Überstieg in eine wirklich andere Dimension möglich zu sein: ohne echte Transzendenz auch kein echtes Transzendieren.*
- *Für den ständig weiter denkenden und handelnden Menschen, für die Menschheit insgesamt stellt sich gerade im Hinblick auf die Verbesserung der gesellschaftlichen Zustände die Frage nach dem großen Wozu und Wohin, aber auch Woher und Warum, nach einem letzten Sinn, höchsten Wert, ersten Grund.*

Zweifellos wird man nicht übersehen dürfen: Der Mensch als unruhiges, mangelhaftes und sich deshalb transzendierendes Wesen ist keine spezifisch marxistische, gar Blochsche Einsicht. Sie ist, wie gerade Bloch selber mit zahllosen Hinweisen deutlichmacht, eine alte jüdisch-griechisch-christliche Weisheit, vom Marxisten Bloch jedoch im Hinblick auf die unwürdigen menschlichen Verhältnisse neu entdeckt, originell durchdacht, gesellschaftskritisch geschärft und auf praktische Veränderung hin zugespitzt. Unsere Frage ist: Muß sie in dieser sozialkritischen Zuspitzung notwendig atheistisch bleiben, oder macht sich nicht gerade in dieser Zuspitzung eine Sehnsucht nach einem ganz Anderen geltend?

2. *Die andere Dimension*

Ähnlich wie Bloch, wenn auch mit vielen Unterschieden, aber jedenfalls anders als manche Vertreter der traditionellen Soziologie, haben gerade die uns bereits bekannten Vertreter der »Frankfurter Schule«, vor allem Theodor W. Adorno und Max Horkheimer, immer wieder neu auf der Basis ihrer »Kritischen Theorie« von den gesellschaftlichen Widersprüchen her Unrecht angeprangert. Auch sie waren von Anfang an höchst empfindlich für alles unabwendbare Leiden, das sich nicht einfach begrifflich fassen und aufheben läßt (»negative Dialektik«): für Unglück, Schmerz, Alter, Tod des Einzelnen, für das drohende Eschaton der Langeweile in einer total verwalteten Welt[21].

Schon lange vor der Ernüchterung durch die gescheiterten Studentenrevolten[22] hatte insbesondere Max Horkheimer in damals freilich kaum beachteten Aussagen auf die Bedeutung einer wirklich anderen Dimension für eine Gesellschaftsphilosophie hingewiesen.

Sehnsucht nach dem ganz Anderen: Max Horkheimer

Zwar kann man über Gott nichts Positives aussagen, das Absolute nicht darstellen: so meint *Max Horkheimer* (1895–1973), dieser Vertreter einer »negativen Theologie«, der alttestamentliches Bilderverbot mit Kants Erkenntniskritik und modernem Agnostizismus zu verbinden versteht. Aber ohne den Gedanken an Gott, so betont er zugleich, gibt es keinen unbedingten Sinn, keine absolute Wahrheit, wird die Moral zur Sache von Geschmack und Laune[23]. Oder an anderer Stelle: »Einen unbedingten Sinn zu retten ohne Gott ist eitel . . . Zugleich mit Gott stirbt auch die ewige Wahrheit[24].«

Horkheimer geht aus von der dem Menschen ureigenen *Sehnsucht nach vollendeter Gerechtigkeit.* Eine Gerechtigkeit, die es aber in dieser Gesellschaft und ihrer säkularen Geschichte nicht gibt und nicht geben kann: die diese Gesellschaft und auch alle innerweltlichen Utopien transzendiert. Insofern ist es für ihn nicht unwichtig, ob es einen Gott gibt, ob ich an ihn glaube oder nicht. Es ist wichtig, weil menschliche Handlungen und Haltungen letztlich theologisch bestimmt sind. »Denken Sie daran«, sagt Horkheimer in einem Gespräch, »was wir, Adorno und ich, in der ›Dialektik der Aufklärung‹ geschrieben haben. Es heißt dort: Politik, die, sei es höchst unreflektiert, Theologie nicht in sich bewahrt, bleibt, wie geschickt sie sein mag, letzten Endes Geschäft[25].«

Das bedeutet: Nach Horkheimer geht alles, was mit *Moral* zusammenhängt, letzten Endes auf *Theologie* zurück: »Vom Standpunkt des Positivismus aus gesehen, läßt sich keine moralische Politik ableiten. Rein wissenschaftlich betrachtet, ist der Haß, bei aller sozialfunktionellen Differenz, nicht schlechter als die Liebe. Es gibt keine logisch zwingende Begründung dafür, warum ich nicht hassen soll, wenn ich mir dadurch im gesellschaftlichen Leben keine Nachteile zuziehe[26].« Ohne eine die Menschen transzendierende Instanz könnte man tatsächlich etwa im Sinne von George Orwells »1984« sagen, daß Krieg so gut oder so schlecht ist wie Frieden, Freiheit so gut oder so schlecht wie Unterdrückung: »Denn wie läßt es sich exakt begründen, daß ich, wenn es mir Spaß macht, nicht hassen soll. Der Positivismus findet keine die Menschen transzendierende Instanz, die zwischen

Hilfsbereitschaft und Profitgier, Güte und Grausamkeit, Habgier und Selbsthingabe unterschiede. Auch die Logik bleibt stumm, sie erkennt der moralischen Gesinnung keinen Vorrang zu. Alle Versuche, die Moral anstatt durch den Hinblick auf ein Jenseits auf irdische Klugheit zu begründen – selbst Kant hat dieser Neigung nicht immer widerstanden –, beruhen auf harmonistischen Illusionen[27].«

So hat denn die Religion oder zumindest das innere Gefühl, daß es einen Gott gibt, Entscheidendes zu bedeuten: gerade für die Verwirklichung einer vernünftigeren, gerechteren Gesellschaft; für eine (zumindest die Abschaffung sinnloser Grausamkeit einschließende) plausible Ordnung des Bestehenden; für den im Weltmaßstab ausgetragenen Kampf der großen ökonomischen Machtgruppen, der unter Verkümmerung so vieler guter menschlicher Anlagen, unter Aufbietung von so viel Lüge und Haß auf Kosten des Menschen geführt wird. Es gibt nun einmal »die Sehnsucht nach vollendeter Gerechtigkeit«: Aber gerade sie »kann in der säkularen Geschichte niemals verwirklicht werden«[28]. Und selbst wenn dies in Zukunft möglich wäre, so wäre das vergangene Elend nicht gutgemacht und die Not in der umgebenden Natur nicht aufgehoben.

Wie Blochs, so steht auch Horkheimers Religionsverständnis *in Kontinuität* zu dem von Marx *und* geht zugleich *über Marx hinaus*: Es steht einerseits in Kontinuität zu Marx, der von der Religion als dem »Seufzer der bedrängten Kreatur« und der »Protestation gegen das wirkliche Elend« gesprochen hatte: Auch für Horkheimer macht Religion, in der angesichts unabsehbaren Leids und Unrechts die Wünsche, Sehnsüchte und Anklagen zahlloser Menschen niedergelegt sind, dem Menschen bewußt, »daß er ein endliches Wesen ist, daß er leiden und sterben muß; daß aber über dem Leid und dem Tod die Sehnsucht steht, dieses irdische Dasein möge nicht absolut, nicht das Letzte sein«[29]. Aber andererseits bleibt: die »Sehnsucht nach dem Anderen«[30]. Und das bedeutet für eine »Theologie«: »daß die Welt Erscheinung ist, daß sie nicht die absolute Wahrheit, das Letzte ist. Theologie ist – ich drücke mich bewußt vorsichtig aus – die Hoffnung, daß es bei diesem Unrecht, durch das die Welt gekennzeichnet ist, nicht bleibe, daß das Unrecht nicht das letzte Wort sein möge ..., daß der Mörder nicht über das unschuldige Opfer triumphieren möge«[31]. Und diese Wertung der Religion mit dem Verweis auf *»das Andere«*, *»die absolute Wahrheit«*, *»das Letzte«* ist ein entscheidender Schritt über Marx und Bloch hinaus! »Daß die uns bekannte Wirklichkeit nicht die letzte Wirklichkeit ist«, steht für Horkheimer auch erkenntnistheoretisch von Kant und Schopenhauer her fest. Freilich sagt er zugleich: »Wir vermögen nicht zu bezeichnen, was das Absolute ist und worin es besteht[32].«

Ob wir nur so ex negativo vom Absoluten reden können? Das wird noch zu untersuchen sein. Wichtig in diesem unmittelbaren Zusammenhang ist jedenfalls Horkheimers Feststellung, daß auch dogmatische Atheisten wie

Schopenhauer irren, wenn sie »das Nichts als die letzte, vom Jammer dieser Welt erlösende Wirklichkeit ausgeben«[33]. Auch der Begriff des Nichts sei schließlich wie alle anderen subjektiv. Trotzdem oder eben deshalb sei *die uns umgebende Wirklichkeit nicht die letzte Wirklichkeit.* Völlig zu Recht betont Horkheimer: »Eine echte Liberalisierung der Religion hat sich auf diese Einsicht zu konzentrieren. Ihr gegenüber sind die Fragen der Änderung der Zeremonien und Gebräuche weit weniger wichtig. Die Hauptsache scheint mir die Neufassung des menschlichen Verständnisses von Gott zu sein[34].« Gott als positives Dogma, als Objekt des Wissens und Besitzes freilich trenne die Menschen. Die Sehnsucht hingegen, daß die Wirklichkeit der Welt mit all ihrem Grauen kein Letztes sei, vereine und verbinde alle Menschen, die sich mit dem Unrecht dieser Welt nicht abfinden wollen und können: »Gott wird so zum Gegenstand der menschlichen Sehnsucht und Ehrung . . . Ein so verstandener Glaube gehört unabdingbar zu dem, was wir menschliche Kultur nennen[35].«

Neufassung des menschlichen Verständnisses von Gott? Manche würden sagen: nur aufgrund eines neuen Verständnisses von Sein!?

Die Frage nach dem Sein: Martin Heidegger

Was ist der Sinn von Sein? Das ist *Martin Heideggers* (1889–1976) zentrale Frage, seit er als 18jähriger angehender Theologe von seinem väterlichen Freund aus seiner Heimatstadt Meßkirch, dem späteren Freiburger Erzbischof Conrad Gröber, die Dissertation des Philosophen Franz Brentano »Von der mannigfachen Bedeutung des Seienden nach Aristoteles« (1862)[36] erhalten hatte. Heidegger gehörte nun freilich schon immer zu den schwierigsten philosophischen Denkern – wegen seiner Problemstellungen und seiner eigenwilligen Sprache. Dennoch muß – mindestens dem philosophisch interessierten Leser – ein (äußerst gedrängtes) Kapitel über Heidegger samt theologischen Rückfragen zugemutet werden. Es fehlte sonst in unserer Antwort auf die Gottesfrage der Neuzeit eine wichtige Stimme.

Der Stein »ist«, das Tier, die Maschine, das Kunstwerk, der Mensch »ist«, Gott »ist«: was heißt hier »ist«, was heißt »sein«? Heißt Sein einfach: was »da ist«, was es in der Welt gibt, was da vorkommt, vorhanden ist – das »Seiende«? Das war die Frage, die Heidegger zu seinem frühen Hauptwerk »Sein und Zeit« (1927) führte: »Die damals nur dunkel und schwankend und hilflos sich regende Frage nach dem Einfachen des Mannigfachen im Sein *blieb* durch viele Umkippungen, Irrgänge und Ratlosigkeiten hindurch *der* unablässige Anlaß für die zwei Jahrzehnte später erschienene Abhandlung ›Sein und Zeit‹[37].«

Heidegger (für kurze Zeit Jesuitennovize) hatte unterdessen von der katholischen Theologie und damit auch von der traditionellen Metaphysik und ihrem Gott Abschied genommen. Unter dem Einfluß der Griechen, Kierkegaards, des Neukantianismus, der Lebensphilosophie und der Phänomenologie seines Freiburger Lehrers Edmund Husserl (ein Brentano-Schüler) hatte er sich dem Durchdenken einer elementareren, grundlegenden Seinslehre (»Fundamentalontologie«) zugewendet: Nicht nur wie in der traditionellen Ontologie dem Seienden gilt fortan seine Untersuchung, sondern dem *Sein selbst* als dem Grund alles Seienden.

Nach Heidegger hat man in der abendländischen Geschichte in Denken und Arbeiten nur immer wieder neu nach dem einzelnen Seienden Ausschau gehalten und dabei die entscheidende Frage vergessen: Was macht überhaupt das Seiende zum Seienden? Die Antwort: das Sein selbst, das von allem einzelnen Seienden, von Dingen und Menschen, aber auch vom Gesamt aller Seienden (= Wirklichkeit) unterschieden ist – was Heidegger mit dem Begriff der *»ontologischen Differenz«* zwischen dem Sein selbst und allem Seienden zum Ausdruck bringt. Zwar hatte auch die traditionelle Ontologie schon das Seiende im Licht des Seins bedacht. Aber das Sein selbst in seiner Differenz zu allem Seienden war nach Heidegger noch nicht wirklich gedacht worden. Gerade auch die Wissenschaften, die sich in immer größerer Spezialisierung mit abgegrenzten Seinsbereichen beschäftigen, und erst recht die Technik mit ihrem weltbeherrschenden, rechnenden Denken haben diese Frage nach dem Sein selbst nur noch mehr verdrängt und zu der Grundverfassung der Neuzeit und besonders der technischen Welt wesentlich beigetragen: der »Seinsvergessenheit«.

Wie aber soll nun das Sein, das ja selber nicht ein einzelnes Seiendes und auch nicht das Gesamt des Seienden (= Wirklichkeit) sein kann, wiederentdeckt, wirklich gedacht werden? Heideggers Antwort: Nur vom Menschen her, der in seinem eigenen Dasein schon irgendwie versteht, was Sein bedeutet, auch wenn er sich darüber keine Rechenschaft gibt. Vom Menschen her, der im Gegensatz zum Tier ein Seinsverständnis hat und es in Sprache, seinem alltäglichen Tun, seinem Umgehen mit Menschen auch auszudrükken vermag. Denn das zeichnet die besondere Seinsart des Menschen aus: Der Mensch ist eben nicht nur »da«, »vorhanden« wie ein Stein oder Baum, eine Maschine oder ein Kunstwerk. Er »existiert«. Das heißt: er entwirft sich selbst in Freiheit aus seinen Möglichkeiten heraus und verwirklicht so seine Existenz mitten in der Welt und unter den Menschen. Man darf also den Menschen nicht – wie seit Descartes in der Philosophie üblich – isolieren von Dingen und Menschen. Man muß ihn statt dessen von vornherein sehen in seinem »In-der-Welt-Sein« und in seinem »Mitsein mit Anderen«. Gerade so öffnet sich dem Menschen, seinem Verstehen, Fühlen und Erkennen die sonst verschlossene Welt. Und es gelingt ihm der Durchbruch zum wahren Verständnis des Seins, das sich ihm »offenbart«.

Darin also besteht nach Heidegger die ausgezeichnete Art des Seins des Menschen: in der *»Transzendenz« des menschlichen Daseins.* Wie Heidegger anderswo sagt: »Die Hineingehaltenheit des Daseins in das Nichts auf dem Grunde der verborgenen Angst ist das Übersteigen des Seienden im Ganzen: die Transzendenz[38].« Das heißt: Der Mensch übersteigt alles einzelne Seiende. Aber nicht etwa auf eine metaphysische Welt oder einen Gott hin, sondern *auf das Sein hin*, das den Horizont all seines Verstehens, Fühlens und Erkennens ausmacht und das ihm, wenn er alles Seiende überschreitet, zunächst negativ als Nicht-Seiendes, als Nichts erscheint. Deshalb also ist der Mensch nicht nur pur Vorhandenes, sondern »Da-sein« und »Ek-sistenz«: ein Hinaus-Stehen aus sich selbst in das Sein, das in ihm irgendwie verstanden oder »da« ist.

Es braucht hier nicht beschrieben zu werden, wie Heidegger, der während seiner Lehrtätigkeit in Marburg (1923–1928) auf den Theologen Rudolf Bultmann und seine »existenziale« Interpretation des Neuen Testaments entscheidenden Einfluß hatte, analysiert, was zum menschlichen Dasein »dazugehört«, *was die konkrete menschliche Existenz in ihren Strukturen bestimmt* (Heideggers existentiale Analytik oder Daseinsanalyse): das Befangensein des Menschen im Alltag und sein Dasein als Sorge; das Verfallensein an die Welt, an die Diktatur des anonymen, unbestimmten »Man«, die »Durchschnittlichkeit« und »Uneigentlichkeit«. Dann die Grundstimmungen des Menschen, vor allem die Grunderfahrung der Angst (Einfluß Kierkegaards!), in der der Mensch mit der Fraglichkeit alles Seienden, mit der Nichtigkeit der Welt und der Unausweichlichkeit des Todes konfrontiert wird, sein Geworfensein also in den Tod und sein Hinausgehaltensein ins mögliche Nichtsein, ja ins Nichts. Aber auch des Menschen Möglichkeit, in freier Entscheidung und todbereiter Entschlossenheit seine nichtige Existenz zu übernehmen und aus sich selber heraus zu existieren, um so zu seinem eigentlichen Selbst zu kommen.

Hier überall will Heidegger nicht nur eine psychologische Beschreibung menschlicher Lebenssituationen geben, sondern fundamentalontologisch die besondere Seinsart der menschlichen Existenz auslegen: die *Zeitlichkeit*. Der Mensch ist jeden Augenblick seines gegenwärtigen Daseins zugleich von seiner Gewesenheit wie von seiner Zukünftigkeit bestimmt, das ist die Grundstruktur des menschlichen Daseins. Diese Endlichkeit der Zeitlichkeit und damit auch das »Sein zum Tode« ist für Heidegger der verborgene Grund der Geschichtlichkeit des Menschen. Auf diese Weise ist vom menschlichen Dasein her die Frage nach dem Sein selbst zu stellen, so daß sich nicht zufällige, sondern mit jeder Existenz gegebene (»existenziale«) Strukturen der menschlichen Seinserfahrung ergeben.

Dieses Selbst- und Weltverständnis von »Sein und Zeit«, diese heroische Entschlossenheit auch im Zugehen auf den Tod, sah Heidegger – schließlich ab 1928 Philosophieprofessor in Freiburg und kurz nach der Hitlerschen Machtergreifung für knapp ein Jahr Rektor der Universität – fatalerweise anfänglich in der nationalsozialistischen Ideologie verwirklicht. Unter den

Leitbegriffen Sein, Wahrheit, Volk, Führer optierte er (als Rektor wurde er Parteigenosse!) öffentlich für Hitler und völkische Wissenschaft gegen boden- und machtloses Denken: ein freilich nach kurzer Zeit eingesehener Irrtum (jetzt Vorlesung über Logik statt Staatsphilosophie, Ablehnung des Rufs nach Berlin Herbst 1933), der aber nach dem Krieg Heidegger seinen Lehrstuhl kostete[39].

In anderer Richtung hat, wie wir sahen[40], Jean-Paul Sartre 1943 in »L'être et le néant« Heideggers Existenzanalyse zum Ausgangspunkt seiner existentialistischen Philosophie gemacht. Sartre, der vor dem Krieg in Berlin die deutsche Philosophie studiert hatte, begreift das »Wesen« des Menschen nicht nur (wie Heidegger) in der existentialen Seinsauslegung. Vielmehr geht nach ihm die Existenz der Essenz (Wesen) voraus und wird (anders als bei Heidegger) atheistisch interpretiert. Auf Sartres »L'Existentialisme est un humanisme«[41] hat Heidegger 1946 an seinen französischen Schüler Jean Beaufret eine Antwort geschrieben, die dann erweitert unter dem Titel »Über den Humanismus«[42] veröffentlicht wurde. Daraus geht klar hervor: Heidegger, der sich in späteren Jahren (Emeritierung 1951) fast ganz von der Öffentlichkeit zurückgezogen hatte und die meiste Zeit in seiner Schwarzwaldhütte bei Todtnau lebte, hielt sich von der existentialistischen, vor allem in Frankreich herrschenden Mode völlig fern; diesen ganz auf den Menschen konzentrierten *»Existentialismus« hat er nie geteilt* und sich auch nie als »Existenzphilosophen« bezeichnen wollen. Ihm ging es ja von Anfang an bei seiner Existenzanalyse weniger um das Menschsein als um das Sein überhaupt, wie ganz deutlich das Anfangskapitel von »Sein und Zeit« über den Vorrang der Seinsfrage und der Schluß über die Frage nach dem Sinn von Sein überhaupt zeigen.

Freilich wurde der angekündigte zweite Teil von »Sein und Zeit« nie veröffentlicht. Es schien Heidegger, der sich nicht nur intensiv mit den großen Philosophen von den Vorsokratikern bis Nietzsche beschäftigte, dessen philosophische Auseinandersetzung vielmehr auch Dichtern wie Hölderlin, Hebel, Rilke, George, Trakl und Benn galt, zunehmend unmöglich, vom Dasein des Menschen aus zum Sein selbst zu gelangen. Und so hat er denn in seinen späteren Schriften[43] eine *»Kehre des Denkens«* vollzogen: um nicht mehr vom Menschen her das Sein, sondern *vom Sein her den Menschen und die Welt zu denken.*

Nicht, wie auch Jaspers, Philosoph der Existenz, sondern Denker des Seins will Heidegger sein: im Dienste jetzt eines neuen Humanismus, »der die Menschheit des Menschen aus der Nähe zum Sein denkt«[44]. Der Mensch nicht nur – wie bisher – verstanden als »Herr des Seienden«, sondern vom Sein her – neu verstanden – als »Hirt des Seins«[45]. Ihm ist aufgetragen, daß er – vor allem durch eine neue Art des Denkens – »die Wahrheit des Seins hüte, damit im Lichte des Seins das Seiende als das Seiende, das es ist, erscheine«[46]. So wird deutlich, »daß nicht der Mensch das Wesentliche ist, sondern das Sein«[47]. Freilich wird der Mensch des Seins nie mächtig. Doch für seine Mitteilung, seine Offenbarkeit, seine Unverborgenheit, das heißt, für seine »Wahrheit«, ist das Sein an den Menschen gebunden, durch den es ja offenbar wird: *der Mensch* ist *der Ort der »Lichtung« des Seins.* Das menschliche Dasein wird so – existenzial-transzendentalphilosophisch verstanden – vom Sein überhaupt erst ermöglicht. Mensch und Sein sind aufeinander verwiesen.

Was steht hinter Heideggers Bemühen? Im Denken des Seins selbst geht es Heidegger programmatisch um die *Überwindung der traditionellen Metaphysik,* wie sie, ganz von Theologie bestimmt, zuletzt von Hegel repräsentiert und – nach Heideggers Befinden – selbst von Nietzsche noch nicht überwunden wurde. Warum? Für Heidegger hat Metaphysik, diese »Onto-Theo-Logie«[48], seit Platon durch die Jahrhunderte hindurch die Trennung zwischen der physisch-sinnlichen und der metaphysisch-übersinnlichen Welt aufrechterhalten. Sie hat nur das einzelne Seiende im Hinblick auf das Sein gedacht, das Sein selbst aber vergessen. Und insofern stellt sich die bisherige Seinsgeschichte als Geschichte der Seinsvergessenheit dar: *das* Verhängnis des Abendlandes.

Heidegger kann Nietzsche recht geben: Die Metaphysik selbst ist es gewesen, die den Nihilismus heraufgeführt hat[49]. Doch selbst Nietzsche bleibt – trotz seiner radikalen Negativität – im metaphysischen Schema gefangen: Sein Programm der Umwertung aller Werte ist keine Umkehrung und Überwindung aller Metaphysik, sondern nur eine neue (und wie Heidegger vermutet: letzte) Metaphysik, eine Metaphysik des »Willens zur Macht« und der »ewigen Wiederkunft des Gleichen«. Auch Nietzsche bleibt es verborgen, »inwiefern sich das Wesen des Menschen aus dem Wesen des Seins bestimmt«[50]. Nietzsche wiederholt damit den alten Fehler der Metaphysik, die nicht das Sein selbst bedenkt, sondern nur die Wahrheit des Seienden. Und auch ihm entzieht sich das Sein selbst in seiner Wahrheit. Im Nihilismus geht es nach Heidegger im Grunde gar nicht nur um Entwertung und Umwertung der Werte, sondern um das Sein selbst, mit dem es – aufgrund der Seinsvergessenheit, ja Seinsverlassenheit – nichts ist. Die *Überwindung des Nihilismus* kann nicht durch den Menschen geschehen, sondern nur *durch das Sein selbst,* das wieder neu in Erscheinung treten muß. Das Sein selbst aber bedenken, fordert eine andere Art zu denken, besinnliches (»wesentliches«) statt rechnendes Denken. Und das Sein selbst »sachlich« denken heißt, »es in der Differenz mit dem Seienden denken und dieses in der Differenz mit dem Sein«[51].

So versucht der spätere Heidegger gegen alle ältere objektivistische und auch neuzeitlich-subjektivistische Metaphysik, aber auch gegen allen Existentialismus und Nihilismus das Sein selbst zu denken, auf das alles ankommt: den »Sinn« von Sein, seine Verstehbarkeit, Offenbarkeit, Wahrheit. Und dies in einer *Sprache*, die gleichsam *aus dem Sein heraus* spricht und Sein (Wahrheit) und Geschichtlichkeit zusammendenkt (Sprache als »Haus des Seins«). Wie Walter Jens es ausdrückt: »Heidegger: Ein Artist des Denkens, der zwei Sprachen zur Verfügung hatte, um sich verständlich zu machen, das Griechisch der Vorsokratiker und das Latein der Scholastik, und der sich dann eine dritte, höchst künstliche Sprache ausdachte: ein an der Grenze von Bild und Begriff angesiedeltes Deutsch, mit dessen Hilfe er, in der Mitte von Dichtung und Theologie, ein Sein zu benennen versuchte, das nicht mehr mit einer Formel erfaßt, sondern nur noch, in immer neuen Anläufen, umschrieben und andeutungsweise evoziert werden konnte. Als ›Lichtung‹ und als ›Unverborgenes‹, als ›Zukommendes‹ und als ›einzige Sache‹[52].« Also:

Das *Sein* verstanden *als »Seinsgeschichte«*, die zugleich »Weltgeschichte« ist und die doch als ontologische Geschichte von der innerweltlichen ontischen Geschichte streng abzuheben ist.

Das *Sein* verstanden *als Macht der Geschichte*, die dem Menschen zuschickt, als was er existiert: als zeitlich, geschichtlich, vergänglich.

Das *Sein* verstanden *als Seinsgeschick*, über das der Mensch in keinem Fall verfügen kann.

Das *Sein* verstanden nicht mehr als von der Zeit Isoliertes, als statischer Zustand, sondern *als Ereignis in der Zeit*, das nicht Starrheit, Abstraktion, gar Leerformel ist, sondern geschehende, gründende, waltende, unverfügbar fügende, sich entbergende und verbergende, sich gewährende und entziehende Fülle und Lebendigkeit.

Das *Sein* in seinen verschiedenen Epochen verstanden *als das alles umgreifende und lichtende Grundgeschehnis*, das nicht von des Menschen Gnaden, sondern aus sich selbst heraus wirksam ist und seinen Sinn in sich selber trägt.

Dieses Sein offenbart sich in der Welt immer wieder neu durch das Nichts hindurch, das überall erfahren wird: Alles Seiende könnte ja auch nicht sein! So tritt das Sein verborgen-unverborgen in Erscheinung, ins Licht; und das *Nichts*, das sich überall nichtend auswirkt, erscheint doch nur als *Schleier des Seins*, als die Weise, in der das Sein dem Menschen, wenn er das Seiende überschreitet, erscheint.

Vernimmt man diese beinahe mythischen Worte und Bilder vom Sein, so ist man oft versucht zu denken: Spricht Heidegger hier nicht im Grunde von – Gott? Doch Heidegger macht in seinem Werk immer wieder deutlich: »Das ›Sein‹ – das ist nicht Gott und nicht ein Weltgrund[53].« Die Gottesfrage bleibt bei ihm bewußt ausgeklammert. Seine Philosophie will weder atheistisch noch theistisch sein. Die ganze philosophische Anstrengung hat sich vielmehr darauf zu konzentrieren, das Sein selbst im Unterschied zum einzelnen Seienden ins Denken zu bringen. Erst im Horizont dieses ins Denken gebrachten Seins kann dann auch das *Heilige* als der Wesensraum der Gottheit bedacht werden. Erst dann könnte auch *nach dem Göttlichen und nach Gott gefragt* werden, der dann jedenfalls nicht der »Gott der Philosophen«, der Gott der Metaphysik sein dürfte; denn zu ihm könne »der Mensch weder beten, noch ... ihm opfern«, vor ihm könne er »weder aus Scheu ins Knie fallen« noch »musizieren und tanzen« [54]. Mit dem Blick auf seine theologische Vergangenheit stellt Heidegger fest: »Wer die Theologie, sowohl diejenige des christlichen Glaubens als auch diejenige der Philosophie, aus gewachsener Herkunft erfahren hat, zieht es heute vor, im Bereich des Denkens von Gott zu schweigen [55].« Die Frage nach Gott könne erst dann angegangen werden, »wenn zuvor und in langer Vorbereitung das Sein selbst sich gelichtet hat und in seiner Wahrheit erfahren ist« [56]. So sei es – meint Heidegger 1962 in seinem Vortrag »Zeit und Sein« – hinsichtlich der Gottesfrage vielleicht »ratsamer, nicht erst auf die Antwort, sondern schon auf die Frage zu verzichten« [57]. Sollen also die Philosophen vor Gott schweigen und nur die Theologen reden?

Vor Gott schweigen?

Theologen sollten nicht kritiklos auf Heidegger schwören: Allzu viele haben nach dem Krieg, angelockt durch die Schalmeientöne von Existenz und Sein, auf ihrer Flöte Heideggers Melodie nachgeblasen. Und wie philosophische, so hatten sich zum Teil auch theologische Heidegger-Gläubige und -Gemeinden gebildet: der Denker des Seins in dürftiger Zeit als Hoherpriester einer tiefsinnigen Existenzialtheologie (Protestanten) und geheimer Schutzpatron eines renovierten Thomismus (Katholiken).

Aber Theologen sollten kritisch auf Heidegger hören: und dies nicht nur bezüglich der Ablehnung einer »christlichen Philosophie« – für Heidegger ein hölzernes Eisen – und der Seinsvergessenheit auch in der christlichen Theologie. So viele Theologen und erst recht Prediger führen Gottes Namen ständig im Munde und reden von Gott, als ob sie ihn im Griff hätten. Angesichts eines gedankenlosen Tradierens überkommener Gottesvorstellungen oder auch eines ebenso gedankenlosen Parlierens von Gottes Tod oder Existenz kann Heideggers Zurückhaltung, überhaupt von Gott zu reden, Gläubige wie Ungläubige vielleicht zu neuer Ehrfurcht, zu neuem Respekt vor Gott führen. Eine Rede von Gott, die nicht letztlich *aus dem Schweigen kommt und wieder ins Schweigen führt,* weiß nicht, mit wem sie es zu tun hat. Und gute Theologie – von den griechischen Vätern und Augustin über Thomas und Luther bis zu den Heutigen – hat schon immer gewußt, daß sie im Hinblick auf Gott selbst mehr Theologia negativa als positiva ist und besser zu sagen vermag, was Gott nicht ist, als was er ist. Theo-logia als Rede von Gott wird am Ende immer sprachlos werden vor der Größe des Geheimnisses, über das kein objektivierendes, gegenständliches, vorstellendes Denken verfügen kann und das nicht über sich selbst verfügen läßt.

Trotzdem: soll *die Philosophie vor Gott nur schweigen?* Es gibt Theologen – verständlicherweise aus der Tradition der »dialektischen Theologie« –, die der Philosophie gerne Schweigen auferlegen möchten und die Heideggers spröder, von der »dialektischen Theologie« mitbeeinflußter Zurückhaltung in der Gottesfrage allzu auffällig Beifall zollen. So zitiert man in Heidegger einen Zeugen, den man selbst gezeugt hat. Auf diese Weise soll der Theologie und der christlichen insbesondere ein exklusives Rederecht in Sachen Gott eingeräumt werden, das einerseits mit der angeblichen Sprachlosigkeit der Philosophie und andererseits mit dem offenbaren Gotteswort in der Schrift gerechtfertigt wird.

Aber läßt sich denn übersehen, daß die Philosophie – zweieinhalb Jahrtausende – von Gott geredet *hat?* Daß es der Theologie keineswegs nur geschadet hat, wenn sie zwar nicht exklusiv und auch nicht primär, aber doch auch auf dieses philosophische Reden von Gott gehört hat? Was wären die schon genannten großen griechischen Theologen, was wären Augustin und Thomas, was wären aber auch die Reformatoren und ihre Nachfolger ohne die griechische, aber dann auch die neuzeitliche Philosophie? Noch neuerdings hat der Philosoph Wilhelm Weischedel dem »Gott der Philosophen« eine imponierende Darstellung gewidmet und dabei die Gottesfrage »als die zentrale Problematik der Philosophie« von Thales und Anaximander bis zu Nietzsche und Heidegger aufgewiesen [58]: »Selbst da, wo die Philosophische Theologie dem Verfall ausgesetzt ist . . ., bleibt sie als das vor allem andern zu Überwindende noch von entscheidender Bedeutung. Zu Recht wird also . . . das Reden von Gott als das wesentliche Problem der Philosophie betrachtet [59].«

Wenn es für die Theologie schon nichts Denkwürdigeres gibt als Gott, warum sollte es der Philosophie von Theologen oder Philosophen benommen sein, Gott zu denken und womöglich – nach einem Zeit-Raum der Gottlosigkeit – wieder ganz neu von Gott zu reden? Welches theologisch-wissenschaftliche oder praktisch-pastorale Interesse sollte die Theologie veranlassen, der Philosophie in der Gottesfrage das Reden zu verbieten? Hängt der heute viel beklagte »Verfall« der Philosophie [60], die – in politischen und methodologischen Fragen erbittert zerstritten – sich in die verschiedenen Wissenschaften oder in Wissenschaftstheorie aufzulösen scheint, vielleicht auch damit zusammen, daß sie davon nicht mehr zu reden wagt, was jahrtausendelang ihr vornehmster »Gegenstand« war?

Gewiß, die Zeit der dualistischen Metaphysik, die Gott in eine Hinterwelt einweist oder gar beweist, ist endgültig vorbei. Aber soll nicht gerade in der einen ungeteilten Wirklichkeit »hingewiesen« werden können auf den Gott, der in der Welt ist, und auf die Welt, die in Gott ist?

Gewiß, von Gott darf nie so geredet werden, daß man ihn zum Gegenstand unseres methodischen Wissens erniedrigt, ihn gar – auf metaphysischer Stufenleiter aufsteigend – zu einem höchsten Seienden, höchsten

Wert macht, das heißt zu einem verobjektivierten, vor- und sichergestellten Gott. Aber soll es deshalb beim Anruf der entschwundenen Götter bleiben, wie Heidegger dies im Anschluß an Hölderlin höchst vieldeutig tut?

Gewiß, man kann Gott nicht wie irgendeinen Sachverhalt aus bestimmten Voraussetzungen durch Schlußketten herleiten. Aber sollte Gott nicht (ähnlich wie nach Heidegger das Sein) aufgrund von Hinweisen durch einen (freilich zu verantwortenden) *Sprung* des Denkens oder besser: des Vertrauens erreicht werden können?

Gewiß, über Gott darf man nicht reden, wie die Wissenschaft redet. Aber müßte nicht gerade deshalb nach adäquatem Reden von Gott neu gesucht werden, damit nicht überhaupt von ihm geschwiegen wird, sondern die Theologie den Glauben denkend artikuliere?

Gewiß, der Gott der Väter und Jesu Christi – der lebendige, »göttlichere« Gott des Glaubens, der Freiheit, der Geschichte, auf den sich christliche Theologie besinnen soll! –, ist ganz anders als der Gott der Philosophen, vor dem man in der Tat nicht tanzen und beten kann. Aber muß deshalb der Gott der Philosophen ein ganz anderer sein: statt wahrer Gott ein Götze?

Auf Gott warten?

»Ich bin ein christlicher Theologe«, hatte der junge Heidegger 1920 an den Philosophen Karl Löwith geschrieben[61], ein Bekenntnis, das der spätere Heidegger zweifellos nicht mehr abgelegt hätte. Heidegger hatte sich damals in einer Vorlesung »Einleitung in die Phänomenologie der Religion« (1920/21) anhand des 1. Thessalonicherbriefes intensiv mit dem urchristlichen Zeitverständnis (»Kairos«) auseinandergesetzt, was auf »Sein und Zeit« keinen geringen Einfluß haben sollte[62]: Die menschliche Existenz steht immer unter der Entscheidung! Und sein Leben lang machte Heidegger eine scharfe Unterscheidung zwischen gewordenem »Christentum«, das mit Metaphysik, und ursprünglicher »Christlichkeit«, die mit Glauben (und dem Evangelium) zu tun hat: wofür nicht die Philosophie, sondern allein die Theologie und zwar nachdrücklich einzustehen hat[63].

Die Freiburger Antrittsvorlesung Heideggers »Was ist Metaphysik?« vom 24. Juli 1929 hatte geendet mit der »*Grundfrage der Metaphysik*«, die das Nichts selbst erzwingt: »Warum ist überhaupt Seiendes und nicht vielmehr Nichts[64]?« Heidegger kann hier (in einem Nachwort aus dem Jahre 1943) sogar vom »Wunder aller Wunder« sprechen: »Einzig der Mensch unter allem Seienden erfährt, angerufen von der Stimme des Seins, das Wunder aller Wunder: *daß* Seiendes *ist*[65].« Die Grundfrage – auf die »Gunst des Seins« zielend[66] – ist eine Umformulierung der Leibnizschen Grundfrage, die aber bei Leibniz (so könnte man sagen) auf die »Gunst Gottes« zielte: »Pourquoi il y a plutôt quelque chose que rien?« (»Warum gibt es etwas und nicht vielmehr nichts?«)[67]. Aber: Lassen sich diese beiden

Grundfragen – die Frage nach dem Sein und die Frage nach Gott – schlechthin trennen? Oder der alte Satz: »Ex nihilo nihil fit« (»Aus nichts wird nichts«)! Auch ihn hat Heidegger umformuliert: »Ex nihilo omne ens qua ens fit« (»Aus dem Nichts wird alles Seiende als Seiendes«)[68]. Aber wiederum auch hier: Gehören diese beiden Sätze nicht zusammen? Erklärt das Sein, das Sein als Ereignis, als Seinsgeschichte, wirklich sich selbst?

Dies sind die entscheidenden *Fragen der Theologie an die Philosophie Heideggers*: Kann Gott nicht aus dem Wesen des Seins heraus gedacht werden? Wenn man schon Sein als Geschichte, als in stets neuer Weise sich ereignende Eröffnung der ursprünglichen Wahrheit im einzelnen Menschen versteht, wenn man schon den ursprünglichen Zusammenhang von Sein, Wahrheit und Geschichtlichkeit anerkennt: läßt sich dann im Bedenken der Seinsgeschichte die Frage nach einem göttlichen Sein so leicht abweisen? Wenn auch nach Heidegger die »grundlose« Seinsgeschichte sich uns zuschickt: läßt sich die Frage nach einer Macht, die das Sein und die Geschichte begründet, derart abweisen und unterdrücken? Wenn das Göttliche tatsächlich von vornherein nie adäquat dargestellt werden kann: läßt sich dann übersehen, daß Sein als Geschichtlichkeit, als Frage, über sich hinausweist auf ein Woraufhin der Geschichtlichkeit und ein Vonwoher und somit auf einen Urgrund als Geschehensmöglichkeit?

»Meine Philosophie ist ein Warten auf Gott«[69], soll Heidegger einmal gesagt haben. Und er bekennt noch 1953: »Ohne ... theologische Herkunft wäre ich nie auf den Weg des Denkens gelangt. Herkunft aber bleibt stets Zukunft[70].« Heidegger hoffte darauf, daß eines Tages die Nacht der Gottesfinsternis überwunden und *ein neuer Gott im Licht des Seins* erscheinen würde. Gelange nämlich der Mensch in die »Nähe zum Sein«, dann komme es zur Entscheidung, »ob und wie der Gott und die Götter sich versagen und die Nacht bleibt, ob und wie der Tag des Heiligen dämmert, ob und wie im Aufgang des Heiligen ein Erscheinen des Gottes und der Götter neu beginnen kann[71].« Worüber zu sprechen freilich nicht mehr Sache eines Philosophierens im traditionellen Sinne ist: »Das künftige Denken ist nicht mehr Philosophie ... Das Denken ist auf dem Abstieg in die Armut seines vorläufigen Wesens. Das Denken sammelt die Sprache in das einfache Sagen[72].«

So schmückt denn Heidegger, der bis in seine letzten Jahre hinein theologische Texte studierte, sogar die im katholischen Raum Anfang der siebziger Jahre ausbrechende Unfehlbarkeitsdebatte[73] aufmerksam verfolgte und – durchaus nicht selbstverständlich – ausdrücklich ein kirchliches Begräbnis wünschte[74], in dieser Zeit des Wartens das Sein selbst mit göttlichen Attributen und Metaphern: Er spricht von der Offenbarung des Seins, seinem Ausbleiben und seiner lichtend-verbergenden Ankunft; von seinem auch heute waltenden Zuspruch und Anspruch; von einem Sein, dem der Mensch gehört und auf dessen Stimme er hören soll, auch im Zeitalter von

Wissenschaft und Technik; zu dessen Wahrheit er als Wanderer auf den Weg gesetzt ist; dessen Geschichte des Menschen Geschick ausmacht. Das *Sein* also vielleicht doch – der *Schleier Gottes*?

Man kann zweifeln, ob die von der Philosophie bedachte Seinsvergessenheit (»Ausbleiben des Seins«) wirklich schlimmer – »unheimlicher . . ., weil wesender und älter« [75] – ist als die Gottverlassenheit (»Fehl Gottes«) [76]. Ob nicht Nietzsche, der »Metaphysiker«, hier vielleicht doch tiefer gesehen hat als Heidegger, sein Interpret? Und sollte es umgekehrt nach Heidegger nicht auch Sache der Theologie sein, die ja von ihm gemeinsam mit der Metaphysik der Seinsvergessenheit angeklagt wird, »an das Sein selbst zu denken« [77] und gerade so an Gott – auch wenn nicht die Seinsfrage, sondern die Gottesfrage ihre ureigenste Frage sein und bleiben muß? An Gott denken, der auch nach Thomas von Aquin nicht einfach als höchstes Seiendes und auch nicht (wie bei Spinoza) als Causa sui zu verstehen ist, wohl aber als die Wirklichkeit, deren Wesen reines Sein ist: das »durch sich subsistierende Sein selbst« [78]. An Gott denken, der – vielleicht doch auch nach Heidegger – noch verborgener ist als das Sein?

Freilich, der Frage, wie ein Weg vom endlichen Ereignis (die Ankunft des Seins im Menschen ist, trotz Offenheit des Seins ins Unbegrenzte, endlich) ins Unendliche möglich ist, werden wir uns zu stellen haben. Nach all dem, was wir über das Grundvertrauen gehört haben, ist es unwahrscheinlich, daß ein solcher Weg der reinen Vernunft gelingt. Sie hat an diesem Punkt zu warten auf eine Grunderfahrung, in der sich der Schleier hebt. Sie bleibt gehalten in der Frage, ob er sich hebt. Alles philosophisch »reine« Reden von Gott sollte seinen hypothetischen Charakter, seine überrationalen Voraussetzungen nicht verleugnen. Nach all dem, was wir schon bedacht haben, ist aber auch zu vermuten, daß die reine Vernunft sich auf ein qualifiziertes Grundvertrauen einlassen kann, aus dem heraus sie – sich selbst durchsichtiger werdend – von Gott reden kann, ohne in den Dualismus der traditionellen »Meta-Physik« zurückzufallen. Sie könnte so vielleicht eher in die Nähe jenes von Heidegger angestrebten einfachen Hörens und Sagens kommen. Sie könnte dann aus der Frage zu einer Antwort finden, in der das Ereignis des Seins als Schleier Gottes sich vielleicht nicht hebt, aber doch durchsichtig wird. Darauf weist uns Heidegger hin. Treffend sagt Ludwig Weber: »Ein Verhältnis Gottes zum Sein als Ereignis im Sinne einer Gleich-, bzw. Vorordnung kann allenfalls geglaubt werden. Wieder stellt sich die Frage, ob die Artikulierung dieses Glaubens Rückfall in die Metaphysik bedeutet. Das ist m. E. abzulehnen. Denn die Seinsfrage wird von diesem Glauben aus nicht im geringsten angerührt, sondern ist auch für den Glaubenden mit all ihren Konsequenzen zu übernehmen. Andererseits wird nichts gesagt, das das Verhältnis Gottes zum Sein bestimmt, daß das Sein nicht mehr das Sein als Ereignis sein könnte. Wohl aber ›ist‹ Gott noch verborgener als das Sein [79].«

Freilich: nicht mehr Sein oder Nichtsein ist hier die primäre Frage, nicht mehr Warten auf Sein oder Nichtsein. Wohl aber: *Warten auf Gott oder* aber Warten, vergebliches, sinnloses *Warten auf Godot* – das ist die Frage, vor die uns Heideggers Philosophie letztlich stellt, auf die einzugehen sich die Theologie alle Mühe geben sollte. Nicht einfach Schweigen sollte sie vor Gott, wohl aber ohne den Rahmen einer dualistischen Metaphysik neu von ihm reden. Dabei wird man sich auch stets der *Grenzen von Heideggers Philosophie* bewußtbleiben – schon in Erinnerung dessen, was wir von Bloch und Horkheimer zum Transzendieren und zur Transzendenz gehört haben. Und man wird von hier aus verstehen, warum das Warten Heideggers so merkwürdig neutral und blutleer blieb. Er vermochte nicht deutlich zu machen, daß dieses Warten nicht nur Denken und Dichten, sondern konkrete Lebens- und Leidenserfahrung des Menschen in Geschichte und Gesellschaft sein kann, für viele sogar ein unmenschliches Leiden, das alles Warten herausreißt aus seiner verhaltenen Neutralität. Hier liegen nach dem Urteil vieler die Grenzen von Heideggers Philosophie:

In gefährlicher Weise – und die politischen Konsequenzen sind nur zu offensichtlich geworden – sieht Heidegger ab von der *wirklichen Geschichte* der Welt und des Menschen: zugunsten einer allgemeinen Seinsgeschichte und der Geschichtlichkeit des Menschen.

In gefährlicher Weise ebenfalls – und dies wirkt sich aus in seinem Verständnis der Zukunftsbezogenheit – sieht Heidegger ab von der *wirklichen Gesellschaft*: zugunsten eines allgemeinen Mitseins mit Menschen und einer allgemeinen Seinsbezogenheit.

Doch seien diese Grenzen der philosophischen Diskussion überlassen. Für uns ist die Gottesfrage entscheidend. Und gerade die Frage nach dem Gott, der verborgener ist als Sein, die Frage nach dem »Göttlicheren Gott«[80], läßt uns die Frage nach seiner Existenz in neuer Weise stellen. Existiert Gott? Ja, ist das Wort »Gott« überhaupt ein sinnvolles Wort? Das ist die Problematik, wie sie sich in der Analytischen Philosophie stellt, die ja auch in Deutschland die Heideggersche Philosophie weithin abgelöst hat.

»Gott« – ein sinnvolles Wort: Ludwig Wittgenstein

Es mag nach allem Gehörten nicht allein Theologen ein wenig merkwürdig vorkommen, wenn bis in unsere Tage hinein in bestimmten philosophischen Schulen, besonders in der Analytischen Philosophie oder der Sprachanalyse, mit viel Aufwand an Gelehrsamkeit darüber diskutiert wird, nicht etwa, ob Gott existiert oder nicht existiert, sondern ob das Wort »Gott« überhaupt ein sinnvolles oder sinnloses Wort sei. Wie ist das möglich, nachdem größte Geister der Menschheitsgeschichte sich ein Leben lang gerade mit Gott auseinandergesetzt, nachdem zweieinhalbtausend Jahre Philosophiegeschichte sich ganz wesentlich um dieses Wort gedreht haben, nachdem doch auch heute die Aktualität des Wortes für den Großteil der Menschheit unbestreitbar ist? Das Rätsel löst sich rasch auf, wenn wir uns daran erinnern: Solche Diskussionen sind die Folge jener positivistischen Wissenschaftstheorie, die im Verlauf ihrer Geschichte sich bereits selber korrigieren mußte. Wir hörten davon[81]. Nimmt man nämlich das empiristische Verifikationsprinzip des Logischen Positivismus nicht an, so fehlt von vornherein die Basis, von der aus die Sinnlosigkeit aller »meta-empirischen« Worte – und dabei vor allem des Wortes »Gott« – behauptet werden könnte.

Hier liegt auch der Grund, warum heute das aggressive Buch des damals 25jährigen Oxford-Dozenten *A. J. Ayer* »Sprache, Wahrheit und Logik« (1936)[82], das zum antitheologischen Katechismus der logischen Analytiker wurde, überholt ist. Überholt auch die Abhandlung von *A. Flew* »Theologie und Falsifizierung« (1950)[83] mit J. Wisdoms immer wieder abgedruckter Parabel von Gott als dem auf einer Urwaldlichtung nirgendwo greifbaren, nirgendwo sichtbaren und also nicht verifizierbaren Gärtner. Genauso überholt wie die antimetaphysischen Positionen des Wiener Kreises, von dem sie abhängen[84]. Sind ethische Sätze nur – »emotionale Äußerungen«? Ist Gott – ein »nonsens«? So radikal diese Position ist, so wenig stichhaltig ist sie. Hat uns doch schon die Auseinandersetzung um die Lehren Carnaps in den dreißiger Jahren die *Unhaltbarkeit des empiristischen Verifikationsprinzips* gezeigt[85]. Auch mußte Ayer selber zugeben, daß zumindest ethische Aussagen sinnvoll sein können, ohne empirisch verifizierbar zu sein, was das empiristische Sinnkriterium grundlegend in Frage stellt.

Daraus haben denn auch andere Analytiker[86] wie etwa die englischen Philosophen R. Braithwaite[87] und R. M. Hare[88] gefolgert, daß neben den ethischen *auch religiöse Aussagen sinnvoll* sein können, ohne empirisch verifizierbar zu sein. Auch religiöse Aussagen, meinen sie, wollten nämlich gar keine »Fakten« beschreiben, keine Wahrheit aussagen. Wörtlich verstanden seien sie weder wahr noch falsch, sondern sinnlos. Sinnvoll seien sie nur, insofern sie bestimmte Haltungen zum Leben, zur Welt ausdrückten: moralische (Ausdruck für das ethische Engagement des Menschen: R. Braithwaite) oder quasi-metaphysische (Ausdruck für eine bestimmte Sichtweise der Wirklichkeit = »blik«: R. M. Hare[89]). Im Anschluß an Hare hat später der amerikanische Theologe P. M. van Buren[90] die neutestamentlichen Glaubensaussagen – mit Berufung auf Karl Barths Kritik an der natürlichen Gotteserkenntnis! – einfach als Ausdrucksform für eine bestimmte Lebensauffassung (Jesu »ansteckende Freiheit«) gedeutet. Aber alle diese Auffassungen, obwohl gegenüber Ayer und Flew ein offensichtlicher Fortschritt, sind noch immer in empiristischen Vorurteilen befangen und widersprechen zugleich offensichtlich dem Selbstverständnis der Religionen.

Freilich ist nichts Grundsätzliches dagegen einzuwenden, daß Philosophen, statt ein spekulatives System oder eine weltanschauliche Synthese zu entwerfen, sich schlicht mit der Analyse oder »Meta-Analyse« (= Analyse der Analyse) von »Logik« und »Grammatik« – auch der religiösen Sprache – befassen: mit einer rein »therapeutischen« Analyse, die nicht die Wahrheit, nicht das Was, sondern nur das Wie, also Stil und Funktionieren der religiösen Sprache beschreiben (und nicht etwa erklären) will. Im Gegenteil: Schon in unserem ersten Kapitel wurde betont, wie sehr Sprachanalyse auch der Theologie mit ihrer oft verschwommenen, antiquierten oder jargonartigen, pseudotiefsinnigen Sprache und mangelnden logischen Transparenz zur Klärung verhelfen kann. Und so gibt es denn zunehmend auch Sprachanalytiker, die das schon von Popper widerlegte empiristische Sinnkriterium als einzig legitimes Erkenntnisprinzip der Wirklichkeit ablehnen oder wenigstens entscheidend modifizieren. Sie können dann auch in der religiösen Sprache und im Wort »Gott« durchaus einen Sinn sehen. Die in England seit Anfang des Jahrhunderts und in Amerika seit den 40er Jahren heimisch gewordene Sprachanalyse oder Analytische Philosophie erweist sich überhaupt immer mehr als ein verschiedenste »weltanschauliche« Positionen umfassender methodologischer Trend (*wie* man Philosophie treibt) und nicht als einheitliche Bewegung oder Lehre gar positivistischer Prägung (*was* man in der Philosophie treibt)[91].

Gerade *Ludwig Wittgenstein*, den wir als die zentrale Figur dieser Bewegung kennengelernt haben[92], hat das »Mystische«, insbesondere Gott, nie einfach als absurd, als nichtexistent bezeichnet: »Gott« war für ihn nicht aussprechbar, »unaussprechlich«, gehörte zu den »Lebensproblemen«. Und als Wittgenstein 1929 aus Österreich wieder nach Cambridge zurückgekehrt war, hatte er seine Auffassungen bereits gründlich geändert und fundamentale Positionen seines als definitive Lösung ausgegebenen »Tractatus logico-philosophicus« in Zweifel zu ziehen begonnen. In seinen *»Philosophischen Untersuchungen«* nun, an denen er seit den 30er Jahren bis zu seinem Tod vor allem arbeitete und die erst nach seinem Tod (1951) veröffentlicht worden sind[93], wird deutlich: Die Welt zerfällt nun einmal nicht nur in Tatsachen, sondern auch in Dinge oder Ereignisse. Die Wirklichkeit zeigt für die Analyse nicht nur eine einzige Möglichkeit, sondern mehrere. Eine ideale weltabbildende Einheitssprache ist unmöglich. Die Sprache selbst ist nicht eindeutig, sondern vieldeutig. Die Analyse führt nicht notwendig zur wahren Wirklichkeit. Hier liegen geradezu die eigentlichen Schwierigkeiten. Die »Philosophie ist ein Kampf gegen die Verhexung unsres Verstandes durch die Mittel unserer Sprache«[94]. Begriffe wie Nichts oder Geist etwa sieht man als Dinge an; an allgemeinen Wesenheiten wie »Pferd« oder »Mensch« meint man teilhaben zu können.

Was tun in dieser Situation? Die einzige Möglichkeit nach Wittgenstein ist: die verschiedenen Bedeutungen der Worte gerade nach Gebrauch, Funktion, Rolle in den vielen Bereichen des Lebens zu klären und zu unterscheiden. Je nach der Sprachwelt verändert sich doch auch der Sinn der Worte. Es gibt nicht nur einfach »die« Sprache. Je nach den verschiedenen Lebensbereichen oder »Lebensformen«, in denen die Worte je verschieden gebraucht werden, gibt es in Einheit von Sprache und Tätigkeiten *verschiedene »Sprachspiele«* mit verschiedenen eingespielten Spielregeln. Es ist nun einmal ein großer Unterschied, ob das eine und selbe Wort »Du« als Drohung oder als Liebesbezeugung gebraucht, ob die eine und selbe Aussage in der Wissenschaft, in der Ethik oder in der Ästhetik, bei einem Witz, in einem Polizeirapport oder in einer Traumerzählung gemacht wird. So gibt es denn nach Wittgenstein keinen Übergang von der einen Sprachebene zur anderen, gibt es kein allgemeines Kriterium für die Sinnhaftigkeit der Sprache. Jedes Sprachspiel – das aber nie eine Privatsprache sein kann – hat sein eigenes Kriterium. Nur wenn wir statt großer Spekulationen über letzte Gründe die verschiedenen Sprachspiele, wie sie nun einmal faktisch und unableitbar gespielt werden, beschreiben und aufhellen, können wir Wittgenstein zufolge die Verwirrung in unserem Verstand beseitigen und die philosophischen Probleme zum Verschwinden bringen[95].

Ist das *Wort »Gott«* damit gerettet? Manche der heutigen Sprachanalytiker wie N. Malcolm, G. E. Hughes, W. D. Hudson, P. Winch, D. Z. Phillips[96], der Religion gegenüber positiver eingestellt, machen es sich vielleicht doch zu einfach, wenn sie die religiöse Sprache schlicht als Sprachspiel eigener Art deklarieren, das ja schon so lange in Gebrauch sei und durch kein anderes Sprachspiel ersetzt werden könne: »this language game is played«!? Gewiß: religiöse Worte haben ihre eigene Bedeutung, und religiöse Sprache hat ihre eigene »Logik«. Aber: ist religiöse Sprache von der allgemeinen Logik, die man doch wohl kaum aufgeben darf, ausgenommen? Ist es denn so sicher, daß das religiöse Sprachspiel, weil »fait accompli«, auch schon sinnvoll ist? Daß es nicht doch durch ein anderes Sprachspiel ersetzt werden kann, etwa durch das ethische wie bei Braithwaite oder das quasi-metaphysische wie bei Hare? Wenn Gott nicht wirklich existierte und die religiöse Sprache sich also auf nichts bezöge (wie manche frühe Logische Positivisten aufgrund ihrer teilweise begreiflichen negativen Einstellung zur Religion annahmen), dürfte es doch wohl schwer, ja unmöglich sein, die religiöse Sprache als eigenständiges, nicht reduzierbares Sprachspiel zu rechtfertigen. Gibt es doch auch das atheistische Sprachspiel (oder etwa das des Aberglaubens, der Magie usw.), das nicht schon deswegen gerechtfertigt ist, weil es (ebenfalls schon seit längerem im Gebrauch) ein »fait accompli« ist. Oder sollten etwa beide Sprachspiele – das religiöse und das atheistische – gleichzeitig legitim, sinnvoll sein? Und sollte innerhalb des einen religiösen Sprachspiels gar aller mögliche Aberglaube, der vor keiner Vernunft verantwortet werden kann, von vornherein gerechtfertigt sein?

Kurz: die *Wahrheitsfrage kann nicht umgangen werden*! Und diese Wahrheit läßt sich auch an der Erfahrung – wie wir sehen werden: durch indirekte Verifikation an der erfahrenen Wirklichkeit[97] – testen. Der vernunftbegabte Mensch hat ein Recht darauf zu wissen, ob seine Gebete und Riten sich auf eine von ihm selber unterschiedene Wirklichkeit beziehen oder nicht; ob traditionelle religiöse Bilder von Schöpfung und Vollendung nicht doch nur Erfindung von Menschen; ob der Gottesbegriff nur eine reine Projektion; ob die Religion überhaupt, wie Freud meint, nur die stärkste aller Illusionen sei. Alle über Theologie kritisch reflektierende Meta-Theologie (Theorie der Theologie) ist (wie Meta-Sprache) Unsinn, wenn schon die Theologie (oder Sprache) selbst ohne Sinn ist. Die Theologie aber wäre ohne Sinn, wenn Gott nicht existierte.

M. J. Charlesworth hat recht: »Um zu zeigen, daß der Begriff Gott kein illusorischer ist, bräuchten wir in gewisser Weise den Beweis seines Realitätsbezugs und dürften uns nicht nur damit zufriedengeben, seinen De-facto-Gebrauch im religiösen Gespräch zu beschreiben und zu analysieren[98].« Religion ist nicht ein mehr oder weniger irrationaler, emotionaler Sonderbereich wie – wir erinnern uns an Carnap – Lyrik oder Erotik. Wenn Gott nicht existierte, wären das Wort Gott und das echt religiöse Sprachspiel sinnlos. Wenn Gott aber existierte – und diese Frage ist nun freilich noch immer offen –, dann allerdings hätte das Wort Gott Sinn und das religiöse Sprachspiel seine eigenständige Bedeutung. Dann widerspricht dieses Sprachspiel auch nicht jener allgemeinen Logik, die nun doch einmal für alle Sprachspiele gilt. Dann hat es auch seine eigene, nämlich innere Rationalität. Wenn Gott existiert, dann schneidet sich der Atheist, der das religiöse Sprachspiel verwirft, von grundlegenden menschlichen Erfahrungen ab; nicht weniger als der, der aufgrund eines Vor-Urteils die ästhetische oder die ethische Dimension des Lebens nicht anerkennen will. Wenn Gott existiert, dann bedeutet das für den Menschen eine Aufforderung, sich auf die religiöse »Lebensform« einzulassen, um das religiöse »Sprachspiel« zu verstehen. Wenn er existiert . . .

Wittgenstein hat einmal bekannt, der Kern seines »Tractatus« sei ethisch, und er habe den wichtigeren Teil des Buches nicht geschrieben[99]. »Damit wollte er« – nach Ansicht seines Biographen David Pears – »sagen, daß von den Dingen, die sich nicht sagen lassen, jene, die er noch nicht einmal versucht hat, in Worte zu fassen, nämlich Religion, Ethik und Kunst, viel wichtiger sind als die Philosophie, bei der er den Versuch gemacht hat, sie in Worte zu fassen . . . Der ›Tractatus‹ ist ein Versuch, über alle möglichen Tatsachen etwas zu sagen, was eigentlich nicht gesagt werden kann, weil es nicht selbst empirisch ist, sondern durch die Welt der Tatsachen hindurchscheint[100].« Ob Wittgenstein nun einen Pantheismus (Panentheismus?) vertreten hat – wie Pears aufgrund eines Vergleichs des »Tractatus« mit den »Tagebüchern« feststellen zu können meint – oder nicht: »Hier besteht eine positive Analogie zwischen Philosophie und Religion[101].«

Wie immer man deshalb die oft ebenso erhellenden wie verhüllenden

Aussagen Wittgensteins, der kreisend und zuweilen unzusammenhängend dachte, untereinander in Verbindung bringt und in ein Ganzes (wenn überhaupt möglich) einordnet[102]: Von unseren eigenen Grundlagen her werden wir – argumentativ die »Grenzen der Sprache« beachtend und sie doch in vernünftigem Vertrauen überschreitend – möglicherweise verstehen und auch bejahen können, was Wittgenstein schon am 11. Juni 1916 in sein Tagebuch schrieb:

»Gott und den Zweck des Lebens?
Ich weiß, daß diese Welt ist.
Daß ich in ihr stehe, wie mein Auge in seinem Gesichtsfeld.
Daß etwas an ihr problematisch ist, was wir ihren Sinn nennen.
Daß dieser Sinn nicht in ihr liegt, sondern außer ihr.
Daß das Leben die Welt ist.
Daß mein Wille die Welt durchdringt.
Daß mein Wille gut oder böse ist.
Daß also Gut und Böse mit dem Sinn der Welt irgendwie zusammenhängt.
Den Sinn des Lebens, d.i. den Sinn der Welt, können wir Gott nennen.
Und das Gleichnis von Gott als einem Vater daran knüpfen.
Das Gebet ist der Gedanke an den Sinn des Lebens[103].«
Ja: »An einen Gott glauben heißt sehen, daß es mit den Tatsachen der Welt noch nicht abgetan ist.
An Gott glauben heißt sehen, daß das Leben einen Sinn hat[104].«

Wittgenstein, der während des Zweiten Weltkrieges in einem Londoner Krankenhaus als Pfleger gearbeitet und als 58jähriger 1947, vier Jahre vor seinem Tod, auf seinen Lehrstuhl in Cambridge verzichtet hatte, hat persönlich sein Leben lang die Religion gegen ihre destruktiven positivistischen Verächter in Schutz genommen[105]. Religiöse Glaubenssätze waren für ihn freilich auch weiterhin keine empirischen Hypothesen, aber sie berühren unsere Gedanken und Handlungen in anderer Weise. Für ihn war entscheidend, was für einen Unterschied sie für das Leben derer ausmachen, die an sie glauben. Wittgensteins eigenes Leben seit seiner großen Wende im Ersten Weltkrieg scheint dafür ein Zeugnis zu sein. »Sagen Sie ihnen, daß ich ein wundervolles Leben gehabt habe«, rief er, bevor er das Bewußtsein verlor[106].

Man wird sich jedenfalls in der gegenwärtigen Analytischen Philosophie nicht auf Wittgenstein berufen können, wenn man die Gottesfrage als negativ beantwortet voraussetzt. Ja, man wird sich fragen müssen, ob es gut ist, wenn Philosophie und »Lebensprobleme«, Philosophie und Religion derart getrennt werden, daß sich jene großen Fragen philosophisch kaum noch stellen und die Verwaltung des *großen Erbes der Philosophie* weithin den Theologen überlassen wird.

Auch sehen gegenwärtig viele Philosophen, daß die Philosophie, die nach dem Zweiten Weltkrieg mit Heidegger und Jaspers, Sartre und Camus, Russell und Whitehead, Wittgenstein und Carnap, Adorno und Horkheimer, Marcuse und Bloch ein außergewöhnliches Ansehen erreicht hatte, heute trotz des riesigen universitären Wissenschaftsbetriebs in einer doppelten Gefahr ist: einerseits in die Fachwissenschaften hinein sich aufzulösen, die wie Naturwissenschaften, Psychologie und Soziologie über Mensch und Welt Genaueres zu wissen scheinen als die Philosophie; und andererseits in immer abstraktere Wissenschaftstheorie, Sprachkritik und Metatheorien sich zu verlieren. Von einem »Verfall der Philosophie« (C. Grossner[107]) und von einem allein noch übriggebliebenen »Mythos Philosophie« (W. Hochkeppel[108]) möchten wir lieber nicht reden. Doch wird zumindest da eine echte Gefahr signalisiert, wo die Philosophie die Fragen nach dem großen Woher und Wozu überhaupt nicht mehr stellt: »Die Geschichte der Philosophie war einmal das große Experimentierfeld für kühne Spekulationen, gewagte Hypothesen und endlose Tagträume. Über die Jahrtausende wurde hier ein Teig um- und umgeknetet, der schließlich als Wissenschaft aufging. Wenn es, um noch einmal Jaspers zu zitieren, stimmt, daß wir ›im Philosophieren selbst‹ vielleicht noch kaum wieder bei Plato angekommen sind – und vieles spricht dafür –, woher dann den Mut zu und die Hoffnung auf einschneidende Verbesserungen nehmen? Wenn, nach Adornos ›Einspruch gegen den Mythos‹, ›mythisch das Immergleiche‹ ist, wozu dann heute noch der Mythos Philosophie? – Doch im Zentrum dieses Mythos haust der unausrottbare Wunsch und das Versprechen, die ›Welt‹ denkend in ihrem Gesamtzusammenhang zu verstehen, des Sinns innezuwerden und Natur und Geist zu versöhnen. Dieses religiöse Motiv ist der Lebensfunke auch der kritischen Philosophie, mag er auch gegenwärtig unter einem Wust scholastischer Detailprobleme fast erstickt sein. Und es ist klar: Verleugnet die Philosophie diesen Rest, dann beraubt sie sich selbst ihres letzten Sinnes[109].«

Manche Anzeichen scheinen heute auf eine Erneuerung der Philosophie hinzudeuten. Wartet man nicht, wie schon des öfteren betont, auf neue Werte, Deutungsmuster, Leitbilder? Stellt man nicht neu die drei großen Kantschen Fragen? Ist nicht vielleicht eine neue Religionsphilosophie im Kommen? Die Theologen sollten nicht eifersüchtig sein, wenn ihnen das gewichtigste Erbe der zweieinhalbtausend Jahre Philosophiegeschichte nicht allein zufällt. Die Philosophen sollten es den Theologen auch keineswegs überlassen, wiewohl es gar nicht leicht zu verwalten und fruchtbar zu machen ist. Ist hier doch einiges angelegt, was in Blochs Hoffnungsdenken und Heideggers Warten auf den neuen Gott mitangesprochen sein dürfte. Sollten wir – das wäre jedenfalls unsere bescheiden anfragende Einladung an die Philosophen – nicht *neu gemeinsam über die Gottesfrage nachzudenken und auch zu reden beginnen*? Vielleicht vermag dieses Buch einige bisher berechtigte »antimetaphysische« und »antitheologische« Hemmungen, sich erneut an dieses zentrale Thema zu wagen, abzubauen.

Wir kennen ja nun alle die Einwände der Religionskritik von Feuerbach bis zur Analytischen Philosophie, auch die gegen das so oft mißbrauchte Wort Gott selbst. Wir haben versucht, sie ernstzunehmen. Und doch: es gibt *keine Alternative zu diesem Wort*! Es ist trotz all des ungeheuren Mißbrauchs unersetzlich: »Wie bringen Sie das fertig, so Mal um Mal ›Gott‹ zu sagen? Wie können Sie erwarten, daß Ihre Leser das Wort in der Bedeutung aufnehmen, in der Sie es aufgenommen wissen wollen? . . . Welches Wort der Menschensprache ist so mißbraucht, so befleckt, so geschändet worden wie dieses!« Auf diese Frage antwortet der jüdische Religionsphilosoph *Martin Buber*: »Ja, es ist das beladenste aller Menschenworte. Keines ist so besudelt, so zerfetzt worden. Gerade deshalb darf ich darauf nicht verzichten. Die Geschlechter der Menschen haben die Last ihres geängstigten Lebens auf dieses Wort gewälzt und es zu Boden gedrückt; es liegt im Staub und trägt ihrer aller Last. Die Geschlechter der Menschen mit ihren Religionsparteiungen haben das Wort zerrissen; sie haben dafür getötet und sind dafür gestorben; es trägt ihrer aller Fingerspur und ihrer aller Blut. Wo fände ich ein Wort, das ihm gliche, um das Höchste zu bezeichnen! Nähme ich den reinsten, funkelndsten Begriff aus der innersten Schatzkammer der Philosophen, ich könnte darin doch nur ein unverbindliches Gedankenbild einfangen, nicht aber die Gegenwart dessen, den ich meine, dessen, den die Geschlechter der Menschen mit ihrem ungeheuren Leben und Sterben verehrt und erniedrigt haben . . . Wir müssen die achten, die es verpönen, weil sie sich gegen das Unrecht und den Unfug auflehnen, die sich so gern auf die Ermächtigung durch ›Gott‹ berufen; aber wir dürfen es nicht preisgeben. Wie gut läßt es sich verstehen, daß manche vorschlagen, eine Zeit über von den ›letzten Dingen‹ zu schweigen, damit die mißbrauchten Worte erlöst werden! Aber *so* sind sie nicht zu erlösen. Wir können das Wort ›Gott‹ nicht reinwaschen, und wir können es nicht ganzmachen; aber wir können es, befleckt und zerfetzt wie es ist, vom Boden erheben und aufrichten über einer Stunde großer Sorge[110].«

Nein, statt nicht mehr von Gott zu reden, oder statt einfach wie bisher von Gott zu reden, käme heute für Theologen und Philosophen alles darauf an, zu lernen, behutsam neu von Gott zu reden!

II. Theologische Diskussionen

Existiert Gott überhaupt? Das muß man einfach glauben! So hört man immer wieder von Gottgläubigen aller Lager. Das kann man aber nicht glauben! So tönt es zurück von Gottleugnern nicht nur, sondern auch von Gottzweiflern und Gottsuchern. – Um an Gott zu glauben, muß man zuerst Gott erkennen, geben manche Katholiken zu bedenken. Nein, um Gott zu erkennen, muß man zuerst glauben, antworten vor allem Protestanten. – So steht der Gottesglaube im Widerspruch, zwischen Gläubigen und Ungläubigen, Gläubigen und Andersgläubigen. Die Debatte ist sowohl im katholischen wie im evangelischen Bereich äußerst spannend, aber auch reichlich komplex. Wir bemühen uns um eine Sichtung. Der an diesen theologischen Diskussionen weniger interessierte Leser mag sich mit dem in Punkten zusammengefaßten Ertrag der Diskussionen am Ende der Abschnitte begnügen.

Die Positionen auf die *Frage nach der Grundgewißheit*, wie wir sie vom Beginn der Neuzeit an kennengelernt haben – Grundgewißheit aus dem Cogito oder aus dem Credo – erscheinen in unserer Antwort vom Grundvertrauen »aufgehoben«. Doch werden dieselben Positionen auf die *Frage nach der Gottesgewißheit* erneut und verstärkt zur Geltung gebracht und bedürfen hier der vertieften Behandlung: Gottesgewißheit aus der Vernunft oder aus dem Glauben?

1. Katholischer oder evangelischer Weg?

»Um nun zur Frage der Existenz Gottes zu kommen: sie ist eine umfangreiche und ernste Frage, und wollte ich versuchen, sie in angemessener Weise zu behandeln, müßte ich Sie bis zum Jüngsten Tag hierbehalten. Sie müssen mich daher entschuldigen, wenn ich sie nur kurz abhandle[1].« Ganz so kurz wie *Bertrand Russell* in einem Vortrag dürfen wir es freilich nicht machen; aber hören wir ihn zunächst weiter: »Wie Ihnen bekannt ist, hat die katholische Kirche zum Dogma erhoben, daß sich die Existenz Gottes durch die Vernunft beweisen läßt. Dieses Dogma ist zwar etwas eigenartig, aber es ist immerhin eines ihrer Dogmen. Sie mußte es einführen, als die Freidenker die Gewohnheit annahmen zu behaupten, es gebe diese und jene Argumente, die die reine Vernunft gegen die Existenz Gottes vorbringen könnte, aber natürlich seien sie durch ihren Glauben überzeugt, daß es Gott gebe. Die Beweise und Gründe wurden sehr ausführlich dargelegt, und die katholische Kirche erkannte, daß sie dem ein Ende machen mußte. Daher behauptete sie, die Existenz Gottes lasse sich durch die menschliche Vernunft beweisen, und um diese Behauptung zu begründen, mußte sie Argumente vorbringen, die sie für stichhaltig hielt[2].« Russell selbst hält diese Argumente nicht für stichhaltig: ein entscheidender Grund dafür, warum er kein Christ sein will. Von welchem Dogma redet Russell hier reichlich ungenau?

Gotteserkenntnis durch Vernunft: Vatikanum I

Gewißheit grundlegend aus der Vernunft, zu der freilich die Gewißheit des Glaubens hinzukommen muß! Das ist die eindeutige Position des Ersten Vatikanischen Konzils im Jahre 1870. Deshalb: »Wer sagt, der eine und wahre Gott, unser Schöpfer und Herr, könne mit dem natürlichen Licht der menschlichen Vernunft durch das, was geschaffen ist, nicht mit Gewißheit (certo) erkannt werden, der sei verdammt[3].« Wie kam es zu diesem so harten theologischen Satz?

Den *Plan für ein neues Konzil*[4] – 300 Jahre nach dem gegenreformatorischen Konzil von Trient – faßte Papst Pius IX. aus der Not der Verteidigung und Abwehr heraus: um »durch dieses außerordentliche Mittel den außerordentlichen Bedrängnissen der Herde Christi abzuhelfen«[5], um »die notwendigen Heilmittel gegen die ach so zahlreichen, die Kirche bedrückenden Übel finden zu können«[6]. Denn so sah man die Lage damals in Rom: In der Neuzeit war ein Angriff nach dem anderen auf das Bollwerk der Kirche erfolgt. Dem Luthertum und dem Calvinismus waren Jansenismus, Gallikanismus und fürstlicher Absolutismus und schließlich als Beginn eines neuen Zeitalters die Französische Revolution, Napoleonische Kriege und Säkularisierung sowie schließlich atheistischer Materialismus, Liberalismus und Sozialismus gefolgt. Eine Unzahl völlig neuer Fragen, Probleme, Nöte; zahllose Gebildete waren von der Kirche abgefallen und immer mehr auch die proletarischen Massen. Dem Abfall von der Kirche in der Reformation war – in römischer Sicht konsequent – der Abfall von Christus in der Aufklärung und schließlich der Abfall von Gott in diesem 19. Jahrhundert gefolgt ...

Was tun? In Rom sah man nur einen Weg, um die katholische Kirche vor der protestantischen Gefahr des Auseinanderfallens zu bewahren. Ein enger Zusammenschluß um das römische Zentrum und die unerschrockene Abwehr des »Zeitgeistes«: gegen die omnipotenten modernen Staaten und die alles gefährdenden Revolutionen der Philosophen und Literaten und schließlich der proletarischen Massen; gegen die Feinde außerhalb der Mauern, und die Häretiker innerhalb – in der Nachfolge der Jansenisten jetzt die Fideisten und (andererseits noch sehr viel gefährlicher) die Rationalisten, welche Kompromisse mit der modernen Philosophie und Wissenschaft eingingen...

So war man in Rom in eine völlig *verhärtete Frontstellung zur Neuzeit* geraten, die in Gegenreaktion einen wütenden Antiklerikalismus und einen »Kulturkampf« förderte. Man war in der römischen Kurie zunehmend unfähig, das Positive an den Revolutionen, das Wahre an der modernen Philosophie, Literatur, Naturwissenschaft, das Gute an Demokratie und nationalem Zusammenschluß, an liberaler Toleranz und Freiheit und schließlich auch an sozialistischer Religions- und Gesellschaftskritik wahrzunehmen. Ein religiöses Erwachen (neue Frömmigkeits- und Andachtsformen, Ordensgemeinschaften, Vereine, Missionsimpulse, Seelsorgemethoden) war zwar in der Zeit von Restauration und Romantik unbestreitbar eingetreten. Aber dies alles geschah meist in spezifisch »römisch-katholischen« und das hieß antiprotestantischen, antiaufklärerischen, antineuzeitlichen Formen. Eine positivere Einstellung gegenüber der »Moderne« verhinderte nicht zuletzt der Kirchenstaat, dessen organisatorisch wie sozial lamentabler Zustand die Päpste zwangsläufig in ein antidemokratisches, antinationales, antilaikales, antiliberales, antisoziales Licht stellte. Man war allgemein rückwärts orientiert, auf Restauration aus: Neu-Gotik, Neu-Romanik, Neu-Gregorianik, Neu-Scholastik... Und das Neue, das wirklich neu war, verurteilte man. So zahlreich und unübersehbar waren im Laufe der ersten Hälfte des 19. Jahrhunderts die Verurteilungen der neuen Irrtümer durch das päpstliche Lehramt geworden, daß Pius IX. sich veranlaßt sah, genau am 10. Jahrestag der Definition der Unbefleckten Empfängnis Mariens, am 8. Dezember 1864, eine zusammenfassende Liste, jenen berühmt-berüchtigten Syllabus (»Sammlung der modernen Irrtümer«) [7] zu veröffentlichen, der eine durchgängige Absage an die Moderne ist und schließlich im 80. »Irrtum« gipfelt: »Der römische Papst kann und muß sich mit dem Fortschritt, mit dem Liberalismus und mit der neuen Kultur versöhnen und vertragen [8].«

Dies alles ist der Hintergrund, vor dem allein das Erste Vatikanische Konzil verstanden werden kann: sein völliges Versagen in praktischen Reformen (von 46 Reformschemata wurden 4 diskutiert und keines verabschiedet); seine Definition der päpstlichen Primatialgewalt und Unfehlbarkeit, die den Kirchenstaat vor dem Untergang bewahren sollte; schließlich seine dogmatische Konstitution »Über den katholischen Glauben« gegen die Irrtümer der Zeit: gegen Materialismus, Deismus, verschiedene Formen des Pantheismus, gegen Fideismus, Traditionalismus und Rationalismus. Insbesondere in der seit der Aufklärung heftigst *umstrittenen Frage von Vernunft und Glauben* wollte man definitiv Klarheit schaffen, und dies – ganz unter dem Einfluß der (vor allem von römischen Jesuiten geförderten) neuscholastischen Theologie – in restaurativem Rückgriff auf Mittelalter und besonders Thomas von Aquin und seine uns wohlbekannte doppelte Erkenntnisordnung: Vernunft- und Glaubensebene, natürliche Wahrheit und Offenbarungswahrheit, Philosophie und Theologie in klar unterschiedenen und zugleich einander entsprechenden Stockwerken geordnet[9]. Von dieser traditionell-thomistischen Position her brauchte das Konzil keine ausführliche Lehre über Vernunft und Glauben zu entwickeln, sondern konnte sich auf die Abwehr der sogenannten Irrtümer beschränken, zwei Hauptfronten abstecken und sich so in der Mitte plazieren: zwischen Rationalismus und Fideismus. Was heißt das konkret?

Das bedeutet eine *erste Abgrenzung*: *Keine Reduktion des Glaubens auf die Vernunft!* Das nämlich tat der radikale Rationalismus, der eine glaubenslose Vernunft vertrat und alles Übernatürliche ablehnte. Das tat aber nach der Auffassung des Konzils auch der gemäßigte Rationalismus jener deutschen Theologen, die angeblich dem Rationalismus auf halbem Weg entgegenkamen (»Semi-Rationalismus«, »Halb-Rationalismus«).

Schon 1835 war der im Todesjahr Hegels verstorbene und vom damaligen Kölner Oberhirten hochgeschätzte katholische Bonner Theologe *Georg Hermes* (1775–1831), der in Auseinandersetzung vor allem mit Kant eine neue wissenschaftliche Grundlegung des Glaubens und der Theologie versucht hatte, durch Papst Gregor XVI. posthum summarisch verurteilt und auf den Index der verbotenen Bücher gesetzt worden[10]. Die »hermesianischen« Theologieprofessoren, die sich Rom nicht unterwarfen, wurden Jahre später, als in Köln ein konservativerer Erzbischof nachfolgte und die kirchenpolitische Situation günstig war, von ihren Lehrstühlen entfernt (F. X. Biunde, J. J. Rosenbaum, J. H. Leutzen) oder ihrer kirchlichen Lehrbefugnis beraubt und zwangsemeritiert (H. Achterfeldt, J. W. J. Braun).

Ähnlich wurde der »Cartesius correctus« genannte, von Descartes, aber auch von Kant und dem Deutschen Idealismus beeinflußte österreichische Theologe *Anton Günther* 1857 von Pius IX. verurteilt und indiziert. Er hatte es gewagt, in mehr spekulativer, aber ebenfalls scharf antischolastischer Weise und in Auseinandersetzung mit den philosophischen Zeitströmungen eine Neubegründung der kirchlichen Lehre zu unternehmen[11]. Auch einzelne Verteidigungsschriften zugunsten Günthers wurden in den folgenden Jahren indiziert; prominente Güntherianer wie P. Knoodt, J. B. Baltzer, Th. W. Weber und J. H. Reinkens schlossen sich nach dem Ersten Vatikanum dem Altkatholizismus an. Denn dieses Konzil hatte von neuem sowohl die Verurteilung des »Hermesianismus« wie des »Güntherianismus« ausgesprochen[12], was faktisch auf ein Engagement Roms für die Neuscholastik hinauslief und die weitere Phase im Kampf gegen dissidente Theologen, die sich auf eine konstruktive Auseinandersetzung mit wissenschaftlichen Zeitströmungen und eine Reform der Kirche eingelassen hatten, vorbereitete.

Aber zur ersten Abgrenzung für das Konzil gehört eine *zweite*: *Keine Reduktion der Vernunft auf den Glauben!* Das nämlich tat der radikale Fideismus, der praktisch einen irrationalen, vernunftlosen Glauben vertrat und alle natürliche Gotteserkenntnis ablehnte. Das tat aber nach Auffassung des Vatikanum I auch der radikale Traditionalismus vor allem jener französischen Theologen, der dem Fideismus praktisch gleichkam.

Nur zögernd freilich und sehr viel schonender ging das römische Lehramt gegen diese konservativ-antiaufklärerischen Traditionalisten vor, die die individuelle menschliche Vernunft zur Erkenntnis metaphysischer und religiöser Wahrheiten für unfähig erklärten und statt dessen – auch für die Erkenntnis der Existenz Gottes – an eine dem ersten Menschenpaar von Gott gegebene »Uroffenbarung« appellierten, welche durch die Generationen sprachlich tradiert würde und aufgrund der Übereinstimmung des Menschengeschlechts garantiert wäre.

So wird der royalistische Restaurationsphilosoph Graf *L. G. A. de Bonald* (1754–1840), Gegner von Gewaltentrennung und Pressefreiheit im modernen demokratischen Staat, der den Traditionalismus als System entwickelte, nicht zensuriert. Auch der von de Bonald beeinflußte, zunächst papalistisch und infallibilistisch gesinnte katholische Theologe *H.-F.-R. de La Mennais* (1782–1854), der dem Traditionalismus europäisches Echo verschafft hatte, wurde erst nach seiner Wende zur liberalen Demokratie 1834 verurteilt [13] und endete dann als Abgeordneter der extremen Linken unversöhnt mit der Kirche. Der von der augustinisch-jansenistischen Gnadenlehre beeinflußte *L.-E.-M. Bautain* (1796–1867) wurde verschiedentlich gezwungen, bestimmte Lehrsätze zu unterschreiben [14], wie auch der spätere Wortführer des französischen Traditionalismus *A. Bonnetty* (1789 bis 1879) [15]. Das Erste Vatikanische Konzil schließlich verurteilte dann den radikalen Traditionalismus, der die Gotteserkenntnis mit absoluter Notwendigkeit von einer »Uroffenbarung« abhängig machen wollte [16].

Nach den beiden Abgrenzungen bedeutet dies dem Konzil zufolge *drittens* positiv: *Vernunft und Glaube* [17]! Keine Widersprüche [18], sondern ein gegenseitiges Angewiesensein [19] von Vernunft und Glaube! Dies sagt zunächst eine Erkenntnis des in der Schöpfung verborgenen Gottes durch die natürliche Vernunft, wie sie dem Menschen in jeder Phase seiner Geschichte vom Urzustand bis zum Endzustand eigen ist [20]. Wozu? Als vernünftige Basis zur Erkenntnis des in der Bibel bezeugten, offenbaren Gottes, der allein erkannt wird durch den göttlichen Glauben! Aber nur aufgrund der Gotteserkenntnis durch die natürliche Vernunft erscheint dieser christliche Glaube nicht als irrationales, intellektuell unverantwortbares Unternehmen. Nur so ist jedem Menschen und nicht nur einem Christen Gotteserkenntnis möglich: eben die Erkenntnis Gottes als des Ursprungs und Zieles aller Dinge[21]!

Gegen Russell: Das Vatikanum I behauptet nicht, jeder Mensch erkenne Gott auch tatsächlich; wohl aber: für jeden Menschen ist die Erkenntnis Gottes grundsätzlich möglich[22]. Es behauptet auch nicht: Gottes Existenz kann bewiesen werden; wohl aber: sie kann aus den geschaffenen Dingen erkannt werden[23]. Es behauptet schließlich nicht: faktisch geschähe eine natürliche Gotteserkenntnis ohne Gottes Gnade; wohl aber: natürliche Gotteserkenntnis geschieht ohne Gottes Offenbarung. Eine Patentlösung also in Sachen Vernunft und Glaube? Kein fauler, sondern ein fairer Kompromiß?

Wahrhaftig: Man konnte sich schon damals fragen, ob diese »Synthese« des Vatikanum I nicht zu einfach, mehr oberflächliche Addition von Vernunft und Glaube als echte Vermittlung sei. Jedenfalls war dieses Konzil, das am Tag nach der Unfehlbarkeitsdefinition infolge des Ausbruches des Deutsch-Französischen Krieges abgebrochen wurde, in beinahe allen Fragen nur beschränkt ein Erfolg: Trotz der Primats- und Unfehlbarkeitsdefinition ging der Kirchenstaat verloren. Schon Pius' IX. liberalerer Nachfolger Leo XIII. (1878–1903) korrigierte in erstaunlichem Ausmaß die negative Einstellung Roms zu Demokratie, liberalen Freiheiten und sozialer Frage, aber auch zu Exegese und Kirchenhistorie. Die praktischen Reformen mußte dann ein Jahrhundert später das Vatikanum II nachholen. Die Probleme des »katholischen Glaubens« im allgemeinen und die von Vernunft und Glaube im besonderen jedoch brachen schon bald nach dem Vatikanum I erneut wieder dramatisch auf beim erbitterten Kampf Pius' X. (1903–1914), des Nachfolgers Leos XIII., gegen alle jene Theologen, die die Auseinandersetzung mit der Moderne wagten und die man allein schon mit dem Namen »Modernisten« zu disqualifizieren verstand[24]. Bezeichnend in diesem Zusammenhang ist die vom Vatikanum I her ungerechtfertigte Verschärfung der Definition natürlicher Gotteserkenntnis: In jenem dem ganzen katholischen Klerus bis zum Vatikanum II verbindlich vorgeschriebenen »Antimodernisten-Eid« mußte unter vielem anderem beschworen werden, daß Gottes Existenz nicht nur mit Gewißheit erkannt, sondern »sogar bewiesen« (adeoque demonstrari) werden könne[25].

Der theologisch gewichtigste Angriff auf die Definition des Vatikanum I freilich kam erst nach der Modernisten-Säuberung, und zwar von außen: durch den protestantischen Theologen Karl Barth.

Gotteserkenntnis durch Glauben: Karl Barth

Wie soll man als Mensch von Gott reden, wie soll man predigen können? Das ist für *Karl Barth* in der allgemeinen politischen, ökonomischen, kulturellen, geistigen Krise nach der Katastrophe des Ersten Weltkrieges die bewegende Frage. Sie steht am Anfang seines weder »wissenschaftlichen« noch »orthodoxen«, aber in seinem expressionistischen Stil zutiefst aufrüttelnden Erstlingswerkes, jenem »Kommentar« zum Römerbrief des Apostel Paulus[26], der den jungen Pfarrer der schweizerischen Gemeinde Safenwil mit einem Schlag berühmt machte.

Im Zusammenhang mit Pascal und Kierkegaard haben wir bereits gehört[27]: Für Barth (damals zusammen mit den Freunden Emil Brunner, Eduard Thurneysen, Friedrich Gogarten, Rudolf Bultmann) war der optimistische Kulturprotestantismus gründlich kompromittiert und mit ihm dessen »liberale Theologie«. Unentschieden noch »zwischen den Zeiten« (so der Titel einer gemeinsamen Zeitschrift der Freunde) –, hatte er begonnen, eine »Theologie der Krise«, dann *Dialektische Theologie* genannt, zu entwickeln und damit den größten Umbruch in der protestantischen Theologie des 20. Jahrhunderts eingeleitet. In der vielschichtigen Krise alles Bestehenden, der Institutionen, Traditionen, Autoritäten, war für Barth eine Wende unumgänglich: weg von der subjektiven Erfahrung und dem frommen Gefühl, hin zur Bibel; weg von der Historie, hin zur Offenbarung Gottes; weg von der religiösen Rede über den Gottesbegriff, hin zur Verkündigung des Wortes Gottes; weg von Religion und Religiosität, hin zum christlichen Glauben; weg von den religiösen Bedürfnissen des Menschen, hin zu Gott, der der »ganz Andere« ist, offenbar allein in Jesus Christus.

Im Namen dieses ganz anderen Gottes, im Namen der Göttlichkeit Gottes also, protestiert Barth entschieden *gegen »Natürliche Theologie«* in ihren großen, einander nur vordergründig entgegengesetzten beiden konfessionellen theologischen Gestalten:

einerseits in der Gestalt des liberalen *Neuprotestantismus*, der sich im Gefolge Schleiermachers ganz am frommen, religiösen Menschen statt an Gott und seiner Offenbarung orientiert;

andererseits in der Gestalt des römischen *Katholizismus*, der im Gefolge von Scholastik und Erstem Vatikanum Gott und Mensch gleichordnend, ein Zusammenspiel von Mensch und Gott, Natur und Gnade, Vernunft und Glaube, Philosophie und Theologie etabliert hatte.

Dieser theologische Protest hatte entschieden *politische Konsequenzen*! Nach Barth hatten sich sowohl der liberale Neuprotestantismus ähnlich wie der römische Katholizismus in unkritischer Anpassung mit den herrschenden *politischen Systemen arrangiert*: mit dem Kaiserreich und seiner Kriegspolitik zuerst, dann wieder mit dem Nationalsozialismus. Sahen damals die protestantischen »Deutschen Christen« im Nationalsozialismus nicht so etwas wie eine neue Offenbarung und in Adolf Hitler einen – Christentum und Deutschtum verbindenden – neuen Luther oder gar Christus? Befanden nicht prominente Vertreter der katholischen Stockwerkstheologie, der Nationalsozialismus wolle auf natürlicher Ebene das, was das Christentum auf übernatürlicher Ebene wolle? Hier zeigte sich nach Barth die ganze politische Gefährlichkeit einer »christlichen« Natürlichen Theologie. Und Karl Barth hat denn auch aus dieser theologischen Einsicht die entsprechenden konkreten Konsequenzen gezogen: Nach 1933 organisierte er den Widerstand der »Bekennenden Kirche« gegen das nationalsozialistische Regime und inspirierte 1934 die Barmer Synoden mit ihrem klaren Bekenntnis zu Jesus Christus als dem »einen Worte Gottes«, neben dem nicht »noch andere Ereignisse und Mächte, Gestalten und Wahrheiten als Gottes Offenbarung« anerkannt werden dürfen[28]. 1935 wurde Barth von seinem Bonner Lehrstuhl vertrieben und in seine Schweizer Heimat abgeschoben.

Mußte man unter solchen Umständen nicht jede Form Natürlicher Theologie radikal ablehnen: die neuprotestantische ebenso wie die römisch-katholische, die rein theologische ebenso wie die politische, die neuheidnische (eigenständige) ebenso wie die »christliche« (uneigenständige)? Für Karl Barth ist jede Natürliche Theologie antichristlich. Ja, die Seinsanalogie, die Gott und Mensch im Namen des Seinsbegriffs nivelliert, ist für Barth das Antichristliche schlechthin. Wie er im berühmten Vorwort zum ersten Band der monumentalen »Kirchlichen Dogmatik« 1932 ausführt: »Ich halte die *Analogia entis* für *die* Erfindung des Antichrists und denke, daß man *ihretwegen nicht* katholisch werden kann. Wobei ich mir zugleich erlaube, alle anderen Gründe, die man haben kann, nicht katholisch zu werden, für kurzsichtig und unernsthaft zu halten[29].«

Karl Barths kompromißloses »Nein« zur Natürlichen Theologie traf selbst seinen eigenen protestantischen Kampfgenossen und Landsmann *Emil Brunner*, der in einer Schrift über »*Natur und Gnade*« 1934[30] die Notwendigkeit eines »Anknüpfungspunktes« für die Offenbarung im Menschen postuliert hatte: Des Menschen Vernünftigkeit, Personhaftigkeit und Verantwortlichkeit – alles Ausdruck seiner geschöpflichen Gottesebenbildlichkeit – sind nach Brunner Voraussetzung für das Hören des Wortes Gottes.

»*Nein!*« – eine zornige Schrift mit diesem emphatischen Titel gegen Brunner hat *Karl Barth* noch im selben Jahr (im Hotel Hassler in Rom mit dem Blick auf den Vatikan) geschrieben. Nein: für Barth ist der natürliche Mensch durch und durch Sünder, durchaus vernünftig-verantwortlicher Sünder. Und dieses sündigen Menschen Vernunft ist blind für Gottes Wahrheit! Religiosität, Gotteserkenntnis sind dem Menschen gewiß möglich, das Vermögen dazu besitzt er. Aber er erreicht sein Ziel nicht. Denn der Gott, den diese menschliche Vernunft in der natürlichen Gotteserkenntnis – sei es in der Philosophie oder in der Theologie oder in den Religionen der Welt – erkennt, ist – Feuerbach sieht dies nach Barth durchaus richtig – nichts als eine Projektion des Menschen; ist das Geschöpf seiner weltanschaulichen Phantasie; ist nicht der eine wahre christliche Gott; ist vielmehr ein Götze, ein Ersatzgott, ein Gegengott. Nein, der Mensch kann den einen wahren Gott nicht erkennen! Außer . . .? Außer *Gott selber* gibt sich zu erkennen, außer Gott selber zeigt sich, offenbart sich ihm. Also: keine Gotteserkenntnis des Menschen ohne Gottes Offenbarung! Gott allein hat die Initiative. Er ist zugleich Wirklichkeit und Möglichkeit der Offenbarung. Er braucht keinen »Anknüpfungspunkt«, braucht kein »Organ« für seine Offenbarung im Menschen[31].

So gesehen ist nun deutlicher, warum Karl Barth dasselbe heftige Nein, das er der liberalen Theologie und sogar Emil Brunner entgegenstellte, dann auch *gegen das Vatikanum I* richtet, dessen Definition der natürlichen Gotteserkenntnis er in der »Kirchlichen Dogmatik« einer radikalen Kritik unterzieht. Denn schon die Fragestellung des Vatikanums findet Barth völlig falsch, und dies in zweifacher Hinsicht:

1. Die Lehre des *Vatikanum I* bedeutet faktisch eine *Spaltung des einen Gottesgedankens* in einen »natürlichen« und in einen »übernatürlichen« Gott. Sie verfehlt so den Begriff des einen wahren Gottes!

Barth dagegen wollte wieder eindeutig vom *christlichen Gottesgedanken* ausgehen, von dem einen dreieinigen wahren Gott: »Von diesem Gott, von seiner Wahrheit, haben wir gesagt, daß er nur durch die Wahrheit, d. h. nur durch seine eigene Gnade und Barmherzigkeit erkennbar sei[32].«

Das Vatikanum I indessen will nach Barth zwar auch nicht von einem anderen Gott oder endgültig nur von einem Teil dieses einen Gottes reden: »Wohl aber will es, in der noetischen Frage anders vorgehend als in der ontischen, hinsichtlich der Erkennbarkeit Gottes offenbar eine vorläufige Teilung vollziehen, die dann doch unvermeidlich auf eine Teilung auch des einen Gottes selbst hinausläuft[33].«

Die Schrift aber kennt nach Barth nur den einen Gott Abrahams, Isaaks und Jakobs, den Vater Jesu Christi und keinen Gott der Philosophen oder Gott allein als Schöpfer: »Welches Wort der Schrift könnte legitim verstanden werden, wenn es nicht als Zeugnis von dem einen Gott verstanden würde? Wie läßt sich von der Schrift her jene Teilung vollziehen[34]?«

2. Die Lehre des *Vatikanum I* bedeutet faktisch eine *Abstrahierung vom wirklichen gnädigen Werk und Handeln Gottes* zugunsten eines Seins im allgemeinen, das Gott mit uns Menschen und allem Seienden gemeinsam haben soll.

Für *Barth dagegen* ist Gott gewiß der, der war, ist und sein wird; also ein höchst real Seiender. Aber gerade als Seiender ist er immer zugleich der Handelnde: »Nach der Erkennbarkeit *dieses* Seienden, nach der Wahrheit des realen Seins des Subjektes dieser Geschichte haben wir gefragt[35].« Aus dem Vatikanum I aber ist in keiner Weise zu entnehmen, »daß der Gott, von dem da die Rede ist, in einem *Werk und Handeln* mit dem Menschen begriffen ist, in welchem es für den Menschen um Leben und Tod, um Seligkeit und Verdammnis, noch mehr: in welchem es für Gott um seine Ehre und gerade so um das Wunder seiner Liebe geht und von dem, wo das Verhältnis von Gott und Mensch und im besonderen Gottes Erkennbarkeit in Frage steht, keinen Augenblick abstrahiert werden darf. Die römisch-katholische Lehre scheint davon abstrahieren zu können und zu dürfen[36].«

Sollen nun aber aufgrund jener Seinsanalogie, wo sowohl Gott als dann auf anderer Ebene und in analoger Weise doch auch dem Menschen Sein zuzuschreiben ist, Gott und der Mensch hier zunächst auf einem gemeinsamen und also neutralen Boden zusammengesehen werden? Gegen diese Seinsanalogie setzt Barth eine – die Seinsanalogie freilich einschließende – *Glaubensanalogie*: »*Gibt* es eine Analogie zwischen Gott und Mensch – eine Analogie, die dann ganz gewiß eine Analogie des Seienden hüben und drüben sein wird: eine Analogie, in und mit der in der Tat die Erkennbarkeit Gottes gegeben sein wird – wie kann sie dann eine andere sein, als die durch das Werk und Handeln Gottes selbst gesetzte und geschaffene, die von Gott und nur von Gott her, und also im Glauben und allein im Glauben wirkliche Analogie des Seienden[37]?«

Keine Frage: dieser theologische Ansatz Karl Barths ist von bewundernswerter Konsequenz. Die Religion muß von der Offenbarung her verstanden werden und nicht umgekehrt. Und was die Offenbarung ist, muß einem von Gott selber gesagt werden und ist im Alten und Neuen Testament bezeugt. Von dem in der Schrift bezeugten Wort Gottes her ist aber nach Barth jegliche natürliche Religion oder Gotteserkenntnis – ob im Christentum oder außerhalb – einfach Falschglaube, ja Unglaube, sowohl theoretisch wie praktisch:

Theoretisch ist die natürliche Religion (in der Form der religiösen Dogmatik) eigensinniges und eigenmächtiges menschliches Gestaltenwollen des Gottesbildes: »*Götzendienst*«[38]!

Praktisch ist die natürliche Religion (in der Form der religiösen Moral) eigensinniges und eigenmächtiges menschliches Erfüllenwollen des Gottesgesetzes: »*Werkgerechtigkeit*«[39]!

Wie also Gott erkennen? Nur im Glauben an die in der Bibel bezeugte Offenbarung Gottes selbst! Das ist – auf dem Hintergrund der Skepsis Luthers gegenüber der verführerischen »Hure Vernunft« und dem »Gauklerspieler Aristoteles« – die Position der Dialektischen Theologie Karl Barths und in dieser Frage auch Rudolf Bultmanns[40] samt ihrer großen Gefolgschaft in der evangelischen Theologie[41] bis heute. Verglichen mit der hier erreichten Tiefe des Fragestandes scheinen die innerkatholischen Streitigkeiten über Natur und Gnade zunächst recht harmloser Art zu sein. Doch sehen wir näher zu.

2. Streit um die Natürliche Theologie

Wie hat die katholische Theologie auf Karl Barths radikalen Angriff reagiert? Zunächst – von Ausnahmen wie Gottlieb Söhngen und dem unvergessenen Robert Grosche und der von ihm 1932 begründeten Zeitschrift für Kontroverstheologie »Catholica« abgesehen – überhaupt nicht. Im allgemeinen machte man zunächst gut neuscholastisch weiter, freilich indem man Einsichten von damaligen theologischen Außenseitern wie Romano Guardini und John Henry Newman geschickt in das neuscholastische System einbaute[42]. Ein großer innerkatholischer Streit um das »Übernatürliche« führte aber auf Umwegen schließlich auch zu einer ökumenischen Klärung.

Natur und Übernatur: Nouvelle théologie

Erst gegen Ende des Zweiten Weltkrieges war die Stockwerktheorie zunächst in Frankreich ernsthaft in die Kritik geraten. Der französische Jesuit *Henri de Lubac* – Freund Teilhards und zusammen mit seinem Ordensbruder Jean Daniélou Herausgeber der Reihen »Sources chrétiennes« (kommentierte Kirchenväter-Texte) und »Théologie« (historische und systematische Monographien) – versuchte mit verschiedenen anderen französischen Theologen, vor allem vom Denken der Kirchenväter her eine Alternative zur neuscholastischen Theologie aufzuzeigen und nach verschiedenen Richtungen hin zu erarbeiten. Bald nannte man diese Strömung, zu der auch H. Bouillard, H. Rondet, Y. de Montcheuil, H. U. von Balthasar, M.-D. Chenu, Y. Congar gezählt wurden, die Nouvelle théologie.

Den Konflikt löste de Lubacs unmittelbar nach dem Zweiten Weltkrieg veröffentlichtes Buch »Le surnaturel«[43] aus: Wie viele französische und deutsche Jesuitentheologen, von der katholischen Transzendentalphilosophie Joseph Maréchals herkommend und an den ursprünglichen (nicht schon neuscholastisch interpretierten) Thomas von Aquin appellierend, versuchte de Lubac eine Überwindung der Kluft zwischen natürlicher und übernatürlicher Ebene (»Gnadenextrinsezismus«): Jeglicher geschaffene Geist sei vom Schöpfer ausgezeichnet durch ein naturhaftes Streben nach dem Unendlichen, nach ewiger glückseliger Gottesschau (»desiderium naturale beatitudinis«), welches unbedingt (absolut) sei, aber aus sich allein ohne Gottes Entgegenkommen freilich unwirksam. Eine »natura pura« des Menschen, die nur auf ein rein natürliches Endziel (ohne Gottesschau) ausgerichtet sei, gebe es folglich gar nicht. Diese Vorstellung einer »reinen« Natur (Naturordnung) mit einem rein natürlichen Ziel sei, historisch gesehen, erst in der Auseinandersetzung mit Baius und Jansenius im 16. und 17. Jahrhundert aufgekommen: zur Sicherung der Gnadenhaftigkeit (= Über-natürlichkeit) der Gnade, die heute auch anders geschützt werden könne; das Streben nach Glückseligkeit sei schließlich ein Geschenk des Schöpfers und werde nur durch Gottes Geschenk erfüllt. Die Vorstellung von der reinen Natur sei deshalb aufzugeben. In der Tat hatte selbst noch das Vatikanum I den Begriff der »reinen« Natur vermieden und erst recht die Frage unbeantwortet gelassen, ob eine »reine« Natur möglich oder gar wirklich sei und ob sie mit der Natur des Heiden oder des Sünders (natura lapsa) identisch sei. War also die »Lösung« des Problems Natur – Gnade gefunden?

Doch *Pius XII.* (1939–1958) reagierte auf diese »Théologie nouvelle« beinahe so scharf wie der von ihm heiliggesprochene Pius X. auf den »Modernismus«. Eine echte Diskussion ließ man gar nicht aufkommen. Schon vier Jahre nach dem Erscheinen von de Lubacs »Le surnaturel« erschien am 12. August 1950 gleichsam ein neuer »Syllabus«: die Enzyklika »Humani generis« über »einige falsche Meinungen, welche die Fundamente der katholischen Kirche zu untergraben drohen«. Diese Enzyklika verurteilte Methoden und zahlreiche Ergebnisse dieser »neuen« Theologie (und Philosophie), die von der Neuscholastik abwichen. De Lubacs Auffassung vom Übernatürlichen wurde ausdrücklich verworfen und zugleich die Lehre von der natürlichen Gotteserkenntnis erneut verschärft: »Es ist nicht verwunderlich, daß derartige Neuerungen, die beinahe alle Teile der Theologie betreffen, bereits giftige Früchte getragen haben. Es wird in Zweifel gezogen, ob die menschliche Vernunft imstande sei, durch Beweise, die aus den geschaffenen Dingen abgeleitet sind, ohne Hilfe der göttlichen ›Offenbarung‹ und der göttlichen Gnade, das Dasein eines persönlichen Gottes zu beweisen ... Andere zerstören die wahre ›Ungeschuldetheit‹ der übernatürlichen Ordnung, da sie behaupten, Gott könne keine vernunftbegabten Wesen schaffen, ohne sie zur glückseligen Gottesschau zu bestimmen und zu berufen[44].«

Und den Worten Pius XII. folgten Taten: Ohne irgendein rechtliches Verfahren wurden Henri de Lubac und andere französische Jesuitentheologen von ihren Lehrstühlen entfernt und oft auch aus ihrem bisherigen Tätigkeitsort verwiesen. Sie erhielten für die kontroverse Materie Schreibverbot und konnten sich in keiner Weise verteidigen; Teilhard de Chardin war, wie wir hörten, schon vorher zum Schweigen gebracht worden[45]. Nur der damals besonders fortschrittliche Jean Daniélou, Meister der Anpassung, konnte in Paris weiter lehren und später sogar Karriere machen (unter Paul VI. wurde er Kardinal). Furcht senkte sich damals über die so hoffnungsvollen kirchlichen Lehranstalten Frankreichs, deren Lehrer staatsrechtlich nicht geschützt sind. Am 1. November desselben Heiligen Jahres 1950 definierte Pius XII. (gegen zahlreiche theologische Bedenken von außerhalb und innerhalb der katholischen Kirche) die leibliche Aufnahme Mariens in den Himmel. Und der theologischen Säuberung im Jesuitenorden folgte bald – im Zusammenhang des Verbotes der Arbeiterpriester – die Säuberung im Dominikanerorden, wo so hervorragende Theologen wie M.-D. Chenu und Yves Congar mit großem Engagement ein neues Verhältnis der katholischen Kirche zur Welt, zur Arbeiterschaft, zur Ökumene und eine grundlegende Kirchenreform vertreten hatten[46]. Auch hier ohne alles rechtliche

Verfahren: Bücherverbote, Schreibverbote, Absetzungen, Versetzungen, ja zeitweilige Verbannung aus dem Heimatland.

So waren denn in kurzer Zeit alle führenden Männer der französischen Theologie, die sich gerade von der antimodernistischen Kampagne erholt und zusammen mit der französischen katholischen Literatur (Péguy, Bernanos, Claudel, Mauriac) einen unerhörten Aufschwung erlebt hatte, zum Verstummen gebracht worden durch einen Papst, der seine zahllosen Enzykliken und Ansprachen seinerseits von Hoftheologen, zumeist deutschen Jesuiten, geschrieben bekam. Erst unter dem früheren Pariser Nuntius Angelo Roncalli, dem späteren Johannes XXIII., wurden verschiedene der gemaßregelten Theologen als Berater zum Zweiten Vatikanischen Konzil berufen und so faktisch rehabilitiert, ohne daß man freilich das ihnen angetane ungeheure Unrecht jemals öffentlich eingestanden hätte. Die französische Theologie aber hat sich bis heute nicht von diesen Maßregelungen erholt, die ja auch in der nachkonziliaren Zeit – trotz der berühmten Konzilsrede des Kölner Kardinals Joseph Frings gegen die Methoden des Sanktum Offiziums – (vorsichtiger freilich) in nicht unwichtigen Einzelfällen erneut vorgenommen wurden und werden.

In Deutschland hatte vor allem der zunächst sehr angefeindete *Karl Rahner*, der mit ungewöhnlichem Mut der Nachkriegstheologie durch seine Vorstöße auf vielen theologischen Gebieten neue Tore öffnete, den Intentionen seines französischen Ordensbruders de Lubac zugestimmt: Kritik an der üblichen Stockwerktheorie und Betonung der einen einzig wirklichen übernatürlichen Heilsordnung mit einem einzig wirklichen Ziel für alle Menschen, der übernatürlichen Gottesschau. Aber die »reine Natur« mit einem rein natürlichen Lebensziel wollte Rahner – freilich nur als eine rein hypothetische Möglichkeit – beibehalten wissen. Er vertrat die Auffassung: Jeder Mensch, ob gläubig oder ungläubig, sei faktisch auf das übernatürliche Ziel ausgerichtet und deshalb von vornherein übernatürlich geprägt: zwar nicht durch ein übernatürliches Wesenskonstitutiv (»Essential«), wie de Lubac meinte, wohl aber durch ein faktisches übernatürliches »Existential«. Auch Rahner bekam in der Folge wegen anderer Fragen ernsthafte Schwierigkeiten mit dem römischen Lehramt und wurde zeitweilig direkt der römischen Ordenszensur unterstellt.

Der Schweizer *Hans Urs von Balthasar*, 1950 aus dem Jesuitenorden ausgetreten, aber von seinen Studien in Lyon her mit den französischen Jesuiten und besonders de Lubac verbunden, jetzt durch die Enzyklika »Humani generis« gewarnt, bezog in seinem großartigen und für eine ökumenische Theologie exemplarischen Buch »Karl Barth. Darstellung und Deutung seiner Theologie«[47] äußerst differenziert Stellung: Gegenüber Barth vertrat er die Auffassung, die Seinsanalogie (analogia entis) sei im authentischen katholischen Verständnis von einer Glaubensanalogie (analogia fidei) umfangen, wie es insbesondere der Münchner Fundamentaltheologe Gottlieb Söhngen Barth gegenüber schon in den frühen dreißiger Jahren vertreten hatte. Und was den von Barth stark angegriffenen Naturbegriff angehe, so könne der theologische Naturbegriff tatsächlich nicht aus dem Philosophischen abgeleitet, sondern nur aufgrund der Gnadenordnung im Glauben erkannt werden. So müsse dann ein inhaltlich gefüllter Naturbegriff (die konkrete Menschennatur) von einem formal-abstrakten »reinen« Naturbegriff (natura pura) unterschieden werden; dieser sei sein bloßer Grenz- und Hilfsbegriff, der inhaltlich gar nicht exakt anschaulich gemacht werden könne.

Dieser innerkatholische und ökumenische Streit stand für mich selbst im Hintergrund, als ich gegen Ende meiner Studien in Rom und Paris die *Dissertation »Rechtfertigung«* schrieb, die eine katholische Auseinandersetzung mit der Lehre von Karl Barth unternahm. Um so überraschender war es, daß nicht nur meine Pariser Lehrer Louis Bouyer und Guy de Broglie sowie Balthasar und Rahner, sondern auch konservative römische Jesuiten aus der Umgebung Pius XII. sich 1957 vor diese Arbeit stellten, die nicht nur eine fundamentale Übereinstimmung zwischen Barth und der recht verstandenen katholischen Lehre in der Rechtfertigung des Sünders, dem grundlegenden katholisch-protestantischen Kontroverspunkt, vertrat, sondern unter anderem auch die Reserve gegenüber der Terminologie »natürlich-übernatürlich« deutlich zum Ausdruck brachte[48]. Diese Arbeit vermied konstant jene Terminologie (statt abstrakt von menschlicher »Natur« wurde konkret vom »Menschen«, »Sünder«, »Christen« geredet). Und niemand stimmte damals in diesem Punkt dem »besonders zu begrüßenden Diskussionsbeitrag« deutlicher zu als ein anderer Theologe aus der jüngeren Generation, der Söhngen-Schüler Joseph Ratzinger: Er warnte davor, gerade beim Problem natura – supernaturale lehramtliche »Entscheidungen vortäuschen zu wollen, die noch gar nicht gefallen sind«[49]. Und er sah einen neuen Ausgangspunkt des Gesprächs gerade in dem Versuch, »eine allzu sehr in abstrakten Begriffen (natura – supernaturale, analogia entis – fidei) festgefahrene Diskussion auf ihre konkrete Mitte«, Jesus Christus nämlich, hinzuweisen: »von hier aus könnte und sollte das Gespräch in der Tat neues Leben erhalten«[50].

Nach dem Tod Pius' XII. 1958, der selbst seinen alltäglichen Lehramtsausübungen die Aura der Unfehlbarkeit zu verleihen verstand, und nach Einberufung des Zweiten Vatikanischen Konzils war der neue Gnadenstreit bald vergessen und die Terminologie »natürlich« – »übernatürlich« erstaunlich rasch weithin außer Gebrauch gekommen. Als Henri de Lubac seine Verteidigungsschrift, ausgearbeitet in den langen Jahren der Verfemung, schließlich am Ende des Konzils 1965 veröffentlichen konnte, interessierte man sich dafür kaum noch[51]. Dieselben Probleme stellten sich anders, und neue Probleme kamen dazu, für die auch der von de Lubac und Balthasar geübte Rückgriff auf die Vätertheologie und Thomas weder als notwendig noch als sehr hilfreich erschien.

Auch hier haben Inquisition und faktische Unfehlbarkeitsansprüche – wie schon so oft in der neueren Zeit – eine sachliche Diskussion lange verzögert und eine echte Lösung der Probleme verhindert. Was kann nun heute als *Ertrag des leidvollen innerkatholischen Gnadenstreites* für die Problematik der Natürlichen Theologie festgehalten werden?

1. Es gibt in Wirklichkeit *nur ein einziges von Gott bestimmtes Heilsziel* für alle Menschen (die glückselige Gottesschau) und deshalb nur eine einzige von Gottes Gnade bestimmte Heilsordnung.
2. Eine *»reine Natur«*, die nicht auf die Gottesschau ausgerichtet wäre, *existiert nicht*. Sie kann bestenfalls als reine Möglichkeit theologisch aus der bestehenden Gnadenordnung (als unanschauliche theologische Hilfskonstruktion) abstrahiert werden.
3. Es gibt also *keine doppelstöckige Wirklichkeit* aus einem »natürlichen« Unterbau reiner Vernunftwahrheiten und einem »übernatürlichen« Überbau reiner Glaubenswahrheiten; berechtigte Unterscheidungen zwischen Natur und Gnade, Vernunft und Glaube, Philosophie und Theologie müssen also innerhalb der einen ungeteilten Wirklichkeit gesehen und vollzogen werden.
4. Die abstrakten, aristotelisch bestimmten, vieldeutig-schillernden *Kategorien »natürlich« – »übernatürlich«* haben sich für eine differenzierte Lösung der hier anstehenden komplexen Probleme als *ungenügend* erwiesen.
5. Anstelle der abstrakten Rede im Schema »natürlich« – »übernatürlich« ist ein *konkretes Reden vom Menschen* (und nicht von der menschlichen »Natur«) *und von Gott* (und nicht von einer »Gottesschau«) erforderlich, das sich für Christen an der ursprünglichen christlichen Botschaft und am Verständnis des heutigen Menschen orientieren muß.

Die Seinsanalogie – das hat Balthasars Antwort auf Karl Barth gezeigt – meint nicht das Zusammenspiel von Gott und Mensch auf gleicher Ebene und ist nicht der eigentliche Kontroverspunkt zwischen Katholiken und Protestanten. Karl Barth ließ denn auch den einzigen, wie er damals meinte, ernsthaften Grund, weswegen er nicht katholisch werden könnte, stillschweigend fallen. Katholisch ist er freilich deshalb nicht geworden. Nur korrigiert hat er sich – nicht formell, aber faktisch. Beinahe wie in so vielen Dingen auch die Päpste.

Gotteserkenntnis der Nichtchristen

Rudolf Bultmann hatte Karl Barth zwar von Anfang an zugestimmt: Der Glaube ist die einzig mögliche Zugangsart zu dem Gott, der nur im Wort der Verkündigung durch seine Offenbarung vernehmbar wird. Aber »gleichwohl« ist für Bultmann »das Problem der natürlichen Theologie . . . nicht erledigt«[52]. Warum? Bei aller Betonung der Göttlichkeit Gottes war Bultmann – als Exeget und Religionswissenschaftler unter dem Einfluß der Existenzphilosophie Heideggers – schon immer sehr viel mehr als Barth an der menschlichen Existenz und ihrem Verstehen interessiert, was später im Programm der Entmythologisierung seine konsequente Fortsetzung fand. Was aber gibt ihm bezüglich der Natürlichen Theologie zu denken? *Drei Tatsachen*, die von Barth offensichtlich nicht genügend ernstgenommen werden und die auch von Bultmann selbst – aufgrund Barthscher Voraussetzungen – nur mit sehr viel »dialektischem« Hin und Her, Wenn und Aber und immer wieder mit letzten Einschränkungen zugegeben werden können:

Die *Tatsache des Verstehens*: Hat der Mensch nicht schon, bevor die christliche Verkündigung auf ihn trifft, ein Vor-wissen, ein Vor-verständnis von Gott?

Die *Tatsache der Weltreligionen*: Wird nicht auch außerhalb des Christentums von Gott und zu Gott geredet?

Die *Tatsache der Philosophie*: Beansprucht nicht auch die Philosophie, das Dasein des Menschen verstehen zu können?

Merkwürdigerweise kommt der Neutestamentler Bultmann hier auf die klassischen Texte zur *»natürlichen« Gotteserkenntnis im Neuen Testament* gar nicht zu sprechen. Schon der Heidenapostel *Paulus* war ja bekanntlich mit diesem Problem konfrontiert. Daß Gott existiert und von den Menschen faktisch erkannt wird, dies wird bei Paulus freilich nicht bewiesen. Aber es wird von ihm wie im ganzen Alten und Neuen Testament – und im übrigen in der ganzen katholischen Tradition und (anders als bei Barth) auch bei den Reformatoren! – als selbstverständlich vorausgesetzt. Die entscheidenden Kapitel des Römerbriefes enthalten nun allerdings keine optimistischen positiven Aussagen über die Heidenwelt im Sinn einer abstrakten Natürlichen Theologie, wie sie das Vatikanum I vorauszusetzen scheint. Paulus will ja nicht zum Verbleiben im Heidentum, sondern zum Glauben an die Heilsbotschaft Christi auffordern; obwohl Gottes Schöpfungsoffenbarung dazu ruft, hätten die Heiden – so lautet das globale Urteil des ersten Kapitels des Römerbriefes – Gott nicht verherrlicht und dankgesagt, sondern die Wahrheit »niedergehalten«. Aber – darin behält das Vatikanum I gegen Barth recht – eine faktische Gotteserkenntnis der Heiden ohne besondere Offenbarung steht nach Röm 1 eindeutig fest: Sie erkennen nicht nur einen »Götzen«, sondern den wirklichen Gott, »seine ewige Macht und Gottheit«[53].

Auch das dritte Kapitel des Römerbriefes tendiert – anders als eine katholische Natürliche Theologie – auf die Grundaussage hin, daß *alle* Menschen, Juden wie Heiden, unter der Herrschaft der Sünde stehen[54] und der Rechtfertigung in Christus Jesus bedürfen[55]. Doch ist damit nicht einfach ein Urteil über das Heil beziehungsweise Unheil des einzelnen Heiden abgegeben. Denn es wird hier nicht gefragt nach dem Schicksal der Heidenchristen, wie Barth im Anschluß an den späteren Augustin behauptet, und auch nicht nach dem Schicksal des einzelnen vorchristlichen Heiden, sondern nach Verantwortung und Schuld der beiden Gruppen der vorchristlichen Menschheit, der (wirklichen) Heiden und der Juden. Der positivere Unterton ist dabei in Röm 2 unüberhörbar. Des Paulus grundlegende Aussage ist: »Preis aber und Ehre und Friede *einem jeden*, der das Gute vollbringt, dem Juden zuerst und auch dem Griechen. Denn: bei Gott ist kein Ansehen der Person[56]!« Deshalb kommt es *letztlich* nicht darauf an, wer eine besondere und wer keine besondere Offenbarung (»Gesetz«) erhalten hat – eine für jeden Juden ärgerniserregende Aussage. Ob mit »Gesetz« oder ohne »Gesetz«: »Nicht die Hörer des Gesetzes sind gerecht, sondern die Täter des Gesetzes werden gerechtgesprochen werden[57].« Wie aber können Menschen, denen die besondere Offenbarung, das »Gesetz«, nicht verkündet wurde, »Täter des Gesetzes« sein? Des Paulus Antwort: weil »das Werk des Gesetzes in ihre Herzen geschrieben ist, indem auch ihr Gewissen dies bezeugt«[58]. Und das heißt: »Immer wenn die Heiden, die das Gesetz nicht haben, aus sich tun, was das Gesetz enthält, dann sind diese, die das Gesetz nicht haben, sich selbst Gesetz[59].«

Gerade weil die positiven Aussagen des Paulus über die Nichtchristen in einem negativen Zusammenhang – ihre Unentschuldbarkeit – stehen, ist heute zu fragen, ob die positiven Aussagen nicht angesichts einer grundlegend veränderten Problemstellung in unsere neue Situation hinein übersetzt werden müssen. Schließlich leben wir nicht mehr in der Naherwartung des Endes wie Paulus, der es deswegen für notwendig hielt, zu seinen Lebzeiten noch allen Menschen die Botschaft zu predigen. Schließlich ist unsere Welt nicht mehr die beschränkte, überschaubare Welt des Mittelmeerraums wie für Paulus, der es deswegen auch für möglich hielt, zu seinen Lebzeiten allen Menschen die Botschaft zu predigen. Schließlich wissen wir heute, daß schon die vorchristliche Menschheit unendlich viel älter und größer und die ganze bewohnte Erde unendlich viel weiter war, als Paulus und seine Zeitgenossen auch nur ahnen konnten. Historisch und erst recht geographisch erweist sich die Christenheit in der Menschheit als Minderheit. Soll das keinen Einfluß haben auf die Beurteilung der Menschen, die die Verkündigung des Evangeliums entweder überhaupt nicht oder nicht in der richtigen Weise erreicht?

Bereits im Neuen Testament selber ist eine Bewegung hin auf eine positivere Interpretation erkennbar. Man vergleiche nur Paulus mit dem um eine Generation später lebenden Lukas, der nicht mehr von der Naherwartung ausging: Die von Lukas selbst in seiner *Apostelgeschichte* redigierten Missionsreden des Paulus in Lystra[60] und Athen[61] sprechen von den Heiden zweifellos positiver. Selbstverständlich sind diese Reden auch hier nie Aufruf zum Bleiben im Heidentum, sondern zur Bekehrung der Heiden, zum

Glauben an den wahren Gott[62]. Aber offenkundig ist zugleich das Bestreben, die Heiden soweit als irgendwie möglich zu entschuldigen: Gott hat »in der vergangenen Zeit alle Heiden ihre Wege gehen lassen«[63], hat »über die Zeiten der Unwissenheit hinweggesehen«[64]. Davon, daß die Heiden – wie Röm 1, 20 – »unentschuldbar« seien, ist keine Rede mehr. Ausdrücklich sagt der lukanische Paulus in Lystra, daß Gott sich den Heiden »nicht unbezeugt gelassen« hat, indem er ihnen die Gaben der Schöpfung austeilt und ihre Herzen mit dankbarer Freude erfüllt[65].

Darüber hinaus anerkennt Paulus nach lukanischer Darstellung in Athen ein religiöses Anliegen, eine Scheu vor den Göttern[66] und darin – in der Verehrung des unbekannten Gottes – eine dunkle, unbewußte Ahnung Gottes[67]. Und war diese Ahnung auch mißgeleitet (in Tempelkult[68], Verkennen von Gottes Bedürfnislosigkeit[69], Bilderkult[70], so daß die Heiden in »Unwissenheit« sind und »Buße tun sollen«[71]), so sind sie doch auch ohne die christliche Verkündigung nicht gottlos und gottverlassen. Denn Gott ist – was schon in Röm 1–2 zum Ausdruck kommt und hier durch die Betonung der Einheit des Menschengeschlechts[72] verstärkt wird – einem jeden Menschen nahe: »nicht fern von einem jeden von uns; denn in ihm leben, weben und sind wir, wie auch einige von euren Dichtern gesagt haben: seines Geschlechtes sind wir ja auch«[73]. Der Hebräerbrief bezeugt ohne Erwähnung einer besonderen Wortoffenbarung den Glauben von Abel[74], Henoch[75] und der Dirne Rahab[76].

Nach dem *Johannesprolog* schließlich ist der göttliche Logos schon in der Schöpfung, die durch ihn geworden ist, Leben und Licht für die Menschen in der Finsternis[77]. Der Schöpfer ist zu gleicher Zeit auch der Offenbarer. Der Logos hat eine universale Offenbarungsfunktion: »Das wahre Licht, das *jeden* Menschen erleuchtet, kam in die Welt«[78]. Aber »die Welt erkannte ihn nicht«[79]. Zu unterscheiden ist hier offenkundig zwischen der überall und zu allen Zeiten geschehenen Erleuchtung durch das bei Gott seiende Wort einerseits und andererseits der Berufung der Gemeinde zu Gott durch den Menschen Jesus.

Heimliche Korrektur: nochmals Karl Barth

Im letzten noch vollständigen Band seiner »Kirchlichen Dogmatik« – dem dritten Teil seiner Versöhnungslehre (1959) – kommt Barth auf die Frage der Natürlichen Theologie zurück, die er in seinen ersten Bänden so polemisch-negativ gegen katholische Theologie und Vatikanum I behandelt hatte. Genau 40 Jahre sind seit seinem »Römerbrief« und genau 25 Jahre seit der Bekenntnis-Synode von Barmen vergangen, und nochmals entwickelt Barth die »harte« exklusive These: Jesus Christus »ist das *eine*, das *einzige* Licht des Lebens«![80]

Aber trotz aller Bestätigung und Bekräftigung der Exklusivität der christlichen Offenbarung – das Problem ließ sich jetzt für Barth nach seiner vielbändigen Schöpfungstheologie nicht mehr umgehen: Wie verhält sich das eine und einzige Licht zu den anderen Lichtern, das eine und einzige Wort Gottes zu den anderen Worten, die – so Barth jetzt nachdrücklich – in ihrer Kreatürlichkeit »dennoch wahre Worte«[81] sind oder zumindest sein können? Man fragt sich: Welche Worte bilden hier das Problem? Selbstverständlich nicht die biblischen oder kirchlichen Worte. Denn Schrift und kirchliche Verkündigung sind für Barth – dies hatte er schon in den Prolegomena zur Dogmatik breit dargelegt[82] – nur die beiden anderen, abgeleiteten Gestalten des Wortes Gottes. Wohl aber die *»profanen« Worte* und die *»Lichter« der Schöpfungswelt: Wie verhalten sie sich zu dem einen Wort und dem einen Licht?*

1. Zu den *»profanen« Worten* der Nichtchristen oder auch der nicht bewußten Christen: Jesus Christus ist das eine Wort Gottes – das ist für Barth ein exklusiver Satz. Bibel und Kirche sind Wort Gottes – das ist für ihn kein exklusiver Satz! Das heißt: Jesus Christus ist weder in die Buchdeckel der Bibel noch in die Mauern der Kirche eingeschlossen. Er ist als der Auferweckte der Herr der Welt und kann sich auch außerhalb von Schrift und Kirche Zeugen erwecken. Sollten solche »profanen« Worte freilich ebenso wahr sein wie das eine Wort, müßten sie in ihrer eigenen Sprache dasselbe aussagen; müßten also auch sie in irgendeiner Weise reden von Gottes Gnade, Vergebung, Heiligung, Versöhnung und von des Menschen Glauben und Gehorsam. Nach Barth darf die christliche Gemeinde getrost mit solchen Worten außerhalb der Kirchenmauern rechnen, weil die Sache Jesu Christi nicht nur an der Kirche hängt; weil Gott in Christus nicht nur die Kirche, sondern die Welt versöhnt hat; weil Gott auch außerhalb der Kirchenmauern tätig ist! Freilich: Die von draußen vernommenen wahren Worte werden nie das Wort der Mitte aussprechen. Sie können nur einen Aspekt beleuchten und sich auf keinen Auftrag berufen. Die Kirche soll indessen wachsam prüfen, ob diese Worte mit dem einen Wort in Beziehung stehen und dieses »draußen« nicht besser und früher bezeugt wird als »drinnen«, von der Kirche selbst. Kriterium der Prüfung: ob diese Worte mit der Heiligen Schrift und (unter gewissen Vorbehalten) auch mit dem kirchlichen Dogma übereinstimmen, ob die Früchte dieser Worte draußen gut und ihre Wirkungen in der Gemeinde positiv sind. Verbindlich jedenfalls können sie nur zu einem geringen Teil sein.

2. Zur *»Geschöpfwelt«*, »die ihre eigenen *Lichter* und *Wahrheiten* und insofern ihre *Sprache*, ihre *Worte* hat«: »Es ist wie ihr Bestand so auch ihr Selbstzeugnis, es sind ihre Lichter durch die Verkehrung des Verhältnisses zwischen Gott und dem Menschen durch dessen Sünde, Hochmut, Trägheit und Lüge nicht ausgelöscht. Wie verkehrt der Mensch sie auch sehe und

verstehe: sie leuchten ihm, er sieht und versteht sie auch, er hört auch in der tiefsten Tiefe seiner Verkehrtheit nicht auf, sie zu sehen und zu verstehen. Und so sind sie auch durch das Leuchten des einen wahren Lichtes des Lebens, durch die Selbstoffenbarung Gottes in Jesus Christus zwar entdeckt und gekennzeichnet als Lichter, Worte und Wahrheiten des geschaffenen Kosmos und also im Unterschied zu jenem als *geschaffene* Lichter[83].«

Es ist erstaunlich, wie positiv der frühere Ankläger der Natürlichen Theologie und der »Analogia entis« von den Lichtern, Worten, Wahrheiten der Schöpfungswelt spricht! Sogar die »fatalen modernen Ausdrücke ›Schöpfungsoffenbarung‹ oder ›Uroffenbarung‹ könnten hier« nach Barth »einen eindeutigen und guten Sinn ... bekommen«[84]. Freilich versucht Barth an seinen ursprünglichen Ausgangspositionen festzuhalten: Im Gegensatz zum Römerbrief des Paulus und zur Apostelgeschichte offenbaren für ihn die Lichter, Worte und Wahrheiten der Schöpfung nicht Gottes ewige Kraft und Gottheit, sondern nur die Linien, Kontinuitäten, Konstanten und Schemata des geschöpflichen Seins (wie Füreinander-Dasein, Rhythmus und innere Gegensätzlichkeit des Lebens, Gesetze der Natur und des Geistes usw.). Im Gegensatz zu Römerbrief und Apostelgeschichte offenbaren die Lichter, Worte und Wahrheiten der Schöpfung also Gott nicht durch ihr eigenes Licht, sondern nur gleichsam als – die christliche Offenbarung reflektierende – Rücklichter. Es verwundert deshalb nicht, daß Barth in diesem Abschnitt zwar verschiedentlich die Schrift zitiert, die klassischen Stellen zur Schöpfungsoffenbarung aus Römerbrief und Apostelgeschichte aber verschweigt. Allzu offenkundig wäre es sonst geworden, wie folgenreich (aber letztlich inkonsequent) *Barth seine frühere Position korrigiert hat*, ohne dies freilich – anders als der alte Augustin mit seinen »Retractiones« (frei übersetzt: »Rückzieher«) – öffentlich einzugestehen[85].

Will man Barths und auch Bultmanns Anliegen ernstnehmen und doch nicht bei ihnen stehenbleiben, so wird man folgendes als *Ertrag der Diskussion um die Dialektische Theologie* festhalten können:

1. Die *Bibel* bezeugt von Anfang bis Ende nicht des Menschen Gottesbeweis, sondern *Gottes Selbsterweis*: seine Offenbarung.

2. *Gott begegnet* mir also nach biblischem Verständnis *im Wort der Verkündigung*: Gott selber hat dabei die Initiative; die Begegnung mit ihm ist sein Geschenk; wir erkennen ihn, sofern er sich zu erkennen gibt, sich offenbart.

3. Vom *Menschen* wird dabei *nicht eine neutrale Stellungnahme* erwartet: er soll nicht Gott beweisen, sondern sich auf sein Wort vertrauend einlassen; wir erkennen ihn, indem wir ihn anerkennen; wir wissen, indem wir *glauben* (credo ut intelligam).

4. Aber deshalb darf die *Forderung nach Bewahrheitung des Gottesglaubens* vom Theologen nicht von vornherein abgewiesen werden. Nicht jeder Ver-

such einer Bewahrheitung, Verifikation des Redens von Gott ist schon ein selbstmächtiges vernunftmäßiges Verfügenwollen über Gott, eine Vergegenständlichung, Objektivierung Gottes.
5. *Theologisch-sachlich gesehen* steht *Gott am Anfang* aller Dinge; er hat den Primat. Aber *theologisch-methodisch* kann man bei den *Fragen des heutigen Menschen* einsetzen und auf Gott hin fragen; Seinsordnung und Erkenntnisordnung müssen nicht notwendig übereinstimmen.
6. Die Verkündigung des Wortes Gottes darf *nicht* zur *reinen Bedürfnistheologie* verkommen, worin die Bedürfnisse des Menschen der alles beherrschende Gesichtspunkt werden. *Aber* die *Bedürfnisse*, die Ängste und Sehnsüchte des Menschen dürfen *methodischer Ausgangspunkt* des Fragens nach Gott sein, gerade um sie von der biblischen Botschaft her kritisieren, korrigieren und vertiefen zu können.
7. Die *biblische Botschaft* ist *entscheidendes Kriterium* aller Rede von Gott. Aber nicht jede Rede von Gott ist von der biblischen Botschaft abhängig.
8. Nach den schon das Alte und dann erst recht das Neue Testament durchziehenden Zeugnissen ist es unmöglich zu behaupten, die Bibel zeige gegenüber den nichtchristlichen Religionen eine rein negative Haltung und exklusive Intoleranz. Der *Gott der Bibel* erscheint zunehmend nicht nur als Gott der Juden und Christen, sondern als *der Gott aller Menschen*.
9. Die *negativen Aussagen* über Irrtum, Finsternis, Lüge, Sünde der nichtchristlichen Welt gelten dem Heidentum, das sich der christlichen Botschaft verweigert: keine definitiven Verdammungsurteile, sondern deutliche *Aufforderung zur Bekehrung*. Das Schicksal der mit der christlichen Verkündigung nicht konfrontierten Menschen interessiert die Bibel nur indirekt.
10. Die *positiven Aussagen* der Bibel über die nichtchristliche Welt zeigen, daß es eine ursprüngliche Bekundung Gottes an die ganze Menschheit gibt: *Auch Nichtchristen können den wirklichen Gott erkennen*, was die Schrift als Offenbarung Gottes in der Schöpfung versteht. In diesem Sinne ist Gott auch den Nichtchristen nahe.

Christen reden vom und zum wirklichen Gott. Können auch Nichtchristen vom und zum wirklichen Gott reden ...? Jetzt reden wir selber plötzlich so selbstverständlich von Gott, als ob wir schon Gewißheit hätten, daß Gotteserfahrungen von Christen und Nichtchristen mehr sind als Selbsterfahrungen, daß der wirkliche Gott also wirklich existiert. Aber existiert Gott?

Das Gespräch über Gottes Existenz soll mit jedem Menschen, Christen oder Nichtchristen, geführt, und die Erfahrungen des Gesprächspartners sollen einbezogen werden können. Es geht durchaus um die Wahrheit des Gottesglaubens, wie schon in der Auseinandersetzung mit dem Atheismus hervorzuheben war. Aber: die *Wahrheit des Gottesglaubens* darf nicht nur behauptet, sie *muß bewahrheitet werden*. Man appelliert an die »Offenbarung«. Aber ist Offenbarung eine unbegründete Voraussetzung und so vielleicht doch nur eine Illusion oder ein ideologischer Überbau? Oder auch einfach nur ein äußeres Lehrgesetz, das der Mensch, verstanden oder nicht, schlicht zu akzeptieren hat? Soll ich mit meiner Vernunft einfach abdanken, meinen Verstand einfach opfern (»sacrificium intellectus«)? Nein, die Theologie darf den Forderungen nach Bewahrheitung des Gottesglaubens nicht ausweichen:

- *Kein blinder, sondern ein* verantwortbarer Glaube: *Der Mensch soll nicht geistig vergewaltigt, sondern mit Gründen überzeugt werden, damit er eine verantwortete Glaubensentscheidung fällen kann.*
- *Kein wirklichkeitsleerer, sondern ein* wirklichkeitsbezogener Glaube: *Der Mensch soll nicht ohne Verifikation einfach glauben müssen. Sondern seine Aussagen sollen im Kontakt mit der Wirklichkeit, im Erfahrungshorizont des Menschen und der Gesellschaft von heute sich bewahrheiten und bewähren und sollen so durch die konkrete Erfahrung der Wirklichkeit gedeckt sein.*

Heißt dies alles: die Existenz Gottes kann bewiesen werden? Gibt es wirklich Gottesbeweise?

III. Gott beweisen?

Gottesbeweise haben heute viel von ihrer Überzeugung, wenig aber von ihrer Faszination eingebüßt. Immer noch üben sie eine stille, geheime Anziehungskraft auf denkende Menschen aus. Existiert Gott? Das muß sich doch beweisen lassen! Unwiderlegbar, rational, jedem einsichtig. Mag sein: Gottesbeweise sind heute als Beweise gescheitert, tot. Aber noch als gescheiterte und tote nötigen sie den Nachgeborenen Respekt ab. Und nicht wenige hat an der Bahre der Gottesbeweise ein wehmütiger Trotz ergriffen: Es müßte doch möglich sein! Was möglich und was nicht möglich ist hinsichtlich der Gottesbeweise, darum geht es uns in diesem Abschnitt[1].

1. Argumente pro und contra

Die Gottesbeweise haben eine *imponierende Tradition*: Größte Geister der Menschheit haben sich um sie bemüht. Grundgelegt sind sie bei den »Heiden« Platon und Aristoteles; beheimatet im Christentum wurden sie vor allem durch Augustin; umfassend systematisiert dann im Mittelalter durch Thomas von Aquin; neu durchdacht in der Neuzeit – im Anschluß an Anselms »ontologisches« Argument – von Descartes, Spinoza, Leibniz und Wolff; aber dann allesamt radikal in die Krise geführt und durch ein moralisches »Postulat« ersetzt von Kant, schließlich spekulativ umgedeutet von Fichte und Hegel und endlich neuscholastisch restauriert im Neuthomismus.

Argumente pro

Was genau ist hier die Frage? Nicht nur, daß Gott grundsätzlich erkennbar ist, wie vom Vatikanum I definiert. Andererseits auch nicht, daß Gott unmittelbar erfahrbar ist, wie in Pascals Mémorial zum Ausdruck gebracht. Sondern daß Gottes Existenz grundsätzlich und faktisch beweisbar ist: Die Gottesbeweise wollen *Gott* beweisen: Sie haben nicht nur – wie das Grundvertrauen – die Wirklichkeit von Welt und Mensch, die Wirklichkeit überhaupt, zum Gegenstand, sondern einen möglichen Urgrund, Urhalt und Ursinn der Wirklichkeit, den wir Gott nennen.

Die Gottesbeweise wollen Gottes *Existenz* beweisen: Sie wollen nicht nur sagen, wie man von Gott, seinem Verhältnis zu Welt, Mensch, Erkennen und Streben reden könne, sondern sie wollen die harte Frage beantworten, ob Gott ist.

Die Gottesbeweise wollen Gottes Existenz *beweisen*: Sie wollen nicht nur bloße Hinweise, Denkmöglichkeiten, Wahrscheinlichkeitsschlüsse bieten, sondern einen Beweis, das heißt eine Gedankenfolge, die durch logische Verbindung bekannter Sätze ein Unbekanntes erschließt.

Die Gottesbeweise gehen meist von einer unmittelbar einsichtigen äußeren oder inneren Erfahrung aus, von der her sie mittels methodisch reflektierter, streng logisch schlußfolgernder Denkschritte Gottes Existenz einleuchtend machen wollen. Ein allgemeines metaphysisches Prinzip soll dabei als Brücke dienen: *aus der erfahrbaren in die transzendente Wirklichkeit hinein*, vom Endlichen zum Unendlichen. Wie ist ein solcher Brückenschlag möglich?

Für *Platon*, der als erster das Wort »Theologia« prägte, war dies möglich, weil nach ihm alle Dinge teilhaben an den ewigen Ideen und diese wiederum an der alles belebenden, einzigen, höchsten Idee des Guten: Gott also als das Gute schlechthin, als die Sonne in der reinen Lichtwelt der Ideen, das Urgute, welches zugleich das Urschöne, das unbedingt Eine, der Geist und der Weltbildner ist.

Aristoteles, der die Gottesbeweise in streng wissenschaftliche Form brachte, ging von der Analyse der empirischen Wirklichkeit aus und fragt nach Wirk- und Zielursache: Gott als erster unbewegter Beweger und Ziel, Gott als reine Wirklichkeit, lautere Aktualität, Denken seiner selbst in alle Ewigkeit und Urgrund der Weltordnung.

Für *Augustin* erklärt nur die Existenz einer höchsten, ewigen, unwandelbaren Urwahrheit die im Menschengeist gegebenen unwandelbaren Wahrheiten, erklärt nur ein göttlicher Künstler das Kunstwerk der Welt, erfüllt nur Gott als höchstes Gut den unstillbaren Glückseligkeitsdrang des Menschen.

Nach *Anselm von Canterbury* aber, und dann auch nach Descartes, Leibniz und Wolff, wird nicht nur aus Dasein, Güte und Gradverschiedenheit der Dinge Gottes Existenz bewiesen, sondern schon aus dem bloßen Denken: aus der Idee eines vollkommensten oder absolut notwendigen Wesens, die notwendig dessen Existenz einschließt.

Und *Kant* endlich beweist nicht mehr theoretisch, sondern »postuliert« praktisch die Existenz Gottes: als Möglichkeitsbedingung der Versöhnung der Sittlichkeit mit dem Glücksstreben des Menschen.

Schon Thomas von Aquin hatte im Rückgriff auf Platon, Aristoteles, Augustin und Anselm »fünf Wege«[2] zu Gott unterschieden, die sich aber zum

Teil aufeinander zurückführen lassen. Heute unterscheidet man, sachlich und terminologisch im Anschluß an Kant, meist *vier klassische Gottesbeweise*, die auf die verschiedenen Traditionen zurückgreifen und sich in vielfacher Weise konkretisieren lassen. Wenn man es schematisch sagen will:

a. Der *kosmologische* Gottesbeweis: Man geht aus vom Phänomen der Bewegung, Veränderung, Verursachung in der äußeren Erfahrungswelt. Dann schließt man, da ein endloses Zurückgreifen sinnlos ist, mit Hilfe des Kausalitätsprinzips auf eine *erste Ursache*.

b. Der *teleologische* (physiko-theologische) Gottesbeweis: Man geht aus von der Ordnung, Zweckmäßigkeit, Zielstrebigkeit, der drängenden Dynamik alles Naturgeschehens (neuerdings auch des Menschengeistes, der im Endlichen unerfüllt bleibt). Dann schließt man mit Hilfe des Finalitätsprinzips, das eine intendierte Zielgerichtetheit annimmt und eine pure Zufälligkeit alles Geschehens ausschließt, auf einen *Weltordner* und *Weltschöpfer* (beziehungsweise ein höchstes Ziel).

c. Der *ontologische* Gottesbeweis: Man geht aus von dem (einem jeden Menschen eingeborenen) Begriff Gottes als des vollkommensten oder notwendigen Wesens. Dann schließt man – hier ohne Rückgriff auf empirische Erfahrung (= a priori) – auf die Existenz dieses Wesens, die zu dessen Vollkommenheit und Notwendigkeit einfach dazugehört.

d. Der *moralische* Gottesbeweis: Man geht aus von der Notwendigkeit, die (unbedingt gebotene) Sittlichkeit und das Glückseligkeitsstreben des Menschen zur Übereinstimmung zu bringen. Von daher kann man Gottes Existenz zwar nicht streng demonstrieren, wohl aber als praktisch, moralisch notwendig »postulieren«: Gott als *Möglichkeitsbedingung des höchsten Gutes*.

Die Schwierigkeiten

Wenn nun aber alle diese Gottesbeweise – oder zumindest die ersten drei – logisch zwingend sein sollen, warum wird dann doch kein einziger von ihnen allgemein angenommen? Oder zwingen sie vielleicht den Verstand doch nicht so wie etwa die Beweise für den Satz des Pythagoras oder für die Tatsache, daß die Erde sich um die Sonne dreht? Selbst neuscholastische Verteidiger der Gottesbeweise halten heute nicht mehr an deren intellektueller Erzwingbarkeit fest: »Erzwingbarkeit hat also einen nur sehr relativen Stellenwert; im philosophischen Bereich, höchstens in der philosophischen Theologie, kann und darf sie sich völlig verlieren. Also läßt selbst theoretische Gotteserkenntnis dasjenige intakt, worauf es dem religiösen Menschen unbedingt ankommt: die ›Funktion‹ der freien Hingabe« (H. Ogiermann[3]). Und J. Schmucker spricht bezüglich der »praktischen Wirksamkeit der traditionellen Gottesbeweise« gar von einem »förmlichen Fiasko«[4]. Gegen die Übertreibungen einer Natürlichen Theologie, die meint, Gottes Existenz und sogar die Eigenschaften seines Wesens rein rational beweisen zu können, sind die Einwände gewaltig angeschwollen:

a. Kann ein *Beweis* Gott beweisen? Kann man in eigentlichen »Lebensproblemen« (Wittgenstein) operieren wie in technischen oder wissenschaftlichen Fragen? Kann man in solchen Lebensfragen mit einer rein rationalen Gedankenfolge, die durch logische Verbindung bekannter Sätze ein Unbekanntes erschließt, überhaupt etwas erreichen? Läßt sich durch logisch schlußfolgernde Denkschritte gerade die Existenz Gottes anbeweisen, so daß am Ende die nicht nur wahrscheinliche, sondern unbedingt gewisse Einsicht in die Existenz Gottes steht? Wird ein solcher Beweis nicht bestenfalls eine ingeniöse zerebrale Gedankenkonstruktion für philosophische und theologische Fachleute, die aber für den Durchschnittsmenschen abstrakt bleibt, undurchschaubar und unkontrollierbar, ohne Überzeugungskraft und Verbindlichkeit? Ist heute nicht gerade das universal gültige Kausalitätsprinzip (und erst recht das Finalitätsprinzip) in seiner Anwendung sowohl in der Naturwissenschaft (als physikalisches Kausalitätsgesetz) wie in der Philosophie umstritten? Setzen solche Prinzipien im Zusammenhang des Gottesbeweises nicht bereits voraus, was sie beweisen wollen? Und mit welchem Recht wird eigentlich ein Rückgriff auf eine unendliche Reihe oder auch auf den Zufall reiner Faktizität ausgeschlossen? Ist nicht vielleicht die Erscheinungswelt in ihrer Gesamtheit das Absolute? Kann nicht auch Entwicklung, Unvollkommenheit, Endlichkeit zum Absoluten gehören? Läßt sich schließlich nicht zu jedem Beweis für Gott ein gleichwertiger Gegenbeweis erstellen?

b. Kann in einem Beweis Gott noch *Gott* sein? Behandelt man Gott so nicht wie einen physikalischen oder mathematischen Gegenstand? So wie einen fernen Stern, dessen Dasein objektiv neutral errechnet werden kann, ohne daß man ihn je gesehen hätte? Erreicht man mit einem »smart syllogism« (J. H. Newman) wirklich Gott? Wird Gott durch ein solches Schluß-Verfahren nicht zu einem beliebigen Ding erniedrigt, das mit menschlichem Scharfsinn er-schlossen, ent-deckt werden könnte? Ein »Ob-jekt« also, »entgegen-gesetzt« dem Subjekt, uns äußerlich und durch eine logische Schlußkette gleichsam aus dem Jenseits herbeizuholen? Ist ein derart verobjektivierter, bewiesener Gott überhaupt noch Gott?

c. Kann die *Vernunft des Menschen* so weit reichen? Hat sich seit Kants Kritik der reinen Vernunft die Erkenntnis nicht durchgesetzt, daß die Reichweite unserer theoretischen Vernunft beschränkt ist? Kann die reine Vernunft überhaupt über die Phänomene, den Bereich der Erscheinungen, hinaus zu den »Dingen an sich« vorstoßen? Bleibt sie nicht an den menschlichen Erfahrungshorizont gebunden, so daß sie nur unrechtmäßigerweise über die Grenzen der möglichen Erfahrung hinausgreifen kann? Oder kann im menschlichen Erkenntnisprozeß die empirische Erfahrung so ausgeschlossen werden, wie man dies im ontologischen Argument versucht?

Wird hier nicht unberechtigt von der idealen auf die reale Ordnung, von der Denkmöglichkeit (Denknotwendigkeit) eines vollkommensten oder notwendigen Wesens auf seine reale Existenz geschlossen? Sind somit durch Kants methodische Kritik des ontologischen, aber auch des kosmologischen und des teleologischen Gottesbeweises der theoretischen Vernunft nicht die Beweise für die Existenz Gottes gänzlich aus der Hand geschlagen worden? Ist die Vernunft in dem – von Kant nicht geleugneten – metaphysischen Bereich zu mehr fähig als zu regulieren und zu ordnen, ohne die Wirklichkeit selber erschließen zu können?

Man kann sich diesen Einwänden kaum ganz verschließen und wird zugeben müssen:

- *Wie sich in der Auseinandersetzung mit dem Nihilismus gezeigt hat*[5], *gibt es* keinen evidenten Unterbau der Vernunft, *auf welchem sich der Glauben gründen ließe: Der Zweifel ist nicht erst bei einem »übernatürlichen« Überbau möglich. Er setzt schon bei der Fraglichkeit des menschlichen Daseins und der Wirklichkeit überhaupt ein.*
- *Die* Wirklichkeit Gottes, *wenn er existieren sollte, ist in der Welt jedenfalls* nicht unmittelbar gegeben: *Einen Gott, den es »gibt«, gibt es nicht! Er gehört nicht zu den in der Erfahrung problemlos vorfindbaren Objekten. Eine direkte Erfahrung Gottes ist nicht gegeben. Auch nicht eine unmittelbare Intuition (»Ontologismus« N. Malebranches, V. Giobertis, A. Rosminis).*
- Ohne Rückgriff auf die empirische Erfahrung *(= a priori), allein aus dem* Begriff *Gottes (als eines notwendigen oder absolut vollkommenen Wesens) läßt sich nicht seine notwendige* Existenz *erschließen: Der »ontologische« Gottesbeweis (Anselm von Canterbury, Descartes, Leibniz), der den Umweg über die Selbst- und Welterfahrung vermeidet, setzt einen ungebrochenen Begriffsrealismus voraus*[6].
- *Bei allen* Gottesbeweisen aus der Erfahrung *(= a posteriori) fragt sich immer, ob sie den Überschritt vom »Sichtbaren« zum »Unsichtbaren«, in die Transzendenz jenseits der Erfahrung, schaffen: Sowohl die verschiedenen Varianten des kosmologischen (Gott als Wirkursache) wie des teleologischen (Gott als Weltenordner oder Finalursache) Gottesbeweises lassen Zweifel aufkommen, ob sie wirklich zu einem letzten, mit Ich, Gesellschaft und Welt nicht identifizierbaren Grund oder Ziel gelangen (beziehungsweise den Regreß ins Unendliche ausschließen).*
- *Der Glaube an Gott kann nicht unter Vernachlässigung der existentiellen Komponente einem Menschen anbewiesen werden, so daß dieser vom Glauben dispensiert statt zum Glauben herausgefordert wäre: Eine rein rationale Demonstration der Existenz Gottes, die allgemein zu überzeugen vermöchte, gibt es nach den bisherigen Erfahrungen nicht.* Gottesbeweise *erweisen sich faktisch – wie immer man über die »Möglichkeit«*

der Gotteserkenntnis im Sinne des Vatikanum I denkt – als nicht für jedermann zwingend. Kein einziger Beweis wird allgemein akzeptiert.

Der nichtbeweisbare Gehalt

Trotzdem: man mache es sich nicht zu leicht mit den Gottesbeweisen. Bei allen legitimen philosophischen Bedenken sind sie noch immer eine Herausforderung des Denkens, die nicht vernachlässigt werden darf. Selbst der Philosoph Karl Jaspers verlangte: »Nach der großartigen Widerlegung aller Gottesbeweise durch Kant, nach der gedankenreichen, aber bequemen und falschen Wiederherstellung der Beweise durch Hegel, nach dem neuen Interesse für die mittelalterlichen Gottesbeweise ist heute eine neue philosophische Aneignung der Gottesbeweise eine dringende Notwendigkeit[7].«

Zugegeben: Sofern Gottesbeweise beweisen wollen, sagen sie nichts. Aber: Sofern Gottesbeweise Gott zur Sprache bringen, sagen sie viel. Als fixe Antworten sind sie unzureichend, als offene Fragen indessen unabweisbar. Kein Zweifel: Der *Beweischarakter der Gottesbeweise* ist heute *erledigt. Nicht aber ihr Gehalt:* und gerade um den nicht beweisbaren Gehalt der Gottesbeweise geht es! Was ist damit gemeint? Was später klarer werden soll, sei hier vorläufig angedeutet.

Der *kosmologische Gottesbeweis* hatte nach der Wirkursache aller Veränderung und Bewegung gefragt. Aber eine erste Ursache scheint sich nicht streng logisch beweisen zu lassen, da ja die Brücke des Kausalitätsprinzips sich mit ihrem anderen Pfeiler im unfaßbaren Unendlichen verliert, von dem durchaus nicht sicher ist, ob es Fülle oder Leere bedeutet.

Trotzdem wird man nachdenklich: Soll uns das Endliche in ein unendliches Zurückfragen versinken lassen? Setzt nicht auch schon das naturwissenschaftlich wie philosophisch nur beschränkt anwendbare Kausalitätsgesetz einen – zwar nicht beweisbaren! – Grund- und Wirkzusammenhang in der Welt voraus? Müßte man sonst nicht die Grund- und Haltlosigkeit der gesamten Wirklichkeit voraussetzen und sich somit zum Nihilismus – freilich eine ernsthafte Alternative – bekennen? Wäre also zur Klärung eines Grund- und Wirkzusammenhanges die Annahme einer ersten Ursache von allem, einer Ursache aller Ursachen, vielleicht doch vernünftiger? Und bedeutete, genauer überlegt – wenn Gott als das letztlich Begründende und Verursachende verstanden wird –, die Annahme einer Ursache aller Ursachen nicht auch schon (wenn auch nur unter einem bestimmten blassen Aspekt) die Annahme Gottes? Eine (nicht unvernünftige und noch weiter zu überdenkende) Annahme der Existenz Gottes also ohne Gottesbeweis? Diese Frage jedenfalls legt der kosmologische Gottesbeweis nahe, auch wenn er sie für uns nicht zwingend beantworten kann.

Der *teleologische Gottesbeweis* hatte nach der Zweckmäßigkeit und Zielgerichtetheit aller Dinge und besonders des Menschengeistes gefragt. Aber ein höchstes Ziel (oder ein höchster Ordner) ließ sich nicht allgemein überzeugend rational beweisen, da auch das Finalitätsprinzip ins unfaßliche Unendliche hinausweist, von dem wiederum nicht feststeht, ob es Fülle oder Leere, Gott oder das Nichts bedeutet.

Trotzdem wird man erneut nachdenklich: Soll uns das Endliche in ein unendliches Hinausfragen treiben? Dürfen wir – ebenso wie einen Grund- und Wirkzusammenhang in der Welt – nicht auch einen Sinn- und Zielzusammenhang, der die allgemeine Zufälligkeit ausschließt, annehmen, auch wenn wir dies wiederum nicht beweisen können? Müßte man sonst nicht die Sinn- und Ziellosigkeit der gesamten Wirklichkeit voraussetzen und sich damit zum Nihilismus – erneut eine ernste Alternative – bekennen? Wäre also zur Erklärung eines Sinn- und Zielzusammenhanges die Annahme eines letzten Zieles von Welt und Mensch, eines Zieles aller Ziele, vielleicht doch vernünftiger? Und bedeutete, genauer überlegt – wenn Gott als das letztlich Sinnstiftende und Anziehende verstanden wird –, die Annahme eines Zieles aller Ziele nicht auch schon (wenn auch wiederum nur unter einem bestimmten Aspekt) die Annahme Gottes? Eine (nicht unvernünftige und noch weiter zu überdenkende) Annahme der Existenz Gottes also ohne Gottesbeweis? Diese Frage jedenfalls legt der teleologische Gottesbeweis nahe, obgleich auch er sie für uns nicht zwingend zu beantworten vermag.

Der *ontologische Gottesbeweis* hatte nach der Existenz eines vollkommensten oder absolut notwendigen Wesens gefragt. Aber daß ein solches Wesen auch wirklich existiert, ließ sich nicht beweisen, weil aus dem nur gedachten Begriff von etwas noch nicht dessen Wirklichkeit folgt.

Trotzdem wird man nachdenklich auch hier: Soll es nur Flüchtiges ohne alle Notwendigkeit geben? Kann man sich Gesetze der Natur und erst recht Normen der Ethik denken, ohne daß man in irgendeiner Form die Empirie übersteigt? Macht nicht der Gedanke eines Wesens, das größer gar nicht gedacht werden kann, das in aller Flüchtigkeit das schlechthin Notwendige ist, deutlich, daß es hier um die Erkenntnis eines ganz Anderen geht? Und macht vielleicht gerade dies den harten Kern, die faszinierende Kraft des Gottesgedankens aus? Und wenn man schon Gottes Existenz nicht unabhängig von Selbst- und Welterfahrung rein apriorisch aus dem Begriff ableiten kann: ist nicht doch wie zur Annahme der Wirklichkeit überhaupt so auch zur Annahme der Wirklichkeit Gottes zumindest ein Apriori des Vertrauens nötig? Wäre dann nicht das Argument, mit der Idee Gottes sei auch schon seine Existenz gegeben, weniger als Beweis denn als Ausdruck vertrauenden Glaubens (wie ihn ja Anselm selbst in einem seinen Beweisgang begleitenden Gebet zum Ausdruck bringt) zu verstehen: daß meiner

Idee eines vollkommensten Wesens doch auch eine Wirklichkeit entspricht und mein Denken nicht auf ein Nichts, sondern auf eine höchste Fülle alles Seins ausgerichtet ist? Also auch hier eine (nicht unvernünftige und noch weiter zu überdenkende) Annahme der Existenz Gottes ohne Gottesbeweis? Diese Frage jedenfalls legt der ontologische Gottesbeweis nahe, wenn schließlich auch er sie uns nicht zwingend beantworten kann.

Muß man hier nicht überall zurückdenken? In welcher Dimension auch immer, überall bringt sich uns hier das *Grundrätsel der Wirklichkeit* in Erinnerung, wie wir es am Ende des Kapitels über das Grundvertrauen kennengelernt haben: die Wirklichkeit – gründend, aber aus sich selbst grundlos; tragend, aber in sich selbst haltlos; wegweisend, aber für sich selbst ziellos!? Das rätselhafte Faktum – woher und wozu? –, daß ich da bin, Dinge, Menschen da sind, die Welt da ist. Sollte dies alles doch etwas mit einem letzten Begründenden, Tragenden, Wegweisenden zu tun haben? Sollte die Grundlosigkeit, Haltlosigkeit, Ziellosigkeit von allem, sollte der Nihilismus letztlich nur zu bannen sein dadurch, daß man an der Grenze vor dem Abgrund anstelle des Nichts – Gott findet? Aber wie soll dieser Gott, der doch so offensichtlich nicht bewiesen werden kann, wirklich gefunden werden? Muß man auf einen rationalen Zugang zu ihm von vornherein verzichten, sich ihm gleichsam blind in die Arme werfen, um vielleicht gerade so – ins Nichts zu fallen? Glauben? Hat denn Glaube nichts mit Denken zu tun? Ist Glaube ohne Denken nicht unbedachter, unverantwortlicher Glaube? Oder soll Gottesglaube nur etwas für gläubige Schwärmer und nicht für denkende Menschen sein?

Die Frage also stellt sich, ob sich hier vielleicht ein Weg öffnet, ein Weg zwischen den Fronten. Die *Abgrenzungen* jedenfalls sind jetzt genügend deutlich geworden:

- *Gegenüber der Dialektischen Theologie zuerst: Der Gottesglaube darf nicht nur behauptet, er muß bewahrheitet werden!*
- *Gegenüber der Natürlichen Theologie jetzt: Der Gottesglaube soll bewahrheitet, aber nicht bewiesen werden!*
- *Der richtige Weg läge also zwischen der rein autoritativen Behauptung Gottes im Sinne der Dialektischen Theologie und dem rein rationalen Beweis Gottes im Sinne der Natürlichen Theologie, läge zwischen Karl Barth und dem Vatikanum I.*
  Gibt es ihn, diesen Weg?

2. *Mehr als die reine Vernunft: Immanuel Kant*

Es war der schon so oft zitierte *Immanuel Kant* (1724–1804), der den Weg zwischen einer dogmatischen Behauptung der Existenz Gottes und einem rationalen Beweis entschlossen zu gehen versuchte. Dieser große Denker der Menschheit war in einer pietistischen Handwerkerfamilie aufgewachsen und hat bekanntlich die Provinz Königsberg sein ganzes Leben lang nie verlassen. Erst nach wohl neun Jahren Hauslehrertätigkeit (zuerst bei einem reformierten Landpfarrer) kam er als Dozent endlich an die Universität, avancierte mit 46 Jahren schließlich – nach verschiedenen fehlgeschlagenen Berufungen und Unterbibliothekarstätigkeit – 1770 (Geburtsjahr Hegels, Hölderlins und Beethovens!) zum ordentlichen Professor der Logik und Metaphysik und begann erst jetzt, seine eigentlich originalen Leistungen hervorzubringen und die *kopernikanische Wende in der Erkenntnistheorie* einzuleiten: Nicht mehr soll sich »unsere Erkenntnis . . . nach den Gegenständen«, sondern »die Gegenstände müssen sich nach unserer Erkenntnis richten«[1]!

Das heißt: Ausgangspunkt des Erkennens ist nicht mehr der fertig gegebene Gegenstand, der sich im menschlichen Verstand abbildet, den der Verstand passiv rezipiert. Ausgangspunkt ist der menschliche Verstand, der (zusammen mit der Sinnlichkeit) aktiv seine reinen Formen (Kategorien) dem sinnlich Gegebenen aufdrückt und so den Gegenstand des Erkennens überhaupt erst konstituiert. Also Selbsterkenntnis der menschlichen Vernunft, des menschlichen Erkenntnisvermögens nach allen seinen Dimensionen! Genauer: Selbsterkenntnis des reinen Verstandes und der reinen Vernunft, insofern sie mit ihren »reinen« Begriffen und Ideen von sich her (a priori) unsere Erfahrungen und ihre Gegenstände konstituieren und regulieren: Das ist die vorausliegende, »transzendentale« Fragestellung Kants nach der Erkenntnisart von Gegenständen, nach den Bedingungen der Möglichkeit von Erkenntnis überhaupt. In diesem Zusammenhang hat Kant auch in der Frage der Erkenntnis Gottes eine neue Lösung grundgelegt, von der keiner absehen kann, auch der nicht, der sie schließlich ablehnt.

Selbstkritik der Vernunft

Schon früh hatte man Kant wegen seiner Kritik der traditionellen Gottesbeweise im Anschluß an den Aufklärungsphilosophen Moses Mendelssohn den »Alleszermalmer« genannt, ein Urteil, das ihm bis heute nachgegangen ist. Dabei hatte der jüngere, der sogenannte *vorkritische Kant* – in der Leibniz-Wolffschen Schulphilosophie erzogen und persönlich zunächst sehr gesellig und lebensfreudig und noch keineswegs der Prototyp des später so oft karikierten pedantischen deutschen Professors – durchaus noch etwas von den *Gottesbeweisen* gehalten: Zuerst auf Newton aufbauend, mit Fragen der Weltentstehung und Weltordnung (etwa mit der später von Laplace aufgenommenen Nebeltheorie der Sternenentstehung) beschäftigt, hatte er in seiner »Allgemeinen Naturgeschichte und Theorie des Himmels« (1755)[2] den teleologischen Gottesbeweis dargelegt und dann in seiner Schrift »Der einzig mögliche Beweisgrund zu einer Demonstration des Daseins Gottes«

(1763)[3] das ontologische Argument breit entwickelt. Allerdings ist Kant schon hier kein einseitiger Aufklärer; den Vertretern einer Gefühls- und Glaubensphilosophie gesteht er zu: »Es ist durchaus nötig, daß man sich vom Dasein Gottes überzeuge; es ist aber nicht ebenso nötig, daß man es demonstriere[4].« An dieser Überzeugung hielt Immanuel Kant fest, auch nachdem er aus dem »dogmatischen Schlummer« der rationalistischen Metaphysik, besonders durch den akademischen Skeptizismus des englischen Empiristen David Hume, aufgeschreckt wurde, um dann diese Metaphysik, die ihm zufolge träumend in einer anderen Welt lebt – in »Träume eines Geistersehers, erläutert durch Träume der Metaphysik«[5] –, mit Hohn und Spott zu bedecken.

Noch immer wird zu wenig bedacht, daß schon der vorkritische Kant und dann erst recht der Kant der Religionskritik[6] entscheidend nicht nur durch den eher düster-pedantischen Pietismus seiner Kinder- und Schulzeit, sondern auch durch ein calvinistisches Gottes- und Schöpfungsverständnis bestimmt war[7]: Für Kants Auseinandersetzung mit Leibniz und besonders Newton, der für ihn sein Leben lang die personifizierte Wissenschaft darstellen sollte, waren Gedanken und Formulierungen etwa des reformierten Dogmatikers J. F. Stapfer über die Distanz von Gott und Mensch, über Gottes Erhabenheit und der Vernunft Grenzen, von bemerkenswertem Einfluß. Immer wieder hat man den Philosophen aus Königsberg wegen seines *Kritizismus* des Agnostizismus und verschleierten Atheismus verdächtigt, obwohl gerade er – zwischen Orthodoxie und Freidenkertum, zwischen französisch-deutschem Rationalismus und englischem Empirismus – den Gottesglauben in einer Zeit des heraufziehenden Atheismus gegen eine »kläffende Vernunft« in Schutz genommen und diese an ihre eigenen Ketten zu legen versucht hatte. Hinter Kants Kritik steckt nicht, wie oft vermutet, Resignation in Sachen Vernunft, sondern die letztlich *ethisch-religiös fundierte Überzeugung, daß der Vernunft durchaus Grenzen gesetzt werden müssen.* Wie er im Vorwort zur zweiten Auflage der »Kritik der reinen Vernunft« schreibt: »Ich mußte also das *Wissen* aufheben, um zum *Glauben* Platz zu bekommen[8].« Denn Glaube ist auch für den »kritischen« Kant – wie für den von ihm so geschätzten Rousseau (das einzige Bild in seinem Arbeitszimmer!) – eine Wahrheit des Herzens, besser: des Gewissens vor und jenseits aller philosophischen Reflexion und Demonstration: »Der Glaube an einen Gott und eine andere Welt ist mit meiner moralischen Gesinnung so verwebt, daß, sowenig ich Gefahr laufe, die erstere einzubüßen, ebenso wenig besorge ich, daß mir der zweite jemals entrissen werden könne«, so bezeugt Kant selbst am Ende seiner »Kritik der reinen Vernunft«[9].

Kein Wunder also, daß Kant, der als großer Sohn der Aufklärung die Aufklärung in seinen drei Kritiken unwiderruflich überwand, der naiven Allmacht *der Vernunft* gerade bezüglich der Erkenntnis des ganz anderen Gottes scharfe *Grenzen* setzte. Begründung bedeutet Begrenzung! Seit seiner während eines Jahrzehnts so gewissenhaft erarbeiteten »Kritik der reinen Vernunft«, die er 1781 als bereits 57jähriger veröffentlichte, ist für ihn und für viele klar: Theoretisch können wir nicht wissen, *daß* er ist. Zwar können und müssen wir wissen, als *was* Gott gedacht werden muß, da wir ihn sonst nicht einmal vom Teufel unterscheiden könnten. Aber in reiner Theorie vermögen wir nicht zu wissen, ob Gott ist.

Wissenschaftliche *Gottesbeweise* sind also *nicht möglich*. Über Gott, der nicht in Raum und Zeit und so nicht Gegenstand der Anschauung ist, lassen sich keine wissenschaftlichen Urteile, die doch auf Anschauung angewiesen sind, machen. Wissenschaftliche Urteile müssen eine Wahrheit aussagen, die zugleich notwendig (apriorisch) und »neu« (synthetisch) ist. Das heißt: »Synthetische Urteile a priori«, die, obwohl nicht auf neuer Sinneserfahrung beruhend (a priori), doch unsere Erkenntnis erweitern (synthetisch) und nicht nur erläutern (analytisch), sind nach Kant möglich nur in Mathematik und Naturwissenschaft, nicht aber in der herkömmlichen Metaphysik, die eine Wissenschaft vom Übersinnlichen sein will und deshalb eine Logik des Scheins produziert. Diese Logik des Scheins unterzieht Kant deshalb in seiner »transzendentalen Dialektik« [10] einer vernichtenden Kritik: Er reduziert alle denkbaren Gottesbeweise auf drei und kritisiert vor allem den ontologischen Beweis, auf den er auch den teleologischen wie den kosmologischen zurückführt. So beweist Kant, daß Gottes Existenz nicht bewiesen werden kann. Seine entscheidenden Gegenargumente haben wir alle schon kennengelernt: die Ungültigkeit des Schlusses vom Gedachten auf das Wirkliche, die Beschränkung der Vernunft auf die Erscheinungswelt, die Unbegründbarkeit eines allgemeinen Kausalitätsprinzips. Die Gottesbeweise sind nach Kant nicht nur faktisch gescheitert, nein, sie sind theoretisch gar nicht möglich: »Alle unsere Schlüsse, die uns über das Feld möglicher Erfahrung hinausführen wollen«, sind »trüglich und grundlos« [11].

Gott als Leitidee

Dies freilich ist nicht das letzte Wort Kants in Sachen Gottesglaube. Die Zerstörung der Gottesbeweise vernichtet nicht etwa den Gottesglauben, sondern macht ihn in Wahrheit erst möglich. Im selben Atemzug betont Kant, »daß die menschliche Vernunft dabei einen natürlichen Hang habe, diese Grenze zu überschreiten, daß transzendentale Ideen ihr ebenso natürlich seien, als dem Verstande die Kategorien« [12]. Was heißt das?

Erfahrung ist für Kant primär Naturerfahrung, Erfahrung der Naturwissenschaft nach dem Vorbild Newtons. Dieser *Drang* aber *über die Grenzen der erfahrbaren, raumzeitlichen Welt hinaus* ist nach Kant geradezu so etwas wie ein *metaphysisches Bedürfnis*, das als Naturanlage tief im menschlichen Gemüt verwurzelt ist. Kann doch der menschliche Erkenntnistrieb durch bloßes Erfahrungswissen, durch bloß Bedingtes, nicht befriedigt werden. Ist doch die menschliche Vernunft auf eine Einheit ausgerichtet: Drängt sie doch deshalb durch Schlußverfahren zu einem Unbedingten, zu reinen, apriorischen Begriffen, Vernunftbegriffen, Grundbegriffen, die man nach Kant mit Platon zu Recht *Ideen* nennt, deren drei in der Tat von Anfang an die großen Themen der Philosophie waren:

die *psychologische Idee* der systematischen Einheit des denkenden Subjekts: die Idee des *Ich* (oder der Seele) – Gegenstand der rationalen Psychologie;

die *kosmologische Idee* der systematischen Einheit aller Erscheinungen: die Idee der *Welt* – Gegenstand der rationalen Kosmologie;

die *theologische Idee* der systematischen Einheit aller Gegenstände des Denkens überhaupt: die Idee *Gottes* als des Ideals der reinen Vernunft – Gegenstand der rationalen Theologie.

Also auch Gott als Leitidee: Nach Kant ermöglicht diese Idee Gottes unserer Vernunft, die Welt und den Menschen, alle äußeren wie inneren Ereignisse als Werk Gottes zu betrachten, ohne freilich deshalb Gott selbst irgendwie zu erkennen und zu begreifen. Gott wäre demnach das, wovon alles, was existiert, abhängt. Wie die Ideen des Ich und der Welt ist also auch die Idee Gottes nicht etwa nur erfunden, ist keine Fiktion. Vielmehr ist sie ein das Denken notwendig regulierender (apriorischer oder transzendentaler) Vernunftbegriff oder eine heuristische Regel: ein regulatives Prinzip also, das man allerdings auf keinen Fall zu einem konstitutiven Prinzip machen darf, dem ein realer Gegenstand entspräche. Die *Leitidee*, so sinnvoll sie ist, meint aus sich *keine Realität*! Schon die theoretische Annahme einer wirklichen Seele in der rationalen Psychologie führt zu Fehlschlüssen (Paralogismen), diejenige einer wirklichen Welt in der rationalen Kosmologie zu Widersprüchen (Antinomien). Und so führt auch die theoretische Annahme eines wirklichen Gottes in der rationalen Theologie zu ungültigen Beweisen: Dann nämlich wird das, was für die theoretische Vernunft nur Ideal ist, objektiviert, danach hypostasiert, schließlich personifiziert. Dagegen wollte Kant es ein für allemal aufgewiesen haben: Die Vernunft spannt vergeblich ihre Flügel, um durch die Macht des Denkens über die Erscheinungswelt zu den »Dingen an sich« (denknotwendig, aber nicht anschaubar!) hinauszukommen oder gar zum wirklichen Gott vorzustoßen. Nein, Türme, die bis zum Himmel reichen, kann der Mensch nicht bauen, sondern nur Wohnhäuser, für unsere Geschäfte auf der Ebene der Erfahrung gerade geräumig und hoch genug!

Freilich, damit *lehnt Kant* ebenfalls – was nicht immer gebührend beachtet wurde – *die Ansprüche des Atheismus ab*: Die Idee Gottes ist nun einmal kein Widerspruch! Und diejenigen, die beweisen wollen, daß Gott nicht existiere, haben noch mehr Unrecht: »Dieselben Gründe«, die das Unvermögen der Vernunft zur Behauptung der Existenz Gottes beweisen, reichen nach Kant aus, »um die Untauglichkeit einer jeden Gegenbehauptung zu beweisen«: »Denn, wo will jemand durch reine Spekulation der

Vernunft die Einsicht hernehmen, daß es kein höchstes Wesen, als Urgrund von allem, gebe ...[13].« Die Gottesidee ist nun einmal ein *notwendiger theoretischer Grenzbegriff*, der, wie ein ferner Stern, im Erkenntnisprozeß zwar nicht erreicht, aber immerhin als ideales Ziel angesteuert werden kann. Wie wir den Begriff der Seele (Ich) und der Welt (als Inbegriff aller Erscheinungen) gebrauchen, um unsere psychologischen und kosmologischen Erkenntnisse zu regulieren und zu systematisieren, so brauchen wir grundsätzlich auch die Gottesidee: um die äußeren und inneren Vorgänge in einer übergreifenden Einheit harmonisch zu verbinden, auch wenn wir dabei zu keinem definitiven Resultat kommen. Gott also »ein bloßes, aber doch *fehlerfreies Ideal*, ein Begriff, welcher die ganze menschliche Erkenntnis schließt und krönet, dessen objektive Realität auf diesem Wege zwar nicht bewiesen, aber auch nicht widerlegt werden kann«[14].

Die große Frage bleibt: Wie kann denn der rein regulativen Gottesidee legitimerweise je eine objektive Realität entsprechen? Kants Antwort: nicht durch die theoretische, sondern allein durch die *praktische Vernunft;* nicht in der Wissenschaft, sondern in der Moral. Durch die theoretische Vernunft erkenne ich, was da *ist* (die Gegenstände der Erkenntnis), durch die praktische, was da sein *soll* (die Bestimmungsgründe des Willens). Die praktische Vernunft aber hat den Vorrang, insofern alles Interesse letztlich praktisch und auch die theoretische Vernunft nur im praktischen Vollzug vollständig ist. Die theoretische Gottesidee ist Voraussetzung für eine moralische Gotteserkenntnis: »Es ist moralisch notwendig, das Dasein Gottes anzunehmen[15].« Worum geht es hier?

Kant, diesem mutigen und doch so behutsam formulierenden Umdenker, der, fern von allem Genialischen und Überstürzten, in geduldig-zähem Durchdenken der Probleme und der Aufnahme der verschiedensten Anregungen seine Lebensaufgabe sah, ging es bei seiner epochalen Neuorientierung offensichtlich weder um politisch-religiöse Restauration noch (so sehr er die Französische Revolution sein Leben lang bejahte) um politisch-agitatorische Revolution. Es ging ihm – und dies gerade auch im erneut politisch reaktionären System Preußens nach dem Tode Friedrichs des Großen 1786 – um eine Revolution der Denkart und der Gesinnung. Gegen das seichte aufklärerische Glückseligkeitskalkül der Appell an das sittliche Bewußtsein und eine harte Pflicht- und Gesinnungsethik, die jegliche eudaimonistische Lustethik und utilitaristische Zweckethik verabschiedet hat: Tun des Guten – um des Guten willen! Gesetz, Pflicht, Tugend, Moral, Gewissen werden von Kant strenger betont denn je – aber zugleich auch des Menschen Freiheit, die bei aller Naturkausalität das Interessezentrum schon der Kosmologie darstellt! Wie denkt Kant dann Gesetz und Freiheit zusammen?

Autonom soll der Mensch sein: sich selbst Gesetz in Theorie und Praxis, Wissenschaft und Moral! Vernunft als Freiheit! In der *Theorie:* Die reine theoretische (wissenschaftliche) Vernunft ist – wie wir hörten – nur gebunden an ihre eigenen reinen Formen, die sie in sich selber trägt, nämlich die Vorstellungen von Raum und Zeit und die Grundbegriffe des Verstandes (Kategorien). In der *Praxis*: Die praktische (moralische) Vernunft ist nur gebunden an die eigenen unbedingten, allgemeinen, formalen Grundsätze für ein vernünftiges Handeln, an die normativen »Maximen«, die sie sich selber gibt. Du sollst – ohne alles Wenn und Aber: so lautet der nicht hypothetische, sondern kategorische, also unbedingte Imperativ. Dieser Imperativ ist kein äußerliches Gebot, das die Freiheit unterdrückt, auch nicht etwas rein Zufälliges, das die Verbindlichkeit vermissen läßt, sondern ein aus dem inneren Sittengesetz mit Notwendigkeit Folgendes, das die Freiheit des Menschen fordert. Gerade dieses unbedingte Gebot des Gewissens setzt die Freiheit des menschlichen Willens voraus, die eben nicht von der theoretischen Vernunft bewiesen werden kann, wohl aber von der praktischen Vernunft um der Moralität des Menschen willen postuliert werden muß: Die *menschliche Freiheit* ist somit *das erste Postulat der praktischen Vernunft*.

Was aber bedeutet ein solches absolutes moralisches Gesetz im Menschen, wenn dieser erfahrungsgemäß in seinem Leben doch seine Pflicht nie vollkommen zu erfüllen vermag und der Mensch es bestenfalls zur Tugend, nicht aber zur Heiligkeit bringt, zum Guten, nicht aber zur Vollkommenheit? Das unbedingte »Du sollst« fordert ein unendliches Fortschreiten des Menschen. Dieses aber – und nicht etwa die Spekulation auf künftige Belohnung – setzt die im Unendlichen fortdauernde Existenz des Menschen voraus, die wiederum nicht bewiesen werden kann, aber um der Moralität willen postuliert werden muß: Die *Unsterblichkeit der Seele* ist folglich *das zweite Postulat der praktischen Vernunft*.

Nun möchte aber der Mensch auch glücklich werden, und gerade dies kann ihm das moralische Gesetz nicht garantieren. Denn erfahrungsgemäß stimmen Pflicht und Neigung oft nicht überein und geht es den Bösen, die nur ihrer Neigung folgen, oft mehr nach Wunsch und Willen als den Guten. Wie also soll es zu einem Ausgleich kommen zwischen dem moralischen Gesetz, das unbedingt zu befolgen ist, und dem Streben nach Glückseligkeit, das unbedingt erfüllt werden will? Dieses »höchste Gut« (»Reich Gottes«) zu garantieren, ist nach Kant nur möglich durch einen mit Verstand und Willen begabten obersten Gesetzgeber, der zugleich Urheber der gesamten Natur ist und der so als Allwissender, Allgegenwärtiger und Allmächtiger letztendlich Tugend, Sittlichkeit, also Glückwürdigkeit mit Glückseligkeit zu verbinden vermag: Gott selbst als das ursprünglich »höchste Gut«. Dies alles auch nicht beweisbar, aber um der Moralität willen postulierbar! Also: die *Existenz Gottes* ist *das dritte Postulat der praktischen Vernunft*.

Postulate sind *keine Imperative*: Es wird nicht befohlen, an Gott, die unsterbliche Seele, die Freiheit des Menschen zu glauben. Aber sie sind auch keine willkürlichen Setzungen; es ist nicht einfach unerforschlich, woher sie zu begründen sind. Nein, es sind die notwendigen Bedürfnisse der praktischen Vernunft, auf denen Kants ganze Ethik beruht. Und darauf gründet auch seine Religion, die bewußt »nicht ... von der Begnadigung zur Tugend, sondern vielmehr von der Tugend zur Begnadigung« fortschreiten will, wie es Kant im letzten Satz seiner Religionsphilosophie zusammenfassend zum Ausdruck gebracht hat[16]. Kants Religion – und das Christentum, so weit es vernünftig ist – reduziert sich auf eine neue Gesinnung, auf Moral[17]. Daß dies freilich für Kant alles andere als eine bequeme Reduktion war, dürfte klar geworden sein. Kant meinte es mit dieser seiner Religiosität sehr ernst: Er, der in seiner Jugend mit kosmologischen Untersuchungen und einer »Theorie des Himmels« begonnen hatte und dann schließlich durch alle erkenntnistheoretischen Fragen hindurch zur Begründung von Ethik und Religion fortgeschritten war, hat sich in beiden Bereichen dieselbe *Ehrfurcht* bewahrt: »Zwei Dinge erfüllen das Gemüt mit immer neuer und immer zunehmender Bewunderung und Ehrfurcht, je öfter und anhaltender sich das Nachdenken damit beschäftigt: der gestirnte Himmel über mir, und das moralische Gesetz in mir[18].«

Altgeworden kommt Kant, der mit 74 Jahren noch im »Streit der Fakultäten«[19] für die Rechte der Philosophie auch gegen die Theologie eintreten wird, auf den eingangs erwähnten Gedanken aus seiner vorkritischen Zeit zurück, den er aber jetzt aus ganz anderer denkerischer Tiefe heraus neu formulieren kann: »*Gott* und *Ewigkeit*, mit ihrer *furchtbaren Majestät*« – das ist calvinistisches Erbe! – könnten uns nicht »unablässig *vor Augen* liegen«[20]. Deswegen bejaht Kant das Geheimnis: »Es ist gut, daß wir nicht wissen, sondern glauben, daß ein Gott sei[21].«

Kant in der Kritik

Viele Philosophen und Theologen haben Kants moralischen Gottesbeweis dankbar entgegengenommen, ohne aber dessen theoretische Voraussetzungen ebenso ernstzunehmen. Hier soll Kant weder in seiner theoretischen noch in seiner praktischen Philosophie theologisch vereinnahmt, wohl aber nach beiden Seiten – aus der Distanz von 200 Jahren heraus – kritisch befragt werden.

1. Hat sich Kants *Erkenntnistheorie durchgesetzt*? Kann man wirklich sagen, all unser Erkennen ist gebunden an vorausliegende (»transzendentale«) Bedingungen, gebunden an die Anschauungsformen von Raum und Zeit, gebunden an die Denkformen unserer Verstandeskategorien? Erkennen wir tatsächlich nur, was in diesen Formen gegenständlich wird: den Gegenstand (das ob-jectum), nicht wie er in sich ist (das »Ding an sich«), sondern wie er sich für uns zeigt, wie er »erscheint« (das »Phänomen«)? Nur kurz kann in

unserem Zusammenhang darauf eingegangen werden[22].

Schon früher haben wir bei der Bestimmung des Verhältnisses von Ich und Wirklichkeit unterschieden[23]:

Nicht durchgesetzt hat sich, daß alle Grundbestimmungen der Welt auf die reine menschliche Subjektivität zurückgeführt werden können; Raum, Zeit, Kausalität werden in der neueren Physik nicht als apriorische Bedingungen der menschlichen Vernunft verstanden.

Durchgesetzt hat sich aber, daß es keine rein objektive, sondern nur eine subjektiv eingefärbte objektive Erkenntnis gibt; was heutzutage die Welt der Physik ausmacht, kann nicht mehr von der Idee einer subjektlosen, reinen Objektivität her bestimmt werden.

Wir haben es also – darin hat Kant recht – nicht mit der Welt an sich zu tun, sondern mit der Welt, wie sie uns erscheint. Doch ist im Unterschied zu Kant – der Philosoph Walter Schulz hat diese Problematik historisch wie sachlich im Horizont der neuesten philosophisch-naturwissenschaftlichen Diskussion dargelegt – zu beachten: daß mit Kants »reiner Subjektivität« auch sein »Ding an sich« problematisch geworden ist: »Wird der eine der beiden Fixpunkte fraglich, so kann auch der andere nicht fraglos gültig bleiben. Also ganz abgesehen davon, daß kein moderner Physiker mehr vermeinen würde – wie es Kant doch faktisch tat –, daß uns die hinter den Erscheinungen stehenden Dinge an sich ›affizieren‹; die Auflösung der transzendentalen Subjektivität als eines festen Inbegriffes von gesetzlichen Bestimmungen führt eben *auch* die Auflösung des Dinges an sich als des ›Grundes‹ der Erscheinungen herbei[24].« Im Anschluß an C.F. von Weizsäcker und W. Heisenberg folgert daher Schulz: »Das formende Bewußtsein und der objektivierbare Inhalt sind für die heutige Physik eben nicht mehr fraglose Größen. Das formende Subjekt ist für den Physiker keine zeitlose Instanz, das Subjekt steht ja im Prozeß der Forschung selbst mit darin; und der objektivierbare Inhalt als solcher ist keine Welt, die als wahre Wirklichkeit hinter den Erscheinungen – diese bedingend – steht«; es zeigt sich, »daß die klassische Deutung der Wissenschaft, die dadurch gekennzeichnet ist, daß man das Seiende, so wie es wirklich, d. h. an sich ist, eindeutig zu Begriffe bringen könne, der Vergangenheit angehört«[25]. So ist für Schulz die Physik nur ein Beispiel dafür, daß ein neuer »dialektischer« Begriff von Wirklichkeit erfordert ist: »Wirklichkeit ist ... weder eine vorgegebene Objektwelt noch beruht sie auf einer Setzung des Subjektes. Wirklichkeit ist vielmehr ein Geschehenszusammenhang, in dem Objekt und Subjekt miteinander verflochten sind in der Weise gegenseitiger Bedingung: das Subjekt wird ebenso vom Objekt bestimmt, wie es dieses bestimmt. Dies Geschehen stellt einen Prozeß dar, dessen Grundmerkmal die *Dialektik* ist[26].«

2. Doch wie immer man Kants geniale Globallösung der wissenschaftlichen, ethischen, ästhetischen und religiösen Problematik im Gesamt und im De-

tail beurteilen und wie immer man seine allzu schematischen Antinomien kritisieren mag, man wird für unsere *Problematik der Gotteserkenntnis* zugeben müssen:

Grundsätzlich zu Recht appelliert Kant in Fragen der Gotteserkenntnis nicht an die »theoretische«, sondern an die *»praktische« Vernunft*, die sich im Handeln des Menschen manifestiert: Es geht nicht um reines wissenschaftliches Erkennen und kritisches Ergrübeln, sondern um das moralische Handeln des Menschen und die Besinnung darauf. Kant argumentiert aus dem Selbstverständnis des Menschen als einem sittlichen, verantwortlichen Wesen; es geht nicht nur um Sein, sondern um Sollen, nicht nur um Wissenschaft, sondern Moral.

Grundsätzlich zu Recht lehnt es Kant in Unterscheidung von den rein rationalen Gottesbeweisen ab, die konkrete menschliche Existenz im Verlauf des Beweisganges zu neutralisieren, auszuschalten. Deswegen spricht er von *»Postulat«*, womit nicht ein von der theoretischen Vernunft notwendig gefolgerter, dennoch aber ein von der praktischen Vernunft notwendig geforderter Satz gemeint ist: Es geht für den Menschen nicht nur um theoretische Folgerung, sondern um praktische Herausforderung!

Grundsätzlich zu Recht beweist Kant in einer Art von Theologia negativa, daß *Gottes Dasein nicht bewiesen, aber auch nicht widerlegt*, also nicht theoretisch gewußt, sondern nur praktisch »geglaubt« werden kann.

Tatsächlich spricht Kant in diesem Zusammenhang von »Glauben«, »reinem Vernunftglauben«[27], von »reinem praktischen Vernunftglauben«[28]. Für diesen Glauben wollte er – wie immer man sein »Aufheben« des »Wissens« beurteilen mag – Platz bekommen. Wie wir hörten: »Ich mußte also das *Wissen* aufheben, um zum *Glauben* Platz zu bekommen[29].« Und gerade dies darf man nicht mißverstehen: Oft wird behauptet, nach Kants Auffassung könne es gar keine Erfahrung von Gott geben, der ja Idee, reiner Vernunftbegriff, regulatives Prinzip sei, dem keine Erfahrung entsprechen könne. Demgegenüber gilt: Nach Kant ist »eine Erfahrung von Gott möglich, nämlich so, daß die Erfahrung mich zwar nicht mit Gott bekannt machen kann, den ich ohne sie noch nicht kannte, – wohl aber ist eine Erfahrung von Gott möglich, wenn ich Gott schon kenne«[30]. Dies ist kein Zirkel, denn für Kant steht ja – wie wir gehört haben – die Existenz Gottes aus anderer Quelle bereits fest. Auch in der Kritik der praktischen Vernunft freilich wendet Kant den Blick nicht mehr »hinaus« oder »hinauf« auf ein Jenseitiges (ein »Transzendentes«), sondern hinter sich selbst zurück, gleichsam nach innen, auf die vorausliegende Bedingung der Möglichkeit (das »Transzendentale«): Gott ist also die Bedingung der Möglichkeit von Sittlichkeit und Glückseligkeit. Während Descartes Gott vor allem als vollkommenes Wesen und unendliche Substanz, Spinoza als die einzige Substanz oder Gott-Natur und Leibniz als die unendliche Monade verstand, hatte Kant den Ausgang nicht von den Naturdingen, sondern vom Menschen als sittlichem

Wesen genommen und von daher – aus nicht theoretischer, sondern praktischer Notwendigkeit – Gott als höchstes sittliches Wesen und Urheber der Welt postuliert.

3. Freilich: auch hier stellen sich kritische Fragen. Die transzendentale Argumentation Kants ist auch in praktischer Hinsicht, wie selbst dogmatische Kantianer nicht übersehen können, auf begründete *Kritik* gestoßen, in zweifacher Hinsicht.

Zum *ersten* Pfeiler seiner Argumentation: zum *kategorischen Imperativ*, etwa in der Formulierung »Handle so, daß die Maxime deines Willens jederzeit zugleich als Prinzip einer allgemeinen Gesetzgebung gelten könne«[31]. Kann man heute noch legitimerweise von einem unbedingten »Du sollst« ausgehen, das jedem denkenden Wesen eingeprägt ist? Von einem kategorischen Imperativ, der kein Gegenstand der Erkenntnis, des Beweises, der Ableitung, sondern einfachhin ein Urfaktum des menschlichen Geistes in seiner Willensdimension sein soll? Muß man wirklich das Faktum einer unbedingten moralischen Verpflichtung in uns annehmen, die dann die Existenz eines Sittlichkeit und Glückseligkeit versöhnenden höchsten Gutes fordert und damit die Existenz Gottes? Ist solche Annahme nicht letztlich doch nur ein Relikt des alten Gottesglaubens, der christlichen Tradition, ein Produkt jetzt noch der zivilisierten Konvention? Kann meine Vernunft nicht Handlungen begründen, deren Maxime zur Verallgemeinerung wenig geeignet ist? Argumentiert Kant hier letztlich nicht in einem Zirkel: Wird nicht zunächst die Unbedingtheit der Verpflichtung des »Du sollst« postuliert und dann das Postulat der Existenz Gottes nur auf einem anderen Postulat begründet? Setzt die Annahme eines apodiktisch gewissen moralischen Gesetzes in uns, wie es im kategorischen Imperativ seinen Ausdruck findet, nicht bereits den moralischen Impetus, die Frage nach der Moralität oder sogar den Entschluß zu einem moralischen Leben voraus, der doch – wie Nietzsches Immoralismus jenseits von Gut und Böse gezeigt hat – auch ganz anders ausfallen kann? Hat das Gute wirklich einen Vorzug vor dem Bösen: Empfiehlt die Zweckmäßigkeit nicht einmal das Gute und einmal das Böse? Müßten wir heute nicht, anders als Kant, die Alternative des Nihilismus der Werte ernstnehmen?

Zum *zweiten* Pfeiler seiner Argumentation: Das *Streben nach Glückseligkeit* ist gewiß allen Menschen eigen. Aber woher kann man voraussetzen, daß es erfüllt wird? Woher kann man voraussetzen, daß Pflicht und Neigung, Glückwürdigkeit und Glückseligkeit zur Übereinstimmung kommen müssen? Warum muß dem, der dem moralischen Gesetz gehorcht, unbedingt Glückseligkeit zukommen? Woher weiß ich, daß es Glückseligkeit gibt? Kann das Glückseligkeitsstreben des Menschen nicht ins Leere gehen – Ausdruck der Absurdität der menschlichen Existenz, wie es etwa Camus so eindrücklich bezeugt?

Der Begriff des »Postulates« weist selbst darauf hin: Der Rückschluß auf Gott kann nicht theoretisch voraussetzungslos vollzogen werden; Gott muß vorausgesetzt werden, sofern man überhaupt sinnvoll sittlich leben will. Das ist – mitten im neuzeitlichen Säkularisations- und Emanzipationsprozeß – der große Gedanke Kants: Gott ist zu verstehen als die Möglichkeitsbedingung der sittlichen Autonomie des Menschen. Zu Recht lehnt Kant es ab, die Widersprüchlichkeiten, die Antinomien der reinen Vernunft in den Bereich menschlichen Existenzvollzuges einbrechen und den Menschen so ins Bodenlose der Absurdität versinken zu lassen. Aber ob hier nicht doch weiter ausgeholt werden müßte als in der transzendentalen Argumentation? Ob hier, aufbauend auf dem Grundvertrauen in die Wirklichkeit, nicht breiter angesetzt werden könnte[32]? So scharf können *theoretische und praktische Vernunft* von vornherein *nicht getrennt* werden. Ein abstrakter Formalismus in der Ethik (»Du sollst schlechthin!«) ist Kant schon immer vorgehalten worden. Neuerdings aber hat Jürgen Habermas aufgewiesen[33], wie Kant aufgrund seiner eigenen Voraussetzungen mit der von ihm bejahten Einheit von theoretischer und praktischer Vernunft hätte ernstmachen müssen. Denn tatsächlich ist nicht nur die theoretische Vernunft für die Konstitution der uns in der Erkenntnis erscheinenden Welt zuständig; es sind auch elementare praktische Einstellungen zur Welt, die unser Erkennen von vornherein leiten und die deshalb von Habermas im Anschluß an Kant »erkenntnisleitende Interessen« genannt werden. Was ist damit gemeint?

Wie schon früher angedeutet[34], ist auch die angeblich rein theoretische Vernunft (Wissenschaft) verborgen schon *von Interessen bestimmt*: sie ist nicht interessenlose, sondern interessengeleitete, interessierte Erkenntnis. Umgekehrt ist auch die angeblich rein praktische Vernunft (Moral) mit Erkenntnis ausgestattet: sie ist nicht erkenntnisloses, sondern erkenntnisgeleitetes, erkennendes Wollen und Handeln. So ist die praktische Vernunft schon immer bei der theoretischen Erkenntnis mit im Spiel, wie umgekehrt die praktische Vernunft nicht ohne theoretische Erkenntnis ist. Allerdings: Die Einheit von theoretischer und praktischer Vernunft ist nun nicht nur – wie bei Habermas – für die Wissenschafts- und Gesellschaftstheorie von Bedeutung, sondern auch für die Problematik von Freiheit, Unsterblichkeit und Gott, die Habermas im Gegensatz zu Kant aufgrund seines materialistisch-marxistischen Ansatzes freilich ausblenden muß. Dabei zeigt nach Habermas gerade die Frage »Was können wir hoffen?« – die dritte der drei großen Fragen Kants, die bekanntlich auf Religion zielt – diese Einheit von theoretischer und praktischer Vernunft: sie ist »praktisch und theoretisch zugleich«[35]. Statt von Hoffnung reden wir hier allerdings lieber von einem Vertrauen, das als praktische Einstellung, weil rational verantwortbar, diese Einheit ebenfalls deutlich zum Ausdruck bringt.

Die Bedingung der Möglichkeit von Wirklichkeit

Natürlich ist damit kein Rückfall in einen vorkritischen Realismus gemeint. Die transzendentale Problematik Kants soll nicht zugunsten einer naiven dogmatischen Metaphysik übersprungen werden. Diese *Problematik* hat sich in unserer Reflexion vielmehr *radikalisiert*. Denn die Frage nach den Bedingungen der Möglichkeit von Erkenntnis setzt die Wirklichkeit der Erkenntnis und die Wirklichkeit (Identität, Sinnhaftigkeit, Werthaftigkeit) der Wirklichkeit überhaupt bereits voraus. Und da hatten wir – vor allem in Auseinandersetzung mit dem Nihilismus[36] – eingehend darüber zu reflektieren, inwiefern eine grundlegende Gewißheit überhaupt möglich ist, ob die Wirklichkeit wirklich, grundlegend identisch, sinnvoll, wertvoll ist. Insofern erweist sich die nihilistische Problematik – die Frage nach den Bedingungen der Möglichkeit dieser durch und durch fraglichen Wirklichkeit überhaupt – als die radikalere, als die Grundlagenproblematik. Und dazu ist jetzt im Rückblick zusammenfassend festzustellen:

Zuerst mit dem Blick auf *Nietzsche*: Nicht durch einen theoretischen Beweis der Vernunft, sondern nur durch ein praktisch vollzogenes (aber rational durchaus verantwortbares) Grundvertrauen des ganzen Menschen wird es mir gewiß: daß diese *fragliche Wirklichkeit* wirklich, das heißt grundsätzlich identisch, sinnvoll, wertvoll ist. Insofern haben wir mit W. Stegmüller, Kant zugleich bestätigend und überbietend, festgestellt: »Man muß bereits etwas glauben, um überhaupt von Wissen und Wissenschaft reden zu können[37].« Dem Ausdruck »Glauben« ziehen wir allerdings – um einer Verwechslung mit dem religiösen Glauben vorzubeugen – das Wort »Grundvertrauen« vor.

Dann mit dem Blick auf *Descartes*: Nicht durch einen theoretischen Beweis der reinen Vernunft, sondern nur durch ein praktisch vollzogenes (aber rational durchaus verantwortbares) Grundvertrauen des ganzen Menschen wird es mir gewiß: daß insbesondere die *Außenwelt* – diese gegenständliche Welt der Dinge und der Mitmenschen, an der ich mich so oft stoße, aber auch wieder halte, die mich zugleich hemmt und fördert, einschränkt und trägt – wirklich, real und nicht nur geträumt oder eingebildet ist.

Schließlich mit dem Blick auf *Kant*: Nicht durch einen theoretischen Beweis der reinen Vernunft, sondern durch ein praktisch vollzogenes (aber rational durchaus verantwortbares) Grundvertrauen des ganzen Menschen wird es mir gewiß: daß das *Ich*, die menschliche *Freiheit*, und vielleicht auch – *Gott* nicht nur Ideen, sondern »Wirklichkeiten« sind. Nein, nicht auf dem Boden der reinen Theorie, sondern auf dem der gelebten und reflektierten Praxis sind alle diese Grundfragen zu beantworten. Nicht durch theoretische Operation der reinen Vernunft, allerdings auch nicht durch irrationale Gefühle oder pure Stimmungen, vielmehr durch meine praktische positive Grundentscheidung und vertrauende Grundeinstellung, die mein ganzes

Erleben, Verhalten und Handeln bestimmen, erfahre ich trotz aller Zweifel das – zunächst so selbstverständlich hingenommene – Wirklich-sein der Wirklichkeit, also die grundlegende Identität, Werthaftigkeit und Sinnhaftigkeit dessen, was ist[38].

Von dieser grundlegenden und durchaus vernünftigen Vertrauensbasis her dürfte verständlich sein: Hier soll nicht nur von einer moralischen Verpflichtung, einem unerbittlichen moralischen Gesetz in uns, einem rigorosen kategorischen Imperativ, ausgegangen werden. Vielmehr soll wie bisher von der ganzen Wirklichkeit der Welt und des Menschen, wie sie konkret erfahren werden, ausgegangen und nach der Bedingung der Möglichkeit dieser ganz und gar fraglichen Wirklichkeit gefragt werden. Kant hat die Gottesbeweise als zwingende Beweise zerschlagen, aber, wie bereits ausgeführt, ihren religiösen Gehalt nicht liquidiert. Was also wollen wir?

- *Gott kann nicht wie ein uns vorgegebenes Gegenständliches erkannt werden. Es kann nicht allgemein überzeugend bewiesen werden, daß Gott existiert. Es kann aber noch weniger allgemein überzeugend bewiesen werden, daß Gott nicht existiert. Für die reine Vernunft, die nach Beweisen verlangt, scheint Gott nicht mehr als eine Idee ohne Realität, ein Gedanke ohne Wirklichkeit zu sein.*
- *Unmöglich erscheint also eine deduktive Ableitung Gottes aus dieser erfahrenen Wirklichkeit von Welt und Mensch durch die theoretische Vernunft, um seine Wirklichkeit in logischen Schlußfolgerungen zu demonstrieren.*
- *Nicht unmöglich erscheint hingegen eine induktive Anleitung, welche die einem jeden zugängliche Erfahrung der fraglichen Wirklichkeit auszuleuchten versucht, um so – gleichsam auf der Linie der »praktischen Vernunft«, des »Sollens«, besser des »ganzen Menschen« – den denkenden und handelnden Menschen vor eine rational verantwortbare Entscheidung zu stellen, die über die reine Vernunft hinaus den ganzen Menschen beansprucht.*

Also – so soll der letzte Satz erläutert werden – keine rein theoretische, sondern eine durchaus praktische, »existentielle«, ganzheitliche Aufgabe der Vernunft, des vernünftigen Menschen: eine die konkrete Erfahrung der Wirklichkeit begleitende, aufschlüsselnde, ausleuchtende, nach-denkliche Reflexion mit praktischer Absicht. Über was für eine Erfahrung soll da reflektiert werden?

An Erfahrung indirekt verifiziert

Nicht nur über eine rein innerliche, persönliche, wie es im Titel eines Buches des Franzosen André Frossard heißt: »Gott existiert, ich bin ihm begegnet[39].« Denn: Eine rein *innerliche, persönliche Erfahrung,* die nur ein Einzelner (etwa im Gebet) gemacht zu haben beansprucht, kann zwar ein beeindruckendes Zeugnis sein, das einen anderen möglicherweise zum Glauben einlädt. Sie soll nicht bestritten werden; kann man doch durchaus echt an Gott glauben, auch wenn man dies nicht überzeugend rational zu verantworten weiß. Aber um jede respektlose oder gedankenlose Identifikation menschlicher Erfahrung mit der Wirklichkeit Gottes zu vermeiden, wird man theologisch besser unterscheiden: Von Erfahrung im Sinne eines unmittelbaren »Sehens« Gottes wird man nicht sprechen dürfen, sondern vorsichtiger von der Erfahrung seiner Gegenwart, Nähe, Ausstrahlung (was die Bibel mit »Herrlichkeit« als Erscheinungsform, Glanz, Abglanz Gottes meint) oder auch von der Erfahrung seiner Macht und Kraft (»Geist Gottes«, »Heiliger Geist«). Eine Erfahrung, die jedenfalls Glauben voraussetzt und nicht beliebig übertragen, sondern nur bezeugt werden kann. Eine solche Erfahrung ist also nicht allgemein zugänglich, in keiner Weise überprüfbar und deshalb leicht als Projektion abzutun: »Gott existiert nicht, denn ich bin ihm nicht begegnet«, so werden heute viele reagieren[40].

Aber auch über eine rein *äußerliche, sinnliche Erfahrung*, die jeder neutral Beobachtende machen kann, soll nicht reflektiert werden. Sie ist zwar völlig ausreichend, um physikalische Aussagen zu begründen, aber sie ist, wie wir eingehend sahen[41], aus sich heraus nicht geeignet, Aussagen über eine »meta-empirische«, »meta-physische« Wirklichkeit zu machen.

Deshalb: *Nicht* im strengen Sinn um *Erfahrung Gottes*, weder um äußere noch um innere, kann es uns gehen: also nicht um Gottes Wirklichkeit in Unmittelbarkeit und Ganzheitlichkeit. Wohl *aber* um *erfahrungsbezogene Erkenntnis Gottes*, wobei Erfahrung nicht nur die sinnliche, sondern auch die geistige (innerliche, emotionale, zwischenmenschliche, intellektuelle) Erfahrung meint, sofern sie allgemein zugänglich ist: eine Erkenntnis Gottes also, die durch die konkrete Erfahrung der Wirklichkeit von Welt und Mensch gedeckt ist und sich an ihr als richtig erweist. Der Bezug zur Erfahrung wird also nicht abgeschnitten, sondern die Erfahrung wird aufgeschlüsselt, ausgelegt[42].

Soll das heißen, Gottes Dasein läßt sich doch *verifizieren*? Es hängt davon ab, was man unter Verifikation versteht.

Nach einem *eng verstandenen, empiristischen Verifikationskriterium* läßt sich Gott zweifellos nicht verifizieren: *Gottes Existenz* ist *nicht empirisch feststellbar*, ist nicht vorfindbar in Raum und Zeit; Gott wäre nicht Gott, wenn der Mensch ihn an bestimmten Orten und zu bestimmter Zeit mit eigenen Sinnen konstatieren und beobachten könnte. Wenn also nur das sinnvoll sein soll, was empirisch sinnvoll ist, also direkt auf das sinnlich Gegebene bezogen werden kann, dann ist Gott zweifellos nicht verifizierbar. *Aber*: wir haben gesehen, daß dieses empiristische Verifikationskriterium allenfalls zur Abgrenzung von mathematisch-naturwissenschaftlichen und metaphysischen Sätzen gebraucht werden mag, zur Entscheidung über

Sinnloses und Nichtsinnloses jedoch schon im Bereich der Naturwissenschaft völlig ungeeignet ist. Auch Nicht-Empirisches und in diesem Sinn »Meta-Physisches« kann durchaus sinnvoll sein.

Nach einem *weiter gefaßten, allgemeinen hermeneutischen Verifikationskriterium* – es wurde auch in früheren Phasen des Positivismus in einem weiteren Sinn gebraucht – läßt sich Gott verifizieren: *Gottes Existenz* läßt sich *verstehbar machen;* auch wer nicht an Gott glaubt, kann den Satz »Gott existiert« verstehen und muß ihn nicht von vornherein als baren Unsinn bezeichnen. Wenn also sinnvoll sein soll, was überhaupt verstehbar ist, dann ist Gott verifizierbar. *Aber*: dieses hermeneutische Verifikations-Kriterium ist insofern zu weit, als damit zwar über Sinn oder Unsinn des Wortes Gott, des Satzes »Gott existiert«, nicht aber über die wirkliche Existenz oder Nichtexistenz Gottes befunden werden kann. Auch was durchaus verstehbar ist wie ein »goldener Berg«, braucht deshalb noch nicht zu existieren.

Es soll deshalb ein Verifikationskriterium zur Anwendung gebracht werden, das weder so eng ist wie das empiristisch nur konstatierende noch so weit wie das hermeneutisch alles verstehende: ein *indirektes Verifikationskriterium*. Das heißt: Gott als die angeblich alles bestimmende Wirklichkeit soll *an der erfahrenen Wirklichkeit von Mensch und Welt* verifiziert werden! Was die allgemein zugängliche Erfahrung der konkreten Wirklichkeit von Mensch und Welt bietet, soll gedanklich aufgeschlüsselt und sprachlich zum Ausdruck gebracht werden. Die Aussagen über Gott sollen im Erfahrungshorizont unseres Lebens bewahrheitet und bewährt werden: nicht in zwingender Ableitung aus einer angeblich evidenten Erfahrung, die eine Entscheidung des Menschen erübrigt, wohl aber in klärender Ausleuchtung der immer problematischen Erfahrung, die zu einer positiven Entscheidung des Menschen einlädt. Nur wenn die Rede von Gott durch die konkrete Erfahrung der Wirklichkeit von Mensch und Welt gedeckt ist, auf sie bezogen ist, mit ihr vermittelt ist, ist ihre Glaubwürdigkeit begründet.

Durch solche indirekte Verifikation sollte es möglich sein, die Auseinandersetzung mit atheistischen Wirklichkeitsinterpretationen, wie wir sie gegenüber Feuerbach, Marx, Nietzsche und Freud versucht haben, weiterzuführen: im Wettbewerb um das bessere, tiefere, umfassendere Verständnis der erfahrenen Wirklichkeit. Durch solche indirekte Verifikation sollte es möglich sein, eine jeglicher Kritik standhaltende Rechenschaft vom Glauben an Gott zu geben und die Relevanz des Gottesglaubens an der Wirklichkeit von Mensch und Welt deutlichzumachen: nicht nur eine Herausforderung, sondern auch Vergewisserung des Gottesglaubens.

Gerade durch die Indirektheit der Verifikation bleibt die *Besonderheit der Erkenntnis von Gottes Existenz* gewahrt: Existiert Gott? Gibt es ihn? »Einen Gott, den ›es gibt‹, gibt es nicht.« Dieses Wort des in der Gottesfrage eindeutigen Theologen Dietrich Bonhoeffer[43] darf freilich nicht dazu mißbraucht werden, um der klaren Antwort auf die Frage nach der Existenz Gottes auszuweichen[44]. Aber dieses Wort drückt überdeutlich aus, daß Gott nicht vorfindlich, feststellbar und erkennbar ist wie die Dinge dieser Welt. Es geht tatsächlich um die Erkenntnis einer ganz anderen Wirklichkeit.

Soll hier also doch *Metaphysik* getrieben werden? Auf das Wort legen wir kein Gewicht; vielfältig ist es verstanden und mißverstanden, gebraucht und mißbraucht worden. »Metaphysik« diente zur Bezeichnung der Schriften, die »nach der Physik« zu erlernen waren[45]. »Meta-Physik« ist demnach, was »nach der Physik« (= nach der Wissenschaft von der Natur) kommt und doch nicht Logik oder Ethik ist. Also die notwendige Ergänzung der Physik, die Aristoteles selbst »Theologie« nennt.

Wenn man heute unter »Metaphysik« eine menschliche »Projektion« (Feuerbach), einen ideologischen »Überbau« (Marx), eine ideale »Hinterwelt« (Nietzsche), eine irreale »Wunschwelt« (Freud) versteht, aber auch, wenn man mit »Metaphysik« einfach eine von dieser Wirklichkeit abgesetzte »wahre Wirklichkeit« im Sinne der platonischen Ideenwelt meint, was alles auf Kosten dieser unserer Wirklichkeit gehen muß: dann treiben wir keine Metaphysik.

Wenn aber »Metaphysik« heißen soll, daß das rein Empirische aus sich heraus nicht trägt und überstiegen werden muß auf ein Meta-Empirisches hin, das nicht hinter, jenseits, oberhalb, außerhalb dieser Wirklichkeit liegt, sondern das gleichsam die Innenseite dieser Wirklichkeit ist, ihre Tiefendimension ausmacht: dann treiben wir »Metaphysik« oder – was wir als Wort zur Vermeidung von Mißverständnissen vorziehen – *Ontologie* (»Seinslehre«). Auf die recht verstandene Sache also kommt es an, auf das Wort kann man verzichten[46].

IV. Gott existiert

Wer ist Gott? Wo ist Gott? Existiert Gott?
Immer wieder ist nach Gott gefragt worden.
Immer wieder ist an Gott gezweifelt worden.
Immer wieder ist Gott geleugnet worden.
Immer wieder ist um Gott gerungen, an Gott geglaubt, zu Gott gebetet worden.

Das eine im voraus: Man muß nicht an Gott glauben. Aber: Darf man an Gott glauben? Kann man es verantworten, an Gott zu glauben?

1. Hinführung

Als letztlich *unbegründete Extrapolationen in die Zukunft* – so sahen wir eingehend – erwiesen sich alle geschichts- und kulturphilosophischen Argumentationen für ein Ende der Religion. Und tatsächlich:

Statt einer »Aufhebung der Religion« durch atheistischen Humanismus, wie ihn Feuerbachs Projektionstheorie angekündigt [1], jetzt (trotz aller Säkularisierung) vielerorts ein neuer theoretischer und praktischer Humanismus von Gottgläubigen. Der atheistisch-humanistische Glaube an die gute Menschennatur aber kam selber unter Projektionsverdacht.

Statt eines »Absterbens der Religion« durch atheistischen Sozialismus, wie in Marxens Opiumtheorie proklamiert [2], jetzt (trotz aller Repression und gewaltsamen Unterdrückung) vielfach ein neues religiöses Erwachen gerade in sozialistischen Ländern. Der atheistisch-materialistische Glaube an die heraufkommende sozialistische Gesellschaft aber erscheint heute selber zahllosen Menschen im Westen und Osten als interessenbedingte Vertröstung.

Statt einer »Ablösung der Religion« durch atheistische Wissenschaft, wie in Freuds Illusionstheorie prophezeit [3], jetzt (trotz aller Religionsfeindlichkeit in bestimmten Sektoren der Wissenschaft) ein neues Verständnis für Ethik und Religion. Der atheistisch-szientistische Glaube an die Lösung aller Probleme durch rationale Wissenschaft aber ist heute selber für viele in die Nähe einer infantilen Illusion gerückt.

Neue Offenheit

Ist zu übersehen, daß sich trotz weiterbestehenden gegenseitigen Mißtrauens das *Verhältnis zwischen Religion und Wissenschaft* langsam verbessert: auf eine neue Offenheit hin? Das Bild der Wissenschaft und ihres Verhältnisses zur Religion ist freilich durchaus uneinheitlich, und zur Vermeidung von Mißverständnissen wird man von vornherein ein Dreifaches nicht aus den Augen verlieren dürfen:

a. *Der* Wissenschaftler und sein Verhältnis zur Religion existiert nicht. Es existieren nur verschiedene Wissenschaftler. Vielfältig ist deshalb auch deren persönliche Einstellung zur Religion, die in ihrer Wissenschaft meist gar nicht zum Ausdruck kommt und kommen darf.

b. Über alle individuellen Unterschiede hinaus macht sich auch in den verschiedenen wissenschaftlichen Disziplinen ein unterschiedliches Verhältnis zur Religion geltend: In den jüngeren Humanwissenschaften ist es negativer als in den schon lange etablierten Naturwissenschaften, und hier vermutlich wiederum negativer als in manchen Geisteswissenschaften.

c. Aufs Ganze gesehen dürfte der militante Atheismus unter den Wissenschaftlern an Boden verloren haben, was freilich noch nicht automatisch heißt, daß der Gottesglauben an Boden gewonnen hätte.

Am auffälligsten ist dies bei den *Physikern*: Viele sehen heute die Unzulänglichkeit des materialistisch-positivistischen Weltbildes und Wirklichkeitsverständnisses ebenso wie die Relativität der eigenen Methode. Gerade unter Physikern findet man nur noch wenige militante Atheisten, wenn auch viele Agnostiker. Die Erfindung der Atombombe zunächst, aber immer mehr auch die negativen Folgen des wissenschaftlich-technischen Fortschritts insgesamt haben zunächst vor allem unter den Atomphysikern die Frage nach der Verantwortung im wissenschaftlich-technischen Handeln und damit die Frage nach der Ethik wachgerufen. Ethik aber impliziert die Frage nach Sinnfindung, Wertskala, Leitbildern und – zu deren Begründung – Religion. »Wo keine Leitbilder mehr den Weg bezeichnen, verschwindet mit der Wertskala auch der Sinn unseres Tuns und Leidens, und am Ende können nur Negation und Verzweiflung stehen. Die Religion ist also die Grundlage der Ethik, und die Ethik ist die Voraussetzung des Lebens. Denn wir müssen ja täglich Entscheidungen treffen, wir müssen die Werte wissen oder mindestens ahnen, nach denen wir unser Handeln ausrichten.« So 1973 der Begründer der Quantentheorie und Nobelpreisträger für Physik *Werner Heisenberg*[4], der freilich schon 1927 mit Berufung auf Glaubensaussagen der großen Physiker Albert Einstein, Max Planck und Niels Bohr gegen die von Paul Dirac aufgenommenen klassischen Argumente der Religionskritik (Projektion, Opium, Illusion usw.) in »Ersten Gesprächen über das Verhältnis von der Naturwissenschaft und Religion« Stellung genommen und dabei die Naturwissenschaft »die Grundlage des technisch zweckmäßigen Handelns, die Religion die Grundlage der Ethik« genannt hat[5].

Anders ist die Situation bei den Humanwissenschaftlern, besonders bei den *Psychologen* und Psychotherapeuten, die in ihrer Praxis immer wieder den unheilvollen Zusammenhang zwischen Religion und bestimmten Zwangsneurosen, Kindheitsfixierungen, Verdrängungen, Selbsttäuschungen, Fluchtversuchen vor der Wirklichkeit feststellen müssen. Doch war ja schon die Einstellung Adlers und Jungs und erst recht die Frankls gegenüber der Religion um vieles positiver als etwa die Freuds. Und selbst in der psychoanalytischen Schule – so haben wir ebenfalls gesehen[6] – hat man die positive Funktion der Religion für die Psyche, ihre Selbstfindung und Heilung, entdeckt. Neuere Psychoanalytiker wie Erik Erikson und Rollo May konstatieren einen signifikanten Zusammenhang zwischen dem Rückgang von Religiosität und einer zunehmenden Orientierungslosigkeit, Normenlosigkeit und Bedeutungslosigkeit, den charakteristischen Neurosen unserer Zeit. Zahlreiche Gespräche zwischen Theologen und Psychotherapeuten haben in vielen Fragen zu einer Annäherung geführt, die man zu Zeiten Freuds nicht für möglich gehalten hätte.

Ein unübersehbares Zeichen für die Annäherung ist das neueste Buch von *Erich Fromm*, der schon – wie wir sahen[7] – in seinen früheren Arbeiten keinen unversöhnlichen Gegensatz zwischen einer humanitären Religion und einer Psychoanalyse sehen konnte, der es um menschliche Individualität und Integrität geht. Diesen Ansatz vertieft Fromm nun in dieser seiner auch von Theologen viel beachteten neuesten Schrift: »Haben oder Sein. Die seelischen Grundlagen einer neuen Gesellschaft.« Ausgehend vom Faktum des Scheiterns der »großen Verheißung«, daß die Vermehrung von materiellen Gütern durch Technik, Industrie und Ökonomie das Glück des Menschen schaffe, versucht Fromm »die Analyse der beiden Grundhaltungen der menschlichen Existenz: der des *Habens* und der des *Seins*«. Gerade der Haben-Modus menschlicher Existenz ist nach ihm ein Grundübel unserer technisch-industriellen Zeit. Er äußert sich vorrangig im Streben nach Besitz von Dingen und Sachwerten, nach Macht und Herrschaft, im Verfügenwollen, Bestimmenwollen: Wer nichts hat, ist nichts. Der Seins-Modus dagegen fordert vom Menschen: »Sich selbst zu erneuern, zu wachsen, sich zu verströmen, zu lieben, das Gefängnis des eigenen isolierten Ichs zu transzendieren, sich zu interessieren, zu geben[8].« Mit dieser Haben-Sein-Alternative hat Fromm – nach der Auffassung des Theologen Rainer Funk – *den* Schlüssel zum Verständnis aller menschlichen Wirklichkeit gefunden, auch der religiösen und ethischen[9].

Große Geister der Menschheit haben immer wieder diesen Seins-Modus menschlicher Existenz durchdacht und vorgelebt: Buddha, Aristoteles, auch Jesus. Jesus ist für Fromm »der Held der Liebe, ein Held ohne Macht, der keine Gewalt anwandte, der nicht herrschen wollte, der nichts *haben* wollte. Er war ein Held des Seins, des Gebens, des Teilens [10].« Doch auch in der Religion, gerade auch in der christlichen Religion, bildet sich nach Fromm die Entfremdung zwischen Haben und Sein ab. Hinter der Fassade des Christentums hat sich die »industrielle Religion« herausgeformt, die nach Fromm »mit echtem Christentum unvereinbar« ist: »Sie reduziert die Menschen zu Dienern der Wirtschaft und der Maschinen, die sie mit ihren eigenen Händen gebaut haben [11].« Ähnlich auch die »kybernetische Religion«, wo Menschen Maschinen zur Gottheit gemacht und sich selber (mit ihren technischen Fähigkeiten zu einer »zweiten Erschaffung« der Welt) Gott gleichgestellt haben. Dagegen erhebt sich nun Fromms »humanistischer Protest«, gespeist aus den Wurzeln des christlichen und philosophischen Humanismus (Meister Eckhart, Spinoza) und dem jüdisch-prophetischen Messianismus (Maimonides, heute weitergeführt etwa bei Ernst Bloch), den er ebenso aufgenommen sieht bei einem atheistischen Philosophen (Karl Marx) wie bei einem christlichen Humanisten (Albert Schweitzer). In Gestalten wie Meister Eckhart oder Albert Schweitzer also kann das Christentum nach Fromm eine wichtige Rolle spielen: »Im Denken Buddhas, Eckharts, Marx' und Schweitzers sind bemerkenswerte Parallelen festzustellen: ihre radikale Forderung nach Aufgabe der Habenorientierung; ihre antiautoritäre Position und ihr Eintreten für völlige Unabhängigkeit; ihre metaphysische Skepsis; ihre ›gottlose‹ Religiosität und ihre Forderung nach gesellschaftlicher Aktivität im Geiste der Nächstenliebe und der menschlichen Solidarität [12].«

Säkulare Quasi-Religiosität

Noch immer weitverbreitet ist die Aggressivität gegen alles Religiöse bei den ideologiekritischen *Sozialwissenschaftlern*, denen Religion vor allem in der institutionalisierten Form von Kirchen, ihrem Machtanspruch, ihrem Doktrinalismus und Konservatismus im öffentlichen Leben begegnet. Doch auch hier hat sich unter bestimmten Sozialwissenschaftlern eine andere Sicht des Phänomens »Religiosität« herausgebildet. Man geht heute wieder stärker von einer Permanenz religiöser Bedürfnisse beim Menschen aus, die freilich auch »säkular« befriedigt werden können. In diesem Fall würde man allerdings besser von Quasi-Religiosität reden.

So hatte schon in den 60er Jahren der amerikanische Kulturphilosoph *Theodore Roszak* [13] darauf aufmerksam gemacht, wie sehr die »Gegen-Kultur« der Hippies und Blumenmädchen in ihrer Opposition zur technokratischen Gesellschaft weltanschauliche, quasireligiöse Züge trage; unterdessen haben sich denn auch in der Tat viele ehemalige Hippies Religionsgemeinschaften angeschlossen. Auch in der Protestbewegung der »Neuen Linken« Ende der 60er Jahre haben Soziologen und Politologen quasireligiöse Züge entdecken wollen – in freilich durchaus kritisch-negativer Wertung. Ob des hohen Engagements und Fanatismus ihrer charismatischen Führer, der als Wissenschaft verbrämten Heilslehren und Dogmen, des endzeitlichen Pathos ihrer Gesellschaftskritik, der mehr oder weniger gewaltsamen Bekehrungsversuche zu ihrer Erweckungsbewegung nannte man die militanten »Neuen Linken«, wie sie in aller Welt zu finden waren, die »Wiedertäufer der Wohlstandsgesellschaft«: eine »Ersatzrebellion mit säkularen Formulierungen für theologische Fragestellungen« [14].

Ganz auf dieser Linie sieht der Soziologe *Helmut Schelsky* in seiner neuesten Veröffentlichung »in Klassenkampf und Priesterherrschaft der Intellektuellen« ebenfalls »eine neue ›säkularisierte‹ Religiosität, eine *›gesellschaftliche Religion‹*« sich ausbreiten: »So darf man auch die Haltung, die die politischen Herrschaftsansprüche dieser neuen Klasse der ›Heils- und Sinnvermittler‹ stützt, nicht nur als politische Ideologie begreifen, sondern muß in ihr einen tiefergreifenden, grundsätzlichen Lebensanspruch sehen, muß sie als ein das ganze Verhalten des Menschen bestimmendes Grundverhältnis zur Wirklichkeit verstehen, das nicht anders als ›religiös‹ genannt werden kann. In der Tat drängen sich Begriffe der längst überholt geglaubten ›Metaphysik‹ als einzig angemessene Formen ihres Verständnisses auf. Daß es sich dabei um eine andere Religiosität handelt als um den christlichen Heilsglauben, ist deutlich, ja, diese *neue Religiosität* ist nur zu verstehen als die Dauerhaftigkeit religiöser Grundbedürfnisse, nachdem das Scheidewasser der Aufklärung und Säkularisation die spezifisch christlichen Glaubensinhalte von diesem religiösen Heilsbedürfnis ersetzt und abgespalten hat [15].« Für Schelsky ist klar, daß diese neue Religiosität nur noch wenig mit der durch das Christentum überkommenen Religiosität zu tun hat. Im Gegenteil: Sie ist ja gerade eine Folge von Aufklärung und Säkularisation, sie tritt an die Stelle der überkommenen christlichen.

Ähnlich skeptisch in bezug auf das Fortbestehen der traditionellen christlichen Religiosität ist der Münchner Pädagoge *Richard Schwarz*, der von einer beinahe totalen »Entchristlichung« unserer heutigen Gesellschaft spricht, vom »Untergang des Heiligen«, von einem »konturenlosen Glauben« [16]. Schwarz wehrt sich dagegen, aus der Angst des heutigen Menschen vor Selbstzerstörung, aus einem Unbehagen über die »Grenzen des Wachstums« gleich religiöses Kapital zu schlagen, wie das unter Theologen und Predigern heute nicht unbeliebt sein mag: »Allein die heute wieder diskutierte Frage, ob die ›Grenzen des Wachstums‹, das offenbare Unbehagen an negativen Folgen des wissenschaftlichen Fortschritts, etwa bei Umweltproblemen oder in der ahumanen technisierten Arbeitswelt, einer inhumanen apparativen Medizin auch ein Unbehagen am Lebensleerlauf, eine Rückbesinnung auf die krisenhaften ›Grenzsituationen‹ unserer Existenz, als ›Anfechtung‹ im Hinblick auf die Sinnfragen von Tod und Leben überhaupt bedeuten könnte, scheint noch völlig offen. Die neue ›Urangst‹ vor dem Atom weckte keine religiösen Erfahrungen, nur vitale Furcht. Auch Symptome der in die Krise geratenen technokratisch-rationalen Legitimationssysteme vermögen bis dahin keine durchgreifenden neuen religiösen Signale zu begründen[17].« Schwarzens Schlußfolgerung: »Wir sehen keine besonderen Zeichen, daß die religiöse Sinnfrage heute neu gestellt wird. Diese Zeit lebt aus dem Bewußtsein der Perfektion aller Mittel wie ebenso aus der Ziellosigkeit in der menschlichen Lebensfrage. Es ist das Bewußtsein, inmitten eines Weltprozesses zu existieren, dessen Weg und Ziel unbekannt sind[18].« Doch: ist eine solche Sicht nicht allzu einseitig? Andere Sozialwissenschaftler sehen es anders, sehen »Zeichen für Transzendenz«.

Wiederentdeckung der Transzendenz

Zwar gibt sich auch der amerikanische Religionssoziologe *Peter Berger*, der vor Jahren mit seinem Buch »Auf den Spuren der Engel«[19] Aufsehen erregte, hinsichtlich des Überlebens der Religion als Massenphänomen keinen Illusionen hin: »Die Prognose, daß eine ›überraschungsfreie‹ Welt am allgemeinen Zug zur Säkularisierung festhält, ist . . . durchaus vernünftig. Eine Wiederentdeckung der Transzendenz als Massenphänomen steht nicht in den Sternen. Dennoch wird sich in Enklaven der säkularisierten Kultur der Glaube an das Übernatürliche erhalten[20].« Im Gegensatz zu Schwarz fordert Berger die Theologen auf, »sich in der empirisch gegebenen Situation des Menschen nach etwas umzusehen, das man *Zeichen der Transzendenz* nennen könnte. Und ich behaupte, daß es *prototypisch menschliches Verhalten* gibt, Gebaren, Gebärden, Gesten, die als solche Zeichen anzusehen sind[21].« Dabei sind solche »prototypische menschliche Gesten« für Berger »gewisse immer wiederkehrende Verrichtungen und Empfindungen, die essentielle Züge des Seins des ›Menschen als Lebewesen‹ auszudrücken scheinen«[22].

So findet Berger »Zeichen der Transzendenz« etwa im menschlichen Hang zur Ordnung. Der *Glaube an Ordnung* ist nach ihm »dem fundamentalen Wirklichkeitsvertrauen des Menschen eng benachbart«[23]. Wir erinnern uns hier an das im Zusammenhang mit dem *Grundvertrauen* breit Entwickelte[24]: »Der menschliche Drang nach Ordnung gründet sich auf das Vertrauen oder den Glauben, daß die Wirklichkeit letztlich ›in Ordnung‹, ›schon recht‹, ›so wie es sein soll‹ ist. Eine empirische Methode, dieses Urvertrauen etwa zu testen, gibt es verständlicherweise nicht. Auf seinem Vorhandensein zu bestehen, es als erwachsener Mensch zu behaupten, ist allein schon ein Glaubensakt[25].« Und auch die »wohl fundamentalste aller Ordnung stiftenden Gesten – die der ihr ängstliches Kind beruhigenden Mutter« – ist für Berger ein Zeichen der Transzendenz: »Der Grundtenor ist auf der ganzen Welt immer und immer derselbe: ›Hab keine Angst‹; ›alles ist in Ordnung‹; ›alles ist wieder gut‹.« Das »Vertrauen« des Kindes »zur Wirklichkeit ist zurückgewonnen, und in diesem Vertrauen kann es wieder einschlafen«[26].

Auch im *Spiel* transzendiert der Mensch seine Wirklichkeit, das gewöhnliche Leben, die Schabloneneinheit der Gesellschaft; wenn er die Gewohntheit an Raum und Zeit und ihre Grenzen partiell außer Kraft setzt und eine eigene Sinnwelt mit eigenen Regeln aufstellt. Und auch im »Argument der *Hoffnung*« (im Anschluß an Ernst Bloch), im »Argument der *Verdammnis*«, das heißt im Verlangen des Menschen nach einer das Irdische transzendierenden Gerechtigkeit (wir erinnern uns an Horkheimer), oder im »Argument des *Humors*«, der auch die kümmerlichste Wirklichkeit des Menschen noch als nicht-endgültige überschreiten kann, sieht Berger diese Chiffren der Transzendenz.

So gesehen bedeutet diese Wiederentdeckung der Transzendenz, »daß wir gegenüber der Wirklichkeit Offenheit der Wahrnehmung zurückgewinnen müssen . . . Der größte moralische Segen der Religion ist, daß man, auf sie gestützt, die Zeit, in der man lebt, aus einer Perspektive sehen kann, die den Tag und die Stunde transzendiert und ihnen die richtige Größenordnung zumißt. Das gibt Mut und ist zugleich auch ein Schutz gegen Fanatismus. Aber der Mut zu tun, was jeweils getan werden muß, ist nicht der einzige moralische Gewinn. Hinzu kommt die Einsicht, daß das Jeweilige nicht das Einundalles unseres Daseins ist. Seinen Forderungen gewachsen zu sein und dabei nicht die Fähigkeit zum Lachen, die Freude am Spiel zu verlieren, das ist wahrlich ein moralischer Gewinn[27].«

Der Amerikaner *Charles A. Reich*, Jurist in Yale, hat fast zur gleichen Zeit in seinem ebenfalls populär gewordenen Buch »The Greening of America«[28] ein neues Bewußtsein jenseits von Establishment und Revolution, eine »Consciousness III«, kommen sehen und ein neues Bewußtsein der Transzendenz gefordert. Mitten in dieser technologischen Welt ein befreiendes Überschreiten aus den gegebenen Verhältnissen durch die Wahl eines neuen Lebensstiles: zur Bändigung der technologischen Maschinerie die Entwicklung neuer Fähigkeiten, die Entwicklung einer neuen Unabhängigkeit und persönlichen Verantwortung, der Sensibilität, des ästhetischen Gefühles, der Liebesfähigkeit, der Möglichkeit, in neuen Formen miteinander zusammenzuleben und zusammenzuarbeiten. Reich fordert deshalb eine Neubestimmung der Werte und der Prioritäten und damit auch eine Neubesinnung auf Religion und Ethik, damit ein wirklich neuer Mensch und eine neue Gesellschaft möglich werde: »Die Macht des neuen Bewußtseins ist nicht die Macht, Verfahren zu manipulieren, oder die Macht der Politik und der Straßenschlachten, sondern die Macht neuer Werte und eines neuen Way of Life[29].«

Auch für den Harvard-Soziologen *Daniel Bell* ist »im nachindustriellen Zeitalter« eine »große Erneuerung von Religion« möglich. Die Kernfrage heute ist, ob der Mensch im Widerstreit von Kultur und Technologie ein

»archimedisches Prinzip« finden kann, um seine Existenz zu verstehen oder zu beurteilen: Neben Natur und Geschichte kommt dabei der Religion entscheidende Bedeutung zu[30]. Mit Talcott Parsons ist Bell der Meinung: »Religion ist etwas ebenso universell Menschliches wie Sprache[31].« Und mit Zustimmung zitiert er auch das Wort Max Schelers (und Max Webers): »Jeder sterbliche Geist glaubt entweder an Gott oder an Götzen[32].« In deutlicher Absetzung von den »zeitgenössischen politischen Religionen und dem Anspruch der ›Besessenen‹ auf letzte Wahrheiten« erkennt er als zentrale Frage, »wer Gott und wer das Böse ist«[33]. So sieht Bell denn »trotz des Schlachtfeldes der modernen Kultur« eine »religiöse Antwort zum Vorschein kommen«. »Sie (die Religion) ist ein konstitutiver Bestandteil menschlichen Bewußtseins: als kognitive Suche nach der Struktur der ›allgemeinen Ordnung‹ menschlicher Existenz, als emotionales Bedürfnis, Rituale zu entwickeln und sie zu heiligen; als Urbedürfnis nach Beziehung zu anderen Menschen oder zu einem Ensemble von Sinngehalten, das dem Selbst eine transzendentale Antwort gibt; schließlich als existentielles Bedürfnis nach Konfrontation mit Leid und Tod[34].«

Können diese Aufgaben nur durch *neue Religionen* erfüllt werden? Bell ist skeptisch. Denn jede Religion braucht neben Befreiungsriten im neuen Sinn auch Eingliederungsriten in eine Gemeinschaft und Bindungen an Vergangenheit wie Zukunft: »In diesem Sinn ist Religion Bewußtsein von Transzendenz, Fahrt und Reise aus der Vergangenheit, der man entstammt (und an die man gebunden ist), zu einer neuen Konzeption vom Selbst als moralischer Instanz, welche die Vergangenheit aus freien Stücken akzeptiert (anstatt nur von ihr geprägt zu werden) und auf die Tradition zurückgreift, um die Kontinuität moralischer Sinngehalte zu gewährleisten[35].« Danach hätten für die »Zukunft der westlichen Welt« auch die *bisherigen Religionen* die Chance einer »großen Erneuerung«[36].

Die Jugend, wie immer, wird über diese Chance befinden. Die neueste Analyse von *Klaus Mehnert* »Jugend im Zeitbruch. Woher – wohin?«[37] vermag hier Hoffnung zu vermitteln. Sie zeigt – nach gründlichen Recherchen in den Vereinigten Staaten wie in Deutschland –, wie viele junge Menschen heute elementare religiöse Fragen haben: »Wissenschaft und Technik? Nun ja, sie können Atome spalten und verschmelzen und Millionen Menschen in Sekunden vernichten, können Riesenflugzeuge von vielfacher Schallgeschwindigkeit bauen, den Mond und auch die nächsten Planeten erreichen. Aber sie können kein einziges der wirklichen Probleme der Menschen beantworten – Gibt es einen Gott? Woher kommen, wohin gehen wir? Wie sollen wir leben? Auch die etablierten Kirchen haben viel von ihrer Anziehungskraft verloren, immer mehr Menschen suchen die Wahrheit auf anderen Wegen[38].«

Zukunft für Religion

Was immer man von den Beobachtungen und Deutungsversuchen Bergers, Reichs, Bells, Mehnerts und anderer im einzelnen halten mag, dies eine ist nicht zu bestreiten: Trotz aller weit fortgeschrittenen Säkularisierung trifft heute der Ruf nach neuen Wertmaßstäben, Modellen, Prioritäten und Idealen, nach neuer Lebenssicht und neuem Lebensstil und damit auch nach Ethik und Religion gerade unter der jüngeren Generation auf vielfältiges Echo. Der »eindimensionale Mensch« sucht, oft unbewußt, nach einer anderen Dimension des Lebens, und dies nicht nur transzendierend nach vorn hin zur Großen Revolution oder – nach ihrem Scheitern – zur »Großen Weigerung« (H. Marcuse[39]), sondern – ebenfalls im Bild gesprochen – in die Höhe oder Tiefe einer wahren Transzendenz, aus der heraus der Mensch zu neuem Leben und Handeln befähigt wird. Nicht allein die eigentlich religiösen Wellen – von Jesus-Movements und charismatischer Bewegung bis zum Interesse an orientalischer Religion und Mystik (und alle möglichen Formen von Aberglauben bis hin zum Teufelsglauben) – zeugen davon. Auch das Engagement in der Bürger- und Menschenrechtsbewegung in West und Ost, Nord und Süd geht bei vielen auf religiöse Motivationen zurück. Ebenso die Bewegungen in der Dritten Welt vor allem gegen die Armut und für die nationale Unabhängigkeit besonders in Afrika und Südamerika. Früher war der extensiv-direkte Einfluß der Religion auf die Gesellschaft zweifellos größer, heute ist es vielleicht der intensiv-indirekte.

Es ist auch für die Futurologen schwierig, die Zukunft der Religion genau zu extrapolieren. Religion ist ja von vornherein mehr als alles statistisch Erfaßbare (etwa Gottesdienstbesuch). Religiöses Glauben, Hoffen, Handeln kann nicht einfach mit Lehren, Riten, Verhaltensweisen und Strukturen verrechnet werden. Aber von all den Überlegungen der Fachleute und den genannten religiösen Phänomenen her erscheint es als unwahrscheinlich, daß sich der Säkularisierungsprozeß ungebrochen auf einen allgemeinen atheistischen Säkularismus hin entwickeln wird; auch die religiösen Statistiken geben zu solchen Prognosen keinen Anlaß[40]. Umgekehrt ist freilich wohl kaum damit zu rechnen, daß die Säkularisierung durch religiöse Restauration rückgängig gemacht werden könnte; dafür fehlen alle Voraussetzungen und reichen auch die genannten religiösen Signale nicht aus. Die Säkularisierung wird vermutlich modifiziert – keineswegs nur zum Schaden der Religion – weitergehen: diese dritte Prognose Th. Luckmanns hat die größte Wahrscheinlichkeit für sich[41].

Man mag für die Religion mehr die Zugehörigkeit zu einer Gemeinschaft (als gesellschaftlicher Integrationsfaktor im Sinne Durkheims) oder das Eingebettetsein in ein Deutungssystem (als sinnstiftende und wertrationalisierende Größe im Sinne Webers) wichtig finden; Religion mag mehr für die persönlichen zwischenmenschlichen Beziehungen in zukünftig weniger sakralen Formen von Bedeutung sein (Thomas Luckmann, Peter Berger), oder aber – ohne Verzicht auf sakrale Formen – indirekt auch für die gesellschaftlichen Institutionen und Strukturen (Talcott Parsons, Clifford Geertz, Daniel Bell), oder schließlich – in Verbindung von integrierender und sinnstiftender Funktion – für die Bildung von fortgeschrittenen Eliten in den pluralistischen Gesellschaften (Andrew Greeley[42]). Darin jedenfalls stimmen die Religionssoziologen überein: Es wird immer – wie auch Kunst – Religion geben! Wobei Religion genausowenig mit dem Kirchlich-Institutionellen, Sakralen, Irrationalen gleichgesetzt werden darf wie Säkularisierung mit Entkirchlichung, Entsakralisierung, rationaler Entzauberung.

Was also bleibt – im Rückblick auf den langen Weg von Bloch und Horkheimer bis hin zu den heutigen Human- und Sozialwissenschaftlern – festzuhalten im Hinblick auf die Zukunft von Religion?

- *Die gemeinsame Überzeugung von Gottgläubigen wie Atheisten, daß die bestehende Welt mit ihrer Ungerechtigkeit nicht in Ordnung ist, hält in der Menschheit die Sehnsucht nach einem ganz Anderen wach: eine von der erscheinenden, vorfindlichen, in sich widersprüchlichen Welt verschiedene letzte Wirklichkeit, wie immer zu verstehen.*
- *Die schwerwiegenden Probleme des Menschen, der Gesellschaft und Wissenschaft in Gegenwart und Zukunft werfen die Frage nach Wertmaßstäben, Normen, Prioritäten, nach Lebenssicht und Lebensstil und damit die Frage nach Ethik auf, die Ethik ihrerseits aber – was ihre Begründung und Unbedingtheit betrifft – die Frage nach Religion.*
- *Man kann den modernen Säkularisierungsprozeß und die Eigenständigkeit der weltlichen Ordnungen und Wissenschaften auch für die Zukunft voll bejahen und doch die Ideologien des atheistischen Säkularismus – jener religionslosen Weltanschauung, die die Weltlichkeit der Welt, ihrer Ordnungen und Wissenschaften, mit grundsätzlicher Gottlosigkeit verbindet – entschieden ablehnen.*
- Religion *meint eine bestimmte soziale Verwirklichung einer Beziehung zu einem absoluten Sinn-Grund, zu einem allerletzten Anliegen, zu etwas, was mich unbedingt angeht.*
- Echte Religion *findet sich jedoch nur, wo dieser Sinn-Grund, dieses allerletzte Anliegen, was mich unbedingt angeht, nicht etwas Nur-Weltliches (»Säkulares«), sondern ein im weitesten Sinn »Göttliches« (»Absolutes«, »Heiliges«) ist.*
- *Wo Nicht-Göttliches als Sinn-Grund, als allerletztes Anliegen, was mich unbedingt angeht, gesetzt wird – die Nation im Nationalismus, das Volk im Nationalsozialismus, die Rasse im Rassismus, die Partei im Leninismus-Stalinismus, die Wissenschaft im Szientismus, das Materielle im Materialismus –, wird man besser von* Quasi-Religion *(P. Tillich) oder* Religionsersatz *sprechen.*

Der Theologe muß sich hier um möglichst unzweideutige Rede bemühen. Er, dem es anders als dem Psychologen und Soziologen nicht nur um Religion als individuelles und soziales Phänomen zu tun ist, vielmehr um die *Wahrheit* von Religion und Gottesglauben, wird auf ein Weiterfragen nicht verzichten dürfen. Nur wo nicht nur allgemein von Religion und Religiosität geredet wird, sondern die Frage nach Gott beantwortet ist, hat für uns auch die Frage nach der Religion eine theologisch eindeutige Antwort gefunden. Denn:

Alle »Zeichen« und »Chiffren« der Transzendenz (Berger) sind noch *keine Begründung* der Transzendenz.

Alle Forderungen nach neuem Bewußtsein, Neubestimmung der Werte und Neubesinnung auf Religion (Reich) begründen *keine Notwendigkeit* von Religion.

Alle Bedürfnisse nach Religion (Bell) zeigen noch *nicht die Wahrheit* von Religion.

Alle Fragen nach dem Woher und Wohin (Mehnert) zeigen noch *nicht die Möglichkeit einer Antwort*.

Und mit dem Blick auf Horkheimer, Marcuse und Bloch läßt sich noch schärfer fragen:

Sehnsucht nach dem ganz Anderen: ja. Aber entspricht der Sehnsucht nach dem ganz Anderen auch die Wirklichkeit eines ganz Anderen?

Unbedingtheit in der Ethik: ja. Aber gibt es wirklich eine unbedingte moralische Instanz?

Transzendenz über die Eindimensionalität des menschlichen Daseins hinaus: ja. Aber muß dies alles notwendig ein Ja zu Gott sein?

Wenn Gott schon die Antwort auf all die Sehnsüchte, Hoffnungen und Fragen des Menschen sein soll, muß doch zuerst einmal die elementare Frage völlig eindeutig beantwortet sein: Existiert Gott überhaupt?

2. Gott als Hypothese

Bei Brecht, in den »Geschichten vom Herrn Keuner«, liest man: »Einer fragte Herrn K., ob es einen Gott gäbe. Herr K. sagte: ›Ich rate dir, nachzudenken, ob dein Verhalten je nach der Antwort auf diese Frage sich ändern würde. Würde es sich nicht ändern, dann können wir die Frage fallenlassen. Würde es sich ändern, dann kann ich dir wenigstens so weit behilflich sein, daß ich dir sage, du hast dich schon entschieden: Du brauchst einen Gott‹[43].«

Theologen pflegen solch scharfsinnigen Alternativen mit ebenso scharfsinnigen Sätzen auszuweichen. Etwa mit jenem bereits zitierten Satz: »Einen Gott, den es gibt, gibt es nicht.« Dieser sagt zwar (im Sinne Bonhoeffers) richtig aus, daß es Gott nicht gibt wie den Genfer See oder das Matterhorn oder die Liebe zwischen zwei Menschen. Er ist aber noch keine

Antwort auf die präzise Frage nach der Existenz Gottes. Andere könnten – in bezug auf Brecht – diesen Satz variieren: »Einen Gott, den man braucht, braucht es nicht.« Auch dieser Gedanke ist insofern richtig, als Gott nie Funktion oder Mittel zum Zweck sein darf (für Kindererziehung, Politik, Kirche etwa), wenn er Gott bleiben soll. Aber er beantwortet wiederum nicht die klare Frage nach der Existenz Gottes.

Gibt es nicht genügend Zeitgenossen, die zwar an die Existenz Gottes (mindestens aber an ein »höheres Wesen«) glauben, in ihrer alltäglichen Praxis aber davon nichts erkennen lassen? Und gibt es nicht umgekehrt viele Zeitgenossen, die nicht an die Existenz Gottes glauben, in ihrer Praxis aber so leben, als gäbe es ihn? Deshalb erfordert die Fragestellung Brechts eine eindeutige Antwort: Wenn Gott existiert, ändert sich etwas für das Verhalten des Menschen oder nicht? Ja, es ändert sich etwas, so soll hier klar und eindeutig geantwortet werden, wiewohl wir uns hüten, die Frage zu moralisieren: Gottgläubige sind nicht von vornherein bessere Menschen!

Was sich änderte, wenn

Man könnte es sich leichtmachen und kurz mit der negativen Hypothese antworten, wie es Dostojewski formulierte und Jean-Paul Sartre als »den Ausgangspunkt des Existentialismus« bezeichnete: »Wenn Gott nicht existiert, ist alles erlaubt«[44], wobei das »alles« freilich differenziert interpretiert wird. Aber wir wollen uns an die schwierigere Aufgabe machen und die positive Hypothese entfalten – die Hypothese notabene! Am naheliegendsten dürfte es sein, von den Fragen auszugehen, die sich im Laufe dieses Kapitels gestellt haben. Dann können wir das Folgende sagen:

Wenn Gott existierte:

dann wäre dies Leben, das *Kurt Tucholsky* mit einem Understatement ein bißchen laut fand und nicht so richtig verstand, doch nicht alles gewesen;

dann wäre ein befreiendes Über-Schreiten, Transzendieren des »eindimensionalen Menschen« in eine andere Dimension hinein, eine reale Alternative, wie sie *Herbert Marcuse* fordert, schon jetzt – freilich grundlegend anders als bei Marcuse – möglich;

dann könnte die Grundfrage von *Gottfried Wilhelm Leibniz*: »Warum gibt es etwas und nicht vielmehr nichts?« vielleicht ebenso eine Antwort finden wie die *Martin Heideggers* nach dem »Wunder der Wunder«: »Warum ist überhaupt Seiendes und nicht vielmehr Nichts?«;

dann bräuchte es also nicht beim Anruf der entschwundenen Götter zu bleiben, wie dies bei Heidegger geschieht;

dann hätte die unendliche Sehnsucht des Menschen, der nach *Ernst Bloch* unruhig, unfertig, nie erfüllt immer neu unterwegs ist, weiterverlangend, weitererkennend, weitersuchend, sich ständig ausstreckend nach Anderem und Neuem, doch einen Sinn und ginge nicht schließlich ins Leere;

dann würde nicht nur »mögliches Heil« im Laboratorium der Welt experimentierend entworfen, sondern »wirkliches Heil« für den Einzelnen wie die Gesellschaft heraufgeführt, das die Welt – und zwar die »kapitalistische« und die »sozialistische« – sich selbst nicht geben kann;
dann wäre die uralte Hoffnung auf eine Nova Vita, das utopische Omega, den erfüllten Augenblick, das Reich Gottes wahrhaft – nämlich durch Gott selbst – begründet und auch eine Versöhnung von Mensch und Natur, Logos und Kosmos keine Illusion;
dann wäre selbst alles unabwendbare Leiden, das sich nach den Vertretern der *Kritischen Theorie* nicht begrifflich aufheben läßt, dann wären Unglück, Schmerzen, Alter und Tod des Einzelnen, aber auch das drohende Eschaton der Langeweile in einer total verwalteten Welt doch nicht das Letzte, sondern könnten auf ein ganz Anderes verweisen;
dann wäre die Sehnsucht *Max Horkheimers* nach vollendeter Gerechtigkeit, nach unbedingtem Sinn und ewiger Wahrheit nicht irreal, sondern schließlich und endlich erfüllbar, unendlich erfüllbar;
dann würden die Zeichen und Chiffren der Transzendenz (Berger), die Forderungen nach neuem Bewußtsein und Neubestimmung der Werte (Reich), die Bedürfnisse nach Religion (Bell), die Fragen nach dem Woher und Wohin (Mehnert) nicht auf ein Nichts verweisen, sondern auf die wirklichste Wirklichkeit.

Das sind die großen Lebensfragen des Menschen für Zukunft und Gegenwart, die es zu beantworten gilt und die, weil sie aufs Ganze gehen, nur von der Gottesfrage her beantwortet werden können; die Antwort darauf verändert sich grundlegend je nachdem, ob Gott existiert oder nicht. Sie lassen sich in drei Fragen bündeln:

»*Wer sind wir?*« Wesen des Mangels, die nicht sind, was sie sein könnten. Wesen der Erwartung, Hoffnung und Sehnsucht, die sich immer wieder überschreiten. Aber warum sind wir das? Was erklärt diesen merkwürdigen Drang nach ständigem Transzendieren? Was erklärt dies nicht nur faktisch, vorläufig, sondern letztlich, definitiv? Gibt es darauf keine Antwort? Ja, darf man so erst gar nicht fragen?

Wenn Gott existierte, dann ließe sich die große Frage beantworten, warum wir sehr endliche Mangelwesen sind und doch Wesen von unendlicher Erwartung, Hoffnung und Sehnsucht.

»*Woher kommen wir?*« Grund um Grund können wir zurückfragen, der Kausalkette entlang. Grund um Grund aber wird hinfällig, wenn das Ganze erklärt werden soll. Was denn ist der Grund aller Gründe? Stoßen wir da nicht auf ein Nichts? Was aber erklärt das Nichts als eben – nichts? Oder sollen wir uns zufriedengeben mit einer Materie, der göttliche Attribute, Ewigkeit und Allmacht, zugeschrieben werden; oder gar mit dem Wasserstoff, der erst recht die Frage nach dem Woher aufwirft? Gibt es darauf keine Antwort? Ja, darf man so erst gar nicht fragen?

Wenn Gott existierte, dann ließe sich die große Frage beantworten, woher der Wasserstoff und woher die Materie, woher die Welt und woher der Mensch.

»*Wohin gehen wir?*« Ziel um Ziel können wir uns vornehmen. Ziel um Ziel aber wird erreicht und reicht doch nicht aus, um Sinn zu geben dem Ganzen, dem Ganzen des Menschenlebens und dem der Menschheitsgeschichte. Was denn ist das Ziel aller Ziele? Soll etwa das Nichts wie der Anfang so auch das Ende sein? Aber so wenig wie den Anfang, erklärt das Nichts das Ende. Soll das das Ende sein: eine Gesellschaft, total technisiert oder radikal revolutioniert, und doch das eine wie das andere heute fraglicher denn je? Gibt es darauf keine Antwort? Ja, darf man so erst gar nicht fragen?

Wenn Gott existierte, dann ließe sich die große Frage beantworten, wohin der Mensch und wohin die Menschheit, wohin das Menschenleben und wohin die Menschheitsgeschichte.

Grund, Halt und Ziel der Wirklichkeit

Man kann auch alles in jene anderen drei berühmten Fragen zusammenfassen, in denen sich nach Kant alles Interesse der menschlichen Vernunft vereinigt und die zeigen, daß die letzten Fragen auch die ersten sind. Was kann ich wissen? Fragen nach der Wahrheit. Was soll ich tun? Fragen nach der Norm. Was darf ich hoffen? Fragen nach dem Sinn.

Im konkreten Leben hängt alles zusammen: »funktionale« und »wesentliche« Fragen, Technisch-Rationales und Gesamthaft-Personales; existentielle »Uneigentlichkeit« und »Eigentlichkeit« des Menschen im Sinne Heideggers wie gesellschaftliche »Entfremdung« und »Befreiung« im Sinne von Marx. Freilich: Im konkreten Menschen können die wesentlichen Fragen nach Sinn und Wahrheit, Norm und Werten – unter dem einschläfernden Einfluß der Wohlstandsgesellschaft mehr denn je – verdeckt und verdrängt werden. Bis sie durch Reflexion oder noch mehr durch »Schicksal« im Großen oder Kleinen geweckt werden und den Menschen aus seinem mehr oder weniger naiven Grundvertrauen zur Wirklichkeit aufschrecken!

Wir erinnern uns doch? Auch für den, der im Grundvertrauen sein Ja zur Wirklichkeit von Welt und Mensch sagt, bleibt die *durchgängige Fraglichkeit der Wirklichkeit* in ontischer, noetischer und ethischer Hinsicht bestehen! Durch das Vertrauen zu ihr verliert die fragliche Wirklichkeit nicht ihre radikale Fraglichkeit: Die Wirklichkeit, die ein Grundvertrauen zu begründen vermag, erscheint selber in rätselhafter Weise *unbegründet;* als haltende selber *haltlos;* als sich entwickelnde dennoch *ziellos*. Eine rätselhafte Faktizität der Wirklichkeit, die sich in einer fundamentalen Grundlosigkeit, Haltlosigkeit und Ziellosigkeit manifestiert. Sie ist es, die die Frage nach der Wirklichkeit, dem Sein oder Nichtsein, dem Grundvertrauen oder Nihilismus jederzeit neu aufbrechen läßt[45].

Es geht also um eine Frage, wo der an Gott Glaubende im Wettbewerb, in theoretischer und praktischer Auseinandersetzung steht mit dem Nichtglaubenden: wer denn die grundlegenden menschlichen Erfahrungen, wer denn Mensch und Welt von heute, wer die Wirklichkeit überhaupt überzeugend deuten kann. Darum ging es uns, als wir die Auseinandersetzung mit dem neuzeitlichen Atheismus wagten, vor allem mit Feuerbach und Marx, Nietzsche und Freud. Es geht um die grundsätzliche Frage: *Von woher* soll die durchgängig fragliche Wirklichkeit erklärt werden? Was macht sie möglich? Was also ist die *Bedingung der Möglichkeit dieser fraglichen Wirklichkeit*?

Damit wollen wir durchaus Bonhoeffers Mahnung ernstnehmen und »von Gott nicht an den Grenzen, sondern in der Mitte, nicht in den Schwächen, sondern in der Kraft« sprechen[46]. Das heißt: Die allgemeine Frage nach dem Vonwoher der Wirklichkeit, ihrem Grund, Halt und Ziel, ist zwar nur *ein* Zugang zu Gott; doch drängt sich dieser von der allumfassenden neuzeitlichen Problematik her im Horizont von Nihilismus und Atheismus auf. Im konkreten Leben indessen gibt es ungezählte Zugänge zu Gott: Der Dissident in Moskau und der Präsident in Washington, der sozial engagierte Chef eines Industriekonzerns und der Gewerkschaftsführer aus Überzeugung, der Bergführer in den Walliser Alpen und die Missionsärztin in Südindien, der Arbeiterpriester in der Pariser Banlieue und der Papst im Vatikan – sie alle haben ihre eigenen und besonderen Gründe, warum sie an Gott glauben. Alle diese Gründe hängen jedoch auf verschiedene Weise mit Größe und Elend von Mensch und Welt, eben mit dieser fraglichen Wirklichkeit, zusammen.

Will der Mensch auf ein Verstehen seiner selbst, der Welt, der Wirklichkeit überhaupt, nicht verzichten, so darf er sich durch kein Frageverbot – wer immer es (aus meist recht durchsichtigen Interessen) aufstellen möchte – aufhalten lassen. Diese letzten Fragen, die zugleich die ersten sind, rufen unausweichlich nach Antwort. Denn vor allem von der ganz konkret erfahrenen Unsicherheit des Lebens, der Ungewißheit des Wissens und der vielschichtigen Angst und Orientierungslosigkeit des Menschen, die wir ausgehend von Descartes und Pascal durch die ganze Neuzeit hindurch verfolgen konnten, stellt sich die unabweisbare Frage: *Von woher* diese zwischen Sein und Nichtsein, Sinn und Sinnlosigkeit schwebende, sich in der Haltlosigkeit haltende, ziellos sich entwickelnde, also radikal *fragliche Wirklichkeit*?

Und hier haben wir nun endlich auf unserem langen Weg durch die Neuzeit jenen Punkt erreicht, der für uns schon im Buch »Christ sein« Ausgangspunkt sein mußte[47]. Und es wird an dieser Stelle für den Leser besonders deutlich, wie wenig diese beiden Bücher voneinander getrennt werden können, wie sehr sie gerade im Entscheidenden – der Frage nach der Wirklichkeit und nach Gott – ineinandergreifen und ineinandergreifen müssen, um sich gegenseitig zu ergänzen und zu erhellen. Und dies nicht nur für die Frage des Zugangs zu Gott, sondern, wie wir später sehen werden, auch für das alttestamentliche und das spezifisch christliche Gottesverständnis. Kohärenz und Konsequenz der Gesamtkonzeption sollen – auch zur Erleichterung des Lesers – unterstrichen werden dadurch, daß wir gerade im Hinblick auf Gott als Hypothese und als Wirklichkeit die entscheidenden Thesen von »Christ sein« hier erneut aufgreifen: Thesen, die nun freilich ganz anders, als dies in »Christ sein« möglich war, nach allen Seiten hin historisch wie systematisch ausgeleuchtet und entsprechend begründet worden sind. Ähnlichkeiten sind somit nicht nur beabsichtigt, sondern unvermeidlich.

Existiert Gott? Hier sei ausdrücklich auch der Nichtglaubende angesprochen! Denn auch wer nicht glaubt, *daß* Gott existiert, könnte zumindest der *Hypothese* zustimmen, deren innerer Sinn uns im vorausgehenden Abschnitt deutlich geworden ist und die doch noch keineswegs über Existenz oder Nicht-Existenz Gottes entscheidet. Die Hypothese lautet: *Wenn* Gott existierte, dann *wäre* eine grundsätzliche Lösung für das Rätsel der fraglich bleibenden Wirklichkeit angegeben: insofern dann eine grundsätzliche Antwort, die selbstverständlich entfaltet und gedeutet werden müßte, auf die Frage nach dem Vonwoher gefunden wäre. Diese Hypothese, deren Implikationen aus unserer eingehenden Auseinandersetzung mit Atheismus und Nihilismus deutlich geworden sind, kann in knappster Form so umschrieben werden:

- *Wenn Gott existierte, dann wäre die gründende Wirklichkeit selbst nicht mehr letztlich unbegründet. Warum? Gott wäre dann der Ur-Grund aller Wirklichkeit.*
- *Wenn Gott existierte, dann wäre die sich haltende Wirklichkeit nicht mehr selber letztlich haltlos. Warum? Gott wäre dann der Ur-Halt aller Wirklichkeit.*
- *Wenn Gott existierte, dann wäre die sich entwickelnde Wirklichkeit nicht mehr letztlich ziellos. Warum? Gott wäre dann das Ur-Ziel aller Wirklichkeit.*
- *Wenn Gott existierte, dann wäre die zwischen Sein und Nichtsein schwebende Wirklichkeit nicht mehr letztlich der Nichtigkeit verdächtig. Warum? Gott wäre dann das Sein-Selbst aller Wirklichkeit.*

Diese Hypothese läßt sich – wenn wir uns insbesondere an Nietzsche und das über die scholastischen »Transzendentalien« (das Eine, Wahre, Gute) Gesagte erinnern[48] – sowohl positiv wie negativ im Hinblick auf die ambivalente Wirklichkeit von Welt und Mensch präzisieren. Zuerst *positiv* gefragt, und man beachte dabei jedes Wort:

Warum könnte, *wenn* Gott existierte, in aller Zwiespältigkeit letztlich doch eine verborgene Einheit, in aller Sinnlosigkeit letztlich doch eine verborgene Sinnhaftigkeit, in aller Wertlosigkeit letztlich doch eine verborgene Werthaftigkeit der Wirklichkeit in einem durchaus vernünftigen Grund-Vertrauen angenommen werden? Weil Gott der *Ursprung, Ursinn, Urwert* alles Seienden wäre!
Warum könnte, *wenn* Gott existierte, in aller Nichtigkeit letztlich doch ein verborgenes Sein der Wirklichkeit in durchaus vernünftigem Grundvertrauen angenommen werden? Weil Gott das *Sein-Selbst* alles Seienden wäre!
Wohlverstanden: Die Wirklichkeit verlöre damit keineswegs ihre faktische Nichtigkeit. Aber es wäre ein Grund angegeben, warum der Mensch trotz aller Nichtigkeit auf die Wirklichkeit sich einlassen und verlassen kann.

Und nun die *Gegenprobe*! Wenn Gott existierte, dann wäre auch die *negative* Seite der Wirklichkeit, ihre Nichtigkeit, zu verstehen:
Warum erscheint die gründende Wirklichkeit von Welt und Mensch aus sich selbst letztlich unbegründet, die sich haltende Wirklichkeit in sich selbst letztlich haltlos, die sich entwickelnde Wirklichkeit für sich selbst letztlich ziellos? Warum also ist ihre Einheit immer wieder bedroht durch Zwiespältigkeit, ihre Sinnhaftigkeit durch Sinnlosigkeit, ihre Werthaftigkeit durch Wertlosigkeit? Warum ist die zwischen Sein und Nichtsein schwebende Wirklichkeit letztlich der Unwirklichkeit und Nichtigkeit verdächtig?
Die grundsätzliche Antwort wäre überall dieselbe: Weil die fragliche Wirklichkeit selbst *nicht Gott* ist! Weil das Ich, die Gesellschaft, die Welt mit ihrem Urgrund, Urhalt und Urziel, mit ihrem Ursprung, Ursinn und Urwert, mit dem Sein-Selbst, nicht identifiziert werden können!

Grund, Halt und Ziel des menschlichen Daseins

Dieselbe Hypothese kann nun auf die besondere Fraglichkeit gerade *meines menschlichen Daseins* noch zugespitzt werden. Sie würde dann lauten: *Wenn* Gott existierte, dann *wäre* auch auf das Rätsel meines fraglich bleibenden menschlichen Daseins zumindest grundsätzlich eine Antwort gefunden! Das heißt für mich: Wenn Gott existierte,

- *dann könnte ich trotz aller Bedrohung durch Schicksal und Tod mit gutem Grund die Einheit und Identität meines menschlichen Daseins vertrauensvoll bejahen. Warum? Gott wäre ja der erste Ursprung auch meines Lebens;*
- *dann könnte ich trotz aller Bedrohung durch Leere und Sinnlosigkeit mit gutem Grund die Wahrheit und Sinnhaftigkeit meines Daseins vertrauensvoll bejahen. Warum? Gott wäre ja auch der letzte Sinn meines Lebens;*

- *dann könnte ich trotz aller Bedrohung durch Schuld und Verwerfung mit gutem Grund die Gutheit und Werthaftigkeit meines Daseins vertrauensvoll bejahen. Warum? Gott wäre ja dann auch die umfassende Hoffnung meines Lebens;*
- *dann könnte ich gegen alle Bedrohung durch das Nichtsein mit gutem Grund das Sein meines menschlichen Daseins vertrauensvoll bejahen: Gott wäre ja dann das Sein-Selbst gerade auch des Menschenlebens.*

Wer es wünscht, kann auch diese hypothetische Antwort durch eine *Gegenprobe* testen:
Warum bleiben Einheit und Identität, Wahrheit und Sinnhaftigkeit, Gutheit und Werthaftigkeit meines eigenen menschlichen Daseins bedroht? Durch Schicksal und Tod, durch Leere und Sinnlosigkeit, durch Schuld und Verwerfung? Warum bleibt das Sein meines Daseins bedroht durch das Nichtsein?
Die grundsätzliche Antwort wäre zusammenhängend immer die eine und selbe: Weil der Mensch *nicht Gott ist*! Weil mein menschliches Ich *nicht* mit seinem Ursprung, Ursinn, Urwert, dem Sein-Selbst identifiziert werden kann!

Es dürfte sich also kaum bestreiten lassen: *Wenn* Gott existierte, dann wäre die Bedingung der Möglichkeit dieser fraglichen Wirklichkeit gegeben, ihr »Vonwoher« (im weitesten Sinn) erklärt. *Wenn!* Aber es ist ein alter Satz der Logik: Ab esse ad posse valet illatio, non autem viceversa! Von der Wirklichkeit läßt sich auf die Möglichkeit schließen, aber nicht umgekehrt. Also: aus der Hypothese Gott läßt sich nicht auf Gottes Wirklichkeit schließen. Wie also von der Hypothese zur Wirklichkeit kommen? Die Antwort kann jetzt gegeben werden.

3. *Gott als Wirklichkeit*

Soll uns kein Kurzschluß unterlaufen, so müssen wir schrittweise vorgehen. Welches sind die Alternativen? Wenn – wie schon beim Grundvertrauen – die Positionen antithetisch gegeneinandergestellt werden, so bedeutet das auch hier nicht, daß wir die Menschen in Gute (»Gottesfürchtige«) und Schlechte (»Gottlose«) einteilen und ihre Entscheidung für oder gegen Gott moralisch qualifizieren wollen. So sehr selbstverständlich auch die Gottesfrage einen ethischen Aspekt hat, so sehr muß doch die Alternative zunächst in grundsätzlicher Gegenüberstellung herausgearbeitet werden.

Nein oder Ja zu Gott möglich

Die Auseinandersetzung mit Feuerbach, Marx, Freud und Nietzsche hat es gezeigt[49]: eines kann dem Atheismus nie bestritten werden:

- *Ein Nein zu Gott ist möglich. Der Atheismus läßt sich nicht rational eliminieren: Er ist unwiderlegbar!*

Warum? Es ist immer wieder neu die Erfahrung der radikalen *Fraglichkeit* jeglicher Wirklichkeit, die dem Atheismus genügend Anlaß gibt, um zu behaupten und die Behauptung auch aufrechtzuerhalten: Die Wirklichkeit hat gar keinen Urgrund, Urhalt, kein Urziel. Jede Rede von Ursprung, Ursinn, Urwert ist abzulehnen. Man kann das alles gar nicht wissen – so der Agnostizismus mit Tendenz zum Atheismus. Ja, vielleicht ist doch Chaos, Absurdität, Illusion, Schein und nicht Sein, eben das Nichtsein das Letzte – so der Atheismus mit Tendenz zum Nihilismus.

Also: für die *Unmöglichkeit* des Atheismus gibt es tatsächlich keine positiven Argumente. Es kann nicht positiv widerlegt werden, wer sagt: Es ist kein Gott! Gegen eine solche Behauptung kommt weder ein strenger Beweis noch ein Aufweis Gottes letztlich an. Diese negative Behauptung beruht ja zutiefst auf einer *Entscheidung*, die mit der Grundentscheidung zur Wirklichkeit überhaupt in Zusammenhang steht. Die Verneinung Gottes ist rein rational nicht zu widerlegen.

Die Auseinandersetzung mit Feuerbach, Marx, Freud und Nietzsche[50] hat freilich auch ein anderes gezeigt[51]: der Atheismus seinerseits kann auch die andere Alternative nicht positiv ausschließen:

- *Auch ein Ja zu Gott ist möglich. Der Atheismus läßt sich nicht rational etablieren: Er ist unbeweisbar!*

Warum? Es ist die *Wirklichkeit* in aller Fraglichkeit, die genügend Anlaß gibt, um nicht nur ein vertrauendes Ja zu dieser Wirklichkeit, ihrer Identität, Sinnhaftigkeit und Werthaftigkeit zu wagen, sondern darüber hinaus auch ein Ja zu dem, ohne den die Wirklichkeit in allem Begründen letztlich unbegründet, in allem Halten letztlich haltlos, in allem Sichentwickeln letztlich ziellos erscheint: ein vertrauendes Ja also zu einem Urgrund, Urhalt und Urziel der fraglichen Wirklichkeit.

Also: es gibt tatsächlich kein schlüssiges Argument für die *Notwendigkeit* des Atheismus. Es kann auch nicht positiv widerlegt werden, wer sagt: Es ist ein Gott! Gegen ein solches von der Wirklichkeit selber her sich aufdrängendes Vertrauen kommt der Atheismus seinerseits nicht an. Auch die Bejahung Gottes beruht zutiefst auf einer *Entscheidung*, die wiederum mit der Grundentscheidung zur Wirklichkeit überhaupt in Zusammenhang steht. Auch sie ist rational unwiderlegbar.

Gott – eine Sache des Vertrauens

Die Alternativen sind deutlich geworden: Ein Nein oder Ja zu Gott ist möglich. Stehen wir also nicht erneut vor einem Patt, einem Unentschieden?

Hier genau liegt der entscheidende Knoten zur Lösung der Frage nach der Existenz Gottes, und wir haben diese Lösung in ausführlichen Auseinandersetzungen mit der Natürlichen Theologie des Vatikanum I[52], der Dialektischen Theologie Barths und Bultmanns[53] und der moralisch postulierenden Theologie Immanuel Kants[54] vorbereitet. Sie läßt sich nun ganz kurz zusammenfassen:

- Wenn *Gott ist, ist er die Antwort auf die radikale Fraglichkeit der Wirklichkeit.*
- Daß *Gott ist, kann angenommen werden:*
  nicht stringent aufgrund eines Beweises oder Aufweises der reinen Vernunft (Natürliche Theologie),
  nicht unbedingt aufgrund eines moralischen Postulates der praktischen Vernunft (Kant),
  nicht ausschließlich aufgrund des biblischen Zeugnisses (Dialektische Theologie).
- Daß *Gott ist, kann nur in einem – in der Wirklichkeit selbst begründeten –* Vertrauen *angenommen werden.*

Schon dieses vertrauende Sich-Einlassen auf einen letzten Grund, Halt und Sinn der Wirklichkeit – und nicht erst das Sich-Einlassen auf den christlichen Gott – wird im allgemeinen Sprachgebrauch zu Recht als »*Glauben*« an Gott bezeichnet: als »*Gottesglaube*«. Entsprechend dem »Grundvertrauen« könnte man auch generell von »Gottvertrauen« reden, wenn dieses Wort nicht allzu theologisch oder emotional besetzt wäre. Um dieses wichtige Wort nicht völlig dem Verschleiß preiszugeben, sprechen wir manchmal in bewußter Analogie zum »Grund-Vertrauen« von »*Gott-Vertrauen*«. Dabei geht es selbstverständlich um echten Glauben, freilich in einem weiten Sinn: insofern solcher Glaube nicht notwendig von der christlichen Verkündigung provoziert sein muß, sondern auch Nichtchristen (Juden, Moslems, Hindus . . .) möglich ist[55]. Die Menschen, die sich zu einem solchen Glauben bekennen, werden zu Recht – ob Christen oder Nichtchristen – als »Gottgläubige« bezeichnet. Demgegenüber erscheint der Atheismus, insofern er Verweigerung des Vertrauens zu Gott ist, wiederum im allgemeinen Sprachgebrauch durchaus zu Recht als »*Unglaube*«.

So hat sich gezeigt: Nicht nur bezüglich der Wirklichkeit als solcher, nein, auch bezüglich eines Urgrunds, Urhalts und Urziels der Wirklichkeit ist für den Menschen eine – freie, wenn auch nicht willkürliche – *Entscheidung unumgänglich*: Da sich die Wirklichkeit und ihr Urgrund, Urhalt und Urziel nicht mit zwingender Evidenz aufdrängen, bleibt Raum für die Freiheit des Menschen. Der Mensch soll sich entscheiden, ohne intellektuellen Zwang, allerdings auch ohne rationalen Beweis. Atheismus wie Gottesglaube sind also ein Wagnis – und ein Risiko[56]. Gerade die Kritik an den Gottesbeweisen[57] macht es klar: Glaube an Gott hat Entscheidungscharakter, und umgekehrt: Entscheidung für Gott hat Glaubenscharakter.

Um eine Entscheidung also, um eine Lebensentscheidung, geht es in der Gottesfrage, die freilich in eine noch ganz andere Tiefe reicht als die angesichts des Nihilismus notwendige Entscheidung für oder gegen die Wirklichkeit als solche: Sobald diese letzte Tiefe für den Einzelnen aufbricht und sich die Frage stellt, wird die Entscheidung unumgänglich. Wie beim Grundvertrauen, so gilt auch in der Gottesfrage: Wer nicht wählt, wählt: er hat gewählt, nicht zu wählen. Stimmenthaltung in einer Vertrauensabstimmung zur Gottesfrage bedeutet Vertrauensverweigerung, faktisch ein Mißtrauensvotum. Wer hier nicht – zumindest faktisch – Ja sagt, sagt Nein.

Doch leider stehen die »Tiefe« (oder »Höhe«) einer Wahrheit und die Sicherheit ihrer Annahme durch den Menschen in umgekehrtem Verhältnis[58]. Je banaler die Wahrheit (»Binsenwahrheit«, »Platitüde«), desto größer die Sicherheit. Je bedeutsamer die Wahrheit (etwa im Vergleich zur arithmetischen die ästhetische, moralische, religiöse Wahrheit), um so geringer die Sicherheit. Denn: Je »tiefer« die Wahrheit für mich ist, um so mehr muß ich mich für sie erst aufschließen, innerlich bereiten, mich mit Intellekt, Wille, Gefühl auf sie einstellen, um zu jener echten »Gewißheit« zu kommen, die etwas anderes ist als abgesicherte »Sicherheit«[59]. Eine für mich äußerlich unsichere, von Zweifeln bedrohte *tiefe* Wahrheit (Gott existiert), die ein starkes Engagement meinerseits voraussetzt, kann viel mehr Erkenntniswert besitzen als eine sichere oder gar »absolut« sichere *banale* Wahrheit ($2 \times 2 = 4$).

Der Gottesglaube als letztlich begründetes Grundvertrauen

Folgt aber aus der Möglichkeit des Ja oder Nein nicht die Gleichgültigkeit des Ja oder Nein? Keineswegs!

- *Das Nein zu Gott bedeutet ein* letztlich unbegründetes *Grundvertrauen zur Wirklichkeit: Der Atheismus vermag keine Bedingung der Möglichkeit der fraglichen Wirklichkeit anzugeben. Wer Gott verneint, weiß nicht, warum er letztlich der Wirklichkeit vertraut.*

Das heißt: Der *Atheismus lebt*, wenn schon nicht aus einem nihilistischen Grundmißtrauen, so jedenfalls *aus einem letztlich unbegründeten Grundvertrauen*. Im Nein zu Gott entscheidet sich der Mensch gegen einen ersten Grund, tiefsten Halt, ein letztes Ziel der Wirklichkeit. Im Atheismus erweist sich das Ja zur Wirklichkeit als letztlich unbegründet: ein frei treibendes, nirgendwo verankertes, gehaltenes, gerichtetes und deshalb paradoxes Grundvertrauen. Im Nihilismus ist ein Ja zur Wirklichkeit wegen des radikalen Grundmißtrauens überhaupt nicht möglich. Der Atheismus vermag *keine Bedingung der Möglichkeit der fraglichen Wirklichkeit* anzugeben.

Deshalb läßt er, wenn gewiß auch nicht jede, so doch eine radikale Rationalität vermissen, was er freilich oft verschleiert durch ein rationalistisches, aber im Grund irrationales Vertrauen zur menschlichen Vernunft.

Nein, es ist nicht gleichgültig, ob man Ja oder Nein zu Gott sagt: Der *Preis, den der Atheismus für sein Nein zahlt*, ist offenkundig! Er setzt sich der Gefährdung durch eine letzte Grundlosigkeit, Haltlosigkeit, Ziellosigkeit aus: der möglichen Zwiespältigkeit, Sinnlosigkeit, Wertlosigkeit, Nichtigkeit der Wirklichkeit überhaupt. Der Atheist setzt sich, wenn er sich dessen bewußt wird, auch ganz persönlich der Gefährdung durch eine radikale Verlassenheit, Bedrohtheit und Verfallenheit aus mit allen Folgen des Zweifels, der Angst, ja der Verzweiflung. Dies alles natürlich nur, wenn Atheismus Ernstfall und nicht intellektuelle Attitüde, snobistische Koketterie oder gedankenlose Oberflächlichkeit ist.

Für den Atheisten bleiben jene letzten und doch zugleich nächsten, und durch kein Frageverbot zu verdrängenden »ewigen« Fragen des menschlichen Lebens unbeantwortet, die sich nicht nur an den Grenzen des Menschenlebens, sondern mitten im persönlichen und gesellschaftlichen Leben stellen. Um nochmals an die Fragen Kants anzuknüpfen:

Was können wir *wissen*? Warum gibt es überhaupt etwas? Warum ist nicht nichts? Woher kommt der Mensch und wohin geht er? Warum ist die Welt, wie sie ist? Was ist der letzte Grund und Sinn aller Wirklichkeit?

Was sollen wir *tun*? Warum tun wir, was wir tun? Warum und wem sind wir letztlich verantwortlich? Was verdient schlechthinnige Verachtung, was Liebe? Was ist der Sinn von Treue und Freundschaft, aber auch der von Leid und Schuld? Was ist für den Menschen entscheidend?

Was dürfen wir *hoffen*? Wozu sind wir auf Erden? Was soll das Ganze? Gibt es etwas, was uns in aller Nichtigkeit trägt, was uns nie verzweifeln läßt? Ein Beständiges in allem Wandel, ein Unbedingtes in allem Bedingten? Ein Absolutes bei der überall erfahrenen Relativität? Was bleibt uns: der Tod, der am Ende alles sinnlos macht? Was soll uns Mut zum Leben und was Mut zum Sterben geben?

Wahrhaftig, all dies sind Fragen, die aufs Ganze gehen: Fragen, nicht nur für Sterbende, sondern für Lebende. Nicht nur für Schwächlinge und Uninformierte, sondern gerade für Informierte und Engagierte. Nicht Ausflüchte vor dem Handeln, sondern Anreiz zum Handeln. All dies sind Fragen, die im Atheismus zutiefst unbeantwortet bleiben. Dagegen die These:

- *Das Ja zu Gott bedeutet ein* letztlich begründetes *Grundvertrauen zur Wirklichkeit: Der Gottesglaube als das radikale Grundvertrauen vermag die Bedingung der Möglichkeit der fraglichen Wirklichkeit anzugeben. Wer Gott bejaht, weiß, warum er der Wirklichkeit vertrauen kann.*

Der *Gottesglaube lebt aus einem letztlich begründeten Grundvertrauen*: Im Ja zu Gott entscheide ich mich vertrauensvoll für einen ersten Grund, tiefsten Halt, ein letztes Ziel der Wirklichkeit. Im Gottesglauben erweist sich mein Ja zur Wirklichkeit als letztlich begründet und konsequent: ein in der letzten Tiefe, im Grund der Gründe verankertes und auf das Ziel der Ziele gerichtetes Grundvertrauen. Mein Gott-Vertrauen als qualifiziertes, radikales Grundvertrauen vermag also die *Bedingung der Möglichkeit der fraglichen Wirklichkeit* anzugeben. Insofern zeigt es, anders als der Atheismus, eine radikale Rationalität, die freilich nicht einfach mit Rationalismus verwechselt werden darf.

Nein, es gibt kein Patt zwischen Gottesglauben und Atheismus! Der *Preis, den der Gottesglaube für sein Ja erhält,* ist offenkundig. Weil ich mich statt für das Grundlose für einen Urgrund, statt für das Haltlose für einen Urhalt, statt für das Ziellose für ein Urziel vertrauensvoll entscheide, vermag ich nun mit gutem Grund bei aller Zwiespältigkeit eine Einheit, bei aller Wertlosigkeit einen Wert, bei aller Sinnlosigkeit einen Sinn der Wirklichkeit von Welt und Mensch zu erkennen. Und bei aller Ungewißheit und Ungesichertheit, Verlassenheit und Ungeborgenheit, Bedrohtheit, Verfallenheit, Endlichkeit auch meines eigenen Daseins ist mir vom letzten Ursprung, Ursinn und Urwert her eine radikale Gewißheit, Geborgenheit und Beständigkeit geschenkt – *geschenkt.* Freilich nicht einfach abstrakt, isoliert von den Mitmenschen, sondern immer in einem konkreten Bezug zum menschlichen Du: Wie anders soll insbesondere der junge Mensch erfahren, was es heißt, von Gott angenommen zu sein, wenn er von keinem einzigen Menschen angenommen ist?

So erhalten jene letzten und nächsten Fragen des Menschen eine zumindest grundsätzliche Antwort, mit der der Mensch leben kann: eine Antwort aus der allerletzten-allerersten Wirklichkeit Gottes. Und um das ganze Gewicht der Antwort zu ermessen, lese man jetzt nochmals den vorausgegangenen Abschnitt »Was sich änderte, wenn«!

Gottesglaube rational verantwortet

Es ist nach all dem offensichtlich: von einem Patt, einem Unentschieden zwischen Gottesglauben und Atheismus kann keine Rede sein. Der Mensch erscheint denn auch nicht einfach indifferent gegenüber der Entscheidung zwischen Atheismus und Gottesglauben. Er ist schon vorbelastet: An sich möchte er die Welt und sich selbst verstehen, möchte auf die Fraglichkeit der Wirklichkeit eine Antwort, möchte die Bedingung der Möglichkeit der fraglichen Wirklichkeit erkennen, möchte um einen ersten Grund, einen tiefsten Halt und ein letztes Ziel der Wirklichkeit wissen, möchte den Ursprung, Ursinn, Urwert kennen. Das Urfaktum Religion gründet hier.

Doch auch hier bleibt der Mensch – in Grenzen – *frei.* Er kann Nein sagen. Er kann mit Skepsis alles aufkeimende Vertrauen zu einem letzten Grund, Halt und Ziel ignorieren oder gar ersticken:

Er kann, vielleicht durchaus ehrlich und wahrhaftig, ein Nichtwissen-Können bezeugen: Agnostizismus mit Tendenz zum Atheismus;
oder er kann eine durchgängige Nichtigkeit, eine Grund- und Ziellosigkeit, Sinn- und Wertlosigkeit der ohnehin fraglichen Wirklichkeit behaupten: Atheismus mit Tendenz zum Nihilismus.
Wie schon beim Grundvertrauen, so gilt auch hier: Ohne Bereitschaft keine Einsicht, ohne Öffnung kein Empfangen! Und selbst wenn ich Ja zu Gott sage, bleibt das Nein ständige Versuchung.

Aber wie das Grundvertrauen, so ist auch das Gott-Vertrauen keineswegs irrational. Wenn ich mich der Wirklichkeit nicht verschließe, sondern mich ihr öffne, wenn ich mich dem allerletzten-allerersten Grund, Halt und Ziel der Wirklichkeit nicht entziehe, sondern es wage, mich dran- und hinzugeben: so erkenne ich zwar *nicht bevor*, aber auch *nicht nur erst nachher*, sondern *indem* ich dies tue, daß ich das Richtige, ja im Grunde das »Allervernünftigste« tue. Denn, was sich *im voraus* nicht beweisen läßt, das erfahre ich *im Vollzug, im Akt des anerkennenden Erkennens selbst*: Die Wirklichkeit vermag sich in ihrer eigentlichen Tiefe zu manifestieren; ihr erster Grund, tiefster Halt, letztes Ziel, ihr Ursprung, Ursinn, Urwert schließen sich mir auf, sobald ich mich selber aufschließe. Zugleich erfahre ich in aller Fraglichkeit eine *radikale Vernünftigkeit meiner eigenen Vernunft*: Das grundsätzliche Vertrauen zur Vernunft ist von daher nicht irrational. Es ist rational begründet. Die letzte und erste Wirklichkeit, *Gott*, erscheint so geradezu als der *Garant der Rationalität der menschlichen Ratio*!

Wenn der Mensch im Gottesglauben das »Allervernünftigste« tut, um was für eine Art von Rationalität handelt es sich hier? Diese Rationalität ist derjenigen des Grundvertrauens ähnlich:

- Keine äußere Rationalität, *die eine abgesicherte Sicherheit verschaffen könnte: Die Existenz Gottes wird nicht zuerst vernünftig bewiesen oder aufgewiesen und dann geglaubt, was so die Rationalität des Gottesglaubens garantierte. Nicht zuerst rationale Erkenntnis Gottes, dann vertrauende Anerkenntnis. Die verborgene Wirklichkeit Gottes zwingt sich der Vernunft nicht auf.*
- Eine innere Rationalität *vielmehr, die eine grundlegende Gewißheit gewähren kann: Im Vollzug, durch die »Praxis« des wagenden Vertrauens zu Gottes Wirklichkeit, erfährt der Mensch bei aller Anfechtung durch Zweifel die Vernünftigkeit seines Vertrauens: gegründet in einer letzten Identität, Sinn- und Werthaftigkeit der Wirklichkeit, in ihrem Urgrund, Ursinn, Urwert*[60].

Ist so nun der *Zusammenhang zwischen Grundvertrauen und Gottesglauben* nicht offenkundig geworden? Material gesehen bezieht sich das Grundvertrauen auf die Wirklichkeit als solche (und auf mein eigenes Dasein), das Gott-Vertrauen aber auf Urgrund, Urhalt und Urziel der Wirklichkeit. Trotzdem zeigen Grundvertrauen und Gott-Vertrauen, formal gesehen, eine analoge Struktur, die im materialen Zusammenhang (bei allem Unterschied) von Grundvertrauen und Gott-Vertrauen ihre Wurzel hat. Denn: *Wie das Grundvertrauen, so ist auch der Gottesglaube*

- *eine Sache nicht nur der menschlichen Vernunft, sondern des ganzen konkreten lebendigen Menschen: mit Geist und Leib, Vernunft und Trieben, in seiner ganz bestimmten geschichtlichen Situation, in der Abhängigkeit von Traditionen, Autoritäten, Denkgewohnheiten, Wertschemata, mit seinen Interessen und in seiner gesellschaftlichen Verflochtenheit. Von dieser »Sache« kann der Mensch nicht reden und sich selber aus der »Sache« heraushalten;*
- *also überrational: Wie für die Wirklichkeit der Wirklichkeit, so gibt es auch für die Wirklichkeit Gottes keinen logisch zwingenden Beweis. Der Gottesbeweis ist so wenig wie die Liebe logisch zwingend. Das Gottesverhältnis ist ein Vertrauensverhältnis;*
- *aber nicht irrational: Es gibt eine von der menschlichen Erfahrung ausgehende und an die freie menschliche Entscheidung appellierende Reflexion über die Wirklichkeit Gottes. Der Gottesglaube läßt sich gegenüber einer rationalen Kritik rechtfertigen. Er hat einen Anhalt an der erfahrenen fraglichen Wirklichkeit selbst, die erste und letzte Fragen nach der Bedingung ihrer Möglichkeit aufgibt;*
- *somit eine nicht blinde und wirklichkeitsleere, sondern eine begründete, wirklichkeitsbezogene und im konkreten Leben rational verantwortete Entscheidung: Ihre Relevanz wird an der Wirklichkeit der Welt und des Menschen für die existentiellen Bedürfnisse wie die gesellschaftlichen Verhältnisse ersichtlich;*
- *im konkreten Bezug zum Mitmenschen vollzogen: Ohne die Erfahrung eines Angenommenseins durch Menschen scheint die Erfahrung eines Angenommenseins durch Gott schwierig zu sein;*
- *nicht ein für allemal gefaßt, sondern stets neu zu realisieren: Nie ist der Gottesglaube gegenüber dem Atheismus durch rationale Argumente unangreifbar und krisenfest abgesichert. Der Gottesglaube ist stets bedroht und muß gegenüber den andrängenden Zweifeln stets in neuer Entscheidung realisiert, durchgehalten, gelebt, errungen werden: der Mensch bleibt auch gegenüber Gott selbst in den unaufhebbaren Gegensatz zwischen Vertrauen und Mißtrauen, Glauben und Unglauben gestellt. Aber gerade durch alle Zweifel hindurch bewährt sich das Ja zu Gott in Treue zur einmal getroffenen Entscheidung: es wird ein geprüfter und bewährter Gottesglaube.*

Gottesglaube als Geschenk

Gottesglaube ist vertrauende Entscheidung des Menschen: ist meine Tat. Dies hat mit Rationalismus oder Pelagianismus nichts zu tun. Denn wie schon angedeutet: Nicht schon vorher – aufgrund eines Beweises oder Aufweises –, sondern erst indem ich mich vertrauend auf sie einlasse, eröffnet mir die Wirklichkeit selber ihren ersten Grund, tiefsten Halt, ihr letztes Ziel. Deshalb gilt der Satz: Ohne Bereitschaft zur vertrauenden Anerkenntnis Gottes (die praktische Konsequenzen hat!), gibt es keine rational sinnvolle Erkenntnis Gottes! Wie beim Grundvertrauen, so wird von mir auch beim Gott-Vertrauen ein Vorschuß, ein Wagnis, ein Risiko erwartet.

Aber wie das Grundvertrauen, so läßt sich auch das Gott-Vertrauen nicht einfach beschließen, wollen, erzwingen oder machen. Letzte Gewißheit, Geborgenheit, Beständigkeit kann ich mir nicht einfach selber schaffen oder verschaffen. Gott – so sahen wir[61] – ist kein unmittelbarer Gegenstand der Erfahrung; er gehört nicht zum Seienden, zu den in der Erfahrung vorfindbaren Objekten: keine Intuition oder Spekulation, keine direkte Erfahrung oder unmittelbare Erkenntnis vermag ihn zu »schauen«. Gerade so erscheint der Gottesglaube als *Geschenk*:

Es ist die rätselhafte Wirklichkeit selbst, die mich – oft wider den Augenschein – einlädt und herausfordert, mich grundsätzlich auf einen Urgrund, einen Urhalt, ein Urziel in ihr einzulassen, und mir so mein Gott-Vertrauen ermöglicht.

Es ist die rätselhafte Wirklichkeit selbst, bei der sozusagen die »Initiative« liegt: die mir den verborgenen Ursprung, Ursinn und Urwert auch meines eigenen Daseins manifestiert.

Es ist die rätselhafte Wirklichkeit selbst, die mir die »Vertrauensbasis« liefert für jenes »Vertrauensvotum«, das für Gottes Wirklichkeit in dieser Weltwirklichkeit abgegeben werden soll.

Es ist die rätselhafte Wirklichkeit selbst, die mir ermöglicht, daß bei allem Zweifel, aller Angst und Verzweiflung die Geduld im Blick auf die Gegenwart, die Dankbarkeit im Blick auf die Vergangenheit, die Hoffnung im Blick auf die Zukunft letztlich begründet ist. Somit gilt:

- *Der Gottesglaube ist ein* Geschenk! *Die Wirklichkeit ist mir vorgegeben. Schließe ich mich nicht ab, sondern öffne ich mich der sich öffnenden Wirklichkeit ganz, so kann ich ihren ersten Grund, ihren tiefsten Halt, ihr letztes Ziel glaubend annehmen: Gott, der sich als Ursprung, Ursinn und Urwert* offenbart!

Offenbart? Ist es theologisch gestattet, im Zusammenhang der allgemeinen – und gerade nicht spezifisch christlichen – Gotteserkenntnis von »Offenbarung« zu reden? Daß Gott im christlichen Verständnis von allen Menschen, auch den Nichtjuden und Nichtchristen, erkannt werden kann, haben wir dargelegt[62]: Dies wird vom ganzen Alten und Neuen Testament, von der gesamten katholischen, orthodoxen und reformatorischen Tradition (mit Ausnahme der Dialektischen Theologie) als selbstverständlich vorausgesetzt und auch von der Religionsgeschichte bestätigt. Und gerade der Apostel Paulus, der sonst über die Heiden als Gruppe pauschal negativ urteilen kann, setzt im Römerbrief nicht nur eine faktische Gotteserkenntnis der Heiden aufgrund der Welterkenntnis voraus, sondern spricht geradezu von »Offenbarung«: »Weil das, was man *von Gott erkennen kann*, unter ihnen *offenbar* ist; denn Gott hat es ihnen *geoffenbart*. Sein unsichtbares Wesen, das ist seine ewige Kraft und Gottheit, ist ja seit Erschaffung der Welt, wenn man es in den Werken betrachtet, *deutlich zu ersehen*, damit sie keine Entschuldigung haben, deshalb, weil sie Gott zwar *kannten*, ihm aber doch nicht als Gott Ehre und Dank erwiesen[63].« Dies wird im Johannesprolog und besonders – mit Entschuldigung der Heiden und ihres Nichtwissens – in der Apostelgeschichte bestätigt. Gott existiert; es ist legitim, hier von Offenbarung und auch von Gnade zu reden.

4. *Konsequenzen*

Der demoskopische Befund ist aufschlußreich: Nach einer Umfrage des Gallup-Instituts von 1975 sind nur 6% aller befragten Amerikaner Atheisten oder Agnostiker, 94% glauben an Gott (69% an ein Leben nach dem Tod); 1948 waren die Werte etwa gleich groß[1]. Nach einer Umfrage des EMNID-Instituts von 1967, das im Auftrag des Nachrichtenmagazins »Der Spiegel« den »Glauben der Deutschen« erforschte, waren 10% Atheisten oder Agnostiker[2]. 90% der befragten Deutschen glauben an »Gott« (68%) oder zumindest an ein »höheres Wesen« (22%). Dabei steigt mit dem Bildungsgrad leicht die Zahl derer, die statt an »Gott« an ein »höheres Wesen« glauben. Man fühlt sich hier an eine der besten Satiren Heinrich Bölls, »Doktor Murkes gesammeltes Schweigen«[3], erinnert, wo ein »Kulturphilosoph« entlarvt wird, der in der »religiösen Begeisterung des Jahres 1945 konvertiert«, in der Nachkriegszeit aber »religiöse Bedenken« bekommen hatte und in einem seiner Rundfunkvorträge nachträglich das Wort »Gott« ersetzen und im Tonband überall die angeblich philosophischere Formulierung »jenes höhere Wesen, das wir verehren« hineinschneiden ließ. Probleme vielleicht nicht mit Gott, aber mit dem biblischen Gott?

Für die Dogmatik: doch Natürliche Theologie?

Wir blicken zunächst zurück auf dieses ganze Kapitel: Haben wir nun doch Natürliche Theologie getrieben[4]? Wir fassen zusammen:

a. Wir haben gewiß *keine Dialektische Theologie* getrieben: Methodisch haben wir – bei allen echt dialektischen theologischen Aussagen – nie gleichsam »senkrecht von oben« eingesetzt. Wir haben vielmehr möglichst konsequent immer wieder »von unten« her angesetzt: von den nächsten Fragen des Menschen, von der menschlichen Erfahrung her. Alles im Blick auf die rationale Verantwortung des Glaubens heute. Denn:

- *Angesichts des Nihilismus darf die Fundamentalproblematik der Fraglichkeit der Wirklichkeit überhaupt und des menschlichen Daseins nicht mit Hilfe der Bibel übersprungen werden.*
- *Angesichts des Atheismus darf die Wirklichkeit Gottes nicht mit Hilfe der Bibel bloß behauptet werden.*

Wir sahen es ja: Die Phänomene der Religion, der Philosophie, des allgemein menschlichen Vorverständnisses erfordern eine adäquate Antwort. Natürlich war das noch nicht unsere ganze Antwort: Was von der menschlichen Erfahrung her analysiert wurde, muß später von der christlichen Botschaft her kritisch gedeutet werden.

b. Wir haben jedoch auch *keine Natürliche Theologie* getrieben: Trotz unseres Einsetzens bei den natürlichen Fragen und Bedürfnissen des Menschen haben wir nicht gleichsam ein unteres Stockwerk (als Fundament für ein oberes, übernatürliches) angesetzt, in welchem allein die Vernunft zuständig wäre.

- *Es wurde keine autonome Vernunft angenommen, die stringent ein Fundament des Glaubens demonstrieren könnte, welches mit dem Glauben selbst nichts zu tun hat. Vielmehr wurde aufgezeigt, daß auch schon die Vorfragen des christlichen Glaubens – die Wirklichkeit der fraglichen Wirklichkeit und die Wirklichkeit Gottes – nicht mit bloßer Vernunft, sondern nur in einem gläubigen Vertrauen oder einem vertrauenden Glauben (im weiten Sinn des Wortes) erkannt werden können.*
- *Es gibt also keinen kontinuierlichen, stufenweisen vernünftigen »Prozessionsweg« des Menschen zu Gott. Sondern es handelt sich um ein stets neues Wagnis und Risiko der Freiheit und des Vertrauens.*
- *Es wurde auch keine Eigenmächtigkeit des Menschen behauptet, in der der Mensch sich Gottes bemächtigt. Vielmehr wurde vom Menschen ein Sichöffnen gegenüber der Wirklichkeit, ein Antworten auf ihren Anruf und Anspruch, ein Empfangen ihrer Identität, Sinnhaftigkeit und Werthaftigkeit, ein Anerkennen ihres allerletzten-allerersten Grundes, Haltes und Zieles erwartet.*
- *Also alles in allem keine »Praeambula fidei« als rationalen Unterbau der Dogmatik, erstellt durch rationale Argumentation der reinen Vernunft. Sondern ein Aufsuchen »des« heutigen Menschen an dem Ort, wo er tatsächlich lebt, um die Kunde von Gott in Beziehung zu setzen zu dem, was ihn bewegt.*

In dieser Sicht ist theologisch ein Zweifaches möglich[5]. Einerseits können wir dem *Primat Gottes* theologisch gerecht werden: In der Wirklichkeit der Welt wird Gott als wirklich erfahren, weil er sich selber erschließt und sich nur glaubendem Vertrauen eröffnet. Andererseits können wir auch den verschiedenen »weltanschaulichen« *Positionen der Nichtchristen* kritisch gerecht werden: Die je verschiedenen Positionen des Nihilisten, des Atheisten, des Agnostikers, aber auch des nichtchristlichen Gottgläubigen (in den Weltreligionen oder in säkularem Kontext) werden ernstgenommen ohne theologische Umdeutung. Wie wichtig dies gerade für die Ethik ist, haben wir bereits gesehen und können wir nun von der Wirklichkeit Gottes her noch unterstreichen.

Für die Ethik: theologisch begründete Autonomie

Ist, wenn Gott nicht existierte, wirklich alles erlaubt? So allgemein formuliert ist der Satz zweifellos falsch, haben doch unsere Ausführungen zum Grundvertrauen als Basis der Ethik bereits gezeigt: Aus dem Grundvertrauen kann auch ein Atheist ein echt menschliches, also humanes und in diesem Sinn moralisches Leben führen. Gerade darin manifestiert sich die innerweltliche Autonomie des Menschen: seine Selbst-Gesetzgebung und Selbst-Verantwortung für seine Selbst-Verwirklichung und Welt-Gestaltung[6].

Eines freilich kann der Atheist nicht, selbst wenn er unbedingte sittliche Normen annehmen sollte: Er kann die *Unbedingtheit* der Verpflichtung kaum begründen. Gewiß, es gibt zahlreiche menschliche Dringlichkeiten und Notwendigkeiten, die Ansprüche, Pflichten, Gebote, kurz, Normen zu begründen vermögen. Aber: warum soll ich solche Normen unbedingt befolgen? Befolgen also selbst da, wo sie meinen Interessen völlig zuwiderlaufen? Schließlich geht es in all diesen Verpflichtungen doch nur um Endlichkeiten, um Bedingtheiten meines menschlichen Daseins. Und aus ihnen läßt sich keineswegs ein unbedingtes, »kategorisches« Sollen ableiten[7].

Aber nicht nur die einzelnen Notwendigkeiten, sondern auch die allgemeine »vernünftige Natur« des Menschen vermag keine unbedingt verpflichtenden Normen zu begründen. Gewiß, Kant gegenüber, der von dieser allgemeinen »vernünftigen Natur« des Menschen her den unbedingten Wert und die unantastbare Würde der einzelnen menschlichen Person zu begründen versucht hat[8], ist zuzugeben: Selbstverständlich hat jeder Mensch seine eigene Natur zu verwirklichen. Aber das kann auch meinen Egoismus und den der anderen rechtfertigen und begründet keine objektive, allgemeine Norm. Eine über mir und den anderen stehende, normative, allgemeine Menschennatur aber ist eine Abstraktion ebenso wie die Idee der Menschheit, die dann zum Zweck an sich erklärt wird. Warum soll mich eine so verselbständigte abstrakte Menschennatur zu irgend etwas unbedingt verpflichten? Oder man sagt heute in Ost wie West: Die Menschheit muß überleben – das verpflichtet unbedingt. Warum aber sollen ein Machthaber, ein Verbrecher, eine Gruppe, eine Nation, ein Machtblock nicht auch gegen die Menschheit handeln, wenn das in ihrem Interesse ist?

Läßt sich aus diesem Dilemma zwischen Unbedingtem und Bedingtem herauskommen? Wir können jetzt ausgehen von der im Vertrauen angenommenen Wirklichkeit Gottes. Gott ist per definitionem kein Endliches und Bedingtes, sondern das Unendliche, Unbedingte, Absolute, das einen unbedingten, absoluten Anspruch zu begründen vermag[9]. So können wir die These aufstellen:

- *Die Unbedingtheit des ethischen Anspruchs, die Unbedingtheit des Sollens, läßt sich nur von einem* Unbedingten *her begründen: von einem* Absoluten, *das einen übergreifenden Sinn zu vermitteln vermag und das nicht der Mensch als Einzelner, als Menschennatur oder als menschliche Gemeinschaft sein kann, sondern allein Gott selbst.*

Auch nicht die menschliche Gemeinschaft? *Jürgen Habermas*[10] – im Anschluß wiederum an Kant und an Gedanken der Frankfurter Schule, aus der er kommt – hat im Rahmen seiner kritischen Handlungs- und Gesellschaftstheorie, die zugleich Wissenschaftstheorie und praktische Philosophie zu sein beansprucht, versucht, von der menschlichen Kommunikations- und Argumentationsgemeinschaft her Normen zu entwickeln, die unbedingt gelten sollen. Mit Recht distanziert sich Habermas von einer Wissenschaft, die, angeblich wertfrei und interesselos, nur als System wahrer und erfolgreicher Sätze verstanden wird und nicht als eine Form interessenbedingter menschlicher Praxis, die im gesellschaftlich-politischen und historischen Gesamtzusammenhang gesehen werden muß[11]. Mit Recht verteidigt er gegenüber einer durch Gewalt verzerrten Kommunikation die Vernunft als Prinzip einer gewaltlosen Kommunikation und plädiert gegen jeglichen »unterdrückten Dialog« für das Gespräch, für zwanglose Einsicht und für rationale Entscheidung. Mit Recht auch betont er gegenüber dem von der Kritischen Theorie vorausgesetzten universalen Ideologieverdacht (Verblendungszusammenhang) die Bedeutung der idealen Sprechsituation für die Kommunikation sowie die Notwendigkeit eines Vorgriffs auf Zustimmung und Übereinstimmung.

Früher hatte Habermas denselben Fehler nicht vermieden, den er den Positivisten vorwarf: eine Verabsolutierung der Vernunft! Zwar nicht der positivistischen, aber der gesellschaftskritischen, die alles, was außerhalb ihrer Art von Rationalität und Wirklichkeit ist, schon für irrational, irrelevant, letztlich unwirklich erklärt. Also ein zwar nicht szientistisches, wohl aber gesellschaftskritisches Glaubensbekenntnis zu Emanzipation und Humanität, das der Auseinandersetzung mit dem Nihilismus ausweicht: das auf Fragen nach letzten Werten, Zielen, Sinn nicht eingeht und das andere ebenso elementare Erfahrungen und gesellschaftliche Wirklichkeiten wie Arbeit, Sprache und Herrschaft theoretisch gar nicht zu erfassen vermag[12].

Es verdient aber Beachtung, daß Habermas neuerdings auch das Problem der Religion ganz anders positiv werten kann als in früheren Publikationen. Noch 1973 war er davon überzeugt: »In Anbetracht der individuellen Lebensrisiken ist freilich eine Theorie nicht einmal *denkbar*, die die Faktizitäten von Einsamkeit und Schuld, Krankheit und Tod hinweginterpretieren könnte; die Kontingenzen, die an der körperlichen und der moralischen Verfassung des Einzelnen unaufgebbar hängen, lassen sich nur *als* Kontingenzen ins Bewußtsein heben: mit ihnen müssen wir, prinzipiell trostlos, leben[13].« Prinzipiell trostlos? Schon ein Jahr später, in einem Gespräch mit Theologen über die gegenwärtige Bedeutung von Religion, Kirche, Theologie, vermag Habermas den Aspekt des individuellen Trostes der Religion positiv einzuschätzen: ». . . ich könnte mir vorstellen, daß wir für die Aufklärung unserer selbst über die Bedingungen, die unser Leben menschenwürdig machen, vielleicht auf Theologen nicht verzichten können . . . Sie haben noch eine Sprache, die appellative und metakommunikative Qualitäten hat, die wir uns als Sozialwissenschaftler gar nicht mehr leisten können. Vielleicht kann diese Sprache das in Bewegung setzen, was man in Bewegung setzen müßte, um das Übergreifen von selbstobjektivierenden Interpretationssystemen aufzuhalten. Die andere Dimension, in der Theologen vielleicht nicht ersetzt werden können – darüber kann ich nicht viel sagen – ist der Bereich individueller Tröstung. Und der dritte Bereich ist vielleicht eine Form quasipolitischer Praxis[14].«

Ob Habermas in diesen Sätzen nicht selber indirekt den entscheidenden Mangel seiner idealen Kommunikationsgemeinschaft formuliert hat? Bei aller Bedeutung seines Ansatzes: Ob für eine ideale Sprechsituation und für den Vorgriff auf Zustimmung und Übereinstimmung nicht ein gewaltiger Vorschuß an Vertrauen vorausgesetzt werden muß, der unbedingt der Reflexion bedürfte? Ob für eine ideale Kommunikationsgemeinschaft so nicht auch noch andere Dimensionen, Werte und Sinnbegriffe beachtet werden müßten? Ob Theologie, Religion, hier nicht doch in andere Tiefen menschlicher und gesellschaftlicher Wirklichkeit hineinreichen? Ob Theologie, Religion, die Menschen nicht doch durch ihre Sprache und ihre Wahrheit ganz anders in Bewegung setzen, wirklich trösten, wirklich Veränderungen auch im politischen Bereich bewirken, ja auch ganz anders zu menschenwürdigem Leben unbedingt verpflichten können als Habermas mit seinem Appell zum rationalen, herrschaftsfreien Diskurs? Man wird es kaum bestreiten können: Von einer Kommunikations- und Argumentationsgemeinschaft her, wie Habermas sie fordert, kann kein universaler Anspruch als unbedingt verpflichtend begründet werden. Ein solcher beruht ja stets auf einer freiwilligen Entscheidung für die Teilnahme an dieser Gemeinschaft, was heißt: Auch ein solcher Anspruch ist nur hypothetisch, auf menschlichem Interesse basierend. Menschliches Sollen wird auch hier letztlich von einem menschlichen Wollen abgeleitet. Zu Recht stellt H. Krings fest: »Die Universalpragmatik von Habermas wie die transzendentale Sprachgrammatik von Apel setzen eine prinzipielle Gewilltheit voraus, ohne die akzeptierte Regeln lediglich als Verhaltenskonditionierung feststellbar, nicht aber als Geltungsansprüche identifizierbar wären. Es besteht kein Anlaß, diese Geltungsvoraussetzungen als bloßes Faktum der kommunikativen Vernunft stehen zu lassen[15].«

Gewiß, Habermas hat als Grundorientierungen (und nicht nur zufällige Bedürfnisse des Menschen) das technische Interesse (der empirisch-analytischen Wissenschaften), das praktische Interesse (der historisch-hermeneutischen Wissenschaften) und das emanzipatorische Interesse (der kritisch orientierten Handlungswissenschaften) analysiert. Aber zu kurz kommen das legitime menschliche Interesse an Wahrheit (statt nur Konvention) und Glück (statt nur Kommunikation)[16]. Ob aber in dem Vor-Schein einer universalen Übereinstimmung aller Menschen, in welcher die Entfremdung des Einzelnen wirklich aufgehoben werden soll, sich nicht mehr meldet als nur die reine Utopie eines herrschaftsfreien Diskurses? Ob hier faktisch nicht doch einer Hoffnung Ausdruck verliehen wird, die von keiner bloß menschlichen Gemeinschaft, sondern nur von einem echten Absoluten – jenem Reich der Freiheit, das Gottes Reich ist – erfüllt werden kann?

Der katholische Ethiker Franz Böckle schreibt: »Ein immanenter Humanismus kann im Prinzip logisch nur zu einer hypothetischen Forderung führen[17].« Man könnte so präzisieren: Natürlich kann auch ein immanenter Humanismus unbedingte Forderungen vertreten und dafür Motivationen angeben. Er kann etwa mit Berufung auf Freiheit und Menschenwürde eine faszinierende Kraft entfalten und mannigfaltige ethische Impulse geben. Aber jedem immanenten Humanismus geht es in der Ethik wie jenem Grundvertrauen, das sich der Frage nach seiner letzten Begründung entzieht: Letztlich bleibt er unbegründet. Genauer: Er kann die Unbedingtheit seiner ethischen Forderungen nicht ausreichend begründen. Das *einzig Unbedingte* in allem Bedingten ist jener Urgrund, Urhalt, jenes Urziel der Wirklichkeit, das wir Gott nennen.

Was bedeutet das für die Ethik, für jegliche Wissenschaft vom menschlichen Handeln? Eine Verankerung in einem mit der Wirklichkeit des Menschen nicht identischen, sondern sie umfassenden und übersteigenden allerletzten-allerersten Grund, Halt, Ziel bedeutet keine Fremdbestimmung, keine Heteronomie des Menschen. Im Gegenteil: solche Verankerung ermöglicht ihm ein wahres Selbst-Sein und Selbst-Handeln, eine Selbst-Gesetzgebung und Selbst-Verantwortung – eine echte sittliche Autonomie! Ja, man kann geradezu folgern: Wo immer auch in einem atheistischen Humanismus – von der Autonomie, der Freiheit, der Mündigkeit, dem

Selbstsein, der Zukunftsoffenheit des Menschen her – so etwas wie Unbedingtheit in der Verpflichtung postuliert wird, wird faktisch auf die Dimension einer letzten Unbedingtheit als Bedingung der Möglichkeit hingewiesen, auch wenn sie nicht so benannt wird: auf das Unbedingte in allem Bedingten, das der glaubende Mensch mit dem Namen »Gott« bezeichnet. Hier liegt die Berechtigung von Kants Postulat der Existenz Gottes aufgrund der Moralität des Menschen:

- *Die allerletzte-allererste Wirklichkeit, Gott, muß vorausgesetzt werden, sofern der Mensch letztlich sinnvoll sittlich leben will: Gottes Wirklichkeit ist die Bedingung der Möglichkeit einer sittlichen Autonomie des Menschen in der säkularen Gesellschaft* [18].

Hier geht es also nicht um erneute moralische Unterwerfung des Menschen unter ein Fremdgesetz und fremde Interessen, sondern um seine *wahre Aufklärung, Emanzipation, Menschwerdung*! Denn:

Nur die Bindung an Unendliches befreit zur Freiheit gegenüber allem Endlichen, Bedingten, Beschränkten.

Nur eine solche Letztbegründung des Ethos in Gott geht hinaus über den bloßen kritischen Vergleich von Ethik-Systemen (und die Trennung von »objektiv-neutraler« Wissenschaft und subjektiver Wertentscheidung).

Nur eine solche Letztbegründung des Ethos in Gott läßt jenen unverletzlichen Wert, jene unantastbare Würde und unaufgebbare Freiheit des Menschen als begründet erscheinen, die eine freiheitliche Gesellschaft einfachhin voraussetzen muß, wenn sie nicht im Nihilismus des Geltenlassens von allem untergehen oder in einen Totalitarismus umschlagen will [19].

Trotzdem: Ist eine solche Letztbegründung der Ethik nicht auch gefährlich? Kann aus ihr nicht abgeleitet werden, daß auch die *Einzelnorm*, das einzelne sittliche Gebot oder Verbot, als von Gott, absolut gilt und daß der Mensch so doch wieder einzelnen absolut gesetzten Normen – man denke an das päpstliche Verbot empfängnisverhütender Mittel – unterworfen wird?

Gerade die führenden katholischen Ethiker indessen stimmen heute überein: Einzelne zwischenmenschliche Normen aller Art (Prioritäten, Handlungsregulative, Konventionen, Gesetze, Sitten) können zwar intersubjektive, allgemeine Geltung beanspruchen und können in der bestimmten Situation einen letztlich von Gott her begründeten Anspruch verbindlich auslegen. Trotzdem können *Einzelnormen für den zwischenmenschlichen Bereich keine absolute Geltung beanspruchen*: als ob sie in jeder Situation bedingungslos, ausnahmslos gültig seien [20].

Dabei ist unbestritten: Der frühere unfreie, heteronome Legalismus, der sich unbekümmert um die Situation allein an das Gesetz hielt, soll heute nicht etwa durch einen prinzipiellen Libertinismus ersetzt werden, der allein aus dem Augenblick lebt und sich ausschließlich nach der Situation richtet.

Ethik ist weder Thetik noch Taktik! Weder soll allein das Gesetz noch allein die Situation herrschen. Normen ohne die Situation sind leer, die Situation ohne Norm ist blind. Die *Normen sollen die Situation erhellen* und die *Situation die Normen bestimmen.* Das heißt:

- *Gut, sittlich, ist nicht einfach das abstrakt Gute oder Richtige, sondern das für diesen Menschen oder diese Gruppe konkret Gute oder Richtige: das Angemessene.*
- *Nur in der bestimmten Situation wird die Verpflichtung konkret; aber die Verpflichtung in einer bestimmten Situation (die freilich nur der Betroffene selbst zu beurteilen vermag!) kann unbedingt werden.*
  Unser Sollen ist situationsbezogen; aber in einer bestimmten Situation kann das Sollen absolut, kategorisch, werden.

Jede Situation ist somit gekennzeichnet durch ein Moment, das unbedingt ist, und ein anderes, das man abwägen muß: eine allgemeine normative Konstante also, verbunden mit einer besonderen situationsbedingten Variablen.

Es dürfte jetzt deutlich geworden sein: Bei der Problematik ethischer Normenfindung und Normenbegründung geht es um die konsequente Anwendung der Problematik der Gottes- und Wirklichkeitserkenntnis auf den Bereich des menschlichen Handelns:

- *Die Annahme autonomer Normen des Menschlichen mit unbedingtem, also theologisch begründetem Anspruch ist der ethische Ausdruck jenes Grundvertrauens in die Wirklichkeit (und das menschliche Dasein), das von einem letzten Urgrund, Ursinn, Urziel bestimmt ist: der ethische Ausdruck also des Gott-Vertrauens, des Gottesglaubens. Ohne dieses vernünftig verantwortete Vertrauen auf Gott kann ein unbedingter Anspruch irgendwelcher autonomer ethischer Normen nicht als letztlich begründet angenommen werden.*
  Wir halten hier inne: Alles, was wir bis jetzt über Gott gesagt haben, tönt – das muß man einfach zugeben – sehr, sehr abstrakt. So abstrakt wie in Bölls zitierter Satire »jenes höhere Wesen, das wir verehren« – des »Kulturphilosophen« Ersatz für »Gott«. Eine Konkretisierung läßt sich nur erreichen, wenn wir uns nun erneut vom Gott der Philosophen zum Gott der Bibel wenden und damit das wieder einholen, was wir schon im Zusammenhang mit Hegel, Teilhard und Whitehead für das neue Gottesverständnis über Gottes Weltlichkeit und Geschichtlichkeit vorausgenommen haben.

G. JA ZUM CHRISTLICHEN GOTT

»Wie stehen Sie zu Gott?« Hierauf antwortete bei einer Umfrage der Schriftsteller Wolfgang Koeppen:

»Die Frage, wie ich zu Gott stehe, erschreckte mich zunächst; sie erschreckte mich, als ich anfing, über sie nachzudenken. Spontan hätte ich geantwortet: Gut. Nach einiger Überlegung muß ich wohl sagen: Ich weiß es nicht. Kann man überhaupt ›zu Gott stehen‹? Wenn ich mich in ein Verhältnis zu Gott bringe als zu einer Person, mit der man gut oder schlecht stehen kann, dann glaube ich an die Existenz dieser Person, somit an Gott, und glaube ich an Gott, dann ist seine Größe von meiner Kleinheit so verschieden, daß ich nur sagen kann: Ich bin sein Geschöpf! Wenn ich überhaupt an Gott glaube! Nun gut, ich glaube.

Aber ein Gotteserlebnis, eine Offenbarung, wie sie Pascal widerfuhr und in dem berühmten Memorial von 1654 aufgezeichnet wurde: ›Gott Abrahams, Gott Isaaks, Gott Jakobs, nicht der Philosophen und Gelehrten‹, eine solche Offenbarung ist mir nicht zuteilgeworden. Gott brannte nicht in mir. Es mag für die Ohren von strengen Gläubigen blasphemisch klingen, aber wenn ich die Frage ehrlich beantworte – ich stehe freundlich mit Gott. Ich empfing manche Gnade von ihm, er bewahrte mich in Not und Gefahr, ich dankte ihm in Gedanken, nicht in Gebeten, ich dankte ihm zu zufälliger Stunde, hier und dort, im Gedränge der Straße, zuweilen in seinem Haus. Ich bin protestantisch getauft und konfirmiert, aber ein Verhältnis zu der Gemeinde ist nicht vorhanden. Ich besuche keinen Gottesdienst, ich verlange nicht nach einer Predigt, ich vermisse den Pastor nicht, ich brauche keinen Mittler.

Meine Zwiesprache mit Gott ist intim. Zuweilen öffne ich die Tür einer katholischen Kirche, zu irgendeiner Tageszeit, ich schnuppere etwas Weihrauch von der letzten Messe, ich freue mich des schönen Raumes und denke freundlich an den Schöpfer. Dennoch ist er der Gott Pascals, ›Gott Abrahams, Gott Isaaks, Gott Jakobs, nicht der Philosophen und Gelehrten‹, aber ich spreche freundlich mit ihm, und er, glaube ich, spricht auch freundlich zu mir. Nehmt es mir nicht übel, ihr Theologen! Ich weiß: ER ist vorhanden! Konsequente Gottesleugner fand ich immer dumm. (Skeptiker wie

Gide können allerdings sehr klug sein.)

Als die Wissenschaft an den Fortschritt glaubte, an diesen allein, nur an das kleine Hirn des Menschen, nur an die siebzig Jahre irdischen Lebens, da wurde sie langweilig und schritt ins Leere fort. Die neue Physik (für mich die bedeutendste geistige Erscheinung unserer Tage) lebt wieder in Eintracht mit Gott. (Die Atombombe ist kein Widerspruch zu Gott, auch wenn sie vielleicht vom Teufel ist.) Ich möchte mit Kierkegaard schließen. Er schreibt, daß die angestellten Seelenhirten der Kirchen ernste Leute sind. Und er schreibt weiter: ›Der Apostel Paulus war kein ernster Mann.‹ Auch ich bin kein ernster Mann[1].«

Ja, wie stehen wir zu Gott? Wie stehen wir zum »Gott Abrahams, Isaaks und Jakobs«, wie zum biblischen, zum christlichen Gott? Wie stehen wir zu ihm, nachdem wir ihn nicht mehr – Koeppen spricht da für viele – so dramatisch erfahren wie Pascal, dennoch aber an ihm festhalten wollen? Wie von ihm reden, wie ihn heute unter veränderten Bedingungen erfahren?

Wir müssen uns also – nachdem wir mit Pascal von ihm ausgegangen sind – jetzt wieder erneut dem »Gott Abrahams, Gott Isaaks, Gott Jakobs« zuwenden[2]. Zuvor aber können wir eines nicht übersehen: Judentum und Christentum sind heute mehr denn je konfrontiert mit den Religionen der Welt. Deshalb zuerst die Frage: Was ist vom Gott der nichtchristlichen Weltreligionen zu halten?

I. Der Gott der nichtchristlichen Religionen

Darf man heute als westlicher Mensch und Christ noch so von Gott reden, als ob das westliche und insbesondere das christliche Gottesverständnis das einzig mögliche wäre? Religionswissenschaftlich gesehen – Theologen mögen das lieben oder nicht – ist das Christentum nun einmal eine Religion unter Religionen. Und ist es nicht ein Zeichen von Provinzialismus, wenn man universale Ansprüche von einem sehr partikulären Standpunkt aus stellt? Könnte es nicht vielmehr Zeichen eines höheren Universalismus sein, wenn man sich seiner eigenen sozio-kulturellen Grenzen und Beschränktheiten auch im Bereich des Religiösen ständig bewußt bleibt?

Unendlich reich sind die religiösen Erfahrungen, Formen, Gestaltungen und Ideen der Menschheit, unendlich komplex ist ihre Problematik[3]. Auch nur die verschiedenen Gottesbilder hier umschreiben zu wollen, wäre vermessen: unüberschaubar sind sie in ihren Divergenzen und Konvergenzen, Unterscheidungen und Vermischungen[4]. Aber auch ein kleiner Beitrag zum besseren Verständnis der uns fremden Gottesvorstellungen, und damit auch unserer eigenen, zur Diskussion und Konfrontation, kann von großem Nutzen sein. Nicht also für einen sinnlosen und fruchtlosen Zusammenprall, wo der Christ einmal mehr erfolglos die Überlegenheit seines Gottes meint beweisen zu können, wohl aber für eine echte und fruchtbare Begegnung, durch welche die nichtchristlichen Religionen angespornt sein möchten, ihr Bestes und Tiefstes zu sagen[5]. Die Wahrheit anderer Gottesverständnisse anerkennen, ehren, würdigen und doch das christliche Bekenntnis zum wahren Gott nicht relativieren und auf allgemeine Wahrheiten reduzieren: so könnte der gegenseitigen Verachtung die Hochschätzung, der Vernachlässigung das Verstehen, den Bekehrungsversuchen Studium und Dialog folgen[6].

1. Die vielen Namen des einen Gottes

Vielen Christen ist gar nicht bewußt, daß auch das in europäischen Sprachen selbstverständlich gebrauchte *Wort »Gott« seine lange Geschichte hat* und nicht ohne weiteres in andere Sprachen übersetzt werden kann. »Gott«

(englisch: God) ist ein vorchristliches, allgemein germanisches Wort (gotisch: »guth«). Man erklärt es im Vergleich mit dem altindischen »huta« (»puruhuta« = »der viel Angerufene« = der Gott Indra): als »Wesen, das angerufen«, oder – von der Wurzel »gießen« her (»gegossenes« Bild) – »dem geopfert wird«[7]. Im Gegensatz dazu kann die Frage der Etymologie des griechischen Wortes für Gott »theós«, von dem her als erster Platon das Wort »theologia« geprägt hat, kaum als gelöst angesehen werden. Es ist in seinem Gebrauch sehr breit gefächert und meint, ob als Subjekt oder Prädikat gebraucht, jede übermächtige Erfahrung, insbesondere das überwältigende, mächtige, beseligende Gegenüber, wie es in uralten Kultriten erfahren wird[8]. Viele Götter kannte die altgriechische Religion ebenso wie die römische, deren »deus« den »Himmlischen« (»sub divo« = unter freiem Himmel) meinte und dem das altindische »devás« entspricht (davon im romanischen Sprachraum Dio, Dios, Dieu).

Wir können jedoch nicht übersehen, daß es außerhalb des Christentums nicht nur primitive, sondern hochentwickelte, nicht nur mythologische, sondern aufgeklärte, nicht nur polytheistische oder pantheistische, sondern auch erklärt henotheistische oder monotheistische Religionen gibt: wo ein höchster Gott (Henotheismus) oder gar einziger Gott (Monotheismus) verehrt und angebetet wird. Wie immer man den Ursprung der Religionen erklärt[9]: von »Gott« spricht man in der Religionsgeschichte im allgemeinen erst, wo das Heilige als Person, wo Mächte als mit Gestalt und Wille begabte Wesen angenommen werden. Im Gegensatz zu den »Geistern«, die auch Mächte sind, ist der Begriff »Gott« individueller ausgeprägt: das »Numen« wird zum »Nomen«, Gott bekommt einen Namen. Ja, manchmal trägt ein Gott – als Ausdruck der Macht – sogar zahllose Namen, manchmal freilich auch (besonders in hochentwickelten mystischen Religionen) – als Ausdruck seiner Transzendenz – überhaupt keine Namen (der namenlose, unaussprechliche Gott, »deus ineffabilis«)[10].

Der vielnamige Gott in der chinesischen Religion

Die gesamte religiös-theologisch-politische Problematik der Weltreligionen und ihres Verhältnisses zum Christentum spiegelt sich in der einen, scheinbar einfachen Frage: *wie den Gottesnamen übersetzen*? Eine Frage, die seit dem großen Streit um die Übersetzung des christlichen Gottesnamens in eine andere Kultur, etwa in die Chinas, zu Beginn der Neuzeit (wiederum die Zeit Descartes' und Pascals, mit der wir eingesetzt haben) bis heute aktuell geblieben ist. Die Geschichte selber hat die chinesische Religion – man könnte hier auch über Hinduismus oder Buddhismus sprechen – zum exemplarischen Fall gemacht.

Westeuropa und Ostasien hatten sich bis in die Neuzeit hinein kaum gekannt und konnten das ihnen Fremde nur im Rahmen ihres eigenen

Selbstverständnisses interpretieren[11]. Für China, das sich selbst auch geographisch als »Land der Mitte« sah und sieht, war alles Westliche »buddhistisch«, und noch die ersten portugiesischen Ansiedler in Macao im 16. Jahrhundert galten als »buddhistische Sekte«. Umgekehrt hatten die nestorianischen Christen im 7. und 9. Jahrhundert und die franziskanischen Missionare im 13. Jahrhundert, die über das Festland nach China gekommen waren, der ursprünglichen philosophisch-religiösen Tradition Chinas kaum Aufmerksamkeit entgegengebracht. Auch Marco Polo auf seiner Chinareise im selben Jahrhundert hat die Chinesen einfach als »Heiden« beschrieben. Erst die Jesuitenmissionare des 16. und 17. Jahrhunderts waren es, die den Konfuzianismus für Europa entdeckt und ins europäische Verständnis hinein übersetzt haben. Für ihre Verkündigung hatten sie sich sogar zunächst wie buddhistische Mönche gekleidet und verhalten; der volkstümliche Buddhismus mit seinen bestimmten Lehren und vergöttlichten Wesen, seiner Mitleidsethik, seinem mönchischen Asketismus und dem Glauben an ein Leben nach dem Tod schien dem Christentum zunächst näher zu sein als der aus der frühen chinesischen Religion herausgewachsene Konfuzianismus, der, mehr pragmatisch auf die zwischenmenschlichen Beziehungen konzentriert, wenig von den Beziehungen zu einem Supra-Humanen spricht.

Der Gründer der modernen Chinamission, der italienische Jesuit *Matteo Ricci*, der seit 1583 in China missionierte und sich seit 1601 sogar in der Kaiserstadt Peking aufhalten durfte, war schon früh durch den Umgang mit Menschen und das Studium der konfuzianischen Klassiker zur Überzeugung gekommen: Nicht der Buddhismus ist die dominierende chinesische »Weltanschauung«, sondern der Konfuzianismus, der gerade wegen seiner dogmatischen Offenheit, seiner hohen Ethik und seiner Ehrfurcht vor einem höchsten Wesen (ohne Götterhimmel und Götterfabeln) für das Christentum ein besserer Bundesgenosse sein könnte als jener Volksbuddhismus mit seinem Götzenglauben und seinen problematischen Lehren von der ewigen Wiederkehr. In seinem berühmten Katechismus »Die wahre Idee Gottes« (»T'ien-chu shih-i«)[12] legte Ricci dar, daß die von Buddhismus und Antibuddhismus noch nicht beeinflußten, ursprünglichen konfuzianischen Texte in sehr anfänglicher Form bereits analoge Begriffe zu Gott und Leben nach dem Tod enthalten. Aber: Riccis Interpretation und Übernahme traditioneller chinesischer kultureller und ethischer Werte sollte bald zu einer heftigen Auseinandersetzung mit Amtskirche und offizieller Theologie führen. Es kam zum sogenannten »Ritenstreit«, der in Wirklichkeit aber nicht bloß ein Streit um Riten, sondern ebenso ein Streit um »Namen« war.

Heute wissen wir aufgrund der wissenschaftlichen Untersuchungen, daß die alten Chinesen tatsächlich an einen persönlichen Gott glaubten, den sie unter zwei Namen verehrten: »Oberster Herrscher« und »Himmel«. Vermutlich entstand auch diese *Dualität der Gottesnamen* – die sich analog ja ebenfalls im Alten Testament findet (»Jahwe« – »Elohim«) und dort zur Quellenscheidung im Pentateuch, den fünf Büchern Moses, führte – aufgrund zweier kultischer Traditionen, hinter denen ursprünglich zwei Völkergruppen standen[13]:

»*Oberster Herrscher*« (»Shang-ti«) ist der Gott der Shang-Dynastie (seit ca. 1766 v. Chr.).

»*Himmel*« (»T'ien«) – geschrieben ursprünglich mit dem Bildzeichen eines Mannes mit großem Kopf – ist der Gott der Chou-Dynastie, die vom Westen her den Shang-Staat überwältigte (ca. 1111–249 v. Chr.).

Die Mischung der beiden Kulte schlug sich nieder in den sogenannten konfuzianischen Klassikern – vor allem in den Büchern der Lieder und der Urkunden –, wo sich beide Namen Gottes in denselben Gebeten abwechseln. Doch gewann mit der Zeit das Wort »*Himmel*« *auch andere ethische wie ontologische Bedeutungen*. Es konnte gebraucht werden für die dualistische Sicht eines Yin-Yang-Universums (weibliches und männliches Prinzip, welche Erde und Himmel repräsentieren); ja, es konnte gebraucht werden sogar für eine pantheistische oder panentheistische Sicht des Absoluten, wie sie im »Tao« Lao-tses oder im »Li« (Prinzip) und »T'ai-chi« (die letzte Wirklichkeit) der neukonfuzianischen Philosophie zum Ausdruck kommt. Daneben gab es zweifellos auch atheistische Interpretationen, die jegliche religiöse Bedeutung von »Himmel« verwarfen.

Dies alles machte die Situation für die Jesuiten-Missionare kompliziert, kamen sie doch zu einem Zeitpunkt in China an, da die neukonfuzianische Philosophie ihren Höhepunkt erreicht hatte und allgemein als orthodoxe Interpretation der frühen Klassiker galt: Was tun angesichts der Verschiedenheit des Verständnisses Gottes oder des Absoluten bei den Klassikern selbst und ihren späteren Kommentatoren? Ricci und die ersten Jesuiten sprachen sich für die Rückkehr zur früheren chinesischen Idee eines persönlichen Gottes aus. Zugleich aber hielten sie sich an die Praxis der christlichen Missionare seit der apostolischen Zeit, wo man auch schwerbelastete Termini wie »Theós«, »Deus«, »Gott« für Jahwe, den einen wahren Gott Israels und Jesu Christi, gebrauchte. So übernahmen sie die üblichen chinesischen Worte für die Gottheit: »Shang-ti« (»oberster Herrscher«: nur noch im alljährlichen kaiserlichen Kult des Himmels gebraucht) und das (freilich mehrdeutige) »T'ien« (»Himmel«); dazu kam als neuer Ausdruck »T'ien-chu« (»Himmelsherr«)[14].

Matteo Ricci, der während eines Jahrzehnts mit seinen mathematisch-astronomischen Studien in Peking zahlreiche führende Mandarine und Intellektuelle angezogen hatte, brach 1610, noch keine 58 Jahre alt, unter den Anstrengungen der Missionsarbeit vorzeitig zusammen und wurde durch den Kaiser mit feierlichem Begräbnis geehrt. Erst nach seinem Tod beginnt jene Tragödie, die schließlich 100 Jahre später zum Verbot seiner Missionsmethode führte und damit dem Christentum auf lange Sicht den Zugang zur Seele des asiatischen Menschen verschloß.

Aufgrund der Einwände japanischer Neubekehrter sprach sich Riccis Nachfolger Niccolò Longobardi gegen die bisher gebrauchten chinesischen Gottesnamen aus und wollte zur Vermeidung von Mißverständnissen die *lateinischen Worte* auch ins Chinesische übernehmen. Denn in Japan hatte schon Franz Xaver, der 46jährig – im Geburtsjahr Riccis 1552 – auf einer kleinen Insel angesichts der chinesischen Küste gestorben war, das zurechtgestutzte lateinische »Deusu« für Gott eingeführt und dabei freilich die Erfahrung machen müssen, daß buddhistische Bonzen »Deusu« mit dem ähnlich lautenden »dai-uso« zusammenbrachten, das im Japanischen ausgerechnet »große Lüge« heißt. In der Folge hatte man dann in Japan aus Sorge um die orthodoxe Lehre nicht nur die drei Personen der Dreifaltigkeit lateinisch wiedergegeben (»Deusu Patere«, »Deusu Hiiryo« und »Deusu Supiritsu Santo«), sondern auch theologische Schlüsselbegriffe wie »persona« (Person), »susutanshija« (Substanz), »garasa« (Gnade) und sogar »diidesu« (Glaube), im ganzen rund 50 an der Zahl. Damit mußte – ganz anders als bei der Missionsmethode Riccis – die Botschaft vom christlichen Gott den Asiaten als ein völlig fremder, lateinisch-europäischer Import erscheinen. Daß man – wenn schon – konsequenterweise eigentlich die hebräischen oder griechischen Urworte der Bibel hätte übernehmen müssen, war dabei niemandem eingefallen[15].

Aber Longobardi konnte sich schließlich unter den Jesuiten in China doch nicht durchsetzen, man hielt sich weiterhin an Riccis Praxis. Der große Streit – der eigentliche Ritenstreit – brach erst aus, als 1634 spanische Dominikaner und Franziskaner in China zu missionieren begannen[16]. Sie stießen sich zunächst an der Christen erlaubten Verehrung der Ahnen und Kung-futses, dann aber auch am Gebrauch der traditionellen Gottesnamen. Zweifellos spielten Ordensrivalitäten und die verschiedenen Nationalitäten bei der nun folgenden Auseinandersetzung eine oft größere Rolle als theologische Argumente. Jedenfalls wurden die Jesuiten in Rom von ihren Konkurrenten denunziert, und es begannen – wieder einmal – endlose Verhandlungen im »Sanctum Officium Sanctissimae Inquisitionis«, heute umgetauft in »Heilige Kongregation für die Glaubenslehre«. Der Streit wurde besonders in Frankreich, wo den Jansenisten jegliches Argument gegen die Jesuiten recht war, zu einem Politikum; eine Flut von Gegenschriften – darunter verschiedene aus der scharfen Feder des uns bekannten Jansenisten Antoine Arnauld[17] – ergoß sich über Europa.

Unterdessen hatte die Mission in China unerwartete Fortschritte gemacht: Kaiser K'ang-hsi hatte 1692 durch ein Toleranzedikt die Predigt des Evangeliums in China freigegeben, und manche Jesuiten am Kaiserhof hofften auf die Bekehrung dieses Kaisers, den der große Philosoph und Diplomat

Leibniz seitdem für den größten Fürsten der Welt hielt[18]. Wegen der zunehmenden Schwierigkeiten der Jesuiten in Rom bezüglich der chinesischen Riten und Namen schickte Kaiser K'ang-hsi die von ihm erbetene offizielle Antwort des chinesischen Riten-Tribunals an den Papst, die dort 1701 eintraf. Aus ihr ging klar hervor, daß Kung-futse nicht als Gott, sondern als Lehrer verehrt würde; daß die Ahnenverehrung ein Gedenken und nicht ein Gottes-Dienst sei; daß die Gottesnamen T'ien und Shang-ti nicht den physischen Himmel, sondern den Herrn des Himmels und der Erde und aller Dinge meinten.

Im Sanktum Offizium jedoch wußte man es besser als der Kaiser von China und seine Gelehrten und entschied schließlich unter Clemens XI. im Jahre 1704: daß die alten Chinesen Götzendiener seien und die neueren Atheisten; daß Kung-futse selbst ein öffentlicher Götzendiener und privat ein Atheist sei; daß die chinesischen Riten deshalb für Christen verboten würden; daß auch die beiden traditionellen Gottesnamen »Shang-ti« und »T'ien« nicht mehr zulässig seien und nur der neuere christliche Ausdruck »T'ien-chu« (»Himmelsherr«) gestattet sei. Selbst der sonst eher papstfreundliche Geschichtsschreiber Freiherr Ludwig von Pastor konnte sich bei der Schilderung dieses Falles eines kritischen Untertons nicht enthalten: »Allein eine Entscheidung von unabsehbarer Tragweite war mit dem Ritenverbot gefallen. Den chinesischen Christen wurden Dinge verboten, die nach ihrer Auffassung als Forderung von Anstand und guter Lebensart galten, und sie wurden verboten im Gegensatz zur Erklärung des Kaisers K'ang-hsi und der chinesischen Gelehrten[19].« 1710 wurde dies alles gegen Einspruch der chinesischen Apostolischen Vikare und Jesuiten durch ein neues Dekret der römischen Inquisition bestätigt und verschärft, und die damalige Exkommunikationsdrohung gegen alle Autoren von Veröffentlichungen über Riten und Ritenstreit wurde bis heute nicht formell zurückgezogen. Wieder einmal mehr: unbelehrbares Lehramt?

Die römische Entscheidung erwies sich für das Christentum in China als eine einzige Katastrophe. Die chinesische Reaktion setzte unter Kaiser K'ang-hsi langsam ein. 1717 erging das Urteil der neun höchsten Gerichte Chinas: Ausweisung der Missionare, Verbot des Christentums, Zerstörung der Kirchen, zwangsweise Abschwörung des christlichen Glaubens. Erst nach dem Tode K'ang-hsis fünf Jahre später begann die lange Zeit der Verfolgungen. In Rom lernte man nichts daraus. 1742 bestätigte der energische Benedikt XIV. die früheren Entscheidungen der Inquisition mit der Bulle »Ex quo singulari« und verbot »definitiv« die chinesischen Riten, zwei Jahre später auch die besonderen indischen (malabarischen) und damit die früher ebenfalls gestattete Missionsmethode des Jesuiten Roberto de Nobili, der in Indien ähnlich wie Ricci in China vorging.

Als im späten 19. Jahrhundert unter politischem Druck – im Gefolge der Eroberer und Kaufleute und als Ausdruck des politischen, rassischen, kulturellen und religiösen europäischen Kolonialismus – erneut christliche Missionare nach China kamen, votierten die protestantischen Missionare für »Shang-ti« (»oberster Herrscher«), während die Katholiken an »T'ien-chu« (»Himmelsherr«) festhielten. Die Folge war: Katholizismus und Protestantismus erscheinen oft bis heute für die Chinesen (selbst für viele Christen) als zwei Religionen mit zwei verschiedenen Göttern; die Katholiken sind die »T'ien-chu-Gläubigen«, die Protestanten aber die »Shang-ti-Gläubigen« (genannt »Christen« = »Chi-tu-Gläubige«).

Konsequenzen für das Christentum

Als rund 350 Jahre nach Riccis Tod Pius XII. 1940 jene »definitiven« päpstlichen Entscheide im Sinne Riccis und de Nobilis revidierte und Dekrete der Duldung ergehen ließ[20], deren Durchführung man in China aber noch viele Jahre bewußt hinauszögerte, hatte man dort andere Sorgen: die Abwehr der japanischen Eroberer zuerst und dann der unaufhaltsame Aufstieg des chinesischen Kommunismus unter Mao Tse-tung. So wurde denn statt des Christentums der Marxismus-Leninismus die Religion, die Quasi-Religion der 800 Millionen Chinesen (Maoismus) und ihrer Nachbarn. Nur in Hongkong, Taiwan, Südkorea und Südostasien konnte das Christentum in den letzten Jahrzehnten noch Fortschritte machen[21].

Wäre es nicht möglich gewesen, die Frage der chinesischen Gottesnamen und Riten schon im 16. und 17. Jahrhundert positiv zu entscheiden? Das bewiesen nicht nur die tapferen Jesuitenmissionare in China, sondern auch manche europäische Gebildete, von den englischen Deisten bis zu Voltaire und den Enzyklopädisten, die diese Frage (und im Zusammenhang damit auch wieder den Spinozismus) leidenschaftlich diskutierten. Unter den Philosophen haben insbesondere Malebranche, Leibniz und Wolff dem chinesischen Denken ernsthafte Studien gewidmet.

Zunächst hatte der französische Oratorianer *Nicole Malebranche* eine »Unterhaltung eines christlichen Philosophen mit einem chinesischen Philosophen« (1708)[22] veröffentlicht, in der er das chinesische »Li« (Prinzip oder Sein) nach seiner eigenen Auffassung vom göttlichen Sein interpretierte. Der universal gebildete *Gottfried Wilhelm Leibniz*, der auch mit den chinesischen Jesuiten in Verbindung stand, las Malebranches Schrift ebenso wie andere Schriften von Freunden und Feinden der chinesischen Gottesnamen und Riten (darunter die des genannten Longobardi). Der Ritenstreit trug nicht wenig zur Verdüsterung seiner letzten Lebensjahre bei. Noch wenige Monate vor seinem Tod schrieb er die »Abhandlung über die natürliche Theologie der Chinesen« (1716)[23], in welcher er den Neukonfuzianismus gegen den Vorwurf des Atheismus verteidigte. Mit erstaunlicher Exaktheit und großem Einfühlungsvermögen interpretierte er die verschiedenen Bedeutungen der alten Begriffe »Shang-ti« und »T'ien«, aber auch die mehr philosophischen Begriffe »Li« (Prinzip, Sein) und »T'ai-chi« (das Letzte, die letzte Wirklichkeit). Viel genauer als Malebranche deutete er besonders die beiden letzten Termini als philosophische Gottesbegriffe, die sich aus dem früher mehr persönlichen Gottesverständnis entwickelt haben und in denen er in etwa seinen eigenen Gottesbegriff von der höchsten Monade wiederfand. So verteidigte er wirksam die Verkündigungspraxis der chinesischen Jesuiten. Ja, Leibniz, der sich bekanntlich auch für die Versöhnung der christlichen Kirchen aktiv eingesetzt hatte, wünschte ebenso eine Versöhnung der westlichen und östlichen Kultur: Wie die christlichen Missionare die Chinesen im Evangelium und in den neuen Wissenschaften unterrichteten, sollten chinesische Missionare in Europa die Europäer natürliche Religion, Ethik und Staatsordnung lehren. Rußland, so erklärte Leibniz dem Zaren 1711 bei einem Zusammentreffen in Torgau, könne dabei als Bindeglied fungieren. Als erster Europäer und vielleicht als erster Mensch überhaupt nahm Leibniz die pluralistische Struktur der Menschheit wahr, die sich aus gleichwertigen Rassen und Kulturen zusammensetzt, zu deren Anerkennung man sich aber erst im 20. Jahrhundert schließlich durchgerungen hat[24].

Auch Leibnizens Schüler und Freund *Christian Wolff* hatte sich für die chinesische Philosophie interessiert. Wenige Jahre nach Leibnizens Tod (1721) hatte er die Universität Halle und das preußische Territorium unter Androhung der Todesstrafe innerhalb von 48 Stunden zu verlassen, weil er mit einer allzu positiven Vorlesung über die praktische Philosophie der Chinesen[25] das Ärgernis nun nicht der römischen Inquisition, sondern der protestantischen Pietisten erregt hatte. Doch dies vermochte die Sympathie der Aufklärer für alles Chinesische nicht zu dämpfen. Wie sich im 18. Jahrhundert eine besondere Affinität der Aufklärung zum nüchternen, rationalen chinesischen Denken zeigte, so im 19. Jahrhundert dann eine besondere Affinität zwischen Romantik und indischem Denken.

Wenn wir bei dieser Gelegenheit einige prinzipielle Konsequenzen aus dem für das Christentum im Fernen Osten katastrophalen Streit um Gottesnamen und Riten ziehen wollen, müssen wir auch bezüglich des Gottesverständnisses im Hinblick auf eine bessere Zukunft fordern[26]:

- Nicht *die arrogante* Herrschaft eines Gottes, *die missionarisch exklusiv die Freiheit verachtet! Denn: ein bornierter, eingebildeter, exklusiver Partikularismus, der im Namen des einen Gottes alle anderen Religionen global verdammt, ein Proselytismus, der unlauteren Wettbewerb treibt, denkt zu gering nicht nur von den Religionen, sondern auch vom Evangelium.*
- Nicht *die synkretistische* Vermischung aller *unter sich so widersprüchlichen* Götter, *die harmonisierend, reduzierend die Wahrheitsfrage überspielt! Denn: ein lähmender, zersetzender, agnostisch-relativistischer*

Indifferentismus, der undifferenziert die anderen Religionen und ihre Götter billigt und bestätigt, wirkt vielleicht zunächst befreiend und beglückend, aber in seinem Einerlei für denkende Menschen schließlich doch unbefriedigend, weil er alle festen Maßstäbe und Normen aufgegeben hat.

- Vielmehr *die eigenständige, uneigennützige* Verkündigung des einen wahren Gottes für alle Menschen in den verschiedenen Religionen*: und zwar aus jener Offenheit heraus, die mehr ist als herablassende Akkomodation; die die eigene Glaubensüberzeugung nicht verleugnet, aber auch keine bestimmte Antwort aufzwingt; die die Kritik von außen zur Selbstkritik macht und zugleich alles Positive aufnimmt; die nichts Wertvolles an den Religionen zerstört, aber auch nichts Wertloses unkritisch einverleibt. In dialektischer Einheit also von Anerkennung und Ablehnung soll das Christentum mit seinem Gott unter den Weltreligionen seinen bescheidenen, unprätentiösen Dienst leisten: als* kritischer Katalysator und Kristallisationspunkt *ihrer religiösen, moralischen, meditativen, asketischen, ästhetischen Werte*[27].

Alle die Auseinandersetzungen in Asien wie in Europa haben es überdeutlich gemacht: der Streit um die Gottesnamen ist sehr viel mehr als ein Streit um Worte. Letztlich geht es um die bis heute anstehende Frage, ob Gott mehr personal oder mehr apersonal gedacht werden soll. Könnte es nicht vielleicht überhaupt besser sein, Gott mehr überpersönlich zu deuten und ihm deshalb gar keinen Namen zu geben? Das ist eine Auffassung, die sich – er sei hierfür der exemplarische Fall – im Buddhismus findet.

Der namenlose Gott in der buddhistischen Religion

Der Buddhismus scheint die extreme Gegenposition zum christlichen Gottesverständnis zu sein. Seine ganze Stärke hat er im Lauf der Jahrhunderte gezeigt: nicht nur durch sein Überleben in einer zunehmend säkularisierten Welt und seine Anpassungsfähigkeit an die gesellschaftliche Entwicklung, sondern auch durch die Attraktivität, die er – man erinnere sich an Schopenhauer[28] und könnte auch die Parallelen bei Heidegger[29] sehen – unter westlichen Intellektuellen ausübte und heute von neuem ausübt. Manche Buddhisten erheben sogar den Anspruch, ihre mehr unpersönliche und negativ ausgedrückte Sicht des Absoluten sei besser geeignet, die säkularisierte technologische Welt Japans, Europas, Amerikas für hintergründige Erfahrungen, für Sinndeutung und Sinngebung aufzuschließen, als die westliche Auffassung eines persönlichen Gottes[30].

Trotzdem: die *Schwierigkeiten, den Buddhismus zu verstehen,* erscheinen beinahe unübersteigbar:

Einmal: Viele Wörter bedeuten im Osten etwas anderes als im Westen. Im

Streit über Sein oder Nichtsein stehen die westlichen Philosophen und Theologen mehr auf der Seite des Seins, die östlichen mehr auf der Seite des Nichtseins. Doch haben im Osten »Nicht-Sein«, »Nicht-Selbst«, »Nicht-Ich«, »Nichts«, »Leere«, »Schweigen« keineswegs den rein negativen Klang wie im Westen.
Dann: Viele Interpretationen derselben Begriffe und Vorstellungen gehen im Osten noch weiter auseinander als im Westen: Die gegensätzlichen Interpretationen des »Kleinen Fahrzeugs« (»Hinayana-Buddhismus«) und des »Großen Fahrzeugs« (»Mahayana-Buddhismus«) haben vielfach zu kontradiktorischen Lehren und Praktiken geführt, die vom massiven Götzenglauben bis zur sublimsten Philosophie reichen. Und die buddhistische Subjektivität mit ihrer Betonung der individuellen Erleuchtung hat eine einheitliche Antwort auch nicht gerade erleichtert.

Muß man deshalb an einer *christlich-buddhistischen Verständigung* von vornherein verzweifeln? Es wird erzählt[31], der protestantische Theologe Paul Tillich hätte anläßlich seiner Reise nach Japan 1960 keine zufriedenstellenden Antworten auf die grundlegenden Fragen erhalten, die er für seine buddhistischen Gesprächspartner vorbereitet hatte: teilweise wegen der Übersetzungsschwierigkeiten, teilweise wegen der verschiedenen Standpunkte innerhalb des Buddhismus selbst. Und doch fand Tillich den Dialog gerade zwischen Christentum und Buddhismus so wichtig, daß er nach seiner Japanreise die Abhandlung »Das Christentum und die Begegnung der Weltreligionen« (1962) schrieb[32]. Der Religionswissenschaftler Mircea Eliade berichtet dazu, Tillich habe eine neue, auf den Dialog mit der Geschichte der Religionen ausgerichtete »Systematische Theologie« schreiben wollen, von der er nur durch seinen Tod 1965 abgehalten worden sei.

Aber gerade *in der Gottesfrage konzentrieren sich die Schwierigkeiten*: Gott wird in der westlichen Philosophie durch und durch positiv gesehen und mit vielen positiven Namen benannt: das Absolute, der reine Akt, das Sein selbst – von den eigentlich christlichen Ausdrücken (z. B. »Gott ist die Liebe«) ganz zu schweigen. Hat es da einen Sinn, gerade in dieser Frage in Diskussion zu treten mit einer Religion, die ganz und gar auf das Entgegengesetzte ausgerichtet ist: auf das Nicht-Absolute, das Nicht-Sein, das Nirvana, die Leere, gar das Absolute Nichts? Und gerade dies geschieht doch in den östlichen Religionen und Philosophien, besonders bei denen, die sich von bestimmten Schulen des Mahayana-Buddhismus, etwa Zen, inspirieren lassen.

Mehr als an der Gottesfrage ist jedoch der *Buddhismus an der Heilsfrage des Menschen interessiert*. Denn Buddhas Lehre zielt auf einen praktischen Weg zur Befreiung vom Leiden dieses Lebens, verursacht von des Menschen Lebensdurst, Selbstsucht, Selbstbehauptung: den Weg zum Nirvana. Deshalb tendiert der Buddhismus in seinem Zentrum darauf hin, sowohl in der Theorie wie in der Praxis nicht-theistisch zu sein: es gibt für ihn keinen Begriff von einem Gott als erster Ursache, Schöpfer, allmächtiger Vater ... Bezüglich der metaphysischen Frage bewahrte der historische Buddha, der persönlich freilich nichts niedergeschrieben hat und von dem wir nur aus sehr viel späteren Zeugnissen wissen, ein striktes Stillschweigen. Nach ihm ist es sinnlos, einen Menschen, der von einem vergifteten Pfeil verwundet wurde, mit der Frage nach Kaste, Familie, Aussehen des Schützen zu belästigen. Ebenso sinnlos sei es für den leidenden Menschen, Fragen zu beantworten bezüglich Ewigkeit oder Nicht-Ewigkeit, Endlichkeit oder Unendlichkeit der Welt oder bezüglich Leben nach dem Tod. Solche Fragen verhelfen nicht zu dem Zustand, den der Mensch erreichen soll: Weltabkehr, Leidenschaftslosigkeit, Aufhebung, Beruhigung, höheres Wissen, Erleuchtung, kurz, Nirvana[33]. Nirvana? Leere? Nichts? Was meinen diese buddhistischen Hauptbegriffe?

1. *Das Nirvana:* Ist es vielleicht nicht richtig, daß man den Buddhismus sehr oft als nicht nur atheistisch, sondern sogar nihilistisch bezeichnet hat? Doch was heißt Nirvana? »Nirvana« (von der Sanskrit-Wurzel »va« = »wehen«) meint das »Verwehen« oder »Verlöschen« in ein wunschloses, leidloses, bewußtloses ewiges Ruhesein – wie die Kerze verlöscht oder der Wassertropfen im Meer aufgeht. Wer den Lebensdurst zu Lebzeiten nicht überwindet, verurteilt sich selbst nach dem Tod zur Wiedergeburt (»Seelenwanderung«). Wer durch Überwindung des Lebensdurstes und Erleuchtung zum »Erlöschen« der Begierden und so zur Ruhe des Gemütes gelangt, darf schon zu Lebzeiten das – freilich noch unvollkommene – Nirvana erfahren. Wer dann schließlich als derart Erleuchteter stirbt, gelangt zum »Erlöschen« des Zwanges zur Wiedergeburt: durch den Eingang ins vollkommene Nirvana. Und hier beginnen nun freilich die *Unterschiede* der späteren philosophischen Interpretationen und Schulen[34]:

Für den frühen dualistischen Buddhismus des »Kleinen Fahrzeugs« (Hinayana), der das Transzendent-Absolute von der Welt radikal trennt, ist das *Nirvana der diametrale Gegensatz zum »Samsara«*, zum leidvollen Leben in der empirischen Welt: Das Nirvana wird entscheidend negativ qualifiziert als unbeschreibbarer, unerkennbarer, unwandelbarer Zustand der Aufhebung allen Leidens.

Für den späteren monistischen Buddhismus des »Großen Fahrzeugs« (Mahayana) und besonders Zen sind *»Nirvana« und »Samsara« nur verschiedene Aspekte des einzig realen einen Absoluten*, gegenüber dem alles Individuelle und Weltliche nur Erscheinung, Schein, Illusion ist: Das Nirvana wird höchst positiv verstanden als die letzte Wirklichkeit, die man nicht erkennt, die man bereits besitzt, freilich nur verborgen, solange die volle Erkenntnis durch Erleuchtung noch nicht aufgegangen ist.

So wird denn das Nirvana in keiner der buddhistischen Schulen völlig negativ aufgefaßt: als Nichts schlechthin. Zwar hat das Nirvana auch für den Mahayana-Buddhismus im allgemeinen keine kosmologische Funktion: Die Welt ist nicht Gottes gute Schöpfung, sondern entstand durch der Menschen Abfall vom Absoluten in Habgier und Dummheit. Doch ist man hier positiv davon überzeugt, »daß das Nirvana ewig sei, beständig, unvergänglich, unbeweglich, weder dem Altern noch dem Tode unterworfen, ungeboren und ungeworden, daß es Macht, Segen und Seligkeit bedeute, ein rechter Zufluchtsort sei, ein Obdach und ein Platz unangreifbarer Sicherheit; die wirkliche Wahrheit und die höchste Wirklichkeit; daß es das Gute sei, das höchste Ziel und die einzige Erfüllung unseres Lebens, ewiger, verborgener und unbegreiflicher Frieden. Damit wird der Buddha, der nichts anderes als die persönliche Verkörperung des Nirvana darstellt, Gegenstand aller Empfindungen, die wir im allgemeinen religiös nennen[35].«

Im einflußreichen Amitaba-Buddhismus – in Japan als Amida-Buddhismus die verbreitetste Form des Buddhismus – spricht man vom Nirvana sogar als von einem persönlichen Seligkeitsparadies des »Reinen Landes«, in welches man nicht wie im älteren Buddhismus durch eigene Kraft, sondern, ähnlich wie im Christentum, im Vertrauen auf die Verheißung und Kraft Buddhas, des Buddhas des Lichts und des Erbarmens (»Amida«), eingeht. So läßt sich jedenfalls nicht bestreiten: Auch im Buddhismus kennt man eine letzte, höchste Wirklichkeit, ein Absolutes, auch im Buddhismus gibt es die Spannung zwischen einer mehr personalen und einer mehr apersonalen Religiosität.

2. *Die Leere*: Der Begriff der *Leere* (sanskrit: »Sunyata«), wie er besonders vom südindischen Philosophen *Nagarjuna*[36], dem Begründer der Madhyamika-Schule, um 150 n. Chr. für das Absolute entwickelt und weithin vom Mahayana-Buddhismus, auch vom Zen, übernommen wurde, ist (so wenig wie Nirvana) ein rein negativer Begriff. Nagarjuna – von Karl Jaspers unter die »großen Philosophen« aufgenommen[37], aber doch von spezifisch buddhistischer Religiosität – vertritt im bewußten Anschluß an Buddha und im Gegensatz zum Hinduismus einen »mittleren Weg« (= Madhyamika), nicht nur wie Buddha selbst zwischen den Extremen von Hedonismus und Asketismus, sondern auch von Affirmation und Negation: Nur über die »Leere« – insofern er alle bestimmten Absichten, Standpunkte, Kategorien aufgibt – gelangt der Mensch zum Nirvana.

Warum? Das Absolute selbst ist für Nagarjuna »leer«: jenseits aller Begriffe und Worte, die – weil allesamt relativ – das Absolute gar nicht fassen können. Von ihm, dem einzig Realen, kann und darf nichts ausgesagt werden! *Weder positive noch negative Prädikate:* weder Substanz noch Bewegung, weder Kausalität noch Beziehung, weder Einheit noch Vielheit, ja, weder Sein noch Nichtsein. Schriebe man dem Absoluten Sein zu, würde man ihm – wie allem, was ist – Entstehen und Vergehen zuschreiben.

Schriebe man ihm Nichtsein zu, würde man ihm erst recht Aufhören und Zerstörung zuschreiben.

So ist denn das Absolute ohne alle Namen und Prädikate, es ist selbst »Leere« (»Sunyata«): weder ein besonderes Seiendes noch einfach nichts. Es ist aber auch nicht außerhalb der Welt der Erscheinungen, es ist vielmehr mit den Erscheinungen der Welt identisch. Es ist nämlich die *Wirklichkeit der Erscheinungen, der Welt*: ihre wahre Natur. Indem man die falsche Realität der Erscheinungen entdeckt und entfernt, offenbart sich die wahre Natur des Absoluten. So ist die »Leere« die Beschreibung seiner wahren Natur: Es ist das Unbestimmte par excellence und deshalb unzugänglich der objektivierenden Vernunft, zugänglich nur der intuitiv mit ihm einswerdenden »Weisheit« (Prajña). Die Verneinung ist somit nur Mittel, um die untergründige Realität, den transzendenten Grund von allem und zugleich die wahre Natur der Dinge als Norm für Wahr und Falsch, zu entdecken. Ohne diese letzte Wirklichkeit gäbe es keine Erlösung vom Samsara, ohne Sunyata kein Nirvana! So kann denn T. R. V. Murti, Professor an der Hindu-Universität in Benares und bedeutendster Interpret Nagarjunas, von der »zentralen Philosophie des Buddhismus« sagen: »Der Buddhist des mittleren Weges (Madhyamika) ist kein Nihilist; nur, er widersteht allen Versuchen zu bestimmen, was das wesentlich Unbestimmte ist. Das Absolute kann nicht einmal identifiziert werden mit Sein oder Bewußtsein, da dies seine Natur als den unbedingten Grund der Erscheinungen kompromittieren würde. Die letzte Wirklichkeit jedoch wird vom Madhyamika angenommen als *die* Wirklichkeit aller Dinge, ihre wesentliche Natur. Sie ist einförmig und universal, weder abnehmend noch zunehmend, weder entstehend noch vergehend. Das Absolute allein ist in ihm selbst . . . Der Madhyamika hält daran fest, daß das Absolute erkannt wird in einer nicht-dualistischen Intuition – Prajña (Weisheit). *Es ist selbst jene Intuition*[38].«

3. *Das Nichts:* Selbst der Begriff des Nichts darf in der buddhistischen Philosophie nicht nihilistisch verstanden werden, wie dies besonders deutlich wird in der japanischen Kyoto-Schule und ihrem Haupt *Kitaro Nishida* (1870–1945), vielfach Begründer der modernen japanischen Philosophie genannt, dem es gerade um die Auseinandersetzung mit der modernen Säkularisierung und Wissenschaft, mit Atheismus und Nihilismus geht. Die Kyoto-Schule stellt den japanischen Versuch dar, eine philosophische Synthese von Ost und West zu entwickeln. Nishida setzt sich in seinen Schriften mit vielen westlichen Philosophen auseinander: mit Leibniz, Kant, Fichte, Hegel genauso wie mit Nikolaus Cusanus, Descartes und Spinoza. Er schreibt in einem Stil, der mehr meditativ und evokativ ist als klar und präzis. Seine Philosophie kulminiert im Begriff des absoluten »Nichts« (japanisch: »mu«). Aber dieser Begriff hat mit einem philosophischen Nihilismus im Sinne Nietzsches oder mit einem existentialistischen Atheismus im

Sinne Sartres nichts zu tun. Er kann bei Nishida nur verstanden werden vor dem Hintergrund seiner taoistischen und buddhistischen Überzeugung; trotz aller westlichen Beeinflussung ist Nishidas Philosophie tief in seiner östlichen Existenz und Weltanschauung verwurzelt. Was bedeutet da dieses »Nichts«?

Nishida meint mit »Nichts« nicht einfach »kein Ding«, nicht das relative Nichts, sondern das *»Absolute Nichts«*, das Seiendes und relatives Nichts umgreift. In der buddhistischen Vorstellung von der »Leere« verwurzelt, weist dieser Begriff Ähnlichkeiten mit der christlichen Gottesvorstellung der *»via negativa«* auf. So kann Nishida seine Vorstellung anhand der Schrift »De docta ignorantia« des Nikolaus Cusanus deutlichmachen: »In welcher Gestalt existiert Gott? Vom einen Blickwinkel her gesehen, ist Gott, wie Männer wie Nikolaus von Kues es gesagt haben, ganz und gar Verneinung; denn was man spezifizieren oder bejahen muß, das heißt was begriffen werden muß, ist nicht Gott; denn wenn er das wäre, was spezifizierbar und begreifbar ist, wäre er schon endlich und nicht fähig, die unendliche Aufgabe der Einigung des Universums zu erfüllen (De docta ignorantia, cap. 24). So gesehen ist Gott Absolutes Nichts (jap. »mattaku mu«). Wenn man jedoch sagt, Gott sei nur Nichts, dann ist dies sicherlich nicht so . . . Gott ist der Einiger des Universums . . . Er ist der Grund der Wirklichkeit, und nur weil er fähig ist, das Nichts zu sein, gibt es überhaupt keinen Ort, wo er nicht wirkt[39].« Hier zeigen sich auch die Ähnlichkeiten mit dem späten Heidegger, die man in der Kyoto-Schule sehr wohl sieht: »Heideggers Worte über die Offenbarung des Seins in der menschlichen Existenz durch ›Nichts‹ erscheinen den japanischen Denkern vertraut. Hat der Mensch das Transzendente und die transzendente Einheit einmal erreicht, so hat er alle antithetischen Gegensätze überschritten[40].«

Das bedeutet nun freilich nicht, daß für Nishida der eigene Gottesbegriff mit dem westlichen, christlichen, identisch sei. Denn Gott meint für ihn nicht eine personale Gottheit, vielmehr die Gottheit der Mystiker. Der wahre Gott ist die *»Leere«* des Mahayana-Buddhismus im Sinne Nagarjunas. Für Nishida ist das Absolute beides: transzendent und immanent. Hier sieht er den »schwachen Punkt in der heutigen Dialektischen Theologie«: »Der wahrhaft absolute Gott muß uns zugleich übersteigen und umgreifen[41].« Nishida gelangt in bestimmten Spitzenaussagen sogar zu Glauben und Liebe: »Gott ist nicht jemand, der durch Analyse und Beweisführung erkannt werden muß. Wenn wir bedenken, daß das Wesen der Wirklichkeit etwas Persönliches ist, dann ist Gott das Persönlichste von allem. Unsere Gotteserkenntnis ist nur möglich durch die Intuition von Liebe oder Glauben. Deshalb sind wir, die wir sagen, wir kennen Gott nicht, sondern lieben ihn nur und glauben an ihn, diejenigen, die Gott am besten erkennen können[42].«

Eine *Rückfrage* freilich drängt sich hier auf bezüglich dieses Absoluten, welches Absolutes *Nichts* und doch nicht nichts ist. Gewiß, das Absolute ist auch nach christlichem Verständnis nichts Seiendes, auch nicht das höchste Seiende. Aber warum soll man nicht sagen dürfen: Das Absolute ist das Absolute *Sein* oder das *Sein-Selbst*? Damit würde man dem Absoluten gerade nicht – wie Nagarjuna meint – Entstehen und Vergehen, sondern reines, beständiges, ewiges Sein zuschreiben. Der japanische Buddhist Masao Abe hat im Geiste Nishidas gegen Tillich geltend gemacht, Gott müsse nicht nur jenseits von Essenz und Existenz, persönlich und unpersönlich, sondern auch jenseits von Sein und Nichtsein gesehen werden[43]. Aber hier besteht doch ein entscheidender Unterschied: Was ist denn jenseits von Sein und Nichtsein? Jenseits dieser letzten aller Alternativen ist buchstäblich – nichts! Ja: jenseits von Sein ist nur Nichtsein; jenseits von Nichtsein ist nur Sein. Und auch Abe sagt: Das Absolute Nichts (das Nirvana als das absolute Mu) sei »absolute Negation«, also »Negation der Negation«, und deshalb »absolute Affirmation« (nach Hegel, von dem diese Begriffe übernommen sind, ist die Negation der Negation sogar die Macht des Lebens). Die Frage stellt sich: Warum soll man dann aber die absolute Affirmation als »Nichts« bezeichnen, das doch wieder nicht nichts ist? Wäre es bei aller Beachtung der Anliegen des Buddhismus und einer Negativen Theologie, auf die wir sogleich zurückkommen, nicht weniger mißverständlich, das Absolute (zumindest auch) das Absolute Sein oder Sein-Selbst zu nennen? Hält man vielleicht nur aus buddhistischem Traditionalismus an einem rein negativen Terminus fest, obwohl man dem Nirvana und dem Absoluten der Sache nach schon längst nicht mehr den ursprünglich rein negativen Sinn des Verlöschens gibt, sondern eine höchst positive Bedeutung: die wirkliche Wahrheit und höchste Wirklichkeit, das Gute und die einzige Erfüllung unseres Lebens?

Herausforderung gegenseitig

So ist denn deutlich geworden: Das »absolute Nichts« meint absolut nicht nichts. Es meint im Grunde das leere, von allen Begriffen, Kategorien, Vorstellungen und Bildern los-gelöste, ab-solute Sein. So jedenfalls würde man im Westen sagen. Denn vieles von dem, was im Buddhismus der *Sache* nach gesagt wird, kann – wiewohl mit entgegengesetzten *Worten* – auch im Westen gesagt werden. Eine Über-Setzung der Hauptbegriffe – ob »Sein« (»Fülle«) im Westen oder »Nichts« (»Leere«) im Osten – ist in jedem Fall notwendig. Und dies von beiden Seiten! Darin verdienen unter den Freunden Nishidas besondere Anerkennung D. T. Suzuki und K. Nishitani[44], von christlicher Seite besonders H. Dumoulin[45].

Die Herausforderung ist jedenfalls gegenseitig, und gegenseitig könnte auch die Hilfeleistung sein: Hilfeleistung durch kritische Diagnose der eigenen Position und der der anderen. Vereinfachend gesagt: Der Osten könnte etwa mit seinem Drang zur *Einheit* dem Westen eine Hilfe sein, weil ohne Einheit Analysen zur Auflösung führen müßten. Umgekehrt könnte der Westen mit seinem Drang nach *Unterscheidungen* dem Osten eine Hilfe sein, weil es ohne Unterscheidung weder im Bereich des Seins noch des Sollens (Gut und Böse, ethische Entscheidungen) geht. Und wenn gerade auch in der Gottesfrage für den Osten die westlichen *Affirmationen* wichtig sein mögen, so für den Westen die östlichen *Negationen* nicht weniger. Zu bedenken ist dabei, daß auch der Westen die Bedeutung der Negation für die Gottesfrage sehr wohl kennt: Vom Neuplatonismus herkommend findet sich nicht nur bei Pseudo-Dionysios, Skotus Eriugena und Meister Eckhart die große Tradition der »theologia negativa«, sondern auch, worauf Nishida mit Recht Gewicht legt, bei Nikolaus Cusanus und sogar bei Thomas von Aquin, den Nishida weniger zu kennen scheint.

Auch bei *Thomas von Aquin* (1225–1274) erfordert jede Bestimmung, die vom Menschen oder von der Welt her auf Gott übertragen wird, eine Negation: die Negation jeglicher menschlich-weltlicher Begrenztheit und Unvollkommenheit. Auch bei Thomas bleibt Gottes eigentliches Wesen verborgen, der menschlichen Vernunft unzugänglich. Insofern stimmt Thomas dem Pseudo-Dionysios zu: »Deshalb ist dies das Letzte der menschlichen Erkenntnis Gottes: daß er (der Mensch) weiß, daß er Gott nicht kennt, insofern er erkennt, daß das, was Gott ist, alles das übersteigt, was wir von ihm verstehen[46].«

Erst recht ist Gott beim großen Humanisten und Theologen Kardinal *Nicolaus Cusanus* (1401–1464) nur für die »belehrte Unwissenheit«[47] zugänglich. Jegliche rein bejahende (affirmative) Theologie ohne verneinende (negative) Theologie macht aus Gott eine Kreatur unseres Verstandes und aus Gottesverehrung Götzendienst. In Gott, dem Ursprung ohne Ursprung, fallen alle Gegensätze zusammen (coincidentia oppositorum); er ist als Maximum auch das Minimum und überschreitet so Minimum und Maximum. Er ist der Unaussprechliche und Unendliche: »Vom Standpunkt der negativen Theologie findet sich in Gott nichts als Unendlichkeit. Ihr zufolge ist er darum weder in dieser noch in der künftigen Welt erkennbar, da jedes Geschöpf, welches das unendliche Licht nicht zu erfassen vermag, ihm gegenüber Finsternis ist. Er ist vielmehr nur sich selbst bekannt[48].« Für die Rede von Gott bedeutet das, »daß in theologischen Aussagen Verneinungen wahr und positive Aussagen unzureichend sind. Ebenso sind die negativen Aussagen um so wahrer, je mehr sie Unvollkommenheiten vom schlechthin Vollkommenen abwehren«[49]. Die Grundgedanken dieses seines Früh- und Hauptwerkes »Von der belehrten Unwissenheit« (1440) hat Nicolaus Cusanus immer wieder neu durchgedacht und variiert, bis hin zu seinem Spätwerk, wo Gott höchst dialektisch in Identität und Differenz mit allen anderen als das »Nichtandere« (»Non aliud«[50]) bestimmt wird und gerade so als »Mitte der Mitte, Ziel des Zieles, Bezeichnung der Bezeichnung, Sein des Seins und Nichtsein des Nicht-Seins«[51].

Wie immer man im einzelnen formuliert und von Gott redet, man wird auch aufgrund der westlichen Tradition einer negativen Theologie von Dionysios bis Heidegger die *Anliegen des Ostens zu bedenken* haben:

- *Gott ist durch keinen Begriff zu begreifen, durch keine Aussage voll auszusagen, durch keine Definition zu definieren: er ist der Unbegreifliche, Unaussagbare, Undefinierbare.*
  Auch der Seinsbegriff übergreift ihn nicht; auch vom Sein her läßt sich sein Wesen nicht voll erschließen: er ist nichts von dem, was ist; er ist kein Seiendes: er ist allem transzendent!
  Damit gerät menschliches Denken in einen Bereich, wo positive Aussagen (»Gott ist gütig«) sich als unzulänglich erweisen, ja, um wahr zu sein, immer zugleich der Negation bedürfen (»nicht gütig« auf menschlich-endliche Weise), um so ins Unendliche hinein übersetzt zu werden (»Gott ist die Güte schlechthin«).
- *Gott übersteigt alle Begriffe, Aussagen, Definitionen; er ist jedoch nicht getrennt von Welt und Mensch; er ist nicht außerhalb alles Seienden; der Welt und dem Menschen innewohnend, bestimmt er ihr Sein von innen.*
  Er muß aus der ontologischen Differenz zwischen Sein und Seiendem heraus gedacht werden: Gott ist, aber er ist kein Seiendes, er ist das verborgene Geheimnis des Seins: das Sein-Selbst als Grund und Ziel alles Seienden und allen Seins: er ist allem immanent!
  Damit gerät menschliches Denken in einen Bereich, wo gerade negative Aussagen (»Gott ist nicht endlich«) eminent Positives (»Gott ist unendlich«) besagen können.
- *Gott übersteigt so Welt und Mensch und durchdringt sie zugleich: unendlich fern und uns doch näher als wir uns selbst; nicht greifbar auch bei erfahrener Anwesenheit; anwesend auch bei erfahrener Abwesenheit.*
  Er wohnt der Welt inne und geht doch nicht in ihr auf; er umgreift sie und ist doch nicht mit ihr identisch: So fallen bei Gott Transzendenz und Immanenz ineins!
  Jede Gottesaussage muß also die Dialektik von Affirmation und Negation, jede Gotteserfahrung die Ambivalenz von Sein und Nichtsein durchstehen.
  Vor Gott kommt alles Reden aus hörendem Schweigen und führt hinein ins redende Schweigen.

Der Osten bietet dem Christentum Denk- und Gestaltformen, Strukturen und Modelle an, in denen Christentum ebenso gedacht und gelebt werden könnte wie im Westen. Jedenfalls wird das Christentum in der einen Welt von morgen, die weniger denn je nur eine westliche sein wird, *Zukunft* haben nur dann:

wenn eine christliche Verkündigung aus jenen asiatischen und afrikanischen Ländern selbst herauswachsen wird, die bei aller Wachsamkeit gegenüber synkretistischer Gleichgültigkeit Toleranz einschließt: bei allem Anspruch auf unbedingte Geltung bereit zur Revision des eigenen Standpunktes, wo immer sich dieser als revisionsbedürftig erweist;
wenn also ein echtes indisches, chinesisches, japanisches, indonesisches, arabisches, afrikanisches Christentum möglich und wirklich sein wird;
wenn schließlich eine Ökumene nicht mehr nur im engen konfessionell-kirchlichen, sondern in einem universal-christlichen Sinn gelebt wird: gründend nicht in triumphalistischer Eroberung der anderen Religionen, sondern in der missionarischen Präsenz und Diakonie unter den anderen Religionen, selbstkritisch hörend auf ihre Anliegen, solidarisch mit ihren Nöten und zugleich lebendig Zeugnis gebend vom eigenen Glauben in Wort und Tat.

2. Die beiden Haupttypen religiöser Erfahrung

Religion hat – neben Lehren, Riten, Institutionen – ihre subjektive Seite: die Religiosität, die religiöse Erfahrung. Und diese läßt sich – wir haben es im Zusammenhang mit Freud gesehen[52] – psychologisch erforschen. Es war der amerikanische Psychologe und Philosoph *William James* (1842–1910) – Sohn eines exzentrischen Swedenborgianischen Theologen und Bruder des Schriftstellers Henry James, mit Charles S. Peirce und John Dewey richtungsweisender Vertreter des amerikanischen Pragmatismus –, der in seinem frühen Standardwerk der religionspsychologischen Forschung vor anderen die »*Mannigfaltigkeiten der religiösen Erfahrung*«[53] herausgearbeitet hat: Religion als »die Gefühle, Handlungen und Erfahrungen der einzelnen Menschen als solcher . . ., sofern sie sich in Beziehung zu irgendeiner göttlichen Macht wissen, wie immer sie sich diese letztere näher vorstellen mögen«[54]. Wie schon Friedrich Schleiermacher zu Beginn des 19. Jahrhunderts trat James für die Priorität der religiösen Erfahrung ein, der gegenüber alle begriffliche Ausdeutung in Lehre und Dogma sekundär ist. Wie auch der einflußreiche evangelische Theologe Albrecht Ritschl gegen Ende des 19. Jahrhunderts lehnte James eine intellektualistisch-rationale Metaphysik ab, schätzte aber die Mystik höher ein als Ritschl. James unterschied zwischen einer heiter-optimistischen Religion (»religion of healthy-mindedness«, »die Religion der gesunden Gesinnung«) und einer düster-pessimistischen Religion (»the sick soul«, »die kranke Seele«), welche Unterscheidung nach James derjenigen zwischen der »Religion der Einmalgeborenen« und der »Religion der (durch Bekehrung) Wiedergeborenen« entspricht[55].

Aber wenige Jahre vor James hatte in Schweden der bedeutende Theologe und Religionshistoriker – nachmaliger Erzbischof von Uppsala und Inspirator der ersten Ökumenischen Konferenz für Praktisches Christentum (»Life and Work«) in Stockholm – *Nathan Söderblom* (1866–1931), tiefer und richtiger als James zwei andere Haupttypen von Religion im subjektiven Sinne unterschieden: persönlichkeitsverneinende oder persönlichkeitsbejahende Frömmigkeit; Unendlichkeits- oder Persönlichkeitsmystik; gefühlsbetonte kosmische Erlösungsreligion oder willensbetonte prophetische Religion (Offenbarungsreligion)[56]. Diese beiden Haupttypen wurden dann von Söderbloms Freund, dem (zuerst katholischen, dann lutherischen) Theologen und Religionswissenschaftler *Friedrich Heiler* (1892–1967) in seiner monumentalen religionsgeschichtlichen und religionspsychologischen Untersuchung »Das Gebet«[57] eingehend analysiert und dokumentiert: die mystische und die prophetische Frömmigkeit oder – wie er später im Anschluß an Rudolf Otto zu sagen vorzog[58] – Mystik und Glaubensfrömmigkeit.

Mystische oder prophetische Religion?

Es ist vielen Christen und Juden viel zu wenig bewußt: Es gibt einen Typ persönlicher Frömmigkeit, die dem des Alten und Neuen Testaments, die man als »prophetische Religion«, »Offenbarungsreligion«, »Glaubensfrömmigkeit« bezeichnen kann, völlig entgegengesetzt ist: die mystische Religion, wie sie sich konsequent freilich nur selten entwickelt hat, etwa in den Upanishaden, im streng monistischen Hindu-System Shankaras, im Hinayana-Buddhismus, aber auch beim Neuplatoniker Plotin. Innerhalb des Christentums findet sie sich vor allem bei jenem höchst einflußreichen Theologen vom Ende des fünften oder Anfang des sechsten Jahrhunderts, der – unter der Maske des Paulus-Schülers Dionysios Areopagites versteckt (= Pseudo-Dionysos) – diese neuplatonische Frömmigkeit ins Christentum einführte und mit seinem Werk »Mystikè theología« für den Namen »Mystik« verantwortlich ist.

»*Mystisch*« soll hier nicht – wie heute bis in die »Politische Theologie« hinein üblich – als unbestimmtes Schlagwort für eine modern klingende Religiosität gebraucht werden. »Mystisch« kommt – präzis bestimmt – vom griechischen »mýein« = (den Mund) »verschließen«. Die »Mysterien« sind deshalb »Geheimnisse«, »Geheimlehren«, »Geheimkulte«, über die man mit Nicht-Eingeweihten nicht redet. »Mystisch« ist von daher jene Religiosität, die bezüglich ihrer verborgenen Geheimnisse vor profanen Augen den Mund verschließt, ja, die überhaupt die Sinne vor der ganzen äußeren Welt verschließt, um das Heil im eigenen Inneren zu suchen. Genau bestimmt meint »Mystik« deshalb »jene Form des Gottesumganges, bei der die Welt und das Ich radikal verneint werden, bei der die menschliche Persönlichkeit sich auflöst, untergeht, versinkt in dem unendlichen Einen der Gottheit«[59]. Mystik entwickelte sich erfahrungsgemäß meist als Spätform der Religion in Zeiten übersteigerter Kultur und der Sehnsucht nach Weltflucht und Inneneinkehr – in Reaktion gegen eine große Kulturreligion: so in Ägypten oder China (Taoismus), so (sich bis heute in Verwandlungen durchhaltend) in Griechenland (Orphismus, Neuplatonismus) oder Indien (Upanishaden). Die Glaubensfrömmigkeit hingegen, wie sie sich in großen Prophetengestalten etwa des Zarathustra, Mose oder Mohammed verkörpert, entstand aus der primitiven Religion nomadisierender Stämme, die durch diese ihre überragenden Führer auf die Ebene eines monotheistischen Gottesglaubens gehoben wurde. Personale Momente der Frömmigkeit gibt es allerdings auch in bestimmten mehr personalistischen Formen der Mystik: etwa im chinesischen Taoismus, in der hinduistischen Bhakti, in den hellenistischen Mysterienreligionen, beim Juden Philon, im islamischen Sufismus und in der christlichen Gottesmystik. Aber so sehr es Mischformen gibt, so sehr sind doch die beiden Haupttypen grundsätzlich zu unterscheiden. Welches sind die wichtigsten *Strukturunterschiede*, wenn wir uns hier an die im einzelnen belegten Ausführungen von Heiler halten? Verschieden sind vor allem die psychische Grunderfahrung, die Grundhaltung und das Gottesverständnis.

1. Verschieden ist die psychische *Grunderfahrung*, die von der angedeuteten verschiedenen historischen Genesis mitbestimmt wird:

Was ist die Grunderfahrung der mystischen Frömmigkeit? Es ist »die aus der Lebenssattheit geborene Verneinung des normalen Lebensdranges, das völlige Entwerden, die ausschließliche Hingabe an das Unendliche, deren Gipfel und Krone die Ekstase bildet«[60].

Was ist die Grunderfahrung der prophetischen Frömmigkeit? Es ist »ein unbändiger Wille zum Leben, ein steter Drang nach Behauptung, Kräftigung und Erhöhung des Lebensgefühls, ein Überwältigt- und Ergriffensein von Werten und Aufgaben, ein leidenschaftliches Streben nach Verwirklichung dieser Ideale und Ziele[61].«

2. Verschieden ist von der andersartigen Grunderfahrung her auch die *Grundhaltung*, die sich vielfältig in der Einstellung zu Geschichte, Autorität, Sünde, Heil, Ethik, Gesellschaft, Kultur und zum Jenseits auswirkt:

Die Grundhaltung der mystischen Frömmigkeit ist »passiv, quietistisch, resigniert, kontemplativ ... Der Mystiker strebt nach dem Erlöschen des Affekt- und Willenlebens, denn die Seligkeit der Ekstase oder des Nirvana läßt sich nur um den Preis der Ertötung des Lebenswillens erkaufen ... Der Mystiker ist ein Verzichtender, Entsagender, Ruhender[62].«

Die Grundhaltung der prophetischen Frömmigkeit ist »aktiv, fordernd und verlangend ... Im prophetischen Erleben flammen die Affekte auf, der *Wille* zum Leben behauptet sich, siegt und triumphiert auch in der äußeren Niederlage, er trotzt dem Tod und der Vernichtung. Aus tiefster Not und Verzweiflung bricht schließlich, aus dem zähen Lebenswillen geboren, der *Glaube*, die unerschütterliche Zuversicht, das felsenfeste Bauen und Vertrauen, die kühne Hoffnung durch ... Der Prophet (ist) ein Kämpfer, der sich stets aus dem Zweifel zur Gewißheit, aus der quälenden Unsicherheit zur absoluten Lebenssicherheit, aus der Verzagtheit zum frischen Lebensmut, aus der Furcht zur Hoffnung, aus dem niederdrückenden Sündengefühl zum seligen Gnaden- und Heilsbewußtsein emporringt[63].«

3. Verschieden ist schließlich auch – und hier liegt die Wurzel aller Unterschiede – das *Gottesverständnis*:

Der *Gott der mystischen Frömmigkeit* ist der *verborgene Gott* (Deus absconditus), der *immer ruhende Gott* (Deus semper quietus); der Gottesbegriff zumindest der konsequenten Unendlichkeitsmystik – von der personalistischen Mystik sehen wir hier ab – ist nichts anderes als *die denkerische Deutung des ekstatischen Erlebnisses:*

»In der Ekstase erlebt sich der Mystiker als gänzliche Einheit – auch der Gott der Mystik ist die unterschiedslose Einheit, das Ureine ...

In der Ekstase hört alle Mannigfaltigkeit des seelischen Erlebens wie der Außenwelt auf – für den Mystiker, der aus der Seligkeit der Ekstase, aus dem Erlebnis der Einheit zum normalen Bewußtseinsleben erwacht, ist darum die gegenständliche Welt in ihrer Mannigfaltigkeit Trug und Illusion (›maya‹ des Vedanta) oder doch der trübe Ausfluß oder dunkle Schatten der allein wahren Wirklichkeit.

Die Ekstase ist der Endpunkt der im mystischen Leben sich vollziehenden Entpersönlichung – der Gott der spekulativen Mystik ist gänzlich unpersönlich, aller anthropomorphen Züge bar; er ist ›ein Nichtgott, ein Nichtgeist, ein Nichtpersone‹ (Meister Eckhart) ...

Der ekstatische Zustand ist völlige Leere von allen konkreten Inhalten, ›vollkommene Leere‹, ›unbedingtes Nein‹ (Tschwang-tse) – auch die unendliche Einheit ist völlig qualitätslos, ›sonder Weise‹ (unbekannter deutscher Mystiker), man kann von ihr nichts behaupten, sie ist das ›Nein, Nein‹, wie es in den Upanishaden heißt, ›erhaben selbst über das Sein‹, wie Plotin sagt, ›ein lauter Nichts‹, wie Angelus Silesius sich ausdrückt. ›Die Gottheit ist so arm und so bloß und so ledig, als ob sie nicht wäre, sie hat nicht, sie will nicht, sie bedarf nicht‹ (Meister Eckhart).

Die Ekstase ist ein verborgenes, unbegreifliches Geheimnis, sie läßt sich, weil jenseits des bewußten Erlebens stehend, nie in Gedanken fassen und in Worten beschreiben – auch das Göttliche ist erhaben über alle Rede, unnennbar und unaussprechlich (Philo, Plotin), der ›Abgrund‹, das ›Schweigen‹, wie die Gnostiker sagen; ›es ist etwas Verborgenes, mit keinem Namen zu Bezeichnendes, ein Namenloses, ein Unergründliches, ja das schlechthin Unbegreifliche‹ (Laotse), ›es ist die Verborgenheit und ist unbekannt und ward nie bekannt und wird nimmer bekannt. Gott bleibet da in ihm selber unbekannt‹ (Eckhart).

Der Ekstatiker ›steht in einsamer Ruhe und wandellosem Beharren, gänz-

lich feststehend und gleichsam Stillstand geworden‹ (Plotin) – auch der Gott der Mystik ist einsam stillstehend (Philo, Numenios), ›tatenlos‹, ›jenseits des Wirkens‹ (Plotin), ›das wandellose Licht‹ (Augustinus) . . .
Der Ekstatiker erlebt einen unendlichen Wert, die höchste Seligkeit – der Gott der Mystik ist darum, ›das höchste Gut‹, ein Terminus, der von Plotin im Anschluß an Plato geprägt und durch Augustin zur häufigst gebrauchten Gottesbezeichnung der christlichen Mystik wurde; er begegnet uns auch im Hohen Lied der indischen Mystik, in der Bhagavadgita, ja selbst im Taoteh-king des weisen Laotse[64].«

Der *Gott der prophetischen Frömmigkeit* jedoch ist der *offenbare Gott* (Deus revelatus), der *immer handelnde Gott* (Deus semper agens); *die Gottesvorstellung gerade der biblischen Religion ist* Reflex des voluntaristischen Glaubenserlebnisses:
»Gott ist nicht die unbewegliche, unendliche Einheit, sondern lebendige Willensmacht, nicht ruhende Stille, sondern wirksame Tätigkeit, nicht immer ruhig, sondern immer handelnd, nicht höchstes Sein, sondern höchstes Leben, wie die kontrastierende Terminologie Augustins lautet . . .
Das Erlebnis der gewaltigen Macht Gottes wird in den prophetischen Geistern zum ängstigen Erschauern vor dem unentrinnbaren ›Zorn‹ des lebendigen Gottes . . . Von der Macht dieses lebendigen Gottes wissen sich die prophetischen Frommen ›schlechthin abhängig‹; in seiner Hand ruhen Glück und Unglück, Segen und Fluch, Leben und Tod . . .
Aber der vertrauende Glaube, die unerschütterliche Zuversicht erzeugt das wunderbare Paradoxon, daß der zürnende und eifernde, der fordernde und richtende Gott zugleich der Schenkende und Verzeihende ist, der Helfende und Rettende, daß die ›hohe allmächtige Gewalt‹ in ihrem innersten Wesen nichts ist als Weisheit, Barmherzigkeit und Güte[65].«

Also: »Die konsequente Mystik entkleidet die Gottesvorstellung aller persönlichen Attribute, bis sie beim ›bloßen‹ und ›reinen‹ Unendlichen angelangt ist. Der Gott der prophetischen Geister hingegen trägt unverkennbar die Züge der menschlichen Persönlichkeit; der primitive Anthropomorphismus lebt in ihr, vergeistigt zwar, aber in seiner ganzen urwüchsigen Kraft fort; Gott ist Herr, König und Richter, und wenn die Zuversicht alle Furcht verdrängt hat, der Vater[66].«

Überlegt man sich nun freilich alle diese hier nur knapp referierten Strukturunterschiede im einzelnen, so kommt einem die geschichtliche Relativität des eigenen Standpunktes drastisch zum Bewußtsein. Und angesichts der »Mannigfaltigkeiten der religiösen Erfahrungen« (W. James), angesichts des ungeheuren Spektrums von Religion und Religiosität, sieht man sich zur Frage gedrängt: Ist nicht auch auf dem Gebiet der Religion alles relativ? Sind nicht alle Religionen gleich wahr? Haben sie alle mit ihren religiösen Erfahrungen nicht eben doch nur immer einen Teil der Wahrheit?

Alles gleich wahr?

Sarvepalli Radhakrishnan, Indiens erster Staatspräsident, greift in seinem Werk »Östliche Religionen und westliches Denken«[67] eine kleine Erzählung auf, die nicht nur für den Buddhismus und Hinduismus, sondern auch für andere nicht christlich Gebildete in Asien charakteristisch sein dürfte: »Es war einmal, so erzählt Buddha, ein König von Benares, der rief zu seiner Zerstreuung etliche Bettler zusammen, die von Geburt an blind waren, und setzte einen Preis aus für denjenigen, der ihm die beste Beschreibung eines Elefanten geben würde. Zufällig geriet der erste Bettler, der den Elefanten untersuchte, an dessen Bein, und er berichtete, daß der Elefant ein Baumstamm sei. Der zweite, der den Schwanz faßte, erklärte, der Elefant sei wie ein Seil. Ein anderer, welcher ein Ohr griff, beteuerte, daß der Elefant einem Palmenblatt gleiche, und so fort. Die Bettler begannen miteinander zu streiten, und der König war überaus belustigt. Gewöhnliche Lehrer, die den einen oder anderen Aspekt ergriffen haben, streiten miteinander, während allein ein Buddha das Ganze kennt. In theologischen Diskussionen sind wir bestenfalls blinde Bettler, die miteinander streiten. Die umfassende Schau ist schwierig, und die Buddhas sind rar. Asokas Ausspruch gibt die buddhistische Ansicht wieder: ›Wer seiner eigenen Religionsgemeinschaft Ehre erweist und die Religionsgemeinschaften anderer verachtet, allein aus Anhänglichkeit gegen die eigene, mit der Absicht, den Glanz der eigenen Gemeinschaft zu erhöhen, der fügt in Wahrheit seiner eigenen Gemeinschaft schwersten Schaden zu‹[68].« Dem letzten Satz ist zuzustimmen.

Trotzdem müßte man ruhig zurückfragen: Und wenn ein Blinder einen Baumstamm für einen Elefanten hält? Manche meinen, Radhakrishnans Toleranz sei weniger vom Vedanta als vom westlichen Idealismus und theologischen Liberalismus des 19. Jahrhunderts beeinflußt. Doch wichtiger für uns ist, daß diese Art Toleranz für viele Menschen in Ost *und* West nun einmal charakteristisch ist und ernstgenommen sein will. Viele Europäer und Amerikaner würden in dieser oder jener Weise Gandhis Wort unterschreiben: »Ich glaube an die Bibel, wie ich an die Gita glaube. Ich halte alle die großen Glaubensbekenntnisse der Welt für ebenso wahr wie mein eigenes. Es tut mir weh zu sehen, wann immer eines von ihnen verzerrt wird, wie dies ja heutzutage tatsächlich von ihren eigenen Anhängern geschieht[69].« Also gemach:

Müssen Christen hier gleich über Relativismus und Indifferentismus klagen? Läßt sich denn so leicht bestreiten, daß aus solcher Sicht sehr viel Weite und Tiefe, Großzügigkeit und Menschenfreundlichkeit spricht, die der Grundfeind ist all der zahlreichen religiösen Vorurteile, Mißverständnisse, religiösen Konflikte, ja der furchtbaren Glaubenskriege in der Christenheit – ein in Asien gegen Christen immer wieder angeführtes Argument? Kann hinter solcher Sicht nicht ein Gottesbild stehen, das größer, erhabener, frommer ist als das Gottesbild derer, die Gott nur als den Gott *einer* Partei, *einer* Religionspartei gelten lassen wollen?

Trotzdem, man wird bei allem Respekt vor dem großzügig toleranten Reform-Hinduismus Sarvepalli Radhakrishnans sagen müssen: Alles ist nicht letztlich eins, und alles ist auch nicht einfach gleich! Gewiß wird man die grenzenlose Offenheit und Assimilation fremder Ideen, das Unendlichkeitsstreben und die Entwicklungsfähigkeit gerade des Hinduismus bewundern. Aber wer die konkrete Wirklichkeit der Hindu-Religion kennt – die fatalen Auswirkungen des auch noch von Gandhi befürworteten Kuh-Kultes, des durch keine Gesetzgebung zu überwindenden Kastensystems, des erschreckenden Aberglaubens und manches andere –, dem kann nicht alles gleich sein und dem mag vielleicht ein wenig aufgehen, was an Aufklärung und Befreiung, Entmythologisierung und Entdämonisierung, Verinnerlichung und Vermenschlichung christlicher Glaube für die Menschen bedeuten kann. Mit Recht stellten Radhakrishnan und andere bei aller unbegrenzten Vielfalt der Religionen, ihrer Vorstellungen, Formen und Sprachen, eine echte innere, geistige Erfahrung des Absoluten (spiritual experience) fest. Mit Recht sehen sie von daher eine verborgene Übereinstimmung, die eine tiefgehende Kommunikation auch unter den radikal-widersprüchlichen Religionen – auch zwischen Christentum und Hinduismus – ermöglicht. Doch gilt zugleich: Die Übereinstimmung darf nicht generalisiert, der Unterschied nicht nivelliert, die durchaus vieldeutige innere Erfahrung nicht verabsolutiert werden. Oder sollten wirklich alle artikulierbaren religiösen Aussagen, alle Offenbarungen und Bekenntnisse, Autoritäten und Kirchen, Riten und Erscheinungen angesichts dieser inneren religiösen Erfahrung in gleicher Weise gültig sein?

Radhakrishnan redet von Toleranz. Aber es handelt sich bei ihm um eine doch spezifisch hinduistische (auf der Autorität des Vedanta gründende) Toleranz! Denn auch der Hinduismus vertritt – freilich anders als die prophetischen Religionen – einen Ausschließlichkeitsanspruch: Eroberung gleichsam durch Umarmung, insofern er nämlich alle übrigen Religionen nicht aus-, sondern einschließen möchte[70]. Ist nicht schon der traditionelle Hinduismus – von ungeheurer Absorptionskraft – selbst eher ein Bündel von (unter sich widersprüchlichen) Religionen als eine einzige Religion: neben primitiver mythologischer Vielgötterei und orgiastischen Ritualen auch strengste Askese und Meditation (Yoga) genauso wie hochgeistige Philosophie (Shankara)? Der Reform-Hinduismus versucht darüberhinaus, unter Verwertung zahlreicher westlicher und christlicher Einsichten auch die anderen Religionen in sein System miteinzubeziehen.

Aber sind alle Götter gleich? Ja, lassen sich auch nur die einzelnen großen Gestalten der Religionsgeschichte, die »maßgebenden Menschen« – Buddha, Kung-futse, Sokrates, Jesus – einfach als Teil in ein Ganzes der Wahrheit integrieren? Dagegen Karl Jaspers richtig: »Sie stehen auch disparat nebeneinander als unvereinbar in einem einzelnen Menschen, der etwa alle ihre Wege zugleich ginge[71].« Nur naive Unkenntnis der Tatsachen ließe die Besonderheit eines jeden übersehen oder nivellieren. Man würde keinem dieser »maßgebenden Menschen« gerechtwerden, wenn man ihn nur als Gestaltwerdung einer allgemeinen religiösen Erfahrung, nur als Chiffre für eine Allerweltsreligion, nur als Etikette für einen älteren oder neueren Synkretismus verstünde.

Wir möchten es also weder mit dem holländischen Missionar und Theologen Hendrik Kraemer[72] halten, der zusammen mit Karl Barth, Emil Brunner und Friedrich Gogarten auf der Linie der Dialektischen Theologie eine strenge Opposition zwischen Religion und christlichem Glauben vertrat und bis ins Kulturelle hinein eine »radikale Trennung«, ein »radical displacement«, forderte. Noch andererseits mit dem britischen Universalhistoriker Arnold Toynbee[73] oder mit dem amerikanischen Philosophen William E. Hocking[74], der gegen Kraemer auf der Linie eines objektiven Idealismus und liberalen Pragmatismus eine allen Religionen gemeinsame »religiöse Erfahrung« herausstellt und einen einzigen »Weltglauben« erwartet. Denn: Wo der erste zu pessimistisch ist, erscheinen die anderen zu optimistisch. Und alles Nivellieren, Abstrahieren, Generalisieren bringt das theologische Denken kaum voran; die Einebnung der Unterschiede in einem religiösen Dachverband aller Religionen (heute vielleicht Sache einiger intellektueller Eklektiker) ließ bisher die verschiedenen Religionen völlig unberührt. Nein, wir können und dürfen uns die nüchterne, bescheidene Auseinandersetzung nicht ersparen: Nicht nur unter den Religionen des Westens, sondern auch denen des Ostens läßt sich die *Wahrheitsfrage* nicht ausklammern oder verharmlosen[75]!

Aber reicht das psychologische oder historische Faktum als Kriterium der Wahrheit aus? Wer meint, Religionspsychologie oder Religionshistorie könne in der Frage nach der religiösen Wahrheit das letzte Wort haben, dürfte die Möglichkeiten beider Wissenschaften überschätzen. Religion im Westen wie im Osten verspricht, über die Grenzen der menschlichen Subjektivität und die Relativität der menschlichen Geschichte hinaus in die eigentliche Wirklichkeit – Gottes oder des »Absoluten Nichts« – hineinzuführen. Religion beansprucht damit Wahrheit, und nicht nur psychologisch-subjektive oder begrifflich-abstrakte, sondern objektive, ja die absolute, die letzte und erste Wahrheit zu bieten. Es geht also in der Religion um *die* Wahrheit!

Wahrheit durch pragmatische Entscheidung?

Auch *William James*, auf den Hocking zurückgreift[76], ist bei allem Empirismus nicht etwa der Meinung, die Wahrheitsfrage könne einfach psychologisch entschieden werden. Er möchte sie vielmehr *pragmatisch* entscheiden.

Das »letzte Kriterium eines Glaubens« ist für ihn »nicht sein Ursprung, *sondern die Art, wie er im Ganzen wirkt«* [77]. Um die Wahrheit zu erkennen, muß man fragen: »Zu welchen praktischen Folgen führt sie? Welches ist ihr tatsächlicher Wert für die persönliche Lebensgestaltung [78]?«

Nun ist James freilich sofort zuzugeben, daß die Vernunft aus sich kaum jemals Glauben andemonstrieren und ihn auch nicht absolut sicherstellen kann; eine Kritik der Gottesbeweise hatten wir selbst durchzuführen [79]. Aber braucht man deshalb nur das zuerst vom Physiker und Philosophen Charles Sanders Peirce formulierte [80] und vor allem von James (und John Dewey [81]) propagierte »Prinzip des Pragmatismus« anzuwenden, um zur Wahrheit zu kommen? So meint James: »Um völlige Klarheit über irgendein Problem zu erreichen, brauchen wir also nur zu untersuchen, welche Empfindungen die eine oder die andere Annahme – sofort oder später – in uns auslösen würde, und wie wir unser Handeln einzurichten hätten, wenn sich unsere Annahme als wahr erwiese. Unser Erfassen dieser praktischen Folgen ist das, was wir überhaupt von der Sache erfassen, soweit jenes Erfassen irgendwelche positive Bedeutung hat [82].« Nach James wäre nur den moralischen Eigenschaften Gottes (Heiligkeit, Allwissenheit, Gerechtigkeit, Liebe), nicht aber den sogenannten metaphysischen Eigenschaften (Notwendigkeit, Geistigkeit, Einfachheit, Glückseligkeit) eine »Bedeutung für unser Leben zuzusprechen« [83].

Aber ist der »Kern der Sache« wirklich so einfach auszudrücken, wie es der von James zitierte Professor Leuba meinte, der die These vertrat, die Menschen kümmerten sich sehr wenig um die nähere Bestimmung des Wesens Gottes oder um Beweise seiner Existenz, solange sie Gott brauchten: *»Man erkennt Gott nicht, man begreift ihn nicht, man braucht ihn* – als Versorger oder als moralischen Halt, als Freund oder als Gegenstand der Liebe. Erweist er sich als nützlich, so fragt das religiöse Bewußtsein nicht weiter. Existiert Gott wirklich? – wie existiert er? – was ist er? sind dann belanglose Fragen. Nicht Gott, sondern Leben, mehr Leben, ein weiteres, reicheres, befriedigenderes Leben ist letztlich das Ziel aller Religion. Die Liebe zum Leben ist auf allen Entwicklungsstufen der Religion ihr eigentlicher Grundtrieb [84].«

Existiert Gott wirklich? Was ist er? Sind das wirklich belanglose Fragen, solange Gott »funktioniert«, »nützt«? Das kann auch der zynische Standpunkt von Machthabern oder die skeptisch-distanzierte Attitüde von Intellektuellen sein. James selber meinte es freilich weder zynisch noch skeptisch-distanziert. Er verteidigte nachdrücklich das Recht des religiösen Glaubens: die Welt sei reicher, als die traditionelle Wissenschaft zuzugeben bereit sei. Zu Beginn seines Buches hatte er im übrigen betont, daß die »einzig brauchbaren Kriterien« zur Beurteilung echter Religion *»unmittelbare Gewißheit, philosophisch-erweisbare Vernunftgemäßheit und ethische Bewährung«* seien [85]. Was aber bedeutet dann in diesem Zusammenhang die

»philosophisch-erweisbare Vernunftgemäßheit«? Das »pragmatische Prinzip« reicht hier kaum aus. Wie viele Kritiker (besonders B. Russell, A. O. Lovejoy) einwandten, ist das pragmatische Prinzip zu vieldeutig: Was heißt schon »wirksam«, »working«, und was »wahr«? Es ist zu kommerziell: Ist wahr, was Erfolg hat? Es ist zu schwierig in der Anwendung und praktisch nutzlos: »Waren die Wirkungen der Lehren Rousseaus oder des Römischen Katholizismus gut oder schlecht?« Leichter als solche Frage nach dem Nutzen ist noch immer die Wahrheitsfrage zu beantworten: »Ist Rousseaus ›Contrat social‹ ein Mythos?« »Sind die Päpste immer unfehlbar gewesen?«[86] Wir hatten bezüglich *Theorie und Praxis* festzustellen[87]:
daß der Gottesglaube sich zwar in der Praxis bewähren muß, das Wahrheitskriterium des Gottesglaubens aber trotzdem nicht einfach die Praxis ist;
daß Wahrheit nicht mit praktischer Verwertbarkeit gleichgesetzt und notfalls der Taktik geopfert werden darf;
daß auch eine Theorie, die nicht befolgt wird, wahr sein, daß auch eine Botschaft, die nicht oder wenig Glauben findet, dennoch stimmen kann.

Gewiß, es ist letztlich – insofern hat James recht – eine *Glaubensentscheidung*: ob man die *Identitätserfahrung* des Mystikers, der im monistischen All-Einen (als »Nichts« oder »Alles« verstanden) unterzugehen trachtet, als entscheidend ansieht *oder* aber das *Gegenüber* des rufenden Gottes, wie es der Prophet nicht in Versenkung, sondern in Gehorsam gegenüber dem Ruf erfährt. Ob man also – wie in den Religionen der Mystik – Gott als *Passivum* versteht, dem gegenüber der Mensch (durch Versenkung, Eintauchen, Aufsteigen, Einung) »tätig« ist, *oder* aber ob man Gott, den auch der Reinste nicht von sich aus entdecken kann, als das eigentliche *Aktivum* versteht, der am Menschen handelt und ihn so zur Aktivität bringt. Ob man so den »großen religiösen Persönlichkeiten« und Asketen der errungenen vollkommenen Innerlichkeit den Vorzug gibt *oder* aber den schlichten Dienern des Wortes, die diesem im Glauben gehorsam sein wollen.

Das alles ist eine Glaubensentscheidung, aber, wie immer wieder betont: Man sollte sie *vor seiner Vernunft verantworten* können! Denn was wir schon vom Gott der Philosophen sagten, muß auch – sehen wir die ganze Bandbreite der Weltreligionen vom Hinayana-Buddhismus bis zum Christentum – vom Gott der Religionen gesagt werden: Dieser Glaube der Religionen erweist sich als vieldeutig und widersprüchlich. Er ruft nach Klärung. Glaube an ein Absolutes, eine letzte Wirklichkeit, an Gott, ist gewiß eine »religiöse Erfahrung«, besser: eine ganzheitliche erfahrungshafte Einsicht. Aber diese Einsicht – das gibt auch James zu – läßt sich außerordentlich verschieden begrifflich auslegen. Oft ist diese Auslegung oberflächlich, einseitig, vielleicht falsch. Immer wieder mußte und muß sich der Mensch deshalb um die Ergänzung, Klärung und Absicherung der zwar lebendig-gefüllten, aber oft ungenügenden religiösen Erfahrung durch die gedankliche Reflexion bemühen. Erst in denkender Reflexion wird die ganzheitliche Erfahrung begrifflich expliziert, erst hier wird sie durchschaubar, erst damit auch anderen klar mitteilbar. Zusammenfassend gilt:

- *Pragmatismus wie Intellektualismus sehen beide nur eine Seite der religiösen Wirklichkeit: Erfahrung und Reflexion gehören zusammen.*
- *Ohne religiöse Erfahrung ist religiöse Reflexion leer: Die Reflexion lebt von der Erfahrung.*
- *Ohne religiöse Reflexion ist religiöse Erfahrung blind: Die Erfahrung bedarf der kritisch erhellenden und absichernden Reflexion.*

Gerade die anscheinend nur »metaphysische« Frage nach dem Wesen Gottes, wie sie zwischen Ost und West diskutiert wird, gerade die Frage nach der personhaften oder nicht personhaften Natur Gottes, entscheidet darüber, welche praktische Einstellung zu ihm möglich ist: ob man – um an Heidegger zu erinnern – zu ihm beten und ihm opfern, vor ihm aus Scheu ins Knie fallen, vor ihm musizieren und tanzen kann.

II. Der Gott der Bibel

Der Streit zwischen dem »Gott der Philosophen« und dem »Gott Abrahams, Isaaks und Jakobs« – wie es Pascal gegen Descartes und andere formulierte – ist bisher offengeblieben. Ob man ihn überhaupt schlichten kann?

1. Der lebendige Gott

Einer der aggressivsten Texte Nietzsches gegen die »Meta-Physik«, die platonische »wahre Welt«, ist die eine kurze Seite aus der (erst nach Nietzsches Umnachtung herausgegebenen) »Götzen-Dämmerung«: *Wie die ›wahre Welt‹ endlich zur Fabel wurde«* [1]. Hier wird in knappster Form – nur voll zitiert entfaltet der Text seine ganze Kraft – die Geschichte der Auflösung der »wahren Welt« skizziert, wie sie von Platon begründet und vom Christentum auf die Zukunft verschoben, dann von Kant entleert und vom Positivismus als unbekannte Größe liegengelassen, schließlich aber vom Nihilismus völlig abgeschafft und durch das dionysische Ja zu allem Fragwürdigen schöpferisch überwunden worden sei. Dies alles von Nietzsche mit dem Untertitel versehen: »Geschichte eines Irrtums«.

Geschichte eines Irrtums?

»1. Die wahre Welt, erreichbar für den Weisen, den Frommen, den Tugendhaften, – er lebt in ihr, *er ist sie.*

(Älteste Form der Idee, relativ klug, simpel, überzeugend. Umschreibung des Satzes ›Ich, Plato, *bin* die Wahrheit‹.)

2. Die wahre Welt, unerreichbar für jetzt, aber versprochen für den Weisen, den Frommen, den Tugendhaften (›für den Sünder, der Buße tut‹).

(Fortschritt der Idee: sie wird feiner, verfänglicher, unfaßlicher – *sie wird Weib*, sie wird christlich . . .)

3. Die wahre Welt, unerreichbar, unbeweisbar, unversprechbar, aber schon als gedacht ein Trost, eine Verpflichtung, ein Imperativ.

(Die alte Sonne im Grunde, aber durch Nebel und Skepsis hindurch; die Idee sublim geworden, bleich, nordisch, königsbergisch.)

4. Die wahre Welt – unerreichbar? Jedenfalls unerreicht. Und als unerreicht auch *unbekannt*. Folglich auch nicht tröstend, erlösend, verpflichtend: wozu könnte uns etwas Unbekanntes verpflichten? . . .

(Grauer Morgen. Erstes Gähnen der Vernunft. Hahnenschrei des Positivismus.)

5. Die ›wahre Welt‹ – eine Idee, die zu nichts mehr nütz ist, nicht einmal mehr verpflichtend – eine unnütz, eine überflüssig gewordene Idee, *folglich* eine widerlegte Idee: schaffen wir sie ab!

(Heller Tag; Frühstück; Rückkehr des *bon sens* und der Heiterkeit; Schamröte Platos; Teufelslärm aller freien Geister.)

6. Die wahre Welt haben wir abgeschafft: welche Welt blieb übrig? die scheinbare vielleicht? . . . Aber nein! *mit der wahren Welt haben wir auch die scheinbare abgeschafft!*

(Mittag; Augenblick des kürzesten Schattens; Ende des längsten Irrtums; Höhepunkt der Menschheit; INCIPIT ZARATHUSTRA.)«

Ende – oder Wende? Eine Szenenfolge, von Witz, Ironie und Bosheit flimmernd, schillernd, die zum Zurückdrehen reizt. Ob man Nietzsches »Geschichte eines Irrtums« nicht gar von rückwärts nach vorn in eine neue Zukunft hinein aufrollen könnte? Neuer Titel: »*Die* (künftige) *Geschichte einer* (neu gefundenen) *Wahrheit*«:

6. Die Idee Gottes – sie ließ sich nicht abschaffen. Ein solcher Höhepunkt der Menschheit blieb aus. Als Fabel erwies sich Zarathustra.

(Götzendämmerung des Übermenschen – Ende des kürzesten Irrtums; keine Ablösung der Religion durch Wissenschaft.)

5. Die Idee Gottes, zu nichts mehr nütze, nicht einmal mehr verpflichtend, gar überflüssig, zeigt neues Leben.

(Der Nihilismus – gerade für den bon sens der wahrhaft befreiten Geister – eine unbewiesene Idee. Heiterkeit der Engel. Schamröte aller Teufel.)

4. Die Idee Gottes, der reinen Vernunft gewiß unerreichbar und in ihrer Wirklichkeit unbekannt, beginnt doch wieder neu tröstend, erlösend, verpflichtend zu werden.

(Grauer Morgen. Letztes Gähnen der Vernunft, die zu sich kommt: der Positivismus erwacht aus seinen Illusionen.)

3. Die Idee Gottes nicht nur als Imperativ à la Königsberg und schwacher Trost für Schwache.

(Die alte Sonne im Grunde, durch Nebel und Skepsis neu erstrahlend als Wirklichkeit und große Verheißung: keine Remythisierung.)

2. Die Idee Gottes erreichbar jetzt nicht nur für Tugendhafte, Fromme, Weise, sondern auch für Schuldhafte, Unfromme, »Sünder«.

(Fortschritt der Idee; heller Tag; Aufklärung der Welt durch den Glauben; Rückkehr des Christlichen: Die Idee Gottes wird faßlicher, unverfänglicher, konkreter, menschlicher.)

1. Die Idee Gottes erkennbar, relativ einfach und überzeugend: der Gott Israels. Älteste Form der Idee. Er, Jesus, lebt in ihr, *er ist sie*. Umschreibung des Satzes »Ich *bin* der Weg, die Wahrheit und das Leben«.

(Mittag; Augenblick des kürzesten Schattens; Anfang der ewigen Wahrheit; Höhepunkt der Menschheit; INCIPIT REGNUM DEI.)

Also: nicht nur der Gott der Philosophen und Gelehrten in der Blässe des Gedankens (Descartes). Sondern der lebendige Gott als der »Nicht-Andere« (Cusanus) und doch »Ganz-Andere« (Barth, Horkheimer), als der wahrhaft »Göttlichere Gott« (Heidegger): nicht nur eine »causa sui« (Spinoza), sondern »der Gott Abrahams, Isaaks und Jakobs, der Gott Jesu Christi« (Pascal).

So also könnte endlich die Wahrheit zur Fabel und die Fabel zur Wahrheit werden. Umschlag aus der atheistischen Antithese in eine neue »theistische«, jüdisch-christliche Synthese: Eine Vision? Eine Projektion? Eine Illusion? Eine Suggestion? Eine Hoffnung – nicht mehr, aber auch nicht weniger!

Der eine und einzige Gott

Man kann den christlichen Gott nicht verstehen ohne den jüdischen, ist doch der jüdische auch der christliche. Und vielleicht könnte der christliche – besser verstanden – auch der jüdische sein. Wenn der Gott des Neuen Testaments in der heutigen Verkündigung oft so harmlos, kraftlos, machtlos geworden ist: liegt es nicht auch daran, daß man hinter ihm nicht mehr die Kraft und die Macht des Gottes des Alten Testaments zu spüren vermag?

Erstaunlich genug: Vor dem Alten Testament hatte auch ein Mann wie Nietzsche Respekt. In »Jenseits von Gut und Böse« schreibt er: »Im jüdischen ›Alten Testament‹, dem Buche von der göttlichen Gerechtigkeit, gibt es Menschen, Dinge und Reden in einem so großen Stile, daß das griechische und indische Schrifttum ihm nichts zur Seite zu stellen hat. Man steht mit Schrecken und Ehrfurcht vor diesen ungeheuren Überbleibseln dessen, was der Mensch einstmals war, und wird dabei über das alte Asien und sein vorgeschobenes Halbinselchen Europa, das durchaus gegen Asien den ›Fortschritt des Menschen‹ bedeuten möchte, seine traurigen Gedanken haben. Freilich: wer selbst nur ein dünnes zahmes Haustier ist und nur Haustier-Bedürfnisse kennt (gleich unsern Gebildeten von heute, die Christen des ›gebildeten‹ Christentums hinzugenommen –), der hat unter jenen Ruinen weder sich zu verwundern, noch gar sich zu betrüben – der Geschmack am Alten Testament ist ein Prüfstein in Hinsicht auf ›groß‹ und ›klein‹ –[2].«

Ein Prüfstein für »groß« und »klein«, gewiß! Ein Prüfstein aber auch in bezug auf das Verständnis Gottes selbst! Ja, eines Gottes, von dem im Alten Testament erzählt wird, wie Nietzsche es vom Menschen sagt, im großen Stile, so daß ihm das griechische und indische Schrifttum nichts zur Seite zu stellen hat: vor dem man mit Schrecken und Ehrfurcht steht, unbekömmlich allen dünnen, zahmen Haustieren und – christlichen oder nichtchristlichen – Haustierbedürfnissen. Dieser Gott ist der *eine und einzige Gott*: Das ist die Botschaft, die die 45 Bücher des (von den Christen so benannten) »Alten« Testaments nicht nur dem Judentum vermittelt haben, sondern auch dem Christentum und dem Islam und – indirekt durch die Stärkung monotheistischer Tendenzen etwa im Hinduismus (Reform-Hinduismus) – auch den Weltreligionen.

Heißt dies nun, daß der *Monotheismus* zum Wahrheitskriterium der Religion schlechthin gemacht werden soll? Keineswegs! Die religionsgeschichtliche Frage nach der Entstehung des Monotheismus in Israel und damit der Priorität des Monotheismus unter den Weltreligionen hat längst an Brisanz verloren[3]. Eine monotheistische Religion braucht keineswegs die innerlich reichere, tiefere, umfassendere zu sein. Religionen sind nun einmal nicht nur logische Gedankensysteme. Was wäre denn aus dem Gott Israels geworden, wenn er zu früh von der rationalen Reflexion erfaßt worden wäre? Sicher nicht der lebendige Gott, der Geschichte gemacht hat. Sondern ein allgemeines Prinzip oder Sein, eine universale Kraft oder sonst irgendeine blasse Abstraktion: wie die monotheistischen Auffassungen vom Brahma in Indien, vom ersten Beweger in Griechenland oder, noch früher, vom Sonnengott Aton in Ägypten – alle auf denkerischem Weg errungen.

Welche *Geschichte* hat dieser Gott Israels gemacht? Es wäre vermessen, hier die ungemein umfangreiche, dichte und komplexe Geschichte Gottes mit den Menschen, wie sie sich in den Büchern des Alten Testamentes präsentiert, nachzeichnen zu wollen. Mehr als Grundzüge können nicht dargelegt werden. Sie aber sollen dem Leser Mut machen, selber tiefer zu dringen, vielleicht auch wieder einmal – und das wäre ein schöner Erfolg für dieses Buch – durch eine erneute Beschäftigung mit der Schrift selber[4].

Schon mindestens ein Jahrhundert vor Mose – in der 18. Dynastie der Pharaonen, jedenfalls im 14. Jahrhundert v. Chr. – hatte jener versponnen idealistische »Ketzerkönig« Echnaton, Gemahl der noch heute aufgrund ihres unvergleichlichen Porträts berühmten Nofretete, in Ägypten eine kühne monotheistische Revolution von oben durchführen wollen: Sturz des Reichsgottes Amun und seiner Götterschar; Herrschaft des einen Gottes Aton, dessen sichtbares Symbol die strahlende Sonne war. Aber »Echnaton« scheiterte mit seiner abstrakten Religion am Haß der Priester und am Widerstand des Volkes. Der ägyptische Monotheismus blieb Episode.

Nicht das große, mächtige Ägypten, sondern das kleine, schwache Israel, eingekeilt zwischen den Großmächten, war es, dem die Welt den eindeutigen, programmatischen, exklusiven Ein-Gott-Glauben verdankt. Allerdings war es nicht so, als hätte Israels Gott einen solchen Glauben am Anfang als Dogma oder überhaupt als theoretische Wahrheit geoffenbart. Auch der strenge Ein-Gott-Glaube hat sich langsam entwickelt. Wie noch einzelne alttestamentliche Stellen durchblicken lassen (darin stimmen alttestamentliche Exegeten heute überein), waren auch Israels Vorväter zunächst Götzenverehrer gewesen. Der Ein-Gott-Glaube entstand dann nicht aufgrund theoretischer Reflexion, sondern praktischen Verhaltens: zunächst als ein *»praktischer« Monotheismus* in Form von Verehrung und Anbetung (Monolatrie). Auch die israelitischen Stämme rechneten lange Zeit ganz unbefangen mit der Existenz anderer Götter, und sie verstanden das erste Gebot »Du sollst keine anderen Götter haben neben mir« lediglich als ein Verbot, neben dem von ihnen verehrten Gott noch andere Götter zu verehren. Man sah in ihm den *Gott der Väter, den Gott Abrahams*[5], *den Gott Isaaks*[6], *den Gott Jakobs*[7] (der nach anderer Überlieferung Israel genannt wurde).

Ein entscheidendes Gepräge erhielt dieser Glaube, vermutlich im 13. Jahrhundert v. Chr., durch die kleine »Mose-Schar«, jene unbedeutende Gruppe von Fronarbeitern, die in Ägypten als billige Arbeitskräfte bei den Riesenbauten des Pharao eingesetzt wurden. Sie wußten sich einem Gott verpflichtet, den sie unter dem Namen Jahwe verehrten,

neben dem schon Mose selbst keine anderen Götter gelten lassen wollte und den er mit seiner Gefolgschaft als – von den übrigen Göttern der Umwelt sehr verschiedenen – »eifersüchtigen«, »eifernden« Gott erfuhr;

dessen Führung sie sich aber durch die Wüste anvertrauten, bis sie schließlich nach anderen Stämmen des späteren israelischen Stämmebundes in Kanaan seßhaft wurden;

den sie hier mit dem kanaanitischen Gott El – dem höchsten Gott eines himmlischen Götterstabs – identifizierten und dann gegen den sich immer mehr vordrängenden Gott Baal (Herr, Himmelsbaal) und die Baale (die Vegetationsgottheiten), Konkurrenten des einen Gottes Jahwe, verteidigten;

den die späteren Propheten schließlich im Kampf gegen Baal, gegen die kanaanitischen und dann die phönikischen, assyrischen, babylonischen Götter und die synkretistische Volksreligion als den nicht nur einen, sondern einzigen Gott Israels verkündeten.

»Jahwe ist Gott!« Ja, es war ein langer Weg von dieser Parole des legendenumrankten Propheten Elija[8] im 9. Jahrhundert vor Christus, von dem uns nichts Schriftliches erhalten ist, der aber zweifellos der große unerbittliche Kämpfer für Jahwe gegen Baal und die Natur- und Fruchtbarkeitsreligion war;

ein langer Weg über die großen Schriftpropheten, Jesaja im 8. und Jeremia am Ende des 7. Jahrhunderts, für welche die Götter (»elohim«) der Großmächte (und besonders die des neuassyrischen Reiches) »Nichtse« (»elihim«[9]), »Nicht-Gott« (»lo-elohim«[10]) und »nichtiger Hauch« (»hebel«[11]) sind,

ein langer Weg bis hin schließlich zum klaren hymnischen Bekenntnis des Zweiten Jesaja (Deuterojesaja), der im 6. Jahrhundert unter den Verbannten der babylonischen Gefangenschaft wirkt und dort den einen und einzigen Gott Jahwe als Heil aller Völker verkündet: »Es ist kein Gott außer mir! Einen gerechten und rettenden Gott gibt es nicht neben mir[12]!«

Der nicht nur praktische, sondern auch *grundsätzliche Monotheismus* hatte sich damit durchgesetzt. Seit dem babylonischen Exil gilt als Grundbekenntnis des Judentums, was gläubige Juden bis auf den heutigen Tag im »Schma«, dem Morgen- und Abend- und auch Sterbegebet, bekennen: »Höre (›schma‹), Israel: Jahwe ist unser Gott, Jahwe als einer allein[13]!« Ja, Gott ist für Israel der Einzige, und das heißt ein Dreifaches:

Keine Nebengottheiten wie in allen Religionen ringsum: Nicht einmal im Privatkult, wo man in anderen Religionen sehr viel nachsichtiger ist als im Staatskult, darf anderen Göttern mit Bildern, Amuletten, Zauber Ehre erwiesen werden.

Keine weibliche Partnergottheit wie sonst bei allen semitischen Hauptgöttern: Nicht einmal ein Wort für »Göttin« existiert im Hebräischen.

Kein konkurrierender böser Gott wie insbesondere im Persertum: Nicht einmal in der Zeit der persischen Vorherrschaft konnte sich neben dem guten Prinzip der »Widersacher« oder »Ankläger« (hebräisch »satan«, griechisch dann »diábolos« = »Verleumder«, davon deutsch »Teufel«) als zweites gleichwertiges Prinzip durchsetzen[14].

So ist denn der Gott der Väter, der Gott Abrahams, Isaaks und Jakobs, Jahwe, der Gott des Volkes Israel, der eine und einzige Gott, neben dem es nicht nur keine höheren, gleich hohen oder niederen, sondern überhaupt keine anderen Götter gibt. Er ist nicht nur der Höchste, sondern der Unvergleichliche. Dieser Gott ist nicht zuständig nur für Teilbereiche des Lebens wie die Götter der Heiden (ein Gott für die Fruchtbarkeit des Ackers, ein Gott für das Glück im Krieg, ein Gott für die Launen des Schicksals, eine Göttin für die Gefahren der Liebe ...). Nein, dieser eine Gott ist Herr über alles: Er schenkt alles, alles Leben, alles Gute, er darf auch des Menschen ganze Hingabe, ganze Liebe erwarten[15].

Dieser strenge, lebendige, leidenschaftliche, kompromißlose Ein-Gott-Glaube war und blieb die Auszeichnung Israels unter den Völkern und zugleich die Gabe Israels an die Völker. An diesem Ein-Gott-Glauben muß sich auch jede christliche Trinitätslehre messen lassen, die mehr als leere Behauptung und Spekulation sein will, aber auch jeder neuheidnische Ruf nach der Rückkehr der Götter, der sich statt als Verfremdung echter Gottessehnsucht als Mythologie verrät. Dieser Ein-Gott-Glaube hat bedeutende *Kon-*

sequenzen für den Einzelnen und die Gesellschaft. Nur zweierlei sei hervorgehoben:

- *Der Glaube an den Gott Abrahams, Isaaks und Jakobs ist Juden, Christen und Moslems gemeinsam.*
  Statt des skandalösen Kampfes gegeneinander, wie ihn die bisherige gemeinsame Geschichte charakterisiert, drängt sich heute gerade vom gemeinsamen Glauben her gebieterisch eine Zusammenarbeit miteinander auf.

Im Alten Testament wie im Neuen Testament wie auch im Koran wird schon für Abraham der Glaube an den einen Gott bezeugt, der in der Geschichte handelt. Er könnte die Basis bilden für ein besseres Verstehen und eine tiefere Solidarität zwischen den in der Geschichte so oft verfeindeten großen drei monotheistischen Glaubensgemeinschaften, die alle drei ihr eigenes Wesen nicht verstehen können ohne den Blick auf die beiden anderen: die sich deshalb nie gegenseitig als »Ungläubige« (die Juden und Moslems für die Christen) oder »Abgefallene« (die Christen und Moslems für die Juden) oder »Überholte« (die Juden und Christen für die Moslems) sehen sollten, sondern als »Söhne« und »Töchter«, »Brüder« und »Schwestern« unter dem einen und selben Gott. Würde sich dieser gemeinsame Glaube im Nahen Osten – zwischen Israel und den Arabern, und im Libanon zwischen Moslems und Christen – auswirken, könnte hier eine neue Epoche des Friedens beginnen. Denn viele politische Konflikte waren und sind zutiefst von religiösen Ressentiments bestimmt.

- *Der Glaube an den einen Gott Abrahams, Isaaks und Jakobs bedeutet den Sturz der alten wie der modernen Götter.*
  Er wehrt der Vergöttlichung natürlicher Mächte ebenso wie der Vergötzung politischer Mächte und Machthaber.

Der Ein-Gott-Glaube bedeutet zwar kein gesellschaftliches Programm, aber er hat doch einschneidende gesellschaftliche Folgen: Er entthront die göttlichen Weltmächte zugunsten des einen wahren Gottes. In primitiven Gesellschaften bedeutet er die radikale Absage an die vergöttlichten Naturmächte im immer wiederkehrenden kosmischen Stirb-und-Werde. Aber auch in unserem scheinbar atheistischen Zeitalter bedeutet er eine radikale Absage an die vielen Götter, die ohne Gottestitel vom Menschen angebetet werden: an alle irdischen Größen mit göttlichen Funktionen, von denen für einen Menschen alles abzuhängen scheint, auf die er hofft und die er fürchtet wie nichts in der Welt. Wobei es gleichgültig ist, ob der moderne Mensch – manchmal Monotheist, manchmal auch Polytheist – sein »Großer Gott, wir loben dich« dem großen Gott Mammon oder dem großen Gott Sexus, dem großen Gott Macht oder dem großen Gott Wissenschaft, dem großen Gott Nation oder dem großen Gott Partei singt. Der Ein-Gott-Glaube steht im Widerspruch zu jeder Quasi-Religion. Er stürzt alle falschen Götter.

Der Gott der Befreiung

Wie ist Gott? Schon immer haben dies die Menschen gefragt: Die Frage ist von großem Ernst auch und gerade für den, der die Existenz Gottes für gewiß hält, und erst recht für den, der an ihr zweifelt: Denn ob Gott ist, hängt für viele Menschen davon ab, wie er ist. Ist es doch keineswegs von vornherein sicher, was der Grund der Gründe birgt, was im Ziel der Ziele wartet: Ist der Urgrund heller Lichtgrund oder dunkler Abgrund? Ist der Urhalt wirkliche Stütze oder verführerische Täuschung? Ist das Urziel letzte Erfüllung oder definitive Verfehlung? Woher soll der Mensch schon sicher wissen, ob sich der Ursinn nicht letztlich als Unsinn, ob der Urwert nicht letztlich als Unwert erscheint?

Wie ist Gott? Verborgen, mehrdeutig, doppelgesichtig wie der römische Janus, der Gott örtlicher wie zeitlicher Ein- und Durchgänge (»Januar«)? Oder rätselhaft wie die Sphinx, die »Würgerin«, die den Vorübergehenden den Tod bringt? Oder wetterwendisch, unberechenbar wie die Tyche-Fortuna, die Göttin des Glücks und Unglücks, die als göttliche Schicksalsmacht das Steuerruder der Welt führt? Kurz: ist Gott, wenn er schon existiert, eigentlich für oder gegen die Menschen? Was bedeutet er? Angst oder Geborgenheit, Unglück oder Glück, Unterdrückung oder Befreiung?

Für das Volk Israel sind diese Fragen seit langem beantwortet. So unklar die Geschichte für uns heute im einzelnen ist, jene kleine Mose-Schar hatte es – wohl im 13. Jahrhundert v. Chr. – glaubend erfahren: Als Kleinviehnomaden mit ihren Schaf- und Ziegenherden waren sie in den östlich angrenzenden Steppengebieten von Dürre und Hungersnot bedroht worden, hatten im fruchtbaren Nildelta Zuflucht gesucht und waren dann zu harter Fronarbeit an Bauten und Grenzbefestigungen in Ägypten herangezogen worden. In ihrer neuerwachten Sehnsucht nach der alten Freiheit haben sie vertrauend-glaubend erkannt: Ihr Gott, zu dem sie in ihrer Not schrien, steht auf ihrer Seite, ist für sie, ist für die armen, unterdrückten Menschen. Ihr Gott ist kein Sklavenhalter, sondern ein Gott der Freiheit: *der Gott der Befreiung*!

So haben es denn auch die späteren israelitischen Stämme übernommen und über die Jahrhunderte – Eltern den Kindern, Priester den Pilgern, fahrende Sänger und Berufserzähler ihren Zuhörern – glaubend weitergegeben, mündlich zuerst, schriftlich erst spät:

Dieser Gott der Befreiung hat Mose, dessen Geburt im Niltal (wie auch die anderer bedeutender Männer der Antike) mit einer Bewahrungslegende[16] umkleidet wurde, zu seinem großen Berufenen und charismatischen Führer gemacht[17].

Dieser Gott des Auszugs hat, vermutlich unter Pharao Ramses II. (1292–1225 v. Chr.) das kleine, unterdrückte Völklein von »Hebräern« (abwertendes Wort für niedere Volksgruppe minderen Rechts) gegen alle

Schwierigkeiten und unter besonderen Umständen aus der ägyptischen Gewalt herausgeführt[18] (die »Zehn Plagen«[19] sind stilisierte Erzählungen von zumeist in Ägypten und Palästina nicht unüblichen Naturkatastrophen).
Dieser Gott der Schonung hat sie jenes alte nomadische Frühlingsfest, in dem die Wanderhirten das neue Leben der Herden durch einen dämonenabwehrenden Opfer- und Blutritus unter den Schutz ihres Gottes stellten, als Pascha-Opfer[20] feiern lassen, das fortan an das ihnen von ihrem Gott geschenkte Leben der Freiheit erinnern soll.
Dieser Gott der Errettung schließlich hat die Ausziehenden gerettet vor der ägyptischen Verfolgungstruppe, die in der Meerlagune von den zurückflutenden Wassern überrascht wurde, was als göttliche »Großtat« erfahren und von Generation zu Generation weiterverkündet wurde[21].

Hier also liegen der historische Anfang und zunächst der sachliche Kern des Alten Testaments. Von hierher kommt das Urbekenntnis Israels, das *Urbekenntnis zum einen Gott, »der Israel aus Ägypten herausgeführt hat«*[22]. So beschränkt die Schar des Mose – wohl einige Sippen und Großfamilien – gewesen sein mag, dieses Bekenntnis war später auch die Grundlage für die in Kanaan bereits angesiedelten Stämme: nicht zunächst also die gemeinsame Politik und staatliche Organisation (die für Gesamtisrael eigentlich nur unter den Königen Saul, David und Salomo bestand), sondern die kultische Verehrung jenes einen Gottes, der Israel aus Ägypten befreit hatte. Israels Religion ist so ganz ursprünglich Religion des Exodus, Auszugs, der Schonung, Errettung und Befreiung.

Der eine Gott mit Namen

Diese Befreiung geschah durch den einen Gott, der aber nicht namenlos war, sondern seinen *Namen* kundgetan hatte. Im Buche Exodus – dem zweiten der sogenannten »Fünf Bücher Mose« (Pentateuch) – wird im (vielleicht nachträglichen) Zusammenhang der Berufungsgeschichte des Mose am Sinai davon berichtet: *»Jahwe« ist sein Name!* Jahwe (Kurzform »Jah«): geschrieben im Hebräischen nur mit vier Konsonanten, dem Tetragramm JHWH. Erst in sehr viel späterer Zeit, als man Jahwes Namen aus Scheu nicht mehr aussprechen wollte (seit dem 3. Jahrhundert), hat man den vier Konsonanten die Vokale des Gottesnamens »Adonai« (»Herr«) unterlegt, so daß die mittelalterlichen Theologen (und die »Zeugen Jehovas« bis heute) statt Jahwe »Jehova« lesen[23].

Was soll nun Jahwe bedeuten? Im ganzen Alten Testament, wo der Name Jahwe mehr als 6800mal vorkommt, findet sich nur die eine rätselhafte Antwort, die Mose vor dem brennenden Dornbusch am Sinai erhält: »'ehjeh ašer 'ehjeh«. Wie ist diese Aussage, über die eine kleine Bibliothek geschrieben wurde[24], zu übersetzen?

Lange Zeit hat man sich an die griechische Übersetzung des Alten Testaments gehalten (Septuaginta genannt, weil nach der Legende von 70 Übersetzern erarbeitet): »Ich bin, der ich bin.« Man kann es nach wie vor so übersetzen. Denn das Verb »hajah« heißt – freilich in den seltensten Fällen – »sein«. Meistens heißt es »da sein, sich ereignen, sich erweisen, geschehen, werden«. Und da sich im Hebräischen dieselbe Form für Gegenwart und Zukunft findet, kann man entweder übersetzen: »Ich bin da, als der ich da bin«, oder: »Ich bin da, als der ich da sein werde«, oder – wie der große jüdische Übersetzer des Alten Testaments, Martin Buber –: *»Ich werde da sein, als der ich da sein werde.«* Was bedeutet dieser rätselhafte Name? *Keine Wesenserklärung Gottes,* wie Kirchenväter, mittelalterliche und neuere Scholastiker annahmen: keine Offenbarung einer metaphysischen Wesenheit Gottes, die im griechischen Sinn als statisches Sein (»ipsum esse«) zu verstehen wäre, bei dem nach thomistischer Auffassung Essenz und Existenz ineins fielen.

Vielmehr eine Willenserklärung Gottes, wie heute die führenden Exegeten des Alten Testamentes sie deuten: Gottes Anwesenheit, sein dynamisches Dasein, Gegenwärtigsein, Wirklichsein, Wirksamsein, Sicherweisen kommt zum Ausdruck, das keine Objektivierung, Festlegung, Verfestigung zuläßt.

»Jahwe« heißt also der »Ich werde da sein!«: Ich werde präsent sein, leitend, helfend, stärkend, befreiend. Wie dies konkret gemeint ist, zeigt das dem Volk am Sinai verkündete Jahwe-Wort: »Ich bin Jahwe. Ich will euch von der Last der Fronarbeit Ägyptens freimachen und euch aus eurer Knechtschaft erretten und euch erlösen mit ausgestrecktem Arm und durch gewaltige Gerichte. Ich will euch als mein Volk annehmen und will euer Gott sein, ihr sollt erkennen, daß ich, Jahwe, euer Gott bin, der euch von der Last der Fronarbeit Ägyptens freimacht[25].«

So hat nun der Gott der Väter, der keinen Namen trug, seinen Eigennamen kundgetan. Und vielleicht hat kein Exeget seine Bedeutung auch für unsere postmarxistische, postfreudianische Gesellschaft besser umschrieben als der jüdische Philosoph Ernst Bloch: »Der Exodusgott ist anders beschaffen, hat bei den Propheten seine Herren- und Opiumfeindschaft bewährt. Er ist vor allem aber nicht statisch beschaffen wie alle heidnischen Götter bisher. Denn der Jahwe Moses gibt sich, gleich am Anfang, eine Definition, eine immer wieder atemraubende, die jede Statik sinnlos macht: ›Gott sprach zu Mose: Ich werde sein, der ich sein werde‹ (2. Mos. 3, 14) ... Um die Einzigartigkeit dieser Stelle zu ermessen, vergleiche man eine andere Interpretation, vielmehr den späten Kommentar zu einem anderen Gottesnamen, dem Apollos. Plutarch überlieferte (De EI apud Delphos, Moralia III), daß über dem Tor des delphischen Apollotempels das Zeichen EI eingemeißelt war; er versucht an den zwei Buchstaben zahlenmystische Deutung, kommt aber zuletzt zu dem Ergebnis, das EI bedeute grammatisch und metaphysisch das gleiche, nämlich: Du bist, im Sinne zeitlos unveränderlicher Gottesexistenz. Eh'je ascher eh'je dagegen stellt bereits an die Schwelle der Jahwe-Erscheinung einen Gott vom Ende der Tage, mit Futurum als Seinsbeschaffenheit. Dieser End- und Omega-Gott wäre in Delphi eine Torheit gewesen, wie in jeder Religion, wo Gott keiner des Exodus ist[26].«

Der Gott der Bibel – ein Gott geschichtlicher Dynamik fürwahr. Kann aber Gott der End- und Omega-Gott sein, wenn er nicht zunächst der Anfangs- und Alpha-Gott ist? Der Exodus-Gott und der Schöpfer-Gott sind im Alten Testament kein Gegensatz, wie Bloch meint. Es geht um den einen und selben lebendigen Gott in der einen und selben Geschichte Israels.

Des Menschen Antwort

So entwickelte sich in Israel mit der Zeit ein einzigartiges, weiträumiges, ja, aufs Ganze gesehen, *geschichtliches Denken*: Die Vergangenheit blieb präsent und verhalf zum Bestehen der Gegenwart wie zum Sichten der Zukunft. Israels Credo ist ja kein philosophisch-spekulatives, es ist ein geschichtliches Credo: zentriert auf den Gott der Befreiung, »der Israel aus Ägypten herausgeführt hat«. Und dieses Urbekenntnis, ausgesprochen von der Glaubens- und Kultgemeinschaft von Jahweverehrern, ist die eine Antwort des Menschen auf die in der Geschichte ergangene Selbstoffenbarung Gottes. Eng damit verbunden ist das Lob, wie denn das Alte Testament überhaupt voll ist des *Lobes* Gottes und seiner Taten: angefangen von jenen wahrscheinlich ältesten Liedern von Jahwe, der Roß und Wagen der Ägypter ins Meer stürzte[27] und der Heldin Debora den Sieg verlieh[28], bis zu den Lobliedern des zweiten Jesaja, der im babylonischen Exil die Befreiung ankündigt, und zu den Lobpsalmen des Volkes oder des Einzelnen wie den mächtigen Hymnen auf den Schöpfergott.

Aber ist dies nicht nur die eine Seite? Israels Gottesverständnis darf nicht optimistisch verharmlost werden. Von eitel Jubel ist das Alte Testament weit entfernt. Neben dem Lob steht immer wieder die *Klage*: Die Sorgen des modernen Menschen mit Gott, seiner Abwesenheit, Unbegreiflichkeit, Unwirksamkeit, sind dem Alten Testament nicht fremd. Das Leid des Volkes wie des Einzelnen – jenes große Gegenargument gegen Gott und seine Güte – ist ständig gegenwärtig und schreit oft zum Himmel. Schon in Ägypten schrien sie zu Gott, als sie ihn noch kaum kannten. Zu ihm schrie das Volk und schrien die Einzelnen, jetzt seßhaft geworden im Gelobten Land, dann im babylonischen Exil, schließlich unter der römischen Fremdherrschaft – in allen möglichen Situationen der Not und der Schuld.

Daß man zu ihm in jeder Lage schreien darf, charakterisiert diesen Gott geradezu. Und wo wird dies in alter Zeit herausfordernder getan als in jenem großen Werk der Weltliteratur aus dem 5./4. Jahrhundert vor Jesus, wo jener völlig vereinsamte und verelendete Mensch *Hiob* (Ijob) in unendlichem, grundlosem Leid zwischen Empörung und Hingabe ununterbrochen hin- und hergerissen wird? Schärfer denn irgendwo manifestiert sich in ihm die

Grundhaltung des alttestamentlichen Menschen gegenüber seinem Gott.

Hier soll nicht über das Verhältnis von Gott und Leid gesprochen werden. Darüber ist an anderen Orten ausführlich gehandelt worden[29]. Nur dies sei hier noch einmal zusammenfassend herausgehoben, und dies ist zugleich die alttestamentliche Antwort auf die Frage nach der Antwort des Menschen gegenüber Gott: Einen letzten Halt findet der leidende, zweifelnde, verzweifelte Mensch – dem heutigen Menschen angesichts des Nihilismus und Atheismus so sehr verwandt – nicht mit den Schlüsseln der reinen Vernunft, die das Rätsel des Leids und des Bösen zu erschließen versucht. Nicht durch psychologische, philosophische, moralische Argumente, die das Dunkel des Leids und des Bösen in Licht verwandeln wollen und die dann doch wieder zu abstrakt und zu allgemein sind, als daß sie im konkreten Leid viel helfen könnten. Nicht in der optimistischen Logik einer aufklärerischen Apologie und »Rechtfertigung Gottes« (seit dem großen Leibniz als »Theodizee« berühmt), die neugierig hinter Gottes Geheimnis und Weltplan kommen möchte.

Einen letzten Halt findet der leidende, zweifelnde, verzweifelte Mensch nur im nüchternen Eingeständnis der Unfähigkeit, das Rätsel des Leids und des Bösen enträtseln zu können. Im ruhigen Verzicht auf die Anmaßung, als neutraler und angeblich unschuldiger Zensor über Gott und die Welt das Urteil sprechen zu wollen. In der entschiedenen Ablehnung eines Mißtrauens, als ob der gute Gott dem Menschen nicht wahrhaft gut sei. Positiv: In jenem gewiß ungesicherten und doch befreienden Wagnis, dem unbegreiflichen Gott in Zweifel, Leid und Schuld, in aller inneren Not und allem äußeren Schmerz, in aller Angst, Sorge, Schwäche, Versuchung, in aller Leere, Trostlosigkeit, Empörung einfach und schlicht ein *unbedingtes und restloses Vertrauen* entgegenzubringen. Ja, ihm sogar in äußerst verzweifelter Situation, wenn alles Gebet erstirbt und man zu keinem Worte fähig ist, sich einfach leer und ausgebrannt hinzuhalten: ein *Grundvertrauen allerradikalster Art*, das Zorn und Empörung nicht äußerlich beschwichtigt, sondern umfängt und umgreift und das auch Gottes bleibende Unbegreiflichkeit erträgt.

Nur wenn wir – trotz allem – ausgesprochen oder unausgesprochen »Amen« (»so sei es«, »so ist es recht«) sagen, läßt sich das Leid zwar nicht »erklären«, aber bestehen. »*Amen-Sagen*« ist die Übersetzung für das alttestamentliche Hauptwort »*Glauben*« (»he'emin«)[30]! Um Gottes willen kann die Welt mit ihrem Rätsel, ihrem Übel und Leid bejaht werden. Sonst nicht. Das Geheimnis des Unbegreiflichen in seiner Güte umfaßt auch das Elend unseres Leidens.

Ob solch unbedingtes und unerschütterliches Vertrauen, Glauben, freilich so einfach ist? Vom Neuen Testament her wird ein neues Licht darauf fallen. Und doch bleibt wahr: Das ist der eine Gott und der Glaube an ihn, wie er *bezeugt* ist *in mannigfachsten Formen und Redeweisen*: in Poesie und Prosa, in Selbstberichten und geschichtlichen Erzählungen, Rechtssatzungen und Kultordnungen, prophetischen Drohreden und Verheißungen, Hymnen und Klageliedern, Sagen und Legenden, Novellen und Parabeln, Orakeln, Weisheitssprüchen und theologischen Lehrsätzen. Alle diese so verschiedenen Gattungen sind selbstverständlich geprägt durch ihren ganz konkreten »Sitz im Leben« und hatten sich an einem bestimmten Ort herausgebildet: in der Großfamilie, im Kult oder in der Rechtspraxis, am Hof, im Krieg oder in den Theologenschulen[31]. Wie auch immer und wo auch immer, immer deutlicher wird Gott bezeugt als der, der er ist: der befreiende Herr und Lenker der Geschichte, der Schöpfer der Welt, Gesetzgeber des Volkes und schließlich der Richter und Vollender.

Der eine Gott und die vielen Götter

Bevor wir uns der Beziehung Gottes zu seiner Welt zuwenden, zu ihm als dem Schöpfer, Lenker und Vollender, blicken wir kurz zurück: Wie verhält sich dieser Gott Abrahams, Isaaks und Jakobs, der Gott Israels, zum Gott der Philosophen und zum Gott der Religionen? Es ist dabei nicht leicht, allen Seiten gerecht zu werden, den Weg zwischen Intoleranz und Nivellierung zu gehen und bei aller Weite der Wahrheitsfrage nicht auszuweichen.

1. Der *Gott der Philosophen* ist *namenlos*. Man kann sich schon deshalb fragen, ob in der Philosophiegeschichte unter Gott nicht jeweils etwas völlig Verschiedenes gedacht wurde. Und man wird antworten müssen: zwar nicht etwas Anderes, aber auch nicht einfach das Gleiche, sondern etwas Verwandtes. Wie der Philosoph Wilhelm Weischedel am Schluß seiner historischen Untersuchung feststellt: »Das Göttliche der frühen griechischen Denker in seiner unmittelbaren Anwesenheit in der Welt ist nicht das gleiche wie der Schöpfergott der christlich bestimmten Philosophischen Theologie. Der Gott als letztes Ziel alles Strebens in der Wirklichkeit, wie ihn Aristoteles konzipiert, unterscheidet sich von dem das Sittengesetz und die Glückseligkeit garantierenden Gott Kants. Der in der Vernunft ergreifbare Gott des Thomas von Aquino oder Hegels ist von dem ins Unnennbare sich entziehenden Gott des Dionysios Areopagites oder des Nicolaus von Cues verschieden. Und auch der bloß moralische Gott, den Nietzsche bekämpft, ist nicht das die Wirklichkeit haltende höchste Seiende, als das Heidegger den Gott der Metaphysik versteht. Und doch ist immer und überall unter dem Namen ›Gott‹ etwas Verwandtes gedacht: das, was alle Wirklichkeit, als durchwaltendes oder überragendes Prinzip, bestimmt[32].«

Die Philosophiegeschichte selber ruft nach Klärung. Aber sie weckt auch Zweifel, ob sie Klärung zu schaffen vermag. Einen Theós ágnostos, einen unbekannten Gott, verehrten die Griechen nach der Apostelgeschichte[33]. Ob zum Wesen des Gottes der Philosophen gehört, daß er letztlich unbekannt bleibt, daß er ohne Namen ist? Eine Entscheidung wird kaum zu umgehen sein. Der Unterschied zum Gott Abrahams, Isaaks und Jakobs ist jedenfalls unübersehbar:

- *Der Gottesbegriff der Philosophen insgesamt ist abstrakt und unbestimmt:*
  Der Gott der Philosophen bleibt namenlos.
  Er offenbart sich nicht.
- *Der biblische Gottesglaube ist konkret und bestimmt.*
  Der Gott Israels trägt einen Namen und fordert eine Entscheidung.
  Er offenbart sich in der Geschichte als der, der er ist: als der, der er sein wird, leitend, helfend, stärkend.

2. Auch der *Gott der Religionen* ist *nicht namenlos.* Die Religionen waren ja auch immer mehr als Philosophie, mehr als eine Lehre von Gott, eine Theorie über Gott, ein Denken Gottes. Religionen entstammen ja nicht einfach der gedanklichen Reflexion, gar dem streng geführten rationalen Beweis. Allerdings auch nicht, wie frühere Religionsgeschichtler meinten, den rein irrationalen, geistfremden Schichten der menschlichen Psyche. Nein, sie gründen, darüber dürfte weithin Übereinstimmung bestehen, in einer erfahrungsmäßigen Einheit von Erkennen, Wollen und Fühlen, was jedoch nicht einfach als eigene Leistung verstanden wird, sondern als eine Antwort: eine Antwort auf eine wie immer geartete Begegnung oder Erfahrung mit Gott (dem Absoluten). Die meisten Religionen berufen sich auf eine Erleuchtung oder ein Erscheinen des an sich verborgenen, vieldeutigen Gottes oder Absoluten[34].

Aber: trotz aller Konvergenzen unter den Religionen zeigen sich doch grundlegende Differenzen, trotz aller Ähnlichkeit zu viele Widersprüchlichkeiten. Der Gott der Religionen hat *viele Namen*[35]! Angesichts der zahllosen Götter der Religionen in Geschichte und Gegenwart, angesichts der göttlichen Naturgestalten und Naturgewalten, der Pflanzen-, Tier- und Menschengötter, der ranggleichen Gottheiten und der gestuften Hierarchien, drängt sich unweigerlich die Frage auf: Welcher ist der wahre Gott? Ist er in den ursprünglichen, primitiven Religionen zu finden oder in den hochentwickelten? In den langsam gewachsenen oder den gestifteten? In den mythologischen oder den aufgeklärten? Gibt es also viele Götter: Polytheismus? Oder unter vielen Göttern einen einzelnen höchsten Gott: Henotheismus? Oder gar einen einzigen Gott: Monotheismus? Ist Gott über oder außerhalb allem: Deismus? Oder ist Gott alles: Pantheismus? Oder alles in allem: Panentheismus? Man wird um ein Unterscheiden und Entscheiden nicht herumkommen. Aber nicht um ein willkürliches Entscheiden geht es, sondern um eine vor der Vernunft verantwortete Glaubensentscheidung. Eine Religion kann man ja auch nicht einfach »machen«. Wir haben – bei allem Respekt vor den anderen Religionen –

Gründe angegeben, warum wir uns für den Gott Israels, den Gott der Bibel entscheiden, und dies wird später noch deutlicher werden.

- *Das Gottesverständnis der Religionen insgesamt ist zwar bestimmt, aber unstimmig.*
  Die Götter der Religionen offenbaren viele gegensätzliche Namen und Wesen. Sie widersprechen und widerlegen sich; man kann nicht ihnen allen gleichzeitig glauben.
  Eine rational verantwortbare Entscheidung ist gefordert.
- *Der biblische Gottesglaube ist in sich stimmig, ist zugleich rational verantwortbar und hat sich in einer mehrtausendjährigen Geschichte bewährt.*
  Der Gott Israels ist für die Glaubenden der eine und einzige Gott, der keine anderen Götter neben sich hat.
  Er trägt unverwechselbar den einen Namen Jahwe; an ihn allein soll der Mensch glauben.

3. Und doch gehen die Religionen – wenn auch nicht die Naturreligionen, so zumindest die ethischen Hochreligionen – von *denselben ewigen Fragen* des Menschen aus, die sich hinter dem Sichtbar-Greifbaren und der eigenen Lebensspanne eröffnen: Woher kommt die Welt und ihre Ordnung, warum sind wir geboren und müssen wir sterben, was bestimmt das Schicksal des Einzelnen und der Menschheit, wie erklärt sich das sittliche Bewußtsein und das Vorhandensein ethischer Normen? Und es wollen auch alle Religionen über die Weltdeutung hinaus einen *praktischen Weg* ermöglichen aus der Not und Qual des Daseins zum Heil: Betrachten sie nicht alle Lüge, Diebstahl, Ehebruch und Mord als schuldhaft? Vertreten sie als allgemein gültige praktische Richtschnur nicht so etwas wie eine »goldene Regel« (was du dir nicht wünschest, das tue auch keinem anderen)? Waren also Buddha, Kung-futse, Lao-tse, Zarathustra, Mohammed nicht doch von denselben letzten großen Fragen und Hoffnungen umgetrieben?

Man wird es nicht bestreiten können: Auch in den anderen Weltreligionen weiß man, daß die Gottheit bei aller Nähe fern und verborgen ist und sie selber Nähe, Gegenwart und Offenbarsein schenken muß. Auch in den Weltreligionen weiß man, daß sich der Mensch der Gottheit nicht selbstverständlich im Vertrauen auf seine Unschuld nahen darf, daß er der Reinigung und Versöhnung bedarf, daß es zur Tilgung der Schuld das Opfer braucht, daß er nur durch Sterben hindurch zum Leben kommt, ja, daß der Mensch sich letztlich nicht selber erlösen und befreien kann, sondern auf Gottes umfassende Liebe angewiesen ist[36]. Darum ist aufgrund dessen, was wir jetzt über den Gott der Väter und früher über das Heil der Heiden gesagt haben, festzustellen:

- *Nicht nur die Moslems in Allah, sondern auch die Hindus im Brahma, die Buddhisten im Absoluten, die Chinesen im Himmel oder im Tao su-*

chen die eine und selbe allerletzte-allererste Wirklichkeit, die für Juden und Christen der eine wahre Gott ist.

- *Die Religionen der Welt können nicht nur die Entfremdung, Versklavung und Erlösungsbedürftigkeit des Menschen, sondern auch die Güte, das Erbarmen und die Gnädigkeit des einen Gottes erkennen.*
- *Wegen dieser Wahrheit können die Menschen in den Weltreligionen trotz vieler Unwahrheiten, trotz Polytheismus, Magie, Naturzwängen und Aberglaubens, das ewige Heil erlangen.*

Insofern können auch andere Weltreligionen Heilswege sein[37]. *Heilsfrage und Wahrheitsfrage sind also zu unterscheiden.* Und die positiv gelöste Heilsfrage macht die Wahrheitsfrage keineswegs überflüssig. Denn so viel Wahrheit die Weltreligionen im einzelnen auch aufweisen, was von Juden und Christen zu bejahen ist: *die* Wahrheit bieten sie für Juden und Christen nicht. *Die* Wahrheit ist für Juden und Christen nur der im Glauben erkannte eine wahre Gott Israels. Weder Jude noch Christ könnte es verantworten, ebensogut Moslem oder gar Buddhist, Hinduist, Konfuzianist zu sein.

2. *Gott und seine Welt*

»Welches ist der Sinn unseres Lebens, welches der Sinn des Lebens aller Lebewesen überhaupt? Eine Antwort auf diese Frage wissen, heißt religiös sein. Du fragst: Hat es denn überhaupt einen Sinn, diese Frage zu stellen? Ich antworte: Wer sein eigenes Leben und das seiner Mitmenschen als sinnlos empfindet, der ist nicht nur unglücklich, sondern auch kaum lebensfähig[1].« So der bedeutendste Physiker des 20. Jahrhunderts, *Albert Einstein* (1879–1955), Begründer der speziellen Relativitätstheorie (1905), des Gesetzes der allgemeinen Gleichwertigkeit von Masse und Energie (1907) und schließlich der allgemeinen Relativitätstheorie (1914/16). Er gehöre zu den »tief religiösen Menschen«, so hatte Einstein es vorher bekannt[2] und dies auch von anderen großen Physikern seiner Generation bejaht. In welchem Sinn nun ist Einstein religiös? Diese Frage an den Juden Albert Einstein wird uns zur alttestamentlichen Problematik zurückführen.

Würfelt Gott? Albert Einstein

Für Albert Einstein und gewiß für nicht wenige naturwissenschaftlich Orientierte ist Religiosität »das Wissen um die Existenz des für uns Undurchdringlichen, der Manifestationen tiefster Vernunft und leuchtendster Schönheit, die unserer Vernunft nur in ihren primitivsten Formen zugänglich sind«[3].

Einstein, in seiner Weltanschauung stark von Schopenhauer geprägt, erklärt sich nicht nur gegen jegliche primitive »Furcht-Religion«, sondern auch gegen jede »moralische Religion«, wie sie sich »in der heiligen Schrift des jüdischen Volkes« und dann auch im Neuen Testament findet[4]. Dagegen plädiert er entschieden für eine »kosmische Religiosität«, der »kein menschenartiger Gottesbegriff entspricht«[5]. Eine solche findet sich nach ihm ansatzweise bereits in manchen Psalmen Davids und bei einigen Propheten, viel stärker jedoch – »was uns besonders Schopenhauers wunderbare Schriften gelehrt haben« – im Buddhismus[6]. Mit Berufung auf »Häretiker« wie Demokrit, Franz von Assisi und besonders Spinoza[7] meint Einstein, daß die religiösen Genies aller Zeiten durch eine solche kosmische Religiosität ohne Dogmen, Kirche, Priesterkaste ausgezeichnet gewesen seien, eine Religiosität, die »keinen Gott kennt, der nach dem Bild des Menschen gedacht wäre«[8]. Er bezeichnete sich als »Spinoza-Anhänger« und antwortete auf die telegrafische Anfrage eines amerikanischen Rabbi, ob er an Gott glaube: »Ich glaube an Spinozas Gott, der sich in der gesetzlichen Harmonie des Seienden offenbart, nicht an einen Gott, der sich mit den Schicksalen und Handlungen der Menschen abgibt[9].« *Einsteins Überzeugung von der streng kausalen Gesetzmäßigkeit allen Geschehens ist religiös, nämlich von Spinoza her, begründet.*

Nach dem genialen Gelehrten ist diese kosmische Religiosität auch »die stärkste und edelste Triebfeder wissenschaftlicher Forschung«[10]. Das war sie in der Vergangenheit, das ist sie in der Gegenwart: »Welch ein tiefer Glaube an die Vernunft des Weltenbaues und welche Sehnsucht nach dem Begreifen wenn auch nur eines geringen Abglanzes der in dieser Welt geoffenbarten Vernunft mußte in Kepler und Newton lebendig sein, daß sie den Mechanismus der Himmelsmechanik in der einsamen Arbeit vieler Jahre entwirren konnten ... Nur wer sein Leben ähnlichen Zielen hingegeben hat, besitzt eine lebendige Vorstellung davon, was diese Menschen beseelt und ihnen die Kraft gegeben hat, trotz unzähliger Mißerfolge dem Ziel treu zu bleiben. Es ist die kosmische Religiosität, die solche Kräfte spendet. Ein Zeitgenosse hat nicht mit Unrecht gesagt, daß die ernsthaften Forscher in unserer im allgemeinen materialistisch eingestellten Zeit die einzigen tief religiösen Menschen seien[11].« Nach Einstein ist es Aufgabe gerade von Kunst und Wissenschaft, diese Religiosität »unter den Empfänglichen zu erwecken und lebendig zu erhalten«[12].

Wie ist dann trotzdem heute noch ein solcher Antagonismus zwischen Wissenschaft und Religion möglich, den Einstein gerade mit seiner kosmischen Religiosität unbedingt überwinden will? Es ist die in der Wissenschaft regierende Regel von Ursache und Wirkung, das allgemeine *Kausalitätsgesetz*, das einen göttlichen Eingriff in das Weltgeschehen ausschließt: »Wer von der kausalen Gesetzmäßigkeit alles Geschehens durchdrungen ist, für den ist die Idee eines Wesens, welches in den Gang des Weltgeschehens eingreift, ganz unmöglich – vorausgesetzt allerdings, daß er es mit der

Hypothese der Kausalität wirklich ernst nimmt[13].« Und nicht nur die unaufgeklärte Furcht-Religion, sondern auch die moralische Religion kann diese durchgängige Kausalität nicht akzeptieren: »Ein Gott, der belohnt und straft, ist für ihn schon darum undenkbar, weil der Mensch nach äußerer und innerer gesetzlicher Notwendigkeit handelt, vom Standpunkt Gottes aus also nicht verantwortlich wäre, sowenig wie ein lebloser Gegenstand für die von ihm ausgeführten Bewegungen[14].« Der Mensch also ein nach äußerer und innerer Notwendigkeit handelndes Lebewesen ohne freien Willen!?

Ob sich für Einstein nicht nach seinen Erfahrungen mit dem Nationalsozialismus und den furchtbaren Folgen der von ihm indirekt – durch einen Brief an den Präsidenten Roosevelt 1939[15] – initiierten Atombombe eine Revision seiner Auffassung von der angeblich gar nicht vorhandenen Willensfreiheit und vielleicht doch auch von der damit verbundenen religiösen Überzeugung aufgedrängt hätte? Wir haben dafür kaum Anzeichen. In seinem letzten Lebensabschnitt war es um Einstein still geworden, weil die Physik mit der *Quantenmechanik* eine neue epochale Wende genommen hatte, die Einstein gerade aufgrund seiner starren deterministischen Weltanschauung nicht mitvollziehen konnte und wollte.

Wenige hatten freilich so viel zur Entstehung der Quantentheorie beigetragen wie er, was ja nach Thomas S. Kuhn in der Wissenschaftsgeschichte keine Seltenheit ist. Als Werner Heisenberg und Erwin Schrödinger 1925 unabhängig voneinander der große theoretische Durchbruch gelungen war und Max Born und Pascual Jordan die entscheidende statistische Interpretation lieferten, lehnte Einstein entschieden ab: Man soll also nicht mehr mit Gewißheit (deterministisch), sondern nur noch mit Wahrscheinlichkeit (statistisch) voraussagen können, was ein Lichtquantum, das sich paradoxerweise zugleich als schnellfliegendes kleines Teilchen und als Welle aufführt, tun wird? Man soll nur noch feststellen können, was es durchschnittlich, eben am wahrscheinlichsten tun wird? Nein, solche rein statistische Wahrscheinlichkeit, solche »Unschärfe«, solches »Unbestimmtheitsprinzip« (Heisenberg) widersprach entschieden Einsteins deterministisch-spinozistischem Glauben, wo nichts dem Zufall überlassen bleibt wie beim Würfelspiel. Er schrieb damals an den Physiker Max Born: »Die Quantenmechanik ist sehr achtung-gebietend. Aber eine innere Stimme sagt mir, daß das doch nicht der wahre Jakob ist. Die Theorie liefert viel, aber dem Geheimnis des Alten bringt sie uns kaum näher. Jedenfalls bin ich überzeugt, daß *der* nicht würfelt[16].« Und noch 1944 schrieb er an Born: »In unserer wissenschaftlichen Erwartung haben wir uns zu Antipoden entwickelt. Du glaubst an den würfelnden Gott und ich an volle Gesetzlichkeit in einer Welt von etwas objektiv Seiendem, das ich auf wild spekulativem Weg zu erhaschen suche[17].« Einstein blieb eben – und auch Born (zum Quäker geworden) war dies offensichtlich verborgen geblieben – der Gefangene des Gottes- und

Naturbegriffs Spinozas, von dem er selbst gesagt hatte: »Spinoza ist der erste gewesen, der den Gedanken der deterministischen Gebundenheit alles Geschehens wirklich konsequent auf das menschliche Denken, Fühlen und Handeln angewendet hat[18].«

Max Born, Lehrer von Heisenberg und Jordan, freilich sah es gerade umgekehrt: Ihn störte das Heisenbergsche Unbestimmtheitsprinzip und die Teilchen-Wellen-Dualität der Lichtquanten in keiner Weise. Im Gegenteil: Er sah darin etwas Tieferes, was nicht nur in der Physik, sondern auf dem ganzen Gebiet der Naturwissenschaft, ja weit darüber hinaus in der Wirklichkeitsdeutung des Menschen überhaupt eine Rolle spielt: Unfähigkeit der Begriffe, das Ganze wahrzunehmen; Notwendigkeit der Ergänzung zweier verschiedener Aspekte: was Niels Bohr »*Komplementarität*« nannte. Nur so läßt sich das Licht, nur so die Energie, nur so die Materie verstehen, nur so auch strenge Naturgesetzlichkeit und ethische Freiheit verbinden.

Und *Gott*? Vielleicht ist auch er nur »*komplementär*« aussagbar. Je mehr die Physiker in die Materie eindrangen, um so unanschaulicher wurde diese, um so mehr wurde die Sprache unzulänglich. Und je mehr sie an die Grenzen des Universums vorstießen, um so mehr wurde auch hier alles unvorstellbar und nur noch mit den Hilfsmitteln abstrakter Formeln aussagbar. Wie Werner Heisenberg es selbst erfuhr: »Es gelingt uns zwar schließlich, diese Welt zu verstehen, indem wir ihre Ordnungsstrukturen in mathematischen Formen darstellen; aber wenn wir über sie sprechen wollen, müssen wir uns mit Bildern und Gleichnissen begnügen, fast wie in der religiösen Sprache[19].«

Nichts gegen eine richtig verstandene *kosmische Religiosität*! Sie hat durchaus eine große jüdisch-christliche Tradition (bis hin zu Teilhard de Chardin) hinter sich und wurde von einer existentialistischen Theologie in unserem Jahrhundert allzusehr vernachlässigt[20]. Ein akosmischer Existentialismus ist aber keine Antwort auf einen kosmologischen Szientismus:

- *Der Glaube an Gott hat nicht nur mit der menschlichen Existenz und Geschichtlichkeit zu tun, sondern auch mit dem Kosmos und seiner Geschichte: Er hat notwendig eine kosmische Dimension.*

Die Probleme zwischen Gottesglaube und Naturwissenschaft können nicht einfach durch beziehungslose Koexistenz gelöst werden. Die Frage stellt sich deshalb: Könnte es eine solche »Komplementarität« nicht auch zwischen dem »Gott« Einsteins und dem Gott der Bibel geben? Ist Gott nicht schon nach Nicolaus Cusanus die »complexio oppositorum«? Könnte man von dieser Komplementarität – oder besser Dialektik – her nicht auch besser verstehen, wie in Gott zugleich Notwendigkeit und Freiheit, Rationalität und Moralität, Allgemeinheit und Bestimmtheit, Unpersönliches und Persönliches sich gegenseitig einschließen? Damit sind die Fragen Einsteins freilich noch nicht beantwortet. Ja, es lohnt sich, in diesem Kapitel ihnen ein wenig nachzugehen: Ist Gott nur eine allgemeine Vernunft oder wirkliche Person? Hat er die Welt geschaffen? Was war am Anfang? Was kommt am Ende? Greift er ein ins Weltgeschehen? Betrachten wir diese Fragen nun erneut im Lichte des Alten Testaments! Nicht so sehr der in sämtlichen Kommentaren ausgebreitete exegetische Befund, sondern die Konfrontation mit dem modernen kritischen Bewußtsein, mit den Naturwissenschaften vor allem, steht heute zur Diskussion. Dabei ist wichtig: Wir bewegen uns hier in Fragekreisen, die aus dem Alten ins Neue Testament übernommen wurden und so Juden und Christen gemeinsam sind.

Ist Gott Person?

Keine Frage: Eine der Hauptschwierigkeiten, wahrhaftig nicht nur Albert Einsteins, heute noch an den Gott Israels, an den Schöpfer- und Vollendergott, zu glauben, ist die schon mit dem Alten Testament gegebene personale Gottesvorstellung. Gehört sie nicht in den Bereich vorkritischen Denkens, der Mythologie? Theologen haben Anlaß, hier Selbstkritik zu üben. Wenn auch der »alte Mann mit dem langen weißen Bart« langsam von allen als fatales Klischee Gottes durchschaut ist: Wieviel unausrottbare falsche Vorstellungen von einem allzu menschlichen Gott, einem Gott, im Himmel über den Wolken mit seinem Hofstaat aus Engeln und Heiligen, sind durch die Jahrhunderte bis in unsere Tage geschleppt worden! Wie oft wurden von Theologen und Predigern die – in sich oft großartigen – Bilder christlicher Kunst vor allem aus Renaissance und Barock unkritisch zu theologischen Anschauungszwecken mißbraucht für einen Bereich, der doch per definitionem unvorstellbar, unanschaulich ist. Wie oft hat man sich ein Bild von ihm gemacht, der in kein Bild eingeht, und dieses Bild dann für Wirklichkeit gehalten, ohne das Bilderverbot des Alten Testaments zumindest dem Geiste nach ernstzunehmen? Präzise also muß unsere Frage heißen: Darf und muß man sich Gott als Person vorstellen, und kann dies vor dem Horizont neuzeitlichen Bewußtseins geschehen, ohne daß man einer unkritisch-traditionellen Mythologisierung oder aber einer hyperkritisch-radikalen Entmythologisierung verfällt?

Ob Gott »Person« genannt werden kann, werden wir uns ernsthaft auch vom Osten – und insofern hatte Einstein recht, sich nicht nur auf Spinoza, sondern mit Schopenhauer auf den Buddhismus zu berufen – fragen lassen müssen. Denn selbst im Westen war dies ja am Anfang keineswegs selbstverständlich. In der Bibel jedenfalls, das ist leicht festzustellen, wird Gott nirgendwo einfach »Person« oder »persönlich« genannt. Auch in der griechischen Philosophie hat dieser Begriff kaum eine Rolle gespielt. Stammt doch das griechische Wort für Person, »prósopon« (lateinisch »persona«), aus der Theatersprache. Es meint die Maske, die der Schauspieler im antiken Schauspiel trägt, die Rolle, die er spielt, allgemeiner dann das Antlitz.

Aber die frühchristliche Theologie sah sich gedrängt, in ontologischen Begriffen das Verhältnis von Gott Vater zu Jesus als dem Sohn und dann auch zum Heiligen Geist zu umschreiben. Und endlos stritt man sich nun auf griechisch wie lateinisch in einem höchst verwickelten Interpretationsprozeß: ob und inwiefern der Personbegriff (persona, prósopon, hypóstasis) – nun immer mehr als geistige Individualität verstanden – auf Gott angewendet werden könne. Das Ergebnis: Auch für die orthodoxe Trinitätslehre, wie sie sich schließlich erst im 4. und 5. Jahrhundert durchsetzte, ist Gott nicht einfach Person, sondern: »eine (göttliche) Natur in drei Personen« (Vater, Sohn, Geist). Umgekehrt ist Jesus Christus keine menschliche Person, wohl aber »eine (göttliche!) Person in zwei Naturen« (göttliche und menschliche). Jesus keine menschliche Person? Dafür drei göttliche Personen? Ist es verwunderlich, daß diese Redeweise in der Neuzeit, in der man den ursprünglichen Wortsinn nicht mehr kennt, zusehends mißverständlich, gar unverständlich wurde? Nicht mehr wie früher ontologisch, sondern vor allem psychologisch versteht man jetzt »Person«: Person meint heute Selbstbewußtsein, und Persönlichkeit meint jene Gestalt der Person, die ein Individuum in seiner Geschichte durch seine Haltung gewonnen hat. Person, Personhaftigkeit, persönlich und Persönlichkeit erhalten so eine sehr verschiedene Bedeutung. Kein Wunder also, daß die traditionelle Drei-Personen-Lehre vulgär jetzt weithin als Drei-Götter-Lehre (Tritheismus) verstanden wurde: wozu es in vielen östlichen Religionen Parallelen gibt (etwa die indische Trimurti aus Brahma, Vishnu und Shiva), was aber für viele Juden wie Moslems zum christlichen Ärgernis schlechthin wurde.

Aus all dem ergibt sich: Man sollte nicht über die Worte streiten, weder mit Hinduisten und Buddhisten noch mit Christen oder mit Vertretern einer kosmischen Religiosität. Ob »Person« oder »Nicht-Person«: auf die Sache kommt es an. Und die ist komplex genug. Wir versuchen deshalb zu unterscheiden:

Wir haben vielfach gesehen: Gott ist nicht ein Unendliches oder gar Endliches *neben* oder *über* Endlichem. Er ist das Unendliche *in* allem Endlichen, das Sein-Selbst in allem Seienden. Wenn Einstein von kosmischer Vernunft oder wenn östliche Denker von »Nirvana«, »Leere«, »Absolutem Nichts« sprechen[21], dann wird man dies als Ausdruck der Ehrfurcht vor dem Geheimnis des Absoluten – gegenüber allzu menschlichen »theistischen« Gottesvorstellungen – verstehen müssen. Aus dem gleichen Grund sprechen ja auch christliche Theologen von Gott als der Gottheit, als dem höchsten Gut, *der* Wahrheit und *der* Güte, als der Liebe selbst, dem Sein-Selbst, dem Meer, dem Unsagbaren, dem Geheimnis . . . Wir haben es gehört: Selbst die positivsten menschlichen Eigenschaften sind für Gott unzulänglich.

Sie bedürfen deshalb in jeder Affirmation zugleich der Negation und der Übersetzung ins Unendliche hinein. Das bedeutet für die Anwendung des Personbegriffs:

- *Gott ist gewiß nicht Person, wie der Mensch Person ist: Der Allesumfassende und Allesdurchdringende ist nie ein Objekt, von dem sich der Mensch distanzieren kann, um über ihn auszusagen. Der Urgrund, Urhalt und das Urziel aller Wirklichkeit, das jede einzelne Existenz bestimmt, ist nicht eine Einzelperson unter anderen Personen, ist kein Über-Mensch oder Über-Ich. Auch der Personbegriff ist nur eine Chiffre für Gott: Gott ist nicht die höchste Person unter anderen Personen. Gott sprengt auch den Personbegriff: Gott ist* mehr als Person*!*

Aber das andere haben wir auch gehört: Gerade die positiven menschlichen Eigenschaften können, wenn in ihrer Bejahung die Endlichkeit verneint wird und sie zugleich ins Unendliche hineingehoben werden, von Gott ausgesagt werden. Nur so bleibt für uns das Absolute nicht absolut nichts, was es ja auch nach den buddhistischen Vertretern des »Absoluten Nichts« nicht sein soll. Und könnte ein Gott ohne Geist und Verstand, Freiheit und Liebe, ein Gott sein? Wie schon im Alten Testament bemerkt: Sollte der, der das Ohr geschaffen hat, taub, der das Auge geschaffen, blind, und der den Mund geschaffen, stumm sein? Sollte Gott, der Grund aller menschlichen Individualität und Personalität, ein unpersönliches »Es« und nicht vielmehr ein personales »Du« sein, das der Mensch vertrauensvoll anreden darf, freilich ohne sich anzubiedern, ohne den scheuen Abstand zu verlieren? Wie anders sollte Gott in der Welt und im Menschen Geist und Freiheit, Freiheit und Liebe begründen können?

- *Ein Gott, der Personalität begründet, kann nicht selber apersonal sein. Gerade weil Gott keine »Sache« ist, gerade weil er, wie im Osten betont, nicht durchschaubar, verfügbar, manipulierbar ist, ist er auch nicht unpersönlich, nicht unter-personal. Gott sprengt auch den Begriff des Unpersönlichen: Gott ist auch* nicht weniger als Person*!*

Nein, eine gefühllose Geometrie oder Harmonie des Universums in naturgesetzlicher Notwendigkeit, wie sie der Physiker aufgrund seiner bestimmten und beschränkten Methode anzunehmen versucht ist, kann das Ganze der Wirklichkeit nicht erklären. Dies jedenfalls ist die Auffassung der Bibel: Die letzte Wirklichkeit ist mehr als eine universale Vernunft, mehr als ein großes anonymes Bewußtsein, mehr als auf sich selber bezogenes, sich selber denkendes Denken, mehr als nur die höchste Idee, mehr als nur die pure Schönheit des Kosmos oder auch die blinde Gerechtigkeit der Geschichte. Die letzte Wirklichkeit ist etwas, das sich nicht gleichgültig verhält und uns nicht gleichgültig läßt, sondern uns in befreiender und beanspruchender Weise unbedingt angeht:

- *Gott ist kein Neutrum, kein Es, sondern ein Gott der Menschen, der die Entscheidung von Glauben oder Unglauben herausfordert: Er ist Geist in schöpferischer Freiheit, die Ur-Identität von Gerechtigkeit und Liebe, ein alle zwischenmenschliche Personalität übergreifend-begründendes Gegenüber. Wenn man die allerletzte-allererste Wirklichkeit mit den religiösen Philosophien des Ostens die »Leere« oder das »Absolute Nichts« nennen will, dann doch zugleich als das Sein-Selbst, das sich manifestiert mit unendlichem Anspruch und unendlichem Verständnis. Besser als personal oder apersonal wird man die wirklichste Wirklichkeit – falls einem an einem Wort gelegen ist –* transpersonal, überpersönlich *nennen*[22].

Nochmals: Entscheidend ist nicht das Wort. Man könnte es vielleicht auch hier mit dem Begriff der Komplementarität von Niels Bohr sagen: Wie es in der Quantenmechanik von der Fragestellung abhängt, ob im Experiment die Antwort Welle oder Korpuskel lautet, so hängt es in der philosophisch-theologischen Diskussion ebenfalls von der Fragestellung ab, ob man auf eine bestimmte Frage Gott personal oder apersonal nennt. Es gehört zu dem alle Kategorien sprengenden, völlig inkommensurablen Wesen Gottes, daß er weder personal noch apersonal, weil beides zugleich und so transpersonal ist.

Entscheidend bleibt: Gott ist nicht unter unserem Niveau. Und das bedeutet: Auch wenn wir von Gott nur in übertragenen Begriffen, Bildern, Vorstellungen, Chiffren und Symbolen reden können, so können wir ihn doch sinnvoll mit menschlichen Worten *anreden*. Dies können wir uns von der Bibel gesagt sein lassen: Wir brauchen uns die Wirklichkeit Gottes nicht in Gedanken vorzustellen, aber wir sollten uns ihr selber stellen. Es soll dem Menschen nicht die Sprache verschlagen, er soll vielmehr gerade echt menschlich das Wort ergreifen. Von der ersten bis zur letzten Seite wird in der Bibel nicht nur von und über Gott, sondern immer auch zu und mit Gott geredet, lobend und klagend, bittend und aufbegehrend. Von der ersten bis zur letzten Seite ist Gott in der Bibel – das hat Feuerbach zweifellos richtig gesehen[23] – Subjekt und nicht Prädikat: nicht die Liebe ist Gott, sondern Gott ist die Liebe. Das bedeutet:

- *Die Bibel meint ein echtes Gegenüber, das menschenfreundlich und unbedingt verläßlich ist: nicht ein Objekt, nicht ein leeres All ohne Echo, nicht ein nur schweigendes Unendliches, nicht eine undefinierbare gnostische Tiefe ohne Namen, nicht ein mit dem Nichts zu verwechselnder dunkler Abgrund ohne Bestimmung, erst recht nicht ein anonymes zwischenmenschliches Etwas, das mit dem Menschen und seiner so gebrechlichen Liebe verwechselt werden könnte. Gott ist vielmehr ein* anredbares Gegenüber*!*

Wo andere nur unendliches Schweigen vernahmen, da hörte Israel eine Stimme. Israel durfte für sich und andere entdecken, daß der eine Gott hörbar und anredbar ist: daß er als einer, der Ich sagt, unter die Menschen tritt und sich für sie zum Du macht: ein ansprechendes und ansprechbares *Du*! Und im Angesprochensein durch dieses Du erfährt der Mensch dann seinerseits sein eigenes Ich in einer Würde, wie es im Osten kaum je gesehen wird, wie es aber auch kein westlicher säkularistischer Humanismus und keine kosmische Religiosität zu garantieren vermag: eine Würde, die es nicht zulassen kann, daß der Mensch je als Futter für Bomben und Experimente oder als Dünger für die Evolution mißbraucht wird. Daß der Westen diese Art von Christentum dem Osten (und den Juden) nicht vorgelebt hat, hat den Glauben an den einen wahren Gott mehr desavouiert als alle Argumente der Atheisten.

Gott ist anredbar: an diesem zentralen Punkt gibt es in der Bibel – trotz aller sukzessiven Berichtigung des Gottesverständnisses – keinen Entwicklungsprozeß. »Vergeistigung« wäre hier Verflüchtigung, die echtem Gebet und Gottesdienst die Basis entzöge. Wie immer in der Bibel von Gott geredet wird, ob mythisch oder unmythisch, ob bildlich oder begrifflich, ob prosaisch oder poetisch: das Verhältnis zu Gott als einem anredbaren Gegenüber, als einem Du – man nenne es Person und persönlich oder aber überpersönlich und transpersonal oder wie immer – ist eine unaufgebbare, wenn auch stets wieder neu zu interpretierende Grundkonstante biblischen Gottesglaubens. Gerade für das Gebet wird diese Frage von entscheidender Bedeutung sein.

Was war am Anfang?

»Im Anfang schuf Gott den Himmel und die Erde«, so lautet Genesis 1, 1, der allererste Satz der Bibel. War also Gott am Anfang? Läßt sich dieser Satz von einer göttlichen Weltschöpfung naturwissenschaftlich verifizieren?

Wenn die Naturwissenschaft heute beansprucht, sie könne den ungeheuren, über Jahrmilliarden sich erstreckenden Ablauf der Geschichte der Welt in seinen entscheidenden Phasen rekonstruieren, wird sich die Theologie dieser Herausforderung stellen müssen. Doch können wir hier keine Kosmologie oder Schöpfungstheologie samt den notwendigen Exegesen des Alten Testaments entwerfen. In dem schon genügend weitgespannten Rahmen, in welchem wir die Frage nach Gott in der Neuzeit zu beantworten suchen, wollen wir uns aber doch um eine Stellungnahme zu den Fragen nach Anfang, Fortgang und Ende der Weltgeschichte nicht herumdrücken. Zu viele Menschen haben gerade von daher ernsthafte Schwierigkeiten, an Gott zu glauben. Ihnen sollen hier einige helfende Denkwege angeboten werden.

Die Frage nach dem Anfang von »Himmel und Erde«, der Welt, des

Kosmos, des Universums, könnte von der gegenwärtigen naturwissenschaftlichen Forschung her etwa so gestellt werden: Ist der Zeitpunkt des »*Ur-Knalls*«, mit dem unsere Welt nach Meinung bedeutender Forscher angefangen hat, mit dem Zeitpunkt der *Weltschöpfung* aus dem Nichts durch göttliche Allmacht identisch? Werfen wir zuerst einen ganz kurzen Blick auf einige astrophysikalische Fakten und kosmologische Theorien.

Die Kosmologie – von der Naturwissenschaft längere Zeit vernachlässigt und in der Wissenschaftstheorie, auch etwa von Popper, nur am Rand angesprochen[24] – rückte im vergangenen Jahrzehnt gerade in der Physik ins Zentrum des Interesses, weil sich in der Frage des Ursprungs die Physik des ganz Großen, des Makrokosmos, trifft mit der Physik des ganz Kleinen, der Elementarteilchen, des Mikrokosmos. Aber auch hier bestätigt sich Thomas Kuhns Theorie von den wissenschaftlichen Revolutionen[25]: Auch in diesem Bereich, wo indirekt weltanschauliche und religiöse Fragen stark mitspielen, ist der Fortschritt der Wissenschaft keineswegs rein rational verlaufen. Ein führender deutscher Astrophysiker wie Reimar Lüst stellt fest: »Daß wir heute im Jahre 1977 mit soviel größerer Sicherheit von der Realität eines Beginns des Universums wissen und diesen Beginn sogar datieren können, verdanken wir einer Entdeckung aus dem Jahre 1965, der Beobachtung der kosmischen Hintergrundstrahlung im Millimeterwellen-Bereich. Die Art und Weise, wie diese Strahlung zum erstenmal nachgewiesen wurde, ist in sich aufregend, aber ebenso faszinierend ist es, daß diese Strahlung sehr viel früher hätte entdeckt werden können, wenn man eine theoretische Vorstellung über die Entstehung des Kosmos, den sog. ›big bang‹ oder Urknall, ernster genommen hätte. Wissenschaftliche Entdeckungen entwickeln sich keineswegs immer folgerichtig . . .[26].« In der Tat hatte schon vor genau 50 Jahren (1927) der oft verkannte belgische Abbé und Professor in Löwen, Georges Lemaître (1894–1966), im Rahmen der allgemeinen Relativitätstheorie und im Einklang mit der Deutung des Hubble-Effekts das Modell eines sich ausdehnenden Weltalls entwickelt und die Hypothese vom »Urknall« aufgestellt. Heute hat sich diese Vorstellung gegenüber allen anderen so weit durchgesetzt, daß sie als »Standardmodell« (St. Weinberg) bezeichnet wird[27]. Wie sieht dieses aus?

Schon früh hatte Einstein ein *neues Weltmodell* entwickelt, das von der unendlichen Welt der klassischen Physik Newtons völlig abwich[28]. Ein solches ließ sich nämlich aus den Grundgleichungen der von Einstein aufgestellten Allgemeinen Relativitätstheorie ableiten. In dieser wird die Gravitation als Folge einer Krümmung des nicht-anschaulichen »Raum-Zeit-Kontinuums« aufgefaßt, das heißt eines vierdimensionalen Zahlenraums, der mit nichteuklidischer Geometrie aus Raum- und Zeitkoordinaten gebildet wird. Diese Geometrie ist durch die Verteilung der Massen im Weltraum bestimmt. Unter der Annahme, daß sich makroskopisch keine Stelle im Weltall vor einer anderen auszeichnet – das »kosmologische Prinzip« –, ergibt sich ein räumlich gekrümmtes Universum. Wie ist von da her ein solches Weltmodell genauer zu denken? Der Weltraum muß als unbegrenzt gedacht werden, kann aber ein endliches Volumen haben. Eine Analogie hierfür im dreidimensionalen (nicht vierdimensionalen) Raum ist die Oberfläche einer Kugel, welche einen endlichen Flächeninhalt und doch keine Begrenzung hat.

Während sich zunächst auch Einstein die Welt noch statisch dachte, hat sich später – zuerst mit Friedman 1925 und Lemaître 1927 – eine dynamische Sicht des Universums durchgesetzt. Das den Beobachtungen am besten entsprechende Modell ist das genannte *Ur-Knall-Modell.* Der amerikanische Physiker Edwin P. Hubble hatte nämlich bereits 1929 nach jahrelangen Untersuchungen aus den von ihm gefundenen Rotverschiebungen der Spektrallinien von Milchstraßensystemen (Galaxien) auf die noch weitergehende Expansion unseres Weltalls schließen können[29]. Die Galaxien außerhalb unserer eigenen Milchstraße bewegen sich von uns fort mit einer Geschwindigkeit, die ihrer Entfernung von uns proportional ist. Seit wann? Seit unendlicher Zeit kann es nicht sein. Es muß einen Anfang gegeben haben! Einen Anfang, in welchem alle Strahlung und alle Materie in einem kaum beschreibbaren Ur-Feuerball von kleinstem Umfang sowie größter Dichte und Temperatur komprimiert war. Mit einer gigantischen kosmischen Explosion (leichter vorstellbar seit der Explosion sogenannter »winziger« Atombomben), mit einem Ur-Knall – bei einer Temperatur von 100 Milliarden (10^{11}) Grad Celsius und etwa viermilliardenmal (4×10^9) so dicht wie Wasser – begann vor wohl 13 Milliarden Jahren die noch immer andauernde gleichförmige (und isotrope) Expansion des Universums.

In den ersten Sekunden schon müssen sich aus extrem energiereichen Photonen schwere Elementarteilchen, insbesondere Protonen und Neutronen und ihre Antiteilchen, sowie leichte Elementarteilchen (namentlich Elektronen und Positronen) gebildet haben. Danach werden bald durch Kernprozesse aus Protonen und Neutronen Heliumkerne und einige hunderttausend Jahre später auch Wasserstoff- und Heliumatome aufgebaut. Erst wiederum sehr viel später – bei nachlassendem Druck der ursprünglich hochenergetischen Lichtquanten und weiterer Abkühlung – konnte das Gas durch die Gravitation zu Klumpen und schließlich, bei weiterer allmählicher Verdichtung, zu Galaxien und Gestirnen kondensieren ... Die 1964 von A. A. Penzias und R. W. Wilson entdeckte Radiostrahlung im Dezimeter- und Zentimeterbereich (kosmische Mikrowellen- oder Hintergrundstrahlung) ist nach heute gängiger Auffassung nichts anderes als das Überbleibsel jener sehr heißen, mit dem Ur-Knall verbundenen Strahlung, welche durch die Expansion des Weltalls in eine Strahlung sehr niedriger Temperatur überging.

-

Wen wundert's, daß naive Christen die Theorie vom Ur-Knall heranzogen zum *Beweis der Wahrheit einer Weltschöpfung*? »Und Gott sprach: Es werde Licht. Und es ward Licht ... Ein Tag[30]«: Hat nicht dieser plötzliche Schöpfungsakt etwas von einem Ur-Knall? Nach jener mit zahlreichen Beobachtungen in Übereinstimmung stehenden Theorie fand der Ur-Knall zwar vor langer, aber endlicher Zeit statt. Die Welt hat also ein bestimmtes Alter: vermutlich 13 Milliarden Jahre. Doch: Nach wie vor ist nicht darüber entschieden, ob die Expansion des Weltalls dauernd weitergeht oder einmal zum Stehen kommt und danach wieder in Kontraktion übergehen wird. Das kann erst von weiteren Beobachtungen her entschieden werden, von denen es auch abhängt, ob das Weltall offen oder geschlossen, der Weltraum also unendlich groß ist oder ein endliches Volumen besitzt. Während jedoch die Beobachtungen vor kurzem noch einen Weltraum annehmen ließen, der nach der Expansion wieder kontrahiert, führen die letzten Diskussionen der zur Zeit verfügbaren Beobachtungsdaten zu einem ständig weiter expandierenden Universum. Die Frage nach dem richtigen Weltmodell ist heute aber noch nicht endgültig zu beantworten. Hierzu wären verfeinerte Beobachtungen, wie sie in näherer Zukunft erwartet werden, erforderlich.

Vertreter des Dialektischen Materialismus nun hatten schon früh aus Glaubensgründen Einsteins Weltmodell heftig als »idealistisch« verurteilt: es schien ihnen ihr Dogma von der Unendlichkeit und Ewigkeit der Materie nicht zu bestätigen. Als dann Ende der 40er Jahre in apologetischen christlichen Schriften versucht wurde, den Zeitpunkt des Ur-Knalls tatsächlich mit einer göttlichen Weltschöpfung zu identifizieren, wurden auch nichtmarxistische Naturwissenschaftler beunruhigt. Der deutsche Astronom Otto Heckmann, der an der Untersuchung der Expansion des Weltalls führend beteiligt war, berichtet: »Einige jüngere Forscher wurden so aufgeregt über diese theologischen Tendenzen, daß sie ihre kosmologische Quelle einfach zu verstopfen beschlossen: Sie schufen die ›Steady State Cosmology‹, die Kosmologie des expandierenden, aber doch unveränderlichen Universums[31].« Doch diese Theorie von Bondi[32], Gold und Hoyle von einem stationären Universum mußte eine Spontanerzeugung von Materie voraussetzen und erschien als widersprüchlich; nach der Entdeckung der kosmischen Mikrowellenstrahlung, aber auch der Quasare (1962/63) und Pulsare (1967) hat diese Theorie kaum noch Aussicht, sich durchzusetzen[33].

Wir fühlen uns hier nicht als Partei, und die selbstkritische Frage muß gestellt werden: Kann man wirklich von einer naturwissenschaftlichen Bestätigung der biblischen Aussagen vom Anfang des Kosmos sprechen? Hoimar von Ditfurth wirft in seinem vielgelesenen Buch »Im Anfang war der Wasserstoff«[34] den *Theologen* zu Recht vor, sie hätten Gott allzusehr als kosmischen Lückenbüßer mißbraucht, um bislang Unerklärliches zu erklären, und hätten so selber zu der vom Zoologen Ernst Haeckel bissig festgestellten »Wohnungsnot Gottes« beigetragen. Die Theologie darf sich in der Tat nicht auf den unerklärten Rest der Welt zurückziehen, um von daher

Gott zu beweisen. So wird Gott mit jeder neuen naturwissenschaftlichen Erklärung entbehrlicher und stirbt dann den Tod von tausend Einschränkungen: »Wenn es den Schöpfer der Welt gibt, den die Religionen meinen, dann kann seine Existenz nicht von der Frage berührt werden, welchen Stand die Molekularbiologie auf der Erde zufällig gerade erreicht hat[35].«

Andererseits redet von Ditfurth auch denjenigen *Naturwissenschaftlern* ins Gewissen, die mit umgekehrten Vorzeichen denselben Fehler begehen wie die Theologen: »Mit jedem Fortschritt, den sie machten, mit jeder neuen Erkenntnis, die ihnen gelang, schien ihnen die Wahrscheinlichkeit, daß es einen Gott, daß es überhaupt eine hinter der Fassade des sichtbaren Augenscheins verborgene transzendente Wirklichkeit geben könne, geringer zu werden[36].« Was wir grundsätzlich über den Atheismus gesagt haben, wird hier bestätigt: »Wenn ein Wissenschaftler einen atheistischen Standpunkt verficht, so ist das sein gutes und unbestreitbares Recht. Niemand hat etwas in der Hand, das ihn widerlegen könnte. Wenn der Mann aber glaubt, seine Überzeugung mit seinen wissenschaftlichen Einsichten begründen zu können, so fällt er – Nobelpreis hin, Nobelpreis her – einfach dem hier diskutierten Denkfehler zum Opfer[37].« Sich auch außerhalb der Naturwissenschaft nur an das objektiv Wägbare und Meßbare halten zu wollen, sei, so sagt Ditfurth, eine »professionelle Neurose« oder Berufskrankheit von Leuten, die »glauben, sich einreden zu müssen«, daß es außerhalb des Bereiches wägbarer und meßbarer Dinge andere »Bereiche in Wirklichkeit überhaupt nicht gebe«[38].

Die Frage nun nach Gott und Schöpfung ist nicht nur die Frage nach einem Anfangsereignis, sondern nach der grundlegenden Beziehung von Welt und Gott überhaupt. Wir können hier bezüglich des *Anfangs der Welt* nur thesenartig einige Gedanken herausstellen, die eine Exegese der Genesis-Texte voraussetzen[39]:

- *Daß – naturwissenschaftlich gesehen – unser Universum wahrscheinlich endlich ist in Raum und Zeit, wie kompetente Naturwissenschaftler heute annehmen, ist für unser Welt- und Selbstverständnis – auch theologisch gesehen – von nicht geringer Bedeutung.*
- *Aber selbst ein unendliches Universum könnte den unendlichen Gott in allen Dingen nicht beschränken. Der Gottesglaube ist an sich mit beiden Weltmodellen vereinbar.*
- *Die Frage jedoch nach dem letzten Woher von Welt und Mensch – was war »vor Ur-Knall und Wasserstoff« –, die Frage, warum es etwas gibt und nicht vielmehr nichts, ist eine grundlegende Frage des Menschen, die der Naturwissenschaftler, der jenseits des Erfahrungshorizonts nicht mehr zuständig ist, zwar nicht beantworten kann, aber deshalb auch nicht als unnütz oder gar sinnlos abtun darf.*

- *Die beiden biblischen Schöpfungsberichte – der erste geschrieben um 900 und der zweite um 500 v. Chr. – geben keine naturwissenschaftliche Auskunft über die Entstehung, wohl aber ein Glaubenszeugnis über dieses letzte Woher des Universums, das die Naturwissenschaft weder bestätigen noch widerlegen kann: am Anfang der Welt ist Gott!*
- *Daß Gott die Welt »aus dem Nichts« geschaffen hat, bedeutet keine Verselbständigung des Nichts vor oder neben Gott, sondern ist theologischer Ausdruck dafür, daß sich Welt und Mensch samt Raum und Zeit Gott allein und keiner anderen Ursache verdanken.*
- *Das Glaubenszeugnis der biblischen Schöpfungsberichte betont:*
  daß Gott der Ursprung von allem und jedem ist;
  daß er mit keinem bösen oder dämonischen Gegenprinzip in Konkurrenz steht;
  daß die Welt im Ganzen und im Einzelnen, daß auch Materie, Menschenleib und Geschlechtlichkeit grundsätzlich gut sind;
  daß der Mensch das große Ziel des Schöpfungsprozesses und die Mitte des Kosmos ist;
  daß schon Gottes Schöpfung seine gnädige Zuwendung zu Welt und Mensch bedeutet.

So beantwortet die Bibel in Bildern und Gleichnissen ihrer Zeit Fragen, die auch für den Menschen von heute unendlich wichtig sind, in Bildern und Gleichnissen wohlgemerkt. Die *Sprache der Bibel* ist hier *keine naturwissenschaftliche Faktensprache, sondern eine metaphorische Bildersprache.* Die Bibel schafft keine naturwissenschaftlichen Fakten, sondern deutet sie. Beide Sprach- und Denkebenen sind immer sauber zu trennen, sollen die fatalen Mißverständnisse der Vergangenheit auf beiden Seiten vermieden werden. Bei der Sprache der Bibel handelt es sich – wie Werner Heisenberg formuliert – um eine Art Sprache, »die eine Verständigung ermöglicht über den hinter den Erscheinungen spürbaren Zusammenhang der Welt, ohne den wir keine Ethik und keine Wertskala gewinnen könnten . . . Diese Sprache ist der Sprache der Dichtung näher verwandt als jener der auf Präzision ausgerichteten Naturwissenschaft. Daher bedeuten die Wörter in beiden Sprachen oft etwas Verschiedenes. Der Himmel, von dem in der Bibel die Rede ist, hat wenig zu tun mit jenem Himmel, in den wir Flugzeuge oder Raketen aufsteigen lassen. Im astronomischen Universum ist die Erde nur ein winziges Staubkörnchen in einem der unzähligen Milchstraßensysteme, für uns aber ist sie die Mitte der Welt – sie ist wirklich die Mitte der Welt. Die Naturwissenschaft versucht, ihren Begriffen eine objektive Bedeutung zu geben. Die religiöse Sprache aber muß gerade die Spaltung der Welt in ihre objektive und ihre subjektive Seite vermeiden; denn wer könnte behaupten, daß die objektive Seite wirklicher wäre als die subjektive. Wir dürfen also die beiden Sprachen nicht durcheinanderbringen, wir müssen subtiler denken, als dies bisher üblich war[40].«

Ob also Ur-Feuerball oder Wasserstoff-Atome oder nur einige oder vielleicht sogar nur zwei Neutronen am Anfang waren – immer stellt sich die Frage: von woher? Darauf geben die Handbücher der Astrophysik keine Antwort. Sie beginnen, wenn man so will, mit dem zweiten Schöpfungstag. Auch das »Standardmodell« läßt »auf bestürzende Weise den eigentlichen Anfang, die erste Hundertstelsekunde, im Ungewissen – genau wie die ›Jüngere Edda‹«: Das ist die »Ära ..., die noch immer von Geheimnissen umhüllt ist: die erste Hundertstelsekunde und das, was ihr voraufging«[41]. Noch neuestens stellt das amerikanische Nachrichtenmagazin »Time«[42] nach Befragung bekanntester Astronomen der Vereinigten Staaten fest: »Auf die letzte Frage – was existierte vor dem Ur-Knall – bleiben die meisten modernen Wissenschaftler stumm.« Aber gerade eine *radikal verstandene Rationalität fordert Antwort* auf die Frage: »Warum gibt es überhaupt etwas und nicht nichts?« Begnügen sich hier nicht viele Naturwissenschaftler (oder die sich dafür halten) mit der lakonischen Antwort, sie sei unbeantwortbar, so zu fragen sei unsinnig? Hängen solche irrationalen Reaktionen nicht mit den jahrhundertealten Vorurteilen zwischen Religion und Naturwissenschaft zusammen, die heute grundsätzlich überwindbar sind[43]? Müßte hier der Naturwissenschaftler – vielleicht nicht als Wissenschaftler, wohl aber als vernünftiger, verantwortlicher Mensch – nicht weiterdenken, subtiler denken, wie Heisenberg sagte, und es auch auszusprechen wagen? »Wenn jemand aus der unbezweifelbaren Tatsache, daß die Welt existiert, auf eine Ursache dieser Existenz schließen will, dann widerspricht diese Annahme unserer wissenschaftlichen Erkenntnis in keinem einzigen Punkt. Kein Wissenschaftler verfügt auch nur über ein einziges Argument oder irgendein Faktum, mit denen er einer solchen Annahme widersprechen könnte. Auch dann, wenn es sich dabei um eine Ursache handelt, die – wie sollte es anders sein – offensichtlich außerhalb dieser unserer dreidimensionalen Welt zu suchen ist[44].«

Welchen Sinn also kann es denn heute noch haben, hinsichtlich des Anfangs der Welt nicht nur – naturwissenschaftlich – von einem Ur-Knall, von Weltmodellen, Kosmostheorien zu reden, sondern auch mit vollem Recht – theologisch – von einem *Gott, der Himmel und Erde geschaffen hat,* so wie es die Menschen vom Alten Testament her, also Juden und Christen, immer wieder bekannt haben? Sicher, meine Lebensjahre sind nichts im Vergleich mit dem Alter der Menschheit; doch die Lebensjahre der Menschheit sind ihrerseits nichts im Vergleich mit den 13 Milliarden Jahren dieses Kosmos. Und auch unsere Menschenerde ist ein Stäubchen im Vergleich mit dem Ganzen der Milchstraße, die etwa 100 Milliarden Einzelsterne umfaßt, von denen einer die Sonne ist. Und diese unsere Milchstraße ist wiederum ein Stäubchen im Vergleich mit jenen Galaxien-Haufen (»Nebel«), von denen einzelne 10 000 Galaxien enthalten, so daß die Zahl der beobachtbaren Galaxien in die 100 Millionen geht[45]. Soll ich da, je mehr ich über die erstaunlichen Resultate der Astrophysik nachdenke und erneut wie die Menschen eh und je in den hellen Nachthimmel hinausschaue, mich nicht fragen: Was soll das Ganze? Woher das Ganze? Aus dem Nichts? Erklärt denn das etwas? Gibt sich denn damit die Vernunft zufrieden? Nein, die einzige ernsthafte Alternative, die die reine Vernunft mir freilich, wie so manches, nicht beweisen kann, weil sie ihren Erfahrungshorizont übersteigt, ist die: *Das Ganze stammt aus jenem ersten schöpferischen Grund der Gründe, den wir Gott, eben den Schöpfergott, heißen.* Und wenn ich ihn auch nicht beweisen kann, so kann ich ihn doch mit gutem Grund bejahen: in jenem für mich so vernünftigen, geprüften, *aufgeklärten Vertrauen,* in welchem ich schon seine Existenz bejaht habe. Denn wenn der Gott, der existiert, wahrhaft Gott ist, dann ist dieser nicht nur Gott jetzt für mich hier und heute, sondern Gott am Anfang, Gott von aller Ewigkeit.

Ob dies nur eine Illusion ist, ausgeliefert dem Projektionsverdacht Feuerbachs und Freuds? Ob ich mir diesen existierenden Schöpfergott nur mache, weil ich Angst habe, allein im Universum zu sein, weil ich den Horror vacui spüre, weil ich die Härte der Einsicht fürchte, daß der Mensch dem Nichts ausgeliefert ist? Heißt nicht an den Schöpfergott glauben, immer noch Kind bleiben und nicht erwachsen werden – wie Freud formulierte? Wir haben gesehen: Kein Erkennen ohne irgendein Projizieren! Selbstverständlich projiziere ich beim Erkennen des Schöpfergottes mit. Auch der, der ein Nichts behauptet, verbindet mit dem Nichts ebenfalls eine Projektion. Und doch habe ich allen Grund anzunehmen, daß meine Projektion nicht nur Projektion ist, daß meiner Projektion eine Wirklichkeit entspricht, daß meinem Bild vom Schöpfergott die Realität des Schöpfergottes – bestätigend, korrigierend, unendlich übertreffend – entgegenkommt. Was heißt es also, an den Schöpfergott glauben?

An den Schöpfer der Welt glauben, heißt nicht, an irgendwelche Mythen zu glauben, heißt auch nicht, mir Gott als Schöpfer so vorzustellen, wie ihn etwa der unvergleichliche Michelangelo als Künstler ganz menschlich an die Decke der Sixtina gemalt hat; hier enden alle Vorstellungen. An Gott als den Schöpfer der Welt glauben, heißt auch nicht, mich für dieses oder jenes der wechselnden Weltmodelle zu entscheiden, die große Gelehrte ausgearbeitet haben. Und dies deshalb nicht, weil es hier ja um die Voraus-Setzung aller Weltmodelle und der Welt überhaupt geht. An den Schöpfer der Welt glauben, heißt, in aufgeklärtem Vertrauen bejahen, daß Welt und Mensch nicht im letzten Woher unerklärlich bleiben, daß Welt und Mensch nicht sinnlos aus dem Nichts ins Nichts geworfen sind, sondern daß sie als Ganzes sinnvoll und wertvoll sind, nicht Chaos, sondern Kosmos, daß sie in Gott, ihrem Urgrund, Urheber, Schöpfer, eine erste und letzte Geborgenheit haben. Nichts zwingt mich zu diesem Glauben. *Ich kann mich für ihn in aller Frei-*

heit entscheiden! Habe ich mich entschieden, dann verändert dieser Glaube meine Stellung in der Welt, meine Einstellung zur Welt; er *verankert mein Grundvertrauen* und *konkretisiert mein Gott-Vertrauen.*

Weil ich an Gott als den Schöpfer glaube, kann ich auch die Welt und den Menschen als Gottes Schöpfung bejahen: die Menschen als meine Mit-Menschen (und nicht als mindere Wesen) achten; die außermenschliche Natur, die Tiere ganz besonders, als meine Um-Welt (und nicht als meine geborenen Feinde, nicht als mein beliebig verwertbares Material) respektieren und pflegen. Nicht obwohl ich Gottes Geschöpf bin, sondern weil ich Gottes Geschöpf bin, weil auch meine Mitmenschen und meine Umwelt Geschöpfe Gottes sind, erhalten ich, meine Mitmenschen, ja auch – bei aller Differenz – meine Umwelt eine Würde, die es zu respektieren gilt. Das »Macht euch die Erde untertan« der Schöpfungsgeschichte kann nie ein Freibrief sein für hemmungslose Ausbeutung und Zerstörung der Natur und der Umwelt, und dies nicht erst in einer Epoche der »Grenzen des Wachstums«. An den Schöpfergott der Welt glauben heißt so, Verantwortung für Mitmenschen und Umwelt und die mir gesetzten Aufgaben mit größerem Ernst, größerem Realismus und mehr Hoffnung wahrnehmen. Ob es nicht sinnvoll ist, sich eine solche Glaubensentscheidung für den Schöpfergott zu eigen zu machen? Credo in Deum omnipotentem, creatorem caeli et terrae!

Greift Gott ein?

Viele Menschen haben heute weniger Schwierigkeiten, an einen Schöpfer als an einen Lenker aller Dinge zu glauben: weniger Schwierigkeiten mit der biblischen Schöpfungsgeschichte, dem (nun weithin bildlich verstandenen) Sechs-Tage-Werk, als mit der darauffolgenden Heilsgeschichte und den biblischen Wundergeschichten. Viele fragen sich: Ist die Geschichte der Welt nicht von Anfang bis Ende eine in sich zusammenhängende, folgerichtige Entwicklung, wo alles unter dem Gesetz von – innerweltlicher! – Ursache und Wirkung steht und jeder Schritt aus dem vorausgehenden einsichtig folgt? Wo soll denn da noch Raum sein für ein besonderes Eingreifen, »Inter-venieren«, »Dazwischen-Kommen« Gottes? »Weltgeschichte« darf ja heute auch nicht mehr allein als die Menschheitsgeschichte (von ein paar hunderttausend Jahren), sondern muß als die wirkliche Welt-Geschichte von vermutlich 13 Milliarden Jahren seit dem Ur-Knall verstanden werden. Die alten theologischen Fragen wie Urstand und Urfall, das Böse und der Böse, Schuld und Sühne, können wir hier freilich nicht behandeln; auf die eine Frage nach dem Eingreifen Gottes in Welt- und Menschheitsgeschichte jedoch müssen wir eingehen, da ihr Testcharakter zukommt.

Immer wieder haben Theologen versucht, schon vor der Menschheitsgeschichte und den Wundern des Alten Testaments entscheidende Einschnitte namhaft zu machen, wo der kausale Ablauf unterbrochen und ein unvermitteltes »über-natürliches« Eingreifen Gottes in den sonst ungestört natürlich ablaufenden Gang der Geschichte angeblich nötig wurde. Freilich, dies war, wie schon vermerkt[46], ein ständiges theologisches Rückzugsgefecht. Und man gibt heute zumindest zu, daß sich sowohl der Kosmos im ganzen wie der Mensch dem Leibe nach »natürlich« entwickelt haben. Es stellt sich dann die weitere Frage: Sollte man sich jetzt noch wirklich darauf versteifen, daß eben doch der Menschengeist (»Seele«) oder zumindest das Leben durch unmittelbaren Eingriff, eine direkte Intervention des Schöpfers entstanden sind? Aus Raumgründen konzentrieren wir uns auf die Frage der Entstehung des Lebens; die Frage der Entstehung des Menschengeistes wäre analog zu beantworten[47].

Gerade bezüglich der *Entstehung des Lebens* hat die Biologie der letzten Jahrzehnte nun derart sensationelle Erfolge zu verzeichnen, daß man heute Darwins Evolutionstheorie, die wir zunächst in ihrer traditionellen Form kennengelernt haben[48], als geradezu physikalisch – nicht nur auf der Ebene der lebendigen Zelle, sondern der Moleküle – begründet und experimentell nachgeprüft ansehen darf: durch die *Molekular-Biologie,* welche seit der Jahrhundertmitte, obwohl nicht die einzige biologische Betrachtungsweise, so etwas wie die neue Basis der Biologie darstellt. Schon Darwin hatte die Hoffnung geäußert, daß das Prinzip des Lebens eines Tages als Teil oder Folge eines allgemeinen Gesetzes erkannt würde. Was aber noch vor wenigen Jahrzehnten ein Traum schien, ist Wirklichkeit geworden: Die Molekular-Biologie unserer Tage scheint dieses Gesetz gefunden zu haben; und dadurch wurde die Biologie ebenso revolutioniert wie wenig früher die Physik durch die Quantenmechanik.

Was an Bakterien und Viren erforscht wurde, gilt auch für höhere Organismen und vermutlich für alles Leben auf diesem Planeten: Elementare Träger des Lebens sind zwei Klassen von Makromolekülen, nämlich Nukleinsäuren und Proteine. Die Kettenmoleküle der Nukleinsäuren (DNA, RNA), vorwiegend im Zellkern, bilden die Steuerzentrale: Sie enthalten aufgereiht den kompletten Bau- und Funktionsplan jedweden Lebewesens in verschlüsselter Form (nach einem »genetischen Code«, der aus nur vier »Buchstaben« besteht) und geben ihn von Zelle zu Zelle, von Generation zu Generation weiter. Die Proteine (vielseitige Strukturen aus Aminosäuren) aber übernehmen diese »Information«: Sie führen die ihnen durch diese Bau- und Funktionsanleitung übertragenen Funktionen der lebenden Zelle aus. So funktioniert und propagiert sich das Leben: eine Wunderwelt auf der elementarsten Ebene, wo in kleinstem Raum Moleküle in oft einer Millionstelsekunde ihre Umsetzungen durchführen.

Im Rückblick kann man es sich nun vielleicht so vorstellen: Irgendwann vor Milliarden Jahren müssen die beiden Moleküle zum erstenmal zusammengetroffen sein und für das Leben und die biologische Evolution so etwas wie eine Initialzündung gegeben haben: Alles Leben geht so möglicherweise auf eine einzige Wurzel zurück, auch wenn es heute so unbeschreiblich vielfältig und komplex ist, daß jede Definition vor dieser Fülle versagt und sich auch die Übergänge vom Unbelebten zum Leben nicht einmal klar abgrenzen lassen. Aber wie immer man diesen Übergang zum Leben im einzelnen erklärt: er beruht auf der beschriebenen *Selbstorganisation der Materie*, der Moleküle. Denn weswegen steigt die Evolution überhaupt an? Das ist die große Entdeckung: Schon auf der Ebene der Moleküle regiert – wobei man sich freilich vor der allzu schematischen Anwendung thermodynamischer Betrachtungsweisen auf biologische Systeme hüten muß[49] – das von Darwin zunächst in der Pflanzen- und Tierwelt festgestellte Prinzip der »natürlichen Auswahl« und des »Überlebens der Tüchtigsten«, das die Entwicklung auf Kosten der weniger tüchtigen Moleküle unaufhaltsam nach oben treibt! Daß es gerade hier eines besonderen Eingriffs des Schöpfergottes bedurft hätte, ist nach diesen neuesten biophysikalischen Ergebnissen nicht einzusehen: Die Entstehung des Lebens ist bei den vorgegebenen materiellen Voraussetzungen ein determiniertes Geschehen; der Übergang vom Unbelebten zum Belebten vollzog sich kontinuierlich – fast kontinuierlich!

Denn es zeigt sich hier dieselbe Problematik wie in der Quantenmechanik: eine Unbestimmtheit, Unschärfe, *Zufälligkeit in den Einzelprozessen*: Dies eine ist sicher: Der Gesamtablauf der biologischen Evolution ist notwendig, von Gesetzen gesteuert. Aber mehrfach stand die Höherentwicklung an einem Scheideweg, und oft ist die Natur beide Wege – z. B. zugleich den zu den Insekten wie den zu den Säugetieren – gegangen. Die Einzelereignisse in ihrer zeitlichen Abfolge sind unbestimmt: Die Wege, die die Evolution im einzelnen nimmt, sind nicht von vornherein festgelegt. Zufällig sind die jähen, mikroskopisch kleinen Erbänderungen (Mutationen), aus denen sich durch lawinenartiges Anwachsen oder Hochschaukeln nun auch im makroskopischen Bereich plötzliche Veränderungen und neue Erscheinungen ergeben. Also beides in einem: Zufall und Notwendigkeit! Schon der griechische Philosoph und Atomist Demokrit (ca. 470–380 v. Chr.) hatte geschrieben: »Alles, was im Weltall existiert, ist Frucht von Zufall und Notwendigkeit.« Unter dieses Motto hat dann in unserer Zeit der 1976 gestorbene französische Molekularbiologe und Nobelpreisträger *Jacques Monod* sein bekanntes Buch »Zufall und Notwendigkeit« gestellt, dabei aber dem Zufall entschieden den Vorrang eingeräumt: »der reine Zufall, nichts als der Zufall, die absolute, blinde Freiheit als Grundlage des wunderbaren Gebäudes der Evolution[50].«

Alles also Zufall – und schon deswegen keine Notwendigkeit eines Schöpfers und Erhalters dieses Gebäudes? In doppelter Hinsicht hat Monod recht: *Zu Recht* polemisiert er gegen Teilhards (und der Vitalisten) Annahme einer (letztlich auf den Schöpfergott zurückgeführten) von vornherein gegebenen

Evolutionskraft oder Energie, die den Aufstieg der Evolution erklären und bis zu einem Punkt Omega führen soll: Diese aus dem Fortschrittsglauben des 19. Jahrhunderts – Herbert Spencer[51]! – stammende »Kraft« oder »Energie« stellt eine »animistische Projektion« dar[52], die naturwissenschaftlich ungerechtfertigt ist.
Zu Recht polemisiert Monod – ehemaliger Kommunist – auch gegen die marxistische Biologie, die von Engels bis Althusser einer (angeblich in dialektischen Sprüngen sich entwickelnden) ewigen Materie ebenfalls eine unbekannte und unerkennbare Kraft zuschreibt: auch hier also eine »animistische Projektion« und ein »anthropozentrisches Trugbild«, das »mit Wissenschaft unvereinbar ist« und klar den »erkenntnistheoretischen Zusammenbruch des dialektischen Materialismus signalisiert«[53].
Aber polemisiert Monod auch zu Recht gegen einen Schöpfergott, den er mit seiner Theorie ebenso radikal wie die schöpferische Materie ausschließen wollte?

Der deutsche Biophysiker *Manfred Eigen*, ebenfalls Nobelpreisträger, hat in dem (zusammen mit Ruthild Winkler veröffentlichten) Buch »Das Spiel« die heute weithin von Biologen geteilte Gegenthese formuliert. Schon der Untertitel ist programmatisch: »Naturgesetze steuern den Zufall«[54]. Oder wie Eigen im Vorwort zur deutschen Ausgabe von Monod schreibt: »So sehr die individuelle Form ihren Ursprung dem Zufall verdankt, so sehr ist der Prozeß der Auslese und Evolution unabwendbare Notwendigkeit. Nicht mehr! Also keine geheimnisvolle inhärente ›Vitaleigenschaft‹ der Materie, die schließlich auch noch den Gang der Geschichte bestimmen soll! Aber auch nicht weniger – nicht *nur* Zufall[55]!«

Auf Einsteins vor allem religiös begründetes Argument gegen eine Unbestimmtheit oder Unschärfe in den physikalischen Elementarprozessen, die offensichtlich auch für die biologischen zutreffen, lautet die Antwort auch der Biologen, wie sie etwa der Wiener *Rupert Riedl* im Anschluß an Eigen formuliert hat: »Ein Gott, der nur würfelt, wäre ein Spieler; keines seiner Produkte gewänne einen Sinn. Noch Einstein hatte dies ja beunruhigt. Ein Gott aber, der nie würfelt, baute eine Maschine, und keines seiner Produkte wäre frei. ›Gott würfelt also?‹ fragt Manfred Eigen, ›Gewiß! Doch er befolgt auch seine Spielregeln‹. Und nur die Spanne zwischen beiden gibt uns Sinn und Freiheit zugleich[56].«

Für die Erklärung der Evolution also, der »Strategie der Genesis«, sind Zufall und Notwendigkeit, Indetermination und Determination, ja, Materialismus und Idealismus falsche Alternativen: »Erst das Denken in Systemen läßt die Strategie der Genesis erkennen. Riesige Systeme hierarchisch organisierter Binnen- und Außenursachen wirken ineinander. – Die *Genesis* operiert dabei mit jenem höchst ambivalenten Antagonismus zwischen notwendigem Zufall und zufälliger Notwendigkeit. Durch alle ihre Schichten erhält sie sich, was als Zufall, als Indetermination beginnt, aber als das

Schöpferische, als Freiheit endet. Und stetig wächst, was als Notwendigkeit, als Determination entsteht, aber als Gesetz und Ordnung endet, als Richtungssinn, als Sinn möglicher Entwicklung. Bis uns zuletzt ein Sinn ohne Freiheit so sinnlos ist, wie eine Freiheit ohne Sinn keine Freiheit wäre ... *Eine Welt* aus dieser Strategie ist nun weder ein reines Produkt des Zufalls, noch ist sie vorgeplant; der Mensch ist weder sinnlos, wie Jacques Monod mit den Existentialisten behauptet, noch war er angestrebt, wie Teilhard de Chardin mit den Vitalisten meint. Weder hat er durch die Freiheit der Evolution keinen Sinn gewonnen, noch durch das Wachsen der Gesetze seine Freiheit verloren. Und die Harmonie der Welt ist weder eine Fiktion, noch ist sie prästabilisiert. Ihre Harmonie ist poststabilisiert, sie ist eine Konsequenz ihrer wachsenden Systeme. Ihr Sinn ist, wo er entsteht, eine Konsequenz der Schichten ihrer Formbedingungen. – Diese Welt ist weder deterministisch noch indeterministisch, weder materialistisch noch idealistisch. Und folglich kann weder der Materialismus den Idealismus kurieren, noch der Idealismus den Materialismus. Halbe Wahrheiten, die sie sind, konnten sie nicht mehr, als sich in der Unverträglichkeit der Ideologien verschanzen, die Welt mittendurch teilen und in den Zustand bringen, in dem sie heute ist[57].«

Wenn aber Gott so innerhalb der Regeln würfelt, stellt sich doch noch immer die Frage: Würfelt hier überhaupt *Gott*? Macht die sich selber organisierende Materie, die sich selber regulierende Evolution, *Gott nicht überflüssig*? Monod steht mit seiner negativen Meinung sicher nicht allein unter Biologen. Was ist darauf zu antworten? Es ist zu unterscheiden:

Eine *unbegründete Annahme* ist es – darin wäre Monod zuzustimmen –, aufgrund des Übergangs von der unbelebten Welt zur Biosphäre oder auch aufgrund der molekularen Unbestimmtheit die *Existenz Gottes zu postulieren;* dies wäre erneut der unselige Lückenbüßergott[58]! Darin stimmt auch der Biologe Eigen dem Biologen Monod zu: »Die ›Entstehung des Lebens‹, also die Entwicklung vom Makromolekül zum Mikroorganismus, ist nur ein Schritt unter vielen, wie etwa der vom Elementarteilchen zum Atom, vom Atom zum Molekül, ... oder auch der vom Einzeller zum Organverband und schließlich zum Zentralnervensystem des Menschen. Warum sollten wir gerade diesen Schritt vom Molekül zum Einzeller mit größerer Ehrfurcht betrachten als irgendeinen der anderen? Die Molekularbiologie hat dem Jahrhunderte aufrechterhaltenen Schöpfungsmystizismus ein Ende gesetzt, sie hat vollendet, was Galilei begann[59].« Ob der Schritt vom Makromolekül zur ersten Zelle nicht doch sehr viel bedeutender ist, ist unter Biologen umstritten. Für uns indessen ist wichtig: Heißt die Ablehnung eines »Schöpfungsmystizismus«, den Monod und Eigen auch noch bei Teilhard am Werke sehen, schon die Ablehnung eines Schöpfers und Lenkers der Welt?

Eine *unbegründete Annahme* ist es ebenfalls – und darin ist Monod entschieden zu widersprechen –, aufgrund des molekularbiologischen Befundes eine *Existenz Gottes auszuschließen.* Darin widerspricht denn auch zu Recht der Biologe Eigen dem Biologen Monod: »In Monods Forderung nach ›existentieller Einstellung zum Leben und zur Gesellschaft‹ sehen wir eine animistische Aufwertung der Rolle des ›Zufalls‹. Sie läßt den komplementären Aspekt des Gesetzmäßigen weitgehend außer acht. Die – unserer Meinung nach berechtigte – Kritik an der dialektischen Überbewertung der ›Notwendigkeit‹ sollte nicht zur völligen Leugnung ihres ganz offensichtlich vorhandenen Einflusses führen. – Wir stimmen Monod vollkommen zu, wenn er sagt, daß Ethik und Erkenntnis nicht beziehungslos nebeneinander stehen dürfen; doch verstehen wir darunter eher einen Auftrag an die großen Religionen und nicht gleich deren Verdammung . . . So wenig die Naturwissenschaften einen Gottesbeweis hergeben, so wenig postulieren sie, daß der Mensch ›eines Gottesglaubens nicht bedarf‹. Eine Ethik – sosehr sie mit Objektivität und Erkenntnis im Einklang sein muß – sollte sich eher an den Bedürfnissen der Menschheit als am Verhalten der Materie orientieren. Auch glauben wir nicht, daß eine ethische Ordnung absolut sein kann. Sie wird immer verschiedene Aspekte haben und kann nicht einfach von ihren historischen Wurzeln abgeschnitten werden[60].« Die Ablehnung eines Schöpfungsmystizismus schließt also die Ablehnung eines Schöpfers und Lenkers der Welt keineswegs ein!

Was der evangelische Theologe E. C. Hirsch, zustimmend zitiert von M. Eigen und R. Winkler[61], als Ergebnis einer Reihe von Interviews mit Physikern und Biologen sagt, trifft sich ganz mit der von uns vertretenen Auffassung: »Der Ursprung des Lebens ist nicht mehr der geheimnisvolle Ort, an dem Gott mehr zu finden wäre als anderswo. Entweder man glaubt an Gott, oder man tut es auch hier nicht. Ein Gottesbeweis findet nicht statt. Es bleibt die alte Frage: ›Warum ist überhaupt etwas und nicht nichts?‹ Und damit ist das Geheimnis des Lebens zurückverlegt in das Geheimnis der Materie. Woher stammt die Materie, der es (unter geeigneten Bedingungen) eigentümlich ist, das Leben hervorzubringen[62]?«

Auch der Biologe ist hier vor eine *existentielle Alternative* gestellt: Sinnlosigkeit und Verlassenheit oder – Gott:

Entweder man sagt Nein zu einem Urgrund, Urhalt und Urziel des ganzen Evolutionsprozesses: dann muß man die Sinnlosigkeit des ganzen Prozesses – Monod beschwört schon am Anfang den Sisyphos des Camus – und die totale Verlassenheit des Menschen in Kauf nehmen: »Wenn er (der Mensch) diese Botschaft in ihrer vollen Bedeutung aufnimmt, dann muß der Mensch endlich aus seinem tausendjährigen Traum erwachen und seine totale Verlassenheit, seine radikale Fremdheit erkennen. Er weiß nun, daß er seinen Platz wie ein Zigeuner am Rande des Universums hat, das für seine

Musik taub ist und gleichgültig gegen seine Hoffnungen, Leiden oder Verbrechen[63].«

Oder man sagt Ja zu einem Urgrund, Urhalt und Urziel und darf dann die grundlegende Sinnhaftigkeit des ganzen Prozesses zwar nicht aus dem Prozeß selbst beweisen, wohl aber vertrauend voraussetzen. Die Frage von Eigen/Winkler wäre dann beantwortet: »Das Erkennen von Zusammenhängen bringt nach wie vor keine Antwort auf die von Leibniz gestellte Frage: ›Warum ist etwas und nicht nichts?‹[64].« Man hat dann auch als Biologe den Mut, sich wie Riedl zur Ratlosigkeit der Wissenschaft und zugleich zur Notwendigkeit des Glaubens zu bekennen: »Selbst der Atheist, Mechanist, Monist unserer Tage braucht die Frage nach den Ursachen dieser Welt nur vor den Urknall zu verlegen, und er wird zugeben müssen, daß er sich mit all unserer Wissenschaft in derselben Ratlosigkeit befindet, die er als Ursache des Bärenkultes, törichterweise, belächelt haben mag. – Niemand, so behaupte ich, kann ohne metaphysische Prämissen denken. Man kann sich ihrer nicht bewußt sein; das gewiß. Aber man kann keinen Schritt ins Unbekannte tun, ohne Erwartungen einzuschließen, die meta-physisch sind, die jenseits der uns bereits bekannten Dinge liegen. Der Glaube und seine Kinder, Religion, Philosophie und Weltanschauung, sind jeder Kultur unentbehrlich. – Der Glaube ist der unersetzliche Rahmen für das Unerklärliche[65].«

Freilich sollte man es vermeiden, naturwissenschaftliche Erkenntnisse und religiöse Bekenntnisse zu vermischen: Man wird nicht aus (durchaus lobenswerten) ethisch-religiösen Impulsen dem Evolutionsprozeß die Richtung auf einen bestimmten Endzustand Omega und damit eine Sinngebung zuschreiben, die nicht die Wissenschaft, sondern nur der religiöse Glaube geben kann[66]. Wir haben für ein Ja zu einem »Alpha« als »Grund« von allem plädiert und werden auch für ein »Omega« als »Ziel« plädieren. Aber es muß klarbleiben, daß es sich dabei um ein Ja »jenseits von Wissenschaft«[67], wirklich um ein Ja des Glaubens, handelt.

Greift Gott also ein? Es ist nun deutlich geworden, was unsere Antwort auf die Frage sein kann und was auch zusammenfassend zur Herausforderung von Monod zu sagen ist:

- *Nach Auffassung führender Biologen erscheint ein unmittelbares übernatürliches Eingreifen Gottes bei der Entstehung des Lebens – und analog auch des Menschengeistes – mehr denn je als unnötig*[68].
- *Der Evolutionsprozeß als solcher schließt, naturwissenschaftlich gesehen, einen Schöpfer und Lenker (ein Alpha) und ein letztes Sinn-Ziel (ein Omega) weder ein noch aus.*
- *Aber auch für den Naturwissenschaftler stellt sich die existentielle Frage nach Ursprung und Sinn-Ziel des ganzen Prozesses, der er nicht ausweichen darf, auch wenn er sie als Naturwissenschaftler nicht beantworten kann.*

- *Es ist eine Glaubensentscheidung, ob der Naturwissenschaftler nun eine letzte Grund-, Halt- und Sinnlosigkeit oder aber einen Urgrund, Urhalt und Ursinn von allem, einen Schöpfer, Lenker und Vollender des Evolutionsprozesses annimmt.*
- *Nur das glaubende Ja zu einem Urgrund, Urhalt und Ursinn kann die Frage nach Ursprung, Halt und Ziel des Evolutionsprozesses beantworten und so dem Menschen eine letzte Gewißheit und Geborgenheit verschaffen: So gesehen ist nicht das Nein, das zur Sinnlosigkeit führt, sondern nur das Ja durch radikale Rationalität gekennzeichnet.*

Doch es bleibt die positive Frage: *Wie ist* – will man einen über-natürlichen Eingriff Gottes in die Naturgesetze vermeiden – *das lenkende Wirken Gottes zu denken?* Die Frage kann hier nicht ausführlich, muß aber auch nicht ausführlich behandelt werden.
Denn:
1. In unserem Teil A über Vernunft und Glaube und in den Teilen E und F über Grundvertrauen und Gottesglaube haben wir gezeigt, daß sich die Stockwerktheorie »Natur – Übernatur« durch die Entwicklung sowohl der modernen Naturwissenschaft wie auch der Theologie selbst als unhaltbar erwiesen hat.
2. In unserem Teil B haben wir in Auseinandersetzung mit Hegel, Comte, Teilhard und Whitehead deutlichgemacht, wie Gott von einem neuzeitlich-einheitlichen Wirklichkeitsverständnis her zu denken ist: Gott in der Welt und die Welt in Gott, die Transzendenz in Immanenz.

Glaubendes Denken wird von daher folgende Aussagen über das lenkende Handeln Gottes in der Welt wagen dürfen:

- *Gott wirkt in der Welt nicht in der Weise des Endlichen und Relativen, sondern als das Unendliche im Endlichen und das Absolute im Relativen.*
- *Gott wirkt nicht von oben oder außen als unbewegter Beweger in die Welt hinein, sondern er wirkt als die dynamische wirklichste Wirklichkeit von innen im Entwicklungsprozeß der Welt, den er ermöglicht, durchwaltet und vollendet. Er wirkt nicht* über *dem Weltprozeß, sondern* im *Weltprozeß:* in, mit *und* unter *den Menschen und Dingen. Er selbst ist Ursprung, Mitte und Ziel des Weltprozesses!*
- *Gott wirkt nicht nur an einzelnen besonders wichtigen Punkten oder Lücken des Weltprozesses, sondern er wirkt als der schöpferische und vollendende Urhalt und so als der weltimmanent-weltüberlegene Lenker der Welt – allgegenwärtig (omni-präsent) und allmächtig (omni-potent) – unter voller Respektierung der Naturgesetze, deren Ursprung er selber ist. Er selbst ist der allesumgreifende und allesdurchwaltende Sinn-Grund des Weltprozesses, der freilich nur im Glauben angenommen werden kann.*

Welt *oder* Gott – das ist keine Alternative: weder die Welt ohne Gott (Atheismus) noch Gott ohne Welt (Pantheismus)! Jedoch Gott und Welt, *Gott und Mensch* auch *nicht als zwei konkurrierende endliche Kausalitäten nebeneinander*: wo die eine gewinnt, was die andere verliert. Wenn Gott wirklich der unendliche Urgrund, Urhalt und Ursinn von Welt und Mensch ist, so wird deutlich, daß Gott nichts verliert, wenn der Mensch gewinnt, sondern daß Gott gewinnt, insofern der Mensch gewinnt. Ja, insofern dieser Gott nach der Bibel als absolute Freiheit zu verstehen ist, ist er auch nicht bedroht durch des Menschen Freiheit; denn Gott selbst ermöglicht, ermächtigt und erlöst sie. Und insofern der Mensch relative Freiheit ist, wird er auch nicht erdrückt durch Gottes Freiheit; denn der Mensch lebt ganz und gar von dieser Freiheit. Also verhält es sich gerade umgekehrt wie bei zwei konkurrierenden endlichen Ursachen, wo die eine auf Kosten der anderen gewinnt: Je mehr Gott zugesprochen wird, um so mehr darf auch dem Menschen zugesprochen werden, und je mehr dem Menschen zugesprochen wird, um so mehr darf auch Gott zugesprochen werden[69]!

Wunder?

Wie aber steht es mit Gottes unmittelbarem Eingreifen in die Menschheitsgeschichte? Was ist zu halten von den *Wundererzählungen*, wie sie sich schon im Alten Testament finden: die zehn Plagen Ägyptens, der brennende und nicht verbrennende Dornbusch, das Rauchen, Beben und Donnern am Berg Sinai, das Regnen von Manna und Wachteln, der Einsturz der Mauern Jerichos beim Schall der Posaunen, das Stillstehen von Sonne und Mond, die Krankenheilungen und Totenerweckungen und die Himmelfahrt Elijas im feurigen Wagen, Wunder, die sich im Neuen Testament fortsetzen[70]. Muß man das alles glauben? Hat Gott, wenn auch nicht in den Evolutionsprozeß, so doch mindestens in die Geschichte Israels eingegriffen, so eingegriffen, daß hier ein Wunder im strengen, neuzeitlichen Sinn passiert ist: in Durchbrechung der Naturgesetze? Gehört auch das zum Glauben an den einen Schöpfer und Lenker der Welt? Wir können, ohne auf das Detail einzugehen, nur kurze Punkte zur Sichtung angeben, die eine Übereinstimmung der führenden Exegeten gerade des Alten Testaments hinter sich haben dürften[71]. Doch auch hier – wie in vielen ähnlich gelagerten Fällen – gilt: Es soll keiner, der seinen Gottesglauben an die Wunder bindet, in seinen religiösen Gefühlen verletzt werden. Hier soll nur dem modernen Menschen, dem die Wunder für seinen Glauben an Gott ein Hindernis sind, eine hilfreiche Antwort gegeben werden.

Will man den Wunderberichten der Bibel historisch und hermeneutisch gerechtwerden, gilt es zunächst, sich den fundamentalen *Unterschied zwischen dem biblischen und dem modernen Wirklichkeitsverständnis* klarzumachen. Die Menschen der Bibel waren gerade an dem nicht interessiert, woran der heutige Mensch, der Mensch des rationalen und technologischen Zeitalters, so sehr interessiert ist: an den Naturgesetzen. Man dachte *nicht naturwissenschaftlich* und verstand somit die Wunder nicht als Durchbrechung von Naturgesetzen, nicht als eine Verletzung des lückenlosen Kausalzusammenhanges. Auch im Alten Testament unterschied man nicht zwischen Wundern, die den Gesetzen der Natur entsprechen, und denen, die sie sprengen; jedes Ereignis, durch welches Jahwe seine Macht offenbart, gilt als Wunder, als Zeichen, als Macht- oder Großtat Jahwes. Überall ist Gott, der Urgrund und Schöpfer, am Werk. Überall können die Menschen Wunder erfahren: von der Erschaffung und der Erhaltung der Welt bis zu ihrer Vollendung, im großen wie im kleinen, in der Geschichte des Volkes wie in der Errettung des Einzelnen aus tiefer Not... Das heißt:

- *Ein »Wunder« (»Zeichen«) bedeutet nach biblischem Sprachgebrauch keineswegs ein Durchbrechen der Naturgesetze durch unmittelbares göttliches Eingreifen, sondern alles, worüber sich der Mensch »verwundert«: auch Schöpfung und Erhaltung der Welt, der Mensch selbst. Die Bibel kennt kein Naturgesetz im modernen Sinn, sondern führt »naiv« das Naturgeschehen auf die Macht Gottes (oder eine böse Macht) zurück.*
- *Die historische Kritik hat gezeigt, daß viele verwunderliche Ereignisse, die dem Glauben des damaligen Menschen keine Probleme bereitet haben (etwa im Zusammenhang des Auszugs aus Ägypten) auf in Palästina oder Nachbarländern übliche Naturereignisse zurückgeführt werden können, bei denen die Naturkausalität in keiner Weise aufgehoben war.*
- *Die Literarkritik hat gezeigt, daß wir es bei den Wunderberichten nicht mit Protokollen von einem historischen Ereignis zu tun haben: daß oft verschiedene Überlieferungen vom selben Ereignis (etwa vom Durchgang durch das Meer[72]) zusammengekommen sind, wobei die jeweils spätere das Wunderbare steigerte; daß die Unterschiede zwischen den verschiedenen literarischen Gattungen, etwa zwischen einem Hymnus, einer Volkserzählung oder einer Hofchronik, grundlegend sind und daß Erzählungen vom Sonnenwunder[73], von den wunderbaren Speisungen und Totenerweckungen durch die Propheten Elija und Elischa[74] oder vom Propheten Jona im Fischbauch[75] legendären Charakter haben.*

Dies alles macht deutlich: Wunder als Durchbrechungen von Naturgesetzen lassen sich historisch in der Bibel nicht erweisen, und wer dies tun zu können meint, hat die Beweislast. Es geht ja auch der Bibel bei ihren Wundererzählungen nicht primär um das erzählte Geschehen selbst, sondern um die Sache des Erzählten, nicht so sehr um die Aussageform, sondern um den Aussageinhalt. Nicht der Beschreibung, sondern der Be-wunderung sollen die Wundererzählungen dienen. Sie sind unbekümmerte volkstümliche Erzählungen, die glaubendes Staunen hervorrufen sollen. Sie sollen Zeichen der Macht Gottes sein: Großes hat Gott an uns getan! Diese Erzählungen wollen Gottes Wort deuten und den Glauben stärken; sie stehen so im Dienst der Verkündigung der Macht und Güte Jahwes. Es wird kein Glaube verlangt, daß es Wunder gibt, oder auch, daß dieses oder jenes Geschehnis wirklich ein Wunder ist. Vielmehr wird der Glaube an Gott erwartet, der in dem Menschen, der solches tut, am Werk ist, und für dessen Wirken die Wundertaten bezeichnend, also »Zeichen«, sind. Konkret: Nicht das Beben des Berges ist wichtig, sondern die Botschaft, die Mose bei dieser Gelegenheit vernahm. Nicht die Plagen Ägyptens sind wichtig, sondern das Zeugnis von Gott, der seine Macht demonstriert hat. Nicht der wunderbare Durchzug durch das Meer ist wichtig, sondern die Botschaft von Gott, den das Volk als Gott der Befreiung erfuhr.

Nicht Beweise Gottes also wollen die Wundererzählungen sein, sondern *Hinweise auf sein Handeln in der Welt*: Hinweise, die aber nur durch den Glauben an ihn (und nicht an ein zweites, böses Prinzip) ihre Eindeutigkeit erhalten. Die Botschaft dieser Erzählungen zielt auf den Menschen in all seinen Dimensionen: Raum und Zeit, Individuum und Gesellschaft, Körper und Geist. Was verkünden sie? Sie verkünden keinen weltlosen und geschichtslosen Gott, der apathisch die Welt ihrem Schicksal überläßt, sondern einen Gott, der sich in die Geschicke der Welt durchaus »einmischt«, sich bis in ihre Geschichte hinein für sie engagiert. Sie verkünden einen Gott, der die Welt nicht allein läßt, der Geschichte für den Menschen nicht zu einem dunklen, verhängnisvollen Fatum werden läßt, sondern zu einem im Glauben erkennbaren Zusammenhang von Ereignissen. Sie künden von einem Gott, der in der Welt handelt, um dem Lauf der Dinge eine andere Richtung zu geben, damit diese Welt nicht sich selber überlassen bleibt, sondern verändert werden kann und soll in der großen Hoffnung auf eine künftige Vollendung.

Die Welt- und Menschheitsgeschichte läuft nicht ab nach einem präkonzipierten festen Plan. Manfred Eigen und Ruthild Winkler haben in ihrem schönen Buch »Das Spiel« in allen möglichen Variationen die vielen Spielarten sichtbar gemacht und zugleich gezeigt: Nicht der Mensch ist es, der das Spiel erfand. Das Spiel ist ein Naturphänomen, das schon von Anbeginn den Lauf der Welt gelenkt hat: bereits die Gestaltung der Materie, erst recht ihre Organisation zu lebenden Strukturen bis hin zum sozialen Verhalten der Menschen. Die Grundelemente des Spiels, Zufall und Gesetz, bestimmen jegliches Geschehen im Universum; Gleichgewicht, Wachstum und Evolution sind das Ergebnis von Zufall und Gesetz: »Alles Geschehen in unserer Welt gleicht einem großen Spiel, in dem von vornherein nichts als die Regeln festliegen[76].«

Nicht nur Theologen möchten wohl gerne eine Antwort haben auf die

Frage: Wer hat es denn erfunden – dieses große wunderbare Spiel von Anfang an? *Wer hat seine Regeln festgelegt?* Diese Frage haben wir – in allem Respekt vor den Grenzen zwischen Religion und Naturwissenschaft – zu beantworten versucht, und es wäre reizvoll, das Thema des »Deus ludens« auszuweiten, dem der Patrologe Hugo Rahner, angeregt von Thomas von Aquin und dem Buch »Homo ludens« von Jan Huizinga, ein eindrückliches Kapitelchen im Geist der Griechen und der Kirchenväter gewidmet hat. Hatte doch schon Platon den Menschen eine »paignion theou«, ein »Spielzeug Gottes« genannt[77]. Doch hier gilt es, sich zu konzentrieren.

Das ganz große Spiel ist *Gottes Spiel mit und um die Welt*, mit und um den Menschen, das er selbst in Gang gebracht hat und für das er von vornherein nichts als die Regeln festgelegt hat: Die Welt soll, ohne mit Gott ihr Spiel zu treiben, von ihm gehalten, ihr eigenes Spiel spielen dürfen, der Mensch nicht Gottes Spielzeug, sondern freier Spielpartner sein. Das heißt:

Um sich in diesem Spiel dem Menschen als freier Partner gegenüber zur Geltung zu bringen, ist Gott nicht darauf angewiesen, durch »Wunder« außerhalb der Spielregeln ein großes Schauspiel aufzuführen. Die Größe Gottes besteht gerade nicht darin, daß er dies kann oder können müßte, sondern daß er es nicht nötig hat, daß er auf Schau-Effekte verzichten kann. Ist Gott doch wahrhaftig kein Super-Magier, der zur Selbstbestätigung und Anerkennung öffentliche Auftritte inszenieren müßte. Und ist nicht gerade der Kosmos in seinem Spiel, im großen wie im kleinen, das imponierendste Schauspiel, das man sich konkret denken kann: letztlich doch – und dies gerade für den Naturwissenschaftler – wahrhaft bestaunenswert, be-wundernswürdig, wunder-bar?

Man vereinfache jedoch nicht: Ist Spiel auch eine ästhetische Kategorie, so ist die angedeutete Wirklichkeit keineswegs spielerisch leichtzunehmen. Wie oft war der Mensch nicht nur freier Spielpartner, sondern unfreiwilliges Spielopfer, wie oft hat er nicht gespielt, sondern ist ihm mitgespielt worden, übel mitgespielt worden. Keine Frage: Ist doch die Evolution und das mit ihr Erreichte keineswegs vollkommen, sondern oft so bruchstückhaft, vorläufig, widersprüchlich. Wie sehr gehören auch Krankheit, Schwachsinn, der oft so unwürdige Verfall der Persönlichkeit im Alter mit zu diesem geregelt zufälligen Spiel. Und gerade das *Grundgesetz der Evolution* – die Auslese des Starken, der überlebt, auf Kosten des Schwachen, der untergeht – ist ein *grausames Spiel*, das uns Staunen und Schaudern lehren kann und dessen Unbarmherzigkeit selbst so tiefgläubige Denker wie etwa Reinhold Schneider zu Zweiflern an ihrem Herrgott werden ließ[78]. Aber auch hier hat sich, so darf der Glaubende sagen, Gott an Gesetze gebunden, die, alles begründend, in ihm begründet sind.

Könnte aber nicht alles auch anders, vielleicht besser sein? Gewiß, Gott kann alles! Und doch taugt dies nur bedingt als Argument, wenn ich mich in dem von ihm begründeten Raum, den Gesetzen dieses Kosmos bewege. Physikalisch wäre ein über-natürlicher Eingriff Gottes in die Welt Unsinn: Die Folgen wären physikalisch gar nicht auszudenken, wenn Gott auch nur für einen Moment die Regeln jenes Systems aufhöbe, die er selbst grundgelegt hat. Aber auch damit ist die Frage nach Gott und dem Leid nicht beantwortet; wir werden später darauf zurückkommen.

Um sich in diesem Spiel den Menschen gegenüber zur Geltung zu bringen, kann Gott auch durchaus in anderer und zugleich besonderer Weise handeln. Schon der Mensch kann ja bei aller Determination frei entscheiden und handeln; von dieser beschränkten, aber realen menschlichen Freiheit haben wir gesprochen[79]. Was man aber dem Menschen zubilligt, wird man Gott nicht absprechen dürfen: Gott, die absolute Freiheit, kann auch frei handeln, ja er kann ohne jegliches, den Kausalzusammenhang sprengendes Mirakel handeln: den Menschen »ansprechen« und in diesem (nicht übernatürlichen) Sinn auch »eingreifen«. Ein »Eingreifen« und Handeln also, das im Verborgenen geschieht: das nicht objektiv vorfindbar und vorweisbar ist, das nur im vertrauenden Sich-Einlassen als wirklich erkannt wird. So kann der Mensch in seiner bestimmten individuellen und gesellschaftlichen Situation von Gott angesprochen werden, kann er einen Gedanken oder eine Entscheidung in aller Vorsicht und Zurückhaltung als wirkliche Eingebung Gottes für sein Leben verstehen. Nicht anders hat es auch Rudolf Bultmann, der in seinem Entmythologisierungsprogramm das die Naturgesetze durchbrechende Mirakel energisch verabschiedet hatte, gemeint: »Durch den Glauben kann ich einen Gedanken oder Entschluß als eine göttliche Eingebung verstehen, ohne den Gedanken oder Entschluß von seiner Verbindung mit der psychologischen Begründung zu lösen[80].«

Wie steht es dann mit der Frage der *Vorsehung*? Kann ich eine Vorsehung feststellen? Es gibt zum Verständnis keine denkwürdigere Geschichte als die Geschichte des Mose. Nach der Sinai-Offenbarung – inmitten aller Schwierigkeiten, Kämpfe, Zweifel – wollte er, um sich in seiner Not Gewißheit zu verschaffen, Gott endlich einmal von Angesicht zu Angesicht sehen, obwohl Gott ihm zugesagt hatte, er würde ihm auf seinem Weg vorausgehen. Aber er erhielt zur Antwort: »Du kannst mein Angesicht nicht schauen; denn kein Mensch bleibt am Leben, der mich schaut[81].« Doch Mose darf in einer schmalen Felsenkluft stehen, und Gott hält im Vorbeigehen seine Hand über ihn, so daß Mose ihn nicht sehen kann. Erst als Gott vorübergegangen ist, zieht er seine Hand weg. Mose darf ihm nachschauen: er hat Gott nur »a tergo«, vom Rücken her gesehen.

Ist es nicht auch für uns zutiefst menschlich: Ich möchte doch sehen, auf wen ich mich einlasse, meine Hoffnung setzen soll? Ich möchte doch mein Leben als geordnet, planvoll, gefügt erkennen können und nicht als wirr, planlos, chaotisch; möchte die Vorderseite des Teppichs sehen mit ihren wohlgeformten Mustern und Strukturen und nicht die Rückseite mit ihrem Gewirr aus Fäden und Knoten. Ich sehne mich danach, daß mir Vorsehung in der Welt- und Menschheitsgeschichte widerfährt, dränge ungeduldig darauf, daß ich meiner Berufung und auch meines weiteren Weges sicher werden kann, möchte nicht locker lassen, bis ich in allen Windungen meines Schicksals seine Führung erkenne, nicht auf bloße Zusagen hin handle, sondern ihm ins Angesicht sehe, um genau zu wissen, woran ich mit ihm bin.

Aber wie für Mose, so gilt auch für uns: Immer erst im nachhinein kann ich erkennen und glaubend verstehen: so schwierig es oft war, so war es doch gut. Glaubend kann ich in meinem Leben bei allen Krümmungen und Brüchen eine Fügung, vielleicht sogar eine Führung erkennen. Da brauche ich nichts hineinzuprojizieren, ich darf es, zumindest an einigen wichtigen Punkten und Linien, glaubend herauslesen. So kann ich erst hinterher sehen, was vorher der tiefere Sinn war. Nein, ich erkenne Gott nicht von vorne, ich brauche ihn gar nicht von vorn zu erkennen. Ich verlasse mich auf seine Zusage und erwarte keine spektakulären Demonstrationen. Zu groß ist er, als daß ich ihm solches zumuten könnte. Deus semper maior – er ist der immer größere Gott, der immer größer ist als unsere Vorstellungen von ihm und unsere Wünsche an ihn. Ein Schauen ist uns in dieser Zeit nicht gegeben, wohl aber für die künftige versprochen, kein Sehen hier und jetzt, aber doch ein Sehnen, wie Paulus es in einer großartigen Passage des ersten Korintherbriefs ausdrückte: »Denn unser Erkennen ist Stückwerk und unser Reden aus Eingebung ist Stückwerk. Wenn aber das Vollkommene kommen wird, dann wird das Stückwerk abgetan werden . . . Denn wir sehen jetzt nur wie mittels eines Spiegels in rätselhafter Gestalt, dann aber von Angesicht zu Angesicht. Jetzt ist mein Erkennen Stückwerk, dann aber werde ich völlig erkennen, wie auch ich völlig erkannt worden bin[82].«

Was kommt am Ende?

»Siehe, ich schaffe einen neuen Himmel und eine neue Erde«: Das Buch des Propheten Jesaja – in seinem dritten Teil von einem unbekannten Heilspropheten (Trito-Jesaja) nach dem babylonischen Exil geschrieben – endet mit dieser triumphierenden Verheißung eines neuen Weltalls[83]. Während des babylonischen Exils hatte schon der Zweite Jesaja das Vergehen von Himmel und Erde verkündet: »Denn die Himmel werden zerfetzt wie Rauch, und die Erde zerfällt wie ein Gewand, und ihre Bewohner sterben wie Mükken[84].« Schon hier freilich war die Verheißung gefolgt: »Doch meine Rettung wird auf ewig bestehen, und mein Heil wird nicht aufhören[85].« Das also wird nach den prophetischen Aussagen, die sich aus dem Alten wie dem Neuen Testament leicht vermehren ließen, am Ende der Welt kommen: Weltuntergang und neuer Weltaufgang.

Auch hier stellt sich für viele Menschen heute die Frage: Lassen sich diese *biblischen Aussagen vom Weltende* möglicherweise durch bestimmte kosmologische Theorien *naturwissenschaftlich bestätigen*?

Tatsächlich läßt sich aufgrund der empirisch festgestellten, noch immer fortschreitenden Ausdehnung des Alls der Schluß ziehen, daß unsere Welt alles andere als stabil, unwandelbar oder gar ewig ist. Sie hatte einen Anfang und wird (aller Wahrscheinlichkeit nach) auch einmal ein Ende haben. Ein Ende – wie? Das hängt vom Weltmodell ab, von dem man ausgeht. Wir haben von den beiden Entwicklungsmodellen gehört, die heute unter Naturwissenschaftlern diskutiert werden:

Das eine Weltmodell: Die Expansion wird sich einmal verlangsamen; sie kommt zum Stillstand und schlägt in Kontraktion um, so daß das Universum sich in einem Milliarden Jahre dauernden Prozeß wieder zusammenzieht und die Galaxien mit ihren Sternen schließlich immer rascher aufeinander zufallen, bis es möglicherweise – man spricht von 80 Milliarden Jahren nach dem Ur-Knall – unter Auflösung der Atome und Atomkerne in ihre Bestandteile zu einem erneuten großen Knall kommt. Es könnte dann – das ist freilich eine reine Hypothese – nach einer erneuten Explosion wieder eine neue Welt entstehen. Dies ist, grob skizziert, die Theorie eines »pulsierenden« oder »schwingenden« Universums.

Das andere Weltmodell, das heute immer mehr Zustimmung findet: Die Expansion schreitet ständig fort und fort, ohne in Kontraktion umzuschlagen. Auch hier machen die Sterne ihre Entwicklung durch: Die Sonne wird, nach vorübergehendem Helligkeitsanstieg, erlöschen. Als Endstadien der Sternentwicklung entstehen, je nach Größe der Sternmasse, die schwach strahlenden »Weißen Zwerge« oder, nach explosivem Massenausstoß, »Neutronensterne« oder möglicherweise »Schwarze Löcher«. Und wenn sich auch aus der im Innern der Sterne umgewandelten, ausgestoßenen Materie neue Sterne und Sterngenerationen bilden sollten, so werden auch in diesen wieder Kernprozesse vor sich gehen, bei denen die Materie im Sterninneren schließlich zu »Asche« verbrennt. Langsam wird Kälte im Kosmos einziehen, Tod, Stille, absolute Nacht ... Ist nicht, wie schon beim Propheten Joel[86], auch im Neuen Testament davon die Rede, daß sich in der letzten Drangsal die Sonne verfinstern und der Mond seinen Schein verlieren wird, daß die Sterne vom Himmel fallen und die Himmelskräfte erschüttert werden[87]?

Gespenstisch genaue Visionen? Und doch: vor theologischen Kurzschlüssen bezüglich des Weltendes muß ebenso gewarnt werden wie vor Kurzschlüssen bezüglich des Weltanfangs! Auch hier hat die Theologie einiges gutzumachen, was bei Naturwissenschaftlern verständliche Vorurteile entstehen ließ. Man muß davon ausgehen: Wie die biblische Protologie keine Reportage von Anfangs-Ereignissen sein kann, so die biblische Eschatologie keine Prognose von End-Ereignissen. Und wie die biblischen Erzählungen

vom Schöpfungswerk Gottes der damaligen Umwelt entnommen wurden, so die biblischen Erzählungen von Gottes Endwerk der zeitgenössischen Apokalyptik. Hier wiederum gilt bezüglich der *biblischen Sprache*:
Die Bilder sind nicht wörtlich zu nehmen; sonst wird der Glaube zum Aberglauben.
Die Bilder sind aber auch nicht abzulehnen, nur weil sie Bilder sind; sonst wird der Glaube zur Vernunftgläubigkeit. Bilder dürfen nicht eliminiert oder auf Begriffe und Ideen reduziert werden, als ob der Mensch nur aus Vernunft und nicht auch aus Phantasie und Emotionen, aus der Fähigkeit zum Sinnenhaften, Symbolischen, Ästhetischen überhaupt bestünde.
Aber Bilder sind richtig zu verstehen: Sie haben ihre eigene Vernunft, stellen Realität mit ihrer eigenen Logik dar, wollen die Tiefendimension, den Sinnzusammenhang der Wirklichkeit aufschließen. Es gilt also, die von ihnen gemeinte Sache neu aus dem Verstehens- und Vorstellungsrahmen von damals in den von heute zu übersetzen.

Die unter sich nicht harmonisierbaren »apo-kalyptischen«, »ent-hüllenden« Bilder dürfen trotz ihres Namens zumindest heute nicht mehr als chronologische Enthüllung oder Information über die »letzten Dinge« am Ende der Weltgeschichte aufgefaßt werden. Sie sind kein Drehbuch für der Menschheitstragödie letzten Akt. Es handelt sich nicht um besondere göttliche »Offenbarungen«. Hier erfährt der Mensch – trotz aller verständlichen Neugierde – gerade nicht, was im einzelnen auf ihn zukommt und wie es dann ganz konkret zugehen wird. Auch das Bild der großen öffentlichen Gerichtsversammlung der gesamten Menschheit, also der Milliarden und Abermilliarden von Menschen, ist – ein Bild. So muß denn hier auch für das *Ende der Welt* – möglichst knapp und unter Voraussetzung der betreffenden Exegesen[88] – das Entscheidende deutlich herausgestellt werden:

- *Es gibt weder eine eindeutige wissenschaftliche Extrapolation noch eine genaue prophetische Prognose der definitiven Zukunft von Menschheit und Kosmos.*
- *Wie die »ersten Dinge«, so sind auch die »letzten Dinge«, wie die »Ur-Zeit«, so ist auch die »End-Zeit« keiner direkten Erfahrung zugänglich. Es gibt keine menschlichen Zeugen. Dichterische Bilder und Erzählungen stehen für das durch die reine Vernunft Unerforschliche, für das Erhoffte und Befürchtete.*
- *Die biblischen Aussagen über das Ende der Welt haben Autorität nicht als naturwissenschaftliche Aussagen über das Ende des Universums, sondern als Glaubenszeugnis vom Wohin des Universums, das die Naturwissenschaft weder bestätigen noch widerlegen kann. Auf eine Harmonisierung der biblischen Aussagen mit den verschiedenen naturwissenschaftlichen Theorien vom Ende kann deshalb verzichtet werden.*
- *Das biblische Glaubenszeugnis versteht das Ende entscheidend als die*

Vollendung des Wirkens Gottes an seiner Schöpfung: Wie am Anfang der Welt so steht auch an ihrem Ende nicht das Nichts, sondern Gott!

- *Das angekündigte Ende darf nicht kurzerhand mit einer kosmischen Katastrophe und einem Abbruch der Menschheitsgeschichte gleichgesetzt werden. Bei aller Beendigung des Alten, Vergänglichen, Unvollkommenen oder gar Bösen ist dieses Ende letztlich doch zu verstehen als Vollendung!*

So hat denn die Theologie keinen Anlaß, das eine oder andere wissenschaftliche Weltmodell zu favorisieren, wohl aber, Gott als Ursprung und Vollender der Welt und des Menschen verständlich zu machen. Hier wiederum ist auch der Naturwissenschaftler als Mensch, ob er es wahrhaben will oder nicht, vor Glaubensentscheidungen gestellt. Und es hilft seiner Wissenschaft nicht, wenn gewisse unwahrscheinliche Weltmodelle, wie wir bereits von O. Heckmann hörten, vor allem deswegen ausgedacht werden, um dieser – freilich oft falsch verstandenen – Glaubensentscheidung auszuweichen. Auch St. Weinberg sagt: »Manche Kosmologen finden dieses Modell eines schwingenden Universums aus philosophischen Gründen anziehend, vor allem wohl, weil es – wie das Dauerzustandsmodell – das Problem der Genesis geschickt umgeht[89].« Auch er kann es nicht leugnen: »Der Vorstellung, daß wir ein besonderes Verhältnis zum Universum haben, daß unser Dasein nicht bloß eine Farce ist, die sich aus einer mit den ersten drei Minuten beginnenden Kette von Zufällen ergab, sondern daß wir irgendwie von Anfang an vorgesehen waren – dieser Vorstellung vermögen wir Menschen uns kaum zu entziehen[90].« So ist es schade, daß Weinberg – angesichts der »Farce« des Daseins melancholisch unter einem »Hauch von tragischer Würde« – sich am Ende seines Buches weltanschaulich nur mit dem Riesen und der Kuh des Edda-Mythos konfrontiert! Statt mit der unmythologischen Botschaft der Bibel von Anfang und Ende! Ist es dann erstaunlich, daß das Resultat solcher Überlegungen eines sonst so rationalen Wissenschaftlers so wenig rational ist: »Je begreiflicher uns das Universum wird, um so sinnloser erscheint es auch«[91]? Nein, da gibt es bereits rationalere Antworten, nicht nur für den Anfang der Welt, sondern auch für das Ende.

Welchen Sinn also kann es für mich heute noch haben, hinsichtlich des Endes der Welt nicht nur – naturwissenschaftlich – von einem Endknall oder einem Zerfallen des Universums zu reden, sondern auch mit vollem Recht – theologisch – von einem *Gott, der Welt und Mensch vollenden wird,* wie es die Menschen seit uralten Zeiten immer wieder bekannt haben? Das frage ich mich inmitten einer großen, erhabenen und doch zugleich unendlich grausamen Geschichte des Kosmos mit seinen Katastrophen, von denen die Menschen so oft mitbetroffen sind. Das frage ich mich inmitten einer Geschichte der Menschheit, die so oft eine Geschichte von Blut, Schweiß und

Tränen ist, eine Schlachtbank der Völker, wie Hegel sagt, eine Geschichte der Heiligen und der Banditen, der Ausbeuter und der Ausgebeuteten. Soll ich mich da, je mehr ich über die Geschichte der Welt und der Menschheit nachdenke, nicht immer wieder neu staunend und erschreckt zugleich fragen: Was soll das Ganze? Wohin das Ganze? Hinein ins Nichts? Erklärt denn das etwas? Gibt sich denn damit die Vernunft zufrieden? Alles, was ich schätze und liebe, ins Nichts, die Menschen um mich mit all ihren Gedanken und großen Wünschen, Ideen, Plänen, all ihrem Arbeiten, Leben und Lieben, alle Musik, Kunst und Wissenschaft, alles Glauben und letztes Hoffen – ins Nichts? Ins Nichts aber auch die Welt der Tiere, der Pflanzen, der Gebirge und Meere, ins Nichts die Gestirne, Sonnensysteme, Galaxien, der ganze Kosmos? Alles ins Nichts – alles für nichts? Kann man es mir verdenken, daß mir da ungefähr jede andere Alternative besser, menschlicher, vernünftiger scheint als diese einzige große Unvernunft? Was kann die Alternative sein?

Die einzige ernsthafte *Alternative*, die die reine Vernunft mir freilich wiederum nicht beweisen kann, weil sie ihren Erfahrungshorizont übersteigt, ist die: *Das Ganze geht hin auf jenes letzte Ziel der Ziele, das wir Gott, eben den Vollender-Gott heißen.* Und wenn ich ihn auch wie den Schöpfergott nicht beweisen kann, so kann ich ihn doch mit gutem Grund bejahen: in jenem für mich so vernünftigen, geprüften, *aufgeklärten Vertrauen*, in welchem ich schon seine Existenz bejaht habe. Denn wenn der Gott, der existiert, wahrhaft Gott ist, dann ist dieser nicht nur Gott für mich jetzt und hier und heute, sondern Gott auch am Ende, Gott in alle Ewigkeit.

Ist das alles vielleicht doch nur Vertröstung? Hoffe ich vielleicht nur auf eine letzte Vollendung, um mich für das oft grausame Schicksal auf Erden entschädigen zu lassen? Schmücke ich nur, wie Marx meinte, meine Ketten mit Blumen, anstatt das zu tun, was ich als Bewohner des Diesseits tun könnte, um zu verändern, was um der Menschlichkeit des Menschen und der Gesellschaft willen verändert werden muß? Nein, es gilt heute, gerade mit dem Blick auf die Vollendung, der Erde treu zu bleiben. Ich soll ja nicht meinem Ende und dem Ende der Welt einfach nur entgegenwarten, sondern soll von der erhofften Vollendung her meine Rolle in Welt und Geschichte schöpferisch wahrnehmen. Zur Freiheit berufen, soll ich mithelfen, der unaufhaltsamen Evolution des Kosmos einen Sinn zu geben, den nur der Mensch ihr geben kann. Das Erwarten der Vollendung verurteilt mich nicht zur Passivität, sondern fordert aus meinem glaubenden Vertrauen an das in jedem Fall gute Ende eine furchtlose, menschenfreundliche Aktivität. Diesem hoffenden Vertrauen ist mit dem Projektionsverdacht, wie wir sahen[92], ebensowenig beizukommen wie mit dem Vertröstungsverdacht. Keine Flucht nach vorn, sondern – gegen alles immer wieder drohende Zweifeln und Verzweifeln – Taten der Hoffnung. Angesichts der kommenden Vollendung meinen Beitrag zum Kampf für Gerechtigkeit, Freiheit und

Frieden: gegen die Mächte des Bösen, der Ungerechtigkeit, der Unfreiheit, des Elends, der Lieblosigkeit und des Todes. Was heißt es also, an den Vollendergott zu glauben?

An den Vollender der Welt glauben, heißt nicht, mir die Vollendung so vorzustellen, wie sie Michelangelo in der Sixtina mit seinem »Jüngsten Gericht« der Menschheit unauslöschlich eingeprägt hat, und auch nicht, wie Raffael in den Stanzen des Vatikan den Himmel gemalt hat. Auch hier enden alle Vorstellungen. An Gott als den Vollender der Welt glauben, heißt auch nicht, mich für diese oder jene der wechselnden kosmologischen Theorien über das Ende des Alls zu entscheiden. Und dies deshalb nicht, weil es hier um die Voraus-Setzung aller Welttheorien und der Welt überhaupt geht. An den Vollender der Welt glauben, heißt, in aufgeklärtem Vertrauen bejahen, daß Welt und Mensch nicht im letzten Wohin unerklärlich bleiben; daß Welt und Mensch nicht sinnlos aus dem Nichts ins Nichts geworfen sind, sondern daß sie als Ganzes sinnvoll und wertvoll sind, nicht Chaos, sondern Kosmos; daß sie in Gott, ihrem Urgrund und Urziel, ihrem Urheber und Zielgeber, ihrem Schöpfer und Vollender, eine erste und letzte Geborgenheit und bleibende Heimat haben. Nichts zwingt mich zu diesem Glauben. *Ich kann mich für ihn in aller Freiheit entscheiden!* Habe ich mich entschieden, dann verändert dieser Glaube meine Stellung in der Welt, meine Einstellung zur Welt; er *festigt mein Grundvertrauen* und *konkretisiert meinen Gottesglauben.* Das heißt:

Weil ich an Gott als den Vollender glaube, brauche ich mich, mein Leben und das meiner Mitmenschen letztlich nicht zu beurteilen und brauche das Urteil darüber auch keinem anderen menschlichen Tribunal zu überlassen: Über mich, die Mitmenschen und die Welt überhaupt ist das letzte Wort noch nicht gesprochen. Weil ich an Gott als den Vollender glaube, wird meine undurchsichtige und ambivalente Existenz wie die zutiefst zwiespältige Menschheitsgeschichte überhaupt doch einmal endgültig durchsichtig und die Frage nach dem Sinn der Geschichte doch einmal endgültig beantwortet werden. Oder soll ich mit Marx an das Reich der Freiheit nur hier auf Erden glauben oder mit Nietzsche an die ewige Wiederkehr des immer Gleichen? Oder soll ich schließlich mit Jacob Burckhardt die Geschichte in stoisch-epikuräischer Zurückgezogenheit aus der Haltung eines pessimistischen Skeptikers heraus betrachten oder mit Oswald Spengler nicht nur den Untergang des Abendlandes, sondern auch den meiner eigenen Existenz kulturkritisch betrauern?

Nein, an Gott als Vollender der Welt glauben, heißt, in aller Nüchternheit und allem Realismus, und ohne gar dem Terror gewaltsamer Volksbeglücker zu verfallen, für eine bessere Zukunft, eine bessere Gesellschaft in Frieden, Freiheit und Gerechtigkeit zu arbeiten und zugleich illusionslos zu wissen, daß diese von Menschen immer nur angestrebt, aber nie voll realisiert werden kann. An Gott als den Vollender der Welt glauben, heißt wissen, daß diese Welt nicht das Letzte ist, daß die Verhältnisse nicht auf ewig so bleiben, daß alles Bestehende – die religiösen und kirchlichen Traditionen, Institutionen, Autoritäten miteingeschlossen – provisorischen Charakter hat, daß die Aufteilung in Klassen und Rassen, Arm und Reich, Herrschende und Beherrschte, vorläufig ist, daß die Welt veränderlich und veränderbar ist. An den Vollender-Gott der Welt glauben heißt so, immer wieder neu in meinem Leben und im Leben der anderen Sinn zu stiften aus der Hoffnung heraus, daß es zur vollen Sinnerfüllung meines Lebens, zum vollen Durchsichtigwerden auch der Menschheitsgeschichte, zur wahren Vollendung des Individuums und der menschlichen Gesellschaft erst in der Begegnung mit der offenbaren letzten Wirklichkeit Gottes kommen wird. Eine wahre Vollendung und ein wahres Glück der Menschheit kann es nur geben, wenn nicht bloß die letzte Generation, sondern alle Menschen, auch die in der Vergangenheit gelitten und geblutet haben, ihren Anteil daran haben werden. Kein Menschenreich, sondern nur das Gottesreich ist das Reich der Vollendung, das Reich der erfüllten Gerechtigkeit, der ungebrochenen Liebe, der befreiten Freiheit, des universalen Friedens, des ewigen Lebens. Credo in vitam venturi saeculi!

Gottesrecht und Menschenrechte

»Du sollst Vater und Mutter ehren, Du sollst nicht töten, Du sollst nicht ehebrechen, Du sollst nicht stehlen, Du sollst nicht falsches Zeugnis geben, Du sollst nicht begehren nach dem Haus Deines Nächsten, begehren nach dem Weibe Deines Nächsten, nach irgend etwas, was Dein Nächster hat.« Das sind, leicht verkürzt[93], die im Ein-Gott-Glauben begründeten Weisungen für die Mitmenschlichkeit, wie sie Israel nach der Sinai-Tradition auf dem Weg durch die Wüste in einer gewaltigen Gottesoffenbarung am Berg Sinai erhielt, als »Jahwe im Feuer herabkam«[94]: die *»zehn Gebote«* (Dekalog), wie sie gemeinhin, »die zehn Worte«, wie sie schon im Buch Deuteronomium[95] genannt und zugleich dort in sprachlich leicht abweichender Form zitiert werden.

Wir verraten heute kein Geheimnis mehr, wenn wir sagen: Auch die *Zehn Gebote haben ihre Geschichte durchgemacht.* So wenig wie die Erzählungen vom Anfang und Ende der Welt sind die ethischen Weisungen des Alten Testaments vom Himmel gefallen. Die alttestamentliche Forschung[96] hat das breit nachgewiesen: nicht nur für das spätere Ethos der Propheten und das noch spätere – sehr säkulare – Ethos der Weisheitsliteratur, sondern auch und gerade für das frühe Ethos des mosaischen Gesetzes. Enthält doch die ganze lange Sinai-Geschichte[97] ein recht vielschichtiges Material von göttlichen Anordnungen aus recht verschiedenen Zeitphasen. Aber auch die Zehn Gebote, vermutlich später in dieser präzisen Form als Kern der Sinai-Geschichte eingesetzt und von verschiedenen Exegeten recht unterschiedlich für alle Jahrhunderte von der Mose-Zeit (13. Jahrhundert) bis zum 6. Jahrhundert datiert, haben eine lange Vorgeschichte: Die Weisungen der »zweiten Tafel« für die zwischenmenschlichen Beziehungen reichen jedenfalls in die sittlichen und rechtlichen Traditionen der vorisraelitischen, halbnomadischen Sitten zurück; sie haben im Vorderen Orient zahlreiche Analogien. Lange Zeit hat es gewiß gedauert, bis diese Normen eingeübt waren, bis sie sich eingeschliffen und bewährt hatten, bis sie nach Inhalt und Form so universal geworden waren, daß sie als zureichender Ausdruck des Willens Jahwes gelten konnten. Damit ist nicht ausgeschlossen, daß eine Reihe einprägsamer Grundanweisungen für das Jahwe-Volk von der Schar des Mose aus der Wüste mitgebracht und Gesamtisrael vererbt worden ist[98].

Aber wie immer es sich mit dem Ursprung der Zehn Gebote verhält: Diese fundamentalen Minimalforderungen für ein menschliches Zusammenleben liegen in ihrem Ursprung dem Jahweglauben voraus und sind, wenn man sie mit dem Ethos der Völker zwischen Ägypten und Mesopotamien vergleicht, nicht spezifisch israelitisch. Was ist dann *spezifisch israelitisch*? Spezifisch ist, daß diese *Forderungen der Autorität des Bundesgottes Jahwe unterstellt* werden, auf den sich die Pflichten der »ersten Tafel« und vor allem das Grundgebot der Bindung an Jahwe allein unter Ausschluß anderer Gottheiten bezieht!

Und die Konsequenzen für das bisherige Ethos? Dieselben Normen haben jetzt einen anderen Charakter. Sie umreißen jetzt – wie auch andere Gebotsreihen, soweit sie mit dem Jahweglauben vereinbar waren – in größtmöglicher Kürze Jahwes Willen, Jahwes Ansprüche an die Menschen. Sie haben jetzt eine andere Autorität. Jetzt ist es Jahwe selbst, der durch die Gebote über das elementare Menschsein des Menschen wacht, wie es die »zweite Tafel« sichert in bezug auf Elternehrung, Schutz des Lebens, der Ehe, des Eigentums, der Ehre des Nächsten. Also:

- *Das Eigentümliche der alttestamentlichen Sittlichkeit besteht nicht darin, daß man neue ethische Normen gefunden, sondern darin, daß man die überlieferten Weisungen unter die legitimierende und schützende Autorität des einen wahren Gottes und seines Bundes gestellt hat.*
- *Die aufgrund menschlicher Erfahrungen entstandenen Normen sind jetzt für Israel kein unverbindliches Menschengesetz oder ein nur allgemeines Gottesgesetz, sondern die kategorischen Forderungen des aus der Geschichte bekannten einen wahren Gottes der Väter.*
- *Allein das Gottesrecht garantiert die unbedingte Geltung der Menschenrechte: keine Menschenrechte ohne Gottesrecht, kein Gottesrecht ohne Menschenrechte! Das Gottesrecht zielt auf den Schutz der Menschenrechte, auf soziales Verhalten; umgekehrt sind die Menschenrechte im Gottesrecht verankert.*
- *Durch die Aufnahme des vorgefundenen Ethos in das neue Gottesver-*

hältnis kommt es zu einer neuen Motivation, Dynamisierung und Transparenz des Sittlichen.

Die Auswirkungen der religiösen Integration der Zehn Gebote in den Gedanken des Bundes mit dem einen Gott sind nicht zu übersehen[99]:
Neue Motivation des Sittlichen: Entscheidende Motive werden Dankbarkeit, Liebe, Gewinn des Lebens, geschenkte Freiheit.
Neue Dynamisierung des Sittlichen: Die bestehenden Normen werden weitergebildet und – wenn auch nicht auf allen Gebieten (wie Ehe und Stellung der Frau) konsequent – korrigiert im Lichte eben dieses Gottes und seines Bundes. Mit alten vorisraelitischen werden auch neue außerisraelitische Normen in das neue Gottesverhältnis – zunehmend, aber wiederum nicht immer vollständig – eingepaßt, neue sittliche und rechtliche Normen entwickelt und doch eine bedeutsame Konzentration und Vereinheitlichung erreicht: Die »zehn Worte« werden aus ethischen Minimalforderungen zu lapidaren Sätzen des Gotteswillens von unbedingter Geltung, die für umfassendere Bereiche eine prinzipielle und repräsentative Bedeutung haben.
Neue Transparenz des Sittlichen: Die Gebote und Verbote – unverzichtbare Postulate der Humanität – werden in neuer Weise transparent zum Religiösen hin: Jahwe selber erscheint als Anwalt des Menschlichen, und die Erfüllung des Gesetzes wird Ausdruck des Glaubens an ihn als den Bundespartner des Menschen.

So setzt denn die religiöse Fundierung der Ethik die geschichtliche Entwicklung ethischer Normen voraus, setzt diese aber auch zugleich in Gang. Grundsätzlich lassen sich so *drei Gestalten legitimer Ethik* unterscheiden:
die autonome Ethik, die im *Grundvertrauen* ihre Basis hat, aber die Unbedingtheit von Normen nicht ausreichend begründen kann oder will[100];
die theologisch begründete autonome Ethik, die im *allgemeinen Gott-Vertrauen* ihren Grund hat und von daher die Unbedingtheit ihrer Normen ausreichend zu begründen vermag[101];
die theologisch begründete, geschichtlich konkretisierte autonome Ethik, die im *biblischen Gottesglauben* ihren Grund hat und ihre unbedingten Normen geschichtlich zu konkretisieren vermag.

Welchen Sinn nun kann es haben, mich auch angesichts aller Relativität auf das *geschichtlich-konkrete Ethos der Bibel* einzulassen? Warum eigentlich nicht mit Einstein und vielen anderen auf die konkrete religiöse Fundierung der Ethik verzichten? Zugegeben: empirisch-rational gesehen gibt es offenkundig nicht einen, sondern mehrere Wege, menschenwürdig, richtig, gut, dem Gewissen entsprechend zu leben. Die Verbindlichkeiten, die sich aus dem Anspruch der Wirklichkeit ergeben, lassen sich sehr verschieden artikulieren, die menschlichen Notwendigkeiten und Dringlichkeiten sehr verschieden bestimmen. Aber macht nicht gerade dies die Schwierigkeit aus: die allzu große Allgemeinheit, Unbestimmtheit und Unverbindlichkeit ethischer Normen?

Was wahrhaft menschlich, was human ist, läßt sich offensichtlich gar nicht so leicht ausmachen. Und wenn man sich nicht zumindest stillschweigend an jüdisch-christlichen Wertmaßstäben orientierte, wäre es noch sehr viel schwieriger, auch nur die elementaren Menschenrechte zu begründen. Warum soll eigentlich nicht Herrschen und Dominieren wahrhaft menschlich sein, wie die Herrenmenschen-Moral aller Zeiten – und die des Nazismus ganz besonders – meinte? Oder warum soll nicht Genießen und Konsumieren wahrhaft menschlich sein, wie der mehr oder weniger raffinierte Hedonismus aller Zeiten – und der der Wohlstandsgesellschaft im besonderen – meint? Und ist die herrschende Moral nicht meist die Moral der Herrschenden, wie Marx und der Marxismus kritisch gegen die Moral einer Klassengesellschaft anführen?

Hier sind gerade die Propheten des Alten Bundes für Gesellschaftskritiker von Marx und Engels bis Bloch und viele religiöse Sozialisten starke Verbündete. Gegenüber den Mächtigen ihrer Zeit traten sie ein für das Gottesrecht – aber für das Gottesrecht um der Menschenrechte willen. Sie schützten die Unterdrückten vor Ausbeutung, die Hilflosen vor der Willkür, die Unwissenden vor der Übervorteilung. Sie klagten die Könige ebenso an wie die Priester, die Richter ebenso wie die Landbesitzer, sie kritisierten die eigene Opferliturgie ebenso, wie sie die fremden Kulte bekämpften.

Man beruft sich zur Begründung der Ethik gern auf Traditionen und Autoritäten, weil Rechte und Normen so schwierig rein rational zu begründen sind. Sogar bei so elementaren Fragen wie Liebe und Haß läßt sich ja fragen: Wie soll man eigentlich begründen, warum ich nicht hassen, sondern lieben soll? Ist der Haß rein wissenschaftlich (und oft auch wirtschaftlich) betrachtet einfach schlechter als die Liebe? Horkheimer hatte schon recht: »Es gibt keine logisch zwingende Begründung dafür, warum ich nicht hassen soll, wenn ich mir dadurch im gesellschaftlichen Leben keine Nachteile zuziehe[102].« Warum sollte Krieg nicht so gut oder schlecht sein wie Frieden, Freiheit so gut oder schlecht wie Unterdrückung? »Denn wie läßt es sich exakt begründen, daß ich, wenn es mir Spaß macht, nicht hassen soll? Der Positivismus findet keine die Menschen transzendierende Instanz, die zwischen Hilfsbereitschaft und Profitgier, Güte und Grausamkeit, Habgier und Selbsthingabe unterschiede. Auch die Logik bleibt stumm, sie erkennt der moralischen Gesinnung keinen Vorrang zu[103].«

Es ist wohl deutlich geworden: Ähnlich wie das Gottesverständnis, das von der Wirklichkeit dieser Welt und des Menschen her auf dem Weg rationaler Reflexion gebildet wird, bleiben auch *die von dieser Wirklichkeit rational-abstrakt abgeleiteten Normen ambivalent*. Auch sie sind ja nirgendwo in unvermittelter Direktheit und gegenständlicher Ausdrücklichkeit gegeben. Und so bleiben sie für jeden Einzelnen wie für die Gemeinschaft, für das Verhalten und Handeln in konkreten Situationen, vieldeutig, *letztlich unbestimmt*. Besonders schwierig ist zu erkennen, inwiefern in ihrer durchgängigen menschlichen Bedingtheit etwas wahrhaft Unbedingtes zum Ausdruck kommen soll.

So läßt sich denn angesichts der Nicht-Evidenz, Fraglichkeit, Unbestimmtheit der Normen und des von daher nicht erstaunlichen Pluralismus der Ethiken schon fragen: Wäre der Mensch nicht überfordert, wenn jeder isoliert für sich die Normen zu finden hätte? Wenn nicht schon immer Menschen da wären, die den Sinn, die konkrete Funktion und den humanen Wert dieser Normen erprobt, durchlebt und in vielfältiger Weise erfahren hätten? Wenn nicht schon dem Kind immer wieder neu *gesagt* würde, was es zu tun hat, was wirklich menschlich ist? Wo käme die Familie, die soziale Gruppe, auch der Staat, hin, wenn nicht immer wieder – mit allen möglichen Mitteln und Medien – *gesagt* werden könnte, was man soll, woran man sich unbedingt zu halten hat, welcher Weg der richtige, der gute, der wahrhaft menschliche ist?

Auch der kritischste und eigenständigste Mensch richtet sich nicht einfach nach Normen, die er allein rational gefunden und begründet hat. Auch ich fange nie bei Null an. Ich stehe in einer Gemeinschaft, in einer Tradition. Das Wissen um das Gute, seine Normen, Modelle, Zeichen wurde auch mir sozial vermittelt. Sollte ich deshalb nicht gut daran tun, für mein individuelles und soziales Verhalten die Erfahrungen und Maximen einer Gemeinschaft, der großen humanen und religiösen Traditionen, des Erfahrungsschatzes meiner Väter zu nutzen, um meine eigenen Probleme, die Fragen meiner eigenen Lebensgestaltung, Normen und Motivationen zu erhellen?

Gewiß, aus der persönlichen Verantwortung für mein Tun und für meine Lebensmaximen werde ich mich nie heraushalten können. Aber gerade deshalb ist es für mich außerordentlich wichtig, zu entscheiden, *von wem* ich mir etwas sagen lasse, von wem ich mir *das Entscheidende sagen lasse*. Und ist es nach allem Vorausgegangenen, nicht rational verantwortbar, daß ich mir für das praktische Handeln das letztlich Entscheidende *vom Gott der Väter*, vom *Gott der Bibel* sagen lasse?

Gerne würde ich auch hier mit einem Credo enden. Aber das Credo der Kirche sagt nichts über das Ethos. Schließlich glauben wir nicht an ein Ethos. Das Ethos soll selbstverständlich aus dem Glauben folgen. Der Gottesglaube ist eine eminent praktische Angelegenheit.

Damit haben wir nun die ethische Komponente des Gottesglaubens, soweit sie gerade vom biblisch-alttestamentlichen Gottesglauben her bestimmt ist, genügend miteinbezogen. Für die wissenschaftstheoretische Komponente, der wir in verschiedenen Kapiteln ebenfalls nachgegangen sind[104], sei auf die biblische und insbesondere alttestamentliche Hermeneutik verwiesen[105]. Dagegen drängt sich nach allem, was wir gehört haben, ein zusammenfassender Vergleich zwischen dem Gott der Philosophen und dem Gott der Väter auf.

Gott der Philosophen – Gott der Bibel

Wir sind nun genügend vorbereitet, um eine grundsätzliche Antwort auf jene Frage zu versuchen, die, wie wir sahen, zumindest seit Descartes und Pascal die Neuzeit in Atem gehalten, die aber schon seit Patristik und Mittelalter immer wieder neu Schwierigkeiten bereitet hat: »Der Gott der Philosophen und Gelehrten« – *oder* »der Gott Abrahams, Isaaks und Jakobs, der Gott der Väter«? Könnte man diese Frage beantworten, wäre wohl auch eine mögliche Antwort angedeutet auf die Frage Heideggers nach dem Göttlicheren Gott. So wollen wir denn, auf allem bisher Entwickelten aufbauend, behutsam eine zusammenfassende Antwort zu formulieren versuchen, indem wir dreimal in drei Schritten vom Gott der Philosophen auf den Gott Israels, der Väter, hin fragen, wobei nun auch das Neue Testament bereits miteinbezogen werden kann:

1. Wenn wir vom Gott der Philosophen her zum Gott der Bibel hin fragen: Ist Gott nicht auch für die Bibel der *Urgrund* aller Wirklichkeit? So lautet die Antwort:

- *Ja: Gott ist der Urgrund der Wirklichkeit, in welchem Welt, Mensch und alle Dinge ihren Grund haben. Er ist kein Anderer!*
- *Dagegen nein: Gott ist der ganz Andere! Gott ist nicht ein naturhaftes Urprinzip, ist kein Weltengrund, keine abstrakte Kausalität des Universums. Er ist erst recht kein dunkler Abgrund.*
- *Vielmehr: Gott ist der alles transzendent begründende und immanent bestimmende* Schöpfer *von Welt und Mensch! Das heißt:*
Der biblische Gott ist nicht ein Gott der Einsamkeit, sondern ein Gott der Partnerschaft, des Bundes: ein Gott, der im Zeit-Raum menschlicher Geschichte handelt, der sich in weltlichen Geschehnissen zu erkennen gibt, der sich in menschlicher Weise zeigt, Begegnung, Umgang, Verkehr mit ihm ermöglicht – ein Gott geschichtlicher Offenbarung.

2. Wenn wir vom Gott der Philosophen her zum Gott der Bibel hin fragen: Ist Gott nicht auch für die Bibel der *Urhalt* aller Wirklichkeit? So lautet die Antwort:

- *Ja: Gott ist der Urhalt der Wirklichkeit, in welchem Welt, Mensch und alle Dinge ihren Halt haben. Er ist kein Anderer!*
- *Dagegen nein: Gott ist der ganz Andere! Gott ist nicht eine anonyme Urmacht, ist kein Weltgesetz, keine abstrakte Normativität des Universums. Er ist erst recht kein täuschender Scheinhalt.*

- *Vielmehr: Gott ist der alles transzendent bestimmende und immanent haltende* Lenker *von Welt und Mensch! Das heißt:*
Der biblische Gott ist nicht ein Gott, der sich aus allem heraushält und erhaben in einer vom Leid der Welt und des Menschen unberührten himmlischen Transzendenz verharrt, sondern ist ein Gott, der lebendig Anteil nimmt und sich verborgen in der dunklen Geschichte engagiert – ein Gott anhebender Versöhnung.

3. Wenn wir vom Gott der Philosophen her zum Gott der Bibel hin fragen: Ist Gott nicht auch für die Bibel das *Urziel* aller Wirklichkeit? So lautet die Antwort:

- *Ja: Gott ist das Urziel der Wirklichkeit, in welcher Welt, Mensch und alle Dinge ihr Ziel haben. Er ist kein Anderer!*
- *Dagegen nein: Gott ist der ganz Andere! Gott ist nicht eine stumme, nur äußerlich anziehende Gewalt, ist keine Weltkraft, keine abstrakte Finalität des Universums. Er ist erst recht kein frustrierendes Endziel.*
- *Vielmehr: Gott ist der alles transzendent haltende und immanent erfüllende* Vollender *von Welt und Mensch! Das heißt:*
Der biblische Gott ist nicht ein affektloser, leidensunfähiger, dem ungeheuren Leid von Welt und Mensch gegenüber apathischer Gott, sondern ein sym-pathischer, mit-leidender Gott, der, in Zukunft alles verändernd, durch Befreiung von Schuld, Leid und Tod zur endlichen Gerechtigkeit, zum ungebrochenen Frieden und zum ewigen Leben führt – ein Gott endgültiger Erlösung.

Dies alles ließe sich noch vielfältig beleuchten; das Material der Bibel dafür ist beinahe unerschöpflich. Man könnte zum Beispiel sehen, wie sich dies in der *prophetischen Verkündigung* bestätigt, wo Jahwe nicht nur, wie wir sahen, als der Befreier aus Ägypten, Geleiter durch die Wüste und Geber des Landes erscheint, sondern auch als Vater, als Hirt, als König, als Liebender und Gemahl seines Volkes – lauter Bilder für die hier angesprochene Wirklichkeit. Und man könnte dann das alles bestätigen durch die *priesterliche Tradition*, durch die *Weisheitslehren* der hellenistischen Zeit und schließlich die *Endzeiterwartung* der Apokalyptik zur Zeit vor Christi Geburt[106].

Man könnte aber auch ganz anders die für das Verhältnis des Menschen zu Gott so wichtigen *Gottesprädikate* oder Eigenschaften Gottes reflektieren, um zu zeigen: Zwar bestätigt die Bibel die im Geist griechischer Metaphysik in einem Rückschlußverfahren aus der vorhandenen Welt abgelesenen Prädikate, verneint sie aber auch einschränkend, um sie schließlich gerade so konkret zu überbieten. Man könnte etwa überlegen, daß nach der Schrift Gottes »Ewigkeit« gewiß nicht als Zeitverhaftetheit und Vergänglichkeit zu verstehen ist, aber auch nicht als platonische Zeitlosigkeit, vielmehr als machtvoll lebendige Gleichzeitigkeit zu allen Zeiten. Oder seine

»Unveränderlichkeit« gewiß nicht als Unvollkommenheit und Oberflächlichkeit, aber auch nicht als starre, naturhafte, tote Unbeweglichkeit, vielmehr als wesenhafte Treue zu sich selbst in aller lebendigen Bewegtheit. In gleicher Weise könnte man von Gottes Allgegenwart, Allmacht, Geistigkeit, Gerechtigkeit, Güte, Unbegreiflichkeit reden. Aber auch von den sonst negativ besetzten Attributen: von der »Eifersucht« etwa, die kein Produkt von Neid und Furcht ist, sondern Ausdruck seiner Einzigkeit, die keine anderen Götzen neben sich duldet, Konsequenz seines Willens, der zum Wohl des Menschen unbedingt auf seinen Weisungen besteht und deshalb auch – als Ausdruck seines Unwillens gegen das Böse – Haß, Abscheu, Rache, aber auch Reue und Vergebung zeigt.

Soll man sich also an all den *Anthropomorphismen* [107], Menschenförmigkeiten Gottes, in der Bibel stoßen? Sie wollen Gott nicht simpel vermenschlichen, sondern ihn als den Lebendigen den Menschen nahebringen. Philosophisch abstrakte Bestimmungen des göttlichen Wesens lassen uns kalt. Es muß das Göttliche in seiner leidenschaftlichen Bewegtheit ins Bewußtsein treten, damit der Mensch seinem Gott so intensiv und konkret wie einem Menschen begegnet: einem Angesicht, das uns aufleuchtet, einer Hand, die uns führt. Welche vornehmeren, welche größeren, tieferen Bilder, Chiffren, Symbole, Vorstellungen, Begriffe aber hätte der Mensch zu seiner Verfügung, um sich an Gott heranzutasten, als eben menschliche? Der biblische Gott ist ganz und gar wesentlich ein *Gott mit menschlichem Antlitz.*

So haben wir uns wieder neu auf den Gott der Bibel besonnen, ohne biblizistisch die Ergebnisse der Philosophie zu überspringen. Und wir haben über den Gott der Philosophen neu nachgedacht, ohne metaphysisch dabei stehenzubleiben:

- *Es erwies sich als kurzschlüssig, den Gott der Philosophen und den Gott der Bibel einfach zu dissoziieren, wie dies die sogenannte Dialektische Theologie versucht hatte.*
- *Es erwies sich als oberflächlich, den Gott der Philosophen und den Gott der Bibel einfach zu harmonisieren, wie dies die sogenannte Natürliche Theologie tat.*
- *Alles kam und kommt darauf an, das Verhältnis* wahrhaft dialektisch *zu sehen: Der Gott der Philosophen ist im Gott der Bibel im besten, dreifachen Sinn des Wortes,* »aufgehoben« – affirmiert, negiert und transzendiert in einem*!*

Dieser Gott ist der Göttlichere Gott, vor dem der moderne, so kritisch gewordene Mensch – ohne seine Vernunft je aufgeben zu müssen – »beten und opfern, wieder aus Scheu ins Knie fallen und vor ihm musizieren und tanzen kann«.

III. Der Gott Jesu Christi

»Alles, was der Vater hat, ist mein«, sagt Jesus nach dem Johannesevangelium[1]. Ist es wirklich so, wie Ernst Bloch meint: Im Christentum hat sich der Menschensohn Jesus als Gottes Sohn an die Stelle Gottes gesetzt, so daß von Gott selbst schließlich nichts mehr übrigblieb? Der Atheismus wäre also schon vorbereitet im Christentum, in seiner Idee von Gottes Mensch-Werdung, vom Deus homo factus est? So Bloch: »Deus homo factus est, diese letzte biblische Wendung des biblischen Exodus auch noch aus Jachwe verwandelte demgemäß den apokalyptisch geglaubten Tag, Triumphtag Jachwes am Ende der Tage, in ein ganz anderes ›aufgedecktes Angesicht‹, nämlich unseres, als des Menschensohns[2].« Im Rätselwort Menschensohn und seinen Implikationen würden – so Bloch ganz nach Feuerbach – »die guten Schätze, die an einen hypostasierten Vaterhimmel verschleudert waren, in ein noch so sehr hermetisches Humanum eingebracht«: So würde der »Tag Jachwes« am Ende der Zeit zu einem Tag »des Menschensohns, der ohne Jachwe ist, durchaus A-Kyrios, also A-Theos zugleich, im wahren Sinn des Cur deus homo«[3]. Damit käme es, wie Bloch schon im »Prinzip Hoffnung« sagt, schließlich so weit, »daß kein Gott in der Höhe bleibt, indem ohnehin keiner dort ist oder jemals war«[4]. Das ist Blochs These vom *christologisch bestimmten »Atheismus im Christentum«*, die in den 60er Jahren von einzelnen Gott-ist-tot-Theologen ebenfalls vertreten wurde: Gott ist tot, es lebe Jesus, der Menschensohn, ja, es lebe der Mensch!

Es ist nun freilich berechtigt, Bloch in seinen Ausführungen Mißverständnisse, Fehlinterpretationen und Konsequenzmacherei, kurz eine »wilde Exegese«[5], vorzuwerfen. Aber die Gefährlichkeit einer Volksfrömmigkeit, die Christus völlig mit Gott identifiziert, wird hier ebenso sichtbar wie die einer hohen dogmatischen Christologie, die in dieser Hinsicht nicht genügend vorgebeugt hat. Als Warnzeichen jedenfalls ist diese Kritik ernstzunehmen: so weit könnten Bloch, dem Atheisten jüdischer Provenienz, nicht nur gottgläubige Juden, sondern auch Christen zustimmen.

1. Gott als Vater

Blochs These vom Atheismus im Christentum ist abhängig von einer Auffassung des Alten Testaments, die in der Zwischenkriegszeit weit verbreitet war[6] und die von der jahwistischen Urgeschichte ein ziemlich düsteres Bild liefert[7]. Blochs wie immer sehr bestimmt vorgetragener Meinung, Jahwe sei in den ältesten Schichten des Alten Testaments ein dem Menschen feindlicher und deshalb vom Menschen bekämpfter Dämon gewesen, der erst nachträglich zu einem moralischen Gott versittlicht worden sei, wird heute kaum ein Exeget folgen. Aber vielleicht ist dieser Aspekt in neuerer Zeit doch zu wenig beachtet worden. Immerhin hat schon 1924 der protestantische Tübinger Exeget Paul Volz sehr prononciert über »Das Dämonische in Jahwe« geschrieben, was von so bedeutenden Alttestamentlern wie W. Eichrodt apologetisch verharmlost[8] und von vielen anderen überhaupt verschwiegen wird.

Doch hat genau 50 Jahre später, diesmal ein katholischer Tübinger Exeget, Herbert Haag, der sich in der theologischen Bekämpfung des unchristlichen Dämonenglaubens große Verdienste erworben hat, sehr differenziert, aber deutlich über das »Strandgut umweltlichen Dämonenglaubens« geschrieben, der nur mühsam in den Jahweglauben integriert werden konnte: »Diese Integrierung konnte gelegentlich auch dadurch erfolgen, daß ein Dämon zu einem ›Engel‹ oder sogar zu Jahwe selbst aufgewertet wurde. Der Prozeß der Integrierung ist vor allem in der nachexilischen Zeit festzustellen, woraus wir schließen können, daß die anderen Maßnahmen sich nicht als wirkungsvoll genug erwiesen hatten[9].« Und mit Bezug auf die Arbeit von Volz schreibt Haag: »Allerdings hat Jahwe nicht nur die Funktionen dämonischer Wesen übernommen, sondern auch jene von Unheil wirkenden Göttern der Umwelt, wie des ägyptischen Set, der babylonischen Pestgötter Erra und Nergal, des kanaanäischen Rešef[10].«

Eine Konfrontation zwischen Altem und Neuem Testament an dieser Gelenkstelle ist wichtig.

Ein tyrannischer Gott?

Ist es denn so selbstverständlich, daß derselbe heilige Gott Israels und Gott der Befreiung in den alten Sagen

Abraham zum Opfer seines Sohnes auffordert und erst im allerletzten Moment dessen Messer zurückhält[11];

Jakob an der Furt überfällt, die ganze Nacht mit ihm kämpft und ihn verletzt zurückläßt[12];

in der Exodusgeschichte den Menschen als Pestgott, Blutgott und Würgengel begegnet[13], sogar Mose wie ein Blutdämon anfällt und ihn töten will[14] und später nach dem Tanz um das Goldene Kalb 3000 Mann niedermachen läßt[15];

nach eigenen Worten Wohlwollen gewährt, wem er will, und Erbarmen schenkt, wem er will[16];

Ursache ist für den unabsichtlichen Totschlag ebenso wie für die auffallende Landplage[17];

in der Richterzeit Jiftach unbeanstandet für Jahwe seine Tochter schlachten läßt[18];

in der Königszeit für Sauls ungerechten Argwohn gegen David und für Davids ungerechtfertigte und nachher bestrafte Volkszählung verantwortlich ist[19];

im 9. Jahrhundert in seinem Namen durch Elija 450 Baalspropheten töten und durch Elischa die Omriden-Dynastie in blutiger Revolution stürzen läßt[20];

noch im 8. Jahrhundert nach dem Propheten Amos für jedes Unglück des Menschen verantwortlich ist[21]?

Gewiß kann man sagen, daß diese Erzählungen teilweise ältere Traditionen wiedergeben, die dem Aussagewillen der Redaktoren nicht mehr entsprechen. Trotzdem: dies alles steht nun einmal auch geschrieben und sollte nicht verschwiegen oder verharmlost werden. Muß man hier, wenn auch nicht einfach von einem Willkürgott und Despoten, so teilweise nicht doch von einem Gott mit willkürlichen, despotischen, *dämonischen Zügen* reden – darin nicht unähnlich den heidnischen Göttern in ihrer Launenhaftigkeit? Nun kann man freilich auch sagen, daß schon der Prophet Hosea jene blutige Revolution verurteilt hat[22], daß die Propheten seit dem 8. Jahrhundert keine Gewalt mehr anwenden und auch von Menschenopfern nichts mehr berichtet wird. Gott hält sich an sein Gesetz, bestraft die Vergehen und belohnt gesetzestreuen Wandel, fordert nicht unerbittlich Umkehr und besteht nicht immer auf Erfüllung der Strafe bis zum Ende.

Und doch: Jene Züge Jahwes haben sich im israelitischen Ethos, etwa vom Heiligen Krieg und der Behandlung der Feinde, ebenso niedergeschlagen wie in den grausamen Fluchpsalmen. Und auch noch der *Gott des Gesetzes* trägt Züge, die zwar nicht mehr despotische Willkür und grausame Dämonie ausdrücken, wohl aber als Überhöhung irdischer Autorität und als Theokratie eines demütigenden Tyrannengottes verstanden werden können. Zweifellos ist das Gesetz Israels – dies muß gegen allzu schnelle negative Urteile gerade von christlicher Seite wiederholt werden – zu verstehen als Ausdruck der Gnade und des Wohlwollens des Bundesgottes. Die Grundlage des Glaubens Israels ist ja ursprünglich nicht das Gesetz, sondern der Bund Gottes mit seinem Volk: Das Gesetz ist um des Bundes Gottes willen da, ist Gnade des Bundesgottes. Aber: immer mehr wurden die kasuistischen Gesetze des Zusammenlebens und die kultischen Anweisungen dem apodiktischen Gottesrecht, wie es sich im Dekalog kristallisiert hatte, gleichgeordnet und als für das Gottesverständnis ebenso entscheidend angesehen.

So kam es, daß nach dem Babylonischen Exil bei der Reorganisation der Gemeinde durch Esra (um 400) das nun erstarrte Gesetz zur Grundlage des Gottesverhältnisses und zur selbständigen Autorität wurde: Norm für die Zugehörigkeit zum Gottesvolk, für die Gottwohlgefälligkeit[23], für das menschliche Wohlergehen[24]. Das Gesetz, das dem Frommen Leben spendet, wird Gegenstand der Verehrung und Liebe, in Psalmen hymnisch gefeiert[25]. Ergänzt und geändert wurde nicht mehr, nur noch interpretiert. Auch was nicht mehr verstanden wurde, mußte gehalten werden; auch was für andere Situationen gedacht war, mußte für neue Fragen herhalten[26].

Es läßt sich somit kaum bestreiten: Der für das frühe Judentum der Zeit Jesu charakteristische *Legalismus* (Nomismus) war bereits im Alten Testament grundgelegt, wenn auch oft kritisiert: Das Gesetz, wie es im Pentateuch in vollem Umfang aufgeschrieben und von der Tradition durch die Schrifttheologen bis ins Detail erläutert wird, ist jetzt ausschließlich der geoffenbarte Gotteswille, unbedingt einzuhalten bis hin zur letzten Sabbat-, Speise-, Reinheits-, Gebets- und Gottesdienstvorschrift. Das Gesetz, dessen Erfüllbarkeit vorausgesetzt wird, regelt nicht nur den gesamten Tagesablauf, sondern bedingt auch die Trennung von den Nichtjuden im täglichen Zusammenleben.

Diese in der Tradition entfalteten Gesetzesvorschriften wurden später in Mischna und Talmud niedergeschrieben und bestimmen bis heute das *orthodoxe Judentum*, das sich buchstabengetreu an das Gesetz hält, alle Neuerungen und Anpassungen der konservativen und erst recht der liberalen Juden ablehnt und im modernen demokratischen Industriestaat Israel für die Wiedereinführung der alten Theokratie kämpft. Eine religiöse Minderheit, gewiß, aber – einflußreich durch die exklusiv orthodoxe Staatssynagoge und politische Parteien – versucht sie durchzusetzen, daß sich im jüdischen Staat auch heute noch privates wie öffentliches Leben ausschließlich nach dem Gesetz, der Tora, richten. Manche heute in Israel wieder zunehmend heftigen Kämpfe um Einhaltung der Sabbatruhe (Steine und Straßensperren gegen Autos), Speisevorschriften (Schweinefleisch, koschere Küche in Armee, Krankenhäusern, Gefängnissen), Ehegesetzgebung (Scheidung, Stellung der Frau), Machtstellung der Schriftgelehrten (Oberster Rabbinat), die Frage »Wer ist ein Jude?« (Einbürgerung, Mischehen, Mischehe-Kinder): dies alles erinnert nur zu deutlich an die Auseinandersetzungen Jesu selbst mit seinen Zeitgenossen. Und damals wie heute geht es letztlich um ein und dasselbe Problem: um das Verständnis Gottes selbst!

Wenn nun aber *Jesus* diesen aus Israels Geschichte wohlbekannten einen und einzigen Gott, wie er in den Erfahrungen der Menschen gesprochen hat und in ihren Antworten und Fragen angesprochen wurde, wenn er diesen Gott mit menschlichem Antlitz als lebendig und nahe verkündigt hat, wenn er also nur das Gottesverständnis Israels mit besonderer Reinheit, Konsequenz und Dringlichkeit erfaßt hat: warum kam es dann zum Konflikt?

Es ist keine Frage: *Jesus sieht Gott anders.* Freilich nicht in dem Sinn, als ob er einen verbürgerlicht-harmlosen, anspruchslosen Gott verkündete, wie wir ihn allzugerne nach unserem Bilde schaffen: einen Gott ohne unangenehme Züge und unbequeme Forderungen, der schon mit der Anerkennung seiner Existenz zufrieden wäre; der unsere religiösen Bedürfnisse recht und schlecht befriedigt und uns doch zu nichts verpflichtet; der uns gerade so nimmt, wie wir sind, und keine Bekehrung fordert; der alles versteht und alles verzeiht... Nein, einen solchen Gott, der unser eigener Götze wäre, hat Jesus nicht verkündet. In diesem Sinne wollte er gar keinen neuen Gott verkünden, sondern durchaus den Gott Israels, den Schöpfer und Richter der Welt. Wie viele Menschen seiner Zeit sieht auch er Weltenwende und Weltgericht kommen, den neuen Himmel und die neue Erde, die Welt Gottes, welche diese dem Bösen ausgelieferte Welt ablöst: Gottes Reich. Und wie sein Vorläufer Johannes, dessen Taufe er empfangen hat, predigt Jesus angesichts des kommenden Gottesreiches Umkehr. Seine Predigt vom Gericht Gottes darf nicht zugunsten einer Predigt von Gnade und Liebe Gottes eliminiert werden; zu viele Stellen handeln davon. Die Lage ist ernst: Man kann das Gottesreich auch verfehlen. Und doch: das Gericht hat bei Jesus einen anderen Stellenwert. Wo der Täufer von Zorn und Verwerfung redet, spricht er von Heil und Erbarmen. Anders als die finstere Gerichtsdrohung des Asketen Johannes ist seine Botschaft von Anfang an eine freundliche, erfreuliche Botschaft von der Güte des nahenden Gottes und seinem Reich der Gerechtigkeit, der Freude und des Friedens. Statt der Drohbotschaft eine Frohbotschaft: das Reich Gottes primär nicht als Gericht, sondern als Gnade für alle.

Wenn Jesus von Gott redet und wenn er in seinem Namen handelt, macht er deutlich, was im Alten Testament vage war, *macht er eindeutig, was dort mehrdeutig erschien.* Seine Botschaft von der unwiderruflichen Nähe Gottes und seines Reiches meint freilich keine neuen Offenbarungen über sein Wesen, keinen neuen Gottesbegriff. Jesus reflektiert überhaupt nicht über Gottes inneres Wesen; an metaphysischen Spekulationen über Gott an sich hat er kein Interesse. Er spricht von Gott in Gleichnissen: nicht spekulierend und nicht argumentierend, sondern erzählend. Gott ist für ihn das konkrete Gegenüber seines glaubenden Vertrauens und hingebenden Gehorsams. Zu diesem einen Gott bekennt er sich, diesen einen Gott soll der Mensch von ganzem Herzen lieben: die Liebe zu Gott zugleich mit der darin begründeten Liebe zum Nächsten – schon im Alten Testament gefordert – stellt er als allesumfassendes Hauptgebot heraus.

- *Dieser Gott Jesu entbehrt aller willkürlichen, dämonischen Züge: Gott ist eindeutig gut, nie dämonenhaft böse; er ist menschenfreundlich, nie indifferent!*

Jesus nennt ihn barmherzig, gut, allein gut. Aber diese Eigenschaften sind ihm nicht wichtig als objektive Prädikate, sondern als tätige Eigenschaften für Mensch und Welt: was Gott ist, nicht an sich oder für sich, sondern für Mensch und Welt, wie er an Mensch und Welt handelt. Prädikate nicht eines Wesens »an sich«, sondern seines Verhältnisses zu uns. Denn nur in Gottes Wirksamkeit offenbart sich seine Wirklichkeit: im Wirken an Mensch und Welt, so daß immer, wenn von Gott zu reden ist, zugleich auch vom Menschen gesprochen werden muß.

Dabei ist wichtig: Für Jesus wirkt Gott nie nur in einem »übernatürlichen« Bereich. Er waltet mitten in der Welt und sorgt so für des Menschen große und kleine Welt, was jedes ängstliche Sichsorgen überflüssig macht. Dabei schließt Jesus nicht durch Schlußfolgerung von der Welt auf Gott. Vielmehr sieht er die ganze Welt im Lichte Gottes: ein großes Gleichnis, das auf den Schöpfer und Vollender der Welt zugleich verweist. So wird die Welt verstanden, wie es damals möglich war, ohne Kausalität und Naturbegriff, aber doch so, daß man in ihr ganz praktisch leben kann: in ihr als Gottes guter, aber vom Menschen verdorbenen Welt. So ist dieser Gott in großer Spannweite zugleich jenseitig *und* diesseitig, fern *und* nahe, überweltlich *und* innerweltlich, zukünftig *und* gegenwärtig. Gott ist ausgerichtet auf die Welt: kein Gott ohne Welt! Und die Welt ist ganz bezogen auf Gott: keine Welt ohne Gott!

Gott – männlich?

Man sagt oft noch heute: Jesus hat als erster *Gott als den Vater* und die Menschen als dessen Kinder verkündigt. Aber die Religionsgeschichte hat nachgewiesen, daß Gott in den verschiedensten Religionen Vater genannt werden kann: im Umkreis Israels nicht zuletzt von den Griechen, wo schon in Homers Epen Zeus, der Sohn des Chronos, genealogisch als Vater der Götterfamilie erscheint; dann auch in der stoischen Philosophie, wo, kosmologisch geläutert, die Gottheit als Vater des vernunftdurchwalteten Kosmos und der mit ihm verwandten und von ihm umsorgten vernunftbegabten Menschenkinder gilt.

Aber gerade die Tatsache, daß Gott auch in heidnischen Religionen Vater genannt werden kann, sollte uns im Gebrauch des Vaternamens vorsichtig machen. Und dies erst recht in einem Zeitalter der Frauenemanzipation, die uns diese Problematik erst wieder scharf ins Bewußtsein gehoben hat. Ist es doch keine Frage: das Verständnis Gottes als eines Vaters mußte sehr oft zur religiösen Begründung eines gesellschaftlichen Paternalismus auf Kosten der Frau und vor allem zu einer permanenten Unterdrückung des Weiblichen in der Kirche herhalten. Denn diese falsche Vater-Ideologie ist ja wieder Grundlage für eine exklusiv männliche Sohnes-Christologie, die ihrerseits dazu mißbraucht wird – wie in einem neuesten römisch-katholischen

Dokument[27] –, mit abstrusen biblischen Argumentationen die Ordination der Frau weiterhin zu verweigern[28].

Nun treten im allgemeinen die Götter in der Religionsgeschichte geschlechtlich differenziert auf, wiewohl es vielleicht schon am Anfang zweigeschlechtliche oder geschlechtsneutrale Wesen gegeben hat und sich auch später immer wieder doppelgeschlechtliche Züge zeigten. Ist es aber nicht auffällig, daß in den mutterrechtlichen Kulturen an der Stelle des Vatergottes die »Große Mutter« steht, aus deren fruchtbarem Schoß alle Dinge und Wesen hervorgegangen sind und in den sie zurückkehren? Das wirft ein Licht auf die geschichtliche Relativität einer männlichen Gottheit. Es ist, historisch gesehen, durchaus möglich, wenn auch unter den Historikern nach wie vor umstritten, daß das Matriarchat älter ist als das Patriarchat. Dann wäre der Kult der Muttergottheit, von welchem etwa in Kleinasien der spätere Marienkult gewichtige Impulse bekommen hat, dem des Vatergottes auch zeitlich vorangegangen.

Auch im Alten Testament ist die Vaterbezeichnung für Gott nicht allein von der Einzigkeit Jahwes bestimmt. Sie erscheint auch gesellschaftlich bedingt, geprägt von einer männerorientierten Gesellschaft. Aber wie immer die historischen Fragen entschieden werden mögen: *Gott ist keinesfalls gleich Mann!* Schon im Alten Testament, bei den Propheten, zeigt Gott auch weibliche, mütterliche Züge. Und gerade dies muß aus heutiger Perspektive – um der in den Kirchen dringend nötigen Aufwertung der Frau willen – noch deutlicher gesehen werden; ist doch das Christentum – und die anderen Weltreligionen noch mehr – eine Männerreligion, die freilich faktisch weithin von Frauen lebt. Deshalb darf nie vergessen werden:

- *Die Vaterbezeichnung für Gott wird mißverstanden, wenn sie statt symbolisch (analog) als Gegensatz zu »Mutter« verstanden wird: »Vater« ist patriarchales Symbol – mit auch matriarchalen Zügen – für eine transhumane, trans-sexuelle allerletzte-allererste Wirklichkeit.*

Gott ist also nicht männlich und darf nicht durch den Raster des Männlich-Väterlichen gesehen werden, wie dies eine allzu männliche Theologie tat. Es muß an ihm auch das weiblich-mütterliche Moment erkannt werden.

Es hilft uns bei dieser Betrachtung durchaus, daß Gott schon im Alten Testament nie wie Zeus als physischer Vater von Göttern, Halbgöttern oder Heroen angesehen wird. Freilich wird er auch nie einfach der Vater aller Menschen genannt. Denn:

Jahwe ist der Vater des Volkes Israel, welches Gottes erstgeborener Sohn genannt wird[29].

Jahwe ist insbesondere der Vater des Königs von Israel, der in ausgezeichnetem Sinn als Sohn Gottes gilt, was für das spätere Verständnis des Gottessohn-Titels Jesu wichtig wird; der später auf Jesus angewandte Psalmvers: »Du bist mein Sohn, heute habe ich dich gezeugt[30]«, meint nicht eine mirakulöse Zeugung, sondern die Einsetzung des Königs in die Sohnesrechte[31]. Jahwe wird dann schließlich im späteren Judentum auch als Vater des einzelnen Frommen[32] und des erwählten Volkes der Endzeit verheißen[33].

Hier überall kommen – ohne alle sexuellen Bezüge und ohne religiösen Paternalismus – die auch heute unverzichtbaren *positiven Aspekte des Vatersymbols* zum Ausdruck: Es bedeutet Macht und zugleich Nähe, Schutz ebenso wie Fürsorge, Abhängigkeit wie Geborgenheit!

Vater der Verlorenen

Jesus bezieht die Vaterschaft Gottes nie auf das Volk als solches: Schon für den Täufer Johannes stellt die Zugehörigkeit zum auserwählten Volk keine Heilsgarantie mehr dar. Jesus bezieht die Vaterschaft aber auch – und dies ist ein Unterschied zum Täufer – auf die Bösen und Ungerechten und begründet von daher die für ihn so spezifische Feindesliebe[34]. Das ist auffällig.

Selbstverständlich kannte Jesus auch vor seinem Tod am Kreuz all das Übel in der Welt, all die Ungerechtigkeit, Bosheit, Grausamkeit, alles Leid, allen Schmerz, alle Trauer. Aber Jesus hat angesichts allen Übels keine philosophische oder theologische Rechtfertigung Gottes, keine »Theo-dizee«, gegeben. Seine Antwort ist praktisch orientiert – sie ist Hinweis auf Gott als den Vater:

Gott als der Vater, der in seiner tätigen Vorsehung und Fürsorge sich um jeden Sperling und um jedes Haar kümmert[35], der um unsere Bedürfnisse weiß, bevor wir ihn bitten[36], der unsere Sorgen als überflüssig erscheinen läßt[37];

Gott als der Vater, der um alles in dieser so gar nicht heilen Welt weiß und ohne den nichts geschieht, dem der Mensch unbedingt vertrauen und auf den er sich auch in Leid, Ungerechtigkeit, Schuld und Tod ganz verlassen kann.

Dies also ist Jesu *praktische Antwort auf die Theodizeefrage*, nach den Lebensrätseln, dem Leid, der Ungerechtigkeit, dem Tod in der Welt: ein Gott nicht mehr in unheimlicher transzendenter Ferne, sondern nahe in unbegreiflicher Güte, ein Gott, der nicht auf ein Jenseits vertröstet und die gegenwärtige Dunkelheit, Vergeblichkeit und Sinnlosigkeit verharmlost. Vielmehr ein Gott, der selbst in Dunkelheit, Vergeblichkeit und Sinnlosigkeit zum Wagnis der Hoffnung einlädt. Ihm gegenüber muß der Mensch nicht seine Freiheit wahren. Gottes Walten und des Menschen Aktivität schließen sich nicht aus. Das von Theologen vieldiskutierte Problem des »Zusammenwirkens« (»concursus«) von göttlicher Vorherbestimmung und menschlicher Wahlfreiheit, von göttlichem und menschlichem Willen, ist für Jesus offensichtlich kein Problem[38]. Übrigens auch für Jesu Zeitgenossen nicht. Wo lag das Problem?

Es mag helfen, den Streitpunkt mit der bekannten Parabel Jesu einzuleiten, die oft genug harmlos mißverstanden statt in ihrer Neuartigkeit ernstgenommen wurde: die Parabel, die eigentlich nicht den Sohn, sondern den Vater zur Hauptfigur hat. Es ist doch der Vater, der den Sohn in Freiheit ziehen läßt, der ihm weder nachjagt noch nachläuft. Es ist der Vater, der den aus dem Elend Zurückkehrenden sieht, bevor dieser ihn sieht, der ihm entgegenläuft, sein Schuldbekenntnis unterbricht, ja, ihn ohne alle Abrechnung, ohne Probezeit, ohne Vorbedingung aufnimmt. Es ist der Vater, der deshalb ein großes Fest feiern läßt – zum Ärgernis des korrekt Daheimgebliebenen[39].

Hier sehen wir genau das, was dieser »Freund von Zöllnern und Sündern«, der das Verlorene und Verkommene meint suchen und retten zu müssen, auch in anderen Parabeln zum Ausdruck brachte. Spricht er doch von Gott als der Frau (!) oder dem Hirten, die sich über das wiedergefundene Verlorene freuen, als dem großmütigen König, dem großzügigen Geldverleiher, dem gnädigen Richter. Ließ er sich doch auch selber ganz praktisch mit moralischen Versagern, Unfrommen und Unmoralischen ein, behandelte sie bevorzugt und sprach ihnen sogar zum allgemeinen Ärgernis auf der Stelle Vergebung ihrer Schuld zu.

- *Jesus stellt Gott ausdrücklich als Vater des »verlorenen Sohnes«, ja, als Vater der Verlorenen hin.*
- *Der wahre Gott Jesu ist der Gott Israels – neu verstanden.*

Dieser Gott ist – und auch Bloch hat hier die Unterschiede herausgestellt – nicht mehr der theokratische Gott der Willkür oder des Gesetzes: Dieser Gott ist offensichtlich mehr als jenes von oben alles diktierende und zentral lenkende, allmächtig-allwissende Wesen, das seine Planziele unerbittlich, und sei es mit »heiligen Kriegen« im großen und kleinen und ewiger Verdammung der Gegner, zu erreichen trachtet. Dieser Gott ist mehr auch als der oberste Garant eines fraglos zu akzeptierenden, wenn auch vielleicht geschickt zu manipulierenden Gesetzes. Das bedeutet für heute: Dieser Vater-Gott will kein Gott sein, wie ihn Marx, Nietzsche und Freud fürchteten, der dem Menschen von Kind auf Ängste und Schuldgefühle einjagt, ihn moralisierend ständig verfolgt und der so tatsächlich nur die Projektion anerzogener Ängste, menschlicher Herrschaft, Machtgier, Rechthaberei und Rachsucht ist. Ein solcher Gott kann tatsächlich als »Gottesvergiftung« wirken[40]. Nein, dieser Vater-Gott will kein tyrannischer Gott sein, der auch nur indirekt jenen Repräsentanten totalitärer Systeme zur Rechtfertigung dienen könnte, die – ob fromm-kirchlich oder unfromm-atheistisch – seinen Platz einzunehmen und seine Hoheitsrechte auszuüben versuchen: als fromme oder unfromme Götter der orthodoxen Lehre und unbedingten Disziplin, des Gesetzes und der Ordnung, der menschenverachtenden Diktatur und Planung ...

Nicht der allzu männliche Willkür- oder Gesetzesgott also ist es: Nicht ein

Gott, geschaffen nach dem Bild der Könige und Tyrannen, der Hierarchen und Schulmeister. Sondern der – das große Wort ist nicht zu verniedlichen – *liebe Gott*, der sich auf die Menschen, ihre Nöte und Hoffnung vorbehaltlos einläßt:
der nicht fordert, sondern gibt, der nicht niederdrückt, sondern aufrichtet, nicht krank macht, sondern heilt;
der diejenigen schont, die sein heiliges Gesetz und damit ihn selbst antasten, der statt verurteilt vergibt, statt bestraft befreit, statt Recht Gnade walten läßt;
der sich über die Umkehr eines einzigen Ungerechten mehr freut als über 99 Gerechte: der den verlorenen Sohn lieber hat als den daheimgebliebenen, den Zöllner lieber als den Pharisäer, die Ketzer lieber als die Orthodoxen, die Dirnen und Ehebrecher lieber als ihre Richter, die Gesetzesbrecher oder Gesetzlosen lieber als die Gesetzeswächter! Wahrhaftig, eine nicht nur für die damalige Zeit, sondern für alle Zeiten und gerade auch für heute anstößige, skandalöse Predigt Jesu, der es nicht bei den Worten beließ, sondern zur Praxis vorstieß, einer ebenso anstößigen, skandalösen Praxis: Gemeinschaft mit den »Sündern«!

Kann man hier noch sagen, der Vatername sei nur Echo auf innerweltliche Vatererfahrungen? Eine Projektion, die dazu dient, irdische Vater- und Herrschaftsverhältnisse zu verklären? Nein, *dieser Vater-Gott ist anders*:

- *Nicht ein Gott des Jenseits auf Kosten des Diesseits, auf Kosten des Menschen und seiner wahren Größe (Feuerbachs Projektionstheorie*[41]*).*
- *Nicht ein Gott der Herrschenden, der ungerechten gesellschaftlichen Verhältnisse, des deformierten Bewußtseins und der Vertröstung (Marxens Opiumstheorie*[42]*).*
- *Nicht ein Gott, von Ressentiments erzeugt, das Oberhaupt einer erbärmlichen Eckensteher-Moral von Gut und Böse (Nietzsches Ressentimenttheorie*[43]*).*
- *Nicht ein tyrannisches Über-Ich, das Wunschbild illusionärer frühkindlicher Bedürfnisse, ein Gott des Zwangsrituals aus einem Schuld- und Vaterkomplex (Freuds Illusionstheorie*[44]*).*

An einen ganz anderen Gott-Vater also appellierte Jesus zur Rechtfertigung seines eigenen skandalösen Redens und Benehmens: ein wunderlicher, ja, wie es vielen Zeitgenossen und besonders den Mächtigen scheint, gefährlicher, ein im Grund unmöglicher Gott:

- *Ein Gott, der sich über die Gerechtigkeit des Gesetzes hinwegsetzt, eine »bessere« Gerechtigkeit proklamieren läßt und die Gesetzesübertreter rechtfertigt.*
- *Ein Gott, der die bestehende gesetzliche Ordnung und damit das gesamte gesellschaftliche System, ja auch den Tempel und den ganzen Gottesdienst relativieren läßt.*

- *Ein Gott, der den Menschen selber zum Maßstab seiner Gebote macht, der die natürlichen Grenzen zwischen Genossen und Nichtgenossen, Fernsten und Nächsten, Freunden und Feinden, Guten und Bösen aufgehoben wissen will durch Vergeben ohne Ende, Dienen ohne Rangordnung, Verzichten ohne Gegenleistung, durch die Liebe, und der sich so auf die Seite der Schwachen, Kranken, Armen, Unterprivilegierten, Unterdrückten, ja der Unfrommen, Unmoralischen, Gottlosen stellt.*

Dies erschien als eine *unerhörte Revolution im Gottesverständnis;* hier wurzelt in letzter Konsequenz der Streit um Jesus, hier sein Konflikt mit seiner religiös-politischen Umwelt, ein Konflikt, über den im einzelnen nicht noch einmal gehandelt werden muß[45]. Darum ging es: um einen neuen Gott, der sich von seinem eigenen Gesetz gelöst zu haben schien, einen Gott nicht der Gesetzesfrommen, sondern der Gesetzesbrecher, ja – so muß man zugespitzt sagen – einen *Gott* nicht der Gottesfürchtigen, sondern *der Gottlosen*!?

Ein Aufstand also gegen den Gott der Frommen: Sollte man es denn tatsächlich annehmen können, sollte man es wirklich glauben dürfen, daß Gott selbst, der wahre Gott der Väter, sich hinter einen solchen unerhörten Neuerer stellt, der sich, revolutionärer als alle Revolutionäre, über Gesetz und Tempel, über Mose, Könige und Propheten erhebt und sich sogar zum Richter über Sünde und Vergebung aufschwingt? Kommt Gott nicht in Widerspruch mit sich selbst, wenn er einen solchen Sachwalter hat? Wenn ein solcher mit Recht Gottes Autorität und Willen gegen Gottes Gesetz und Tempel in Anspruch nimmt, mit Recht sich die Vollmacht zu solchem Reden und Handeln zuschreiben darf? Ein Gott der Gottlosen und ein Gotteslästerer als sein Prophet?

Es nützte Jesus nichts, daß er – wie historisch feststehen dürfte[46] – Gott mit der gar *nicht selbstverständlichen Anrede »Vater«* anredete; dieser ärgerlich familiär klingende Name »Abba«, der ganz ähnlich klingt wie das deutsche »Papa«, war vielmehr ein Skandal. Es nützte ihm nichts, daß er von diesem seinem Vater in all seinem Leben und Handeln angetrieben und durchleuchtet schien, daß er ganz und gar aus dieser Wirklichkeit heraus lebte. Im Konflikt um das System, um Gesetz und Ordnung, Kult und Bräuche, Ideologie und Praxis, um die herrschenden Normen, die zu respektierenden Grenzen und die zu meidenden Leute, im Streit um den offiziellen Gott des Gesetzes, des Tempels, der Nation, der Hierarchie – verlor er. Er, der die Nähe und Ankunft Gottes, seines Vaters, öffentlich vor aller Welt angekündigt hatte, *starb in völliger Menschen- und Gottverlassenheit*: »Gott, mein Gott, warum hast du mich verlassen[47]?«

2. *Gott durch Jesus Christus*

»Aber vor diesem Bild kann manch einem der Glaube vergehen«[1], so ruft Fürst Myschkin in Dostojewskis Roman »Der Idiot« erschrocken aus – vor dem Bild des Gekreuzigten. Eine Erinnerung Dostojewskis selbst, der kurz zuvor in Basel angesichts des Gekreuzigten von Hans Holbein nur knapp an einem epileptischen Anfall vorbeigekommen war[2]. Ja, es kann einem angesichts des Kreuzes der Glaube vergehen: daran müßte man denken, wenn man heute die Parole »Gott ist tot. Es lebe Jesus« propagiert. Denn – wenn Gott tot ist, dann ist es auch aus mit Jesus! Dann ist nicht einzusehen, daß uns dieser Jesus noch wirklich Entscheidendes und Unbedingtes zu sagen hätte: wieder einer der Besten mehr in der Weltgeschichte, die den gewaltsamen Tod um ihrer guten Sache willen sterben mußten!? Umgekehrt aber gilt auch: Wenn es mit Jesus aus ist, dann ist es auch aus mit diesem Gott. Dann ist nicht einzusehen, was uns dieser Gott, dessen Nähe er doch verkündet hatte und der ihn in einem Fiasko enden ließ, noch zu sagen hätte. »Rede des toten Christus vom Weltgebäude herab, daß kein Gott sei«: das war schon im Jahrzehnt der Absetzung Gottes in Notre-Dame zu Paris die Schreckensvision Jean Pauls[3].

Aber – hat Gott ihn wirklich im Stich gelassen? Hat sein Gott sich in dieser Weise selber desavouiert?

Tod – und danach?

Die erste Gemeinde, die – erstaunlich genug – am Anfang jener so folgenreichen Jesus-Bewegung stand, die diesen angeblich von Gott gerichteten Irrlehrer, Lügenpropheten, Volksverführer und Gotteslästerer in geradezu tollkühner Weise als Gottes Messias, als Herr, Menschensohn und Gottessohn proklamiert hat: diese erste Gemeinde war anderer Meinung. Ihr Osterglaube – was immer daran sein mag – ist ein welthistorisches Faktum und erklärt allein die Entstehung des Christentums. Was über die dramatische Geschichte der Entstehung des Osterglaubens und damit der Entstehung des Christentums zu sagen war, braucht hier nicht wiederholt zu werden[4]. Man denke beim Osterglauben jetzt nicht gleich an die vielfältigen zeitgebundenen Konkretisierungen und Ausgestaltungen, die situationsbedingten Erweiterungen und legendären Ausmalungen der verschiedenen Ostervorstellungen und Osterberichte etwa vom leeren Grab, von Höllenfahrt und Himmelfahrt[5]. Nicht sie sagen uns das Entscheidende, sondern die eine große Osterbotschaft sagt es, der eine einfache Osterglaube. Darin stimmen bei allen Unstimmigkeiten der verschiedenen Überlieferungen bezüglich Ort und Zeit, Personen und Ablauf der Ereignisse die verschiedenen urchristlichen Zeugen, Petrus, Paulus und Jakobus, die Briefe, die Evangelien, die Apostelgeschichte und die Apokalypse überein: »*Jesus lebt – und zwar durch und mit Gott!«* Weil durch und mit Gott, lebt er für immer – Zeichen der Hoffnung und Verpflichtung für uns. Und weil er durch und mit Gott lebt, ist auch der Gott, für den er in Leben und Sterben eintrat, gerechtfertigt. Was man erst gegen Ende des Alten Testaments (Danielbuch) und in der zwischentestamentarischen Zeit (apokryphe Literatur, besonders das Henochbuch) als positive Möglichkeit sah – ewiges Leben des einzelnen Menschen mit Gott, der Menschheit am Weltende oder zumindest der Guten: hier in diesem einen ist es bereits in Erfüllung gegangen, so bekennen die ersten christlichen Zeugen[6]. Wie immer sie es erfahren haben[7], sie waren davon überzeugt und haben in einer letzten tragenden Zuversicht ohne Furcht vor Verachtung, Verfolgung und Tod die skandalöse Nachricht vom neuen ewigen Leben eines am Kreuzesbalken Hingerichteten als »erfreuliche Kunde« (Eu-angelion) unter die Leute gebracht.

Soll es jetzt aber schließlich und endlich doch noch irrational zugehen? Kann man als Mensch des 20. Jahrhunderts einen solchen Glauben vor seiner Vernunft verantworten? Kann man seinen Glauben allein an diesen einen Menschen hängen? Nun, man wird sich im 20. Jahrhundert *Auferstehung oder Auferweckung* – beides bildhafte Ausdrücke (Aufwecken aus dem Schlaf) für eine nicht vorstellbare, nicht abbildbare Wirklichkeit – weniger denn je primitiv und naiv-unkritisch denken. Geht es bei der Auferweckung doch gerade nicht um eine Rückkehr in dieses raumzeitliche Leben: Der Tod wird nicht rückgängig gemacht, sondern definitiv überwunden. Ebenso geht es nicht um eine Fortsetzung dieses raumzeitlichen Lebens: Schon die Rede »nach« dem Tod ist irreführend; die Ewigkeit ist nicht bestimmt durch vor und nach.

- *»Auferweckung« meint vielmehr* ein die Dimensionen von Raum und Zeit sprengendes Leben in Gottes unsichtbarem, unvergänglichem, unbegreiflichem Bereich: *Das ist es, was mit »Himmel« – nicht der Himmel der Astronauten, sondern der Himmel Gottes! – gemeint ist. Mehr ein Hineingehen in die Wirklichkeit als ein Hinausgehen!*

Auferweckung meint also positiv: Jesus ist nicht ins Nichts hineingestorben, sondern ist im Tod und aus dem Tod in jene unfaßbare und umfassende allerletzte-allererste Wirklichkeit hineingestorben, ja, von jener wirklichsten Wirklichkeit aufgenommen worden, die wir mit dem Namen Gott bezeichnen. Und gerade dies hat nach der Auffassung der ersten Zeugen allgemeine Bedeutung, hat Bedeutung auch für mich.

Und wie soll ich solches im 20. Jahrhundert nach all dem, was wir an religionskritischen Einwänden hören mußten, glauben können? Die Antwort ist: Ich stehe hier vor einer grundlegenden *Alternative*, vor der jeder steht, auch der Atheist. Und sogar Ernst Bloch, entschiedener Atheist, wollte die positive Antwort nicht völlig ausschließen: Da hielte er es mit einem kleinen peut-être, da wolle er denn doch auch noch sehen, wie das Nichts oder das ganz Andere sich ausnehme[8]. Also:

Entweder ich sterbe ins Nichts hinein: Dieser Einstellung, wenn in ehrlicher Überzeugung gelebt, ist der Respekt nicht zu versagen, und es sind nicht die geringsten Geister der Menschheit gewesen, die sich für die negative Antwort entschieden haben. Wie alles, was mit Atheismus und Nihilismus zu tun hat, kann sie nicht widerlegt werden; sie kann jedoch auch nicht positiv bewiesen werden. Nie hat es jemanden gegeben, der bewiesen hätte, daß wir ins Nichts hineinsterben. Freilich: vernünftig erscheint mir diese Möglichkeit – wir erinnern uns an das über das Ende der Welt Gesagte[9] – auf keinen Fall.

Oder ich sterbe in jene allerletzte Wirklichkeit hinein, die dann auch die allererste, die unfaßbar-umfassende wirklichste Wirklichkeit ist, die wir *Gott* nennen: Diese Möglichkeit – wie alles, was mit Gott zu tun hat[10] – kann nicht positiv rational bewiesen werden, kann freilich auch nicht widerlegt werden. Ich kann mich aber in einem durchaus vernünftigen, aufgeklärten Vertrauen darauf einlassen. Daß ich nicht ins Nichts, sondern in Gott hineinsterbe: vernünftiger, ja, vernünftig erscheint mir dies allemal.

Wie kann ich solches Vertrauen vor meiner Vernunft verantworten? Wenn ich an so etwas wie »Auferstehung« glaube, so glaube ich nicht an irgendwelche unverifizierbare Kuriositäten. Aber ich glaube an Gott und weiß warum. Daß Gott Jesus von Nazaret für die Glaubenden nicht im Tod gelassen, sondern auferweckt hat, rechtfertigt mein Zu-trauen zu ihm auch für mich. Zeigt doch der auferweckte Jesus Christus, was diesem Gott zuzutrauen ist. Und da scheint es mir nur konsequent, wenn ich mit diesem vertrauenden Glauben an Gott nicht auf halbem Weg anhalte, sondern ihn konsequent zu Ende gehe. Denn wenn Gott wirklich existiert und wenn dieser existierende Gott wirklich Gott ist, dann ist er nicht nur der Gott des Anfangs, sondern auch der Gott des Endes, dann ist er nicht nur Alpha, sondern auch Omega, dann ist er wie mein Schöpfer so auch mein Vollender. Ich kann mich also in durchaus vernünftigem Vertrauen darauf verlassen, daß ich – wie Jesus von Nazaret – im Tod, mit dem Tod, aus dem Tod in Gott hineinsterbe. Besser: von ihm aufgenommen werde. Denn der Tod ist meine Sache, die Auferweckung zum Leben kann nur die Sache Gottes sein: Von Gott selbst werde ich in ihn als die unfaßbare, umfassende letzte und erste Wirklichkeit aufgenommen, berufen, heimgeholt, also endgültig angenommen und gerettet. Im Tod, oder besser: aus dem Tod, als einem eigenen Geschehen, gründend in Gottes Tat und Treue. Das ist die verborgene, unvorstellbare, neue Schöpfertat dessen, der das, was nicht ist, ins Dasein ruft. Und deshalb – und nicht als supernaturalistischer »Eingriff« gegen die Naturgesetze – ist das für mich ein echtes Geschenk und wahres Wunder.

Weil es in diesem neuen Leben um die letzte Wirklichkeit, um Gott selbst geht, ist es für mich von vornherein auch selbstverständlich, daß dies eine Angelegenheit des *Glaubens* ist. Es geht ja um ein Geschehen von Neuschöpfung, welches den Tod als meine letzte Grenze und damit überhaupt meinen Welt- und Denkhorizont sprengt. Bedeutet es doch den definitiven Durchbruch in die wahrhaft andere Dimension des eindimensionalen Menschen: in die offenbare Wirklichkeit Gottes. Und je weniger banal und je tiefer die Wahrheit, um so leichter ist sie zu bezweifeln. Es ist keine Frage, daß die »reine Vernunft« sich hier vor eine unübersteigbare Grenze gestellt sieht: da kann ich Kant nur zustimmen. Das Eingehen aus dem Tod zu Gott kann ich nicht empirisch verifizieren, so wenig wie andererseits ein Eingehen ins Nichts empirisch zu verifizieren ist. Das Eingehen zu Gott ist das Nicht-zu-Erwartende und Nicht-zu-Erweisende, wohl aber das im Glauben zu Erhoffende. Auch die Auferstehung Jesu ist ja nicht durch historische Argumente (»leeres Grab«) bewiesen worden: da versagte die traditionelle Apologetik stets. Weil ich es hier mit Gott und das heißt per definitionem mit dem Unsichtbaren, Unbegreifbaren, Unverfügbaren zu tun habe, ist nur eine Form des Verhaltens angemessen, herausgefordert: gläubiges Vertrauen, vertrauender Glaube, aber ein durch die Vernunft geprüftes, aufgeklärtes Glauben und Vertrauen. Am Glauben vorbei führt kein Weg zum ewigen Leben. Schon die Auferweckung Jesu war kein beglaubigendes Mirakel; sie ist selber Gegenstand des Glaubens.

Glaubend traue ich diesem Gott alles, auch das Letzte, auch die Überwindung des Todes zu. Der allmächtige Schöpfer, der aus dem Nichtsein ins Sein ruft, vermag auch aus dem Tod ins Leben zu rufen. Dem Schöpfer und Erhalter des Kosmos und des Menschen und nur ihm ist zuzutrauen, daß er auch bei Tod und Sterben über die Grenzen alles bislang Erfahrenen hinaus noch ein Wort mehr zu sagen hat: daß ihm wie das erste so auch das letzte Wort gehört. Wer ernsthaft an den ewigen und lebendigen Gott glaubt, glaubt auch an Gottes ewiges Leben, an sein eigenes ewiges Leben. Wenn ich mein Credo mit dem Glauben an »Gott, den allmächtigen Schöpfer« anfange, so darf ich es auch ruhig mit dem Glauben an »das ewige Leben« beenden.

Der Sohn Gottes

Durch Jesus von Nazaret – das ist unbestreitbar – wurde den Menschen diese große Hoffnung geschenkt. Und ist es da verwunderlich, daß diese Glaubenserfahrungen, Glaubensberufungen, Glaubenserkenntnisse um den lebendigen Jesus Auswirkungen hatten auf das, was die Christen von ihm glaubten? Eines stand fest: Von Jesus her konnte Gott ganz anders verstanden werden, wurde offenbar, wer Gott ist, zeigte Gott sein wahres Gesicht. Und dies wird nun immer deutlicher: Von Gott her kann jetzt auch Jesus ganz anders verstanden werden. Jesus deutete in seinem ganzen Verkündigen und Verhalten Gott. Aber mußte dann von diesem anders verkündigten Gott her nicht auch Jesus in einem ganz anderen Licht erscheinen? In der Tat: die eigentümlich neue Verkündigung und Anrede Gottes als des Vaters warf ihr Licht zurück auf den, der ihn so eigentümlich neu verkündete und anredete. Und wie man schon damals von Jesus nicht sprechen konnte, ohne von diesem Gott und Vater zu sprechen, so war es in der Folge schwierig, von diesem Gott und Vater zu sprechen, ohne von Jesus zu sprechen. Das heißt: Wie man mit Jesus umgeht, entscheidet darüber, wie man zu Gott steht, wofür man Gott hält, welchen Gott man hat.

Das ist die christologische Frage: das *Verhältnis Jesu zu Gott.* Hier erreicht die Gottesfrage ihre letzte Tiefe. Die letzte Tiefe? Haben nicht gerade hier besonders viele Menschen heute Schwierigkeiten? Jesus? Ja! Gott? Nun gut! Aber Gottes Sohn? Sind das nicht alles mythologische Vorstellungen, für das moderne Denken schlechterdings nicht mehr nachvollziehbar? Fürchten die einen die Wiederholung der alten Bekenntnisformeln, die sie nicht mehr verstehen, so die anderen die Abschaffung jener Formeln, an die sie immer geglaubt haben. In »Christ sein« habe ich nach Kräften versucht, beiden Seiten zu helfen und – im Bewußtsein eigener Fehlbarkeit – die alten Formeln im Lichte der ursprünglichen christlichen Botschaft neu verständlich zu machen; im allgemeinen hat man dieses Bemühen dankbar anerkannt[11]. Aus demselben Bemühen heraus sollen hier einige wichtige Punkte zur christologischen Problematik im Zusammenhang der Gottesfrage zusammengefaßt werden.

Zwar ist es nicht so, daß die offizielle Kirche – anders die populäre Verkündigung und Frömmigkeit – Jesus je an Gottes Stelle gesetzt und so Gott praktisch aufgelöst hätte, wie Ernst Bloch – der hier seine eigenen Interessen verfolgt – übertreibt. Gerade die orthodoxe Trinitätslehre hat nie Gott und Jesus einfach identifiziert; gerade sie hielt am Realunterschied von Gott und Jesus fest. Daß die frühe Christenheit jedoch den auferweckten Jesus an Gottes Seite sah – »sitzend zur Rechten des Vaters« –, das hatte durchaus ernsthafte Gründe. Denn nach alter orientalischer Sitte ist der, der zur Rechten des Königs sitzt oder steht, sein Sohn oder Stellvertreter. Und genau als dieser erschien er jetzt seiner Gemeinde: er, der schon zu seinen Lebzeiten aus einer letztlich unerklärlichen Gotteserfahrung, Gottesgegenwart, Gottesgewißheit, ja Einheit mit Gott seinem Vater heraus geredet und gehandelt hatte und der jetzt zu Gott »erhöht« ist. Mit ihm, der sich mit Gott bis in den Tod hinein identifiziert hatte, hat sich Gott nun seinerseits im neuen Leben identifiziert.

Jesus selbst hatte – diese Auffassung hat sich bei den führenden Neutestamentlern sehr weit durchgesetzt – wohl keine *messianischen Hoheitstitel* für sich gebraucht, sieht man von dem vieldeutigen Menschensohn-Titel einmal ab. Doch war die Anwendung dieser Titel auf Jesus in dessen irdischem Verkündigen und Handeln angelegt. Und jetzt, nach der Erfahrung, dem Widerfahrnis seiner Auferweckung, war der Gemeinde tatsächlich kein Titel zu hoch, als daß sie ihn seiner nicht würdig erachtet hätte: Menschensohn, Herr, Messias, Christus, Davidssohn, Gottesknecht, Heiland, Gottessohn, Gotteswort – über 50 verschiedene Namen werden für ihn im Neuen Testament gebraucht. Die Entscheidung für oder gegen das Gottesreich, zu der er in seinem irdischen Leben herausgefordert hatte, wurde nun zu einer Entscheidung für oder gegen den, der ins Gottesreich bereits eingegangen war und es verkörperte. Aus dem zum Glauben Rufenden wurde der Inhalt des Glaubens, aus dem Evangelium Jesu das Evangelium von Jesus als dem Christus. Man glaubte nun nicht nur wie er, man glaubte an ihn. Er, mit seiner Verkündigung, seinem Verhalten und seinem ganzen Geschick, wurde der Maßgebende für die an ihn Glaubenden, für ihre Beziehungen zu den Mitmenschen, zur Gesellschaft und vor allem zu Gott.

Einige dieser Titel traten im Laufe der Zeit, als man das Christusbekenntnis theologisch reflektiert auszugestalten begann, wieder zurück. Sie waren nicht mehr verständlich, wie der in den Evangelien weitverbreitete, aber in den Glaubensbekenntnissen nicht gebrauchte Titel »Menschensohn«. Andere Titel traten hervor und weiteten sich in ihrer Bedeutung aus. Der jüdische Titel »Messias« (Gesalbter) etwa, übersetzt durch das griechische »Christós«, wuchs sogar mit dem Namen Jesus zusammen und wurde zu einem unverwechselbaren Eigennamen: »Jesus Christus«. Rund 500mal wird »Christus« im Neuen Testament für Jesus gebraucht.

So gab es denn schon im Neuen Testament selbst trotz des einen Jesus und des einen Christusglaubens sehr verschiedene Christustitel, Christusbilder, Christologien. »*Gottessohn*« zeigte dabei eine Dynamik, die keinem anderen Titel eigen war. Dabei war dieser Titel ja durchaus keine originäre Erfindung der christlichen Gemeinde. Wir hatten gehört: Schon im Alten Testament wurde das Volk Israel »Sohn Gottes« genannt und vor allem Israels König, der bei seiner Thronbesteigung zum »Sohn Jahwes« eingesetzt wird. Dieser Titel wird nun auf Jesus angewendet: Durch Auferweckung und Erhöhung wird er, Jesus von Nazaret – wie es in einem der ältesten, vorpaulinischen Glaubensbekenntnisse zur Einleitung des Römerbriefs heißt –, »eingesetzt zum Sohn Gottes in Macht« [12] oder, in Aufnahme des schon zitierten Thronbesteigungspsalmes, am Ostertag »gezeugt« [13]. Hier ist ohne Frage keine Abkunft, sondern eine Rechts- und Machtstellung Jesu gemeint, nicht eine physische Sohnschaft wie bei heidnischen Göttersöhnen und Heroen, sondern eine Erwählung und Bevollmächtigung durch Gott.

Mehr als andere Titel machte »Gottessohn« für die Menschen damals deutlich, wie sehr der Mensch Jesus von Nazaret zu Gott gehört, wie sehr er an Gottes Seite steht: nicht mehr in der Gemeinde, in der Welt, sondern nun der Gemeinde und der Welt gegenüber, untertan nur dem Vater und sonst niemandem. Als der endgültig zu Gott Erhöhte ist er jetzt im definitiven und umfassenden Sinn – »ein für allemal«, unüberholbar, unüberbietbar – gegenüber den Menschen Gottes Beauftragter, Bevollmächtigter, Anwalt, Sprecher, Sachwalter, auch Botschafter, Treuhänder, Vertrauter, Freund, ja Repräsentant, Platzhalter, Stellvertreter Gottes [14]. Der Titel sind viele. Und dies alles schwingt mit, wenn wir den von Haus aus äußerst vielfältigen Gottessohn-Titel gebrauchen. Dies alles kommt auch in anders gefärbten neutestamentlichen Aussagen zum Ausdruck: Jesus ist der Erlöser und Versöhner, der einzige Mittler und Hohepriester des Neuen Bundes zwischen Gott und den Menschen, ja, er ist der Weg, die Wahrheit und das Leben.

Bei diesen Überlegungen nun war die Frage unvermeidbar: Ist denn der Auferweckte nicht auch der Irdische? Wenn aber der Auferweckte der Irdische ist, muß dann nicht schon im Irdischen verborgen gewesen sein, was im Auferweckten offenliegt? Ja, muß – wenn nicht nur der Auferweckte bei Gott ist, sondern schon der Irdische von Gott kam, in Gott seinen Ursprung hatte – nicht dieser Irdische schon immer bei Gott gewesen sein: als sein Sohn? Schon vor seiner Taufe, schon vor seiner Geburt? In der Tat: In anderen neutestamentlichen Schriften wurde der Zeitpunkt der Einsetzung in die Gottessohnschaft vorverlegt: auf die Taufe als den Beginn seiner öffentlichen Tätigkeit [15] oder auf seine Geburt [16], ja schon vor der Geburt auf Gottes Ewigkeit [17]. Jesus Christus – nicht nur Gottes Sohn, sondern Gottes Sohn von Ewigkeit.

Was meint dieses *Gottes Sohn von Ewigkeit*? An anderer Stelle haben wir genau ausgeführt, was die ewige Vorausexistenz Jesu vom Neuen Testament her für uns heute bedeuten kann [18]. Hier nur soviel: Es war die Überzeugung der ersten Christengeneration.

- *Was in und mit Jesus geschehen ist, erklärt sich für den, der sich auf ihn einläßt, nicht aus dem Lauf der menschlichen Geschichte allein; in seinem ersten Ursprung erklärt es sich nur vom ewigen Gott her.*
- *Es gibt von Ewigkeit keinen anderen Gott als den, der sich in Jesus manifestiert hat.*
- *Weil es keinen anderen Gott gibt als den in Jesus offenbaren, hat Jesus von diesem universalen Gott her selber eine universale Bedeutung.*
- *Jeder Mensch ist somit aufgerufen, im glaubenden Vertrauen die Welt und ihre Zeit in eine andere, ewige Dimension hinein zu übersteigen. In Jesus ergeht des ewigen Gottes Ruf an die Menschen! Darin liegt unverzichtbar auch für heute die einzigartige und maßgebende Bedeutung Jesu für das Gottesverständnis und das Verhältnis zu den Menschen.*

Um dies zu präzisieren: »›Sendung des Sohnes‹«, so sagt der katholische Neutestamentler Wilhelm Thüsing in offensichtlicher Übereinstimmung mit Karl Rahner, und da wird man beiden wohl zustimmen müssen, »setzt nicht voraus, daß der zu Sendende als solcher vor der Sendung existiert hat, d.h. präexistent im temporalen Sinn gewesen ist. ›Sendung des Sohnes‹ kann m.E. im paulinischen und auch sonstigen neutestamentlichen Sinn durchaus die Erschaffung des Menschen Jesus implizieren[19]!« Nach Thüsing muß man sich fragen, »ob man die Chiffre ›Präexistenz‹ heute nicht anders übersetzen kann«; man werde nämlich »nicht daran vorbeikommen, den traditionellen Begriff der Präexistenz zu reflektieren und ihn auf seinen Wahrheitskern und seine Sicherungsfunktion hin zu überdenken«[20]. Mit Berufung auf den katholischen Bonner Dogmatiker Wilhelm Breuning bringt er die Präexistenz Jesu in Beziehung zur »Präexistenz« aller Menschen, die Gott schon vor Anbeginn der Welt in Christus erwählt und nach seinem Gnadenwillen vorherbestimmt hat: »Damit soll die singuläre Grundlage der Sendung des absoluten Heilsmittlers in Gott selbst keineswegs eingeebnet werden in die durch Gottes Vorherbestimmung und Erwählung gegebene ›Präexistenz‹ der zu rettenden ›Vielen‹[21].« Franz Mussner, ebenfalls katholischer Neutestamentler, der Thüsing zustimmend zitiert, folgert: »Die christologische Präexistenzlehre über den Menschen und Propheten Jesus von Nazareth verkündigt nichts anderes als das schon immer, ›seit Ewigkeit‹ vorhandene *Da-Sein-für* Jahwes, das sich definitiv in dem Menschen Jesus von Nazareth geoffenbart hat – ›offenbaren‹ dabei im strengsten Sinne des Wortes verstanden[22].«

Freilich: In der Schultheologie, und nicht nur der katholischen, ist der Präexistenz-Gedanke oft falsch verstanden worden – und dies auch dann noch, als der exegetische Befund bereits neu erhoben war. Deshalb warnt der katholische Exeget Karl Hermann Schelkle hier unmißverständlich: »Eine Verkürzung der Christologie kann entstehen, wenn diese von der Präexistenz aus entwickelt wird, wie dies vielleicht weithin das allgemeine Glaubensbewußtsein, doch auch die Schuldogmatik zu tun versucht sein können. Die Christologie konzentriert sich dann auf die Inkarnation in der wunderbaren Geburt Christi. Die Offenbarungsbedeutung des geschichtlichen Weges Jesu tritt zurück. Die Auferstehung enthüllt die Bedeutung des Geburtsereignisses. Die eschatologische Erwartung der Wiederkunft und Vollendung wird unwesentlich[23].«

In der Tat, eine Verkürzung der Christologie ist sowohl hinsichtlich der Präexistenz-Vorstellung als auch hinsichtlich des Inkarnationsverständnisses zu vermeiden. Der Name und Begriff der *Inkarnation* (»in-carnatio«, »en-sarkosis«, »Fleisch-Werdung«, »Mensch-Werdung«) drängte sich vor allem vom Hymnus des Johannesprologs her mächtig auf. Hier allein findet sich im Neuen Testament jene Idee des von Ewigkeit bei Gott und als Gott in Gottes Wesenheit vorausexistierenden göttlichen »Logos« oder »Wortes«, das »Fleisch« wird für die Menschen: Menschwerdung des göttlichen Wortes als Gottes *Offenbarung* – Leben, Licht, Wahrheit – in der Welt[24]. Aber schon in den vorjohanneischen paulinischen und deuteropaulinischen Schriften zeichnen sich nicht wenige Aussagen zur Menschwerdung des Gottessohnes ab, die alle samt und sonders bekenntnishaft[25] oder hymnisch[26] gefaßt sind und weithin auf bereits vorpaulinisches Formelgut zurückgehen dürften[27]: Menschwerdung des Gottessohnes hier vor allem verstanden als *Entäußerung*, Erniedrigung, zur Begründung christlicher Liebe und Selbstlosigkeit.

An der Unterscheidung des Gottessohnes von Gott, dem Vater, an seinem Gehorsam und seiner Unterordnung unter diesen wird freilich im Neuen Testament überall festgehalten. Der Vater ist »größer« als er, und es gibt Dinge, die nur der Vater weiß und er nicht[28]. Auch ist nirgendwo im Neuen Testament von der Menschwerdung Gottes selber die Rede! Es geht immer um Gottes Sohn oder Wort, das Mensch geworden ist, dessen Identifikation mit Gott, dem Vater, nun allerdings immer mehr betont wird durch Übertragung göttlicher Eigenschaften. Freilich meint im Neuen Testament der Terminus »Gott« (ho theós) praktisch immer den Vater[29]. Jesus wird fast nie direkt »Gott« genannt, von Paulus selbst überhaupt nie. Abgesehen von dem 50 Jahre später geschriebenen Johannesevangelium – im Ausruf des ungläubigen Thomas »mein Herr und mein Gott«[30] – wird Jesus nur in wenigen, durchwegs ebenfalls späten, hellenistisch beeinflußten Ausnahmefällen direkt als »Gott« bezeichnet[31]. Ein Befund, der uns auch heute – zur Vermeidung aller Mißverständnisse – geraten sein läßt, Jesus »Gottessohn« statt einfachhin »Gott« zu nennen.

Wenn man heute unmißverständlich auch von der *Menschwerdung* des Gottessohnes reden will, dann darf diese nicht nur auf das punctum mathematicum oder mysticum der Empfängnis oder Geburt Jesu, sie muß vielmehr *auf das ganze Leben und Sterben Jesu* bezogen werden:

- *Menschwerdung Gottes in Jesus meint: In Jesu ganzem Reden, in seinem ganzen Verkündigen, Verhalten und Geschick hat Gottes Wort und Wille eine menschliche Gestalt angenommen: Jesus hat in all seinem Reden und Tun, Leiden und Sterben, hat in seiner ganzen Person Gottes Wort und Willen verkündet, manifestiert, geoffenbart: Er, in dem sich Wort und Tat, Lehren und Leben, Sein und Handeln völlig decken,* ist *leibhaftig,* ist *in menschlicher Gestalt Gottes Wort, Wille, Sohn.*

Funktionsaussagen – sie stehen zweifellos im Vordergrund – und Seinsaussagen dürfen nicht auseinandergerissen werden. In dieser umfassenden, nicht spekulativen, sondern geschichtlichen Perspektive läßt sich auch heute noch verständlich machen, daß Jesus schon vor Paulus und dann auch in der paulinischen Tradition verstanden wird als Offenbarung von Gottes Kraft und Weisheit[32], als Haupt und Herr der Schöpfung[33], als Bild, Ebenbild Gottes[34], als das Ja Gottes[35]. Von hierher läßt sich auch verstehen und annehmen, daß Jesus von Johannes nicht nur als Wort Gottes[36], sondern indirekt als Gott gleich[37], ja als Herr und Gott[38] bezeichnet wird. Und in dieser Perspektive lassen sich auch so schwierige und hohe Sätze verstehen: daß in Christus die ganze Fülle der Gottheit leibhaftig wohnt[39], daß Gottes Wort Fleisch geworden ist[40]. Dies jedenfalls meinen wir, wenn wir von »Gott in Jesus Christus« sprechen. Und in diesem Sinn bejahen wir auch das Konzil von Nikaia 325, wenn es von Jesus Christus spricht als »Gott von Gott, Licht vom Licht, wahrer Gott vom wahren Gott, gezeugt, nicht geschaffen, eines Wesens mit dem Vater«[41].

Solche Aussagen müssen gegen *Mißverständnisse* abgesichert werden: Nach dem Neuen Testament darf aus dem Verhältnis von Vater und Sohn keine Zwei-Götter-Lehre (Bi-theismus) entstehen: Gott ist der eine und einzige; und weder darf von Gott einfach wie vom Menschen noch vom Menschen einfach wie von Gott geredet werden. Aber nach dem Neuen Testament gibt es auch keine einfache Identität zwischen Vater und Sohn, wie dies in heterodoxen Strömungen der ersten Jahrhunderte (Monarchismus, Sabellianismus) geschah: der Sohn ist nicht einfach der Vater, und der Vater ist nicht einfach der Sohn. Positiv kann man nach dem Neuen Testament sagen:

- *Der wahre Mensch Jesus von Nazaret ist für die Glaubenden des einen wahren Gottes wirkliche Offenbarung und in diesem Sinn sein Wort, sein Sohn.*

Diese *Offenbarungseinheit* zwischen Vater und Sohn hat vor allem das *Johannesevangelium* deutlich gemacht: Da der Vater den Sohn kennt und der Sohn den Vater[42], da der Vater im Sohn und der Sohn im Vater ist[43], da also der Vater und der Sohn eins sind[44], gilt: Wer den Sohn sieht, sieht auch den Vater[45]! Nicht Mythologie oder Mystik oder Metaphysik ist hier der Sinn, sondern die nüchterne, aber grundlegende Aussage: *Im Wirken und in der Person Jesu begegnet in einmaliger und definitiver Weise Gott selber!* Für den sich vertrauensvoll auf Jesus einlassenden und glaubenden Menschen – nicht wahrnehmbar für den neutralen Beobachter – manifestiert sich Gott!

Was bedeutet dies alles für mich *heute*? Nach all dem, was zum Gott der Religionen und Philosophen zu sagen war, wird mir eines bewußt: Ich kann, wenn ich heute adäquat Antwort auf die Gottesfrage der Neuzeit geben will, auf die jüdisch-christliche Tradition nicht verzichten. Der Gott der Philosophen bleibt bei aller Größe unbefriedigend – intellektuell und emotional: er bleibt blaß und abstrakt; da kann ich Heidegger nur zustimmen. Der Gott schon des Alten Testaments ist – ohne daß ich deshalb meine philosophischen Einsichten aufgeben müßte – der Göttlichere Gott, der konkrete Gott mit Eigenschaften, mit menschlichem Antlitz. Und dieses im Alten Testament noch verborgene und manchmal mehrdeutige Antlitz Gottes zeigt, manifestiert, offenbart mir der Mensch Jesus von Nazaret: er in seinem ganzen Sein und Tun, Reden und Handeln, auch Leiden und Sterben. Ich habe, wenn ich auf Jesus schaue, die ungemein tröstliche Gewißheit: Vor diesem Gott brauche ich nicht – bei aller unendlichen Distanz – ängstlich zu erschaudern und zu erzittern, mich kleinzumachen und zu ducken; ich brauche nicht über rätselhafte Ratschlüsse Gottes nachzugrübeln und seinem dunklen Willen ratlos nachzuspüren. Und dankbar sein darf man denen, die mir statt einer »Gottesvergiftung«[46] einen »freundlicheren Gott« vermittelt haben. Ich weiß: wo Jesus ist, ist auch Gott; was Gottes Wille ist, sagt er mir; wo Jesus handelt und redet, steht Gott auf seiner Seite; wo Jesus leidet und stirbt, ist Gott verborgen anwesend[47].

So kann ich ihn das Antlitz oder Gesicht Gottes, aber auch Wort oder Sohn Gottes nennen. Mit all diesen Bildbegriffen ist für mich das einzigartige Verhältnis Gottes zu Jesus und Jesu zu Gott ausgedrückt: seine Bedeutsamkeit als Gottes Offenbarer. Ist es jetzt nicht einleuchtender, warum ich nur von Gott her zu erfassen vermag, was Jesus zutiefst ist und bedeutet; warum gerade er diese einzigartige und maßgebende Bedeutung für die Menschheit und auch für mich haben soll; warum gerade er und kein anderer der Großen – auch nicht Buddha, Kungfu-tse oder Mohammed, auch nicht Marx oder Freud – mich unbedingt verpflichtend in die Nachfolge zu rufen vermag? *In Jesus ruft mich der eine wahre Gott der Väter selbst auf den Weg!* Gerade da kann ich Blaise Pascal nur zu gut verstehen, und das dürfte auch für mich das Entscheidende sein. Denn ob man im übrigen dieses Verhältnis von Gott und Jesus theologisch mehr funktional oder ontologisch beschreibt, mehr von abstrakten Wesensaussagen oder konkreten Heilsaussagen ausgeht, dies dürfte sekundär und ja auch nicht notwendig ein Widerspruch sein. Man kann Funktionsaussagen vorziehen und doch sagen: Jesus »funktioniert«, »fungiert« für mich nicht nur als Gottes Wort und Sohn, er *ist* es, und er ist es nicht nur für mich, sondern auch in sich.

Die hellenistischen Begriffe von damals möchten heute manche für ihren Glauben lieber nicht mehr gebrauchen. Es gab damals kaum andere Möglichkeiten, als von Jesus Christus in Begriffen wie Hypostase, Person, Natur, Wesen, wesensgleich und wesensähnlich zu reden. Aber heute können wir dasselbe anders sagen. Nicht die Terminologie verpflichtet mich, sondern die vom Neuen Testament bezeugte Sache: er selbst. Nicht die wörtlich genommenen Worte etwa des ersten ökumenischen Konzils von Nikaia 325 sind entscheidend. Wohl aber ist an jener Definition der »Wesensgleichheit« (homo-ousia) Jesu mit Gott seinem Vater gegen Areios entscheidend, daß nicht doch versteckt wieder ein Polytheismus ins Christentum eingeführt wird und mit Jesus ein zweiter Gott oder Halbgott erschaffen wurde, sondern daß der eine wahre Gott in ihm voll präsent und wirksam war. Mit den Vätern von Nikaia wird man der Überzeugung sein, daß unsere ganze Erlösung daran hängt, daß es in Jesus um den einen Gott geht, der wahrhaft, wirklich und einzig Gott ist: in Jesus als seinem Sohn offenbar!

Das Konzil von Chalkedon 451 hat ja dann neben der Wesensgleichheit mit dem Vater auch die Wesensgleichheit mit uns Menschen betont: daß es bei Jesus *zugleich um den wahren Gott und um den wahren Menschen geht.* Mir sagt Jesus von Nazaret in der Tat nichts letztlich Entscheidendes, wenn er nicht als der Christus Gottes verkündet wird. Mir sagt allerdings auch ein göttlicher Christus wenig, wenn er nicht mit dem Menschen Jesus von Nazaret identisch ist. Gegenüber einer untheologischen Jesulogie und einer ungeschichtlichen Christologie drückt mir der mit dem Titel Christus zu einem Eigennamen zusammengewachsene Name Jesus bis in die Namensgebung hinein aus, daß für das Neue Testament der wahre Jesus der Christus Gottes, und der wahre Christus der Mensch Jesus von Nazaret ist, und beides in einer wahrhaftigen und wirklichen Einheit: »Jesus Christus«.

Auf das »Herr, Herr«-Sagen kommt es mir ebensowenig an wie auf das »Gottessohn, Gottessohn«-Sagen. Wohl aber kommt es mir darauf an, daß in der Geschichte Jesu Christi wahrhaft Mensch und Gott im Spiel sind. Vom Neuen Testament her könnte ich keine Interpretation der Geschichte Jesu Christi verantworten, in welcher Jesus Christus nur Mensch wäre: nur ein Prediger, Prophet oder Weisheitslehrer, gar nur ein Symbol oder eine Chiffre für allgemein menschliche Grunderfahrung. Aber vom selben Neuen Testament her kann ich auch keine Interpretation der Geschichte Jesu Christi verantworten, bei der Jesus Christus nur Gott oder einfach Gott ist: ein den menschlichen Mängeln und Schwächen enthobener, über die Erde wandelnder Gott. Positiv ausgedrückt also ein Zweifaches:

Für mich ist Jesus von Nazaret der *Sohn Gottes*: Denn die ganze Bedeutsamkeit des Geschehens in und mit ihm hängt daran: In Jesus – der uns Menschen als Gottes Sachwalter und Platzhalter, Repräsentant und Stellvertreter erschien und der, als der Gekreuzigte zum Leben erweckt, von Gott bestätigt wurde – ist für mich der menschenfreundliche *Gott selber nahe und am Werk; durch ihn hat Gott selbst gesprochen, gehandelt, sich endgültig geoffenbart.* Die mythologischen, halbmythologischen und legendären Einkleidungen brauche ich hier so wenig wie im Glauben an den Schöpfer-Gott oder Vollender-Gott zu übernehmen. Aber an der Einzigartigkeit, Unableitbarkeit und Unüberbietbarkeit seiner Person und des mit ihr lautgewordenen Anrufs, Angebots und Anspruchs möchte ich festhalten. Weil durch ihn Gott selber definitiv spricht und handelt, ist er für mich der Christus Gottes, seine Offenbarung und sein Ebenbild, sein Wort und sein Sohn. Er und kein anderer: er als einziger, »eingeborener«, »unigenitus«!

Und gerade so darf ich dann auch gegen alle fromm gemeinten Vergottungstendenzen daran festhalten, daß Jesus gerade als Gottes Sohn ohne alle Abstriche mit allen Konsequenzen *voll und ganz Mensch* war, so wie Menschen leiden konnte, Einsamkeit und Ungesichertheit gefühlt hat, von Versuchungen, Zweifeln und Irrtümern nicht frei war. Aber im Unterschied zu mir und allen anderen Menschen (Heilige, Religionsstifter mit eingeschlossen) ist er nicht ein bloßer, sondern gerade als Gottes Wort und Sohn *der* wahre Mensch. Als der wahre Mensch, in welchem Theorie und Praxis, Sein und Handeln, Lehren und Leben eine Einheit bilden, gab er durch seine Verkündigung, sein Verhalten und sein ganzes Geschick für mich ein Modell des Menschseins, das mir, wenn ich mich vertrauensvoll immer wieder neu darauf einlasse, ermöglicht, den Sinn meines Menschseins und meiner Freiheit im Dasein und im Einsatz für die Mitmenschen zu entdecken und zu verwirklichen. Als von Gott bestätigt stellt er für mich so den bleibend verläßlichen letzten Maßstab des Menschseins dar. Christologie oder Christus-Theorie mag wichtig sein, aber Christusglaube und Christusnachfolge sind wichtiger. Aufs Christsein kommt es an, und das ermöglicht mir er, Jesus Christus. Und deshalb wage ich es, ohne Zögern zu sprechen: »Credo in Jesum Christum, filium Dei unigenitum«.

Das Christliche am christlichen Gott

Was hier über den Gottessohn gesagt werden konnte, ist wichtig, aber das unterscheidend Christliche ist damit noch keineswegs ausreichend bestimmt. Nicht daß Jesus von Nazaret ein Gottessohn war, unterschied ihn in der damaligen Zeit von so vielen Heroen und Halbgöttern, die auch Göttersöhne waren; als Gottessohn hätte Jesus das hellenistisch-synkretistische Pantheon durchaus teilen können mit zahllosen Gottessöhnen, Helden und Genies, gottgezeugten Königen und Kaisern. Sondern . . . Ja, was unterschied ihn denn nun wirklich von all den anderen, was machte ihn unverwechselbar?

Schon der erste Evangelist, *Markus*, der die bis dahin unbekannte literarische Gattung »Evangelium« geschaffen hat, setzte nicht etwa, wie er es nach der traditionellen Dogmatik eigentlich hätte tun müssen, mit Präexistenz, wunderbarer Empfängnis und Geburt des Gottessohnes ein. Das alles interessierte ihn überhaupt nicht. Er erwähnte diese »Heilstatsachen« nicht einmal, sondern beginnt seine Erzählung von Jesus dem Gottessohn mit dem Täufer Johannes und Jesu Taufe. Die Gottessohnschaft beruht nach ihm also nicht auf einer wunderbaren Geburt oder Empfängnis, sondern auf dem Auftrag Gottes, der Jesus in der Taufe auf einen bestimmten Weg ruft. Daß Jesus der Messias und Gottessohn ist, bleibt denn auch bei Markus der Öffentlichkeit verborgen bis zur Passion, wo sich Jesus zum Titel »Gottessohn« bekennt, ihn aber auch hier nicht selbst gebraucht. Erst bei seinem Tod – durch die Stimme des heidnischen Hauptmanns – wird Jesu Geheimnis offen verkündet[48]. Kurz: Nach Markus macht erst die Passion Jesus zum Gottessohn, als Gottessohn offenbar, nur vom Kreuz her wird Gottessohnschaft richtig verstanden. Das Kreuz also unterscheidet Jesus von anderen Gottessöhnen!

Noch deutlicher war dies schon 20 Jahre vor Markus vom Apostel *Paulus* ausgesprochen worden, bei dem eine Kindheitsgeschichte mit wunderbarer Empfängnis und Geburt ebenfalls keine Rolle spielt. Für Paulus war nicht Jesus Christus als der »Gottessohn« das Spezifische seiner Verkündigung. Vielmehr: »Ich beschloß, nichts unter euch zu wissen als Jesus Christus, und zwar als den Gekreuzigten[49].« Das Kreuz war damals alles andere als ein frommes Symbol oder gar Zierstück. Es war der Galgen der Verfemten, der Verbrecher und Sklaven. Paulus spürte hier ganz deutlich den Widerstand: Ein Gekreuzigter erschien römischen Bürgern als Schande schlechthin, gebildeten Griechen als barbarische Torheit, gläubigen Juden als Gottesfluch. Aber auch dies spürte er: Für die zum Glauben berufenen Menschen war das Kreuz Gottes Kraft und Gottes Weisheit[50]. Keine Frage: Der von den Menschen Gekreuzigte ist für Paulus auch der von Gott zum Leben Erweckte. Und das Zeichen der Schmach ist deshalb für ihn ein Zeichen des Sieges, der Befreiung und Erlösung, ein Aufruf zum Verzicht auf ein egoistisch geprägtes Leben. Was vor den Menschen stark scheint, ist vor Gott schwach ... Eine Umwertung aller Werte – dies hat Nietzsche in seinen haßerfüllten Invektiven gegen das Christentum richtig gespürt – kündigt sich hier in der Tat an. Allerdings ist dies kein Weg der Verkrampfung, der schwächlichen Selbsterniedrigung, wie er manchmal von Christen praktiziert und von Nietzsche zu Recht attackiert wurde[51]. Sondern – von Ungezählten in der Folge bis auf den heutigen Tag gewagt – ein Leben ohne Angst auch vor bedrohlichen Risiken: durch Kampf, Leid, Tod hindurch; in starkem Vertrauen und Hoffen auf das Ziel der wahren Freiheit, Liebe, Menschlichkeit, des ewigen Lebens.

So ist denn dieser gekreuzigte und lebendige Jesus Christus für die Glaubenden das Fundament, das schon gelegt ist und das nach Paulus durch kein anderes ersetzt werden kann[52]. Der Gekreuzigte als der Lebendige ist der Grund des Glaubens, das Kriterium der Freiheit. Ja, er ist die Mitte und Norm des Christlichen.

Was bedeutet das für den *Unterschied von alttestamentlichem und neutestamentlichem Gottesverständnis*? Gegenüber dem abstrakt-unbestimmten Gottesbegriff der Philosophen und dem unstimmigen Gottesverständnis der Religionen erwies sich der alttestamentliche Gottesglaube als konkret, bestimmt und stimmig, aber doch als noch immer letztlich mehrdeutig[53]. Jetzt können wir sagen:

- *Gegenüber dem zwar konkreten, bestimmten und stimmigen, aber doch noch immer letztlich mehrdeutigen alttestamentlichen Gottesglauben ist der neutestamentliche Gottesglaube konkret, bestimmt, stimmig und zugleich eindeutig und in einer menschlichen Gestalt geradezu personalisiert.*

  Der Gott des Neuen Testaments trägt Namen und Gesicht: Er ist der Gott Israels, der zugleich der Vater Jesu Christi ist. Der Gott des Neuen Te-

staments offenbart sich nicht nur in der Geschichte des Volkes, sondern in einer einzelnen menschlichen Gestalt, in der Gottes Sohn, Wort, Wille, Liebe Fleisch angenommen hat.

Es geht in diesem ganzen letzten Kapitel um das Ja zum *christlichen Gott*. Was ist nun eigentlich das spezifisch Christliche an diesem Gott? Nun, das Entscheidende dürfte deutlich geworden sein: Das *Christliche* an diesem Gott ist nicht irgend etwas Allgemeines: etwa Gerechtigkeit, Liebe oder Gnade – dies und so vieles andere findet sich auch schon im Alten Testament, wird auch gesagt vom Gott Israels. Nein, *das Christliche an diesem Gott ist etwas Geschichtliches*:

- *Das Christliche am christlichen Gott ist dieser* Christus selbst, *durch den die Glaubenden diesen Gott, den einen Gott der Väter, erkennen, durch den sich dieser Gott für die Glaubenden offenbart.*

Was aber bewahrt uns vor allen Verwechslungen dieses Christus mit anderen religiösen oder politischen Messiassen, Christusfiguren, Göttern?

- *Das Christliche an diesem Gott ist genauer der Christus, der mit dem wirklichen, geschichtlichen Jesus von Nazaret identisch ist: konkret also dieser Christus* Jesus.

Was aber bewahrt uns vor allen Verwechslungen dieses geschichtlichen Christus mit falschen Jesus- und Gottesbildern?

- *Das Christliche an diesem Gott – damit das letztlich Unterscheidende am Christentum überhaupt – ist ganz wörtlich nach Paulus »Jesus Christus und dieser als der* Gekreuzigte« [54].

Von einem »gekreuzigten Gott« [55] sollte man freilich nicht sprechen. Als ob Gott, der Vater, gekreuzigt worden sei und nicht der Sohn, wie es die Anhänger einer dem Monarchianismus und Sabellianismus nahestehenden heterodoxen Lehre, die Patripassianer, meinten, die Vater und Sohn nicht genügend unterschieden. Wohl aber kann und darf man sprechen von einem »im Gekreuzigten verborgen offenbaren Gott«. Von ihm sagt Paulus: »Ist Gott für uns, wer mag wider uns sein. Er, der seinen eigenen Sohn nicht verschont, sondern ihn für uns alle dahingegeben hat, wie sollte er uns mit ihm nicht auch alles schenken? . . . Ich bin dessen gewiß, daß weder Tod noch Leben, weder Engel noch Gewalten, weder Gegenwärtiges noch Zukünftiges, noch Kräfte, weder Hohes noch Tiefes noch irgendein anderes Geschöpf uns zu scheiden vermag von der Liebe Gottes, die in Christus Jesus ist, unserem Herrn [56].«

Das Kriterium christlicher Ethik

Alle diese Definitionen blieben abstrakt und folgenlos, wenn daraus nicht auch Konsequenzen für eine christliche Praxis gezogen würden! Die grundsätzliche Frage also: Was ist christliche Praxis, christliche Ethik?

Es ist hier keine weitere Reflexion zur *Grundlegung einer christlichen Ethik* notwendig, die unsere Ausführungen zur Ethik im Zusammenhang mit dem Grundvertrauen[57], dem allgemeinen Gottesglauben[58], dem konkreten geschichtlichen (alttestamentlichen) Gottesglauben[59] weiterführte. Was im Zusammenhang gerade mit dem christlichen Gottesglauben zu sagen ist über spezifisch christliche Normen, die selbstverständlich ebensowenig wie die alttestamentlichen direkt vom Himmel gefallen sind, wurde in »Christ sein« ausführlich behandelt[60], wurde aber freilich von den theologischen Ethikern bisher kaum genügend beachtet: Immer wieder fallen in Ausführungen über die Begründung der Ethik ungenügend reflektierte Theologumena über Gott, Gnade, Schöpfung, Erlösung, Vollendung vom Himmel der traditionellen Dogmatik. Immer wieder meint man andererseits von der Bergpredigt – Kreuz und Auferweckung leichten Fußes überspringend – direkt Normen für heute ableiten zu können. Als ob man nicht zu bedenken hätte, wie sich diese Normen in Jesu eigenem Leben ausgewirkt haben. Als ob Jesus selber mit der Verkündigung seines Ethos nicht gescheitert wäre und deswegen liquidiert wurde. Als ob ohne den Glauben an Jesu neues Leben diese Normen überhaupt je auch nur aufgeschrieben worden wären. Nein, anders als bei Platon oder Marx bildet bei Jesus die Lehre mit seinem Leben und Sterben, mit seinem Geschick, derart eine Einheit, daß ein abstrahierter allgemeiner Ideen- und Normengehalt nicht mehr wiedergibt, worum es bei ihm für uns eigentlich geht. Die Evangelien, die »Lehre«, die Botschaft Jesu, seine Bergpredigt versteht man in ihrer eigentlichen Bedeutung erst, wenn man sie im Lichte seines Lebens, Sterbens und neuen Lebens sieht.

Jesus ist für die Christen gewiß ein Lehrer, doch zugleich entschieden mehr: Als der Gekreuzigte und zum Leben Erweckte ist er in Person die lebendige, maßgebende Verkörperung seiner Sache: der Sache Gottes und der Sache des Menschen. Gerade dieser lebendige Christus ruft nicht zur folgenlosen Anbetung oder gar zur mystischen Einigung. Er ruft aber auch nicht zur buchstäblichen Nachahmung oder Imitation. Vielmehr ruft er zur praktisch persönlichen *Nachfolge – in Entsprechung, Korrelation*: daß ich mich auf ihn ganz und gar einlasse und nach seiner Wegweisung meinen eigenen Weg – jeder hat seinen eigenen! – gehe. Eine große Möglichkeit, die von Anfang an nicht als Müssen, sondern als Dürfen, als eine unerwartete Chance und wahres Geschenk, eine echte Gnade angesehen wurde. Eine Gnade, die nichts voraussetzt als das eine, daß man sie vertrauend-glaubend ergreift und sein Leben danach einstellt: eine neue Lebens-Einstellung, die als Konsequenz einen neuen Lebens-Stil ermöglicht und erfordert.

Auch in der Ethik sucht man vergeblich nach dem *unterscheidend Christlichen,* wenn man es abstrakt in irgendeiner Idee oder einem Grundsatz, wenn man es einfach in irgendeiner Gesinnung, allgemein in einem Sinnhorizont, einer neuen Disposition oder Motivation sucht. »Vergebung«, »Liebe«, »Freiheit«? So unaufgebbar sie für den Christen sind, spezifisch sind sie nicht. Danach leben und handeln auch andere. Handeln im Horizont einer »Schöpfung« oder »Vollendung«? Auch das können andere: Juden, Moslems, Humanisten verschiedenster Art. Das Kriterium des Christlichen, das unterscheidend Christliche – das gilt wie für die Dogmatik so konsequenterweise auch für die Ethik – ist nicht ein abstraktes Etwas, auch nicht eine Christusidee, eine Christologie oder ein christozentrisches Gedankensystem, sondern ist *dieser konkrete gekreuzigte Jesus als der lebendige Christus,* als der Maßgebende.

Wir haben uns an anderer Stelle[61] eingehend mit seiner Gestalt beschäftigt. Jesus als konkrete geschichtliche Person besitzt eine Anschaulichkeit, Vernehmbarkeit und Realisierbarkeit, die einer ewigen Idee, einem abstrakten Prinzip, einer allgemeinen Norm, einem gedanklichen System abgehen. Er kann auch für die Menschen von heute ein in vielen Weisen zu realisierendes Grundmodell einer Lebensschau und Lebenspraxis darstellen. Er ist in Person im Positiven wie im Negativen die Einladung (Du darfst!), der Appell (Du sollst!), die Herausforderung (Du kannst!) – für den Einzelnen wie die Gesellschaft! Er ermöglicht konkret das, wonach man heute angesichts der Orientierungslosigkeit, Normenlosigkeit, Sinnlosigkeit, der Drogensucht und Gewalttätigkeit von allen Seiten ruft: eine neue Grundorientierung und Grundhaltung, aber auch neue Motivationen, Dispositionen, Aktionen, schließlich einen neuen Sinnhorizont und eine neue Zielbestimmung!

Von ihm her ist es möglich, auch auf die grundlegenden Fragen Horkheimers eine Antwort zu geben: warum der Mensch gerade so und nicht anders handeln, warum er nicht hassen, sondern lieben soll, warum Frieden besser ist als Krieg. Ja, von ihm her kann sogar die Frage beantwortet werden, auf die selbst Freud – wie wir sahen – keine Antwort wußte: »Wenn ich mich frage«, sagte Freud, »warum ich immer gestrebt habe, ehrlich, für den Anderen schonungsbereit und womöglich gütig zu sein, und warum ich es nicht aufgegeben, als ich merkte, daß man dadurch zum Schaden kommt, zum Amboß wird, weil die Anderen brutal und unverläßlich sind, dann weiß ich allerdings keine Antwort[62].« Der Gekreuzigte gibt mir die Antwort.

Um es auch hier thesenartig herauszuheben:

- *Das Kriterium christlicher Ethik ist also die Nachfolge Christi. Dieser Christus Jesus ist in Person die lebendige, maßgebende Verkörperung seiner Sache: Verkörperung einer neuen Lebenseinstellung und eines neuen Lebensstiles. Als konkrete geschichtliche Person besitzt Jesus Christus eine Anschaulichkeit, Vernehmbarkeit und Realisierbarkeit, die einer ewigen Idee, einem abstrakten Prinzip, einer allgemeinen Norm, einem gedanklichen System abgeht.*

Der Gott der Liebe

Wir haben das Wort Liebe im Zusammenhang mit Gott nicht leichtsinnig in den Mund genommen. Reden doch manchmal Theologen so von der Liebe, daß es einem kalt über den Rücken läuft. Aber hier ist es angebracht, noch etwas weiter nachzudenken, und hier eröffnet sich uns ein neuer und vielleicht der tiefste Aspekt: Sinn des Lebens – selbst im Negativen, im Leiden und Sterben.

Simone de Beauvoir, die Gefährtin Jean-Paul Sartres, älter geworden, beschließt den dritten Band ihrer Memoiren »Der Lauf der Dinge« (1963) mit einem Rückblick auf das von ihr so leidenschaftlich bejahte Leben: »Manchmal ist mir der Gedanke, mich ins Nichts aufzulösen, genauso abscheulich wie früher. Voller Melancholie denke ich an all die Bücher, die ich gelesen, an all die Orte, die ich besucht habe, an das Wissen, das sich angehäuft hat und das nicht mehr da sein wird. Die ganze Musik, die ganze Malerei, die ganze Kultur, so viele Bindungen: plötzlich bleibt nichts mehr ... Wenn ich wenigstens die Erde bereichert, wenn ich etwas geschaffen hätte ... was denn? Einen Hügel? Eine Rakete? Aber nein. Nichts wird stattgefunden haben. Ich sehe die Haselstrauchhecke vor mir, durch die der Wind fuhr, ich höre noch die Versprechungen, mit denen ich mein Herz berauschte, als ich diese Goldmine zu meinen Füßen betrachtete, ein ganzes Leben, das vor mir lag. Sie wurden erfüllt. Aber wenn ich jetzt einen ungläubigen Blick auf dieses leichtlebige junge Mädchen werfe, entdecke ich voller Bestürzung, wie sehr ich geprellt worden bin[63].«

Sind wir vielleicht doch allesamt Geprellte? Oder gibt es einen Sinn, nicht nur für die Jugend, sondern auch für das Alter, nicht nur für Zeiten des Glücks, sondern auch für Zeiten des Unglücks, für Zeiten des Leids?

Daß *Leid* tatsächlich *der Testfall* ist für Grundvertrauen und Gott-Vertrauen, für den alttestamentlichen wie den neutestamentlichen Gottesglauben, wird von vielen Menschen bezeugt. Immer wieder bricht die Frage hier auf, vor allem wenn es den Menschen unschuldig trifft: Warum konnte Gott das Übel nicht verhindern? Warum? Entweder er kann es nicht; ist er dann wirklich allmächtig? Oder er will es nicht; ist er dann noch der gute Gott, auf den ich mein Vertrauen setzen soll? Oder er kann und will es nicht; ist er dann nicht machtlos und mißgünstig zugleich? Nicht doch ein Despot, ein Betrüger, Spieler, Henker?

Gibt es denn angesichts der überwältigenden Realität des Leids im Menschenleben und in der Menschheitsgeschichte zur Hoffnungslosigkeit der Simone de Beauvoir eine *Alternative*? Eine Alternative auch zur Empörung etwa eines Iwan Karamasoff gegen diese für ihn inakzeptable Gotteswelt[64]? Oder zur Revolte eines Camus, der wie Dostojewski auf die Leiden der unschuldigen Kreatur hinweist[65]? Statt als emanzipierter, autonomer Prometheus sich gegen die Macht der Götter aufzulehnen oder aber wie Sisyphos den Felsblock vergeblich immer neu den Berg hinaufzuwälzen, von dessen Gipfel der Stein von selbst wieder herunterrollt, kann man, wie wir sahen[66], die Haltung des Hiob einnehmen: trotz allem Leid dieser Welt ein unbedingtes, unerschütterliches Vertrauen zum unbegreiflichen Gott. Aber die Frage kommt einem doch: Was ist das für ein unbegreiflicher, teilnahmsloser Gott, der, erhaben über allem Leid, Menschen in ihrem unermeßlichen Elend sitzen, kämpfen, protestieren, umkommen oder eben einfach resignieren und sterben läßt? Dies ist Anlaß zum Atheismus für viele.

Freilich, auch diese Frage läßt sich umkehren: Ist Gott wirklich so erhaben über allem Leid, wie wir ihn uns menschlich vorstellen und bei allen unseren Protesten voraussetzen, wie ihn gerade Philosophen denken? Gewiß kann einer sagen: Wenn man das unendliche Leid der Welt anschaut, kann man nicht glauben, daß es einen Gott gibt. Doch läßt sich auch umgekehrt sagen: Nur wenn es einen Gott gibt, kann man dies unendliche Leid der Welt überhaupt anschauen! Wir denken an den Göttlicheren Gott: Erscheint Gott nicht *gerade in Leben und Leiden Jesu* doch *in einem anderen Licht*[67]? Ist in Jesu Leben und Leiden nicht über alle Unbegreiflichkeit Gottes hinaus, wie sie Hiob so schmerzlich erfuhr, eine definitive Erlösung durch den unbegreiflichen Gott offenbar geworden, die Leid und Tod zum ewigen Leben und zur Erfüllung aller Sehnsucht wandelt? Gewiß, das Faktum des Leidens kann auch von Jesus her nicht rückgängig gemacht werden; es bleibt immer ein Rest von Zweifel möglich. Nur das eine, allerdings Entscheidende, läßt sich vom Leben und Leiden dieses Einen den anscheinend sinnlos Lebenden und Leidenden sagen: Auch manifest sinnloses menschliches Leben und Leiden *kann* einen *Sinn* haben, kann einen Sinn *bekommen*!

Einen *verborgenen* Sinn: Ich kann ihn meinem Leben und Leiden nicht selbst anheften, aber ich kann ihn im Lichte des vollendeten Lebens und Leidens dieses Einen empfangen. Keine automatische Sinn-Gebung: Es soll kein menschliches Wunschdenken befriedigt, keine Leidverklärung proklamiert, kein psychisches Beruhigungsmittel, kein billiger Trost vermittelt werden. Wohl aber ein frei-bleibendes *Sinn-Angebot*. Auch hier muß ich mich entscheiden. Ich kann diesen – verborgenen – Sinn ablehnen: in Trotz, Zynismus oder Verzweiflung. Ich kann ihn auch annehmen: in glaubendem Vertrauen auf ihn, der dem sinnlosen Leiden und Sterben Jesu Sinn verliehen hat. Es erübrigt sich dann mein Protest, meine Empörung, die Frustration bleibt aus, die Verzweiflung hat ein Ende. *Das Gott-Vertrauen als Verwurzelung des Grundvertrauens erreicht hier seine größte Tiefe!*

Dieses Sinn-Angebot bedeutet ganz konkret: Meine Situation mag noch so trostlos, sinnlos, verzweifelt sein – auch hier ist Gott da. Nicht nur im Licht und in der Freude, auch im Dunkel, in der Trauer, im Schmerz, in der Melancholie *kann* ich ihm begegnen. Was von Leibniz behauptet und von Dostojewski dunkel erspürt, das wird dem Hiob bestätigt und vom auferweckten Gekreuzigten her definitiv offenbar und gewiß: Auch mein Leiden ist von *Gott* umfangen, auch mein Leiden kann bei aller Gottverlassenheit Ort der Gottbegegnung *werden.* Damit weiß ich keinen Weg am Leid vorbei, aber ich weiß einen Weg hindurch: in aktiver Indifferenz letztlich gelassen gegenüber dem Leid und gerade so zum Kampf gegen das Leid und seine Ursachen bereit. Mit dem Blick auf den einen Leidenden und in glaubendem Vertrauen auf den, der in seinem und meinem Leid verborgen anwesend ist und der selbst in äußerster Bedrohung, Sinnlosigkeit, Nichtigkeit, Verlassenheit, Einsamkeit und Leere mich trägt und hält, darf ich wissen: Es ist ein Gott, der als Mit-Betroffener neben den Menschen steht, ein *Gott solidarisch mit den Menschen*! Kein Kreuz der Welt kann das Sinn-Angebot widerlegen, das im Kreuz des zum Leben Erweckten ergangen ist.

Nirgendwo deutlicher als in Jesu Leben und Wirken, Leiden und Sterben ist es mir sichtbar geworden: dieser Gott ist ein Gott für die Menschen, ein Gott, der ganz auf unserer Seite steht! Nicht ein angstmachender, theokratischer Gott »von oben«, wie man ihn mit Bloch noch im Alten Testament feststellen kann. Sondern ein *menschenfreundlicher, mit-leidender Gott,* »mit uns unten«. Nein, nicht ein grausamer Willkür- und Gesetzesgott hat sich mir in Jesus manifestiert, wie man ihn noch im Alten Testament finden kann, sondern ein mir als rettende Liebe begegnender Gott, der sich in Jesus mit mir solidarisiert hat, der Liebe nicht fordert, sondern schenkt: *der selber ganz Liebe ist*: »Denn Gott ist Liebe. Darin ist die Liebe Gottes zu uns offenbar geworden, daß Gott seinen einzigen Sohn in die Welt gesandt hat, damit wir durch ihn leben« [68].

Gegen einen über allem Leiden in ungestörter Glückseligkeit oder apathischer Transzendenz thronenden Gott kann ich revoltieren. Aber nicht gegen den Gott, der mir in Jesu Leid sein ganzes Mit-Leid geoffenbart hat. Gegen eine abstrakt betrachtete Gerechtigkeit Gottes und gegen eine für die Gegenwart prästabilierte oder für die Zukunft postulierte Harmonie des Universums kann ich revoltieren. Aber nicht gegen die in Jesus manifest gewordene Liebe des Vaters der Verlorenen, die in ihrer voraussetzungslosen Grenzenlosigkeit auch mein Leid umfaßt, meine Empörung zum Schweigen bringt, meine Frustration überwindet und mir in allen anhaltenden Nöten ein Durchhalten und schließlich ein Obsiegen ermöglicht.

Gottes Liebe bewahrt mich nicht *vor* allem Leid. Sie bewahrt mich aber *in* allem Leid. So hebt für mich in der Gegenwart an, was freilich erst in Zukunft vollendet sein wird: der *definitive Sieg der Liebe eines Gottes,* der nicht ein teilnahmsloses und liebloses Wesen ist, den Leid und Unrecht nicht rühren können, sondern der sich in Liebe selber des Leids der Menschen angenommen hat und annehmen wird. Der Sieg der Liebe Gottes, wie sie Jesus verkündet und manifestiert hat, als der letzten, entscheidenden Macht: das ist das Gottesreich! Denn die Sehnsucht Blochs, Horkheimers und Ungezählter in der Menschheitsgeschichte nach Gerechtigkeit in der Welt, nach echter Transzendenz, nach »dem ganz Anderen«, »daß der Mörder nicht über das unschuldige Opfer triumphieren möge«[69], soll in Erfüllung gehen. Wie auf den letzten Seiten der Schrift jenseits aller kritischen Theorie und kritischen Theologie verheißen: »Gott selbst wird als ihr Gott bei ihnen sein. Er wird alle ihre Tränen abwischen. Es wird keinen Tod mehr geben und keine Traurigkeit, keine Klage und keine Qual. Was einmal war, ist für immer vorbei[70].«

3. *Gott im Geist*

Man kann es nicht bestreiten: Obwohl die Rede vom »Heiligen Geist« durch charismatische und pneumatische Bewegungen rund um die Welt, ob kirchlich oder nichtkirchlich, heute wieder verstärkt en vogue ist, theologisch bleibt sie immer noch für viele schier unverständlich. Wieso neben den Glaubensartikeln zu Vater und Sohn noch einen dritten: zum Heiligen Geist? Macht dies den Glauben nicht unnötig schwer, oft unglaubwürdig? Bürdet man damit nicht dem heutigen Menschen eine Glaubenslast auf, die viele nicht mehr zu tragen bereit sind, und dies vielleicht nur, weil man in Kirche und Theologie ein unübersehbares Interesse an der Dreizahl sowie an geistvollen Spekulationen hatte, die damals schon nur wenige wirklich verstanden haben? Andererseits: obwohl sich in den frühesten Glaubenssymbolen des Neuen Testamentes nur binitarische Formeln zu Vater und Sohn finden, so ist es doch keine Frage, daß sich schon früh trinitarische Formeln im Glaubensbekenntnis durchgesetzt haben. Schon früh also hielt man das Bekenntnis zum Geist unter Christen für unverzichtbar, wenn von Gott und Jesus Christus die Rede war. Was kann also damit gemeint sein: »Heiliger Geist«? Wie können wir dies heute verstehen?

Was heißt Heiliger Geist?

Auf die Anfänge bezogen heißt unsere Problemstellung präzise bestimmt: Wie sollte man in der Urchristenheit, wie soll man heute zum Ausdruck bringen, daß der unsichtbare, unbegreifbare Gott, daß der in ihn aufgenommene Jesus Christus den glaubenden Menschen, der Glaubensgemeinschaft, wahrhaft nahe ist: ganz wirklich gegenwärtig, wirksam? Darauf antworten die Schriften des Neuen Testaments übereinstimmend: Gott, Jesus Christus sind dem glaubenden Menschen, sind der Glaubensgemeinschaft *nahe im Geist*: gegenwärtig im Geist, durch den Geist, ja, als Geist.

Also nicht nur durch unsere subjektive Erinnerung oder durch den Glauben. Vielmehr durch die uns begegnende geistige Wirklichkeit, Gegenwärtigkeit, Wirksamkeit Gottes und Jesu Christi selbst. Die Präsenz Gottes und Jesu Christi hier und heute ist eine geistige Wirklichkeit. Was also bedeutet »Geist«[71]?

Greifbar und doch nicht greifbar, unsichtbar und doch mächtig, wirklich wie die energiegeladene Luft, der Wind, der Sturm, lebenswichtig wie die Luft, die man atmet: so haben sich die Menschen der alten Zeit vielfach den »Geist« und Gottes unsichtbares Wirken vorgestellt. »Geist«, hebräisch die »ruah« (griechisch das »pneuma«), ist nach dem Anfang des Schöpfungsberichtes jener »Braus« oder »Sturm« Gottes, der sich über den Wassern bewegt. »Geist«, biblisch verstanden, meint im Gegensatz zu »Fleisch«, zur geschaffenen vergänglichen Wirklichkeit, die *von Gott ausgehende Kraft oder Macht*: jene unsichtbare Gotteskraft und Gottesmacht, welche schöpferisch oder auch zerstörerisch, zum Leben oder zum Gericht, in der Schöpfung und in der Geschichte, in Israel und später in der Kirche wirksam ist. Mächtig oder leise die Menschen überkommend, Einzelne oder auch Gruppen in Ekstase versetzend, wirksam oft in außerordentlichen Phänomenen, in den großen Männern und Frauen, in Mose und den »Richtern« Israels, in Kriegern und Sängern, Königen, Propheten und Prophetinnen.

Dieser Geist ist nicht, wie vom Wort her durchaus möglich, der Geist des Menschen. Er ist der Geist Gottes, der als *heiliger Geist* vom unheiligen Geist des Menschen und seiner Welt unterschieden wird. Vom Neuen Testament her ist er nicht – wie oft in der Geschichte der Religionen – irgendein magisches, substanzhaftes, mysteriös-übernatürliches Fluidum dynamischer und auch nicht ein Zauberwesen animistischer Art. Sondern: Der Heilige Geist ist *niemand anders als Gott selbst*! Gott selbst, sofern er nämlich den Menschen und der Welt nahe ist als die ergreifende, aber nicht greifbare, die schenkende, aber nicht verfügbare, die lebenschaffende, aber auch richtende Macht und Kraft.

Das ist wichtig: Der Heilige Geist ist kein Drittes, kein Ding zwischen Gott und den Menschen, sondern die persönliche Nähe Gottes zu den Menschen. Die meisten Mißverständnisse über den Heiligen Geist stammen von daher, daß man ihn mythologisch von Gott lostrennt und verselbständigt. Das Symbol der Taube hat da oft falsche Assoziationen geweckt. Dabei hat gerade das Konzil von Konstantinopel 381, dem wir die Ausweitung des nizänischen Glaubensbekenntnisses auf den Heiligen Geist verdanken, ausdrücklich betont: Der Geist ist eines Wesens mit dem Vater und dem Sohn.

Was heißt dies aber für uns heute: *an den Heiligen Geist, den Geist Gottes glauben*? Das heißt, schlicht vertrauend anzunehmen, daß Gott selber mir im Glauben innerlich gegenwärtig werden kann, daß er als gnädige Macht und Kraft Herrschaft gewinnen kann über mein Inneres, mein Herz, mein

Selbst. Ich kann dabei glaubend darauf vertrauen: Der Geist Gottes ist kein versklavender Geist, er ist niemand anders als der Geist des zu Gott aufgenommenen Jesus Christus, der Geist Jesu Christi. Und weil Jesus der zu Gott Aufgenommene ist, ist er im Geist der lebendige Herr, der Maßgebende für den einzelnen Christen ebenso wie für die kirchliche Gemeinschaft. Von diesem konkreten Maßstab her kann ich auch die Geister prüfen und scheiden: Keine Hierarchie und auch keine Theologie und auch kein Schwärmertum, die sich über Jesus hinweg, über sein Wort, sein Verhalten und Geschick hinweg auf den »Heiligen Geist« berufen wollen, können sich auf den Geist Jesu Christi berufen. Da findet dann jeder Gehorsam, jede Zustimmung, jedes Mitmachen seine Grenzen!

An den Heiligen Geist, den Geist Jesu Christi glauben, heißt: wissen – und dies wird heute gerade angesichts vieler charismatischer und pneumatischer Bewegungen besonders zu bedenken sein –, daß der Geist nie meine eigene Möglichkeit ist, sondern immer Kraft, Macht, Geschenk Gottes. Er ist kein unheiliger Menschengeist, Zeitgeist, Kirchengeist, Amtsgeist, Schwarmgeist; er ist immer der heilige Gottesgeist, der weht, wo und wann er will, und der sich nicht zur Rechtfertigung absoluter Lehr- und Regierungsmacht, unbegründeter dogmatischer Theologie, eines frommen Fanatismus und falscher Glaubenssicherheit in Anspruch nehmen läßt. Niemand – kein Bischof und kein Professor, kein Pfarrer und kein Laie – »besitzt« den Geist. Aber jedermann darf immer wieder neu darum bitten. Bitten vielleicht mit dem unvergleichlichen Hymnus »Veni Sancte Spiritus«, den Stephan Langton, Erzbischof von Canterbury, schon um 1200 dichtete und der die Vielfalt der Wirkungen des Geistes Gottes und Jesu Christi beschreibt:

»Komm herab, o Heilger Geist,
der die finstre Nacht zerreißt,
strahle Licht in diese Welt.

Komm, der alle Armen liebt,
komm, der gute Gaben gibt,
komm, der jedes Herz erhellt.

Höchster Tröster in der Zeit,
Gast, der Herz und Sinn erfreut,
köstlich Labsal in der Not,

in der Unrast schenkst du Ruh,
hauchst in Hitze Kühlung zu,
spendest Trost in Leid und Tod.

Komm, o du glückselig Licht,
fülle Herz und Angesicht,
dring bis auf der Seele Grund.

Ohne dein lebendig Wehn
kann im Menschen nichts bestehn,
kann nichts heil sein noch gesund.

Was befleckt ist, wasche rein,
Dürrem gieße Leben ein,
heile du, wo Krankheit quält.

Wärme du, was kalt und hart,
löse, was in sich erstarrt,
lenke, was den Weg verfehlt.

Gib dem Volk, das dir vertraut,
das auf deine Hilfe baut,
deine Gaben zum Geleit.

Laß es in der Zeit bestehn,
deines Heils Vollendung sehn
und der Freuden Ewigkeit.
Amen. Halleluja[72].«

So heißt den Heiligen Geist empfangen nicht ein magisches Geschehen über mich ergehen lassen, sondern mich der Botschaft und damit Gott und seinem gekreuzigten Christus von innen öffnen und mich so von Gottes und Christi Geist ergreifen lassen. An den Heiligen Geist, den Geist Gottes und Jesu Christi glauben heißt nicht zuletzt, an den *Geist der Freiheit* glauben. Denn »wo der Geist des Herrn ist«, sagt Paulus, »da ist Freiheit« [73]! Eine Freiheit von Schuld, Gesetzlichkeit und Tod, eine Freiheit in der Welt und in der Kirche, eine Freiheit zum Handeln, zur Liebe, zum Leben in Friede, Gerechtigkeit, Freude, Hoffnung und Dankbarkeit. Und dies trotz aller Widerstände und Zwänge in Gesellschaft und Kirche, trotz allen Mangels und allen Versagens. Aber auch dies weiß ich: daß ich genauso wie ungezählte Unbekannte in ihren großen und kleinen Entscheidungen, Ängsten, Gefahren, Ahnungen und Erwartungen in dieser Freiheit des Geistes immer wieder neu Mut, Halt, Kraft und Trost finden kann. So weist denn mich und meine Mitmenschen der Geist der Freiheit als Geist der Zukunft nach vorn: nicht ins Jenseits der Vertröstung, sondern in die Gegenwart der Bewährung, mitten im weltlichen Alltag bis zur Vollendung, für die wir im Geist nur ein »Angeld« [74] haben. Weil ich auf diesen Geist meine Hoffnung setze, kann ich – im Hinblick auf die Kirche – mit gutem Grund zwar nicht *an* die Kirche glauben, wohl aber an den Geist Gottes und Jesu Christi auch *in* dieser Menschenkirche: ich kann *die* Kirche glauben (credo sanctam Ecclesiam). Und weil ich auf diesen Geist mein Vertrauen gründe, kann ich getrost auch heute sagen: Credo in Spiritum sanctum [75].

Gott – dreieinig

Das Dogma von der Dreieinigkeit, Dreifaltigkeit, Trinität – das Wort stammt aus dem dritten und die klassische Formulierung der Lehre aus dem vierten Jahrhundert – wird von den einen als das Zentralgeheimnis des Christentums herausgestellt und von den anderen als schriftfremde hellenistische Spekulation abgelehnt. Am Dreifaltigkeitsfest – nach recht langem Widerstand gegen eine liturgische Sonderentwicklung auf gallischem Boden vom Avignon-Papst Johannes XXII. erst 1334 für die Gesamtkirche eingeführt – kann man auch in katholischen Kirchen öfters entweder eine kaum verständliche Erklärung der traditionellen Lehre hören oder – beredtes Schweigen. Es gibt da die Geschichte von einem bayerischen Pfarrer, der am Dreifaltigkeitsfest vor seine Gemeinde trat und erklärte, da es sich hier um ein so großes Geheimnis (»mysterium stricte dictum«) handle, von dem er nichts verstehe, müsse die Predigt leider ausfallen. Tatsächlich wird in katholischen Kirchen wie auch in protestantischen Kirchen selten ausdrücklich über die Dreifaltigkeit gepredigt. Aber muß das so sein?

In der Apostelgeschichte des Evangelisten *Lukas* findet sich jene wohl historische, aber legendär ausgeschmückte Erzählung von der Hinrichtung des ersten christlichen Märtyrers, des Hellenisten Stephanus in Jerusalem, der – ein Echo auf die Anklagen gegen Jesus – »Lästerreden wider Mose und Gott«, »wider die heilige Stätte und das Gesetz« geführt haben soll[76]. In seiner Verteidigungsrede, die wohl Lukas selbst aufgrund einer Vorlage redigiert hat, entfaltet Stephanus breit die Heilsgeschichte Israels von der Berufung Abrahams bis zu den Propheten und beruft sich zur Rechtfertigung seines christlichen Glaubens ausdrücklich auf den Mose erschienenen »Gott der Väter«, den »Gott Abrahams, Isaaks und Jakobs«. Erst in den letzten beiden Sätzen erwähnt er ohne Namensnennung die Ermordung Jesu. Unmittelbar nach der Verurteilung – vor seinem eigenen Tod nun – hat er eine Vision: »Er jedoch, erfüllt mit dem Heiligen Geist, blickte zum Himmel auf und sah die Herrlichkeit Gottes und Jesus zur Rechten Gottes stehen, und sprach: ›Siehe, ich sehe die Himmel geöffnet und den Sohn des Menschen zur Rechten Gottes stehen‹[77].«

Hier also ist die Rede von Vater, Sohn und Heiligem Geist oder, wie Lukas sagt, von Gott, Jesus (Menschensohn) und Heiligem Geist. Aber Stephanus sieht nicht – wie so oft in der christlichen Kunst dargestellt – ein Dreieck am Himmel oder eine dreigesichtige Gottheit (»Tri-kephalos«) oder gar – später auch noch trotz der Warnungen Benedikts XIV. (1754) immer wieder zur Darstellung gebracht – drei gleichgestaltige Männer. Nein, der Heilige Geist ist auf seiner Seite, ist in ihm selbst. Er, die von Gott ausgehende unsichtbare Kraft und Macht, erfüllt ihn ganz und öffnet ihm so die Augen: Im Geist zeigt sich ihm der Himmel. Gott selber aber bleibt verborgen. Nur – ganz alttestamentlich – seine »Herrlichkeit« (hebräisch: »kabod«; griechisch: »doxa«) ist sichtbar: Gottes Glanz und Macht, der Lichtglanz, der von ihm ausgeht. Jesus aber sitzt nicht, sondern steht, freilich nicht *vor* Gott, sondern *zu seiner Rechten*: in gleicher Macht und Herrlichkeit also! Als Sohn Gottes erhöht und aufgenommen in Gottes ewiges Leben, ist er Gottes und zugleich als Mensch auch der Menschen Stellvertreter.

Es war der Apostel *Paulus*, der als erster christlicher Theologe über Wesen und Wirken des Geistes genauer nachgedacht[78] und die Beziehung von Vater, Sohn und Geist umschrieben hat. Bei Paulus sind nicht nur einzelne, mehr oder weniger außerordentliche Taten oder Erfahrungen des Menschen (wie etwa eine Ekstase oder Vision) vom Geist bestimmt, sondern die Existenz des Glaubenden schlechthin, seine Existenz im Alltag. Paulus begreift den Geist ganz von jener für ihn entscheidenden geschichtlichen Wende her: Tod und Auferweckung Jesu. Weil hier offenbar wurde, daß Gott selbst in Jesus gehandelt hat, kann nun der Geist Gottes mit Fug und Recht auch als der Geist des zu Gott aufgenommenen Jesus verstanden werden.

Dies bedeutet für die oft so schwierige *»Unterscheidung der Geister«*: Gottes Geist ist jetzt nicht mehr zu mißbrauchen als eine obskure, namenlose und leicht mißdeutbare göttliche Kraft im Sinne der hellenistischen Gnosis. Nein, *Gottes Geist ist* völlig eindeutig und identifizierbar *der Geist Jesu Christi*, des Sohnes[79]. Und so versteht man nun auch, warum Gott und der erhöhte Jesus, obwohl als »Personen« auch bei Paulus klar unterschieden, in bezug auf die Wirkung zusammengesehen werden: Gott schafft das Heil *durch* Jesus *im* Geist. Jesus als dem zu Gott erhöhten Herrn ist Gottes Macht, Kraft, Geist so sehr zu eigen geworden, daß er nicht nur des Geistes mächtig ist und über ihn verfügt, sondern daß er aufgrund der Auferwekkung sogar selbst als Geist verstanden werden kann. Jesus ist zu einem »lebenschaffenden Geist« geworden[80]. Ja, Paulus sagt sogar: »Der Herr ist der Geist[81].«

Was meint gerade diese rätselhaft und so gar nicht in die verfestigte traditionelle Trinitätslehre passende Aussage? Das bereits Angedeutete: keine schlechthinnige Identität zweier personaler Größen, sondern *der zu Gott erweckte Herr ist jetzt in der Existenz und Wirkweise des Geistes.* Er erscheint als mit dem Geist identisch, sobald er nicht an sich, sondern in seinem Handeln an Gemeinde und Einzelnem betrachtet wird: Der jetzt zu Gott aufgenommene Jesus handelt gegenwärtig durch den Geist, im Geist, als Geist. Im Geist ist somit der erhöhte Christus selber gegenwärtig: im Leben des Einzelnen, im Leben der Glaubensgemeinschaft und vor allem im Gottesdienst, der Mahlfeier zum Gedenken an ihn. So können denn die Gleichsetzung des Herrn mit dem Geist und die Unterordnung des Geistes unter den Herrn nebeneinander stehen[82]. So können die Wendungen »im Geist« und »in Christus« oder auch »der Geist in uns« und »Christus in uns« parallel laufen und faktisch ausgewechselt werden. In der Begegnung von

»Gott«, »Herr« und »Geist« mit dem Glaubenden geht es also letztlich um die eine und selbe Begegnung, um das eine Handeln Gottes selbst: »Die Gnade des Herrn Jesus Christus und die Liebe Gottes und die Gemeinschaft des Heiligen Geistes sei mit euch allen[83]!«

In gleicher Weise könnte man auch von Vater, Sohn und Geist in den Abschiedsreden bei *Johannes* sprechen, wo dem Geist die personalen Züge eines »Beistandes« und »Helfers« (dies und nicht »Tröster« meint »der andere Parakletos«[84]) eigen sind. Der Geist ist gleichsam des erhöhten Christus Stellvertreter auf Erden. Er ist gesandt vom Vater in Jesu Namen. So redet er nicht von sich aus, sondern erinnert nur an das, was Jesus selbst gesagt hat[85].

Ob dies alles, was so ursprünglich – in geschichtlicher Perspektive – vom Neuen Testament her erhoben werden kann, nicht verständlicher ist? Nicht einleuchtender ist als das viele, was später – oft reichlich losgelöst vom Neuen Testament und mehr an Philosophumena orientiert – über die eine göttliche »Natur« (»Physis«, »Ousia«, »Wesen«, »Substanz«) in den drei »Personen« (»Hypostasen«, »Subsistenzen«, »Prosopa«, »Relationen«) spekuliert worden ist und worüber von uns an anderer Stelle gehandelt wurde[86]? Ob also über das von der Schrift her über diesen Gott Gesagte, der mit Jesus im Geist eine Einheit bildet, nicht vielleicht auch besser gepredigt werden kann?

Es geht ganz wesentlich um die *richtige Zuordnung von Gott, Jesus* (Sohn, Wort, Christus) *und Geist*, die sowohl die wahre Verschiedenheit wie auch die ungetrennte Einheit herausstellt. Die auf hellenistischen Vorstellungen beruhenden Deutungsversuche und die daraus hervorgegangenen dogmatischen Formulierungen dieser Zuordnung werden uns heute nicht immer helfen. Sie sind wie alle Formulierungen zeitbedingt und nicht einfach mit der biblischen Grundaussage identisch. Deswegen sind sie nicht etwa gedankenlos abzulehnen. Sie sind aber auch nicht gedankenlos zu wiederholen. Sie sind vielmehr vom Neuen Testament her für die Gegenwart differenziert zu interpretieren[87].

Gott ist durch den Sohn im Geist offenbar: Es ist wichtig, die *Einheit* von Vater, Sohn und Geist *als Offenbarungsgeschehen und Offenbarungseinheit* zu verstehen. Dabei kommt alles darauf an, die Einheit und Einzigkeit Gottes auf keinen Fall in Frage zu stellen, die Verschiedenheit der »Rollen« von Vater, Sohn und Geist nicht aufzuheben; die »Reihenfolge« nicht umzukehren und insbesondere Jesu Menschlichkeit keinen Augenblick außer acht zu lassen. Es ist ja die christologische Frage, von der her sich die trinitarische Frage entwickelt hat: Das Verhältnis von Gott und Jesus ist im Hinblick auf den Geist reflektiert worden; eine Christologie ohne Pneumatologie (Lehre vom Geist) wäre unvollständig. Wir haben gesehen: *Als Gottes Sohn ist der wahre Mensch Jesus von Nazaret des einen wahren Gottes wirkliche Offenbarung*. Die Frage lag nahe: Wie wird er für uns präsent? Die Antwort lautete: nicht physisch-materiell, aber auch nicht unwirklich, sondern *im Geist*, in der Daseinsweise des Geistes, als geistige Wirklichkeit. Der Geist ist die Gegenwart Gottes und des erhöhten Christus für die Glaubensgemeinschaft und den einzelnen Glaubenden. In diesem Sinn ist *Gott selbst durch Jesus Christus offenbar im Geist*.

Und nur folgerichtig ist es dann, wenn umgekehrt die Gebete immer – wie in der klassischen römischen Liturgie – »durch« den Sohn »im« Heiligen Geist[88] an Gott, den Vater, selbst gerichtet werden. Es ist nicht zu vergessen: Die Trinität war ursprünglich nicht Gegenstand theoretischer Spekulation, sondern Gegenstand des Bekenntnisses und Lobpreises von Gottes »Herrlichkeit«: »Doxo-logie«. Und es gibt denn auch keinen schöneren Ausdruck des ursprünglichen Trinitätsverständnisses als die große Schlußdoxologie zum römischen Kanon: »Durch ihn und mit ihm und in ihm (Jesus Christus) wird dir, Gott, allmächtiger Vater, in der Einheit des Heiligen Geistes alle Ehre und Verherrlichung von Ewigkeit zu Ewigkeit. Amen.«

Existiert Gott?

Nach dem schwierigen Gang durch die Geschichte der Neuzeit seit Descartes und Pascal, Kant und Hegel,
im ausführlichen Bedenken der religionskritischen Einwände von Feuerbach, Marx und Freud,
in ernster Konfrontation mit dem Nihilismus Nietzsches,
im Suchen dann nach dem Grund unseres Grundvertrauens und der Antwort im Gott-Vertrauen,
im Vergleich schließlich mit den Alternativen der östlichen Religionen,
im Sicheinlassen auch auf die Frage »Wer ist Gott?« und auf den Gott Israels und Jesu Christi:
nach alldem wird man verstehen, warum jetzt auf die Frage »Existiert Gott?« ein vor der kritischen Vernunft verantwortetes, klares, überzeugtes Ja als Antwort gegeben werden kann.

Existiert Gott? Auch für den Menschen von heute kann trotz aller Erschütterungen und Zweifel die einzig angemessene Antwort die sein, mit der glaubende Menschen aller Generationen seit alter Zeit immer wieder ihren Glauben bekannt haben. Sie beginnt mit einem Lob: »Te, Deum, laudamus« »Dich, Gott, loben wir«, und endet im Vertrauen: »In te, Domine, speravi, non confundar in aeternum!« »Auf dich, Herr, habe ich vertraut, und ich werde nicht zuschanden in Ewigkeit!«

Anmerkungen

A. VERNUNFT ODER GLAUBE?

A I: Ich denke, also bin ich? René Descartes

1 *R. Descartes*, Discours de la méthode pour bien conduire la raison, et chercher la verité dans les sciences. Plus la dioptrique, les météores et la géometrie, qui sont des essais de cette méthode (Leyden 1637). Von dieser Originalausgabe übernehmen wir die Untergliederung in bezifferte Absätze, zitieren aber nach der maßgeblichen kritischen Descartes-Ausgabe von *Ch. Adam/P. Tannery*, Bd. I–XIII (Paris 1897–1913) = AT (mit Band und Seite). In leicht zugänglicher Form (allerdings auch die lateinischen Werke französisch wiedergegeben) bietet die wesentlichen Texte Descartes' als Bd. 40 der »Bibliothèque de la Pléiade« *A. Bridoux*, Descartes. Œuvres et lettres (Paris 1952). Für die deutsche Übersetzung der französisch geschriebenen Werke richten wir uns im allgemeinen nach der Übersetzung in der Philosophischen Bibliothek (Hamburg 1960) von L. Gäbe. – Das vorausgehende Zitat findet sich in Discours I, 10 = AT VI, 7.

2 Discours I, 4 = AT VI, 3–4.

3 Discours I, 14 = AT VI, 9.

4 *R. Descartes*, Regulae ad directionem ingenii (Amsterdam 1701). Zitate aus diesem Werk sind eigene Übersetzung.

5 Regula I = AT X, 359.

6 Regula II = AT X, 362.

7 Regula III = AT X, 366.

8 Regula IV = AT X, 371.

9 *Bonaventuras* »De reductione artium ad theologiam« war wahrscheinlich ein Vortrag vor der versammelten Studentenschaft der Pariser Universität aus den Jahren 1248–1256.

10 *R. Descartes*, Meditationes de prima philosophia in quibus Dei existentia, et animae humanae a corpore distinctio, demonstrantur (Paris 1641); Zitat aus der den Meditationen vorausgehenden Synopsis = AT VII, 12.

11 Discours II, 4 = AT VI, 16.

12 Vgl. Discours VI, 2 = AT VI, 62.

13 Discours II, 7 = AT VI, 18.

14 Vgl. *F. Dessauer*, Der Fall Galilei und wir (Linz 1943), bes. Kap. VII.

15 Vgl. *N. M. Wildiers*, Wereldbeeld en teologie (1972); dt.: Weltbild und Theologie. Vom Mittelalter bis heute (Zürich–Einsiedeln–Köln 1974), bes. S. 233–291.

16 *R. Descartes*, Brief (vermutlich an Plempius vom August 1638), in: AT II, 348.

17 *R. Descartes*, Le monde ou le traité de la lumière (Paris 1664); *ders.*, L'homme et un traité de la formation du foetus (Paris 1664) = AT XI, 3–118; 119–215.

18 *R. Descartes*, Brief an Mersenne vom März 1636 = AT I, 338–342.

19 Vgl. Anm. 10.

20 *R. Descartes*, Principia philosophiae (Amsterdam 1644).

21 *R. Descartes*, Les passions de l'âme (Paris 1649).
22 Discours III, 6 = AT VI, 29.
23 *F. Alquié*, Descartes (Paris 1956; dt. Stuttgart 1962) ist zuzustimmen, wenn er historische Darstellung (Ordnung der Zeit) und systematische (Ordnung des Systems) verbindet (vgl. seine Einführung). Zu den Unterschieden in der Metaphysik des »Discours« und der »Meditationen« besonders Kap. III: Die Metaphysik. Vgl. auch *H. Gouhier*, La pensée métaphysique de Descartes (Paris 1962). Streng nach den Ansprüchen eines logisch-mathematischen Systems hingegen interpretiert *M. Guéroult*, Descartes selon l'ordre des raisons (Paris 1953). – *Gouhiers* früheres Buch über »La pensée religieuse de Descartes« (Paris 1924), *Guéroult* und *Alquié* sowie *J. Laporte*, Le rationalisme de Descartes (Paris 1945), sind besprochen von *I. Fetscher*, Das französische Descartesbild der Gegenwart, Anhang zur deutschen Ausgabe von F. Alquié, Descartes, S. 127–158.
24 Meditationes I, 1 = AT VII, 17.
25 Ebd.
26 Vgl. Discours III, 1–5 = AT VI, 22–28.
27 Vgl. Discours II, 5 = AT VI, 16–17.
28 Meditationes, Synopsis = AT VII, 12.
29 Meditationes I, 2 = AT VII, 18.
30 Vgl. Meditationes I, 3 = AT VII, 18.
31 Vgl. Meditationes I, 5 = AT VII, 19.
32 Vgl. Meditationes I, 9 = AT VII, 21.
33 Meditationes I, 11f = AT VII, 22f.
34 Ebd.
35 Meditationes II, 1 = AT VII, 23f.
36 Discours IV, 1 = AT VI, 32.
37 Meditationes II, 3 = AT VII, 25.
38 Vgl. Meditationes II = AT VII, 23–34.
39 Vgl. Meditationes III = AT VII, 34–52.
40 Vgl. Meditationes V, 7–16 = AT VII, 65–71.
41 Meditationes III, 39 = AT VII, 52.
42 Vgl. Meditationes V–VI = AT VII, 63–90.
43 *G. F. W. Hegel*, Vorlesungen zur Geschichte der Philosophie, in: Werke (Jubiläumsausgabe von Glockner) Bd. XIX, 328.
44 Vgl. Anm. 23.
45 *M. Leroy*, Descartes le philosophe au masque (Paris 1929).
46 *K. Jaspers*, Descartes und die Philosophie (1937; Berlin [4]1966) Kap. III: Der Charakter der cartesischen Philosophie im Ganzen, bes. S. 89–93: Descartes' Wesen.
47 *W. Weischedel*, Die philosophische Hintertreppe. 34 große Philosophen im Alltag und Denken (Darmstadt 1973) S. 136–148: Descartes oder der Philosoph hinter der Maske.
48 Nach dem Bericht von *A. Baillet*, zitiert in: Descartes. Œuvres et lettres, hrsg. v. A. Bridoux, S. 1412. Baillets »La vie de Monsieur Descartes« (1691) ist noch immer die wesentliche, wenn auch allzu erbauliche und im Detail manchmal unzuverlässige Quelle für Descartes' Leben. Dazu vgl. *Ch. Adam*, Vie et œuvres de Descartes = AT XII; sowie vom selben Verfasser, Descartes. Sa vie, son œuvre (Paris 1937). Für uns wichtiger aber sind die zitierten Werke von *H. Gouhier* und *F. Alquié*.
49 *I. Fetscher*, Das französische Descartesbild S. 158.
50 Regulae III, 9 = AT X, 370.
51 Meditationes IV, 8 = AT VII, 57f.
52 Dies wurde genau analysiert von *H. Gouhier*, La pensée religieuse de Descartes S. 207–260. An ihn halten wir uns auch im folgenden Abschnitt bezüglich der traditionsgeschichtlichen Einordnung Descartes' (vgl. S. 263–286).
Henri Gouhier – wie auch meinen anderen Lehrern an der Sorbonne, besonders *Maurice de Gandillac*, *Jean Wahl* und *F. Alquié* – sei an dieser Stelle mein aufrichtiger Dank für wichtige Anregungen schon in meiner Studienzeit ausgedrückt.

53 *Augustinus*, De civitate Dei XI, 26, in: CC 48, 345.
54 Vgl. *H. Gouhier*, La pensée religieuse de Descartes S. 279–280.
55 *R. Descartes*, Brief (ohne Adressat vom 12. September 1638) in: AT II, 378.
56 *R. Descartes*, Brief an Mersenne vom 31. Dezember 1640 = AT III, 274.
57 *Thomas von Aquin*, De Veritate 14, 1. Ähnlich Summa theologiae II/2 q. 2, a 1. Zur thomistischen Tradition bei Descartes vgl. *H. Gouhier*, La pensée religieuse de Descartes aaO S. 270–280. Auch der Exkurs von *E. Gilson*, Études sur le rôle de la pensée médievale dans la formation du système cartésien (Paris 1951) S. 281–298 bestätigt Gouhiers Interpretation bezüglich des Thomismus im Verhältnis Vernunft – Glaube, Philosophie – Theologie, betont aber für andere Aspekte mehr den augustinischen Einfluß.
58 Zur Geschichte des Thomismus historisch und auch kritisch *O. H. Pesch*, Art. Thomismus, in: Lexikon für Theologie und Kirche Bd. X (Freiburg 1965) Sp. 157–167 (Lit.!).
59 *J. Kleutgen*, Theologie der Vorzeit, zitiert bei *F. Malmberg*, Art. Analysis fidei, in: Lexikon für Theologie und Kirche Bd. I (Freiburg 1957) Sp. 478.
60 *M. Schmaus*, Katholische Dogmatik Bd. 1 (München [6]1960), S. 184.
61 Großen Einfluß übte in dieser Frage aus das apologetische Werk von *M. de Elizalde*, Forma verae religionis quaerendae et inveniendae (Neapel 1662), das es aufgrund der »Glaubwürdigkeitsmotive« sogar zu einer »evidentia reductive metaphysica« der Offenbarungstatsache bringt.
62 Auf diese und andere wichtige historische Zusammenhänge wird schon nachdrücklich hingewiesen bei *H. Küng*, Unfehlbar? Eine Anfrage (Zürich–Einsiedeln–Köln 1970) Kap. IV, 2: Der rationalistische Ursprung des Erkenntnisideals von klaren Sätzen.
63 Vgl. Denz 1795–1800; vgl. 1816–1820.
64 Denz 1806; vgl. 1785.
65 Zur Beurteilung vgl. *H. Küng*, Unfehlbar? Eine Anfrage, bes. Kap. II: Sichere Grundlagen? Zum Ausgang der Diskussion *H. Küng* (Hrsg.), Fehlbar? Eine Bilanz (Zürich–Einsiedeln–Köln 1973) bes. Kap. E: Eine Bilanz der Unfehlbarkeitsdebatte. – Zur Interpretation der Unfehlbarkeitsdefinition neuestens das wichtige Werk von *A. B. Hasler*, Pius IX. (1846–1878), Päpstliche Unfehlbarkeit und 1. Vatikanisches Konzil. Dogmatisierung und Durchsetzung einer Ideologie. Bd. I–II (Stuttgart 1977).
66 Codex Iuris Canonici, Canon 1366, § 2.
67 So mein eigener Lehrer an der Päpstlichen Universität Gregoriana, *F. Morandini SJ*, Logica Maior. Ad usum auditorum (Rom 1946) S. 27; vgl. 39f. Freilich hat gerade die an der Gregoriana gelehrte neuthomistische Philosophie und Theologie in ihrer Klarheit und Konsequenz die Auseinandersetzung mit der Tradition nur gefördert, wofür ich noch heute aufrichtig dankbar bin.
68 *F. Morandini*, ebd. Vgl. aber den konsequenten Ausgang vom Bewußtsein etwa bei *J. de Vries*, Denken und Sein. Ein Aufbau der Erkenntnistheorie (Freiburg 1937), bes. Kap. 1–2.
69 Vgl. dazu auch in *H. Küng*, Unfehlbar? Eine Anfrage, das angegebene Kapitel IV, 2.
70 *G. W. Leibniz*, Brief an C. Rödeken in Berlin (1708), in: Die philosophischen Schriften, hrsg. v. C. J. Gerhardt Bd. VII (Leipzig 1931) S. 32. Zur Gesamtproblematik bei Leibniz: Scientia generalis. Characteristica (S. 3–247), und hier bes.: Specimen calculi universalis (S. 218–227) und: Versuche betreffend die Rechnung mit Begriffen, die durch die mathematische Zeichensprache dargestellt sind (S. 228–247).
71 *H. Hermes*, Aufzählbarkeit, Entscheidbarkeit, Berechenbarkeit. Einführung in die Theorie der rekursiven Funktionen (Berlin 1961) S. VI (Vorwort). Zu den Schwierigkeiten des Übergangs von der Umgangssprache zur formalistischen Sprache der Mathematik und Logik vgl. *ders.*, Einführung in die mathematische Logik. Klassische Prädikatenlogik (Stuttgart [2]1969).
72 Ebd.
73 So der amerikanische Mathematiker *M. Kline*, Les fondements des mathématiques, in:

La Recherche Nr. 54 (März 1975) S. 200–208; Zit. S. 208. Vgl. *ders.*, Mathematical Thought from Ancient to Modern Times (New York 1972).

74 Vgl. *H. Weyl*, Zitat bei M. Kline ebd.

75 *A. Arnauld*, Obiectiones quartae, in: AT VII, 214. Übersetzung nach *W. Weischedel*, Der Gott der Philosophen. Grundlegung einer Philosophischen Theologie im Zeitalter des Nihilismus Bd. I–II (Darmstadt 1971) Bd. I, S. 173. Dort ausführliche Begründung der Einwände sowohl gegen das kausale wie das ontologische Argument: S. 169–175.

76 *V. Caterus*, Obiectiones primae, in: AT VII, 99 (Übersetzung nach Weischedel Bd. I, 175).

77 Vgl. *N. M. Wildiers*, Weltbild und Theologie S. 60–146.

78 *I. Kant*, Beantwortung der Frage: Was ist Aufklärung? in: Werke Bd. VI (hrsg. von W. Weischedel, Darmstadt 1964) S. 53–61, zit. S. 53.

79 *K. Jaspers*, Descartes und die Philosophie S. 76.

A II: Ich glaube, also bin ich? Blaise Pascal

1 Vgl. La vie de Monsieur Pascal, écrite par Madame Périer, sa sœur, in: *Pascal*, Œuvres complètes, hrsg. von J. Chevalier (Paris 1954) S. 3–34; hier S. 35–41 auch der Bericht seiner Nichte: Mémoire sur la vie de M. Pascal, écrit par Mademoiselle Marguerite Périer, sa nièce.

2 *B. Pascal*, Pensées 347 = Ch 264.
Wir zitieren alle Werke Pascals nach der als Band 34 in der »Bibliothèque de la Pléiade« erschienenen kritischen Ausgabe von *J. Chevalier*. Für die »Pensées« führen wir jedoch immer zuerst die am meisten verbreitete Numerierung der Fragmente von *L. Brunschvicqs* großer Ausgabe der Pensées an, die er unter dem Titel »Œuvres de Blaise Pascal, suivant l'ordre chronologique« als Band XII–XIV in der Reihe »Les grands écrivains de la France« (Paris 1897) veröffentlichte. Wegen ihrer zum Teil mangelhaften Texte aber benützen wir für unsere eigenen Übersetzungen die genannte Ausgabe von J. Chevalier (= Ch mit eigener Numerierung der Fragmente), die die Korrekturen der textkritischen Neuausgaben von *Z. Tourneur* (1938–42) und *L. Lafuma* (1952) verwertet. Damit soll keine Anordnung der Fragmente bevorzugt werden; eine allseitig überzeugende gibt es nicht.

3 *B. Pascal*, Réponse au très bon Révérend Père Noël, Recteur de la Société de Jésus, à Paris; vgl. auch Lettre de Pascal à M. le Pailleur, au sujet du P. Noël, Jésuite, in: Œuvres complètes S. 370–377; 377–391. Pascal nimmt hinsichtlich der »Wahrheit« der Physik das Falsifikationsprinzip Poppers vorweg: auch verifizierte Hypothesen sind nicht eigentlich wahr. Vgl. dazu die Studie von *L. Schäfer*, Pascal und Descartes als methodologische Antipoden, in: Philosophisches Jahrbuch 81 (1974) 314–340.

4 *B. Pascal*, Préface pour le traité du vide, in: Œuvres complètes S. 529–535.

5 Pensées 3 = Ch 23.

6 Vgl. Pensées 6 = Ch 26.

7 Pensées 277 = Ch 477.

8 Pensées 282 = Ch 479.

9 Ebd.

10 Ebd.

11 Ebd.

12 Pensées 1 = Ch 21.

13 Ebd.

14 Ebd.

15 Pensées 76 = Ch 193.

16 Ein früher Vorläufer des katholischen Fideismus, wie er im 19. Jahrhundert in Frankreich von L.-G.-A. de Bonald und H.-F.-R. de la Mennais und dann von A. Bonnetty systematisch entwickelt wurde, ist der Bischof von Avranches *P.-D. Huet*, der als begeisterter Kartesianer begonnen hatte und als sein radikaler Gegner endete: »Traité philosophique de la faiblesse de l'esprit humain«, posthum veröffentlicht Paris 1722

(auch Amsterdam 1723).
17 Pensées 144 = Ch 80.
17a Pensées 66 = Ch 81.
18 Unter diesem Gesichtswinkel wird Pascal sehr lebendig beschrieben von *R. Friedenthal,* Entdecker des Ich. Montaigne – Pascal – Diderot (München 1969) S. 141–251.
19 Pensées 206 = Ch 91.
20 Pensées 72 = Ch 84.
21 Ebd.
22 Pensées 347 = Ch 264.
23 Ebd.
24 Pensées 140 = Ch 176.
25 Pensées 139 = Ch 205.
26 Pensées 131 = Ch 201.
27 Pensées 194 = Ch 335.
28 Pensées 210 = Ch 227.
29 Pensées 127 = Ch 199.
30 Pensées 397 = Ch 255.
31 Pensées 398 = Ch 269.
32 Pensées 78 = Ch 195.
33 Dafür vor allem das lange Fragment Pensées 434 = Ch 438.
34 Ebd.
35 Ebd.
36 Ebd.
37 Ebd.
38 Ebd.
39 Ebd.
40 *B. Pascal,* Mémorial, in: Œuvres complètes S. 553f.
41 Auf dem Pergamentblatt findet sich ein ausdrücklicher Hinweis auf Ex 3,6 sowie Mt 22,32.
42 Ps 119,16.
43 Pensées 278 = Ch 481.
44 Pensées 272 = Ch 465.
45 Pensées 267 = Ch 466.
46 Pensées 269 = Ch 463.
47 Pensées 77 = Ch 194.
48 Pensées 527 = Ch 75.
49 Eine aufschlußreiche Zusammenstellung der sehr verschiedenartigen Reaktionen von Philosophen, Theologen und Literaten in Aufklärung und Romantik, im späteren 19. und 20. Jahrhundert bietet *J. Steinmann,* Pascal (Paris 1954, dt. Stuttgart o. J.!) Teil V: Das Gespräch mit Pascal. Zitat von Mauriac S. 395.
50 Pensées 253 = Ch 3.
51 Pensées 268 = Ch 461.
52 Pensées 73 = Ch 189.
53 Pensées 82 = Ch 104.
54 Ebd.
55 Pensées 365 = Ch 263.
56 Pensées 260 = Ch 249.
57 Ebd.
58 Pensées 234 = Ch 452.
59 Pensées 233 = Ch 451.
60 Ebd.
61 Pensées 242 = Ch 366.
62 Pensées 243 = Ch 6.
63 Pensées 242 = Ch 366.
64 Pensées 543 = Ch 5.

65 Pensées 547 = Ch 730.
66 Pensées 22 = Ch 65.
67 *F. Strowski*, Pascal et son temps Bd. I–III (Paris ²1907/1908); Zit. I, Préface S. II.
68 *B. Castiglione*, Il Cortegiano (Venedig 1528).
69 *B. Pascal*, Testament, in: Œuvres complètes S. 51–53; Zit. S. 51.
70 Vgl. Pensées 61 = Ch 70; Pensées 338 = Ch 313.
71 *B. Pascal*, Lettre à M. et Mme. Périer, à Clermont, in: Œuvres complètes S. 490–501.
72 Pensées 869 = Ch 804.
73 Zur Stellung Pascals in der theologischen Tradition vgl. *J.–E. d'Angers*, Pascal et ses précurseurs. L'apologétique en France de 1590–1670 (Paris 1954).
74 Pensées 233 = Ch 451.
75 Vgl. *R. Guardini*, Christliches Bewußtsein. Versuche über Pascal (München ³1956) S. 185–196.
76 *Augustinus*, Contra epistolam Manichaei quam vocant fundamenti cap. 5, in: CSEL 25/1, 197.
77 *Augustinus*, Sermo 43,9, in: ÇC 41, 512.
78 Ebd. Das »intellege, ut credas« ist freilich nur »verbum meum« (= Augustini), das »crede, ut intellegas« aber ist »verbum Dei«.
79 Pascal verweist hier auf *Augustinus*, Epistolae 120 (ad Consentium). Bei aller Bedeutung der Vernunft ist aber gerade hier der sachliche Vorrang des Glaubens deutlich zum Ausdruck gebracht: »Si igitur rationabile est, magnam quandam, quae capi nondum potest, fides antecedat rationem, procul dubio quantulacumque ratio, qua hoc persuadet, etiam ipsa antecedit fidem« (Epistolae 120, 3, in: CSEL 34/2, 706f.).
80 Pensées 270 = Ch 462.
81 Pensées 234 = Ch 452.
82 *Augustinus*, De civitate Dei XI,2, in: CCXLVIII, 322.
83 Vgl. Concilium Carisiacum 853 (Denz 316).
84 Vgl. Concilium Constantiense Sessio VIII (4. 5. 1415), in: Conciliorum oecumenicorum decreta, hrsg. von J. Alberigo u. a. (Basel 1962) S. 387–392.
85 Vgl. C II: Gott – eine interessebedingte Vertröstung (Überleitung).
86 Vgl. D II, 2: Was Christen lernen können.
87 Intensiv setzt sich mit der Problematik auseinander *G. Ebeling* in seiner Tübinger Antrittsvorlesung vom 12. Januar 1967: Gewißheit und Zweifel. Die Situation des Glaubens im Zeitalter nach Luther und Descartes, in seinem Sammelband »Wort und Glaube« Bd. II (Tübingen 1969) S. 138–183.
88 *S. Kierkegaard*, »Schuldig?« – »Nicht Schuldig?« Eine Leidensgeschichte. Psychologisches Experiment von Frater Taciturnus, in: Gesammelte Werke 15. Abteilung: Stadien auf des Lebens Weg (Düsseldorf–Köln 1958) S. 490: »Leiden ist eines Christen natürlicher Zustand«. – Vgl. Index Verborum til Kierkegaards Samlede Vaerker, hrsg. von A. McKinnon (Leiden 1973) S. 843.
89 *S. Kierkegaard*, Johannes Climacus oder De omnibus dubitandum est. Eine Erzählung, in: Gesammelte Werke 10. Abteilung: Philosophische Brocken. De omnibus dubitandum est (Düsseldorf–Köln 1952) S. 109–164.
90 AaO S. 163.
91 AaO S. 162.
92 AaO S. 164. – Für einen weiteren Überblick über die Rezeption des Cogito in der englischen, französischen und deutschen Aufklärung, im deutschen Idealismus und in der nachhegelischen und zeitgenössischen Philosophie und Philosophiegeschichte vgl. *M. Hagmann*, Descartes in der Auffassung durch die Historiker der Philosophie. Zur Geschichte der neuzeitlichen Philosophiegeschichte (Winterthur 1955).
93 Theologische Erklärung zur gegenwärtigen Lage der deutschen evangelischen Kirche, in: Bekenntnisschriften und Kirchenordnungen der nach Gottes Wort reformierten Kirche, hrsg. von W. Niesel (Zollikon–Zürich 3. Aufl. o. J.!) S. 333–337; Zit. S. 335.
94 *K. Barth*, Kirchliche Dogmatik Bd. I–IV (Zollikon-Zürich 1932–1970).

95 Kirchliche Dogmatik III/1, 401–415; vgl. 395–401.
96 Barth erwähnt Pascal zweimal in nebensächlichem Kontext: Kirchliche Dogmatik IV/2, 11. 837.
97 Kirchliche Dogmatik III/1, 414.
98 Kirchliche Dogmatik III/1, 415.
99 Kirchliche Dogmatik III/1, 400.
100 *Pius V.*, Bulla »Ex omnibus afflictionibus« vom 1. Oktober 1567 (Denz 1001–1080); bestätigt durch *Gregor XIII.* in der Bulla »Provisionis nostrae« vom 29. Januar 1579.
101 Dekret der Inquisition vom 1. 12. 1611 verbietet weitere Veröffentlichungen über Gnade ohne römische Genehmigung.
102 *C. Jansenius*, Augustinus seu doctrina S. Agustini de humanae naturae sanitate, aegritudine, medicina adversus Pelagianos et Massilienses. Bd. I–III (Löwen 1640).
103 *Innozenz X.*, Constitutio »Cum occasione« vom 31. Mai 1653 (Denz 1092–1096).
104 Vgl. die Arbeit meines Schülers *G. Kraus*, Vorherbestimmung. Traditionelle Prädestinationslehre im Licht gegenwärtiger Theologie (Freiburg–Basel–Wien 1977) S. 34–41.
105 *B. Pascal*, Les Provinciales, in: Œuvres complètes S. 659–904.
106 *A. de Escobar y Mendoza*, Liber theologiae moralis, viginti et quatuor Societatis Jesu doctoribus reseratus (Lyon 1644; 42 Auflagen!).
107 *Alexander VII.*, Constitutio »Ad sacram beati Petri Sedem« vom 16. Oktober 1656 (Denz 1098).
108 Factum pour les curés de Paris, in: Œuvres complètes S. 906–945.
109 Écrits sur la grâce, in: Œuvres complètes S. 948–1044.
110 Dieses Formular wurde nachher auch von Rom gefordert in der Konstitution *Alexanders VII.*, »Regiminis apostolici« vom 15. Februar 1665 (Denz 1099).
111 Racines Veröffentlichungen zur berühmten »Querelle des ›imaginaires‹« gegen Nicole, Mitarbeiter von Saint-Cyran in Port-Royal, aus dem Jahre 1666 finden sich in *J. Racine*, Œuvres complètes, Éd. L'Intégrale (Paris 1962), S. 307–314. Vgl. aber später wieder sehr positiv über Port-Royal: Abrégé de l'histoire de Port-Royal, S. 315–361.
112 Vgl. *Clemens XI.*, Constitutio dogmatica »Unigenitus« vom 8. September 1713 (Denz 1351–1451).
113 Vgl. *Alexander VII.*, Dekrete vom 24. Sept. 1665 und 18. März 1666 (Denz 1101–1145); *Innozenz XI.*, Dekret vom 4. März 1679 (Denz 1151–1216).
114 Vgl. die Fragmente »Sur l'obéissance due à l'Église et au pape« und »Écrit sur la signature«, in: Œuvres complètes S. 1072–1077.
115 AaO S. 1073.
116 Zur weiteren Entfaltung dieser Problematik vgl. *H. Küng*, Christ sein (München 1974), bes. Kap. C I,3: Emigration?; D III,2: Die Bewältigung des Negativen.
117 Vgl. Pensées 330 = Ch 297.
118 Vgl. *H. Küng*, Christ sein, bes. Kap. C III: Die Sache des Menschen; D III: Christsein als radikales Menschsein.
119 Pensées 4 = Ch 24.
120 *B. de Spinoza*, Tractatus theologico-politicus (»Hamburg«, tatsächlich Amsterdam 1670).
121 *R. Simon*, Histoire critique du Vieux Testament (Paris 1678; mit neuem Vorwort Amsterdam 1685).
122 Es folgten eine kritische Geschichte des Neuen Testaments (1689), der Übersetzungen des Neuen Testaments (1690), der wichtigsten Kommentatoren des Neuen Testaments (1693) – alle erschienen in Amsterdam.
123 *R. Boyle*, The Sceptical Chymist (London 1661).
124 *J. A. Lamettrie*, L'homme machine (Leyden 1748).
125 *P. H. d'Holbach*, Système de la nature ou des loix du monde physique et du monde moral (»London«, tatsächlich Amsterdam 1770); dt.: System der Natur oder von den Gesetzen der physischen und der moralischen Welt (1783; Neuauflage Berlin 1960).

126 *P. S. de Laplace,* Traité de la Mécanique Céleste, Bd. I–V (Paris 1805–1825).

A III: Gegen Rationalismus für Rationalität

1. Die wissenschaftstheoretische Diskussion

1 Den besten Überblick gibt als Philosoph und Logiker *W. Stegmüller,* Hauptströmungen der Gegenwartsphilosophie. Eine kritische Einführung. Bd. I (Stuttgart [4]1969) Kap. 9–11; Bd. II (Stuttgart 1975) Kap. 1–2.5. Ausgezeichnete kritische Berichte stammen indessen gerade von Theologen: vom evangelischen Theologen *W. Pannenberg,* Wissenschaftstheorie und Theologie (Frankfurt 1973) Teil I, und vom katholischen Theologen *H. Peukert,* Wissenschaftstheorie – Handlungstheorie – Fundamentale Theologie. Analysen zu Ansatz und Status theologischer Theoriebildung (Düsseldorf 1976) Teil II.

2 *L. Wittgenstein,* Tractatus logico-philosophicus (vollendet 1918; erstmals erschienen 1921; 2., verbesserte Auflage 1933), in: Schriften I (Frankfurt 1960) S. 7–83.

3 Tractatus, Vorwort, in: Schriften I, 9.

4 Tractatus 6. 53, in: Schriften I, 82.

5 Tractatus 4. 003, in: Schriften I, 26.

6 Tractatus, Vorwort, in: Schriften I, 9.

7 Tractatus 6. 52, in: Schriften I, 82.

8 Tractatus 6. 522, in: Schriften I, 82.

9 Tractatus 6. 44, in: Schriften I, 81.

10 Tractatus 6. 41, in: Schriften I, 80.

11 Tractatus 6. 42, in: Schriften I, 80.

12 Tractatus 6. 4312, in: Schriften I, 81.

13 Tractatus 6. 432, in: Schriften I, 81.

14 *N. Malcolm,* Art. Wittgenstein, in: The Encyclopedia of Philosophy, hrsg. v. P. Edwards, Bd. VIII (New York–London 1967) S. 327–340; Zit. S. 331.

15 Ebd.

16 *L. Wittgenstein,* Tractatus 4. 0031, in: Schriften I, 26.

17 Tractatus 6. 54, in: Schriften I, 83.

18 Tractatus 7, in Schriften I, 83; vgl. Vorwort, in: Schriften I, 9.

19 Vgl. F I, 2: »Gott« – ein sinnvolles Wort.

20 Vgl. *M. Schlick,* Gesammelte Aufsätze 1926–1936 (Wien 1938); zur komplexen (nicht völlig antimetaphysischen) Persönlichkeit Schlicks vgl. die als Vorwort abgedruckte Gedenkrede von Friedrich Waismann. Schlick kündete 1930 »die Wende der Philosophie« mit Berufung auf Leibniz, Frege, Russell und besonders Wittgenstein an (aaO S. 31–39).

21 Zum *Wiener Kreis* gehören neben Moritz Schlick und Rudolf Carnap vor allem Herbert Feigl, Philipp Frank, Kurt Gödel, Hans Hahn, Victor Kraft, Karl Menger, Otto Neurath, Friedrich Waismann (mit Verbindung zu Hans Reichenbach in Berlin). Vgl. *V. Kraft,* Der Wiener Kreis. Der Ursprung des Neopositivismus. Ein Kapitel der jüngsten Philosophiegeschichte (Wien 1950). Das Manifest war zum Willkomm für den von Gastvorlesungen in Stanford/California zurückkehrenden Schlick vom Logiker Carnap, dem Mathematiker Hahn und dem Ökonomen Neurath verfaßt worden. In der von R. Carnap und H. Reichenbach hrsg. Zeitschrift »Erkenntnis« wird das Programm des Wiener Kreises so zusammengefaßt: »Die Gedankenwelt des Wiener Kreises, beeinflußt durch Mach, Poincaré, Frege, Russell, Wittgenstein und andere, bekämpft alle Formen metaphysischer und theologisierender Einstellung«, in: Erkenntnis 1 (1930) S. 74: Chronik Verein »Ernst Mach«, Wien.

22 Zu den Unterschieden zwischen Wittgenstein und dem logischen Positivismus des Wiener Kreises vgl. *N. Malcolm,* Art. Wittgenstein S. 333f.

23 *W. Stegmüller,* Hauptströmungen. Einleitung S. XXXVI.

24 *R. Carnap,* Der logische Aufbau der Welt (Berlin 1928). Neu veröffentlicht zusammen mit »Scheinproblemen in der Philosophie. Das Fremdpsychische und der Realis-

musstreit« (Hamburg 1961). Wir zitieren nach der Neuausgabe.

25 *A. N. Whitehead–B. Russell*, Principia mathematica Bd. I–III (Cambridge 1910 bis 1913. ²1925–1927).

26 *R. Carnap*, Der logische Aufbau der Welt, vgl. bes. Kap. III C, 1: Die Grundelemente.

27 Vgl. Kap. IV: Entwurf eines Konstitutionssystems.

28 AaO S. 139.

29 Der neuere französische Strukturalismus verfolgt ähnliche Tendenzen, auch wenn er weniger mathematisch-logisch interessiert ist, sondern auf den verschiedensten Gebieten Struktur-, Stil- und Motivvergleiche durchführt: von der Ethnologie (Claude Lévi-Strauss) über Psychoanalyse (Jacques Lacan), Linguistik (Roland Barthes), Historie (Michel Foucault) bis hin zur Marx-Interpretation (Louis Althusser). Einen Überblick mit Texten bietet *G. Schiwy*, Der französische Strukturalismus. Mode, Methode, Ideologie (Hamburg 1969).

30 AaO S. XIX.

31 Ebd.

32 AaO S. XX. Vgl. S. 246f.

33 AaO S. 246f.

34 AaO S. 226.

35 AaO S. 226.

36 AaO S. 256–258.

37 AaO S. 257.

38 AaO S. 258.

39 *R. Carnap*, Scheinprobleme in der Philosophie. Das Fremdpsychische und der Realismusstreit (Berlin 1928) S. XV (Vorwort; Zitate nach der angegebenen Neuausgabe von 1961).

40 AaO S. 331.

41 So die Titel der beiden grundlegenden Aufsätze *R. Carnaps* in: Erkenntnis 2 (1931) 219–241. 432–465. Zu den »metaphysischen Scheinsätzen« gerade Heideggers S. 229–233.

42 *B. Russell*, An Inquiry into Meaning and Truth (London 1940). Zum Entwicklungsgang B. Russells: The Autobiography of Bertrand Russell, Bd. I–III (London 1967–68); dt.: Autobiographie, Bd. I–III (Taschenbuchausgabe Frankfurt 1972–73).

43 *A. J. Ayer*, Language, Truth and Logic (London 1936).

44 *R. Carnap*, Der logische Aufbau der Welt S. XX (Vorwort).

45 So hat *R. Carnap* seinem ersten größeren in Amerika erschienenen Werk »Introduction to Semantics« (Cambridge/Mass. 1942; ³1948) eine lange Liste von Modifikationen einzelner Abschnitte seines früheren Werkes »Logische Syntax der Sprache« (Wien 1934; zweite deutsche Ausgabe Wien–New York 1968) als Anhang beigegeben. Nach dem späteren Carnap ist die Wissenschaftslogik nicht mehr mit der logischen Syntax identisch. Wissenschaftslogik als Analyse und Theorie der Wissenschaftssprache umfaßt:
1. die Syntax, die rein formal nur die Struktur der sprachlichen Ausdrücke betrachtet;
2. die Semantik, die die Bedeutungsbeziehung zwischen Ausdrücken und Gegenständen oder Begriffen (und so auch die Wahrheit eines Satzes) untersucht;
3. die Pragmatik, die darüber hinaus die psychologischen und soziologischen Beziehungen zwischen den sprechenden Personen betrachtet.

46 Vgl. *R. Carnaps* monumentales Werk »Logical Foundations of Probability« (Chicago 1950. ²1962).

47 *W. Schulz*, Philosophie in der veränderten Welt (Pfullingen 1972) S. 14. Vgl. zu den kritischen Fragen den ganzen Abschnitt über den Logischen Positivismus S. 29–67.

48 So *R. Carnap*, Überwindung der Metaphysik S. 227.

49 *P. Wust*, Die Auferstehung der Metaphysik (Leipzig 1920); bes. Kap. 4 über die Lebensmetaphysik von Nietzsche, Bergson und Dilthey sowie Kap. 5 über E. Troeltsch und G. Simmel.

50 *G. Patzig*, Nachwort zu R. Carnap, Scheinprobleme in der Philosophie. Das Fremd-

psychische und der Realismusstreit (Frankfurt 1966) S. 85–135. Zit. S. 97f.
51 AaO S. 120.
52 *W. Stegmüller*, Hauptströmungen I, 422.
53 *K. R. Popper*, Logik der Forschung (1934; 6., verbesserte Auflage Tübingen 1976) S. 24.
54 Vgl. A I, 4: Widerspruchsfreie Mathematik?
55 *K. R. Popper*, Logik der Forschung S. 11.
56 Ebd.
57 Ebd.
58 *K. R. Popper*, Conjectures and Refutations. The Growth of Scientific Knowledge (London 1963) S. 15–17. Noch ausführlicher findet sich die historisch-systematische Problematik im Sinne Poppers dargelegt bei *H. Albert*, Traktat über kritische Vernunft (Tübingen 1968. [3]1975) bes. Kap. I: Das Problem der Begründung.
59 *H. Albert*, Traktat über kritische Vernunft (Tübingen [3]1975) S. 13–15, variiert dieses Schema zum »Münchhausen-Trilemma«: Regressus in infinitum – Zirkelschluß – Abbruch des Verfahrens oder Dogmatismus.
60 *K. R. Popper*, Conjectures and Refutations S. VII (Vorwort).
61 Vgl. auch das neuere Werk von *K. R. Popper*, Objective Knowledge. An Evolutionary Approach (Oxford 1972); dt.: Objektive Erkenntnis. Ein evolutionärer Entwurf (Hamburg 1973).
62 *K. R. Popper*, Logik der Forschung S. 211.
63 AaO S. 225.
64 Vgl. *K. Popper*, Unended Quest. An Intellectual Autobiography (1974; revidierte Ausgabe Glasgow–London 1976) S. 18.
65 *K. R. Popper*, Logik der Forschung S. XIV.
66 Ebd.
67 Ebd.
68 AaO S. XIX.
69 AaO S. 223.
70 Ebd.
71 Ebd.
72 AaO S. 225.
73 Vgl. *K. R. Popper*, The Open Society and Its Enemies, Bd. I–II (1944–1945); dt.: Die offene Gesellschaft und ihre Feinde, Bd. I–II (Taschenbuchausgabe München 1975). Die aktuelle Bedeutung der gesellschaftspolitischen Konzeption Poppers zeigt der mit einem Vorwort von Bundeskanzler Helmut Schmidt erschienene und von *G. Lührs – Th. Sarrazin – F. Spreer – M. Tietzel* herausgegebene Band »Kritischer Rationalismus und Sozialdemokratie« (Berlin–Bonn 1975). Zur Diskussion um Popper vgl. vor allem *P. A. Schilpp* (Hrsg.), The Philosophy of Karl Popper. Bd. I–II (La Salle/Illinois 1974): hier die ursprüngliche Fassung von Poppers »Intellectual Autobiography«, dann beschreibende und kritische Essays zu Poppers Philosophie, schließlich Poppers ausführliche Antwort auf die Kritiker und eine umfassende Bibliographie. – Zu erwähnen neuestens aus der Frankfurter Schule *E. Nordhofen*, Das Bereichsdenken im Kritischen Rationalismus. Zur finitistischen Tradition der Popperschule (Freiburg–München 1976).
74 *K. R. Popper*, Logik der Forschung S. XXV.
75 Ebd.
76 *J. Passmore*, Art. Logical Positivism, in: The Encyclopedia of Philosophy, hrsg. v. P. Edwards, Bd. V (New York–London 1967) S. 56.
77 *K. Popper*, Unended Quest S. 87.
78 AaO S. 88.
79 AaO S. 90.
80 *Th. S. Kuhn*, The Structure of Scientific Revolutions (Chicago 1962); dt.: Die Struktur wissenschaftlicher Revolutionen (zweite, revidierte und um das »Postskriptum 1969« ergänzte Auflage Frankfurt 1976). Verschiedene neuere Aufsätze Kuhns sind

gesammelt von Lorenz Krüger: *Th. S. Kuhn,* Die Entstehung des Neuen. Studien zur Struktur der Wissenschaftsgeschichte (Frankfurt/M. 1977).

81 Zur Diskussion zwischen Kuhn und den Popperschen Kritikern vgl. vor allem den von *I. Lakatos – A. Musgrave* herausgegebenen Sammelband: Criticism and the Growth of Knowledge (London 1970); dt.: Kritik und Erkenntnisfortschritt. Abhandlungen des Internationalen Kolloquiums über Philosophie der Wissenschaft London 1965 (Braunschweig 1974).

82 *Th. S. Kuhn,* Die Struktur wissenschaftlicher Revolutionen S. 25.

83 *M. Masterman,* Die Natur eines Paradigmas, in: Kritik und Erkenntnisfortschritt S. 59–87, versucht Kuhn einundzwanzig verschiedene Bedeutungen von »Paradigma« (in 3 Hauptgruppen einteilbar) nachzuweisen. *Th. S. Kuhn* unterscheidet in seinem »Postskriptum 1969« die zwei der hier angegebenen Bedeutungen: S. 186; vgl. S. 193–203.

84 *Th. S. Kuhn,* Die Struktur wissenschaftlicher Revolutionen S. 50.

85 AaO S. 77.

86 AaO S. 90. Zu der Falsifikation aufgrund eines Paradigmas vgl. S. 156–159.

87 AaO S. 123.

88 Vgl. aaO S. 195 f.

89 Vgl. im angegebenen Diskussionsband »Kritik und Erkenntnisfortschritt« *K. Popper,* Die Normalwissenschaft und ihre Gefahren (S. 51–57) und *I. Lakatos,* Falsifikation und die Methodologie wissenschaftlicher Forschungsprogramme (S. 89–189); *ders.,* Die Geschichte der Wissenschaft und ihre rationalen Rekonstruktionen (S. 271–311). Popper und Lakatos zufolge macht Kuhn die Wissenschaft zu einem subjektivistischen, relativistischen und irrationalistischen Unternehmen, wogegen sich Kuhn entschieden wehrt. Vgl. *Th. S. Kuhn,* Bemerkungen zu meinen Kritikern (S. 223–269, bes. 251–257); *ders.,* Bemerkungen zu Lakatos (S. 313–321); ebenso *ders.,* Die Struktur wissenschaftlicher Revolutionen, Postskriptum 1969, S. 197 f. – Poppers Antwort auf Kuhns neues Paradigma zur Erklärung des Wissenschaftsfortschrittes bildet selbst einen interessanten Beleg für Kuhns Theorie.

90 Vgl. *P. K. Feyerabend,* Against Method. Outline of an Anarchist Theory of Knowledge (London 1975); dt.: Wider den Methodenzwang. Skizze einer anarchistischen Erkenntnistheorie (Frankfurt/M. 1976) These 1 (S. 35).

91 Vgl. unter den Autoren der Kritischen Theorie vor allem die Frankfurter Antrittsvorlesung von *J. Habermas,* Erkenntnis und Interesse (1965), in seinem Sammelband: Technik und Wissenschaft als »Ideologie« (Frankfurt/M. 1968) S. 146–168.

92 Diese Gedanken werden entfaltet im Hauptwerk von *J. Habermas,* Erkenntnis und Interesse (Frankfurt/M. 1968). – Wichtige Einsichten in die Problematik der Wissenschaftstheorie, vor allem ihrer Kritik, verdanke ich meinem Tübinger Kollegen *Ludger Oeing-Hanhoff,* Professor für philosophische Grundfragen der Theologie, mit dem ich ein sehr fruchtbares Seminar über »Wissenschaftstheorie und Theologie« im Sommersemester 1977 am Fachbereich Katholische Theologie der Universität Tübingen durchgeführt habe. Außerdem verdanke ich ihm wertvolle Hinweise gerade auch zu den Kapiteln über Descartes und Pascal. Vgl. auch *L. Oeing-Hanhoff,* Descartes und das Problem der Metaphysik. Zu F. Alquiés Descartes-Interpretation, in: Kant-Studien 51 (1959/60) 196–217; *ders.,* Der sogenannte ontologische Gottesbeweis bei Descartes und Bonaventura, in: Die Wirkungsgeschichte Anselms von Canterbury. Akten der ersten Internationalen Anselm-Tagung Bad Wimpfen 13. September bis 16. September 1970, hrsg. v. H. Kohlenberger (Frankfurt/M. 1975) S. 211–220.

93 Vgl. A II, 3: Augustinisches Erbe.

94 Vgl. A I, 3: Thomistisches Erbe.

95 Zit. nach *Th. S. Kuhn,* Struktur wissenschaftlicher Revolutionen S. 96 f.

96 Zit. nach *Th. S. Kuhn,* Struktur wissenschaftlicher Revolutionen S. 97.

97 *Th. S. Kuhn,* Struktur wissenschaftlicher Revolutionen S. 168.

98 *M. Planck,* Wissenschaftliche Selbstbiographie (Leipzig 1948) S. 22.

99 Vgl. *Th. S. Kuhn,* Struktur wissenschaftlicher Revolutionen S. 97.

100 Vgl. aaO S. 98.
101 AaO S. 148.
102 AaO S. 181.
103 Ebd.
104 Vgl. aaO S. 182.
105 AaO S. 175f. »Scientist« wird zur Vermeidung von Mißverständnissen abweichend von der Übersetzung nicht nur mit »Wissenschaftler« wiedergegeben.
106 AaO S. 175.
107 AaO S. 182.
108 AaO S. 184.
109 AaO S. 185.
110 Ebd.

2. *Zwischenbilanz I: Thesen zur neuzeitlichen Rationalität*

1 Vgl. *H. Küng*, Christ sein (München 1974) Kap. A I, 3: Humanität durch technologische Evolution?
2 Vgl. A I, 3: Klarheit als Ideal der Theologie.
3 *Th. S. Kuhn*, Die Struktur wissenschaftlicher Revolutionen, Postskriptum 1969, S. 190.
4 *N. M. Wildiers*, Wereldbeeld en teologie (1972); dt.: Weltbild und Theologie vom Mittelalter bis heute (Zürich–Einsiedeln–Köln 1974) S. 250–291.
5 Vgl. *H. Haag*, Biblische Schöpfungslehre und kirchliche Erbsündenlehre (Stuttgart 1966); *K. Schmitz-Moormann*, Die Erbsünde. Überholte Vorstellung – bleibender Glaube (Olten 1969); *U. Baumann*, Erbsünde? Ihr traditionelles Verständnis in der Krise heutiger Theologie (Freiburg–Basel–Wien 1970; Lit.!). Zur Diskussion vgl. *H. Haag*, Die hartnäckige Erbsünde. Überlegungen zu einigen Neuerscheinungen, in: Theologische Quartalschrift 150 (1970) 358–366. 436–456.
6 Vgl. *H. Küng*, Unfehlbar? Eine Anfrage (Zürich–Einsiedeln–Köln 1970) Kap. I: Unfehlbares Lehramt?
7 Vgl. *H. Küng*, Thesen zur Stellung der Frau in Kirche und Gesellschaft, in: Theologische Quartalschrift 156 (1976) 129–132; engl. in: The New York Times v. 23. Mai 1976.
8 Vgl. dazu *K. Erlinghagen*, Katholisches Bildungsdefizit in Deutschland (Freiburg 1965).
9 *G. Ebeling*, Gewißheit und Zweifel. Die Situation des Glaubens im Zeitalter nach Luther und Descartes, in: Wort und Glaube Bd. II (Tübingen 1969) S. 138–183; zit. S. 176f.
10 Vgl. *W. Hochkeppel*, Mythos Philosophie (Hamburg 1976) Kap. V.
11 Vgl. A II, 4: Fragen der Wissenschaft: wissenschaftlicher Atheismus?
12 *W. Hochkeppel*, Mythos Philosophie S. 177.
13 *W. Weischedel*, Was heißt Wirklichkeit?, in: Festschrift für Ernst Fuchs, hrsg. v. G. Ebeling – E. Jüngel – G. Schunack (Tübingen 1973) S. 337–345; Zit. S. 343f.
14 *J. Moltmann*, Theologie in der Welt der modernen Wissenschaften, in: Perspektiven der Theologie. Gesammelte Aufsätze (München–Mainz 1968) S. 269–287. Zit. S. 275f. Vgl. auch *W. Weischedel*, Was heißt Wirklichkeit? S. 344f.

B. DAS NEUE GOTTESVERSTÄNDNIS

B I: Gott in der Welt: Georg Friedrich Wilhelm Hegel

1 Vgl. *H. Küng*, Menschwerdung Gottes. Eine Einführung in Hegels theologisches Denken als Prolegomena zu einer künftigen Christologie (Freiburg–Basel–Wien 1970). Wir halten uns im Abschnitt über Hegel weithin an dieses Buch. Hier auch eine ausführliche Bibliographie zu Hegel (S. 671–683).

2 Viel Material unter theologischem Gesichtswinkel wird man finden bei *K. Barth*, Die protestantische Theologie im 19. Jahrhundert. Ihre Vorgeschichte und ihre Geschichte (Zollikon–Zürich 1946. ²1952); *E. Hirsch*, Geschichte der neueren evangelischen Theologie im Zusammenhang mit den allgemeinen Bewegungen des europäischen Denkens Bd. IV–V (Gütersloh 1949. ²1960).

3 *G. Ch. Storr*, Dissertatio de sensu historico (Tübingen 1778); *ders.*, Neue Apologie der Offenbarung Johannis (Tübingen 1783); *ders.*, Doctrinae christianae pars theoretica e sacris litteris repetita (Stuttgart 1793).

4 *E. Burke*, Reflections on the Revolution in France (London 1790).

5 Vgl. *F. Hölderlin* an Hegel, in: Briefe von und an Hegel, in: Werke XXVII, 9. Grundsätzlich benützen wir die heute maßgebende »Kritische Gesamtausgabe«, herausgegeben von *Lasson – Hoffmeister*. Sie wird mit der römischen Bandnummer + Seite zitiert. Dabei wurde zur Vermeidung von Mißverständnissen die gewohnte Bandzählung beibehalten, auch wenn neue Ausgaben von Hoffmeister benutzt wurden, die veränderte Bandnumerierungen tragen. So zitieren wir auch die Briefe unter der ursprünglichen Numerierung XXVII–XXX.
Die in der »Kritischen Ausgabe« fehlenden Vorlesungen über Ästhetik und Philosophiegeschichte werden ergänzt aus der »Jubiläumsausgabe« von Hegels sämtlichen Werken, herausgegeben von *H. Glockner*. Diese Bände werden von uns zitiert mit G + Bandnummer + Seite.
Für die Jugendschriften schließlich benutzen wir die bekannten Sammlungen von *H. Nohl*, Theologische Jugendschriften, nach den Handschriften der Kgl. Bibliothek in Berlin (Tübingen 1907), zit. N + Seite, und *J. Hoffmeister*, Dokumente zu Hegels Entwicklung (Stuttgart 1936), zit. H + Seite.

6 *G. W. F. Hegel*, H 37.

7 N 20.

8 N 12.

9 N 15.

10 *P. de Mendelssohn*, Saß Baruch Spinoza jemals vor Rembrandts Staffelei? Mutmaßungen über die Verbindung zwischen dem bankrotten Maler und dem verdammten Ketzer von Amsterdam, in: Frankfurter Allgemeine Zeitung vom 26. 2. 1977.

11 *B. de Spinoza*, Tractatus theologico-politicus (Hamburg 1670); dt. Theologisch-politischer Traktat, hrsg. v. C. Gebhardt (Hamburg 1955).

12 *B. de Spinoza*, Ethica ordine geometrico demonstrata (ohne Ort 1677), dt.: Die Ethik mit geometrischer Methode begründet, in: Werke Bd. II, hrsg. v. K. Blumenstock (Darmstadt 1967) S. 84–557.

13 *G. F. W. Hegel*, Vorlesungen zur Geschichte der Philosophie, in: Werke G XIX, 376.

14 *F. H. Jacobi*, Über die Lehre des Spinoza in Briefen an den Herrn Moses Mendelssohn (Breslau 1785).

15 *J. G. Fichte*, Aphorismen über Religion und Deismus (1790), in: Sämtliche Werke Bd. V (hrsg. von J. H. Fichte; Berlin 1845; Nachdruck Berlin 1965) S. 1–8.

16 *J. G. Fichte*, Grundlage der gesamten Wissenschaftslehre (1794), in: Werke Bd. I (hrsg. von F. Medicus; Leipzig 1911; Nachdruck Darmstadt 1962) S. 275–603.

17 Vgl. die philosophischen Schriften zum Atheismusstreit, in: *J. G. Fichte*, Werke Bd. III (Ausgabe Medicus) S. 151–415; darin: Über den Grund unseres Glaubens an eine göttliche Weltregierung S. 119–133; Zit. S. 130.

18 Vgl. dazu *E. Hirsch*, Geschichte der neueren evangelischen Theologie Bd. IV, S. 351–364.

19 *J. G. Fichte*, Appellation an das Publikum (1799), in: Werke Bd. III (Ausgabe Medicus) S. 151–198.

20 *J. W. Goethe*, Faust I, in: Werke Bd. III (Hamburger Ausgabe; Hamburg 1949, ⁷1964) S. 110: Vers 3455f.

21 *F. Schiller*, Worte des Glaubens, in: Werke Bd. I (Nationalausgabe, hrsg. von J. Petersen und F. Beißner; Weimar 1943) S. 379.

22 Zit. bei *H. Knittermeyer*, Art. Atheismusstreit, in: Religion in Geschichte und Ge-

genwart Bd. I (Tübingen [3]1957) S. 678.

23 *J. G. Fichte*, Die Bestimmung des Menschen (1800), in: Werke Bd. III (Ausgabe Medicus) S. 261–415.

24 *F. Nietzsche*, Die fröhliche Wissenschaft Nr. 125, in: Werke Bd. II (hrsg. v. K. Schlechta; München 1955) S. 127.

25 *G. W. F. Hegel*, Glauben und Wissen oder die Reflexionsphilosophie der Subjektivität, in der Vollständigkeit ihrer Formen, als Kantische, Jacobische und Fichtesche Philosophie (1802), in: Werke I, 223–346; Zit. I, 345.

26 *G. W. F. Hegel*, Über das Wesen der philosophischen Kritik überhaupt, und ihr Verhältnis zum gegenwärtigen Zustand der Philosophie insbesondere (1802), in: Werke I, 117–130; Zit. I, 128.

27 *G. W. F. Hegel*, Glauben und Wissen, in: Werke I, 232.

28 AaO I, 230.

29 AaO I, 345f.

30 AaO I, 345.

31 Ebd.

32 AaO I, 346.

33 Ebd.

34 Ebd.

35 Ebd.

36 Zu der »*Gott-ist-tot-Theologie*« sind zu zählen, wenn auch mit sehr erheblichen Unterschieden: *G. Vahanian*, The Death of God. The Culture of Our Post-Christian Era (New York 1961); *P. M. van Buren*, The Secular Meaning of the Gospel. Based on an Analysis of its Language (London 1963); dt.: Reden von Gott – in der Sprache der Welt. Zur säkularen Bedeutung des Evangeliums (Zürich–Stuttgart 1965); *W. Hamilton*, The New Essence of Christianity (New York 1966); *Th. J. J. Altizer*, The Gospel of Christian Atheism (Philadelphia 1966); *Th. J. J. Altizer – W. Hamilton*, Radical Theology and the Death of God (Indianapolis–New York 1966); *D. Sölle*, Stellvertretung. Ein Kapitel Theologie nach dem »Tode Gottes« (Stuttgart–Berlin 1965); *dies.*, Atheistisch an Gott glauben. Beiträge zur Theologie (Olten–Freiburg i. Br. 1968); »Readings« über die Gott-ist-tot-Theologie bietet *Th. J. J. Altizer* in: Towards a New Christianity. Readings in the Death of God Theology (New York 1967), darin ein Abschnitt über Hegel von *J. N. Findlay*.

Zur Diskussion in Amerika vgl. *J. Bishop*, Die Gott-ist-tot-Theologie (Düsseldorf 1968); sowie die beiden Sammelbände The Meaning of the Death of God. Protestant, Jewish and Catholic Scholars Explore Atheistic Theology, hrsg. von B. Murchland (New York 1967) und Radical Theology: Phase Two, Essays on the Current Debate, hrsg. von C. W. Christian und G. R. Wittig. (Philadelphia–New York 1967).

Zur Diskussion in Deutschland vgl. *J. Moltmann*, Theologie der Hoffnung (München 1964) S. 150–155 (sehr aufschlußreich gerade für Hegel); *G. Hasenhüttl*, Die Wandlung des Gottesbildes, in: Theologie im Wandel (Festschrift 150 Jahre Kath.-theol. Fakultät Tübingen; München–Freiburg i. Br. 1967) S. 228–253; *H. Fries*, Theologische Überlegungen zum Phänomen des Atheismus, in: Theologie im Wandel S. 254–279; *H. Fries – R. Stählin*, Gott ist tot? Eine Herausforderung. Zwei Theologen antworten (München 1968); *H. Mühlen*, Die abendländische Seinsfrage als der Tod Gottes und der Aufgang einer neuen Gotteserfahrung (Paderborn 1968); *H. Thielicke*, Der evangelische Glaube Bd. I (Tübingen 1968) S. 305–565; *M. Seckler*, Kommt der christliche Glaube ohne Gott aus?, in: Wer ist das eigentlich – Gott?, hrsg. von H.-J. Schultz (München 1969) S. 188–192.

Wichtig auch die Beiträge von *marxistisch-kommunistischer* Seite von *R. Garaudy*, Dieu est mort. Étude sur Hegel (Paris 1962); dt.: Gott ist tot. Das System und die Methode Hegels (Frankfurt/M. 1965) und *V. Gardavský*, Gott ist nicht ganz tot. Mit einer Einleitung von J. Moltmann (München 1968). Eine scharfsinnige Analyse des Bezuges von Atheismus – Christentum – emanzipierter Gesellschaft gibt in Auseinandersetzung mit der neueren Hegel-Literatur *W. Kern*, Atheismus – Christentum – emanzipierte Gesellschaft. Zu ihrem Bezug in der Sicht Hegels, in: Zeitschrift für katholische Theologie 91 (1969) S. 289–321. Vom selben Verfasser jetzt eine Sammlung seiner Aufsätze: Atheismus – Marxismus – Christentum. Beiträge zur Diskussion (Innsbruck–Wien–München 1976).

37 *D. Sölle*, Atheistisch an Gott glauben S. 54.

38 *D. Bonhoeffer*, Widerstand und Ergebung. Briefe und Aufzeichnungen aus der Haft (München 1951) S. 241.

39 *G. W. F. Hegel*, Glauben und Wissen, in: Werke I, 346.

40 Ebd.

41 *G. W. F. Hegel*, Wie der gemeine Menschenverstand die Philosophie nehme (1802/03), in: Werke I, 143–160; Zit. I, 149.

42 *G. W. F. Hegel*, Glauben und Wissen, in: Werke I, 233.

43 *G. W. F. Hegel*, De orbitis planetarum, in: Werke I, 347–401; vgl. Disputation über 12 entsprechende Thesen mit Schelling I, 403–405.

44 *G. W. F. Hegel*, Jenenser Logik, Metaphysik und Naturphilosophie, in: Werke XVIII; Jenenser Realphilosophie I–II, in: Werke XIX–XX.

45 *F. W. J. Schelling*, System des transzendentalen Idealismus (1800), in: Werke Bd. II (hrsg. v. M. Schröter; München 1927, ²1958) S. 327–634; Zit. S. 601.

B II: Gott in der Geschichte

1 Briefe von und an Hegel, in: Werke XXVII, 120.

2 *G. W. F. Hegel*, Phänomenologie des Geistes (1807) = Werke II. Wir benützen die mit dem Text der Originalausgabe erneut aufs genaueste verglichene Neuedition der Phänomenologie von *J. Hoffmeister* von 1949 (= 5. Auflage der Lassonschen Ausgabe von 1907, 4. Auflage erstmals von Hoffmeister 1937). Literatur zur Phänomenologie bei *H. Küng*, Menschwerdung Gottes. Eine Einführung in Hegels theologisches Denken als Prolegomena zu einer künftigen Christologie (Freiburg–Basel–Wien 1971) S. 243 f.

3 Phänomenologie des Geistes, in: Werke II, 67.

4 Ebd.

5 *M. Heidegger*, Hegels Begriff der Erfahrung, in: Holzwege (Frankfurt/M. 1950) S. 105–192.

6 Vgl. *K. Rosenkranz*, G. W. F. Hegels Leben. Supplement zu Hegels Werken (Berlin 1844; Nachdruck Darmstadt 1963) S. 204.

7 *G. W. F. Hegel*, Phänomenologie des Geistes, in: Werke II, 20.

8 Briefe von und an Hegel, in: Werke XVII, 240; vgl. 239.

9 *G. W. F. Hegel*, Wissenschaft der Logik (1812/13) = Werke III–IV. Wir zitieren nach dem unveränderten Nachdruck von 1951 des von G. Lasson herausgegebenen Textes. Literatur zur Logik bei *H. Küng*, Menschwerdung Gottes S. 313 f.

10 *G. W. F. Hegel*, Enzyklopädie der philosophischen Wissenschaften im Grundrisse. Zum Gebrauch seiner Vorlesungen (1817) = Werke V. Die Enzyklopädie wird zitiert nach der – auf Grundlage der (die Zusätze aus Hörernachschriften weglassenden) Lassonschen Ausgabe (1905) erstellten – Neuausgabe von J. Hoffmeister (1949), in welcher die zahlreichen Zusätze Hegels selbst aus den Jahren 1827 (2. Auflage) und 1830 (3. Auflage) verzeichnet sind. Literatur zur Enzyklopädie bei *H. Küng*, Menschwerdung Gottes S. 333 f.

11 Briefe von und an Hegel, in: Werke XXVIII, 31.

12 Vgl. *K. Barth*, Die protestantische Theologie im 19. Jahrhundert (Zollikon–Zürich 1946. ²1952) S. 343.

13 Vgl. *G. W. F. Hegel*, Enzyklopädie, in: Werke V, 46 f. 201; ebenso Wissenschaft der Logik, in: Werke IV, 500–504.

14 Enzyklopädie, in: Werke V, 46.

15 AaO V, 51–104.

16 Vgl. zu den Unterschieden *J. McTaggart*, A Commentary on Hegel's Logic (Cambridge 1910) S. 150 f.

17 *G. W. F. Hegel*, Enzyklopädie, in: Werke V, 202–325.
18 Enzyklopädie, in: Werke V, 326–490.
19 *G. W. F. Hegel*, Antrittsrede am 22. Oktober 1818 in Berlin, in: Werke XXII, 8.
20 *G. W. F. Hegel*, Grundlinien zur Philosophie des Rechts (1821) = Werke VI. Analyse und Literatur bei *H. Küng*, aaO S. 356–381.
21 *G. W. F. Hegel*, Vorlesungen über die Philosophie der Weltgeschichte = Werke VIII–IX. Die Vorlesungen über die Philosophie der Weltgeschichte, zuerst von *Gans* 1837, dann von *Karl Hegel* 1840 nach Kollegheften unter Verwertung eines eigenhändigen Manuskripts Hegels für die Anfangskapitel herausgegeben, wurden von *Lasson* (1917, 1919, 1920) gründlich überarbeitet und ergänzt, wobei das Manuskript Hegels vom übrigen Text abgehoben wurde. Der erste Band wurde nochmals überarbeitet von *Hoffmeister* (1955). Literatur bei *H. Küng*, Menschwerdung Gottes S. 394.
22 Philosophie der Weltgeschichte, in: Werke VIII, 31.
23 AaO VIII, 38.
24 AaO VIII, 181f.
25 Phänomenologie des Geistes, in: Werke II, 564.
26 Philosophie der Weltgeschichte, in: Werke VIII, 48.
27 AaO VIII, 78.
28 Vgl. dazu besonders Hegels Einleitung zur Philosophie der Weltgeschichte.
29 Vgl. Philosophie der Weltgeschichte, in: Werke VIII, 123; 124–135.
30 *G. W. F. Hegel*, Vorlesungen über die Ästhetik = Werke X (Die Idee und das Ideal); G XII–XIV (Ausgabe Hotho). Analyse und Literatur bei *H. Küng*, Menschwerdung Gottes Kap. VII, 3: Christus in der Kunst.
31 *G. W. F. Hegel*, Vorlesungen über die Philosophie der Religion = Werke XII–XIV. Analyse und Literatur bei *H. Küng*, Menschwerdung Gottes Kap. VII, 4: Christus in der Religion.
32 *G. W. F. Hegel*, Vorlesungen über die Geschichte der Philosophie = Werke XV (Einleitung: System und Geschichte der Philosophie); G XVII–XIX (Ausgabe Michelet). Analyse und Literatur bei *H. Küng*, Menschwerdung Gottes Kap. VII, 5: Christus in der Philosophie.
33 Geschichte der Philosophie, in: Werke XV, 252.
34 AaO G XIX, 684.
35 AaO G XIX, 685.
36 Ebd.
37 Vgl. *H. Küng*, Menschwerdung Gottes Kap. VII, 6: Gott der Zukunft?
38 *F. Rosenzweig*, Hegel und der Staat, Bd. I–II (München–Berlin 1920); Zit. Bd. II, S. 237.
39 *K. Fischer*, Hegels Leben, Werke und Lehre, Bd. I–II (Heidelberg 1901); Zit. Bd. I, S. 201.

B III: Weltlicher und geschichtlicher Gott

1 *G. W. F. Hegel*, Wissenschaft der Logik, in: Werke IV, 218.
2 *R. Kroner*, Die Selbstverwirklichung des Geistes. Prolegomena zur Kulturphilosophie (Tübingen 1928) S. 224; vgl. S. 222 und die kritischen Bemerkungen der sich auf Kroner berufenden Arbeit von *K. Nadler*, Der dialektische Widerspruch in Hegels Philosophie und das Paradoxon des Christentums (Leipzig 1931) S. 130–143.
3 *J. Möller*, Der Geist und das Absolute. Zur Grundlegung einer Religionsphilosophie in Begegnung mit Hegels Denkwelt (Paderborn 1951) S. 155f; ähnlich die Kritiken von E. Przywara, Th. Litt, I. Iljin, H. Niel, E. Coreth, H. Ogiermann, P. Henrici u.a.
4 So *W. Kern*, Das Verhältnis von Erkenntnis und Liebe als philosophisches Grundproblem bei Hegel und Thomas von Aquin, in: Scholastik 34 (1959) 394–427. Vgl. auch *N. Rüfner*, Die zentrale Bedeutung der Liebe für das Werden der Hegelschen Philosophie, in: Erkenntnis und Verantwortung (Festschrift Th. Litt; Düsseldorf 1960) S. 346–355.

5 *G. W. F. Hegel*, Philosophie der Weltgeschichte, in: Werke VIII, 80.
6 Philosophie der Weltgeschichte, in: Werke VIII, 81.
7 Vgl. *R. F. Beerling*, De List der Rede in de Geschiedenisfilosofie van Hegel (Arnhem 1959).
8 Vgl. *I. Iljin*, Die Philosophie Hegels als kontemplative Gotteslehre (Bern 1946) S. 330–339.
9 Vgl. *R. F. Beerling*, De List der Rede S. 80–152.
10 Für das Folgende vgl. *I. Iljin*, Die Philosophie Hegels S. 360.
11 AaO S. 358.
12 Vgl. *P. Hünermann*, Der Durchbruch des geschichtlichen Denkens im 19. Jahrhundert. Johann Gustav Droysen, Wilhelm Dilthey, Graf Paul Yorck von Wartenburg. Ihr Weg und ihre Weisung für die Theologie (Freiburg–Basel–Wien 1967).
13 *G. W. F. Hegel*, Enzyklopädie, in: Werke V, 47.
14 Vgl. *H. Blumenberg*, Kant und die Frage nach dem »gnädigen Gott«, Studium Generale 7 (1954) 554–570; Zit. 555.
15 *K. Barth*, Die protestantische Theologie im 19. Jahrhundert S. 378.
16 Ebd.
17 *A. Comte*, Cours de philosophie positive, Bd. I–VI (Paris 1830–1842).
18 Vgl. A III, 1: Logik und Wissenschaftstheorie gegen Metaphysik?
19 *P. Teilhard de Chardin*, Comment je vois (1948), in: Les Directions de l'avenir = Œuvres de Pierre Teilhard de Chardin Bd. XI (Paris 1973) S. 177–223; Zit. S. 181.
20 Ebd.
21 *S. Daecke*, Teilhard de Chardin und die evangelische Theologie. Die Weltlichkeit Gottes und die Weltlichkeit der Welt (Göttingen 1967) S. 186–200.
22 AaO S. 191.
23 *P. Teilhard de Chardin*, Comment je vois, in: Œuvres XI, 213.
24 Ebd.
25 *P. Teilhard de Chardin*, Comment je crois (1934), in: Œuvres de Pierre Teilhard de Chardin Bd. X (Paris 1969) S. 115–152; Zit. S. 117.
26 *P. Teilhard de Chardin*, Comment je crois, in: Œuvres X, 117f.
27 *P. Teilhard de Chardin*, Le Dieu de l'évolution (1953), in: Comment je crois = Œuvres de Pierre Teilhard de Chardin Bd. X (Paris 1969) S. 283–291; Zit. S. 285, dt.: Mein Glaube (Olten–Freiburg/Br 1972) S. 281.
28 *P. Teilhard de Chardin*, Comment je crois, in: Œuvres X, 288; dt.: Mein Glaube S. 284.
29 Ebd.
30 AaO S. 288.
31 AaO S. 289.
32 *P. Teilhard de Chardin*, Comment je vois, in: Œuvres XI, 181f.
33 AaO XI, 182.
34 Vgl. *P. Teilhard de Chardin*, Hymne à la Matière, in: Hymne de l'univers (Paris 1961) S. 71–75; dt.: Hymne an die Materie, in: Lobgesang des Alls (Olten–Freiburg/Br. 1961) S. 87–91.
35 Über die damals von Rom geheimgehaltene Zensurierung Teilhards berichtet die kanadische Jesuiten-Zeitschrift Relations (Montréal) Nr. 212 vom August 1958. Am 30. Juni 1962 erfolgte im Osservatore Romano vom 30. Juni 1962 auch ein öffentliches Monitum: Bei der Sichtung der Problematik sowohl von P. Teilhard de Chardin wie von Alfred N. Whitehead half mir ein Referat, das Prof. Dr. *K. Schmitz-Moormann* an einem Studientag unseres Doktorandenkolloquiums zu diesen beiden Autoren gehalten hat. Nicht unerwähnt gelassen sei hier, daß sich Schmitz-Moormann nicht nur um die deutsche Herausgabe und Übersetzung der Teilhard-Schriften, sondern auch um die französische Herausgabe von Teilhards Tagebüchern große Verdienste erworben hat.
36 Vgl. *F. H. Bradley*, Appearance and Reality (London 1908) bes. Kap. 26: The Absolute and its Appearances S. 455–510.

37 *A. N. Whitehead,* Process and Reality. An Essay in Cosmology (1929. Neuausgabe New York 1960) S. VIII.
38 *A. N. Whitehead,* Religion in the Making (1926. Neuausgabe New York 1960). Vgl. S. 66–68; Zit. S. 68. Zur Metaphysik Whiteheads vgl. vor allem *W. A. Christian,* An Interpretation of Whitehead's Metaphysics (New Haven 1959), bes. Teil III: God and the World. Allgemein zu Whitehead vor allem *P. A. Schilpp* (Hrsg.), The Philosophy of A. N. Whitehead (1941. Neuausgabe New York 1951), hier bes. *Ch. Hartshorne,* Whitehead's Idea of God (S. 513–559).
39 *A. N. Whitehead,* Religion in the Making S. 147.
40 Vgl. *A. N. Whitehead,* Process and Reality S. 524.
41 Vgl. aaO S. 521–526.
42 AaO S. 521.
43 Ebd.
44 AaO S. 524.
45 Vgl. aaO S. 524–526.
46 AaO S. 532.
47 AaO S. 520f.
48 AaO S. 521.
49 AaO S. 527.
50 Ebd.
51 AaO S. 528.
52 Für die amerikanische *Process Theology,* die sich neben Whitehead vielfach auch auf Teilhard de Chardin beruft, vgl. die zahlreichen Veröffentlichungen besonders von *Charles Hartshorne,* aber auch von Bernard E. Meland, Bernard M. Loomer, Daniel D. Williams, Schubert M. Ogden, John B. Cobb, Walter E. Stokes, W. Norman Pittenger, auch der frühe Henry N. Wieman. Vgl. zur Einführung die Sammelbände von *D. Brown – R. E. James – G. Reeves* (Hrsg.), Process Philosophy and Christian Thought (Indianapolis–New York 1971) und von *E. H. Cousins* (Hrsg.), Process Theology. Basic Writings (New York 1971). Die Diskussion wurde weitergeführt in der von J. B. Cobb und L. Ford herausgegebenen Zeitschrift »Process Studies«. Mehrere wichtige Aufsätze enthält: *Sch. M. Ogden,* The Reality of God and Other Essays (New York 1963). Gegenüber Process-Theologen strenger Observanz bemühen sich insbes. *Langdon Gilkey* und *David Tracy* darum, auch andere philosophische und theologische Traditionen zu integrieren. Schon sehr früh hat die gegenwärtige Gottesproblematik behandelt und für die Erneuerung des Redens von Gott Wege gewiesen: *L. Gilkey,* Naming the Whirlwind. The Renewal of God-Language (Indianapolis–New York 1969). Als neuestes Werk im Umkreis der Process-Theology an der University of Chicago, dem Zentrum dieser Theologie, verdient alle Beachtung: *D. Tracy,* Blessed Rage for Order. The New Pluralism in Theology (New York 1975). Tracy schlägt gegenüber der bisherigen orthodoxen, liberalen, neoorthodoxen und radikalen Theologie programmatisch ein »revisionistisches Modell« von Theologie vor, das – so wenig mir wegen seiner Assoziationen zum politischen Revisionismus-Begriff das Wort gefallen will – in diesem Buch manche sowohl methodologische wie inhaltliche Bestätigung finden wird. Klärende Ausführungen insbes. zum Gottesbegriff der Process Theology (Dipolarität) in Kap. 8: The Meaning, Meaningfulness, and Truth of God-Language.
53 *K. R. Popper,* The Open Society and Its Enemies II. The High Tide of Prophecy (London 1945), dt.: Die offene Gesellschaft und ihre Feinde II. Falsche Propheten (Bern 1958. München [4]1975); Zit. S. 304f.
54 AaO S. 307.
55 Vgl. A III, 1: Universalanspruch naturwissenschaftlichen Denkens?
56 *E. Bloch,* Subjekt–Objekt. Erläuterungen zu Hegel (1951; erweiterte Ausgabe Frankfurt/M. 1962) S. 327.
57 *Zu Fichte: E. Coreth,* Vom Ich zum absoluten Sein. Zur Entwicklung der Gotteslehre Fichtes, in: Zeitschrift für katholische Theologie 79 (1957) 257–303, bes. 273; vgl. *ders.,* Zu Fichtes Denkentwicklung. Ein problemgeschichtlicher Durchblick, in: Bij-

dragen, Tijdschrift voor Filosofie en Theologie 20 (1959) 229–241; sowie *E. Hirsch*, Geschichte der neueren evangelischen Theologie im Zusammenhang mit den allgemeinen Bewegungen des europäischen Denkens Bd. IV (Gütersloh 1949, ²1960) S. 364–375.
Zu Schelling: W. Kasper, Das Absolute in der Geschichte. Philosophie und Theologie der Geschichte in der Spätphilosophie Schellings (Mainz 1965) S. 10f; vgl. S. 181–215.

58 Die notwendigen Präzisierungen zu Platon, Aristoteles und Plotin finden sich in: *H. Küng*, Menschwerdung Gottes Kap. VIII, 2: Die Geschichtlichkeit Gottes.

59 *D. Bonhoeffer*, Widerstand und Ergebung. Briefe und Aufzeichnungen aus der Haft (München 1951) S. 182.

60 Vgl. zu weiteren Implikationen der *Weltlichkeit Gottes*: *H. Küng*, Menschwerdung Gottes Kap. VIII, 2: Die Geschichtlichkeit Gottes, sowie Exkurs III über die Dialektik der Eigenschaften Gottes.

61 Vgl. zu weiteren Implikationen der *Geschichtlichkeit Gottes*: *H. Küng*, Menschwerdung Gottes Kap. VIII, 2: Die Geschichtlichkeit Gottes, sowie die Exkurse IV über die Unveränderlichkeit Gottes, und V über neuere Lösungsversuche der alten Problematik: K. Rahner, H. U. von Balthasar, M. Löhrer auf katholischer Seite, K. Barth, D. Bonhoeffer, E. Jüngel, K. Kitamori, J. Moltmann, auf evangelischer Seite. Vgl. auch *W. Kasper*, Unsere Gottesbeziehung angesichts der sich wandelnden Gottesvorstellung, in seinem Sammelband »Glaube und Geschichte« (Mainz 1970) S. 101–143; *ders.*, Die Gottesfrage als Problem der Verkündigung, in: Die Frage nach Gott (hrsg. v. J. Ratzinger; Freiburg–Basel–Wien 1972) S. 143–161; *J. Moltmann*, Der gekreuzigte Gott. Das Kreuz Christi als Grund und Kritik christlicher Theologie (München 1972).

C. DIE HERAUSFORDERUNG DES ATHEISMUS

1 Vgl. A II, 4: Spuren des Atheismus.

C I: Gott – eine Projektion des Menschen? Ludwig Feuerbach

2 *F. Engels*, Ludwig Feuerbach und der Ausgang der klassischen deutschen Philosophie (Stuttgart 1888), in: Marx-Engels-Werke Bd. 21 (Berlin 1962) S. 272.

3 Wir halten uns im allgemeinen an die beiden neuesten kritischen Gesamtausgaben: a) *L. Feuerbach*, Werke in sechs Bänden, hrsg. v. E. Thies, bisher Bd. I–IV (Frankfurt 1975f), abgekürzt zitiert als »Werke«; b) *L. Feuerbach*, Gesammelte Werke, hrsg. v. W. Schuffenhauer, Bd. I–X (Berlin 1967–1972), abgekürzt zitiert als »Gesammelte Werke«. Dort nicht enthaltene Texte werden zitiert nach der ersten – von Feuerbach selbst im Verlag O. Wigand herausgegebenen – Gesamtausgabe: *L. Feuerbach*, Sämtliche Werke (Leipzig 1846–1866), bzw. nach der ergänzten – wissenschaftlich unzureichenden – Ausgabe von W. Bolin und F. Jodl: *L. Feuerbach*, Sämtliche Werke Bd. I–X (Stuttgart 1903–1911), die in der Zweitauflage, hrsg. v. H.-M. Sass, durch 3 Ergänzungsbände vermehrt wurde: Bd. I–XIII (Stuttgart 1959–1964).
Die Zitate aus Briefen stammen, je nach Fundort, aus: *K. Grün*, Ludwig Feuerbachs philosophische Charakterentwicklung. Sein Briefwechsel und Nachlaß 1820–1872 Bd. I–II (Leipzig und Heidelberg 1874); *A. Kapp* (Hrsg.), Briefwechsel zwischen Ludwig Feuerbach und Christian Kapp (Leipzig 1876); *P. Nerrlich* (Hrsg.), Arnold Ruges Briefwechsel und Tagebuchblätter aus den Jahren 1825–1880, Bd. I–II (Berlin 1886); *W. Bolin* (Hrsg.), Ausgewählte Briefe von und an Ludwig Feuerbach (Leipzig 1904); *W. Schuffenhauer* (Hrsg.), Ludwig Feuerbach, Briefwechsel (Leipzig 1963).
Für das »Wesen des Christentums« benützen wir die Einzelausgabe von W. Schuffenhauer (Berlin 1956).

4 Vgl. *H. Arvon*, Engels' Feuerbach kritisch beleuchtet, in: Atheismus in der Diskussion. Kontroversen um Ludwig Feuerbach, hrsg. v. H. Lübbe und H.-M. Sass (München–Mainz 1975) S. 109–119. Dagegen aber in der Diskussion F. Richter, H.-M.

Sass, W. Schuffenhauer. Vgl. auch *H. Arvon*, Feuerbach. Sa vie, son œuvre, avec un exposé de sa philosophie (Paris 1964).

5 Vgl. für unsere Problematik unter den Monographien vor allem *K. E. Bockmühl*, Leiblichkeit und Gesellschaft. Studien zur Religionskritik und Anthropologie im Frühwerk von Ludwig Feuerbach und Karl Marx (Göttingen 1961); *E. Kamenka*, The philosophy of Ludwig Feuerbach (London–New York 1970); *M. Xhaufflaire*, Feuerbach et la théologie de la sécularisation (Paris 1970), dt.: Feuerbach und die Theologie der Säkularisation (München–Mainz 1972); *H.-J. Braun*, Ludwig Feuerbachs Lehre vom Menschen (Stuttgart–Bad Cannstatt 1971); *A. Schmidt*, Emanzipatorische Sinnlichkeit. Ludwig Feuerbachs anthropologischer Materialismus (München 1973). – Eine Bibliographie zur Feuerbach-Literatur 1960–1973 gibt *H.-M. Sass*, in: Atheismus in der Diskussion S. 264–280. Wichtige Beiträge zur Feuerbach-Rezeption in der protestantischen Theologie und der marxistischen und nichtmarxistischen Philosophie des 20. Jahrhunderts (u. a. von K. Barth, R. Lorenz, H.-M. Barth; von E. Bloch, K. Löwith, A. Kosing, H. Arvon, A. Schmidt, G. Rohrmoser) sind in dem von *E. Thies* herausgegebenen Band gesammelt: Ludwig Feuerbach (Darmstadt 1976).

6 Vgl. *K. Barth*, Protestantische Theologie im 19. Jahrhundert (Zollikon–Zürich ^{2}1952) S. 484–489.

7 Vgl. *M. Buber*, Das Problem des Menschen, in: Werke (München–Heidelberg 1962) I, 309–407; bes. S. 339–343.

8 Vgl. *K. Löwith*, Das Individuum in der Rolle des Mitmenschen (München 1928) S. 5–13; *ders.*, Gesammelte Abhandlungen. Zur Kritik der geschichtlichen Existenz (Stuttgart 1960) S. 37–44.

9 Zur *Religionskritik* Feuerbachs vgl. besonders *G. Nüdling*, Ludwig Feuerbachs Religionsphilosophie. »Die Auflösung der Theologie in Anthropologie« (Paderborn 1936, ^{2}1961); *M. von Gagern*, Ludwig Feuerbach. Philosophie- und Religionskritik (München–Salzburg 1970); *H.-J. Braun*, Die Religionsphilosophie Feuerbachs. Kritik und Annahme des Religiösen (Stuttgart–Bad Cannstatt 1972); *E. Schneider*, Die Theologie und Feuerbachs Religionskritik (Göttingen 1972). *J. T. Bakker – H. J. Heering – G. Th. Rothuizen*, Ludwig Feuerbach – Profeet van het atheïsme. De mens, zijn ethiek en religie (Kampen 1972).

10 *L. Feuerbach*, Fragmente zur Charakteristik meines philosophischen curriculum vitae, in: Gesammelte Werke, hrsg. v. W. Schuffenhauer (Berlin 1971) X, 178.

11 Vgl. zu Feuerbachs Entwicklung *K. Grün*, Ludwig Feuerbachs philosophische Charakterentwicklung. Sein Briefwechsel und Nachlaß 1820–1872, Bd. I–II (Leipzig–Heidelberg 1874); Zit. I, 12. Zur Entwicklung des jungen Feuerbach bis zur Veröffentlichung des »Wesen des Christentums« vgl. die Dissertation von *W. Schuffenhauer*, in bearbeiteter Fassung veröffentlicht als Einleitung zu Schuffenhauers kritischer Ausgabe von Feuerbachs »Wesen des Christentums« S. V–CX.

12 *L. Feuerbach*, Brief an L. Noack (1846), in: K. Grün, Ludwig Feuerbach I, 16.

13 *L. Feuerbach*, Aus dem Nachlaß, in: K. Grün, Ludwig Feuerbach I, 387.

14 Ebd.

15 *L. Feuerbach*, De infinitate, unitate atque communitate rationis. Disputatio inauguralis. Feuerbach hat seine lateinische Dissertation nur in der für die Habilitation überarbeiteten und beträchtlich erweiterten Fassung drucken lassen. Neue deutsche Übersetzung von Manfred Hiller, in: Werke I, 15–76.

16 *L. Feuerbach*, Brief an Hegel vom 22. November 1828, in: Werke I, 353–357.

17 *L. Feuerbach* (anonym), Gedanken über Tod und Unsterblichkeit aus den Papieren eines Denkers, nebst einem Anhang theologisch-satyrischer Xenien, herausgegeben von einem seiner Freunde (Nürnberg 1830), in: Werke I, 77–349.

18 *L. Feuerbach*, Brief an Helene von Dobenegg, geb. Feuerbach aus dem Jahre 1833, in: W. Schuffenhauer (Hrsg.), Feuerbachs Briefwechsel S. 78.

19 *K. Grün* (Hrsg.), Feuerbach in seinem Briefwechsel I, 256.

20 *L. Feuerbach*, Geschichte der neuern Philosophie von Bacon von Verulam bis Benedict Spinoza (Ansbach 1833), in: Gesammelte Werke, hrsg. v. W. Schuffenhauer, Bd. II

(Berlin 1969).
21 *L. Feuerbach*, Geschichte der neuern Philosophie. Darstellung, Entwicklung und Kritik der Leibnizschen Philosophie (Ansbach 1837), in: Gesammelte Werke, hrsg. von W. Schuffenhauer, Bd. III (Berlin 1969).
22 *L. Feuerbach*, Pierre Bayle, nach seinen für die Geschichte der Philosophie und Menschheit interessanten Momenten dargestellt und gewürdigt (Ansbach 1838), in: Gesammelte Werke, hrsg. v. W. Schuffenhauer, Bd. IV (Berlin 1967).
23 *L. Feuerbach*, Pierre Bayle, in: Gesammelte Werke IV, 3.
24 AaO IV, 7f.
25 Vgl. bes. *P. Bayle*, Dictionnaire historique et critique, Bd. I–II (Rotterdam 1696–98); *ders.*, Pensées diverses, in: Œuvres diverses Bd. III (Hildesheim 1966; reprografischer Nachdruck der Ausgabe Den Haag 1727) S. 1–417.
26 Vgl. die Rezensionen Feuerbachs über Schriften von K. Bayer, J. Sengler, C. F. Bachmann, F. Dorguth in den »Halleschen Jahrbüchern« (ab 1838), in: Gesammelte Werke Bd. VIII (Berlin 1969).
27 *L. Feuerbach*, Der wahre Gesichtspunkt, aus welchem ›der Leo–Hegelsche Streit‹ beurteilt werden muß, in: Hallesche Jahrbücher vom 12./13. März 1839; später als separate Broschüre veröffentlicht; der volle Wortlaut: Über Philosophie und Christentum in Beziehung auf den der Hegelschen Philosophie gemachten Vorwurf der Unchristlichkeit, in: Werke II, 261–330.
28 *L. Feuerbach*, Zur Kritik der Hegelschen Philosophie, in: Werke III, 7–53. Früher hatte Feuerbach Hegel verteidigt, gegen C. F. Bachmanns »Antihegel« (Werke II, 63–128) und gegen H. Leos »Die Hegelingen« (Werke II, 261–330).
29 AaO III, 52.
30 *D. Fr. Strauß*, Das Leben Jesu, kritisch bearbeitet, Bd. I–II (Tübingen 1835/36, Neudruck Darmstadt 1969) II, 732–738.
31 AaO II, 734f.
32 AaO II, 736; zum komplexen Verhältnis Hegel–Strauß und zum Umschlag der spekulativen Christologie von oben in eine historische Christologie von unten vgl. *H. Küng*, Menschwerdung Gottes Kap. VIII, 3: Die Geschichtlichkeit Jesu, bes. S. 567–573.
33 Vgl. *A. Schweitzer*, Von Reimarus zu Wrede. Eine Geschichte der Leben-Jesu-Forschung (Tübingen 1906) Anhang I (S. 410–413).
34 Wir zitieren, wie vermerkt, »Das Wesen des Christentums« in seiner dritten, umgearbeiteten und vermehrten Auflage (1849 = Bd. VII der von Feuerbach im Verlag O. Wigand herausgegebenen »Sämtlichen Werke«) nach der mit den Ausgaben von 1841 und 1843 verglichenen kritischen Ausgabe von *W. Schuffenhauer*, Bd. I–II (Berlin 1956), die jetzt auch in den von W. Schuffenhauer herausgegebenen »Gesammelten Werken« als Bd. V (Berlin 1973) enthalten ist. Zur Interpretation dieses Werkes im Geiste Feuerbachs selbst benützen wir vor allem die in dieselbe Zeit fallenden und »Das Wesen des Christentums« weiterführenden »Vorläufigen Thesen zur Reformation der Philosophie« (1843; Werke III. 223–243) und »Grundsätze der Philosophie der Zukunft« (1843; Werke III, 247–322). – Zur oben genannten doppelten Frontstellung vgl. das Vorwort zur ersten Auflage von »Das Wesen des Christentums« (1841) S. 1f.
35 *L. Feuerbach*, Brief an W. Bolin vom 20. Oktober 1860, in: K. Grün, Ludwig Feuerbach II, 120.
36 *A. Ruge*, Brief an Stahr (8. Sept. 1841), in: Arnold Ruges Briefwechsel und Tagebuchblätter aus den Jahren 1825–1880, hrsg. v. P. Nerrlich, Bd. I (Berlin 1886) S. 239.
37 *L. Feuerbach*, Wesen des Christentums S. 51.
38 AaO S. 408; vgl. Vorwort S. 6.
39 *L. Feuerbach*, Grundsätze der Philosophie der Zukunft (1843), in: L. Feuerbach, Sämtliche Werke, hrsg. v. W. Bolin und F. Jodl, Zweitaufl. hrsg. v. H.-M. Sass, Bd. II, S. 245.
40 Wesen des Christentums S. 15.
41 AaO S. 22.
42 AaO S. 94; sowie Kap. 9 über das Geheimnis des welterschaffenden Prinzips in Gott,

und Kap. 11 über das Geheimnis der Vorsehung und Schöpfung aus Nichts.
43 AaO S. 148.
44 AaO S. 17f.
45 AaO S. 37.
46 AaO S. 41.
47 AaO S. 76f.
48 Vgl. aaO S. 81–95.
49 Vgl. aaO S. 95–100.
50 Vgl. aaO S. 101–103.
51 AaO S. 53.
52 AaO S. 541.
53 AaO S. 18.
54 AaO S. 4.
55 AaO S. 21.
56 *L. Feuerbach*, Brief an A. Ruge (1843), in: P. Nerrlich (Hrsg.), Arnold Ruges Briefwechsel I, 304.
57 *L. Feuerbach*, Vorlesungen über das Wesen der Religion (gehalten 1848/49 in Heidelberg), in: Gesammelte Werke Bd. VI (Berlin 1967) S. 30f.
58 *A. Ruge*, Brief an L. Feuerbach vom 8. März 1842, in: K. Grün, Ludwig Feuerbach I, 352.
59 So aus der neomarxistischen Frankfurter Schule *A. Schmidt* aaO.
60 Vgl. die Thesen *A. Schmidts* »Erfordernisse gegenwärtiger Feuerbach-Interpretation«, in: Atheismus in der Diskussion S. 166f, und im selben Band die Gegenpositionen von *W. Schuffenhauer*, Feuerbach statt Marx – Emanzipation wessen? (S. 168–173) und *F. Richter*, Ludwig Feuerbach und der wissenschaftliche Kommunismus (S. 174–183) sowie die kritischen Diskussionsbeiträge von *F. Richter*, *W. Schuffenhauer*, *H. Lübbe*, *M. Prucha*, *H.-M. Sass* (S. 184–196).
61 Vgl. *M. Xhaufflaire*, L'Evangile de la Sinnlichkeit et la théologie politique, in: Atheismus in der Diskussion S. 36–56.
62 Vgl. *M. Xhaufflaire* in seinem Diskussionsbeitrag S. 65–67.
63 Vgl. die (unergiebige) Diskussion über Xhaufflaires Beitrag aaO S. 67–71. Grundsätzlich andere Wertungen von Feuerbachs Religionsphilosophie finden sich vor allem in den zitierten Werken von K. E. Bockmühl, G. Nüdling, M. von Gagern, H.-J. Braun, E. Schneider.
64 *L. Feuerbach*, Wesen des Christentums S. 36.
65 AaO S. 37f.
66 *M. Stirner*, Der Einzige und sein Eigentum (Leipzig 1845).
67 In seiner Aufwertung Stirners – nicht in seiner Abwertung der Bedeutung des »Wesens des Christentums« für Marx – wird man *H. Arvons* Ausführungen aaO S. 109–119 zustimmen können.
68 *L. Feuerbach*, Notwendigkeit einer Reform der Philosophie (1842), in: Sämtliche Werke, hrsg. v. Bolin – Jodl Bd. II (Stuttgart 1904) S. 217.
69 AaO II, 218f.
70 *L. Feuerbach*, Wesen des Christentums S. 29f.
71 *M. Baumotte*, Diskussionsbeitrag in: Atheismus in der Diskussion S. 71.
72 *L. Feuerbach*, Vorlesungen über das Wesen der Religion, in: Gesammelte Werke VI, 78.
73 *L. Feuerbach*, Wesen des Christentums S. 136.
74 *L. Feuerbach*, Vorlesungen über das Wesen der Religion, in: Gesammelte Werke VI, 262.
75 *E. von Hartmann*, Geschichte der Metaphysik Bd. I–II (Leipzig 1900; Neudruck Darmstadt 1969) Zit. II, 444.
76 *L. Feuerbach*, Nachgelassene Aphorismen, in: Sämtliche Werke, hrsg. v. W. Bolin und F. Jodl, Bd. X (Stuttgart 1911) S. 345.
77 *L. Feuerbach*, Brief an Christian Kapp vom 11. März 1841, in: Briefwechsel zwischen

Ludwig Feuerbach und Christian Kapp, hrsg. v. A. Kapp, S. 134.

78 Vgl. *L. Feuerbach*, Die Naturwissenschaft und die Religion, in: Blätter für die literarische Unterhaltung Nr. 268 vom 8. November 1850 (im Zusammenhang der Anzeige von *J. Moleschott*, Lehre der Nahrungsmittel. Für das Volk. Erlangen 1850) = K. Grün, Ludwig Feuerbach II, 73–92 (Zit. S. 90); vgl. auch die Korrespondenz mit Moleschott bei K. Grün II, 60–70. 196–198.

79 *L. Feuerbach*, Gespräch mit G. Struve, Zit. in: Sämtliche Werke, hrsg. von H.-M. Sass, Bd. XII (Stuttgart 1964) S. 121. Diese Äußerung Feuerbachs ist – wie mir W. Schuffenhauer freundlich mitteilte – durch einen Bericht des Deubler-Biographen und -Herausgebers *Dodel-Port* verbürgt: Konrad Deublers Lebens- und Entwicklungsgang (Leipzig 1886) S. 216f.

80 *L. Feuerbach*, Vorlesungen über das Wesen der Religion, in: Gesammelte Werke VI.

81 *L. Feuerbach*, Brief an A. Ruge vom 20. Juni 1843, in: K. Grün, Ludwig Feuerbach I, 358.

82 *L. Feuerbach*, Tagebuchnotiz, in: K. Grün, Ludwig Feuerbach II, 4.

83 *L. Feuerbach*, Nachgelassene Aphorismen, in: K. Grün, Ludwig Feuerbach I, 137.

84 AaO I, 138.

85 *A. Scholl*, Rede am Grab Ludwig Feuerbachs vom 15. September 1872, in: K. Grün, Ludwig Feuerbach II, 114.

86 *E. Feuerbach*, Brief an L. Feuerbach vom 3. August 1842, in: K. Grün, Ludwig Feuerbach I, 355.

87 *L. Feuerbach*, Brief an E. Feuerbach vom 18. August 1842, in: K. Grün, Ludwig Feuerbach I, 356.

88 Dankadresse des Heidelberger Arbeiter-Bildungs-Vereins an L. Feuerbach vom 16. März 1849, in: K. Grün, Ludwig Feuerbach I, 385f.

89 *P. Ildephons Müller*, Brief an L. Feuerbach vom 11. Oktober 1867, in: K. Grün, Ludwig Feuerbach II, 193f.

90 AaO II, 194.

91 Vgl. B III, 1: Die unaufhebbare Differenz.

92 *M. Buber*, Das Problem des Menschen S. 341.

93 *K. Barth*, Die protestantische Theologie im 19. Jahrhundert S. 489.

C II: Gott – eine interessebedingte Vertröstung? Karl Marx

1 Wir halten uns an *K. Marx*, Werke – Schriften – Briefe, hrsg. von H.-J. Lieber und P. Furth, Bd. I–VII (Darmstadt 1962ff.). Diese Ausgabe wird abgekürzt mit »Werke« zitiert. Dort nicht enthaltene Texte werden zitiert nach: *K. Marx – F. Engels*, Historisch-kritische Gesamtausgabe, hrsg. von D. Rjazanov bzw. V. Adoratskij, im Auftrag des Marx-Engels-Instituts in Moskau. Es erschienen: Abt. 1: 6 Bde. (Schriften bis 1848) und Abt. 3: 4 Bde. (Der Briefwechsel zwischen Marx und Engels) (Frankfurt/M. 1927–1932). Abk: MEGA. Auch dort Fehlendes wird zitiert nach: *K. Marx – F. Engels*, Werke, hrsg. v. Institut für Marxismus-Leninismus beim Zentralkomitee der SED. 39 Bde., Ergänzungsband in 2 Teilen und Supplementum in 2 Teilen (Berlin 1956–1971). Abk.: MEW. Zitat: Werke I, 109; MEGA 1. Abt. I/1, 175; MEW I, 27.

2 *L. Feuerbach*, Vorläufige Thesen zur Reformation der Philosophie (1843), in: Werke III, 223–243.

3 Dies begründete zuerst *H.-M. Sass*, Feuerbach statt Marx. Zur Verfasserschaft des Aufsatzes »Luther als Schiedsrichter zwischen Strauß und Feuerbach«, in: International Review of Social History 12 (1967) S. 108–119.

4 So in der von uns benützten Feuerbach-Ausgabe von E. Thies = Werke III, 244–246; vgl. Anmerkungen zur Begründung S. 368–372.

5 *K. Marx*, Brief an L. Feuerbach vom 11. 8. 1844, in: MEW Bd. 27, 425.

6 *K. Marx*, Die Differenz der demokritischen und epikureischen Naturphilosophie, in: Werke I, 18–76; vgl. aus den Vorarbeiten I, 77–106.

7 *A. Künzli*, Karl Marx. Eine Psychographie (Wien–Frankfurt–Zürich 1966) S. 504f.

Neben den zahlreichen Marx-Biographien sind zur *Religionskritik* bei Marx folgende neuere Monographien zu beachten: *G. M.-M. Cottier*, L'athéisme du jeune Marx. Ses origines hégéliennes (Paris 1969); *W. Post*, Kritik der Religion bei Karl Marx (München 1969); *J. Kadenbach*, Das Religionsverständnis von Karl Marx (München–Paderborn–Wien 1970); *K. Farner – W. Post*, Marxistische Religionskritik (Stein/Nürnberg 1972); *B. Casper*, Wesen und Grenzen der Religionskritik: Feuerbach – Marx – Freud (Würzburg 1974).

8 *K. Marx*, Betrachtung eines Jünglings bei der Wahl eines Berufes (Abituraufsatz), in: Werke I, 1–6.

9 AaO I, 5.

10 *K. Marx*, Die Vereinigung der Gläubigen mit Christo nach Jo 15, 1–14, in ihrem Grund und Wesen, in ihrer unbedingten Notwendigkeit und in ihren Wirkungen dargestellt, in: MEGA 1. Abt. I/2, 171–174.

11 AaO MEGA 1. Abt. I/2, 173f.

12 *H. Marx*, Brief an K. Marx in Berlin am 9. 12. 1837, in: MEGA 1. Abt. I/2, 223–228; Zit. S. 226.

13 *A. Ruge*, Brief an Stahr (8. Sept. 1841), in: Arnold Ruges Briefwechsel und Tagebuchblätter aus den Jahren 1825–1880, hrsg. von P. Nerrlich, Bd. I (Berlin 1886) S. 239.

14 *K. Marx*, Die Differenz der demokritischen und epikureischen Naturphilosophie, in: Werke I, 62.

15 *B. Bauer*, Die Posaune des jüngsten Gerichts über Hegel den Atheisten und Antichristen. Ein Ultimatum (Leipzig 1841).

16 Der formelle Anlaß war B. Bauers »Kritik der Synoptiker« Bd. I–II (Leipzig 1841). Bd. III erschien in Braunschweig 1842.

17 *M. Hess*, Brief an Berthold Auerbach am 2. 9. 1841, in: MEGA 1. Abt. I/2, 261.

18 *K. Marx*, Brief an A. Ruge am 30. 11. 1842, in: MEGA 1. Abt. I/2, 286.

19 *M. Hess*, Die europäische Triarchie (1841). Dann während Marx' Pariser Zeit Hess' drei Aufsätze (1843): »Sozialismus und Kommunismus«, »Philosophie der Tat«, »Die Eine und ganze Freiheit«; alles enthalten in: *M. Hess*, Philosophische und sozialistische Schriften 1837–1850. Eine Auswahl, hrsg. von A. Cornu und W. Mönke (Berlin 1961).

20 *K. Marx*, Die heilige Familie oder Kritik der kritischen Kritik. Gegen Bruno Bauer und Consorten, in: Werke I, 667–925.

21 *K. Marx*, Zur Kritik der Nationalökonomie. Ökonomisch-philosophische Manuskripte (1844), in: Werke I, 506–665. Zit. I, 658.

22 Vgl. *F. Engels*, Umrisse zu einer Kritik der Nationalökonomie, erschienen in dem ersten und einzigen Heft der von Marx und Ruge herausgegebenen Deutsch-Französischen Jahrbücher (Paris 1844), in: MEW Bd. 1, 499–524. Zu Engels Biographie bes. *G. Mayer*, Friedrich Engels. Eine Biographie Bd. I–II (Den Haag 1934).

23 *K. Marx*, Zur Kritik der Hegelschen Rechtsphilosophie. Einleitung (erschienen in den Deutsch-Französischen Jahrbüchern), in: Werke I, 488–505. In den Deutsch-Französischen Jahrbüchern auch als Antwort an B. Bauer der wenig judenfreundliche Aufsatz »Zur Judenfrage«, in: Werke I, 451–487.

24 *K. Marx*, Auszug aus dem letzten Kapitel von Hegels »Phänomenologie des Geistes« (das sog. 4. Manuskript der Ökonomisch-philosophischen Manuskripte), in: Werke I, 958–964.

25 *K. Marx*, Kritik der Hegelschen Dialektik und Philosophie überhaupt (ebenfalls Teil der Ökonomisch-philosophischen Manuskripte), in: Werke I, 637–665.

26 *K. Marx*, Kritik des Hegelschen Staatsrechts §§ 261–313, in: Werke I, 258–426.

27 Art. Atheismus, in: Große sowjetische Enzyklopädie, in: Bd. III (Moskau 1950) S. 351.

28 Vgl. dazu vor allem die angegebenen Manuskripte »Zur Kritik des Hegelschen Staatsrechts« und »Kritik der Hegelschen Dialektik und Philosophie überhaupt«.

29 *K. Marx*, Kritik der Hegelschen Dialektik, in: Werke I, 639.

30 Ebd.
31 *K. Marx*, Kritik der Hegelschen Rechtsphilosophie, in: Werke I, 488.
32 Ebd.
33 Ebd.
34 *K. Marx*, Brief an L. Feuerbach vom 11. 8. 1844, in: MEW Bd. 27, 425.
35 *K. Marx*, Thesen über Feuerbach, in: Werke II, 2f.
36 Ebd.
37 AaO II, 1.
38 *K. Marx*, Kritik der Hegelschen Rechtsphilosophie, in: Werke I, 488.
39 Ebd.
40 Vgl. *E. Bloch*, Atheismus im Christentum. Zur Religion des Exodus und des Reichs (Frankfurt/M. 1968).
41 *K. Marx*, Kritik der Hegelschen Rechtsphilosophie, in: Werke I, 488.
42 Ebd.
43 *M. Hess*, Die Eine und ganze Freiheit (1843), in: Schriften S. 227f.
44 *L. Feuerbach*, Wesen des Christentums, hrsg. von W. Schuffenhauer (Berlin 1956) S. 200f.
45 *K. Marx*, Kritik der Hegelschen Rechtsphilosophie, in: Werke I, 489.
46 Ebd.
47 AaO I, 497.
48 AaO I, 498.
49 AaO I, 504.
50 AaO I, 505.
51 *K. Marx*, Thesen über Feuerbach, in: Werke II, 4.
52 *K. Marx*, Kritik der politischen Ökonomie, in: Werke VI, 840.
53 *K. Marx*, Die Deutsche Ideologie. Kritik der neuesten deutschen Philosophie in ihren Repräsentanten Feuerbach, B. Bauer und Stirner, und des deutschen Sozialismus in seinen verschiedenen Propheten. Erstmals 1932 veröffentlicht in der MEGA und zugleich in der von S. Landshut und J. P. Mayer besorgten Auswahl von Frühschriften, in: Werke II, 5–655.
54 *K. Marx – F. Engels*, Manifest der Kommunistischen Partei, in: Werke II, 813–858; Zit. S. 816.
55 AaO II, 846.
56 AaO II, 840.
57 AaO II, 841.
58 AaO II, 858.
59 *K. Marx*, Die standrechtliche Beseitigung der »Neuen Rheinischen Zeitung«, Neue Rheinische Zeitung vom 19. 5. 1849, in: MEW Bd. 6, 505.
60 *K. Marx*, Zur Kritik der politischen Ökonomie. Erstes Heft, in: Werke VI, 837–1029, bes. Vorwort S. 837–842.
61 *K. Marx*, Das Kapital. Kritik der politischen Ökonomie. Erster Band. Erstes Buch: Der Produktionsprozeß des Kapitals, in: Werke IV, 46–63.
62 AaO IV, 48.
63 AaO IV, 57.
64 Die neueste, vielfach zum Widerspruch reizende, politische Marx-Biographie von *F. J. Raddatz*, Karl Marx. Eine politische Biographie (Hamburg 1975) bedeutet – trotz der Kritik von *W. Harich* in: Der Spiegel (1975) Nr. 17 – in vielen Punkten eine notwendige »Entmythologisierung« des Marx-Bildes und Korrektur nicht nur der orthodox-kommunistischen Marx-Geschichtsschreibung, sondern auch der offiziös-sozialdemokratischen Biographie von *F. Mehring*, Karl Marx. Geschichte seines Lebens. Gesammelte Schriften Bd. 3 (Berlin 1960). Vgl. auch die Diskussion zwischen *G. Grass* und *W. Harich*, in: Der Spiegel (1975) Nr. 20 und 21.
65 *K. Marx*, Der achtzehnte Brumaire des Louis Bonaparte (1852), in: Werke III, 268–387.
66 *K. Marx*, Inauguraladresse und Statuten der Internationalen Arbeiterassoziation

(1864), in: Werke III, 866–881.

67 *K. Marx*, Adresse des Generalrates über den Bürgerkrieg in Frankreich 1871, in: Werke III, 897–953.

68 1863 Gründung des Allgemeinen Deutschen Arbeitervereins durch F. Lasalle; 1869 Gründung der Sozial-Demokratischen Arbeiterpartei durch A. Bebel und K. Liebknecht; 1875 Vereinigung der beiden Arbeiterparteien zur Sozialistischen Arbeiterpartei Deutschlands auf dem Parteitag zu Gotha. Karl Marx unterzog das »Gothaer-Programm« einer scharfen Kritik, die jedoch erst nach seinem Tod veröffentlicht wurde. Vgl. *K. Marx*, Randglossen zum Programm der Deutschen Arbeiterpartei (zusammen mit einem Begleitbrief an Bracke vom 5. Mai 1875), in: Werke III, 1014–1038.

69 *F. Engels*, Herrn Eugen Dührings Umwälzung der Wissenschaft (»Anti-Dühring«) (1878. Neuausgabe Berlin 1948).

70 AaO S. 393–395.

71 Vgl. B III, 2: Fortschritt ohne Gott: Auguste Comte.

72 *F. Engels*, »Anti-Dühring« S. 125 und 426f.

73 *J. Dietzgen*, Die Religion der Sozialdemokratie, in: Volksstaat (1870ff), zit. nach: Gesammelte Schriften I–III (Berlin 1930) I, 98 und 103. – *I. Fetscher* hat in seinem Aufsatz »Wandlungen der marxistischen Religionskritik«, in: Concilium 2 (1966) 455–466, jetzt in seinem Band »Karl Marx und der Marxismus. Von der Philosophie des Proletariats zur proletarischen Weltanschauung« (München ³1973) S. 200–217 die Unterschiede zwischen der Religionskritik Marx' und der späteren marxistischen Weltanschauung klar herausgearbeitet. Die wichtigsten marxistischen Texte zu Philosophie, Ideologie, Ökonomie, Soziologie und Politik hat I. Fetscher gesammelt in dem großen Band: Der Marxismus. Seine Geschichte in Dokumenten (München ²1973). Wichtig für die Entwicklung des Marxismus *P. Vranicki*, Geschichte des Marxismus Bd. I–II (Original serbokroatisch Zagreb 1961–71; dt.: Frankfurt/M. 1972–74) und *L. Kolakowski*, Die Hauptströmungen des Marxismus. Entstehung – Entwicklung – Verfall Bd. I–III (Original polnisch Paris 1976; dt.: München 1977ff.).

74 *W. I. Lenin*, Über die Religion. Eine Sammlung ausgewählter Aufsätze und Reden (Berlin 1956) S. 7.

75 AaO S. 9.

76 AaO S. 10.

77 AaO S. 54f.

78 *Leo XIII.*, Enzyklika »Quod Apostolici muneris« vom 28. Dezember 1878, in: Mensch und Gemeinschaft in christlicher Schau. Dokumente. Hrsg. von E. Marmy (Freiburg/Schweiz 1945) S. 117–130; Zit. S. 122.

79 *G. A. Wetter*, Der Dialektische Materialismus. Seine Geschichte und sein System in der Sowjetunion (Wien 1952).

80 Vgl. *G. A. Wetter*, aaO S. 574–580; ebenso *H. Küng*, Kirche in Freiheit (Einsiedeln 1964) S. 7–9.

81 Vgl. *H. Küng*, Christ sein (München 1974) Kap. A I, 3: Humanität durch politisch-soziale Revolution?

82 Ebd.

83 Als neues Phänomen zeigt sich ein Übergreifen der Marx-Kritik auf bisher marxistische junge französische Intellektuelle, die sich nicht nur vom Marxismus-Leninismus, sondern auch von Marx selber lossagen. Die Gruppe der »Nouvelle Philosophie« um André Glucksmann setzt sich aus Philosophen zusammen, die noch 1968 zu den militanten Verfechtern des Marxismus gehörten, jetzt aber den Tod des Sozialismus verkündigen. Vgl. *A. Glucksmann*, La cuisinière et le mangeur d'hommes (Paris 1975); *ders.*, Les maîtres penseurs (Paris 1977); *Ch. Jambet – G. Lardreau*, Ontologie de la révolution I: L'ange. Pour une cynégétique du semblant (Paris 1976); angekündigt als Bd. II: L'âme; als Bd. III: Le monde; *B.-H. Lévy*, La barbarie à visage humain (Paris 1977). Lévy ist der Herausgeber der Collection »Figures«, in der angekündigt ist *F. Lévy*, Marx. Histoire d'un bourgeois allemand.

84 Aufschlußreich für *Marx'* Verhältnis zur Hegelschen Dialektik das 1873 geschriebene Nachwort zur 2. Auflage des 1. Bandes von »Das Kapital«, in: Werke IV, XXXI.
85 *K. Marx*, Ökonomische Studien, in: MEGA 1. Abt. III, 546f.
86 *K. Marx – F. Engels*, Die deutsche Ideologie. Kritik der neuesten deutschen Philosophie in ihren Repräsentanten Feuerbach, B. Bauer und Stirner, und des deutschen Sozialismus in seinen verschiedenen Propheten, in: Werke II, 5–655; Zit. II, 36.
87 *K. Marx*, Kapital, in: Werke IV, 57.
88 *K. Marx – F. Engels*, Manifest, in: Werke II, 843.
89 Vgl. zum Folgenden *F. Borkenau*, Praxis und Utopie. Einleitung zu: Karl Marx. Auswahl (Frankfurt 1956) S. 7–37, bes. 25–30.
90 Vgl. *H. Pross*, Überleben des Kapitalismus? Mitwirkung der Unternehmer an der Verbesserung der Wirtschaftsverfassung, in: Sonderdruck der Arbeitsgemeinschaft Selbständiger Unternehmer e. V. unter dem Titel: Der Angriff auf den Unternehmer – Herausforderung und Chance! Jahres-Hauptversammlung 1973 vom 31. Mai – 2. Juni in München, S. 15–20.
91 Für Vergangenheit und Gegenwart des marxistisch-leninistischen *Sowjetsystems* vgl. neben den Romanen *A. Solschenizyns* die Veröffentlichungen prominenter russischer Regimekritiker, vor allem den Brief der Professoren *A. D. Sacharow*, *W. F. Turtschin* und *R. A. Medwedew* 1968 an das Zentralkomitee der KPdSU, L. I. Breschnew, abgedruckt in: Neue Zürcher Zeitung vom 22. April 1970; dann *A. D. Sacharow*, Wie ich mir die Zukunft vorstelle (Zürich 1969); *ders.*, Ein Memorandum an den Generalsekretär der KPdSU, L. I. Breschnew, 1971, abgedruckt in: Die Zeit (21. Juli 1972); *ders.*, Interview, in: Der Spiegel (1973) Nr. 28; *ders.*, Mein Land und die Welt (Wien–München 1975); *A. Amalrik*, Kann die Sowjetunion das Jahr 1984 überleben? Ein Essay (Zürich 1970); *P. I. Jakir*, Kindheit in Gefangenschaft (Frankfurt 1972); *A. Solschenizyn*, Offener Brief an die sowjetische Führung (September 1973). Lebt nicht mit der Lüge (Februar 1974) (Darmstadt–Neuwied 1974). Aufschlußreich auch die Untersuchung des früheren Moskauer Korrespondenten der Neuen Zürcher Zeitung, *R. Bernheim*, Die sozialistischen Errungenschaften der Sowjetunion (Zürich 1972) sowie die des Korrespondenten der New York Times, *H. Smith*, Die Russen (Bern–München 1976).
92 *A. Solschenizyn*, Fastenbrief an den Patriarchen von Moskau und ganz Rußland, Pimen (1972), in: *A. Solschenizyn*, Kirche und Politik (Zürich 1973) S. 31–37.
93 Vgl. die Angaben aus dem Moskauer Patriarchat, nach: Der Spiegel (1974) Nr. 17.
94 *Th. Luckmann*, Einleitung zur deutschen Ausgabe von *B. Malinowski*, Magie, Wissenschaft und Religion. Und andere Schriften (Frankfurt 1973) S. XI. Eindrückliche Gedanken gegen die Marxsche These vom Absterben der (christlichen) Religion finden sich bei *L. Kolakowski*, Die sogenannte Krise des Christentums, in: Frankfurter Allgemeine Zeitung vom 17. 4. 1976; abgedruckt im Kolakowski-»Lesebuch«: Leben trotz Geschichte (München–Zürich 1977) S. 175–186.
95 Vgl. A III, 4: Fragen der Politik: politischer Atheismus?
96 Dies wurde jedoch im Beschluß der Synode »Kirche und Arbeiterschaft« nachdrücklich bejaht, in: Synode. Amtliche Mitteilungen der Gemeinsamen Synode der Bistümer in der Bundesrepublik Deutschland (1976) Heft 2, S. 73–101, bes. Kap. 1: Ein fortwirkender Skandal.
97 *K. Marx*, in: Deutsche Brüsseler Zeitung vom 12. 9. 1847, in: MEGA 1. Abt. VI, 278.
98 Vgl. *O. von Nell-Breuning*, Auseinandersetzung mit Marx und seiner Lehre. Anmerkungen zu einer Kontroverse um das Synodendokument »Kirche und Arbeiterschaft«, in: Stimmen der Zeit 101 (1976) 173–182.
99 *K. Marx*, Brief an F. Engels vom 25. 9. 1869, in: MEGA 3. Abt. IV, 227.
100 Im Anschluß an G. F. Daumers Behauptungen in seinem Buch »Die Geheimnisse des christlichen Altertums« nach einem Protokoll über einen Vortrag von K. Marx in der Londoner Bildungs-Gesellschaft für Arbeiter am 30. 11. 1847, in: MEGA 1. Abt. VI, 639f.
101 Vgl. *H. Küng*, Christ sein; *ders.*, Die Kirche (Freiburg–Basel–Wien 1967).

102 Das betont mit Recht das (theologisch oft allzu apologetische) Buch von *W. Bienert*, Der überholte Marx. Seine Religionskritik und Weltanschauung kritisch untersucht (Stuttgart 1974) bes. 3. Kap.: Karl Marx' Kritik am Sozialversagen der Kirche S. 93–131; ebenso S. 295f.

103 *H. Lübbe*, Diskussionsbeitrag in: Atheismus in der Diskussion. Kontroversen um L. Feuerbach, hrsg. von H. Lübbe und H.-M. Sass (Mainz 1975) S. 189.

104 *A. Schmidt*, Emanzipatorische Sinnlichkeit. Ludwig Feuerbachs anthropologischer Materialismus (München 1973); *ders.*, Erfordernisse gegenwärtiger Feuerbach-Interpretation, in: Atheismus in der Diskussion S. 166f.

105 *W. I. Lenin*, Materialismus und Empiriokritizismus, in: Werke Bd. 14 (Berlin 1968) S. 120.

106 *W. I. Lenin*, Über die Religion S. 24.

107 Zum *Verhältnis Christentum – Marxismus* zuerst von *christlicher* Seite: *J. L. Hromádka*, Evangelium für Atheisten (Berlin 1957); *H. Gollwitzer*, Die marxistische Religionskritik und der christliche Glaube (Hamburg 1965); *M. Reding*, Die Glaubensfreiheit im Marxismus. Zum Verhältnis von Marxismus und christlichem Glauben (Wien–Frankfurt–Zürich 1967); *G. Girardi*, Marxismo e cristianesimo (Assisi 1967); dt.: Marxismus und Christentum (Wien 1968); *F. J. Adelmann*, From Dialogue to Epilogue. Marxism and Catholicism (The Hague 1968); *I. Fetscher – W. Post*, Verdirbt Religion den Menschen? Marxistischer und christlicher Humanismus. Ein Interview (Düsseldorf 1969); *H. Apthecker*, The Urgency of Marxist-Christian Dialogue (New York 1970); *J. M. Lochman*, Church in a Marxist Society. A Czechoslovak View (New York 1970); *D. Sölle*, Christentum und Marxismus. Bericht über den Stand des Gesprächs, in: Das Recht ein anderer zu werden (Neuwied–Berlin 1971); *F. v. d. Oudenrijn*, Kritische Theologie als Kritik der Theologie. Theorie und Praxis bei Karl Marx – Herausforderung der Theologie (München–Mainz 1972); *J. P. Miranda*, Marx y la Biblia. Crítica a la filosofia de la opresión (Salamanca 1972); *A. Stüttgen*, Kriterien einer Ideologiekritik. Ihre Anwendung auf Christentum und Marxismus (Mainz 1972); *J. M. Lochman*, Marx begegnen. Was Christen und Marxisten eint und trennt (Gütersloh 1975). –
Zum Verhältnis Christentum – Marxismus dann von *marxistischer* Seite: *E. Bloch*, Das Prinzip Hoffnung Bd. I–II (1959; Frankfurt [2]1967); *ders.*, Thomas Münzer als Theologe der Revolution (1960; Frankfurt 1962); *ders.*, Atheismus im Christentum. Zur Religion des Exodus und des Reichs (Frankfurt 1968); *M. Machoveč*, Marxismus und dialektische Theologie. Barth, Bonhoeffer und Hromádka in atheistisch-kommunistischer Sicht (Zürich 1965); *ders.*, Jesus für Atheisten (Stuttgart 1972); *R. Garaudy*, Marxisme du XXième siècle (Paris–Genf 1966); dt.: Marxismus im 20. Jahrhundert (Hamburg 1966), bes. Kap.: Der Marxismus und die Religion S. 91–137; *V. Gardavský*, Gott ist nicht ganz tot. Betrachtungen eines Marxisten über Bibel, Religion und Atheismus (München 1968); *L. Kolakowski*, Geist und Ungeist christlicher Traditionen (Stuttgart 1971); *I. Fetscher – M. Machoveč* (Hrsg.), Marxisten und die Sache Jesu (Mainz 1974). –
Zum Verhältnis Christentum – Marxismus schließlich die *Dialoge*: *E. Kellner* (Hrsg.), Christentum und Marxismus – heute. Gespräche der Paulus-Gesellschaft (Wien–Frankfurt–Zürich 1966), vgl. bes. die Beiträge von W. Dantine, G. Girardi, J. B. Metz, K. Rahner, M. Reding, O. Schreuder, G. A. Wetter, R. Garaudy, R. Havemann, L. Lombardo-Radice; *R. Garaudy – J. B. Metz – K. Rahner*, Der Dialog oder ändert sich das Verhältnis zwischen Katholizismus und Marxismus (Hamburg 1966); *M. Stöhr* (Hrsg.), Disputation zwischen Christen und Marxisten (München 1966); *B. Bošnjak – W. Dantine – J.-Y. Calvez*, Marxistisches und christliches Weltverständnis (Freiburg 1966); *H. J. Girock* (Hrsg.), Partner von morgen? Das Gespräch zwischen Christentum und marxistischem Atheismus (Stuttgart–Berlin 1968) mit Beiträgen von J. Hromádka, C. Luporini, E. Moss, J. B. Metz, J. Makowski, G. Jacob, H. Gollwitzer und M. Machoveč; *Ch. Link*, Theologische Perspektiven nach Marx und Freud (Stuttgart 1971); *K. Farner – K. Marti*, Dialog Christ – Marxist (Zü-

rich 1972); *I. R. Romić*, De dialogo inter marxistas et christianos in marxisticis de religione fontibus fundato. Ratio atque aestimatio progressus obtenti in primis tribus congressibus internationalibus (1964–65) de dialogo prosequendo (Rom 1972); *L. Bedeschi*, Cattolici e comunisti. Dal socialismo cristiano ai cristiani marxisti (Mailand 1974); *M. Spieker*, Neomarxismus und Christentum. Zur Problematik des Dialogs (Paderborn 1974); *H. Rolfes* (Hrsg.), Marxismus – Christentum (Mainz 1974); *L. Boisset*, La théologie en procès. Face à la critique marxiste (Paris 1974); *A. Ancel*, Pour une lecture chrétienne de la lutte des classes (Paris 1975); *J. M. Lochman*, Marx begegnen. Was Christen und Marxisten eint und trennt (Gütersloh 1975).

108 *D. Sölle* und *K. Schmidt* (Hrsg.), Christentum und Sozialismus. Vom Dialog zum Bündnis, Bd. I–II (Stuttgart 1974–75); *dies.*, Christen für den Sozialismus, Bd. I–II (Stuttgart 1975).

109 Vgl. *H. Küng*, Christ sein, Kap. D III, 1: Keine politischen Kurzschlüsse.

110 Vgl. zu den verschiedenen Sozialismen das von *J. B. Metz* und *J.-P. Jossua* herausgegebene Heft 5 von Concilium 13 (1977) über Christentum und Sozialismus.

111 Vgl. *G. Girardi*, Marxismus und Christentum, Kap. I.

112 *H. Küng*, Christ sein, Kap. D III, 1: Keine unkritischen Identifikationen.

113 Vgl. *H. F. Steiner*, Marxisten-Leninisten über den Sinn des Lebens. Eine Studie zum kommunistischen Menschenbild (Essen 1970); vgl. bes. die aus dem Russischen übersetzte Dokumentation über die Diskussion in sowjetischen Zeitschriften S. 309–363.

114 *A. Schaff*, Marxismus und das menschliche Individuum (Wien–Frankfurt–Zürich 1965).

115 *M. Machoveč*, Jesus für Atheisten (Stuttgart–Berlin 1972) S. 15–30; *ders.*, Vom Sinn des menschlichen Lebens (tschechisch 1965; dt. Freiburg 1971). Vgl. auch *E. Bloch*, Religion im Erbe. Eine Auswahl aus seinen religionsphilosophischen Schriften (München–Hamburg 1967).

116 *I. Fetscher*, Karl Marx und der Marxismus. Von der Philosophie des Proletariats zur proletarischen Weltanschauung (München 1967) S. 217.

117 Vgl. A III, 5: Zwischenbilanz I.

C III: Gott – eine infantile Illusion? Sigmund Freud

1. Der psychoanalytische Atheismus

1 *L. Feuerbach*, Die Naturwissenschaft und die Revolution (1850), in: Werke in sechs Bänden, hrsg. von E. Thies, bisher Bd. I–IV (Frankfurt 1975 f) IV, 243–265. Zit. 253 f.

2 *L. Feuerbach*, aaO S. 249 f.

3 *R. Wagner*, Menschenschöpfung und Seelensubstanz. Ein anthropologischer Vortrag, gehalten in der ersten öffentlichen Sitzung der 31. Versammlung deutscher Naturforscher und Ärzte zu Göttingen am 18. September 1854 (Göttingen 1854); vgl. auch *ders.*, Über Wissen und Glauben mit besonderer Beziehung auf die Zukunft der Seelen (Göttingen 1854).

4 *C. Vogt*, Köhlerglaube und Wissenschaft (Gießen 1854).

5 *J. Moleschott*, Der Kreislauf des Lebens. Physiologische Antworten auf Liebigs Chemische Briefe (Mainz 1852).

6 *L. Büchner*, Kraft und Stoff. Empirisch-naturphilosophische Studien (Leipzig 1855).

7 Wir halten uns im allgemeinen an *S. Freud*, Studienausgabe, hrsg. von A. Mitscherlich – A. Richards – J. Strachey, Bd. I–X (Frankfurt 1969–1975). Dort nicht enthaltene Texte werden zitiert nach *S. Freud*, Gesammelte Werke. Chronologisch geordnet, hrsg. von A. Freud u. a., Bd. I–XVIII (Frankfurt 1960–68). Für Freuds Biographie ist grundlegend seine eigene »Selbstdarstellung«, in: Gesammelte Werke XIV, 31–96. Dazu *ders.*, Nachschrift 1935 (zur »Selbstdarstellung«), in: Gesammelte Werke XVI, 29–34.

8 *L. Feuerbach*, Über Spiritualismus und Materialismus, besonders in Beziehung auf die Willensfreiheit, in: Sämtliche Werke (Leipzig 1846–1866) Bd. X, S. 37–204. Zit. X, 119.

9 *E. Jones*, The Life and Work of Sigmund Freud (London 1954–1955), dt.: Das Leben und Werk von Sigmund Freud, Bd. I–III (Bern–Stuttgart 1960–1962); Zit. I, 39; vgl. III, 408 f.
Zur neuesten *psychologisch-theologischen Auseinandersetzung mit S. Freud* vgl. folgende Monographien: *W. G. Cole*, Sex in Christianity and Psychoanalysis (London 1956), dt.: Sexualität in Christentum und Psychoanalyse. Vergleich und Orientierung (München 1969); *J. Scharfenberg*, S. Freud und seine Religionskritik als Herausforderung für den christlichen Glauben (Göttingen 1968. [2]1970); *ders.*, Religion zwischen Wahn und Wirklichkeit. Gesammelte Beiträge zur Korrelation von Theologie und Psychoanalyse (Hamburg 1972); *A. Plé*, Freud et la religion (Paris 1968), dt.: Freud und die Religion. Eine kritische Bestandsaufnahme für die Diskussion der Zeit (Wien 1969); *P. Homans*, Theology after Freud. An Interpretative Inquiry (New York 1970).
Als Sammelwerke sind aufschlußreich: *P. Homans* (Hrsg.), The Dialogue Between Theology and Psychology (Chicago 1968); *H. Zahrnt* (Hrsg.), Jesus und Freud. Ein Symposion von Psychoanalytikern und Theologen (München 1972) mit Beiträgen der Psychoanalytiker *T. Brocher, A. Görres, M. Hirsch, E. Wiesenhütter* und der Theologen *H. Fries* und *J. Scharfenberg*. Besonders informativ der Sammelband mit Aufsätzen von Autoren aus den verschiedenen Phasen unseres Jahrhunderts, der herausgegeben ist von *E. Nase – J. Scharfenberg*, Psychoanalyse und Religion (Darmstadt 1977). Hier auch auf S. 387–435 die zur Zeit wohl neueste und umfassendste Bibliographie zum Thema Psychoanalyse und Religion, zusammengestellt von *E. Nase*. Überblicke über die Diskussion: *K. Birk*, Sigmund Freud und die Religion (Münsterschwarzach 1970); *E. Wiesenhütter*, Freud und seine Kritiker (Darmstadt 1974).
Als neuere hilfreiche Interpretationen des Freudschen Denkens sind zu nennen: *P. Ricoeur*, De l'interprétation. Essai sur Freud (Paris 1964), dt.: Die Interpretation. Ein Versuch über Freud (Frankfurt 1969); *W. Loch*, Zur Theorie, Technik und Therapie der Psychoanalyse (Frankfurt 1972); *A. Mitscherlich*, Der Kampf um die Erinnerung. Psychoanalyse für fortgeschrittene Anfänger (München 1975).

10 *E. Jones*, Leben und Werk Freuds I, 38; vgl. weiter Bd. I, Kap. 2: Kindheit und Jugend, sowie Bd. III, Kap. 13: Religion.

11 Zit. bei *E. Jones*, Leben und Werk Freuds I, 38 f.

12 *E. Jones*, Leben und Werk Freuds I, 39.

13 *S. Freud*, Die Traumdeutung, in: Studienausgabe II, 215.

14 *S. Freud*, »Selbstdarstellung«, in: Schriften zur Geschichte der Psychoanalyse, hrsg. von I. Grubrich-Simitis (Frankfurt 1971) S. 40. Dieser Satz fehlt noch in der ersten Fassung der »Selbstdarstellung« von 1925 (= Gesammelte Werke XIV, 34) und wurde 1935 hinzugefügt.

15 *E. Jones*, Leben und Werk Freuds I, 202.

16 Vgl. *E. Wiesenhütter*, Freud und seine Kritiker S. 31–35.

17 *S. Freud*, Eine Kindheitserinnerung aus »Dichtung und Wahrheit«, in: Gesammelte Werke XII, 26.

18 *S. Freud*, Aus den Anfängen der Psychoanalyse, hrsg. v. *M. Bonaparte – A. Freud – E. Kris* (London 1950) S. 236.

19 *S. Freud*, Zwangshandlungen und Religionsübungen (1907), in: Studienausgabe VII, 11–21.

20 AaO VII, 21.

21 *S. Freud*, Die Traumdeutung, in: Studienausgabe II, 208.

22 *S. Freud*, »Selbstdarstellung«, in: Gesammelte Werke XIV, 34.

23 *S. Freud*, Nachwort zur »Frage der Laienanalyse«, in: Gesammelte Werke XIV, 290.

24 Ebd.

25 *S. Freud*, »Selbstdarstellung«, in: Gesammelte Werke XIV, 35.

26 *S. Freud*, Brief an seine Braut Martha Bernays. Zit. bei E. Jones, aaO I, 62.

27 Zit. nach *E. Jones*, Leben und Werk Freuds I, 61 f.

28 *S. Freud*, Psycho-Analysis, in: Gesammelte Werke XIV, 301.

29 *S. Freud*, Klinische Studie über die halbseitige Cerebrallähmung von Kindern (1891),

in: Beiträge zur Kinderheilkunde, hrsg. von M. Kassowitz, Heft III (Wien 1891).
30 Vgl. *E. Jones*, Leben und Werk Freuds I, 176. 380.
31 *S. Freud – J. Breuer*, Studien über Hysterie (1895), in: Gesammelte Werke I, 75–312.
32 *S. Freud*, Entwurf einer Psychologie (1895), erstmals veröffentlicht 1950 in: Aus den Anfängen der Psychoanalyse (London 1950) S. 371–466. Vgl. *W. Salber*, Entwicklungen der Psychologie Freuds Bd. I (Bonn 1973), bes. S. 106–133.
33 *S. Freud*, »Selbstdarstellung«, in: Gesammelte Werke XIV, 86.
34 *G. Th. Fechner*, Elemente der Psychophysik Bd. I–II (Leipzig 1860).
35 *S. Freud*, Die Zukunft einer Illusion, in: Studienausgabe IX, 135–189; Zit. S. 164.
36 *S. Freud*, Entwurf einer Psychologie, in: Aus den Anfängen der Psychoanalyse S. 424.
37 *S. Freud*, Die Traumdeutung (1900), in: Studienausgabe II.
38 Vgl. *E. Jones*, Leben und Werk Freuds I, 378–382.
39 *S. Freud*, Drei Abhandlungen zur Sexualtheorie (1905), in: Studienausgabe V, 37–145.
40 Vgl. *S. Freud*, Vorlesungen zur Einführung in die Psychoanalyse (1916–17), in: Studienausgabe I, 33–445.
41 *S. Freud*, Neue Folge der Vorlesungen zur Einführung in die Psychoanalyse (1933), in: Studienausgabe I, 446–608.
42 *S. Freud*, »Selbstdarstellung«, in: Gesammelte Werke XIV, 34.
43 *H. Spencer*, The Principles of Psychology (London 1855); *ders.*, First Principles (London 1862) als Bd. 1 von »A System of Synthetic Philosophy«.
44 *E. B. Tylor*, Primitive Culture. Researches into the Development of Mythology, Philosophy, Religion, Art, and Custom, Bd. I–II (London 1871).
45 *W. Wundt*, Völkerpsychologie. Eine Untersuchung der Entwicklungsgesetze von Sprache, Mythus und Sitte, Bd. I–II (Leipzig 1905–1909). Bd. II: Mythus und Religion.
46 *R. R. Marett*, The Threshold of Religion (London 1909, [2]1914).
47 *W. Robertson Smith*, Lectures on the Religion of the Semites (Edinburgh 1898).
48 *W. Mannhardt*, Der Baumkultus der Germanen und ihrer Nachbarstämme (Berlin 1875); *ders.*, Antike Wald- und Feldkulte aus nordeuropäischer Überlieferung (Berlin 1877).
49 *J. G. Frazer*, The Golden Bough. A Study in Comparative Religion, Bd. I–II (London 1890); *ders.*, Totemism and Exogamy. A Treatise on Certain Early Forms of Superstition and Society, Bd. I–IV (London 1910).
50 *C. G. Jung*, Wandlungen und Symbole der Libido (Wien 1912); vierte, umgearbeitete Auflage unter dem Titel: Symbole der Wandlung (1952) = Gesammelte Werke Bd. 5 (Zürich–Stuttgart 1973).
51 *S. Freud*, Totem und Tabu. Einige Übereinstimmungen im Seelenleben der Wilden und Neurotiker (1912–13), in: Studienausgabe IX, 287–444.
52 AaO IX, 363.
53 Zit. bei *E. Jones*, Leben und Werk Freuds II, 414f.
54 *S. Freud*, »Selbstdarstellung«, in: Gesammelte Werke XIV, 93f.
55 AaO XIV, 94.
56 *S. Freud*, Der Mann Moses und die monotheistische Religion, in: Studienausgabe IX, 580.
57 *S. Freud*, Eine Kindheitserinnerung des Leonardo da Vinci, in: Studienausgabe X, 146. Vgl. *ders.*, Totem und Tabu, in: Studienausgabe IX, 430f.
58 *S. Freud*, Nachschrift 1935 (zur »Selbstdarstellung«), in: Gesammelte Werke XVI, 32.
59 *S. Freud*, Das Unbehagen in der Kultur (1930), in: Studienausgabe IX, 191–270.
60 *S. Freud*, Der Mann Moses und die monotheistische Religion. Drei Abhandlungen (1939), in: Studienausgabe IX, 455–581.
61 *S. Freud*, Neue Folge der Vorlesungen zur Einführung in die Psychoanalyse (1933), in: Studienausgabe I, 447–608 (bes. Vorlesung 35: Über eine Weltanschauung).
62 *S. Freud*, Die Zukunft einer Illusion, in: Studienausgabe IX, 159.
63 AaO IX, 161.

64 AaO IX, 164.
65 *S. Freud*, Brief an W. Fließ vom 12. 12. 97, in: Aus den Anfängen der Psychoanalyse S. 252.
66 AaO IX, 164.
67 AaO IX, 151f.
68 AaO IX, 167.
69 Ebd.
70 AaO IX, 172.
71 AaO IX, 183.
72 AaO IX, 188.
73 AaO IX, 189. Vgl. auch die Ausführungen Freuds in »Das Unbehagen in der Kultur«, in: Studienausgabe IX, 206.
74 *S. Freud*, Neue Folge der Vorlesungen zur Einführung in die Psychoanalyse, in: Studienausgabe I, 608.
75 AaO I, 588.
76 AaO I, 588f.
77 AaO I, 589.
78 AaO I, 595.
79 AaO I, 608.

2. *Freud in der Kritik*

1 *S. Freud*, Die Zukunft einer Illusion, in: Studienausgabe IX, 170.
2 AaO IX, 170f.
3 *A. Adler*, Zur Kritik der Freudschen Sexualtheorie des Seelenlebens (1911), in: *A. Adler – C. Furtmüller*, Heilen und Bilden. Ein Buch der Erziehungskunst für Ärzte und Pädagogen. Neu hrsg. von W. Metzger (Frankfurt 1973) S. 94–113.
4 *A. Adler*, Über den nervösen Charakter. Grundzüge einer vergleichenden Individual-Psychologie und Psychotherapie (Wiesbaden 1912. [4]1928 = Neudruck Frankfurt 1972).
5 *A. Adler*, Studie über Minderwertigkeit von Organen (Wien [2]1907).
6 Vgl. *A. Adler*, Über den nervösen Charakter (Neudruck Frankfurt 1972) S. 38–57.
7 Vgl. auch *A. Adler*, Menschenkenntnis (1927; Neudruck Frankfurt 1966), wie auch *Adlers* »Vorträge zur Einführung in die Psychotherapie für Ärzte, Psychologen und Lehrer« unter dem Titel »Praxis und Theorie der Individualpsychologie« (1930. Neudruck Darmstadt 1965).
8 Vgl. *C. G. Jung*, Über die Psychologie der Dementia praecox. Ein Versuch (1907), jetzt mit demselben Titel als »Frühe Schriften II« in der Studienausgabe (Olten 1972). Vgl. dort auch »Frühe Schriften I« (»Psychiatrie und Okkultismus«, bes. Jungs Dissertation über okkulte Phänomene) und »Frühe Schriften III« (»Zur Psychoanalyse«).
9 *C. G. Jung*, Wandlungen und Symbole der Libido (Wien 1912); vierte, umgearbeitete Auflage unter dem Titel: Symbole der Wandlung (1952) = Gesammelte Werke Bd. 5 (Zürich–Stuttgart 1973).
10 *C. G. Jung*, Psychologische Typen (1920), 9., revidierte Auflage = Gesammelte Werke Bd. 6 (Zürich–Stuttgart 1960).
11 Vgl. *R. Wollheim*, Sigmund Freud (London 1971), dt.: Sigmund Freud (München 1972), Kap. 7: Die letzte Phase (S. 155–191).
12 *A. Adler*, Religion und Individualpsychologie, in: *A. Adler – E. Jahn*, Religion und Individualpsychologie. Eine prinzipielle Auseinandersetzung über Menschenführung (1933. Neudruck Frankfurt 1975) S. 68–98; Zit. S. 70. Vgl. auch *A. Adler*, Der Sinn des Lebens (1933. Neudruck Frankfurt 1973), bes. das Schlußkapitel 15.
13 *A. Adler*, Der Sinn des Lebens S. 69.
14 AaO S. 73.
15 AaO S. 98.
16 AaO S. 70.
17 Ebd.

18 *E. Jahn*, Epilog, in: *A. Adler – E. Jahn*, Religion und Individualpsychologie S. 99.
19 *A. Adler*, Der Sinn des Lebens S. 70.
20 Ebd.
21 *E. Jahn*, Epilog, in: *A. Adler – E. Jahn*, Religion und Individualpsychologie S. 100.
22 *C. G. Jung*, Psychoanalyse und Seelsorge (1928/29), in: Psychologie und Religion (Studienausgabe Olten 1971) S. 155–161; Zit. S. 156.
23 AaO S. 160.
24 Vgl. bes. die Studie von *C. G. Jung*, Das Wandlungssymbol in der Messe (1940/41), in: Psychologie und Religion (Studienausgabe Olten 1971) S. 163–267.
25 *C. G. Jung*, Psychologie und Religion (1939), in: Psychologie und Religion (Studienausgabe Olten 1971) S. 11–127; Zit. S. 12.
26 *E. Fromm*, Psychoanalysis and Religion (1950); dt.: Psychoanalyse und Religion (Zürich 1966) S. 24.
27 *C. G. Jung*, Das Wandlungssymbol in der Messe, in: Psychologie und Religion S. 267.
28 *C. G. Jung*, Briefe. Hrsg. v. A. Jaffé in Zusammenarbeit mit G. Adler, Bd. I–III (Olten–Freiburg 1973) III, 322f.
29 *E. Durkheim*, Les formes élémentaires de la vie religieuse. Le système totémique en Australie (Paris 1912. [5]1968).
30 *A. Lang*, The Making of Religion (London 1898); *ders.*, Magic and Religion (London 1901).
31 *W. Schmidt*, Der Ursprung der Gottesidee, Bd. I–XII (Münster 1912–1955).
32 *A. E. Jensen*, Mythos und Kult bei Naturvölkern. Religionswissenschaftliche Betrachtungen (Wiesbaden 1951).
33 *M. Dhavamony*, Phenomenology of Religion (Rom 1973) S. 49.
34 Zu diesen Gemeinsamkeiten vgl. *V. Grønbech – J. Prytz Johansen*, Primitive Religion I–II, in: Handbuch der Religionsgeschichte, hrsg. von J. P. Asmussen und J. Laessøe in Verbindung mit C. Colpe, Bd. 1 (Göttingen 1971) S. 11–151.
35 Vgl. *R. Benedict*, Patterns of Culture (1934. Neudruck New York 1948).
36 Vgl. *B. Malinowski*, Magic, Science and Religion. And Other Essays (New York 1948), dt.: Magie, Wissenschaft und Religion. Und andere Schriften (Frankfurt 1973).
37 *B. Malinowski*, Magie, Wissenschaft und Religion S. 9.
38 *M. Eliade*, Cultural Fashions and the History of Religions, in: The History of Religions. Essays on the Problem of Understanding, hrsg. v. J. M. Kitagawa (Chicago–London 1967) S. 21–38; Zit. S. 24.
39 AaO S. 25.
40 *S. Freud*, Die Zukunft einer Illusion, in: Studienausgabe IX, 169.
41 Vgl. *A. Görres*, Alles spricht dafür, nichts Haltbares dagegen. Kritische Reflexionen eines Analytikers über den christlichen Glauben, in: *H. Zahrnt* (Hrsg.), Jesus und Freud. Ein Symposion von Psychoanalytikern und Theologen (München 1972) S. 36–52.
42 *S. Freud*, Die Zukunft einer Illusion, in: Studienausgabe IX, 187.
43 AaO S. 188.
44 Ebd.
45 AaO S. 189.
46 Vgl. A III, 2: Zwischenbilanz I: Thesen zur neuzeitlichen Rationalität.
47 Vgl. C I., 2: Christentum am Ende?
48 Vgl. C II, 2: Zukunft ohne Religion? Verheißung ohne Erfüllung?
49 *G. R. Taylor*, Das Selbstmordprogramm – Zukunft oder Untergang der Menschheit (Frankfurt 1971); *S. Kirban*, Die geplante Verwirrung (Wetzlar 1972); *G. Ehrensvärd*, Nach uns die Steinzeit. Das Ende des technischen Zeitalters (Bern 1972); *D. Widener*, Kein Platz für Menschen. Der programmierte Selbstmord (Frankfurt 1972); *E. E. Snyder*, Todeskandidat Erde. Programmierter Selbstmord durch unkontrollierten Fortschritt (München 1972); *M. Lohmann* (Hrsg.), Gefährdete Zukunft (München 1973); *H. Gruhl*, Ein Planet wird geplündert. Die Schreckensbilanz unserer Politik (Frankfurt 1976).

50 Vgl. in diesem Zusammenhang *S. Freud*, Das Unbehagen in der Kultur (1930), in: Studienausgabe IX, 191–270.
51 *S. Freud*, »Selbstdarstellung«, in: Schriften zur Geschichte der Psychoanalyse, hrsg. von I. Grubrich-Simitis (Frankfurt 1971) S. 40.
52 Vgl. *E. Jones*, Leben und Werk Freuds I, 48f.; 54. 82. 345. 348. 404. 443; II, 413.
53 *S. Freud*, Brief an W. Fließ vom 1. 1. 1896, in: Aus den Anfängen der Psychoanalyse, S. 152.
54 *S. Freud*, Brief an W. Fließ vom 2.4. 1896, in: *S. Freud*, Briefe 1873–1939, hrsg. von E. L. Freud (Frankfurt 1960) S. 227.
55 *M. Schur*, Freud: Living and Dying (1972), dt.: Sigmund Freud. Leben und Sterben (Frankfurt 1973).
56 *M. Schur*, Sigmund Freud. Leben und Sterben S. 38.
57 AaO S. 126.
58 AaO S. 137.
59 AaO S. 621.

3. Kein Zurück hinter Freud

1 *P. Ricœur*, Der Atheismus der Psychoanalyse Freuds, in: Concilium 2 (1966) 430–435; Zit. 435.
2 *S. Freud*, Die Zukunft einer Illusion, in: Studienausgabe IX, 166.
3 Ebd.
4 AaO IX, 167.
5 AaO IX, 170.
6 Vgl. A II, 5: Zwischenbilanz I: Für Rationalität.
7 *S. Freud*, Die Zukunft einer Illusion, in: Studienausgabe IX, 162.
8 Ebd.
9 Ebd.
10 Ebd.
11 AaO IX, 163.
12 Vgl. zur Beurteilung *H. Küng*, Christ sein (München 1974) Kap. D I: Die Praxis der Kirche.
13 *H. M. Gauger*, Sprache und Sprechen im Werk Sigmund Freuds, in: Neue Rundschau 85 (1974) 568–590.
14 AaO S. 577.
15 AaO S. 582.
16 Vgl. *P. Ricœur*, Der Atheismus der Psychoanalyse Freuds S. 430.
17 Vgl. *E. Wiesenhütter*, Freud und seine Kritiker (Darmstadt 1974). Hier ein umfassender Überblick über die Kritik an Freud nach vier Gruppierungen: Psychotherapeuten, Psychiater, Geisteswissenschaftler, Theologen. Über die theologischen Reaktionen auf Freud gibt einen guten Überblick *P. Homans*, Theology after Freud. An Interpretive Inquiry (Indianapolis–New York 1970): besondere Kapitel über R. Niebuhr und P. Tillich sowie N. O. Brown, D. Bakan, Ph. Rieff.
18 Vgl. *P. Bjerre*, Psychosynthese (Stuttgart 1971); *A. Maeder*, Psychosynthese – Psychagogik, in: Handbuch der Neurosenlehre und Psychotherapie Bd. III (München–Berlin 1959) S. 391–412.
19 *A. Hoche*, Zentralblatt für die gesamte Neurologie und Psychiatrie 55 (1930) 206.
20 *R. A. Spitz*, La première année de la vie de l'enfant (1959), dt.: Die Entstehung der ersten Objektbeziehungen (Stuttgart [3]1973) S. 16.
21 *W. Loch*, Zur Theorie, Technik und Therapie der Psychoanalyse (Frankfurt 1972) S. 142. Meinem Tübinger Kollegen *Wolfgang Loch*, Professor für Psychoanalyse und Psychotherapie, der freundlicherweise das ganze Freud-Kapitel dieses Buches durchgesehen hat, danke ich für einzelne fruchtbare Hinweise.
22 *C. G. Jung*, Über die Beziehung der Psychotherapie zur Seelsorge (1932), in: Psychologie und Religion (Studienausgabe Olten 1971) S. 129–152; Zit. S. 139.
23 AaO S. 138.

24 AaO S. 134 (im Originaltext kursiv hervorgehoben).
25 AaO S. 135.
26 AaO S. 142.
27 AaO S. 143.
28 AaO S. 148.
29 Für unsere Thematik grundlegend *E. Fromm*, Psychoanalysis and Religion (1950), dt.: Psychoanalyse und Religion (Zürich 1966). Vgl. aber auch für die spätere Entwicklung der Religionsproblematik bei Fromm: The Sane Society (1955), dt.: Der moderne Mensch und seine Zukunft. Eine sozialpsychologische Untersuchung (Frankfurt 1960); *ders.*, The Dogma of Christ and Other Essays on Religion, Psychology and Culture (1963), dt.: Das Christusdogma und andere Essays (München 1956); *ders.*, You Shall Be as Gods. A Radical Interpretation of the Old Testament and Its Tradition (1966), dt.: Die Herausforderung Gottes und des Menschen (Zürich 1970).
30 *E. Fromm*, The Crisis of Psychoanalysis. Essays on Freud, Marx and Social Psychology (1970), dt.: Analytische Sozialpsychologie und Gesellschaftstheorie (Frankfurt 1970).
31 *E. Fromm*, Psychoanalyse und Religion, Kap. IV: Der Psychoanalytiker als »Seelenarzt«, S. 79–116.
32 *E. Fromm*, Man for Himself. An Inquiry into the Psychology of Ethics (1947), dt.: Psychoanalyse und Ethik (Zürich 1954).
33 Vgl. *E. Fromm*, Psychoanalyse und Religion, Kap. V: Psychoanalyse als Bedrohung der Religion? S. 117–139.
34 Vgl. aaO S. 133.
35 AaO S. 127.
36 AaO S. 128f.
37 AaO S. 138.
38 *V. E. Frankl*, Der unbewußte Gott. Psychotherapie und Religion (1947; erweitert München 1974). Vgl. S. 45–53. 55. Vgl. des weiteren vom selben Verfasser: Ärztliche Seelsorge. Grundlagen der Logotherapie und Existenzanalyse (1946; 8., durchges. Aufl. Wien 1971); Der Wille zum Sinn (Bern–Stuttgart–Wien 1972).
39 *V. E. Frankl*, Der unbewußte Gott S. 48–50.
40 Das tun, ebenfalls aus der Wiener Schule kommend, *W. Daim*, Umwertung der Psychoanalyse (Wien 1951); *I. A. Caruso*, Psychoanalyse und Synthese der Existenz. Beziehungen zwischen psychologischer Analyse und Daseinswerten (Freiburg 1952). Mehr von Jung her: *J. Rudin*, Psychotherapie und Religion (Olten 1960).
41 *E. H. Erikson*, Childhood and Society (New York 1950), dt.: Kindheit und Gesellschaft (Stuttgart ^{5}1974); *ders.*, Identity and the Life Cycle (New York 1959), dt.: Identität und Lebenszyklus (Frankfurt 1966); *ders.*, Insight and Responsibility (New York 1964), dt.: Einsicht und Verantwortung. Die Rolle des Ethischen in der Psychoanalyse (Frankfurt 1971); *ders.*, Identity. Youth and Crisis (New York 1968), dt.: Jugend und Krise (Stuttgart 1970).
42 *R. May*, The Meaning of Anxiety (New York 1950); *ders.*, Man's Search for Himself (New York 1953); *ders.*, Love and Will (New York 1969); *ders.*, Power and Innocence (New York 1972).
43 *R. May*, Man's Search for Himself S. 14.
44 AaO S. 24.
45 Ebd.
46 *R. May*, Love and Will S. 26.
47 *E. Wiesenhütter*, Kritik an Freud S. 87; vgl. *ders.*, Therapie der Person (Stuttgart 1969).
48 *S. Freud – O. Pfister*, Briefe 1909–1939 (Frankfurt 1963) S. 33.
49 Vgl. *E. Fromm*, The Anatomy of Human Destructiveness (New York 1973). Appendix: Freud's Theory of Aggressiveness and Destructiveness S. 439–478.
50 *S. Freud*, Das Unbehagen in der Kultur, in: Studienausgabe IX, 239. 268.
51 *S. Freud*, Warum Krieg?, in: Studienausgabe IX, 283.

52 *S. Freud*, Brief an J. J. Putnam vom 8. Juli 1915. Zit. bei *E. Jones*, Leben und Werk Freuds II, 489.

4. Zwischenbilanz III: Thesen zum Atheismus

1 *Th. W. Adorno*, Vernunft und Offenbarung, in: Stichworte. Kritische Modelle 2 (Frankfurt 1969) S. 20.
2 Ebd.
3 AaO S. 21.
4 Auf Popper und weitere Kritiker der Religion wie Heidegger, Sartre, Bloch, Russell, Ayer werden wir in anderem Zusammenhang eingehen.
5 *M. Horkheimer*, Notizen 1950 bis 1969 und Dämmerung. Notizen in Deutschland, hrsg. v. W. Brede (Frankfurt 1974). Zur Interpretation wichtig die Einleitung von A. Schmidt S. XIX–LXX.
6 *M. Horkheimer*, Bemerkungen zur Liberalisierung der Religion, in: Sozialphilosophische Studien (Frankfurt 1972) S. 131.
7 AaO S. 132.
8 Vgl. C II, 2: Marx in der Kritik.
9 *M. Horkheimer*, Bemerkungen zur Liberalisierung der Religion S. 132.
10 *M. Horkheimer*, Notizen S. 96.
11 *M. Horkheimer*, Theismus – Atheismus, in: Zur Kritik der instrumentalen Vernunft. Aus den Vorträgen und Aufzeichnungen in Deutschland, hrsg. v. A. Schmidt (Frankfurt 1974) S. 217.
12 Eine scharfe (posthum veröffentlichte) Abrechnung mit dem revolutionären Aktionismus vollzieht *Th. W. Adorno*, Marginalien zu Theorie und Praxis, in seinem Buch: Stichworte. Kritische Modelle 2, S. 169–191.
13 Vgl. *H. Küng*, Die Kirche (Freiburg–Basel–Wien 1967; Taschenbuchausgabe München 1977): Vorwort.
14 Vgl. *H. Küng*, Christ sein (München 1974) Kap. C VII, 4: Der große Auftrag.
15 *Th. W. Adorno*, Vernunft und Offenbarung S. 22.
16 Ebd.
17 *M. Horkheimer – Th. W. Adorno*, Dialektik der Aufklärung. Philosophische Fragmente (Amsterdam 1947. Neuausgabe Frankfurt 1969).
18 *Th. W. Adorno*, Vernunft und Offenbarung S. 23.
19 Ebd.
20 AaO S. 24.
21 AaO S. 25.
22 Vgl. A III, 2: Zwischenbilanz I: Thesen zur neuzeitlichen Rationalität.
23 Vgl. C I, 2: Christentum am Ende?
24 Vgl. C II, 2: Zukunft ohne Religion? Verheißung ohne Erfüllung?
25 Vgl. C III, 2: Glaube an die Wissenschaft?
26 Vgl. C I, 2: Gott – Wunsch oder Wirklichkeit?
27 Vgl. C II, 2: Ist Religion Menschenwerk?
28 Vgl. C III, 2: Religion – nur Wunschdenken?
29 Vgl. C I, 1: Der anthropologische Atheismus.
30 Vgl. C II, 1: Der sozialpolitische Atheismus.
31 Vgl. C III, 1: Der psychoanalytische Atheismus.
32 Vgl. A III, 2: Kurskorrektur.
33 Kölner Partikularkonzil von 1860, in: Collectio Lacensis V, 292; vgl. später die Antwort der päpstlichen Bibelkommission von 1909 über den historischen Charakter der Genesis »peculiaris creatio hominis« (Denz 2123) sowie Lehrverfahren gegen einzelne Theologen (Akten bisher leider unveröffentlicht).
34 *Pius XII.*, Allocutio ineunte anno Pontificiae Academiae Scientiarum, vom 30. Nov. 1941 (Denz 2285). Dieser für das heutige Lehramt unbequeme Text wird in neuen Ausgaben des Denzinger unterdrückt.
35 *Pius XII.*, Litterae Encyclicae »Humani generis« vom 12. Aug. 1950 (Denz 2327).

36 *A. Flew*, Theology and Falsifications (1950), in: New Essays in Philosophical Theology, hrsg. von A. Flew und A. MacIntyre (London 1955) S. 96–130; Zit. S. 97.
37 *H. Albert*, Traktat über kritische Vernunft (Tübingen 1968, 3., erw. Aufl. 1975) S. 115.
38 Ebd.
39 AaO S. 115f.
40 *Th. W. Adorno*, Vernunft und Offenbarung, S. 27.
41 Vgl. A: Vernunft oder Glaube?, und besonders A III, 2: Zwischenbilanz I: Thesen zur neuzeitlichen Rationalität.
42 Vgl. B III, 3: Zwischenbilanz II: Thesen zur Weltlichkeit und Geschichtlichkeit Gottes.
43 *H. Albert*, Traktat über kritische Vernunft S. 116.
44 AaO S. 116–118.
45 AaO S. 118.
46 Ebd.
47 *H. Albert*, Theologische Holzwege. Gerhard Ebeling und der rechte Gebrauch der Vernunft (Tübingen 1973) S. 86.
48 *H. Albert*, Traktat über kritische Vernunft S. 118f.
49 *F. Buri*, Wie können wir heute noch verantwortlich von Gott reden? (Tübingen 1967) S. 28 (zitiert mit weiteren Texten von Albert S. 119).
50 *H. Albert*, Traktat über kritische Vernunft S. 119.
51 Ebd.
52 *H. Albert*, Theologische Holzwege S. 88.
53 *H. Albert*, Traktat über kritische Vernunft S. 120.
54 *H. Albert*, Theologische Holzwege S. 88. Vgl. *H. Küng*, Unfehlbar? Eine Anfrage (Zürich–Einsiedeln–Köln 1970); *ders.*, Fehlbar? Eine Bilanz (Zürich–Einsiedeln–Köln 1973).
55 *G. Ebeling*, Kritischer Rationalismus? Zu Hans Alberts »Traktat über kritische Vernunft«, in: Zeitschrift für Theologie und Kirche 70 (1973) Beiheft 3. Vgl. dazu *H. Albert*, Theologische Holzwege, Vorwort sowie S. 104–107.
56 *H. Albert*, Theologische Holzwege S. 88f.
57 AaO S. 90.
58 Vgl. Lk 10, 41f.
59 So in Fortführung seines »Traktates« in besonderer Auseinandersetzung mit der Theologie *H. Albert*, Plädoyer für kritischen Rationalismus (München 1971).
60 *M. Horkheimer*, Theismus – Atheismus S. 227.
61 AaO S. 228.
62 Ebd.
63 Ebd.
64 Ebd.
65 Ebd.
66 Ebd.
67 Ebd.
68 Unter der neueren *theologischen Literatur zum Atheismus* vgl. bes.: *C. Fabro*, Introduzione all'ateismo moderno (Rom 1964); *H. Fries*, Abschied von Gott? Eine Herausforderung – Versuch einer Antwort (München 1968; Taschenbuchausgabe Freiburg 1972); *G. M.-M. Cottier*, Horizons de l'athéisme (Paris 1969); *E. Coreth – J. B. Lotz*, Atheismus kritisch betrachtet. Beiträge zum Atheismusproblem der Gegenwart (München–Freiburg 1971), hier S. 269–303 deutschsprachige Literatur zum Thema Atheismus von 1960–1970, zusammengestellt von H. Figl; *A. Esser* (Hrsg.), Atheismus. Profile und Positionen der Neuzeit (Köln 1971); *V. P. Miceli*, The Gods of atheism (New Rochelle/N. Y. 1971); *E. Biser*, Theologie und Atheismus. Anstöße zu einer theologischen Aporetik (München 1972); *W. Schmidt* (Hrsg.), Die Religion der Religionskritik (München 1972); *C. Tresmontant*, Les problèmes de l'athéisme (Paris 1972); *H. Desroche*, Les dieux rêvés. Théisme et athéisme en utopie (Paris 1972); *R. Caporale – A. Grumelli* (Hrsg.), Religione e ateismo nelle società secolarizzate.

Aspetti e problemi della cultura della non credenza (Bologna 1973); *Ch. Chabanis* (Hrsg.), Dieu existe-t-il? Non (Paris 1973); *H. Schwarz*, The search for God. Christianity, atheism, secularism, world religions (Minneapolis 1975); *W. Kern*, Atheismus – Marxismus – Christentum. Beiträge zur Diskussion (Innsbruck–Wien–München 1976); *R. Boon*, Het Christendom op de tocht. Een onderzoek naar de opkomst van het westeuropese atheisme (Kampen 1976).
Zur *Geschichte des Atheismus* bes. *F. Mauthner*, Der Atheismus und seine Geschichte im Abendland Bd. I–IV (Stuttgart 1921–23); *H. Ley*, Geschichte der Aufklärung und des Atheismus Bd. I–III (Berlin 1966–71).

D. NIHILISMUS – KONSEQUENZ DES ATHEISMUS

I. Die Heraufkunft des Nihilismus: Friedrich Nietzsche

1. Kritik der Kultur

1 Wir zitieren nach der Ausgabe von Karl Schlechta: *F. Nietzsche*, Werke in drei Bänden mit einem Index-Band (München 1954–1965), abgekürzt zitiert als »Werke«. Man vergleiche aber auch insbes. für das Spätwerk und die Briefe: Nietzsches Werke, hrsg. vom Nietzsche-Archiv Bd. I–XIX in drei Abteilungen mit einem Registerband (Leipzig 1894–1912). – *F. Nietzsche*, Gesammelte Briefe Bd. I–V (Leipzig 1905 ff). – *F. Nietzsche*, Werke und Briefe, Historisch-Kritische Gesamtausgabe. Werke Bd. I–V; Briefe Bd. I–IV (München 1933–1942) (unvollständig, Erscheinen eingestellt). – *F. Nietzsche*, Werke. Kritische Gesamtausgabe, hrsg. von G. Colli und M. Montinari, ca. 30 Bände in acht Abteilungen (Berlin 1967 ff) (erst teilweise erschienen).

2 *F. Nietzsche*, Ecce homo. Wie man wird, was man ist (1889), in: Werke II, 1063–1159; Zit. Ecce homo (Die Unzeitgemäßen 2), in: Werke II, 1114. Neben »Ecce homo« sind für das Verständnis von Nietzsches Leben und Werk – wenn wir von Erinnerungen von Elisabeth Förster-Nietzsche, Franz Overbeck (durch C. A. Bernoulli), Paul Deussen, Lou Salomé usw. absehen – die Briefe Nietzsches grundlegend.

3 *F. Nietzsche*, Der Antichrist. Fluch auf das Christentum (1888), Werke II, 1161–1235. Zit. Antichrist 8, in: Werke II, 1169. Zur neueren philosophisch-theologischen Auseinandersetzung mit Nietzsche: *K. Löwith*, Nietzsches Philosophie der ewigen Wiederkunft des Gleichen (Berlin 1935); *K. Jaspers*, Nietzsche und das Christentum (1947. München 1952); *ders.*, Nietzsche. Einführung in das Verständnis seines Philosophierens (1935. Berlin ³1950); *R. M. Thompson*, Nietzsche and Christian Ethics (New York 1951); *H. Heimsoeth*, Metaphysische Voraussetzungen und Antriebe in Nietzsches »Immoralismus«, in: Abhandlungen der geistes- und sozialwissenschaftlichen Klasse der Akademie der Wissenschaften und Literatur in Mainz, Jahrgang 1955, S. 475–539. *E. Benz*, Nietzsches Ideen zur Geschichte des Christentums und der Kirche (Leiden 1956); *G.-G. Grau*, Christlicher Glaube und intellektuelle Redlichkeit. Eine religionsgeschichtliche Studie über Nietzsche (Frankfurt 1958); *M. Heidegger*, Nietzsche Bd. I–II (Pfullingen 1961); *E. Biser*, »Gott ist tot«. Nietzsches Destruktion des christlichen Bewußtseins (München 1962); *M. Kaempfert*, Säkularisation und neue Heiligkeit. Religiöse und religionsbezogene Sprache bei Friedrich Nietzsche (Berlin 1971); *W. Müller-Lauter*, Nietzsche. Seine Philosophie der Gegensätze und die Gegensätze seiner Philosophie (Berlin–New York 1971); *W. Weischedel*, Der Gott der Philosophen. Grundlegung einer philosophischen Theologie im Zeitalter des Nihilismus Bd. I (Darmstadt 1971) S. 429–457; *E. Diet*, Nietzsche et les métamorphoses du divin (Paris 1972); *E. Fink*, Nietzsches Philosophie (Stuttgart ³1973); *H. Steffen* (Hrsg.), Nietzsche. Werk und Wirkungen (Göttingen 1974); *M. Balkenohl*, Der Antitheismus Nietzsches. Fragen und Suchen nach Gott. Eine sozialanthropologische Untersuchung (Diss. Münster 1976).

4 *F. Nietzsche*, Antichrist 8, in: Werke II, 1169.

5 Ebd.
6 Antichrist 4, in: Werke II, 1166.
7 *F. Nietzsche,* Aus dem Nachlaß der achtziger Jahre, in: Werke III, 632.
8 *Ch. Darwin,* On the Origin of Species by Means of Natural Selection (London 1859), dt.: Über die Entstehung der Arten durch natürliche Zuchtwahl (Stuttgart 1860).
9 *Ch. Darwin,* The Descent of Man and Selection in Relation of Sex (London 1871), dt.: Die Abstammung des Menschen und die geschlechtliche Zuchtwahl (Stuttgart 1871).
10 Vgl. C III, 1: Woher kommt Religion?
11 *Th. R. Malthus,* An Essay on the Principles of Population Bd. I–II (London 1798).
12 *E. Haeckel,* Generelle Morphologie der Organismen. Allgemeine Grundzüge der organischen Formen-Wissenschaft, mechanisch begründet durch die von Charles Darwin reformierte Deszendenz-Theorie Bd. I–II (Berlin 1866).
13 Vgl. bes. A III, 2: Kurskorrektur; Verhältnis Theologie–Naturwissenschaft.
14 Vgl. A III, 2: Zwischenbilanz I: Thesen zur neuzeitlichen Rationalität.
15 Vgl. B III, 3: Zwischenbilanz II: Thesen zur Weltlichkeit und Geschichtlichkeit Gottes.
16 Die in »Life and Letters of Charles Darwin« im Jahre 1887 erstmalig publizierte Autobiographie ist um rund 6000 Wörter kürzer als die von Darwins Enkelin Nora Barlow veröffentlichte Ausgabe: The Autobiography of Charles Darwin (London 1958). Wir zitieren nach der neuesten vollständigen und erneut verbesserten Ausgabe von G. de Beer, die auch die Autobiographie Huxleys enthält: *Ch. Darwin – T. H. Huxley,* Autobiographies (Oxford 1974).
17 AaO 54.
18 *E. Haeckel,* Natürliche Schöpfungsgeschichte. Gemeinverständliche wissenschaftliche Vorträge über die Entwicklungslehre im Allgemeinen und diejenige von Darwin, Goethe und Lamarck im Besonderen, über die Anwendung derselben auf den Ursprung des Menschen und andere damit zusammenhängende Grundfragen der Naturwissenschaft (Berlin 1868).
19 *E. Haeckel,* Die Welträtsel. Gemeinverständliche Studien über Monistische Philosophie (Bonn 1899).
20 AaO 23.
21 AaO 333.
22 AaO 336.
23 Ebd.
24 AaO 439.
25 AaO 357f.
26 *F. Nietzsche,* Unzeitgemäße Betrachtungen. Erstes Stück: David Strauß, der Bekenner und der Schriftsteller (1873), in: Werke I, 137–207.
27 *D. F. Strauß,* Der alte und der neue Glaube. Ein Bekenntnis (Leipzig 1872).
28 AaO 94.
29 AaO 146.
30 *F. Nietzsche,* Unzeitgemäße I, 9, in: Werke I, 182.
31 Unzeitgemäße I, 4. 7, in: Werke I, 153. 166.
32 Unzeitgemäße I, 9, in: Werke I, 182.
33 Unzeitgemäße I, 6, in: Werke I, 165.
34 Unzeitgemäße I, 6, in: Werke I, 165f.
35 Unzeitgemäße I, 7, in: Werke I, 166f.
36 Unzeitgemäße I, 7, in: Werke I, 167.
37 Unzeitgemäße I, 9, in: Werke I, 181.
38 Unzeitgemäße I, 7, in: Werke I, 167.
39 Unzeitgemäße I, 7, in: Werke I, 168.
40 Unzeitgemäße I, 7, in: Werke I, 169.
41 Unzeitgemäße I, 7, in: Werke I, 169. 171.
42 Unzeitgemäße I, 7, in: Werke I, 171.

43 Unzeitgemäße I, 8, in: Werke I, 173.
44 Unzeitgemäße I, 8, in: Werke I, 174.
45 Unzeitgemäße I, 8, in: Werke I, 175.
46 Unzeitgemäße I, 10, in: Werke I, 189.
47 So F. Overbeck auch im Auftrag von Nietzsche am 1. Sept. 1873 an Treitschke. Vgl. *C. A. Bernoulli*, Franz Overbeck und Friedrich Nietzsche. Eine Freundschaft Bd. I (Jena 1908) S. 84.
48 *F. Engels*, Entwicklung des Sozialismus von der Utopie zur Wissenschaft (Berlin 1882).
49 *F. Nietzsche*, Die fröhliche Wissenschaft (»la gaya scienza«) (1882), in: Werke II, 7–274. Zit. Fröhliche Wissenschaft 125, in: Werke II, 127.
50 *P. Deussen*, Erinnerungen an Friedrich Nietzsche (Leipzig 1901) S. 4.
51 *F. A. L. Nietzsche*, Gamaliel oder über die immerwährende Dauer des Christentums zur Belehrung und Beruhigung bei der gegenwärtigen Gärung in der theologischen Welt (Leipzig 1796); *ders.*, Beiträge zur Beförderung einer vernünftigen Denkensart über Religion, Erziehung, Untertanenpflicht und Menschenleben (Weimar 1804).
52 *K. Jaspers*, Nietzsche. Einführung S. 41.
53 Zit. bei *R. Blunck*, Friedrich Nietzsche. Kindheit und Jugend (München–Basel 1953) S. 76f. In diesem Werk auch weitere wertvolle Angaben zur religiösen Entwicklung Nietzsches.
54 *K. A. von Hase*, Das Leben Jesu. Ein Lehrbuch, zunächst für akademische Vorlesungen (Leipzig 1829); *ders.*, Kirchengeschichte. Lehrbuch für akademische Vorlesungen (Leipzig 1834).
55 *F. Nietzsche*, Werke und Briefe. Historisch-Kritische Gesamtausgabe II, 428.
56 *F. Nietzsche*, Werke und Briefe. Historisch-Kritische Gesamtausgabe V, 471.
57 *F. Nietzsche*, Antichrist 28, in: Werke II, 1190.
58 *F. Nietzsche*, Autobiographisches aus den Jahren 1856–1869: Rückblick auf meine zwei Leipziger Jahre, in: Werke III, 133.
59 *Th. Mann*, Betrachtungen eines Unpolitischen (Berlin 1918; Neuausgabe Frankfurt/M. 1968) S. 53.
60 *A. Gide*, Tagebuch 1889–1939 (Stuttgart 1954) Bd. III, S. 32.
61 *A. Schopenhauer*, Sämtliche Werke, textkritisch bearb. und hrsg. von W. von Löhneysen Bd. I–V (Darmstadt 1961–1965), abgekürzt zitiert als »Werke« Bd. I–II: Die Welt als Wille und Vorstellung. Zum biographischen Hintergrund vgl. *W. von Gwinner*, Schopenhauers Leben (Leipzig [3]1910).
62 *F. Nietzsche*, Autobiographisches, in: Werke III, 133.
63 *F. Nietzsche*, Ecce homo (Die Unzeitgemäßen 2), in: Werke II, 1114.
64 *A. Schopenhauer*, Die Welt als Wille und Vorstellung. Vorrede zur zweiten Auflage, in: Werke I, 18.
65 Die Welt als Wille, in: Werke I, 31. Vgl. das ganze erste Buch: »Der Welt als Vorstellung erste Betrachtung: Die Vorstellung, unterworfen dem Satze vom Grunde: Das Objekt der Erfahrung und Wissenschaft«, in: Werke I, 29–147.
66 Die Welt als Wille, in: Werke I, 164.
67 Die Welt als Wille, in: Werke I, 33. Vgl. die Erörterung dieses Grundsatzes im zweiten Buch: »Der Welt als Wille erste Betrachtung: Die Objektivation des Willens«, in: Werke I, 149–241.
68 Die Welt als Wille, in: Werke I, 380.
69 Die Welt als Wille, in: Werke I, 237.
70 Die Welt als Wille, in: Werke I, 380. Vgl. zur Auseinandersetzung Schopenhauers mit Kant den Anhang: Kritik der Kantischen Philosophie, in: Werke I, 559–715.
71 Vgl. auch *A. Schopenhauer*, Die Welt als Wille und Vorstellung Bd. II, »welcher die Ergänzungen zu den vier Büchern des ersten Bandes enthält« = Werke II.
72 Die Welt als Wille, in: Werke I, 241.
73 Die Welt als Wille, in: Werke I, 428.
74 Die Welt als Wille, in: Werke I, 377f.

75 Die Welt als Wille, in: Werke I, 379.
76 Die Welt als Wille, in: Werke II, 569.
77 Vgl. das ganze dritte Buch: »Der Welt als Vorstellung zweite Betrachtung: Die Vorstellung, unabhängig vom Satze des Grundes: die platonische Idee: das Objekt der Kunst«, in: Werke I, 243–372.
78 Die Welt als Wille, in: Werke I, 356–372.
79 Vgl. das vierte Buch: »Der Welt als Wille zweite Betrachtung: bei erreichter Selbsterkenntnis, Bejahung und Verneinung des Willens zum Leben«, in: Werke I, 373–558.
80 Die Welt als Wille, in: Werke I, 550f.
81 Die Welt als Wille, in: Werke I, 530.
82 Die Welt als Wille, in: Werke I, 557.
83 Die Welt als Wille, in: Werke I, 558.
84 *A. Schopenhauer*, Über den Willen in der Natur. Eine Erörterung der Bestätigungen, welche die Philosophie des Verfassers seit ihrem Auftreten durch die empirischen Wissenschaften erhalten hat, in: Werke III, 299–479.
85 *A. Schopenhauer*, Die beiden Grundprobleme der Ethik, behandelt in zwei akademischen Preisschriften, in: Werke III, 481–815.
86 *A. Schopenhauer*, Parerga und Paralipomena. Kleine philosophische Schriften Bd. I–II = Werke IV und V.
87 *A. Schopenhauer*, Aphorismen zur Lebensweisheit, in: Werke IV, 373–592.
88 *W. von Gwinner*, Schopenhauers Leben S. 393.
89 Ebd.
90 *F. A. Lange*, Geschichte des Materialismus und Kritik seiner Bedeutung in der Gegenwart (Iserlohn 1866).
91 *F. Nietzsche*, Brief an E. Rohde vom 9. November 1886 in: Werke III, 999.
92 Vgl. *C. A. Bernoulli*, Franz Overbeck und Friedrich Nietzsche. Eine Freundschaft Bd. I–II (Jena 1908).
93 Vgl. *C. Wagner*, Die Tagebücher Bd. I: 1869–1877, hrsg. v. M. Gregor-Dellin und D. Mack (München–Zürich 1976). – Bd. II: 1878–1883 (München–Zürich 1977) bringt vor allem Wagners Reaktion auf Nietzsches Schrift »Menschliches, Allzumenschliches« S. 87. 88. 92 u. ö.
94 *F. Nietzsche*, Die Geburt der Tragödie aus dem Geist der Musik, in: Werke I, 19–134.
95 *U. von Wilamowitz-Möllendorff*, Zukunftsphilologie! Eine Erwiderung auf Friedrich Nietzsches »Geburt der Tragödie« (Berlin 1872). Nietzsches Freund *E. Rohde* muß einspringen mit einer Gegenschrift: Afterphilologie. Zur Beleuchtung des von dem Dr. phil. U. v. Wilamowitz-Möllendorff herausgegebenen Pamphlets: »Zukunftsphilologie!« Sendschreiben eines Philologen an R. Wagner (Leipzig 1872). Vgl. die zusammenfassende Neuausgabe: Der Streit um Nietzsches »Geburt der Tragödie«. Die Schriften von E. Rohde, R. Wagner, U. v. Wilamowitz-Möllendorff. Zusammengestellt und eingeleitet von K. Gründer (Hildesheim 1969). Wagner selbst nahm durch einen Offenen Brief »An Friedrich Nietzsche« in der Norddeutschen Allgemeinen Zeitung vom 23. Juni 1872 Stellung: aaO S. 57–64; Wilamowitz-Möllendorffs Replik an Rohde (1873) aaO S. 113–135.
96 *F. W. Ritschl* in seiner Tagebucheintragung vom 31. Dezember 1871: »geistreiche Schwiemelei«, zit. von K. Schlechta, in: Werke III, 1363.
97 *F. Nietzsche*, Schriften der Studenten- und Militärzeit 1864–1868, hrsg. von H. J. Mette und K. Schlechta, in: Werke und Briefe, Historisch-Kritische Gesamtausgabe. Werke Bd. III (München 1935) S. 360.
98 AaO S. 353.
99 *F. Nietzsche*, Menschliches, Allzumenschliches. Ein Buch für freie Geister, in: Werke I, 435–733. Zit. I, 519.
100 *R. Wagner*, Die Kunst und die Revolution (Berlin 1849).
101 *F. Nietzsche*, Nietzsche contra Wagner (Wie ich von Wagner loskam 1) in: Werke II, 1054.
102 *F. Nietzsche*, Menschliches, Allzumenschliches. Ein Buch für freie Geister (1878), in:

Werke I, 435–733. Es folgen 1879: Vermischte Meinungen und Sprüche; dann 1880: Der Wanderer und sein Schatten, beides 1886 bei einer Neuauflage von »Menschliches, Allzumenschliches« als Band II miteingeschlossen, in: Werke I, 735–1008.
103 Vgl. vor allem die ausführliche Darstellung bei *K. Jaspers*, Nietzsche. Einführung S. 91–118.
104 Vgl. die Zeugnisse bei *R. Blunck*, Nietzsche S. 160–162.
105 *P. Rée*, Psychologische Beobachtungen (Berlin 1875).
106 *F. Nietzsche*, Ecce homo (Menschliches, Allzumenschliches 1), in: Werke II, 1118.
107 *G. Benn*, zit. bei *I. Frenzel*, Friedrich Nietzsche in Selbstzeugnissen und Bilddokumenten (Reinbek 1966), dessen Bändchen eine gute erste Einführung in Nietzsche gibt (S. 138).
108 Vgl. *H. H. Stuckenschmidt*, Nachruhm als Mißverständnis: Richard Wagner, in Stuckenschmidts Sammelband: Die Musik eines halben Jahrhunderts. 1925–1975. Essay und Kritik (München–Zürich 1976) S. 263–272.
109 *F. Nietzsche*, Menschliches, Allzumenschliches I, 26, in: Werke I, 467.
110 Menschliches, Allzumenschliches I, 5, in: Werke I, 450.
111 Dies sind die Themen der einzelnen Hauptstücke des 1878 selbständig veröffentlichten 1. Bandes; vgl. Werke I, 447–731.
112 Menschliches, Allzumenschliches (Vorrede 1.3), in: Werke I, 437. 440.
113 *F. Nietzsche*, Morgenröte. Gedanken über die moralischen Vorurteile (1881), in: Werke I, 1009–1279.
114 *F. Nietzsche*, Ecce homo (Morgenröte 1), in: Werke II, 1124f.
115 *F. Nietzsche*, Die fröhliche Wissenschaft (»la gaya scienza«) (1882), in: Werke II, 7–274.
116 Fröhliche Wissenschaft IV, 341f, in: Werke II, 202f. Vgl. im Anhang das Gedicht »Sils-Maria« (II, 271).

2. Die Gegen-Religion

1 *F. Nietzsche*, Fröhliche Wissenschaft V, 343, in: Werke II, 205.
2 Ebd.
3 Fröhliche Wissenschaft V, 343, in: Werke II, 205f.
4 Fröhliche Wissenschaft V (Motto), in: Werke II, 205.
5 Fröhliche Wissenschaft V, 357, in: Werke II, 227.
6 Ebd.
7 Fröhliche Wissenschaft V, 357, in: Werke II, 228.
8 Fröhliche Wissenschaft V, 357, in: Werke II, 229.
9 Fröhliche Wissenschaft V, 357, in: Werke II, 228.
10 Fröhliche Wissenschaft III, 125, in: Werke II, 126f.
11 Fröhliche Wissenschaft III, 125, in: Werke II, 127.
12 Ebd.
13 Ebd.
14 So *E. Biser*, »Gott ist tot«. Nietzsches Destruktion des christlichen Bewußtseins (München 1962); *ders.*, Nietzsches Begriff des christlichen Gottesbegriffs und ihre theologischen Konsequenzen, in: Philosophisches Jahrbuch 78 (1971) 34–65. 295–305.
15 So gegen E. Biser *P. Köster*, Nietzsches Beschwörung des Chaos, in: Theologische Quartalschrift 153 (1973) 132–163. Dazu: *E. Biser*, Antwort auf P. Köster, aaO 164–166; *P. Köster*, Replik auf E. Biser, aaO 167–168.
16 Vgl. C III 4: Zwischenbilanz III: Thesen zum Atheismus.
17 *F. Nietzsche*, Fröhliche Wissenschaft V, 357, in: Werke II, 227f.
18 Fröhliche Wissenschaft V, 357, in: Werke II, 227.
19 Fröhliche Wissenschaft III, 125, in: Werke II, 127.
20 Ebd.
21 Ebd.
22 Ebd.
23 Ebd.

24 Fröhliche Wissenschaft III, 125, in: Werke II, 127f.
25 Fröhliche Wissenschaft III, 108, in: Werke II, 115.
26 Ebd.
27 Fröhliche Wissenschaft III, 109, in: Werke II, 115.
28 Fröhliche Wissenschaft III, 265–275, in: Werke II, 159f.
29 *F. Nietzsche*, Also sprach Zarathustra. Ein Buch für Alle und Keinen (1884–1885), in: Werke II, 275–561.
30 *F. Nietzsche*, Brief an Peter Gast vom 19. 2. 1883, in: Werke III, 1201.
31 *F. Nietzsche*, Ecce homo (Also sprach Zarathustra 3), in: Werke II, 1131.
32 Ecce homo (Warum ich ein Schicksal bin 3), in: Werke II, 1154.
33 *F. Nietzsche*, Zarathustra (Vorrede 3), in: Werke II, 279.
34 Zarathustra (Vorrede 3), in: Werke II, 279f.
35 Zarathustra (Vorrede 3), in: Werke II, 280.
36 Ebd.
37 Zarathustra (Vorrede 3. 4.), in: Werke II, 280f.
38 Zarathustra II (Von der Selbst-Überwindung), in: Werke II, 371.
39 *F. Nietzsche*, Ecce homo (Also sprach Zarathustra 1), in: Werke II, 1128.
40 *F. Nietzsche*, Fröhliche Wissenschaft IV, 341, In: Werke II, 202.
41 Ebd.
42 Fröhliche Wissenschaft IV, 341, in: Werke II, 202f.
43 *F. Nietzsche*, Zarathustra III (Vom Gesicht und Rätsel 2), in: Werke II, 408f.
44 Zarathustra III (Der Genesende 1), in: Werke II, 462.
45 Ebd.
46 Zarathustra III (Der Genesende 2), in: Werke II, 463.
47 Zarathustra III (Der Genesende 2), in: Werke II, 466.
48 Zarathustra III (Der Genesende 2), in: Werke II, 465.
49 Vgl. Zarathustra III (Der Genesende 2), in: Werke II, 465f.
50 Zarathustra III (Das andere Tanzlied 3), in: Werke II, 473 (zwischen den Verszeilen: die Glockenschläge der Mitternachtsglocke).
51 Zarathustra III (Die sieben Siegel. Oder: das Ja- und Amen-Lied 1), in: Werke II, 473f.
52 Zarathustra IV (Das trunkne Lied 12), in: Werke II, 558.
53 Zarathustra IV (Das Zeichen), in: Werke II, 561.
54 *F. Nietzsche*, Brief an E. Rohde vom 22. 2. 1884, in: Werke III, 1215.
55 *F. Nietzsche*, Ecce homo (Also sprach Zarathustra 6), in: Werke II, 1136.
56 Ecce homo (Also sprach Zarathustra 4), in: Werke II, 1133.
57 Ecce homo (Also sprach Zarathustra 8), in: Werke II, 1139.
58 Ecce homo (Also sprach Zarathustra 8), in: Werke II, 1140.

3. *Was ist Nihilismus?*

1 *F. Nietzsche*, Ecce homo (Jenseits von Gut und Böse 1), in: Werke II, 1141.
2 *F. Nietzsche*, Der Fall Wagner. Ein Musikanten-Problem (1888), in: Werke II, 901–938. Zit. in: Werke II, 912. 925.
3 *F. Nietzsche*, Nietzsche contra Wagner. Aktenstücke eines Psychologen (1889), in: Werke II, 1035–1061.
4 *F. Nietzsche*, Jenseits von Gut und Böse. Vorspiel einer Philosophie der Zukunft (1886), in: Werke II, 563–759.
5 *F. Nietzsche*, Ecce homo (Jenseits von Gut und Böse 2), in: Werke II, 1141.
6 Vgl. A II, 3: Weder Freidenkertum noch Thomismus.
7 *F. Nietzsche*, Ecce homo (Jenseits von Gut und Böse 2), in: Werke II, 1141.
8 Ecce homo (Der Fall Wagner 3), in: Werke II, 1149.
9 *F. Nietzsche*, Jenseits 192, in: Werke II, 648f.
10 Jenseits 192, in: Werke II, 649.
11 Vgl. A I, 1: Das Ideal der mathematischen Gewißheit.
12 Vgl. *F. Nietzsche*, Menschliches, Allzumenschliches II (Vermischte Meinungen und Sprüche 408), in: Werke I, 870.

13 *F. Nietzsche*, Brief an G. Brandes vom 20. November 1888, in: Werke III, 1335.
14 *F. Nietzsche*, Ecce homo (Warum ich so klug bin 3), in: Werke II, 1088.
15 *F. Nietzsche*, Antichrist 5, in: Werke II, 1167.
16 *F. Nietzsche*, Jenseits 229, in: Werke II, 694.
17 Jenseits 16, in: Werke II, 579.
18 Jenseits 16, in: Werke II, 579f.
19 Jenseits 16, in: Werke II, 580.
20 Jenseits 19, in: Werke II, 581f.
21 Jenseits 11, in: Werke II, 575.
22 Jenseits 12, in: Werke II, 577.
23 Ebd.
24 Jenseits 14, in: Werke II, 578. Vgl. auch zur Irrtümlichkeit der Welt: Jenseits 34, in: Werke II, 598–600.
25 Jenseits 1, in: Werke II, 567.
26 Jenseits 2, in: Werke II, 568.
27 Ebd.
28 Ebd.
29 Jenseits 4, in: Werke II, 569.
30 Jenseits 23, in: Werke II, 587.
31 Ebd.
32 Ebd.
33 Ebd.
34 *F. Nietzsche*, Genealogie der Moral. Eine Streitschrift (1887), in: Werke II, 761–900.
35 *F. Nietzsche*, Ecce homo (Genealogie der Moral), in: Werke II, 1143.
36 Ebd.
37 Ebd.
38 Ebd.
39 *F. Nietzsche*, Götzen-Dämmerung oder Wie man mit dem Hammer philosophiert (1889), in: Werke II, 939–1033.
40 Götzen-Dämmerung (Vorwort), in: Werke II, 941.
41 *F. Nietzsche*, Ecce homo (Götzen-Dämmerung 1), in: Werke II, 1144.
42 *F. Nietzsche*, Götzen-Dämmerung (Moral als Widernatur 4), in: Werke II, 968.
43 Ebd.
44 Götzen-Dämmerung (Moral als Widernatur 4), in: Werke I, 967.
45 Götzen-Dämmerung (Moral als Widernatur 6), in: Werke II, 969.
46 *F. Nietzsche*, Der Antichrist. Fluch auf das Christentum (1888), in: Werke II, 1161–1235.
47 Antichrist 62, in: Werke II, 1235.
48 Antichrist 35, in: Werke II, 1197.
49 *F. Nietzsche*, Nachlaß, in: Werke III, 658.
50 *F. Nietzsche*, Antichrist 18, in: Werke II, 1178.
51 *F. Nietzsche*, Ecce homo (Warum ich ein Schicksal bin 2), in: Werke II, 1153.
52 Ecce homo (Warum ich ein Schicksal bin 1), in: Werke II, 1152.
53 Ebd.
54 Ebd.
55 *F. Nietzsche*, Der Wille zur Macht. Versuch einer Umwertung aller Werte, in: Nietzsches Werke, hrsg. vom Nietzsche-Archiv, Bd. XV, 129–489; Bd. XVI, 1–412 (Leipzig 1911).
56 Vgl. *K. Schlechta*, Nachwort, in: Werke III, 1433–1452; *ders.*, Der Fall Nietzsche. Aufsätze und Vorträge (München 1958); bes. die Auseinandersetzung mit der Kritik von Rudolf Pannwitz S. 99–115.
57 Vgl. *E. F. Podach*, Friedrich Nietzsches Werke des Zusammenbruchs (Heidelberg 1961) S. 9–12. Diese Ausgabe enthält die Werke »Nietzsche contra Wagner«, »Der Antichrist«, »Ecce homo« und »Dionysos-Dithyramben«, nicht aber den eigentlichen Nachlaß.

58 *F. Nietzsche*, Aus dem Nachlaß der achtziger Jahre, in: Werke III, 415–925.
59 *F. Würzbach*, Das Vermächtnis Nietzsches (1940), jetzt Taschenbuchausgabe mit dem Titel: Umwertung aller Werte Bd. I–II (München 1969).
60 *K. Schlechta*, Nachwort, in: Werke III, 1433.
61 Z. B. die sehr klare Darstellung von *W. Weischedel*, Der Gott der Philosophen I, 429–457.
62 *F. Nietzsche*, Nachlaß, in: Werke III, 530.
63 Nachlaß, in: Werke III, 779.
64 *F. Nietzsche*, Menschliches, Allzumenschliches I (Vorrede 3), in: Werke I, 440.
65 *F. Nietzsche*, Fröhliche Wissenschaft III, 125, in: Werke II, 127.
66 Fröhliche Wissenschaft V, 346, in: Werke II, 210–212.
67 Fröhliche Wissenschaft V, 375, in: Werke II, 250f.
68 So *H. Wein*, Zur Rechtfertigung des Nihilismus. Aus Anlaß seines 100. Geburtstags (1963), in: Der Nihilismus als Phänomen der Geistesgeschichte in der wissenschaftlichen Diskussion unseres Jahrhunderts, hrsg. v. D. Arendt (Darmstadt 1974) S. 195–209.
69 So *W. Vordtriede*, Das nihilistische Geburtstagskind (1963), in: Der Nihilismus als Phänomen S. 210–212. Allzu allgemein sieht den Ursprung des Nihilismus im Christentum *H. Thom*, Wie alt ist der Nihilismus? (1964), in: Der Nihilismus als Phänomen S. 213–220.
70 Zit. und kommentiert bei *O. Pöggeler*, Hegel und die Anfänge der Nihilismus-Diskussion (1970), in: Der Nihilismus als Phänomen S. 307–349. Pöggeler weist darauf hin, daß, schon drei Jahre vor Jacobi, D. Jenisch den unbedingten Transzendental-Idealismus als Nihilismus bezeichnet hat.
71 Zum Verhältnis Idealismus-Nihilismus vgl. neben Pöggeler auch *W. Müller-Lauter*, Nihilismus als Konsequenz des Idealismus. F. H. Jacobis Kritik an der Transzendentalphilosophie und ihre philosophiegeschichtlichen Folgen, in: Denken im Schatten des Nihilismus. Festschrift für Wilhelm Weischedel zum 70. Geburtstag, hrsg. v. A. Schwan (Darmstadt 1975), S. 113–163.
72 *F. Nietzsche*, Nachlaß, in: Werke III, 557.
73 Nachlaß, in: Werke III, 567.
74 Nachlaß, in: Werke III, 634.
75 Nachlaß, in: Werke III, 881.
76 Nachlaß, in: Werke III, 635.
77 Nachlaß, in: Werke III, 678.
78 Nachlaß, in: Werke III, 679.
79 Ebd.
80 Nachlaß, in: Werke III, 738.
81 Nachlaß, in: Werke III, 887.
82 Nachlaß, in: Werke III, 661.
83 Nachlaß, in: Werke III, 686.
84 *F. Nietzsche*, Jenseits (Vorrede), in: Werke II, 566.
85 *F. Nietzsche*, Nachlaß, in: Werke III, 826.
86 *F. Nietzsche*, Antichrist 18, in: Werke II, 1178.
87 *F. Nietzsche*, Nachlaß, in: Werke III, 638.
88 *F. Nietzsche*, Antichrist 18, in: Werke II, 1178.
89 *F. Nietzsche*, Nachlaß, in: Werke III, 880.
90 Nachlaß, in: Werke III, 554.
91 Nachlaß, in: Werke III, 881.
92 Nachlaß, in: Werke III, 491f.
93 Nachlaß, in: Werke III, 881f.
94 Nachlaß, in: Werke III, 893f.
95 Nachlaß, in: Werke III, 881.
96 Ebd.
97 Nachlaß, in: Werke III, 675.

98 Nachlaß, in: Werke III, 679.
99 Nachlaß, in: Werke III, 549.
100 Nachlaß, in: Werke III, 621.
101 Nachlaß, in: Werke III, 911.

War Nietzsche Nihilist?

1 *F. Nietzsche*, Nachlaß, in: Werke III, 558.
2 Ebd.
3 Nachlaß, in: Werke III, 557.
4 Ebd.
5 Ebd.
6 Nachlaß, in: Werke III, 558.
7 Nachlaß, in: Werke III, 555.
8 Ebd.
9 Nachlaß, in: Werke III, 670.
10 Nachlaß, in: Werke III, 533.
11 Nachlaß, in: Werke III, 478.
12 Nachlaß, in: Werke III, 634.
13 Nachlaß, in: Werke III, 560.
14 Nachlaß, in: Werke III, 834.
15 *F. Nietzsche*, Götzen-Dämmerung (Was ich den Alten verdanke 5), in: Werke II, 1032.
16 *F. Nietzsche*, Nachlaß, in: Werke III, 480.
17 Nachlaß, in: Werke III, 917.
18 Nachlaß, in: Werke III, 556.
19 Nachlaß, in: Werke III, 453.
20 Nachlaß, in: Werke III, 634.
21 Zit. bei *C. A. Bernoulli*, Franz Overbeck und Friedrich Nietzsche. Eine Freundschaft Bd. I (Jena 1908) S. 250.
22 *F. Nietzsche*, Dionysos-Dithyramben: Zwischen Raubvögeln, in: Werke II, 1249 bis 1252; Zit. 1251f.
23 Dionysos-Dithyramben: Klage der Ariadne, in: Werke II, 1258f.
24 *F. Nietzsche*, Ecce homo (Also sprach Zarathustra 8), in: Werke II, 1138f.
25 *F. Nietzsche*, Brief an Malvida von Meysenburg vom 14. Januar 1880, in: Werke III, 1161.
26 Vgl. *C. A. Bernoulli*, F. Overbeck und F. Nietzsche II, 202–257; *E. F. Podach*, Nietzsches Zusammenbruch. Beiträge zu einer Biographie auf Grund unveröffentlichter Dokumente (Heidelberg 1930); wichtig bes. zur Figur der Ariadne S. 57f; 88–94.

D II: Überwindung des Nihilismus?

1 *F. Nietzsche*, Ecce homo (Der Fall Wagner 4), in: Werke II, 1151.
2 *W. Jens*, Friedrich Nietzsche. Pastor ohne Kanzel, in: Frankfurter Allgemeine Zeitung vom 6.2.1974; auch abgedruckt in seinem Sammelband: Republikanische Reden (München 1976). S. 101–112.

1. Nietzsche in der Kritik

3 *F. Nietzsche*, Brief an Jacob Burckhardt vom 6. Januar 1889, in: Werke III, 1351 (in der Fortsetzung sehr konkrete Belege).
4 *J. Hirschberger*, Geschichte der Philosophie, Bd. II: Neuzeit und Gegenwart (Freiburg–Basel–Wien 1952) S. 477.
5 Vgl. aaO Bd. II, S. 478–482.
6 Vgl. *M. Heidegger*, Nietzsches Wort »Gott ist tot«, in: Holzwege (Frankfurt 1950) S. 193–247; *ders.*, Nietzsche Bd. I–II (Pfullingen 1961 = Vorlesungen und Abhand-

lungen aus den Jahren 1936–1946).
7 Ausführlicher zu dieser Problematik *W. Müller-Lauter*, Nietzsche. Seine Philosophie der Gegensätze und die Gegensätze seiner Philosophie (Berlin–New York 1971).
8 So *K. Schlechta*, Der Fall Nietzsche. Aufsätze und Vorträge (München 1958) S. 92.
9 *W. Weischedel*, Der Gott der Philosophen Bd. I–II (Darmstadt 1971–1972); Zit. II, 451f.
10 *F. Nietzsche*, Nachlaß, in: Werke III, 853.
11 *L. Andreas-Salomé*, Friedrich Nietzsche in seinen Werken (Wien 1894) S. 222f.
12 AaO 224.
13 AaO 225.
14 *K. Jaspers*, Nietzsche. Einführung in das Verständnis seines Philosophierens (1935. Berlin ³1950) S. 350–363.
15 *K. Jaspers*, Nietzsche und das Christentum (1947. München 1952) S. 69.
16 *M. Eliade*, Le Mythe de l'Eternel Retour. Archétypes et répétition (Paris 1949); dt. erweiterte Ausgabe: Kosmos und Geschichte. Der Mythos der ewigen Wiederkehr (Hamburg 1966) S. 94.
17 AaO 102.
18 *M. Čapek*, Art. Eternal Return, in: The Encyclopedia of Philosophy III (New York–London 1967) 61–63, Zit. 63.
19 *F. Nietzsche*, Nachgelassene Werke. Unveröffentlichtes aus der Zeit der Fröhlichen Wissenschaft und des Zarathustra (Entwürfe und Gedanken zu einer selbständigen Fortsetzung des Zarathustra 1885/86: nach Abfassung des jetzigen vierten Teils), in: Nietzsches Werke Bd. XII (Leipzig 1901) S. 415.
20 *F. Nietzsche*, Nachgelassene Werke. Unveröffentlichtes aus der Zeit der Fröhlichen Wissenschaft und des Zarathustra (Aus der Zeit der Fröhlichen Wissenschaft 1881/82), in: Nietzsches Werke Bd. XII (Leipzig 1901) S. 169.
21 *F. Nietzsche*, Antichrist 16, in: Werke II, 1176.
22 Antichrist 15, in: Werke II, 1175.
23 *F. Nietzsche*, Morgenröte 95, in: Werke I, 1073f.
24 *F. Nietzsche*, Nachlaß, in: Werke III, 747.
25 *F. Nietzsche*, Zur Genealogie der Moral II, 22, in: Werke II, 833.
26 *F. Nietzsche*, Antichrist 47, in: Werke II, 1211f.
27 *F. Nietzsche*, Nachlaß, in: Werke III, 853; vgl. 496.
28 Nachlaß, in: Werke III, 585.
29 *F. Nietzsche*, Zarathustra II (Auf den glückseligen Inseln), in: Werke II, 344.

2. *Was Christen lernen können*

1 *F. Nietzsche*, Ecce homo (Der Fall Wagner 2), in: Werke II, 1148.
2 Positive Äußerungen (wohl zu stark) herausgehoben von *K. Jaspers*, Nietzsche und das Christentum S. 8–10.
3 *F. Nietzsche*, Antichrist 31, in: Werke II, 1192.
4 Antichrist 31, in: Werke II, 1193.
5 Ebd.
6 Antichrist 28, in: Werke II, 1190.
7 Antichrist 29, in: Werke II, 1190f; vgl. Antichrist 27, in: Werke II, 1189.
8 Antichrist 29, in: Werke II, 1191.
9 Antichrist 33, in: Werke II, 1195.
10 Antichrist 34, in: Werke II, 1196f.
11 Antichrist 35, in: Werke II, 1197.
12 Antichrist 37, in: Werke II, 1198.
13 Antichrist 40, in: Werke II, 1202.
14 Antichrist 39, in: Werke II, 1200.
15 Ebd.
16 Vgl. ihre Beschreibung in Ecce homo (Warum ich ein Schicksal bin 8), in: Werke II, 1158f.

17 So endet Ecce homo, in: Werke II, 1159.
18 Vgl. zum Ganzen *H. Küng*, Christ sein, bes. D: Die Praxis.

3. Was Nichtchristen lernen können

19 *F. Nietzsche*, Nachlaß, in: Werke III, 491.
20 *F. Nietzsche*, Antichrist 51, in: Werke II, 1217.
21 *F. Nietzsche*, Nachlaß, in: Werke III, 621.
22 Vgl. C III, 3: Bedeutung der Religion für Jung, Fromm, Frankl.
23 *F. Nietzsche*, Nachlaß, in: Werke III, 562.
24 Vgl. Nachlaß, in: Werke III, 610.
25 Nachlaß, in: Werke III, 554.
26 Nachlaß, in: Werke III, 505f.
27 Nachlaß, in: Werke III, 432.
28 Vgl. als frühen Beleg *H. Rauschning*, Gespräche mit Hitler (Zürich 1940).
29 *F. Nietzsche*, Nachlaß, in: Werke III, 708.
30 Ebd.
31 *W. Jens*, Friedrich Nietzsche. Pastor ohne Kanzel, in: Frankfurter Allgemeine Zeitung vom 6.2.1974; auch abgedruckt in seinem Sammelband: Republikanische Reden (München 1976) S. 101–112.
32 *F. Nietzsche*, Nachlaß, in: Werke III, 630.
33 Nachlaß, in: Werke III, 629.
34 Nachlaß, in: Werke III, 708.

4. Zwischenbilanz IV: Thesen zum Nihilismus

35 Vgl. *Concilium Vaticanum I*, Constitutio dogmatica de fide catholica vom 24. April 1870 (Denz 1781–1820).
36 Vgl. *W. Kamlah – P. Lorenzen*, Logische Propädeutik. Vorschule des vernünftigen Redens (Mannheim ²1973) Kap. 4, § 3: Sachverhalt und Tatsache; Zit. S. 138.
37 AaO S. 138.
38 AaO S. 144.
39 Vgl. A III, 1: Die wissenschaftstheoretische Diskussion.
40 *W. Kamlah – P. Lorenzen*, Logische Propädeutik S. 140.
41 AaO S. 140. 138.
42 Zur Frage der Transzendentalien vgl. *P. Dezza*, Metaphysica generalis (Rom ²1948) S. 61–98. Ausführlicher und mit zahlreichen Angaben zur Primär- und Sekundärliteratur *J. B. Lotz*, Ontologia (Barcelona–Freiburg/Br.–Rom 1963) S. 69–97. 117–128. 133–147. Ähnliche Auffassungen werden vertreten in den neuscholastischen Ontologien (Metaphysiken) von *R. Arnou, L. de Raeymaeker, A. Marc, F. van Steenberghen, E. Coreth, P. Descoqs, S. Cuesta, C. Nink, A. Brunner*.
43 *F. Nietzsche*, Nachlaß, in: Werke II, 677.
44 Ebd.
45 Nachlaß, in: Werke III, 678.
46 Ebd.
47 Nachlaß, in: Werke III, 676.
48 Nachlaß, in: Werke III, 568.
49 Nachlaß, in: Werke III, 896.
50 Nachlaß, in: Werke III, 678.
51 Nachlaß, in: Werke III, 557.
52 Nachlaß, in: Werke III, 677. 678.
53 Nachlaß, in: Werke III, 896.
54 Nachlaß, in: Werke III, 678.
55 Ebd.
56 Ebd.
57 Nachlaß, in: Werke III, 566.
58 Nachlaß, in: Werke III, 582f.

59 *D. Arendt,* Die Überwindung des Nihilismus (1970), in: Der Nihilismus als Phänomen S. 350–354. Vgl. hier auch Arendts Einleitung S. 1–17.
60 Zum Nihilismus vgl. weiter *F. Leist,* Existenz im Nichts. Versuch einer Analyse des Nihilismus (München 1961). *A. Caracciolo,* Pensiero contemporaneo e nichilismo (Napoli 1976): bes. Kap. I (Kant und der Nihilismus) und III (Heidegger und der Nihilismus). Des weiteren die noch nicht genannten Aufsätze aus dem Sammelband »Der Nihilismus als Phänomen der Geistesgeschichte in der wissenschaftlichen Diskussion unseres Jahrhunderts«: L. Landgrebe, H. Schaeder, G. Gloege, Th. Süss, W. Kohlschmidt, H. Rauschning, K. Hübner, W. Hof, L. Kofler.

E. JA ZUR WIRKLICHKEIT – ALTERNATIVE ZUM NIHILISMUS

1 *W. Stegmüller,* Metaphysik, Skepsis, Wissenschaft (1954. Berlin–Heidelberg–New York [2]1969) S. 1f. (Neue Einleitung 1969: Nach 15 Jahren).

I: Die Grundeinstellung

2 Vgl. *Thomas von Aquin,* Summa theologiae I–II q. 9 a. 1; q. 12 a. 1; q. 13 a. 1; *ders.,* De Malo q. VI, a. unicus.
3 Vgl. *F. Dorsch,* Art. Wille, in dem von ihm herausgegebenen Psychologischen Wörterbuch (Bern–Stuttgart–Wien [9]1976) S. 667.
4 Vgl. A III, 1: Wissenschaftliche Revolutionen.
5 Vgl. *P. Ricoeur,* Finitude et Culpabilité I. L'homme faillible (Paris 1960); dt.: Die Fehlbarkeit des Menschen. Phänomenologie der Schuld I (Freiburg–München 1971) 2. Kap.: Die transzendentale Synthesis: Endliche Perspektive, unendliches Verbum, reine Einbildungskraft.
6 *F. Dostojewski,* Die Brüder Karamasoff (München [2]1957) S. 382.
7 *J.-P. Sartre,* Huis clos. Pièce en un acte (dt.: Bei geschlossenen Türen) 5. Szene. Den negativen Aspekt der Beziehung zum Anderen (im Zusammenhang der amerikanischen Rassenproblematik) behandelt Sartre im Drama La putain respectueuse. Pièce en un acte et deux tableaux (dt.: Die ehrbare Dirne). Beide Stücke finden sich in *J.-P. Sartre,* Théatre (Paris 1947), dt.: Dramen (Stuttgart–Hamburg–Baden-Baden 1949).
8 *J.-P. Sartre,* L'être et le néant. Essai d'ontologie phénoménologique (Paris 1943); vgl. bes. 3. Teil: »Le pour-autrui«.
9 Vgl. *R. Dahrendorf,* Homo Sociologicus: Versuch zur Geschichte, Bedeutung und Kritik der Kategorie der sozialen Rolle (1957), aufgenommen in seine Gesammelten Abhandlungen I: Pfade aus Utopia. Arbeiten zur Theorie und Methode der Soziologie (München 1967) S. 128–194. Zu den Auseinandersetzungen um diesen Begriff vgl. S. 384f.
10 *C. G. Jung,* Über die Beziehung der Psychotherapie zur Seelsorge (1932), in: Psychologie und Religion (Studienausgabe Olten 1971) S. 143.
11 *R. Guardini,* Die Annahme seiner selbst (Würzburg 1960) S. 13.
12 Vgl. *W. Schulz,* Philosophie in der veränderten Welt (Pfullingen 1972) S. 125. 135.
13 Zum Begriff *Einstellung* vgl. bes. *E. Roth,* Einstellung als Determination individuellen Verhaltens. Die Analyse eines Begriffes und seiner Bedeutung für die Persönlichkeitspsychologie (Göttingen 1967); *ders.,* Persönlichkeitspsychologie. Eine Einführung (Stuttgart 1969) S. 104–114. Vgl. auch *R. Strohal* und *U. Claesges/P. Janssen,* Art. Einstellung, in: Historisches Wörterbuch der Philosophie, hrsg. v. J. Ritter, Bd. II (Basel–Darmstadt 1972) Sp. 417–422.
14 *J.-P. Sartre,* Les mouches. Drame en trois actes (dt.: Die Fliegen) III. Akt, 2. Szene, in: *ders.,* Théatre S. 100.
15 *J.-P. Sartre,* L'existentialisme est un humanisme (Paris 1946) S. 36f. Wichtig wurde für mich Sartres Philosophie im Zusammenhang meiner Lizentiatsarbeit für das Lizentiat in Philosophie, betreut von Prof. Dr. Alois Naber SJ, an der Päpstlichen Uni-

versität Gregoriana: »Der existentialistische Humanismus Jean-Paul Sartres« (Rom 1951). So sehr ich noch heute an meiner damaligen Darstellung von Sartres Philosophie festhalten kann, so sehr habe ich doch meine damalige Antwort zu korrigieren.

16 *G. W. F. Hegel*, Phänomenologie des Geistes, in: Werke II, 419 (vgl. biographische Angaben in B II).

17 *J.-P. Sartre*, L'être et le néant S. 516; vgl. S. 516–518.

18 Vgl. *J.-P. Sartre*, L'existentialisme S. 67–72.

19 *J.-P. Sartre*, Les mouches III. Akt, 2. Szene, in: *ders.*, Théatre S. 101.

20 *J.-P. Sartre*, L'existentialisme S. 22; vgl. L'être et le néant, S. 516.

21 L'existentialisme S. 23f.

22 Vgl. *J.-P. Sartre*, L'être et le néant S. 660; vgl. 518–521.

23 L'être et le néant S. 539.

24 Vgl. ebd.

25 Vgl. bes. L'être e le néant S. 651–663.

26 Vgl. *C. von Bormann*, Art. Entscheidung, in: Historisches Wörterbuch der Philosophie, Bd. II, 541–544.

27 *S. Kierkegaard*, Entweder – Oder Bd. II = Gesammelte Werke 2. und 3. Abt. (Düsseldorf 1957) S. 227.

28 *S. Kierkegaard*, Tagebücher Bd. II = Gesammelte Werke, hrsg. v. H. Gerdes (Düsseldorf–Köln 1963) S. 104f.

29 *B. F. Skinner*, Beyond Freedom and Dignity (New York 1971), dt.: Jenseits von Freiheit und Würde (Hamburg 1973).

30 *K. Lorenz*, Das sogenannte Böse. Zur Naturgeschichte der Aggression (Wien 1963); *ders.*, Über tierisches und menschliches Verhalten. Aus dem Werdegang der Verhaltenslehre. Gesammelte Abhandlungen Bd. I–II (München 1965). Einen guten Überblick gibt *I. Eibl-Eibesfeldt*, Grundriß der vergleichenden Verhaltensforschung. Ethologie (München [3]1972).

31 *I. Eibl-Eibesfeldt*, Der vorprogrammierte Mensch. Das Ererbte als bestimmender Faktor im menschlichen Verhalten (Wien–München–Zürich 1973) S. 271f.

32 *K. Jaspers*, Der philosophische Glaube (Frankfurt 1958) S. 54.

33 AaO S. 54f.

34 AaO S. 55. Zu *K. Jaspers'* spezifischer Auffassung von Wille und (existentieller!) Freiheit vgl. dessen grundlegendes Werk »Philosophie« Bd. I–III (1932; Neuauflage Berlin–Göttingen–Heidelberg 1956), bes. Bd. II: Existenzerhellung, 2. Hauptteil: Selbstsein als Freiheit.

35 Vgl. A II, 3: Streit des Glaubens mit dem Glauben.

36 Vgl. A II, 3: Vernünftiger Glaube – glaubwürdiger Glaube?

37 *J.-P. Sartre*, L'existentialisme S. 37.

38 Vgl. A III: Universalanspruch naturwissenschaftlichen Denkens? (zu K. Popper und H. Albert).

39 *K. R. Popper* (und H. Marcuse), Revolution oder Reform? Eine Konfrontation, hrsg. v. F. Stark (München 1971) S. 38f.

40 *K. R. Popper*, The Open Society and its Enemies Bd. I–II (1944–45); dt.: Die offene Gesellschaft und ihre Feinde Bd. I–II (Taschenbuchausgabe München 1975); Zit. Bd. II, S. 283.

41 AaO Bd. II, S. 284.

42 AaO Bd. II, S. 285.

43 AaO Bd. II, S. 275.

44 *K. R. Popper*, Logik der Forschung (1934; 6., verbesserte Auflage Tübingen 1976) S. 12.

45 Vgl. *K. R. Popper*, Die offene Gesellschaft Bd. II, S. 287–296. Zu der – im Folgenden natürlich auch von uns zu bejahenden – Bedeutung der *Konsequenzen* aller »Festsetzungen« (Entscheidungen) siehe Logik der Forschung S. 12f.

46 AaO Bd. II, S. 285. Im »Addendum (1961)«, das sich leider nur in der vierten englischen Auflage von Die offene Gesellschaft (1962) Bd. II, S. 369–396 findet, worauf

mich freundlicherweise H. Albert aufmerksam machte, nimmt Popper gegen die irrationalistische Entscheidung selber Stellung (S. 380). Bezüglich der übertriebenen und überdramatisierten Entscheidung im existentialistischen Sinne (= Sprung mit geschlossenen Augen ins Dunkle) durchaus zu Recht. Aber das würde auch eine Korrektur von Poppers Grundlagen zur Folge haben: Von einem »*irrationalen* Glauben an die Vernunft«, einer »Priorität des *Irrationalismus*« dürfte dann nicht mehr die Rede sein, vielleicht auch nicht mehr von »Rationalismus«, sondern – zumindest im Deutschen – von »Rationalität«. Bestätigt wird diese unsere Kritik durch Poppers oberflächliche Behandlung der Nihilismus-Problematik (S. 381–383) und die emotionalen Äußerungen zur Philosophie Hegels (S. 393–395).

47 *K. R. Popper*, Logik der Forschung S. 76.

48 AaO S. 75f.

II. *Grundmißtrauen oder Grundvertrauen?*

1. *Konfrontation*

1 *D. Hammarskjöld*, Zeichen am Weg (München–Zürich 1965) S. 170.

2 *P. Wust*, Ungewißheit und Wagnis (1937; München [7]1962) S. 63. 68f. 65.

3 Wust weiß sich folgenden drei Werken besonders verpflichtet: *B. Rosenmüller*, Religionsphilosophie (Münster 1932); *J. Pieper*, Über die Hoffnung (Leipzig 1935) und *K. Jaspers*, Vernunft und Existenz (Groningen 1935). Wusts moralische Qualifizierung der Grundentscheidung des Subjekts ist kaum zu vermeiden, wenn man als »das eigentliche Ur- und Erstprinzip der Philosophie ... das *principium intelligibilitatis universalis*« (ens et verum convertuntur) annimmt, dessen »Wahrheit mit strahlender Evidenz« in den Geist des Philosophen »hineinleuchtet«: die »alles durchstrahlende Klarheit der *veritas ontologica*« (S. 150f).

4 Vgl. *J.-P. Sartre*, L'existentialisme S. 80–82; L'être et le néant S. 85–111.

5 Die von Theologen eher selten herausgearbeitete Bedeutung des Grundvertrauens (»basic existential faith«), das allem Gottesglauben vorausliegt, wird gesehen von *Sch. M. Ogden* in seinem Essay: The Task of Philosophic Theology, in: *R. A. Evans* (Hrsg.), The Future of Philosophical Theology (Philadelphia 1971) S. 55–85, bes. S. 56–59. Dabei wird freilich die mögliche Alternative des Grundmißtrauens, des Nihilismus, nicht reflektiert. Die Überlegungen von Sch. M. Ogden (sowie von I. Ramsey und F. Ferré) werden weitergeführt von *D. Tracy*, Blessed Rage for Order. The New Pluralism in Theology (New York 1975), Kap. 7: The Question of God: Metaphysics Revisited, bes. S. 153–156. Wichtig auch die Auseinandersetzung von Tracy mit A. Nygren, Meaning and Method. Prolegomena to a Scientific Philosophy of Religion and a Scientific Theology (Philadelphia 1972).

6 *H. Albert*, Traktat über kritische Vernunft (Tübingen 1968. [3]1975) S. 13.

7 AaO S. 13f.

8 Vgl. das Zitat *W. Stegmüllers* zu Beginn dieses Kap. E, auf das zurückzukommen sein wird.

9 Vgl. das Zitat *K. Poppers*, das in E I, 2 (Die Grundalternative) analysiert wird.

10 *G. W. F. Hegel*, Antrittsrede vom 22. Oktober 1818 in Berlin, in: Werke XXII (Berliner Schriften, hrsg. v. J. Hoffmeister) S. 8 (im Original sind diese Stellen durch Kursivdruck hervorgehoben).

11 *H. Albert*, Traktat über kritische Vernunft S. 35.

12 AaO S. 33.

13 Ebd.

14 *H. Hülasa*, Baron Albert im Trilemma, in: Studia Philosophica 36 (1977) S. 84.

15 *D. Hammarskjöld*, Zeichen am Weg S. 110.

16 *N. Luhmann*, Vertrauen. Ein Mechanismus der Reduktion sozialer Komplexität (Stuttgart 1968) S. 21.

17 AaO S. 41.

18 Vgl. aaO S. 44–57.

19 *Vgl. G. Marcel,* Homo Viator. Prolégomènes à une métaphysique de l'espérance (Paris 1944).

20 Vgl. *O. F. Bollnow,* Neue Geborgenheit. Das Problem einer Überwindung des Existentialismus (Stuttgart 1955. [3]1972); *ders.,* Wesen und Wandel der Tugenden (Frankfurt–Berlin 1958), bes. Kap. XII: Das Vertrauen.

21 Vgl. *H. Hauke,* Die anthropologische Funktion des Vertrauens und seine Bedeutung für seine Erziehung (Dissertation Tübingen 1956); *C. Narowski,* Vertrauen. Begriffsanalyse und Operationalisierungsversuch. Prolegomena zu einer empirischen psychologisch-pädagogischen Untersuchung der zwischenmenschlichen Einstellung: Vertrauen (Dissertation Tübingen 1974).

22 Die Vernachlässigung dieses menschlichen Grundphänomens schon in den Lexika ist signifikant. Dazu nur einige Stichproben: Im Großen Herder Bd. IX (Freiburg 1956) Sp. 673 fehlt das Stichwort Vertrauen überhaupt (merkwürdigerweise nur Vertrauensarzt, -bruch, -frage, -mann, -schaden!). Ebenso fehlt »Vertrauen« im Evangelischen Kirchenlexikon Bd. III (Göttingen 1959), im Handbuch Theologischer Grundbegriffe Bd. II (München 1963), im Handbuch Philosophischer Grundbegriffe Studienausgabe Bd. VI (München 1974), im Lexikon der Psychologie Bd. III (Freiburg 1972), im Wörterbuch der Soziologie, hrsg. v. W. Berndorf (Stuttgart [2]1962), im Lexikon zur Soziologie, hrsg. v. W. Fuchs u. a. (Opladen 1973), im Staatslexikon. Recht – Wirtschaft – Gesellschaft Bd. VIII (Freiburg [6]1963). Nur je eine Spalte findet sich im Lexikon der Pädagogik Bd. IV (Freiburg 1955) Sp. 803 f. und im Lexikon für Theologie und Kirche Bd. X (Freiburg 1965) Sp. 751 f. Zwei gehaltvolle Spalten bringt: Die Religion in Geschichte und Gegenwart Bd. VI (Tübingen [3]1962) Sp. 1386–1388 (K. E. Løgstrup).

23 Vgl. *P. Kerans,* La confiance selon O. F. Bollnow. Un essai de dépassement de l'existentialisme (Dissertation Strasbourg 1966).

24 *O. F. Bollnow,* Wesen und Wandel der Tugenden S. 182.

25 AaO S. 182 f.

26 Vgl. C II, 3: Kein Zurück hinter Marx.

27 *W. Shakespeare,* Hamlet. Prince of Denmark, III. Akt, 5. Szene.

28 AaO I. Akt, 5. Szene.

2. Konkretion

29 Vgl. die Persönlichkeitspsychologie, insbesondere *C. R. Rogers,* On Becoming a Person. Therapist's View of Psychotherapy (1961), dt.: Entwicklung der Persönlichkeit. Psychotherapie aus der Sicht der Psychotherapeuten (Stuttgart 1976). Oder im deutschen Sprachraum zum Beispiel *J. Herzog-Dürck,* Zwischen Angst und Vertrauen. Probleme und Bilder aus der psychotherapeutischen Praxis (Nürnberg [2]1957).

30 Etwa die Sozialpsychologie zum »Betriebsklima«, die Kleingruppenforschung zum Führungsstil und zu gruppendynamischen Prozessen, die Unterrichtsforschung zum Verhältnis Lehrer–Schüler.

31 Vgl. *C. Narowski,* Vertrauen S. 145–218 (in Auseinandersetzung mit E. Höhn, M. Deutsch, L. H. Strickland, F. J. di Vesta – D. L. Meyer – J. Mills, R. sowie A. Tausch und B. Fittkau).

32 *R. A. Spitz,* Hospitalism, in: The Psychoanalytic Study of the Child I–II (1945–46) und weitere Einzeluntersuchungen. Mehr zusammenfassend: Genèse des premières relations objectales (Paris 1954); zweite, neubearbeitete Auflage unter dem Titel »La première année de la vie de l'enfant« (Paris 1963); dt.: Die Entstehung der ersten Objektbeziehungen. Mit einem Geleitwort von Anna Freud (Stuttgart [3]1973); *ders.,* The First Year of Life. The Psychoanalytic Study of Normal and Deviant Development of Object Relations (New York 1965); dt.: Vom Säugling zum Kleinkind. Naturgeschichte der Mutter-Kind-Beziehungen im ersten Lebensjahr (Stuttgart [4]1974). – Heranzuziehen wären auch die Untersuchungen von H. Durfee–K. Wolf, L. Bender–H. Yarnell, L. G. Lowrey, W. Goldfarb, J. Bowlby und J. Robertson.

33 *R. A. Spitz,* Die Entstehung der ersten Objektbeziehungen S. 114.

34 AaO S. 128.
35 AaO S. 66.
36 *R. A. Spitz*, Vom Säugling zum Kleinkind S. 300. Hier die Anmerkung, daß unabhängig von ihm E. H. Erikson und Th. Benedek mit »Grundvertrauen« (basic trust) oder »Zutrauen« (confidence) in etwas anderer Form das von ihm Gemeinte zum Ausdruck brächten.
37 Schon früh wiesen Anthropologen und Ethnologen wie Margaret Mead, Ruth Benedict, A. Kardiner und R. Redfield auf die enge Verknüpfung zwischen den Mutter-Kind-Beziehungen und den Formen der kulturellen Einrichtungen und Verhaltensweisen der Erwachsenen bei bestimmten Naturvölkern hin.
38 *F. Renggli*, Angst und Geborgenheit. Soziokulturelle Folgen der Mutter-Kind-Beziehung im ersten Lebensjahr. Ergebnisse aus Verhaltensforschung, Psychoanalyse und Ethnologie (Hamburg 1974) S. 32.
39 Nach *F. Renggli*, Angst und Geborgenheit S. 28f.
40 Nach *F. Renggli*, Angst und Geborgenheit S. 29.
41 *A. Nitschke*, Angst und Vertrauen, in: »Das verwaiste Kind in der Natur«. Ärztliche Beobachtungen zur Welt des jungen Menschen (Tübingen 1962) S. 10–17; Zit. S. 13f. Vgl. neuerdings auch *H. Müller-Braunschweig*, Die Wirkung der frühen Erfahrung. Das erste Lebensjahr und seine Bedeutung für die psychische Entwicklung (Stuttgart 1976).
42 Vgl. C III, 3: Kritik und Gegenkritik (Ödipuskomplex).
43 *F. Renggli* berichtet eingehend auch von der Kleinkinderbehandlung bei den Affen (Kap. 2) in der Evolution (Kap. 3), bei verschiedenen Völkern (Ifaluk und Trukesen in der Südsee, Tepoztlanern in den Bergen Mexikos) (Kap. 6–9).
44 Zur Entwicklung der modernen *Du-Philosophie* vgl. *M. Theunissen*, Art. Du, in: Historisches Wörterbuch der Philosophie Bd. II (Basel–Darmstadt 1972) Sp. 295–297; *ders.*, Der Andere. Studien zur Sozialontologie der Gegenwart (Berlin 1965); ebenso *H.-H. Schrey*, Dialogisches Denken (Darmstadt 1970).
45 Vgl. *L. Feuerbach*, Grundsätze der Philosophie der Zukunft (1843), in: Werke in sechs Bänden, hrsg. v. E. Thies, Bd. III (Frankfurt 1975) S. 321f.
46 Vgl. *E. Rosenstock*, Angewandte Seelenkunde. Eine programmatische Übersetzung (Darmstadt 1924).
47 Vgl. *F. Ebner*, Das Wort und die geistigen Realitäten. Pneumatologische Fragmente (1918/19), in: Schriften, hrsg. v. F. Seyr Bd. I (München 1963) S. 75–342.
48 Vgl. *M. Buber*, Ich und Du (1923), in: Werke Bd. I: Schriften zur Philosophie (München–Heidelberg 1962) S. 77–170; *ders.*, Zur Geschichte des dialogischen Prinzips, aaO I, 291–305.
49 Vgl. *G. Marcel*, Journal métaphysique (Paris 1927).
50 *O. F. Bollnow*, Wesen und Wandel der Tugenden S. 175.
51 *F. Nietzsche*, Götzen-Dämmerung (Die ›Vernunft‹ in der Philosophie 5), in: Werke II, 960.
52 An seine »geliebte Freundin Lou«, zit. bei *C. A. Bernoulli*, Franz Overbeck und Friedrich Nietzsche. Eine Freundschaft Bd. I (Jena 1908) S. 333.
53 Vgl. C III, 3: Kritik und Gegenkritik.
54 *H. E. Richter*, Flüchten oder Standhalten (Hamburg 1976).
55 *E. H. Erikson*, Identity and the Life Cycle (1959); dt.: Identität und Lebenszyklus. Drei Aufsätze (Frankfurt 1966). Der zweite Aufsatz über »Wachstum und Krisen der gesunden Persönlichkeit« wurde 1950 vom Vorbereitenden Ausschuß der Konferenz »Kindheit und Jugend« des Weißen Hauses angefordert und konzentriert sich auf die Frage nach der gesunden Persönlichkeit, die Erikson in seinem Buch »Childhood and Society« (New York 1950); dt.: Kindheit und Gesellschaft (Stuttgart [5]1974) nur am Rande berührt hatte.
56 *E. H. Erikson*, Kindheit und Gesellschaft S. 241, zieht das Wort »trust« (»mistrust«) vor, welches »mehr an Naivität und Wechselseitigkeit enthält« und so Vertrauen in einem umfassenderen und intuitiveren Sinn meint als das bestimmtere »confidence«.

Von meinem Tübinger Kollegen *Theo Schumacher*, Professor für Deutsche Philologie, werde ich darauf aufmerksam gemacht, daß *Vertrauen* und *Trost* zu ein und derselben Wurzel gebildet sind, zu der ebenso gotisch *trausti* »Vertrag, Bündnis« und altnordisch *traust* »Vertrauen, Zuversicht« gehören; englisch *trust* ist von dorther entlehnt. Althochdeutsch *(ga)trūwēn* bedeutet »(ver)trauen, glauben, hoffen«, und »Glaube« heißt schwedisch und dänisch *trō*.

57 Man vergleiche bes. bei *E. H. Erikson*, Identität und Lebenszyklus: die Diagramme B, C und D sowie den dritten Aufsatz: »Das Problem der Ich-Identität«.

58 *I. Eibl-Eibesfeldt*, Liebe und Haß. Zur Naturgeschichte elementarer Verhaltensweisen (München 1970) S. 251.

59 *E. H. Erikson*, Identität, 62.

60 Ebd.

61 Ebd.

62 AaO 62f; hier Verweis auf *F. Fromm-Reichmann*, Principles of Intensive Psychotherapy (Chicago 1950), dt.: Intensive Psychotherapie. Grundzüge und Technik (Stuttgart 1959).

63 AaO 63.

64 AaO 69. Neuerdings wird die Bedeutung des Grundvertrauens (»Urvertrauens«) auch von seiten der deutschen Verhaltensforschung (Ethologie) anerkannt: vgl. *I. Eibl-Eibesfeldt*, Liebe und Haß, Kap. 10: Die Entwicklung persönlicher Bindung und des Urvertrauens.

65 Dazu gibt *H. E. Richter* wertvolle Anregungen; insbes. bezüglich Spontan- oder Initiativgruppen als positiven Alternativmodellen zur entmenschlichten Praxis der Arbeitswelt (vgl. bes. Kap. 11–14).

66 *H. E. Richter*, Flüchten S. 18.

67 *A. M. Greeley*, The Friendship Game (New York 1970), dt.: Einladung zur Freundschaft (Olten–Freiburg/Br. 1972) S. 139f.

3. Explikation

1 Vgl. A III, 1.

2 *K. R. Popper*, Logik der Forschung S. 25.

3 So im Zusammenhang der Anerkennung der Basissätze durch Festsetzung, aaO S. 73.

4 Vgl. E I, 2: Die Grundalternative.

5 *R. Carnap*, Logische Syntax der Sprache (Wien 1934; zweite deutsche Ausgabe Wien–New York 1968) S. V.

6 Ebd.

7 Ebd.; vgl. S. 44.

8 AaO S. VI.

9 AaO S. VIf.

10 *Th. S. Kuhn*, Die Struktur wissenschaftlicher Revolutionen S. 55f.

11 AaO S. 196.

12 *W. Kamlah – P. Lorenzen*, Logische Propädeutik. Vorschule des vernünftigen Redens (Mannheim–Wien–Zürich 1973) S. 24.

13 *J. Habermas*, Gegen einen positivistisch halbierten Rationalismus, in: Th. W. Adorno u. a., Der Positivismusstreit in der deutschen Soziologie (Darmstadt–Neuwied 1969; Taschenbuchausgabe [4]1975) S. 236.

14 *W. Pannenberg*, Wissenschaftstheorie und Theologie (Frankfurt 1973) 1. Teil.

15 *H. Peukert*, Wissenschaftstheorie – Handlungstheorie – Fundamentale Theologie. Analysen zu Ansatz und Status theologischer Theoriebildung (Düsseldorf 1976).

16 *W. Stegmüller*, Metaphysik, Skepsis, Wissenschaft (1954; 2., verbesserte Auflage Berlin–Heidelberg–New York 1969) S. VIIIf. Vgl. *ders.*, Glauben, Wissen und Erkennen (1956; Neudruck Darmstadt 1965).

17 AaO S. 2 (Neue Einleitung).

18 Ebd.

19 Ebd.

20 AaO S. 2f.
21 AaO S. 13.
22 Ebd.
23 AaO S. 222–307.
24 AaO S. 307.
25 AaO S. 168.
26 AaO S. 168f.
27 AaO S. 169.
28 Ebd.
29 Ebd.
30 AaO S. 28.
31 Ebd.
32 AaO S. 31.
33 Ebd.
34 AaO S. 33.
35 AaO S. 210f.
36 AaO S. 211.
37 Ebd.
38 AaO S. 211f.
39 AaO S. 212.
40 AaO S. 169.
41 AaO S. 456.
42 Vgl. E II, 1: Kein Patt.
43 *H.-G. Gadamer,* Wahrheit und Methode. Grundzüge einer philosophischen Hermeneutik (Tübingen 1960. ²1965).
44 Vgl. zur Kritik an Gadamer den Band: Hermeneutik und Ideologiekritik (Frankfurt/M. 1971) mit Beiträgen von K.-O. Apel, C. von Bormann, R. Bubner, H.-G. Gadamer, H. J. Giegel, J. Habermas.
45 *H.-G. Gadamer,* Wahrheit und Methode S. 465. – Aber auch Theologen beginnen auf das eigentliche Basis-Problem der Wissenschaftstheorie, wie es hier entwickelt wurde, aufmerksam zu werden. Auf Sch. M. Ogden und D. Tracy wurde schon hingewiesen. In seiner eben erschienenen originellen Hamburger Dissertation kommt auch der evangelische Theologe *S. Scharrer* nach einer Analyse der wissenschaftstheoretischen Problematik zu Ergebnissen, die mit den hier vorgelegten erfreulich übereinstimmen: »Die empirische Wissenschaft kann nicht arbeiten, wenn sie dieses Vertrauen nicht wagt. Dieses Vertrauen kann nicht eine statische Evidenz sein, ein für allemal gültig, sondern offen für Widerlegung und geschichtlichen Wandel. – Die Basis schwankt, ›die Wissenschaft baut nicht auf Felsengrund. Es ist eher ein Sumpfland, über dem sich die kühne Konstruktion ihrer Theorien erhebt‹ (Popper). Was bleibt uns?: ›Wenn man *hofft,* daß sie das Gebäude tragen werden, beschließt man, sich vorläufig mit der Festigkeit der Pfeiler zu begnügen‹ (Popper). Diese Hoffnung setzt also Vertrauen in die Tragfähigkeit der Basis voraus. – Können wir einen Beweis führen? Ja. Wenn wir einen Basissatz haben. Haben wir eine Garantie für seine Gültigkeit? Nein. Können wir dann überhaupt anfangen zu beweisen? Ja, wir müssen uns für einen Satz entscheiden. Haben wir einen festen Grund für diese Entscheidung? Nein. Wir schweben, aber wir vertrauen.« So also *S. Scharrer,* Theologische Kritik der Vernunft (Tübingen 1977) S. 83, erschienen mit einem zustimmenden Vorwort von Helmut Thielicke. Weniger glücklich wird man über Scharrers Gleichsetzung von biblischer »Wahrheit« und »Vertrauen« sein (vgl. S. 93–106). Er selber bestimmt ja Vertrauen andererseits als »*menschliche* Haltung« und setzt bei verschiedenen Gelegenheiten Vertrauen und »Glauben« gleich (S. 100. 106. 107). So kann ich denn auf die Wahrheit vertrauen. Aber gerade deshalb dürfen Vertrauen und Wahrheit nicht identisch gesetzt werden.
46 Vgl. D II, 3: Folgen des privaten und gesellschaftlichen Nihilismus.
47 Vgl. C III, 4: Zwischenbilanz III: Die Wahrheitsfrage.
48 So der Chemiker *H. Sachsse,* zit. bei H. Aichelin, Abschied von der Aufklärung? Zu

den Anzeichen einer neuen Religiosität, in: Information Nr. 44 der Evangelischen Zentralstelle für Weltanschauungsfragen (Stuttgart 1970) S. 6. Ausgeführt finden sich diese Gedanken im Buch von *H. Sachsse*, Technik und Verantwortung. Probleme der Ethik im technischen Zeitalter (Freiburg 1972) S. 29–48.

49 Vgl. dazu *W. Korff*, Norm und Sittlichkeit. Untersuchungen zur Logik der normativen Vernunft (Mainz 1973) S. 189–194. Anregungen für diesen Abschnitt verdanke ich vor allem meinen Tübinger Kollegen in der Theologischen Ethik Professor *Alfons Auer* und Professor *Wilhelm Korff* sowie dem Bonner Ethiker Professor *Franz Böckle*, der für die ethischen Grundlagenfragen viele neue Anstöße gegeben hat.

50 Vgl. *H. Küng*, Die Glaubwürdigkeit, in: Frankfurter Allgemeine Zeitung vom 24. 12. 1976. Das aufschlußreiche Ergebnis dieser bei Politikern, Pädagogen, Psychologen, Historikern, Philosophen, Künstlern, Theologen durchgeführten Rundfrage »Die Fundamente unserer Gesellschaft. Haben sich unsere Wertvorstellungen verändert?« ergab bei allen Unterschieden eine deutliche Übereinstimmung in der Bejahung von Werten für die moderne pluralistische Gesellschaft.

51 Zur Problematik politischer Entscheidungsfindung vgl. *H. Lübbe*, Zur Theorie der Entscheidung (1965), in seinem Sammelband: Theorie und Entscheidung. Studien zum Primat der praktischen Vernunft (Freiburg/Br. 1971) S. 7–31.

52 *B. Russell*, The Autobiography Bd. I–III (London 1967–68); dt.: Autobiographie Bd. I–III (Taschenbuchausgabe Frankfurt 1972–73); Zit. Bd. I, S. 7.

53 Vgl. *B. Russell*, Why I am not a Christian and Other Essays on Religion and Related Subjects (London 1957); dt.: Warum ich kein Christ bin. Über Religion, Moral und Humanität (Taschenbuchausgabe Reinbek 1968).

54 AaO S. 64.

55 AaO S. 70.

56 *E. Bloch*, Das Prinzip Hoffnung Bd. I–III (Frankfurt 1967); Zit. Bd. I, S. 7.

57 AaO Bd. I, S. 519.

58 *A. Camus*, L'Homme révolté (1951); dt.: Der Mensch in der Revolte. Essays (Taschenbuchausgabe Reinbek 1969). Vgl. bes. das letzte Kapitel: Jenseits des Nihilismus.

59 *A. Camus*, L'incroyant et les chrétiens, in: Actuelles I. Chroniques 1944–1948 (Paris 1950) S. 209–219; dt.: Der Ungläubige und die Christen. Auszüge aus einem 1948 in der Dominikanerresidenz von Latour-Maubourg gehaltenen Vortrag, in seinem deutschen Sammelband: Fragen der Zeit (Hamburg 1960. ²1970) S. 59–63; Zit. S. 60.

60 AaO S. 62.

61 Ebd.

62 *A. Camus*, Der Mensch in der Revolte S. 247.

63 AaO S. 246.

64 AaO S. 246f.

65 AaO S. 248.

66 Dazu vergleiche man die *Gesamtdarstellungen christlicher Ethik*:
Unter den neueren *katholischen* Ethiken seien genannt: *F. Tillmann* (Hrsg.), Handbuch der katholischen Sittenlehre (1933 ff. Düsseldorf ⁴1953); *J. Stelzenberger*, Lehrbuch der Moraltheologie. Die Sittlichkeitslehre der Königsherrschaft Gottes (Paderborn 1953. ²1965); *B. Häring*, Das Gesetz Christi. Moraltheologie (Freiburg 1954); *J. de Finance*, Ethica generalis (Rom 1959); dt.: Grundlegung der Ethik (Freiburg–Basel–Wien 1968); *J. Mausbach – G. Ermecke*, Katholische Moraltheologie Bd. I–III (Münster 1959–61); *F. Böckle*, Grundbegriffe der Moral. Gewissen und Gewissensbildung (Aschaffenburg 1967); *W. Korff*, Theologische Ethik. Eine Einführung (Freiburg–Basel–Wien 1975). Philosophisch: *H. E. Hengstenberg*, Grundlegung der Ethik (Stuttgart 1969).
Unter den neueren *evangelischen* Ethiken sind zu nennen: *E. Brunner*, Das Gebot und die Ordnungen. Entwurf einer protestantisch-theologischen Ethik (Tübingen 1932); *A. de Quervain*, Ethik Bd. I–II (Zollikon–Zürich 1945–1956); *D. Bonhoeffer*, Ethik, hrsg. v. E. Bethge (München 1949, ⁶1963); *W. Elert*, Das christliche Ethos. Grundlinien der lutherischen Ethik (1949. Hamburg ²1961); *N. H. Søe*, Christliche Ethik

(München 1949. [3]1965); *P. Ramsey*, Basic Christian Ethics (New York 1952); *H. van Oyen*, Evangelische Ethik Bd. I–II (Basel 1952–1957); *K. Barth*, Kirchliche Dogmatik II/2 (§ 36–39); III/4; *H. Thielicke*, Theologische Ethik Bd. I–III (Tübingen 1958–1964); *W. Trillhaas*, Ethik (Berlin 1959); *P. L. Lehmann*, Ethics in a Christian Context (New York 1963); *O. A. Piper*, Christian Ethics (London 1970).

67 Vgl. D II, 1: Normen des Menschlichen. Wichtig für die folgenden Ausführungen vor allem: *A. Auer*, Autonome Moral und christlicher Glaube (Düsseldorf 1971); *ders.*, Die Aktualität der sittlichen Botschaft Jesu, in: Die Frage nach Jesus, hrsg. v. A. Paus (Graz 1973) S. 271–363; *F. Böckle*, Was ist das Proprium einer christlichen Ethik?, in: Zeitschrift für Evangelische Ethik 11 (1967) 148–157; *ders.*, Theonomie und Autonomie der Vernunft, in: Fortschritt wohin? Zum Problem der Normenfindung in der pluralen Gesellschaft, hrsg. v. W. Oelmüller (Düsseldorf 1972) S. 63–86; *ders.*, Unfehlbare Normen?, in: Fehlbar? Eine Bilanz, hrsg. v. H. Küng (Zürich–Einsiedeln–Köln 1973) S. 280–304; *ders.*, Ethik und Normenbegründung, Vortrag auf dem Symposion »Vatican III: the work which needs to be done« von »Concilium« und der Catholic Theological Society of America an der University of Notre Dame/Indiana im Mai 1977; *J. Fuchs*, Gibt es eine spezifisch christliche Moral?, in: Stimmen der Zeit 185 (1970) 99–112; *J. Gründel – H. van Oyen*, Ethik ohne Normen? Zu den Weisungen des Evangeliums (Freiburg–Basel–Wien 1970); *W. Korff*, Norm und Sittlichkeit. Untersuchungen zur Logik der normativen Vernunft (Mainz 1973); *ders.*, Wie kann der Mensch glücken? Zur Frage einer ethischen Theorie der Gesellschaft, in: Theologische Quartalschrift 153 (1973) 305–322; *D. Mieth*, Die Situationsanalyse aus theologischer Sicht, in: Moral, hrsg. v. A. Hertz (Mainz 1972) S. 13–33 (Lit.!); *B. Schüller*, Zur Problematik allgemein verbindlicher ethischer Grundsätze, in: Theologie und Philosophie 45 (1970) 1–23; *ders.*, Die Begründung sittlicher Urteile. Typen ethischer Argumentation in der katholischen Moraltheologie (Düsseldorf 1973); *E. McDonagh*, Gift and Call. Towards a Christian Theology of Morality (Dublin 1975); *H. Rotter*, Grundlagen der Moral. Überlegungen zu einer moraltheologischen Hermeneutik (Zürich–Einsiedeln–Köln 1975); *A. Auer, J. Gründel, R. Hofmann, A. K. Ruf, B. Stoeckle*, Normen im Konflikt. Grundlagen einer erneuerten Ethik, hrsg. v. J. Sauer (Freiburg–Basel–Wien 1977). Die Konvergenz katholischer Moraltheologen in der Frage der Normenbegründung wird deutlich sichtbar im Themenheft Nr. 12 Concilium 12 (1976), hrsg. v. *F. Böckle* und *J.-M. Pohier*: Werteinsicht und Normbegründung mit Beiträgen von J. Gründel, D. Mieth, G. Sala, F. Böckle, B. Schüller, R. Simon, R. McCormick, Ch. Curran.

68 Es ist aufschlußreich, daß der bedeutende Logiker der Erlanger Schule *P. Lorenzen*, Normative Logic and Ethics (Mannheim 1969) S. 74, zur Rechtfertigung bestimmter Normen moralische »Supernormen« oder »Prinzipien« annimmt, die ihrerseits nicht wieder rational gerechtfertigt, sondern nur in einem »Akt des Glaubens« (»act of faith«) angenommen werden können. Damit ist selbstverständlich kein religiöser Glaube gemeint, wohl aber »die Annahme von etwas, was nicht gerechtfertigt ist«. Hier könnte dann freilich überlegt werden, ob es nicht eine Rechtfertigung zwar nicht vor dem Vollzug, sondern im Vollzug – im Sinne der hier entwickelten »inneren Rationalität« – geben könnte. Auf diese Weise wäre dann auch der oft erhobene Vorwurf des Dezisionismus gegenstandslos.

69 Vgl. für das Folgende *A. Auer*, Die Aktualität der sittlichen Botschaft Jesu, S. 281 (mit Berufung auf H. Rombach und G. Meyer); *W. Korff*, Theologische Ethik S. 24–26.

70 Das hier dargelegte Grundvertrauen ist also nicht identisch mit einem Ja zur bestehenden gesellschaftspolitischen Wirklichkeit oder gar einem »Plädoyer für unser System«, wie es auf der Grundlage eines (zweifellos vieles richtig diagnostizierenden) politischen Liberalismus entwickelt wird von *K. Steinbuch*, Ja zur Wirklichkeit (Taschenbuchausgabe München 1976).

71 Vgl. C III, 4: Zwischenbilanz III: Atheismus – ernstzunehmen.

72 Vgl. *K. Jaspers*, Der philosophische Glaube (Frankfurt 1958), bes. die erste Vorlesung: Der Begriff des philosophischen Glaubens.

73 Vgl. *R. Guardini*, Die Annahme seiner selbst (Würzburg 1960) S. 16–18.

74 Vgl. *W. Weischedel*, Der Gott der Philosophen Bd. II (Darmstadt 1972) S. 185–206. In anderer Weise setzt sich mit Weischedel auseinander *W. Weidlich*, Befragung der philosophischen Theologie der radikalen Fraglichkeit, in: Zeitschrift für Theologie und Kirche 70 (1973) S. 226–243.

75 *B. Staehelin*, Urvertrauen und zweite Wirklichkeit. Das Ftan ist nie krank (Zürich 1973) S. 67.

76 AaO S. 9f.

77 AaO S. 15. 40.

78 AaO S. 10.

79 AaO S. 53; vgl. S. 20.

80 Vgl. von *B. Staehelin* auch die beiden früheren Schriften: Haben und Sein. Ein medizinpsychologischer Vorschlag als Ergänzung zum Materialismus der heutigen Wissenschaft (Zürich 1969); Die Welt als Du. Betrachtungen aus der Medizinpsychologie über Zeitgeist, Mystik, Unbehagen des Einzelnen, Unruhe der Jugend, Unzulänglichkeit der Wissenschaft und Anregungen für eine allfällige Änderung (Zürich 1970), sowie neuerdings der Vortrag: Europas Zukunft, in: Civitas 31 (1976) 319–335. Auch *R. Schottlaender*, Theorie des Vertrauens (Berlin 1957), der den Ursachen des gegenwärtigen Vertrauensschwundes nachgeht (vgl. bes. S. 38–64), vertritt die Meinung, daß gegenüber dem »Bösen«, dem »Antichrist« ohne »den religiösen Weg ins Übernatürliche« vom Welt- und Seinsvertrauen nur »das gedämpfte Selbstvertrauen einer einzelnen Person oder einer Gemeinschaft« übrigbleibe (S. 18).

81 *E. H. Erikson*, Identität, 74.

82 Ebd.

83 Ebd.

84 Ebd.

85 AaO. 74f.

86 AaO.

87 Vgl. zum Folgenden *O. F. Bollnow*, Neue Geborgenheit. Das Problem einer Überwindung des Existentialismus (Stuttgart 1955. [3]1972) S. 45–56.

88 *O. F. Bollnow*, Wesen und Wandel der Tugenden (Frankfurt–Berlin 1958) S. 181.

F. JA ZU GOTT – ALTERNATIVE ZUM ATHEISMUS

1 Eine der letzten Eintragungen Tucholskys in sein »Sudelbuch«, das nicht veröffentlicht ist. Zit. bei: *E. Worbs* (Hrsg.), In die Ewigkeit gesprochen. Letzte Gedanken. Eine tröstliche Anthologie (München 1970) S. 265. In seinem Abschiedsbrief vom 19. 12. 1935 an seine geschiedene Frau Mary schreibt Tucholsky: »... Der Grund zu kämpfen, die Brücke, das innere Glied, die raison d'être fehlt ...«; Zit. in: M. Gerold-Tucholsky (Hrsg.), Kurt Tucholsky haßt – liebt in Prosastücken, Gedichten und Briefen (Hamburg 1957) S. 252.

F I: Der mehrdimensionale Mensch

1. Transzendenz?

2 *C. F. von Weizsäcker*, Die Verantwortung der Wissenschaft im Atomzeitalter (Göttingen 1957) S. 11f. –
Zur neueren *philosophischen Auseinandersetzung* um die Gottesfrage: *K. Jaspers*, Der philosophische Glaube (München 1948); *W. Schulz*, Der Gott der neuzeitlichen Metaphysik (Pfullingen 1957); *J.-D. Robert*, Approche contemporaine d'une affirmation de Dieu. Essai sur le fondement ultime de l'acte scientifique (Brügge 1962); *M. E. Marty*, Varieties of Unbelief (New York–Chicago–San Francisco 1964); *W. Strolz*, Menschsein als Gottesfrage. Wege zur Erfahrung der Inkarnation (Pfullingen 1965); *K. Kre-*

mer, Gott und Welt in der klassischen Metaphysik. Vom Sein der ›Dinge‹ in Gott (Stuttgart 1969); *E. Fontinell*, Toward a Reconstruction of Religion. A Philosophical Probe (New York 1970); *J. N. Findlay*, Ascent to the Absolute (London 1970); *W. Weischedel*, Der Gott der Philosophen. Grundlegung einer Philosophischen Theologie im Zeitalter des Nihilismus Bd. I–II (Darmstadt 1971–72); *G. Hasenhüttl*, Gott ohne Gott. Ein Dialog mit J.-P. Sartre (Graz–Wien–Köln 1972); *G. D. Kaufman*, God the Problem (Cambridge/Mass. 1972); *J. Splett*, Gotteserfahrung im Denken. Zur philosophischen Rechtfertigung des Redens von Gott (Freiburg–München 1973); *C. Bruaire*, Die Aufgabe, Gott zu denken. Religionskritik – Ontologischer Gottesbeweis – Die Freiheit des Menschen (Freiburg–Basel–Wien 1973); *R. Schaeffler*, Religion und kritisches Bewußtsein (Freiburg–München 1973); *ders.*, Die Religionskritik sucht ihren Partner. Thesen zu einer erneuerten Apologetik (Freiburg–Basel–Wien 1974); *M. M. Olivetti*, Filosofia della religione come problema storico. Romanticismo e idealismo romantico (Padua 1974); *B. Welte*, Zeit und Geheimnis. Philosophische Abhandlungen zur Sache Gottes in der Zeit der Welt (Freiburg–Basel–Wien 1975); *D. Rössler*, Die Vernunft der Religion (München 1976).
Dazu kommen die zahlreichen, meist neuscholastischen (thomistischen) *Traktate der Natürlichen Theologie*: unter anderem *R. Arnou*, Theologia naturalis (Rom 1947); *C. Nink*, Philosophische Gotteslehre (München 1948); *M. Rast*, Welt und Gott. Philosophische Gotteslehre (Freiburg 1952); *M. R. Holloway*, An Introduction to Natural Theology (New York 1959); *M. Grison*, Théologie naturelle ou théodicée (Paris 1959); *W. Brugger*, Theologia naturalis (Pullach b. München 1959); *J. Donceel*, Natural Theology (New York 1962); *J. F. Anderson*, Natural Theology. The Metaphysics of God (Milwaukee 1962); *T. Gornall*, A Philosophy of God. The Elements of Thomist Natural Theology (London 1962).
Weitere, vor allem angloamerikanische Literatur wird im Zusammenhang der sprachanalytischen Problematik angeführt.

3 *H. Marcuse*, The One-Dimensional Man. Studies in the Ideology of Advanced Industrial Society (Boston 1964), dt.: Der eindimensionale Mensch. Studien zur Ideologie der fortgeschrittenen Gesellschaft (Neuwied 1967).

4 Vgl. *H. Küng*, Christ sein (München 1974) Kap. A I, 3: Zwischen Nostalgie und Reformismus.

5 *E. Bloch*, Tübinger Einleitung in die Philosophie Bd. I–II (Frankfurt/M. 1963–64); Zit. I, 11.

6 AaO I, 13.

7 *E. Bloch*, Das Prinzip Hoffnung (1959), Wissenschaftliche Sonderausgabe in drei Bänden (Frankfurt/M. 1967); Zit. I, 1.

8 *E. Bloch*, Kann Hoffnung enttäuscht werden? Eröffnungsvorlesung Tübingen 1961, in: Auswahl aus seinen Schriften. Zusammengestellt und eingeleitet von H. H. Holz (Frankfurt/M. 1967) S. 176–181; Zit. S. 177.

9 *E. Bloch*, Prinzip Hoffnung I, 5.

10 *E. Bloch*, Kann Hoffnung enttäuscht werden?, in: Auswahl S. 181.

11 *E. Bloch*, Prinzip Hoffnung I, 16.

12 *E. Bloch*, Atheismus im Christentum. Zur Religion des Exodus und des Reichs (1968; Taschenbuchausgabe Frankfurt/M. 1973) S. 13.

13 Vgl. vor allem in »Prinzip Hoffnung« Kap. 53 und in »Atheismus im Christentum« die Teile III, IV und V.

14 *E. Bloch*, Atheismus im Christentum S. 13.

15 Ebd.

16 *E. Bloch*, Prinzip Hoffnung III, 1523.

17 Vgl. bes. das letzte Kapitel in »Atheismus im Christentum«. Wichtige Bestätigungen gab mir gerade in diesem Punkt ein Kolloquium mit *Ernst Bloch*, das ich zusammen mit Jürgen Moltmann und unseren Mitarbeitern zu Blochs 90. Geburtstag in Tübingen durchführen konnte.

18 Vgl. B III: Weltlicher und geschichtlicher Gott.

19 Zur ausführlichen theologischen Auseinandersetzung mit Bloch vgl. vor allem *J. Moltmann,* »Das Prinzip Hoffnung« und die »Theologie der Hoffnung«. Ein Gespräch mit Ernst Bloch, in seinem Buch: Theologie der Hoffnung. Untersuchungen zur Begründung und zu den Konsequenzen einer christlichen Eschatologie (München 1964. [3]1965) S. 313–334. Vgl. auch die Festschrift zum 80. Geburtstag »Ernst Bloch zu ehren. Beiträge zu seinem Werk«, hrsg. v. S. Unseld (Frankfurt/M. 1965).

20 Vgl. C I: Gott – eine Projektion des Menschen?; C II: Gott – eine interessenbedingte Vertröstung?

2. Die andere Dimension

21 *M. Horkheimer – Th. W. Adorno,* Dialektik der Aufklärung. Philosophische Fragmente (Frankfurt/M. 1969); *Th. W. Adorno,* Negative Dialektik (Frankfurt/M. 1966).

22 Vgl. *H. Küng,* Christ sein A I, 3: Humanität durch politisch-soziale Revolution?

23 Vgl. *M. Horkheimer,* Die Sehnsucht nach dem ganz Anderen. Ein Interview mit Kommentar von H. Gumnior (Hamburg 1970).

24 *M. Horkheimer,* Theismus – Atheismus, in: Zur Kritik der instrumentellen Vernunft. Aus den Vorträgen und Aufzeichnungen seit Kriegsende, hrsg. v. A. Schmidt (Frankfurt/M. 1974) S. 216–228; Zit. S. 227.

25 *M. Horkheimer,* Die Sehnsucht nach dem ganz Anderen S. 60.

26 Ebd.

27 AaO S. 60f.

28 AaO S. 69.

29 AaO S. 67.

30 AaO S. 75.

31 AaO S. 61f.

32 *M. Horkheimer,* Bemerkungen zur Liberalisierung der Religion, in: Sozialphilosophische Studien. Aufsätze, Reden und Vorträge 1930–1972. Mit einem Anhang über Universität und Studium, hrsg. v. W. Brede (Frankfurt/M. 1972) S. 131–136; Zit. S. 135.

33 Ebd.

34 Ebd.

35 AaO S. 136.

36 *F. Brentano,* Von der mannigfachen Bedeutung des Seienden nach Aristoteles (Freiburg/Br. 1862).

37 *M. Heidegger,* Frühe Schriften (Frankfurt 1972) S. X.

38 *M. Heidegger,* Was ist Metaphysik? (Antrittsvorlesung Freiburg/Br. 1929) Nachwort zur 4. Auflage 1941, Einleitung zur 5. Auflage 1949 (Frankfurt/M. [11]1975) S. 38.

39 Vgl. *O. Pöggeler,* Philosophie und Politik bei Heidegger (Freiburg–München 1972).

40 Vgl. E I, 2: Freiheit in Grenzen.

41 *J.-P. Sartre,* L'existentialisme est un humanisme (Paris 1946).

42 *M. Heidegger,* Über den Humanismus (erweiterter Text eines Briefes, der im Herbst 1946 an Jean Beaufret, Paris, geschrieben wurde) (Frankfurt/M. 1949).

43 Von den Andeutungen in »Vom Wesen der Wahrheit« (Frankfurt/M. 1943; faktisch von 1930/31) und »Über den Humanismus« (Frankfurt/M. 1946) bis zu »Identität und Differenz« (Pfullingen 1957), dem Buch über Nietzsche (Vorlesungen und Abhandlungen von 1936–1946; Bd. I–II Pfullingen 1961) und dem am 31. Januar 1962 in Freiburg/Br. gehaltenen Vortrag mit dem bezeichnenderweise umgekehrten Titel »Zeit und Sein« (zweisprachiger Erstdruck in der Festschrift für Jean Beaufret »L'endurance de la pensée«, Das Ausdauern im Denken) Paris 1968, später in: Zur Sache des Denkens (Tübingen 1969) S. 1–25.

44 *M. Heidegger,* Über den Humanismus S. 29.

45 Ebd.

46 AaO S. 19.

47 AaO S. 22.

48 *M. Heidegger,* Identität und Differenz S. 51; vgl. Was ist Metaphysik S. 19.

49 Vgl. *M. Heidegger*, Nietzsche Bd. I–II (Pfullingen 1961).
50 *M. Heidegger*, Holzwege (Frankfurt/M. 1950) S. 233.
51 *M. Heidegger*, Identität und Differenz S. 59.
52 *W. Jens*, Nachruf der Akademie der Künste Berlin, in: Erinnerungen an Martin Heidegger, hrsg. v. G. Neske (Pfullingen 1977) S. 149–153; Zit. S. 149.
53 *M. Heidegger*, Über den Humanismus S. 19.
54 *M. Heidegger*, Identität und Differenz S. 70.
55 AaO S. 51.
56 *M. Heidegger*, Über den Humanismus S. 26.
57 *M. Heidegger*, Zeit und Sein, in: Zur Sache des Denkens (Tübingen 1969) S. 1–25; Zit. S. 21.
58 *W. Weischedel*, Der Gott der Philosophen. Grundlegung einer Philosophischen Theologie im Zeitalter des Nihilismus Bd. I–II (Darmstadt 1971–72); Zit. I, 494.
59 Ebd.
60 Vgl. *C. Grossner*, Verfall der Philosophie. Politik deutscher Philosophen (Hamburg 1971).
61 Zit. bei *H.-G. Gadamer*, Anrufung des entschwundenen Gottes. Das Denken Martin Heideggers zwischen Metaphysik und technischer Welt, in: Evangelische Kommentare 10 (1977) S. 204.
62 Vgl. *O. Pöggeler*, Der Denkweg Martin Heideggers (Pfullingen 1963) S. 36–45; ebenso *K. Lehmann*, Christliche Geschichtserfahrung und ontologische Frage beim jungen Heidegger, in: Heidegger. Perspektiven zur Deutung seines Werks, hrsg. v. O. Pöggeler (Köln–Berlin 1969) S. 140–168, bes. S. 141–145.
63 Vgl. etwa *M. Heidegger*, Was heißt Denken? (Vorlesung 1951/52; Tübingen 1954. ²1961) S. 44, sowie *ders.*, Sprache im Gedicht, in: Unterwegs zur Sprache (Pfullingen 1959. ³1965) S. 75f.
64 *M. Heidegger*, Was ist Metaphysik? S. 42.
65 AaO S. 47 (Nachwort 1943).
66 AaO S. 49 (Nachwort 1943).
67 *G. W. Leibniz*, Principes de la nature et de la grâce, in: Opp. ed. Gerh. tom VI, 602 n. 7. Zit. bei Heidegger in der Einleitung zur 5. Auflage von »Was ist Metaphysik?« (1949) S. 22.
68 *M. Heidegger*, Was ist Metaphysik? S. 40.
69 *M. Heidegger*, Interview, in: Partisan Review (April 1948) S. 511; Zit. bei H. Kuhn, Begegnung mit dem Nichts (Tübingen 1950) S. 151.
70 *M. Heidegger*, Aus einem Gespräch von der Sprache. Zwischen einem Japaner und einem Fragenden, in: Unterwegs zur Sprache S. 83–155; Zit. S. 96.
71 *M. Heidegger*, Über den Humanismus S. 26.
72 AaO S. 47.
73 Vgl. *H. Küng*, Unfehlbar? Eine Anfrage (Zürich–Einsiedeln–Köln 1970); *ders.* (Hrsg.), Fehlbar? Eine Bilanz (Zürich–Einsiedeln–Köln 1973).
74 Vgl. redaktionellen Vorspann zu *B. Welte*, Denken und Sein. Gedanken zu Martin Heideggers Werk und Wirken, in: Herder Korrespondenz 30 (1976) S. 373–377.
75 *M. Heidegger*, Nietzsche II, 396.
76 Diese Zusammenhänge analysiert in aller Kürze *L. Weber*, Gott – verborgener als das Sein, in: Alte Fragen und neue Wege des Denkens. Festschrift für Josef Stallmach (Bonn 1977) S. 39–46. Eine umfassende, aber von der Dialektischen Theologie her wertende Darstellung stammt von *H. Danner*, Das Göttliche und der Gott bei Heidegger (Meisenheim 1971).
77 *M. Heidegger*, Holzwege S. 240.
78 Vgl. *Thomas von Aquin*, Summa theologiae I, q. 4, a. 2: »ipsum esse per se subsistens«; I, q. 3, a. 4: »ens per essentiam«; I, q. 3, a. 2: »purus actus«; I, q. 3, a. 3: »sua essentia vel natura«.
79 *L. Weber*, Gott – verborgener als das Sein S. 45f. – Zur Bedeutung Heideggers für die Theologie vgl. vor allem die Sammelbände: *J. M. Robinson – J. B. Cobb* (Hrsg.), Der

spätere Heidegger und die Theologie (Zürich–Stuttgart 1964); *G. Noller* (Hrsg.), Heidegger und die Theologie. Beginn und Fortgang der Diskussion (München 1967).

80 Vgl. *M. Heidegger*, Nietzsche I, 324.

81 Vgl. A III, 1: Die wissenschaftstheoretische Diskussion.

82 *A. J. Ayer*, Language, Truth and Logic (London 1936), dt.: Sprache, Wahrheit und Logik (Stuttgart 1970). Zurückhaltender, aber in der Sache nicht wesentlich anders, äußert sich Ayer im Vorwort zur 2. Auflage 1946. Vgl. neuerdings *ders.*, The Central Questions of Philosophy (London 1973), dt.: Die Hauptfragen der Philosophie (München 1976), bes. Kap. X: Die Ansprüche der Theologie.

83 *A. Flew*, Theology and Falsification (1950), in: New Essays in Philosophical Theology, hrsg. v. A. Flew und A. MacIntyre (London 1955) S. 96–130. Eine »Silver Jubilee Review« dazu veröffentlichte *Flew* mit anderen Aufsätzen in seinem Sammelband: The Presumption of Atheism and Other Philosophical Essays on God, Freedom and Immortality (London 1976) S. 71–80.

84 Vgl. A III, 1: Logik und Wissenschaftstheorie gegen Metaphysik? Im Vorwort zur 1. Auflage im Juli 1935 bekennt *Ayer*, daß er weniger von G. E. Moore, der in England die Analytische Philosophie auf der Umgangssprache (»ordinary language«) begründete, abhängt als von den Philosophen des Wiener Kreises, bes. R. Carnap: »mit denen ich im höchsten Maße übereinstimme« (S. 38).

85 Vgl. A III, 1: Universalanspruch naturwissenschaftlichen Denkens?

86 Manche der in diesem Zusammenhang wichtigen Aufsätze finden sich in den Sammelwerken: *St. M. Cahn* (Hrsg.), Philosophy of Religion (New York–Evanston–London 1970), bes. die Autoren des Kap. II; *B. Mitchell* (Hrsg.), The Philosophy of Religion (Oxford 1971) mit Beiträgen von A. Flew, R. M. Hare, B. Mitchell, I. M. Crombie, J. Hick, R. B. Braithwaite, J. L. Mackie, A. Plantinga, D. Z. Phillips, H. H. Price, R. W. Hepburn, T. Penelhum.

87 *R. B. Braithwaite*, An Empiricist's View of Nature of Religous Believe (Cambridge 1955).

88 *R. M. Hare*, Theology and Falsification, in: *A. Flew – A. MacIntyre* (Hrsg.), New Essays S. 99–103.

89 »Blik« ist das von *R. M. Hare* erfundene Wort zur Beschreibung bestimmter quasimetaphysischer Grundhaltungen.

90 *P. M. van Buren*, The Secular Meaning of the Gospel Based on an Analysis of its Language (London 1963), dt.: Reden von Gott – in der Sprache der Welt. Zur säkularen Bedeutung des Evangeliums (Zürich–Stuttgart 1965).

91 Weitere angloamerikanische Literatur zur gegenwärtigen Diskussion um die Religionsphilosophie in der von *John Hick* herausgegebenen Reihe »Philosophy of Religion Series«. Vgl. *J. Hick*, Arguments for the Existence of God (New York 1971); *H. P. Owen*, Concepts of Deity (New York 1971); *K. Nielsen*, Contemporary Critiques of Religion (New York 1971); *W. A. Christian*, Oppositions of Religious Doctrines: A Study in the Logic of Dialogue among Religions (New York 1972); *M. J. Charlesworth*, Philosophy of Religion. The Historic Approaches (New York 1972); *T. Penelhum*, Problems of Religious Knowledge (New York 1972); *B. Mitchell*, The Justification of Religious Belief (New York 1973); *N. Smart*, The Phenomenon of Religion (New York 1973); *H. D. Lewis*, The Self and Immortality (New York 1973).
Vgl. auch aus katholischer Sicht: *L. Dupré*, The Other Dimension. A Search for the Meaning of Religious Attitudes (New York 1972). Aus protestantischer Sicht: *J. E. Smith*, Reason and God. Encounters of Philosophy with Religion (New Haven–London 1961); *ders.*, Experience and God (New York 1968); *ders.*, The Analogy of Experience. An Approach to Understanding Religious Truth (New York 1973).

92 Vgl. A III, 1: Das Empirische und das »Mystische«.

93 *L. Wittgenstein*, Philosophische Untersuchungen, hrsg. zusammen mit der englischen Übersetzung (Philosophical Investigations) v. G. E. M. Anscombe und R. Rhees (Oxford 1953). Neue deutsche Ausgabe in: *L. Wittgenstein*, Schriften I (Frankfurt/M. 1960) S. 279–544.

94 AaO I, 342 (= Nr. 109).
95 Eine kurze Charakterisierung der Grundzüge und Aporien von Wittgensteins Spätphilosophie gibt im Hinblick auf die theologische Problematik *H. Peukert*, Wissenschaftstheorie S. 145–153; im Anschluß daran Überlegungen zur theoretischen Linguistik (bes. N. Chomsky, J. L. Austins), zur Grundlegung der Sozialwissenschaften (der Positivismusstreit zwischen Popper und Albert einerseits und Adorno und Habermas andererseits), zur Wissenschaftstheorie S. 153–205.
96 Gute Übersicht über die gesamte Entwicklung im angloamerikanischen Bereich bei *M. J. Charlesworth*, Philosophy of Religion. Vgl. auch Charlesworths Textsammlung: The Problem of Religious Language (Englewood Cliffs/N. J. 1974). – Vgl. auch *F. Copleston*, Contemporary Philosophy. Studies of Logical Positivism and Existentialism (London–New York 1956. [6]1972).
97 Vgl. F III, 2: An Erfahrung indirekt verifiziert.
98 *M. J. Charlesworth*, Philosophy of Religion S. 174. Vgl. auch die gute kritische Darstellung von *F. Ferré*, Language, Logic and God (London 1962).
99 *P. Engelmann*, Ludwig Wittgenstein. Briefe und Begegnungen (München 1970) S. 121.
100 *D. Pears*, Ludwig Wittgenstein (London 1971), dt.: Ludwig Wittgenstein (München 1971) S. 88f.
101 AaO S. 89.
102 Vgl. den auch bezüglich Religion und Ethik bemerkenswerten Versuch von *G. Brand*, Die grundlegenden Texte von Ludwig Wittgenstein (Frankfurt/M. 1975) S. 185–195.
103 *L. Wittgenstein*, Tagebücher 1914–1916, in: Schriften I (Frankfurt/M. 1960) S. 85–278; Zit. S. 165.
104 AaO S. 167.
105 Vgl. *D. Pears*, Ludwig Wittgenstein S. 176–180.
106 *L. Wittgenstein*, zit. bei *N. Malcolm*, Ludwig Wittgenstein. A Memoir (London 1958) S. 100; vgl. auch *G. Pitcher*, The Philosophy of Wittgenstein (Englewood Cliffs N.J. 1964); dt.: Die Philosophie Wittgensteins. Eine kritische Einführung in den Tractatus und die Spätschriften (Freiburg 1967) S. 30. – Eben erschien zur Gottesproblematik in der Analytischen Philosophie *J. Track*, Sprachkritische Untersuchungen zum christlichen Reden von Gott (Göttingen 1977).
107 *C. Grossner*, Verfall der Philosophie. Politik deutscher Philosophen (Hamburg 1971).
108 *W. Hochkeppel*, Mythos Philosophie (Hamburg 1976).
109 AaO S. 150f.
110 *M. Buber*, Gottesfinsternis. Betrachtungen zur Beziehung zwischen Religion und Philosophie, in: Werke Bd. I: Schriften zur Philosophie (München–Heidelberg 1962) S. 503–603; Zit. S. 508–510.

F II: Theologische Diskussionen

1. Katholischer oder evangelischer Weg?

1 *B. Russell*, Why I am not a Christian and Other Essays on Religion and Related Subjects (London 1957); dt.: Warum ich kein Christ bin (Reinbek 1968) S. 19.
2 Ebd.
3 *Concilium Vaticanum I*, Constitutio dogmatica de fide catholica 1870 (Denz 1806).
4 Zur Geschichte des *Ersten Vatikanischen Konzils* vgl. neben den Dokumentensammlungen von Mansi und der Collectio Lacensis: *Th. Granderath*, Geschichte des Vatikanischen Konzils Bd. I–III (Freiburg/Br. 1903ff.); *C. Butler – H. Lang*, Das Vatikanische Konzil (München [3]1933); *R. Aubert*, Le pontificat de Pie IX (Paris 1952), in: *Fliche-Martin*, Histoire de l'Eglise. Vol. 21. Zur Unfehlbarkeitsdebatte vgl. *A. B. Hasler*, Pius IX. (1846–1878). Päpstliche Unfehlbarkeit und 1. Vatikanisches Konzil. Dogmatisierung und Durchsetzung einer Ideologie (Stuttgart 1977).
5 So in der ersten Mitteilung des Planes an die Kardinäle am 6. Dezember 1864, in: Col-

lectio Lacensis Bd. VII (Freiburg 1890) S. 1013.
6 So in der öffentlichen Berufung des Konzils am 26. Juni 1867, in: Collectio Lacensis Bd. VII S. 1032.
7 *Pius IX.*, Syllabus seu Collectio errorum in diversis Actis Pii IX proscriptorum vom 8. Dezember 1864 (Denz 1700–1780).
8 AaO (Denz 1780).
9 Vgl. A I, 3: Klarheit als Ideal der Theologie.
10 *Gregor XVI.*, Breve »Dum acerbissimas« vom 26. September 1835 (Denz 1618–1620); dazu das ergänzende Index-Dekret von 1836. Sehr aufschlußreich für den Prozeß gegen Hermes und den Hermesianismus *H. H. Schwedt*, Das römische Urteil über Georg Hermes (1775–1831) Diss. Rom 1976; vgl. ebenfalls *A. Franzen*, Die Katholisch-Theologische Fakultät Bonn im Streit um das Erste Vatikanische Konzil. Zugleich ein Beitrag zur Entstehungsgeschichte des Altkatholizismus am Niederrhein (Köln–Wien 1974).
11 *Pius IX.*, Breve »Eximiam tuam« ad archiepiscopum Coloniensem vom 15. Juni 1857 (Denz 1655–1658).
12 *Concilium Vaticanum I*, Constitutio dogmatica de fide catholica 1870 (Denz 1805, 1814f.).
13 *Gregor XVI.*, Enzyklika »Singulari nos« vom 25. Juni 1834 (Denz 1617).
14 *Gregor XVI.*, Theses a Ludovico Eugenio Bautain iussu sui episcopi subscriptae vom 8. September 1840 (Denz 1622–1627).
15 Vgl. *Pius IX.*, Decretum S. Congregationis Indicis vom 11. Juni 1855 (Denz 1649–1652).
16 Vgl. *Concilium Vaticanum I*, Constitutio dogmatica de fide catholica 1870 (Denz 1785. 1806).
17 AaO (Denz 1795).
18 AaO (Denz 1797f.).
19 AaO (Denz 1799).
20 Theologisch-traditionell ausgedrückt: nicht die menschliche Natur in einem bestimmten konkreten realen oder auch hypothetischen Stand oder Status (»natura elevata, lapsa, reparata, glorificata«), sondern die in jedem Stand gegebene menschliche Natur im allgemeinen (die »natura humana abstracte oder absolute spectata«).
21 Die Geschöpflichkeit wird bei der Rede von den »res creatae« für die Gotteserkenntnis nicht etwa logisch vorausgesetzt, wie *W. Weischedel*, Der Gott der Philosophen Bd. II, S. 44f meint, was in der Tat ein primitiver Zirkelschluß wäre (»Geschöpf« hat hier den oft gebrauchten allgemeinen Sinn).
22 Nicht das »factum« oder »exercitium« der natürlichen Gotteserkenntnis wird behauptet, wohl aber die »potentia« (activa).
23 Kein »demonstrari«, sondern nur ein »cognosci posse« ist anzunehmen.
24 Vgl. *B. Greco*, Evangelium und Kirche. Das Kirchenbild Ernesto Buonaiutis (Diss. Tübingen 1978).
25 *Pius X.*, Motu proprio »Șacrorum antistitum« vom 1. September 1910 (Denz 2145).
26 *K. Barth*, Der Römerbrief (Bern 1919; München ²1922).
27 Vgl. A II,3: Glaube als Grund der Theologie.
28 Bekenntnisschriften und Kirchenordnungen der nach Gottes Wort reformierten Kirche, hrsg. v. W. Niesel (Zollikon–Zürich 1938) S. 335.
29 *K. Barth*, Die Kirchliche Dogmatik Bd. I/1–IV/4 (Zürich 1932–1967); Zit. I/1, S. VIII.
30 *E. Brunner*, Natur und Gnade. Zum Gespräch mit Karl Barth (Zürich 1934. ²1935).
31 Nirgendwo findet sich das dramatische Ringen um die Gottesfrage in der protestantischen Theologie dieses Jahrhunderts besser beschrieben als bei *H. Zahrnt*, Die Sache mit Gott. Die protestantische Theologie im 20. Jahrhundert (München 1966). Dazu als Textband *ders.* (Hrsg.), Gespräch über Gott. Die protestantische Theologie im 20. Jahrhundert. Ein Textbuch (München 1968). Unmittelbar zur Gegenwartsproblematik *ders.*, Gott kann nicht sterben. Wider die falschen Alternativen in Theologie und Gesellschaft (München 1970); *ders.*, Wozu ist das Christentum gut? (München 1972).

Soeben erschien H. Zahrnts theologischer Lebensrückblick: Warum ich glaube. Meine Sache mit Gott (München–Zürich 1977).
32 *K. Barth*, Kirchliche Dogmatik II/1, 86.
33 Ebd.
34 AaO II/1, 87.
35 AaO II/1, 88.
36 Ebd.
37 AaO II/1, 91.
38 *K. Barth*, Kirchliche Dogmatik I/2, 343; vgl. 328–335.
39 AaO I/2, 343; vgl. 335–343.
40 *R. Bultmann*, Glauben und Verstehen. Gesammelte Aufsätze Bd. I (Tübingen [2]1954) S. 1-25. 26–37. 294–312.
41 Auf der Linie Barths etwa *H. Gollwitzer* in Auseinandersetzung mit *W. Weischedel*: Denken und Glauben. Ein Streitgespräch (Stuttgart 1965); *J. Moltmann*, Der gekreuzigte Gott. Das Kreuz Christi als Grund und Kritik christlicher Theologie (München 1972), bes. Kap. I, 3 und VI, 2. – Auf der Linie Bultmanns besonders *G. Ebeling*, Das Wesen des christlichen Glaubens (Tübingen 1959); *ders.*, Wort und Glaube (Tübingen 1960). – Dankbar bin ich für das gemeinsame Seminar über die Natürliche Theologie in Karl Barths »Kirchlicher Dogmatik« mit meinem Tübinger Kollegen *Eberhard Jüngel*, Professor für Systematische Theologie am Fachbereich Evangelische Theologie, das mir Gelegenheit gab, meine Auffassungen nochmals zu überprüfen. Vgl. dazu *E. Jüngel*, Das Dilemma der natürlichen Theologie und die Wahrheit ihres Problems. Überlegungen für ein Gespräch mit Wolfhart Pannenberg, in: Denken im Schatten des Nihilismus (Festschrift W. Weischedel), hrsg. v. A. Schwan (Darmstadt 1975) S. 419–440. Als Ergebnis des Seminars hat Jüngel veröffentlicht: Gelegentliche Thesen zum Problem der natürlichen Theologie, in: Evangelische Theologie 37 (1977) 485–488. Jüngel sieht das hier anstehende Problem und kann von seinem, allerdings stark barthianisch geprägten Standpunkt aus als These formulieren: »Weil Gott in jedem Ereignis wahrer Liebe verborgen anwesend ist, weil also in jedem Ereignis menschlicher Liebe der *unbedingt Verläßliche* anwesend ist, gibt es ein wohlbegründetes *Grund-Vertrauen* in dieser Welt, das ohne die Erfahrung von Liebe nicht möglich wäre. Insofern ist die *Identität* von Gott und Liebe der Grund von *Vertrauen* überhaupt, während die *Offenbarung* der Identität von Gott und Liebe der Grund des *Glaubens als wahren Gottvertrauens* ist« (S. 488).

2. *Streit um die Natürliche Theologie*

42 Das gilt auch von dem für die deutsche katholische Dogmatik der vorkonziliaren Zeit repräsentativen Werk von *M. Schmaus*, Katholische Dogmatik Bd. I–V (München 1937 ff.).
43 *H. de Lubac*, Surnaturel. Études historiques (Paris 1946).
44 *Pius XII.*, Enzyklika »Humani generis« vom 12. August 1950 (Denz 2317f). Vgl. dazu *G. de Broglie*, De fine ultimo humanae vitae. Tractatus theologicus, pars prior positiva (Paris 1948).
45 Vgl. B III, 2: Der Gott der Evolution.
46 Stellvertretend sei hier genannt das große Werk von *Y. Congar*, Vraie et fausse réforme dans l'Eglise (Paris 1950), das nach Erscheinen unterdrückt wurde.
47 *H. U. von Balthasar*, Karl Barth. Darstellung und Deutung seiner Theologie (Köln 1951).
48 Vgl. *H. Küng*, Rechtfertigung. Die Lehre Karl Barths und eine katholische Besinnung (Einsiedeln 1957. 4., erweiterte Aufl. 1964).
49 *J. Ratzinger*, Rezension von H. Küng, Rechtfertigung, in: Theologische Revue 54 (1958) 30–35; Zit. S. 34. Einen Überblick über die Diskussion um »Rechtfertigung« bietet *Ch. Hempel*, Rechtfertigung als Wirklichkeit. Ein katholisches Gespräch: Karl Barth – Hans Küng – Rudolf Bultmann und seine Schule (Frankfurt/M.–Bern 1976).
50 Ebd.

51 *H. de Lubac,* Le mystère du surnaturel (Paris 1965).
52 *R. Bultmann,* Das Problem der »Natürlichen Theologie«, in: Glauben und Verstehen Bd. I, S. 294–312; Zit. S. 295.
53 Röm. 1, 20. Zur Exegese von Röm 1, 18–32 vgl. *O. Kuss,* Der Römerbrief. Erste Lieferung (1957; Regensburg ²1963) S. 26–56; *E. Käsemann,* An die Römer (Tübingen 1973) S. 32–47.
54 Röm 3, 9–20.
55 Röm 3, 21–31.
56 Röm 2, 10f.
57 Röm 2, 13.
58 Röm 2, 15.
59 Röm 2, 14. Zur Exegese von Röm 2, 12–16 vgl. *O. Kuss,* Der Römerbrief S. 67–82; *E. Käsemann,* An die Römer S. 56–63.
60 Apg 14, 8–18.
61 Apg 17, 16–34.
62 Vgl. Apg 14, 15; 17, 30f.
63 Apg 14, 16.
64 Apg 17, 30.
65 Apg 14, 17.
66 Apg 17, 22.
67 Apg 17, 23.
68 Apg 17, 24.
69 Apg 17, 25.
70 Apg 17, 29.
71 Apg 17, 30.
72 Apg 17, 26.
73 Apg 17, 27f.
74 Heb 11, 4.
75 Heb 11, 5.
76 Heb 11, 31.
77 Jo 1, 4f.
78 Jo 1, 9.
79 Jo 1, 10.
80 *K. Barth,* Kirchliche Dogmatik IV/3, 95.
81 Kirchliche Dogmatik IV/3, 122.
82 Vgl. Kirchliche Dogmatik I/1, 89–128; I/2, 505–598. 831–848. IV/3, 122–128.
83 Kirchliche Dogmatik IV/3, 157.
84 Kirchliche Dogmatik IV/3, 158.
85 Mit Respekt hingegen muß man die öffentliche Korrektur *J. Moltmanns* zur Kenntnis nehmen, der im Gegensatz zur theologischen Abwertung der Religionen in seinen früheren Publikationen – auch noch, wie vermerkt, in »Der gekreuzigte Gott« (1972) – jetzt für das Christentum das »*Einheimischwerden* in einer anderen Kultur und Religion« und darüber hinaus »die charismatische Aktivierung der kulturellen und religiösen Kräfte für die messianische Zukunft« fordert (S. 185). Die anderen Religionen sollen nicht »ausgelöscht«, sondern »charismatisch aufgenommen und verändert werden«; sie sollen »nicht verkirchlicht und auch nicht verchristlicht, sondern messianisch auf das Reich Gottes ausgerichtet« werden (ebd.).
Freilich kann man nicht nachträglich behaupten, die Religionskritik der Dialektischen Theologie habe sich nur auf das »›religiös‹ gewordene Christentum gerichtet, nicht auf die Weltreligionen« (S. 176). Vgl. dagegen z. B. *K. Barth,* Kirchliche Dogmatik I/2 (Zollikon-Zürich 1948) S. 372–379 (Kritik des Bhakti-Hinduismus und des japanischen Amida-Buddhismus). Im Gegensatz dazu fordert Moltmann jetzt nicht nur (wie in »Christ sein« vertreten) ein »wahrhaft *indisches, chinesisches, japanisches, indonesisches, arabisches* und *afrikanisches Christentum*«, sondern »darüber hinaus auch ein *buddhistisches, hinduistisches, muslimisches, animistisches, konfuzianisches, shinto-*

istisches Christentum« (S. 184f). Ob hier nun aber genügend zwischen den Weltreligionen als kulturellen und als religiösen Phänomenen unterschieden wird und die Religionen als Religionen wahrhaft ernstgenommen werden? Denn daß man in einem »buddhistischen Christentum« zugleich Christus und Buddha nachfolgen soll, kann ja doch wohl nicht gemeint sein.

III. Gott beweisen?

1. Argumente pro und contra

1 Die Literatur zu den einzelnen *Gottesbeweisen* bei den einzelnen Autoren ist unübersehbar. Gute neuere Überblicke über die Gottesbeweise und ihre Kritik geben: *Q. Huonder*, Die Gottesbeweise. Geschichte und Schicksal (Stuttgart 1968) und *W. Weischedel*, Der Gott der Philosophen. Grundlegung einer philosophischen Theologie im Zeitalter des Nihilismus Bd. I: Wesen, Aufstieg und Verfall der philosophischen Theologie (Darmstadt 1971). Eine kommentierte Textsammlung von Anselm bis zur Analytischen Philosophie bietet *J. Hick*, The Existence of God (London–New York 1964).
Unter den neueren Verteidigern der Gottesbeweise wären zu nennen die Monographien von *J. Schmucker*, Die primären Quellen des Gottesglaubens (Freiburg–Basel–Wien 1967); *ders.*, Das Problem der Kontingenz der Welt. Versuch einer positiven Aufarbeitung der Kritik Kants am kosmologischen Argument (Freiburg–Basel–Wien 1969); *W. Cramer*, Gottesbeweise und ihre Kritik. Prüfung ihrer Beweiskraft (Frankfurt 1967); *H. Ogiermann*, Sein zu Gott. Die philosophische Gottesfrage (München–Salzburg 1974); *J. Fellermeier*, Die Philosophie auf dem Weg zu Gott (Paderborn–Wien 1975).

2 *Thomas von Aquin*, Summa theologiae I, q.2, a.3.

3 *H. Ogiermann*, Sein zu Gott S. 26.

4 *J. Schmucker*, Die primären Quellen des Gottesglaubens S. 8

5 Vgl. D II, 4: Die Wirklichkeit fraglich.

6 Vgl. A I, 4: Schlüssiger Gottesbeweis?

7 *K. Jaspers*, Der philosophische Glaube (München 1948; Taschenbuchausgabe Frankfurt/M. 1958) S. 33.

2. Mehr als die reine Vernunft: Immanuel Kant

1 Wir zitieren *Kant* nach der neuen Studienausgabe in sechs Bänden von W. Weischedel (Frankfurt/M.–Darmstadt 1956–1964), abgekürzt mit »Werke«. Für die Kritik der reinen Vernunft (= Werke II) geben wir zum leichteren Auffinden die von Kant zum großen Teil selber durchgesehene und geänderte zweite Auflage von 1787 an, die gewöhnlich mit B und Seite zitiert wird. – Zitat hier aus Kritik der reinen Vernunft (1781), Vorrede zur 2. Auflage (1787) B XVI = Werke II, 25.

2 *I. Kant*, Allgemeine Naturgeschichte und Theorie des Himmels, oder Versuch von der Verfassung und dem mechanischen Ursprunge des ganzen Weltgebäudes nach Newtonischen Grundsätzen abgehandelt (1755), in: Werke I, 219–400.

3 *I. Kant*, Der einzig mögliche Beweisgrund zu einer Demonstration des Daseins Gottes (1763), in: Werke I, 617–738.

4 Der einzig mögliche Beweisgrund, in: Werke I, 738.

5 *I. Kant*, Träume eines Geistersehers, erläutert durch Träume der Metaphysik (1766), in: Werke I, 919–989.

6 *I. Kant*, Die Religion innerhalb der Grenzen der bloßen Vernunft (1793), in: Werke IV, 645–879.

7 Vgl. *J. Bohatec*, Die Religionsphilosophie Kants in der »Religion innerhalb der Grenzen der reinen Vernunft« (Hamburg 1938); *H. G. Redmann*, Gott und Welt. Die Schöpfungstheologie der vorkritischen Periode Kants (Göttingen 1962).

8 *I. Kant*, Kritik der reinen Vernunft, Vorrede zur 2. Auflage B XXX = Werke II, 33.

9 Kritik der reinen Vernunft B 858 = Werke II, 694.

10 Kritik der reinen Vernunft B 349–732 = Werke II, 308–605.
11 Kritik der reinen Vernunft B 670 = Werke II, 563f.
12 Kritik der reinen Vernunft B 670 = Werke II, 564.
13 Kritik der reinen Vernunft B 668f = Werke II, 562f.
14 Kritik der reinen Vernunft B 669 = Werke II, 563.
15 *I. Kant*, Kritik der praktischen Vernunft (1788) = Werke IV, 103–302; Zit. A 226 = Werke IV, 256 (wir geben auch die Originalausgabe an mit A und Seite). Vgl. zur Kritik der praktischen Vernunft: *L. W. Beck*, Kants »Kritik der praktischen Vernunft«. Ein Kommentar (München 1974).
16 *I. Kant*, Die Religion innerhalb der Grenzen der bloßen Vernunft, in: Werke IV, 879.
17 Ausführlich zu Kants Religionskritik siehe *H. Küng*, Menschwerdung Gottes. Eine Einführung in Hegels theologisches Denken als Prolegomena zu einer künftigen Christologie (Freiburg–Basel–Wien 1970) S. 102–119.
18 *I. Kant*, Kritik der praktischen Vernunft A 288 = Werke IV, 300.
19 *I. Kant*, Der Streit der Fakultäten (1798), in: Werke VI, 261–393.
20 *I. Kant*, Kritik der praktischen Vernunft A 265 = Werke IV, 282.
21 *I. Kant*, Reflexionen zur Metaphysik Nr. 4996, in: Kants handschriftlicher Nachlaß Bd. V (Berlin–Leipzig 1928) S. 55 (= Kants gesammelte Schriften, hrsg. von der Preußischen Akademie der Wissenschaften. Bd. XVIII).
22 Einen Überblick über die unterschiedlichen neueren philosophischen Reaktionen auf Kants Erkenntnistheorie (synthetische Urteile a priori) bietet *W. Stegmüller*, Hauptströmungen der Gegenwartsphilosophie. Eine kritische Einführung (Stuttgart [4]1969) S. XVII–XXXIX.
23 Vgl. E I, 1: Welche Wirklichkeit?
24 *W. Schulz*, Philosophie in der veränderten Welt (Pfullingen 1972) S. 115.
25 Ebd.
26 AaO S. 841.
27 *I. Kant*, Kritik der praktischen Vernunft A 227 = Werke IV, 257.
28 Kritik der praktischen Vernunft A 259f. 263 = Werke IV, 278. 280.
29 *I. Kant*, Kritik der reinen Vernunft B XXX = Werke II, 33.
30 So zumindest interpretiert *W. Bröcker*, Kant über Metaphysik und Erfahrung (Frankfurt/M. 1970) S. 135f.
31 *I. Kant*, Kritik der praktischen Vernunft A 54 = Werke IV, 140.
32 Vgl. E II, 1: Das Ja zur Wirklichkeit.
33 *J. Habermas*, Erkenntnis und Interesse (Frankfurt/M. 1968) S. 235–262.
34 Vgl. A III, 1: Wissenschaftliche Revolutionen.
35 *J. Habermas*, Erkenntnis und Interesse S. 251.
36 Vgl. D II, 4: Zwischenbilanz IV: Thesen zum Nihilismus, sowie das ganze Kap. E.
37 Vgl. E II, 3: Grundvertrauen als Basis der Wissenschaft.
38 Einen Versuch, im Anschluß an Kant Gott im Kontext einer transzendentalen Philosophie der Freiheit zu denken, führt durch: *H. Krings*, Freiheit. Ein Versuch Gott zu denken, in: Philosophisches Jahrbuch 77 (1970) S. 225–237; vgl. dazu *ders.* Art. Freiheit, in: Handbuch philosophischer Grundbegriffe, hrsg. v. H. Krings–H.M. Baumgartner–Ch. Wild Bd. I (München 1973) S. 493–510.
39 *A. Frossard*, Dieu existe. Je l'ai rencontré (Paris 1969); dt.: Gott existiert. Ich bin ihm begegnet (Freiburg–Basel–Wien 1970). Frossards Zeugnis von seiner plötzlichen Gottesbegegnung in einer Pariser Kapelle, dem man gewiß Respekt entgegenbringen wird, wird freilich nicht glaubwürdiger durch die damit unmittelbar verbundene Totalidentifikation mit sämtlichen Lehren der römisch-katholischen Kirche: »Die Lehre der Kirche war wahr bis zum letzten Beistrich, und ich nahm jede Zeile mit immer erneuertem Beifall zur Kenntnis, so wie man einen Schuß ins Schwarze beklatscht« (S. 141).
40 Vgl. den von verschiedenen französischen Autoren bestrittenen und von *Ch. Chabanis* herausgegebenen Sammelband »Dieu existe-t-il? Non« (Paris 1973). Oder im angelsächsischen Bereich zur mystischen Erfahrung unter den neueren Stellungnahmen *A. J. Ayer*, The Central Question of Philosophy (London 1973), dt.: Die Hauptfragen

der Philosophie (München 1976) Kap. I, B; X, C.
41 Vgl. A III, 1: Universalanspruch naturwissenschaftlichen Denkens?
42 Vgl. *K. Riesenhuber*, Existenzerfahrung und Religion (Mainz 1968), bes. Kap. I, 2. Zur theologischen Verifikationsproblematik vgl. *H. Häring*, Zur Verifikation von Glaubenssätzen, in: *H. Küng* (Hrsg.), Fehlbar? Eine Bilanz (Zürich–Einsiedeln–Köln 1973) S. 232–248.
43 *D. Bonhoeffer*, Akt und Sein. Transzendentalphilosophie und Ontologie in der systematischen Theologie (1931; München [2]1956) S. 94: »Einen Gott, den ›es gibt‹, gibt es nicht.« Der Folgesatz wird aber meist nicht zitiert: »Gott ›ist‹ im Personenbezug, und das Sein ist sein Personsein.«
44 Vgl. C III, 4: Für eine ernsthafte Theologie.
45 Weit verbreitet ist die Legende, daß der Ausdruck »Metaphysik« ursprünglich dem Herausgeber der aristotelischen Schriften Andronikos von Rhodos 300 Jahre nach Aristoteles (um 70 v. Chr.) als Einteilungsschema gedient habe, was aber von *H. Reiner*, Die Entstehung und ursprüngliche Bedeutung des Namens Metaphysik, in: Zeitschrift für Philosophische Forschung 8 (1954) 210–237; 9 (1955) 77–79, zu Recht als Legende kritisiert wird.
46 Zur Diskussion der Problematik von Metaphysik bes. im angelsächsischen Bereich vgl. *D. Tracy*, Blessed Rage for Order. The New Pluralism in Theology (New York 1975) Kap. 7: The Question of God: Metaphysics Revisited, sowie Kap. 8: The Meaning, Meaningfulness, and Truth of God-Language, bes. S. 172–175.

F IV: Gott existiert

1. Hinführung

1 Vgl. C I, 2: Christentum am Ende?
2 Vgl. C II, 2: Zukunft ohne Religion?
3 Vgl. C III, 2: Glaube an die Wissenschaft?
4 *W. Heisenberg*, Der Teil und das Ganze. Gespräche im Umkreis der Atomphysik (München 1969) S. 116–130; vgl. ebenfalls S. 279–295.
5 *W. Heisenberg*, Naturwissenschaftliche und religiöse Wahrheit (Rede, gehalten vor der Katholischen Akademie in Bayern bei der Entgegennahme des Guardini-Preises am 23. 3. 1973), in: Schritte über Grenzen. Gesammelte Reden und Aufsätze (München, 2., erweiterte Auflage 1973) S. 335–351. Vgl. auch *P. Jordan*, Der Naturwissenschaftler vor der religiösen Frage. Abbruch einer Mauer (Oldenburg–Hamburg 1964).
6 Vgl. C III, 3: Bedeutung der Religion für Jung, Fromm, Frankl.
7 Vgl. C III, 3: Bedeutung der Religion für Jung, Fromm, Frankl.
8 *E. Fromm*, To Have or to Be? (New York 1976), dt.: Haben oder Sein. Die seelischen Grundlagen einer neuen Gesellschaft (Stuttgart 1976) S. 90.
9 *R. Funk*, Mut zum Menschen. Erich Fromms Denken und Werk unter besonderer Berücksichtigung seiner humanistischen Religion und Ethik (Diss. Tübingen 1976), bes. Teil IV: Humanismus als Wissenschaft und als religiöses Ethos bei Erich Fromm.
10 *E. Fromm*, Haben oder Sein S. 138.
11 AaO S. 143.
12 AaO S. 159.
13 *Th. Roszak*, The Making of a Counter Culture. Reflections on the Technocratic Society and Its Youthful Opposition (New York 1968).
14 *E. K. Scheuch* (Hrsg.), Die Wiedertäufer der Wohlstandsgesellschaft. Eine kritische Untersuchung der »Neuen Linken« und ihrer Dogmen (Köln 1968); Zit. Einleitung S. 12.
15 *H. Schelsky*, Die Arbeit tun die anderen. Klassenkampf und Priesterherrschaft der Intellektuellen (Opladen 1975) S. 15. Die Rolle der Intellektuellen und der Theologen im besonderen wird in diesem Buch kaum objektiv gezeichnet.
16 *R. Schwarz*, Die Rolle der Religion im modernen Existenzverständnis (Südwestfunk-Vortrag vom 22. 5. 1977); Zit. S. 16.

17 AaO S. 13f.
18 AaO S. 16.
19 *P. L. Berger*, A Rumor of Angels. Modern Society and the Rediscovery of the Supernatural (New York 1969), dt.: Auf den Spuren der Engel. Die moderne Gesellschaft und die Wiederentdeckung der Transzendenz (Frankfurt/M. 1976).
20 *P. L. Berger*, Auf den Spuren der Engel S. 46.
21 AaO S. 79.
22 AaO S. 80.
23 AaO S. 81.
24 Vgl. E II: Grundmißtrauen oder Grundvertrauen?
25 *P. L. Berger*, Auf den Spuren der Engel S. 81.
26 AaO S. 82.
27 AaO S. 133. 134.
28 *Ch. Reich*, The Greening of America (New York 1970), dt.: Die Welt wird jung. Der gewaltlose Aufstand der neuen Generation (Hamburg 1973).
29 *Ch. Reich*, The Greening S. 327.
30 *D. Bell*, Die große Erneuerung – Religion und Kultur im nachindustriellen Zeitalter, in seinem Sammelband: Die Zukunft der westlichen Welt. Kultur und Technologie im Widerstreit (Frankfurt/M. 1976) S. 178–206; Zit. S. 195 (Titel der amerikanischen Originalausgabe: The Cultural Contradictions of Capitalism, New York 1976).
31 *D. Bell*, Die große Erneuerung S. 200.
32 AaO S. 202.
33 Ebd.
34 Ebd.
35 AaO S. 203.
36 So nach dem deutschen Titel.
37 *K. Mehnert*, Jugend im Zeitbruch. Woher – wohin? (Stuttgart 1976).
38 AaO S. 106.
39 *H. Marcuse*, The One-Dimensional Man. Studies in the Ideology of Advanced Industrial Society (Boston 1964), dt.: Der eindimensionale Mensch. Studien zur Ideologie der fortgeschrittenen Industriegesellschaft (Neuwied–Berlin 1967); Zit. S. 268.
40 Vgl. *A. M. Greeley*, Religion in the Year 2000 (New York 1969) Kap. 3: The Data.
41 *Vgl. Th. Luckmann*, Verfall, Fortbestand oder Verwandlung des Religiösen in der modernen Gesellschaft?, in: *O. Schatz* (Hrsg.), Hat die Religion Zukunft? (Graz–Wien–Köln 1971) S. 69–82.
42 *A. M. Greeley*, The Persistence of Religion (London 1974).

2. Gott als Hypothese

43 *B. Brecht*, Geschichten vom Herrn Keuner, in: Gesammelte Werke Bd. 12 (Frankfurt/M. 1967) S. 380.
44 *J. -P. Sartre*, L'existentialisme est un humanisme (Paris 1946) S. 36.
45 Vgl. E II, 3: Das bleibende Grundrätsel der Wirklichkeit.
46 *D. Bonhoeffer*, Widerstand und Ergebung. Briefe und Aufzeichnungen aus der Haft (München 1951) S. 182.
47 Vgl. *H. Küng*, Christ sein (München 1974) Kap. A II, 2: Die Wirklichkeit Gottes.
48 Vgl. D II, 4: Die Wirklichkeit fraglich.

3. Gott als Wirklichkeit

49 Zu Feuerbach vgl. C I, 1: Der anthropologische Atheismus. Zu Marx C II, 1: Der sozialpolitische Atheismus. Zu Freud C III, 1: Der psychoanalytische Atheismus. Zu Nietzsche D I, 2: Die Gegen-Religion.
50 Vgl. C I, 2: Feuerbach in der Kritik; C II, 2: Marx in der Kritik; C III, 2: Freud in der Kritik; D II, 1: Nietzsche in der Kritik.
51 Vgl. C III, 4: Zwischenbilanz III: Thesen zum Atheismus; D II, 4: Zwischenbilanz IV: Thesen zum Nihilismus.

52 Vgl. F II, 1: Gotteserkenntnis durch Vernunft: Vatikanum I.
53 Vgl. F II, 2: Streit um die Natürliche Theologie.
54 Vgl. F III, 2: Mehr als die reine Vernunft.
55 Vgl. F II, 2: Gotteserkenntnis der Nichtchristen.
56 Interessanterweise hat schon *William James* in seiner Schrift »The Will to believe« – zuerst publiziert in der New World Juni 1896, jetzt greifbar in der Taschenbuchausgabe: *W. James*, Pragmatism and Other Essays (New York 1963) S. 185–213 – mit Hypothesen eingesetzt und, dabei auf Pascals Wette verweisend, den Entscheidungscharakter des Glaubens scharf herausgestellt mit der Hauptthese seines Buches: »Our passional nature not only lawfully may, but must, decide an option between propositions, whenever it is a genuine option that cannot by its nature be decided on intellectual grounds; for to say, under such circumstances, ›Do not decide, but leave the question open‹, is itself a passional decision – just like deciding yes or no – and is attended with the same risk of losing the truth« (S. 200). Freilich wird von James die Rationalität dieses Entscheidungsaktes, der für ihn ein Gefühlsakt mit intellektueller Einsicht ist, nicht genügend reflektiert. – Der Entscheidungscharakter des Glaubens wird ebenfalls deutlich zum Ausdruck gebracht von *F. Ferré*, Language, Logic, and God (London 1961), bes. S. 224–233. Im Anschluß an W. James und J. Dewey, aber auch die Process-Philosophy, versucht eine pragmatistische Theorie der Religion zu entwerfen: *E. Fontinell*, Toward a Reconstruction of Religion. A Philosophical Probe (New York 1970).
57 Vgl. F III: Gott beweisen?
58 Vgl. *H.-E. Hengstenberg*, Wahrheit, Sicherheit, Unfehlbarkeit. Zur »Problematik« unfehlbarer kirchlicher Lehrsätze, in: *H. Küng* (Hrsg.), Fehlbar? Eine Bilanz (Zürich–Einsiedeln–Köln 1973) S. 217–231.
59 Vgl. A II, 1: Die Relativität der mathematischen Gewißheit.
60 Nachdrücklich wird die Notwendigkeit der Rationalität des Glaubens an Gott betont von *J. Hick*, Arguments for the Existence of God (New York 1971) S. 107–113. Die im Anschluß an I. Crombie entwickelte und oft kritisierte »eschatologische Verifikation« müßte auf der in der Gegenwart verifizierbaren inneren Rationalität aufgebaut werden. Vgl. vom selben Verfasser: Faith and Knowledge (London 1957); Philosophy of Religion (Englewood/Cliffs/N. J. 1963).
61 Vgl. F III, 2: An Erfahrung indirekt verifiziert.
62 Vgl. F II, 2: Gotteserkenntnis der Nichtchristen.
63 Röm 1, 19–21.

4. Konsequenzen

1 Vgl. Frankfurter Allgemeine Zeitung vom 6. August 1976.
2 Die Emnid-Umfrage ist veröffentlicht in: *W. Harenberg* (Hrsg.), Was glauben die Deutschen? (München–Mainz 1968).
3 *H. Böll*, Doktor Murkes gesammeltes Schweigen (1955), in seinem Band: Nicht nur zur Weihnachtszeit. Satiren (Taschenbuchausgabe München 1966) S. 87–112.
4 Vgl. F II, 2: Streit um die Natürliche Theologie.
5 Vgl. *H. Küng*, Christ sein Kap. A II, 2: Die Aufgabe der Theologie.
6 Vgl. E II, 3: Grundvertrauen als Basis der Ethik.
7 Zur Kritik am kategorischen Imperativ vgl. F III, 2: Kant in der Kritik.
8 Vgl. *I. Kant*, Grundlegung zur Metaphysik der Sitten (Riga 1785), in: Werke, hrsg. v. W. Weischedel Bd. IV (Darmstadt 1956) S. 60f.
9 Vgl. die in E II, 3 (Grundvertrauen als Basis der Ethik) angegebene Literatur zur Begründung ethischer Normen, wo fast überall auch die Problematik Autonomie – Theonomie behandelt wird, bes. die Arbeiten von *A. Auer*, *F. Böckle*, *W. Korff*.
10 Vgl. *J. Habermas*, Erkenntnis und Interesse (Frankfurt/M. 1968), und hier bes. das neue Nachwort zur 2. Auflage von 1973; *ders.*, Theorie und Praxis. Sozialphilosophische Studien (Frankfurt/M. 1963), hier die Einleitung zur Neuausgabe von 1971; *ders.*, Technik und Wissenschaft als »Ideologie« (Frankfurt/M. 1968); *ders.*, Vorbereitende

Bemerkungen zu einer Theorie der kommunikativen Kompetenz, in: *J. Habermas – N. Luhmann*, Theorie der Gesellschaft oder Sozialtechnologie – Was leistet die Systemforschung? (Frankfurt/M. 1971) S. 101–141; *ders.*, Legitimationsprobleme im Spätkapitalismus (Frankfurt/M. 1973); *ders.*, Wahrheitstheorien, in: *H. Fahrenbach* (Hrsg.), Wirklichkeit und Reflexion. Festschrift für W. Schulz (Pfullingen 1973) S. 211–265. – In diesem Zusammenhang wäre auch *K.-O. Apels* Programm einer »Transformation der Philosophie« in Richtung auf ein »transzendental-pragmatisches Denken« zu berücksichtigen. Die aus verschiedenen Zeiten stammenden Arbeiten sind gesammelt in *K.-O. Apel*, Transformation der Philosophie Bd. I–II (Frankfurt/M. 1971), bes. Bd. II (Das Apriori der Kommunikationsgemeinschaft) S. 358–435: Das Apriori der Kommunikationsgemeinschaft und die Grundlagen der Ethik. Zur Diskussion vgl. *K.-O. Apel* (Hrsg.), Sprachpragmatik und Philosophie (Frankfurt/M. 1976) mit Beiträgen auch von J. Habermas, S. Kannengießer, H. Schnelle, D. Wunderlich.

11 Vgl. A III, 1: Wissenschaftliche Revolutionen; F III, 2: Kant in der Kritik.

12 Zur *theologischen Auseinandersetzung mit Habermas und Apel*: *W. Pannenberg*, Wissenschaftstheorie und Theologie (Frankfurt/M. 1973) S. 90–105 (vor allem bezüglich der Sinnproblematik), S. 185–206 (bezüglich Sinnerfahrung und Dialektik); *H. Peukert*, Wissenschaftstheorie – Handlungstheorie – Fundamentale Theologie. Analysen zu Ansatz und Status theologischer Theoriebildung (Düsseldorf 1976), bes. Teil III; *F. Böckle*, Ethik und Normenbegründung, Vortrag auf dem Symposion »Vatican III: the work which needs to be done« von »Concilium« und der Catholic Theological Society of America an der University of Notre Dame/Indiana im Mai 1977. – Wichtig in diesem Zusammenhang ist aber auch die Kritik an Habermas, wie sie von der Systemtheorie her *N. Luhmann* vorträgt: Systemtheoretische Argumentation. Eine Entgegnung auf Jürgen Habermas, in: *J. Habermas – N. Luhmann*, Theorie der Gesellschaft S. 291–405.

13 *J. Habermas*, Legitimationsprobleme im Spätkapitalismus (Frankfurt/M. 1973) S. 165.

14 *H.-E. Bahr* (Hrsg.), Religionsgespräche. Zur gesellschaftlichen Rolle der Religion. Mit Beiträgen von Dorothee Sölle, Jürgen Habermas u.a. (Darmstadt–Neuwied 1975) S. 29.

15 *H. Krings*, Reale Freiheit. Praktische Freiheit. Transzendentale Freiheit; Vortrag an der Universität Tübingen im Rahmen einer Ringvorlesung über das Thema »Freiheit«. Ich danke dem Münchner Kollegen für das mir zur Verfügung gestellte Manuskript, in welchem sich in diesem Zusammenhang auch wichtige Ausführungen zum Gebrauch des Begriffs »Ideal« finden.

16 Zu Recht macht *W. Pannenberg*, Wissenschaftstheorie und Theologie S. 42f. darauf aufmerksam, daß Habermas kurzschlüssig Wahrheit als Gegenstand (Korrespondenz-Theorie) und Wahrheit als Konsens (Konsens-Theorie) einander exklusiv entgegensetzt und so den Unterschied zwischen Wahrheitskonsens und bloß herrschender Konvention nicht zu erklären vermag.

17 *F. Böckle*, Unfehlbare Normen, in: *H. Küng* (Hrsg.), Fehlbar? Eine Bilanz S. 280–304; Zit. S. 291.

18 Vgl. F III, 2: Kant in der Kritik; F III, 2: Die Bedingung der Möglichkeit von Wirklichkeit.

19 Vgl. *W. Korff*, Norm und Sittlichkeit. Untersuchungen zur Logik der normativen Vernunft (Mainz 1973) S. 192. 199 (mit Berufung auf A. Gehlen).

20 Vgl. *B. Schüller*, Zur Problematik allgemein verbindlicher ethischer Grundsätze, in: Theologie und Philosophie 45 (1970) 1–23.

G. JA ZUM CHRISTLICHEN GOTT

I. Der Gott der nichtchristlichen Religionen

1 *W. Koeppen*, Sein Geschöpf, in: Die Welt vom 24.12.1951. Zum Werk Wolfgang Koeppens in theologischer Hinsicht vgl. *K.-J. Kuschel*, Jesus in der deutschen Gegenwartsliteratur (Einsiedeln–Zürich–Köln 1978) bes. Kap. B II, 2c: Das Wunder der Christwerdung (Wolfgang Koeppen, »Der Tod in Rom«). Hier auch weitere theologisch-literarische Interpretationen hinsichtlich der Jesusfigur bei zahlreichen deutschen Literaten der Gegenwart.

2 Aus der unabsehbaren *theologischen* Literatur zur *Gottesfrage* neben den am Anfang von F I genannten philosophischen Werken und den dogmatischen Handbüchern auf *katholischer* Seite (*M. Schmaus*, Mysterium Salutis: bes. *H. U. von Balthasar, A. Deissler, J. Pfammatter, M. Löhrer, K. Rahner*) und auf *evangelischer* Seite (*P. Althaus, K. Barth, E. Brunner, H. Diem, H. Ott, H. Thielicke, P. Tillich)* die *systematischen Monographien: H. Gollwitzer*, Die Existenz Gottes im Bekenntnis des Glaubens (München 1963); *J. A. T. Robinson*, Honest to God (London 1963); dt.: Gott ist anders (München 1964); *J. C. Murray*, The Problem of God. Yesterday and Today (New Haven–London 1964); dt.: Das Gottesproblem gestern und heute (Freiburg–Basel–Wien 1965); *E. Jüngel*, Gottes Sein ist im Werden. Verantwortliche Rede vom Sein bei Karl Barth. Eine Paraphrase (Tübingen 1965); *ders.*, Gott als Geheimnis der Welt. Zur Begründung der Theologie des Gekreuzigten im Streit zwischen Theismus und Atheismus (Tübingen 1977); *Sch. M. Ogden*, The Reality of God and Other Essays (New York 1966); dt.: Die Realität Gottes (Zürich 1970); *H. Engelland*, Die Wirklichkeit Gottes und die Gewißheit des Glaubens (Göttingen 1966); *H. Zahrnt*, Die Sache mit Gott. Die protestantische Theologie im 20. Jahrhundert (München 1966); *ders.*, Gott kann nicht sterben. Wider die falschen Alternativen in Theologie und Gesellschaft (München 1970); *F. Leist*, Nicht der Gott der Philosophen (Freiburg–Basel–Wien 1966); *C. H. Ratschow*, Gott existiert. Eine dogmatische Studie (Berlin 1966); *J. Macquarrie*, God and Secularity (Philadelphia 1967); *F. Gogarten*, Die Frage nach Gott. Eine Vorlesung (Tübingen 1968); *J. B. Cobb*, Jr., God and the World (Philadelphia 1969); *G. Ebeling*, Wort und Glaube Bd. II (Tübingen 1969); *E. Schillebeeckx*, Gott – die Zukunft des Menschen (Mainz 1969); *L. Gilkey*, Naming the Whirlwind. The Renewal of God-Language (Indianapolis–New York 1969); *E. R. Baltazar*, God within Process (New York 1970); *W. Kasper*, Glaube und Geschichte (Mainz 1970), bes. S. 101–143; *R. G. Smith*, The Doctrine of God (London 1970); *H. Küng*, Menschwerdung Gottes. Eine Einführung in Hegels theologisches Denken als Prolegomena zu einer künftigen Christologie (Freiburg–Basel–Wien 1970); *H. Ott*, Gott (Stuttgart–Berlin 1971); *H. Braun*, Wie man über Gott nicht denken soll. Dargelegt an den Gedankengängen Philos von Alexandria (Tübingen 1971); *J.-C. Barreau*, Qui est Dieu (Paris 1971); *W. Pannenberg*, Gottesgedanke und menschliche Freiheit (Göttingen 1972); *E. Biser*, Theologie und Atheismus. Anstöße zu einer theologischen Aporetik (München 1972); *J. Moltmann*, Der gekreuzigte Gott. Das Kreuz Christi als Grund und Kritik christlicher Theologie (München 1972); *H.-M. Barth*, Die christliche Gotteslehre. Hauptprobleme ihrer Geschichte (Gütersloh 1974); *Ch. Wackenheim*, Christianisme sans idéologie (Paris 1974); *F. Mildenberger*, Gotteslehre. Eine dogmatische Untersuchung (Tübingen 1975).

Schließlich die *Sammelwerke* zur Gottesfrage: *A. Schaefer* (Hrsg.), Der Gottesgedanke im Abendland (Stuttgart 1964); *N. Kutschki* (Hrsg.), Gott heute. Fünfzehn Beiträge zur Gottesfrage (Mainz–München 1967); *H. Zahrnt* (Hrsg.), Gespräch über Gott. Die protestantische Theologie im 20. Jahrhundert. Ein Textbuch (München 1968); *Th. C. de Kruijf u. a.*, Zerbrochene Gottesbilder (Freiburg–Basel–Wien 1969); *H. J. Schultz* (Hrsg.); Wer ist das eigentlich – Gott? (München 1969); *E. Castelli* (Hrsg.), L'analyse du langage théologique. Le nom de Dieu (Paris 1969); *ders.*, La philosophie de la religion. L'herméneutique de la philosophie de la religion (Paris 1977);

K. Krenn (Hrsg.), Die wirkliche Wirklichkeit Gottes. Gott in der Sprache heutiger Probleme (Paderborn–Wien 1974). *A. Grabner-Haider* (Hrsg.), Gott (Mainz 1970); *J. Blank u. a.*, Gott-Frage und moderner Atheismus (Regensburg 1972); *J. Ratzinger* (Hrsg.), Die Frage nach Gott (Freiburg–Basel–Wien 1972); *J. Kopperschmidt* (Hrsg.), *Der fragliche Gott. Fünf Versuche einer Antwort (Düsseldorf 1973)*; *K. Rahner* (Hrsg.), Ist Gott noch gefragt? Zur Funktionslosigkeit des Gottesglaubens (Düsseldorf 1973).

3 Zur Information über die *Weltreligionen* aus der unermeßlichen Literatur die neueren großen Sammelwerke: Histoire générale des religions, hrsg. v. *M. Gorce – R. Mortier*, Bd. I–V (Paris 1947–52); Die Religionen der Erde, hrsg. v. *C. Clemen* (München ²1949); Christus und die Religionen der Erde. Handbuch der Religionsgeschichte, hrsg. v. *F. König*, Bd. I–III (Wien 1951); Histoire des religions, hrsg. v. *M. Brillant – R. Aigrain*, Bd. I–III (Paris 1953–55); The History of Religions, hrsg. v. *M. Eliade – J. M. Kitagawa* (Chicago 1959); Die Religionen der Menschheit, hrsg. v. *Ch. M. Schröder* (Stuttgart 1960ff, auf 36 Bände geplant); Illustreret Religionshistorie, hrsg. v. *J. P. Asmussen – J. Laessøe* (Kopenhagen 1968), dt.: Handbuch der Religionsgeschichte Bd. I–III (Göttingen 1971); *T. Ling*, A History of Religion East and West. An Introduction and Interpretation (London 1968), dt.: Die Universalität der Religion. Geschichte und vergleichende Deutung (München 1971); Historia religionum. Handbook for the History of Religions, hrsg. v. *C. J. Bleeker – G. Widengren*, Bd. I–II (Leiden 1970); *P. Tacchi Venturi – G. Castellani*, Storia delle Religioni Bd. I–V (Turin ⁶1971).

Der kurzen Orientierung dienen: *A. Bertholet – H. von Campenhausen*, Wörterbuch der Religionen (Stuttgart 1952); *H. von Glasenapp*, Die nichtchristlichen Religionen (Frankfurt 1957); *G. Günther* (Hrsg.), Die großen Religionen (Göttingen 1961); *H. Ringgren – A. V. Ström*, Die Religionen der Völker. Grundriß der allgemeinen Religionsgeschichte (Stuttgart 1959); *R. C. Zaehner*, The Concise Encyclopedia of Living Faiths (London 1959); *E. Dammann*, Grundriß der Religionsgeschichte (Stuttgart 1972); *G. Mensching*, Die Weltreligionen (Darmstadt 1972); *E. Brunner-Traut* (Hrsg.), Die fünf großen Weltreligionen (Freiburg–Basel–Wien 1974). Hier überall reichlich Literaturangaben zu den einzelnen Religionen.

Ausführlicher: *P. D. Chantepie de la Saussaye*, Lehrbuch der Religionsgeschichte Bd. I–II (Tübingen ⁴1925); *J. Finegan*, The Archeology of World Religions (Princeton 1957); *H. von Glasenapp*, Die fünf großen Religionen (Düsseldorf–Köln 1951–52).

In verschiedenen Sprachen gibt es bereits Taschenbuch-Ausgaben der wichtigsten außerbiblischen religiösen Texte, insbes. der indischen und chinesischen Weisheit.

4 Zur *Phänomenologie* der Religion: nach den frühen wichtigen Werken von *R. Otto*, *H. Pinard de la Boullaye* und *N. Söderblom* vgl. *G. van der Leeuw*, Phänomenologie der Religion (Tübingen 1933. ²1956); *ders.*, Einführung in die Phänomenologie der Religion (Haarlem 1948, Darmstadt ²1961); *G. Widengren*, Religionens värld. Religionsfenomenologiska studier och översikter (Stockholm 1945. ²1953), dt.: Religionsphänomenologie (Berlin 1969). *G. Mensching*, Vergleichende Religionswissenschaft (Heidelberg ²1949); *ders.*, Die Religion. Erscheinungsformen, Strukturtypen und Lebensgesetze (Stuttgart 1959); *H. v. Glasenapp*, Die Religionen der Menschheit. Ihre Gegensätze und Übereinstimmungen (Wien 1954); *M. Eliade*, Patterns of Comparative Religion (London 1958); *J. Wach*, The Comparative Study of Religions (New York 1958); dt.: Vergleichende Religionsforschung (Stuttgart 1962); *K. Goldammer*, Die Formenwelt des Religiösen (Stuttgart 1960); *F. Heiler*, Erscheinungsformen und Wesen der Religion (Stuttgart 1961); *G. Lanczkowski*, Begegnung und Wandel der Religionen (Düsseldorf–Köln 1971).

5 Vgl. zum Verhältnis Christentum–Weltreligionen neben den bereits zitierten Werken von *K. Barth*, *E. Brunner*, und *H. Kraemer*, sowie *K. Rahner*, *H. R. Schlette* und *H. Küng*: *E. Troeltsch*, Die Absolutheit des Christentums und die Religionsgeschichte (Tübingen 1929, Taschenbuch-Ausgabe München–Hamburg 1969); *O. Karrer*, Das Religiöse in der Menschheit und das Christentum (Frankfurt 1934); *F. Heiler*, Die Frage der »Absolutheit« des Christentums im Lichte der vergleichenden Religionsge-

schichte, in: Eine heilige Kirche 20 (1938) 306–336; *W. Holsten*, Das Evangelium und die Völker. Beiträge zur Geschichte und Theorie der Mission (Berlin 1939); *ders.*, Das Kerygma und der Mensch (München 1953); *Th. Ohm*, Die Liebe zu Gott in den nichtchristlichen Religionen (München 1950); *ders.*, Asiens Nein und Ja zum westlichen Christentum (München ²1960); *H. H. Farmer*, Revelation and Religion. Studies in the Theological Interpretation of Religious Types (London 1954); *E. Benz*, Ideen zu einer Theologie der Religionsgeschichte (Mainz 1960); *St. Neill*, Christian Faith and other Faiths. The Christian Dialogue with Other Religions (London 1961); dt.: Gott und die Götter. Christlicher Glaube und die Weltreligionen (Gütersloh 1963); *R. C. Zaehner*, At Sundry Times. An Essay in the Comparison of Religions (London 1958); *ders.*, The Catholic Church and World Religions (London 1964); *P. Tillich*, Christianity and the Encounter of World Religions (New York 1962); dt.: Das Christentum und die Begegnung der Weltreligionen (Stuttgart 1964); *J. A. Cuttat*, Hemisphären des Geistes. Der spirituelle Dialog von Ost und West. Mit einer Einführung von Pandit Nehru (Stuttgart 1964); *ders.*, Asiatische Gottheit – Christlicher Gott. Die Spiritualität der beiden Hemisphären (neu überarbeitete Auflage Einsiedeln 1971); *R. Panikkar*, Religionen und die Religion (München 1965); *G. Thils*, Propos et problèmes de la théologie des religions non chrétiennes (Tournai 1966); *J. Heislbetz*, Theologische Gründe der nichtchristlichen Religionen (Freiburg–Basel–Wien 1967); *G. Rosenkranz*, Der christliche Glaube angesichts der Weltreligionen (Bern–München 1967); *J. Neuner* (Hrsg.), Christian Revelation and World Religions (London 1967); *O. Wolff*, Anders an Gott glauben. Die Weltreligionen als Partner des Christentums (Stuttgart 1969); *R. Girault*, Evangile et religions d'aujourd'hui (Paris 1969); *U. Mann*, Das Christentum als absolute Religion (Darmstadt 1970); *ders.*, Die Religion in den Religionen (Stuttgart 1975); *R. D. Young*. Encounter with World Religions (Philadelphia 1970); Religions. Fundamental Themes for a Dialogistic Understanding, hrsg. v. Secretariate for the non-christians (Rom 1970); *S. J. Samartha*, Dialogue between Men of Living Faiths (Genf 1971); *ders.* (Hrsg.), Living Faiths and Ultimate Goals. A Continuing Dialogue (Genf 1974); *M. Seckler*, Hoffnungsversuche (Freiburg–Basel–Wien 1972) S. 13–46; *V. Hernandez Catala*, La expresión de lo divino en las religiones no cristianas (Madrid 1972); *I.-H. Dalmais*, Shalom. Chrétiens à l'écoute des grandes religions (Paris 1972); *V. Boublik*, Teologia delle religioni (Rom 1973); *W. Kasper*, Der christliche Glaube angesichts der Religionen. Sind die nichtchristlichen Religionen heilsbedeutsam?, in: Wort Gottes in der Zeit. Festschrift für K. H. Schelkle, hrsg. v. H. Feld und J. Nolte (Düsseldorf 1973) S. 347–360; *J. Hick*, Truth and Dialogue in World Religions. Conflicting Truthclaims (Philadelphia 1974); *G. Evers*, Mission, nichtchristliche Religionen, weltliche Welt (Münster 1974); *R. Friedli*, Fremdheit als Heimat. Auf der Suche nach einem Kriterium für den Dialog zwischen den Religionen (Freiburg/Schweiz 1974); *Th. Paul* (Hrsg.), The Emerging Culture in India (Alwaye/Indien 1975); *W. Trutwin*, Licht vom Licht. Religionen in unserer Welt (Düsseldorf 1976).
Weitere Literatur bis 1960 geben *E. Benz – M. Nambara*, Das Christentum und die nichtchristlichen Hochreligionen. Begegnung und Auseinandersetzung. Eine internationale Bibliographie (Leiden 1960). Als neuere Überblicke über die Lösungen der evangelischen und katholischen Theologie leisten nach dem bereits zitierten Werk von *G. Rosenkranz* gute Dienste *P. Beyerhaus*, Zur Theologie der Religionen im Protestantismus, und *W. Bühlmann*, Die Theologie der nichtchristlichen Religionen als ökumenisches Problem, beide in: Freiheit in der Begegnung (Festschrift O. Karrer, Frankfurt–Stuttgart 1969) S. 433–478.

6 Vgl. zur allgemeinen Problematik *H. Küng*, Christ sein (München 1974). Kap. A III: Die Herausforderung der Weltreligionen.

7 Vgl. *F. Kluge*, Etymologisches Wörterbuch der deutschen Sprache, bearbeitet von W. Mitzka (Berlin ¹⁹1963) S. 265; *H. Paul*, Deutsches Wörterbuch, bearbeitet von W. Betz (Tübingen ⁶1966) S. 269.

8 Vgl. *W. Burkert*, Art. Gott, in: Historisches Wörterbuch der Philosophie Bd. III (Darmstadt 1974) S. 721–725 (Antike).

9 Vgl. C III, 1: Woher kommt Religion?
10 Vgl. *B. Gladigow*, Götternamen und Namen Gottes, in: Der Name Gottes, hrsg. v. H. *von Stietencron* (Düsseldorf 1975) S. 25–31. Im selben Band – eine Tübinger Ringvorlesung – sind auch aufschlußreiche Aufsätze zum Namen Gottes in den Einzelreligionen enthalten.
11 Viele wertvolle Einsichten, Korrekturen und Literaturergänzungen für das ganze Kapitel G I über den Gott der Religionen verdanke ich Gesprächen mit *Julia Ching*, Professor für chinesische Philosophie an der Yale University. Vgl. für die chinesische Religion ihre neueste Veröffentlichung »Confucianism and Christianity« (Tokio 1977).
12 *M. Ricci*, T'ien-chu shih-i (vermutlich schon 1594 in erster Fassung abgeschlossen, aber erst mit dem Datum vom 22. August 1603 veröffentlicht); lateinische Übersetzung: De Deo Vera Disputatio (fertiggestellt 1597 und 1601 von den kirchlichen Zensoren zur Publikation freigegeben).
13 Vgl. *W. Eichhorn*, Der ›Name Gottes‹ in religiösen Strömungen des alten China, in: Der Name Gottes, hrsg. v. *H. von Stietencron*, S. 66–74.
14 Vgl. *A. S. Rosso*, Apostolic Legations to China of the eighteenth Century (South Pasadena 1948) S. 77–79.
15 Der zeitgenössische katholische Schriftsteller *Shusako Endo* hat in seinem japanischen Roman »Schweigen« (»Silence«, Tokio 1969) dargestellt, wie japanische Christen in der Christenverfolgung starben für einen Gott, den sie im Grunde nicht kannten.
16 Zur Geschichte des Ritenstreits vgl. *L. von Pastor*, Geschichte der Päpste im Zeitalter des Absolutismus von der Wahl Klemens' XI. bis zum Tode Klemens' XII. (1700–1740) Bd. XV (Freiburg–Rom [8]1961).
17 Vgl. A II, 3: Streit des Glaubens mit dem Glauben.
18 Vgl. *T. Grimm*, China und das Chinabild von Leibniz, in: Studia Leibnitiana Sonderheft 1 (1969) S. 60f.
19 *L. von Pastor*, Geschichte der Päpste Bd. XV, S. 309. Was sich der päpstliche Legat Tournon in der Folge in China an Ignoranz und Arroganz alles leistete, kann man auf S. 309–327 lesen.
20 *S. Congregatio de Propaganda Fide*, Instructio circa quasdam ceremonias et iuramentum super ritibus Sinensibus, in: Acta Apostolicae Sedis 32 (1940) S. 24–26; *dieselbe*, Decretum de iuramento super ritibus Malabaricis a missionariis in Indiis orientalibus praestando, in: Acta Apostolicae Sedis 32 (1940) S. 379.
21 Vgl. zur gesamten Problematik der Weltmission in Vergangenheit und Gegenwart mit einer umfassenden Neukonzeption das ausgezeichnete Buch von *W. Bühlmann*, Wo der Glaube lebt. Einblicke in die Lage der Weltkirche (Freiburg–Basel–Wien 1974).
22 *N. Malebranche*, Entretien d'un philosophe chrétien et d'un philosophe chinois sur l'existence et la nature de Dieu, ed. A. Le Moine (Marseille 1936).
23 *G. W. Leibniz*, Lettre sur la philosophie chinoise à Nicolas de Rémond, dt.: Abhandlung über die chinesische Philosophie, in: Zwei Briefe über das binäre Zahlensystem und die chinesische Philosophie, neu hrsg. v. R. Loosen – F. Vonessen (Stuttgart 1968) S. 39–125.
24 Vgl. *T. Grimm*, China und das Chinabild von Leibniz S. 60f. Leibniz hat Peter den Großen dreimal getroffen: 1711 in Torgau, 1712 in Karlsbad, 1716 in Pyrmont. Vgl. dazu *E. M. Kunik* (Hrsg.), Briefe von Christian Wolff aus den Jahren 1719–1753. Ein Beitrag zur Geschichte der Kaiserlichen Akademie der Wissenschaften zu St. Petersburg (St. Petersburg 1860; Neuausgabe Hildesheim 1971) S. IX.
25 *Ch. Wolff*, Oratio de Sinarum philosophia practica vom 12. Juli 1721 (Frankfurt/M. 1726).
26 Vgl. *H. Küng*, Christ sein Kap. A III, 4: Nicht Ausschließlichkeit, sondern Einzigartigkeit.
27 Auch *J. Moltmann* bejaht neuerdings in seinem Buch »Kirche in der Kraft des Geistes. Ein Beitrag zur messianischen Ekklesiologie« (München 1975) Kap. IV § 3 »das Modell des kritischen Katalysators« (S. 180f), will es aber im Gegensatz zu »Christ sein« nicht als »Dialogmodell« verstehen. Daß der Begriff »kritischer Katalysator« aus dem Dialog

kommt, ihn ausdrücklich voraussetzt und einschließt, ja zugleich die »gemeinsame Suche nach der Wahrheit« und insbesondere die »kritische Prüfung« auch der eigenen Position verlangt, ist jedoch in »Christ sein« breit ausgeführt (vgl. Christ sein A III).

28 Vgl. D I, 1: Schopenhauers Pessimismus.

29 Vgl. F I, 2: Vor Gott schweigen?

30 Vgl. *M. Doi*, Dialogue between Living Faiths in Japan, in: *S. J. Samartha*, Dialogue between Men of Living Faiths S. 32–46, vgl. S. 36.

31 *M. Abe*, In Memory of Dr. Paul Tillich, in: The Eastern Buddhist New Series I/2 (1966) 128–131.

32 *P. Tillich*, Christianity and the Encounter of the World Religions (New York 1962), dt.: Das Christentum und die Begegnung der Weltreligionen (Stuttgart 1964); zum Vergleich des buddhistischen Nirvana mit dem christlichen Reich Gottes vgl. Kap. III, 3–4. Dazu die Kritik von buddhistischer Seite von *M. Abe*, Christianity and the Encounter of the World Religions, in: The Eastern Buddhist New Series I/1 (1965) 109–122.

33 Vgl. *E. Conze*, Buddhism. Its Essence and Development (Oxford ²1953), dt.: Der Buddhismus. Wesen und Entwicklung (Stuttgart 1953) S. 13.

34 Vgl. *H. von Glasenapp*, Unsterblichkeit und Erlösung in den indischen Religionen (Halle 1938); *ders.*, Art. Nirvâna, in: Die Religion in Geschichte und Gegenwart Bd. IV (Tübingen ³1960) Sp. 1498f.

35 *E. Conze*, Buddhismus S. 36.

36 *T. R. V. Murti*, The Central Philosophy of Buddhism. A Study of the Madhyamika System (London 1955) S. 50f. 87–89.

37 *K. Jaspers*, Die großen Philosophen Bd. I (München 1957) S. 934–956.

38 *T. R. V. Murti*, The Central Philosophy of Buddhism S. 235f.

39 *K. Nishida*, A Study of Good (jap.: Zen no kenkyu; Tokio 1960) S. 88f. Vgl. *H. Waldenfels*, Absolutes Nichts. Zur Grundlegung des Dialogs zwischen Buddhismus und Christentum (Freiburg 1976) S. 56. Hier eine ebenso verständige wie verständliche Darstellung der Philosophie Nishidas (S. 48–64) und besonders dessen Schülers Keiji Nishitani (S. 65–154).

40 *K. Nishida*, Intelligibility and the Philosophy of Nothingness. Three Philosophical Essays, hrsg. v. R. Schinzinger (Tokio 1958); Zit. aus der Einleitung R. Schinzingers S. 16.

41 *K. Nishida*, Towards a Philosophy of Religion with the Concept of Pre-established Harmony as Guide, in: The Eastern Buddhist New Series III/1 (1970) S. 35.

42 *K. Nishida*, A Study of Good S. 189.

43 Vgl. *M. Abe*, Christianity and the Encounter of the World Religions, in: The Eastern Buddhist New Series I/1 (1965) S. 109–122, bes. S. 116f.; vgl. ebenfalls *K. Nishitani*, The Personal and the Impersonal in Religion, in: The Eastern Buddhist New Series III/1 (1970) S. 1–18; III/2 (1970), S. 71–87.

44 Vgl. *D. T. Suzuki*, Mysticism: Christian and Buddhist (1957), dt.: Der westliche und der östliche Weg. Essays über christliche und buddhistische Mystik (Frankfurt/M. 1971), und verschiedene Artikel im »Eastern Buddhist«; *K. Nishitani*, Der Buddhismus und das Christentum, in: Nachrichten der Gesellschaft für Natur- und Völkerkunde Ostasiens 88 (1960) 5–32.

45 Vgl. *H. Dumoulin*, Zen. Geschichte und Gestalt (Bern 1959); *ders.*, Östliche Meditation und christliche Mystik (Freiburg–München 1966); *ders.*, Christianity meets Buddhism (La Salle/Illinois 1974). Man vgl. auch das von *H. Dumoulin* hrsg. Werk christlicher und buddhistischer Fachspezialisten: Buddhismus der Gegenwart, mit Beiträgen von H. Bechert, E. Benz, H. Dumoulin, A. Fernando, A. M. Fiske, H. Hoffmann, J. M. Kitagawa, H. Nakamura, Y. Raguin, F. Reynolds, D. K. Swearer, Vu Duy-Tu, H. Welch (Freiburg–Basel–Wien 1970).

46 *Thomas von Aquin*, De potentia q. 7, a. 5 ad decimumquartum.

47 *Nicolaus Cusanus*, De docta ignorantia I (1440), zweisprachige Ausgabe, hrsg. v. P. Wilpert (Hamburg 1964).

48 *Nicolaus Cusanus*, De docta ignorantia I, Kap. 26, S. 112f.
49 Ebd.
50 *Nicolaus Cusanus*, Directio Speculantis seu De non aliud (1462) = Bd. XII der Opera omnia, hrsg. v. L. Baur und P. Wilpert (Leipzig 1944), dt.: Vom Nichtanderen, hrsg. v. P. Wilpert (Hamburg 1952).
51 *Nicolaus Cusanus*, Vom Nichtanderen S. 87 (These 5).
52 Vgl. C III, 1: Was ist Religion?
53 *W. James*, The Varieties of Religious Experience. A Study in Human Nature (New York 1902; Taschenbuch London 1960), dt.: Die religiöse Erfahrung in ihrer Mannigfaltigkeit. Materialien und Studien zu einer Psychologie und Pathologie des religiösen Lebens (Leipzig 1907).
54 *W. James*, Die religiöse Erfahrung S. 27.
55 Vgl. aaO Kap. IV–VII.
56 *N. Söderblom*, Uppenbarelse religion (1903); mit »Tre livsformer« unter dem Titel »Till mystikens belysning«, neu hrsg. v. H. Åkerberg (London 1975).
57 *F. Heiler*, Das Gebet. Eine religionsgeschichtliche und religionspsychologische Untersuchung (München 1918. [5]1923).
58 Vgl. *F. Heiler*, Das Gebet, Vorwort zur 5. Auflage (1923) S. VIII.
59 *F. Heiler*, Das Gebet S. 249.
60 AaO S. 255.
61 Ebd.
62 Ebd.
63 Ebd.
64 AaO S. 259f.
65 AaO S. 261f.
66 AaO S. 262.
67 *S. Radhakrishnan*, Eastern Religions and Western Thought (London 1939).
68 AaO S. 308f. Vgl. dazu die Kritik christlicher indischer Theologen, in: *M. M. Thomas*, The Acknowledged Christ of the Indian Renaissance (Madras 1970) Kap. VII.
69 *M. Gandhi*, in: Harijan; Zit. nach S. Radhakrishnan, Eastern Religions S. 313.
70 *G. Lanczkowski*, Begegnung und Wandel der Religionen (Düsseldorf–Köln 1971) S. 111f, 115f. Vgl. *G. Mensching*, Toleranz und Wahrheit in der Religion (1955; Taschenbuchausgabe München–Hamburg 1966).
71 *K. Jaspers*, Die maßgebenden Menschen (München [4]1971) = Neudruck aus dem Werk »Die großen Philosophen« Bd. I (München 1957) S. 206.
72 *H. Kraemer*, The Christian Message to a Non-Christian World (London 1938), dt.: Die christliche Botschaft in einer nichtchristlichen Welt (Zürich 1940); *ders.*, Religion and the Christian Faith (London 1956); dt.: Religion und christlicher Glaube (Göttingen 1959).
73 *A. J. Toynbee*, An Historian's Approach to Religion (London 1956); Wie stehen wir zur Religion? Die Antwort eines Historikers (Zürich–Stuttgart–Wien 1958); *ders.*, Christianity among the Religions of the World (London 1958); dt.: Das Christentum und die Religionen der Welt (Gütersloh 1959).
74 *W. E. Hocking*, Living Religions and a World Faith (New York 1940).
75 Zur fruchtbaren *hinduistisch-christlichen* Diskussion in Indien vgl. neben dem bereits zitierten Buch von M. M. Thomas besonders: *K. Baago*, Pioneers of Indigenous Christianity (Bangalore 1969); *ders.*, Bibliography of Indian Christian Theology (Madras 1969); *R. H. S. Boyd*, An Introduction to Indian Christian Theology (Madras 1969); *Robin Boyd*, What is Christianity? (Madras 1970). Unter den indischen christlichen Theologen sind zu nennen: Joshua Marshman, Nehemiah Goreh, M. C. Parekh, C. F. Andrews, S. K. Rudra, P. D. Devanandan, P. Chenchiah, D. G. Moses, J. R. Chandran, Surjit Singh, M. Sunder Rao.
76 Vgl. *W. E. Hocking*, The Meaning of God in Human Experience. A Philosophic Study of Religion (New Haven–London–Oxford 1912).
77 *W. James*, Die religiöse Erfahrung S. 17.

78 AaO S. 411.
79 Vgl. F III: Gott beweisen?
80 Grundlegend war der Aufsatz von *Ch. S. Peirce*, How to Make Our Ideas Clear (1878); zweisprachige Ausgabe von K. Oehler: Über die Klarheit unserer Gedanken (Frankfurt/M. 1968). Vgl. des weiteren *ders.*, Lectures on Pragmatism. Vorlesungen über Pragmatismus. Zweisprachige Ausgabe, hrsg. v. E. Walther (Hamburg 1973); *ders.*, Die Festigung der Überzeugung und andere Schriften, hrsg. v. E. Walther (Baden-Baden 1965).
81 Einflußreich wurde für ein humanistisch-naturalistisches Religionsverständnis *J. Deweys*, A Common Faith (New Haven 1934. [28]1975!) Glaube an Gott erscheint hier ersetzt durch »Glaube« an menschliche Werte und Beziehungen.
82 *W. James*, Die religiöse Erfahrung S. 412f.
83 AaO S. 413.
84 AaO S. 457.
85 AaO S. 15.
86 Vgl. dazu die Übersicht bei *G. Ezorsky*, Art. Pragmatic Theory of Truth, in: The Encyclopedia of Philosophy Bd. VI (London–New York 1967) S. 428f.
87 Vgl. C III, 4: Kurskorrektur.

II. Der Gott der Bibel

1. Der lebendige Gott

1 *F. Nietzsche*, Götzen-Dämmerung (Wie die ›wahre Welt‹ endlich zur Fabel wurde), in: Werke (Ausgabe K. Schlechta) II, 963.
2 *F. Nietzsche*, Jenseits von Gut und Böse 52, in: Werke II, 614f.
3 Vgl. C III, 1: Woher kommt Religion?
4 Eine ausgezeichnete allgemeinverständliche Einführung in das *Alte Testament* in historischer Perspektive bieten *H.-M. Lutz, H. Timm, E. C. Hirsch* (Hrsg.), Das Buch der Bücher. Altes Testament. Einführungen, Texte, Kommentare (München 1970). Den wissenschaftlichen Hintergrund dieses Buches bildet die bereits klassisch gewordene »Theologie des Alten Testaments« von *G. von Rad* Bd. I–II (München 1957 und 1960).
Zum Gottesverständnis vgl. weiter die alttestamentlichen Theologien von *W. Eichrodt, G. Fohrer, P. Heinisch, E. Jacob, P. van Imschoot, L. Köhler, J. L. McKenzie, W. Zimmerli*. Wertvoller Überblick bei *C. Westermann*, Der Gott Israels, in: Neues Glaubensbuch. Der gemeinsame christliche Glaube, hrsg. v. J. Feiner und L. Vischer (Freiburg–Zürich 1973) S. 114–131 (= Kap. 6).
Neben der unabsehbaren Zahl von Kommentaren sind für die einzelnen alttestamentlichen Bücher (und insbes. auch den Pentateuch) wichtig die verschiedenen Einleitungen zum Alten Testament von *J. A. Bewer, O. Eissfeldt, A. Feuillet, G. Fohrer, O. Kaiser, W. U. E. Oesterley, R. H. Pfeiffer, Th. H. Robinson, A. Weiser*.
Als reiches historisch-theologisches Nachschlagewerk empfiehlt sich das Bibellexikon, hrsg. v. *H. Haag* (Einsiedeln–Zürich–Köln, 2., erweiterte Auflage 1968). Didaktisch geschickt führt in die verschiedenen in der Bibel verwendeten literarischen Formen ein: *G. Lohfink*, Jetzt verstehe ich die Bibel. Ein Sachbuch zur Formkritik (Stuttgart 1973).
Monographien zum alttestamentlichen Gottesverständnis: *B. M. F. van Iersel*, De Bijbel over de levende God (Roermond en Maaseik), dt.: Der Gott der Väter im Zeugnis der Bibel (Salzburg 1965); *W. H. Schmidt*, Alttestamentlicher Glaube und seine Umwelt. Zur Geschichte des alttestamentlichen Gottesverständnisses (Neukirchen 1968); *J. St. Chesnut*, The Old Testament Understanding of God (Philadelphia 1968); *G. Fohrer*, Geschichte der israelitischen Religion (Berlin 1969); *A. Deissler*, Die Grundbotschaft des Alten Testaments. Ein theologischer Durchblick (Freiburg–Basel–Wien 1972).
5 Gen 31, 53; vgl. 26, 24; 28, 13; 32, 9.
6 Gen 28, 13; vgl. 32, 9; 46, 1.

7 Ex 3, 6. 15. 16: nur hier die zusammenfassende Dreierformel. Zur Entwicklung der Jahwe-Religion vgl. am besten *G. Fohrer*, Geschichte der israelitischen Religion, bes. 1. Teil (Frühzeit).
8 1 Kön 18, 39; vgl. 18, 21–37.
9 Jes 2, 8. 18; 10, 10; 19, 3.
10 Jer 2, 11; 5, 7.
11 Jer 2, 5; 10, 8; 14, 22.
12 Jes 45, 21.
13 Nach Dt 6, 4.
14 Vgl. *H. Haag*, Abschied vom Teufel (Zürich–Einsiedeln–Köln 1969); *ders.*, Teufelsglaube. Mit Beiträgen von K. Elliger, B. Lang und M. Limbeck (Tübingen 1974) Teil II: Dämonen und Satan im Alten Testament (S. 141–269). – Für die Durchsicht des Kapitels G II über den Gott Israels und manche wertvolle Anregungen danke ich meinem Tübinger Kollegen *Herbert Haag*, Professor für Altes Testament am Fachbereich Katholische Theologie.
15 Vgl. Dt 6, 4. 5 (vgl. Mk 12, 29. 30 par.).
16 Vgl. Ex 2, 1–10.
17 Vgl. Ex 3 und 4.
18 Vgl. Ex 5 bis 15.
19 Vgl. Ex 7 bis 11.
20 Vgl. Ex 12.
21 Vgl. Ex 13 und 14; Ex 15: Israels Siegeslied.
22 *G. von Rad*, Theologie des Alten Testaments Bd. I (München [2]1958) S. 127f.
23 Eine der vier anonymen Quellenschriften (Überlieferungsschichten) der »5 Bücher Moses«, des Pentateuch, aus der Zeit des Königs Salomo trägt den Namen Jahwe schon in die Patriarchengeschichten ein und wird deshalb »Jahwist« (= J) genannt. Aber man nimmt heute allgemein an, daß der Jahwe-Name erst seit Mose der Eigenname für Gott (»El«, »Elohim«) wurde, wie dies die zweite große Quelle des Pentateuch, die etwa um zwei Jahrhunderte jünger ist, praktiziert und deshalb »Elohist« (= E) genannt wird. Als dritte Quellenschrift bes. für die kultischen und priesterlichen Ordnungen gilt die »Priesterschrift« (= P), die wesentlich jünger ist als die beiden anderen und in der Endfassung den Rahmen bildet. Dann kommt noch das deuteronomistische Geschichtswerk, das die Bücher Deuteronomium bis Könige und damit den ganzen Zeitraum von der Mosezeit bis zum Beginn des babylonischen Exils umfaßt.
24 Umfassend und knapp zugleich behandelt die Problematik des Gottesnamens *H. Gese*, Der Name Gottes im Alten Testament, in: Der Name Gottes, hrsg. v. *H. von Stietencron* S. 75–89. Dazu die Kommentare zum Buch Exodus.
25 Ex 6, 6f.
26 *E. Bloch*, Das Prinzip Hoffnung III, 1457f.
27 Vgl. Ex 15.
28 Vgl. Ri 5.
29 Vgl. *H. Küng*, Gott und das Leid (Einsiedeln–Zürich–Köln 1967); *ders.*, Christ sein Kap. VI, 2.
30 Vgl. *A. Weiser*, Art. pisteúo (B: Altes Testament), in: Theologisches Wörterbuch zum Neuen Testament, begründet v. G. Kittel, hrsg. v. G. Friedrich, Bd. VI (Stuttgart 1959) S. 182–197.
31 Dies alles wird bes. deutlich in der Theologie von *G. von Rad*, der die verschiedenen Traditionen analysiert.
32 *W. Weischedel*, Der Gott der Philosophen. Grundlegung einer Philosophischen Theologie im Zeitalter des Nihilismus Bd. I (Darmstadt 1971) S. 494f.
33 Vgl. Apg 17, 23.
34 Vgl. die unter G I, 1 angegebenen Werke zur Religionsphänomenologie.
35 Vgl. die Beiträge von *P. Beyerhaus, A. Böhlig, H. Brunner, H. Cancik, W. Eichhorn, J. van Ess, H. Gese, B. Gladigow, M. Hengel, W. Kasper, M. S. Laubscher, J. Simon* und *H. von Stietencron*, in: Der Name Gottes, hrsg. v. H. von Stietencron.

36 Der Wahrheitsgehalt der Weltreligionen wird – gegen Karl Barths (auch R. Bultmanns und K. Heims) theologiegeschichtlich zu verstehende christliche Exklusivität – auch von evangelischen Theologen gesehen: einerseits aufgrund von religionsgeschichtlichen Einsichten besonders E. Troeltsch (und andere aus der Schule Ritschls stammende religionsgeschichtliche Theologen), andererseits vom Alten und Neuen Testament her A. Schlatter (und W. Lütgert) wie dann später P. Tillich, P. Althaus, C. H. Ratschow, W. Pannenberg. Gute Übersicht über die Problematik bei *P. Althaus*, Die christliche Wahrheit, bes. § 5 und 16. Zu neueren Tendenzen vgl. *P. Knitter*, What is German Protestant Theology Saying About the Non-Christian Religions?, in: Neue Zeitschrift für systematische Theologie und Religionsphilosophie 50 (1973) 38–64.

37 Vgl. F II, 2: Gotteserkenntnis der Nichtchristen.

2. Gott und seine Welt

1 *A. Einstein*, Wie ich die Welt sehe (1930), in englischer Fassung veröffentlicht in Bd. 13 der »Living Philosophies« (New York 1931), aufgenommen in: Mein Weltbild, hrsg. v. *C. Seelig* (Berlin 1955) S. 7–45; Zit. S. 10.

2 Ebd.

3 Ebd.

4 *A. Einstein*, Religion und Wissenschaft, in: Berliner Tagblatt vom 11. November 1930, aufgenommen in: Mein Weltbild S. 15–18; Zit. S. 15f.

5 AaO S. 16.

6 Ebd.; vgl. dazu D I, 1: Schopenhauers Pessimismus.

7 Ebd.; vgl. dazu B I, 1: Alles in Gott: Spinoza und die Folgen.

8 Ebd.

9 Vgl. *B. Hoffmann – H. Dukas*, Albert Einstein (New York 1972); dt.: Albert Einstein. Schöpfer und Rebell (Dietikon–Zürich) S. 114. Banesh Hoffmann war Schüler und Wissenschaftlicher Assistent Einsteins, Helen Dukas seine Sekretärin von 1928 bis zu seinem Tod 1955.

10 *A. Einstein*, Religion und Wissenschaft S. 17.

11 AaO S. 17f.

12 AaO S. 17.

13 Ebd.

14 Ebd.

15 *A. Einstein*, Brief an F. D. Roosevelt vom 2. August 1939, in: *J. Bernstein*, Albert Einstein (London 1973), dt.: Albert Einstein (München 1975) S. 189f.

16 *A. Einstein*, Brief an Max Born vom 4. 12. 1936, in: *Albert Einstein, Hedwig* und *Max Born*, Briefwechsel 1916–1955 (München 1969) S. 129f (vgl. auch S. 118f).

17 *A. Einstein*, Brief an Max Born vom 7. 9. 1944, aaO S. 204.

18 *A. Einstein*, Brief von 1932, zit. bei *B. Hoffmann*, Albert Einstein S. 115.

19 *W. Heisenberg*, Naturwissenschaftliche und religiöse Wahrheit (Rede, gehalten vor der Katholischen Akademie in Bayern bei der Entgegennahme des Guardini-Preises am 23. 3. 1973), in: Schritte über Grenzen. Gesammelte Reden und Aufsätze (München, 2., erweiterte Auflage 1973) S. 335–351; Zit. S. 349.

20 Vgl. auch die Kritik von *H. Albert*: C III, 4: Theologie und Naturwissenschaft.

21 Vgl. G I, 1: Der namenlose Gott in der buddhistischen Religion.

22 Vgl. zur Analyse des Person-Seins (als »Gegenseitigkeit«, »Du-sagen-Können«. »Antworten-Können«, »Zwischen«) und seine Anwendung: *H. Ott*, Gott (Stuttgart–Berlin 1971), bes. Kap. IV und V. Dort auch Auseinandersetzung mit Vertretern eines »nach-theistischen« Gottesverständnisses; vom selben Verfasser in diesem Zusammenhang: Wirklichkeit und Glaube Bd. II: Der persönliche Gott (Göttingen–Zürich 1969), bes. Kap. III–VI. Vgl. auch *P. Tillich*, Systematische Theologie Bd. I (Stuttgart [2]1956) S. 282–284. Einen guten Überblick über den gegenwärtigen Stand der Diskussion bietet das von *B. van Iersel* und *E. Schillebeeckx* herausgegebene Themenheft von Concilium 13 (1977) Heft 3: »Ein persönlicher Gott?«

23 Vgl. C I, 1: Gott als Spiegelbild des Menschen.

24 Vgl. A III, 1: Universalanspruch naturwissenschaftlichen Denkens?
25 Vgl. A III, 1: Wissenschaftliche Revolutionen.
26 *R. Lüst*, Vorwort zum unten zitierten Buch von Steven Weinberg S. 7f. Für die Durchsicht der Abschnitte über Anfang und Ende der Welt und manche Präzisierungen danke ich aufrichtig meinem Tübinger Kollegen *Gerhard Elwert*, Professor für Theoretische Astrophysik.
27 Vgl. zum folgenden die allgemeinverständliche Darlegung des amerikanischen Physikers für Elementarteilchen *St. Weinberg*, The First Three Minutes. A Modern View of the Origin of the Universe (New York 1977); dt.: Die ersten drei Minuten. Der Ursprung des Universums (München–Zürich 1977). Merkwürdigerweise erwähnt Weinberg in seinem historischen Rückblick (Kap. VI) und in seiner Bibliographie zwar G. Gamov 1948, nicht aber den »Father of big bang cosmology« G. Lemaître 1927, der freilich das Frühstadium noch nicht wie Gamov mit der Elemententstehung assoziiert. – Von St. Weinberg vgl. auch das wissenschaftliche Werk: Gravitation and Cosmology. Principles and Applications of the General Theory of Relativity (New York 1962). – Zur Problematik des Ursprungs weiter die ebenfalls allgemeinverständlichen Werke von *H. von Ditfurth*, Im Anfang war der Wasserstoff (Hamburg 1972); *O. Heckmann*, Sterne, Kosmos, Weltmodelle. Erlebte Astronomie (München–Zürich 1976); *H. W. Woltersdorf*, Die Schöpfung war ganz anders. Irrtum und Wende (Olten–Freiburg/Br. 1976).
28 Vgl. *A. Einstein*, Über die spezielle und die allgemeine Relativitätstheorie (1917. Braunschweig [21]1973), bes. § 30–32: Betrachtungen über die Welt als Ganzes.
29 Vgl. *F. Hubble*, The Realm of the Nebulae (New Haven 1936).
30 Gen 1, 3–5.
31 *O. Heckmann*, Sterne, Kosmos, Weltmodelle S. 37.
32 Vgl. *H. Bondi*, Cosmology (Cambridge 1952), bes. Teil 3: Cosmological Theories.
33 Vgl. *P. Jordan*, Der Naturwissenschaftler vor der religiösen Frage. Abbruch einer Mauer (Oldenburg–Hamburg 1963. [6]1972; Vorwort zur Neuauflage 1968).
34 *H. von Ditfurth*, Im Anfang war der Wasserstoff (Hamburg 1972).
35 AaO S. 142.
36 AaO S. 140.
37 AaO S. 142.
38 AaO S. 49.
39 Vgl. die Genesis-Kommentare von *G. Aalders, U. Cassuto, J. de Fraine, H. Gunkel, B. Jacob, H. Junker, F. Michaeli, J. Morgenstern, G. von Rad, A. van Selms, J. Skinner, E. A. Speiser, R. de Vaux, C. Westermann.*
40 *W. Heisenberg*, Naturwissenschaftliche und religiöse Wahrheit, in: Schritte über Grenzen S. 348.
41 *St. Weinberg*, Die ersten drei Minuten S. 22 und 24.
42 Time vom 27. Dezember 1976.
43 Vgl. *H. von Ditfurth*, Im Anfang war der Wasserstoff S. 47.
44 AaO S. 49; vgl. auch *O. Heckmann*, Sterne, Kosmos, Weltmodelle S. 108.
45 Vgl. *H. Elsässer*, Galaxien und Kosmologie, in: Sterne und Weltraum (1971) Heft 5, S. 123–128.
46 Vgl. C III, 4: Theologie und Naturwissenschaft.
47 Vgl. dazu die populärwissenschaftlichen Darstellungen von *S. E. Luria*, Life – The Unfinished Experiment (New York 1973); dt.: Leben – das unvollendete Experiment (München–Zürich 1974) Kap. 11 (Der Geist); *H. von Ditfurth*, Der Geist fiel nicht vom Himmel. Die Evolution unseres Bewußtseins (Hamburg 1976).
48 Vgl. D I, 1: Darwins Entwicklungsdenken.
49 Vgl. etwa die Einwände gegen die Anwendung insbesondere des Entropiesatzes bei *H. Metzner*, Physical Chemistry of Living Systems (London–New York 1977) Einleitung. Meinem Tübinger Kollegen *Helmut Metzner*, Professor für Chemische Pflanzenphysiologie, danke ich für die Lektüre dieses Abschnitts und einige wichtige Korrekturen.

50 *J. Monod*, Le hasard et la nécessité (Paris 1970); dt.: Zufall und Notwendigkeit. Philosophische Fragen der modernen Biologie. Vorrede zur deutschen Ausgabe von M. Eigen (München 1971. [5]1973) S. 141. Vgl. *S. E. Luria*, Leben – das unvollendete Experiment S. 162: »Der Mensch ist nichts als ein – wenn auch ganz besonderes – Produkt einer Reihe blinder Zufälle und bitterer Notwendigkeiten.« Die Grundhaltung des amerikanischen Krebsforschers und Nobelpreisträgers für Physiologie ist jedoch nicht existentialistisch-pessimistisch wie die Monods, sondern durchaus amerikanisch-optimistisch, vgl. S. 14f. 200–203. Die »Weissagung der Genesis« (»Ihr werdet sein wie Gott und wissen, was gut und böse ist«), die Luria im Fortschritt der Wissenschaft sich erfüllen sieht (S. 14), ist indessen ein Wort der *Schlange*!

51 Vgl. D I, 1: Darwins Entwicklungsdenken.

52 Vgl. *J. Monod*, Zufall und Notwendigkeit S. 46.

53 Vgl. aaO S. 46–55.

54 *M. Eigen – R. Winkler*, Das Spiel. Naturgesetze steuern den Zufall (München–Zürich 1975). Einseitig *E. Schoffeniels*, L'anti-hasard (Paris 1973).

55 *M. Eigen*, Vorrede zu *J. Monod*, Zufall und Notwendigkeit S. XV.

56 *R. Riedl*, Die Strategie der Genesis. Naturgeschichte der realen Welt (München–Zürich 1976) S. 122.

57 AaO S. 10f.

58 Gottes Wirken darf nicht im Zufall, in den »Spielräumen« der Naturgesetzlichkeit angesiedelt werden, wie das geschieht bei *P. Jordan*, Der Naturwissenschaftler vor der religiösen Frage. Abbruch einer Mauer (Oldenburg–Hamburg 1963. [6]1972) S. 158f: »... alles Geschehen von göttlichem Wirken durchwaltet zu sehen, ist erst jetzt logisch möglich geworden durch die Entdeckung nicht determinierender Naturgesetzlichkeit, die weitmaschig genug ist, um überall in feinstem Geschehen Spielräume offenzulassen, von denen bestimmende Einflüsse auch auf das Grobgeschehen ausgehen.« Richtig betont Jordan im Nachwort zu seinem wichtigen Buch die Notwendigkeit der Unterscheidung zwischen der »*Untersuchung* logisch-sachlicher Verhältnisse« und religiösen »*Bekenntnissen*« (S. 349). Vgl. den Bericht bei *E. C. Hirsch*, Das Ende aller Gottesbeweise? Naturwissenschaftler antworten auf die religiöse Frage (Hamburg 1975) S. 43–53.

59 *M. Eigen*, Vorrede zu *J. Monod*, Zufall und Notwendigkeit S. XV.

60 *M. Eigen – R. Winkler*, Das Spiel S. 13. 197.

61 Vgl. aaO S. 224.

62 *E. C. Hirsch*, Das Ende aller Gottesbeweise S. 83f.

63 *J. Monod*, Zufall und Notwendigkeit S. 211.

64 *M. Eigen – R. Winkler*, Das Spiel S. 190f.

65 *R. Riedl*, Die Strategie der Genesis S. 294f.

66 Das ist die Gefahr in dem herausfordernden Buch des Freiburger Genetikers *C. Bresch*, Zwischenstufe Leben. Evolution ohne Ziel? (München–Zürich 1977): Bresch schreibt dem Evolutionsprozeß eine Zielrichtung auf ein »Monon« hin zu, zu der es nach ihm »keine andere Denkmöglichkeit« gäbe (S. 272). Ganz abgesehen von Breschs Interpretation des zweiten Hauptsatzes der Thermodynamik, die unter den Fachleuten umstritten sein dürfte, scheint es mir schwierig, eine andere Denkmöglichkeit auszuschließen. Recht hat Bresch freilich mit seiner Polemik gegen Naturwissenschaftler, die sich entweder bestimmten grundlegenden Fragen nach dem großen Woher und Wohin nicht stellen oder aber ihre dogmatische atheistische Gläubigkeit bewußt oder unbewußt in ihre wissenschaftlichen Theorien einfließen lassen (vgl. S. 275. 284–286).

67 So *C. Bresch* in seinem Epilog S. 296–299.

68 Das sagt auch *C. Bresch*, der wie Eigen/Winkler und Riedl die Alternative zwischen Zufall und Notwendigkeit ablehnt (vgl. zum Beispiel S. 293).

69 Zum Verhältnis von göttlicher und menschlicher Freiheit vgl. *G. Kraus*, Vorherbestimmung. Traditionelle Prädestinationslehre im Licht gegenwärtiger Theologie (Freiburg 1977).

70 Vgl. *H. Küng*, Christ sein (München 1974) Kap. C II, 2: Wunder?
71 Aufschlußreich der Vergleich der beiden Wunder-Artikel im Lexikon für Theologie und Kirche vom katholischen Exegeten *H. Haag*, Bd. X (Freiburg–Basel–Wien 1965) Sp. 1252–1254; und in: Religion in Geschichte und Gegenwart vom protestantischen Alttestamentler *W. Vollborn*, Bd. VI (Tübingen [3]1962) Sp. 1833f.
72 Vgl. Ex 13, 17–22; 14, 1–31.
73 Vgl. Jos 10, 12f.
74 Vgl. 1 Kön 17, 7–16. 17–24. 2 Kön 4, 18–37. 42–44.
75 Vgl. Jona 2.
76 *M. Eigen – R. Winkler*, Das Spiel S. 11.
77 Vgl. *H. Rahner*, Der spielende Mensch (Einsiedeln [5]1960) S. 15. Und neuerdings *G. Gilch*, Das Spiel Gottes mit der Welt. Aspekte zum naturwissenschaftlichen Weltbild (Stuttgart 1968).
78 *R. Schneider*, Winter in Wien (Freiburg 1958).
79 Vgl. E I, 2: Freiheit in Grenzen – Freiheit als Erfahrung.
80 *R. Bultmann*, Jesus Christus und die Mythologie, in: Glauben und Verstehen Bd. IV (Tübingen 1965) S. 141–189; Zit. S. 174. Vgl. auch *H. Jonas*, Im Kampf um die Möglichkeit des Glaubens, in: *O. Kaiser* (Hrsg.), Gedenken an Rudolf Bultmann (Tübingen 1977) S. 41–70. – Das schwierige und komplexe Problem der Offenbarung bedürfte einer eigenen Reflexion, die auf den hier vorgetragenen Gedanken aufzubauen hätte.
81 Ex 33, 20.
82 1 Kor 13, 9f. 12f.
83 Jes 65, 17; vgl. 66, 22.
84 Jes 51, 6.
85 Ebd.
86 Vgl. Joel 3, 15f.
87 Vgl. Mk 13, 24f par.
88 Vgl. die Kommentare zu Trito-Jesaja von *A. Bentzen, B. Duhm, G. Fohrer, S. C. Thexton/I. Y. Muckle, P. Volz, C. Westermann.*
89 *St. Weinberg*, Die ersten drei Minuten S. 211.
90 AaO S. 212.
91 Ebd.
92 Vgl. zu Feuerbach: C I, 2: Gott – Wunsch oder Wirklichkeit? Zu Marx: C II, 2: Ist Religion Menschenwerk? Zu Freud: C III, 2: Religion – nur Wunschdenken?
93 Vgl. Ex 20, 1–17.
94 Vgl. Ex 19, 18.
95 Dt 4, 13; 10, 4; vgl. Ex 34, 28.
96 Von den alttestamentlichen Theologien vgl. bes. *W. Eichrodt*, Theologie des Alten Testaments Bd. III (Stuttgart–Göttingen [4]1961) § 22; *G. von Rad*, Theologie des Alten Testaments Bd. I (München 1957) S. 188–202; *W. Zimmerli*, Grundriß der alttestamentlichen Theologie (Stuttgart 1972) § 11; *J. L. McKenzie*, A Theology of the Old Testament (New York 1974) Kap. II, 2.
Dazu *H. van Oyen*, Ethik des Alten Testaments (Gütersloh 1967). – Zum *Dekalog* noch immer grundlegend: *A. Alt*, Die Ursprünge des israelischen Rechts (Leipzig 1934); dann neben den verschiedenen Lexikonartikeln *J. J. Stamm*, Der Dekalog im Lichte der neueren Forschung (Bern [2]1962); *H. Reventlow*, Gebot und Predigt im Dekalog (Gütersloh 1962); *H. Haag*, Der Dekalog, in: Moraltheologie und Bibel, hrsg. v. *J. Stelzenberger* (Paderborn 1964) S. 9–38; *G. Fohrer*, Das sogenannte apodiktisch formulierte Recht und der Dekalog, in: Kerygma und Dogma 21 (1965) 49–74; *G. O. Botterweck*, Form- und überlieferungsgeschichtliche Studie zum Dekalog, in: Concilium 1 (1965) 392–401; *E. Nielsen*, Die Zehn Gebote (Kopenhagen 1965); *J. Schreiner*, Die Zehn Gebote im Leben des Gottesvolkes (München 1966); *H. Gese*, Der Dekalog als Ganzheit betrachtet, in: Zeitschrift für Theologie und Kirche 64 (1967) 121–138; *N. Lohfink*, Die zehn Gebote ohne den Berg Sinai, in seinem Sam-

melband: Bibelauslegung im Wandel (Frankfurt/M. 1967) S. 129–157. *A. M. Greeley*, The Sinai Myth (New York 1972); *W. Stählin*, Die Urordnung des Lebens. Ein Versuch, die Zehn Gebote zu verstehen (Stuttgart 1973); *H.-R. Müller-Schwefe*, Die Zehn Gebote ausgelegt für unsere Zeit (Hamburg 1973); *H. Schüngel-Straumann*, Der Dekalog, Gottes Gebote? (Stuttgart 1973).

97 Ex 19 bis Num 10.

98 Vgl. *A. Deissler*, Die Grundbotschaft des Alten Testaments S. 75–81.

99 Zu diesen Konsequenzen aus dem alttestamentlichen Befund vgl. *A. Auer*, Autonome Moral und christlicher Glaube (Düsseldorf 1971) S. 63–68.

100 Vgl. E II, 3: Grundvertrauen als Basis der Ethik.

101 Vgl. F IV, 4: Für die Ethik: theologisch begründete Autonomie.

102 *M. Horkheimer*, Die Sehnsucht nach dem ganz Anderen, hrsg. v. H. Gumnior (Hamburg 1970) S. 60.

103 AaO S. 60f.

104 Vgl. A III, 1: Die wissenschaftstheoretische Diskussion; E II, 3: Grundvertrauen als Basis der Wissenschaft; F I, 2: »Gott« – ein sinnvolles Wort.

105 Vgl. *A. H. J. Gunneweg*, Vom Verstehen des Alten Testaments. Eine Hermeneutik (Göttingen).

106 Vgl. den kurzen und eindrücklichen Überblick bei *A. Deissler*, Die Grundbotschaft des Alten Testaments S. 97–150.

107 Vgl. zu den *Anthropomorphismen: P. van Imschoot*, »Théologie de l'Ancien Testament Bd. I (Paris–Tournai 1954) S. 29; *W. Eichrodt*, Theologie des Alten Testaments (Stuttgart 1933. [5]1957) Bd. I, S. 134–141; *E. Jacob*, Théologie de l'Ancien Testament (Neuchâtel 1955) S. 28–32; *Th. C. Vriezen*, Theologie des Alten Testaments in Grundzügen (Neukirchen–Moers 1956) S. 144–147; *G. von Rad*, Theologie des Alten Testaments Bd. I (München 1957) S. 217f.; *J. Jeremias*, Die Reue Gottes. Aspekte alttestamentlicher Gottesvorstellung (Neukirchen 1975).

III. Der Gott Jesu Christi

1. Gott als Vater

1 Jo 16, 15.

2 *E. Bloch*, Atheismus im Christentum. Zur Religion des Exodus und des Reiches (Frankfurt/M. 1973) S. 174.

3 AaO S. 180.

4 *E. Bloch*, Das Prinzip Hoffnung Bd. I–III (Frankfurt/M. 1967) III, 1524.

5 Vgl. *H. Donner*, »Wilde Exegese«. Ein Argument zum Problem der Scheinmodernität des Alten Testaments, in: Wege zum Menschen 23 (1971) 417–424.

6 Neben *J. Wellhausen*, den Bloch zitiert, benützt er vor allem, ohne ihn zu zitieren, *E. Sellin*, Alttestamentliche Theologie auf religionsgeschichtlicher Grundlage Bd. I–II (Leipzig 1933). Darauf wurde ich aufmerksam gemacht von meinem Tübinger Kollegen Professor *Bernhard Lang*: Ernst Bloch als Leser des Alten Testaments. Vortrag gehalten im Colloquium zum 90. Geburtstag von Ernst Bloch in Tübingen 1975.

7 Vgl. *B. Lang*, aaO.

8 Vgl. *W. Eichrodt*, Theologie des Alten Testaments Bd. I (Stuttgart 1933. [5]1957) S. 168–176, bes. S. 170.

9 *H. Haag*, Teufelsglaube. Mit Beiträgen von K. Elliger, B. Lang und M. Limbeck (Tübingen 1974) S. 180.

10 Ebd. Anmerkung 65; Zum Willkürgott vgl. B III, I: Alles notwendig?

11 Vgl. Gen 22, 12.

12 Vgl. Gen 32, 24–26.

13 Vgl. Ex 9, 1–12; 7, 14–25; 11, 1–10.

14 Vgl. Ex 4, 24–26.

15 Vgl. Ex 32, 25–29.

16 Vgl. Ex 33, 19.

17 Vgl. Ex 21, 13; vgl. 1 Sam 6, 5 mit 6, 9.
18 Vgl. Ri 11, 30–40.
19 Vgl. 1 Sam 26, 13–25; 2 Sam 24.
20 Vgl. 1 Kön 18, 22–40; 2 Kön 9f.
21 Vgl. Amos 3, 6.
22 Vgl. Hos 1, 4f.
23 Vgl. Jes 56, 1–8.
24 Vgl. Ps 1; Ps 37.
25 Vgl. Ps 119.
26 Kurze Zusammenfassung der Problematik bei *E. Würthwein – E. Lohse*, Art. Gesetz II–III (AT – Judentum), in: Religion in Geschichte und Gegenwart Bd. II (Tübingen [3]1958) Sp. 1513–1517 (Lit.).
27 *Kongregation für die Glaubenslehre*, Erklärung zur Frage der Zulassung der Frauen zum Priesteramt vom 15. Oktober 1976, in: Osservatore Romano vom 28. Jan. 1977; dt. in: Herder-Korrespondenz 31 (1977) 151–157.
28 Vgl. *H. Küng*, Thesen zur Stellung der Frau in Kirche und Gesellschaft, in: Theologische Quartalschrift 156 (1976) 129–132; englisch: Feminism: A new Reformation, in: The New York Times Magazine vom 23. 5. 1976. *H. Küng – G. Lohfink*, Keine Ordination der Frau?, in: Theologische Quartalschrift 157 (1977) 144–146.
29 Vgl. Ex 4, 22f; Jer 31, 9; Jes 63, 16.
30 Ps 2, 7. Vgl. *H. Haag*, Sohn Gottes im Alten Testament, in: Theologische Quartalschrift 154 (1974) 223–231.
31 Vgl. aaO S. 230: »Die mythisch begründete Vorstellung von einer physischen Gottzeugung wurde in Israel deutlich abgewandelt in eine auf *Erwählung* begründete Gottessohnschaft.« Vgl. *W. Schlisske*, Gottessöhne und Gottessohn im Alten Testament. Phasen der Entmythisierung im Alten Testament (Stuttgart 1973), bes. 2. Teil.
32 Vgl. Sir 4, 10; Weisheit 2, 16–18.
33 Vgl. Jubiläumsbuch 1, 24.
34 Vgl. Mt 5, 44–48.
35 Vgl. Mt 10, 29–31.
36 Vgl. Mt 6, 8.
37 Vgl. Mt 6, 32.
38 *G. Kraus*, Vorherbestimmung. Traditionelle Prädestinationslehre im Licht gegenwärtiger Theologie (Freiburg 1977) S. 334 und 336.
39 Vgl. Lk 15, 11–32.
40 So weit, aber nur so weit hat der Psychoanalytiker *T. Moser* mit seiner Anklageschrift »Gottesvergiftung« (Frankfurt/M. 1976) recht.
41 Vgl. C I, 3: Was bleibt von Feuerbachs Religionskritik?
42 Vgl. C II, 3: Was bleibt von der Religionskritik von Marx?
43 Vgl. D II, 2: Christsein und Menschsein?
44 Vgl. C III, 3: Was bleibt von Freuds Religionskritik?
45 Vgl. *H. Küng*, Christ sein (München 1974) Kap. C IV, 2: Der Streit um Gott.
46 Vgl. Christ sein Kap. C IV, 2: Die nicht selbstverständliche Anrede.
47 Mk 15, 34 (Ps 22, 2); Mt 27, 46. Vgl. zu Prozeß und Tod Jesu: Christ sein C IV, 3: Das Ende.

2. *Gott durch Jesus Christus*

1 *F. M. Dostojewski*, Der Idiot (Ausgabe Piper: München 1922) S. 380.
2 Das Tagebuch der Gattin Dostojewskijs, hrsg. v. R. von Fülöp-Miller–F. Eckstein (München 1925) S. 506f.
3 *Jean Paul*, Siebenkäs (1796/97), in: Werke Bd. 2, hrsg. v. G. Lohmann (München 1959) S. 7–565; S. 266–271: Rede des toten Christus vom Weltgebäude herab, daß kein Gott sei.
4 Zu allem Diesbezüglichen vgl. *H. Küng*, Christ sein Kap. C V, 1: Der Anfang.
5 Vgl. dazu Christ sein Kap. C V, 1: Klärungen. Legenden?

6 Zum Unterschied von jüdischem und christlichem Auferweckungsverständnis vgl. Christ sein Kap. C V, I: Die letzte Wirklichkeit.
7 Zur Frage der Erscheinungen vgl. Christ sein Kap. C V, I: Entstehung des Glaubens?
8 Vgl. *W. Jens*, Ein Segel in eine andere Welt. Trauerrede auf Ernst Bloch, in: Die Zeit vom 12. August 1977.
9 Vgl. G II, 2: Was kommt am Ende?
10 Vgl. F III, 3: Gottesglaube rational verantwortet.
11 Nicht so die Deutsche Bischofskonferenz. Ihre schon zweite Presse-Erklärung zu »Christ sein« vom 3. März 1977 unterstellt dem Verfasser, für ihn sei Jesus Christus »nur ein vorbildlicher Mensch« und »nur Gottes Sprecher und Sachverwalter (sic!)«. Dies weise ich als eine mir unbegreifliche Verfälschung meiner Gedanken zurück. Dasselbe gilt für die faktische Unterstellung, ich hätte christologische Aussagen des nizänischen Glaubensbekenntnisses geleugnet. Im Gegenteil: Es war mein Ziel, sie den Menschen von heute verständlich zu machen. Man fragt sich, was alle Diskussionsbereitschaft, alle klärenden Gespräche und Korrespondenzen mit Bischöfen angesichts eines anscheinend unbelehrbaren Lehramtes für einen Sinn haben. Wen in dieser Lage der Vorwurf der »Fehlorientierung und Verwirrung der Leser« trifft, ist zu fragen. In dieses Bild paßt auch der – mit verschiedenen flankierenden Maßnahmen gestützte – Sammelband, der von ausgewählten Theologen 1976 mit Wissen der »Glaubenskommission« des deutschen Episkopats gegen »Christ sein« mit dem verschleiernden Titel »Diskussion um Hans Küngs ›Christ sein‹« lanciert wurde, wo es in verschiedenen Beiträgen weniger um Diskussion als um Mißverständnisse, Mißdeutungen, Herabwürdigungen und Unterstellungen ging, ohne daß man bessere Gegenvorschläge anzubieten hatte und ohne daß man dem Autor – wie schon in der Unfehlbarkeitsdebatte – auch nur die Möglichkeit einer Erwiderung in diesem Band gegeben hätte. Dies machte eine deutliche »Antwort an meine Kritiker« in der Frankfurter Allgemeinen Zeitung vom 22. Mai 1976 einfachhin nötig. Von den Bischöfen aber erwarten die Menschen von heute, daß sie in glaubwürdiger Weise nicht nur für ein dogmatisches System und eine Institution, sondern für die Sache Gottes und Christi in der heutigen Gesellschaft eintreten, daß auch sie die Botschaft verständlich verkündigen und schon längst fällige praktische Reformen durchführen. Dann erübrigen sich vielleicht öffentliche Aburteilungen von Theologen.
Während der Drucklegung des Manuskriptes von »Existiert Gott?« ist nun bereits die dritte Erklärung (zusammen mit einer Dokumentation) der Deutschen Bischofskonferenz gegen »Christ sein« erschienen. Nicht nur, daß ich als Betroffener – vergeblich – schärfsten Einspruch dagegen erheben mußte, daß man ohne meine Zustimmung persönliche Briefe an die Vorsitzenden der Deutschen Bischofskonferenz veröffentlichte, empfinde ich als unerträglich, sondern vor allem die Tatsache, daß die Deutsche Bischofskonferenz es nicht abwarten konnte, bis die umstrittenen theologischen Sachfragen in diesem Buch nochmals aufgegriffen, vertieft und – so hoffe ich – geklärt wurden, was ich in mehreren Schreiben an die Deutsche Bischofskonferenz in Aussicht gestellt habe. Ich sah mich deshalb gezwungen, meinerseits der Veröffentlichung einer Dokumentation zuzustimmen, die die volle Wahrheit enthalten wird: Um nichts als die Wahrheit. Deutsche Bischofskonferenz contra Hans Küng. Eine Dokumentation, hrsg. von W. Jens (München 1978); dort auch mein »Appell zur Verständigung«.
Den weiteren theologischen und biographischen Kontext zeigt das ebenfalls im Frühjahr 1978 erschienene Buch: Hans Küng. Weg und Werk, hrsg. von H. Häring und K.-J. Kuschel (München 1978).
12 Röm 1, 3f.
13 Vgl. Apg 13, 33 (Ps 2, 7).
14 Eine gute Zusammenfassung der neutestamentlichen Aussagen vom »Sohn Gottes« gibt *M. Hengel*, Der Sohn Gottes. Die Entstehung der Christologie und die jüdisch-hellenistische Religionsgeschichte (Tübingen 1975) S. 143f.
15 Vgl. Mk 1, 9–11.
16 Vgl. Lk 1, 32. 35.

17 Vgl. Gal 4, 4; Jo 3, 16.
18 Vgl. *H. Küng*, Christ sein Kap. C VI, 3: Wahrer Gott und wahrer Mensch.
19 *W. Thüsing (– K. Rahner)*, Christologie – systematisch und exegetisch. Arbeitsgrundlagen für eine interdisziplinäre Vorlesung (Freiburg–Basel–Wien 1972) S. 250.
20 AaO S. 250f.
21 AaO S. 251.
22 *F. Mussner*, Ursprünge und Entfaltung der neutestamentlichen Sohneschristologie. Versuch einer Rekonstruktion, in: Grundfragen der Christologie heute, hrsg. v. L. Scheffczyk (Freiburg–Basel–Wien 1975) S. 77–113; Zit. S. 103.
23 *K. H. Schelkle*, Theologie des Neuen Testaments Bd. II (Düsseldorf 1973) S. 189f. Vgl. auch *D. Wiederkehr*, Entwurf einer systematischen Christologie, in: J. Feiner – M. Löhrer (Hrsg.), Mysterium Salutis 3, 1 (Einsiedeln 1970) S. 477–648, zur Präexistenz S. 534–540, bes. 534. Das Problem der Präexistenz des Gottessohnes wird zur Zeit exegetisch-historisch wie theologisch-systematisch untersucht von meinem Mitarbeiter *K.-J. Kuschel* in seiner Habilitationsschrift.
24 Vgl. Jo 1, 1–14.
25 Vgl. Röm 1, 3f.; 2 Tim 2, 8.
26 Vgl. Phil 2, 6–11; 1 Tim 3, 16.
27 Vgl. den in der Niederschrift wohl frühesten Text über die Menschwerdung Gal 4, 4; dann 2 Kor 8, 9; Röm 8, 3 und schließlich Tit 2, 11; 3, 4. Analyse dieser Texte bei *K. H. Schelkle*, Theologie des Neuen Testaments Bd. II, S. 151–168 (Lit.!).
28 Vgl. Jo 10, 29; 14, 28; Mk 13, 32.
29 Vgl. *K. Rahner*, Theos im Neuen Testament, in seinen Schriften zur Theologie Bd. I (Zürich–Einsiedeln–Köln 1954) S. 91–167.
30 Jo 20, 28.
31 Jo 1, 1: der präexistente Logos, und Jo 20, 28 im Thomasbekenntnis; sicher in Heb 1, 8, vielleicht auch in 2 Thess 1, 12; Tit 2, 13; 2 Pet 1, 1.
32 Vgl. 1 Kor 1, 30.
33 Vgl. 1 Kor 11, 3; 8, 6; Kol 1, 15–18; 2, 10; Eph 4, 15f.
34 Vgl. 2 Kor 4, 4. 6; Röm 8, 29; Kol 1, 15.
35 Vgl. 2 Kor 1, 20.
36 Vgl. Jo 1, 1–14.
37 Vgl. Jo 5, 18f.; 10, 33–38; 19, 7.
38 Vgl. Jo 20, 28; 1 Jo 5, 20.
39 Kol 2, 9.
40 Jo 1, 14.
41 Symbolum Nicaenum (Denz 54).
42 Vgl. Jo 10, 15. 38.
43 Vol. Jo 10, 38; 14, 10f. 20; 17, 21–23.
44 Vgl. Jo 10, 30.
45 Vgl. Jo 14, 9; 12, 45; 5, 19.
46 Vgl. *T. Moser*, Gottesvergiftung (Frankfurt/M. 1976). Motto: »Freut euch, wenn euer Gott freundlicher war«; vgl. S. 22. 100.
47 Vgl. *H. Küng*, Christ sein Kap. C VI, 2: Gott und das Leid.
48 Vgl. Mk 15, 39 par.
49 1 Kor 2, 2.
50 Vgl. 1 Kor 1, 23f.
51 Vgl. D II, 2: Was Christen lernen können.
52 Vgl. 1 Kor 3, 11.
53 Vgl. G II, 1: Der eine Gott und die vielen Götter.
54 1 Kor 2, 2.
55 Vgl. *J. Moltmann*, Der gekreuzigte Gott. Das Kreuz Christi als Grund und Kritik christlicher Theologie (München 1972). Als Kapitelüberschrift für das zentrale Kapitel VI bezeichnenderweise in Anführungszeichen gesetzt: Der »gekreuzigte Gott«!
56 Röm 8, 31f. 38f.

57 Vgl. E II, 3: Grundvertrauen als Basis der Ethik.
58 Vgl. F IV, 4: Für die Ethik: Theologisch begründete Autonomie.
59 Vgl. G II, 2: Gottesrecht und Menschenrechte.
60 Vgl. *H. Küng*, Christ sein Kap. D II, 2: Spezifisch christliche Normen?
61 Vgl. Christ sein Kap. C: Das Programm.
62 *S. Freud*, Brief an J. J. Putnam vom 8. 7. 1915, in: Sigmund Freuds Briefe 1873–1939, ausgewählt und hrsg. v. Ernst L. Freud (Frankfurt/M. 1960) S. 305.
63 *Simone de Beauvoir*, La force des choses (Paris 1963); dt.: Der Lauf der Dinge (Reinbek 1966) S. 622f.
64 *F. M. Dostojewski*, Die Brüder Karamasoff (Ausgabe Piper: München ²1957) Kap. 5, 4: Die Empörung.
65 Vgl. *A. Camus*, Le Mythe des Sisyphe (Paris 1942); dt.: Der Mythos von Sisyphos. Ein Versuch über das Absurde (Hamburg 1959); *ders.*, L'homme révolté (Paris 1951); dt.: Der Mensch in der Revolte (Hamburg 1953). Zum Leiden der Kinder vgl. bes. die Ausführungen *Camus'* vor den Pariser Dominikanern 1948, in: Fragen der Zeit (Hamburg 1970) S. 59.
66 Vgl. G II, 1: Des Menschen Antwort.
67 Zur Theodizeefrage vgl. *H. Küng*, Gott und das Leid (Zürich–Einsiedeln–Köln 1967); *J. Moltmann*, Gott und Auferstehung. Auferstehungsglaube im Forum der Theodizeefrage, in: Perspektiven der Theologie. Gesammelte Aufsätze (München–Mainz 1968) S. 36–56; *ders.*, Der gekreuzigte Gott. Das Kreuz Christi als Grund und Kritik christlicher Theologie (München 1972), bes. Kap. VI, 3; *H. Gollwitzer*, Krummes Holz – aufrechter Gang. Zur Frage nach dem Sinn des Lebens (München 1970), bes. Kap. VII und XI; *J. B. Metz*, Erlösung und Emanzipation, in: Erlösung und Emanzipation, hrsg. v. L. Scheffczyk (Freiburg–Basel–Wien 1973) S. 120–140. Vgl. auch das von *J. B. Metz* hrsg. Heft von Concilium 8 (1972) Nr. 6/7 über »Wandlungen der Gottesfrage«.
68 Vgl. 1 Jo 4, 8f.
69 Vgl. *M. Horkheimer*, Die Sehnsucht nach dem ganz Anderen. Ein Interview mit Kommentar von H. Gumnior (Hamburg 1970) S. 61f.
70 Apk 21, 4.

3. Gott im Geist

71 Zum biblischen *Geistverständnis:* Unter den bibl. Lexikonartikeln vor allem *H. Kleinknecht, F. Baumgärtel, W. Bieder, E. Sjöberg* und bes. *E. Schweizer*, in: Theologisches Wörterbuch zum Neuen Testament Bd. VI (Stuttgart 1959) S. 330–453 (Lit.!); *E. Käsemann*, in: Religion in Geschichte und Gegenwart Bd. II (Tübingen ³1958) S. 1272–1279; *F. Mußner*, in: Lexikon für Theologie und Kirche Bd. VIII (Freiburg 1963). S. 572–576; unter den Theologien des NT vor allem *R. Bultmann*. Unter den neueren Monographien wichtig: *C. K. Barrett*, The Holy Spirit and the Gospel Tradition (London 1947); *E. Schweizer*, Geist und Gemeinde im NT (München 1952); *S. Zedda*, L'adozione a figli di Dio e lo Spirito Santo (Rom 1952); *H. von Campenhausen*, Kirchliches Amt und geistliche Vollmacht in den ersten drei Jahrhunderten (Tübingen 1953); *N. Q. Hamilton*, The Holy Spirit and Eschatology in Paul (London 1957); *I. Hermann*, Kyrios und Pneuma (München 1961); *K. Stalder*, Das Werk des Geistes in der Heiligung bei Paulus (Zürich 1961). *M.-A. Chevallier*, Esprit de Dieu, paroles d'hommes. Le rôle de l'esprit dans les ministères de la parole selon l'apôtre Paul (Neuchâtel 1966); *H. Küng*, Die Kirche (Freiburg–Basel–Wien 1967) Kap. C II, 2; *E. Brandenburger*, Fleisch und Geist. Paulus und die dualistische Weisheit (Neukirchen 1968); *D. Moody*, Spirit of the Living God. The Biblical Concepts Interpreted in Context (Philadelphia 1968); *W.-D. Hauschild*, Gottes Geist und der Mensch. Studien zur frühchristlichen Pneumatologie (München 1972).
72 Übersetzung des »Veni Sancte Spiritus« von M. L. Thurmair und M. Jenny 1971, abgedruckt in: Der Große Sonntags-Schott (Freiburg–Basel–Wien 1975) S. 1755.
73 2 Kor 3, 17.
74 2 Kor 1, 22.

75 Unter den neueren systematischen Arbeiten vgl. *H. U. von Balthasar*, Spiritus Creator. Skizzen zur Theologie III (Einsiedeln 1967); *H. Mühlen*, Der Heilige Geist als Person in der Trinität, bei der Inkarnation und im Gnadenbund: Ich-Du-Wir (Münster ²1967); *H. Berkhof*, Theologie des Heiligen Geistes (Neukirchen 1968); *W. Fitch*, The Ministry of the Holy Spirit (Grand Rapids, Michigan 1974); *C. Heitmann – H. Mühlen* (Hrsg.), Erfahrung und Theologie des Heiligen Geistes (Hamburg–München 1974); *J. de Goitia*, La fuerza del espíritu: Pneuma-Dynamis (Bilbao 1974); El Espíritu Santo, ayer y hoy (Semanas de estudios trinitarios, Salamanca 1975).

76 Apg 6, 11; vgl. 6, 8–15; 7, 1–60.

77 Apg 7, 55f.

78 Unter den neuesten Monographien zur *Trinität* vgl. *E. Haible*, Trinitarische Heilslehre (Stuttgart 1960); *B. Lonergan*, De Trinitate. Pars analytica (Rom 1961); *ders.*, De deo trino Bd. I: Pars dogmatica (Rom ²1964), Bd. II: Pars systematica seu Divinarum personarum conceptio analogica (Rom ³1964); *F. Bourassa*, Questions de théologie trinitaire (Rom 1970); *M. F. Sciacca*, Ontologia triadica e trinitaria (Stresa 1972); *R. Panikkar*, The Trinity and the Religious Experience of Man. Icon, Person, Mystery (New York–London 1973); *J. Daniélou*, La Trinité et le mystère de l'existence (Paris ²1973); *M. Durrant*, Theology and Intelligibility. An Examination of the Proposition that God ist the Last End of Rational Creatures and the Doctrine that God is Three Persons in One Substance. »The Doctrine of the Holy Trinity« (London–Boston 1973); *A. Brunner*, Dreifaltigkeit. Personale Zugänge zum Mysterium (Einsiedeln 1976). Vgl. auch die Bände der »Semanas de estudios trinitarios«: La Santisima Trinidad, fuente de salvación en la constitución sobre la Iglesia (Salamanca 1968); La Trinidad, hoy. El tratado sobre la Santisima Trinidad en el nuevo ordenamiento de los estudios teologicos (Salamanca 1971); La Trinidad en la Biblia. Cristo, revelador del Padre y emisor del Espíritu en el Nuevo Testamento (Salamanca 1973); *L. Oeing-Hanhoff*, Hegels Trinitätslehre. Zur Aufgabe ihrer Kritik und Rezeption, in: Theologie und Philosophie 52 (1977) S. 378–407. Unter den zahlreichen Dogmatikhandbüchern bes. die Abschnitte in »Mysterium Salutis«. Leider war es mir nicht mehr möglich, *E. Jüngels* großes Werk zur Gottesfrage: Gott als Geheimnis der Welt. Zur Begründung der Theologie des Gekreuzigten im Streit zwischen Theismus und Atheismus (Tübingen 1977) miteinzubeziehen.

79 Vgl. 2 Kor 3, 18; Gal 4, 6; Röm 8, 9; Phil 1, 19.

80 1 Kor 15, 45.

81 2 Kor 3, 17.

82 Vgl. 2 Kor 3, 17f.

83 2 Kor 13, 13; vgl. 1 Kor 12, 4–6; Gal 4, 4–6; Röm 5, 1–5; Mt 28, 19.

84 Vgl. Jo 14, 16.

85 Vgl. Jo 14, 26. Zur johanneischen Pneumatologie vgl. *G. Johnston*, The Spirit-Paraclet in the Gospel of John (London 1970); *F. Porsch*, Pneuma und Wort. Ein exegetischer Beitrag zur Pneumatologie des Johannesevangeliums (Frankfurt/M. 1974).

86 Vgl. *H. Küng*, Christ sein Kap. C VII, 2: Trinität; vgl. auch *H. Küng*, Menschwerdung Gottes. Eine Einführung in Hegels theologisches Denken als Prolegomena zu einer künftigen Christologie (Freiburg–Basel–Wien 1970) Exkurs I: Der Weg zur klassischen Christologie.

87 Unter den neueren systematischen Untersuchungen vgl. *J. S. Vos*, Traditionsgeschichtliche Untersuchungen zur paulinischen Pneumatologie (Assen 1973); *O. Knoch*, Der Geist Gottes und der neue Mensch. Der Heilige Geist als Grundkraft und Norm des christlichen Lebens in Kirche und Welt nach dem Zeugnis des Apostels Paulus (Stuttgart 1975).

88 Vgl. zur historischen Entwicklung *J. A. Jungmann*, Die Abwehr des germanischen Arianismus und der Umbruch der religiösen Kultur im frühen Mittelalter, in: Liturgisches Erbe und pastorale Gegenwart (Innsbruck–Wien–München 1960) S. 3–86. – Zum neutestamentlichen Befund vgl. *G. Lohfink*, Gab es im Gottesdienst der neutestamentlichen Gemeinden eine Anbetung Christi?, in: Biblische Zeitschrift NF 18 (1974)

S. 161–179; Zit. S. 172. – Für die Durchsicht des Kapitels G III über den Gott Jesu Christi und verschiedene Verbesserungen danke ich meinem Tübinger Kollegen *Gerhard Lohfink*, Professor für Neues Testament.

Abkürzungen

CC Corpus Christianorum seu nova Patrum collectio (Turnhout–Paris 1953 ff.)
CSEL Corpus Scriptorum Ecclesiasticorum Latinorum (Wien 1866ff.)
Denz *Denzinger, H.*, Enchiridion symbolorum, definitionum et declarationum de rebus fidei et morum (Barcelona–Freiburg/Br.–Rom ^{31}1960)

Namenregister

Wo ein bestimmter Autor Thema wird, sind die Seitenzahlen **fett** gesetzt. Sonstige Erwähnungen im Text sind normal gedruckt, Erwähnungen in den Anmerkungen *kursiv*.

M. S.

E

F

G

X–Y

Z

Dankeswort

Dieses Buch ist zur Ergänzung von »Christ sein« gedacht: geboren zunächst aus der Notwendigkeit, »Christ sein« zu entlasten, dann gewachsen aus dem Bedürfnis, die Gottesfrage zu vertiefen und die Auseinandersetzung mit Atheismus und Nihilismus gründlich durchzuführen. Was für den Verfasser seit seiner Studienzeit durch lange Jahre immer klarer geworden ist, wird hier in einem Buche zusammengefaßt.

Verschiedene Fachkollegen haben mir mit ihrem Rat geholfen; ihnen ist beim betreffenden Abschnitt, um dessen Lektüre ich sie bat, gedankt. Professor Walter Jens aber darf ich wie schon bei »Christ sein« danken, daß er auch dieses Mal das Manuskript kritisch durchgelesen und mit seinen Anregungen zur Verbesserung beigetragen hat. Ebenso habe ich Professor Ludger Oeing-Hanhoff, dem vorzüglichen Kenner der Philosophiegeschichte, zu danken, dessen Urteil mir durch das ganze Buch hindurch sehr wichtig war. Frau Gudrun Oeing-Hanhoff, die ebenfalls das Entstehen des Manuskripts aufmerksam verfolgte, danke ich dafür, daß sie sich mit persönlichem Engagement und Akkuratesse der Mühe des Korrekturenlesens unterzogen hat.

Unter meinen wissenschaftlichen Mitarbeitern danke ich an erster Stelle Dr. Karl-Josef Kuschel, der mit nie erlahmender Energie in Tag- und Nachteinsatz mir in loyaler Kritik mit Rat und Tat zur Seite gestanden hat. Akademischer Rat Dr. Hermann Häring, obwohl mit einer eigenen großen Publikation voll ausgelastet, hat sich dennoch in dankenswerter Weise Zeit genommen, das Manuskript immer wieder prüfend durchzulesen. Dr. Georg Kraus hat, neben der Lektüre des Manuskripts, die oft recht mühselige Aufgabe der Verifikation der Zitate, des Verkehrs mit den Bibliotheken und der Mitkontrolle der Bibliographie mit nicht gewöhnlichem Einsatz erfüllt; als sein Nachfolger hat Dr. Urs Baumann in der letzten Phase die Druckfahnen durchgesehen. Die Herstellung des Manuskripts aber lag auch dieses Mal wieder in den bewährten Händen von Frau Dr. Margret Gentner, die – assistiert beim Schreiben in Tübingen von Frau Ruth Sigrist und in Sursee von Frau Marlis Abendroth-Knüsel – keine Mühe scheute, um bei jedem Kapitel mit Geduld und Sachverstand die immer wieder neu von mir überarbeiteten

Seiten anzufertigen. Nicht zuletzt aber danke ich Frau Marianne Saur-Kemmler, die mit der Erstellung eines differenzierten Registers von rund 1600 Namen eine beispielhafte Arbeit geleistet hat und deren Urteil mir darüber hinaus bei der Lektüre der verschiedenen Manuskriptfassungen auf andere Weise wertvoll war.

Ich möchte diese Gelegenheit nicht ungenützt lassen, um auch einmal öffentlich – stellvertretend für viele, die sich für mich im Piper-Verlag in außerordentlicher Weise eingesetzt haben – Frau Renate Böhme herzlich für ihre Betreuung des Buches zu danken. Im Zusammenhang der 500-Jahr-Feier der Universität Tübingen schließlich geziemt es sich, ganz besonders unsere nicht genügend zu lobende Universitätsbibliothek zu nennen, die ich dieses Mal weit über ihre ausgezeichnete theologische Abteilung hinaus vielfältig in Anspruch genommen habe.

Tübingen, im Januar 1978